商事判例研究

第 IX 卷

會社法

(1995 ~ 2017)

商事法務研究會

傳 英 社

如松 崔基員 教授 尊影

존경하는 **如松 崔基元** 교수님께
삼가 이 책자를 바칩니다.

- 執筆者 一同 -

如松 崔基元 敎授 年譜

1936. 11. 10.	서울 鍾路區 通義洞에서 父 德巖 崔健熙와 母 李起鳳의 長男으로 出生
1943. 3.－1949. 2.	서울 壽松國民學校 卒業
1949. 3.－1955. 2.	京畿中・高等學校 卒業
1955. 3.－1959. 2.	서울大學校 商科大學 卒業
1959. 7.－1961. 3.	空軍本部 公報官室 勤務
1961. 1. 13.	金惠田과 結婚
1961. 2.－1962. 2.	獨逸 Münster大學 研究
1961. 11. 10.	長女 英嬪 出生
1962. 3.－1965. 2.	獨逸 Bonn大學 法學部 修學(法學博士)
1965. 9.－1966. 3.	서울大學校 商科大學 講師
1965. 9.－1967. 7.	慶熙大, 東國大, 西江大, 延世大, 韓國外大 등 講師
1965. 10. 11.	次女 英仙 出生
1966. 3.－1966. 8.	서울大學校 經營大學院 講師
1966. 8.－1967. 5.	서울大學校 商科大學 專任講師
1967. 5.－1972. 12.	서울大學校 商科大學 助敎授
1968.－	韓國經營學會 會員
1968. 6.－1970. 6.	서울大學校 經營大學院 敎務課長
1969. 1. 6.	參女 英恩 出生
1971. 3.－1973. 7.	서울大學校 商科大學 學生課長
1972. 12.－1975. 3.	서울大學校 商科大學 副敎授
1973. 12.－1975. 2.	서울大學校 商科大學 經營研究所 所長
1974. 1.－	商事法學會 會員
1974.－1994.	韓國經營研究院 理事

1975. 3.	서울大學校 法科大學 副敎授
1975.	제17회 行政考試 委員
1976.	韓國經營硏究院 院長
1976. 6.	韓獨法律學會 會員
1976. 7.	제18회 司法試驗 委員
1976. 10.	서울大學校 10년 勤續 表彰
1977	제21회 行政考試 委員
1978. 1.	서울大學校 法科大學 敎授
1978. 6.—1980. 6.	서울大學校 法科大學 學長補(敎務擔當)
1979. 7.	제21회 司法試驗 委員
1981. 7.—1983. 7.	獨逸 Köln大學 招請敎授
1983.	제27회 行政考試 委員
1981.—1986.	獨逸 比較法學會 會員
1984. 3.—1986. 2.	서울大學校 法科大學 私法學科長
1985. 4.	서울大學校 大學新聞社 監事
1985. 7.	제27회 司法試驗 委員
1986. 10.	서울大學校 20年 勤續 表彰
1987. 7.	제29회 司法試驗 委員
1990.	제32회 司法試驗 委員
1993.	제35회 司法試驗 委員
1993. 1995.	法務部 諮問委員會 商法改正 特別分科委員會 委員
1997. 10.	서울大學校 30年 勤續 表彰
2002. 2.	서울大學校 停年退任 (35년 在職)
2002. 2.	綠條勤政勳章 受勳
2002. 3.	서울大學校 法科大學 名譽敎授

기 타	韓國商事仲裁協會 仲裁人
	軍法務官試驗, 公認會計士試驗, 稅務士試驗 委員
	財務部 保險審議委員, 財務部諮問委員 등 歷任

主要著書 및 論文

著　書

Die Verfassung der Aktiengesellschaft nach koreanischem Recht im Vergleich mit dem deutschen Aktiengesetz, Diss. Bonn 1965.

商法學[Ⅰ](總則・商行爲), 雲玄文化社, 1972. 9.

商法學[Ⅱ](會社法), 雲玄文化社, 1973. 3.

商法(韓國放送通信大學 敎材), 서울大 出版部, 1973. 3.

商法講義(上), 日新社, 1976. 1.

增補全訂版 商法講義(上), 日新社, 1980.

商法講義(下), 日新社, 1980.

商法學槪論, 博英社, 1980. 12.

會社法論, 博英社, 1981.

改訂版 商法(韓國放送通信大學 敎材), 서울大 出版部, 1981.

修訂版 商法學槪論, 博英社, 1984. 3.

全訂增補版 新會社法論, 博英社, 1984. 9.

商法學新論(上), 博英社, 1984. 10.

商法學新論(下), 博英社, 1984. 10

客觀式 商法, 博英社, 1985. 1.

全訂增補版 商法學新論(上), 博英社, 1986. 3.

再全訂增補版 新會社法論, 博英社, 1986. 4.

全訂增補版 商法學新論(上), 博英社, 1986. 3.

全訂增補版 商法學新論(下), 博英社, 1986. 3.

會社法, 韓國放送通信大學 出版部, 1986. 7.

全訂增補版 商法學新論(下), 博英社, 1986. 7.

어음・手票法, 博英社, 1987.9.

第3全訂版 新會社法論, 博英社, 1987.10.

全訂增補版 客觀式 商法, 博英社, 1988.4.

어음・手票의 法律常識, 韓國經濟新聞社, 1988.12.

商法總則・商行爲, 經世院, 1989.

新訂版 商法學新論(上), 博英社, 1990.8.

新訂增補版 어음・手票法, 博英社, 1990.8.

第6增補版 新會社法論, 博英社, 1991.

新訂版 商法學新論(下), 博英社, 1991.4.

新訂增補版 商法學新論(下), 博英社, 1992.3.

民法注解〔I〕(共著), 博英社, 1992.3.

商法事例演習(共著), 法文社, 1992.5.

保險法, 博英社, 1993.

新訂初版 商法學槪論, 博英社, 1993.

海商法, 博英社, 1993.

新訂第2版 商法學新論(上), 博英社, 1993.8.

新訂增補版 商法總則・商行爲, 經世院, 1994.8.

商法改正試案 — 政府案과 對比하여 —, 1994.11.

第7全訂版 商法學新論(下), 博英社, 1995.9.

民法注解〔IX〕(共著), 博英社, 1995.11.

第7全訂增補版 商法學新論(上), 博英社, 1996.3.

新訂2版 商法學槪論, 博英社, 1996.3.

第7全訂版 新會社法論, 博英社, 1996.4.

改正商法解說, 博英社, 1996.4.

新版 客觀式 商法, 新潮社, 1996.10.

再全訂增補版 어음・手票法, 博英社, 1996.10.

新訂版 海商法, 博英社, 1997.4.

第3新訂版 商法總則・商行爲, 經世院, 1997.6.

第8大訂版 商法學新論(上), 博英社, 1997.7.

第 8 全訂版 商法學新論(下), 博英社, 1997. 9.

第 8 大訂版 新會社法論, 博英社, 1998. 1.

新訂版 保險法, 博英社, 1998. 8.

新訂 3 版 商法學原論, 博英社, 1998. 9.

第 9 全訂增補版 商法學新論(上), 博英社, 1998. 9.

第 9 全訂版 商法學新論(下), 博英社, 1998. 10.

第 9 大訂增補版 新會社法論, 博英社, 1999. 6.

第10大訂增補版 商法學新論(上), 博英社, 1999. 8.

新訂 4 版 商法學原論, 博英社, 2000. 3.

第11新訂版 商法學新論(上), 博英社, 2000. 3.

第10版 商法學新論(下), 博英社, 2000. 3.

商事判例研究[Ⅳ][Ⅴ](編輯代表), 博英社, 2000. 4.

第10大訂版 新會社法論, 博英社, 2000. 5.

新訂 5 版 商法學原論, 博英社, 2001. 3.

第12新訂版 商法學新論(上), 博英社, 2001. 3.

第11版 商法學新論(下), 博英社, 2001. 3.

第 4 增補版 어음・手票法, 博英社, 2001. 4.

第13新訂版 商法學新論(上), 博英社, 2001. 9.

第11大訂版 新會社法論, 博英社, 2001. 9.

第 3 版 海商法, 博英社, 2002. 1.

第 3 版 保險法, 博英社, 2002. 2.

新訂 6 版 商法學原論, 博英社, 2002. 8.

第12版 商法學新論(下), 博英社, 2003. 2.

第14大訂版 商法學新論(上), 博英社, 2003. 8.

第13版 商法學新論(下), 博英社, 2004. 3.

第15版 商法學新論(上), 博英社, 2004. 9.

第12大訂版 新會社法論, 博英社, 2005. 1.

新訂 7 版 商法學原論, 博英社, 2005. 2.

第14版 商法學新論(下), 博英社, 2005. 2.

第16版 商法學新論(上), 博英社, 2006. 3.

商事判例研究[Ⅵ](編輯代表), 博英社, 2006. 3.

第10版 企業法概說, 博英社, 2007. 3.

新訂 8 版 商法學原論, 博英社, 2008. 3.

第17版 商法學新論(上), 博英社, 2008. 3.

第15版 商法學新論(下), 博英社, 2008. 3.

第11版 企業法概說, 博英社, 2008. 3.

第12版 企業法概說, 博英社, 2009. 2.

第13大訂版 新會社法論, 博英社, 2009. 3.

第18版 商法學新論(上), 博英社, 2009. 8.

第13版 企業法概說, 博英社, 2010. 2.

第19版 商法學新論(上), 博英社, 2011. 3.

第14版 企業法概說, 博英社, 2011. 8.

第14大訂版 新會社法論, 博英社, 2012. 3.

第15版 企業法概說, 博英社, 2013. 1.

第20版 商法學新論(上), 博英社, 2014. 4.

第16版 企業法概說, 博英社, 2014. 7.

第17版 企業法概說, 博英社, 2017. 1.

論 文

獨逸商法學界의 現況, 法政 21(3), 1966. 3.

獨逸 新株式法과 韓國 商法上의 問題點, 法典月報 35, 1967. 10

株式의 議決權에 관한 考察, 서울商大 經營論集 1(2), 1967. 12.

株式會社의 機關에 관한 硏究, 서울商大 經營論集 7(2), 1968.

韓國會社企業의 株式所有構造의 實態와 公開法人化에 대한 方案, 文敎部學 主要著書 및 論文 vii 術振興造成硏究費에 의한 報告書, 1968.

會社整理法과 企業의 更生, 서울商大 經營實務 5(3), 1971.

會社의 權利能力에 관한 小考, 서울大學校 經營大學院 紀念論文集, 1971.

海上運送契約과 船荷證券, 貿易硏究 3(4), 1971.

大株主의 議決權制限과 少數株主의 保護에 관한 硏究, 經營論集 11(1), 서울大 商科大學, 1972. 3.

監査制度의 改正을 위한 小考, 서울大 經營大學院 經營學論文集 3(1), 1973.

株式會社의 監査制度에 관한 日本商法의 改正, 서울商大 經營實務 8(1), 1974.

商法改正의 必要性과 그 方向〔Ⅰ〕·〔Ⅱ〕— 株式會社制度를 中心으로, 韓國法學院月報 27 · 28, 1974.

株式會社法의 改正에 관한 硏究, 經營論集 9(1), 韓國經營硏究所, 1975. 3.

商法改正의 問題點, Fides 21(1), 서울大學校 法科大學, 1977. 2.

代表社員 業務執行權限 喪失宣告(判例評釋), 法律新聞 1211, 法律新聞社, 1977. 7.

株主總會決議取消(判例評釋), 法律新聞 1235, 法律新聞社, 1978. 1.

商法 判例回顧와 評釋, 法學判例回顧 5, 1978. 2.

商法改正의 問題點에 관한 硏究, 法學 18(2), 서울大 法學硏究所, 1978. 2.

理事의 功勞賞與金支給約束과 株總決議(判例評釋), 法律新聞 1255, 法律新聞社, 1978. 6.

韓國企業의 海外進出에 따르는 國際間의 紛爭의 解決을 위한 國際商事仲裁制度에 관한 硏究, 法學 39, 서울大 法學硏究所, 1978. 8.

株主總會決議取消, 法律新聞 1280, 法律新聞社, 1978. 12.

商法 判例回顧 및 評釋, 法學判例回顧 7, 1979. 11.

商法 제395조에 의한 會社의 責任, 法學 特別號 4, 서울大 法學硏究所 1979.12.
株主總會決議取消, 民事判例硏究〔Ⅰ〕, 1979.4.
表見代表理事의 行爲와 會社의 責任, 民事判例硏究〔Ⅱ〕, 1980.5.
白地어음, 法學 22(3), 서울大 法學硏究所, 1981.9.
viii 主要著書 및 論文商法改正試案에 대한 意見, 法律新聞 1983.
有限會社制度의 展望에 관한 硏究, 法學 24(4), 서울大 法學硏究所, 1983.12.
改正商法에 관한 小考, 商法論文集(鄭熙喆 先生 停年紀念), 1985.3.
民法에 대한 商事賣買의 特殊性, 民事法論叢(郭潤直 敎授 華甲紀念), 1985.9.
韓國改正商法의 解釋과 問題點에 관한 硏究, 法學 26(2, 3), 서울大 法學硏究所, 1985.10.
스위스株式會社法의 改正方向에 관한 小考, 商事法論集(徐燉玨 敎授 停年紀念), 1986.4.
支配人의 代理權에 관한 小考, 法學 27(4), 서울大 法學硏究所, 1986.12.
條件附保證과 條件附引受(判例評釋), 法律新聞 1665, 法律新聞社, 1986.12.
商法學의 回顧와 展望, 考試界 359, 1987.1.
信用카드의 盜難紛失에 의한 責任(判例評釋), 法律新聞 1674, 法律新聞社, 1987.3.
手票카드의 法律關係에 관한 考察, 法學 28(1), 서울大學校 法學硏究所, 1987.4.
商法 등 法制에서 본 企業合倂硏究, 上場協, 1987.
어음·手票喪失의 法律關係(上)(下), 相互信用金庫, 全國相互信用金庫聯合會, 1987.
株主總會決議의 取消와 不存在(判例評釋), 法律新聞 1722, 法律新聞社, 1988.1.
어음·手票의 遡求義務者에 대한 通知義務, 司法行政, 1988.
國際換어음·約束어음(上)(中)(下), 法律新聞 1755·1756·1757, 法律新聞社, 1988.6.
金融리스契約의 特殊性에 관한 小考, 法學 29(2), 서울大 法學硏究所, 1988.9.
Die Gründung einer Tochtergesellschaft in Korea, Zeitschrift für Unternehmens- und Gesellschaftsrecht(ZGR), Sonderheft 3, 2. Aufl., Walter de Gruyter,

Berlin-New York, 1988.

國際換어음・約束어음에 관한 協約의 考察, 法學 30(3, 4), 서울大 法學研究所, 1989.

保險者代位와 第3者의 範圍(判例評釋), 法律新聞 1887, 法律新聞社, 1989. 11.

株式會社의 資本에 관한 原則과 問題點, 考試界, 1990.

先日字手票에 의한 保險料支給과 保險者責任(判例評釋), 法律新聞 1992, 法律新聞社, 1990. 12.

어음의 再遡求權과 背書의 抹消權(判例評釋), 法律新聞 2012, 法律新聞社, 1991. 3.

自動車保險約款 免責條項의 適用限界(判例評釋), 法律新聞 2064, 法律新聞社, 1991. 9.

保險契約者의 告知義務에 관한 考察, 法學 32(3, 4), 서울大 法學研究所, 1991. 12.

改正商法上의 船舶所有者의 責任制限, 法學 33(1), 서울大 法學研究所, 1992. 3.

Einige Probleme des koreanischen Aktienrechts in Bezug auf die neuen Regelungen des japanischen Aktienrechts von 1990, 企業法의 現代的 課題(李泰魯 敎授 華甲紀念), 1992. 4.

發行地의 어음要件性(判例評釋), 法律新聞 2118, 法律新聞社, 1992. 4.

株主總會決議不存在確認判決의 效力(判例評釋), 法律新聞 2209, 法律新聞社, 1993. 4.

株主總會決議不存在, 考試研究 20(7), 考試研究社, 1993. 7.

어음僞造의 抗辯과 立證責任(判例評釋), 法律新聞 2257, 法律新聞社, 1993. 10.

銀行長選任에 관한 指針의 問題點, 企業環境의 變化와 商事法(孫珠瓚 敎授 古稀紀念), 1993.

利得償還請求權의 發生要件(判例評釋), 法律新聞 2295, 法律新聞社, 1994. 3.

어음・手票의 期限後背書, 考試研究 創刊 20周年 紀念論叢, 考試研究社, 1994. 4.

株主總會決議의 取消와 不存在의 事由, 法學 35(1), 서울大 法學研究所, 1994.

利得償還請求權制度의 再考, 法學 35(1), 서울大 法學硏究所, 1994.
商法改正案의 問題點(上)(中)(下), 法律新聞 2318・2319・2320, 法律新聞社, 1994. 6.
商法改正試案의 硏究(Ⅰ), 法學 35(2), 서울大 法學硏究所, 1994.
自由職業人의 合同會社에 관한 法律, 法學 35(2), 서울大 法學硏究所, 1994.
商法改正試案의 硏究(Ⅱ), 法學 35(3, 4), 서울大 法學硏究所, 1994.
發起人과 設立中의 會社, 法學 35(3, 4), 서울大 法學硏究所, 1994.
商法改正案의 問題點과 그 代案, 商法改正에 관한 硏究, 韓國證券業協會, 1994. 9.
商法改正試案의 硏究(Ⅲ), 法學 36(1), 서울大 法學硏究所, 1995.
어음抗辯의 分類와 種類, 法學 36(2), 서울大 法學硏究所, 1995.
어음・手票의 僞造・變造의 法的 效果, 法學 36(3, 4), 서울大 法學硏究所, 1995.
Die Gründung einer Tochtergesellschaft in Korea, Zeitschrift für Unternehmens- und Gesellschaftsrecht(ZGR), Sonderheft 3, 3. Aufl., Walter de Gruyter, Berlin-New York, 1995.
上場企業에 대한 監視體制의 强化方案, 上場協 秋季號, 韓國上場會社協議會, 1995.
商法改正案에 대한 問題點의 再考, 商事法論叢(姜渭斗 博士 華甲紀念), 1996. 2.
擔保背書人에 대한 遡求權(判例評釋), 法律新聞 2485, 法律新聞社, 1996. 3.
賃金債權과 無限責任社員의 責任(判例評釋), 法律新聞 2491, 法律新聞社, 1996. 4.
IMF의 克服을 위한 商法改正方向(硏究論壇), 法律新聞 2685・2686, 法律新聞社, 1998. 4.
독일건국 50년 — 독일 상사법이 한국 상법에 미친 영향 —, 「전후 독일법학 50년과 한국법학」, 프리드리히 에베르트 재단, 2000. 8.
Einflüsse des deutschen Gesellschaftsrechts auf das koreanische Gesellschaftsrecht, Festschrift für Marcus Lutter zum 70. Geburtstag, 2000(朴庠根 共同執筆), Verlag Dr. Otto Schmidt, Köln.

머 리 말

如松 崔基元 선생님은 1965년 독일 Bonn 대학교에서 대한민국 최초로 상법학박사 학위를 받으신 후, 1966년부터 서울대학교 상과대학 및 법과대학에서 35년간 봉직하시면서, 독일 상법 이론과 경영학 지식을 바탕으로 실무적이고 합리적인 법리를 전개하여 우리나라 상법학 발전에 지대한 공헌을 하셨고, 2002년에 정년 퇴임을 하신 후에도 10여 권의 상법 교과서 시리즈의 개정판 출간을 꾸준하게 이어 오셨습니다. 일찍이 학계와 실무계가 함께 참여하는 상사판례연구에 관심을 가지신 선생님께서는 이를 몸소 실천하기 위하여 1999년 3월에 "상사법무연구회"를 결성하여 상법의 이론과 실무를 아우르는 학술세미나를 주관하시고, 학계와 실무계의 교류 및 후학 양성을 위해 노력해오셨습니다. 상사법무연구회는 출범 이래 매년 3회에 걸쳐 학술세미나를 개최하면서 훌륭한 교수님·판사님·변호사님들이 심혈을 기울여 연구한 최신의 주요 상사판례를 평석의 형태로 발표하고 토론하는 장을 마련하였고, 2018년 12월에 이르러 그 활동을 종료하고, 대법원 산하 '상사실무연구회'로 개편되어 정기적인 연구 모임을 이어오고 있습니다. 이와 같이 상사법무연구회는 상법 학계와 실무계가 공동으로 참여하여 최신 판례를 발표하고 열띤 토론을 하면서 상호간에 학문적 소통의 길을 열어주는 가교의 역할을 하였고, 이를 통해 주요 상사판례에 담긴 법리적 의미를 명확하게 정리하고 나아가 관련 법리의 지속적인 연구 필요성 및 발전 가능성을 모색하였던 유례없는 상사판례연구 모임이었습니다.

상사법무연구회의 학술세미나에서 발표된 상사판례 평석 논문 및 연구성과는 "상사판례연구" 책자의 시리즈 발간으로 이어져 왔습니다. 1996년 11월에 처음 집필된 상사판례연구 [Ⅰ], [Ⅱ], [Ⅲ]권은 해방 후 50년간 발간된 상사판례 평석 자료 등을 정리·보완한 것으로서, 선생님의 華甲과 서울대학교 법과대학 在職 30년을 기념하는 뜻을 담아서 발간되었습니다. 2000

년 4월에는 상사법무연구회 결성 후 학술세미나에서 발표된 논문과 1997년 이후 3년간의 주요 상사판례에 대한 평석 및 개정 상법의 해설 자료 등을 모아서 상사판례연구 [Ⅳ], [Ⅴ]권을 발간하였고, 2007년 5월에는 선생님의 古稀를 기념하기 위하여 그때까지 상사법무연구회 학술세미나에서 발표된 논문 및 연구자료 등을 중심으로 [Ⅵ], [Ⅶ]권을 발간하였습니다. 이번에 발간하는 상사판례연구 [Ⅷ], [Ⅸ], [Ⅹ]권은 2018년 12월 상사법무연구회의 활동이 종료되기 전까지 학술세미나에서 발표된 논문과 연구자료 등을 모은 책자로서, 20여년 동안 이어진 상사법무연구회의 연구 성과를 마무리 짓는 소중한 의미를 가지고 있습니다.

상사법무연구회의 성공적인 활동은 선생님의 연구회 결성 취지에 공감한 교수님과 판사님 그리고 변호사님들의 적극적인 참여가 있었기에 가능하였지만, 무엇보다 선생님의 학문에 대한 열정과 후학들에 대한 애정이 담긴 물심양면의 지원이 기반이 되었습니다. 노년에 몸이 불편하실 때에도 항상 학술세미나에 참여하시어 논문 발표와 토론의 부족함을 채워 주셨고, 세미나를 마친 후의 뒷풀이 모임도 함께 하시면서 후학들에 대한 격려를 아끼지 않으셨습니다. 선생님의 학문적 열정에 가득찬 모습과 온화하면서도 기품 있는 말씀은 상사법무연구회의 상징이었고 후학들의 귀감이 되었으며, 지금도 모든 회원들이 가슴에 새기고 각자의 영역에서 맡은 바 업무에 정진하고 있습니다.

너무나도 안타까운 일이지만 선생님의 이러한 모습은 이제는 뵙기 어렵게 되었습니다. 2020년 12월 2일은 대한민국 상사법의 발전에 훌륭한 업적을 남기신 대학자를 잃은 날이었고, 상사법무연구회 회원들로서는 학문적 스승이자 정신적 지주를 잃은 가슴 아픈 날이었습니다. 상사판례연구 [Ⅷ], [Ⅸ], [Ⅹ]권의 발간은 선생님의 기획 아래 상사법무연구회의 활동 종료를 기념하는 취지로 2018년부터 추진되었지만 여러 사정으로 지연되었고, 이제서야 선생님께서 마지막까지 정진하셨던 연구 활동과 학문적 업적을 기념하고 추모하는 뜻을 담아 발간하게 되었습니다. 선생님의 생전에 출판이 되어 직접 헌정하여 드리지 못한 것이 못내 아쉽지만, 지금이라도 마무리 지어 선생님의 훌륭하신 학문적 업적을 기릴 수 있게 된 것을 감사하게 생각합니다.

사실 지난 11년 동안 학술세미나에서 발표된 방대한 논문 자료를 모두 정리하여 3권의 책자로 만드는 작업이 간단한 일이 아니었지만, 발표자를 비롯한 모든 회원분들이 바쁘신 가운데도 책자 발간의 취지에 공감하여 적극적으로 협조해 주신 덕분에 다행스럽게도 선생님께서 기획하셨던 상사판례연구 시리즈 10권의 완간이라는 틀을 갖추어 발간할 수 있게 되었습니다. 소중한 정성과 따뜻한 관심을 보태 주신 발표자 및 편집자 여러분들께 진심으로 감사드리며, 아울러 선생님과의 인연으로 상사판례연구 책자의 발간 때마다 도움을 주셨고 마지막 발간까지 배려하여 주신 박영사의 안종만 회장님과 조성호 이사님께도 심심한 사의를 표합니다.

이번에 3권이 추가되어 모두 10권으로 완성되는 상사판례연구 시리즈 책자는 해방 이후 70년간의 주요 상사판례와 그에 대한 평석 및 법률 해설 자료 등을 집대성한 것으로서, 상법의 주요 쟁점과 법제 및 법리의 변화를 알 수 있는 중요한 역사적 의미를 가진 자료집입니다. 선생님이 뜻하신 바와 같이 향후 이러한 연구 성과를 토대로 하여 활발한 상사판례 연구 및 상사법의 발전이 이루어지기를 기대합니다.

2023년 8월 15일

편집대표

김용덕, 조인호, 박진순, 김용재, 김동민

第9巻 執　筆　者

高錫洪	서울고등검찰청 검사
權載烈	경희대학교 법학전문대학원 교수
金東民	상명대학교 지적재산권학과 교수
金成珍	중원대학교 법학과 교수
金容載	고려대학교 법학전문대학원 교수
金在範	경북대학교 법학전문대학원 교수
閔靖晳	수원고등법원 고법판사
吳泳俊	서울고등법원 부장판사
尹榮信	중앙대학교 법학전문대학원 교수
李度京	대구지방법원 판사
李相周	서울동부지방법원 부장판사
蔣尙均	법무법인(유한) 태평양 변호사
全炫柾	법무법인 KCL 변호사
鄭大翼	경북대학교 법학전문대학원 교수
鄭鎭世	前 홍익대학교 법학과 교수
陳尙範	서울서부지방법원 부장판사
崔文僖	강원대학교 법학전문대학원 교수

(가나다 順. 현직은 2023년 7월 기준)

目　次

會 社 法

會社法

法人格否認 理論에서 法人格의 形骸化 내지 濫用을 認定하기 위한 要件*

金 東 民**

◎ 대법원 2008. 9. 11. 선고 2007다90982 판결

[事實의 槪要]

1. 訴訟의 當事者

(1) 원고는 직물제조 및 판매업을 하는 회사이고, 피고는 섬유무역 도매업을 하는 성진섬유 주식회사(이하 '성진섬유'라 한다)의 대표이사이다.

(2) 원고는 성진섬유에 폴리원단을 납품하였는데 1998. 10.까지 성진섬유로부터 지급받지 못한 물품대금이 44,874,749원에 이르게 되었고, 1998. 12. 11. 설립된 주식회사 문모드텍스타일(이하 '문모드텍스타일'이라 한다)이 성진섬유의 원고에 대한 위 물품대금채무 전부를 인수하였다.

(3) 그 이후 원고는 2003. 10.까지 문모드텍스타일에 폴리원단을 계속적으로 공급하였고, 위 인수채무 44,874,749원을 포함하여 원고가 문모드텍스타일로부터 지급받지 못한 물품대금은 모두 91,700,157원이었다.

2. 성진섬유와 문모드텍스타일의 關係

(1) 성진섬유는 1993. 10. 11. 서울 강남구 포이동 218-16 덕성빌딩 201호를 본점 및 사업장 소재지로 하여 설립된 회사(총 주식수 5,000주, 1주당 금

---

* 제18회 상사법무연구회 발표 (2008년 12월 6일)
본 평석은 「홍익법학」 제10권 제1호, 홍익대학교 법학연구소, (2009)에 게재하였음.
** 상명대학교 지적재산권학과 교수

액 10,000원)인데, 주주명부상으로는 피고가 3,000주, 손상윤이 800주, 민규식과 노수옥이 각 500주, 이협수가 200주를 보유하고 있지만, 손상윤은 피고의 妻 손상희의 사촌이고, 민규식과 노수옥은 성진섬유의 직원이어서, 실질적으로는 피고가 성진섬유 주식의 대부분을 소유하고 있었다. 또한 성진섬유의 임원은 피고, 손상희, 민규식, 손상윤으로 구성되어 있었고, 그 직원도 과장인 민규식과 경리인 노수옥 밖에 없었으므로, 성진섬유의 경영은 실질적인 지배주주이자 대표이사인 피고의 개인적 결정에 따라 이루어졌다.

(2) 성진섬유가 거래처의 부도 등 경영악화로 인하여 1998. 10. 30. 폐업하게 되자, 그 직후인 1998. 12. 11. 피고의 妻 손상희를 대표이사로 하는 문모드텍스타일이 설립되었는데, 문모드텍스타일은 성진섬유의 원고에 대한 기존 물품대금채무를 전부 인수하고 2003. 10.까지 원고와 사이에 연평균 거래금액 3억원 상당의 거래관계를 계속해서 유지해 왔다.

(3) 문모드텍스타일의 설립 당시 임원은 대표이사 손상희, 이사 채상헌·손상윤, 감사 함상연이었고, 주주명부상 문모드텍스타일 주식(총 주식수 5,000주, 1주당 금액 10,000원)은 손상윤과 손상희가 각 2,000주, 채상헌과 노수옥이 각 500주를 보유하고 있었는데(함상연은 손상희의 사촌인 손인숙의 夫), 피고는 2001. 12. 11. 손상희로부터 문모드텍스타일 주식 2,000주를 양수하면서 이사에 취임하였고, 같은 날 대표이사 손상희, 이사 채상헌·손상윤이 모두 퇴임하여, 결국 문모드텍스타일의 이사는 피고 1인만 남게 되었다.

(4) 문모드텍스타일의 사업의 종류는 '섬유무역 도매업'이고, 본점 및 사업장 소재지는 '서울 강남구 포이동 218-16 덕성빌딩 201호'인데, 이는 폐업한 성진섬유의 사업의 종류, 본점 및 사업장 소재지와 동일하다.

3. 事件의 展開

(1) 피고는 문모드텍스타일의 우리은행 계좌로 2000. 7. 25.에 6,000,000원을 입금하고, 2000. 8. 10.에 4,634,000원을 출금한 것을 비롯하여 수시로 문모드텍스타일의 위 계좌에서 자신의 계좌로 입금하는 등의 방법으로 입·출금을 반복하였고, 문모드텍스타일의 위 계좌에서 피고의 父 성춘복에게 2002. 1. 22.에 300,500원, 2002. 4. 18.에 1,600,000원, 2002. 4. 26.에 150,500원

등이 지급되었으며, 2002. 4. 25. 피고의 妻 손상희의 제일투자증권 계좌로 2,990,540원이 입금되었다. 또한 피고는 문모드텍스타일의 우리은행 다른 계좌로 1999. 12. 21.에 15,000,000원, 2000. 5. 25.에 7,000,000원, 2000. 6. 1.에 10,000,000원, 2000. 6. 26.에 10,000,000원 등을 입금하였다. 그리고 원고는 1999. 11. 17. 문모드텍스타일에게 지급할 반품대금 4,717,782원을 피고의 국민은행 계좌로 송금하여 지급하였다.

(2) 한편 피고는 성진섬유와 문모드텍스타일을 폐업하면서 그 거래처의 물품대금채무에 대하여 20% 내지 30%의 물품대금을 지급하고 나머지 대금채무를 면제받는 형식으로 청산한 후에, 새로운 법인(이하 '소외 주식회사'라 한다)을 설립하여 사업을 계속 유지하고 있다. 여기서 소외 주식회사는 문모드텍스타일이 폐업할 무렵인 2003. 10. 24.에 설립된 회사인데, 그 대표이사는 피고의 妻 손상희의 오빠인 손상윤이지만 실제로는 피고가 소외 주식회사를 운영하고 있으며, 그 임원으로는 성진섬유와 문모드텍스타일의 주주이자 경리과 직원이었던 노수옥이 이사로 등재되어 있을 뿐이다.

(3) 그리하여 원고는 피고에게 91,700,157원 및 이에 대하여 2003. 10. 26.부터 2005. 6. 19.까지는 연 5%의, 그 다음 날부터 다 갚는 날까지는 연 20%의 각 비율에 의한 금액을 지급할 것을 청구하였다.

[訴訟의 經過]

1. 第1審 判決[1] (原告 勝訴)

(1) 문모드텍스타일의 실질적인 운영자가 누구인지에 관하여 살피건대, ① 원고의 직원인 증인 방은배는 피고가 처음부터 문모드텍스타일을 직접 운영하였다고 증언한 점, ② 피고가 실질적으로 지배하고 있던 성진섬유가 폐업됨과 거의 동시에 문모드텍스타일이 설립된 점, ③ 문모드텍스타일의 사업장 및 본점 소재지, 사업의 종류가 성진섬유와 동일하고, 성진섬유의 경리직원이었던 노수옥이 그대로 문모드텍스타일에서 근무한 점(노수옥은 두 회사 모두에 10% 지분의 주주로 등록되어 있다), ④ 성진섬유의 원고에 대한 기존 물품대금 채무 44,874,749원을 문모드텍스타일이 전부 인수하였고, 그 이

1) 대구지방법원 2006. 7. 13. 선고 2005가합4691 판결.

후에도 문모드텍스타일이 성진섬유의 거래처이던 원고와 계속하여 연평균 3억 원 상당의 거래관계를 동일하게 유지해 온 점, ⑤ 피고가 2001. 12. 11. 손상회의 주식을 모두 양수하고 단독이사로 취임하기 이전에도, 문모드텍스타일의 반품대금을 피고 개인의 계좌로 입금받았고, 문모드텍스타일의 계좌와 피고 개인의 계좌 사이에 자금이동이 빈번하게 있어왔던 점, ⑥ 피고가 문모드텍스타일 설립 직후인 1999. 1. 20.부터 문모드텍스타일의 직원으로 건강보험공단에 등록되어 있는 점 등을 종합하여 보면, 피고는 성진섬유가 부도날 위기에 처하자 성진섬유를 폐업하는 대신 성진섬유의 거래처와 직원 등을 그대로 인수한 문모드텍스타일을 설립하고 이를 실질적으로 운영하여 온 사실을 인정할 수 있다.

(2) 나아가 문모드텍스타일이 실질적인 운영자인 피고와 별개의 법인격을 갖는지에 관하여 살피건대, ① 피고가 성진섬유를 폐업하고 문모드텍스타일을 설립한 경위가 앞서 살펴본 바와 같고, ② 주주명부상으로는 피고가 문모드텍스타일 주식의 40%를 갖고 있으나, 피고 이외의 나머지 주주들도 대부분 피고의 인척 내지 직원으로 실질적으로는 피고가 문모드텍스타일 주식의 거의 전부를 소유하고 있는 점, ③ 최초로 선임된 문모드텍스타일 임원의 대부분이 피고의 처 내지 인척들이고, 위 임원들마저 2001. 12. 11. 모두 퇴임하고 피고가 단독이사로 선임되었으며, 문모드텍스타일이 주주총회나 이사회 결의 등 회사법적 절차를 준수하였는지에 관한 자료가 법정에 제출되지 않은 점 등에 비추어 문모드텍스타일은 전적으로 피고의 개인적인 결정에 따라 운영된 것으로 보이는 점, ④ 문모드텍스타일의 반품대금이 피고 개인의 계좌에 입금되는 등 문모드텍스타일의 계좌와 피고 개인의 계좌가 혼용되어 사용되어 온 점, ⑤ 문모드텍스타일의 자본금이 50,000,000원에 불과하고 문모드텍스타일에게 자본금 외에 다른 자산이 있었음을 인정할 증거가 없는 점 등 제반사정에 비추어 보면, 문모드텍스타일은 형식상으로는 주식회사의 형태를 갖추고 있으나 이는 회사의 형식을 빌리고 있는 것에 지나지 아니하고 그 실질은 배후에 있는 피고의 개인기업이라 할 것이므로, 피고가 문모드텍스타일과 별개의 인격체임을 내세워 원고에 대한 물품대금채무의 지급책임을 부정하는 것은 신의성실의 원칙에 위반되는 법인격의 남용으로

서 심히 정의와 형평에 반하여 허용될 수 없다 할 것이니, 원고는 문모드텍스타일은 물론 그 배후자인 피고에 대하여도 문모드텍스타일의 행위에 관한 책임을 물을 수 있다고 할 것이다.

(3) 따라서 피고는 원고에게 물품대금 91,700,157원 및 이에 대하여 원고가 피고에게 원단을 최종 공급한 다음날인 2003. 10. 26.부터 이 사건 소장 부본의 송달일인 2005. 6. 19.까지는 원고가 구하는 바에 따라 민법이 정한 연 5%의, 그 다음날부터 다 갚는 날까지는 소송촉진 등에 관한 특례법이 정한 연 20%의 각 비율에 의한 지연손해금을 지급할 의무가 있다.

2. 原審 判決[2] (抗訴人 敗訴)

(1) 문모드텍스타일의 실질적 운영자

① 피고가 실질적으로 지배하고 있던 성진섬유가 폐업됨과 거의 동시에 문모드텍스타일이 설립된 점, ② 문모드텍스타일의 사업장과 본점 소재지 및 사업의 종류가 성진섬유와 동일하고, 성진섬유의 경리직원이었던 노수옥이 그대로 문모드텍스타일에서 근무한 점(노수옥은 두 회사 모두에 10% 지분의 주주로 등록되어 있다), ③ 성진섬유의 원단대금채무 44,874,749원을 문모드텍스타일이 전부 인수하였고, 그 이후에도 문모드텍스타일이 성진섬유의 거래처이던 원고와 계속하여 연평균 3억 원 상당의 거래관계를 동일하게 유지해 온 점, ④ 피고가 2001. 12. 11. 피고의 처 손상희의 주식을 모두 양수하고 단독이사로 취임하기 이전에도 문모드텍스타일의 원단반품대금을 피고 개인의 계좌로 송금 받았고, 문모드텍스타일의 계좌와 피고 개인의 계좌 사이에 자금이동이 빈번하게 이루어진 점, ⑤ 피고가 문모드텍스타일의 설립 직후인 1999. 1. 20.부터 문모드텍스타일의 직원으로 건강보험공단에 등록되어 있는 점 등의 제반사정에 피고가 처음부터 문모드텍스타일을 직접 운영하였다는 원고의 직원인 제1심 증인 방은배의 증언을 종합하면, 피고는 성진섬유가 부도날 위기에 처하자 성진섬유를 폐업하는 대신 성진섬유의 거래처와 직원 등을 그대로 인수한 문모드텍스타일을 설립하고 이를 실질적으로 운영하여 온 사실을 인정할 수 있다.

---

2) 대구고등법원 2007. 11. 16. 선고 2006나7366 판결.

(2) 문모드텍스타일의 법인격부인과 피고 개인의 책임

① 피고가 성진섬유를 폐업하고 문모드텍스타일을 설립한 경위가 앞서 본 바와 같은 점, ② 주주명부상으로는 피고가 문모드텍스타일 주식의 40%를 갖고 있으나, 피고 이외의 나머지 주주들도 대부분 피고의 인척 내지 직원으로 실질적으로는 피고가 문모드텍스타일 주식의 거의 전부를 소유하고 있는 점, ③ 최초로 선임된 문모드텍스타일 임원의 대부분이 피고의 처 내지 인척들이고, 그 임원들마저 2001. 12. 11. 모두 퇴임하고 피고가 단독이사로 선임되어 문모드텍스타일을 전적으로 피고 개인의 결정에 따라 운영한 점, ④ 문모드텍스타일의 원단반품대금이 피고 개인의 계좌에 입금되는 등 문모드텍스타일의 계좌와 피고 개인의 계좌가 혼용되어 사용되어 온 점, ⑤ 피고가 문모드텍스타일을 폐업할 무렵 피고의 처 손상희의 오빠인 손상윤 명의로 다시 소외 주식회사를 설립하여 운영하고 있는 점, ⑥ 피고가 성진섬유와 문모드텍스타일을 폐업하면서 거래처의 물품대금을 20% 내지 30%만 지급하고 나머지를 면제받으면서도 계속하여 다른 법인을 새로 설립하여 사업을 계속 운영하여 온 점 등의 제반사정을 종합하면, 문모드텍스타일은 형식상으로는 주식회사의 형태를 갖추고 있으나 이는 회사의 형식을 빌리고 있는 것에 지나지 아니하고 그 실질은 배후에 있는 피고의 개인기업이라 할 것이므로, 피고가 문모드텍스타일과 별개의 인격체임을 내세워 원고에 대한 원단대금채무의 지급책임을 부정하는 것은 신의성실의 원칙에 위반되는 법인격의 남용으로서 심히 정의와 형평에 반하여 허용될 수 없고, 원고는 문모드텍스타일은 물론 그 배후자인 피고에 대하여도 문모드텍스타일의 거래행위로 인한 원단대금채무의 책임을 물을 수 있다.

(3) 소　　결

따라서 피고는 원고에게 위 원단대금 91,700,157원 및 이에 대하여 원고가 피고에게 원단을 최종 공급한 다음날인 2003. 10. 26.부터 이 사건 소장 송달일인 2005. 6. 19.까지는 원고가 구하는 바에 따라 민법이 정한 연 5%의, 그 다음날인 2005. 6. 20.부터 다 갚는 날까지는 소송촉진 등에 관한 특례법이 정한 연 20%의 각 비율에 의한 지연손해금을 지급할 의무가 있다.

3. 大法院 判決 (破棄還送)

대법원은 다음과 같은 이유로 원심 판결을 파기하고 사건을 원심인 대구고등법원에 환송하였다.

(1) 판결요지

(가) 회사가 외형상으로는 법인의 형식을 갖추고 있으나 법인의 형태를 빌리고 있는 것에 지나지 아니하고 실질적으로는 완전히 그 법인격의 배후에 있는 사람의 개인기업에 불과하거나, 그것이 배후자에 대한 법률적용을 회피하기 위한 수단으로 함부로 이용되는 경우에는, 비록 외견상으로는 회사의 행위라 할지라도 회사와 그 배후자가 별개의 인격체임을 내세워 회사에게만 그로 인한 법적 효과가 귀속됨을 주장하면서 배후자의 책임을 부정하는 것은 신의성실의 원칙에 위배되는 법인격의 남용으로서 심히 정의와 형평에 반하여 허용될 수 없고, 따라서 회사는 물론 그 배후자인 타인에 대하여도 회사의 행위에 관한 책임을 물을 수 있다고 보아야 한다.

(나) 여기서 회사가 그 법인격의 배후에 있는 사람의 개인기업에 불과하다고 보려면, 원칙적으로 문제가 되고 있는 법률행위나 사실행위를 한 시점을 기준으로 하여, 회사와 배후자 사이에 재산과 업무가 구분이 어려울 정도로 혼용되었는지 여부, 주주총회나 이사회를 개최하지 않는 등 법률이나 정관에 규정된 의사결정절차를 밟지 않았는지 여부, 회사 자본의 부실 정도, 영업의 규모 및 직원의 수 등에 비추어 볼 때, 회사가 이름뿐이고 실질적으로는 개인 영업에 지나지 않는 상태로 될 정도로 '형해화'되어야 한다. 또한 위와 같이 법인격이 형해화될 정도에 이르지 않더라도 회사의 배후에 있는 자가 회사의 법인격을 남용한 경우, 회사는 물론 그 배후자에 대하여도 회사의 행위에 관한 책임을 물을 수 있으나, 이 경우 채무면탈 등의 남용행위를 한 시점을 기준으로 하여, 회사의 배후에 있는 사람이 회사를 자기 마음대로 이용할 수 있는 지배적 지위에 있고, 그와 같은 지위를 이용하여 법인 제도를 '남용'하는 행위를 할 것이 요구되며, 위와 같이 배후자가 법인 제도 내지 법인격을 남용하였는지의 여부는 앞에서 살펴본 법인격 형해화의 정도 및 거래상대방의 인식이나 신뢰 등 제반 사정을 종합적으로 고려하여 개별적으로 판단하여야 한다.

(2) 판결이유

(가) 법인격 형해화에 관한 법리에 비추어 볼 때, 이 사건에서 위 1항의 (2), (3)과 같이 피고가 문모드텍스타일의 지배주주로서 2001. 12. 11.부터 단독이사로 선임되어 회사의 경영에 관한 전권을 행사하여 지배하고 있었다고 하더라도, 문모드텍스타일의 계좌와 피고 개인의 계좌가 혼용된 정도가 위 1항의 ④ 및 (4)와 같이 일부 혼용된 정도에 불과하다면 그러한 사정만으로는 법인이 형해화되어 그 법인격을 부인할 정도로 문모드텍스타일과 피고 사이에 심각한 재산의 혼용이 이루어졌다고 할 수 없고, 그 밖에 성진섬유와 관련하여 원심이 들고 있는 사정들은 문모드텍스타일의 형해화에 관한 사유로 삼기에 적절하거나 충분한 사유가 되지 못하므로, 결국 원심이 들고 있는 사정들을 모두 참작하여도 물품대금 채무의 발생 당시 피고 개인이 문모드텍스타일이라는 법인의 형태를 빌려 개인사업을 하고 있는 것에 지나지 아니하여 문모드텍스타일이 완전히 그 법인격의 배후에 있는 피고 개인의 개인기업에 불과하다고 보기 어렵다.

(나) 원심이 들고 있는 위 1항의 (1)에 해당하는 사항 중 ① 내지 ③ 및 ⑤ 부분은, 피고가 성진섬유를 폐업하고 그 거래처 및 직원 등을 실질적으로 인수하여 문모드텍스타일을 설립하였다는 것으로서 성진섬유와 문모드텍스타일 사이의 동일성을 문제 삼을 수 있는 사정에 불과하고, 그밖에 (2) 내지 (3) 및 (5)에 있는 사항은 피고가 성진섬유나 문모드텍스타일 및 소외 주식회사를 실질적으로 지배하고 있다는 사정에 관한 것이다.

(다) 그러나 법인격 남용을 이유로 문모드텍스타일의 법인격을 부정하려면 그와 같은 사정들만으로는 부족하고 피고가 자신에 대한 법률적용을 회피하기 위한 수단으로 문모드텍스타일의 법인 형식을 이용함으로써 그에 대한 법적 효과의 귀속을 부당하게 벗어나려고 하는 법인격 남용행위가 인정되어야 할 것인바, 주식회사의 물적·유한 책임성에 비추어 채권자를 해하는 경우가 아니라면 영업이 부진한 주식회사를 폐업하고 채권·채무를 청산한 다음 신규 자본을 투입하여 새로운 회사를 설립하고 운영하는 것 자체를 위법하다고는 할 수 없으므로 위 1항의 (6)과 같이 피고가 성진섬유나 문모드텍스타일을 폐업하면서 거래처의 물품대금을 20% 내지 30%만 지급하고

나머지를 면제받아 문모드텍스타일이나 소외 주식회사를 설립하여 운영하였다는 것 자체가 법인격을 부정할 만한 남용행위에 관한 사정이라고 단정하기 어렵고, 앞서 본 바와 같은 피고의 문모드텍스타일에 대한 지배의 정도 등을 참작한다고 하더라도 문모드텍스타일과 피고 사이의 재산혼용 정도에 비추어 볼 때, 피고가 그에 대한 법적 책임을 회피하기 위한 수단으로 법인제도를 남용하였다고 보기 부족하다.

(라) 따라서 원고가 문모드텍스타일의 배후자인 피고에 대하여도 문모드텍스타일의 거래행위로 인한 원단대금채무에 관한 책임을 물을 수 있다고 판단한 원심 판결에는 법인격 형해화와 법인격 남용에 관하여 법리를 오해한 위법이 있고, 이러한 위법은 판결에 영향을 미쳤음이 분명하다.

(마) 그러므로 나머지 상고이유에 대하여 더 나아가 살필 필요 없이 원심 판결을 파기하고, 사건을 다시 심리·판단하게 하기 위하여 원심 법원으로 환송하기로 하여 대법관의 일치된 의견으로 주문과 같이 판결한다.

[評　　釋]

Ⅰ. 序　　說

1. 會社의 法人格

상법상 모든 회사는 법인으로서(상법 제171조 제1항), 법인격을 부여받고 권리의무의 주체가 될 수 있는 지위에 있다. 그런데 이러한 입법취지와는 달리 회사가 채무면탈이나 재산도피의 목적으로 그 법인격을 남용하여 그 책임을 회피하는 경우가 있다.[3] 하지만 상법상 회사는 그 구성원인 사원과는 별개의 독립된 인격체이므로 사원은 무한책임사원이 아닌 한 회사의 거래에 대하여 책임질 바 아니며, 반대로 사원이 당사자로 되어 있는 법률관계에 대하여 회사가 관여할 일도 아니다. 그러나 사업으로 인한 위험부담을 줄이기 위한 방편으로 회사의 형식만 빌렸을 뿐이고 실제 사업의 운영은 어느 주주 개인의 사업과 다름없는 경우, 회사의 법인격은 오로지 제3자에 대한 책임을 회피하

---

3) 최기원, 「新會社法論」 제12대정판, 박영사, (2005), 56면.

는 데에만 이용되는 결과를 빚는다.4) 회사가 타인의 책임을 회피하기 위한 도구로 사용되는 것을 방치할 수는 없다. 이는 회사제도의 목적에 어긋남은 물론이고, 정의와 형평의 관점에서도 묵과할 수 없는 일이다.

2. 法人格의 濫用

(1) 이와 같이 회사의 법인격이 남용된 경우에 이를 법적으로 규제하는 방법으로는 사전적으로 시정을 하는 '豫防的 方法'과 사후적으로 보완하는 '矯正的 方法'으로 나누어 볼 수 있다.5) 전자로는 i) 최저자본금을 법정하여 이를 유지시키도록 강제하는 방법(상법 제329조 제1항), ii) 금융감독원과 같은 행정기관이 회사의 자본과 업무상태를 상시 감독하는 방법 등이 있다. 후자에는 i) 설립요건을 강화하거나 설립무효나 취소의 소제기 요건의 강화와 같은 입법적 조치, ii) 회사의 행위가 공익을 해하는 경우에 회사의 해산을 명하여 회사의 존재를 전면적으로 박탈하는 해산명령(상법 제176조)이나 해산판결(상법 제520조)과 같은 사법적 조치, iii) 회사의 존재 자체를 인정하면서 부당한 목적으로 회사제도가 이용된 경우에 문제된 법률관계에 관해서만 회사의 법인격을 부인함으로써 타당한 결론에 도달하려는 방법이 있다. 하지만 '豫防的 方法'은 제제수단으로서의 기능이 약하여 법인격을 남용한 회사에 대한 규제로 부적절하고, '矯正的 方法' 중 설립의 무효나 취소 또는 회사의 해산명령이나 해산판결과 같은 극단적인 수단은 법인격을 전면적으로 박탈함으로써 기업의 해체를 초래하고 결국 막대한 사회경제적인 손실을 양산하여 오히려 건전한 기업발전을 저해할 소지가 있다. 그래서 회사의 존립 자체에는 영향을 주지 않고 특히 문제된 법률관계에서만 법형식을 떠나 실질적인 책임의 주체를 찾아내어 법인격의 남용을 시정할 수 있는 방안이 영미의 판례에 의하여 발전하게 되었다.

(2) 사단법인의 경우에는 사단 구성원의 법인격과 법인 자체의 법인격은 엄격히 분리되는 '分離의 原則'이 존재하고, 특히 물적회사의 경우에는 주주는 자신의 출자범위 내에서만 책임을 부담하는 '有限責任의 原則'이 대전

4) 이철송, 「會社法講義」 제15판, 박영사, (2008), 46면.
5) 정동윤, 「會社法」 제7판, 법문사, (2001), 21면.

제로 있다. 그런데 법인격부인 이론은 이러한 분리의 원칙 내지 유한책임의 원칙을 제한하는 중대한 예외적 법리이다. 이러한 법인격부인 이론은 다른 제도와는 달리 실정법상 명문으로 인정된 것이 아니라 실무상의 문제 해결을 위해서 구성된 이론이기 때문에, 이에 관한 구체적 내용은 판례와 학설에 의존할 수밖에 없다.[6] 또한 법인격부인 이론은 주식회사의 기본질서인 유한책임제도의 기초를 위태롭게 하는 것이기 때문에 현실적인 적용에 있어서는 적용요건과 적용범위 등의 확정에 큰 어려움을 겪게 되는바, 현행법에서 법인격부인의 법리를 수용할 수 있는 확실한 이론적 근거를 마련하는 작업이 필요하다. 그런데 대법원에서는 법인격부인의 법리를 적용함에 있어서 상당히 엄격한 기준을 종합적으로 제시하고 있는바, 본 논문에서는 대법원의 대상 판례를 통하여 법인격부인 이론의 적용요건과 이론적 근거를 밝혀보고, 최근 독일을 중심으로 새롭게 등장하고 있는 소위 '實體責任把握'의 이론에 관하여 살펴보고자 한다.

Ⅱ. 法人格否認의 理論

1. 序　　說

(1) 의　　의

일반적으로 "法人格否認"(disregard of the corporate entity)이란 회사가 사원으로부터 독립된 실체를 갖지 못한 경우에 회사와 특정의 제3자간의 문제된 법률관계에 있어서만은 회사의 법인격을 인정하지 아니하고 회사와 사원을 동일시하여 회사의 책임을 사원에게 묻는 것을 말한다. 예컨대, 甲회사가 자기의 채무를 변제할 자력이 없고 소정의 요건을 구비할 경우, 채권자 乙은 甲회사의 존재를 부인하고 그 지배주주 A에게 책임을 묻는 것이다. 이것은 주로 주식회사에 있어서 주주가 유한책임제도를 악용함으로써 생겨나는 폐단을 해결하기 위하여 발전된 이론이다.[7] 영미의 판례법으로부터 형성되어온

---

6) 송호영, "法人格否認論의 要件과 效果 -대법원 2001. 1. 19. 선고 97다21604 판결-", 「저스티스」 통권 제66호, (2002), 248면.

7) 미국에서의 '法人格否認'은 disregard of the corporate fiction 또는 piercing the corporate veil 이라고 표현되며, 독일에서의 透視理論(Durchgriffshaftung)은 '責任實體把握'으로 번역되고 있다.

'法人格否認'의 법리와 독일의 '實體責任' 내지 '透視理論'(Durchgriffshaftung)의 법리[8]는, 회사의 법인격을 전면적으로 부정하지 않고, 회사의 특정한 법률관계에 한하여 법인격을 부인함으로써 그 법인의 배후에 있는 실체, 예컨대 지배주주나 다른 회사를 기준으로 하여 법률적인 취급을 하려는 것이다. 즉 법인격부인의 법리는 원칙적으로 법인격을 유지하면서 회사와 그 배후에 있는 주주를 동일시하여 법률관계의 해결을 도모하는 법리라고 할 수 있다. 그런데 이 경우에 법인격의 부인이란 사단성의 부인을 포함하는 것으로 해석되어야 한다. 왜냐하면 사단성의 부인 없이 법인격만이 부인되면 권리능력 없는 사단이 되고, 법인격 없는 사단은 유한책임으로 주주 개인의 책임을 직접 도출할 수 없기 때문이다.

(2) 근 거

미국의 경우 법인격부인의 법리적 근거로서 도구설이나 동일체설 등 여러 가지 견해가 등장했지만, 어느 것도 정설이라 할 만한 것이 못 되고, 이는 모두 비유적 표현으로서 법인격부인론의 법적 이해에 별 도움이 되지 않는다는 비판을 받고 있다.[9] 우리나라의 경우에는 독일의 투시이론의 영향을 받아 실정법적 근거로서 ⅰ) 민법 제2조 제1항의 신의성실의 원칙 위반이라는 견해,[10] ⅱ) 민법 제2조 제2항 권리남용의 금지라는 견해,[11] ⅲ) 상법 제171조 제1항 소정의 法人格의 개념에 내재하는 한계라는 견해[12] 등 다양한 근거가 제시되고 있다. ⅲ)의 견해는 법인격이란 합법적인 목적을 위해 사용할 것을 조건으로 인정된 특권이므로, 법인격이 정의에 반하는 목적으로 악용될 경우에는 법인격의 존재근거를 상실한다고 하는데, 그 논리는 실질적으로 ⅱ)의 권리남용금지의 원칙과 차이가 없다. 대법원도 "별개의 법인격을 가진 회사라는 주장을 내세우는 것은 신의성실의 원칙에 위반하거나 법인격을 남용하는 것으로서"라고 표현하고 있다.[13] 동 이론은 회사와 거래하는

8) Schanze, Einmanngesellschaft und Durchgriffsgaftung, 1975; Schanze, Durchgriff, Normanwendung oder Oranhaftung, AG, 1982. 2, S. 42.

9) Easterbrook & Fischel, p.54.; Hamilton, p.227.

10) 이철송, 전게서, 51면.

11) 최기원, 전게서, 57면.; 김정호, 「商法講義(上)」 제2판, 법문사, (2000), 42면.

12) 정찬형, 「商法講義(上)」 제10판, 박영사, (2002), 418면.; 손주찬, 「商法(上)」 제15판, 박영사, (2003), 454면.

13) 대법원 1988. 11. 22 선고, 87다카1671 판결.

자의 신뢰보호를 위해 회사의 거래상의 책임을 사원에게 전가하는 목적을 갖고 있지만, 당사자 사이에 법률관계가 형성되지 않은 경우에도 적용할 필요가 있다. 따라서 법인격부인의 법리는 회사에 대하여 법인격을 부여한 정책적인 입법취지 및 신의성실의 원칙 내지 권리남용의 금지에 관한 민법 제2조를 종합적으로 고려하여 그 근거를 찾는 것이 타당하다.

2. 適用要件

법인격부인론은 이론적 근거 내지 실정법상의 근거가 명확하지 않으며, 주식회사의 기본적 요소인 회사의 법인성(제171조 제1항)과 주주의 유한책임(제331조) 등을 부정하는 것이므로 일반적으로 적용될 수는 없고, 기존의 법규나 법해석에 의하여 해결될 수 없는 경우에 최후적·보충적으로 적용되어야 한다. 일반적으로 법인격부인론의 적용범위와 요건에 관하여는 ⅰ) 법인격이 形骸化된 경우, ⅱ) 법인격이 濫用된 경우의 두 가지가 인정되고 있다.

(1) 법인격이 남용된 경우

(가) 회사의 법인격을 濫用한 경우라 함은 회사의 발행주식의 전부 또는 그 대부분을 갖고 있는 자가 회사를 지배하고, 회사의 법인격을 위법·부당한 목적으로 이용하는 등 회사 법인격의 이용이 사회통념상 허용될 수 없는 경우이다. 따라서 법인격 남용의 경우는 지배의 요건과 목적의 요건이 필요하다.[14] 첫째, '支配의 要件'은 배후자가 회사를 자기 마음대로 도구로서 이용하여 지배적 지위에 있는 경우를 말한다. 통상적으로 사원이 1명인 1인 회사의 경우에는 지배의 요건이 당연히 인정되며, 사원이 여러 명이라도 지배사원이 회사를 도구로 이용하는 경우에는 지배의 요건이 성립된다. 둘째, '目的의 要件'은 배후자가 위법·부당한 목적을 위하여 회사의 법인격을 이용하는 것을 말한다. 이 요건에 대하여는, 민법 제2조 제2항의 권리남용금지와 관련하여, 主觀的 濫用說에 의하면 가해의 의사나 목적 등 주관적 요건에 대한 입증이 곤란하다는 것을 이유로 객관적 남용설이 정당하고, 따라서 법인격의 이용이 객관적으로 사회통념상 인용될 수 없는 것으로 족하다는 '客

14) 홍복기, "法人格否認理論의 適用", 「考試硏究」 통권 제280호, 고시연구사, (1997), 113면.

觀的 濫用說'이 타당하다.[15] 그러나 위의 요건만으로는 법인격 남용의 판단 기준으로서는 불명확하므로 법인격남용의 사례를 유형화·체계화하여 그 요건을 정립할 필요가 있다.

(나) 그리하여 법인격의 남용에 관한 사례를 ① 법규범의 侵奪, ② 계약상 의무의 回避, ③ 채권자 詐害 등의 유형으로 분류하여 이들의 유형을 가지고 구체적인 경우에 적용하는 것이 가능하다.[16] 여기서 ①에 해당되는 경우로는 상법상 경업피지의무를 부담하는 자가 그 의무를 회피하기 위하여 자신이 지배하는 회사를 설립하여 당해 회사로 하여금 경업행위를 하게 하는 경우, 노동조합의 권리를 해하기 위하여 위장해산을 하는 경우 등이 있다. ②에 해당되는 경우로는 영업양도에서 영업의 양도인과 같이 계약상 일정한 부작위의무를 부담하는 자가 이를 회피하기 위하여 회사를 설립하여 회사로 하여금 금지된 행위를 하게 하는 경우, 일정한 급부의무를 부담하는 회사의 지배주주가 그 의무를 면하기 위하여 회사를 해산하고 신회사를 설립하는 경우, 채무자가 강제집행을 면하기 위하여 회사를 설립하여 자기재산의 현물출자하여 이전하는 경우 등이 있다.[17] ③에 해당하는 경우로는 영업상 필요한 자금의 극히 일부만을 출자하는 소위 '과소자본'의 상태에서, 그 대부분을 회사의 지배자가 대부하여 회사의 도산시 지배자가 다른 채권자보다 우선변제 또는 동순위의 변제를 받는 경우 등이 있다.

(2) 법인격이 형해화된 경우

(가) 법인격이 形骸化된 경우라 함은 회사는 형식적으로 존재하지만, 그 실질이 온전히 개인 기업에 지나지 않는 경우를 말한다. 이 경우의 요건은 회사의 배후자에 의한 회사의 완전한 지배에 있다. 이러한 남용의 경우에 있어서 '支配의 要件'은 반드시 완전한 지배를 요하지 않는다. 법인격이 형해화된 경우에는 이러한 완전한 지배에 의하여 회사 법인격의 독립성, 즉 회사와 사원의 분리원칙이 무시되는 것이고, 이 자체가 회사 법인격의 남용이 되기 때문에 법인격의 남용 사례에 있어서와 같은 '目的의 要件'은 요구되지 않는다.[18] 그리고 구체적인 판단기준으로서, 예컨대 회사재산과 개인재산 또는

15) 김준호, 「民法講義」 제8판, 홍문사, (2008) 25면.
16) 홍복기, 전게논문, 113면.
17) 최기원, 전게서, 58면.

다른 회사의 재산의 혼동, 회사 영업활동의 수지와 개인 활동의 수지의 혼재, 주주총회 또는 이사회의 의사결정이나 업무집행에 관한 방법의 무시, 자회사가 모회사의 영업의 일부에 지나지 않는 모자회사의 구조 등 회사의 실질이 전혀 개인 기업에 지나지 않는 경우를 말한다.

(나) 그런데 이 법리는 1인회사인 경우에 적용될 여지가 많지만, 1인회사가 인정되는 한 단순히 주주총회나 이사회 등의 법적 절차가 완전히 도외시되었다는 사실만으로 법인격이 형해화 되었다고 하여 이 법리가 적용되어서는 안 된다고 본다.[19] 왜냐하면 법인격의 형해화를 이유로 이 법리를 적용하려면 더 나아가 회사재산과 개인재산의 혼동 및 회사의 업무와 개인적 활동의 혼동이라는 요건이 필요하기 때문이다.[20] 일본에서는 법인격이 형해화된 경우는 물론이고, 법률상 또는 계약상의 의무를 회피하거나 채권자에 대해 사해행위를 하는 등 법의 적용을 회피하기 위하여 법인격을 남용하는 경우에도 이 법리가 적용된다고 한다.[21] 법인격의 형해화도 법인격을 남용하는 결과로 생기는 현상에 불과하다고 보면, 이 법리는 광의로 법인격이 남용된 경우에 적용된다고 할 것이다.[22]

3. 外國의 適用例

(1) 법인격부인의 적용요건

외국에서 법인격부인 이론을 인정하기 위한 요건으로는, ⅰ) 특정주주가 회사를 완전히 支配하고 있으며, ⅱ) 회사의 사업은 실질적으로 주주 個人의 사업에 불과하기 때문에 회사는 형식에 불과하고, ⅲ) 회사의 無資力으로 인해 회사채권자가 변제받지 못하는 손실을 입어야 한다는 점을 제시하고 있다. 경우에 따라서는 주주와 회사의 인격의 동일성을 요구한다거나, 주주와 회사의 이해관계가 일치해야 한다거나, 회사 재산과 주주 재산의 혼융을 요한다는 등으로 설명하고 있는데, 이는 ⅰ)과 ⅱ) 요건의 구체적인 표현

---

18) 홍복기, 전게논문, 113면.
19) 대법원 1977. 9. 13. 선고 74다954 판결.
20) 최기원, 전게서, 57면.
21) 日本 最高裁判所 1969. 2. 27, 民集 23. 2. 511.
22) 최기원, 전게서, 58면.

에 해당한다. 그리고 iii)의 손해발생의 요건은 법인격부인이 성립하기 위한 당연한 전제이다. 이 경우에 회사의 사업규모에 비해 자본이 지나치게 근소해야 한다는 논거가 법인격부인을 위해 필요한 요건으로 제시되기도 한다. 자본이 과소하다는 것은 회사의 무자력을 유도하는 중요한 요인이라 할 수 있지만, 이를 법인격부인의 적극적 요건으로 하는 것은 동 이론의 적용대상을 부당히 축소시키는 결과가 될 수 있기 때문에, 무자력의 요건은 소극적 요건으로 해석하는 것이 타당하다. 자본이 형식적으로 충분하더라도 실질적으로는 부실하여 변제의 자력이 불충분한 경우도 있고, 심지어는 주주에게 부당히 유출되는 경우도 많은데, 오히려 이런 경우에는 더욱 법인격을 부인할 필요가 있기 때문이다.

(2) 법인격남용의 의사

법인격부인이 인정되기 위하여 주주가 주관적으로 법인격남용의 의사를 갖고 있어야 하는지가 문제된다. 주주의 남용의사를 필요로 한다면 그 입증의 어려움은 법인격부인론의 실용성을 반감시킬 것이다. 특정 주주가 회사를 완전히 지배하고 회사의 사업이 주주의 개인 사업처럼 운영된다면 그 사실 자체만으로도 법인격에 따른 주주의 유한책임과 같은 회사제도의 이익을 향유할 가치가 없다고 볼 수 있으며, 또한 회사채권자를 보호할 필요성은 주주의 남용의사와 무관하게 발생하게 된다. 따라서 법인격부인이 인정되기 위하여 주주의 남용의사는 필요하지 않은 것으로 보는 견해가 타당하다.[23] 독일과 달리 우리나라의 경우에는 민법상 재산의 거래행위에 있어서 권리남용금지의 원칙이 적용되기 위하여는 주관적 요건으로서 권리자의 악의 내지 해의가 필요하지 않다는 견해가 다수설이다.[24]

4. 適用效果

(1) 실체법적 효과

법인격부인의 법리가 적용되면 회사의 법인격이 전면적으로 소멸되는 것이 아니라, 회사의 법인으로서의 존재에는 아무런 영향을 미치지 않고 특

---

23) 同旨: 이철송, 전게서, 55면.
24) 김준호, 전게서, 25면.

정한 당사자 사이의 법률관계에 국한하여 법인격이 없는 것과 같이 취급하여, 지배주주로부터 회사의 법적 독립성을 부정하게 된다. 따라서 회사채권자는 회사에 대하여 뿐만 아니라 그 배후에 있는 사원에 대하여, 그리고 자회사의 채권자는 자회사에 대하여 뿐만 아니라 모회사에 대하여도 그 책임을 추궁할 수 있게 된다. 이 경우 회사의 문제된 채무는 바로 그 배후의 실체인 지배주주 또는 다른 회사의 채무로 인정되는 것이 주된 효과이지만, 공평의 원칙상 문제된 거래의 부수적인 효과도 모두 주주에게 발생한다고 보아야 한다. 그리하여 이행되지 않은 반대급부에 대한 회사의 권리도 주주가 취득하며 회사가 갖는 각종 항변권도 주주가 행사할 수 있다고 본다.[25] 한편 법인격부인의 법리를 주장할 수 있는 자는 회사와의 거래 또는 회사의 불법행위에 의한 채권자 및 이에 준하는 자이지만, 법인의 기관 구성원으로서 법인격의 남용에 관여한 자는 스스로 법인격의 부인을 주장하여 그에 의한 이익을 향유할 수 없는 것으로 해석함이 타당하다.[26]

(2) 소송법적 효과

(가) 회사를 상대로 한 소송에서 승소한 채권자가 법인격부인의 요건을 충족하는 당해 회사의 지배주주에 대해 기판력 내지 집행력 등 판결의 효력을 미치게 할 수 있는지가 문제된다. 법인격부인을 위해서는 별도의 사실인정과 법해석이 필요하므로 회사에 대한 승소판결의 기판력이 당연히 지배주주에게 미친다고 볼 수 없음은 당연하다. 즉 회사의 배후에 있는 사원과 회사, 또는 구회사와 신회사가 사실상 동일체인 경우에도 소송 및 강제집행절차에 있어서는 명확성과 안정성을 중시하여야 하므로, 전자에 대한 판결의 기판력 및 집행력의 범위를 후사에까지 확장하는 것은 허용되지 않는다. 그러므로 사원과 회사가 실체법상으로 동일하게 취급되는 경우에 회사의 법인격부인이 인정된 결과 사원의 책임이 긍정되어 사원에 대한 판결이 있더라도 그 판결의 효력을 회사로 확장하여 회사에 대하여 건물의 명도 등을 구하여 집행할 수 없는 것이다. 그러나 일본에는 기판력 및 집행력의 확장을 인정하는 견해도 유력하다.[27] 문제는 지배주주를 회사의 승계인에 준하는

---

25) 최기원, 전게서, 57면.; 이철송, 전게서, 55면.

26) 日本 東京高等法院 1976. 4. 28 判示 826, 44.; 日本 東京高等法院 1973. 4. 26 判示 709, 38.

자로 보고(민사집행법 제31조 제1항), 채권자가 법인격부인의 요건을 증명하여 집행문부여의 소를 제기함으로써 주주에 대한 승계집행문을 받을 수 있느냐이다. 이 역시 소송절차의 명확성과 안정성의 요청에 어긋난다는 이유에서 부정하는 것이 일반적이다.[28]

(나) 대법원은 법인격부인 이론의 절차법적 효과에 관하여는 변론주의 내지 당사자주의에 관한 소송상 일반원칙을 존중하기 위하여 일관적으로 부정적인 입장을 고수하고 있다. 판례에 의하면 「甲회사와 乙회사가 기업의 형태와 내용이 실질적으로 동일하고, 甲회사는 乙회사의 채무를 면탈할 목적으로 설립된 것으로서 甲회사가 乙회사의 채권자에 대하여 乙회사와는 별개의 법인격을 가지는 회사라는 주장을 하는 것이 신의성실의 원칙에 반하거나 법인격을 남용하는 것으로 인정되는 경우에도, 권리관계의 공권적인 확정 및 그 신속·확실한 실현을 도모하기 위하여 절차의 명확과 안정을 중시하는 소송절차 및 강제집행절차에 있어서는 그 절차의 성격상 乙회사에 대한 판결의 기판력 및 집행력의 범위를 甲회사에까지 확장하는 것은 허용되지 아니한다」고 판시하고 있다.[29] 이러한 판례에 의하면, 원고는 피고에 대하여 승소판결을 받더라도 그 배후에 숨어있는 실체에게 책임을 물어서 강제집행을 하기 위하여는 별도로 배후의 실체를 피고로 하는 집행의 소를 제기하여 절차를 진행해야 한다.

Ⅲ. 責任實體把握의 理論

1. 序　　說

(1) 일반적으로 사단법인은 자연인과 마찬가지로 독립된 법인격을 가진 존재로서 권리와 의무의 주체로 인정되기 때문에, 법인 자체의 권리주체성과 그 구성원인 사원의 권리주체성은 분리·독립되어 있는데, 이를 '분리의 원칙'(Trennungsprinzip)이라고 한다. 이러한 분리의 원칙으로 인하여 사단법인은 그 구성원인 사원과는 별도로 자신의 고유한 '특별재산'(Sondervermögen)

---

27) 新堂幸司, 「民事訴訟法」, 92頁.; 住吉博, (民商 71. 3.) 180頁.

28) 최기원, 전게서, 59면.; 이철송, 전게서, 54면.; 정찬형, 전게서, 418면.; 日本 最高裁判所 1978. 9. 14, 判例時報 第906號, 88頁.

29) 대법원 1995. 5. 12. 선고 93다44531 판결.

을 갖게 된다. 특히 주식회사의 경우에는 회사 명의의 재산과 주주 명의의 재산이 엄격하게 구분되므로, 회사채권자는 회사에 대해서만 채무의 이행을 청구할 수 있으며, 이에 따라 회사의 재산만이 책임재산을 구성하고 주주는 회사의 채무에 대하여 아무런 책임을 부담하지 않게 된다.[30] 즉 주식회사에서는 모든 주주가 회사에 대하여 주식의 인수가액을 한도로 하는 출자의무를 부담할 뿐이고(주주의 유한책임), 회사채권자에 대하여 아무런 책임을 지지 않는다(제331조). 이와 같이 주식회사의 경우 그 채무는 회사 명의의 재산으로만 담보되는 것이고, 주주는 오로지 이익배당의 감소 또는 주가의 하락 등으로 인한 '간접손해'를 입게 될 뿐이다.[31]

(2) 하지만 사단법인의 경우는 자연인과 달리 '법기술적 개념'으로 형성된 존재이기 때문에,[32] 그 지위가 배후의 구성원에 의해서 악용됨으로써 법인의 채권자에게 예상치 못한 손해를 끼칠 가능성이 상존하고 있다. 즉 사단법인의 배후에 존재하는 구성원은 법인의 이름으로 법률관계를 형성하고 그에 따른 실질적 이익은 구성원이 취득하면서도, 정작 대외적 책임은 소위 '분리의 원칙'을 내세워서 법인이 부담토록 함으로써, 법인의 채권자의 지위를 위태롭게 할 뿐만 아니라 궁극적으로는 법인제도의 유용성에 심각한 문제를 야기할 수 있다. 또한 사단법인은 대표기관에 의해서 대외적인 행위를 하게 되는데, 특히 1인 회사의 경우에는 법인의 행위를 대표하는 자와 법인의 사원이 사실상 동일인이어서, 때로는 법인의 행위와 사원 개인의 행위를 엄격히 구분하는 것이 용이하지 않게 되어 그 책임귀속의 주체를 누구로 해야 하는지의 문제가 발생할 소지가 많다. 그리하여 사단법인의 대외적 법률관계에 있어서, 형식적으로는 법인의 행위인 관계로 법인 제산으로 책임을 지는 것이 맞지만, 실질적으로는 사원의 이익을 위한 것으로 보아 사원에게 책임을 묻는 것이 공평한 경우가 발생하게 되는데, 이러한 경우에는 소위 '분리의 원칙'을 제한할 필요가 있다는 실무상의 요구에 따라 개발된 논리가 바로 "법인격부인"의 법리인 것이다.[33]

---

30) 송호영, "독일법상 법인실체파악이론의 운용과 우리 법에의 시사점", 「비교사법」 제14권 제3호, 통권 제38호, (2007), 434면.
31) 김정호, "법인격 부인", 「주식회사법대계 Ⅰ」 제3판, (2019), 110면.
32) Reuter-MünchKomm. BGB, vor § 21 Rz. 1 ff.
33) 송호영, 전게논문, 434면.

2. 實體把握의 槪觀

(1) 의 의

미국의 판례법에 의하여 19세기 후반부터 형성된 '법인격부인 이론'(doctrine of disregard of the corporate entity)은 1930년대에 독일에 수입된 이래로, 독일의 학설과 판례는 실정법규와의 조화를 꾀하는 방식으로 미국의 법인격부인론을 변용시켜서 독자적인 '실체파악 이론'(Durchgriffslehre)을 정립하면서 그 이론적 구조를 체계화하였다.[34] 법인격부인 이론은 판례법 체계를 근간으로 하여 법인의 본질을 의제적인 것으로 보는 미국법에서 유래한 제도인데도, 정작 우리나라는 성문법 체계를 근간으로 하면서 법인의 본질을 실재적인 것으로 파악하고 있기 때문에, 필연적으로 동 이론의 실무적인 진입이 용이하지 못한 구조적 난점을 갖고 있다.[35] 우리나라와 같이 성문법계 국가에서는 최후의 수단으로서 법인격부인의 법리를 적용하기 위해서는, 그 적용을 위한 사례의 유형화 작업이 중요한 의미를 갖는데, 아직까지 우리나라에는 법인격부인의 법리 적용을 유형화시킬 만큼 충분한 판례가 누적되어 있지 않다. 다만 우리와 같은 법체계를 갖고 있는 독일에 있어서의 '실체파악 이론'의 유형을 고찰해봄으로써, 향후 법인격부인의 법리 적용을 위한 유형화 작업의 방향을 용이하게 설정할 수 있을 것이다.

(2) 실체파악에 관한 학설

독일에서 논의되는 "실체파악"이란, 원래의 규범 귀속자의 배후에 존재하는 제3자를 실체로 파악하여 그에게 법적 효과가 미치게 되는 것을 말하는데, 이는 배후자의 주관적 의도 내지 목적이 있었는지의 여부에 따라 주관적 남용설과 객관적 남용설로 구분된다.[36] 첫째, '주관적 남용설'(subjektive Mißbrauchslehre)에 의하면, 모든 종류의 법인은 동일한 특성을 가진 이른바 단일형상의 존재이기 때문에, 법인은 완전한 가치를 가진 권리주체로서 존중되어야 하지만, 법인이라는 법적 형태가 부정한 목적을 위해 의도적으로 남용되었을 때에는 예외적으로 그 권리주체성이 무시될 수 있다고 한다.[37] 둘

34) 최기원 저 · 김동민 보정, 「상법학신론(상)」 제20판, (2014), 443면.
35) 송호영, 전게논문, 435면.
36) 김정호, 전게논문, 118면.
37) Serick, Rechtsform und Realität juristicher Personen, Ein rechtsvergleichender Beitrag

째, '객관적 남용설'(objektive Mißbrauchslehre)에 의하면, 주관적 남용설과 달리 사원이 법인제도를 남용할 의사가 있었는지에 대한 판단은 필요하지 않으며, 그 대신 전체 법질서의 관점에서 법인과 사원 상호간의 지위를 구분하는 것이 객관적 법질서의 원리와 상충되는 때에는 법인의 독자적 권리주체성은 무시될 수 있다고 한다.[38] 독일의 경우 법인제도의 남용과 관련하여, 처음에는 부정한 목적을 요소로 하는 주관적 남용설이 주장되었지만, 이후 학설은 주관적 요소를 제거하고 객관적 법질서와의 상충을 요건으로 하는 객관적 남용설이 주류를 이루고 있다.[39] 오늘날 독일의 판례도 객관적 남용설의 입장에 기초하고 있는 것으로 파악된다.[40]

3. 實體把握의 類型

독일에서의 "실체파악 이론"은 i) 법적으로 중요한 사항 즉 법률관계의 귀속주체를 정하기 위하여 인정되는 경우로서 '귀속 실체파악'과, ii) 배후에 숨어 있는 실체에게 책임을 추궁하기 위하여 인정되는 경우로서 '책임 실체파악'의 두 가지 유형으로 구분할 수 있다.

(1) 귀속 실체파악(Zurechnungsdurchgriff)

(가) "귀속 실체파악"이란, 회사의 특정한 사항을 사원의 것으로 귀속시키거나 또는 사원의 특정한 사항을 회사의 것으로 귀속시키는 논리구조로서, 법적으로 중요한 사항 즉 법률관계의 귀속을 위한 실체파악을 말한다.[41] 예컨대, 외부 채권자에 대하여 채무를 부담하고 있는 회사의 법인격이 형해화(形骸化)된 경우에, 그 법인격을 부인하고 사실상의 소유자에 해당하는 배후자에게 회사 채무에 대하여 개인 책임을 묻는 것이다.[42] 다만 이러한 대외

---

zur Frage des Durchgriffs auf die Personen oder Gegenstände hinter der juristischen Personen, Berlin 1955.

38) Erlinghagen, Haftungsfragen bei einer unterkapitalisierten GmbH, GmbHR, 1962, S. 176; Georg Kuhn, Haften die GmbH-Gesellschafter für Gesellschaftsschulden persönlich, Festschrift für Robert Fischer, S. 354 ff.; Ottmar Kuhn, Strohmanngründung bei Kapitalgesellschaften, S. 199 f.

39) 송호영, 전게논문, 436면.

40) BGHZ. 20, 4.; BGHZ. 20, 11.; BGHZ. 26, 37.; BGHZ. 31, 258.; BGHZ. 81, 315.; BGHZ. 89, 162.; BGHZ. ZIP 1992, 694.

41) Thomas Raiser, Recht der Kapitalgesellschaften, S. 327.

적인 책임의 귀속이 아니라 일정한 사실에 대한 인식은 누구를 기준으로 판단해야 하는지, 또는 회사가 부담하는 경업금지의무에 대하여 지배사원도 그 의무를 부담해야 하는지 등과 관련하여, 이러한 경우에는 회사의 대표기관의 인식 여부가 아니라 그 배후자인 지배주주의 주관적 용태를 기준으로 판단해야 하고, 또한 회사 이름으로 경업금지의무를 부담하는 때에도 이러한 의무는 그 지배주주에게 확장되는 것으로 본다.[43]

(나) 한편 "책임을 추궁"하기 위한 실체파악이 주로 '법률효과'의 측면(Rechtsfolgenseite)에서 법인의 배후 실체를 찾아서 책임을 부과하는 작업인데 반하여, "법률관계의 귀속"을 위한 실체파악은 주로 문제된 규범의 '구성요건'의 측면(Tatbestandsseite)에서 그 규범의 귀속주체를 찾는 작업이다.[44] 예컨대, 1인회사로부터 동산을 양도받은 사원이 그 선의취득을 주장하는 경우, 1인회사의 소유 가옥이 사원의 중과실로 인하여 소실되어 회사가 보험금을 청구하는 경우, 사원의 경업금지의무를 회피하기 위하여 회사를 설립하고 회사로 하여금 금지된 경업을 수행토록 하는 경우 등에 있어서, 형식상으로는 사원과 회사의 법인격은 별개로 다루어져야 하지만, 실질적으로는 사원에게 법률관계를 귀속시켜서 선의취득의 불성립, 보험금청구권의 상실, 경업금지의무 위반 등의 결과가 발생하게 된다.[45] 이러한 경우 독일 연방재판소는 실체파악 이론을 원용하여 해결하고 있지만, 주된 학설은 실체파악 이론을 원용하지 않더라도 법률의 규정이나 제도의 합목적적 해석을 통하여 동일한 결론에 이를 수 있는 것으로 주장하고 있다.[46]

(2) 책임 실체파악(Haftungsdurchgriff)

"책임 실체파악"이란, 회사의 채무에 대하여 사원의 개인적 책임을 추궁하기 위한 논리구조로서, 일반적으로 실체파악 이론을 일컫는 때에 등장하는 것이 바로 책임 실체파악이다. 이는 실체파악을 통한 책임추궁의 원리로서, 사원에게 다른 특별한 민사법적 의무부담의 근거가 없음에도 불구하고 사원에게 책임을 인정하여 회사의 채무를 부담토록 하는 이론을 말한다.[47] 책임

42) 김정호, 전게논문, 135면.
43) Thomas Raiser, Recht der Kapitalgesellschaften, Vahlen, 1992, S. 329 f.
44) 송호영, 전게논문, 438면.
45) 송호영, 전게논문, 438~439면 참조.
46) Karsten Schmidt, Gesellschaftsrecht, S. 228 ff.

추궁을 위한 실체파악의 유형으로는, 재산이나 영역의 혼융에 따른 책임, 타인의 지배 내지 조종에 따른 책임 등이 있다.

(가) 재산이나 영역의 혼융에 따른 책임

첫째, '재산의 혼융'이란, 회사의 재산과 사원의 개인 재산이 분리되지 않고 사용되는 경우, 회사 채무에 대하여 사원 개인이 책임을 지는 것을 말한다. 예컨대, 회사재산이 회사의 장부에 불분명하게 기재되어 있는 경우, 회계사항이 파악하기 어렵도록 위장되어 있는 경우, 회사와 사원의 재산을 구분하는 것이 은폐된 경우 등은 재산의 혼융이 있는 것으로 본다.[48] 재산의 혼융 상태로 인정되면, 사원은 회사채무에 대하여 회사와 함께 무한책임으로서 연대책임을 부담하게 되는데, 이러한 책임의 법적 근거는 독일 민법 제242조의 신의성실의 원칙으로부터 파생한 '선행행위와 모순되는 행위의 금지' 원칙에서 비롯되는 것이다.[49]

둘째, '영역의 혼융'이란, 사원이 법인 사업의 독립성에 관한 규정을 준수하지 않은 경우, 회사 채무에 대하여 사원 개인이 책임을 지는 것을 말한다.[50] 예컨대, 사원이 개인적으로 점포를 운영하면서 다른 회사의 영업주소로 등록한 경우, 점포와 회사의 사무실이나 전화 회선 및 사무원이 동일한 경우, 회사채권자 입장에서는 사원 개인의 영업과 회사의 영업이 외부적으로는 명확히 구분되지 않기 때문에 양자의 사업이 동일한 것으로 오인할 가능성이 크고, 따라서 사원은 회사채권자에 대해서 양자 간의 법적 분리를 주장할 수는 없다.[51] 이러한 경우에는 실체파악의 법리가 전면에 적용되는 것이 아니라, 일반적인 권리외관 책임의 법리가 적용되는 것이다.[52]

---

47) Scholz-Emmerich, § 13 GmbHG Rz. 59.

48) BGHZ 1985, 740.; 송호영, 전게논문, 440면.

49) Lutter, Die zivilrechtliche Haftung in der Unternehmensgruppe, ZGR 1982, S. 244, 251; Coing, Zum Problem des sogenannten Durchgriffs bei juristischen Personen, NJW 1977, S. 1793, 1795; Erlinghagen, Haftungsfragen bei einer unterkapitalisierten GmbH, GmbHR 1962, S. 169, 172.

50) Karsten Schmidt, Gesellschaftsrecht, S. 234 ff.; Scholz-Emmerich, § 13 GmbHG Rz. 81, 88.; Lutter, Die zivilrechtliche Haftung in der Unternehmensgruppe, ZGR 1982, S. 244, 251 f.

51) 송호영, 전게논문, 441면.

52) Hachenburg-Mertens, Anh. § 13 GmbHG Rz. 49; Scholz-Emmerich, § 13 GmbHG Rz. 88 a; Lutter, ZGR 1982, S. 244, 252.

(나) 타인의 지배에 따른 책임

'타인의 지배 내지 조종'이란, 법인의 활동이 법인 자신의 고유한 이익을 위해서가 아니라 법인 외부의 다른 이익을 위하여 행하여지는 경우, 회사채무에 대하여 사원 개인이 책임을 지는 것을 말한다.[53] 이러한 유형은 사원이 단순히 회사를 지배하는 것으로는 부족하고, 회사가 특정 사원에게 과도하게 종속되어 회사 내부의 의사결정이 심하게 제한되어 있거나 아예 봉쇄되어 있는 상태에 이를 것을 요한다.[54] 이러한 타인지배의 경우에 실체파악 이론을 통하여 외부의 지배 회사에게 직접적인 책임을 물을 수 있다고 주장하는 견해가 있지만,[55] 회사의 지배에 관한 사례는 전형적으로 독일 주식법상 콘체른 규정에서 규율하는 내용이기 때문에 구태여 실체파악 이론을 동원하지 않더라도 해결이 가능하다는 견해가 다수설이다.[56]

Ⅳ. 對象 判決의 檢討

1. 法人格否認 理論의 適用

법인격부인론은 보통 무자력한 회사의 채무에 대해 지배주주로 하여금 책임지게 하기 위해 회사의 법인격을 부인하는 제도이다. 대상 판결의 경우도 주주와 회사의 관계를 종합적으로 검토하여 공통의 지배주주를 가진 성진섬유와 문모드텍스타일 사이에 있어서 재산의 실질소유관계가 지배주주인 것으로 판단하는 것이 타당하다고 본다. 즉 피고가 처음부터 문모드텍스타일을 직접 운영하였고, 피고가 실질적으로 지배하고 있던 성진섬유가 폐업됨과 거의 동시에 문모드텍스타일이 설립하였으며, 문모드텍스타일의 사업장 및 본점 소재지, 사업의 종류가 성진섬유와 동일하고, 성진섬유의 경리직원이 그대로 문모드텍스타일에서 근무한 사실에 비추어 두 회사는 동일한 실체를 갖고 있다고 할 것이다.

---

53) MünchKomm-Reuter, Vor § 21 Rz. 39.

54) Möllers, Internationale Zuständigkeit bei der Durchgriffshaftung, S. 31; MünchKomm-Reuter, Vor § 21 Rz. 40.

55) Klaus Muller, Die Haftung der Muttergesellschaft fur die Verbindlichkeiten der Tochter- gesellschaft im Aktienrecht, ZGR 1977, S. 1. 25.

56) Emmerich/Sonnenschein, Konzernrecht, S. 256; Karsten Schmidt, Gesellschaftsrecht, s. 239.

또한 성진섬유의 원고에 대한 기존 물품대금 채무 44,874,749원을 문모드텍스타일이 전부 인수하였고, 그 이후에도 문모드텍스타일이 성진섬유의 거래처이던 원고와 계속하여 연평균 3억 원 상당의 거래관계를 동일하게 유지하였으며, 피고가 피고의 처인 손상희의 주식을 모두 양수하고 단독이사로 취임하기 이전에도 문모드텍스타일의 반품대금을 피고 개인의 계좌로 입금받았고, 문모드텍스타일의 계좌와 피고 개인의 계좌 사이에 자금이동이 빈번하게 있어 왔으며, 피고가 문모드텍스타일 설립 직후인 1999. 1. 20.부터 문모드텍스타일의 직원으로 건강보험공단에 등록되어 있는 사실에 비추어 두 회사와 피고는 그 재산이 혼융되어 있어서 법인격이 거의 형해화가 되었다고 할 것이다.

결국 피고는 성진섬유가 부도날 위기에 처하자 성진섬유를 폐업하는 대신 성진섬유의 거래처, 직원 등을 그대로 인수한 문모드텍스타일을 설립하고 이를 실질적으로 운영한 것이라고 판단해야 할 것이고, 따라서 대상판결의 경우에도 법인격부인의 법리를 적용하여 성진섬유와 문모드텍스타일은 동일한 실체이고 따라서 그 배후에 숨어 있는 피고가 실질적인 기업주체로서 책임을 부담하는 것이 타당하다.

2. 下級審 判決의 檢討

대상 판결과 관련하여 동일한 사안은 아니지만, 다음과 같은 하급심 판결도 주목할 만하다. 첫째, 서울민사지방법원에서는 「회사의 설립이 용이함을 이용하여 채무를 면탈할 목적으로 구 회사의 상호를 변경하여 놓은 후 그 영업재산을 유용하여 그 상호나 대표이사 및 목적사업과 종업원 등이 구 회사의 그것과 동일한 신회사를 설립하는 것과 같은 경우에는 신구 양회사의 실질은 동일하다 할 것이고 이러한 신회사의 설립은 구 회사의 채무를 면탈할 목적으로 이루어진 주식회사제도의 남용이라 할 것이므로 신의성실의 원칙상 거래의 상대방에 대해 신구회사가 별개의 법인격을 가진다고 주장하지 못한다」라고 판시하였다.57)

둘째, 인천지방법원에서는 「개인회사를 경영하던 사업자 A가 거래상대

57) 서울민사지방법원 1984. 7. 6 선고 84가합72 판결.

방이 가지는 채권의 강제집행을 곤란하게 할 목적으로, 자신이 경영하던 개인회사와 동일하거나 유사한 주식회사를 설립하고 설립등기를 마쳤더라도 그 실질은 배후자 A의 개인기업과 동일하고, 이러한 신회사의 설립은 주식회사제도의 남용이므로, 이러한 경우에는 법인격부인의 법리에 의하여 자신과 신회사가 별개의 법인격이라는 주장을 할 수 없고 그 상대방은 신회사와 그 배후자 A 중에서 어느 쪽에 대하여도 채무의 이행을 구할 수 있다」라고 판시하였다.[58] 그러면서 동 판결에서는 「이 경우 신회사가 배후자 A의 개인기업에 불과하거나 배후자 A에 대한 법률적용을 회피하기 위한 수단으로 이용되는지의 여부는, 회사설립까지의 과정이나 회사설립 후의 영업목적, 거래상대방 내지 영업활동지역, 임원의 구성, 물적·인적 설비의 동일성 내지 유사성 등 신회사의 설립경위와 임원의 역할 및 실제경영에의 참여 여부, 회사운영을 주도하는 자가 누구인지 등 신회사의 운용실태 등을 종합적으로 고려하여 판단하여야 한다」라고 판시하고 있다.

3. 對象 判決의 分析

이러한 하급심 판례에 의하면 개인회사를 경영하던 사업자가 거래상대방이 가지는 채권의 강제집행을 곤란하게 할 목적으로, 자신의 개인회사와 동일한 주식회사를 설립하더라도 그 실질은 배후의 개인기업과 동일하기 때문에 법인격부인론이 적용된다는 것이다. 이러한 해석에 의하면 회사채권자와의 관계에서 구회사의 법인격은 부인되고 이와 동일시 할 수 있는 신회사에 대하여 책임을 물을 수 있게 된다. 대상 판결의 경우에도 성진섬유와 문모드텍스타일은 그 실체가 동일한 회사로서 원고인 채권자의 강제집행을 면탈할 목적으로 설립된 회사이기 때문에, 양자에 대하여는 법인격부인론이 적용되는 것이 타당하다. 즉 성진섬유와 문모드텍스타일은 동일한 법인으로서 성진섬유의 책임을 문모드텍스타일이 그대로 부담하는 것이 합목적적인 해석이다.

문제는 이러한 해석을 기초로 양 회사의 배후에 숨어 있으면서 책임을 면탈하려는 지배주주 즉, 대상 판결에서의 피고에게도 법인격부인론을 적용

58) 인천지방법원 2002. 1. 9 선고 2000가합10099 판결.

할 수 있는가이다. 대상 판결의 경우 은행계좌의 이체사실을 보면 성진섬유의 재산과 문모드텍스타일의 재산 그리고 피고의 재산은 완전히 혼융되어 있어서 상호간에 누구에게 어떠한 재산이 어떻게 귀속되어 있는지를 알 수가 없을 정도로 그 구별이 곤란하다. 또한 외관상으로는 대상 판결의 양 회사는 그 주식이 여러 명에게 분산 소유되어 있어서 양 회사와 피고는 별개의 인격체로 보이지만, 실제로 양 회사는 모두 피고 개인이 운영하는 개인기업 즉, 1인회사에 불과할 뿐이다. 결국 성진섬유와 문모드텍스타일 그리고 피고 이렇게 세 인격체는 법형식으로만 별개의 존재일 뿐이고 그 실질은 양 회사가 피고 개인에 의해 좌우되는 존재로서 피고와 동일한 실체로 파악하는 것이 타당하다.

따라서 주식회사에 있어서 주주의 유한책임의 법리를 남용하여 대상 판결의 양 회사의 책임을 회피하려는 피고의 일련의 행위는 마땅히 법의 심판대에 놓여져야 한다. 생각건대 위와 같은 해석을 기초로 한다면, 이들 양 회사의 배후에 숨어있으면서 궁극적으로 개인의 책임을 피하기 위하여 대상 판결과 같은 소위 '껍데기회사'(shell company)를 기획하고 조정한 피고에 대하여도, 양 회사의 법인격을 모두 부인하고 배후에 숨어있는 실체로서의 피고에게 책임을 묻는 것이 '각자에게 각자의 몫을 배분한다'는 법의 정의에 부합하는 해석이라 할 것이다.

4. 結　論

독일의 "실체파악 이론"에 기초하여 대상 판결을 분석해보면, 이 사건은 문모드텍스타일의 재산과 피고 개인의 재산이 혼융된 상태에서 그 귀속주체가 분명하지 않은 채로 법률관계가 형성되어 온 것이기 때문에, 회사의 재산과 사원의 재산이 분리되지 않고 융합된 상태로 사용되고 있는 경우에 해당한다. 따라서 동 사안은 '귀속 실체파악'이 아닌 '책임 실체파악'의 유형에 해당한다 할 것이고, 이 중에서도 재산이나 영역의 혼융에 따른 책임의 발생에 포섭되는 것으로 판단된다. 그렇다면 문모드텍스타일이 회사 명의로 형성하고 있는 법률관계에 대하여는 그 법률효과의 발생 측면에서 당해 회사의 배후에 가려져 있는 실체를 찾아서 그 책임을 부담토록 하는 책임 실체파악이 이루어져야 하는데, 사안의 경우는 책임 실체파악의 요건을 충족하고 있기 때문에 문모드텍스타일이 부담하는 채무에 대하여는 피고가 당해 회사의 실체로서 책임을 지도록 하는 것이 옳다.

한편 "법인격 부인이론"의 적용 여부를 살펴보면, 피고는 자신이 실질적으로 지배하고 있던 성진섬유를 폐업하면서 그 인적·물적 설비를 그대로 승계한 문모드텍스타일을 설립하였고, 당해 주주명부상으로도 피고와 그 가족이 회사의 주식을 거의 대부분 소유하고 있었으며, 문모드텍스타일이 받아야 하는 대금을 피고의 계좌로 송금받으면서 당해 회사의 계좌와 피고 개인의 계좌 사이에 수시로 자금의 이체가 이루어진 점 등이 인정되는데, 이는 회사와 그 배후자 사이에 재산과 업무가 구분이 어려울 정도로 혼융되어 있는 상태이므로, 문모드텍스타일은 그 회사의 상호로서만 존재할 뿐이고 실질적으로는 피고 개인의 영업에 지나지 않는 구조로 되어 있을 정도로 형해화되어 있는 것으로 판단된다. 결국 문모드텍스타일은 외형상으로는 법인의 형식을 갖추고 있지만 법인의 형태를 빌리고 있는 것에 지나지 아니하고 실질적으로는 완전히 그 법인격의 배후에 숨어 있는 피고의 개인기업에 불과하므로, 비록 외견상으로는 문모드텍스타일의 행위라 할지라도 당해 회사와 그 배후자인 피고가 별개의 인격체임을 내세워 문모드텍스타일에 대하여만 그로 인한 법적 효과가 귀속됨을 주장하면서 배후자인 피고 개인의 책임을 부정하는 것은 신의성실의 원칙에 위배되는 법인격의 남용으로서 정의와 형평에 반하여 허용될 수 없다. 결국 이 사안의 경우, '법인격 부인이론'을 적용하여 문모드텍스타일의 채권자는 당해 회사는 물론이고 그 배후에 숨어 있는 피고에 대하여도 회사의 명의로 형성한 법률관계 내지 행위에 대한 책임을 추궁할 수 있는 것으로 판단함이 타당하다.

株劵 未發行 會社에서 讓渡擔保된 株式의 二重讓渡와 株主權의 歸屬 및 行使*

金 在 範**

◎ 대법원 2014. 4. 30. 선고 2013다99942 판결

[事實의 概要]

(1) 피고 회사는 건축공사업, 수영장 운영업 등을 목적으로 설립되었고, 발행주식총수는 1만주(1주금액 1만 원)이고, 주권은 발행되지 않았다. 피고 회사의 운영은 C(D의 사위, 2010. 7. 5.부터 2011. 7. 29.까지 공동대표, 그 이후 현재까지 독대표이사), D(2008. 2. 13.부터 2010. 7. 5.까지 공동대표) 및 감사 E(D의 자)가 담당해 왔다.

(2) C와 D 등은 워터파크사업을 위하여 자금을 차입하였는데, 원고는 2009. 8. 21.부터 2010. 11. 2.까지 합계 13억 1천 2백여만 원을 피고 회사에게 지급하였고, 2009. 11. 18. D로부터 피고회사 주식 5,000주(지분율 50%)를 5천만 원에, J로부터 4,500주를 4천 5백만 원에 양도받기로 하는 주식양수도 약정(이 사건 주식양도계약)을 체결하고 같은 해 11. 20. 피고의 사내이사 및 공동대표이사로 취임하였다.

(3) 2009. 11. 20. 원고를 공동대표이사로 선임한 임시주주총회에서 주주명부상의 주주 D(5,000주), J(4,500주), E(500주) 중 D와 J, 2인이 출석하여 찬성하였고, 원고는 결의에 참여하지 않았다. 2010. 7. 2. 임시주주총회에서 원고가 공동대표이사로서 주주총회를 진행하여 사내이사 추가선임 및 공동대표이사를 선출하는 내용의 결의가 있었고, 주주명부상의 주주 D, J, E, 3인이 출석하여 찬성하였고, 원고는 결의에 참여하지 않았다.

---

* 제41회 상사법무연구회 발표 (2016년 10월 8일)

** 경북대학교 법학전문대학원 교수

(4) 위의 주식양도계약이 체결된 이후 J는 K에게 4,500주를, D는 L에게 2,500주를 이중으로 양도하였다.

(5) 피고 회사는 원고에게 소집통지를 하지 않고 2011. 7. 29. 임시주주총회를 개최하였고, 주주로서 D, E, K, L가 참석하여 원고를 사내이사 및 공동대표이사에서 해임하고, 공동대표규정을 폐지하며 C를 단독대표이사, D를 사내이사, E를 감사로 선임하는 내용의 이 사건 결의를 하였다. 이 당시 주주명부에는 D가 2,500주, E가 500주, K가 4,500주, L이 2,500주를 각각 소유하는 것으로 기재되어 있었다.

(6) 원고가 소를 제기한 이후 C, D, J는 2011. 11.경 원고의 자금조달의무 위반 등을 이유로 이 사건 주식양도계약이 무효이고, 그렇지 않으면 이를 취소 또는 해제한다고 통지를 하였다. 2012. 9. 17. 피고 회사는 원고에게 소집통지 없이 임시주주총회를 개최하였고, D · E · K · L이 참석하여 2011. 7. 29. 이 사건 결의를 추인하는 내용의 결의를 하였다.

(7) 원고는 합계 13억여 원의 대여금채권을 확보하기 위하여 피고 회사 주식 95%(9,500주)를 양도담보로 취득한 후 공동대표이사로 선임됨으로써 피고 회사로부터 위 주식양도에 관하여 확정일자 있는 승낙을 받았음에도 불구하고, 2011. 7. 29.자 및 2012. 9. 17.자 각 주주총회는 원고에게 소집통지조차 하지 않았음 등을 이유로 위 각 주주총회의 결의는 부존재하거나 또는 무효라고 주장하였다.

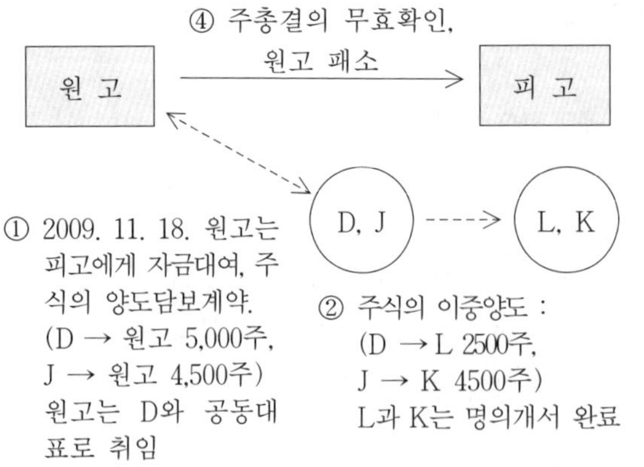

[訴訟의 經過]

1. 原告가 株式讓渡擔保權者로서 株主의 地位를 取得하는지 與否

원심은 이 사건 주식양도계약은 피고회사의 원고에 대한 차용금채무를 담보하기 위한 주식양도담보계약으로 보았고, 원고는 주식양도담보권자로서 피고 회사에 대하여 주주의 자격을 갖는다고 보았다. 대법원도 위와 같은 원심의 판단을 정당하다고 인정하였고, 원고가 주식의 양도담보권자로서 피고 회사에 대하여 주주의 자격을 갖는다고 보았다.

2. 原告가 株式讓受人의 地位로 K와 L에게 對抗할 수 있는지 與否

(1) 원심의 판단

(가) 주권발행 전 주식양도의 제3자에 대한 대항요건으로는 지명채권의 양도와 마찬가지로 확정일자 있는 증서에 의한 양도통지 또는 회사의 승낙이라고 보는 것이 상당하고, 주주명부상의 명의개서는 주식의 양수인들 상호간의 대항요건이 아니라 적법한 양수인이 회사에 대한 관계에서 주주의 권리를 행사하기 위한 대항요건에 지나지 아니한다. … 주권발행 전 주식이 이중으로 양도되어 제1 양수인과 제2 양수인이 모두 확정일자 있는 증서에 의한 양도통지나 승낙을 받지 못한 경우에는 서로 대항력이 없으므로 권리변동에 관한 일반원칙에 따라 먼저 양도통지를 하거나 승낙을 받은 자가 그 주식에 대한 권리를 취득한다.

(나) 원고가 피고 회사에 자금을 차입하기로 하고 그 차입금에 대한 담보로서 실질적인 주주이던 C 또는 주주명부상의 주주이던 D, J 사이에서 피고 회사의 주식 9,500주에 관하여 주식양도담보계약을 체결하고, 소집권자인 D가 피고회사의 대표이사로서 소집하여 개최된 2009. 11. 20.자 임시주주총회에 참석하여 이사 및 공동대표이사로 선임된 사실(주주로서 D, J가 결의함)을 인정할 수 있고, 이 같은 주식양도담보계약 및 원고의 공동대표이사로의 선임절차 과정에서 원고에게의 주식양도에 관하여 양도통지가 있었거나 피고 회사가 이를 승낙하였음이 추정된다.

(다) 제1양수인인 원고는 제2양수인인 K와 L에게 자신의 주식양수 사

실로써 대항할 수 있고, 그와 같은 사정을 알고 있었을 피고 회사에 대하여도 주주권을 행사할 수 있으며, 이에 반해 제2 양수인 K, L은 주주명부상 명의개서를 마쳤다 하더라도 원고에 대한 관계에서 주주로서의 우선적 지위에 있음을 주장할 수 없다.

(2) 대법원의 판단

(가) 「제1 주식양수인인 원고가 먼저 회사에 대하여 확정일자 있는 문서에 의하지 아니한 양도 통지나 승낙의 요건을 갖춘 후 이 사건 제2 주식양수인들이 다시 주식을 양수하고 주주명부상 명의개서를 마쳤다 하더라도, 제2 주식양수인들이 회사에 대하여 확정일자 있는 문서에 의한 양도 통지나 승낙의 요건을 갖추지 아니한 이상 원고에 대한 관계에서 주주로서의 우선적 지위에 있음을 주장할 수 없다」고 본 원심의 판단은 정당하다.

(나) 더 나아가 대상 판결은 「원고가 이 사건 결의 당시까지 명의개서를 마치지 않아서 자신이 양수한 주식에 관한 주주권을 행사할 수 없었던 이상, 피고 회사가 원고에게 소집통지를 하지 않고 임시주주총회를 개최하여 이 사건 결의를 하였다 하더라도 이 사건 결의에 부존재나 무효에 이르는 중대한 흠이 있다고 할 수 없다」라고 판시하였다.

3. 이 事件 決議 및 追認決議에 無效 내지 不存在의 瑕疵가 있는지 與否

(1) 원심의 판단

(가) 원고는 피고 회사에 대하여 자신이 양수한 9,500주(지분 95%)에 관하여 주주권을 행사할 수 있었다 할 것인데, 피고 회사는 2011. 7. 29.자 및 2012. 9. 17.자 각 주주총회 소집 당시 주주명부상의 주주인 D, L, K, E에게 소집통지를 하고 원고에게 소집통지를 하지 않은 상태에서 이 사건 결의 및 추인결의를 하였다 할 것이므로 이 사건 결의 및 추인결의에는 그 결의가 존재한다고 할 수 없을 정도의 중대한 흠이 있다.

(나) 이 사건 결의 및 추인결의 당시 피고 회사의 대표이사인 C 등은 주주명부상의 주주인 D, L, K가 정당한 주주가 아님을 알고 있었을 뿐만 아니라, 이를 쉽게 증명할 수 있었다 할 것이므로, 주주명부상 주주들에게 통지가 이루어졌다는 사정만으로 피고 회사를 면책시킬 여지도 없다.

(2) 대법원의 판단

(가) 명의개서를 하지 아니한 주식양수인에게 소집통지를 하지 않고 이루어진 주주총회결의에 절차상 하자가 있다고 할 수 없다.

(나) 甲 주식회사의 주권발행 전 주식을 양수한 A가 甲회사에 대하여 확정일자 있는 문서에 의하지 않은 양도의 통지나 승낙의 요건을 갖춘 후, B 등이 위 주식 중 일부를 이중으로 양수하여 명의개서를 마쳤는데, 그 후 A에 대한 소집통지 없이 임시주주총회가 개최되어 주주명부상 주주 전원의 찬성으로 A를 공동대표이사에서 해임하는 등의 결의가 이루어진 사안에서, 결의가 존재한다고 할 수 없을 정도의 중대한 흠이 있다고 본 원심 판결에 법리오해 등 위법이 있다.

[評　　釋]

Ⅰ. 爭　　點

주식양도계약에 의하여 양도인의 주주권은 양수인에게 이전하는 효력이 발생한다. 양도인은 주식양도를 통하여 투자금을 회수하고, 양수인은 양도인의 주주지위를 승계취득하여 주주권을 누릴 수 있게 되지만, 주식양도에 관여하지 않은 회사는 그 양도사실 및 양수인이 누구인지 여부를 확인하는 절차가 필요하다. 이를 위한 것이 주주명부에 대한 명의개서제도이다. 상법은 주식의 양도에 관련하여 주식의 양도성(제335조), 주식의 양도방법(제336조), 주식이전의 대항요건(제337조) 및 주주명부제도(제352조 내지 354조) 등을 두고 있지만, 실무에서 발생하는 법률문제를 명확하게 해결하지는 못하여 여러 쟁점들이 해석에 맡겨져 있다.

대상 판결의 사안에서 원고가 주식의 양도담보계약에 의하여 주식을 양수한 후 공동대표이사에 선임되었으나 양도인이 해당 주식을 다시 이중으로 양도하였고, 이후 원고는 피고 회사로부터 주주총회의 소집통지를 받지 못한 채 대표이사직에서 해임되어 해당 주주총회결의의 효력을 다투었다. 이 소송에서 원심과 대법원은 서로 다른 판단을 하였다. 쟁점으로는 주권이 발행되지 않은 회사의 주식이 이중으로 양도된 경우, 회사에 대한 관계에서 대항력은 어떻게 갖추어야 하는지, 양수인들 사이에서는 누가 주주권을 갖는 것인지 여부 등이다.

Ⅱ. 株式의 讓渡擔保와 株主權

1. 株式 讓渡擔保의 法理

주식의 양도담보란, 채무자가 자신의 주식을 담보로 설정하면서 채권자에게 주식의 소유권을 이전하고, 변제기에 채무불이행이 있으면 양도담보권자가 주식의 소유권을 확정적으로 취득하거나 주식으로부터 우선변제를 받고, 채무이행이 있으면 주식을 채무자에게 반환할 것을 약정하는 물적 담보로서 비전형담보에 해당한다.

주식의 양도담보는 동산양도담보에 준하는 것으로 인정되며, 그 성질에 관하여 ① 주식의 소유권은 양도담보권설정자에게 있고, 양도담보권자는 양도담보권이라는 제한물권만을 취득한다고 보는 '담보물권설'[1]과 ② 주식의 소유권이 신탁적으로 양도담보권자에게 양도된 것으로 보는 '신탁적 소유권이전설'[2]로 나뉜다. ①설은 채권담보의 목적을 중시하고, ②설은 담보목적보다는 소유권이전이라는 형식을 중시한다. '신탁적 소유권이전설'에 의하면 담보물의 소유권은 담보권설정자와 담보권자 사이(내부관계)에서는 담보권설정자에게 있지만, 외부관계에서는 소유권이 담보권자에게 이전한다. 또한 변제기 후 정산절차에 관하여 판례는 특약이 인정되지 않는 한 정산절차를 요하는 약한 의미의 양도담보로 추정하는 입장이다(대판 1999.12.10. 99다14433). 이에 의하면 특약이 있는 경우에는 정산절차 없이 채권자가 담보주식의 소유권을 취득하는 계약(강한 의미의 양도담보)도 가능한 것으로 보인다.

주식의 양도담보권자가 회사에 대한 관계에서 주주권을 가지는지 여부

---

1) 권기훈, "주식양도담보의 효력", 「한양법학」 제22집, (2008), 121면; 박준선, "상법상 주식 양도담보의 법리에 관한 고찰", 「한양법학」 제26권 제3집, (2015), 166면.

2) 정동윤, 「회사법」 제7판, (2005), 291면; 이철송, 「회사법강의」 제24판, (2016), 430면; 판례는 가등기담보에 관한 법률이 적용되는 부동산의 경우 제한물권설에 따르는 것으로 이해되지만(대법원 1996. 7. 30. 선고 95다11900 판결), 동법이 적용되지 않는 주식 양도담보의 경우에는 신탁적 소유권이전설에 따르는 것으로 보인다(대법원 1992. 5. 26. 선고 92다84 판결; 대법원 1995. 7. 28. 선고 93다61338 판결).

는 다수의 분쟁 사례에서 주요쟁점이 되어 왔다. 피담보채권의 변제기 이후에는 양도담보계약에 의하여 주식의 소유권을 취득하는 시점부터 양도담보권자가 주주권을 갖는다고 보아야 하지만, 피담보채권의 변제기 이전 단계에서는 양도인과 양수인 중 누가 회사에 대하여 주주권을 가지고 행사할 수 있는지 여부가 문제된다.

2. 株式 讓渡擔保契約과 株主權의 歸屬 및 會社에 대한 效力

(1) 주식 양도담보계약의 대내적 효력

주식 양도담보계약이 체결된 경우 주주권은 누구에게 귀속되는지에 관하여, 그 성질에 관한 '담보물권설'에 의하면 변제기 전후를 불문하고 주식의 소유권은 담보권설정자에게 있으므로 주주권자도 담보권설정자이다. 이는 양도담보계약 당사자 사이뿐만 아니라 외부관계에도 적용된다. 반면에 '신탁적 소유권이전설'에 의하면 양도담보계약의 당사자 사이에서 담보권자는 담보목적으로만 주식을 소유하므로 담보권설정자에게 그 소유권이 귀속되지만, 외부관계에서는 담보권자에게 그 소유권이 신탁적으로 양도되므로 담보권자가 소유자이며, 주주권자가 된다. 회사는 양도담보계약에서 외부관계에 해당하므로 회사에 대한 주주권자는 양도담보권자이다.

(2) 주식 양도담보계약의 회사에 대한 효력

회사에 대하여 주식양도담보권자가 의결권을 행사할 수 있는지 여부가 자주 문제되고 있다. '제한물권설'에 의하면 양도담보권설정자가 여전히 주식의 소유권을 가지므로 그가 회사에 대한 관계에서도 주주로서 의결권을 갖는다. 반면에 '신탁적 소유권이전설'에 의하면 대외적으로 양도담보권자가 주주이므로 회사에 대한 관계에서도 양도담보권자가 주주자격을 가지고(주주 지위의 귀속), 그가 명의개서를 마친 때에는 의결권을 행사할 수 있다고 본다(양도담보된 주식의 회사에 대한 효력).[3] 양도담보권자의 주주권 행사는 피담보채권의 변제기와 관련하여 그 변제기 이후 채무불이행으로 양도담보된 주식의 소유권이 확정적으로 양도담보권자에게 이전하는 경우[4]뿐만 아

---

3) 정동윤, 전게서, 292면; 이철송, 전게서, 431면; 송옥렬, 「상법강의」 제6판, (2016), 868면.

4) 주식 양도담보에 관한 판결들은 변제기 이후에 양도담보된 주식의 의결권 귀속을 다루고

니라 그 변제기 전이라도 적용된다고 본다.

양도담보권자가 주주명부에 명의개서(등록양도담보)를 하면 당연히 회사에 대하여 주주권을 행사할 수 있지만, 명의개서를 하지 않았더라도 ① 양도담보계약의 당사자들 사이에 주주권행사에 관한 의사가 명백하고,5) ② 회사가 주식양도 및 주주권 행사에 관한 약정을 인지하는 경우라면,6) 양도담보권자가 의결권 등 공익권을 행사할 수 있다고 본다. 예컨대 경영권을 가진 양도담보권설정자가 양도담보권자에게 과반수의 주식을 양도담보로 제공하면서 동시에 이사 선임권 등 회사의 경영권을 맡기는 약정을 하는 경우, 이러한 주식양도담보는 단순히 담보목적물로서 주식의 교환가치를 확보하려는 목적뿐만이 아니고, 주식가치의 증가를 위하여 양도담보권자에게 경영권 행사까지 허용하는 것이다. 이 경우에 양도담보권자에게 주식이 양도되면서 그 주주권의 행사가 약정된 것이고, 회사도 이를 인지한 것이므로 경영자로 선임될 양도담보권자에게 주주총회에서 의결권을 행사하기 위하여 주주명부의 명의개서라는 형식이 갖추질 것을 엄격히 요구할 수 없다.

명의개서 없이도 양도담보권자가 의결권을 행사할 수 있는 이유는, ① 지배주식의 양도담보권자가 경영자로 선임될 당시 회사는 누가 지배주식의 주주인지 인지하였고(주식양도로 인한 주주 지위의 귀속), ② 해당주식은 양도담보권자가 경영권을 가지고 있는 동안은 양도되지 않는 것이 통례이므로 이러한 주식에 대하여 주주변동의 유무를 확인하려는 주주명부제도는 적용될 필요가 적으며, ③ 양도담보권자가 경영자로 취임하는 순간 양도담보된 주식의 의결권(주주권) 행사에 관한 약정도 회사가 인지하는 것이고, 또한 회사는 그를 주주로 인정하는 것이라고 보기 때문이다.

있다.: 대법원 1992. 5. 26. 선고 92다84 판결; 대법원 1995. 7. 28. 선고 93다61338 판결.

5) 일본법에서 양도담보권자의 의결권행사 여부는 계약당사자의 합리적인 의사해석으로 판단한다.: 江頭憲治郞, 「株式會社法」 第2版, (2008), 216頁; 加藤貴仁, "株式譲渡制限會社の株式全部の譲渡擔保と共益權の歸屬", 「商事法務」 第1868號, (2009), 42頁.

6) '회사가 주식양도 및 주주권 행사에 관한 약정을 인지하는 경우'에는 폐쇄적인 주주 구성으로 인하여 주식양도가 경영진과 주주들 간에 쉽게 인지되어 주주명부에 의한 주주확인의 기능이 필요 없고, 누가 주주권을 행사하는지 여부가 회사에 알려진 경우이다.

3. 事案의 檢討

대법원은 원심의 판단과 마찬가지로 원고와 D, J 사이의 위 주식양도에 관한 약정은 주식양도담보계약이라는 점을 인정하고 양도담보권자가 회사에 대한 관계에서 주주의 자격을 갖는다고 보았다. 여기에서 '회사에 대한 관계에서 주주자격을 갖는다.'는 의미는 회사에 대하여 주주권을 행사할 수 있는 지위가 아니다. 상법은 주식양도의 회사에 대한 대항요건으로서 명의개서를 요구하므로(제337조 제1항) 양도담보권자도 이 요건을 충족해야 주주권을 행사할 수 있는 것으로 보아야 하고, 예외적으로 회사가 실질주주를 주주로 인정하는 경우에는 주주로 취급될 수 있다.[7] 따라서 '회사에 대한 관계에서 주주자격을 갖는다.'는 양도담보에 의한 주식취득자가 회사에 대하여 명의개서를 청구할 수 있는 지위와 회사가 실질주주임을 인정하는 경우 주주로서 취급될 수 있는 지위로 이해된다.

사안에서 원고는 95%의 주식을 담보로 확보하면서 피고 회사의 공동대표이사에 취임하였지만, 피고 회사의 경영에는 적극적으로 참여하지는 않았다. 원고는 자신을 대표이사로 선임하는 주주총회뿐만 아니라 이후의 총회에서도 의결권을 행사하지 않았고, 명의개서를 청구한 사실도 나타나 있지 않다. 이로부터 원고는 피고 회사의 경영에 직접 관여하려는 의사보다는 단지 경영을 감시하기 위하여 대표이사직을 얻은 것이 아닌지 추측된다. 전술한 것처럼 위 주식양도담보계약에서 원고에게 양도담보된 주식의 의결권이 부여되고 원고가 공동대표이사로서 적극적으로 경영권을 행사하고 피고 회사가 원고를 주주로 인정하였다면, 원고는 주주의 자격뿐만이 아니라 명의개서 없이도 회사에 대하여 주주권도 행사할 수 있다고 보지만, 그러한 약정이나 피고 회사의 주주 인정은 사실관계에는 나타나 있지 않다. 원고는 주식을 담보로 취득하면서 그 양도계약을 맺었으므로 위 판결처럼 피고 회사에 대한 관계에서 주주의 지위를 취득한 것으로 본다. 이 지위는 회사에 대하여 명의개서를 청구할 수 있는 지위에 그치며, 명의개서 없이 주주권을 행사할 수는 없다. 그렇지만 만일 위 주식양도계약에 주주권 및 경영권 행사에 관한 약정이 있었다면 피고 회사와 같은 폐쇄적인 회사구조 하에서 원고는 피고 회사

---

7) 후술하는 'Ⅲ. 2. (2) 주주명부의 효력' 부분 중 편면적 구속설의 내용이다.

에 대하여 명의개서 없이도 주주권을 행사할 수 있다고 본다.

Ⅲ. 株券發行 前 株式讓渡의 效力

1. 株式讓渡와 株主權의 歸屬

주식의 양도에 의하여 주주로서 지위가 양도인으로부터 양수인에게 이전한다. 주식을 양도하기 위하여 양도인과 양수인 사이에 주식양도에 관한 합의가 있어야 함은 당연한데, 이외에 상법은 주권의 교부라는 방식을 요구하므로(제336조 제1항), 주권이 발행된 회사에서 주식의 양도는 주식양도의 합의와 주권의 교부가 필요하다. 한편 주권이 발행되지 않은 회사에서는 동조항이 적용될 수 없고, 양도인과 양수인 사이에 주식양도의 계약에 의한다(낙성·불요식계약). 이러한 방법으로 주식이 양도되면 양수인이 양도인의 주주 지위를 승계하며 주주의 권리는 자익권이든 공익권이든 모두 취득한다. 그런데 양수인이 회사에 대하여 주주권을 행사하려면 아래에서 서술하는 것처럼 회사에 대한 대항요건을 충족하여야 한다.

2. 株式讓渡의 會社에 대한 效力

(1) 양수인의 회사에 대한 대항요건

(가) 지명채권양도의 대항요건

주권발행 전의 주식양도는 회사에 대하여 효력이 없지만(제335조 제2항), 회사성립 후 6월이 경과한 후에 이루어진 주식양도는 회사에 대하여 효력이 있다(제335조 제3항 2문). 이는 회사가 주권발행 사무를 지체하면 주주가 주권교부를 통한 주식양도를 할 수 없게 되어 투하자본을 회수할 수 없게 되므로 주주의 이익을 보호하기 위한 것이다. 위 조항에 의하여 주권발행 전에 주식을 양수한 자는 회사에 대해서 자신이 주식양도로 인하여 주주의 지위를 취득하였음을 주장할 수 있다.

그런데 주권발행 전 주식의 양수인이 회사에 대하여 자신이 적법한 주식양수인임을 확인받는 방법이 문제된다. 주권이 발행된 경우라면 양수인은 주권을 점유함으로써 적법한 주주로 추정되지만(제336조 제2항), 주권이 발행 전에는 이러한 방법이 불가능하다. 이를 위한 법리가 민법상의 지명채권양도방법이다(민법 제450조). 이에 의하면 지명채권의 양도는 양도인이 채무자에게 통지하거나 채무자가 승낙하지 아니하면 채무자 기타 제3자에게 대항하지 못한다. 주권발행 전 주식은 지명채권에 유사하고,[8] 회사는 주주권의 행사에 관하여 의무자에 대비되므로 주권발행 전 주식의 양도는 지명채권의 양도에 비견될 수 있다. 통설[9]과 판례[10]는 주권발행 전 주식의 양도방법으로 지명채권양도방법을 적용하고 있다. 이에 따라서 양도인이 회사에 양도사실을 통지하거나 회사가 양도를 승낙하면 양수인은 회사에 대하여 자신이 적법하게 주식을 양수한 주주임을 주장할 수 있다.

이러한 양도통지 또는 승낙으로 발생하는 대항력의 의미에 관하여 회사에 대하여 적법한 양수인임을 주장하며 명의개서를 청구할 수 있음을 말한다고 풀이된다.[11] 그러나 양도통지 또는 승낙의 요건이 충족된 이후에 양수인이 항상 명의개서를 청구해야 하는지에 관하여 의문이 생긴다. 명의개서제도는 주식양도로 주주가 변경된 경우 이를 회사에 알리고, 회사는 장차 명의개서 된 자를 주주권자로 취급하도록 하려는 것이다.[12] 만일 대상판결의 사안처럼 소수의 주주로 구성되어 주식양도가 거의 없는 회사에서 주권이 발

---

8) 주식의 성질은 채권이 아닌 사원권으로 이해되지만, 이는 회사에 대하여 주식이 가지는 관계의 관점으로 본 것이고, 주식이 재산권으로서 양도의 대상이 된다는 유통 단계를 고려하면 채권에 유사하다. 채권양도는 지명채권과 증권적 채권의 양도로 분류되는데, 주권발행 전 주식은 증권과 결합되지 않은 상태로서 지명채권으로, 주권이 발행되어 주식이 주권과 결합된 경우에는 이를 증권적 채권으로 볼 수 있다.

9) 정동윤, 전게서, 269-270면; 정찬형, 「상법강의」 제19판, (2016), 744면; 이철송, 전게서, 384면.: 이와는 달리 주식양도의 성질은 반드시 일반채권양도와 동일하다고 볼 수 없다는 점에서 대항요건을 필요로 하지 않고, 주식양도사실을 입증함으로써 회사에 대하여 양도의 효력을 주장할 수 있다는 견해도 있다.: 최기원, "주권발행 전 주식양도의 효력 및 대항요건", 「상사판례연구 [I]」, 최기원 교수 화갑기념논문집, (1996), 417면; 최기원 저 · 김동민 보정, 「상법학신론(상)」 제20판, (2014), 642면.

10) 대법원 1995. 5. 23. 선고 94다36421 판결; 대법원 1996. 6. 25. 선고 96다12726 판결; 대법원 2003. 10. 24. 선고 2003다29661 판결.

11) 정동윤, 전게서, 271면; 이철송, 전게서, 384면: 주권발행 전 주식양도의 경우 지명채권 양도절차는 주권발행 후 주식양도에 있어서 '주권교부'에 갈음할 뿐 주권에 의한 양도에도 인정되지 않는 '명의개서에 갈음하는 효과'를 가질 수 없다. 명의개서는 주주명부상의 주주 명의를 변경하는 것을 뜻하므로 양수인이 별도로 청구하여야 한다.

12) 주주명부와 명의개서제도는 회사가 주주에 대한 법률관계를 주주명부를 기준으로 획일적으로 처리하기 위한 것인데, 주식양수인이 명의개서를 청구하게 하여 회사가 주주변경 사실을 확인할 수 있도록 하고, 일단 등재된 주주를 주주권자로 취급함에 회사의 악의 또는 중과실이 없으면 회사가 면책되도록 규율된다.

행되지 않고 주식양도의 거래가 회사의 재무적 어려움을 극복하기 위한 것으로서 지배권변동을 초래하는 것이라면, 회사는 해당주식양도의 양수인을 잘 알고 있는 것이어서 이러한 상황은 명의개서에 관한 법리에도 반영되어야 한다. 이러한 관점에서 회사가 주식양도의 통지 또는 승낙을 통하여 그 사실을 인지하고 있는 상황에서 양수인이 주주권을 행사하는 경우 그가 별도로 명의개서를 청구하지 않더라도 회사는 명의개서가 없음을 이유로 양수인의 주주권행사를 거절할 수 없다고 본다.[13][14]

(나) 명의개서의 대항요건

상법은 주식의 이전은 취득자의 성명과 주소를 주주명부에 기재하지 아니하면 회사에 대항하지 못한다고 규정하여(제337조 제1항) 양수인이 주주로서 권리를 행사하려면 주주명부에 명의개서 할 것을 요구한다. 즉 주식양도의 회사에 대한 대항요건으로 명의개서가 요구되고, 명의개서 후 양수인은 주주권을 행사할 수 있다. 그러나 전술한 바처럼 회사가 주권이 발행되지 않았음을 이유로 명의개서를 거절하더라도 양수인은 주주로서 주주권을 행사할 수 있는데, 주주권을 행사할 수 있다는 의미는 양수인이 주식양수사실을 증명하여 각종 주주권을 회사에 대하여 행사할 수 있고, 회사는 양수인이 무권리자임을 증명하지 못하는 한 양수인을 주주로 인정하고 그에게 주주권을 행사하게 하여야 함을 말한다.

---

13) 명의개서 유무에 불문하고 주식양도사실만 인정한다면 회사 및 제3자에게 대항할 수 있다는 견해도 있다.: 임홍근, 「회사법」 개정판, (2001), 252면.

14) 위의 학설과 유사한 취지의 판결로서 주권발행 전 주식양도의 통지 후에는 명의개서에 상관없이 양수인을 주주로 인정하고 그의 주주권행사를 인정하는 것으로 대법원 1996. 8. 20. 선고 94다39598 판결이 있다. 동 판결에서는 「주권발행 전의 주식양도라 하더라도 회사성립 후 6월이 경과한 후에 이루어진 때에는 회사에 대하여 효력이 있으므로 그 주식양수인은 주주명부상의 명의개서 여부와 관계없이 회사의 주주가 되고, 그 후 그 주식양도사실을 통지받은 바 있는 회사가 주식양도인의 회사에 대한 채무이행을 확보하기 위하여 그 주식에 관하여 주주가 아닌 제3자에게 주주명부상의 명의개서절차를 마치고 나아가 그에게 기명식 주권을 발행하였다 하더라도, 그로써 그 제3자가 주주가 되고 주식양수인이 주주권을 상실한다고는 볼 수 없다.…원고들이 양수한 30,000주에 관하여 특별한 사정이 없는 한 주주인 원고들에게 주권을 발행하도록 하여야 할 것임에도,…」라고 판시하였다. 이 판결의 이유에서 대법원은 「명의개서가 안 된 원고임에도 그가 회사성립 후 6개월이 경과한 후 주식을 양수했고, 주식양도사실이 회사에 통지되었음 등을 이유로 회사의 대표이사와 이사는 원고에게 주권을 교부하여야 한다고 설시하여 원고가 주주권을 행사할 수 있는 지위에 있는 것이다」라고 하였다.

(2) 주주명부의 효력

회사는 주주명부에 기재된 주주를 적법한 주주로 인정하여 그를 상대로 각종 통지 또는 최고를 하면 면책이 된다(제353조 제1항). 이는 회사는 주식양도로 인한 주주의 변경을 알 수 없기 때문에 주주명부의 명의개서로 확인된 자를 주주로 취급하도록 하여 주주에 대한 법률관계를 획일적으로 처리하려는 취지를 갖는다. 주주명부에 대한 명의개서제도와 함께 주주권자를 형식적으로 확정하는 제도가 주권의 점유자에 대한 권리추정적 효력이다(제336조 제2항). 주권의 점유자는 적법한 소지인으로 추정됨으로써 그는 반증이 없는 한 주권의 유통면에서 적법하게 권리를 취득한 것으로 본다.[15)]

주주권의 행사를 위하여 회사에 대한 대항력을 가지려면 주주명부에 명의개서를 하여야 한다. 주권을 점유한 자가 주주명부에 명의개서를 신청하면 회사는 반증이 없는 한 주권점유자에게 명의개서를 해 주어야 하고, 그 이후에 명의개서된 자를 주주로 취급하면 회사는 면책된다. 그런데 주주명부의 면책력은 절대적으로 인정되는 것이 아니다. 주주명부의 면책력에 관하여 진정한 주주권자가 아닌 자가 명의개서 된 경우 그 자를 주주로 취급한 회사에게 면책의 효과가 부여되는 것인지 여부가 문제된다. 일반적인 견해와 판례[16)]에 의하면 명의개서청구자가 무권리자임에도 불구하고 명의개서 된 경우 명의개서 청구 시에 회사가 그 사실을 알거나 모르는 데 중과실이 있는 경우 회사는 그 자를 주주로 취급하면 면책되지 않는다고 본다. 여기에서 악의·중과실이란 명의개서청구자가 무권리자라는 것을 입증하여 권리행사를 거부하는 것이 가능함에도 불구하고 회사가 고의 또는 중과실에 의하여 이를 게을리 하는 것을 의미한다.[17)]

또한 명의개서의 효력과 관련하여 명의개서가 안 된 실질주주를 회사가

---

15) 권종호, 「주석상법」[회사(II)] §336, 410면.

16) 대법원 1998. 9. 8. 선고 96다45818 판결: 주식회사가 주주명부상의 주주에게 주주총회의 소집을 통지하고 그 주주로 하여금 의결권을 행사하게 하면, 그 주주가 단순히 명의만을 대여한 이른바 형식주주에 불과하여도 그 의결권 행사는 적법하지만, 주식회사가 주주명부상의 주주가 형식주주에 불과하다는 것을 알았거나 중대한 과실로 알지 못하였고 또한 이를 용이하게 증명하여 의결권 행사를 거절할 수 있었음에도 의결권 행사를 용인하거나 의결권을 행사하게 한 경우에는 그 의결권 행사는 위법하게 된다.

17) 이철송, 전게서, 342면; 대법원 1998. 9. 8. 선고 96다45818 판결; 江頭憲治郎, 前掲書, 195頁; 久保田安彦, "株主名簿の效力", 「法學セミナ」 第738號, (2016), 90頁.

주주로 인정할 수 있는지가 문제된다. 이에 관하여는 명의개서를 하지 않은 실질주주를 주주로 인정하여 주주권을 행사하게 할 수 있다는 견해가 있고 (편면적 구속설),[18] 반대 견해(쌍방적 구속설)와 판례[19]는 상법 제337조 제1항은 주식양수인뿐만 아니라 회사에도 적용된다고 한다.[20] 생각건대 진정한 주주의 권리구제라는 측면을 보면 회사가 명의주주를 주주권자로 인정하는 경우와 반대로 진정한 주주를 주주권자로 인정하는 경우를 비교할 때 후자가 더 권리구제에 신속하고, 회사가 선택권을 남용할 위험은 회사 및 경영자의 책임으로 억제하거나 보상될 수 있으므로 다수설이 타당하다.

전술한 주주명부의 효력에 관한 서술을 종합하면 회사는 주주명부의 명의주주가 무권리자임을 알거나 중과실로 모르는 경우 명의주주를 주주로 취급하여도 면책되지 않으며(결론 ①), 회사는 명의개서 되지 않은 진정한 주주를 주주로 취급할 수 있다(결론 ②). 결론 ①은 주주명부의 면책력에 대한

---

18) '편면적 구속설'의 근거는 명의개서는 단순한 대항요건에 불과하고 회사와 주주의 법률관계를 획일적으로 처리하기 위한 편의를 위한 것이므로 회사가 임의로 실질주주를 주주로 인정해도 된다고 본다.

19) 대법원 2017. 3. 23. 선고 2015다248342 판결(전원합의체): 회사가 주식발행 시 작성하여 비치한 주주명부에의 기재가 회사에 대한 구속력이 있음을 전제로 하여 주주명부에의 명의개서에 대항력을 인정함으로써 주식양도에 있어서도 일관되게 회사에 대한 구속력을 인정하려는 것이므로, 상법 제337조 제1항에서 말하는 대항력은 그 문언에 불구하고 회사도 주주명부에의 기재에 구속되어, 주주명부에 기재된 자의 주주권 행사를 부인하거나 주주명부에 기재되지 아니한 자의 주주권 행사를 인정할 수 없다는 의미를 포함하는 것으로 해석함이 타당하다.

20) 최기원, 전게서, 652면; 이철송, 전게서, 359면; 김정호, 「회사법」 제4판, (2015), 256면.: 이 견해에서는 편면적 구속설에 대한 비판으로서, 편면적 구속설에 의하면 ① 회사가 주주를 선택할 자유를 가지게 되며 회사가 양자의 권리행사를 모두 거절하여 권리행사에 공백을 가져올 수 있고, ② 주주평등에 반하고 법률관계를 불안정하게 하며, ③ 예컨대 주주명부 폐쇄기간 중 실질주주에게 주주권을 인정한다면 이는 진실한 권리관계에 부합하지 않고, ④ 명의개서에 따른 주주인정은 증권시장의 신뢰가 걸린 문제로서 단체법적 방법으로 해결해야 할 사안이라고 주장한다. 그러나 ① 회사는 진정한 주주를 주주로 인정할 권한과 의무를 부담한다고 보면 회사가 임의로 주주를 선택하는 것이 아니고, 회사가 주주의 권리행사를 모두 거절하는 경우는 극히 예외적인 경우이다. ② 주주평등은 진정한 주주들 사이에서 차별적인 회사행위가 있었는지 여부가 문제이므로 주주 아닌 자가 존재하는 주주 인정 단계에 적용될 문제가 아니며, ③ 실질주주에 대한 회사의 주주 인정 문제는 주주명부의 폐쇄기간 또는 기준일제도로 정해지는 주주권자와는 다른 것으로 보아야 한다. 후자의 경우 법률에 의하여 주주명부 폐쇄 당시 또는 기준일에 주주명부에 기재된 자가 주주권자(상법 제354조)이고, 그 자가 아닌 주식양수인을 주주로 인정하면 이는 위법한 것으로서 편면적 구속설에 의하여도 회사가 그렇게 주주를 선택할 권한은 없다. ④ 위 주주 인정문제는 개별적인 주식거래에서 발생하는 구체적인 것으로 증권시장의 신뢰문제까지 확대될 수는 없다고 생각한다.

내재적 한계로 볼 수 있는데, 그 논리적 귀결로서 회사가 명의주주는 무권리자라는 사실을 알거나 중과실로 모르면서 진정한 주주를 아는 경우 그의 주주권행사를 인정하여야 하는지의 문제가 제기된다. 이 문제에 관하여 다수학설과 판례는 주주로 인정할 수 있다고 보지만(②의 결론), 주주로 취급할 수 있음에서 더 나아가 주주권의 행사를 수용하여야 한다고 본다. 주주에 대한 법률관계의 사무처리는 회사의 업무이고 주주권의 귀속에 관한 분쟁을 신속히 해결하기 위하여는 일정한 경우 회사는 진정한 주주를 주주로 인정할 의무가 있다. 그러한 사례로서 회사가 진정한 주주가 누군지를 알고 있고, 그 자의 주주지위가 변동될 가능성이 없는 경우이다. 예컨대 경영권이 부착된 주식이 양도담보로 양도되면서 양도담보권자가 경영자로 선임되는 경우이다. 이러한 양도담보권자의 주주권 행사는 명의개서가 안 되었음을 이유로 거절될 수 없고, 그와 대립되는 지위에 있는 자에게 주주권행사를 인정한다면 이는 위법하다고 본다. 이렇게 판단하면 진정한 주주가 명의개서 되지 않은 경우에 주주명부의 효력은 그 형식만으로 엄격히 해석될 수 없고, 구체적 타당성이 고려되어야 한다.

위와 같은 해석은 특히 주권이 발행되지 않은 회사에서 보다 더 필요하다. 주주명부의 면책력은 주주명부에 등재 시 명의개서를 청구하는 주권의 점유자가 진정한 주주라는 점에 관하여 신뢰(주권점유의 추정력, 상법 제336조 제2항)가 부여됨으로써 인정된 것으로 볼 수 있다. 만일 주권이 발행되지 않은 회사에서 주권 제시 없이 주주명부에 명의개서된 자는 주권제시로 명의개서가 이루어지는 경우보다 권리자로 추정되는 효과가 약하다고 보아야 한다. 주주명부의 면책력은 본래 어음법의 법리가 유추적용되어 인정된 것인데,[21] 주권이 발행되지 않은 경우 동법리를 획일적으로 적용할 수 없다.[22]

---

21) 배서가 연속된 어음의 소지인은 적법한 권리자로 추정되고(어음법 제16조 제1항), 이러한 소지인에게 어음채무자가 악의·중과실 없이 지급을 하면 면책된다는 어음법 규정(제40조 제3항)이 그것이다.

22) 일본에서 주권을 발행하지 않은 회사의 경우 주주명부의 면책력을 부정하는 견해가 있다. 이에 의하면 권리추정효가 있는 주권이 없이 명의개서가 이루어진 경우 위 어음법 규정이 유추적용되지 않고 주주명부의 면책력도 인정되지 않는다고 본다. 반면에 긍정설에서는 주권불발행회사에서도 엄격한 명의개서청구절차가 법정되어 있고, 그 절차에 따른 명의개서가 된 자는 진정한 권리자로 사실상 추정되어 주주명부의 주주는 적법한 주주로 추정될 수 있다고 본다.: 久保田安彦, 前揭論文, 91-92頁.

(3) 사안의 검토

원심은 「원고가 9,500주에 관하여 주주권을 행사할 수 있고, 명부상의 주주들에게 소집통지를 하고 원고에게 소집통지를 하지 않은 상태에서 이루어진 이 사건 결의 등은 결의가 존재하지 않을 정도의 흠이 있고, 피고 회사의 대표이사 C 등이 결의 당시 주주명부상의 주주들이 정당한 주주가 아님을 알고 있었을 뿐만 아니라 이를 쉽게 증명할 수 있었기 때문에 주주명부상의 주주에게 소집통지를 한 행위로부터 피고 회사는 면책되지 않는다」라고 보았다. 반면에 대법원은 「명의개서를 하지 않은 원고에게 소집통지를 하지 않고 이루어진 주주총회결의에 절차상 하자가 없다」고 보았고, 피고 회사가 주주명부상의 주주들(D, L, K, E)에게만 소집통지한 점에 대하여 면책되는지 여부는 판단하지 않았다. 대법원은 「이 사건 결의 등에 중대한 하자가 없음을 인정하면서 그 근거로서 공동대표이사 중 1인에 의하여 주주총회가 소집되었고, 결의에 찬성한 주주 D와 E는 제2 주식양수인들이 명의개서 하기 전 상태를 기준으로 전체 주식의 55%(D 50%, E 5%)에 이르렀다」는 점을 중시하였다. 원고가 주장한 공동대표이사가 공동으로 임시주주총회를 소집하지 않았다거나 명의개서 전의 종전 주주명부상의 나머지 주주인 J에게 소집통지하지 않았다는 등의 하자는 이 사건 결의가 부존재한다거나 무효라고 할 정도의 중대한 하자로 볼 수 없다고 판단하였다.

원심과 대법원의 판단이 다른 점은 원고가 회사에 대한 관계에서 대항력을 갖추었는지 여부이다. 원심은 제1양수인인 원고는 제2양수인에게 자신의 주식양수 사실로써 대항할 수 있고, 그와 같은 사정을 알고 있었을 피고 회사에도 주주권을 행사할 수 있다고 보았으나, 대법원은 원고가 명의개서를 하지 않았으므로 대항력을 갖추지 못한 것으로 보았다. 양자의 판단은 주식양도로부터 주주권을 행사할 자를 결정하는 기준을 무엇으로 볼 것인가에 대한 관점의 차이에서 비롯된다. 원심은 피고 회사가 주식양도사실을 인지하고 있다는 사실을 중시하여 이 사건 결의 당시 주주총회의 소집통지를 받을 자는 원고로 보았지만, 대법원은 주주명부의 명의개서로부터 주주권 행사자를 결정하였다. 대법원의 판단은 상법 제337조 제1항에 근거한 것이고, 원심은 피고 회사가 주주권자가 누구인지를 인지하고 있는 사실에 근거한다. 대법원의 판단은 법률관계의 명확성을 기할 수 있지만 피고 회사가 명백히 인지한 사정을 고려하지 않은 점이 문제이고, 원심 판단은 구체적인 타당성을 꾀할 수 있지만 특정시점(주식양도담보 계약 시)의 회사 인지만으로는 변동하는 주식양도를 모두 알 수 없으므로 명의개서를 고려하지 않고, 즉 위 조항에 반하면서 양도담보권자가 회사에 대항력을 가질 수 있는지 여부에 관한 의문이 제기된다.

이 쟁점은 사안과 같이 소규모 폐쇄적인 주식회사의 사정, 즉 주권이 발행되지 않았고 소수의 주주로 구성되었으며(①), 주식양도담보계약을 맺으면서 경영권이 일부 양도된 점(②)을 고려하여 해결되어야 한다. ①의 주권이 발행되지 않은 사정은 피고회사가 주주명부를 통하여 주주의 변동사항을 파악할 필요성이 적고 따라서 주주명부의 효력도 엄격히 유지될 수 없다는 해석으로 귀결된다. ②의 경영권과 함께 주식양도담보계약이 체결된 사정은 전술한 것(Ⅲ. 2. (2))처럼 동계약에 주주권행사에 관한 약정이 포함되었는지가 중시되어야 한다. 사안에 제시된 것(사실의 개요 (3))처럼 원고는 과반수 주식을 담보로 취득하였고, 공동대표이사였지만 주주총회에서 의결권을 행사하지 않았고, 명의개서도 청구하지 않았다. 이러한 사정으로부터 위 계약에 주주권의 행사에 관한 약정이 없는 것으로 추측된다. 그렇다면 원고는 위 주식양수로부터 주주권을 행사할 수 있는 지위를 확보한 것이 아니며,[23] 피고회사가 원고에게 주주권 행사를 인정한 사실도 없다. 따라서 원고는 이 사건 결의 당시에 회사에 대하여 담보주식의 의결권 행사를 대항할 수 있는 지위에 있지 않았다고 볼 수 있다.

원심은 이 사건 결의 당시 주주명부상의 주주들이 정당한 주주가 아님을 알고 있었을 뿐만 아니라 이를 쉽게 증명할 수 있었기 때문에, 주주명부상의 주주에게 소집통지 한 행위로부터 피고 회사는 면책되지 않는다고 보았지만(면책력의 한계), 대법원은 이에 관한 판단을 하지 않고 원고가 명의개서를 하지 않은 사실만으로 원고는 의결권을 행사할 수 없는 것으로 보았

---

23) 소수의 주주로 구성된 폐쇄적인 주식회사에서 주권 미발행인 채로 경영권이 수반된 주식이 양도담보에 제공된 경우 명의개서 유무에 상관없이 양도담보권자가 주주권을 행사할 수 있다고 보는 필자의 논리를 위 사안에 적용할 수 없는 이유는 원고가 맺은 주식양도담보계약의 내용에 있다. 그 계약에는 양도담보된 주식의 주주권행사에 관한 내용이나 당사자의 의사가 명확하지 않다.

다. 대상 판결에서 주주명부 면책력의 한계에 관한 판단이 필요한 것으로 생각된다. 원심판단대로 주주명부에 면책력이 배제되려면 그 전제로서 주주명부상의 주주들이 정당한 주주가 아니고 원고가 진정한 주주로 인정되어야 하는데, 원고 권리의 진정성은 주주권의 귀속뿐만 아니라 주주권의 행사에 관한 약정까지 있어야 인정된다고 본다. 이러한 결론은 원고가 제2 양수인들에게 자신의 주식양수사실(주식의 귀속)을 대항할 수 있고 이러한 사정을 피고회사가 알더라도(원심판단 Ⅱ. 2. (1) ③) 달라지지 않는다고 본다.

3. 株式讓渡의 第3者에 대한 效力 - 優先的 地位의 讓受人 決定

(1) 지명채권양도의 제3자에 대한 대항요건

지명채권의 양수인이 채무자 이외의 제3자에게 대항하려면 확정일자 있는 증서에 의하여 양도통지 또는 채무자의 승낙이 요구된다(민법 제450조 제2항). 이 조항에 따라서 채권의 이중양수인들 중 일방이 확정일자 있는 증서로써 양도통지 등을 얻은 경우 타방이 먼저 확정일자 없는 증서로 양도통지 등을 하더라도 확정일자 있는 증서로 양도통지 등을 한 당사자가 우월적 지위를 취득한다.

지명채권의 이중양도시에 양수인들 모두 확정일자 있는 증서에 의하여 양도통지 등을 얻은 경우 양수인 중 우월적 지위를 결정하는 기준에 관하여 논란이 있다. 양도통지 등이 회사에 도달한 일시로 보는 견해[24]와 확정일자의 일시로 보는 견해[25]가 있는데, 대법원은 도달시설을 취한다.[26]

또한 지명채권의 이중양도 시에 양도행위 모두가 확정일자 있는 증서에 의한 양도통지 등이 없고, 단순한 양도통지 등만이 있는 경우도 문제된다.

---

24) 김준호, 「민법강의」 제22판, (2015), 1242면; 송덕수, 「신민법강의」 제9판, (2016), 1165면; 지원림, 「민법강의」 제14판, (2015), 1220면; 박경량, "지명채권의 이중양도와 대항요건", 「민사법학」 제6호, (1986), 211면.: '도달시설'은 지명채권양도의 대항요건제도가 채무자를 위한 것이라는 점을 중시하여 채무자가 채권양도를 인식할 수 있는 시점이 우월적 지위의 결정 기준이 된다.

25) 김형배 · 김규완 · 김명숙, 「민법학강의」 제11판, (2012), 1098면; 「주석민법」 [채권총칙(2)] (박준서 편집대표), (1999), 560면.: 확정일자의 선후로 보는 견해는 확정일자로써 채무자와 채권자가 통모하여 양도일자를 소급시키는 행위를 방지하고, 도달시점을 객관적으로 확정하기 어려운 점을 근거로 한다.: 「주석민법」 [채권총칙(2)], 560면.

26) 대법원 2013. 6. 28. 선고 2011다83110 판결.

이에 관하여 각 양수인은 상호간에 대항할 수 없는 결과 채무자에 대하여도 대항할 수 없고, 채무자는 임의로 1인의 양수인을 선택하여 유효한 변제를 할 수 있다는 견해[27]와 먼저 양도통지 등을 한 양수인이 우선한다는 견해[28]가 있는데, 대법원은 후자의 견해를 취하고 있다.[29]

(2) 주식양도의 제3자에 대한 대항요건

주식의 이중양도에서도 양수인들이 모두 확정일자 있는 증서로 양도통지 등을 한 경우, 지명채권양도의 경우와 동일한 논란이 있다. 법원은 확정일자 있는 증서에 의한 양도통지 등이 채무자에게 도달한 일시 또는 확정일자 있는 승낙일시의 선후로 결정한다.[30] 생각건대 양수인들이 모두 확정일자 있는 증서에 의하여 양도통지 등을 한 경우 민법 제450조 제2항의 규정상으로는 서로 상대방에 대한 관계에서 우선적 지위를 결정할 수 없다. 이 경우 지명채권양도의 채무자에 대한 대항요건규정(민법 제450조 제1항)을 적용하여 채무자인 회사를 기준으로 해결하여야 한다. 따라서 확정일자 있는 증서가 회사에 도달하여 회사가 이를 인지할 수 있는 상태에 먼저 이르게 하거나 회사가 확정일자 있는 증서로 승낙한 양수인이 우선한다고 본다.

한편 주식 이중양도의 경우 양수인들 중 누구도 확정일자 있는 증서에 의한 양도통지 등을 하지 못하여 양수인들이 서로 상대방에게 우월한 대항력을 갖추지 못한 경우 누가 주주권자로 되는지도 문제된다. 이에 관하여 회사가 주주권의 행사를 명의개서 된 제2 양수인에게 인정하여도 하자가 없다고 보는 견해,[31] 회사는 제1 양수인에게 주주총회의 소집통지를 하여도 적

---

27) 김형배・김규완・김명숙, 전게서, 1098면.

28) 먼저 통지 등을 한 양수인이 우선한다는 견해의 근거로는 양수인들 중 누구도 우선적 지위를 주장할 수 없으므로 권리변동의 일반원칙에 의하여 해결하여야 하므로 먼저 채무자에 대한 통지 등 요건을 갖춘 자가 채권을 취득한다거나(지원림, 전게서, 1219면), 이 경우 민법 제450조 제1항의 원칙규정에 따라 통지가 채무자에게 도달한 일시의 선후에 따라 그 우열을 정해야 한다(김준호, 전게서, 1243면)는 점이 제시된다.

29) 대법원 1971. 12. 28. 선고 71다2048 판결: 채권양도의 통지나 승낙이 확정일자 있는 증서에 의한 것인지 여부는 어디까지나 제3자에 대한 대항요건에 불과하므로, 확정일자 있는 증서에 의하지 않았더라도 채무자가 일단 채권양도의 통지를 받고 그 양수인에게 변제할 것을 승낙하였다면, 그 후 채권이 이중양도되어 채무자가 다시 위 채권의 양도통지(확정일자 있는 증서에 의하지 않은)를 받고 그 이중양수인에게 변제를 하였더라도 채무자는 1차 양수인에게 채무를 변제할 의무가 있다.

30) 대법원 1994. 4. 26. 선고 93다24223 판결(전원합의체).

31) 김홍기, "주식의 이중양도와 명의개서의 효력", 「상사법연구」 제34권 제1호, (2015), 72

법하다는 견해[32] 및 제1 양수인에 대한 소집통지는 위법하다는 견해[33]가 제시되어 있다.

주식의 이중양도에 관한 양수인들 사이의 분쟁은 양도인과 양수인들의 문제인데, 회사가 임의로 주주권자를 선택할 수 있다면 이는 회사에게 과도한 재량권을 인정하는 것으로 보인다. 회사가 인정하는 주주권자는 장차 계속적으로 주주로서 취급될 지위에 있는데, 만일 회사가 선택한 양수인이 양수인들 사이의 분쟁에서 법원이 판단한 진정한 주주권자와 다르다면 그로 인한 법률관계의 혼란으로부터 회사가 피해를 입는 것은 명백하다. 이러한 혼란과 피해를 방지하려면 회사는 어느 양수인을 주주로 인정할 경우 법규정에서 도출될 수 있는 해결방안을 택할 의무가 있고, 이를 위하여는 권리변동의 일반원칙에 따라서 먼저 양도통지 등을 한 양수인이 우선한다고 보는 것이 합리적이다.

(3) 사안의 검토

원심은 양수인들이 서로 대항력이 없으므로 권리변동의 일반원칙에 따라 먼저 양도통지를 하거나 승낙을 받은 자가 그 주식에 대한 권리를 취득한다고 보고, 원고가 주식양도담보계약을 체결하고 임시총회에 참석하여 이

면; 이미현·김택주, "주권발행 전 주식의 이중양도 -대법원 2014. 4. 30. 선고 2013다9942판결-", 「가천법학」 제8권 제2호, (2015), 53면.: 명의개서 된 제2 양수인에게 주주권의 행사를 허용하였어도 피고 회사는 주주명부의 면책적 효력에 의하여 면책된다고 보는 견해도 결론은 동일하다.; 임재호, "주식의 이중양도와 양수인의 지위", 「법학연구」 제56권 제4호, 부산대학교 법학연구소, (2015), 23면.: 이 견해는 제1 양수인이 확정일자 있는 증서에 의한 통지·승낙의 요건을 갖춘 자가 아니므로 주식의 귀속주체가 되는 진정한 주주가 아니므로 피고 회사에게 무권리자인 명의주주에게 주주권 행사를 허용한 것에 대한 악의 또는 중과실은 없다는 이유로 주주명부의 면책적 효력은 발생한다고 본다. 그러나 이는 확정일자 있는 증서의 요건이 양수인들 사이에서 대항력의 문제인데 이를 판단하지 않은 채 제2 양수인의 지위를 판단한 점에 문제가 있다.

32) 노혁준, "2014년 회사법 중요판례", 「인권과 정의」 제448권, (2015), 149면; 신현탁, "주권미발행 회사의 명의개서에 관한 연구", 「고려법학」 제77호, (2015), 73면.: 이 견해는 상법 제337조 제1항의 해석에 관한 편면적 구속설에 근거하며 제2 양수인에 대한 대항력을 문제 삼지 않는다. 그러나 위 학설에 따라서 회사가 명의주주를 배제하고 실질주주를 선택하더라도 주주권의 귀속에 관한 실체를 파악하고 그에 따라 결정하여야 하고, 그 실체의 파악과 양수인들 중 진정한 주주를 결정하는 것은 직접 관련되므로 이를 위하여는 대립하는 양수인들 중 우선적 지위를 결정하는 기준이 고려되어야 한다고 본다.

33) 천경훈, "2014년 회사법 판례회고", 「BFL」 제69호, (2015), 68면.: 이 견해는 제1 양수인이 확정일자 있는 증서를 갖추지 못하여 제2 양수인에게 우선하지 못하므로 제1 양수인에게 주주총회 소집통지를 하더라도 적법하다고 보기 어렵다고 본다.

사 및 공동대표이사로 선임된 사실 등을 종합하여, 「위 주식양도담보계약 및 원고를 공동대표이사로 선임하는 절차 과정에서 원고에게 주식양도에 관하여 양도통지가 있었거나 피고 회사가 이를 승낙하였음이 추정된다」라고 보았다. 반면 「대법원은 회사에 대하여 의결권을 주장할 수 있기 위하여는 주주명부에 주주로서 명의개서를 하여야 하므로, 주식의 양도통지나 승낙의 요건을 갖추었다는 사정만으로 피고 회사에 대하여 곧바로 주주권을 행사할 수 있다고 인정할 수는 없다」라고 보았다. 또한 제2 양수인은 명의개서를 마쳤다 하여도 확정일자 있는 증서에 의한 양도통지 등을 갖추지 않아 원고에 대한 관계에서 주주로서 우선적 지위를 주장할 수 없음을 원심과 동일하게 인정하였다.

대법원의 판단은 다음과 같이 요약된다. 양수인들이 상대에 대하여 대항력을 갖추지 못한 경우 제1 양수인(원고)은 명의개서가 없어서 주주권을 행사할 수 없고, 제2 양수인은 제1 양수인에 대하여 대항력을 갖추지 못하므로 명의개서의 효력이 부인된다. 이러한 판단은 제1 양수인이 명의개서를 하면 주주권을 행사할 수 있는 것처럼 풀이되는데, 제1 양수인도 제2 양수인에 대하여 대항력을 갖추지 못하므로 그 역시 명의개서를 하더라도 그 효력이 부정되어야 논리가 일관된다. 이 문제를 해결하려면 전술한 바처럼 주식양도의 단순통지 시 먼저 회사에 대하여 양도통지 또는 회사의 승낙을 얻은 양수인이 다른 양수인에게 우선하는 것으로 해결되어야 한다.

비록 명의개서를 먼저 마쳤더라도 상대방에 대하여 대항력을 갖지 못하는 제2 양수인은 주주권자로 확정되지 못하여 주주의 지위를 얻지 못하므로 당연히 명의개서에 인정되는 회사에 대한 대항력도 주장할 수 없다. 먼저 주식양도의 통지 등을 한 양수인이 회사에 대한 관계에서 주주권자로 결정되어야 한다는 원심 판단과 달리 대법원은 이를 판단하지 않았는데, 이는 주권이 발행되지 않은 회사의 주식양도에 관하여 지명채권양도의 법리를 적용하는 과정에서 해결되어야 할 문제를 외면한 결과가 되었다.

사안처럼 주식의 이중양도가 문제되는 경우 해법으로서, ① 주식양수인들 중 우선적 지위를 갖는 양수인을 주주권자로 결정하는 방법과, ② 주주명부를 기준으로 주주권행사자를 결정하는 방법이 있는데, 후자의 방법에는 회사는 명의주주가 주주권자가 아님을 회사가 알거나 중과실로 모르는 경우 주주로 취급할 수 없다는 예외가 적용된다. 위 사안에서도 피고 회사는 원고의 지위를 알고 있었지만, 전술한 바대로 주식양도담보계약의 내용에 주주권의 행사에 관한 사항이 있었는지 여부에 따라서 위와 같은 예외가 적용될 수 있다. 만일 원고에 대하여 주주권의 행사가 약정되었다면 피고 회사는 원고의 존재를 알면서 제2 양수인들에게 주주총회 소집통지를 한 것이고, 이로써 성립한 결의는 결의부존재확인 소의 원인이 된다고 생각한다. 그러한 약정이 없었다면 비록 원고가 제2 양수인에 대하여 대항력을 갖추더라도 피고 회사는 원고의 주주권행사를 거절할 수 있으므로 대법원의 판결과 동일하게 제2 양수인이 명의개서하기 전의 주주명부를 기준으로 이 사건 결의의 효력을 판단할 수 있다고 본다.

Ⅳ. 結　語

사안에서 대표이사인 지배주주 외 1인의 주주가 전체의 95% 주식(9,500주)을 원고에게 양도담보로 제공하고 자금을 차입하면서 원고를 공동대표이사로 선임하였지만, 이후 원고에게 제공된 주식 9,500중 7,000주가 이중으로 양도되어 명의개서 되었고, 원고는 공동대표이사직에서 해임되었다. 원고는 해임을 결정한 주주총회의 결의시 자신에게 주주총회의 소집통지가 없었음을 이유로 결의가 무효 또는 부존재하다고 주장하였다. 대법원은 원고가 피고 회사에 대하여 명의개서를 하지 않아 주주권을 행사할 수 없고, 원고에게 소집통지를 하지 않은 채 성립된 결의는 부존재나 무효에 이르는 중대한 흠이 있다고 할 수 없다고 본다.

대상판결의 의의와 문제점은 아래와 같이 정리된다.

(1) 대상판결의 주요요지는 주식양도담보계약으로 주식을 취득한 자는 회사에 대한 관계에서 주주자격을 가지며, 명의개서를 마치지 않은 주주는 회사에 대하여 주주권을 행사할 수 없다는 것이다. 여기서 주주자격이란 회사에 대하여 명의개서를 청구할 수 있는 지위를 말하고, 명의개서 안된 주식양수인에게 주주총회의 소집통지를 하지 않고 성립한 결의에는 부존재 또는 무효에 이르는 중대한 하자가 없다고 본다.

(2) 대상판결과 달리 일정한 경우에는 양수인은 명의개서 없이 주주권을 행사할 수 있다고 본다. 예컨대 주권발행 전 소수의 주주로 구성된 회사에서 과반수주식에 대하여 양도담보계약을 체결하면서 경영권 및 주주권의 행사가 인정되는 경우이다. 이러한 회사에서 주식양도의 대항요건에 관한 상법 제337조는 엄격하게 해석될 수 없다. 폐쇄적인 회사에서 경영권이 부착된 과반수 주식이 양도되어 양도담보권자가 주주총회에서 의결권을 행사하여 경영자로 선임되는 경우 회사는 주식양도 및 의결권 행사에 관한 양도담보계약이 있음을 인지하고 그를 주주로 인정한 것이므로 그는 주주권의 행사를 회사에 대항할 수 있다고 본다.

(3) 사안에서 95%의 주식을 양도담보로 취득한 원고는 공동대표이사로 선임되었지만, 양도담보계약에 원고에게 피고회사의 주주권을 부여한 사항이 있었는지 여부는 밝혀지지 않았다. 만일 그에 관한 약정이 있었다면 원고는 피고회사에 대하여 주주권의 행사를 대항할 수 있다고 본다.

(4) 회사가 주주명부상의 주주들이 정당한 주주가 아님을 알고 있었을 뿐만 아니라 이를 쉽게 증명할 수 있는 경우 회사는 주주명부상의 주주에게 소집통지 한 행위로부터 면책되지 않는데, 원심과 달리 대법원은 이에 관한 판단을 하지 않았다. 대상판결에서 주주명부 면책력의 한계에 관한 판단이 필요하고 이를 위하여 원고가 진정한 주주라는 사실이 먼저 인정되어야 하지만, 원고가 진정한 주주인지 여부에는 의문이 있다. 원고가 맺은 주식 양도담보계약에 담보주식의 의결권 행사에 관한 약정이 존재했는지가 불명확하기 때문이다. 이에 관한 약정이 없고, 피고회사가 원고의 주주권 행사를 승인하지 않는 한 원고는 피담보채권의 실행으로 담보주식을 확정적으로 취득한 후에야 진정한 주주의 지위를 취득한다고 본다.

(5) 주식의 이중양도에 있어서 양수인들이 모두 확정일자 있는 증서에 의한 대항력을 취득하지 못한 경우 회사는 누구를 주주로 정할 것인지의 문제에 관하여 대법원은 이를 판단하지 않았지만, 이는 주권이 발행되지 않은 회사에서 주식양도의 대항력에 관한 법리를 전개하는 데 필요하다. 권리변동의 일반원칙에 따라서 먼저 양도통지 또는 회사의 승낙을 얻은 양수인이 다른 양수인에 우선한다고 본다.

自己株式 取得者에 대한 金融支援과 商法 第341條의 自己株式 取得 禁止의 關係*

李 相 周**

◎ 대법원 2011. 4. 28. 선고 2009다23610 판결

[事實의 概要]

1. 乙 會社의 設立經緯

(1) 코스닥 등록기업인 甲 주식회사는 2002. 11.경 거래소 상장 제지업체인 피고 회사의 주식 38%를 165억 원에 인수하여 피고 회사에 대한 경영권을 확보하였고, 甲 주식회사는 소외 A, 소외 B와 경영위탁계약을 체결하여 5년간 그들에게 피고 회사에 대한 경영을 위임하였다.

(2) 소외 A, 소외 B(피고 회사의 이사), 소외 C(피고 회사의 감사)는 2005. 2. 3.경 공동출자로 자본금 5,000만 원의 乙 주식회사를 설립하여 乙 주식회사로 하여금 피고 회사에 신문고지 원료를 납품하도록 하였고, 乙 주식회사를 운영하기 위하여 과거 한솔제지에서 자신들의 부하 직원으로 근무했던 소외 D를 대표이사로 영입하였으며, 소외 A, 소외 B는 2005. 7. 25.에 乙 주식회사의 이사가 되었다.

(3) 한편 乙 주식회사는 신문고지 원료나 과산화수소를 구입하여 피고 회사에 매도하는 것이 사실상 영업의 전부였지만1) 그 영업망과 영업방식은

---

* 第26회 상사법무연구회 발표 (2011년 12월 3일)

** 서울동부지방법원 부장판사

1) 乙 주식회사는 피고 회사가 구입하는 신문고지 원료 및 과산화수소의 대부분을 공급하였는데, 피고 회사에 대한 매출비중이 2005. 2. 3.부터 2007. 9. 30.까지 평균 98.5%이었고, 피고 회사도 그 기간 중 신문고지 원료를 전부 乙 주식회사를 통하여 매입하고 있었다. 피고 회사가 국내 업체로부터 신문고지 원료를 실질적으로 직접 구입하였음에도 형식상으로는 乙 주식회사를 통해 구입한 것처럼 하여 구매대행수수료 명목으로 乙 주식회사에 2005

피고 회사의 것을 그대로 사용했을 뿐만 아니라 세금계산서 정리와 급여 지불 등의 경리 업무까지 피고 회사가 대행해주는 형편이었다.

2. 乙 會社의 被告 會社 株式의 取得

(1) 소외 A 등은 피고 회사에 대한 지배권 및 안정적인 경영권을 확보할 목적으로 甲 주식회사가 보유한 피고 회사의 주식 중 이 사건 주식(250만 주, 피고 회사의 전체 발행주식 9,976,016주의 약 25%)을 乙 주식회사 명의로 인수하기 위하여, 2006년 4월경 甲 주식회사 대표이사인 소외 E와 사이에 이 사건 주식을 200억 원에 매입하기로 합의하였다.

(2) 소외 A 등은 이 사건 주식의 인수대금으로 사용하도록 할 목적으로 피고 회사로 하여금 乙 주식회사에 신문고지 원료 선급금 명목으로 2006. 8. 16.에 3억 4,000만 원, 같은 달 18.에 5억 원, 같은 달 22.에 32억 5,000만 원 등 합계 40억 9,000만 원을 지급하게 하였다.2)

(3) 그리고 소외 A 등은 2006. 8. 23. 乙 주식회사가 우리은행으로부터 이 사건 주식 인수대금으로 사용하는 데 필요한 130억 원을 대출받을 수 있게 할 목적으로 피고 회사로 하여금 그 대출원리금의 지급을 담보하기 위하여 156억 원을 연대보증하게 하였다.

(4) 乙 주식회사는 2006. 8. 23.경 우리은행 대출금 130억 원, 피고 회사로부터 지급받은 선급금 40억 9,000만 원 등을 포함하여 200억 원을 지급하고 甲 주식회사로부터 이 사건 주식을 인수하여, 甲 주식회사 대신 피고 회사의 최대 주주가 되었다.

(5) 소외 A, 소외 B, 소외 C는 피고 회사로 하여금 乙 주식회사에 구매대행수수료 명목으로 2005년도 1/4분기부터 2007년도 3/4분기까지 합계 35억 8천여만 원을 지급하게 한 사실, 乙 주식회사에 신문고지 원료 선급금 명목으로 합계 40억 9천만 원을 지급하게 한 사실 및 乙 주식회사의 우리은행

년도 1/4분기부터 2007년도 3/4분기까지 3,588,867,420원을 지급하였다.

2) 소외 A는 검찰조사 당시 피고 회사가 乙 주식회사에 선급금을 지급한 이유로, 신문고지 원료를 확보하기 위한 목적으로 선급금을 지급한 것이 아니라 乙 주식회사를 통하여 피고 회사 주식을 인수하는 데 자금이 부족하여 인수자금으로 쓰도록 하기 위해 지급한 것이라고 진술하였다.

에 대한 대출원리금 채무를 연대보증한 사실에 대하여 특정경제범죄가중처벌등에관한법률위반죄(배임)로 기소되어 2008. 7. 3. 서울중앙지방법원에서 소외 A는 징역 3년, 소외 B는 징역 3년에 집행유예 5년, 소외 E와 소외 C는 각 징역 2년 6월에 집행유예 4년의 유죄판결을 선고받았다.[3)]

3. 乙 會社의 議決權 行使

피고 회사의 2008. 2. 18.자 제55기 정기주주총회(이하 '이 사건 주주총회'라고 한다)에서 乙 주식회사는 피고 회사의 주식 2,524,010주(약 25%, 위와 같은 주주총회에서 의결권을 행사할 수 있는 주주인지 결정하는 시점인 2007. 12. 31.을 기준으로 한 주식 보유 숫자이다)를[4)] 보유하고 있는 주주로 참석하여 다음 의안에 대하여 의결권을 행사하였다.

○ 제2호 의안 - 이사 수를 3인 이상 6인 이내로 하고, 감사 수를 1인으로 하는 내용의 정관변경
○ 제3호 의안 - 소외 A, 소외 C, 소외 F를 상근이사로, 선임하고, 소외 G를 사외이사로 선임
○ 제4호 의안 - 소외 H를 감사로 선임

4. 株主總會 決議 取消請求

이에 따라 원고들은 2008. 4. 16. 乙 주식회사가 취득한 이 사건 주식은 피고 회사의 계산으로 취득한 자기주식에 해당하여 그에 대한 의결권을 행사할 수 없음에도, 乙 주식회사가 이 사건 주주총회에서 의결권을 행사하였으므로, 주주총회의 결의방법에 하자가 있다는 이유로 이 사건 주주총회 결의의 취소를 구하는 이 사건 소를 제기하였다.

---

3) 이에 대하여 소외 A 등이 항소하였는데, 서울고등법원에서 2008. 10. 29. 소외 A에 대하여는 징역 3년에 집행유예 5년, 소외 B, 소외 E, 소외 C에 대하여는 항소기각의 판결이 각각 선고되었다. 소외 A에 대하여는 2008. 11. 6. 판결이 확정되었고, 소외 B, 소외 E, 소외 C는 위 판결에 대하여 상고를 제기하였으나 상고기각 판결이 선고되어 판결이 그대로 확정되었다.

4) 乙 주식회사의 피고 회사 주식 보유상황은 2006. 12. 31.을 기준으로 2,500,000주였고, 2007. 12. 31.을 기준으로 2,524,010주였으며, 2008. 1. 25.에는 2,562,610주였는데, 2008. 1. 28.에 1,630주를 추가로 매입하여 2,564,240주가 되었다.

[訴訟의 經過]

1. 下級審의 判斷

(1) 제1심 (원고 청구 인용)

乙 주식회사는 소외 A 등이 피고 회사를 지배하기 위하여 설립한 피고 회사에 종속된 형식상의 회사인 점, 乙 주식회사의 피고 회사 주식 인수가 소외 A 등이 피고 회사에 대한 안정적인 경영권을 확보하기 위한 목적으로 이루어진 점, 乙 주식회사의 피고 회사 주식 인수대금 대부분은 사실상 피고 회사가 출연한 자금으로 충당된 점을 종합하여 보면, 乙 주식회사의 피고 회사 주식의 취득은 피고 회사의 계산으로 이루어진 것으로서 상법 제341조가 금지하는 자기주식의 취득에 해당하여 무효이다.

따라서 乙 주식회사가 이 사건 주주총회 결의 당시 참석하여 이 사건 주식 250만 주에 대한 의결권을 행사한 것은 의결권을 행사할 수 없는 사람이 주주총회의 결의에 참석하여 의결권을 행사한 셈이 되어 이 사건 주주총회 결의에는 결의방법이 법령에 위배된 하자가 있다.

(2) 원심 (항소 기각)

회사 아닌 제3자의 명의로 회사의 주식을 취득하더라도 그 주식취득을 위한 자금이 회사의 출연에 의한 것이고 그 주식취득에 따른 손익이 회사에 귀속되는 경우라면, 상법 기타 법률에서 규정하는 예외사유에 해당하지 않는 한 자기주식의 취득에 해당한다(대법원 2003. 5. 16. 선고 2001다44109 판결 등 참조). 또한 자기주식의 취득을 금지하는 입법취지에 비추어 볼 때 회사의 경영자 등이 회사의 지배권을 취득하거나 유지·강화할 목적으로 회사로부터 금융상 지원을 받아 주식을 취득하는 것 역시 위와 같은 요건을 갖춘 경우에는 자기주식 취득에 관한 탈법행위의 일종으로서 금지된다고 봄이 상당하다.

다음과 같은 사정들에 비추어 보면, 乙 주식회사의 이 사건 주식 취득은 외관상으로는 乙 주식회사의 명의로 그 부담과 책임 하에 이루어진 것처럼 보이지만, 실질적으로는 피고 회사의 계산이나 전폭적인 금융상 지원 하에 이루어진 것으로서 상법 제341조가 금지하는 자기주식의 취득에 해당한다고 봄이 상당하다.

첫째, 乙 주식회사는 그 설립경위와 주식 보유상황, 운영설비나 인적 구성, 운영실태 등에 비추어 볼 때, 소외 A 등이 피고 회사에 대한 경영권을 행사하고 있는 상황을 이용하여 국내 신문고지 원료나 과산화수소 구매대행 수수료 등의 명목으로 피고 회사로부터 자금을 빼내어 피고 회사에 재산상 손해를 야기하는 한편 소외 A 등이 재산상 이익을 취득할 목적으로 설립한 회사로 봄이 상당하다.

둘째, 乙 주식회사가 이 사건 주식을 인수한 것은 피고 회사를 경영하던 소외 A 등이 피고 회사에 대한 지배권을 확보하기 위한 목적으로 이루어진 것으로서 이 사건 주식을 취득함으로써 乙 주식회사는 피고 회사의 최대 주주가 되었고, 이로써 乙 주식회사의 주식을 나눠 가지고 있던 소외 A 등이 실질적으로 피고 회사에 대한 지배권을 확보하게 되었다.

셋째, 이 사건 주식을 인수할 당시 乙 주식회사의 자산상태는 그 인수대금을 독자적으로 마련할 형편이 되지 않았고, 이에 따라 이 사건 주식을 인수할 무렵인 2006년도 3/4분기까지 이미 구매대행수수료 등 명목으로 2,366,933,456원의 재산상 이익을 피고 회사로부터 부당하게 취득하였음에도, 소외 A 등은 이 사건 주식 인수대금으로 사용하기 위하여 피고 회사로 하여금 乙 주식회사에 신문고지 원료 선급금 명목으로 합계 40억 9,000만 원을 지급하도록 하였을 뿐만 아니라, 乙 주식회사가 우리은행으로부터 이 사건 주식 인수대금으로 사용할 130억 원을 대출받을 수 있게 피고 회사로 하여금 대출원리금 채무를 연대보증하게 하였다.

넷째, 결국 소외 A 등은 원래 피고 회사의 최대 주주인 甲 주식회사의 경영위임에 따라 피고 회사를 경영하게 되었는데, 甲 주식회사가 그 주식을 매도하여 그 대금까지 모두 챙겼음에도 불구하고 여전히 乙 주식회사를 이용하여 피고 회사를 지배하고 있는바, 이것은 피고 회사의 중요한 영업부문이 무단히 乙 주식회사에 사실상 이전되고 그 과정에서 소외 A 등이 피고 회사의 재산을 乙 주식회사로 빼돌림으로써 피고 회사의 희생 하에 이루어진 것이므로, 이 사건 주식 취득은 그 자금이 피고 회사의 출연에 의한 것이고 그 주식취득에 따른 손익이 피고 회사에 귀속되는 경우에 해당하며, 피고 회사의 자본적 기초를 위태롭게 하는 것이다.

따라서 乙 주식회사가 자기주식 취득 금지 규정에 위반하여 보유하게 된 이 사건 주식은 의결권이 없고, 乙 주식회사가 이 사건 주주총회 결의 당시 이 사건 주식을 근거로 의결권을 행사한 것은 의결권을 없는 주주가 의결권을 행사한 것으로서 이 사건 주주총회 결의에는 결의방법이 법령을 위반한 중대한 하자가 있다.

2. 大法院의 判斷 (破棄還送)

상법 제341조는, 회사는 같은 조 각 호에서 정한 경우 외에는 자기의 계산으로 자기의 주식을 취득하지 못한다고 규정하고 있다. 이 규정은 회사가 자기의 계산으로 자기의 주식을 취득할 수 있다면 회사의 자본적 기초를 위태롭게 할 우려가 있어 상법 기타의 법률에서 규정하는 예외사유가 없는 한 원칙적으로 이를 금지하기 위한 것으로서, 회사가 직접 자기 주식을 취득하지 아니하고 제3자의 명의로 회사의 주식을 취득하였을 때 그것이 위 조항에서 금지하는 자기주식의 취득에 해당한다고 보기 위해서는, 그 주식취득을 위한 자금이 회사의 출연에 의한 것이고 그 주식취득에 따른 손익이 회사에 귀속되는 경우이어야 한다(대법원 2003. 5. 16. 선고 2001다44109 판결, 대법원 2007. 7. 26. 선고 2006다33609 판결 등 참조).

원심이 인정한 사실관계에 비추어 볼 때, 피고 회사가 乙 주식회사에 선급금을 지급하고 乙 주식회사가 이 사건 주식 인수대금으로 사용할 자금을 대출받을 때 그 대출원리금 채무를 연대보증하는 방법으로 乙 주식회사로 하여금 이 사건 주식 인수대금을 마련할 수 있도록 각종 금융지원을 한 것을 비롯하여, 원심 판시와 같이 피고 회사의 이사인 소외인 등이 피고 회사의 중요한 영업부문과 재산을 乙 주식회사에 부당하게 이전하는 방법을 통하여 乙 주식회사로 하여금 주식취득을 위한 자금을 마련하게 하고 이를 재원으로 이 사건 주식을 취득하게 함으로써 결국 乙 주식회사를 이용하여 피고 회사를 지배하게 되었다 하더라도, 이러한 사정들만으로는 乙 주식회사가 이 사건 주식 인수대금을 마련한 것이 피고 회사의 출연에 의한 것이라는 점만을 인정할 수 있을 뿐, 더 나아가 소외인 등이 설립한 乙 주식회사의 이 사건 주식 취득에 따른 손익이 피고 회사에 귀속되는 관계에 있다는 점을 인정하기는 어렵고, 달리 기록을 살펴보아도 법률상 별개의 회사들인 피고 회사와 乙 주식회사 사이에 乙 주식회사의 이 사건 주식 취득에 따른 손익을 피고 회사에 귀속시키기로 하는 명시적 또는 묵시적 약정이 있었다는 등을 주식회사의 이 사건 주식취득에 따른 손익이 피고 회사에 귀속되는 것으로 볼만한 사정을 찾아볼 수 없다.

따라서 사정이 이러하다면 위에서 본 법리에 따라 乙 주식회사의 이 사건 주식 취득이 피고 회사의 계산에 의한 주식취득으로서 피고 회사의 자본적 기초를 위태롭게 할 우려가 있는 경우로서 상법 제341조가 금지하는 자기주식의 취득에 해당한다고 볼 수 없다.

결국 원심 판결에는 상법 제341조가 금지하는 자기주식의 취득에 관한 법리를 오해함으로써 판결에 영향을 미친 위법이 있다.

[判決의 要旨]

(1) 상법 제341조는, 회사는 같은 조 각 호에서 정한 경우 외에는 자기의 계산으로 자기의 주식을 취득하지 못한다고 규정하고 있다. 이 규정은 회사가 자기 계산으로 자기의 주식을 취득할 수 있다면 회사의 자본적 기초를 위태롭게 할 우려가 있어 상법 기타의 법률에서 규정하는 예외사유가 없는 한 원칙적으로 이를 금지하기 위한 것으로서, 회사가 직접 자기 주식을 취득하지 아니하고 제3자 명의로 회사 주식을 취득하였을 때 그것이 위 조항에서 금지하는 자기주식의 취득에 해당한다고 보기 위해서는, 주식취득을 위한 자금이 회사의 출연에 의한 것이고 주식취득에 따른 손익이 회사에 귀속되는 경우이어야 한다.

(2) 피고 회사의 이사 등이 새로운 회사를 설립한 후 피고 회사의 최대주주로부터 그 회사 명의로 피고 회사의 주식을 인수함으로써 그 회사를 통하여 피고 회사를 지배하게 된 사안에서, 피고 회사가 새로운 회사에 선급금을 지급하고 그 회사가 주식 인수대금으로 사용할 자금을 대출받을 때 대출원리금 채무를 연대보증하는 방법으로 그 회사로 하여금 주식 인수대금을 마련할 수 있도록 각종 금융지원을 한 것을 비롯하여, 피고 회사의 이사 등이 피고 회사의 중요한 영업부문과 재산을 그 회사에 부당하게 이전하는 방법으로 그 회사로 하여금 주식취득을 위한 자금을 마련하게 하고 이를 재원으로 주식을 취득하게 함으로써 결국 그 회사를 이용하여 피고 회사를 지배

하게 된 사정들만으로는, 새로운 회사가 주식 인수대금을 마련한 것이 피고 회사의 출연에 의한 것이라는 점만을 인정할 수 있을 뿐, 피고 회사의 이사 등이 설립한 그 회사의 주식취득에 따른 손익이 피고 회사에 귀속된다는 점을 인정할 수 없으므로, 그 회사의 주식취득이 피고 회사의 계산에 의한 주식취득으로서 피고 회사의 자본적 기초를 위태롭게 할 우려가 있는 상법 제341조가 금지하는 자기주식의 취득에 해당한다고 볼 수 없다고 한 사례.

[評　　釋]

Ⅰ. 自己株式 取得 禁止에 관한 一般論

1. 自己株式 取得 禁止의 意義

자기주식의 취득이란 회사가 자기의 계산으로 그 회사가 발행한 주식을 취득하는 것을 말한다. 상법 제341조는 주식을 소각하기 위한 때 등 일정한 경우 외에는 회사는 자기의 계산으로 자기주식을 취득하지 못한다고 규정함으로써, 회사가 자기 명의로 취득하느냐 타인 명의로 취득하느냐를 묻지 아니하고 자기의 계산으로 자기주식을 취득하는 것을 원칙적으로 금지하고 있다.[5] 한편 구 증권거래법은 일정한 방식에 의한 자기주식 취득만을 허용하고 있다.[6]

---

5) 상법 제341조 (자기주식의 취득) 회사는 다음의 경우 외에는 자기의 계산으로 자기의 주식을 취득하지 못한다.
  1. 주식을 소각하기 위한 때
  2. 회사의 합병 또는 다른 회사의 영업전부의 양수로 인한 때
  3. 회사의 권리를 실행함에 있어 그 목적을 달성하기 위하여 필요한 때
  4. 단주의 처리를 위하여 필요한 때
  5. 주주가 주식매수청구권을 행사한 때

6) 구 증권거래법(2007. 8. 3. 법률 제8635호 자본시장과 금융투자업에 관한 법률에 따라 폐지되기 전의 것) 제189조의2 (자기주식의 취득) ① 주권상장법인 또는 코스닥상장법인이 당해 법인의 명의와 계산으로 자기의 주식을 취득(상법 제341조의 규정에 의한 취득을 제외한다)하는 경우에는 다음 각 호의 방법에 의하여야 한다. 이 경우 그 취득금액은 상법 제462조 제1항의 규정에 의한 이익배당을 할 수 있는 한도 안이어야 한다.
  1. 유가증권시장 또는 코스닥시장에서 취득하는 방법
  2. 제4장의 규정에 의한 공개매수의 방법
  3. 제2항의 규정에 따른 신탁계약 등에 따라 자기의 주식을 취득한 수탁자 등으로부터

이러한 자기주식 취득에 회사가 발행하는 신주의 인수가 포함되는지에 관하여는 학설상 다툼이 있으나, 우리 대법원은 자기가 발행하는 신주의 인수를 자기주식 취득에 포함하는 입장이다.[7] 그러나 자기주식 취득에 신주의 인수를 포함하지 아니하는 견해도 자기가 발행하는 신주의 인수를 가장납입으로서 무효로 보고 있으므로, 그 주식취득을 무효로 하는 데 있어서 결론의 차이는 없다.

한편 공포 후 1년이 경과한 날부터 시행되는 개정 상법(2011. 4. 14. 법률 제10600호로 개정된 것) 제341조는 자기주식 취득에 대한 규제의 방식을 원칙적으로 불허하되 예외적으로 허용하는 방식에서, 자기주식 취득재원과 절차를 규제하는 방식으로 전환하였다.[8]

신탁계약 등이 해지·종료된 때에 반환받는 방법. 다만 수탁자 등이 해당 법인의 자기의 주식을 제1호 또는 제2호의 규정에 따라 취득한 경우에 한한다.

② 주권상장법인 또는 코스닥상장법인이 대통령령이 정하는 금전의 신탁계약 등에 의하여 자기의 주식을 취득하게 하는 경우에는 대통령령이 정하는 바에 따라 산정한 금액을 제1항 후단의 규정에 의한 취득금액으로 본다.

③ 제1항 및 제2항의 규정에 의하여 주권상장법인 또는 코스닥상장법인이 자기주식을 취득(신탁계약 등의 체결을 포함한다. 이하 이 조에서 같다)하거나 이에 따라 취득한 자기주식을 처분(신탁계약 등의 해지를 포함한다. 이하 이 조에서 같다)하고자 하는 경우에는 대통령령이 정하는 요건·절차 등 기준에 따라 자기주식의 취득 또는 처분관련사항을 금융감독위원회와 거래소에 신고하여야 한다.

④ 주권상장법인 또는 코스닥상장법인이 이익배당을 할 수 있는 한도 등의 감소로 인하여 제1항의 규정에 의한 범위를 초과하여 자기주식을 취득하게 된 경우에는 그날부터 대통령령이 정하는 기간 내에 그 초과분을 처분하여야 한다.

⑤ 제14조 제1항, 제15조, 제16조, 제19조 및 제20조의 규정은 자기주식을 취득 또는 처분하는 경우에 이를 준용한다.

⑥ 주권상장법인 또는 코스닥상장법인이 제1항의 규정에 의하여 자기의 주식을 취득하는 경우에는 상법 제341조의2 제1항의 규정을 적용하지 아니한다.

7) 대법원 2003. 5. 16. 선고 2001다44109 판결.

8) 개정 상법(2011. 4. 14. 법률 제10600호로 개정된 것) 제341조 (자기주식의 취득) ① 회사는 다음의 방법에 따라 자기의 명의와 계산으로 자기의 주식을 취득할 수 있다. 다만 그 취득가액의 총액은 직전 결산기의 대차대조표상의 순자산액에서 제462조 제1항 각 호의 금액을 뺀 금액을 초과하지 못한다.

1. 거래소에서 시세가 있는 주식의 경우에는 거래소에서 취득하는 방법
2. 제345조제1항의 주식의 상환에 관한 종류주식의 경우 외에 각 주주가 가진 주식 수에 따라 균등한 조건으로 취득하는 것으로서 대통령령으로 정하는 방법

② 제1항에 따라 자기주식을 취득하려는 회사는 미리 주주총회의 결의로 다음 각 호의 사항을 결정하여야 한다. 다만 이사회의 결의로 이익배당을 할 수 있다고 정관으로 정하고 있는 경우에는 이사회의 결의로써 주주총회의 결의를 갈음할 수 있다.

1. 취득할 수 있는 주식의 종류 및 수
2. 취득가액의 총액의 한도

2. 自己株式 取得 禁止의 目的

주식도 재산권의 하나이고 증권화되어 유통되는 것이기 때문에, 회사가 자기주식을 취득하는 것이 이론상 불가능한 것은 아니고, 재산을 취득·처분하는 것을 회사의 일상적 활동의 하나로 본다면, 자기주식의 취득·처분을 다른 재산의 취득·처분과 차별적으로 취급할 이유는 없다.

그러나 회사의 자기주식 취득에는 다음과 같은 폐해가 있기 때문에, 우리 상법을 비롯하여 세계 각국의 입법은 회사의 자기주식 취득을 원칙적으로 금지하고 있다.

첫째, 회사가 자본을 재원으로 자기주식을 유상 취득하는 경우에는 실질적으로 출자의 환급과 다름이 없으므로, 자본충실 내지 유지의 원칙에 반하여 회사 채권자와 주주의 이익을 해하게 된다.

둘째, 자기주식의 취득을 인정한다면 그 절차나 대가의 결정방법 여하에 따라 특정 주주를 우대하게 되어 주주평등의 원칙에 반하고 내부자가 그 기회를 유리하게 이용할 수도 있다.

셋째, 회사의 내부사정에 정통한 이사 등이 자기주식 취득을 내부자거래와 시세조종 등의 투기적 거래 목적으로 이용함으로써 주식거래의 공정성을 해치고 일반투자자와 주주들에게 손해를 입게 할 우려가 있다.

넷째, 회사의 이사들이 회사의 계산에서 타인의 명의로 자기주식을 취득한 후 그에 기하여 의결권을 행사하게 된다면, 자본참여가 없거나 부족한

---

3. 1년을 초과하지 아니하는 범위에서 자기주식을 취득할 수 있는 기간

③ 회사는 해당 영업연도의 결산기에 대차대조표상의 순자산액이 제462조 제1항 각 호의 금액의 합계액에 미치지 못할 우려가 있는 경우에는 제1항에 따른 주식의 취득을 하여서는 아니 된다.

④ 해당 영업연도의 결산기에 대차대조표상의 순자산액이 제462조 제1항 각 호의 금액의 합계액에 미치지 못함에도 불구하고 회사가 제1항에 따라 주식을 취득한 경우 이사는 회사에 대하여 연대하여 그 미치지 못한 금액을 배상할 책임이 있다. 다만 이사가 제3항의 우려가 없다고 판단하는 때에 주의를 게을리하지 아니하였음을 증명한 경우에는 그러하지 아니하다.

제341조의2 (특정목적에 의한 자기주식의 취득) 회사는 다음 각 호의 어느 하나에 해당하는 경우에는 제341조에도 불구하고 자기의 주식을 취득할 수 있다.

1. 회사의 합병 또는 다른 회사의 영업전부의 양수로 인한 경우
2. 회사의 권리를 실행함에 있어 그 목적을 달성하기 위하여 필요한 경우
3. 단주의 처리를 위하여 필요한 경우
4. 주주가 주식매수청구권을 행사한 경우

이사들에 의한 회사지배가 가능하게 되는 등 회사 지배관계의 왜곡을 초래하는 문제가 발생할 수 있다.

3. 自己株式 取得 禁止 違反의 效果

(1) 채권행위의 효력

자기주식 취득 금지 규정을 위반한 자기주식 취득의 원인행위로서 회사와 주주 사이에 자기주식의 매매나 교환 등에 관한 채권적 합의가 이루어졌을 때, 이러한 채권행위는 강행법규에 반하는 것으로서 무효로 보아야 한다. 그리고 자기주식 취득을 전제로 하여야만 이행이 가능한 계약도 강행법규 위반 또는 원시적 불능으로서 무효라고 본다.[9)]

(2) 자기주식 취득행위 자체의 효력

상법 제341조를 위반하여 회사가 자기주식을 취득한 경우 그 취득행위 자체의 효력에 관하여는 다음과 같이 학설이 대립하고 있다.

(가) 무효설

이는 자본충실의 저해나 지배관계의 왜곡 등 자기주식의 취득으로 인한 폐해의 방지에 중점을 두어 자기주식의 취득은 상대방인 양도인의 선의·악의를 불문하고 무효라고 하는 견해이다.[10)]

(나) 유효설

자기주식의 취득을 금지하는 상법 제341조는 일종의 명령적 규정으로서 이에 위반하였을 때에는 이사 등의 책임을 추궁하는 데 그치고 자기주식의 취득 자체의 효력에는 영향이 없다고 하는 견해이다.[11)]

(다) 부분적 무효설

자기주식의 취득은 원칙적으로 무효이지만 회사가 타인 명의로 자기주식을 취득한 경우에는 상대방인 양도인이 선의인 한 유효이고, 상대방의 악

9) 이철송, 「회사법강의」 제19판, 박영사, (2011), 329-330면.

10) 서돈각, 「상법강의(상)」, 법문사, (1973), 345면; 정동윤, 「회사법」, (1997), 236면; 정찬형, 「상법강의(상)」 제4판, (2001), 647면; 최기원, 「상법학신론(상)」 제11신정판, (2000), 709면.

11) 박원선·이정한, 「회사법」, 수학사, (1979), 266면.

의는 무효를 주장하는 자가 증명하여야 한다는 견해이다.12)

(라) 상대적 무효설

유효설과 부분적 무효설이 주로 상대방인 양도인의 보호를 의식하고 있지만, 자기주식 취득이 무효라고 하여 양도인의 이익을 해하는 것은 아니고, 오히려 자기주식을 취득한 회사로부터 그 주식을 전득한 자와 그 이후에 주식을 전전 양수한 자들이 권리를 잃게 되는 문제가 발생하므로, 자기주식 취득은 상대방인 양도인의 선의・악의를 묻지 않고 무효라고 보면서, 다만 이를 선의의 제3자에게 대항하지 못한다고 해석하는 견해이다.13)

(마) 대법원 판례의 입장

대법원은 자기주식 취득은 무효이고 이를 화해의 내용으로 하였을 때는 그 화해조항도 무효라고 판시하는 등 무효설의 입장을 취하고 있다.14)

(3) 자기주식의 지위

상법 제369조 제2항은 "회사가 가진 자기주식은 의결권이 없다."고 규정하고 있으므로, 자기주식에 대해서는 의결권을 행사할 수 없다. 의결권 외의 다른 주주권에 대하여는 명문의 규정이 없으나, 자기주식에 대하여 공익권이 인정되지 아니하는 것에 대하여는 이론이 없고, 통설은 이익배당청구권이나 잔여재산분배청구권 등의 자익권도 인정할 수 없다고 한다.

4. 比較法的 檢討

(1) 미 국

미국의 회사법은 주법이므로 주마다 그 내용이 다르지만, 대체로 회사의 자기주식 취득을 ① 취득재원 규제 또는 ② 절차규제 등의 방식으로 규제하고 있다고 한다.15)

"취득재원 규제"를 채택하고 있는 주로는 델라웨어주와 캘리포니아주 등이 있다. 델라웨어주의 경우는 모든 잉여금을 취득재원으로 하여 자기주식

12) 강위두, 「회사법」, 385면; 이병태, 「상법(상)」, 408면; 이원석, 「신상법(상)」, 394면.

13) 이철송, 전게서, 331면.

14) 대법원 1964. 11. 12. 선고 64마719 판결.

15) 구만회, "자기주식의 취득 -그 규제 및 완화에 관하여-", 「재판자료: 증권거래에 관한 제문제(상)」 제90집, 법원도서관, (2010), 551면.

을 취득할 수 있지만 자본에 흠결이 생긴 경우 또는 그로 인하여 자본의 흠결이 생기는 자기주식 취득은 상환주식의 상환 또는 자본감소의 경우를 제외하고는 이를 금지하고 있다. 한편 캘리포니아주의 경우는 자기주식 취득을 배당의 한 방법으로 보아 이를 회사로부터 주주에게 일정한 현금이나 재산이 이전되는 것과 동일하게 보면서 원칙적으로 유보이익이 있는 경우에 이를 재원으로 자기주식을 취득할 수 있고 유보이익이 없는 경우에는 법이 정한 자산비율과 유동성비율 요건을 충족하는 경우에만 자기주식 취득이 가능하다. 모범회사법(Model Business Corporation Act)도 자기주식의 취득을 배당의 하나로 보아 지급불능 요건이나 대차대조표 요건을 구비한 경우에만 자기주식 취득이 가능하다고 규정하고 있다.

"절차규제"를 시행하고 있는 주는 뉴욕주, 테네시주 등이 있는데, 회사가 일정비율 이상의 주식을 보유하고 있는 주주로부터 자기주식을 취득하는 경우 주주총회의 결의에 의한 승인이 필요하다는 규정을 두고 있다.[16] 미국의 경우 자기주식 취득이 폭넓게 허용되고 있지만 그에 대한 의결권은 제한되고 있다.[17] 미국의 경우 취득재원 규제에 위반한 회사의 자기주식 취득행위에 의하여 권리를 침해받은 자에게 취소권이 인정된다.[18]

(2) 영　　국

영국에서는 자기주식 취득이 증권시장의 질서를 문란하게 한다는 이유로 오래 전부터 판례에 의하여 금지되어 왔다.[19] 1985년 회사법(Companies Act 1985)에서는 회사가 원칙적으로 자기주식을 취득할 수 없으나 무상취득 등 일정한 경우에는 예외적으로 이를 허용하였고, 그러면서 위법한 자기주식 취득의 사법상 효력이 무효라고 규정하였다.[20] 영국에서도 자기주식에 대하여는 의결권을 인정하지 않으며 그에 대한 배당도 불가능하다.[21] 특이한 것은 영국 회사법의 경우 자기주식의 취득을 위하여 제3자에게 금융지원을 하는 행위를 원칙적으로 금지하는 규정을 두고 있으며, 이 경우 제3자가 보유

---

16) 구만회, 전게논문, 552면.
17) 이철송, 전게서, 324면.
18) 구만회, 전게논문, 552면.
19) Trevor v. Whitworth(1887) 12 App. Case 409.
20) 구만회, 전게논문, 557-558면.
21) 구만회, 전게논문, 552면.

하게 된 주식의 처분의무를 규정하고 있다.22)

(3) 독 일

독일 주식법(Aktiengesetz) 제56조 제1항은 회사의 직접적인 자기발행 신주의 인수를 금지하고 있으며, 제71조 제1항은 "회사는 직접적이고 중대한 손해를 피하기 위하여 필요한 때와 주식을 종업원에게 제공하여야 할 때 등 일정한 경우 외에는 원칙적으로 자기주식을 직접 취득할 수 없다."라고 규정하고 있다.

주식법 제56조 제1항에 위반한 신주인수의 의사표시는 효력이 없으며,23) 제71조 제4항은 "제1항에 위반한 주식취득 자체는 무효가 아니지만, 이를 위한 채권행위만이 무효가 된다."라고 규정하고 있다.

주식법 제71조b는 자기주식에 대하여는 주주로서의 권리가 없다고 규정함으로써, 자기주식에 대하여 의결권 등의 공익권뿐만 아니라 자익권도 인정하지 아니하고 있다. 그리고 주식법 제56조 제2항은 회사와 종속적인 관계에 있거나 회사가 다수지분을 보유한 기업이 회사의 신주를 인수하는 것을 금지하고 있고, 제3항은 제3자가 회사 또는 회사와 종속적인 관계에 있거나 회사가 다수지분을 보유한 기업의 계산으로 회사의 신주를 인수하는 것을 금지하고 있다. 이때 주식법 제56조 제2항 또는 제3항에 위반한 신주인수는 무효로 되지 아니하고, 제3항에 위반하여 인수한 신주에 대하여는 주주로서의 권리를 행사할 수 없다고 한다.

또한 주식법 제71조의d에 의하면, 제3자는 제71조가 허용하는 일정한 경우에만 회사의 계산으로 회사의 주식을 취득할 수 있고, 회사와 종속적인 관계에 있거나 회사가 다수지분을 보유한 기업이 회사 주식을 취득하는 것 또는 제3자가 회사와 종속적인 관계에 있거나 회사가 다수지분을 보유한 기업의 계산으로 회사 주식을 취득하는 것도 위와 같은 일정한 경우 외에는 허용되지 아니한다. 주식법 제71조의d에 위반하여 회사 주식을 취득한 자는 회사가 요구할 경우 회사 주식을 매도하여야 한다.

한편 주식법 제71조의a 제1항은 영국 회사법과 마찬가지로 회사가 제3

---

22) 구만회, 전게논문, 559면.

23) Uwe Hüffer, Aktiengesetz 9.auflage, 2010. AktG §56 Rn. 4.

자로 하여금 자기주식을 취득하게 할 목적으로 그에게 금융지원을 하는 행위를 무효로 한다고 규정하고 있다. 이 때 회사와 제3자 사이에 체결된 금융지원을 위한 법률행위만 무효가 되고, 제3자에 의한 자기주식 취득 자체는 무효로 되지 아니한다고 해석되고 있다.[24] 주식법 제71조의a 제2항은 회사와 제3자 사이의 법률행위가 회사 또는 회사와 종속적인 관계에 있거나 회사가 다수지분을 보유한 기업의 계산으로 주식이 취득된 것을 권리 또는 의무로 하는 경우에도 그러한 주식취득이 제71조 제1항 또는 제2항에 위배되는 경우에는 그러한 법률행위를 무효로 한다고 규정하고 있다.

(4) 일 본

일본은 2001년 회사법 개정 이전에는 회사의 자기주식 취득을 원칙적으로 금지하고 자기주식의 취득을 인정할 필요성이 큰 경우에 예외적으로 자기주식 취득을 허용하였다. 그러나 산업계 등으로부터 자기주식 취득에 대한 규제완화 목소리가 커지자 2001년 회사법 개정을 통하여 회사가 주주와의 합의에 의하여 자기주식을 취득하는 것 내지 취득한 주식을 보유하는 것을 원칙적으로 허용하는 것으로 전환하였다. 그러면서 회사의 자기주식 취득에 따른 폐해를 방지하기 위하여 취득가액을 주주에 대한 배당가능액의 범위 내로 한정하고 취득 이후에는 취득가액 상당액을 배당가능액 산정에 있어서 자산성을 부인하는 규정과 주주평등의 원칙 확보를 위하여 자기주식 취득 절차에 관한 규정을 두게 되었다.[25]

그러나 회사법 제155조는 법령・정관의 규정에 기한 주주의 청구에 의한 취득 등 일정한 경우에는 위와 같은 제한을 받지 아니하고 회사가 자기주식을 취득할 수 있다고 규정하고 있다.

일본에서도 회사법 제308조는 자기주식에 대하여는 의결권을 행사할 수 없는 것으로 규정하고 있다. 일본에서는 자기주식 취득 금지에 위반한 취득행위 자체의 효력에 관하여 판례는 무효설을 취하고 있고, 절대적 무효설 또는 상대적 무효설이 다수설이다.[26]

---

24) Oechsler, Münchener Kommentar zum Aktiengesetz 3.auflage, 2008. AktG §71a Rn. 64-66.

25) 江頭憲治郎, 「株式會社法」 第3版, 有斐閣, (2009), 237-238頁.

26) 구만회, 전게논문, 557면.

5. 自己株式 取得 禁止에 관한 脫法行爲 規制

독일이나 영국과 달리, 우리 상법에는 회사가 자기주식을 취득하려는 자에게 금융지원을 하는 것을 금지하는 명문의 규정을 두고 있지 않다. 다만 구 증권거래법(2007. 8. 3. 법률 제8635호 자본시장과 금융투자업에 관한 법률에 따라 지되기 전의 것) 제191조의19 제1항은 주권상장법인 또는 코스닥상장법인은 당해 법인의 주요주주(그의 특수관계인을 포함한다)·이사 또는 감사 등을 상대로 하여 원칙적으로 금전·유가증권·실물자산 등 경제적 가치 있는 재산을 대여하는 행위를 금지하였고, 현재는 상법 제542조의9가 같은 취지로 규정하고 있다. 이러한 규정은 상장회사가 이해관계인들과 거래하는 것을 금지함으로써 주주나 채권자를 보호하고자 하는 취지의 규정으로서, 직접 자기주식 취득 금지에 관한 탈법행위를 금지하고자 하는 규정은 아니다. 따라서 위와 같은 규정에 위반하였다는 점만으로 제3자의 회사 주식 취득에 어떠한 영향이 있다고 보기 어렵다.

그 밖에 우리 법에서 회사의 주요주주나 이사 등 임원에 대하여 회사 주식의 취득을 직접 금지하는 규정은 없다.

6. 自己株式 取得 該當 與否와 그 違反 效果에 관한 大法院 判例의 動向

(1) 자기주식 취득을 부정한 사례

(가) 대법원 1963. 5. 30. 선고 63다106 판결

회사가 그 주식을 어떤 사람에게 공로주로 주기로 약정한 후, 주주인 제3자에게 대가를 지불하고 제3자로 하여금 직접 그 사람에게 주식을 양도하게 한 사안에서, 자기주식 취득을 부정하였다.

(나) 대법원 2007. 6. 28. 선고 2006다38161 판결

구 평화은행이 금융감독원으로부터 경영개선명령을 받은 후, 주가가 액면금 5,000원의 1/6 수준인 상태에서 자기자본비율을 높이기 위하여 유상증자를 실시하면서, 임직원들로 하여금 퇴직금 중간정산금으로 액면발행된 신주를 인수하도록 유인하는 대신 퇴직 시에는 주가차액 상당의 손실이 발생할 경우 퇴직금으로 전액 보전해주기로 약정한 사안에 대하여, 자기주식 취득에 해당하지 않는 것으로 보았다. 그러나 「은행이 직원들을 유상증자에 참여시키면서 퇴직 시 출자손실금을 전액 보전해주기로 약정한 경우, 그러한 내용의 '손실보전합의 및 퇴직금 특례지급기준'은 유상증자에 참여하여 주주의 지위를 갖게 될 은행의 직원들에게 퇴직 시 그 출자손실금을 전액 보전해주는 것을 내용으로 하고 있어서 은행이 주주에 대하여 투하자본의 회수를 절대적으로 보장하는 셈이 되고 다른 주주들에게 인정되지 않는 우월한 권리를 부여하는 것으로서 주주평등의 원칙에 위반되어 무효이다」라고 하였다.

(2) 자기주식 취득을 긍정한 사례

(가) 회사가 직접 자기주식을 취득한 사례

1) **대법원** 1955. 4. 7. 선고 4287민상229 **판결**

회사가 주주의 출자 재산을 그 주주에게 반환하는 동시에 그 주주가 가진 주식을 양수하기로 한 사안에서, 자기주식 취득을 인정하였다.

2) **대법원** 1992. 4. 14. 선고 90다카22698 **판결**

회사의 대표이사와 이사 겸 주주인 甲 사이에 경영권을 둘러싸고 계속되어 온 분쟁을 근원적으로 해결하기 위하여 甲이 그의 주식 소유지분에 상응하는 재산을 회사로부터 양수하여 회사와는 별도로 독자적인 영업을 하는 대신 회사는 甲의 주식을 양수하여 감소된 재산에 상응하는 주식을 소각시키기로 한 사안에서, 「甲을 제외한 대표이사 등이 회사를 명실상부하게 소유경영하기 위한 것이라면 회사가 자기주식을 유상으로 취득한다고 하더라도 그것은 상법 제341조 제1항 소정의 주식을 소각하기 위한 때에 해당되어 무효라고 할 수 없다」라고 판단하였다.

3) **대법원** 2005. 6. 9. 선고 2004다65343 **판결**

원고는 피고 회사 등과 사이에, 원고가 피고 회사 발행 신주 1만 주를 2억 8,000만 원에 인수한 후, 피고 회사가 원고의 투자 후 2년 이내에 코스닥 등록 및 증권거래소 상장이 이루어지지 않거나 피고 회사의 2000년 외부회계감사 결과 피고 회사가 제시한 추정재무제표와의 현저한 차이로 인하여 2001년 코스닥 등록이 불가능하다고 판단될 때 등의 사유가 발생한 경우에는 피고 회사 등이 원고에게 투자한 원금에 투자일부터 회수일까지 연 15%

의 비율에 의한 이자를 가산한 금액을 지급하기로 약정하였다.

대법원은, 「원고가 피고 회사 등에 대하여 이 사건 투자금 회수약정에 따라 투자금 회수청구권을 행사하여 투자금 반환을 구하려면 필연적으로 인수한 주식의 반환이 뒤따르게 되는 점 등을 종합하여 보면, 원고가 이 사건 투자금 회수약정에 따라 피고 회사에 대하여 투자금 반환을 구하는 것은 그 원인이 약정금 청구이든 환매권에 기한 청구이든 실질적으로 피고 회사가 자기의 계산으로 자기주식을 취득할 것을 전제로 하므로, 피고 회사에 대한 관계에서는 이 사건 투자금 회수약정은 상법상 자기주식 취득 금지에 반하여 무효이다」라고 판단하였다.

(나) 회사가 제3자 명의로 자기주식을 취득한 사례

1) **대법원 2003. 5. 16. 선고 2001다44109 판결**

대한종금은 1997. 12. 10. 유동성 부족으로 인하여 금융감독위원회로부터 영업정지처분을 받게 되자, 유상증자 등을 통하여 자기자본비율(BIS)을 높이겠다는 경영정상화계획을 금융감독위원회에 제출하였는데, 당시 대한종금은 영업정지상태에 있었으므로 정상화 여부가 불투명하여 유상증자에 참여하려는 주주가 많지 않았다. 이에 대한종금은 편법적인 방법으로 자기자본을 이용하여 증자하기로 하고, 원고에게 주금회수를 보장하여 주겠다면서 대한종금으로부터 중장기원화대출 명목으로 대출을 받아 그 대출금으로 대한종금이 실시할 예정인 유상증자에 참여해달라고 부탁하였다.

대한종금의 제안에 따라 원고는 원고 또는 그가 지정하는 자의 이름으로 대한종금의 유상증자에 참여하기로 하되, 100억 원을 대한종금으로부터 대출받아 이를 신주인수의 청약대금으로 대한종금에 납입하고 인수한 주식 전부를 대한종금에 담보로 제공하며, 대한종금이 영업정지를 받는 등의 사유가 발생하면 그 전 일자로 대한종금에 대하여 원고가 주식의 매수(환매)를 청구할 수 있는 권리가 발생한 것으로 간주하고, 그 매수가격을 발행가액으로 하여 원고의 대출금채무와 상계된 것으로 보고 이자 등 일체의 채권에 대하여 대한종금의 권리가 상실되는 것으로 계약을 체결하였다.

대법원은, 「대한종금이 대출의 형식으로 원고에게 신주인수대금을 제공하였지만, 원고에게 대출금 상환의 책임을 지우지 아니하고 그 주식인수에 따른 손익을 대한종금에 귀속시키기로 하는 내용의 계약이 체결된 것으로 보고, 계약의 실질이 대한종금의 계산 아래 대한종금이 원고 또는 원고가 지정하는 자의 명의로 대한종금 스스로 발행하는 신주를 인수하여 취득하는 것을 목적으로 하는 것으로서, 자기주식의 취득이 금지되는 유형에 해당한다고 할 것이므로, 위와 같은 계약은 대출약정을 포함한 그 전부가 무효이다」라고 판단하였다.

2) **대법원** 2003. 7. 11. **선고** 2003**다**16627 **판결**

외환위기 이후 자기자본 확충에 고심하던 영남종금은 조양상선과 그의 자회사인 남북수산에 대하여 조양상선의 자회사인 삼익종합운수에 150억 원을 대출해줄 터이니 조양상선은 그 대출금 중 30억 원을, 남북수산은 20억 원을 각각 넘겨받아 영남종금의 유상증자에 참여하라고 제안을 하였다. 이에 따라 조양상선과 남북수산은 영남종금이 실시하는 유상증자에 30억 원과 20억 원으로 참여하되, 그들이 유상증자로 받게 되는 주식 전부를 영남종금에 담보로 제공하며 증자자금 납입 후 2년 이내에 그 주식을 매도하고자 하는 경우에는 영남종금과 사전협의를 하여야 하고, 그 매각대금은 조양상선 등이 영남종금으로부터 차입한 대출금을 상환하는 데 사용되어야 하며, 증자자금 납입 2년 후에는 영남종금은 조양상선 등이 보유한 주식을 증자참여 원리금을 포함한 가격에 매입할 의무를 지고, 아울러 조양상선 등으로부터 증자참여 원리금을 포함한 가격에 그 주식을 매입할 수 있는 권리를 가진다는 내용 등이 담긴 주식인수약정을 체결하였다.

대법원은, 「조양상선 등이 청약하는 신주인수대금을 영남종금이 대출의 형식으로 제공하여 납입하게 하지만, 조양상선 등과 삼익종합운수에게는 그 대출금 상환의 책임을 지우지 아니하고 그 주식인수에 따른 손익을 영남종금에 귀속시키기로 하는 내용의 약정이라고 할 것이고, 이러한 약정의 실질은 영남종금의 계산 아래 영남종금이 조양상선 등의 명의로 영남종금 스스로 발행하는 신주를 인수하여 취득하는 것을 목적으로 하는 것으로서, 자기주식의 취득이 금지되는 유형에 해당한다고 할 것이므로, 신주인수대금 50억 원에 대한 대출약정 및 보증약정을 포함하여 이 사건 주식인수약정은 그 전부가 무효이다」라고 판단하였다.

3) **대법원** 2004. 4. 9. **선고** 2003**다**21056 **판결**

나라종금은 1998년 6월경 원고에게 원고가 나라종금으로부터 대출을 받아 원고 또는 원고의 계열사 명의로 나라종금이 발행하는 신주 및 후순위 채권을 인수해주면, 그로부터 2년 후 원고가 나라종금에 대하여 위와 같이 인수한 신주 및 후순위 채권을 대출원리금 상당액에 재매입해줄 것을 청구할 수 있도록 하여 원고에게 손해가 없도록 해주겠다고 제안을 하였다. 원고는 이를 받아들여 1998. 6. 27. 나라종금으로부터 50억 원을 대출받아 이를 원고의 계열사 명의로 인수한 나라종금의 신주 100만 주에 대한 인수대금으로 납입하였고, 1998. 6. 30. 다시 나라종금으로부터 50억 원을 대출받아 이를 원고의 계열사 명의로 인수한 나라종금의 후순위 채권에 대한 인수대금으로 납입함으로써, 원고와 나라종금 사이에 원고가 인수대금을 납입한 2년 후 나라종금에 대하여 위와 같이 인수한 신주 및 후순위 채권을 재매입하여줄 것을 청구할 권리를 가지기로 하는 약정이 성립하였다.

대법원은, 「원고와 나라종금 사이에 체결된 약정 중 원고가 나라종금으로부터 대출을 받아 나라종금의 신주를 인수하고 그로부터 2년 후 나라종금에 위와 같이 인수한 신주들을 대출원리금 상당액에 재매입하여줄 것을 청구할 수 있다는 부분의 실질은 나라종금의 계산 아래 나라종금이 원고 또는 원고의 계열사 명의로 자신이 발행하는 신주를 인수하여 취득하는 것을 목적으로 하는 것으로서, 이는 상법에서 금지하는 자기주식의 취득에 해당하는 것으로 보아야 할 것이므로, 신주인수 및 재매입약정과 대출약정 등 그 전부가 무효이다」라고 판단하였다.

4) **대법원** 2005. 2. 18. **선고** 2002**도**2822 **판결**

피고인은 1995년 11월경 회사의 구리농수산물 도매시장 수산부류 도매시장법인 지정을 추진하는 과정에서 회사의 출자 자본금이 40억 원 이상으로 요구되어 19억 5천만 원의 증자가 필요하였으나 기존 주주의 주식 인수나 추가 주주의 확보가 어려운 상황에 있었다. 그러자 일단 피고인 등 임원 명의로 은행으로부터 21억 원을 대출받아 19억 5천만 원을 회사에 출자하고 주식은 피고인 등의 명의로 배정하여 주주명부를 작성, 관할 세무서에 제출하고, 그 시경부터 주식을 인수할 주주를 물색하는 한편 대출금 장부를 만들어 관리하면서 대출원금과 이자의 상환, 대출수수료 정산 등을 처리하였다. 그러던 중, 대출원리금 부담이 가중되자, 회사 자금을 대표이사 가지급금 명목으로 인출하여 대출원리금 상환에 사용한 후 허위 경비 등을 계상하여 이를 변제한 것처럼 처리할 것을 기도하고, 1997. 5. 10. 서울 동대문구 용두동 소재 보람은행 용두동지점에서 업무상 보관중이던 회사 명의의 보통예금 계좌에서 회사 소유의 예금 8천만 원을 인출하고, 같은 방법으로 같은 해 6. 24. 5천만 원, 같은 달 26. 1억 원, 같은 달 27. 7천만 원, 합계 3억 원을 인출하여 대출원리금의 상환에 사용하였다.

대법원은, 「신주발행에 있어서 타인의 명의로 주식을 인수한 경우에는 실제로 주식을 인수하여 그 대금을 납입한 명의차용인만이 실질상의 주식인수인으로서 주주가 되고, 단순한 명의대여자에 불과한 자는 주주로 볼 수 없다 할 것이므로, 신주인수 명의인과 자본금 마련을 위하여 금융기관으로부터 대출을 받은 대출자가 일치하지 않은 점, 신주인수 명의인들이 인수한 주식수에 따른 주주로서의 권리를 행사하지도 않고 주식양도 과정에 관여하지도 않은 점, 금융기관으로부터 대출을 받음에 있어 소요되는 비용 및 대출금에 대한 이자를 회사가 지출한 점 등을 종합하면, 회사는 1995. 11. 21. 신주를 발행하여 실제로는 타인으로부터 자금을 빌려 자기의 계산으로 신주를 인수하면서도 피고인 등의 명의를 차용하였다고 할 것이므로, 이는 상법 등에서 허용하지 않는 자기주식의 취득에 해당하므로 회사의 신주인수행위는 무효라고 보아야 한다」라고 판단하였다.

5) 대법원 2007. 7. 26. 선고 2006다33609 판결

대한종금의 대표이사이던 피고 5는 동남산업, 해표푸드서비스와 사이에, 대한종금이 해표푸드서비스에 금원을 대출하여 주면, 동남산업은 그 대출금을 건네받아 그 돈으로 대한종금이 1999. 3. 25.경 유상증자를 위하여 발행할 신주를 인수하기로 하되, 해표푸드서비스의 대출금 상환을 위한 담보로 주식을 대한종금에게 제공하고, 대한종금이 관할 당국으로부터 영업정지처분결정을 받는 경우에 동남산업은 인수한 주식의 소유권을 대한종금에 귀속시키고, 해표푸드서비스의 대출금 상환의무를 소멸시키는 통지를 할 수 있으며 이로써 대출금의 상환이 완료된 것으로 한다는 내용의 약정을 한 사안에서,

대법원은 「회사가 제3자의 명의로 회사의 주식을 취득하더라도, 그 주식 취득을 위한 자금이 회사의 출연에 의한 것이고 그 주식 취득에 따른 손익이 회사에 귀속되는 경우라면, 상법 기타의 법률에서 규정하는 예외사유에 해당하지 않는 한, 그러한 주식의 취득은 회사의 계산으로 이루어져 회사의 자본적 기초를 위태롭게 할 우려가 있는 것으로서 상법 제341조, 제625조 제2호, 제622조가 금지하는 자기주식의 취득에 해당한다」라고 하였다.

(3) 대법원 판례의 입장에 관한 검토

(가) 대법원은, 2003. 5. 16. 선고 2001다44109 판결 이후, 주식회사가 자기의 계산으로 자기의 주식을 취득하는 것은 회사의 자본적 기초를 위태롭게 하여 회사와 주주 및 채권자의 이익을 해하고 주주평등의 원칙을 해하며 대표이사 등에 의한 불공정한 회사지배를 초래하는 등의 폐해를 생기게 할 우려가 있기 때문에, 상법은 일반 예방적인 목적에서 이를 일률적으로 금지하는 것을 원칙으로 하면서 예외적으로 자기주식의 취득이 허용되는 경우를 유형적으로 분류하여 명시하고 있으므로(상법 제341조), 상법 제341조, 제341조의2, 제342조의2 또는 증권거래법 제189조의2 등에서 명시적으로 자기주식의 취득을 허용하는 경우뿐만 아니라, 회사가 자기주식을 무상으로 취득하는 경우 또는 타인의 계산으로 자기주식을 취득하는 경우 등과 같이, 회사의 자본적 기초를 위태롭게 하거나 주주 등의 이익을 해한다고 할 수 없는 것이 유형적으로 명백한 경우에는 자기주식의 취득이 예외적으로 허용되지만, 그 밖의 경우에 있어서는, 설령 회사 또는 주주나 회사 채권자 등에게 생길지도 모르는 중대한 손해를 회피하기 위하여 부득이 한 사정이 있더라도 자기주식의 취득은 허용되지 않는다」라고 판시하고 있다.

(나) 이와 같이 대법원은 제3자 명의의 회사 주식의 취득 자체가 회사의 계산에 의한 자기주식 취득과 동일하게 보기 위해서, ① 주식취득을 위한 자금이 회사의 출연에 의한 것이고, ② 그 주식취득에 따른 손익이 회사에 귀속된다는 두 가지 전제조건이 충족될 것을 요구하고 있다.

첫째, 대법원이 제3자의 주식취득 자금이 회사의 출연에 의한 것으로 판단한 사례를 유형적으로 살펴보면 다음과 같다. 즉 회사가 자기주식을 취득하려는 자에게 자금을 대여한 사례[27]가 있고, 회사가 자기주식을 취득하면서 제3자의 명의를 빌린 사례28)가 있다.

둘째, 대법원이 제3자의 주식취득에 따른 손익이 회사에 귀속되는 것으로 판단한 사례를 유형적으로 살펴보면 다음과 같다. 즉 회사와 제3자 사이에 주가변동에도 불구하고 회사가 제3자로부터 취득한 주식을 일정한 가격에 매수하기로 하는 약정을 하는 등 주식취득에 따른 손익을 회사에 귀속시키는 약정이 있는 사례29)가 있고, 제3자가 회사에 명의만을 빌려줌으로써 실질주주가 회사인 사례30)가 있다.

(다) 위와 같이 대법원이 제3자의 주식취득을 회사의 계산에 의한 주식취득으로 본 사안들은, 모두 회사의 자기자본비율(BIS) 충족 또는 농수산물 도매시장의 도매시장법인 지정 등 회사가 달성하여야 하는 일정한 목적을 위하여 자기자본 확충을 위한 신주발행이 필요하였으나, 사람들이 회사의 재정사정 등을 이유로 신주를 인수하려고 하지 아니하여 신주발행이 여의치 않게 되자, 고객에게 자금을 대여하여 그로 하여금 신주를 인수하게 하고 그 대신 나중에 그로 인한 손실을 전보하여주기로 하거나, 또는 회사의 임원으로부터 명의만을 차용함으로써 처음부터 주식 인수로 인한 손실을 회사가 부담하는 사례들이다.

따라서 대법원이 제3자의 주식취득을 회사의 계산에 의한 주식취득으로 인정한 사안들은, 모두 경영자 개인이나 다른 사람의 이익을 위해서가 아니라 회사 자체의 이익을 위하여 제3자의 명의로 주식 인수를 진행하였던 사례들이라고 할 수 있다.

(라) 한편 대법원 2007. 6. 28. 선고 2006다38161 판결의 경우처럼, 주식취득을 위한 자금이 회사의 출연에 의한 것으로 보기 어렵고, 다만 일부 주주들과 사이에 그 주식취득에 따른 손익을 회사에 귀속시키는 약정을 한 경우에는, 제3자의 주식취득을 자기주식 취득으로 보지 아니하고 그 손익귀속 약정만을 주주평등의 원칙에 반하여 무효인 것으로 보고 있다.

---

27) 대법원 2003. 5. 16. 선고 2001다44109 판결; 대법원 2003. 7. 11. 선고 2003다16627 판결; 대법원 2004. 4. 9. 선고 2003다21056 판결; 대법원 2007. 7. 26. 선고 2006다33609 판결.

28) 대법원 2005. 2. 18. 선고 2002다2822 판결.

29) 대법원 2003. 5. 16. 선고 2001다44109 판결; 대법원 2003. 7. 11. 선고 2003다16627 판결; 대법원 2004. 4. 9. 선고 2003다21056 판결; 대법원 2007. 7. 26. 선고 2006다33609 판결.

30) 대법원 2005. 2. 18. 선고 2002다2822 판결.

결국 대법원 판례의 입장을 다음과 같이 정리할 수 있다.

제3자 명의의 주식취득의 유형			회사의 계산에 의한 자기주식 취득 해당 여부
1	자금출처	손익귀속	×
	×	×	
2	자금출처	손익귀속	× 손익귀속 약정만 주주평등의 원칙에 반하여 무효
	×	○	
3	자금출처	손익귀속	? 이 사건의 쟁점으로 보이는 문제
	○	×	
4	자금출처	손익귀속	○
	○	○	

(마) 따라서 그 동안의 대법원 판례의 입장에 의하면, 회사가 회사 주식을 취득하려는 제3자에게 주식취득 자금을 대출하는 등 금융지원을 하여 그 제3자가 회사 주식을 취득한 것이 회사의 계산에 의한 자기주식 취득과 마찬가지로 평가되기 위해서는, 회사의 금융지원이 주식취득을 위한 자금의 출연으로 평가되어야 할 뿐만 아니라 제3자가 취득한 주식의 손익이 회사에 귀속된다는 전제조건도 충족되어야 한다고 볼 수 있다.

Ⅱ. 乙 會社의 이 事件 株式取得이 被告 會社의 自己株式 取得에 該當하는지 與否

1. 問題의 提起

이 사건에서, 乙 주식회사가 피고 회사의 이 사건 주식을 취득함에 있어, 피고 회사가 乙 주식회사에 주식취득을 위하여 선급금 40억 9,000만 원을 미리 지급하여 주고, 乙 주식회사가 우리은행으로부터 주식취득 자금 130억 원을 대출받을 때 피고 회사가 한도금액을 156억 원으로 乙 주식회사의 우리은행에 대한 대출금 반환채무를 연대보증함으로써, 피고 회사가 乙 주식회사의 이 사건 주식의 취득을 위하여 금융지원을 하였다. 따라서 피고 회사가 乙 주식회사에 주식취득 자금에 대한 금융지원을 하여 乙 주식회사가 이 사건 주식을 취득하게 된 것을 주식취득 자금이 회사의 출연에 의한 것이라고 볼 수 있다.

그러나 앞서 본 대법원 판례의 입장에서 볼 때, 乙 주식회사의 이 사건 주식 취득을 피고 회사의 계산에 의한 자기주식 취득으로 볼 수 있기 위해서는 乙 주식회사의 주식취득에 따른 손익이 피고 회사에 귀속되는 관계가 존재하여야 한다.

독일이나 영국과 같이 회사의 주식을 취득하는 자에 대한 금융지원을 금지하는 명문의 규정을 두고 있지 아니한 우리 상법에 있어서는 제3자의 자기주식 취득을 위한 금융지원을 방치할 경우 자기주식 취득에 대한 규제를 잠탈하게 되는 문제가 발생할 우려가 있으므로, 이를 적절히 규제할 필요가 있다는 취지의 다음과 같은 의견이 있을 수 있다.

우선, 제3자의 자기주식 취득을 위한 금융지원의 경우 대부분 업무상배임죄에 해당할 수 있기 때문에, 이를 결정한 회사의 이사 등에 대한 형사처벌과 같은 사후의 형사적 제재와 그들에 대한 손해배상청구 등 손해의 전보를 구하는 것은 가능하다.

그러나 제3자의 자기주식 취득을 위한 금융지원을 금지하는 규정이 없는 우리 법제에 있어서, 제3자가 회사로부터 금융지원을 받아 회사 주식을 취득하는 것이 회사의 계산에 의한 자기주식 취득과 동일한 것으로 평가될 수 있다면, 그 주식취득 자체가 무효로 되어, '배임적 차입매수'(LBO: Leveraged Buyout)의[31] 방법으로 회사를 인수하여 경영권을 장악하는 것 자체를 막을 수 있기 때문에, 위와 같은 형사처벌이나 손해배상청구에 비하여 근원적인 제재 및 예방책이 될 수 있다.

따라서 우선 우리 상법의 해석상 회사의 금융지원에 의한 제3자의 회사 주식 취득 자체를 회사의 계산에 의한 자기주식 취득과 동일하게 볼 수 있는지를 살펴보고자 한다. 그리고 제3자가 회사로부터 금융지원을 받아 회사

---

31) 차입매수{LBO: Leveraged Buyout}는 회사의 주식을 인수하는 방법 등으로 회사 경영권을 인수한 후 회사 자금으로 그 인수대금을 지급하는 것으로서, 통상적으로 제3자나 기존 경영자 또는 특수목적회사 명의로 회사 주식을 취득하고 있다. 차입매수(LBO)에는 배임적인 것도 있고 그렇지 않은 것도 있는데, 이에 관하여는 뒤에서 자세히 살펴본다.

주식을 취득하는 것을 일률적으로 회사의 계산에 의한 자기주식 취득으로 볼 수 없다면, 어떠한 전제조건을 충족하는 경우에 제3자의 위와 같은 회사주식 취득을 회사의 계산에 의한 자기주식 취득으로 볼 수 있는지에 관하여 살펴보고자 한다.

2. 會社의 金融支援에 의한 第3者의 株式取得을 會社의 自己株式取得으로 볼 것인지 與否

(1) 긍정설

회사가 자기주식을 취득하려고 하는 제3자에게 회사의 자금을 대여하는 등 금융지원을 하여 그 제3자가 회사의 주식을 취득하게 하는 것 자체를 회사의 계산에 의한 자기주식 취득으로 볼 수 있다는 견해가 있다. 회사가 자기가 발행하는 주식을 인수하려는 자 또는 이미 발행한 주식을 취득하려는 자에게 금전대여 또는 보증을 하여 자기주식을 취득하려는 것을 독일 주식법이나 영국 회사법이 자기주식 취득의 탈법행위로 보아 명문으로 금지하고 있는 점에 비추어 볼 때, 우리 상법에서도 이러한 행위를 상법 제341조의 탈법행위의 일종으로 보아 이를 금지하여야 한다는 견해이다.[32)]

긍정설은 회사가 자기주식을 취득하려고 하는 제3자에게 회사의 자금을 대여하는 등 금융지원을 하여 그 제3자가 회사의 주식을 취득하게 되는 경우에도 다음과 같은 폐해가 발생할 수 있다고 한다.

첫째, 회사의 직접적인 자기주식 취득과 마찬가지로 금융지원에 의한 제3자의 주식취득에 있어서 특정 주주를 우대하도록 함으로써 주주평등의 원칙에 반하고 내부자가 이를 유리하게 이용할 가능성이 있다.

둘째, 회사의 직접적인 자기주식 취득과 마찬가지로 회사의 내부사정에 정통한 이사 등이 제3자를 통한 자기주식 취득을 내부자거래와 시세조종 등의 투기적 거래에 이용함으로써 주식거래의 공정성을 해치고 일반투자자와 주주들에게 손해를 입게 할 우려가 있다.

셋째, 회사의 직접적인 자기주식 취득과 마찬가지로 회사의 이사들이

---

32) 정찬형,"자기주식의 취득제한", 「고시계」 제48권 제9호, (2003), 국가고시학회, 59면; 최기원, 「新會社法論」 제13대정판, 박영사, (2009), 353면.

금융지원에 의해 주식을 취득한 제3자를 통하여 의결권을 행사하게 된다면, 자본참여가 없거나 부족한 이사들에 의한 회사지배가 가능하게 되는 등 회사의 지배관계에 왜곡을 초래하게 된다.

넷째, 회사로부터 자금을 대여받는 등 금융지원을 받은 제3자의 변제자력이 충분하지 못한 경우에는 결국 회사의 자본충실을 해하게 되어 주주와 회사 채권자들의 이익을 해하게 된다.

(2) 부정설

회사가 자기주식을 취득하려고 하는 제3자에게 회사의 자금을 대여하는 등 금융지원을 하여 그 제3자가 회사의 주식을 취득하게 하는 것 자체를 회사의 계산에 의한 자기주식 취득으로 보기 어렵다는 견해가 있다. 독일 주식법이나 영국 회사법에서와 같이 회사 주식을 취득하려는 자에 대한 금융지원을 금지하는 명문의 규정이 없는 우리 상법의 해석상, 이를 회사의 계산에 의한 자기주식 취득과 동일하게 보는 것은 무리라는 견해가 있다.[33] 회사가 자기주식을 취득하는 제3자에게 자금을 대여한 것이 자기주식 취득에 해당하지 아니한다는 취지의 일본 하급심 판례가 있기도 하다.[34]

회사가 자기주식을 취득하려고 하는 제3자에게 회사의 자금을 대여하는 등 금융지원을 한 경우에는 다음과 같이 회사의 직접적인 자기주식 취득과 같은 폐해가 없다고 한다.

첫째, 회사가 제3자에 대하여 대여금 채권이나 구상금 채권 등을 보유할 뿐 주식 자체를 보유하는 것이 아니기 때문에, 주식 보유의 손익이 직접 회사에 귀속되지 아니하여 반드시 출자의 환급과 마찬가지로 자본충실의 원칙에 반하거나 회사채권자와 주주의 이익을 해하는 것은 아니다.

둘째, 주식취득에 있어서 회사가 언제나 제3자에 대하여 영향력을 행사하는 것은 아니기 때문에, 주식취득의 절차나 그 대가의 결정에 있어서 반드시 주주평등의 원칙에 반하거나 내부자가 이를 유리하게 이용하는 결과가 되는 것은 아니고, 회사의 내부사정에 정통한 이사 등이 자기주식 취득을 내부자거래와 시세조종 등의 투기적 거래에 이용함으로써 주식거래의 공정성

---

33) 이철송, 전게서, 325면.

34) 東京地判 1995. 12. 25. 判例タイムズ, 第19號, 238頁.

을 해치고 일반투자자와 주주들에게 손해를 입게 되는 결과가 발생한다고 보기도 어렵다.

셋째, 회사 주식을 취득한 제3자가 반드시 회사의 이사 등이 갖고 있는 의사에 따라 의결권을 행사한다고 볼 수도 없기 때문에, 자본참여가 없거나 부족한 이사들에 의한 회사지배로 인하여 회사의 지배관계에 왜곡이 초래된다고 보기 어렵다.

(3) 절충설

회사가 자기주식을 취득하려고 하는 제3자에게 회사의 자금을 대여하는 등 금융지원을 하여 그 제3자가 회사의 주식을 취득하게 되었을 때, 그것이 회사의 계산에 의한 자기주식 취득에 해당하는지를 획일적으로 판단하지 아니하고, 그 제3자의 주식취득 경위와 회사와의 관계 등을 살펴본 후, 사안별로 개별적으로 회사의 계산에 의한 자기주식 취득 해당 여부를 판단해야 한다는 견해가 있다.[35]

(4) 대법원 판례의 입장

대법원 판례의 입장은 「제3자 명의의 회사 주식의 취득 자체가 회사의 계산에 의한 자기주식 취득과 동일하게 보기 위해서는, ① 주식취득을 위한 자금이 회사의 출연에 의한 것이고, ② 그 주식취득에 따른 손익이 회사에 귀속된다는 전제조건이 충족될 것을 요구하고 있기 때문에, 회사가 제3자에게 금융지원을 하여 제3자가 회사 주식을 취득한 사안의 경우에도, 위와 같은 2가지 요건이 충족되면 제3자의 주식취득을 회사의 계산에 의한 주식취득으로 평가할 수 있다」는 점에서 절충설을 취하였다고 볼 수 있다.

3. 어떠한 경우에 第3者의 株式取得을 會社의 計算에 의한 株式取得으로 보아야 하는가?

(1) 제3자의 자력이 충분하지 아니한 경우에도 회사의 계산으로 보아야 한다는 견해

회사가 제3자에 대하여 자기주식 인수 또는 취득을 위한 경제적 원조로

35) 윤찬영, "자기주식 취득을 위한 금융지원행위와 상법 제341조의 적용 -대법원 2007. 6. 28. 선고 2006다38161,38178 판결-", 「법조」 제637권, (2009), 233면.

서 단순히 대부를 하거나 보증을 한 것에 불과한 경우에는 회사의 계산으로 한 것으로 볼 수 없으나, 실질적 배당 내지 매각손익이 회사에 귀속되는 경우에는 회사의 계산으로 한 것으로 보아야 하고, 그렇지 않더라도 채무자인 제3자의 자력이 채무 또는 구상채무의 이행을 위하여 충분하지 아니한 경우에는 회사의 계산으로 한 것으로 보아야 한다는 견해가 있다.[36)]

(2) 잉여금 등의 배당 또는 매각손익이 회사에 귀속되는 계약이 있어야 한다는 견해

(가) 제3자의 회사 주식 취득을 위한 금융지원에 대한 금지규정이 없는 일본에 있어서도, 금융지원만으로는 회사의 계산에 의한 자기주식 취득으로 인정하기에 부족하고, 잉여금 등의 배당 또는 매각손익이 회사에 귀속되는 계약이 있어야 한다는 견해가 있다.[37)]

일본 학자 龍田節은 일본법은 자기주식의 취득을 위한 금융지원을 금지하지 아니하고 있기 때문에 회사의 자금대부가 위법하다고 볼 수는 없지만 그 중에서 회사의 자기주식 취득과 동일하게 볼 수 있는 경우를 선별할 필요가 있다고 보았다.[38)] 그러면서 어떠한 경우에 회사의 계산에 의한 자기주식의 취득으로 볼 수 있는지에 관하여 3가지 요소로서, ① 취득자금의 출처, ② 취득을 위한 거래에 관한 의사결정, ③ 취득한 주식에 대한 지배를 제시하였다. 회사가 주식취득 자금을 대여하였을 때 그 자금의 출처를 회사로 볼 수 있는지는 대부조건이나 당시 정황에 따라 다르다고 보았고, 취득을 위한 거래에 관한 의사결정의 문제는 거래상대방의 선택, 매매대금의 결정 등을 누가 하였느냐의 문제로 보았으며, 취득한 주식의 지배 문제는 주식의 처분과 주주권행사에 관한 지시 권한을 누가 행사하고 이익배당과 매매차익이 누구에게 귀속하는가의 문제라고 보았다. 이 때 회사의 계산에 의한 자기주식 취득의 전형적인 경우는 취득자금의 출처가 회사일 뿐만 아니라 취득을 위한 거래에 있어서 의사결정을 회사가 하고 취득한 주식에 대한 지배도 회사가 하는 경우라고 보았다.

---

36) 은성욱, "회사 자신에 의한 신주인수의 효력 -대법원 2003. 5. 16. 선고 2001다44109 판결-", 「Jurist」 제401호, (2004), 청림인터렉티브, 51면.

37) 江頭憲治郎, 門口正人, 「會社法大系」 第2卷, 青林書院, (2008), 157頁.

38) 龍田節, "會社の計算により自己株式の取得", 「法叢」 第138券 第4號, (1994), 5-6頁.

(나) 독일에서 자기주식을 취득하는 제3자에게 금융지원을 하는 것 자체를 금지하고 있으나, 제3자가 회사로부터 금융지원을 받아 회사 주식을 취득한 것이 회사의 계산에 의한(für Rechnung der Gesellschaft) 주식취득에 해당한다면, 그 주식취득이 금지된다. 독일의 학설은 제3자의 주식취득을 어떠한 경우에 회사의 계산에 의한 주식취득으로 볼 수 있는지에 관하여 다음과 같은 논의를 하고 있다.[39)]

제3자의 주식취득의 회사의 계산에 의한 주식취득에 해당하기 위해서는 회사와 제3자 사이에 주식취득으로 인한 경제적 위험(das aus der Aktienübernahme folgende wirtschaftliche Risiko)이 전적으로 또는 부분적으로 회사에 귀속되는 내부관계가 존재하여야 한다고 한다. 회사가 나중에 제3자로부터 그가 취득한 회사 주식을 미리 정해진 가격에 취득하게 된다면, 주식취득으로 인한 경제적 위험이 회사에 귀속된다고 볼 수 있으므로, 위와 같은 내부관계가 존재한다고 볼 수 있다고 한다. 제3자가 그 주식을 회사 외의 다른 사람에게 양도하게 되는 경우에는, 회사와 제3자 사이에 민법상의 위임(§662 BGB), 유상의 사무처리(§675 Abs. 1 BGB), 위탁판매(§§383 ff HGB) 등의 계약관계가 있거나 법정의 사무관리관계(§677 BGB) 등의 법률상 관계가 있다면, 매각차손이 적어도 부분적으로 회사에 귀속되므로, 위와 같은 내부관계가 존재한다고 볼 수 있다고 한다.

독일의 학설은 우리의 대법원 판례의 입장과 달리 제3자의 회사 주식취득에 있어서 취득자금의 출처가 회사일 것을 회사의 계산에 의한 주식취득의 요건으로 제시하고 있지는 않다. 이는 우리 상법의 해석상 제3자의 회사 주식의 취득이 회사의 직접적인 자기주식 취득과 같이 평가되어야만 이를 회사의 자기주식 취득 금지 규정에 직접 위반한 것으로 보는 것과 달리, 제3자의 회사의 계산에 의한 회사 주식의 취득을 직접 금지하는 명문의 규정(독일 주식법 제56조 제3항, 제71조의d)을 두고 있는 점에서, 제3자가 회사의 계산에 의하여 회사 주식을 취득하는 것을 회사 주식을 취득하는 제3자에 대한 금융지원과 마찬가지로 회사의 자기주식 취득을 금지하는 규정에 대한 탈법행위로 보아 직접 규제하고 있기 때문인 것 같다.

---

39) Oechsler, Münchener Kommentar zum Aktiengesetz 3.auflage, 2008. AktG §56 Rn. 56-57 ; Uwe Hüffer, Aktiengesetz 9.auflage, 2010. AktG §56 Rn. 12.

(3) 각 견해에 대한 검토

(가) 회사가 자기주식을 취득하려고 하는 제3자에게 회사의 자금을 대여하는 등 금융지원을 하여 그 제3자가 회사의 주식을 취득하게 하는 것이, 회사가 직접적으로 자기주식을 취득하게 될 때 발생할 수 있는 위와 같은 폐해를 야기할 수 있는 점에서 긍정설의 타당성이 전혀 없다고 보기는 어려우나, 제3자가 회사의 주식을 취득하게 된 경위와 제3자와 회사 사이의 구체적 법률관계 등에 관한 검토 없이 일률적으로 회사의 제3자에 대한 금융지원을 회사의 계산에 의한 자기주식 취득과 같이 보는 것은 부정설이 제시하는 것과 같은 문제점이 있으므로, 이를 채택하기는 어렵다.

부정설도 제3자가 회사의 금융지원으로 회사의 주식을 취득하게 된 경위, 제3자와 회사 사이의 구체적 법률관계 등에 비추어 볼 때, 사안에 따라서는 그로 인한 폐해가 회사의 직접적인 자기주식 취득에 못지 아니한 경우가 있을 수 있는 점에서, 이를 받아들이는 것도 문제가 있을 수 있다.

(나) 따라서 제3자가 회사로부터 금융지원을 받아 주식을 취득하게 된 경위 및 회사와의 관계 등 제반 사정을 참작하여 제3자의 주식취득으로 인하여 회사의 계산에 의한 자기주식 취득과 같은 폐해가 나타나는 경우에 한하여 이를 회사의 직접적인 자기주식 취득과 마찬가지로 보아 이를 금지하고 그 주식취득의 효력을 부인할 수 있다는 점에서 사안에 따라 구체적 타당성 있는 해법을 모색할 수 있는 절충설적 입장의 견해들이 타당하다.

Ⅲ. 會社의 自己株式 取得과 借入買收(LBO)

1. 問題의 提起

이 사건의 경우, 피고 회사의 이사인 소외 A 등이 乙 주식회사를 설립한 후, 乙 주식회사가 피고 회사의 경영권을 취득하기 위하여 이 사건 주식을 매수함에 있어, 피고 회사로 하여금 乙 주식회사에 주식취득을 위하여 선급금으로 40억 9,000만 원을 미리 지급하여 주었고, 乙 주식회사가 우리은행으로부터 주식취득 자금 130억 원을 대출받을 때 피고 회사가 한도금액을 156억 원으로 하여 乙 주식회사의 우리은행에 대한 대출금 반환채무를 연대보증하였기 때문에, 乙 주식회사의 이 사건 주식 취득을 위한 피고 회사의 금융지원이 배임적인 차입매수에 해당하는지가 문제된다.

또한, 乙 주식회사가 배임적 차입매수에 의하여 이 사건 주식을 취득하였을 때, 이 사건 주식이 자기주식 취득에 해당하는지와 어떠한 관련성을 갖는지가 문제될 수 있다.

2. 借入買收에 관한 一般論

(1) 차입매수의 의의

'차입매수'(LBO: Leveraged Buyout)란 인수하고자 하는 대상회사의 자산을 담보로 제공하여 인수자금을 외부로부터 조달하는 새로운 방식의 M&A기법이다.[40] 특히 대상회사의 경영진이 차입매수를 주도하는 경우를 'MBO'(Management Buyout)라 한다.

(2) 차입매수의 기능

우선, 차입매수의 긍정적 기능은 다음과 같다. 첫째, 인수자금의 여력이 없는 인수자가 외부로부터 자금을 차입하여 기업을 인수함으로써 부실기업의 구조조정을 통하여 경영효율을 극대화시킬 수 있다. 둘째, 부채의 활용으로 자본수익률을 증폭시키는 소위 '지렛대 효과'(Leverage Effect)를 누릴 수 있다. 셋째, 경영자 스스로 고유한 부를 창출할 수 있는 메카니즘으로 활용될 수 있다.

이에 반하여, 차입매수의 부정적 기능은 다음과 같다. 첫째, 과다한 부채를 유발하여 금융시장의 불안요인으로 작용할 수 있다. 둘째, 과다한 부채규모로 경기가 하향국면으로 가는 경우 대상회사의 파산위험성이 증가한다. 셋째, 장기적인 기업경영보다는 단기적인 수익성 중심의 기업경영 풍토가 조성될 수 있다.

(3) 차입매수의 기본 구조

차입매수는 기본 구조에 따라 다음 3가지로 나눌 수 있다.

첫째, '담보제공형 차입매수'는 대상회사의 인수를 위해 설립한 특수목적회사(SPC)와 대상회사의 법인격을 별도로 유지하면서, 대상회사의 자산을 특

40) 송종준, "회사법상 LBO의 배임죄 성부와 입법과제 -신한 및 한일합섬 LBO 판결을 계기로 하여-", 「증권법연구」 제10권 제2호, (2009), 322면.

수목적회사의 주식인수자금 차입금에 대한 담보로 제공하는 형식이다.

둘째, '합병형 차입매수'는 특수목적회사(SPC)가 대상회사의 주식을 취득한 이후 당해 특수목적회사와 대상회사를 합병함으로써, 합병 후 존속회사가 되는 특수목적회사(SPC) 또는 대상회사가 주식인수자금 차입금 채무를 승계하여 변제하는 형식이다.

셋째, '분배형 차입매수'는 특수목적회사(SPC)가 대상회사의 주식을 취득한 후 대상회사의 유상감자나 이익배당 등을 통하여 취득하는 금원으로 대상회사 주식취득을 위하여 차입한 금원을 변제하는 형식이다.[41)]

(4) 차입매수 관련 법적 쟁점

(가) 우선, 대상회사가 자신이 발행한 주식을 취득하고자 하는 인수인을 위하여 담보를 제공하거나 기타 재정적 지원을 하는 경우 이러한 행위가 상법 제341조가 금지한 자기주식 취득에 해당하는지가 문제될 수 있다. 상법은 회사 명의로 자기주식을 취득하는 경우뿐만 아니라 회사의 계산으로 자기주식을 취득하는 경우도 금지하고 있다. 그런데, 차입매수의 경우 주식을 취득하는 자는 대상회사가 아니고 비록 인수인이 인수자금을 조달하는 과정에서 대상회사가 담보를 제공하거나 보증을 하더라도 기본적으로 인수인은 자신의 계산으로 주식을 취득하고 주식대금의 지급의무를 부담한다는 점에서(해당 담보 또는 보증과 관련한 이사의 책임 등의 문제는 별론으로 한다), 차입매수 과정에서 대상회사의 자산이 인수자금 조달의 기초가 된다고 하더라도, 특별한 사정이 없는 한 차입매수가 자기주식 취득 금지에 위반하는 거래에 해당한다고 보기 어렵다.[42)]

(나) 다음으로, 차입매수 거래에서 대상회사의 자산이 특수목적회사(SPC)의 주식인수자금 조달을 위하여 담보 등으로 제공되는 것에 대하여는 대상회사 이사의 책임이 문제될 수 있다. 회사의 이사의 관계에 있어서, 이사는 회사에 대하여 선량한 관리자로서 주의를 다하여 사무를 처리할 의무를 부담하고(상법 제382조 제2항), 법령과 정관의 규정에 따라 회사를 위하여 직무를 충

---

41) 천경훈, "LBO 판결의 회사법적 의미에 관한 소고 -이사는 누구의 이익을 보호해야 하는가-", 제331회 대법원 민사실무연구회 발표자료, (2007), 15면.

42) 신희강, 류경진, "LBO거래의 실행과 법적 문제", 「BFL」 제24호, (2007), 28면; 김화진, 송옥렬, "상장폐지와 차입매수(LBO) 개관", 「계간 CFO」 제6호, (2004), 13면.

실히 수행할 의무를 부담하므로(상법 제382조의3), 대상회사의 정관에 특별한 규정이 없는 한 차입매수 거래에서 대상회사의 자산을 담보 등으로 제공하는 행위는 민사상 회사나 주주 또는 회사 채권자에 대한 손해배상책임이 문제될 뿐만 아니라 형사상 업무상 배임죄의 성립이 문제될 수 있다.

(5) 차입매수에 있어서 업무상배임죄 성립 여부에 관한 대법원 판례

(가) 대법원은 '담보제공형 차입매수'에 관하여 신한 차입매수 사건에서,[43] 「기업인수에 필요한 자금을 마련하기 위하여 인수자가 금융기관으로부터 대출을 받고 나중에 피인수회사의 자산을 담보로 제공하는 방식, 이른바 LBO (Leveraged Buyout) 방식을 사용하는 경우, 피인수회사로서는 주채무가 변제되지 아니할 경우에는 담보로 제공되는 자산을 잃게 되는 위험을 부담하게 되는 것이므로, 인수자가 피인수회사의 위와 같은 담보제공으로 인한 위험부담에 상응하는 대가를 지급하는 등의 반대급부를 제공하는 경우에 한하여 허용될 수 있다 할 것이다. 만일 인수자가 피인수회사에 아무런 반대급부를 제공하지 않고 임의로 피인수회사의 재산을 담보로 제공하게 하였다면, 인수자 또는 제3자에게 담보가치에 상응한 재산상 이익을 취득하게 하고 피인수회사에게 그 재산상 손해를 가하였다고 봄이 상당하다. 이는 인수자가 자신이 인수한 주식, 채권 등이 임의로 처분되지 못하도록 피인수회사 또는 금융기관에 담보로 제공함으로써 피담보채무에 대한 별도의 담보를 제공한 경우라고 하더라도 마찬가지이다. 이른바 LBO(Leveraged Buyout) 방식의 기업인수 과정에서, 인수자가 제3자가 주채무자인 대출금 채무에 대하여 아무런 대가 없이 피인수회사의 재산을 담보로 제공하였다면, 설사 주채무자인 제3자가 대출원리금 상당의 정리채권 등을 담보로 제공하고 있었더라도, 피인수회사로서는 이로 인하여 그 담보가치 상당의 재산상 손해를 입었다고 할 것이므로 배임죄가 성립한다」라고 판시하였다.

(나) 대법원은 '합병형 차입매수'에 관하여 한일합섬의 차입매수 사건에서,[44] 「이른바 차입매수 또는 LBO(Leveraged Buy-Out)란 일의적인 법적 개념이 아니라 일반적으로 기업인수를 위한 자금의 상당 부분에 관하여 피

43) 대법원 2006. 11. 9. 선고 2004도7027 판결.
44) 대법원 2008. 2. 28. 선고 2007도5987 판결.

인수회사의 자산을 담보로 제공하거나 그 상당 부분을 피인수기업의 자산으로 변제하기로 하여 차입한 자금으로 충당하는 방식의 기업인수 기법을 일괄하여 부르는 경영학상의 용어로, 거래현실에서 그 구체적인 태양은 매우 다양하다. 이러한 차입매수에 관하여는 이를 따로 규율하는 법률이 없는 이상 일률적으로 차입매수 방식에 의한 기업인수를 주도한 관련자들에게 배임죄가 성립한다거나 성립하지 아니한다고 단정할 수 없는 것이고, 배임죄의 성립 여부는 차입매수가 이루어지는 과정에서의 행위가 배임죄의 구성요건에 해당하는지 여부에 따라 개별적으로 판단되어야 한다. 동양메이저가 한일합섬을 인수 및 합병한 경위와 과정은 피인수회사의 자산을 직접 담보로 제공하고 기업을 인수하는 방식과 다르므로, 위 합병의 실질이나 절차에 하자가 없다는 사정 등을 비추어 위 합병으로 인하여 한일합섬이 손해를 입었다고 볼 수 없다고 본 원심의 판단은 정당한 것으로 수긍이 간다. 거기에 상고이유 주장과 같은 합병형 차입매수에 있어서의 배임죄 성립에 관한 법리 오해 등의 위법이 없다」라고 판시하였다.

(다) 대법원은 '분배형 차입매수'에 관하여는 대선주조 사건에서 이사들의 유상감자와 이익배당 결정에 대한 업무상배임 공소제기에 대하여 제1심은 무죄판결을 선고하였고, 항소심도 항소를 기각하였으며, 그에 대하여 검사가 상고를 한 사건에서 다음과 같이 판시하였다.[45)]

「이 부분 공소사실의 요지는, 소외 회사의 대선주조 인수를 위한 대출금을 변제하려는 목적으로 피고인 2, 3이 주도적으로 유상감자 및 이익배당을 실시하였고 이에 피고인 1이 공모·가담하여 결국 614억 원을 대선주조에서 빼내어감으로써 소외 회사로 하여금 614억 원 상당의 재산상 이익을 취득하게 하고 대선주조에 동액 상당의 재산상 손해를 가하였다는 것이다. 이에 대하여 원심은, 피고인 2, 3이 대선주조의 이사로서 수행한 유상감자 및 이익배당으로 인하여 대선주조의 적극재산이 감소하였다고 하더라도 이는 우리 헌법 및 상법 등 법률이 보장하는 사유재산제도, 사적 자치의 원리에 따라 주주가 가지는 권리의 행사에 따르는 결과에 불과하고, 유상감자 당시 대선주조의 영업이익이나 자산규모 등에 비추어 볼 때 유상감자의 절차

45) 대법원 2013. 6. 13. 선고 2011도524 판결.

에 있어서 절차상의 일부 하자로 인하여 대선주조의 채권자들에게 손해를 입혔다고 볼 수 없으며, 1주당 감자 환급금액과 대선주조의 배당가능이익을 감안하면 결국 이 사건 유상감자 및 이익배당으로 인하여 대선주조의 주주들에게 부당한 이익을 취득하게 함으로써 대선주조에 손해를 입혔다고 볼 수 없다」라고 판단하였다.

위와 같은 판단을 바탕으로 원심은 피고인 1이 위와 같은 피고인 2, 3의 행위에 공모·가담하였는지 여부에 관하여 더 나아가 살필 필요가 없이 피고인들에 대한 이 부분 공소사실을 무죄로 인정하여, 이와 결론을 같이한 제1심 판결을 유지하였다.

관련 법리에 비추어 기록을 살펴보면, 「원심의 위와 같은 판단은 정당하고, 거기에 상고이유의 주장과 같이 차입매수에 있어서 업무상 배임죄의 성립, 업무상 배임죄에서 손해의 발생 또는 유상감자와 이익배당 등에 관한 법리를 오해하거나 논리와 경험의 법칙을 위반하여 사실을 인정하는 등의 위법이 있다고 할 수 없다」라고 하였다.

(라) 대법원은 '담보제공형 차입매수'는 인수자가 피인수회사의 담보제공으로 인한 위험부담에 상응하는 대가를 지급하는 등의 반대급부를 제공하는 경우에 한하여 허용된다는 입장이고, 인수자가 자신이 인수한 주식, 채권 등이 임의로 처분되지 못하도록 피인수회사 또는 금융기관에 담보로 제공함으로써 피담보채무에 대한 별도의 담보를 제공하였더라도 이를 피인수회사의 위험부담에 상응하는 대가에 해당하는 것으로 보지 않고 있다. 그러므로 대부분의 담보제공형 차입매수에 있어, 담보제공을 결정한 피인수회사의 이사 등은 업무상배임죄의 죄책을 면할 수 없는 것으로 보인다.

이에 반하여 대법원은, '합병형 차입매수'에 있어서는 합병을 결정한 피인수회사의 이사 등에 대하여 업무상배임죄의 죄책을 묻기는 어려운 것으로 보고 있다. 합병절차가 적법하게 이루어지는 경우, 합병에 대하여 주주총회의 특별결의를 요하고 합병반대 주주에 대하여 주식매수청구권이 인정되는 등 주주보호절차가 존재하며 아울러 채권자보호절차도 존재하는 점에 비추어 보면, 피인수회사가 적법한 절차를 통하여 특수목적회사(SPC)와의 합병을 결정한 이상, 피인수회사에 대하여 손해가 발생하였다고 보기 어려울 것으로 보인다. 또한 '분배형 차입매수'에 있어서도 피인수회사의 주식을 취득한 특수목적회사(SPC)에 대한 유상감자와 이익배당에 특별한 절차적 하자가 없는 이상 이는 피인수회사의 주주와 채권자들의 이익에 부합하는 것으로서 피인수회사에 손해가 발생하지 아니한 것으로 보고 있다.

3. 이 事件에서 借入買收와 自己株式 取得의 關聯性

이 사건에서, 피고 회사의 이사인 소외 A 등이 직접 乙 주식회사를 설립한 후, 피고 회사의 경영권을 취득하기 위하여 乙 주식회사 명의로 이 사건 주식을 매수함에 있어, 피고 회사로 하여금 乙 주식회사에 주식취득을 위하여 선급금으로 40억 9,000만 원을 미리 지급하게 하고, 乙 주식회사가 우리은행으로부터 주식취득 자금 130억 원을 대출받을 때 피고 회사로 하여금 한도금액을 156억 원으로 하여 乙 주식회사의 우리은행에 대한 대출금 반환채무를 연대보증하게 한 행위는, 담보제공형 차입매수에[46] 있어서, 대상회사의 이사가 대상회사의 자산을 특수목적회사(SPC)의 주식인수자금 차입금에 대한 담보로 제공하는 행위에 해당한다고 볼 수 있다.

실제, 위에서 본 바와 같이, 소외 A, 소외 B, 소외 C는 위와 같은 행위에 대하여, 특정경제범죄가중처벌 등에 관한 법률 위반(배임)죄의 공소사실로 기소되어, 유죄의 확정판결을 선고받았다.

따라서 이 사건의 경우 소외 A와 B 및 C가 피고 회사를 경영하면서 乙 주식회사에 피고 회사의 자금을 유출하고, 乙 주식회사가 이러한 자금을 재원으로 피고 회사의 경영권을 획득하는 데 필요한 이 사건 주식을 취득하였기 때문에, 乙 주식회사가 이 사건 주식을 매수하게 된 경위 및 피고 회사와 乙 주식회사 사이의 관계 등 제반 사정에 비추어 보면, 피고 회사를 경영하던 소외 A 등의 피고 회사에 대한 배임적 행위에 의하여 乙 주식회사의 이 사건 주식 취득자금을 마련한 점을 인정할 수 있다.

그렇다면, 乙 주식회사의 이 사건 주식 취득자금이 회사의 출연에 의한 것으로 볼 수 있으므로, 대법원이 제3자 명의의 회사 주식의 취득을 회사의

---

46) 차입매수 중에서도 대상회사의 경영진이 차입매수를 주도하는 경우는 MBO(Management Buyout)에 해당한다.

계산에 의한 자기주식 취득과 동일하게 보기 위한 요건 중 첫 번째 요건인 주식취득을 위한 자금이 회사의 출연에 의한 것이라는 요건은 충족하였다고 볼 수 있다. 그러나 뒤에서 살펴보는 바와 같이 나머지 요건인 이 사건 주식 취득에 따른 손익이 과연 피고 회사에 귀속된다는 전제조건이 충족되는지에 관하여는 의문이 있다.

Ⅳ. 事件의 檢討

1. 乙 會社의 被告 會社 株式取得을 被告 會社의 計算에 의한 取得으로 評價할 수 있는지 與否

위에서 본 바와 같이 절충설적 견해에 따를 경우, 乙 주식회사가 피고 회사로부터 금융지원을 받아 이 사건 주식을 취득한 이 사건에 있어서, 乙 주식회사의 피고 회사 주식의 취득을 피고 회사의 자기주식 취득과 동일한 것으로 볼 수 있기 위해서는 乙 주식회사의 주식취득이 피고 회사의 계산에 의한 주식취득으로 평가되어야 한다.

대법원 판례의 입장에 따라 검토를 하여 보면, 이 사건에서 乙 주식회사가 피고 회사의 이 사건 주식을 취득함에 있어, 피고 회사가 乙 주식회사에 주식취득을 위하여 선급금 40억 9,000만 원을 미리 지급하여 주고, 乙 주식회사가 우리은행으로부터 주식취득 자금 130억 원을 대출받을 때 피고 회사가 한도금액을 156억 원으로 하여 乙 주식회사의 우리은행에 대한 대출금 반환채무를 연대보증함으로써, 피고 회사가 乙 주식회사의 이 사건 주식 취득을 위하여 금융지원을 하였으므로 이 사건의 경우에 회사가 자기주식을 취득하려는 자에게 자금을 대여한 사례에 해당한다고 볼 수 있다. 따라서 乙 주식회사가 이 사건 주식을 취득하게 된 것을 회사의 출연에 의한 주식취득이라고 볼 수는 있다. 그러나 乙 주식회사의 이 사건 주식 취득으로 인한 손익이 피고 회사에 귀속되어야 하는데, 乙 주식회사가 이 사건 주식을 매수하게 된 경위와 乙 주식회사와 피고 회사 사이의 관계 등의 제반 사정에 비추어 보면, 피고 회사를 경영하던 소외 A 등의 피고 회사에 대한 배임적 행위에 의하여 乙 주식회사의 이 사건 주식 취득자금을 마련한 점을 인정할 수 있을 뿐, 피고 회사와 乙 주식회사 사이에 주가변동에도 불구하고 피고 회사가 乙 주식회사로부터 그가 취득한 주식을 일정한 가격에 매수하기로 하거나 乙 주식회사의 주식 매각에 따른 손실을 보전하여 주기로 약정하는 등 乙 주식회사의 주식취득에 따른 손익을 피고 회사에 귀속되게 하는 내용의 약정이 있었다고 볼 수 없고, 피고 회사가 乙 주식회사의 명의를 빌려 이 사건 주식을 매수한 경우에도 해당하지 아니하는 등 이 사건은 기존의 대법원 판례가 유형적으로 제시한 이 사건 주식 취득으로 인한 손익이 피고 회사에 귀속되는 사례에 해당하지 아니한다고 볼 수 있다.

결국 대법원 판례의 입장에 의하면, 「피고 회사와 乙 주식회사 사이에 乙 주식회사의 주식취득에 따른 손익을 피고 회사에 귀속시키기로 하는 명시적 약정이 없고, 乙 주식회사가 이 사건 주식을 매수하게 된 경위와 乙 주식회사와 피고 회사 사이의 관계 등의 제반 사정에 비추어 볼 때, 이 사건 주식의 취득에 따른 손익이 피고 회사에 귀속되는 관계에 있다는 점을 인정할 자료도 없는 이상, 乙 주식회사의 이 사건 주식 취득을 피고 회사의 계산에 의한 주식취득으로 보기 어렵다」고 볼 수 있다.

한편 제3자의 자력이 충분하지 아니한 경우에도 회사의 계산으로 보아야 한다는 견해에 따라 검토하여 보면, 비록 乙 주식회사가 명목상으로는 피고 회사의 이사인 소외 A 등이 신문고지 원료 등을 구입하여 이를 피고 회사에 판매하는 사업을 영위하기 위하여 설립한 회사이나 실질적으로는 피고 회사의 신문고지 원료 구입대금의 일부를 유출하는 소외 A 등의 배임적 행위에 의하여 수입을 얻고 있었던 것으로 보인다. 그러나 乙 주식회사의 자력이 충분하지 못하여 그가 피고 회사로부터 지급받은 선급금 40억 9,000만 원을 반환하지 못하게 되거나 그의 피고 회사에 대한 구상금 채무를 이행하지 못하게 될 것이라는 점을 인정할 자료가 없다면, 피고 회사의 乙 주식회사에 대한 금융지원으로 인하여 피고 회사의 자본충실을 해하여 주주나 회사 채권자들의 이익을 침해하는 등 회사가 직접 자기주식을 취득하는 경우 발생할 수 있는 제반 폐해가 그대로 발생하게 되었다고 보기 어려우므로, 그러한 견해에 의하더라도 乙 주식회사의 이 사건 주식 취득을 피고 회사의 계산에 의한 주식취득으로 보기 어려울 것으로 보인다.

또한, 잉여금 등의 배당 또는 매각손익이 회사에 귀속되는 계약이 있어야 한다는 견해에 따르더라도, 乙 주식회사가 취득한 이 사건 주식에 관한 잉여금 등의 배당 또는 매각손익이 피고 회사에 귀속되는 계약이 있다고 보기 어려운 이상, 乙 주식회사의 이 사건 주식 취득을 피고 회사의 계산에 의한 주식취득으로 볼 수 없다.

그리고 일본 상법학자 龍田節의 견해에 의하더라도 다음과 같은 이유로 乙 주식회사의 이 사건 주식 취득을 피고 회사의 계산에 의한 주식취득으로 보기 어려운 것으로 보인다.

앞서 본 바와 같이 乙 주식회사가 피고 회사로부터 이 사건 주식 취득 자금에 대한 금융지원을 받았기 때문에, 주식취득 자금의 출처를 피고 회사라고 볼 수는 있다. 그러나 소외 A, 소외 B, 소외 C가 피고 회사의 이사나 감사의 지위에 있기는 하였지만, 그들이 피고 회사로부터 자금을 유출하여 이를 재원으로 피고 회사의 주식을 매수한 것은 피고 회사를 위한 것이라기보다는 그들 자신들의 피고 회사에 대한 경영권 확보 등 자신들의 개인적 이익 취득을 위한 것으로 볼 수 있는 점에서, 그들이 피고 회사의 기관의 지위에서 피고 회사의 이익을 위하여 乙 주식회사 명의로 甲 주식회사로부터 이 사건 주식을 매수하기로 결정하였다거나 그에 관한 매수조건을 정하였다고 보기는 어렵다. 그리고 소외 A, 소외 B, 소외 C가 이 사건 주식에 관한 권리를 행사함에 있어서도, 이와 마찬가지의 논리로, 피고 회사의 기관의 지위에서 행위하였다기보다는 그들 개인 또는 乙 주식회사의 실질적 운영자의 지위에서 행위한 것으로 볼 수 있으므로, 피고 회사가 직접 이 사건 주식에 관한 지배권을 행사하였다고 보기도 어렵다.

독일의 통설의 입장에 따라 검토하여 보면, 피고 회사가 나중에 乙 주식회사로부터 이 사건 주식을 정해진 가격에 직접 취득하기로 하였다거나, 또는 乙 주식회사가 이 사건 주식을 피고 회사 외의 제3자에게 양도하더라도 피고 회사가 그로 인한 손실을 전보하기로 하는 등 피고 회사와 乙 주식회사 사이에 주식취득으로 인한 경제적 위험이 피고 회사에 귀속되는 관계에 있다고 보기 어려운 이상, 乙 주식회사의 이 사건 주식 취득을 피고 회사의 계산에 의한 주식취득으로 보기 어렵다.

2. 小　　結

결국, 회사의 금융지원에 의한 제3자의 주식취득을 회사의 자기주식 취득으로 볼 것인지에 관하여 긍정설의 견해를 취하지 아니한 이상, 부정설과 대법원 판례의 입장 및 그 밖의 절충설의 입장에 비추어 보더라도, 이 사건에 있어서, 乙 주식회사가 이 사건 주식을 매수하게 된 경위 및 피고 회사와 乙 주식회사 사이의 관계 등 제반 사정만으로는 피고 회사를 경영하던 소외 A 등의 피고 회사에 대한 배임적 행위에 의하여 乙 주식회사의 이 사건 주식 취득자금을 마련한 점만을 인정할 수 있을 뿐, 乙 주식회사가 피고 회사의 계산으로 이 사건 주식을 취득하였다고 보기 어려우므로, 乙 주식회사의 이 사건 주식 취득을 피고 회사의 계산에 의한 자기주식 취득과 동일하게 평가하기는 어렵다고 볼 수 있다.

다만 앞서 본 바와 같이 이 사건의 경우 소외 A, 소외 B, 소외 C가 피고 회사의 재산을 乙 주식회사에 유출하여 이를 재원으로 乙 주식회사 명의로 이 사건 주식을 취득하는 배임적 차입매수의 방법을 통하여 피고 회사의 경영권을 획득하였던 점에 비추어 보면, 소외 A 등이 위와 같이 배임적 방법으로 취득한 이 사건 주식을 취득한 것을 유효한 것으로 보고 취득한 주식에 대한 의결권을 인정하는 것이 정의와 형평에 반하지 아니한가 하는 문제가 제기될 수 있다. 즉 소외 A 등이 乙 주식회사를 통하여 배임적 차입매수를 한 것에 대하여 형사처벌을 하고 그들에 대하여 손해배상청구 등을 할 뿐만 아니라, 소외 A 등이 乙 주식회사의 명의로 한 이 사건 주식 취득을 피고 회사의 계산에 의한 자기주식 취득과 같은 것으로 보아 주식취득 자체의 효력을 부정하고 그에 대한 의결권을 인정하지 아니한다면, 회사의 경영자가 회사의 재산으로 경영권을 취득하는 배임적 행위에 대한 보다 발본적인 제재가 될 수도 있다.

제1심과 원심도 이러한 사정을 감안하여 乙 주식회사의 이 사건 주식 취득을 피고 회사의 계산에 의한 자기주식 취득으로 평가한 것으로 볼 수 있다. 그러나 대법원이 그동안 ① 주식취득 재원에 있어서는 회사가 자기주식을 취득하려는 자에게 자금을 대여하는 등 금융지원을 하거나, 회사가 제3자로부터 명의를 빌려 자기주식을 취득하는 등 회사의 출연에 의하여 주식을 취득하고, ② 회사와 제3자 사이에 주가변동에도 불구하고 회사가 제3자로부터 취득한 주식을 일정한 가격에 매수하기로 하는 약정을 하는 등 주식취득에 따른 손익을 회사에 귀속되게 하는 내용의 약정이 있거나, 제3자가 회사에게 명의만을 빌려줌으로써 실질주주가 회사이기 때문에, 주식취득에 따른 손익이 회사에 귀속하는 경우에만 제3자의 주식취득을 회사의 계산에 의한 주식취득으로 평가하였고, 대법원이 제3자의 주식취득을 회사의 계산에 의한 주식취득으로 본 사안들은, 모두 경영자 개인이나 다른 사람의 이익을 위해서가 아니라 회사 자체의 이익을 위하여 제3자 명의로 주식인수를 진행하였던 사례들이었다. 이러한 점에 비추어 보면, 「乙 주식회사가 피고 회사의 이사인 소외 A 등이 자신들의 개인적 이익을 위하여 설립한 회사일 뿐, 피고 회사가 스스로 일정한 목적을 달성하기 위하여 설립한 회사라고 볼 수는 없는 이 사건의 경우, 소외 A 등의 배임적 행위를 통하여 乙 주식회사 명의로 이 사건 주식을 취득하였다고 하더라도, 이 사건 주식은 실제 소외 A 등이 취득한 것으로서, 그로 인한 손익이 乙 주식회사를 통하여 소외 A 등에게만 귀속될 뿐, 피고 회사에 귀속된다고 볼 수는 없으므로, 乙 주식회사 명의의 주식취득을 피고 회사의 계산에 의한 주식취득으로 보기는 어렵다」라고 할 수 있다.

즉, 피고 회사가 직접 乙 주식회사를 설립하여 乙 주식회사의 명의를 빌어 이 사건 주식을 취득하거나 乙 주식회사에 이 사건 주식 취득자금에 대한 금융지원을 한 후 이 사건 주식 취득에 따른 손실을 부담하여 주기로 약정하였다면, 乙 주식회사의 주식취득을 피고 회사의 계산에 의한 주식취득으로 평가할 수 있지만, 피고 회사의 이사인 소외 A 등이 피고 회사에 대한 배임적 행위를 통하여 스스로 주주로서의 권리를 행사하기 위하여 乙 주식회사 명의로 이 사건 주식을 취득하였다면, 이 사건 주식은 소외 A 등이 乙 주식회사 명의로 보유한 개인재산에 불과할 뿐 피고 회사의 재산에 해당한다고 볼 수는 없으므로, 乙 주식회사 명의의 주식취득을 피고 회사의 계산에 의한 주식취득으로 볼 수는 없다.

한편 회사의 자기주식을 금지하는 취지에 비추어 보아도, ① 乙 주식회사 명의의 이 사건 주식 취득은 실질적으로 피고 회사의 이사인 소외 A 등이 피고 회사에 대한 경영권을 취득하기 위한 것으로서, 소외 A 등이 이 사건 주식 취득자금을 마련하기 위하여 피고 회사에 대한 배임적 행위를 하였고, 그로 인하여 피고 회사의 재산상황이 악화되기는 하였지만, 소외 A의 위와 같은 일련의 행위들 자체는 법인인 피고 회사의 행위로 볼 수 없기 때문에, 그 자체를 주주에 대한 출자의 환급으로 보기는 어려운 점, ② 이 사건의 경우 피고 회사의 내부자인 소외 A 등이 주주평등의 원칙에 반하는 방법으로 특정 주주를 우대하거나 주식취득 기회를 유리하게 이용하였다고 보기 어려운 점, ③ 피고 회사의 내부사정에 정통한 소외 A 등이 주식취득을 내부자거래와 시세조종 등의 투기적 거래 목적으로 이용한 것으로 볼 수 없는 점, ④ 이 사건은 소외 A 등이 피고 회사의 주식을 취득하여 실질주주로서 피고 회사 주식에 대한 의결권을 행사하고자 한 것으로서, 회사의 자기주식 취득으로 인하여 사실상 출자의 환급이 이루어진 후에도 가공의 자본이 형성되어 그 자기주식에 대하여 의결권을 행사하게 되는 회사 지배관계의 왜곡이 초래되었다고 볼 수 없는 점에서, 이 사건에 있어서는 회사의 자기주식 취득으로 인한 폐해가 발생하였다고 보기 어렵다.

그렇다면, 乙 주식회사의 이 사건 주식 취득을 피고 회사의 계산에 의한 자기주식 취득으로 볼 수 없으므로, 乙 주식회사가 취득한 이 사건 주식에 대하여 의결권을 부정할 수 없고, 乙 주식회사가 이 사건 주식에 관하여 의결권을 행사한 이 사건 주주총회에 관하여 결의방법이 법령을 위반한 하자가 있다고 본 원심판결에는 회사의 자기주식 취득 제한에 관한 법리를 오해한 위법이 있고 그러한 위법이 판결에 영향을 미쳤다고 볼 수 있다.

Ⅴ. 맺음말

본 판결은 영국이나 독일과 같이 자기주식을 취득하고자 하는 자에 대한 금융지원을 금지하는 명문의 규정이 없는 우리 상법 하에서 자기주식을 취득하고자 하는 자에 대한 금융지원이 자기주식 취득으로 규제되기 위한 요건을 명확히 하였다는 데 의미가 있다고 볼 수 있다. 즉 본 판결의 취지에 따르면, 자기주식을 취득하고자 하는 자에 대한 금융지원이 형법상 배임죄로 형사처벌을 받는 것은 별론으로 하고, 그러한 금융지원이 주식취득을 위한 자금이 회사의 출연에 의한 것이고 주식취득에 따른 손익이 회사에 귀속되는 경우이어야 한다는 요건이 모두 충족된 경우에만, 상법에 따라 자기주식 취득 금지로 규제하고자 한 것으로 볼 수 있다.

위에서 본 바와 같이 본 판결의 취지에 따를 경우 회사의 이익보다는 회사 임원들의 이익을 위하여 행하여지는 자기주식 취득자에 대한 금융지원이 규제의 대상에서 제외되는 문제가 생기는 것은 사실이다. 그러나 자기주식 취득자에 대한 금융지원을 금지하는 명문의 규정이 없는 우리 상법 하에서 위와 같은 금융지원으로 취득한 자기주식의 의결권 행사를 제한하는 등 규제를 하는 것이 상법 제341조의 자기주식 취득 금지 규정을 지나치게 확대적용하는 것으로서 부당하므로, 자기주식 취득자에 대한 금융지원이 자기주식 취득에 해당하기 위한 일정한 요건을 갖춘 경우에만 자기주식 취득으로 보아 규제하는 것은 불가피한 선택으로 볼 수 있다.

이 사건에서는 취득한 주식의 의결권 제한 여부만이 문제되었기 때문에, 본 판결은 자기주식을 취득하고자 하는 자에 대한 금융지원 자체의 효력이나 주식취득을 위한 원인행위로서의 채권행위 또는 주식취득 행위 자체의 효력에 대하여는 판시하지 아니하였다. 물론 자기주식을 취득하고자 하는 자에 대한 금융지원이 형사상 배임죄에 해당하는 경우에는 그러한 차원에서 그 금융지원 자체의 효력을 논할 수 있으나, 상법 제341조가 금지하는 자기주식의 취득의 차원에서는 그러한 금융지원이 자기주식의 취득에 해당하기 위한 요건을 충족하는 경우에만 강행법규를 위반한 행위로서 무효가 된다고 볼 수 있고, 그러한 경우 주식취득을 위한 원인행위와 주식취득 행위 자체도 무효이나 거래상대방이 선의의 제3자인 경우에는 이를 주장할 수 없다고 보는 것이 타당해 보인다. 이에 관하여는 보다 자세한 연구와 검토가 필요하다고 할 수 있다.

株主의 間接損害의 概念과 商法 第401條의 適用*

崔 文 僖**

◎ 대법원 2012. 12. 13. 선고 2010다77743 판결

[事實의 概要]

1. 當事者 등

(1) 소외 주식회사 옵셔널 캐피털(이하 '소외 회사'라고 한다)은 창업자에 대한 투자 및 융자 등을 목적으로 하여 설립된 법인으로서, 1994년경 협회중개시장(현재 '코스닥시장')에 등록된 회사이다.

(2) 피고 K는 1999. 4. 27.부터 2001. 4. 18.까지 B주식회사(이하 'B회사'라고 한다)의 대표이사로 재직하였으며, 2001. 2. 26. 미국에 설립한 페이퍼컴퍼니인 C회사 명의로 소외 회사의 주식 76만 주(전체 발행주식 중 약 20%)를 매수하고, 2001. 4. 27.부터 소외 회사의 대표이사로 취임하여 재직하다가 2001. 9. 6.부터는 소외인(영문명 생략)을 소외 회사의 형식상 대표이사로 등재하여, 2001. 4. 2.부터 2002. 3. 중순경까지 소외 회사를 실질적으로 운영하면서 회사의 자금관리 등 업무를 총괄하였다.

2. 原告들의 株式賣買

원고 1은 2001. 2. 28.부터 2002. 2. 27.까지, 원고 2는 2001. 11. 7.부터 2002. 2. 26.까지 각각 소외 회사의 주식을 취득하였으며, 2002. 3.경 현재 원

* 제31회 상사법무연구회 발표 (2013년 7월 13일)
본 평석은 「증권법연구」 제14권 제2호, 한국증권법학회, (2013)에 게재하였음.
** 강원대학교 법학전문대학원 교수

고 1은 70,000주를, 원고 2는 141,500주를 각 보유하고 있다. 원고들은 정리매매개시일인 2002. 7. 9.에 각 보유하고 있던 주식(원고 1의 경우 70,000주, 원고 2의 경우 141,500주)을 1주당 130원에 각 매도하였다고 주장하였으나, 원심은 이를 인정할 증거가 없다고 하였다.[1)]

3. 被告의 義務違反 行爲

(1) 유상증자 이전 허위공시

피고는 2001. 5. 8., 같은 해 5. 28., 같은 해 6. 26., 같은 해 9. 18. 4회에 걸쳐 정상적으로 설립된 해외 법인이 소외 회사의 미래수익 가치를 기대하고 유상증자에 참여하여 대규모 투자를 하는 것처럼 제3자 배정 대상자 및 배정 주식 수를 공시함으로써 신주발행시 일반 투자자들을 유인하였다.

(2) 약 320억 원 횡령

피고 K는 2001. 7. 3.부터 2001. 10. 26.까지 약 21회에 걸쳐 소외 회사를 위하여 업무상 보관하던 유상증자대금 중 약 320억 원(소외 회사의 자본금의 160%에 해당)을 B회사의 투자자들에 대한 투자금 반환 등의 용도로 임의로 사용하였다.

(3) 분기보고서 허위공시

피고 K가 2002. 2. 14. 당시 금융감독위원회(현재 '금융위원회')에 제출한 소외 회사 2001. 사업연도 2분기 내지 4분기(2001. 4. 1.부터 2001. 12. 31.까지)에 관한 분기보고서에는, 소외 회사가 메드페턴트 테크놀러지 등 8개 회사에 주식을 투자한 사실이 전혀 없음에도 불구하고, 위 분기보고서에 메드페턴트 테크놀러지 등 8개 회사 주식에 179억 5천만 원을 투자하고 있다고 기재함으로써 위 보고서의 중요사항에 관하여 허위기재를 하였다.[2)3)]

---

1) 원심은 오히려 갑 제12호증의 3, 4, 갑 제18호증의 각 기재에 변론 전체의 취지를 종합하면, 「원고 1은 2002. 7. 23.과 7. 24. 그리고 9. 5.에 보유하고 있는 소외 회사 주식을 타사대체출고하였고, 원고 2는 2002. 7. 23.과 7. 26. 그리고 9. 2.에 보유하고 있는 소외 회사 주식을 타사대체출고한 사실을 각 인정할 수 있는바, 위 인정사실에 의하면 원고들은 2002. 7. 9. 소외 회사 주식을 매도한 것이 아님을 알 수 있다」라고 하였다.

2) 대상 판결의 제1심 판결문.

3) 기타 시세조종행위도 있으나 시세조종으로 인한 손해는 대법원 판결의 맥락에서 말하는 간접손해와는 직접적인 관련이 없으므로 이 글에서는 특별히 언급하지 않는다. 아래 대법

4. 被告에 대한 刑事事件 判決의 確定[4)]

피고는 위에서 언급한 3.의 자금 횡령, 허위공시, 분기보고서 허위기재 및 주식 시세조종, 소외 회사 주식 소유상황 및 변동상황 미신고, 최대 주주 변동사실 미신고등의 혐의로 기소되어 징역 7년 및 벌금 100억 원의 형을 선고받고 확정되어 복역하였다.

5. 소외 會社에 대한 上場廢止 決定

(1) 당시 한국증권선물거래소(이하 '거래소'라고 한다)는 2002. 3. 7. 소외 회사 측에 소외 회사의 영업활동이 정상적으로 이루어지고 있는지 여부, 2001. 11. 1. 이후 소외 회사가 투자한 기업의 실체를 증명할 수 있는 구체적인 내용 등에 대하여 같은 달 8.까지로 정하여 조회공시요구를 하면서, 조회공시 답변일까지 위와 같은 풍문을 정지사유로 하여 주권매매거래정지를 하였다. 그 후 조회공시 시한 내 공시불이행을 이유로 2002. 3. 16. 소외 회사를 불성실공시법인으로 지정함과 동시에 상습적 불성실공시[5)] 및 신고의무위반 등을 사유로 소외 회사 보통주를 투자유의종목으로 지정하였다.

(2) 거래소는 2002. 6. 21. 소외 회사에 등록취소사유(감사범위제한 한정의견)[6)]가 발생하였음을 이유로 소외 회사 보통주를 관리종목으로 지정하였고, 당초 2002. 3. 7.부터 조회공시 답변일까지로 정하였던 주권매매거래정지 기간을 등록취소결정에 대한 이의신청기간 만료일 또는 이의신청에 대한 결정일까지로 변경하였다.

(3) 코스닥위원회에서 소외 회사에 대해 2002. 7. 9.부터 같은 달 30.까

원의 판단부분에서도 시세조종행위에 관한 설시는 생략한다.

4) 서울중앙지방법원 2008. 4. 17. 선고 2007고합1408 판결; 서울중앙지방법원 2008. 7. 4. 선고 2008고합606 판결; 서울고등법원 2009. 2. 5. 선고 2008노1143, 2008노1759(병합) 판결; 대법원 2009. 5. 28. 선고 2009도1446 판결 [특정경제범죄가중처벌등에관한법률위반(횡령)·사문서위조·위조사문서행사·증권거래법위반·공직선거법위반]. 상고심에서는 증권거래법 위반 쟁점은 다루지 않았다.

5) 소외 회사는 2002. 3. 1. 최대주주 변경 지연공시를 이유로 불성실공시법인으로 지정된 바 있다.

6) 피고는 소회 회사의 자금 약 320억원을 상당히 교묘한 방법으로 횡령한 행위로 인하여, 소외 회사는 공인회계사를 통해 소외 회사를 감사하는 데 있어 각 항목 계정 금액을 판단하기 위한 자료 자체가 없다는 이유로 한정의견을 받았다.

지의 정리매매기간을 거쳐 정리매매종료일 익일에 등록 취소를 하기로 하였다. 등록취소절차 진행과정에서 "자본잠식률 50% 이상"이라는 관리종목 지정사유가 추가되었다.

(4) 소외 회사 주식은 2002. 7. 말경 등록취소(상장폐지) 되었다.

[訴訟의 經過]

1. 原告들의 請求原因

원심이 인용한 제1심 판결이유에 따르면 원고들의 주장요지는 다음과 같다. 피고가 소외 회사 유상증자 및 자금의 투자용도 등 중요한 사실에 관하여 허위공시를 하여 소액주주들을 유인하여 소외 회사 주식을 매수하도록 한 후 2001. 7.경부터 2001. 10.경까지 소외 회사 자금 320억원을 횡령함에 따라, 이러한 사실이 공론화되어 소외 회사의 주가가 기하급수적으로 하락하게 되었고, 결국 2002. 7.경 위 주식이 상장폐지되었다. 원고들의 손해액은 [(최초 매매거래정지가 된 시점의 주가 중 가장 낮은 종가 990원 - 상장폐지로 인한 정리매매 첫날인 2002. 7. 9.의 종가 130원 = 860원) × 주식 수]으로 계산한 금액이다.[7] 피고는 원고들에 대하여 상법 제401조 제1항의 이사의 제3자에 대한 책임(또는 민법상 불법행위책임)에 기하여 위 각 금원 및 위 각 금원에 대한 지연손해금을 지급할 의무가 있다.

2. 第1審 및 原審의 判斷

(가) 제1심[8]은 원고들의 청구액을 전액 인용하였으나, 원심[9]은 제1심과는 달리 피고들이 130원에 주식을 매도하였다는 증거가 없다고 하면서 원고 1에 대해서는 금 45,500,000원을 원고 2에 대해서는 91,975,000원을(그리고 각각에 대한 지연손해금) 인용하고, 이를 초과하는 제1심의 피고 패소부분을 취소하였다. 소외 회사 주식의 상장폐지로 인하여 소액주주인 원고들이 입은

---

7) 원고 1의 손해액={(990원-130원) × 70,000주}= 금 60,200,000원이고, 원고 2의 손해액={(990원-130원) × 141,500주}= 금 121,690,000원이다.

8) 서울중앙지방법원 2009. 2. 4. 선고 2007가합109997 판결.

9) 서울고등법원 2010. 8. 20. 선고 2009나27973 판결.

손해는 특별한 사정이 없는 한 매매거래정지 직전 시점의 주가 중 가장 낮은 종가인 990원에서 상장폐지를 전제로 하여 정리매매기간 중 형성된 가장 높은 종가인 340원을 공제한 금액에 원고들 소유의 각 주식 수를 곱한 금액이라고 봄이 상당하다.[10]

(나) 원심은 「피고의 행위는 상법 제401조 제1항의 악의 또는 중과실에 의한 임무해태행위[11]에 해당하고, 원고들의 손해는 상법 제401조 제1항의 손해에 해당한다」라고 판시하였다. 주주의 직접손해가 발생하는 경우로는 주주가 이사의 허위 정보를 믿고 주식을 인수하거나 주식을 매도할 기회를 잃어 손해를 입은 경우, 이사가 정당한 이유 없이 주식의 상장폐지를 신청한 경우 등을 들 수 있다고 판시하였다. 이 사건에서는 「피고가 계획적으로 소외 회사 자본금 규모에 비추어 거액을 횡령하고, ... 허위공시를 행하였으며, 그로 인한 자본잠식 등이 결정적인 원인이 되어 상장폐지가 된 경우, 직접손해의 사유인 정당한 이유가 없음에도 이사가 주식의 상장폐지를 신청한 경우와 동일시 할 수 있으므로,[12] 원고들이 입은 손해는 상법 제401조 제1항의 손해에 해당한다」라고 판시하였다.

[大法院의 判斷][13]

피고의 상고이유는 대상판결문을 통해서 알 수 없으나, 피고는 간접손

---

10) 원고 1의 손해액은 {(990원 - 340원) × 70,000주} = 금 45,500,000원이고, 원고 2의 손해액은 {(990원-340원) × 141,500주} = 금 91,975,000원이다.

11) 이 사건은 구 상법(2011. 4. 14. 법률 제10600호로 개정되기 전의 것) 제401조 제1항에 따라 손해배상청구소송이 제기된 것이다. 구 상법은 "이사가 악의 또는 중대한 과실로 그 임무를 해태한 때에는 그 이사는 제삼자에 대하여 손해를 배상할 책임이 있다."라고 규정하고 있는데 반하여, 2012년 개정 상법은 "이사가 고의 또는 중대한 과실로 그 임무를 게을리 한 때에는 그 이사는 제3자에 대하여 연대하여 손해를 배상할 책임이 있다."라고 개정하였다. 이 사건에 관한 서술과 관련하여 구 상법의 문언을 쓰기로 한다.

12) 원심에서 「이 사건...상장폐지가...직접손해 사유인 정당한 이유가 없음에도 이사가 주식의 상장폐지를 신청한 경우와 동일시 할 수 있다」라는 판시 부분과 이 때문에 주주가 직접손해가 입었다는 판시는 의문이 없지 않다. 상장폐지로 인한 주주의 손해 여부 및 주주의 상장폐지에 대한 의사결정 참여 여부는 또 하나의 중요한 주제이지만, 이 글의 범위를 벗어나므로 후속연구로 남겨둔다. 이에 대해서는 독일에서 연방대법원 판례(Macrotron 판결, BGHZ 153, 47=AG 2003, 273) 및 연방헌법재판소의 판례(BVerfG NZG 2012, 826)가 등장한 이후 많은 논의가 이루어지고 있다. 이에 관하여는 Peter O. Mülbert in: Großkommentar AktG, 4. Aufl. § 293 Börsennotierung S.77 ff. 참조.

13) 대법원은 피고의 패소부분에 대하여 파기환송을 하였다.

해에 대한 법리오해, 인과관계에 대한 법리오해, 손해액 산정에 관한 법리오해를 주장한 것으로 보인다.[14)]

1. 法理 說示

주식회사의 주주가 이사의 악의 또는 중대한 과실로 인한 임무해태행위로 직접 손해를 입은 경우에는 이사에 대하여 구 상법(2011. 4. 14. 법률 제10600호로 개정되기 전의 것, 이하 '상법'이라 한다) 제401조에 의하여 손해배상을 청구할 수 있으나, 이사가 회사의 재산을 횡령하여 회사의 재산이 감소함으로써 회사가 손해를 입고 결과적으로 주주의 경제적 이익이 침해되는 손해와 같은 간접적인 손해는 상법 제401조 제1항에서 말하는 손해의 개념에 포함되지 아니하므로 이에 대하여는 위 법조항에 의한 손해배상을 청구할 수 없다(대법원 2003. 10. 24. 선고 2003다29661 판결 등 참조).

그러나 회사의 재산을 횡령한 이사가 악의 또는 중대한 과실로 부실공시를 하여 재무구조의 악화 사실이 증권시장에 알려지지 아니함으로써 회사주식의 주가가 정상주가보다 높게 형성되고, 주식매수인이 그러한 사실을 알지 못한 채 그 주식을 취득하였다가 그 후 그 사실이 증권시장에 공표되어 주가가 하락한 경우에는, 그 주주는 이사의 부실공시로 인하여 정상주가보다 높은 가격에 주식을 매수하였다가 그 주가가 하락함으로써 직접 손해를 입은 것이므로, 그 이사에 대하여 상법 제401조 제1항에 의하여 손해배상을 청구할 수 있다고 할 것이다.

2. 이 事件의 경우

피고가 소외 회사 주식의 주가 형성에 영향을 미칠 수 있는 사정들에 대하여 언제 어떠한 내용의 부실공시를 하였는지, 원고들이 어느 부실공시로 인하여 진상을 알지 못한 채 주식 평가를 그르쳐 몇 주의 주식을 정상주가보다 얼마나 높은 가격에 취득하였는지 등은 알 수 없다.

---

14) 오영준, "이사의 횡령 등으로 인한 주가하락 및 상장폐지와 주주의 이사에 대한 손해배상청구 -대법원 2012. 12. 13. 선고 2010다77743 판결-", 「BFL」 제60호, 서울대학교 금융법센터, (2013)에서 인용함.

만일 피고가 거액의 소외 회사 재산을 횡령하고 악의 또는 중대한 과실로 부실공시를 함으로써 원고들이 그로 인한 재무구조의 악화 사실을 알지 못한 채 정상주가보다 높은 가격에 주식을 취득하였다가 그 후 그 진상이 공표되면서 자본잠식 등이 결정적인 원인이 되어 소외 회사의 코스닥등록이 취소되고 그 과정에서 주가가 하락하게 되었다면, 원고들은 피고의 부실공시로 인하여 직접 손해를 입었다고 볼 수 있으므로, 피고를 상대로 상법 제401조 제1항에 의하여 손해배상을 청구할 수 있다.

그러나 원고들이 주식을 취득한 후 피고의 횡령과 그에 관한 부실공시가 이루어지고 그로 인한 소외 회사의 재무구조의 악화 사실이 나중에 공표되면서 자본잠식 등이 결정적인 원인이 되어 소외 회사의 코스닥등록이 취소되고 그 과정에서 주가가 하락하게 되었다면, 그 주가하락분 상당의 손해는 결국 피고의 횡령으로 소외 회사의 재무구조가 악화되어 생긴 간접적인 손해에 불과하다.

3. 主要 判示事項

대상판결의 주요 판시사항은 다음 세 가지로 정리할 수 있다.

(1) 주주가 입은 직접손해는 제401조의 손해에 포함되지만 주주의 간접손해는 포함되지 않는다는 대법원의 직접손해/간접손해 구별론[15]을 재확인하고 있다.

(2) 회사의 재산을 횡령한 이사가 악의 또는 중대한 과실로 부실공시를 하여 회사의 주가가 정상주가보다 높게 형성되고, 주식매수인이 그러한 사실을 알지 못한 채 그 주식을 취득하였다가 그 후 그 사실이 증권시장에 공표되어 주가가 하락한 경우에는, 주가하락으로 인한 손해는 상법 제401조 제1항에 따라 배상받을 수 있는 직접손해의 유형이다.

(3) 횡령행위와 부실공시가 있고 상장폐지가 된 경우 ① 원고들이 피고의 횡령, 부실공시 사실을 알지 못한 채 정상주가보다 높은 가격에 주식을 취득하였다가(즉, 횡령, 부실공시 이후 주식을 취득한 경우) 그 후 진상이 공표됨으로써 상장이 폐지되고 주가가 하락한 경우 원고는 피고의 부실공시로

15) 대법원 2003. 10. 24. 선고 2003다29661 판결.

직접 손해를 입은 것이지만, ② 원고들이 주식을 취득한 후 피고의 횡령과 그에 관한 부실공시가 이루어지고 그로 인한 소외 회사의 재무구조악화 사실이 나중에 공표되면서 자본잠식 등이 결정적인 원인이 되어 상장이 폐지되고 주가가 하락하게 되었다면, 그 주가하락분 상당의 손해는 피고의 횡령으로 소외 회사의 재무구조가 악화되어 생긴 간접적인 손해이다.

4. 破棄還送 후 原審과 관련 事件

(1) 파기환송 후 원심

본 사안은 대법원에서 파기환송 후 서울고법 2013나1022 사건에서 원고 패소로 확정되어 종결되었다.16)

(2) 관련 사건

대상 판결과 유사한 사안에서 이 사건 원고들 이외에도 소외 회사의 주주들이 피고 K 및 소외 회사를 상대로 손해배상을 구하는 소송이 제기되었다. 관련사건들의 하급심들은 모두 대상판결을 인용하고 원고 주주들의 손해 중 일부를 간접손해라고 인정하였다.17) [보완]

[評　　釋]

Ⅰ. 머리말

대법원은 2012년 12월 13일 회사법학 분야에서 매우 중요한 법리를 판시하는 판결을 선고하였다.18) 이 판결은 코스닥 상장회사의 주식을 취득한 주주들이 동 회사의 이사의 횡령행위, 부실공시에 따라 상장이 폐지되고, 이후 주가가 하락함으로써 손해를 입었다고 주장하면서 피고 이사에 대해 상

16) 서울고등법원 2013. 10. 30. 선고 2013나1022호 판결.

17) ① [관련사건 1]: 서울중앙지방법원 2012. 1. 10. 선고 2011가단138100 판결; 서울중앙지방법원 2013. 4. 19. 선고 2012나4670 판결; 대법원 2013. 11. 14. 선고 2013다50442 판결(파기환송); 서울중앙지방법원 2015. 6. 26. 선고 2013나66774 판결(원고 일부승소).
② [관련사건 2]: 서울중앙지방법원 2012. 4. 6. 선고 2011가합59082 판결; 서울고등법원 2014. 10. 31. 선고 2012나39266 판결(원고 일부승소); 대법원 2016. 1. 28. 선고 2014다236335 판결(상고기각).

18) 대법원 2012. 12. 13. 선고 2010다77743 판결.

법 제401조에 의거하여 손해배상을 청구한 사안에 관한 것이다. 동일한 사안에 관해서 원고들은 부실공시에 기한 구 증권거래법(현재 자본시장과 금융투자업에 관한 법률)상 책임이나 민법상 불법행위책임에 의거할 수도 있었을 것이다. 이 사건 소 제기일은 2007. 12. 13.인데 소 제기 시에는 당시 시행되던 구증권거래법(제14조 제1항)에 기한 손해배상청구의 제척기간이 도과되어(부실공시사실을 안 날로부터 1년/있은 날로부터 3년) 구증권거래법에 기한 청구를 하지 않은 것으로 짐작된다.**19)**

이 판결에서 대법원은「회사의 재산을 횡령한 이사가 악의 또는 중대한 과실로 부실공시를 하여 재무구조의 악화 사실이 증권시장에 알려지지 아니함으로써 주가가 정상주가보다 높게 형성되고, 주식매수인이 그러한 사실을 알지 못한 채 주식을 취득하였다가 그 후 그 사실이 증권시장에 공표되어 주가가 하락한 경우에는, 주주는 이사의 부실공시로 인하여 정상주가보다 높은 가격에 주식을 매수하였다가 주가가 하락함으로써 직접 손해를 입은 것이므로, 그 이사에 대하여 상법 제401조 제1항에 의하여 손해배상을 청구할 수 있다고 할 것이다」라고 판시하였다.

종래 상법 제401조에 의거하여 '주주'가 손해배상을 청구한 사건은 대체로 이사의 횡령행위 등 회사의 재산유출행위가 문제된 사건임에 대해서, 이 판결은 횡령행위뿐만 아니라 부실공시가 있었던 사례에서 주주의 직접손해 여부를 다루고, 상법 제401조에 의해 커버되는 새로운 손해 유형을 제시하였다는 점에서 이목을 끈다. 이 판결은 우리나라에서 회사법학의 근본적 쟁점 중의 하나인 상법 제401조의 손해의 개념에 "주주의 간접손해"가 포함되는지 여부를 다루었나. 이 쟁점에 대해서 종래 대법원 판결의 입장(제외설)**20)**은 다수 학자들의 입장(포함설)**21)**과 대립되면서 비판의 대상이 되어 왔다. 대상 판결은 종래의 대법원 판결의 법리를 재확인하면서, 이 판결의 사안에서 문제된 이사의 의무위반행위들을 유형별로 구분하고 직접손해와 간접손해 여부를 판단하였다.

---

19) 불법행위에 기한 청구도 제척기간(3년 및 10년)이 경과하였다.

20) 대법원 2003. 10. 24. 선고 2003다29661 판결(부산건설회관 사건); 대법원 1993. 1. 26. 선고 91다36093 판결(한라창업-대일정공 사건).

21) 대표적으로 이철송,「회사법강의」, 박영사, (2013), 1043면.

대법원 판결에서 사용하는 주주의 직접손해와 간접손해(대법원 판결에 의하면 회사의 손해에 해당)의 의미, 양자의 구분 기준은 모호하고, 동일한 사안에서 양자가 동시에 발생하는 경우도 있기 때문에 상법 제401조의 적용범위가 반드시 분명한 것은 아니다. 이 글은 주주의 직접손해와 간접손해의 의미, 주주의 직접적 배상청구를 인정하는 손해의 의미를 재검토함으로써 앞에서 제기한 문제에 관하여 논구하고자 한다. 이사의 의무위반행위로 인하여 회사가 손해를 입은 경우, 주주가 상법 제399조나 상법 제403조가 아니라 상법 제401조에 의거해서 손해배상청구를 할 수 있는지는 명확하지 않다. 이 점에 관하여 상법 제401조와 같은 규정을 두고 있는 일본뿐만 아니라, 유사한 규정을 두고 있지 않은 외국에서도 논의가 있다. 외국에서 이 문제는 이사처럼 회사의 내부인의 책임을 묻는 맥락뿐만 아니라 회사에 대한 제3자의 불법행위와 같은 가해행위로 회사재산이 감소한 경우 주주가 직접 배상청구를 할 수 있는가의 일반적인 문제로 논의되고 있다. 이러한 외국의 논의는 이 글의 문제제기에 대한 해답을 얻는 데 시사하는 바가 없지 않다. 따라서 직접손해와 간접손해의 의미, 간접손해에 대한 주주의 배상청구의 가부의 쟁점을 다룬 외국의 논의를 참조하기로 한다.

Ⅱ. 直接損害와 間接損害의 意義 및 類型

1. 問題의 提起

대상 판결은 다음과 같은 점에서 의구심이 생긴다. 첫째, 직접손해와 간접손해에 대해 설시하지만, 동 판결의 ①과 ②의 판시부분에서 말하는 간접손해의 의미가 종전 대법원 판결에서 말하는 간접손해의 의미와 동일한지 의문이다. 둘째, ①과 ②에서 각각 직접손해와 간접손해에 해당한다고 하는데, 양자를 주식취득 시기가 이사의 임무해태 행위 전후인지에 따라 구분하는 것인지, 임무해태행위의 유형(즉 부실공시와 횡령)에 따라 구분하는 것인지가 의문이다.

이 절에서는 위와 같은 의문에 대해서 주주의 직접손해와 간접손해의 의미를 논구함으로써 살펴보기로 한다. 이것은 이사의 제3자에 대한 손해배상책임(상법 제401조)의 해석에 관한 문제이므로, 우선 논의의 진행을 위해서 필요한 최소한도에서 이사의 제3자에 대한 손해배상책임에 관한 일반론 중 직접손해와 간접손해의 문제에 초점을 맞추어 기존의 논의를 소개한다.

2. 商法 第401條의 適用範圍 (損害와 關聯하여)

상법 제401조의 제3자란 회사 이외의 자를 일컫는 것으로서 회사의 채권자뿐만 아니라 주주도 포함된다.[22] 일본에서는 제3자가 우리 상법 제401조에 해당하는 회사법 제429조 제1항(구 상법 제266조의3)에 의해 배상받을 수 있는 손해의 범위에 대해서 입장이 갈린다.[23] ⅰ) '직접손해 한정설', ⅱ) '간접손해 한정설', ⅲ) 직접손해 및 간접손해의 '양손해 포함설'[24]이 그것이다.

첫째 '직접손해 한정설'은 직접손해에 관해서는 일반불법행위책임은 인정하지 않으며, 간접손해에 관해서는 회사채권자는 채권자 대위권(일본 민법 제423조), 주주는 대표소송(일본 회사법 제847조)에 의해 구제받을 수 있다고 한다. 둘째 '간접손해 한정설'은 간접손해만 일본 회사법 제429조 제1항의 적용을 받고, 간접손해는 일반불법행위책임의 여지를 인정하지 않으며, 직접손해는 일반불법행위책임으로 구제받도록 한다. 당해 손해가 간접손해임을 입증하기 위해서는 회사에 손해가 발생했음을 입증할 필요가 있다고 본다. 셋째, **'양손해 포함설'(다수설, 판례)**은 직접손해와 간접손해를 묻지 않고 포함한다. 일본에서는 이사의 제3자에 대한 손해배상책임 규정의 적용범위에 관해서 동 책임의 성질과 관련하여 다양한 학설이 있었지만, 현재는 양손해를 포함한다는 견해가 주류를 이루고 있다.

우리나라에서는 양 손해를 포함한다는 견해가 통설이다. 판례는 「이사의 악의 또는 중과실로 인한 임무해태행위와 상당인과관계가 있는 제3자의 손해에 대하여 그 이사가 손해배상의 책임을 진다」고 하는데,[25] 이 부분의 판시만으로는 양 손해를 포함한다는 취지인지는 분명하지 않다.[26]

---

22) 송옥렬, 「상법강의」 제3판, 홍문사, (2013), 1044면; 江頭憲治郎・門口正人(편집대표), 「會社法大系 Ⅲ」, 青林書院, (2008), 256頁(奧宮京子 집필).

23) 이하는 神田秀樹, 「會社法」, 弘文堂, (2013), 243頁 이하 참조.

24) 神田秀樹, 前揭書, 243頁; 最高裁判所 1969. 11. 26. 大法廷 判決, 「判例時報」 第578號, 3頁.

25) 대법원 1985. 11. 12. 선고 84다카2490 판결.

26) 金龍德, "개인기업적인 회사와 이해관계인들 상호간의 이해조정에 관련된 제문제에 관한 판례의 동향", 「민사판례연구 XX」, (1998), 588면.

3. 直接損害와 間接損害의 意義

(1) 직접손해와 간접손해의 의의

(가) 우리나라와 일본의 통설/판례는 직접손해와 간접손해의 구별을 전제하는데, 일반적으로 직접손해란 이사의 임무해태로 인해 회사는 손해를 입음이 없이(또는 손해를 받았는지 불문하고) 제3자가 직접 개인적으로 입은 손해를 말한다.[27)] 이에 대해 간접손해란 이사의 임무해태에 의해 회사가 손해를 입고 그 결과 제2차적으로 제3자가 입은 경제적 손해를 말한다.[28)] 보다 정확하게 표현하면 "회사가 손해를 입고 이에 따른 회사의 가치 하락 또는 회사의 재무상태 악화로 인하여 제3자가 입게 되는 손해"라고 할 수 있다. 대법원도 "이사가 회사의 재산을 횡령하여 회사의 재산이 감소함으로써 회사가 손해를 입고 결과적으로 주주의 경제적 이익이 침해되는 손해"를 간접손해라고 하므로,[29)] 우리나라와 일본의 일반적 정의와 같다.

(나) 구미에서도 직접손해와 간접손해를 구분하고 있다. 즉 직접손해는 "direct" loss/damage, "non-reflective" loss/damage, 또는 "separate and distinct" loss/damage로, 간접손해는 "indirect" loss/damage, "reflective" loss/damage로 표현하고 있다.[30)31)]

간접손해의 정의는 불분명한 점이 있기는 하지만, 대체로 주주(또는 채권자처럼 회사에 대해 청구권을 갖고 있는 자)가 회사의 자산에 생긴 손해의

---

27) 송옥렬, 전게서, 1044면; 江頭憲治郎, 「株式會社法」, 有斐閣, (2008), 471頁; 神田秀樹, 前揭書, 243頁.

28) 송옥렬, 전게서, 1044면; 이철송, 전게서, 776면; 정동윤, 「회사법」, 법문사, (2000), 452면; 정찬형, 「상법강의(상)」, 박영사, (2012), 1000면; 최기원, 「상법학신론(상)」, 박영사, (2011), 940면.; 江頭憲治郎, 前揭書, 470頁; 神田秀樹, 前揭書, 243頁; 最高裁判所 1969. 11. 26. 大法廷 判決, 「判例時報」 第578號, 3頁.

29) 대법원 2003. 10. 24. 선고 2003다29661 판결 등.

30) Hans de Wulf, Direct Shareholder Suits for Damages Based on Reflective Losses, in FS für Klaus J. Hopt zum 70. Geburtstag am 24. August 2010: Unternehmen, Markt und Verantwortung, 2010, p.1538; Bas J. de Jong, Shareholders' Claims for Reflective Loss: A Comparative Legal Analysis, European Business Organization Law Review 14: 97-118, (2013).

31) 직접손해를 "인적손해"(personal loss/damage)라고 일컫는 예도 있지만, 주주가 손해에 관하여 직접 배상청구를 할 수 있는지 여부를 판단하는 분석도구로서는 그다지 유용하지 않다고 한다. Jong, 앞의 논문, 99면. 직접손해든 간접손해든 주주에게는 인적손해인데, 직접손해/간접손해 여부에서 중요한 것은 주주가 간접손해에 대해서 배상청구를 할 수 있는지 여부, 어떠한 조건하에서 이를 인정할 수 있는지의 문제이기 때문이다.

결과(as a consequence) 입은 손해로서, 회사 자산에 손해가 없다면 주주도 손해를 입지 않는 경우의 손해라고 일컫는다.[32] 예를 들어 이사가 회사의 돈을 횡령한 경우 회사자산이 감소하는 것뿐만 아니라, 이에 수반하여 주식가치도 하락하는 것을 말한다.[33]

주주의 간접손해는 대부분 주식가치의 하락, 상장회사의 경우는 주가하락의 형태를 취한다. 그러나 이사의 임무해태 행위의 결과 입는 손해가 모두 간접손해는 아니다. 예를 들어 상장회사에서 시세조종이나 부실공시가 있은 후 그 사실이 증권시장에 공표되고 주가가 급락 또는 폭락하는 경우에 주주는 직접손해를 입게 된다. 주주들은 부실표시에 의해 직접 손해를 입은 것이지, 회사는 (적어도 직접적으로는) 손해를 입지 않는다. 대개의 입법례에서 이러한 직접손해에 대해서는 주주는 대표소송이 아니라 자신이 입은 손해에 대해서 배상청구의 소를 제기할 수 있다.

그러나 주주와 회사가 동시에 손해를 입은 경우에, 주주가 입은 손해가 직접손해인지, 간접손해인지를 결정하는 것은 어렵다.[34]

(2) 민법학에서의 직접적 손해와 간접적 손해의 의미

주주의 직접손해/간접손해의 논의의 맥락에서 말하는 '간접손해'의 의미는 민법학에서의 '직접적 손해/간접적 손해'의 논의의 맥락에서 말하는 '간접적 손해'와는 다소 차이가 있음을 유의할 필요가 있다. 민법학에서 직접적 손해란 침해된 법익 자체의 손해, 즉 권리 또는 피보호법익의 침해 그 자체를 말하고, 간접적 손해란 가령 침해사실이 있은 후에 생기게 되는 수익의 감소나 경제적인 상실로 말미암아 지출된 부가적 비용과 같이 법익침해의 결과로 피해자의 다른 법익에 발생한 결과적 손해를 말한다. 이를 후속손해라고 일컫기도 한다.[35] 우리 판례는 이러한 의미로 간접적 손해라는 용어를 사용하는 예가 있다.[36] 그런데 민법학에서의 직접적 손해와 간접적 손해의 구별은 현재는 통상 손해와 특별 손해의 구별이나 상당인과관계 인정의 문제로 논의되고 양자를 구별할 독자적인 실익이 없는 것처럼 보인다.[37] 대상

32) Wulf, op. cit., p.1539.

33) Jong, op. cit., p.99.

34) Wulf, op. cit., p.1539.

35) 곽윤직(편집대표), 「민법주해(Ⅸ)」 채권(2), 박영사, 476면.

36) 대법원 1995. 12. 12. 선고 95다11344 판결.

판결에서 사용하는 '간접적인 손해'라는 표현은 어떠한 경우를 의미하는지 다소 의문이 있다. 이에 대해서는 후술한다.

4. 直接損害와 間接損害의 類型

일반적으로 우리나라와 일본에서는 직접손해와 간접손해를 각각 ① 채권자의 직접손해, ② 채권자의 간접손해, ③ 주주의 직접손해,[38] ④ 주주의 간접손해로 구분하여 설명한다.

(1) 직접손해의 유형

(가) 채권자의 직접손해

채권자의 직접손해 유형으로는 회사가 도산에 임박한 시기에 이사가 변제 가능성 없이 차입을 하거나, 대금지급의 가능성 없이 상품을 구입한 후 변제를 하지 못하여 계약 상대방이 손해를 입는 경우이다.[39] 상법 제401조에 문의된 사건은 회사의 채무불이행 사례로서 이러한 유형에 속한다.[40] 분식회계 후 금융기관으로부터 대출을 받고 채무를 불이행한 경우도 마찬가지이다.[41][42]

(나) 주주의 직접손해

상법 제401조에 의거해서 주주의 직접손해가 인정된 대법원 판결로는

37) 민법학에서 이 문제를 논의한 문헌으로 전경근, "간접피해자의 손해배상청구권", 「현대민사법연구」, 법문사, (2002) 참조.

38) 이사의 임무해태행위 시에 주주가 아니었으나 임무해태행위(부실공시 또는 허위청약서 작성등)로 주식을 인수 또는 매수하여 주주가 된 경우 입은 손해는 흔히 주주의 직접손해라고 한다. 이러한 유형의 임무해태행위에 관해서는 자본시장법(구증권거래법)에 의해 책임이 인정될 수 있다. 민법상 불법행위책임을 인정한 판례도 있다.: 대법원 2010. 1. 28. 선고 2007다16007 판결(푸르덴셜증권).

39) 江頭憲治郎, 前揭書, 472頁; 最高裁判所 1969. 11. 26. 大法廷 判決, 「判例時報」 第578號, 3頁; 最高裁判所 1980. 3. 18. 判決, 「判例時報」 第971號, 101頁.

40) 대법원 2003. 4. 11. 선고 2002다70044 판결; 대법원 2002. 3. 29. 선고 2000다47316 판결; 대법원 1985. 11. 12. 선고 84다카2490 판결(폐광 사건)은 유사한 사례는 아니지만, 판결문에서 이러한 유형이 제3자에게 손해를 가하는 행위가 될 수 있음을 설시하고 있다.

41) 대법원 2008. 1. 18. 선고 2005다65579 판결(대우-신한은행 사건).

42) 일본의 하급심 사례 중에는 주주총회의 결의에 반하여 퇴임이사에 대해서 퇴직위로금을 지급하지 않은 경우, 타인 소유 물건에 대해 매매계약을 체결함으로써 상품인도의무를 불이행한 사례, 건물의 불법점거 사례, 프로그램 저작권 침해 사례가 있다.: 江頭憲治郎・門口正人(편집대표), 前揭書, 249頁(奥宮京子 집필).

대상 판결이 최초이다.[43] 일본 하급심 판례 중에는 허위 사실을 고지하여 투자권유를 한 경우 책임이 인정된 사례가 있다.[44] 주주의 불평등 취급, 특정 주주의 신주인수권 배제와 같이 주주권 자체를 침해함으로써 주주가 입은 손해는 직접손해라고 할 수 있을 것이다.[45] 일본 또는 우리나라의 학설은 주주가 이사의 허위정보를 믿고 주식을 인수하거나 주식을 매도할 기회를 잃어 손해를 입은 경우, 명의개서를 부당하게 거절한 경우, 명의개서 또는 주식병합 등을 위하여 회사에 제공한 주권을 부당하게 반환하지 않은 경우, 주권을 정당한 이유 없이 장기간 교부하지 않은 경우, 재무제표에 허위기재를 한 경우, 주식의 부당한 소각, 정당한 이유 없이 주식의 상장폐지를 신청한 경우 등을 예로 들고 있다.[46]

(2) 간접손해의 유형

(가) 채권자의 간접손해

채권자가 간접손해를 입는 유형으로는 이사가 방만한 경영을 하거나,[47] 이익상충거래를 함으로써[48] 회사가 도산한 경우에 그 거래상대방이 아닌 다른 회사채권자가 손해를 입은 경우이다. 일본의 사례로는 거래처의 변제불능을 예상할 수 있었음에도 불구하고 만연히 거래처에 대출을 계속한 결과 회사를 도산에 이르게 한 경우,[49] 회사의 적자가 계속되자 분식결산을 함으로써 회사의 실태를 은폐하고 고금리로 차입함으로써 회사를 도산에 이르게 한 경우가[50] 있다.[51]

---

43) 대법원 2012. 12. 13. 선고 2010다77743 판결.

44) 大阪地判 1993. 3. 29.「判例タイムズ」第831號, 191頁; 名古屋地判 1994. 5. 27.「判例タイムズ」第878號, 235頁.

45) 江頭憲治郎・門口正人(편집대표), 前揭書, 257頁(奧宮京子 집필).

46) 손주찬・정동윤(편집대표),「주석 상법(Ⅲ)」, 한국사법행정학회, (1999), 458면.

47) 東京高判 1982. 3. 29.「判例時報」第1079號, 92頁; 大阪地判 1996. 8. 29.「判例時報」第1610號, 130頁.

48) 東京地判 1984. 5. 8.「判例時報」第1147號, 147頁; 東京地判 1994. 4. 26.「判例時報」第1526號, 150頁.

49) 最高裁判所 1978. 12. 12. 判決「金融法務事情」第884號, 27頁.

50) 東京高判 1983. 3. 29.「判例時報」第1079號, 92頁.

51) 이 경우 이사가 회사에 대해서 부담하는 손해배상책임(도산 시 파산관재인이 행사하게 됨)과의 조정이 필요할 수 있다. (가) 이사의 회사에 대한 손해배상책임 이외에 (나) 채권자가 입은 간접손해에 관하여 상법 제401조의 손해배상책임을 인정하는 것에는 다음과 같은 의미가 있다. (나)는 상법 제400조의 책임감면 규정에 따른 절차를 거쳐도 책임이 면제될 수 없다는 점, (가)의 책임액은 임무해태에 의한 회사재산 감소액임에 대하여 (나)의

(나) 주주의 간접손해

1) 횡령행위 등 재산 유출행위

주주의 간접손해는 상법 제401조에 의해서 배상받을 수 없다고 판시한 최초의 대법원 판결의 사안처럼,[52] "대표이사가 회사 재산을 횡령하여 회사 재산이 감소함으로써 회사가 손해를 입고 결과적으로 주주의 경제적 이익이 침해되는 손해"이다.[53]

2) 상장회사 이사의 횡령행위로 인한 주가하락 손해

하급심 판결 중에는 상장회사 이사의 횡령행위로 인하여 회사의 주가가 폭락하여 주주가 입은 손실을 간접손해로 본 것이 있다(베네데스하이텍 사건).[54] 상장회사인 베네데스하이텍(이하 '베네데스'라고 한다)의 대주주 甲은 베네데스를 실질적으로 경영하면서 베네데스의 자금 112억여원을 횡령하였다. 甲의 횡령행위로 베네데스의 주가가 폭락하여 원고들은 투자손실을 입었다.[55] 이 사건에서 서울고등법원은 「甲이 베네데스의 이사 또는 대표이사가 아니라는 이유로 상법 제401조의 책임주체가 될 수 없다」고 한 후,[56] 「이사가 회사재산을 횡령하여 회사재산이 감소함으로써 회사가 손해를 입고 결과적으로 주주의 경제적 이익이 침해되는 손해와 같은 간접손해는 상법 제401조 제1항의 손해가 아니므로 이 조항에 따른 손해배상은 청구할 수 없고, 이

책임액은 당해 채권자가 회수하지 못한 채권액이라는 점이다. 그러나 이 경우도 역시 회사재산 감소액을 보충하면 그것으로 채권자에게 채무변제를 할 수 있게 되므로 직접손해/간접손해 구분론에 따르면 역시 간접손해로 다루어야 한다는 주장도 설득력이 있다. 나아가 (나)의 책임추궁에 의해 얻을 수 있는 배상액은 본래 회사채권자들에 대한 변제자원이 되어야 할 것이다. 이 문제는 이 글의 범위를 벗어나므로 상세히 논하지 않는다.

52) 대법원 1993. 1. 26. 선고 91다36093 판결.

53) 하급심 판결도 대법원 판결을 따라서 이사의 횡령행위, 부당한 상여금 수령에 의해 주주가 입은 손해는 주주의 간접손해에 해당한다고 본다.: 서울고등법원 2009. 10. 7. 선고 2008나109069 판결(산양전기 사건)(확정).

54) 서울고등법원 2006. 5. 25. 선고 2005나65694 판결(베네데스하이텍 사건)(확정).

55) 원고 1은 2002. 10. 30.부터 2002. 11. 4.까지 베네데스 주식 18,000주를 매수하여 2003. 7. 22. 전량 매도함으로써 매수대금과 매도금액의 차액인 67,745,900원에서 거래수수료와 거래세 957,578원을 공제한 66,788,322원의 투자손실을 입었다. 원고 2는 2002. 10. 30.부터 31.까지 10,000주를 매수하여 2003. 7. 23. 전량 매도함으로써 그 차액인 매수대금과 매도대금의 차액인 39,259,000원에서 거래수수료와 거래세 490,016원을 공제한 38,768,984원의 투자손실을 입었다.

56) 이 판결의 결론은 의문이 있다. 甲은 상법 제401조의2의 업무집행지시자에 해당할 수 있는데, 원고가 이에 대해서 주장하지 않았기 때문인지 모르겠으나 동 판결은 甲이 이사 또는 대표이사가 아니라 하여 손해배상책임의 주체에 해당하지 않는다고 하였다.

러한 법리는 상장기업의 주주라고 하여 다를 바 없다」라고 하여 원고의 청구를 기각하였다.

3) 계열사에 대한 지원행위

계열사에 대한 자금대여, 계열사 발행 융통어음의 할인, 지급보증 등 계열사에 대한 지원행위로 인해 회사의 금융비용 부담이 급증하고, 채무 지급이 곤란한 사정에 처하여 부도가 나고, 그 후 구조조정을 통한 회사 회생의 일환으로 영업양도를 한 사례가 있다(만도기계 사건).57) 이 사건에서 영업양도에 반대하는 주주들은 그 보유 주식을 당초 매입가보다 월등히 낮은 가격으로 매수청구할 수밖에 없어서 매입가와 주식매수청구가의 차액만큼 손해를 입었다고 주장하면서, 이사에 대해 상법 제401조 제1항에 의거해서 손해배상을 구하였다. 제1심은 원고의 청구를 인용하였으나,58) 서울고등법원은 「계열사에 대한 자금지원으로 회사가 부도에 이르고 결과적으로 소외 회사의 주가가 하락한 경우 주주의 손해는 간접적인 손해에 불과하다」라고 하여 원고의 청구를 기각하였다.

5. 直接損害와 間接損害 與否가 模糊한 類型

(1) 개 관

우리나라와 일본에서 일반적으로 들고 있는 직접손해와 간접손해 유형들을 살펴보았지만, 직접손해 또는 간접손해인지 여부가 모호할 뿐만 아니라 동일한 사안에 대해서 직접손해라는 견해와 간접손해라는 견해가 갈리고 있는 유형도 있다. 어느 손해가 직접손해인지 간접손해인지 명확하지 않는 사

57) 서울고등법원 2005. 1. 27. 선고 2002나71155 판결; 원고는 상고 후 2005. 4. 6. 소를 취하하였다(확정).

58) 서울지방법원 2002. 11. 12. 선고 2000가합6051 판결(항소).: 「회사 경영진이 경영자에게 일반적으로 기대되는 충실·선관의무를 위배하여 비합리적인 방법으로 기업을 운영하고 이로 인해 회사의 채권자나 주주 등 회사의 이해관계인조차도 도저히 예상할 수 없는, 통상적인 기업경영상 손실을 넘어서는 특별한 손실이 회사에 발생하고, 이러한 손실의 원인이 회사 경영진의 위와 같은 명백히 위법한 임무해태행위에 있으며, 그 손실의 규모가 막대하여 이를 직접적인 원인으로 회사가 도산하는 등 소멸하여 회사 경영진에 대한 회사의 책임 추궁이 실질적으로 불가능하고, 따라서 회사 경영진에 대한 주주의 직접적인 손해배상청구를 인정하지 않는다면 주주에게 발생한 손해의 회복은 사실상 불가능한 경우와 같이 특별한 사정이 인정되는 경우에는 주주의 간접손해에 대해서도 상법 제401조의 적용을 인정함이 타당하다」라고 판시하였다.

안도 있을 수 있고, 주주와 회사가 동시에 손해를 입는 사안도 있을 수 있다.[59] 부실공시 이전에 이미 주식을 취득한 주주의 경우 이후 주가가 하락한 경우 주주가 입은 손해가 무엇인지는 분명하지 않다. 또한 적법한 절차를 거치지 않고 제3자 배정에 의해 신주를 저가로 발행한 경우에 주주가 입은 손해의 의미에 관해서도 의견이 분분하다. 이 문제는 우리나라에서는 에버랜드 전환사채 저가발행 사건[60]에서 격론의 대상이 된 바 있고, 일본에서도 모집주식의 有利발행 사례나 지배권 분쟁 시 제3자에 대한 저가발행 사례를 통해서 논란이 일었다.

(2) 에버랜드 판결[61]

에버랜드 판결의 별개 의견은 제3자 배정방식에서 저가발행을 하더라도 회사에 손해가 발생하지 않는다고 하였지만, 다수 의견과 반대 의견은 회사의 손해를 인정하였다.

다수 의견은 제3자 「배정방식에서 저가발행시에는, ① 시가를 적정하게 반영하여 적정한 가격에 발행하는 경우와 비교하여 그 차이에 상당한 만큼 회사 자산을 증가시키지 못하므로 그 차액만큼 회사가 손해를 입은 것이라 하고, ② 이러한 회사의 손해는 기존 주주들의 주식가치가 실질적으로 희석됨으로써 기존 주주들이 입는 손해(이하 '희석화 손해'라고 한다)와는 그 성질과 귀속 주체가 다르며, 양자는 구별되어야 한다」고 하였다.[62]

①을 기존 주주의 관점에서 분석해 보면 회사의 손해에 대해 기존 주주는, 회사가 입게 된 손해의 반사적 효과로서 간접손해를 입는다고 할 수 있다. ②부분에서 주주는 희석화 손해를 입는다고 하는데, 그 손해의 의미는 분명하지 않다.[63] 다수 의견은 저가발행시 회사의 손해가 있음을 강조하기

---

59) 江頭憲治郎・門口正人(편집대표), 前揭書, 248頁(奧宮京子 집필).

60) 대법원 2009. 5. 29. 선고 2007도4949 전원합의체 판결.: 이 사건의 하급심 판결에 관해서 대표적인 판례평석으로는 이철송, "자본거래와 임원의 형사책임", 「인권과 정의」 제359호(2006) 참조.

61) 대법원 2009. 5. 29. 선고 2007도4949 판결(전원합의체).

62) 반대의견도 저가발행가액과 시가와의 차액에 발행주식 수를 곱한 수만큼 회사가 소극적 손해를 입고, 동시에 저가발행으로 인해 기존 주식의 가치가 하락하여 희석화되어 기존주주에게도 동시에 손해가 발생한다고 하였다.

63) 별개의견은 회사의 손해를 인정하지 않으므로 회사의 손해를 전제로 한 주주의 간접손해는 인정되지 않게 된다. 따라서 이를 직접손해라고 보게 된다.

위하여 ②의 "주주의 희석화 손해"를 언급한 것에 불과하고 그 이상의 의미는 없는 것인가? ①의 회사의 손해와 별도로 ②의 희석화 손해를 언급한 것에 의미를 두고 ②의 손해는 직접손해라고 보는 입장도 있을 수 있다. 그러나 다수의견의 판시를 종합적으로 고려하면 이를 주주의 간접손해라고 보는 것이 다수 의견의 판지에 부합하는 것 같다. 다수 의견이 이 손해가 어떤 성질의 손해인지를 명백히 밝히고 있지는 않지만, 주주는 대표소송을 제기하여 회사가 이사로부터 손해배상을 받도록 할 수 있다고 판시하고 있는 점에 비추어 간접손해임을 전제로 한 것이라고 볼 수 있다. 나아가 보유 주식의 가치가 하락하여 손해를 입는다고 한 점은 보다 명백히 간접손해임을 나타내고 있다고 할 수 있을 것이다.

(3) 일본의 논의[64]

우리나라에서는 아직 저가발행으로 인한 손해에 대해 주주가 상법 제401조에 의해 손해배상을 구한 판결례는 찾을 수 없고 논의도 활발하지 않다. 이 문제에 대해서는 일본의 논의를 참조할 수 있다. 일본에서는 저가발행시 손해는 주주의 간접손해(=회사의 손해)라는 입장과 직접손해라는 입장이 갈리어 있다. 그리고 간접손해라고 보는 입장에서도 그 간접손해에 관해서 주주의 청구를 인정할 것인지 여부에 관해서 다시 입장이 갈린다.

(가) 학 설

1) 간접손해설 (회사의 손해로 보는 입장)

적정 가격으로 발행하였더라면 회사에 유입될 금액과 실제 유입된 금액의 차액만큼 회사가 손해를 입었다고 보는 견해이다.[65] 이 입장에서는 주주의 손해는 회사에 손해가 발생함으로써 생기는 반사적 효과(소위 간접손해)에 불과하다고 보며, 이사는 회사에 대해서 손해배상책임을 부담하고, 주주는 대표소송으로만 이사의 책임을 추궁할 수 있다고 보게 된다. 그런데 간접손해라고 보면서도 대표소송이 아니라 주주 개인이 자신에게 손해를 배상할 것을 청구할 수 있는지에 관해서는 견해가 갈린다.

---

64) 이 부분은 최문희, "경영자의 배임죄와 회사법상 이사의 의무", 「저스티스」 제112호, 한국법학원, (2009)에서 참조.

65) 田中 亘, "募集株式の有利發行と取締役の責任 -會社の損害か株主の損害か-", 新堂幸司・山下友信(編), 「會社法と商事法務」, 商事法務, (2008), 154頁에서 재인용.

① 직접청구 부정설

주주의 간접손해는 일본 회사법 제429조 제1항의 손해가 아니라는 간접손해 제외설의 입장을 저가발행 사례에도 견지하는 견해이다. 아래에서 설명한 간접손해 제외설의 논거가 이 사례에도 적용되고, 더불어 통모인수인의 회사에 대한 책임(회사법 제212조 제1항 제1호, 우리 상법 제424조의2)이 성립하는 경우에 양 책임을 조정하는 데 곤란한 문제가 발생한다는 논거도 제시된다.

② 직접청구 인정설

간접손해라고 보면서도 주주의 직접청구를 인정하는 입장이 있다. 이 입장은 다시 두 가지로 나뉜다. 일정한 경우에 신주발행이 위법한 유리발행이면서 동시에 회사의 지배권 다툼 국면에서 이사의 지배권 유지를 위해서 행하여지는 등 불공정한 방법에 의한 발행(일본 회사법 제210조)인 경우에는 회사뿐만 아니라 주주에게도 직접 손해가 발생한다고 보는 입장이다(소위 '동시침해설'). 여기서 주주의 직접손해란 종전에는 지배주주이었던 자가 신주발행에 의해 그 지위를 상실하게 되는 손해를 말한다. 단 이 견해는 회사채권자 보호를 위해서 회사가 채무초과가 아닌 경우에 한하여 직접청구를 인정한다. 이 입장에서 주주의 직접청구를 인정하는 이유는 회사가 손해배상을 받아서 그 자산가치를 회복하더라도 주주의 손해를 회복할 수 없으므로 간접손해/직접손해 구분이론에 따르더라도 주주는 간접손해 이외에 별도의 직접손해를 입었다고 할 수 있기 때문일 것이다.

또 하나의 입장은 위와 같이 지배권다툼 국면과 같은 특수한 사정이 없더라도 간접손해 일반에 관해서 주주의 직접청구를 인정하거나 폐쇄형 회사의 경우 소수주주의 구제를 대표소송에만 한정한다면 가해가 반복되어 실효적 구제를 할 수 없기 때문에 주주의 직접청구를 인정한다.

2) 직접손해설 (주주의 손해로 보는 입장)

일본에서는 종전에는 저가발행으로 인해 회사에 손해가 발생한다는 것이 다수의 견해였지만, 근래에는 오히려 저가발행에 의한 손해는 주주의 손해에 해당한다고 보는 견해가 유력해지고 있다.[66] 신주의 유리발행에 의해 기존 주주는 회사에 생긴 손해의 반사적 효과가 아니라 직접 주주 개인이

66) 田中 亘, 前揭論文, 157頁.

손해를 입었으므로 일본 회사법 제429조 제1항에 의해 주주 개인에게 배상할 것을 청구할 수 있다는 것이다.

저가발행에 의한 손해는 이사의 방만한 경영 등으로 회사가 입은 손해를 통해서 주주가 입은 지분가치의 하락과는 달리 주주의 손해의 직접성이 강한 것이라고 하거나,[67] 애초에 회사가 손해를 입은 것이 아니라는 견해도 있다.[68] 또한 자금조달 목적의 신주발행이 유효하다면 회사는 예정된 자금을 조달하였기 때문에 유리발행으로 손해를 입지 않았거나, 기존 주주로부터 신주주에게 이익이 이전된 것에 불과하다는 견해도 있다.[69] 이러한 경우에 주주는 회사법 제429조 제1항(구 일본 상법 제266조의3)에 의해 이사에 대해서 주주 자신의 손해를 배상할 것을 청구할 수 있다고 한다.[70]

(나) 판 례

일본에서는 저가발행(유리발행) 사례에서 주주의 직접청구를 부정하는 판례가 오히려 예외에 속하며,[71] 판례는 저가발행으로 인한 손해가 주주의 직접손해인지 간접손해인지를 밝히지 않고 단지 주주는 직접청구를 할 수 있다고 판시한 예도 적지 않다.

저가발행 사례에서 이사의 제3자에 대한 손해배상책임(구 일본 상법 제266조의3)이 추궁된 사건 중에서, 주주 및 회사의 손해의 성질을 언급한 것으로는 "明星自動車 事件"에 관한 교토 지방재판소 판결[72] 및 동 사건의 최고재판소 판결[73]의 파기환송심인 오사카 고등재판소의 판결[74]이 있다.

제1심은[75] 이 사건 신주발행이 지배권 다툼의 개입을 주요목적으로 하

---

67) 上柳克郎・鴻常夫・竹内昭夫(編集), 前揭書, 322頁(龍田 節 집필).

68) 吉本健一,「新株發行のメカニズムと法規制」, 中央經濟社, (2007), 337頁; 伊藤靖史, 前揭論文, 45頁; 藤田友敬, "自己株式取得と會社法(上)",「商事法務」第1615號, (2001), 15頁의 주45; 加藤貴仁, "新株發行の有利發行と商法266條ノ3の責任",「ジュリスト」第1225號, (2002), 97頁.: 기타 문헌에 대한 소개는 田中 亘, 前揭論文, 161頁 주38.

69) 藤田友敬, 前揭論文, 15頁의 주45.

70) 杉田貴洋, "新株の有利發行と既存株主の經濟的利益の保護",「法律學硏究」第26號, 慶應義塾大學, (1995), 51頁.: 田中 亘, 前揭論文, 161頁 주38에서 재인용.: 같은 취지로 神田秀樹, 前揭書, 149頁.

71) 田中 亘, 前揭論文, 163頁.

72) 京都地判 1992. 8. 5.「判例時報」第1440號, 129頁.

73) 最高裁判所 1997. 9. 9. 判決,「判例時報」第1618號, 138頁.

74) 大阪高判 1999. 6. 17.「判例時報」第1717號, 144頁.

75) 京都地判 1992. 8. 5.「判例時報」第1440號, 129頁.

는 불공정한 방법에 의한 신주발행이라는 점을 인정하고, 발행가액(1,000엔)은 공정가액(약 3,900엔)에 비해 "특히 유리한 발행"에 해당하므로 주주총회의 특별결의를 거쳐야 하는데, 이 사건에서 주주 X에 대해 소집통지를 결한 절차적 위법이 있으므로 이사 Y는 악의 또는 중대한 과실에 의해 임무해태를 하였다고 보고 X의 손해를 인정하였다. 「유리발행에 의한 손해란 저가발행액과 원래 회사에 유입되었을 적정한 발행액 간의 차액이고, 이 손해는 본래 회사에 대해 배상함으로써 처리해야 할 문제이지만, 기존 주주는 시장의 주가하락 등 소위 직접손해를 입은 경우에는 그 하락액은 주주의 손해로서 이사에 대해 제3자로서의 손해배상책임을 추궁할 수 있다」라고 하였다. 나아가 「지배목적의 신주발행과 유리발행이 병행하는 경우에는 신주발행을 하지 않았더라면 유지되었을 주식의 종전 시가와 유리발행에 의해 저하된 주가와의 차액을 손해액이라고 보는 것이 상당하다」라고 하였다.

항소심은[76] 「신주발행 당시 X의 주주지위확인청구 기각 판결이 있었으므로, X에 대해 주주총회 소집통지 없이 주주총회 결의가 있더라도 이사는 악의 또는 중과실로 임무를 해태한 것이 아니다」라고 하였다.

그러나 최고재판소는[77] 항소심을 파기환송하였다. 「주식양도제한이 있는 회사에서 주식양도 등(경매도 포함)이 있는 경우에 회사에 대한 관계에서 양도의 효력이 발생하지 않은 한, 종전 주주가 회사에 대한 관계에서 주주로서의 지위를 갖고 회사는 종전 주주를 주주로 취급해야 하고 이사 Y는 X를 주주로 취급하고 주주총회 소집통지를 해야 할 의무를 부담한다」라고 하면서, 「이 사건 신주발행 당시 X의 주주지위확인청구를 기각한 항소심 판결은 확정판결이 아니고, 판결확정 전까지는 X에게 소집통지를 해야 하므로 Y는 의무를 위반한 것이다」라고 하였다. 그리고 손해에 관한 당사자의 주장을 명확히 하는 등 심리보완을 위하여 원심을 파기환송하였다.

이 판결의 사안이 주주의 간접손해 사안이라고 하면서, 최고재판소에서 주주의 직접청구를 인정한 것이라고 이해하는 견해도 있다.[78] 그러나 최고재판소의 판단은 이사의 악의 또는 중대한 과실에 의한 임무해태 유무에 한

76) 大阪高判 1993. 11. 18.「金融商事判例」第1036號, 26頁.
77) 最高裁判所 1997. 9. 9. 判決,「判例時報」第1618號, 138頁.
78) 江頭憲治郎, 前揭書, 470頁.

정되었고, 손해의 심리를 위해 사건을 원심에 환송한 것이다. 따라서 유리발행의 경우 주주에게 "제3자로서" 손해배상청구가 인정되는지 여부, 손해의 성질이 직접손해인지 간접손해인지에 대해서 최고재판소 차원에서 판단을 내린 것은 아니다.[79)]

파기환송 후 원심은[80)] 손해의 의미에 관해서, 「반대파 주주에게 손해를 가할 의도로 유리발행한 경우 주주의 손해는 실제 발행가액과 본래 회사에 유입되었을 적정한 발행가액 간의 차액(즉 본래 증가될 회사자산)이 증가하지 않음으로써 기존 주식의 객관적 가치가 저하함으로써 발생하고, 이 때 객관적 가치의 저하는 위법한 신주발행 직전의 주식가치와 유리발행에 의한 주식가치 저하의 차액으로 산정한다」라고 판시하였다. 즉 주주의 직접청구를 인정하였다.

이 사건의 제1심과 파기환송 후 원심이 언급한 주주의 손해가 직접손해인지 간접손해인지는 의문이 없지 않다. 제1심은 주가하락에 의한 주주의 손해는 회사의 손해의 반사적 효과가 아니라 주주가 직접 입은 손해로 본 것으로 이해된다. 파기환송 후 원심은 본래 주주의 손해를 직접손해라고 인정한 제1심 판결을 변경하고 "본래 증가하여야 할 회사재산"이 증가하지 않음에 따른 회사의 손해를 인정하면서도, 주주의 제3자로서의 손해배상청구를 인정하였기 때문에 간접손해에 관해서도 주주의 직접청구를 인정한 것이라고 보는 견해가 있다.[81)]

6. 小　結

앞에서 살펴본 것처럼 우리나라와 일본에서는 상법 제401조와 관련하여 주주의 직접손해와 간접손해를 구분하고 있다. 그러나 대법원 판례에 의할 때에도 직접손해 또는 간접손해의 의미가 반드시 명확한 것은 아니고, 특히 저가발행 사례에서는 저가발행으로 인한 손해가 주주의 손해인지 회사의 손해인지 아니면 양자 모두의 손해인지에 관해서 반드시 견해가 일치하는 것

---

79) 田中 亘, 前揭論文, 168頁.
80) 大阪高判 1999. 6. 17.「判例時報」第1717號, 144頁.
81) 田中 亘, 前揭論文, 169頁.

은 아닌 것처럼 보인다.

일본에서는 "明星自動車 事件"사건처럼 저가발행 사례에서 주주의 직접청구를 허용하는 사안이 있지만, 이 사건의 사안은 보통의 저가발행 사안과는 다른 특수한 사정이 있음을 간과해서는 아니된다. 즉 이 사건에는 원고 주주와 이사가 경영권을 놓고 다툼을 벌이는 상황이었으므로 손해를 입은 주주는 잠재적 지배권 내지는 지배권을 다툴 수 있을 정도의 지분이 가지는 가치를 상실한 상황이었다. 따라서 주가하락으로 인한 주주의 손해는 단순히 저가발행으로 적게 납입된 주금상당액 때문에 주식가치가 하락하였음을 이유로 한 손해와는 다른 성질의 것이 아닌가 한다. 이 사건의 사실관계가 경영권을 놓고 다툼을 벌이는 주주가 청구한 사건이라는 점에서 일반 소액주주의 손해배상청구와는 근본적으로 달리 볼 여지가 있을 것이다. 다른 저가발행 사례에서도 마찬가지의 판단을 내릴지는 미지수이다.

이처럼 저가발행의 사례처럼 손해 자체가 직접손해인지 간접손해인지 모호한 경우가 있고, 간접손해라고 하더라도 그에 대해 주주의 직접청구를 허용할지 여부에 관해서는 견해가 일치되어 있지 않다.

Ⅲ. 株主의 間接損害에 대한 賠償請求의 可否

1. 總 說

우리나라와 일본은 입법례로서는 이례적으로 이사가 위임 등 아무런 법률관계를 맺고 있지 않는 제3자에 대해서 손해배상책임을 부담하는 상법 제401조를 두고 있다.[82] 우리나라와 일본에서 주주의 간접손해가 상법 제401조 제1항의 손해에 포함되는지 여부에 관해서는 제외설과 포함설로 견해가 나뉜다.[83] 일본에서는 양자의 입장이 팽팽한 것으로 보이나, 우리나라에서

82) 상법 제401조, 일본 회사법 제429조 제1항 참조.

83) 채권자의 간접손해가 상법 제401조 제1항의 손해에 속하는지 의문이 있을 수 있다. 주주의 간접손해가 동조항의 손해에 포함된다고 보는 우리나라 통설은 채권자의 간접손해도 동조항의 손해에 당연히 포함된다고 본다.: 송옥렬, 전게서, 1042면.: 대법원은 아직 채권자의 간접손해에 관해서 명시적으로 판단한 사례는 없다. 이에 대해 91다36093 판결이 「주주의 경제적 이익이 침해되는 손해와 같은 간접적인 손해는 같은 법 제401조 제1항에서 말하는 손해의 개념에 포함되지 아니하므로..."라고 판단한 부분과 관련하여, 동 판결이 상법 제401조 제1항에서 말하는 손해의 개념에 주주의 간접손해가 포함되지 않는다고 판시한 것은 명백하나, 나아가 채권자의 간접손해까지 포함하여 모든 간접손해가 포함되지 않

는 현재 포함설이 통설적 입장에 있다.[84)]

우리 상법 제401조와 같은 규정이 없는 외국에서도 주주의 간접손해에 관해서 주주가 직접 배상청구를 할 수 있는지에 관해서 논란이 있다. 대표소송 제도가 정착된 미국에서는 대표소송이 아니라 주주가 개인적으로 배상청구를 할 수 없는 것으로 보고, 영국, 독일, 프랑스의 학설과 판례도 대체로 간접손해에 관해서는 배상청구를 할 수 없다는 입장을 취하고 있다. 이를 'no reflective loss' 원칙이라고 한다. 그러나 최근에는 우리나라뿐만 아니라 외국에서도 간접손해에 대해서 배상청구를 허용하는 예외를 인정하는 논의가 진행되고 있다.

아래에서는 우선 간접손해 인정 여부에 관한 논의와 각국의 주요 판례의 입장을 정리한 후, 간접손해에 대한 배상청구를 부정하면서도 예외적으로 주주에 의한 배상청구를 허용하는 입장에서 제시하는 예외적 사례를 살펴보고 그 타당성을 검토하기로 한다.

2. 學　　說[85)]

우리나라와 상법 제401조와 같은 규정을 두고 있는 일본에서는 간접손해 제외설과 간접손해 포함설로 입장이 갈린다. 현재 우리나라의 다수의 견

는다고 판시한 것인지는 확실하지 않다는 견해가 있다.; 김용덕, 전게논문, 591면.; 타당한 지적이라고 본다.: 이에 대해 주주와 채권자를 달리 취급할 필요가 없다는 이유로 채권자의 간접손해도 동조항의 손해의 개념에서 제외되는 것으로 해석해야 하고 판례의 입장은 '간접손해'는 모두 동조항의 손해의 개념에서 제외한 것으로 보아야 한다는 견해로는 구회근, "이사의 제3자에 대한 손해배상책임에 관한 판례 분석 -대법원 판례를 중심으로-", 「저스티스」 제90호, 한국법학원, (2006), 131-132면.

84) 이에 관한 연구로는, 김건식, "株主의 直接損害와 間接損害 -이사의 제3자에 대한 책임을 중심으로-", 「서울대학교 법학」 제32권 제2호, 서울대학교 법학연구소, (1993), 1면.; 이 논문은 김건식, "주주의 직접손해와 간접손해 -이사의 제3자에 대한 책임을 중심으로-", 「회사법연구 II」, 소화출판사, (2010), 404면 이하에 수정 · 보완되어 소개되어 있다. 이하에서는 이 논문을 참조하였다.: 국내 학자들의 학설 소개는 김용덕, 전게논문, 586면.; 일본의 학설은 江頭憲治郎, 前掲書, 469-471頁; 上柳克郎 · 鴻常夫 · 竹內昭夫(編集), 前掲書, 322頁(龍田 節 집필); 田中 亘, 前掲論文이 자세하다.; 최근 국내 문헌으로 한국상사법학회, 「주식회사법대계 II」, 법문사, (2013), 973-978면(정진세 집필).

85) 이하 일본과 우리나라의 학설 소개는 김건식, 전게논문, 414면 이하; 김용덕, 전게논문, 586면; 江頭憲治郎, 前掲書, 469-471頁; 上柳克郎 · 鴻常夫 · 竹內昭夫(編集), 前掲書, 322頁(龍田 節 집필); 田中 亘, 前掲論文 참조.: 최근 국내 문헌으로 한국상사법학회, 「주식회사법대계 II」, 법문사, (2013), 973-978면(정진세 집필).

해는 포함설의 입장에 서 있다.[86] 미국과 유럽에서도 원칙적으로 주주는 간접손해에 대해서는 직접 손해배상청구를 할 수 없다는 입장이 일반적 견해이다.

(1) 부정설 (제외설)

우리나라와 일본에서 간접손해에 대한 주주의 배상청구를 부정하는 입장에서 제시하는 논거는 다음과 같다. ① 회사가 배상을 받으면 자연히 주주의 손해는 간접적으로 전보되는 것이므로 따로 주주의 간접손해에 대한 책임을 인정할 필요가 없다는 점(주주의 손해의 자동회복 논거), ② 이사가 주주에 대해서 배상하여도 회사에 대한 책임이 남는다면 이사는 이중으로 책임을 지는 결과가 된다는 점(이중배상 또는 이중위험의 논거), ③ 회사가 이사에 대해서 갖는 손해배상청구권은 회사재산으로 볼 수 있는데 주주가 각자 나서서 배상을 받는다면 회사재산이 주주에게 유출되는 것과 같은 결과가 되고 회사채권자의 이익을 침해할 우려가 있다는 점(채권자보호 및 자본충실 논거), ④ 회사가 이사의 책임추궁에 소극적인 경우에는 주주가 대표소송에 의해 이사의 책임을 추궁할 수 있다는 점(다른 구제수단의 존재 논거), ⑤ 이사가 배상청구를 한 주주에게 배상을 마친 후에는 그 한도에서 이사가 회사에 대한 배상책임이 면제된다면, 배상을 받은 주주와 그렇지 않은 주주 사이에 불균형이 발생한다는 점, ⑥ 만약 주주에 대한 배상액만큼 이사의 회사에 대한 책임이 감소된다면 책임의 면제에 총주주의 동의를 요하는 제400조[87]와 모순된다는 점, ⑦ 이사가 회사와 주주로부터 동시에 청구를 받는 경우에는 법률관계가 복잡해진다는 점이다.

대표소송 제도를 둔 미국이나 유럽에서는 위 ①~⑤와 같은 논거와 더불어 다음과 같은 주장도 제기된다. ⑧ 주주의 직접청구를 인정할 경우 무수히 많은 소송이 제기될 수 있다는 점(소송의 급증과 법원의 업무 과중 논거),[88] ⑨ 회사가 회사의 이익을 위해서 소 제기를 하지 않을 것을 결정한 경우에는 주주의 배상청구도 인정하지 않는 것이 바람직하다는 점, ⑩ 주주의 배상

---

86) 김건식, 전게논문, 414면 이하; 송옥렬, 전게서, 1044면; 이철송, 전게서, 1043면; 정동윤, 전게서, 453면 외 다수.

87) 2012년 개정 상법에서 상법 제400조 제2항에 의한 책임 감경이 도입되기 이전의 논의이므로 이처럼 표현하고 있다.

88) 10 A.L.R.6th 293. § 7; Jong, op. cit., p.101.

청구를 인정하지 않는 것은 이사회의 권한사항을 존중하는 취지와 부합한다는 점이다. 즉 영국에서 배당여부는 이사회의 권한사항으로서 개별주주가 배당을 결정하는 것은 아니고, 주주는 회사의 지배구조를 존중해야 하며, 자신의 이해관계는 회사와 이사회에 맡겨두었고, 회사의 운명을 함께 떠안아야 한다는 점이다. ⑪ 회사는 주주와 별개의 독립된 법인이기 때문에 회사가 손해를 입은 경우 오로지 회사만이 배상을 받을 권리를 가지게 된다는 점,[89) ⑫ 독일에서는 ③ 이외에 회사재산이 그 목적을 위해서 사용되어야 한다는 점을 든다(회사재산의 목적 구속성).[90)][91)]

(2) 인정설 (포함설)

우리나라와 일본에서 주주의 간접손해에 대한 배상청구를 인정하는 견해는 다음과 같은 논거를 든다.[92)]

i) 제외설의 ① 자동회복논거에 대해서는 주주의 손해가 회사의 손해를 초과하는 경우가 있기 때문에 회사가 손해를 배상받아도 주주가 모두 배상받지 못하는 경우가 있기 때문에 주주의 배상청구를 허용하여야 한다고 본다(초과손해 논거).[93)] 초과손해가 발생할 수 있는 경우로 상장회사의 경우와 도산의 경우를 들고 있다. 우선 상장회사의 경우 재산상태는 주가에 영향을 미치는 한 가지 요인에 불과하고, 예를 들어 상장회사에서 경영자가 회사재산을 횡령한 사실이 알려지면 주가하락은 회사재산의 감소로 인한 하락분보다 더 하락할 수 있고, 회사의 손해와 주주의 손해가 중복되는 부분(중복손해)을 넘어서는 초과손해가 발생할 수 있다고 한다. 이러한 초과손해는 회사의 손해도 아니고 주주의 직접청구를 인정하더라도 채권자보호에도 문제가 없다고 한다. 도산의 경우에는 횡령한 재산이나 기액을 회사에 반환시키더라도 도산한 기업을 회생시킬 수가 없는데, 이 때 계속기업으로서 가지는 주주의 지분가치의 상실이 주주의 손해라는 것이다.[94)]

89) 네덜란드 판결로 Poot v. ABP, Hoge Raad, 2 December 1994, NJ 1995, 288.
90) 1986년 "Dubai 판결", BGH v. 10. 11. 1986, NJW 1987, 1077.
91) Helmut Brandes, Ersatz von Gesellschafts- und Gesellschafterschaden in FS Hans-Joachim Fleck, 1988, S. 13 ff.
92) 일본의 학설은 上柳克郎・鴻常夫・竹內昭夫(編集), 前揭書, 322頁 이하(龍田 節 집필).
93) 김건식, 전게논문, 423면; 정동윤, "주주의 간접손해에 대한 이사의 책임", 「국제항공우주법 및 상사법의 제문제」, 金斗煥 敎授 화갑기념논문집, (1994), 614-615면.
94) 김건식, 전게논문, 426면.

ⅱ) 제외설의 ② 이중배상 또는 이중위험논거에 대해서는 이사가 주주에게 배상을 한 것만큼 회사에 대한 배상의무가 소멸한다고 보면 이중책임의 위험은 없다고 한다.

ⅲ) 제외설의 ③ 채권자보호 논거에 대해서는 초과손해에 대해서만 주주의 배상청구를 허용하면 채권자의 이익을 침해하지 않는다는 점을 들고 있으며,[95] ⅳ) 제외설에서 ④ 대표소송이라는 구제수단이 있다는 논거에 대해서는, 대표소송은 소수주주권으로 되어 있고 담보제공 요건이 있으므로 주주의 보호에 충분하지 않고 대표소송으로 구제받을 수 없는 손해도 있다는 점에서 비판한다.[96]

ⅴ) 제외설의 ⑥에 대해서는, 상법 제400조는 주주가 결의에 의해서 이사의 책임을 면제하는 경우에 적용되는 것으로 주주가 배상을 받은 결과 이사의 책임이 소멸하는 경우에는 적용이 없다고 한다.

3. 判　　例

(1) 우리나라

대상 판결 이전에 주주의 간접손해를 다룬 대법원 판결은 두 건 선고되었고, 모두 주주의 간접손해는 상법 제401조 제1항의 적용대상이 아니라고 판시하였다. 최초의 판결인 91다36093 판결[97]과 2003다29661 판결[98]의 사안은 모두 대표이사 또는 이사가 회사의 재산을 횡령한 경우에 주주가 상법 제401조 제1항을 근거로 하여 대표이사 또는 이사에 대해 손해배상을 청구한 것이다.

대법원은 구체적 논거를 제시하지는 않고 「주식회사의 주주가 대표이사의 악의 또는 중대한 과실로 인한 임무해태행위로 직접손해를 입은 경우에는 이사와 회사에 대하여 상법 제401조, 제389조 제3항, 제210조에 의하여 손해배상을 청구할 수 있으나, 대표이사가 회사재산을 횡령하여 회사재산이 감소함으로써 회사가 손해를 입고 결과적으로 주주의 경제적 이익이 침해되

---

95) 김건식, 전게논문, 426면.

96) 이철송, 전게논문, 777면.

97) 대법원 1993. 1. 26. 선고 91다36093 판결(한라창업-대일정공 사건).

98) 대법원 2003. 10. 24. 선고 2003다29661 판결(부산건설회관 사건).

는 손해와 같은 간접적인 손해는 상법 제401조 제1항에서 말하는 손해의 개념에 포함되지 아니하므로, 이에 대하여는 위 법조항에 의한 손해배상을 청구할 수 없다」라고 판시하였다.

이후의 하급심 판결들은[99] 대법원 판결을 따르고 있는데, 판결문에서 분명하게 제외설의 ① 자동회복의 논거, ③ 대표소송에 의한 구제, ④ 채권자 보호 필요성 논거를 설시하기도 한다.

(2) 일　　본

1969년 최고재판소 판결[100]에서 「이사의 임무해태와 제3자의 손해 간에 상당인과관계가 있는 한, 회사가 손해를 입은 결과 나아가 제3자에게 손해가 발생한 경우인지(간접손해), 직접 제3자가 손해를 입은 경우인지(직접손해) 묻지 않고 이사는 손해배상책임을 부담한다」라고 판시하여, 간접손해도 구상법 제266조의3 제1항(회사법 제429조 제1항의 전신)에 의해 배상받을 수 있다고 하였다. 그러나 이 판결은 채권자의 손해가 문제된 사안이므로, 이 판결의 법리를 "주주"의 간접손해에 관해서도 그대로 적용할 수 있는지는 의문이다.

하급심 판결[101] 중에는 대표이사의 이익상충거래로 인해 회사의 재산이 감소되고 주주의 이익배당청구권이 침해됨으로써 주주가 입은 손해에 관하여 회사법 제429조 제1항의 전신인 구상법 제266조의3 제1항에 의한 손해배상책임을 인정한 사례가 있다. 이 판결은 주주의 간접손해는 대표소송에 의해 구제받는 것이 일반적으로 타당하다고 전제하면서, 「이사가 원고 소수주주가 위 손해를 현실적으로 회복하는 것을 모든 방책을 이용하여 방해할 것이라는 점이 쉽게 예측할 수 있기 때문에 대표소송에 의해서 상법 제266조의3에 기한 소송과 같은 결과를 기대할 수는 없는 경우에는 주주의 직접청구를 인정한다」라고 하였다.

그러나 회사재산의 감소에 의한 보유주식의 가치 하락에 대해서 주주는 대표소송을 제기하면 되므로 구상법 제266조의3에 의한 손해배상청구는 할 수 없다는 하급심 판례도 있다.[102]

---

99) 서울고등법원 2009. 10. 7. 선고 2008나109069 판결(산양전기 사건)(확정); 서울고등법원 2006. 5. 25. 선고 2005나65694 판결(베네데스하이텍 사건)(확정); 서울고등법원 2005. 1. 27. 선고 2002나71155 판결(만도기계 사건)(확정).

100) 最高裁判所 1969. 11. 26. 大法廷 判決, 「判例時報」 第578號, 3頁.

101) 福岡地判 1987. 10. 28. 「判例時報」 第1287號, 148頁.

신주의 저가발행 사례에서는 주주의 직접청구를 인정하는 하급심 판례도 다수 있다.103) 저가발행으로 인한 손해가 주주의 직접손해인지 간접손해인지를 밝히지 않고 주주는 직접청구를 할 수 있다고 판시한 예도 있고, "明星自動車 事件"의 파기환송 후 원심처럼 간접손해임을 암시하면서도 주주의 직접청구를 인정한 예104)도 있다.

(3) 영 국

(가) 간접손해에 대한 배상청구를 부정한 판례

영국에서도 원칙적으로 주주의 간접손해에 대해서 주주는 배상청구를 할 수 없다고 본다. 영국의 리딩 케이스는 1982년 "Prudential Assurance 사건"105)이다. "Prudential"은 Newman Industies Ltd.의 주식을 3.5% 보유하였는데, Newman의 이사들이 Newmann이 A회사의 가치를 부풀려서 손실을 입고 인수하게 되었는데, 이 과정에서 주주들에게 사기적으로 A회사의 정보를 부실표시하였기 때문에 주주들이 승인을 하게 되었다. 주주들은 ① 회사를 대위한 소송, ② 주주 개인의 소송을 제기하였다. ②와 관련하여 주주들은 만일 이사들의 사기가 없었다면, Newman의 은행에 대한 채무액은 더 적었을 것이라는 점, 사기로 인하여 Newman의 주식가치가 줄어들었다는 논거를 들었다.

최고법원(The Court of Appeal)은, 「주주들의 손해는 단지 회사가 입은 손해의 반사적 효과(reflection)에 불과하고, 주주는 개인적 손해(personal loss)를 입지 않았고, 주주의 손해는 회사를 통해서 회사의 순자산 가치의 감소로 인한 손해이기 때문에, 주주들은 주식의 시장가치의 하락이나 배당액의 가치와 같은 금액의 배상을 받을 수 없다」라고 하였다.

이후 2002년의 "Johnson v Gore, Wood & Co 사건"에서도106) 「회사가

---

102) 東京地判 1996. 6. 20.「判例タイムズ」第927號, 233頁.

103) 田中 亘, 前揭論文, 163頁.

104) 大阪高判 1999. 6. 17.「判例時報」第1717號, 144頁.

105) Prudential Assurance Co. Ltd. v. Newman Indus. (No. 2) [1982] Ch. 204. Giora Shapira, Shareholder Personal Action in Respect of a Loss Suffered by the Company: The Problem of Overlapping Claims and "Reflective Loss" in English Company Law, 37 Int'l Lawyer 137, 142 (2003)에서 재인용.

106) Johnson v. Gore Wood & Co., [2002] 2 A.C. 1 (Eng. H.L.).: 평석은 Eilis Ferran, Litigation by Shareholders and Reflective Loss, 2001 Cambridge L.J. 245 (2001).

손해를 입은 동일한 사실로부터 유래하고, 회사의 손해의 반사적인 손해에 대해서 주주는 손해배상을 청구할 수 없다」고 판시하였다.

(나) 간접손해에 대해 배상청구를 인정한 판례

아래 "Giles v. Rhind 사건"107)과 "Perry v. Day 사건"108)은 "Prudential Assurance 사건"과109) "Johnson v Gore, Wood & Co 사건"의110) 판결과 달리 주주의 배상청구를 인정하였다.

"Giles v. Rhind 사건"에서 이사의 부실경영과 사기로 인해 회사의 사업이 파멸되었고, 회사는 이사들에 대해 소를 제기할 자력이 없게 되었다. 최고법원은 이러한 경우에 주주가 입은 손해는 주식가치의 하락에 불과하다 하더라도 주주들이 직접 소송을 제기하는 것이 허용된다고 보았다.

이 사건의 원고는 Broadstone Homes Ltd(이하 "회사"라 한다)의 현재 주주이고, 피고(D)는 회사의 이전 주주였다. 1996년에 회사는 D로부터 일정한 토지를 매수하였다. 회사는 동시에 D로부터 위 매수토지와 공중 고속도로 사이의 통행로(access way)도 매수하였다. 그런데 나중에 D가 그 통행로의 일부분을 그대로 보유하고 있음이 드러났고, 회사는 추가 대금을 지불하고 통행로 중 일부분을 다시 매수하여야 하였다. 원고는, 원고와 D 사이에 1995년에 체결된 주주간 계약에 따라 피고는 회사의 이익을 증진하는 데 최선의 노력을 기울여야 할 의무를 부담하는데, 위 통행로 중 일부분을 D가 그대로 보유함으로써 이러한 의무를 위반하였으며, 이에 따라 다른 주주들에게 손해를 가하였다고 주장하였다. 2000년에 이 사건 소송과는 별개로 회사가 위 토지거래의 자문을 한 변호사를 상대로 하여 손해배상을 구하는 소송이 제기되었는데, 2003년에 화해가 성립되었다. 그러나 전액배상을 받지 못하였고, 회사는 매수계약에서 통행로 중 일부가 누락되지 않았을 경우에 비하여 재정적 손실을 입게 되었다. 그런데 위 변호사를 상대로 한 소송의 화해 조건에 의하면 회사는 D에 대해서는 잔존 손실에 관해서 소를 제기할 권리를 갖지 못하도록 되어 있었다.

Johnson v Gore, Wood & Co [2002] 2 A.X. 1, HL.

107) [2003] B.C.C. 79.

108) [2005] B.C.C. 375.

109) Prudential Assurance Co. Ltd. v Newman Industries Ltd (No.2) [1982] Ch. 204.

110) Johnson v Gore, Wood & Co [2001] B.C.C. 820.

원고는 위 변호사로부터 배상받지 못한 손해액 때문에 자신의 지분가치가 감소되었다고 주장하면서 D에 대해 배상을 구하는 직접소송을 제기하였다. 이에 대해 D는 원고가 주장하는 손해는 회사에 생긴 손해의 간접손해이므로 회사만이 소송을 제기할 수 있다고 항변하였다.

항소법원은 원고가 주장하는 배상액은, 원래의 양도계약서 작성상 오류의 결과 회사가 입은 손실의 일부로서 반사적 손해라고 하였다. 그러나 이 사건에서 주주가 간접손해의 배상청구를 할 수 없다고 하기 위해서는 (즉 no reflective loss principle에 의하면), 회사가 D를 상대로 청구권을 갖고 있는데 소송에서 패소했거나 회사가 소 제기를 거절했다는 점을 D가 입증해야 한다고 하였다. 결국 원고 주주에 대한 피고의 손해배상이 인정되었다.

결론적으로 "Giles v. Rhind 판결"[111]과 "Perry v. Day 판결"[112]은 회사를 위한 소제기 자체를 불가능하게 한 이사들에 대해서 주주의 배상청구를 금지하는 것은 형평에 맞지 않는다고 하는 법원의 입장을 보여 준 것이라고 평가되고 있다.[113]

(4) 독 일

독일에서는 주식법(AktG) 제117조에 의해 주주의 간접손해에 대한 배상청구가 허용되지 아니한다. 독일 주식법 제117조 제1항은 "고의로 회사에 대한 영향력을 행사하여 이사, 감사회 구성원(감사), 상사대리인, 지배인 등으로 하여금 회사 또는 주주에게 손해를 가하게 한 자는 이로 인하여 회사에 발생한 손해를 배상할 책임이 있다. 주주가 손해를 입은 경우, 그 손해가 회사가 입은 손해의 결과인 경우를 제외하고 그 주주에게도 손해를 배상하여야 한다."라고 규정한다. 이 규정의 책임주체가 콘체른법상 기업(Unternehmen)에 해당하는 경우에는 주식법 제317조가 적용된다. 제317조에 의하면 종속회사의 주주는 지배기업 및 그 대표기관에 대하여 "종속회사"가 입은 손해에 대하여 배상청구권을 행사할 수 있고, 회사의 손해와 별도로 자신이 직접 손해를 입은 경우에는 그 손해의 배상도 청구할 수 있다(주식법 제1항 제2문, 제4항, 제317조 제309조 제4항 제1문). 법문에서 "회사가 입은 손해의 결과인 경우" 또는 "회사의 손해와 별도로 자

111) [2003] B.C.C. 79.
112) [2005] B.C.C. 375.
113) Wulf, op. cit., p.1549.

신이 직접 손해를 입은 경우"라고 하고 있기 때문에, 반대해석상 간접손해에 대해서는 주주는 배상청구를 할 수 없다고 보게 될 것이다.

주주와 회사가 함께 그 권리 침해를 입은 경우 학설은[114] ① 주주가 당연히 자신의 배상청구권을 행사할 수 있는지 아니면 부차적으로만 행사할 수 있는지, ② 주주가 자신에게 배상하도록 할 수 있는지 아니면 회사에 대해서만 하도록 할 수 있는지, ③ 주주에 대한 권리침해와 주주의 손해가 있어도 주주는 아무런 청구권을 행사할 수 없는지에 관해 논의가 갈린다.

과거 제국법원(Reichsgericht)[115] 및 초기의 연방대법원(BGH) 판결에 따르면, 주주와 회사의 청구권이 모두 성립하고 주주는 자신에게 배상하도록 할 수 있다고 보았다. 회사에 대해서 배상이 이루어지지 않거나[116] 회사가 배상청구를 하지 않고 있다면[117] 주주는 자신의 배상청구권을 행사할 수 있다고 보았다.[118] 이 때 배상의무자는 회사에 대해서 배상을 한 때에만 배상의무를 면하는데, 회사에 대해서 배상의무를 이행했다면 동시에 주주의 손해도 전보될 것이기 때문이다. 반대로 주주에 대해서 먼저 배상을 했다면, 회사의 손해는 그대로 남게 되고 주주는 이후에 회사에 대해서 배상을 하게 되면 정당하지 못한 이익(즉 이중이익)을 향유하게 된다. 이처럼 배상청구권의 경합으로부터 발생하는 어려운 문제때문에 1965년 주식법 개정에 의해서 현재의 주식법 제117조는 소위 간접손해(Reflexschaden)를 배상청구의 대상에서 제외하고 있다.[119]

이후 연방대법원은 주주의 간접손해에 관해서 원칙적으로 배상청구를 허용하지 않는 판결을 내놓고 있다. 그 논거는 자본유지원칙과 회사재산의 목적구속성이다. 연방대법원의 1986년 "Dubai 판결"을[120] 보면, 이 사건은 유한회사에 관한 것이기는 하지만 그 논리는 주식회사의 경우에도 적용될 수 있다. X는 유한회사 A의 업무집행이사이면서 동시에 A의 자회사인 S의

114) 학설의 논의는 Brandes, op. cit., p.14 이하.
115) RGZ 115, 289; 157, 213.
116) RGZ 115, 289, 296.
117) BGH, Urt. v.24. 1. 1967, WM 1967, 287; v.23.6.1969, WM 1969, 1081, 1082.
118) Brandes, op. cit., p.15.
119) Begr. RegE bei Kropff, Aktiengesetz, 1965, §117, S.163; BGHZ 94, 55, 58. Brandes, op. cit., p.15에서 재인용.
120) BGH v. 10. 11. 1986, NJW 1987, 1077.

이사였다. S의 이사인 Y는, S가 Y 자신을 위해 요트 및 개인 비행기를 위한 자금지원을 하도록 하는 거래를 하였다. A는 X에 대해서 다음과 같은 이유로 소송을 제기하였다. X가 A의 자회사 S의 지분소유와 관련한 책임을 부담하고 있는데, Y가 채무부담능력이 없음을 알았음에도 불구하고 Y와 S사이의 거래를 승인하였기 때문에 A에게 과실로 손해를 입혔다는 것이다. 이 때문에 S는 재정적 곤경을 겪고 나중에 파산하였고, A는 S에 대한 지분가치 하락의 손해를 입게 되었다는 것이다. 즉 이 사건에서 BGH는 다음과 같은 이유로 A의 배상청구를 기각하였다. 이사가 회사에 대해 손해를 가하고 동시에 "주주들에 대한 의무"를 위반한 경우에 주주는 이사에 대해서 손해배상청구를 할 수 없는데, 그 이유는 주주의 배상청구를 허용하는 것은 자본유지원칙에 반하고, 회사 재산이 특정목적을 위해 이바지해야 한다는 '목적 구속성'(Zweckwidmung des Gesellschaftsvermögen)과 양립할 수 없기 때문이라는 것이다.

연방대법원의 입장은 1995년에 선고된 "Girmes 판결"121)에서도 유지되었다. 이 판결은 소수주주의 성실의무를 인정한 유명한 판례이다. 원고는 G 주식회사(이하 "회사"라고 한다)의 주식 350주를 보유한 주주였다. 회사는 매출손실 등으로 재정적 곤란을 겪게 되었고, 1982년 이후 이익배당을 할 수 없게 되고 채무액도 막대한 금액에 이르게 되자 회사회생 계획의 일환으로 명목적 자본감소 이후 유상증자를 하는 안을 마련하였다. 피고는 다수의 주주들의 의결권 행사를 위임받고, 주주총회에서 위 안건에 대해 반대표를 행사하여 안건을 부결시켰다. 이후 회사는 도산하게 되었다. 여기서 주주의 간접손해와 관련된 판시는 다음과 같다. 즉 「(주주의) 충실의무에 반하는 행위에 의해서 회사에 재산상 손실이 발생한 때에는, (회사의 청산 또는 도산 시에) 선순위 회사채권자의 변제에 필요하지 않은 경우에만 주주가 손해배상액(이것은 회사재산의 감소에 대한 지분 가치의 감소와 같다)을 자신에게 배상할 것을 청구할 수 있다」라고 판시하였다.

(5) 프랑스

프랑스 상법 제225-251조, 제225-252조(L. 225-251, 225-252 Code de

121) BGH v. 20. 3. 1995, NJW 1995, 1739.

Commerce)는 ① action sociale, ② action sociale ut singuli, ③ action individuelle의 세 가지 소송을 구별하고 있다.[122] 여기서 ①은 이사가 회사에 가한 손해에 대해 회사가 제기하는 소송이고, ②는 이사가 회사에 가한 손해에 대해 주주(또는 주주그룹)가 제기하는 대표소송이다. 그리고 ②는 회사가 ①의 소송을 제기하지 않는 경우에만 제기할 수 있고, 손해배상액은 회사에게 전액 귀속된다. 하지만 ③은 개별 주주가 자신이 개인적으로 입은 손해에 관해서 제기하는 소송이다.

프랑스의 상고심인 "Cour de cassation"(파기법원)은 1970년 판결에서 이사의 부실경영으로 인한 주식가치의 하락은 주주가 '개인적으로 입은 손해'가 아니고, 회사가 입은 손해의 '결과적 손해'(dommage en corollaire)에 불과하다고 판시하였다.[123] 이 판결은 대표소송 절차 도중에 주식을 전부 매도함으로써 주주의 지위를 벗어났거나 소 제기 시에 주주가 아닌 자의 대표소송 제기를 금지하는 프랑스 법의 원칙을 분명히 회피할 의도로 주주 개인이 제기한 소송에 관한 것이었다. 그러나 이후의 판결들은 파기원이 대표소송의 제기가 거의 불가능한 상황의 경우에도 위의 법리를 일반 법리로 도입하려고 하였음을 매우 분명하게 보여주고 있다.[124] 2000년 파기원의 형사부에서 같은 날 선고된 세 개의 판결은 「이사의 과실행위의 결과로 생긴 회사의 증권가치의 하락은 각 주주에 대한 개인적 손해가 아니라, 회사 자체가 입은 부정적 효과에 불과하다」라고 판시하였다.[125]

4. 檢　討

(1) 간접손해에 대한 배상청구 가부에 관한 논거의 검토

우리나라와 외국의 판례는 앞서 살펴본 ① 내지 ⑫의 논거로써 원칙적으로 주주의 간접손해에 대한 주주의 직접적 배상청구를 부정한다. 그러나 이들 논거 중에 설득력이 없는 논거도 있으며, 이들 논거가 제시하는 상황이

122) Wulf, op. cit., p.1558에서 재인용.
123) Cass. Fr com. 26 January 1970.
124) Cass. Fr.1 April 1997 외 다수.
125) Cass. Fr. Crim. 13. December, 2000. 이들 세 가지 판결은 Leonarduzzi; Bourgeois; B. and Others.

극복되는 경우에는 간접손해에 대한 배상청구를 허용해도 무방한 것은 아닌가 한다. 아래에서 나누어 살펴보자.

(가) 제외설의 자동회복 논거는 설득력이 있지만, 포함설이 주장하는 것처럼 회사가 배상을 받아도 주주의 손해가 자동적으로 회복되지 못하는 경우가 있다는 점은 유의할 필요가 있다. 횡령이 있는 경우에는 횡령에 의한 회사재산의 가치의 하락분보다 주가는 더 하락할 수가 있다. 이 경우 주주는 회사재산의 가치감소분 중 자신의 지분가치의 하락분보다 더 많은 손실을 입는 수가 있다. 따라서 회사의 손해를 넘는 초과손해에 관해서 주주의 배상청구를 허용해야 한다는 견해는[126] 설득력이 있다. 그러나 횡령 후 그 사실이 시장에 알려져서 주가가 하락한 경우 주가하락분이 모두 주주의 초과손해에 해당하는 것은 아닐 수 있다.[127] 주식시장은 회사의 재무상태·영업성과·영업전망 이외에도 국내외 경제·사회·정치적 요소들이 작용하여 주가가 형성되므로 횡령액의 1주당 비율만큼 주가가 하락하는 것은 아니라고 할 수 있고, 이러한 경우 횡령액의 1주당 비율을 넘는 부분이 모두 이사에게 귀책사유가 있는 하락분이라고 하기는 어렵다.[128] 결국 주가하락분 중에 이사의 임무해태나 위법행위와 상당인과관계 있는 부분만 주주의 손해로 볼 수 있다. 여기서 주의할 점은 상당인과관계가 인정되는 주주의 손해는 그 자체로 주주의 직접손해이지, 회사가 손해를 입은 결과 주주가 입은 간접손해는 아니므로, 간접손해가 상법 제401조의 적용범위에 속하는가의 문제가 아니라는 것이다. 결국 하나의 행위에 기초하여 회사의 손해와 주주의 손해가 동시에 발생할 수 있음을 보여주는 것이다.

(나) 이사 측의 이중배상 또는 이중위험의 논거에 대해서는, 주주나 회사가 배상받은 부분만큼은 이사가 배상할 금액에서 공제하는 것으로 본다면 해결할 수 있는 문제이다. 다만 이 경우 만일 주주가 회사가 받을 손해배상

---

126) 김건식, 전게논문, 423면.

127) 同旨: 오영준, 전게논문, 113면.

128) 횡령 및 횡령사실의 공표로 인하여 주가가 폭락하는 경우 이러한 주가하락 효과(crash effect)에 관해서 모두 보상하는 것은 아니라는 입장은 미국에서도 볼 수 있다. 예를 들어, 1995년의 '사적증권소송개혁법'(PSLRA: THE PRIVATE SECURITIES LITIGATION REFORM ACT)은 사기에 기한 손해배상액에 제한을 가하기 위해서 90일의 기간(look back period)를 설정하고, 사기 이외에 가격에 영향을 미칠 수 있는 요소에 의한 가격 변동효과는 손해배상액에서 제외하는 조치를 취하였다.: 15 U.S.C. § 78u-4(e)(1).

액을 먼저 받아갈 수 있다면, 제외설에서 말하는 것처럼 다른 주주와의 형평 또는 채권자보호가 문제될 수 있다. 그러나 초과손해에 관해서만 주주의 배상을 허용한다면 이런 문제는 발생하지 않을 수 있다. 이 경우는 초과손해의 확정이 중요한 문제가 된다. 예를 들어, 횡령 이전에 주식을 취득한 주주가 있는 경우 횡령 사실의 공표 이후 주가가 하락하였다면, 주가하락분 중에서 이사의 횡령행위와 상당인과관계가 있는 손해액을 결정하고, 그 중 초과손해를 결정하는 것이다. 그러나 이 금액을 결정하는 것은 간단하지 않다. 또한 다음 문제도 고려할 필요가 있다. 대상 판결의 사안에서 횡령액 320억원을 이사가 회사에 반환한 경우 회사의 손해는 전보될 것인데, 횡령액을 다시 배상하였다는 사실이 시장에 알려지면 주가는 횡령행위 이전보다 더 오를 수도 있고, 횡령행위 공표사실 이전처럼 복귀하지 않을 수도 있다. 이러한 점을 고려하면 횡령행위에 의한 주주의 초과손해분의 인정여부도 문제가 될 수 있다.

(다) 주주에게 대표소송과 같은 다른 구제수단이 있는 경우에는 제외한다는 논거도 생각해 볼 점이 있다. 우리나라의 대표소송 제기권은 소수주주권이기 때문에 일본보다 소제기가 어렵고,[129] 담보제공 요건이 있다는 점은 고려할 만하다. 그러나 이는 간접손해의 문제뿐만 아니라 이사에 대한 책임추궁이 문제되는 다른 사례에도 똑같이 발생하는 문제이므로 대표소송에 관한 제약때문에 간접손해를 포함해야 한다는 결론에 이르는 것은 섣부른 감이 없지 않다. 다만 대표소송의 제기가 현실적으로 무의미한 상황에는 주주의 직접청구를 정책적으로 허용하는 것도 고려할 필요가 있다.

(라) 외국에서 주장되는 바와 같은, 주주의 직접청구를 인정할 경우 소송의 급증과 법원의 업무 과중이 될 것이라는 논거는 설득력이 없다. 주주에 의한 간접손해에 대한 배상청구는 주주의 수가 적은 폐쇄회사의 사례에서 주로 문제된다면 소송을 제기할 만한 주주가 많지 않기 때문에 소송의 급증은 우려할 수준은 아닐 것이다. 오히려 소송의 급증은 주주들에게 집단소송(class action)을 허용해야 한다는 논거가 될 수도 있다.[130] 법원의 업무과중

---

129) 2012년 말에 대법원 판례검색 시스템을 통해서 조사한 바에 의하면 하급심을 포함하여 우리나라에서 대표소송의 제기 수는 통산 60여건에 불과하였다.

130) 우리나라 증권관련집단소송법은 집단소송의 소송유형으로 자본시장법상의 일정한 청구

이라는 논거도 주주의 재판청구권을 고려하면 타당하지 않다.

(마) 제외설은 회사가 회사의 이익을 위해서 소 제기를 하지 않을 것을 결정한 경우에 주주의 배상청구도 인정하지 않는 것이 바람직하다고 주장한다. 그러나 우리나라에서는 상법 제401조의 책임발생요건(고의 또는 중대한 과실에 의한 임무해태행위)이 충족된 경우라면, 회사가 이사에 대해 소제기를 하지 않기로 결정하는 것 자체가 잘못된 판단인 경우가 많다는 점에서 이러한 주장도 타당하지 않다.

(바) 영국이나 독일의 법원은 만일 주주에게 간접손해에 대해 손해배상청구를 허용한다면 회사의 법인격의 독자성 원리와 부합하지 않는다고 하지만 이것도 생각해 볼 점이 있다. 법인격의 독자성은 회사의 재산은 구성원(주주)의 그것과 독립되어 존재한다는 것을 의미한다. 주주에게 배상청구권을 인정한다고 해서 회사가 입은 손해에 대해 주주의 직접 청구권을 허용하는 것은 아니다. 동일한 행위로 주주와 회사가 각각의 손해를 입은 경우 주주에게 그 자신이 입은 손해에 대해 배상청구를 허용하는 것이지 회사의 청구권을 주주가 대신 행사하게 하는 것은 아니다.

(사) 독일에서는 회사재산이 회사의 목적을 위해서 사용되어야 한다는 점을 주주의 배상청구를 허용하지 않는 논거로 들고 있다. BGH는 "Dubai 판결"[131]에서 이 점을 선언하였지만, 주주에 의한 배상청구가 왜 회사재산의 목적구속성에 반하는지에 관해서 자세히 설시하지는 않았다. 그러나 이 판결에 참여한 Brandes판사의 논문에서 그 논지를 엿볼 수 있는데,[132] 주주는 주주가 됨으로써 회사가 그 목적 수행에 필요한 자본을 남겨두도록 하는 의무를 승낙하였기 때문이라는 것이다. 그러나 주주에 대한 배상이 언제나 독일법에서 말하는 자본유지원칙을 훼손하는지는 의문이 있다.

(2) 주주의 배상청구 허용 여부시 고려사항

독일 주식법처럼 주주의 간접손해에 대한 배상청구를 법문상 금지하는 경우를 제외하고, 우리나라와 외국의 간접손해 제외설이 제시하는 논거 중 숙고할 만한 것은 이중배상·이중위험 논거, 채권자보호 논거라고 할 수 있

만 인정하므로, 상법 제401조에 의한 배상청구는 집단소송을 제기할 수 없을 것이다.

131) BGH v. 10. 11. 1986, NJW 1987, 1077.

132) Brandes, op. cit., p.17.

다. 주주의 배상청구를 허용하는 논거에는 초과손해가 있는 경우 대표소송과 같은 구제수단이 무의미한 경우를 들 수 있다. 이 중 초과손해는 그 자체가 주주의 직접손해라고 볼 수 있다면 간접손해에 대한 배상청구 가부의 문제로 다룰 필요는 없을 것이다. 남는 것은 주주가 대표소송을 통해서 배상청구를 하는 것이 가능하지 않은 경우에 주주에 대해 간접손해의 배상청구를 허용할지의 문제이다.

(가) 채권자보호의 문제

주주의 간접손해에 대해 배상청구를 인정할 경우 가장 큰 걸림돌은 회사에 대한 청구권자로서 채권자와 주주의 우열관계와 부합하지 않는다는 점이다. 만일 주주에게 회사의 손해 중 자신의 지분에 해당하는 만큼 개인적으로 배상청구하는 것을 허용한다면, 이것은 주주가 채권자보다 먼저 회사로부터 돈을 받아가는 것이 되고, 경제적 관점에서 보면 회사가 주주에게 배당하는 것과 유사하다. 주주의 배상청구를 허용하지 않는다면 회사의 배상액은 줄어들지 않게 되고 회사는 더 많은 배상액을 받게 된다. 이것은 주주의 배상청구를 허용함으로써 배당제도 이외의 방법으로 주주가 회사의 돈을 받아가게 한다는 점을 의미하고, 채권자에 대한 변제 여부가 확실하지 않은 상황이라면 주주가 채권자에 대한 완전변제 이전에 배당을 받을 수 있다는 점을 의미한다. 배당에 관한 원칙(배당가능이익 포함)이 각국마다 다르기는 하지만, 회사가 주주에 대한 배당을 통해서 채권자에 대한 변제를 할 수 없거나 불가능하다는 점을 알거나 알 수 있었을 경우에는 주주에 대한 배당은 금지된다.

이사의 임무해태행위가 원인이 되어 회사가 도산한 경우에는 주주는 회사의 손해전보를 통한 간접적 손해 전보도 받을 수 없다. 회사의 도산 시에는 관리인·파산관재인의 신청 또는 법원의 직권으로 이사의 책임에 기한 손해배상청구권의 존부와 내용을 조사확정하는 재판을 할 수 있고(채무자회생 및 파산에 관한 법률 제115조 제1항, 제352조 제1항), 관리인·파산관재인은 손해배상청구권이 있음을 알게 된 때에는 위 제1항의 재판을 신청하여야 한다(동법 제115조 제2항, 제352조 제2항). 회사가 도산한 때에 주주는 채권자보다 열후적 지위에 있어야 함은 물론이고 주주는 이러한 절차를 통해서 채권자에 대한 변제 후 잔여재산에 대해서만 분배를 받는 것이 원칙이다. 따라서 도산 시에는 이러한 점을 고려하여야 한다.

(나) 예외적으로 주주의 배상청구를 허용할 수 있는 경우

그러나 채권자보호가 문제되지 않는 상황에서 주주의 대표소송도 무의미한 경우에는 주주의 배상청구를 고려할 필요가 있다. 이사와 지배주주가 일심동체인 폐쇄회사에서는 주주가 입은 손해의 전보방법을 대표소송으로만 한정하는 경우, 주주에 대한 가해행위가 반복되고 회사의 손해는 전보되지 않고, 주주는 계속해서 간접적인 손해를 입는 상황이 될 것이다. 이러한 점에서 앞에서 살펴본 영국의 Giles v. Rhind 사건133)에서 회사에 의한 배상청구가 무의미한 경우에 주주가 배상청구를 허용하였다는 점은 주목할 만하다.

그러나 주주의 배상청구 인정으로 이사 측의 이중배상이나 이중위험의 문제가 발생할 수 있음을 주의하여야 한다. 손해를 입은 자의 손해가 확정된 경우에만 배상청구를 할 수 있도록 한다면 이러한 문제의 소지도 방지할 수 있다. 회사가 전액배상을 청구하지 않으려고 하거나 청구할 수 없으리라는 점이 확실하기 때문에 주주의 간접손해가 확정될 수 있는 경우에는 주주의 개별적 배상청구를 인정하여야 할 것이다.

다음과 같은 경우에는 주주가 손해를 입으리라는 점이 확정되었다고 할 수 있다.134) 첫째, 회사가 소송을 제기하려고 하지 않거나 소송을 제기할 수 없는 경우, 둘째, 회사가 화해한 경우, 셋째, 회사가 손해배상을 받기 이전에 주주가 손해를 반영한 낮은 가격으로 그 주식을 매각한 경우, 넷째, 회사가 소송을 제기하지 않거나 소송을 제기할 수 없는 때에는 회사가 소의 제기를 위한 자력이 없는 경우를 들 수 있다. 앞에서 살펴본 "Giles v. Rhind 사건"135)에서는 피고로 인하여 회사의 사업이 파멸되어 소를 제기할 자금이 없었고, 영국법원은 주주가 입은 손해는 주식가치의 하락에 불과하다 하더라도 주주들이 직접 소송을 제기할 것을 허용하였다.

"Perry v. Day 사건"136)에서는 이사가 자신들에 대한 소제기 청구가 불가능하도록 부당하게(wrongfully) 화해를 하였다. 법원은 이러한 화해로

---

133) [2003] Ch. 618, CA, 4 All ER 2002, 977.
134) Jong, op. cit., p.113.; Wulf, op. cit., p.1548.
135) [2003] Ch. 618, CA, 4 All ER 2002, 977.
136) 2 BCLC 2005, 405.

인하여 회사는 이사들에 대한 청구권을 상실하였고 주주들의 손해는 확정되었기 때문에, 법원은 주주들의 이사들에 대한 직접 배상청구를 허용하였다. 이러한 점을 고려하면 대표소송이라는 구제수단이 있더라도 회사가 소송을 제기하지 않는다는 약정 등을 하여 대표소송 제기 자체가 무의미한 경우에는 주주의 간접손해 배상청구를 인정할 필요가 있다.

회사가 사업상 이익 때문에 배상청구의 소를 제기하지 않는다는 주장도 있을 수 있다. 이것은 이사에 대한 배상청구가 아니라 회사의 채권자에 대한 배상청구의 맥락에서 제기되는 주장이다.[137] 예를 들어 회사에 손해를 야기한 자가 회사에 중요한 제품공급자 또는 고객이거나, 회사에게 재무상 중요한 은행인 경우와 같다. 이 경우 이사회가 경영판단에 기하여 회사가 소 제기를 하지 않기로 결정하였다면, 주주가 사후적 판단에 의해 자신의 이름으로 소 제기를 하는 것이 허용되어서는 안된다는 것이다.

회사와 제3자에 대한 관계에서 이러한 주장이 우리나라에서 옳은지 문제는 제쳐두고, 이사에 대한 배상청구의 경우에도 마찬가지로 볼 수 있는지 생각해보자. 예를 들어 이사가 고의의 의무위반행위나 이익충돌행위로 인해 상법 제399조의 손해배상책임이 성립될 것이 명백한 경우, 그러한 이사에 대해서 소송을 제기하지 않는다면 이러한 사실을 알고도 방치한 나머지 이사들이나 감사의 의무위반에 해당할 수 있다. 이는 우리 상법 제400조 제2항에서 책임제한의 배제사유로서 고의 또는 중대한 과실행위, 충실의무 위반 행위를 정하고 있다는 점과도 일맥상통한다. 주주가 제401조에 의해 간접손해에 기해 손해배상을 청구하는 사안은 모두 법문에 따라 이사에게 '고의 또는 중대한 과실'이 있는 경우인데, 이러한 경우 회사가 배상청구를 하지 않는다면 주주의 직접 배상청구를 인정하는 것을 고려할 필요가 있다.

이상의 서술을 종합하면 원칙적으로 간접손해 관해서는 주주는 배상청구를 할 수 없지만, 채권자보호가 문제되지 않는 상황에서 이중배상의 위험이 없고, 회사에 의한 배상청구나 대표소송이 아무런 실효성이 없는 경우에는 주주의 간접손해에 대한 배상청구를 허용하는 것이 바람직하다.

---

137) Jong, op. cit., p.113.

Ⅳ. 大法院 判決에 대한 檢討

1. 序 說

대상 판결의 사안은 제1심과 원심의 사실인정에 의하더라도 사실관계가 불분명하고, 원고의 주장도 모호한 점이 있으나 다음과 같은 순서로 진행된 것으로 보인다. 즉, ① 횡령행위, 부실공시→ ② 정상주가보다 주가가 높이 형성→ ③ ①의 진상 공표→ ④ 상장폐지→ ⑤ 주가하락의 순서로 진행된 듯하다. 대법원 판결에서 주주의 주식취득 시기를 기준으로 구분하여 주주의 손해 여부를 판단하고 있으므로, 이러한 구분에 따라서 대법원의 판시를 살펴보기로 한다.

2. 橫領行爲와 不實公示 이후에 正常株價보다 株價가 높이 形成된 狀態에서 株式을 買受한 경우

(1) 대법원의 판시

주주들이 횡령행위, 부실공시, 재무구조 악화 사실을 알지 못한 채 정상주가보다 높은 가격에 주식을 취득하였다가 그 후 그 진상이 공표되면서 자본잠식 등이 결정적인 원인이 되어 소외 회사의 코스닥등록이 취소되고 그 과정에서 주가가 하락한 경우에 원고는 피고의 부실공시로 직접 손해를 입었고, 이 경우 상법 제401조 제1항에 의하여 손해배상을 청구할 수 있다.

(2) 검 토

주주가 주식을 취득하기 전에 이사가 횡령행위임을 빨리 공시하였거나 부실공시가 없었다면 정상주가보다 높은 가격에 주가가 형성되지 않았을 것이고 투자자들도 투자하지 않았을 터인데, 부실공시를 함으로써 주주는 정상주가보다 높은 가격으로 주식을 매수한 데 따른 주주의 직접손해를 인정한 것이라고 할 수 있다. 타당한 판단이라고 본다.

3. 橫領行爲와 不實公示 이전에 株式을 買受한 후 橫領 및 不實公示가 있는 경우

(1) 대법원의 판시

원고가 주식을 취득한 후 피고의 횡령과 그에 관한 부실공시가 이루어지고 회사의 재무구조의 악화 사실이 나중에 공표되면서 자본잠식 등이 결정적인 원인이 되어 소외 회사의 코스닥등록이 취소되고 그 과정에서 주가가 하락한 경우, "주가하락분 상당의 손해는 피고의 횡령으로 소외 회사의 재무구조가 악화되어 생긴 간접적인 손해"이다.

이 판시부분의 의미는 모호한 측면이 있다. 다음과 같이 서로 다른 두 가지 입장이 있을 수 있다.

(2) 상정 가능한 입장[138)]

(가) 견해 1

이사의 행위가 [횡령] + [부실공시]인 경우에 횡령에 따른 손해(주가하락)는 주주의 직접손해라고 할 수 없을 것이다. 이에 반해 부실공시가 있는 경우 부실공시에 따른 손해는 회사가 아니라 주주가 입는 것이다.

시간적으로 ① 주주의 주식취득, ② 부실공시, ③ 부실공시임이 밝혀짐으로 인한 주가하락의 순서대로 일어나는 경우, 이 주주는 비정상주가로 주식을 취득한 것도 아니고 ③에 의하여 회사의 실상을 반영하는 정상주가로 주식을 처분할 수 있는 입장이기 때문에 ②와 ③에 의하여 영향을 받는 주주가 아니라고 할 수 있다. 즉 ③의 주가하락에 따른 손해를 입었다고 할 수 없다.

대법원의 사안은 ④ 주주의 주식취득, ⑤ 부실공시의 원인행위 발생(즉 횡령), ⑥ 부실공시, ⑦ 부실공시임이 밝혀짐으로 인한 주가하락의 순서대로 일어난 것으로 보인다. 이 때는 ⑤가 있기 때문에 주주가 손해를 입는 것이지 ⑥으로 인하여 손해를 입는 것은 아닐 것이다. 이러한 입장에서 보면 대법원의 결론은 타당하다.

---

138) 이 부분의 서술은 상사법무연구회의 판례평석 발표문 초고에 대한 박준 교수님의 유익한 논평에 힘입은 바 크다. 이 자리를 빌어서 깊이 감사드린다.

(나) 견해 2

횡령행위, 부실공시가 있은 후 주가가 하락한 경우 회사와 주주의 각각의 손해는 다음과 같이 생각해 볼 수 있다. ⅰ) 회사의 경우 횡령에 의한 재산감소분에 해당하는 손해(이 사건의 경우 320억원) ⅱ) 주주는 ㉠ 위 320억원에 대해 지분비율에 따른 간접손해+ ㉡ 횡령행위 및 부실공시가 공표됨으로써 주가가 하락한 경우의 직접손해를 입는다고 할 수 있다.

대상 판결은 주가하락분 상당의 손해란 간접적인 손해라고 하여 제401조 제1항의 손해의 개념에 포함되지 않는다고 하였다. 그러나 여기서 주가하락분 상당의 손해가 간접적인 손해라고 판시한 부분이 종래 상법 제401조의 맥락에서 말하는 간접손해라는 의미인지, 아니면 민법학에서 직접적 손해와 간접적 손해를 구별하는 맥락에서 말하는 간접적 손해라는 의미인지 의문이다. 앞서 살펴본 것처럼 민법학에서는 현재 통상 손해와 특별 손해의 구별이나 상당인과관계 인정의 문제로 논의되고 양자를 구별할 독자적인 실익이 없다고 본다.139)

대법원은 원고주주가 횡령행위나 부실공시의 사실을 알고 주식을 취득하였다면 인과관계가 없거나 횡령이나 부실공시 이전에 주식을 취득하였다면 정상주가로 취득한 것이므로 손해가 없었다고 하여 배상청구를 배척하는 것이 타당하였다고 보는 입장도 있을 수 있다. 즉 대법원은 인과관계가 없다는 점을 간접손해라고 표현한 것으로 보이기도 하는데, 이러한 경우라면 종래 대법원에서 상법 제401조의 맥락에서 말하는 '간접손해'의 개념과는 차이가 있다는 것이다.140)

대상 판결은 원고의 주식취득이 횡령행위와 부실공시보다 선행하는 경우에는 원고는 손해를 입지 않는다고 단정하고 있는데, 이것은 횡령행위에 의해서 주주가 입는 손해는 회사재산의 감소분에 대한 비례적 지분가치의 감소분뿐이라는 점을 전제하기 때문이 아닌가 한다. 그러나 주식취득이 횡령행위에 선행하더라도, 횡령행위가 추후 공표되어 주주의 당초 주식취득가액보다 주가가 하락한 경우에는 그 주가하락분 손해는 주주의 직접손해라고

139) 전경근, "간접피해자의 손해배상청구권", 「현대민사법연구」, 법문사, (2002) 참조.

140) 대법원이 상법 제401조에서 말하는 간접손해에 대한 배상청구 여부는 인과관계 또는 특별손해에 대한 배상 여부의 문제로 귀결된다고 주장하는 견해도 있을 수 있다.

할 수 있다. 즉 횡령행위가 원인이 되어 주가가 하락한 경우 주주의 손해는 간접손해(회사의 직접손해)를 초과할 수 있다. 이것은 횡령행위 이전에 주식을 취득한 경우에도 마찬가지이다. 이러한 직접손해도 상당인과관계가 인정되면 주주의 배상청구를 허용해야 한다는 입장이다.

4. 檢　討

주가가 하락한 경우 그 하락분이 모두 이사의 귀책사유에 기인하는 것은 아니다. 주식시장은 회사의 재무상태·영업성과·영업전망 이외에도 국내외 경제·사회·정치적 요소들이 함께 작용하여 주가가 형성되므로 횡령액의 1주당 비율만큼 주가가 하락하는 것은 아니라고 할 수 있다. 이 사건에서와 달리 부실공시 없이 횡령행위만 있고 이것이 곧바로 시장에 알려지는 경우에도 마찬가지라고 할 수 있다. 이러한 경우 주가하락의 정도가 횡령액의 1주당 비율을 넘는 경우 그 초과부분을 횡령으로 인하여 주주가 입은 직접손해라고 할 수는 없을 것이다.

종래 횡령 등 재산유출행위로 인한 손해는 간접손해로 보는 직접손해·간접손해 구분론에 터잡은 경우 횡령액의 규모가 문제될 뿐이고, 그것을 시장에서 가격에 반영하는 정도에 따라 이사의 책임이 별도로 성립된다고 보기는 어렵다. 이것은 인과관계에 의해 확정할 문제라고 볼 것이다.

그러나 Ⅲ. 4. (1)에서 살펴본 것처럼 대표소송이 아무런 실효성이 없고, 채권자보호도 문제되지 않는 상황에서 주주의 간접손해에 대해서 배상청구를 일률적으로 부정하는 것은 재고할 필요가 있을 것이다.

Ⅴ. 맺음말

대법원은 주주의 간접손해에 관해서 최초로 이에 관한 법리를 판시한 대법원 판결 이래로 횡령행위와 같이 재산유출행위가 있는 경우에 주주가 입는 손해는 간접손해라는 점을 선언해 왔고, 이러한 법리는 대상 판결에서 재확인되었다. 대상 판결은 횡령행위와 더불어 부실공시가 있고 주가하락이 있는 경우에 상법 제401조가 적용될 수 있음을 새롭게 판시한 중요한 판결이라 할 것이다.

그러나 대법원은 여전히 재산유출행위 이후 주가가 하락한 경우 그 주가하락분은 간접손해라고 보아 주주의 배상청구를 부정하였는데, 이 부분을 모두 간접손해로 보아 주주의 배상청구를 허용하지 않는 입장은 정책적 관점에서 재고할 필요가 있다. 이를 위해서는 앞서 살펴본 채권자보호 문제, 이중배상 문제를 함께 숙고해야 할 것이다.

나아가 이 글에서는 이사가 배상의무자인 경우를 다루었지만, 간접손해의 개념을 인정하는 한 이 문제는 다른 국면에서도 발생할 수 있다. 예를 들어, 회사가 거래관계에 있는 제3자나 회사에 대한 불법행위자에 대해서 배상청구권을 갖는 경우에 회사가 아니라 주주가 그 제3자나 불법행위자에 대해서 자신의 간접손해에 대해 배상청구를 할 수 있는가의 문제이다. 상법 제401조에 기해서 주주의 간접손해에 관해서 주주의 배상청구를 허용한다면 이사 이외의 제3자에 대한 배상청구의 맥락에서도 주주의 배상청구를 허용하는 것이 논리적 일관성이 있다고 할 수 있다.

한편 횡령행위처럼 회사재산의 유출에 따른 주주의 손해처럼 종래 대법원의 입장에 따르면 간접손해임이 명료한 사안도 있지만, 동일한 이사의 임무해태로 발생한 손해가 주주의 직접손해인지 아니면 회사의 손해이고 주주는 간접손해를 입는지 여부가 불분명한 사례도 있다. 이처럼 주주의 손해가 직접손해인지 간접손해인지 불분명하거나 양자의 손해가 중첩적으로 발생하는 경우도 있다는 점, 일본에서 저가발행으로 인한 손해를 간접손해라고 보면서도 주주의 직접청구를 인정하는 견해도 있다는 점을 고려하면, 일정한 사안에 의해 발생한 손해를 직접손해와 간접손해로만 구분하여 상법 제401조의 적용 여부를 판단하는 입장은 재고의 여지가 있다.

이 문제를 해결하는 데는, 폐쇄회사와 상장회사를 구분할지 여부, 폐쇄회사에서 일정한 경우 주주의 직접청구를 인정할지 여부,[141] 회사에 대한 불법행위자에 대하여 주주가 간접손해에 대해서 배상청구를 할 수 있는지의 논의 등 다양한 문제를 종합적으로 고찰할 필요가 있다.

---

141) 미국에서는 원칙적으로 주주는 대표소송만 제기할 수 있지만, 예외적으로 폐쇄회사의 청산절차에서 주주의 직접청구를 허용하는 예가 있다.: Cutshall v. Barker, 733 N.E.2d 973 (Ind. Ct. App. 2000). 10 A. L. R. 6th 293, §7.

相互株의 議決權에 관한 判斷基準*

全 炫 柾 **

◎ 대법원 2009. 1. 30. 선고 2006다31269 판결

[事實의 概要]

(1) 피고 회사는 의류도소매업을 영위하는 회사이다. 원고 A 주식회사(이하 '원고 A회사'라 한다)와 원고 B 주식회사(이하 '원고 B회사'라 한다)는 피고 회사의 주주이다.1)

(2) C 주식회사(이하 'C회사'라 한다)는 피고 회사의 보통주식 중 43.4%(이하 '이 사건 주식'이라 한다)를 소유하고 있다. 그런데 피고 회사의 자회사인 D 주식회사(이하 'D회사'라 한다)2)가 2005. 1. 26.경 C회사의 총 발행주식 1,090,000주의 27%에 해당하는 297,172주를 양수하였다.3)

(3) 피고는 2005. 3. 18. 09:30경 고양시 문예회관 대강당에서 주주 39명(이 사건 주식을 포함한 총 5,135,120주)이 참석한 가운데 정기주주총회(이하 '이 사건 주주총회'라 한다)를 개최하여, 정관을 일부 변경하고 F를 이사로 선임하는 등의 결의를 하였다.

---

* 제19회 상사법무연구회 발표 (2009년 9월 19일)
본 평서은 「대법원판례해설」 제79호, 재판연구관 세미나 자료, (2009)에 게재하였음.

** 법무법인 KCL 변호사

1) 원고 A는 피고 회사의 보통주 79,608주(전체 보통주의 0.97%), 원고 B는 피고 회사의 보통주 398,025주(전체 보통주의 4.85%)를 각 소유하고 있다.

2) 피고회사는 D회사 총발행주식의 92%를 소유하고 있다.

3) 한편, 피고 회사의 대표이사인 E 외 1인은 C회사 주식의 64%를 소유하고 있다. 기록에 의하면, 원고 A는 피고 회사에 대한 공개매수를 시도하였다가 실패한 적이 있고, 그 후에도 피고 회사의 지배주주인 C회사의 직원주주들로부터 C회사의 주식을 고가로 매수하는 등 C회사에 대한 적대적 M&A를 시도하고 있다고 한다. 또한, 원고 A는 C회사의 2대 주주와 결탁하여 피고 회사 및 C회사를 상대로 하여 보전처분과 전환사채발행 무효 소송 등 여러 소송을 제기하고 있다고 한다. 위와 같은 상황에서 C회사의 1대 주주인 E가 피고 회사에 대한 세이븐존 소유의 주식을 자신의 이해관계에 따라 행사할 목적으로 피고 회사의 자회사인 D회사로 하여금 C회사의 주식을 매수하게 한 것으로 추측된다.

(4) 피고의 정관 제14조는 "회사는 매년 12월 31일 최종의 주주명부에 기재되어 있는 주주를 그 결산기에 관한 정기주주총회에서 권리를 행사할 주주로 한다."로 규정하고 있다. 따라서 이 사건 주주총회에서 의결권을 행사할 자를 정하기 위한 기준일은 2004. 12. 31.이다.

(5) 원고들은 이 사건 주주총회에서 이루어진 각 결의의 취소를 청구하였는데, 그 이유로 '이 사건 주주총회일 당일 피고의 상법상 자회사인 D회사가 피고의 대주주인 C회사의 총 발행주식의 10분의 1을 초과하는 주식을 가지고 있기 때문에 C회사가 소유하고 있는 이 사건 주식은 상법 제369조 제3항에 의하여 의결권이 없는데도 그 의결권이 인정되어 결의되었으므로, 그 결의방법에 법령 위반의 중대한 하자가 있다'는 점을 들었다.

[주식의 상호보유 개요도]

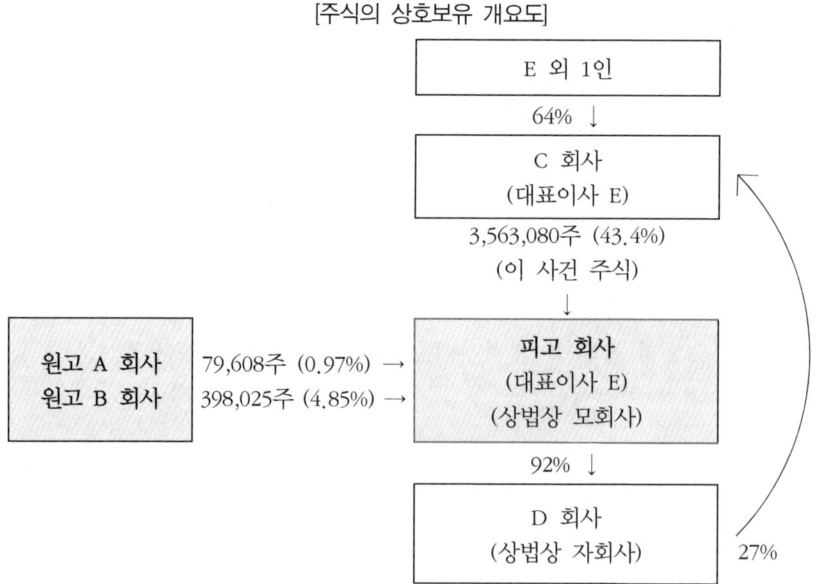

[訴訟의 經過]

1. 第1審 및 原審判決

제1심[4]에서는 원고들의 청구를 인용하였고, 원심[5]은 다음과 같은 이유

4) 서울북부지방법원 2005. 8. 18. 선고 2005가합2220 판결.

로 피고의 항소를 기각하였다.

(1) 상호주의 의결권에 관한 판단의 기준시점

의결권이 제한되는 상호주에 해당하는지 여부의 기준시점은 이 사건 주주총회일이다. 기준일 제도는 주주권 행사를 위한 '적극적 요건'으로 상법 제354조에 규정되어 있는 반면에, 상호주 제도는 주주권 행사를 배제하기 위한 '소극적 요건'으로 상법 제369조 제3항에 규정되어 있는 것으로 양 제도는 그 목적과 요건이 다르다. 의결권이 제한되는 상호주에 해당하는지 여부를 기준일에 의하여 판단한다면, 회사의 경영자는 기준일 이후 주주총회일까지의 주식인수를 통하여 주주총회의 결의내용에 영향력을 행사할 수 있게 되고, 이는 상호주 의결권 제한의 목적을 잠탈하게 된다.

(2) 상호주 판단시 명의개서를 요하는지 여부

명의개서를 하였는지 여부와 상관없이 실질적으로 소유하고 있는 주식이 상법 제369조 제3항의 의결권이 제한되는 상호주의 판단기준이다. 한편, C회사는 2005. 3. 11.경 D회사에게 주식양수를 승낙한다는 취지의 통지를 하였는데 명의개서를 하지 아니한 실질상의 주주를 회사 측에서 주주로 인정하는 것은 무방하므로, D회사는 C회사에 의해 인정된 실질상의 주주이다.

(3) 결 론

이 사건 주식(C회사가 보유하는 피고 회사의 주식 43.4%)은 상법상 의결권이 배제되는 상호주에 해당한다. 따라서 이 사건 주식에 대해서 의결권을 인정한 피고 회사의 2005. 3. 18.자 주주총회결의는 그 결의방법이 상법 제368조 제1항, 제369조 제3항, 제434조에 위반되어 취소되어야 한다.

2. 上告理由[6)]

피고는 다음과 같은 이유로 상고하였다.

---

5) 서울고등법원 2006. 4. 12. 선고 2005나74384 판결.

6) 피고는 상고심에 이르러 이 사건 청구는 상법 제379조에 따라 재량기각되어야 한다고 주장하였으나, 대법원은 이 사건에 나타난 여러 가지 사정만으로는 재량에 의한 기각을 인정함에 충분하지 않다고 판단하였다. 이 글에서는 위 쟁점에 대하여는 다루지 않는다.

(1) 기준일 제도 및 상호주의 의결권 판단의 기준시점

회사가 정관에서 기준일을 정한 경우 당해 주주총회에서는 기준일의 주주만을 주주로 취급하여 의결권을 부여해야 할 의무가 있고, 기준일 이후의 권리변동은 설령 회사가 이를 알고 있더라도 무시해야 하는 것이 기준일 제도의 취지이다.

원심 판결에서와 같이 상호주 여부가 기준일 이후 주주총회일 전까지 당사자들의 주식양도 여하에 따라서 달라질 수 있다면, 주주총회 당일까지 당해 회사의 의결권은 전혀 확정되지 못하게 될 것이므로 기준일 제도가 무의미하게 된다. 기준일 제도의 취지에 비추어 상호주의 여부도 기준일 시점에 획일적으로 확정되어야 한다.

(2) 상호주 판단시 명의개서를 요하는지 여부

상호주 판단의 기준시점을 '주주총회일'로 보는 경우에도, 실질적으로 소유하는 주식이 아니라 명의개서를 한 주식을 기준으로 상호주의 의결권을 판단하여야 한다. 명의개서 제도는 주식을 실질적으로 취득한 자가 누구인지에 관계없이 주주명부에 기재된 자에게 주주로서의 지위를 획일적으로 부여하는 제도이다. D회사는 주주총회일인 2005. 3. 18. 당시 C회사의 주주명부에 명의개서를 하지 아니한 이상 주주로서의 권리, 특히 의결권을 행사할 수 없으며, 이러한 법리는 상호주의 판단에서도 마찬가지이다.

한편, C회사의 D회사에 대한 '2005. 3. 11.자 주식양도 승낙통지'는 단순히 지명채권 양도시의 대항요건을 갖추기 위한 것에 불과하고, D회사의 주식양수를 승낙한 것이 아닌데도 불구하고, 원심은 별다른 근거 없이 C회사의 D회사에 대한 2005. 3. 11.자 주식양도 승낙통지를 '실질상의 주주 인정'에 대한 근거로 확대 해석한 잘못이 있다.

D회사가 명의개서를 하지 않고도 C회사의 주주로 인정되기 위해서는, C회사가 D회사를 실질상의 주주로 인정하였고, 피고 회사(즉, D회사의 모회사)도 이 사건 주주총회에서 D회사를 C회사의 실질상의 주주로 인정하였다는 두 가지 요건이 모두 충족되어야 한다.

회사가 정관에서 기준일을 정한 경우 당해 주주총회에서는 기준일의 주주만을 주주로 취급하여 의결권을 부여해야 할 의무가 있고, 기준일 이후

의 권리변동은 설령 회사가 이를 알고 있더라도 무시해야 하는 것이 기준일 제도의 취지이다.

원심 판결에서와 같이 상호주 여부가 기준일 이후 주주총회일 전까지 당사자들의 주식양도 여하에 따라서 달라질 수 있다면, 주주총회 당일까지 당해 회사의 의결권은 전혀 확정되지 못하게 될 것이므로 기준일 제도가 무의미하게 된다. 기준일 제도의 취지에 비추어 상호주의 여부도 기준일 시점에 획일적으로 확정되어야 한다.

[判決의 要旨]

대법원은 다음과 같은 이유로 피고의 상고를 기각하고 원심 판결을 확정하였다.

상법 제369조 제3항은 "회사, 모회사 및 자회사 또는 자회사가 다른 회사의 발행주식의 총수의 10분의 1을 초과하는 주식을 가지고 있는 경우 그 다른 회사가 가지고 있는 회사 또는 모회사의 주식은 의결권이 없다."고 규정하고 있다. 이와 같이 모자회사 관계가 없는 회사 사이의 주식의 상호소유를 규제하는 주된 목적은 상호주를 통해 출자 없는 자가 의결권 행사를 함으로써 주주총회결의와 회사의 지배구조가 왜곡되는 것을 방지하기 위한 것이다. 한편, 상법 제354조가 규정하는 기준일 제도는 일정한 날을 정하여 그 날에 주주명부에 기재되어 있는 주주를 계쟁 회사의 주주로서의 권리를 행사할 자로 확정하기 위한 것일 뿐, 다른 회사의 주주를 확정하는 기준으로 삼을 수는 없으므로, 기준일에는 상법 제369조 제3항이 정한 요건에 해당하지 않더라도, 실제로 의결권이 행사되는 주주총회일에 위 요건을 충족하는 경우에는 상법 제369조 제3항이 정하는 상호소유 주식에 해당하여 의결권이 없다. 이 때 회사, 모회사 및 자회사 또는 자회사가 다른 회사 발행주식 총수의 10분의 1을 초과하는 주식을 가지고 있는지 여부는 앞에서 살펴본 '주식 상호소유 제한의 목적'을 고려할 때, 실제로 소유하고 있는 주식수를 기준으로 판단하여야 하며 그에 관하여 주주명부상의 명의개서를 하였는지 여부와는 관계가 없다.

[評 釋]

Ⅰ. 序 論

상법 제369조 제3항은 "회사, 모회사 및 자회사 또는 자회사가 다른 회사의 발행주식의 총수의 10분의 1을 초과하는 주식을 가지고 있는 경우 그 다른 회사가 가지고 있는 회사 또는 모회사의 주식은 의결권이 없다."라고 정함으로써, 상호주(相互株)의 의결권을 제한하고 있다. 이 규정의 문언에 따르면 주주가 의결권을 행사할 당시 위 요건을 충족하는 경우에는 의결권을 행사할 수 없을 것이다.

그런데 상법 제354조에서 일정한 날을 정하여 그 날을 기준으로 주주권의 행사자를 일률적으로 확정하기 위하여 기준일 제도를 정하고 있다. 이 기준일 제도가 상법 제369조 제3항에 따른 상호주의 의결권에 관한 판단에 영향을 미친다고 볼 수 있는지 문제된다. 즉, 주식회사가 이 규정에 따라 기준일 제도를 두고 있는 경우 상법 제369조 제3항의 요건을 충족하는지 여부를 기준일 시점에서 판단하는 것인지, 아니면 의결권을 실제로 행사할 당시인 주주총회일에 위 요건의 충족여부를 판단하는 것인지 문제된다. 가령 상법 제354조에서 정하는 기준일에는 상법 제369조 제3항이 정한 요건에 해당하지 않더라도, 실제로 의결권을 행사하는 주주총회일에 이 요건을 충족하는 경우에 의결권을 행사할 수 없는지 여부가 문제된다. 이와 반대로 기준일에는 상법 제369조 제3항이 정한 요건을 충족하지만, 주주총회일에는 이 요건을 충족하지 못하는 경우에는 어떠한지도 문제될 수 있다.

이 사건에서 피고 회사의 주주총회가 2005. 3. 18. 개최되었는데, 기준일인 2004. 12. 31. 피고 회사의 자회사인 D회사가 C회사의 발행주식 총수의 10분의 1을 초과하는 주식을 소유하고 있지 않았으나, 그 후 피고 회사의 주주총회일까지 사이에 위 요건을 충족하였다. 이러한 경우 C회사가 보유하고 있는 피고 발행 주식의 43.4%에 해당하는 주식이 상법 제369조 제3항이 정한 상호주로서 의결권이 제한되는지 문제되었다.

한편, D회사가 C회사의 주식을 취득하고 명의개서를 하지 않았는데, 상호주의 의결권을 판단할 때 명의개서를 한 주식만으로 그 요건의 충족여부를 판단하여야 하는지, 아니면 실질적으로 소유하고 있는 주식을 기준으로 해야 하는지도 문제되었다.

우리나라 상법에는 위와 같은 쟁점들에 관하여 명확한 규정을 두고 있지 않다. 또한 이 쟁점을 직접 다룬 대법원 판결도 없었다. 대상판결에서는 실제로 의결권이 행사되는 주주총회일에 위 요건을 충족하는 경우에는 상법 제369조 제3항이 정하는 상호소유 주식에 해당하여 의결권이 없다고 판단하였다(판결요지 ①). 나아가 회사, 모회사 및 자회사 또는 자회사가 다른 회사 발행주식 총수의 10분의 1을 초과하는 주식을 가지고 있는지 여부는 '주식상호소유 제한의 목적'을 고려할 때, 실제로 소유하고 있는 주식수를 기준으로 판단하여야 하며 그에 관하여 주주명부상의 명의개서를 하였는지 여부와는 관계가 없다고 하였다(판결요지 ②).

이 글에서는 판결요지 ①과 관련하여, 기준일 제도와 상호주 제도를 개관한 다음, 이에 관한 국내 학설, 일본과 독일의 입법례를 검토하고, 기준일 제도를 두고 있는 경우 상호주의 판단시기를 언제로 볼 것인지에 관하여 다루고자 한다. 또한 판결요지 ②와 관련하여, 상호주에 관한 주식수를 판단할 때 주주명부상의 명의개서가 필요한지에 관하여 다루고자 한다.

Ⅱ. 基準日 및 相互株 制度의 槪觀

1. 基準日 制度

기준일 제도는 회사가 일정한 날을 정하여 그날에 '주주명부'에 기재되어 있는 주주 또는 질권자를 권리행사자로 일률적으로 확정할 수 있는 제도이다.[7] 상법 제354조는 제1항에서 "회사는 의결권을 행사하거나 배당을 받을 자 기타 주주 또는 질권자로서 권리를 행사할 자를 정하기 위하여 일정한 기간을 정하여 주주명부의 기재변경을 정지하거나 일정한 날에 주주명부에 기재된 주주 또는 질권자를 그 권리를 행사할 주주 또는 질권자로 볼 수 있다."라고 정하고, 제3항에서 "기준일은 주주 또는 질권자로서 권리를 행사할 날에 앞선 3월 내의 날로 정하여야 한다."라고 정하고 있다.[8]

---

7) 최기원, 「신회사법론」 제14대정판, 박영사, (2012), 323면.

8) 미국의 개정모범회사법 제7.07조는 등록일(record date)에 관하여 정하고 있는데, (b)항

2. 相互株의 議決權 制限 一般論

(1) 의의 및 형태

'상호주' 또는 '주식상호보유'[9]는 복수의 회사 사이에 직접 또는 간접으로 상호간에 주식을 서로 소유하는 관계를 가리킨다.

상호주 또는 주식의 상호보유에는 세 가지 형태가 있다.[10] 첫째, '직접 상호보유'(단순 상호보유)의 형태로, 두 개의 회사가 서로 상대방회사의 주식을 소유하는 형태이다. 둘째, '간접 상호보유'(고리형 상호보유)의 형태로 흔히 말하는 순환출자에 해당한다. 3개 이상의 회사가 순차적으로 타회사의 주식을 소유하여 순환적으로 출자하는 형태이다. 셋째, '행렬형 상호보유'의 형태로서, 甲회사는 乙회사・丙회사・丁회사의 주식을, 乙회사는 甲회사・丙회사・丁회사의 주식을, 丙회사는 甲회사・乙회사・丁회사의 주식을, 丁회사는 甲회사・乙회사・丙회사의 주식을 각각 소유하는 형태이다.

(2) 상호주 규제의 논거

상호주를 규제하는 논거로는 다음과 같은 점을 들 수 있다. 첫째, 실질상으로 출자의 환급이 되어 자본의 공동화를 가져오고, 둘째, 출자 없는 지배를 가능하게 하므로 경영자에 의한 주주총회의 지배, 지배구조의 왜곡, 주주총회 결의의 왜곡을 초래한다는 점이다.[11]

그런데 상법 제369조 제3항은 주식의 상호보유 자체는 금지하지 않고 상호주에 대하여 의결권 행사만을 제한하고 있다. 상호주 규제에 관한 첫 번째 논거는 상호주에 대하여 "의결권 행사"를 부정하는 논거로 부족하고, 두

에서 등록일은 총회 또는 주주의 결정을 필요로 하는 행위의 이전 70일을 넘지 못하도록 하고 있다. 원문은 다음과 같다. RMBCA § 7.07 (b) A record date fixed under this section may not be more than 70 days before the meeting or action requiring a determination of shareholders.

9) '주식의 상호보유', '상호보유주식' 등의 용어로도 사용된다. 일본 회사법에서는 '상호보유주식'이라는 용어를 사용한다(일본 회사법 시행규칙 제67조).

10) 이철송, "상호주의 규제법리와 규제정책의 검토", 「한국상장회사협의회」, (1987), 114면.

11) 최기원, 전게서, 363-364면; 이철송, 「회사법강의」 제15판, 박영사, (2008), 327면 이하; 손주찬, "개정상법 제369조 제3항에 관한 해석론과 입법론", 「고시계」, (1984), 133면; 정동윤・손주찬 편저, 「주석상법 [회사(Ⅲ)]」 한국사법행정학회, (2003), 101면 이하(정동윤 집필부분).: 이 밖에 현금차입의 유발, 자기주식성, 사단성의 파괴, 주식유통질서의 저해 등이 주식 상호보유의 폐해로 거론되고 있다.; 박명서, "주식상호보유의 법적규제", 「덕암 김병대 교수 화갑기념논문집」, (1998), 781-783면.

번째 논거가 의결권 행사를 부정하는 논거로 될 수 있다. 각자의 소유 주식 수가 상대방회사를 지배하기에 충분하고 각 대표이사 간에 협조가 이루어진다면 상대방을 통하여 자기 회사를 지배할 수 있게 되는데, 이와 같은 현상을 막기 위하여 상호주의 의결권을 제한한 것이다.

위와 같은 규제방식에 대하여 상법 제369조 제3항의 입법취지가 의결권 행사에 의한 총회결의의 왜곡화 · 이사에 의한 회사지배권의 유지의 방지에 있는데, 상호투자에 의한 실질적인 출자의 반환 · 자본의 공동화라는 점은 도외시하고 있다는 지적이 있다.[12]

3. 우리나라 相互株 規制의 問題點

우리나라의 경우, 상대방회사의 발행주식 총수의 '10분의 1'을 초과하는 주식을 취득하면, 상대방회사가 보유한 계쟁회사의 주식은 의결권이 없어지게 된다. 독일과 일본에서 다른 회사 발행주식 총수의 1/4을 초과하는 주식취득을 요구하는 점과 비교하여 볼 때, 상호주로 규제되는 폭이 매우 넓다.[13] 10%의 주식취득으로 상대방회사 내지 상대방회사가 보유한 계쟁회사의 주식에 대하여 지배가능성이 있다고 보는 것이 현실적인지 검토해볼 필요가 있을 것이다.

한편, 우리나라의 상호주 제도는 주식취득시기의 선후를 문제삼지 않기 때문에 위와 같이 낮은 주식취득 비율과 연관되어 타사의 지배를 벗어나는 수단으로 쉽게 이용될 수 있다. 이와 관련하여 대법원 2001. 5. 15. 선고 2001다12973 판결에서는, 「상법 제342조의3이 '회사가 다른 회사의 발행주식 총수의 10분의 1을 초과하여 취득한 때에는 그 다른 회사에 대하여 지체 없이 이를 통지하여야 한다.'라고 규정하고 있는데, 이는 회사가 다른 회사의 발행주식 총수의 10분의 1 이상을 취득하여 의결권을 행사하는 경우 경영권의 안정을 위협받게 된 그 다른 회사는 역으로 상대방회사의 발행주식의 10분의 1 이상을 취득함으로써 이른바 상호보유주식의 의결권 제한 규정(상법 제369조 제3항)에 따라 서로 상대 회사에 대하여 의결권을 행사할 수 없도록 방어조치를 취하

12) 손주찬, 「개정상법축조해설」, 한국사법행정학회, (1984), 330면.
13) 프랑스의 경우가 10분의 1이다.

여 다른 회사의 지배가능성을 배제하고 경영권의 안정을 도모하기 위한 것이다」라고 판단하였다.

상호주 제도가 원래의 목적과는 관련 없는 목적을 달성하기 위한 수단으로 사용될 수 있는데, 우리나라의 상호주 규제방식이 상호주 규제의 목적에 적절한지 검토할 필요성이 있다.

Ⅲ. 相互株 該當 與否의 判斷時點

1. 問題의 所在

이 사건에서 피고 회사의 기준일에는 피고 회사의 자회사인 D회사가 C회사 발행주식 총수의 10분의 1을 초과하는 주식을 소유하고 있지 않았으나, 그 후 피고 회사의 주주총회일까지 위 요건을 충족하였다. 이러한 경우, C회사가 보유하고 있는 피고 발행 주식의 43.4%에 해당하는 주식이 상법 제369조 제3항에 따른 상호주로서 의결권이 제한되는지 여부가 문제된다. 주주총회를 개최하는 피고 회사로서는, 기준일에 주주명부에 기재된 바에 따라 의결권을 행사할 주주를 확정할 수 있다. 피고 회사의 기준일에 이 사건 주식에 대하여 의결권을 행사할 주주가 C회사였다. 그러나 그 후 주주총회일까지 사이에 자신 또는 그 자회사가 의결권을 행사할 회사인 피고 회사의 발행주식 총수의 10분의 1을 초과하는 주식을 취득한 경우, C회사가 가진 의결권을 상호주로서 배제시킬 수 있는지 문제된다.

우리 상법에는 이 문제에 관하여 명확한 규정을 두고 있지 않다. 국내 학설과 일본·독일의 입법례를 검토한 다음, 대상 판결의 타당성에 관하여 검토하고자 한다.

2. 國內 學說

(1) 기준일설

원칙적으로는 주주총회일을 기준으로 판단해야 하지만, 기준일 제도를 채택한 회사에서는 기준일이 주주총회일로 의제되기 때문에 기준일을 기준으로 판단해야 한다는 견해이다. 그 근거는 다음과 같다.

첫째, 계쟁회사 및 상대방회사의 주식보유현황을 어느 시점에서 판단해야 하는지에 관하여 논하는 목적은 계쟁회사[14]에 대한 상대방회사의 의결권행사를 차단하기 위한 것이다. 따라서 원칙적으로 계쟁회사의 주주총회일을 기준으로 판단해야 한다. 그런데 기준일제도를 채택한 회사에서는 기준일이 주주총회일로 의제된다. 상법 제354조는 주주 확정에 생기는 어려움을 감안하여 회사의 기준일을 정하고 기준일 당일의 주주를 주주총회당일의 주주로 의제하는 것을 허용하고 있기 때문이다.[15]

둘째, 자회사가 모회사의 주식을 취득하는 경우와 달리,[16] 상호주의 경우에는 계쟁회사의 의결권 행사자로 확정되는 시기, 즉 주주명부의 폐쇄 이후 또는 기준일에 상대방회사의 주식을 얼마나 소유하고 있는지를 기준으로 의결권유무를 판단하는 것이 타당하다고 한다.[17] 의결권 유무의 결정시기에 대하여 상법 제369조 3항에서 '의결권이 없다'고 한 의미는 의결권의 행사가 정지된다는 뜻으로, 주식 보유비율의 변동에 따라 의결권의 유무가 좌우된다. 그러므로 그 보유비율의 변동이 있을 때 어느 시점을 기준으로 의결권의 유무를 결정할지 문제되는데, 이 경우에는 자회사가 모회사의 주식을 취득하는 경우와는 달리 의결권의 행사자로 확정되는 시기를 기준으로 함이 타당할 것이라고 한다.[18]

(2) 주식실질취득일설

10분의 1 초과보유를 규제의 요건으로 법정한 이상, 그 보유율에 변동이 있으면 그에 따라 의결권의 유무가 좌우된다고 보아야 한다는 견해이다. 다만 이렇게 보는 경우에도 (i) 계쟁회사, 모회사 및 자회사 또는 자회사가

---

14) 참가회사는 100분의 10을 초과하여 소유하는 회사를 의미하며 이 사건에 적용하면 피고 및 그 자회사인 D회사를 말한다. 피참가회사는 소유당하는 회사를 의미하며, C회사를 지칭한다.

15) 이철송, 전게서, 335면.

16) 상법 제342조의2 제1항에서는 자회사에 의한 모회사주식의 취득을 금지하고 있고, 예외적으로 회사의 합병 또는 다른 회사의 영업전부를 양수하는 때, 회사의 권리를 실행함에 있어 그 목적을 달성하기 위하여 필요한 때에 자회사의 모회사주식의 취득이 인정된다. 이 때 자회사가 소유하는 모회사의 주식은 의결권이 없다는 것이 통설이다.: 최기원, 전게서, 371면.

17) 최기원, 전게서, 497면.

18) 박찬우, "주식의 상호보유제한에 관한 상법의 규제", 「연세법학연구」 제2집, 연세대학교 법률문제연구소, (1992), 596면.

10분의 1을 초과하는 주식을 취득한 때로 볼 것인가, (ii) 계쟁회사의 총회소집통지일 또는 소집공고일로 볼 것인가, 아니면 (iii) 총회에서의 의결권을 행사할 때로 할 것인가,[19] 또는 (iv) 계쟁회사 등이 상대방회사에게 10분의 1 초과보유의 사실을 통지한 때 혹은 상대방회사가 그 사실을 안 때[20]를 기준으로 할 것인가가 문제된다. 개정 상법은 10분의 1 초과보유를 총회의결의 왜곡화의 가능성이 있는 보유율로 보고, 이 상태를 규제의 대상으로 하고 있으므로, 위 (i)의 시점을 기준으로 하는 것이 타당하다고 한다.[21] 실제로는 상대방회사의 의결권행사를 계쟁회사가 거절하는 방법이 사용될 것으로 생각되는데, 10분의 1 초과보유의 사실은 계쟁회사 등이 가장 정확하게 알고 있으므로 위 (i)의 시점을 기준으로 한다는 것은 이 점에서도 바람직하다고 한다.[22]

또한, 상법이 총회결의 왜곡 가능성이 있는 보유율을 10%로 보고 이것을 규제의 기준으로 하고 있는데, 의결권뿐만 아니라 그것을 전제로 하는 공익권[23]도 제한된다고 보면 10% 초과의 주식을 취득한 때로 보는 것이 타당하다는 점을 근거로 들기도 한다."[24]

3. 立法例

(1) 일 본

일본 회사법 제308조 제1항에서는, 주식회사(乙)와 그 자회사가 다른 회사(甲)의 의결권 총수 4분의 1 이상을 가지고 있는 경우, 그 다른 회사(甲)가 가지는 주식회사(乙)의 주식은 의결권이 없다고 규정하고 있다.[25]

---

19) 이 사건에서 제1심 및 원심 판결이 채택한 기준이다.

20) 일본 회사법이 채택하는 기준이다(일본 회사법 시행규칙 제67조).

21) 참가회사가 피참가회사의 주식 10분의 1을 초과취득한 날을 의미한다. 이 사건에 적용하면 피고회사(와 그 자회사인 D회사)가 C회사 주식의 27%를 취득한 2005. 1. 26.경이 된다.

22) 손주찬, 전게서, 326-327면.

23) 주주가 자기의 이익뿐만 아니라 회사의 이익을 위하여 행사하는 권리로서 회사에서 발행이 예상되는 병폐적 현상의 예방과 사후구제를 위하여 인정한 권리를 말하는데, 단독주주권인 공익권(총회결의무효판결 청구권 등)과 소수주주권인 공익권(주주총회소집청구권 등)이 있다. 최기원, 전게서, 279면.

24) 박명서, 전게서, 797-798면.

25) 일본의 주식상호보유 제도에 관해서는 宮島司, "株式の相互保有の規制方法", 「ジュリスト」增刊 法律學の爭點 シリ-ズ, 第4券 第I號, (1993), 商法の爭點 186頁.

기준일을 채택하는 회사에서 상호주의 의결권이 배제되는 시점 등에 대해서 명시적인 규정을 두고 있다.[26] 기준일 제도를 채택한 주식회사의 경우에는 '기준일'이 상호주 판단의 기준시점이다. 기준일 이후에 상호주 관계에 변동이 있는 경우에는, 당해 회사가 '상호주 변동사실을 안 날'을 기준으로 하고 있다. 당해 회사는 주주총회를 개최하는 乙회사를 의미하는 것으로 보인다. 이를 이 사건에 적용해보면, 피고 회사와 D회사가 모자회사인데, 조문의 문리적 해석, 상호주의 취지 등에 비추어 피고 회사를 당해 회사로 보게 될 것이다.

당해 회사가 안 날은 "기준일부터 일정한 날까지 사이"에 있어야 한다. 여기서 일정한 날이라 함은 주주총회를 개최하는 乙회사가 "주주총회의 목적사항 등을 결정하는 날"[27]을 말한다. 따라서 주주총회의 일시·장소, 목적사항, 서면의결권 행사 가능여부와 취지, 전자적 방법에 의한 의결권행사의 가능 여부와 그 취지, 기타 法務省令이 정한 사항을 결정하는 시점 이후에는 상호주의 변동이 있어도 이를 고려하지 않는다.

일본의 경우, 우리나라보다 상호주 보유 실태가 심각하다고 한다. 상호주 소유가 극단화되어 있는 재벌기업군을 보면, 자연인 지배주주는 존재하지 않고 동일그룹내의 고용사장(대표이사)들의 합의에 의해 회사를 지배하고 있는 실정이라고 한다.[28] 그와 같은 상황에서 각계의 요구를 반영하여 특별한 규율을 할 필요성이 있었다고 볼 수도 있다. 자기주식의 경우에도 특이한 규율을 하고 있다. 대체로 다음 표와 같이 요약할 수 있다.

---

26) 일본 회사법 시행규칙 제67조 제3항은 다음과 같이 규정하고 있다. ① 기준일 제도를 채택한 주식회사의 경우, 상호보유대상 의결권의 계산시 '기준일' 당시 대상의결권수를 기준으로 한다(일본 회사법 시행규칙 제67조 제3항 본문). ② 다만, 기준일 이후에 상호주 관계에 변동이 있는 경우에는, 당해 회사(주주총회를 개최하는 乙회사)가 "주주총회의 목적사항 등을 결정하는 날까지 사이에 상호주 변동사실을 안 날"을 기준으로 한다(일본 회사법 시행규칙 제67조 제3항 제2호). ③ 한편, 주식회사는 "주주총회 목적사항 등을 결정하는 날 이후 주주총회일까지 사이에 의결권의 증감이 발생한 것"을 감안해서 대상의결권수를 결정할 수도 있다(일본 회사법 시행규칙 제67조 제4항).

27) 주주총회에 대해서 일본 회사법 제298조 제1항 각호에 규정된 사항으로서, 주주총회의 일시·장소, 목적사항, 서면의결권 행사 가능여부와 취지, 전자적 방법에 의한 의결권행사의 가능여부와 그 취지, 기타 法務省令이 정한 사항이 이에 해당한다.

28) 이철송, 전게서, 115면.

[일본 회사법상 상호주 판단의 기준시점]

	원칙	예외 1	예외 2	예외 3
대상 회사	일반 주식회사	기준일 제도를 채택한 주식회사	포괄적인(100%) 주식교환, 주식이전 등이 있는 경우	대상 의결권 수의 증감으로 상호주 해당 여부에 변동이 생긴 때
			기준일 이후 → 주주총회일 까지	기준일 이후 → 주주총회 목적과 결의사항 결정일 까지
판단 시점	주주총회일	기준일	주식교환, 주식이전 등의 효력발생일	당해 주식회사가 의결권 수의 변동으로 상호주 변동 여부의 사실을 안 날[29]
근거 조항	시행규칙 제67조 제2항	시행규칙 제67조 제3항	시행규칙 제67조 제3항 제1호	시행규칙 제67조 제3항 제2호

(2) 독　일

독일의 경우, 우리나라와는 상호주 규제방식이 다르다. 일방의 기업이 다른 기업 지분의 4분의 1을 초과하여 소유하는 때에는 상대방에 대하여 지체 없이 서면으로 통지를 발송하여야 하고, 통지를 하지 않으면 의결권을 전혀 행사하지 못한다(독일 주식법 20조).[30]

상대방이 통지하거나 상호주 소유 사실이 상대방회사에 알려지기 전에 먼저 통지를 한 회사는, 상대방회사의 주식을 1/4을 초과하여 소유하더라도 모든 주식에 대해 의결권을 행사하는 것이 가능하다. 상대방이 통지하거나 상호주 소유사실을 알게 된 후 상대방회사의 주식을 1/4을 초과하여 소유하게 된 회사는 상대방회사 주식의 1/4을 최고한도로 하여 의결권을 행사할 수 있다. 통지의 유무 및 통지시기에 따라 권리행사에 차별을 두고 있다.

우리나라에서도 독일 등의 제도를 참고하여 통지의무를 두고 있으나

---

29) 10분의 1 초과보유의 사실에 대하여, 甲회사는 자신이 주식을 가지는 주주이므로 가장 정확하게 알 수 있지만, 보유당하는 乙회사는 甲회사로부터 통지가 없는 한 알기 어려울 것이다. 특히 이 경우의 甲회사가 乙회사의 주식을 가진다고 하는 것은 주주명부상의 명의개서와 관계없이 사실상 취득하는 것을 가리키고, 특히 무기명주식이 발행되어 있는 경우에는 더욱 乙회사로서는 甲회사의 보유상태를 알 수 없을 것이다.: 손주찬, 「개정상법 축조해설」, 327면 참조.

30) 손주찬, 전게서, 342면; 이철송, 전게서, 340면.

(상법 제342조 의3), 통지방법, 위반효과 등에 대하여 규정하고 있지 않다.

4. '自己株式'과의 比較

상호주에 관하여 상법 제369조 제3항에서 규정하고 있는데, 자기주식에 대하여는 369조 제2항에서 규정을 두고 있다. 자기주식과 상호주 규제는 양자 모두 의결권 제한에 관련된 것이므로 비교 검토해 볼 수 있다.

회사는 자기주식을 취득할 수 없으나(상법 제341조 본문), 영업양수(제341조 제2호), 회사 권리실행(제341조 제3호), 단주처리(제341조 제4호) 등 예외적인 경우, 자기주식을 취득할 수 있다. 그런데 상법 제369조 제2항은 "회사가 가진 자기주식은 의결권이 없다."라고 규정하고 있다.

자기주식의 경우, '기준일 시점'에 자기 주식인지 여부에 따라 의결권 유무를 판단하여야 할 것이다. 기준일에 의하여 주주로서의 권리행사자가 확정되므로 자기주식인지 여부는 기준일에 의하여 결정하는 것은 당연하다. 기준일 이후에 주식을 처분하였다고 하여 양수인을 주주로 볼 수 없으므로 자기주식의 의결권을 부정하여도 부당하지 않다. 또한 기준일 후에 자기주식을 취득하였다고 하더라도 양도인이 여전히 주주로서 의결권을 행사할 수 있으므로 법률적으로는 자기주식의 제한을 둘 필요가 없다.

상호주는 계쟁회사 등의 주식취득으로 상대방회사의 의결권에 영향을 미치는 것이나, 자기주식은 당해회사의 자기주식취득으로 해당 주식의 의결권에 영향을 미치는 것이다. 따라서 자기주식의 경우, 기준일 이후 주주총회일까지 사이에 회사가 자기주식을 취득·처분한다고 하여서, 주주총회 결의의 왜곡이라는 입법취지가 영향을 받는 것은 아니다. 즉, 상호주와는 차이가 있다고 할 수 있다.

5. 可能한 見解[31]

(1) 기준일설

주식회사가 기준일 제도를 채택하고 있는 경우, 상호주 해당 여부도 기

31) 우리나라에서의 논의와 외국의 입법례를 참고하여 여러 견해를 정리해 보았다.

준일을 기준으로 판단하는 것이 간명하다는 점을 논거로 들 수 있다. 일본 회사법도 이를 인정한다. 동법 시행규칙 제67조 제3항과 관련하여, 기준일 제도를 채택한 주식회사에서는, 원칙적으로 '기준일'이 상호주 판단의 기준 시점이라고 볼 수 있다. 기준일 이후에 상호주 해당 여부에 변동이 있는 경우, 우리나라에서는 일본 회사법 시행규칙 67조와 같은 예외 규정이 없으므로, 기준일을 기준시점으로 하는 것이 타당하다고 해석할 수 있다.

주주총회일설을 채택할 경우, 기준일 이후 주주총회일까지 사이에 상호주 해당 여부를 둘러싸고 '의결권을 행사할 수 있는 자'를 확정하지 못하는 혼란이 생길 수 있다.

그러나 기준일 이후 주주총회일 사이에 상호주 해당여부에 관하여 변동이 있는 경우에, 기준일을 기준시점으로 판단하면 상호주 제한의 입법취지가 훼손되는 상황이 발생할 수 있고, 10분의 1 초과보유를 상호주 규제의 요건으로 법정한 이상, 기준일 이후라도 상호주 보유비율에 변동이 있다면, 상호주 비율의 변동을 반영할 수 있어야 한다는 반론이 가능하다.

(2) 주주총회일설

상호주 규제의 목적이 '출자 없는 지배', '경영자에 의한 주주총회의 지배', '지배구조의 왜곡', '주주총회 결의의 왜곡'을 방지하기 위한 데 있다는 점을 고려할 때, 기준일 이후 주주총회일까지 사이에 상호주 요건을 충족함으로써 계쟁회사의 상대방회사에 대한 지배 가능성이 인정된다면 그 의결권 행사를 부정하여야 한다고 해석할 수 있다. 우리 상법에는 일본 회사법 시행규칙 제67조 제3항 본문과 같이, 상호주 해당 여부를 기준일을 시점으로 판단해야 한다는 규정이 없다. 오히려, 일본 회사법 시행규칙 제67조 제3항 제2호나 제4항에서, 기준일 이후 이루어진 주식변동 사정을 고려하고 있는 점을 참고할 수 있다.

원칙적으로, 기준일 제도는 계쟁회사의 주주를 확정하는 제도일 뿐, 상대방회사의 주주를 확정하는 제도가 아니므로, 계쟁회사에서 일방적으로 정한 기준일 시점에 상대방회사의 주주인지 여부를 판단할 필요가 없다. 상호주 제도는, 법에 의하여 규제되는 지배권을 취득하였을 경우에 그에 따른 규제로서 상대방회사가 가지는 의결권 행사를 제한하는 것이므로, 그 지배가능성 또는 지배가능성이 생길 위험이 있는지 여부를 기준으로 제한 여부를 가려야 한다. 기준일 후에 지배권 취득이 이루어졌다는 사정을 이유로 의결권 제한에서 벗어날 수 있다는 논거는 설득력이 부족하다.

앞서 본 바와 같이 10분의 1 주식취득만으로 상대방회사 내지 상대방회사가 보유한 계쟁회사의 주식에 대한 지배가능성이 있는지 의문이고, 상대방회사가 계쟁회사의 주주권 행사에 배타적인 경우는 더욱 그러하다. 그러나, 이는 법률로써 그 지배가능성을 의제한 것이므로, 10분의 1 이상의 주식을 취득하며 지배가능성이 있는 것으로 보아야 한다.

이 사건과 같이 상호주 규제의 목적을 잠탈하기 위하여 기준일 제도를 이용하는 경우가 아니라, 상대방회사가 계쟁회사의 지배를 벗어나기 위하여 그 회사 주식의 10분의 1을 초과하여 취득하는 경우, 상호주 판단시점을 주주총회일까지 늦출 경우, 상대방회사는 계쟁회사가 주주총회를 개최하는 날까지 계쟁회사 발행 주식의 10분의 1을 초과 취득하는 데 주력할 수 있다. 그러나, 이는 상호주 제도가 원래의 목적과는 관련 없는 목적을 달성하기 위한 수단으로 사용될 수 있기 때문에 발생하는 문제일 뿐이다.

(3) 계쟁회사가 기준일 이후 상호주 변동사실을 안 때에는, 상호주로서 의결권을 제한해야 한다는 견해

기준일설과 주주총회일설이 상호주 여부를 판단하는 기준시기를 기준일로 볼 것인가, 아니면 주주총회일로 볼 것인가에 관한 문제인데 반하여, 위 견해는 상호주로서 의결권 제한을 받기 위한 요건에 관한 문제라고 할 수 있다. 기준일 이후 상호주 요건을 충족한 경우, 그 사실을 계쟁회사가 안 때에는 상호주로서 의결권을 제한하여야 한다는 견해이다.

계쟁회사가 기준일 이후 상호주 변동사실을 모른 채 상대방회사로 하여금 주주총회에서 의결권을 행사하게 하는 경우가 있을 수 있다. 위 견해에 따를 경우, 그와 같은 상황에서 의결권 행사의 효력을 부정함으로써 생기는 혼란을 막을 수 있다.

그러나 상호주로서 의결권이 제한되는지 여부가 '계쟁회사가 상호주 변동사실을 알았는지 여부'라는 주관적인 사정에 좌우되므로, 그 판단이 명확하지 않고 조작이 가능하다는 문제도 있다. 실제로는 계쟁회사가 상호주 해당 여부를 알게 될 가능성이 아주 높으므로, 위와 같은 방안을 고려할 필요가 없다고 생각된다.

주주총회를 개최하는 회사(예컨대, 甲회사)로서는 일응 기준일에 주주명부에 기재된 바에 따라 의결권을 행사할 주주(예컨대, 丙회사)와 그가 가지는 의결권의 수를 확인할 수 있다. 한편, 기준일 이후 주주총회일까지 사이에 자신 또는 그 모회사 및 자회사나 자회사가 丙회사 발행주식 총수의 10분의 1을 초과하여 취득하는 경우, 그 취득 여부를 확인할 가능성이 많다. 자신이 丙회사의 주식을 취득하는 경우에는 당연히 주식취득 사실을 알게 될 것이고, 그 모회사나 자회사가 주식을 취득하는 경우에도 모자회사의 관계를 이용하여 주식취득 사실을 알게 될 가능성이 많다. 그러나 丙회사로서는 자신이 가지는 甲회사의 주식에 관한 권리를 언제부터 행사하지 못하게 될지 알 수 없다. 상법 제342조의3에서 '회사가 다른 회사의 발행주식총수의 10분의 1을 초과하여 취득한 때에는 그 다른 회사에 대하여 지체없이 이를 통지하여야 한다.'고 규정하고 있으므로, 위 조항에 따라 통지를 받음으로써 상대방회사의 주식보유 수를 확인할 수 있을 것이나, 통지를 하지 않을 경우에는 확인하기 어려울 수 있다. 한편, 甲회사 또는 그 모자회사가 丙회사의 의결권행사를 막기 위하여 丙회사 발행주식을 취득하였다면, 그 사실을 주장하여 丙회사의 의결권 행사를 배제시킬 것이므로 결국 결의에 앞서 상대방회사에게는 알려 질 수밖에 없을 것이다.

일본과 달리 우리 법은 기준일 이후 상호주 요건을 충족한 경우 그 사실을 계쟁회사가 안 때에 상호주로서 의결권을 제한하여야 한다는 규정을 두고 있지 않다. 따라서 별도의 규정이 없는 상태에서 해석상으로, 계쟁회사가 기준일 이후 '상호주 변동사실을 안 때'라는 요건을 부가해야 한다고 하기 어려운 점도 있다.

(4) 검 토

원칙적으로 주주총회일설이 타당하다고 생각된다. 극단적인 경우, 기준일 이후 주주총회일까지 사이에 계쟁회사가 그 자회사가 상대방회사 발행주식의 100%를 취득할 수도 있다. 이러한 경우, 상대방회사가 보유하고 있는 계쟁회사의 주식을 상호주로 규제하지 않는 것은 타당하지 않다. 위와 같은 경우, 상대방회사가 행사하는 의결권의 내용이 바로 주주총회를 개최하는 계쟁회사의 의사라고 볼 수 있다.

또한, 이 사건과 같이 기준일과 주주총회일 사이에 3개월 이상의 시차가 있다는 점을 이용하여 의결권 행사를 왜곡하고자 하는 경우, 이를 상호주로서 규제하여야 할 것이다. 따라서 이 사건은 상호주 규제의 목적에 부합하는 경우라고 할 수 있다.

다만, 앞서 본 바와 같이 상호주 판단시점을 주주총회일까지 늦춘다면, 타사의 지배를 벗어나기 위하여 그 회사 주식의 10분의 1을 초과하여 취득하는 경우, 계쟁회사나 그 자회사가 주주총회를 개최하는 날까지 상대방회사 발행 주식의 10분의 1을 초과 취득하는 데 주력하는 것을 허용한다는 문제가 있다.

그렇다고 기준일에는 상호주 요건을 충족하지 못하나 주주총회일까지 사이에 상호주 요건을 충족하게 된 경우, 계쟁회사와 상대방회사의 관계나 주관적 목적 여하, 예컨대 의결권 제한의 목적을 잠탈하는 경우인지, 타사의 지배를 벗어나기 위한 경우인지에 따라 상호주 규제 여부를 달리하는 것도 바람직하지 않다.

다른 회사의 지배를 벗어나기 위하여 그 회사 주식의 10분의 1을 초과하여 취득하는 경우(후자의 경우), 상호주 판단시점을 주주총회일로 늦출 경우 발생할 혼란을 막기 위하여, 의결권을 잠탈하기 위한 경우(전자의 경우) 상호주 규제를 포기하는 것이 '법감정'에 맞지 않는다. 앞서 본 바와 같이 100% 주식취득도 가능하다. 기준일 제도를 채택할 경우, 의결권 행사자를 확정하기 위하여 상호주 해당여부를 포함하여 자료조사를 할 수 있는 시간적 여유를 주주총회일까지는 가질 수 있다. 그러나 기준일 제도를 채택하지 않을 경우, 원래 '주주총회일 시점'을 기준으로 하여 의결권 행사자를 정하는 것이 원칙적인 모습이다. 따라서 상호주 보유 여부와 관련하여 의결권 행사자를 정하는 것이 주주총회일까지 늦춰짐으로써 발생할 혼란을 크게 의식할 필요는 없다고 할 수도 있다.

의결권 행사시기를 주주총회일까지 늦출 때 발생할 혼란 등을 감안하더라도, 상호주 규제의 목적에 비추어 볼 때 기준일 이후 주주총회일까지 발생한 사정을 고려하여 상호주 해당 여부를 판단하는 것이 타당하다.

Ⅳ. 相互株 判斷時 名義改書를 要하는지 與否

1. 問題의 所在

상법 제369조 제3항에서 회사, 모회사 및 자회사 또는 자회사가 다른 회사 발행주식 총수의 10분의 1을 초과하는 주식을 가지고 있는지 여부를 판단할 때, 명의개서된 주식을 기준으로 해야 하는지, 아니면 실질적 주식 소유수를 기준으로 해야 하는지는 명확하지 않다.

D회사는 2005. 1. 26.자로 C회사 총발행주식의 27%를 양수하였으나, 피고의 주주총회일인 2004. 3. 18.까지 C회사의 주주명부에 명의개서를 하지 않았다. 피고는, 상호주 해당 여부를 판단할 때 주주총회일을 기준시점으로 판단해야 한다고 하더라도, D회사가 취득한 C회사의 주식(27%)에 대하여 이 사건 주주총회일(2005. 3. 18.) 당시 명의개서가 이루어지지 않았으므로 D회사를 C회사의 주주로 볼 수 없고, 따라서 주식의 상호보유를 전제로 하는 상법 제369조 제3항이 적용되어서는 안 된다고 주장하고 있다.[32] 따라서 상호주의 판단시 실제 소유 주식수를 기준으로 할 것인지, 주주명부에 명의개서를 한 주식수를 기준으로 할 것인지 여부가 문제되고 있다.

2. 學　說

(1) 명의개서가 요구된다는 견해

어느 회사가 다른 회사의 발행주식 총수의 10분의 1을 초과하여 소유한 경우, 다른 회사가 가진 상대방회사의 주식은 의결권이 없는데, 어느 일방의 의결권제한의 요건이 되는 타방의 소유주식수는 명의개서가 되어 있는 주식이어야 한다는 견해이다.

---

32) 상법 제337조 제1항에는 "기명주식의 이전은 취득자의 성명과 주소를 주주명부에 기재하지 아니하면 회사에 대항하지 못한다."라고 정하고, 피고 회사의 정관 제13조 제1항에는 "주주와 등록질권자는 그 성명, 주소 및 인감 또는 서명 등을 제11조의 명의개서대리인에게 신고하여야 한다."라고 정하며, 정관 제14조 제2항에는 "이 회사는 매년 12월 31일 최종의 주주명부에 기재되어 있는 주주를 그 결산기에 관한 정기주주총회에서 권리를 행사할 주주로 한다."라고 정하고 있다.

명의개서를 요하지 않고 실질적인 주식취득으로 족하다는 견해가 있으나, 의결권의 유무를 따짐에 있어 명의개서를 하지 않은 주식은 규제대상이 될 수 없다고 한다.[33] 母子상호주에 관한 제342조의2를 적용할 때에는 명의개서 여부가 중요하지 않으나 상호주의 경우에는 명의개서가 요구된다고 한다.[34] 즉 모자상호주의 경우 자회사가 모회사의 주식을 자기 계산으로만 소유하면 바로 규제대상이 되고, 누구의 명의로 소유하느냐를 묻지 않으며 명의개서 여부도 묻지 않는다. 모자회사의 상호주를 금지하는 입법취지는 회사의 자본충실이 저해되는 것을 방지하는 것인데, 자기 계산으로 주식을 취득하는 한 명의개서의 여부와 관계없이 자본충실이 저해되기 때문이다. 그러나 상법 제369조 제3항이 규정하는 상호주 규제는 "이 규정이 없다면 쌍방의 회사가 상호 의결권을 행사하여 지배구조에 왜곡이 생길 수 있는 상태에 있다"는 사실을 전제로 하므로, 乙이 甲에 대해 명의개서된 주식을 가지고 있고 甲은 명의개서 없이 乙 주식을 소유하고 있다면 이는 乙이 甲에 대해 일방적으로 출자한 경우와 다를 바 없으므로 상법 제369조 제3항을 적용할 이유가 없다고 한다.

또한, 상법 제369조 3항은 지배·종속관계가 없는 주식회사 상호간의 주식보유를 규제하는 것으로서, 주식보유 자체를 금지하는 것이 아니고 의결권을 제한하는 데 특색이 있으므로, 소유주식수는 명의개서가 되어 있는 주식을 기준으로 판단해야 한다고 한다.[35]

(2) 실질적인 주식취득으로 충분하다는 견해

제369조 제3항에 의하면 甲회사가 丙회사의 발행주식총수의 10분의 1을 초과하는 주식을 가지고 있는 경우에는 丙회사가 가지는 甲회사의 주식은 의결권이 없다고 규정하고 있다. 따라서 다른 회사의 주식을 가진다는 것은 실질상의 취득이 있으면 되고, 명의개서의 유무와는 상관없다는 견해이다.[36] 이와 같은 경우 10분의 1 초과보유의 사실에 대하여 甲회사[37]는 자신

33) 이철송, 전게서, 334-335면.

34) 상법 제342조의3(자회사의 모회사 주식취득 금지)에서는 명의개서를 요구하지 않고 있다. 자회사의 모회사 주식취득을 금지하는 입법취지는 회사의 자본충실이 저해되는 것을 방지하기 위한 것인데, 명의개서 여부와 관계 없이 주식을 실질적으로 소유하고 있으면 회사의 자본충실이 저해되기 때문이라고 한다.: 이철송, 전게서, 331면.

35) 박찬우, 전게서, 593-594면.

이 주식을 가지게 되므로 당연히 알 수 있지만, 상대방회사인 乙회사는 甲회사로부터 통지가 없는 한 알기 어렵다.38)

상법 제369조 제3항에 의하면, 甲회사가 乙회사 발행주식 총수의 10분의 1을 초과하는 주식을 보유하는 경우 乙회사가 가지는 甲회사의 주식은 의결권이 없게 되는데, 乙회사로서는 자사가 가지는 甲회사의 주식에 관한 권리를 언제부터 행사하지 못하게 되는지 알 수 없다. 또한 甲회사의 보유율이 10% 초과에서 다시 10% 이하로 감소하게 되면, 乙회사는 甲회사 주식에 관한 의결권행사가 가능하게 되는데도 그 시기를 알 수 없다.

상법 제369조 제3항에서 "…초과하는 주식을 가지고 있는 경우"란 주주명부에 명의개서를 하지 아니하여도 실제로 취득한 경우를 뜻하는 것이며, 특히 무기명주식이 발행된 때에는 주권을 회사에 공탁하기 전에는 주주가 누구인지를 알 수 없으므로, 이러한 통지는 법률상 의무화하여야 할 것이라고 한다.39)

3. 相互株의 判斷과 名義改書 與否

명의개서는 주주 여부를 결정짓는 요건이 아니며, 회사법상 회사에 대하여 가지는 권리를 행사하기 위하여 갖추어야 될 요건으로 해석된다. 예컨대 기준일상 주주명부에 기재된 주주에게 배당을 하기로 한 경우에, 주주명부에 기재되지 아니한 주주는 배당을 받지 못한다. 대법원 1995. 5. 23. 선고 94다36421 판결에서는 「상법 제337조 제1항에 규정된 주주명부상의 명의개서는 주식의 양수인이 회사에 대한 관계에서 주주의 권리를 행사하기 위한 대항요건에 지나지 아니하므로, 주권발행 전 주식을 양수한 사람은 특별한 사정이 없는 한 양도인의 협력을 받을 필요 없이 단독으로 자신이 주식을

---

36) 손주찬, 「상법(上)」, 박영사, (2004), 711-712면.

37) 이 사건에서 甲회사는 10분의 1 초과하는 주식을 가지는 주주이므로 피고와 D회사를 지칭하고, 乙회사는 주식을 보유당하는 주주이므로 C회사를 지칭한다.

38) 손주찬, 전게서, 327면.

39) 손주찬, 전게서, 341-342면.: 1995년 개정상법은 타회사(乙회사)의 발행주식총수의 10분의 1 이상을 취득한 회사(甲)는 그 타회사에 대하여 이를 지체 없이 통지하도록 하고 있다(상법 제342조의3). 이 경우 그 타회사가 가지는 甲회사의 주식은 의결권이 없기 때문에(제369조 제3항) 그 사실을 알게 하기 위한 것이다.

양수한 사실을 증명함으로써 회사에 대하여 그 명의개서를 청구할 수 있으므로, 주주명부상 명의개서가 없어도 회사에 대하여 자신이 적법하게 주식을 양수한 자로서 주주임을 주장할 수 있다」라고 하였다.[40)]

앞에서 본 바와 같이 상호주에 대한 의결권 규제 근거를 지배가능성에서 본다면, 상대방회사를 현실적으로 지배하기 위해서는 명의개서 후 상대방회사의 의사형성(여기서는 'C회사가 소유하고 있는 피고 회사의 주식'에 대한 의결권 행사)에 영향력을 미치기 위한 요건을 갖추는 것이 필요하다고 볼 수도 있을 것이다.

그러나 상법 제369조 제3항에서는, "회사, 모회사 및 자회사 또는 자회사가 다른 회사의 발행주식의 총수의 10분의 1을 초과하는 주식을 가지고 있는 경우" 상호주로서 규제하고 있으므로, 위와 같은 정도의 주식을 보유하는 경우에는, 지배가능성이 생길 위험이 있고, 따라서 그 요건을 충족할 경우 상호주로 규제하려는 입장이라고 볼 수 있다. 즉, 상법 규정에서는 '실제로 소유하고 있는 주식수'만을 문제삼고 있을 뿐, 명의개서를 할 것까지 요구하고 있지 않다.

'상호주의 규제목적'을 고려할 때, 회사, 모회사 및 자회사 또는 자회사가 다른 회사 발행주식 총수의 10분의 1을 초과하는 주식을 가지고 있는지 여부는, 주주명부상의 명의개서와 관계없이 실제로 소유하고 있는 주식수를 기준으로 판단하여야 할 것이다.

자기주식의 경우, 실질적 소유 기준설이 통설이다. 명의개서 여부와 관계없이, 누구의 명의이든지 회사의 계산으로 취득하면 된다.

4. 對象 判決의 檢討

이 사건에서는 D회사가 C회사의 총 발행주식 27%에 해당하는 주식을 양수함으로써 이를 소유하게 되었다고 할 것이다. 이 사건 주식은 주권발행 전의 주식으로 보이는데,[41)] 주권발행 전의 주식의 양도는 당사자의 의사표

---

40) 주주명부 명의개서의 면책적 효력에 따라 회사는 주주명부상의 주주를 실제 주주로 보아서 업무처리를 하면 면책된다.

41) 원심 판결 및 제1심 판결에서는 '주권발행 전의 주식양도'인지에 관하여 명확히 설시하지 않았으나, D회사가 C회사의 주식 297,172주를 양수한 다음 C회사로부터 주식양수를 승

시만으로 효력이 발생한다.42)

D회사가 C회사의 주식을 소유하게 되었는지 여부가 문제될 뿐이므로, 원심에서 D회사가 C회사의 주주로서 권리를 행사할 수 있는 요건을 충족하였는지 여부에 관하여는 판단할 필요가 없었다고 생각한다.

원심은, "이 사건 주주총회일 당시 D회사가 C회사의 주주명부에 명의개서를 하지 아니하였으나, C회사가 이 사건 주주총회 개최 전에 D회사에게 주식양수를 승낙한다는 취지의 통지를 하였고, 명의개서가 아닌 주식 소유 여부가 의결권이 제한되는 상호주의 기준이며, 명의개서를 하지 아니한 실질상의 주주를 회사 측에서 주주로 인정하는 것은 무방하므로,43) D회사는 C회사에 의해 인정된 실질상의 주주이다"라고 판단함으로써, 명의개서가 아닌 주식의 소유 여부가 의결권이 제한되는 상호주의 기준이라고 인정하면서도, D회사가 C회사의 주주로서 권리를 행사하기 위한 요건이나 양수인이 주주임을 내세워 회사에 대하여 명의개서를 청구할 수 있는 자격의 취득요건(회사에 대한 대항요건)44)에 대하여 판단하였다고 볼 수 있다.

Ⅴ. 結　　論

대상 판결은 상법 제369조 제3항에서 말하는 상호주의 의결권에 관한 판단기준을 명확히 제시하였다는 점에서 의미가 있다. 상호주의 의결권에 관한 판단기준에 관하여 명확한 법규정이 없는 상태에서 대상 판결은 '주식 상

낙한다는 통지를 받았다고 사실인정을 하고 있다.

42) 대법원 2006. 9. 14. 선고 2005다45537 판결 등에서는, 「주권발행 전 주식의 양도는 당사자의 의사표시만으로 효력이 발생한다」라고 판시하고 있다.

43) 대법원 1989. 10. 24. 선고 89다카14714 판결에서는, 「구 상법(1984. 4. 10. 법률 제3274호로 개정되기 전의 것) 제337조의 규정은 주주권 이전의 효력요건을 정한 것이 아니고 회사에 대한 관계에서 누가 주주로 인정되느냐 하는 주주의 자격을 정한 것으로서 기명주식의 취득자가 주주명부상의 주주명의를 개서하지 아니하면 스스로 회사에 대하여 주주권을 주장할 수 없다는 의미이고, 명의개서를 하지 아니한 실질상의 주주를 회사측에서 주주로 인정하는 것은 무방하다고 해석할 것이다」라고 판시하고 있다.

44) 대법원 1995. 5. 23. 선고 94다36421 판결에서는, 「주권발행 전에 한 주식의 양도는 지명채권의 양도에 관한 일반원칙에 따라 당사자의 의사표시만으로 효력이 발생하는 것이고, 주권발행 전 주식을 양수한 사람은 특별한 사정이 없는 한 양도인의 협력을 받을 필요 없이 단독으로 자신이 주식을 양수한 사실을 증명함으로써 회사에 대하여 그 명의개서를 청구할 수 있으므로, 주주명부상의 명의개서가 없어도 회사에 대하여 자신이 적법하게 주식을 양수한 자로서 주주권자이다」라고 판시하고 있다.

호소유 제한의 목적'을 고려하여 그 판단기준을 제시하고 있다.

모자회사 관계가 없는 회사 사이의 주식의 상호소유를 규제하는 주된 목적은 상호주를 통해 출자 없는 자가 의결권 행사를 함으로써 주주총회결의와 회사의 지배구조를 왜곡하는 것을 방지하기 위한 것이다. 이는 상법 제354조가 규정하는 기준일 제도에서 일정한 날을 정하여 그 날에 주주명부에 기재되어 있는 주주를 계쟁 회사의 주주로서의 권리를 행사할 자로 확정하기 위한 것과는 그 목적이 다르다. 따라서 기준일에는 상법 제369조 제3항이 정한 요건에 해당하지 않더라도, 실제로 의결권이 행사되는 주주총회일에 위 요건을 충족하는 경우에는 상법 제369조 제3항이 정하는 상호소유 주식에 해당하여 의결권이 없다고 보아야 한다. 이 경우 회사, 모회사 및 자회사 또는 자회사가 다른 회사 발행주식 총수의 10분의 1을 초과하는 주식을 가지고 있는지 여부를 실제로 소유하고 있는 주식수를 기준으로 판단하는 것이 주식상호소유 제한의 목적에 부합한다. 대상판결이 밝히고 있는 위와 같은 법리는 타당하다.

또한 이 사건과 같이 기준일과 주주총회일 사이에 3개월 이상의 시차가 있는 것을 이용하여 의결권 행사를 왜곡하고자 하는 경우, 이를 상호주로서 그 의결권을 제한해야 한다는 점에 대하여 별다른 이견이 없다고 생각된다. 따라서, 이 사건에서 주주총회일에 상법 제369조 제3항이 정한 요건을 충족하였다는 이유로 의결권 행사를 제한하여야 한다는 구체적 판단도 타당하다고 생각한다.

株主總會 決議의 瑕疵와 商法 第39條의 不實登記 責任*

吳 泳 俊**

◎ 대법원 2008. 7. 24. 선고 2006다24100 판결

[事實의 概要]

(1) 원고 회사는 소외 甲과 소외 乙이 50 : 50으로 원고 회사에 대한 지분을 보유하기로 하고 1999. 2. 8.경 설립한 주식회사이다. 당초 원고 회사의 주주명부에는 소외 乙의 아들이 30%, 소외 乙의 딸이 20%를 각 보유하고, 소외 甲이 20%, 소외 甲의 자부(子婦)가 30%의 지분을 각 보유하고 있는 것으로 기재되어 있었다. 원고 회사 설립 당시에는 소외 甲의 자부가 대표이사로 선임되어 그 선임등기가 마쳐져 있었다.

(2) 그런데 소외 乙은 2002. 9. 13. 원고 회사의 주주명부를 변조하고 개최하지도 않은 임시주주총회의 의사록을 허위로 작성하여 소외 丙을 대표이사로 선임하는 주주총회결의의 외관을 현출시키고 이에 기하여 소외 丙의 대표이사 선임등기를 마쳤다. 위 주주총회결의에 대하여는 2004. 6. 29. 서울중앙지방법원 2003가합70220호로 주주총회결의 부존재확인판결이 선고되고 그 무렵 위 판결은 확정되었다.

(3) 피고는 위 주주총회결의 부존재확인판결이 선고되기 전인 2002. 10. 7.경 원고 회사의 대표이사로 자처하는 소외 丙과 사이에, 원고 회사 소유의 이 사건 부동산에 관하여 채무자를 원고 회사로 채권자를 피고로 하는 근저당권설정계약을 체결하고 근저당권설정등기를 경료한 후, 원고 회사에 대한

* 제28회 상사법무연구회 발표 (2012년 7월 7일)

** 서울고등법원 부장판사

대출금 명목으로 소외 6에게 2,000만 원을 교부하였다.

(4) 원고 회사는 소외 丙을 이사 겸 대표이사로 선임한 2002. 9. 13.자 주주총회결의는 부존재함이 확인되었으므로, 소외 丙이 원고 회사의 대표이사로서 피고와 사이에 체결한 이 사건 부동산에 관한 근저당권설정계약은 무효이고, 이를 원인으로 하여 마쳐진 이 사건 근저당권설정등기는 무효라는 이유로, 피고를 상대로 이 사건 근저당권설정등기의 말소등기청구 소송을 제기하였다.

[訴訟의 經過]

1. 第1審 判決

제1심 법원은, 「주주명부를 변조하고 2002. 9. 13.자 임시주주총회의사록을 작성한 소외 乙이 사실상 원고 회사의 주식 50%를 소유한 대주주여서 위와 같은 주주총회결의 외관 현출에 원고 회사가 관련되었다고 할 것이어서 주주총회결의 부존재 확인판결의 효력이 제3자인 피고에게는 미치지 않는다」라는 이유로 원고 회사의 청구를 기각하였다.

2. 原審 判決

(1) 주식회사의 대표이사로 선임되어 등기된 자를 제3자가 회사의 적법한 대표이사로 믿고 거래를 한 후에 이사들을 선임한 주주총회의 결의부존재 확인판결이 확정된 경우에 회사는 선의의 제3자에게 거래의 효력을 부인할 수 없다 할 것이고(대법원 1974. 2. 12. 선고 73다1070 판결), 이사 선임의 주주총회결의에 대한 취소판결이 확정되어 그 결의가 소급하여 무효가 된다고 하더라도 그 선임 결의가 취소되는 대표이사와 거래한 상대방은 상법 제39조의 적용 내지 유추적용에 의하여 보호될 수 있으며, 주식회사의 법인등기의 경우 회사는 대표자를 통하여 등기를 신청하지만 등기신청권자는 회사 자체이므로 취소되는 주주총회결의에 의하여 이사로 선임된 대표이사가 마친 이사 선임 등기는 상법 제39조의 불실등기에 해당된다(대법원 2004. 2. 27. 선고 2002다19797 판결)는 것이 판례의 태도이다.

(2) 외형상 회사의 주주총회의 존재를 인정하기 어려운 경우에도 의사록을 작성하는 등 주주총회결의의 외관을 현출시킨 자가 회사의 과반수주식을 보유하거나 또는 과반수의 주식을 보유하지 않더라도 사실상 회사의 운영을 지배하는 주주인 경우와 같이 주주총회결의의 외관현출에 회사가 관련된 것으로 보아야 할 경우에는 그와 같은 회사 내부의 의사결정을 거친 회사의 외부적 행위를 유효한 것으로 믿고 거래한 자에 대하여는 회사의 책임을 인정함이 타당하다고 할 것이므로 위와 같은 법리는 주주총회결의 부존재확인판결이 확정된 경우에도 마찬가지로 보아야 한다.

(3) 원고의 주주명부를 변조하고 임시주주총회의사록을 작성하는 등 위 2002. 9. 13.자 주주총회결의의 외관 현출을 주도한 소외 乙은 비록 원고의 주주로 등재되어 있지는 않으나, 소외 甲과 함께 원고의 설립을 주도하고, 소외 乙의 자녀들 명의로 원고의 주식 50%를 소유하고 있는 등 사실상 원고의 주식 50%를 소유한 대주주인 사실, 위 2002. 9. 13.자 주주총회결의에 의하여 대표이사로 선임된 소외 丙은 2002. 9. 16. 법인등기부에 같은 내용의 등기를 함으로써 법인등기부상으로는 그 이후부터 주주총회결의 부존재확인판결이 확정될 때까지 원고 회사의 대표이사로 등재된 사실 등에 비추어 보면, 원고는 상법 제39조의 법리에 따라 원고 회사와 피고 사이에 체결된 근저당권 설정계약 및 근저당권 설정등기에 대하여 책임을 져야 할 것이므로, 위 근저당권 설정등기가 권한 없는 자에 의하여 체결된 것이라고 할지라도 무효라고 볼 수는 없다.

3. 上告理由의 要旨

소외 乙은 원고에 대한 관계에서 원고의 주주나 임원도 아닌 제3자에 불과한데, 소외 乙이 소외 丙을 이사 겸 대표이사로 선임하는 내용으로 주주총회 의사록을 위조하여 허위의 등기를 경료하게 하였고, 그 후 소외 丙이 원고의 대표이사로서 피고로부터 금원을 대출받으면서 이 사건 부동산에 관하여 근저당권설정행위를 경료하였다. 이는 정당한 권한이 없는 자가 피고와 사이에 한 법률행위로서 무효이다.

설령 피고가 위와 같은 거래행위에 관하여 선의라고 하더라도 불실등기를 한 소외 丙에 대하여 개인 책임을 묻는 것은 별론으로 하더라도 원고에 대하여는 상법 제39조에 의한 책임을 물을 수는 없다. 원심은 상법 제39조의 불실등기 책임에 관한 법리를 오해하였다.

[判決의 要旨]

(1) 등기신청권자에 대하여 상법 제39조에 의한 불실등기 책임을 묻기 위하여는 원칙적으로 그 등기가 등기신청권자에 의하여 마쳐진 것임을 요하지만, 등기신청권자가 스스로 등기를 하지 아니하였다 하더라도 그 등기가 이루어지는 데 관여하거나 그 불실등기의 존재를 알고 있음에도 이를 시정하지 않고 방치하는 등 등기신청권자의 고의 또는 과실로 불실등기를 한 것과 동일시할 수 있는 특별한 사정이 있는 경우에는 그 등기신청권자에 대하여 상법 제39조에 의한 불실등기 책임을 물을 수 있다.

(2) 등기신청권자 아닌 사람이 주주총회의사록 및 이사회의사록 등을 허위로 작성하여 주주총회결의 및 이사회결의 등의 외관을 만들고 이에 터잡아 대표이사 선임등기를 마친 경우에는, 주주총회의 개최와 결의가 존재는 하지만 무효 또는 취소사유가 있는 경우와는 달리, 그 대표이사 선임에 관한 주식회사 내부의 의사결정은 존재하지 아니하여 등기신청권자인 회사가 그 등기가 이루어지는 데 관여할 수 없었을 것이므로, 달리 회사의 적법한 대표이사가 그 불실등기가 이루어지는 것에 협조·묵인하는 등의 방법으로 관여하였다거나 회사가 그 불실등기의 존재를 알고 있음에도 시정하지 않고 방치하는 등 이를 회사의 고의 또는 과실로 불실등기를 한 것과 동일시할 수 있는 특별한 사정이 없는 한, 회사에 대하여 상법 제39조에 의한 불실등기 책임을 물을 수 없고, 이 경우 위와 같이 허위의 주주총회결의 등의 외관을 만들어 불실등기를 마친 사람이 회사의 상당한 지분을 가진 주주라고 하더라도 그러한 사정만으로는 회사의 고의 또는 과실로 불실등기를 한 것과 동일시할 수는 없다.

[評　　釋]

Ⅰ. 株主總會決議 不存在와 不實登記의 責任

1. 株主總會決議 不存在의 意義

주주총회결의 부존재라 함은, 총회의 개최와 결의는 존재하나 형식상의 하자가 중대하여 법률적으로 부존재하는 것으로 평가되는 표현결의(表見決議)와 결의자체가 없었음에도 의사록만 작성되는 등 외형상의 징표만 있는 비결의(非決議), 결의 자체도 없고 외형상의 징표마저도 없는 무결의(無決議)를 포괄하는 개념이다.[1)]

주주총회결의 부존재 확인소송의 대상이 되는 것은 표현결의와 비결의 뿐이고, 무결의는 부존재 확인소송이나 무효확인소송 등의 대상이 될 수 없다. 대법원판례도 같은 입장이다.[2)]

2. 株主總會決議 不存在確認 判決의 效力

원고가 승소한 경우 부존재확인판결은 당사자 이외의 제3자에 대하여도 그 효력이 있다(상법 제380조, 제190조 본문). 반면 원고가 패소한 경우에는 판결의 효력은 일반원칙에 따라 당사자 사이에만 미치고 제3자에게는 영향이 없다.

1995년 상법 개정 전에는 상법 제380조[3)]가 제190조 단서[4)]까지도 준용하는 것으로 규정되어 있었다. 그리하여 판례는 주주총회결의를 표현결의와 비결의로 구분하여, 「비결의에 대하여는 판결의 소급효가 원칙적으로 미친

---

1) 김상근, "주주총회결의하자 소송에 관한 실무적 고찰", 「민사재판의 제문제」, 제12권, 263-264면.

2) 대법원 1993. 3. 26. 선고 92다32876 판결: 주주총회 자체가 소집된 바 없을 뿐만 아니라 결의서 등 그 결의의 존재를 인정할 아무런 외관적인 징표도 찾아볼 수 없으므로 이 사건 주주총회결의부존재확인의 소는 확인의 이익이 없어 부적법하다.

3) 구 상법 제380조 (결의무효 및 부존재확인의 소) 제186조 내지 제188조, 제190조, 제191조, 제377조와 제378조의 규정은 총회의 결의의 내용이 법령 또는 정관에 위반하는 것을 이유로 하여 결의무효의 확인을 청구하는 소와 총회의 소집절차 또는 결의방법에 총회결의가 존재한다고 볼 수 없을 정도의 중대한 하자가 있는 것을 이유로 하여 결의부존재의 확인을 청구하는 소에 이를 준용한다.

4) 구 상법 제190조 (판결의 효력) 설립무효의 판결 또는 설립취소의 판결은 제3자에 대하여도 그 효력이 있다. 그러나 판결확정 전에 생긴 회사와 사원 및 제3자 간의 권리의무에 영향을 미치지 아니한다.

다고 보되,[5] 다만, 비결의라 하더라도 의사록 등 외관을 현출시킨 자가 과반수 주식을 보유하거나 또는 과반수 주식을 보유하지 않더라도 사실상 회사의 운영을 지배하는 주주인 경우와 같이 주주총회결의의 외관현출에 회사가 관련된 것으로 보아야 할 경우에는 그와 같은 과정을 거친 회사의 외부적 행위를 유효한 것으로 믿고 거래한 자를 보호하기 위하여 회사의 책임을 인정함이 타당하다」고 하여 제3자를 보호하여 왔다.[6]

즉, 대법원 1992. 8. 18. 선고 91다14369 판결은, 「상법 제190조의 규정이 준용되는 같은 법 제380조 소정의 결의부존재확인청구의 소에 있어서의 결의부존재라 함은 외형상 당해 회사의 주주총회로서 소집, 개최되어 결의가 성립하였으나 그 소집절차나 결의방법에 중대한 하자가 있어 법률상 결의의 부존재로 볼 수밖에 없는 경우만을 가리키고, 전혀 주주총회를 소집, 개최함이 없이 주주총회의사록만 작성하였거나 또는 외형상 당해 회사의 주주총회로 볼 수 없는 회의를 개최하여 의사록을 작성한 경우와 같이 외형상 당해 회사의 주주총회결의의 존재를 인정하기 어려운 경우는 여기에 해당하지 않는다고 보아야 할 것이나, 다만 후자의 경우에도 의사록을 작성하는 등 주주총회결의의 외관을 현출시킨 자가 회사의 과반수주식을 보유하거나 또는 과반수의 주식을 보유하지 않더라도 사실상 회사의 운영을 지배하는 주주인 경우와 같이 주주총회결의 외관 현출에 회사가 관련된 것으로 보아야 할 경우에는 전자의 경우에 준하여 회사의 책임을 인정할 여지가 있을 것이다」라고 판시하였다.

그러나 1995년 상법 개정 후 제380조[7]는 과거 판례가 부존재확인판결 등의 소급효를 부정하는 근거 규정이었던 제190조 단서를 준용하지 않는 것으로 규정하였다. 이에 따라 표현결의와 비결의는 별도로 구분할 필요 없이

---

5) 대법원 1992. 8. 18. 선고 91다14369 판결; 대법원 1994. 3. 25. 선고 93다36097, 36103 판결; 대법원 1992. 9. 22. 선고 91다5365 판결 등 참조.

6) 대법원 1995. 9. 15. 95다13302 판결; 대법원 1993. 9. 14. 선고 91다33926 판결; 대법원 1992. 8. 18. 선고 91다14369 판결 등 참조.

7) 1995. 12. 29. 개정 상법 제380조 (결의무효 및 부존재확인의 소) 제186조 내지 제188조, 제190조 본문, 제191조, 제377조와 제378조의 규정은 총회의 결의의 내용이 법령에 위반한 것을 이유로 하여 결의무효의 확인을 청구하는 소와 총회의 소집절차 또는 결의방법에 총회결의가 존재한다고 볼 수 없을 정도의 중대한 하자가 있는 것을 이유로 하여 결의부존재의 확인을 청구하는 소에 이를 준용한다.

모두 부존재확인판결의 소급효가 미치게 되었다.

3. 1995年 商法 改正 이후 學說의 動向

1995년 상법 개정 이후에는 위와 같이 주주총회결의 부존재확인판결이 확정되면 제3자의 선의, 악의를 불문하고 소급효가 미치게 되어 제3자에게 대항할 수 있게 된다. 이와 같이 주주총회결의 부존재확인판결이 소급적으로 대세적인 효력을 미치게 되는 결과 위와 같은 외관을 신뢰한 제3자를 어떠한 방법으로 보호할 것인지 문제된다. 이에 대한 학설들의 개략적인 내용을 설명하면 다음과 같다.[8]

학설들은 분류하면, ① 해석론에 의한 소급효 제한을 부정하고 일률적으로 소급효를 인정하되, 이로부터 발생하는 불합리는 민상법상의 제3자 보호규정에 의하여 개별적으로 구제되어야 한다는 견해,[9] ② 원칙적으로는 소급효를 인정하면서도, 결의를 효력발생요건으로 하는 경우(영업양도, 이사의 선임, 정관변경, 자본감소, 합병, 해산 등)와 그렇지 않은 경우(매매, 임대, 지배인의 선임, 사채발행 등)로 나누어, 후자에 대하여는 소급효를 인정하지 않는 견해,[10] ③ 결의사항에 따라 소급효의 인정 여부를 결정하되, 결의 자체로 완료적 의미가 있는 경우(영업양도, 이사의 책임면제, 임원의 보수결정, 계산서류 승인 및 이익배당 등)와 결의를 전제로 한 거래적·사단적 행위가 진전하는 경우(합병, 정관변경, 자본감소, 해산, 임원의 선임 등)로 나누어, 전자에 대하여는 소급효를 인정하지만 후자에 대하여는 소급효를 제한하자는 견해,[11] ④ 결의사항을 기준으로 하지 않고 하나의 결의(예컨대, 이사선임결의)에 대하여도 어느 문제(예컨대, 보수금반환청구)에 있어서는 소급효를 인정하고 다른 문제(예컨대, 거래적 행위)에 있어서는 소급효를 부정하는 등 문제에 따라 소급효 인정 여부를 결정하는 견해,[12] ⑤ 상법 제39조(불실의 등기)나 상법 제395조(표현대표이사의 행위와 회사의 책임) 및 민법 제126조(표현대리) 등

8) 아래 ① 내지 ⑤의 학설의 내용은, 김상근, 전게논문, 296-298면에서 재인용.
9) 이태로·이철송, 「회사법강의」 제7판, 493면.
10) 최기원, 「신회사법론」 제11판, 524면.
11) 손주찬, 「상법(상)」 제11증보판, 796면.
12) 정동윤, 「회사법」 제7판, 370면.

으로 보호하여야 할 것인데, 1995년 상법 개정 전의 판례에서 언급하고 있는 '주주총회결의에 회사가 관련되어 있다고 할 수 있는 경우'에는 제3자에 대하여 위와 같은 민법 및 상법상의 각 규정에 의한 회사의 책임이 인정될 경우가 많을 것이므로, 위 판례에서 언급하고 있는 기준은 지금도 유효하다는 견해[13] 등이 있다.

위와 같은 학설들은, 구체적으로 어떠한 근거와 논리에 의하여 회사의 책임이 인정될 수 있는지에 관하여 상세한 논의는 하지 않고 있다.

Ⅱ. 商法上 外觀保護 法理에 관한 規定의 檢討

이 사건은 1995년도 상법 개정 이후 주식회사의 50%의 주식을 가진 주주가 허위의 의사록을 위조하여 허위의 대표이사 선임등기를 마친 경우, 이 선임등기를 믿고 대표이사와 거래한 제3자를 상법 제39조의 불실등기 책임의 법리를 적용하여 보호할 수 있는지가 문제된 사안이다. 상법 제39조의 적용범위를 결정하기 위해서는, 동일하게 금반언의 원칙 또는 외관법리에 기초하여 마련된 상법 제395조의 법리를 함께 살펴볼 필요가 있다.

1. 表見代表理事의 責任

참칭대표이사가 제3자와 거래를 하면서 대표이사임을 신뢰하게 할 표현적 명칭을 사용하는 경우에 상법 제395조의 표현대표이사의 행위에 대한 회사의 책임이 문제된다.

그런데 우리 상법이 계수한 일본 상법에서 표현대표이사의 법리가 도입된 경위는, 등기제도에 있어서 익숙하지 않은 거래계의 실정을 감안한 것이다. 일부 회사에서 대표이사가 아닌 다른 이사들에게 전무 또는 사장과 같은 명칭을 부여하여 어음발행 등의 거래를 하게 한 후, 나중에 문제가 생기면 등기부등본을 근거로 이들이 대표이사가 아니고 대표이사는 따로 있다고 주장하여 책임을 회피하는 사례가 적지 않았기 때문에, 그 외관을 신뢰하여 거래한 제3자를 보호하기 위해서 도입된 것이 그 배경이다.[14]

---

13) 김상근, 전게논문, 299면.

14) 김건식, "부존재하는 주주총회결의에 기하여 선임된 대표이사와 거래한 제3자의 보호",

이처럼 원래 표현대표이사 법리에서 대상으로 삼은 외관은 대표권이 인정될만한 외관이 '명칭'이었다. 이는 상법 제39조에서 대상으로 삼은 외관이 '등기'인 것과는 차이가 있다. '명칭'이라는 것은 그 신뢰도의 면에서 '등기'보다는 훨씬 떨어지는 외관이지만, 그럼에도 등기 대신에 오히려 명칭을 신뢰한 제3자를 보호하는 제395조는 등기제도에 대한 이해가 부족한 과거 거래계의 현실을 고려하여 도입한 특별한 예외이다. 이러한 관점에서 "표현대표이사 제도"의 존치에 대하여 의문을 표시하는 견해도 있다.

표현대표이사의 책임을 묻기 위해서는, 그 명칭의 사용에 대하여 회사의 귀책사유를 요한다고 보는 데에는 학설·판례가 일치하고 있고, 그 내용에 대하여 '회사가 그러한 명칭의 사용을 적극적으로 허락하거나 소극적으로 묵인하였을 것'을 요한다고 보고 있다.

2. 不實登記의 責任

불실등기의 효력을 선의의 제3자에게 대항하지 못하도록 한 상법 제39조도 표현대표이사의 제도와 마찬가지로 금반언의 원칙 혹은 외관법리에 기초하여 마련된 규정이다. 상법 제39조는 "고의 또는 과실로 인하여 사실과 상위한 사항을 등기한 자는 그 상위를 선의의 제3자에게 대항하지 못한다."라고 규정하고 있다.

여기서 '고의 또는 과실'이라 함은 등기신청권자의 고의·과실을 가리키는 것으로서 회사의 경우에는 대표이사 또는 업무집행사원의 고의 또는 과실을 가리킨다는 점에 대하여는 별다른 이론이 없다. 하지만 그 이외에 "등기신청권자인 회사 자신이 불실등기에 가공한 것과 동일시하는 경우"도 포함될 수 있는지가 문제된다.

한편, 상법 제395조 소정의 표현대표이사의 성립요건으로는 "회사가 대표이사 명칭사용을 허용하거나 묵인하였을 것"이 요구되는데, 이 경우 당해 표현대표이사가 하자 있는 주주총회결의나 이사회결의에 의하여 선임되어 불실등기까지 마친 경우에는, 회사가 표현대표이사 법리에 의한 책임 나아가 상법 제39조의 책임도 질 수 있는가도 문제된다.

「법학」 제34권 제1호, 서울대학교 법학연구소, (1993), 157면.

또한 1995년 상법 개정 전의 판례는 과반수주식을 보유하거나 또는 과반수의 주식을 보유하지 않더라도 사실상 회사의 운영을 지배하는 주주가 주주총회를 개최하지 않고서도 주주총회의사록을 위조한 사안(이른바 '비결의')에서 과거 판례는 "회사가 현출에 관여한 것"으로 보아야 한다는 이유로 주주총회 부존재확인판결의 소급효가 구 상법 제380조, 제190조 단서에 의하여 제한되고 그 결과 제3자가 보호를 받게 된다고 보았는데, 그렇다면 소급효를 제한하는 구 상법 제190조 단서가 삭제된 현행 상법 하에서도, 위와 같은 경우 "회사가 외관 현출에 관여한 것"으로 보아 이 경우에도 곧바로 상법 제395조 표현대표이사의 법리 또는 상법 제39조의 불실등기의 법리를 적용하여 회사에 책임을 지울 수 있는가가 문제된다.

Ⅲ. 不實登記 責任에 관한 判例

1. 大法院 判例

(1) 대법원 1975. 5. 27. 선고 74다1366 판결

(가) 원심의 판단

원심은, 「상법 제39조에 의하면 고의 또는 과실로 인하여 사실과 상위한 사항을 등기한 자는 그 상위를 선의의 제3자에게 대항하지 못한다고 규정되어 있는바, 이러한 불실등기는 적법한 대표이사의 등기신청에 기한 등기가 아니라 하더라도 이와 비견되는 정도의 회사 책임에 기한 신청으로 등기된 경우이거나 또는 이미 이루어진 불실등기의 존속에 관하여 회사에서 이를 알고도 묵인한 경우에 비견되는 중대한 과실이 있는 경우도 이에 포함되는 것으로 해석해야 할 것인데 본건 불실등기는 소외 2 등이 불실등기를 하도록 위 소외 회사의 주주와 대표이사 및 이사들이 6년여에 걸쳐 회사를 방치한 것과 특히 대표이사인 위 나용균이 대표이사의 인장 보관 상태를 한번도 점검하지 아니하고 방치하였으며 또 신상법의 시행으로 인하여 상법시행법 제11조에 의하여 1963. 1. 1.부터 6개월 내에 개정 상법에 따른 새로운 등기를 위한 이사회나 주주총회의 개회까지도 하지 않은 잘못이 원인이 되었다 할 것이고 불실등기가 경료된 후에도 원고가 본건 부동산을 매수한 1969. 12. 27.까지 무려 6년간 그 상태가 계속되어 오는 동안 회사등기부상

두 차례의 이사 및 대표이사의 중임등기 등 회사변경 등기가 있었고 위 소외 1이 위 소외 회사의 대표자로서 소외 3을 상대로 형사고소, 민사제소 등 1년여에 걸친 쟁송까지 벌렸음에도 이를 발견하지 못하고 있었던 점은 그 과실의 정도가 극히 크다고 하지 않을 수 없고, 이와 같은 불실등기 및 그 등기상태의 존속에 있어서의 위 소외 회사의 과실은 그 자신이 불실등기를 하고 또 불실등기를 묵인한 경우에 비견할 수 있는 정도의 중대한 과실이라 볼 것이므로 위 소외 회사는 상법 제39조에 의하여 등기의 상위로서 선의의 제3자인 원고에게 대항할 수 없다」라고 판단하였다.

(나) 대법원의 판단

대법원은, 「상법 제39조는 고의나 과실로 스스로 사실과 상위한 내용의 등기신청을 함으로써 부실의 사실을 등기하게 한 자는 그 불실등기임을 내세워 선의의 제3자에게 대항할 수 없다는 취지로서 등기신청권자 아닌 제3자가 문서위조 등의 방법으로 등기신청권자의 명의를 도용하여 불실등기를 경료한 것과 같은 경우에는 비록 그 제3자가 명의를 도용하여 등기신청을 함에 있어 등기신청권자에게 과실이 있다 하여도 이로서 곧 등기신청권자 자신이 고의나 과실로 사실과 상위한 등기를 신청한 것과 동일시 할 수는 없는 것이고, 또 이미 경료되어 있는 불실등기를 등기신청권자가 알면서 이를 방치한 것이 아니고 이를 알지 못하여 불실등기 상태가 존속된 경우에는 비록 등기신청권자에게 불실등기 상태를 발견하여 이를 시정하지 못한 점에 있어서 과실이 있다 하여도 역시 이로써 곧 스스로 사실과 상위한 등기를 신청한 것과 동일시 할 수 없는 법리라 할 것이므로 등기신청권자 아닌 제3자의 문서위조 등의 방법으로 이루어진 불실등기에 있어서는 등기신청권자에게 그 불실등기의 경료 및 존속에 있어서 그 정도가 어떠하건 과실이 있다는 사유만 가지고는 상법 제39조를 적용하여 선의의 제3자에게 대항할 수 없다고 볼 수는 없다 할 것인바 원판결이 이와 반대의 견해로 위 소외 회사의 진정한 대표이사 아닌 위 소외 1을 소외 2가 위 소외 회사의 명의를 도용하여 대표이사로 등기한 불실등기의 경료 및 그 존속에 있어 위 소외 회사에게 중대한 과실이 있다는 사유를 들어 위 소외 회사는 등기의 상위로서 선의의 제3자인 원고에게 대항할 수 없다고 판단한 것은 상법상의 불실등기의 효력에 관한 법리를 오해한 위법이 있다 할 것인 즉 이점 논지는 이유 있다. 상법 제395조에 의하여 표현대표자의 행위에 대하여 회사가 그 책임을 지는 것은 회사가 표현대표자의 명칭사용을 명시적으로나 묵시적으로 승인한 경우에만 한하는 것이고, 회사의 명칭사용 승인 없이 임의로 명칭을 참칭한 자의 행위에 대하여는 비록 그 명칭사용을 알지 못하고 제지하지 못한 점에 있어서 회사에게 과실이 있다고 할지라도 그 회사의 책임으로 돌려 선의의 제3자에 대하여 책임을 지게 하는 취지는 아니라 할 것임에도 불구하고 원판결이 위 소외 회사가 위 소외 1의 대표이사 명칭 사용사실을 몰랐다고 하더라도 위 소외 1의 행위에 대하여 위 소외 회사는 선의의 제3자인 원고에게 책임을 져야 한다고 판단한 것은 표현대표이사의 행위와 회사의 책임에 관한 법리를 오해한 것이라 할 것이니 이 점에 관한 논지 역시 이유 있다」라고 하면서 원심 판결을 파기하였다.

(2) 회사의 고의·과실 유무 판단의 기준이 되는 주체

불실등기에 관하여 회사가 고의·과실이 있는지 여부에 관하여 누구의 고의·과실을 기준으로 판단하여야 하는지 문제된다. 대법원 1981. 1. 27. 선고 79다1618 판결은, 「합명회사에 있어서 상법 제39조 소정의 불실등기에 대한 고의·과실의 유무는 그 대표사원을 기준으로 판정하여야 하고 대표사원의 유고로 회사정관에 따라 업무를 집행하는 사원이 있다고 하더라도 그 사원을 기준으로 판정하여서는 아니 된다」라고 판시하였다.[15]

(3) 대법원 74다1366 판결의 취지 분석

위 대법원 74다1366 판결의 사안은 "등기신청권자 아닌 제3자가 문서위조 등의 방법으로 등기신청권자의 명의를 도용하여 불실등기를 경료한 경우"이다. 위 판결은, 「등기신청권자가 알지 못하여 불실등기 상태가 존속된 경우에는 비록 등기신청권자에게 불실등기 상태를 발견하여 이를 시정하지 못한 점에 있어서 과실이 있다 하여도 이를 스스로 사실과 상위한 등기를 신청한 것과 동일시 할 수 없다」라고 하고 있다.

그런데 위 판결은 "등기신청권자가 등기신청을 한 것과 동일시할 수 있는 경우"에도 상법 제39조의 적용이 배제된다는 취지인지가 문제된다. 이에

15) 대법원 1971. 2. 23. 선고 70다1361, 1362 판결도 같은 취지이다.

대한 답이 상법 제39조의 적용범위와 관련하여 매우 중요한 의미를 갖는다. 이를 긍정할 수 있다면, "사후에 무효·취소임이 판명된 주주총회 혹은 이사회 결의 등에 의하여 선임된 대표이사가 한 선임등기"도 비록 적법한 대표이사가 고의·과실로 한 것은 아니지만, 상법 제39조에 의하여 선의의 제3자를 보호할 수 있다고 볼 여지가 생기기 때문이다.

위 사건의 원심은, 「① 적법한 대표이사의 등기신청에 기한 등기인 경우, ② 위 ①과 비견되는 정도의 회사 책임에 기한 신청으로 등기된 경우, ③ 불실등기의 존속에 관하여 회사에서 알고도 묵인한 경우, ④ 위 ③에 비견되는 정도의 중대한 과실이 있는 경우 상법 제39조를 적용할 수 있다」고 판시하였다. 위 대법원 판결이 정면으로 문제 삼은 것은 바로 ③의 경우로서, 「비록 그 제3자가 명의를 도용하여 등기신청을 함에 있어 등기신청권자에게 과실이 있다 하여도 이로써 곧 등기신청권자 자신이 고의나 과실로 사실과 상위한 등기를 신청한 것과 동일시 할 수는 없는 것이다」라고 하였을 뿐, 그 이외에 등기신청권자가 등기신청한 것과 동일시할 수 있는 경우에 상법 제39조를 적용할 수 없다는 판시까지는 하고 있지 않다.

뒤에서 살펴볼 대법원 2004. 2. 27. 선고 2002다19797 판결은 「주식회사의 법인등기의 경우 회사는 대표자를 통하여 등기를 신청하지만 등기신청권자는 회사 자체이므로 취소되는 주주총회결의에 의하여 이사로 선임된 대표이사가 마친 이사 선임 등기는 상법 제39조의 불실등기에 해당된다」라고 판시하고 있다. 이는, 주주총회결의 취소판결의 소급효에 의하여 비록 당해 대표자가 등기신청 당시 적법한 대표자라고 볼 수는 없지만, "등기신청권자인 회사의 귀책사유에 의하여 불실 대표이사 선임등기가 이루어진 것과 동일시할 수 있는 경우"에 해당되므로, 상법 제39조가 적용될 수 있음을 긍정한 것이라고 해석할 수 있을 것이다. 대상 판결도 바로 이 점을 주목하여 법리를 정립하고 있다. 상세는 후술한다.

2. 日本 最高裁判所 1980年(昭和 55年) 9月 11日 判決

(1) 사 안

원고 회사의 대표이사이던 甲이 사망한 후 3인의 이사 중 1인인 乙이 허위의 이사회의사록을 작성한 후 대표이사 취임의 등기를 한 다음 원고 회사 소유의 부동산을 제3자에게 매도한 사안이다.

(2) 판　　시

최고재판소의 판시는 다음과 같다.

「상법 제14조를 적용하기 위해서는 당해 등기가 등기신청권자의 신청에 기초한 것임을 필요로 하고, 그렇지 않은 경우에는 등기신청권자가 스스로 등기신청을 하지 않더라도 어떤 형태로 당해 등기의 실현에 가공하거나 당해 불실등기의 존재가 판명되었는데도 그 시정조치를 취하지 않고 이를 방치하는 등 당해 등기가 등기신청권자의 신청에 의한 등기와 동일시 할 수 있는 것과 같은 특별한 사정이 없는 한 상법 제14조에 따른 등기명의인의 책임을 긍정할 여지는 없다. … 단순한 이사는 법률에 특별한 규정이 있는 경우를 제외하고는 회사를 대표하여 등기신청 기타의 대외적인 행위를 할 권한이 없고, 위 사안에서는 원래의 대표이사는 사망에 의해 퇴임했기 때문에 회사를 대표하는 권한을 가진 자가 없게 된 경우와 다르지 않기 때문에, 결국 위 등기는 원고 회사의 대표권이 없는 자가 제멋대로 회사 대표자 명의를 모용해서 한 무효인 신청에 기초하는 것이어서 원고 회사의 신청에 기초하여 이루어진 등기라고 할 수는 없다」라고 판시하였다.

(3) 분　　석

위 최고재판소 판결은, 일본 상법 제14조(우리나라 상법 제39조)가 적용되기 위해서는 원칙적으로 등기신청권자가 등기신청을 할 것을 요한다는 입장을 취하고 있다. 다만, 예외적으로 ① 등기신청권자가 스스로 등기신청을 하지 않더라도 어떤 형태로든지 당해 등기의 실현에 가공하는 경우, 또는 ② 당해 불실등기의 존재가 판명되었는데도 그 시정조치를 취하지 않고 이를 방치하는 경우 등 당해 "등기가 등기신청권자의 신청에 의한 등기와 동일시 할 수 있는 것과 같은 특별한 사정"이 있는 경우에는, 상법 제14조에 따른 책임을 긍정할 수 있다고 판시하고 있다. 또한 이사는 회사를 대표하여 등기신청 등 대외적인 거래행위를 할 권한이 없기 때문에 그가 마친 등기는 회사의 신청에 의한 등기와 동일시할 수 없다고 하고 있음이 주목된다. 일본의 통설은 일본 최고재판소의 위와 같은 판시에 찬성하고 있다.

3. 對象 判決의 法理 檢討

상법 제39조의 불실등기 책임이 ① '대표이사의 고의 또는 과실에 기한 불실등기'의 경우, 또는 ② '대표이사의 고의적인 부작위에 기한 방치'의 경우에만 한정하여 적용된다는 입장을 묵수(墨守)하면, '외관보호법리' 또는 '금반언의 법리'에 기한 상법 제39조의 취지를 충분히 살리지 못하게 된다. 대상 판결 전의 대법원 판례 역시 ①과 ②의 경우에만 불실등기 책임이 인정된다는 법리를 정면으로 설시한 바가 없다.

오히려 후에 상술하는 대법원 2002다19797 판결은 분명히 대법원이 그와 같은 입장을 취하지 않고 있음을 보여 주는 판결이다. 주주총회결의 취소·무효·부존재 판결의 소급효를 제한하던 구 상법 규정이 삭제된 현행법 하에서, 회사의 귀책사유 있는 내부사정에 기인한 하자 있는 주주총회결의 또는 이사회결의에서 선임된 대표이사가 제3자와 맺은 거래행위가 일률적으로 무효로 된다면, 이는 거래의 안전을 심각하게 해하게 된다. 위와 같은 경위로 마쳐진 불실등기를 신뢰하고 거래한 제3자를 보호하기 위해서는 대법원 2002다19797 판결의 판시를 담아낼 수 있도록 불실등기 책임에 관한 법리를 보다 가다듬을 필요가 있다.

대상 판결은 이러한 점을 고려하여, 「등기신청권자에 대하여 상법 제39조에 의한 불실등기 책임을 묻기 위하여는 원칙적으로 그 등기가 등기신청권자에 의하여 마쳐진 것임을 요하지만, 등기신청권자가 스스로 등기를 하지 아니하였다 하더라도 그 등기가 이루어지는 데 관여하거나 그 불실등기의 존재를 알고 있음에도 이를 시정하지 않고 방치하는 등 등기신청권자의 고의 또는 과실로 불실등기를 한 것과 동일시할 수 있는 특별한 사정이 있는 경우에는 그 등기신청권자에 대하여 상법 제39조에 의한 불실등기 책임을 물을 수 있다」라고 판시하고 있다.

Ⅳ. 瑕疵 있는 株主總會 또는 理事會 決議에 의하여 選任된 代表理事와 會社의 責任

1. 問題의 所在

주식회사의 이사는 주주총회에서 선임되고(상법 제382조 제1항), 이렇게 선임된 이사 중에서 이사회(또는 정관의 규정이 있는 경우에는 주주총회)의 결의로 대표이사가 선임된다(상법 제389조 제1항). 그런데 이사를 선임한 주주총회의 결의에 하자가 있어 주주총회결의의 효력을 다투는 소(상법 제376조, 제380조, 제381조)가 제기되고 원고 승소의 판결이 내려지면(즉, 이사를 선임한 주주총회결의가 취소되거나 무효 또는 부존재로 판명되면), 그 결의는 소급적으로 효력이 상실된다. 이 경우 그 대표이사(사실상의 대표이사)가 선의의 제3자와 한 거래행위에 대하여 외관법리를 적용하여 제3자를 보호할 수 있는지 여부가 문제된다.

또한 주주총회결의에 의하여 적법하게 선임된 이사들로 구성된 이사회에서 과반수의 결의로 대표이사를 선임하였으나 소집통지 등 그 절차에 하자가 있어 그 선임결의에 대하여 무효확인판결이 내려진 경우에도 이와 동일한 문제가 생긴다.

2. 大法院 判例

(1) 대법원 1974. 2. 12. 선고 73다1070 판결

(가) 사안 및 판단

부존재확인판결이 내려진 주주총회결의 및 그 결의에 의하여 선출되었던 이사들로 구성된 이사회에서 임기가 만료된 대표이사 甲을 다시 대표이사로 선임하고 그 선임등기를 한 사안이다.

대법원은, 「원판결이 주주총회결의 부존재확인청구에 관한 판결의 효력에 상법 제380조, 제190조를 준용하였음은 법리를 오해한 잘못 있기는 하나, 위에서 본 바와 같은 대표이사의 등기를 한 원고 회사로서는 선의의 제3자인 피고에게 대항하지 못한다는 취지에서 피고의 위 근저당권설정등기의 효력을 인정한 원판결의 결론에는 영향을 미치지 않는다」라고 판시하였다. 즉 상법 제39조의 불실등기 책임을 인정한 것이다.

(나) 분 석

비록 임기만료의 대표이사라도 새로 대표이사가 선임되기까지는 대표이사로서의 권리의무를 계속 갖고 있는 점에 비추어 보면, 위 사안의 불실등기는 "대표이사 자신의 고의 또는 과실"에 기한 등기라고 보아도 된다는 점에서, 위 판결은 타당하다고 볼 수 있다.

(2) 대법원 1992. 9. 22. 선고 91다5365 판결

(가) 사안 및 판단

총 7명의 이사 중 1인의 이사가 주주총회의사록과 이사회의사록을 위조하여 다른 이사를 대표이사로 선임한 사안이다.

대법원은, 「회사가 표현대표를 허용하였다고 하기 위해서는 진정한 대표이사가 이를 허용하거나 이사 전원이 아닐지라도 적어도 이사회 결의의 성립을 위하여 회사의 정관에서 정한 이사의 수, 그와 같은 정관의 규정이 없다면 최소한 이사 정원의 과반수의 이사가 적극적 또는 묵시적으로 표현대표를 허용한 경우이어야 할 것이다. 대표이사로 선임등기된 자가 부적법한 대표이사로서 사실상 대표이사의 선임에 있어서 회사에 귀책사유가 있는지를 살피고, 이에 따라 회사에게 표현대표이사로 인한 책임이 있는지 여부를 가려야 할 것이다」라고 판시하였다.

(나) 분 석

위 사안은, 상법 제395조의 표현대표이사의 법리 적용 여부가 쟁점이 되었던 사례이다. 회사의 귀책사유 유무를 판단함에 있어 '대표이사의 허용' 또는 '이사 정원의 과반수 이사의 허용' 여부를 기준으로 제시하고 있는 점이 주목된다. 그리고 여기에서 인정하였던 "회사의 귀책사유"의 판단기준을 상법 제39조의 불실등기 책임에 있어서 회사의 귀책사유의 판단기준과 동일시할 수 있는지 검토할 필요가 있다.

(3) 대법원 2004. 2. 27. 선고 2002다19797 판결

(가) 사 안

원고 회사의 과반수 이상의 주식을 보유한 甲과 乙이 원고 회사의 종전 이사 중 1인을 해임하고 새로운 이사 4명을 새로이 선임하는 내용의 하자 있는 주주총회결의를 거친 후 새로 구성된 이사회에서 종전 대표이사 丙을 해임하고 새로운 이사 4명 중 1인인 丁을 대표이사로 선임한 후 이를 등기하였다. 그 후 丁이 주주총회결의 취소판결이 확정될 때까지 사이에 제3자로부터 금원을 차용하면서 원고 회사 재산에 근저당권설정등기를 경료하였다. 소송에서 그 근저당권설정등기의 유・무효가 쟁점이 되었다.

(나) 대법원의 판시

대법원은, 「주주총회결의의 취소 등에 대한 소급효를 제한하던 종전 상법 규정을 삭제한 개정 상법의 취지에 따라, 이사 선임의 주주총회결의에 대한 취소판결이 확정된 경우 그 결의에 의하여 이사로 선임된 이사들에 의하여 구성된 이사회에서 선정된 대표이사는 소급하여 그 자격을 상실하고, 그 대표이사가 이사 선임의 주주총회결의에 대한 취소판결이 확정되기 전에 한 행위는 대표권이 없는 자가 한 행위로서 무효가 된다」라고 판시하였다.

나아가 대법원은, 「이사 선임의 주주총회결의에 대한 취소판결이 확정되어 그 결의가 소급하여 무효가 된다고 하더라도 그 선임 결의가 취소되는 대표이사와 거래한 상대방은 상법 제39조의 적용에 의하여 보호될 수 있으며, 주식회사의 법인등기의 경우 회사는 대표자를 통하여 등기를 신청하지만 등기신청권자는 회사 자체이므로 취소되는 주주총회결의에 의하여 이사로 선임된 대표이사가 마친 이사 선임 등기는 상법 제39조의 불실등기에 해당된다」라고 판시하면서, 이사 선임의 주주총회결의에 대한 취소판결이 확정된 경우, 상법 제39조에 의하여 회사의 불실등기 책임을 인정하였다.

(다) 분　석

위 대법원 판결은 하자 있는 주주총회결의 및 이사회결의에서 선임된 대표이사의 선임등기에 대하여 회사에게 상법 제39조의 불실등기 책임을 인정한 사례이다. 즉 위 대법원 판결은 「적법한 대표이사가 한 등기가 아니라 하더라도, 등기신청권자인 회사가 신청한 등기와 동일시할 수 있는 사정이 있는 경우에는 상법 제39조의 불실등기 책임을 물을 수 있다」고 본 판례라고 해석할 수 있는 점에서 그 의의가 크다.

3. 日本의 判例

일본 상법은 현행 우리나라 상법과 마찬가지로 주주총회결의 부존재 확인판결에 대하여 소급효를 인정하지 않고 있다. 이 점을 염두에 두고 아래 판결을 살필 필요가 있다.[16)]

(1) 大阪 地方裁判所 1971年(昭和 46年) 7月 17日 判決[17)]

(가) 사 안

대표이사 A가 사망하기 며칠 전에 B에게 명하여 B로 하여금 B를 대표이사로 하는 주주총회결의가 있었던 것처럼 위조하여 불실의 등기를 하도록 시키고 등기를 마친 B가 제3자(원고)에게 위조수표를 발행하여 회사의 수표책임이 문제된 사례이다. 원고의 제소 전에 B를 대표이사로 선임하는 주주총회결의 부존재확인판결이 확정되었다.

(나) 법원의 판단

법원은, 「원고가 거래의 안전을 도모하고 제3자를 보호하는 견지에서 주주총회결의부존재 확인판결의 효력은 원칙적으로 소급하지 않고 따라서 대표이사 B의 수표발행행위는 회사에 대한 관계에서 유효하다고 주장하지만, 위 견해는 당 재판소에 채용하지 아니하는 바이고, 이것에 의한 거래상대방의 보호는 불실등기의 효력규정(상법 제14조) 내지 표현대리의 규정(민법 제109조)을 적용하는 것에 의하여 도모하여야 할 것이다」라고 판시하고, 불실등기에 관한 일본 상법 제14조의 규정에 의하여 회사 책임을 인정하였다.

(다) 분 석

대표이사 자신이 지접 등기신청을 하지 아니하였지만, 대표이사가 사망하기 전에 대표이사의 지시를 받은 B가 자신을 대표이사로 등기한 경우에 "불실등기 책임"을 인정한 사례이다.

---

16) 김건식, "부존재하는 주주총회결의에 기하여 선임된 대표이사와 거래한 제3자의 보호", 「법학」 제34권 제1호, 서울대학교, (1993), 150면.

17) "商事判例硏究", 「ジュリスト」 第578號, 東京大學商法硏究會, (1975), 208-209頁.

(2) **最高裁判所 1971年(昭和 56年) 4月 24日 判決**[18)]

(가) 사　안

무효인 이사회결의에 의하여 선임된 대표이사가 채굴권의 양도 및 이전등기를 하였다. 그 이사회는 당시 대표이사에게 통지하지 아니한 채 소집되어 무효의 결의를 한 것이지만, 5명의 이사 중 3명이 출석하여 대표이사를 새로 선임한 것이다. 그 후 이사회소집통지를 받지 못한 종전의 대표이사가 채굴권을 양도받은 제3자를 상대로 채굴권이전등록의 말소등기를 청구하였다.

(나) 최고재판소의 판단

최고재판소는, 「대표이사에게 통지하지 않고 소집된 이사회에서 대표이사로 선임된 이사가 그 선임결의에 기하여 대표이사로서 그 직무를 행하는 경우에는, 그 선임이 유효한 이사회의 대표이사선임결의라고는 인정될 수 없어 무효인 경우에 해당한다고 하더라도, 상법 제262조의 유추적용에 의하여 대표이사로서 한 이사의 행위에 관하여 선의의 제3자에 대하여 그 책임을 부담한다고 해석함이 상당하다」라고 판시하였다.

(다) 분　석

위 사안은 일본 상법 제14조의 "불실등기 책임"이 쟁점으로 대두된 사례는 아니다. 하지만, 일본의 학설 중에는 대표이사의 선임등기가 된 이상, 제3자의 보호는 "불실등기 책임"을 인정하는 것에 의하는 것이 더 타당하다는 견해가 있다. 이 점은 후술한다.

4. 瑕疵있는 理事會 決議에 의하여 選任된 代表理事와 不實登記의 責任

(1) 일본의 학설

(가) 大阪大學 山口幸五朗 教授[19)]

대표이사의 선임등기가 이루어진 사실상 대표이사가 제3자와 거래행위를 하였는데 그 선임결의에 하자가 있는 것으로 판명된 경우 제3자의 보호

---

18) 山口幸五郎, "取締役會の無效な決議によって選任された代表取締役と商法262條", 「ジュリスト」臨時增刊 第768號, 昭和56年度 重要判例解說, (1982), 101-103頁.

19) 山口幸五郎, 前揭論文, 103頁.

는 (표현대표이사의 법리가 아니라) 오히려 상업등기의 제도에서 구하는 것이 타당하다.

등기된 사항이 사실이 아닌 경우에 그 등기를 신뢰한 제3자를 보호하기 위하여, 표시에 의한 금반언의 법리 내지 외관법리에 기초하여 설계된 것이 불실등기에 관한 상법 제14조이다.

상법 제14조는 불실등기가 등기당사자의 고의 또는 과실에 기하지 않는 경우에는 그 적용이 없으나, 회사가 등기당사자인 경우에 있어서, 회사의 고의 또는 과실은 당해 불실등기가 회사에 귀책사유가 있는가 아닌가에 달려 있는 것이다.

회사와 전혀 관계없는 제3자가 불실등기를 한 경우 및 대표이사로서 선임된 사실이 없는 이사가 회사의 대표자로서 한 신청에 기한 등기는, 그 불실의 등기를 방치 또는 그 실현에 가공하는 등 회사에 귀책사유가 없는 한, 당해 등기가 신청권자의 신청에 기하지 아니한 경우이므로 상법 제14조는 적용되지 아니한다.

그러나 무효인 결의에 의하여 선임된 대표이사가 회사를 대표하여 한 불실등기에 관하여는, 회사에게 위와 같은 귀책사유가 있다고 보아 상법 제14조를 적용하지 않으면 아니된다.

(나) 成蹊大學 肉戸善 助教授[20)]

무효인 이사회결의에 의하여 선임된 대표이사가 행한 채굴권의 양도 및 이전등기에 관하여 일본 상법 제262조를 유추적용한 최고재판소 소화 56년 4월 24일 판결에서는 일본 상법 제14조(불실등기의 효력)는 문제되지 아니하였다. 이 사안에서는 당해 이사회는 대표이사에게 통지하지 아니한 채 소집된 무효의 결의를 하였으나, 5명의 이사 중 3명이 출석하여 결의를 하였다. 위 최고재판소 판결은 이른바 “사실상의 대표이사”의 행위에 관하여 회사의 책임을 긍정한 것이다.

반면, 3인의 이사 중 이사 1인이 단독으로 주주총회의사록 및 이사회의사록을 허위로 작성하여 자신을 대표이사로 등기하고 제3자에게 부동산을

---

20) 肉戸善, “申請権者の申請によらずに行われた不實登記と商法14條の適用“, 「ジュリスト」 別冊 第124號, 商業登記先例判例百選, (1993), 202-203頁.

양도한 사안에서, 최고재판소 소화 55년 9월 11일 판결은 회사의 책임을 부정하였다.

위 소화 56년 판결과 소화 55년 판결은 서로 유사한 사안에서 그 결론을 달리하였는데, 양자에서 공통되는 문제는, 회사 내부의 위계질서 유지의 요청과 회사와 거래를 한 제3자보호의 요청을 어떻게 조절할 것인지의 문제이다. 즉 폐쇄회사 내부의 분쟁에 있어서, 반대파 주주의 이익과 참칭대표이사와 거래를 한 제3자의 이익과의 비교형량인 것이다.

상법 제14조는 어떠한 내부사정(귀책사유)이 있으면, 제3자와의 관계에서 회사는 "등기한 자"로 취급되는가에 한하는 문제가 제기되는 것이고, 상법 제262조는 회사에 어떠한 귀책사유가 있으면 선의의 제3자에게 책임을 지게 되는 것인가가 문제되는 것이다.

상황에 따라서는 참칭대표이사 이외의 회사관계자가 가능한 대항조치를 다하지 아니하였던 것이 회사의 귀책사유를 인정할 수 있는 근거가 될 수 있을 것이다. 그러나 동일한 무효인 이사회결의에 의하더라도 소화 56년 판결의 사안에서는, 이사회의 과반수의 지지가 있었던 것이 명백함에 반하여, 소화 55년 판결의 사안에서는 다른 이사들이 참칭대표이사의 행동에 대하여 명시적으로 혹은 묵시적으로 승인하고 있는지 여부가 명백하지 않기 때문에, 양자의 판결은 그 결론을 달리 내린 것으로 추정된다.

상법 제14조와 상법 제262조는 어느 것을 적용하는가에 따라 그 결론이 달라질 수는 없는 것이다.

(다) 大隅健一郎, 今井 宏[21]

대표이사에 관하여 그 이사 선임결의가 무효 또는 취소되거나 그 대표이사 선임결의가 무효인 경우에도, 그 자를 대표이사로 한 등기가 이루어진 때에는 회사는 그 자의 행위에 관하여 선의의 제3자에 관하여 책임을 지지 않으면 아니된다(상법 제14조의 불실등기 책임). 이러한 이사를 사실상의 이사(de facto director)라고 한다.

외관법리의 적용에 의하여 선임된 대표이사에 관하여 그 선임의 등기가 없는 경우에도 그 선임결의의 성립에 관하여 회사에게 책임을 지워야 할 사

21) 大隅健一郎, 今井 宏, 「會社法論(中)」, 233頁.

정(실질상 회사가 대표이사의 외관을 작출하였다고 인정할 만한 사정)이 있는 경우에는 제262조가 유추적용되어야 하는 것은 명백하다.

(2) 우리나라의 학설

우리나라 학설은 대체로 대표이사의 선임에 회사의 귀책사유가 인정되고, 당해 대표이사가 "등기"까지 경료한 경우에는 상법 제39조의 불실등기 규정이 (우선)적용되어야 한다고 보고 있다.

(가) 불실등기 규정 우선적용설22)

참칭대표이사의 문제는 역시 외관에 대한 신뢰보호의 문제라고 할 수 있으므로, 표현대표이사의 법리나 불실등기의 공신력과 같은 외관책임법리로 해결하는 것일 정도이다.

대법원 판례는 두 가지 중 표현대표이사 법리의 적용가능성만을 인정하고 있다. 그러나 표현대표이사의 법리는 원래 명칭에 대한 신뢰의 보호를 목적으로 하는 것이기 때문에, 참칭대표이사와 같이 등기에 대한 신뢰의 보호에는 적합하지 않다.

결론적으로 등기를 신뢰한 제3자의 보호는 불실등기의 공신력에 관한 제39조에 의하여 달성하는 것이 가장 바람직하다.

(나) 불실등기 규정 우선적용설23)

회사의 대표이사에게 고의·과실 없이 회사의 이사 등이 주주총회의사록 및 이사회의사록을 위조하여 대표이사를 변경등기하고 그러한 대표이사가 제3자와 거래행위를 한 경우에도, 그에 대하여 회사에 귀책사유가 있는 경우에는 굳이 상법 제395조를 유추적용할 것이 아니라, 상법 제39조를 적용하여 회사의 책임을 인정하여야 한다. 상법 제39조의 고의·과실에 기한 불실등기는 적법한 대표이사의 등기신청에 기한 등기가 아니라 하더라도 그에 비견되는 정도의 회사 책임에 기한 신청으로 불실등기가 이루어진 경우도 포함하는 것으로 해석하여야 한다.

주주총회에서 이사를 선임한 결의에는 하자가 없으나 이사회에서 대표

22) 김건식, "부존재하는 주주총회결의에 기하여 선임된 대표이사와 거래한 제3자의 보호", 「법학」 제34권 제1호, 서울대학교 법학연구소, (1993), 157면.

23) 정찬형, 「商法講義(上)」, 861-863면.

이사를 선임한 결의에 하자가 있는 경우에는, 이러한 사실상의 대표이사의 거래행위에 대하여 상법 제395조가 유추적용되어 회사가 책임질 수도 있으나, 사실상의 대표이사가 등기된 경우에는 상법 제39조에 의하여 제3자의 보호는 충분하므로, 다시 상법 제395조를 유추적용할 필요가 없다.

(다) 불실등기 및 표현대표이사 법리 중첩적 적용설[24)]

표현대표이사의 이사선임결의가 무효 또는 취소되거나, 대표이사의 선임결의가 무효로 된 경우에도(사실상의 이사 또는 대표이사) 본조의 적용 또는 유추적용이 인정되어야 한다.

이 경우 이사의 등기가 되어 있으면 회사는 제39조(부실의 등기)에 의하여 그 자의 행위에 대하여 책임을 지게 되겠지만, 그 밖에 본조의 적용 또는 유추적용도 인정되는 것이다.

5. 整　理

(1) 이사나 대표이사 선임에 관한 주주총회 또는 이사회 결의의 하자와 회사의 귀책사유

거래행위는 원칙적으로 회사의 대외적인 문제이므로 대표이사가 대표권을 가진다. 대표이사는 영업양도나 중요한 재산의 처분 등 상법이 주주총회결의나 이사회의 승인을 받도록 한 거래 등이 아닌 한 단독으로 의사를 결정하고 집행하므로, 회사가 참칭의 사실을 알고 있는지 여부는 회사의 영업에 관한 총괄적인 전결 집행권을 가지고 있는 대표이사를 기준으로 결정하는 것이 원칙이다.

그러나 이사 선임에 관한 주주총회결의와 대표이사 선임에 관한 이사회결의가 일단 존재하기는 하지만 그 하자로 인하여 사후에 무효·취소판결이 내려진 경우에는 그 결의가 비록 소급적으로 효력을 상실하더라도, 적어도 회사가 개최하고 소집하고 결의한 절차에 의하여 '대표이사'라는 외관이 작출되고 나아가 그 대표이사에 대한 선임등기까지 경료된 경우에는, 등기신청권자인 '회사'에 귀책사유가 있다고 보는 것이 타당하다. 여기에 선임이 유효

---

24) 주석 상법 [회사(III)], 265-266면.

한 '대표이사'의 행위가 직접적으로 관여되지 아니하였다는 형식적 사정만으로 회사의 귀책사유를 부정하는 것은 타당하지 않다.

(2) 상법 제39조와 상법 제395조와의 관계

하자 있는 주주총회결의 또는 이사회결의에 의하여 선임된 대표이사가 단순히 '명칭'만을 사용한 것이 아니라 '선임등기'까지 마친 경우에는 상법 제395조 이외에 상법 제39조의 적용도 문제된다.

상법 제395조와 상법 제39조는 모두 외관법리 혹은 금반언의 원칙의 적용을 받는 것이므로 특별한 경우를 제외하고는 동일한 사안에 관하여 양자의 책임이 달라져야 할 이유는 없다. 오히려 상법 제395조는 등기된 사실과 다른 외관, 즉 '명칭'에 대한 신뢰를 보호하기 위하여 마련된 규정이므로, '등기'에 대한 신뢰가 문제되는 경우에는 이는 상법 제39조의 문제로 보아 이에 따라 분쟁을 해결하는 것이 타당하다. 종래 판례가 '등기'에 대한 신뢰 및 회사의 귀책사유가 문제된 경우에도 '표현대표이사의 법리'를 적용한 사례가 많았던 것은, 원고 측에서 상법 제39조에 관한 대법원 판례를 이해함에 있어서 마치 '대표이사 자신의 고의 또는 과실'에 기한 경우에만 회사 책임을 인정하는 것으로 이해한 데에 기인하는 것이 아닌가 생각된다. 그 동안의 대법원 판례가 '불실등기 책임'을 의도적으로 인정하지 않고 '표현대표이사 책임'만을 인정하여 왔다고 단정할 수는 없다.

(3) 상법 제39조의 적용 여부 (긍정)

회사가 주주총회결의 또는 이사회결의를 개최하고 결의까지 마친 후 그에 터잡아 선임된 대표이사에 관하여 선임등기를 마치고 그 대표이사가 제3자와 거래행위를 하였는데 그 후 그 결의에 하자가 존재한다는 이유로 그 결의에 대한 취소·무효·부존재 판결 등이 내려진 경우에는, 전체적으로 등기신청권자인 회사의 귀책사유로 불실등기의 외관을 만들어냈다고 평가할 수 있다. 따라서 이 경우에는 회사의 적법한 대표이사가 등기신청을 한 경우는 아니라 하더라도 등기신청권자인 회사의 신청에 의한 등기와 동일시할 수 있는 경우에 해당한다고 평가할 수 있으므로, 이 경우에는 회사에 대하여 불실등기 책임을 인정하는 것이 타당하다.

즉, ① '등기신청 과정에서 대표이사의 고의·과실'뿐만 아니라, ② 적법하지 않은 대표이사를 선임한 절차상의 하자가 있고 그에 관하여 회사의 귀책사유가 인정되고 그로 인하여 불실등기가 이루어진 경우에 있어서도 상법 제39조의 적용을 인정함이 타당하다.

Ⅴ. 株主가 株主總會議事錄을 虛僞로 作成하여 登記를 마친 경우 會社의 不實登記 責任 與否

1. 問題의 所在

'대표이사'가 허위의 주주총회의사록을 작성하거나 제3자로 하여금 작성하게 하여 불실등기를 하게 한 경우에는, 당해 대표이사가 적어도 등기신청의 대표권을 갖고 있는 자이므로, 이는 상법 제39조의 적용이 바로 긍정될 것이다. 이와 달리 그 행위자가 회사와 전혀 무관한 제3자인 경우에는 회사의 귀책사유를 인정하기 어려우므로, 상법 제39조의 책임을 회사에 지울 수는 없을 것이다. 그런데 그 행위자가 회사와 전혀 무관한지 않은 제3자, 특히 주주인 경우에는 어떻게 볼 것인가 문제된다.

2. 株主 등이 株主總會議事錄을 僞造한 경우의 責任

(1) 판　　례

(가) 대법원 1996. 6. 11. 선고 95다13982 판결

원고 회사의 실질적 지배주주인 甲(주주명부상은 총 발행 주식 82,899주 중 78.9%인 65,400주를 자신이 영하는 회사 명의로 소유)이 부채, 임금체불 등으로 인한 어려움을 모면하기 위하여 국외에 체류하면서 乙에게 원고 회사의 주식 일체와 경영권을 양도하기 위하여 국내에 거주하는 대리인 丙 및 원고 회사의 공동대표이사 丁을 통하여 원고 대표이사의 인감 등을 교부하여 乙로 하여금 원고 회사를 사실상 지배하도록 하였다. 그 후 乙이 위 인감 등을 사용하여 주주총회 및 이사회 의사록을 작성하여 자신을 대표이사로 변경하는 등의 조치를 취한 다음 피고 은행과 사이에 근저당권설정계약을 체결한 후 금원을 대출받았다.

이러한 사실관계 하에서 대법원은, 「비결의의 경우에도 의사록을 작성하는 등 주주총회결의의 외관을 현출시킨 자가 회사의 과반수 주식을 보유하거나 또는 과반수의 주식을 보유하지 않더라도 사실상 회사의 운영을 지배하는 주주인 경우와 같이 주주총회결의의 외관 현출에 회사가 관련된 것으로 보아야 할 경우에는 회사의 책임을 인정할 여지가 있다」고 하면서, 위 사건에서 문제가 된 주주총회 및 이사회 결의 등의 외관을 현출시킴에 있어 원고 회사가 관련되었다고 보아야 한다고 판시하였다.

(나) 대법원 1992. 8. 18. 선고 91다14369 판결

원고 회사의 대표이사는 아니지만 주주인 甲이 주주가 아닌 자들을 다방에 불러 모아 놓고 의사록을 작성하여 원고 회사의 대표이사로 재직중이던 소외 乙을 대표이사직 및 이사직에서 해임하고, 소외 丙, 丁을 이사로 선임한다는 내용의 1987. 5. 16.자 주주총회의사록과 丙을 원고 회사의 대표이사로 선임한다는 내용의 이사회의사록을 각 작성하고 이를 이용하여 같은 달 19. 대표이사 변경 등 임원개편의 등기를 마친 후, 원고 회사의 재산 일체를 타에 양도하여 그 소유권이전등기까지 경료한 사안이다.

대법원은, 「상법 제190조의 규정이 준용되는 같은 법 제380조 소정의 결의부존재 확인청구의 소에 있어서의 결의부존재라 함은 표현결의이고 비결의는 여기에 해당하지 않는다고 하면서, 다만 후자의 경우에도 의사록을 작성하는 등 주주총회결의의 외관을 현출시킨 자가 회사의 과반수 주식을 보유하거나 또는 과반수 주식을 보유하지 않더라도 사실상 회사의 운영을 지배하는 주주인 경우와 같이 주주총회결의 외관 현출에 회사가 관련된 것으로 보아야 할 경우에는 전자의 경우에 준하여 회사의 책임을 인정할 여지가 있다」는 취지로 판시하였다.

대법원은, 「甲은 당시 원고 회사의 발행주식 400,000주 중 148,000주를 보유한 주주인바, 과반수 주식은 아니나 가장 많은 주식을 보유한 주주로서 원고 회사의 운영을 사실상 지배하고 있었다면 실질상 부존재의 경우에 준하여 원고 회사의 책임을 인정할 여지가 있으나, 원심 확정사실만으로는 甲이 원고 회사의 대표이사직을 사임한 후에도 계속하여 회사운영을 지배해 왔는지의 여부가 분명하지 않다」고 하여 원심 판결을 파기환송하였다.

위 사건이 파기되었다가 다시 상고된 대법원 1995. 6. 29. 선고 94다

22071 판결에서는, 「甲이 위 주주총회결의의 외관을 만들 당시 위와 같이 주식은 보유하고 있으나 자본금을 출연한 바가 없고 대표이사를 사임하면서 퇴직금까지 받아 원고 회사 경영에서 완전히 물러났고, 乙이 甲의 간섭 없이 독자적으로 원고 회사를 경영하여 왔기 때문에, 甲이 원고 회사를 사실상 지배하여 왔다고 할 수 없다」고 보았다.

(2) 부존재확인 판결의 소급효 제한 판례의 문제점과 한계

1995년 개정 상법 이전에는 주주총회결의하자의 소의 판결의 효력은 소급하지 않았다. 따라서 원고 측이 그러한 소에서 승소의 확정판결을 받더라도 사실상의 대표이사의 거래행위는 당연히 유효하므로 상법 제395조의 책임이나 상법 제39조의 책임이 유추적용될 여지가 없었다. 위와 같이 주주총회결의의 부존재확인판결의 소급효가 제한되던 시절에는, 일단 이사들을 선임한 주주총회결의 자체가 유효하므로, 그 결의에 기초하여 선임된 이사들이 이사회결의를 통하여 대표이사를 선임한 이사회결의도 유효하게 되고, 결국 그 대표이사가 제3자와 거래행위를 한 것도 유효로 되는 구조였다.

상법 제39조나 상법 제395조의 규정은 "금반언의 원칙" 또는 "외관법리"에 기초한 것이고 그 때문에 "회사의 귀책사유"가 요건으로 삽입되는 것이나, "주주총회결의 부존재"의 문제는 "소급효 제한 규정(구 상법 제380조, 제190조 단서)"에 의하여 제3자 보호를 도모하려 하였던 것이므로, 여기에 원칙적으로 "회사의 귀책사유"의 문제는 논리적으로 개입할 여지가 없었다.

다만 비결의와 관련하여, 과거 1995년 상법 개정 전의 판례는 「사실상 회사의 운영을 지배하는 주주가 의사록 등의 외관을 현출시킨 경우에는 외관현출에 회사의 책임이 있다」고 하여 구 상법 제380조, 제190조 단서를 적용하였는데, 이러한 판례의 태도에 대하여는 너무 거칠고 융통성 없는 방법을 통하여 제3자를 보호하려는 것이라는 비판이 있었다.[25] 거래의 안전을 위한 제3자의 보호는 부존재확인판결의 효력이 소급이냐 불소급이냐의 차원에서 다룰 문제가 아니라 외관이론에 의하여 해결할 문제라는 것이 그 비판의 요지이다.[26] 또한 판례에서 말하는 "회사의 운영을 지배하는 자"라든가

25) 김건식, "부존재하는 주주총회결의에 기하여 선임된 대표이사와 거래한 제3자의 보호", 「법학」 제34권 제1호, 서울대학교, (1993), 164-165면.

26) 최기원, "주주총회결의의 부존재확인판결의 효력", 「법률신문」, 제2209호 참조.

"회사와 관계가 있는 자"란 어떠한 자를 말하는 것인지 그 한계가 모호하다는 점에서도 비판을 받았다.[27]

그러나 이제는 구 상법의 소급효 제한 규정이 삭제된 이상, 결국 제3자 보호의 문제는 상법 제39조나 상법 제395조에 의하여 제3자 보호를 도모할 수밖에 없게 된 것이고, 따라서 외관법리의 적용에서 문제되는 "회사의 귀책사유"를 어떻게 해석할 것인가가 문제된다.

앞서 본 바와 같이 주주총회가 일단 개최되고 그 결의 자체는 존재하나 그 결의에 절차상 혹은 내용상 하자가 있어서 취소·무효·부존재확인판결이 확정된 경우에는, 회사 내부의 잘못으로 인하여 대표이사가 선임되고 그로 인하여 대표이사의 선임등기가 경료된 것이다. 따라서 이 경우에는 회사의 귀책사유로 인하여 불실등기가 신청된 것과 동일시할 수 있으므로, 상법 제39조에 의한 회사 책임은 인정될 수 있을 것이다. 그런데 종래 판례는, 「주주총회가 개최되거나 결의 자체가 존재하지 않는데도 주주총회의사록 등을 위조한 자가 "과반수 주주거나 사실상 회사의 운영을 지배하는 주주"인 경우에는 주주총회결의 외관 현출에 회사가 관련된 것으로 보아야 한다」라고 판시하였는바, 과연 상법 제39조의 불실등기 책임에 관하여도 이러한 종래의 판례 법리를 그대로 적용하여 회사의 귀책사유로 불실등기를 신청한 것과 동일시할 수 있는가 문제된다.

3. 過半數 株主 등이 株主總會議事錄을 虛僞로 作成하여 代表理事를 選任하고 登記를 마친 경우 商法 第39條의 適用 與否

과반수 주주의 경우 굳이 주주총회의사록 및 이사회의사록 등을 허위작성하지 않고서도 대표이사에게 주주총회 등을 소집하여 자신이 원하는 임원을 선임하고 그 임원이 이사회에서 대표이사로 선임될 수 있도록 할 권한을 갖고 있다. 그런데도 과반수 주주가 이를 생략한 것은 주로 폐쇄회사 내지 동족회사 등일 가능성이 많고 그 생략도 '절차상의 편의'를 위하여 한 것일 가능성이 많다. 그러나 과반수 미달 주주는 자력으로는 임원선임 주주총회에서 자신이 지지하는 임원을 선임할 권한이 없으므로, 특별한 사정이 없

27) 최기원, 전게논문 참조.

는 한 그가 의사록 등을 허위작성한 행위는 위 과반수 주주의 경우와 동일하게 평가하기는 어렵다.

주식회사는 소유와 경영이 분리되어 임원선임 등은 주주들이 주주총회에서의 과반수 결의에 의하여 선임하고, 회사 경영 및 (등기신청을 포함한) 대외적인 거래행위는 대표이사가 분장하는 것인데, 특정 주주가 회사의 최대주주 등이라는 사정만으로 그의 주주총회의사록 허위 작성 및 이에 기한 대표이사 선임등기 등을 곧바로 '등기신청권자인 회사'의 행위와 동일시할 수 있다고 보기는 어렵다고 본다. 이렇게 되면, 최대 주주 등이 일방적으로 주주총회 의사록 등을 위조하여 대표이사 선임등기를 마치고 행한 법률행위를 모두 유효로 보게 되는 결과를 낳게 된다. 이는 반대파 주주의 정당한 이해관계를 무시하고 회사 내부의 사단법적 질서와 소유와 경영의 분리 구조를 부정하는 결과가 되어 온당하지 아니하다.

종래 주주총회의사록을 허위 작성한 자가 사실상의 지배주주인 경우에는 "주주총회결의 외관 현출에 회사가 관련된 것으로 보아야 한다"는 판례의 법리는, '주주총회결의'의 존재 여부와 관련된 판시이지 그러한 비결의에 의하여 이루어진 대표이사 선임등기가 등기신청권자인 회사의 신청에 의하여 이루어진 등기와 동일시할 수는 있다는 취지가 아니다. "등기신청권자에 의한 등기와 동일시할 수 있는 사유가 있는지" 여부는 구체적·개별적 사안마다 결론을 내려야 할 문제이다.

평소 주주총회나 이사회가 형해화되었고 임원선임이나 대표이사의 회사경영도 지배주주의 일방적인 지시에 따라 이루어졌으며 반대파 주주의 별다른 대항도 없었던 경우에는, 대표이사도 그 최대 주주가 선임한 대표이사 선임등기에 관하여 이를 협조하거나(자신은 스스로 퇴임등기를 하는 것이 보통일 것임) 알면서도 이를 방치·묵인하는 것이 통상일 것이다. 따라서 이와 같은 경우에는 적법한 종전 대표이사의 불실등기에 대한 협조·묵인·방치를 이유로 회사에 대하여 불실등기의 책임을 물을 수 있는 경우가 많을 것이다. 이와 같은 "대표이사의 협조·묵인·방치 등의 사정"은 단순히 최대지분의 주주가 존재한다는 사정만으로 당연히 추인될 수 있는 것은 아니고 별도의 주장·증명을 필요로 하는 사항이다.

그 밖에 '이사회'에서 최대 주주가 주주총회 개최 없이 일방적으로 지명한(이는 '비결의'에 해당할 것이다) 특정 이사를 대표이사로 선임하기로 결의하고 대표이사 선임등기가 마쳐진 경우 상법 제395조의 표현대표이사 책임뿐만 아니라 상법 제39조의 불실등기 책임도 인정될 수 있다.

요컨대 「주주총회의사록 등을 위조한 자가 사실상 회사의 운영을 지배하는 주주인 경우에는 주주총회결의 외관 현출에 회사가 관련된 것으로 보아야 한다」라는 종래의 판례의 법리는 불실등기 책임의 경우에 바로 원용하기는 어렵다. "사실상 회사의 운영을 지배하는 주주"라는 개념이 다소 모호하고, 단순히 특정 주주가 최대 주주라는 사정만으로 그의 주주총회의사록 위조 등을 가리켜 곧바로 회사의 귀책사유를 인정하고 '불실등기 책임'을 인정할 수는 없다. 앞서 본 바와 같이 사정이 추가로 인정되어야만 불실등기 책임을 회사에게 물을 수 있다고 본다. 즉, 최대 주주 등이 의사록 허위 작성 등에 관여한 경우에는 위와 같은 '대표이사의 협조·묵인·방치' 등 추가적인 사정의 주장·증명을 통하여 회사가 책임을 질 수 있음을 긍정하되, 구 상법 시절의 부존재확인 판결에 대한 대법원 판례와는 달리 상법 제39조의 규정 내용에 맞게 "등기신청권자인 회사가 등기신청을 한 것으로 볼 수 있는지(동일시 할 수 있는지)" 및 "등기신청권자인 회사에 귀책사유가 있는지"를 판단하는 방식으로 전환할 필요가 있는 것이다.

4. 對象 判決의 判示

대상 판결은, 「등기신청권자 아닌 사람이 주주총회의사록 및 이사회의사록 등을 허위로 작성하여 주주총회결의 및 이사회결의 등의 외관을 만들고 이에 터잡아 대표이사 선임등기를 마친 경우에는, 주주총회의 개최와 결의가 존재는 하지만 무효 또는 취소사유가 있는 경우와는 달리, 그 대표이사 선임에 관한 주식회사 내부의 의사결정은 존재하지 아니하여 등기신청권자인 회사가 그 등기가 이루어지는 데 관여할 수 없었을 것이므로…」라고 판시하고 있다. 이 부분 판시는, 주주총회의 개최와 결의가 존재하고 이에 기하여 대표이사 선임등기가 경료되었으나 후에 무효 또는 취소된 경우와, 등기신청권자 아닌 사람이 주주총회의사록 및 이사회의사록 등을 허위로 작성하여 주주총회결의 및 이사회결의 등의 외관을 만들고 이에 터잡아 대표이사 선임등기를 마친 경우는, 상법 제39조의 불실등기 책임 유무를 판단함에 있어서 서로 구별되어야 한다는 취지를 밝힌 것이다.

또한 대상 판결은, 「달리 회사의 적법한 대표이사가 그 불실등기가 이루어지는 것에 협조·묵인하는 등의 방법으로 관여하였다거나 회사가 그 불실등기의 존재를 알고 있음에도 시정하지 않고 방치하는 등 이를 회사의 고의 또는 과실로 불실등기를 한 것과 동일시할 수 있는 특별한 사정이 없는 한, 회사에 대하여 상법 제39조에 의한 불실등기 책임을 물을 수 없고, 이 경우 위와 같이 허위의 주주총회결의 등의 외관을 만들어 불실등기를 마친 사람이 회사의 상당한 지분을 가진 주주라고 하더라도 그러한 사정만으로는 회사의 고의 또는 과실로 불실등기를 한 것과 동일시할 수는 없다」라고 판시하고 있다. 이 부분 판시는 그 행위자가 단순히 상당한 지분을 가진 주주라는 사정만으로는 회사의 고의·과실로 등기한 것과 동일시할 수 없고, 그 행위가 "회사의 적법한 대표이사가 그 불실등기가 이루어지는 것에 협조·묵인하는 등의 방법으로 관여하였다거나 회사가 그 불실등기의 존재를 알고 있음에도 시정하지 않고 방치하는 등 이를 회사의 고의 또는 과실로 불실등기를 한 것과 동일시할 수 있는 경우"에 한하여 상법 제39조의 불실등기 책임을 물을 수 있다는 취지를 밝힌 것이다.

Ⅵ. 이 事件의 解決

1. 소외 乙은 單獨으로 理事 및 代表理事를 選任할 權限이 없음

이 사건에서 소외 乙은 비록 대주주이기는 하나 50%의 주식을 소유함에 그치고, 다른 50%는 상호 견제관계에 있는 반대파 주주인 소외 甲이 보유하고 있다. 따라서 소외 乙 단독으로는 이사 및 대표이사를 마음대로 선임할 수 없는 상태에 있었다. 당초 대표이사로 선임된 자는 소외 甲의 자부로서 소외 甲 측의 이사였던 점에 비추어 보더라도 그러하다. 따라서 소외 乙이 원고 회사를 단독으로 지배하고 있다는 전제는 성립하기 어렵다.

소외 乙이 소외 丙을 대표이사로 선임하는 내용의 주주총회의사록 등을 허위로 작성한 것은, "사실상 乙의 결정이 주주총회결의와 마찬가지이므로 이 절차를 생략해도 된다"는 취지에서가 아니라, "乙 혼자서는 이사 및 대표이사 교체가 불가능하므로 위조를 통해서라도 乙의 의사를 관철하겠다"는 취지이다. 이러한 행위를 가리켜 "회사에 귀책사유 있는 행위" 혹은 "회사가 한 행위와 동일시할 수 있는 행위"라고 평가하기는 곤란하다.

또한 이 사건에서 원고 회사의 적법한 이사 3인 중 과반수 이사들이 참석하여 소외 丙을 대표이사로 선임하기로 결의하였다거나 추인하였다는 등의 사정도 찾아볼 수 없다.

2. 소외 甲의 行爲를 原告 會社의 登記申請 行爲와 同一視하기 어려움

이 사건에서, 상법 제39조를 적용하기에 앞서 상법 제395조의 적용이 가능한지를 먼저 살펴본다. 앞서 본 대법원판례에서 설정한 기준들에 따르면, 회사의 귀책사유를 인정하기 어려워 그 대표이사의 행위에 대하여 표현대표이사의 법리를 적용하기 곤란할 것이다.

또한, 이 사건에서 상법 제39조를 적용하기 어렵다는 결론은 동일하다. 소외 乙의 행위는 자신이 단독으로 각종 서류를 위조하여 등기를 한 것에 불과하고, 그가 50%의 주식을 소유하고 있다고 하여 그것을 회사에 대한 관계에서 제3자가 위조한 행위와 달리 볼 이유는 없다. 위 과정에서 원고 회사의 대표이사가 위와 같은 행위를 알고도 방치하였다는 사정이 있으면 모르되, 그러한 사실이 인정되지 않는다면 단순히 모르고 방치하였다는 사정만으로 원고 회사의 불실등기 책임을 인정하기는 어렵다. 이 사건 불실등기는 원고 회사의 대표이사에 의하여 이루어진 등기도 아니고, 달리 원고 회사의 신청에 의한 등기와 동일시할 수 있는 사정이 증명되었다고 보기 어려우므로, 이러한 상태에서는 원고 회사에 대하여 상법 제39조의 불실등기 책임을 묻는 것은 곤란하다.

Ⅶ. 對象 判決의 意義

대상 판결은, 회사에 대하여 상법 제39조의 불실등기 책임을 물을 수 있는 경우에는 "대표이사의 고의·과실에 기한 등기신청" 이외에도 "등기신청권자인 회사의 귀책사유에 의하여 불실 대표이사 선임등기가 이루어진 것과 동일시할 수 있는 경우"가 포함될 수 있음을 최초로 명시적으로 판시하고 있다. 그리고 「이러한 법리에 터잡아 주주총회의 개최와 결의가 존재하고 이에 기하여 대표이사 선임등기가 경료되었지만 뒤에 그 결의에 대하여 무효 또는 취소판결이 내려진 때에는, 회사에 대하여 상법 제39조의 불실등기책임을 지울 수 있다」라는 취지로 판시하고 있다. 이는 1995년 개정 상법이 부존재확인 판결 등의 불소급효를 규정한 단서를 준용하지 않기로 함에 따라, 하자 있는 주주총회결의 등에 의하여 선임되고 등기된 대표이사와 거래한 선의의 제3자를 어떻게 보호할 것인가에 관하여, 대법원 2002다19797 판결의 판시 논거를 보강하되 그 판시를 재확인한 것이다.

또한 「회사에 상당수의 지분을 가진 주주가 주주총회의사록을 허위로 위조하여 대표이사 선임등기를 마친 경우, 단순히 그러한 사정만으로는 곧바로 그의 주주총회의사록 위조 등을 가리켜 회사의 귀책사유를 인정하고 '불실등기 책임'을 물을 수는 없고, 상법 제39조의 규정 요건에 맞게 "등기신청권자인 회사가 등기신청을 한 것으로 볼 수 있는지(동일시 할 수 있는지)" 및 "등기신청권자인 회사에 귀책사유가 있는지"에 따라 상법 제39조의 불실등기 책임 유무를 판단하여야 한다」라고 판시하고 있다. 이 점은 종래의 비결의에 관한 대법원 1992. 8. 18. 선고 91다14369 판결과 구별되는 새로운 판시를 내린 것으로서 그 의의가 크다.

株主總會의 理事 選任決議와 理事 地位의 取得時期*

金 成 珍**

◎ 대법원 2011. 7. 28. 선고 2009다86918 판결

[事實의 槪要]

(1) 피고 주식회사는 석재의 유통가공업 등을 목적으로 하여 설립된 주식회사이고, 원고는 2007. 11. 5.부터 2008. 7. 23.까지 피고 회사의 대표이사로 재직하고 있었다.

(2) 피고 회사는 2008. 7. 11.에 주주총회를 개최하여 A를 포함한 새로운 이사와 감사를 선임하였다.

(3) 2008. 7. 11.자 주주총회에서 피고 회사의 이사로 새로 선임된 A는 2008. 7. 23.에 이사회를 소집하여 피고가 퇴장한 후에 이사회를 속개하여 새로운 대표이사를 선임하는 결의를 하였다.

(4) 원고의 청구 중에서 이 사건의 2008. 7. 23.자 이사회 소집절차 상에 하자가 있어 무효라는 주장이 있다.

[訴訟의 經過]

(1) 원심인 고등법원은, 주식회사가 성립된 후의 이사는 주주총회에서 보통결의로 선임하고 이사의 선임에 관한 주주총회의 결의는 피선임자를 회사의 기관인 이사로 한다는 취지의 회사 내부의 결정에 불과하므로 이사선

* 제29회 상사법무연구회 발표 (2012년 11월 10일)
본 평석은 "이사 지위의 취득시기에 관한 소고 -미국과 프랑스 법을 중심으로-", 「경영법률」 제23권 제1호, 한국경영법률학회, (2012)에 게재하였음.

** 중원대학교 법학과 교수, JD/SJD

임의 효과가 발생하기 위해서는 주주총회에 의한 선임결의가 이루어진 것만으로 충분하지 않고, 피선임자와 회사와 사이에 임용계약이 체결되어야 한다고 판시한 대법원 판결[1])을 참조하여 판단하였다.

(2) 원심의 판단에 의하면, 「A가 원고에게 이사회 소집을 요구하거나 스스로 이 사건 2008. 7. 23.자 이사회 소집통지를 할 당시 2008. 7. 11.자 주주총회에서 이사선임의 결의만 있었을 뿐이고 당시의 피고 회사의 대표이사로 있던 원고와 사이에 명시적 또는 묵시적인 임용계약을 체결하였다고 보기 어려우므로 아직 피고 회사의 이사로서의 지위를 취득하였다고 할 수 없다」라고 하여 원고의 손을 들어주었다.

[判決의 要旨]

원심의 결정에 대하여 상고한 대법원 2011. 7. 28. 선고 2009다86918 판결은 이렇게 주주총회에서 이사로 선임된 자가 회사와 사이에 임용계약을 체결하지 아니한 상황에서 이사회소집요구를 하였기 때문에 그가 적법하게 이사회소집을 요구할 수 있는 이사로서의 지위를 취득하였는지 여부가 문제된 사안이었다. 그러나 대법원은 이에 관한 직접적인 판단은 다음과 같은 이유로 보류하였다. 즉 대법원은 주식회사의 이사가 회사를 상대로 제기한 소에서 감사가 아닌 대표이사가 회사를 대표하여 한 소송행위의 효력 및 이사가 감사가 아닌 대표이사에 대하여 한 소송행위의 효력은 무효라고 직권으로 판단하여 원심 법원으로 파기환송하였다.

[評 釋]

Ⅰ. 序 說

본 사안에서는 판단을 보류하였으나 앞으로 이러한 이사 지위의 취득시기와 관련하여 논란의 여지가 여전히 남아있기 때문에, 주주총회에서의 이사선임결의만으로 피선임자가 회사와 임용계약 체결 없이 회사에 대하여 이사

---

1) 대법원 1995. 2. 28. 선고 94다31440 판결; 대법원 2005. 11. 8.자 2005마541 결정 등.

로서의 지위를 취득하는지 여부에만 초점을 두고 논의하도록 한다. 먼저, 제II장에서 주주총회에서의 이사선임결의와 피선임자의 그에 대한 동의만으로 피선임자가 회사에 대하여 이사로서의 지위를 취득하였다고 보는지 또는 그 이외에 별도로 피선임자가 회사와 사이에 임용계약을 체결하여야 회사에 대하여 이사로서의 지위를 취득하는 것인지 여부에 관하여 대법원의 판례와 우리나라 학설의 대립을 검토한다. 제III장에서는 미국의 이사제도에 관하여 살펴보고, 미국법상 주주총회에서의 이사선임 결의만으로 피선임자가 회사와 임용계약 체결 없이 회사에 대하여 이사로서의 지위를 취득하는지 여부에 관하여 미국의 판례를 통하여 논의하도록 한다. 제IV장에서 프랑스의 이사제도를 알아보고, 이사 지위의 취득시기에 관한 프랑스의 법적 태도를 검토한다. 제V장에서는 이사 또는 감사의 지위 취득시기에 관하여 임용계약의 체결이 필요하다는 입장을 취하는 대법원 판례의 문제점을 검토하고 이러한 문제점을 해결할 수 있는 방안을 제시한다. 마지막, 제VI장에서는 이사 또는 감사의 지위 취득시기에 관하여 임용계약의 체결이 필요하다는 입장을 취하는 대법원 판례의 변경을 제언하며 이글을 마무리한다.

Ⅱ. 理事 地位의 取得時期에 관한 判例와 學說

1. 大法院 判例

주주총회에서의 이사선임 결의만으로 피선임자가 회사와 임용계약 체결 없이 회사에 대하여 이사로서의 지위를 취득하는지 여부에 관하여, 이사의 선임절차와 동일한 감사의 선임에 관한 두 개의 대법원 판결이 있다. 대상 사안인 대법원 2011. 7. 28. 선고 2009다86918 판결의 원심 법원도 이 감사선임에 관한 대법원 판결을 인용하여 판단하였다. 또한 이사 지위의 취득시기를 직접 언급한 대법원 판결도 존재한다.

대법원 판결을 살펴보기 전에 이사지위의 취득시기와 감사지위의 취득시기를 동일하게 취급할 수 있는지에 관한 선결 문제를 논의하도록 한다. 상법 제382조,[2] 제409조,[3] 제415조[4]에 의하면 이사와 감사는 동일하게 주주

2) 상법 제382조 (이사의 선임, 회사와의 관계 및 사외이사) ① 이사는 주주총회에서 선임한다. ② 회사와 이사의 관계는 '민법'의 위임에 관한 규정을 준용한다.

총회를 통하여 선임되며, 회사와의 관계에 대하여는 민법의 위임에 관한 규정이 적용되므로, 이사 지위의 취득시기와 감사 지위의 취득시기를 동일하다고 보아야 할 것이다. 다만 다음과 같은 근거로 이사 지위의 취득시기와 감사 지위의 취득시기가 다르다고 주장할 수도 있다. 이사의 선임결의와 다르게 감사의 선임결의에 있어서는 상법 제409조 제2항과 제3항의 규정에 의하여 정관으로 제2항의 비율보다 낮은 비율을 정한 경우를 제외하고는 의결권 없는 주식을 제외한 발행주식총수의 100분의 3을 초과하는 수의 주식을 가진 주주는 그 초과하는 주식에 관하여 제1항의 감사의 선임에 있어서는 의결권을 행사하지 못한다. 그러나 이러한 상법 제409조 제2항과 제3항은 감사의 선임결의 방법을 규정한 것이므로 이 규정을 인용하여 이사 지위의 취득시기와 감사 지위의 취득시기가 다르다고 주장할 수는 없을 것이다. 따라서 상기한 바와 같이 이사 지위의 취득시기와 감사 지위의 취득시기를 동일하게 보아야 할 것이다.

이제 이사 지위의 취득시기에 관한 대법원 판례를 검토하도록 한다. 첫째, 대법원 1995. 2. 28. 선고 94다31440 판결에서 감사 지위의 취득시기와 요건에 관하여 다음과 같은 판시를 하였다. 주식회사와 임용계약을 체결하고 새로이 회사의 감사의 지위에 취임하여 감사로서의 직무를 수행할 권리와 의무를 가지게 된 자로서는, 아직 감사로서 회사등기부에 등재되지 아니한 상태라면 등기에 의하여 선의의 제3자에 대항할 수 없어 완전한 감사로서의 직무를 수행할 수 없으므로, 회사에 대하여 회사와의 임용계약에 기하여 회사등기부상 감사변경의 등기절차의 이행을 구할 수 있으나, 감사의 선임에 관한 주주총회의 결의는 피선임자를 회사의 기관인 감사로 한다는 취지의 회사 내부의 결정에 불과한 것이므로, 주주총회에서 감사선임결의가 있었다고 하여 바로 피선임자가 감사의 지위를 취득하게 되는 것은 아니고, 주주총

---

3) 상법 제409조 (선임) ① 감사는 주주총회에서 선임한다.
② 의결권 없는 주식을 제외한 발행주식의 총수의 100분의 3을 초과하는 수의 주식을 가진 주주는 그 초과하는 주식에 관하여 제1항의 감사의 선임에 있어서는 의결권을 행사하지 못한다.
③ 회사는 정관으로 제2항의 비율보다 낮은 비율을 정할 수 있다.

4) 상법 제415조 (준용규정) 제382조 제2항, 제382조의4, 제385조, 제386조, 제388조, 제400조, 제401조와 제403조 내지 제407조의 규정은 감사에 준용한다.

회의 선임결의에 따라 회사의 대표기관이 임용계약의 청약을 하고 피선임자가 이에 승낙을 함으로써 비로소 피선임자가 감사의 지위에 취임하여 감사로서의 직무를 수행할 수 있게 되는 것이므로, 주주총회에서 감사선임의 결의만 있었을 뿐 회사와 임용계약을 체결하지 아니한 자는 아직 감사로서의 지위를 취득하였다고 할 수 없고, 따라서 감사로서의 지위에서 회사와의 임용계약에 기하여 회사에 대하여 감사선임등기가 지연됨을 이유로 감사변경의 등기절차의 이행을 구할 수 없다.

둘째, 대법원 2005. 11. 8.자 2005마541 결정에서 감사지위의 취득시기와 그 요건에 관하여 다음과 같이 판단하였다. 즉 감사의 선임에 관한 주주총회의 결의는 피선임자를 회사의 기관인 감사로 한다는 취지의 회사 내부의 결정에 불과한 것이므로, 주주총회에서 감사선임 결의가 있었다고 하여 바로 피선임자가 감사의 지위를 취득하게 되는 것은 아니고, 주주총회의 선임결의에 따라 회사의 대표기관이 임용계약의 청약을 하고 피선임자가 이에 승낙을 함으로써 비로소 피선임자가 감사의 지위에 취임하여 감사로서의 직무를 수행할 수 있게 되는 것이므로, 주주총회에서 감사 선임의 결의만 있었을 뿐 회사와 임용계약을 체결하지 아니한 자는 아직 감사로서의 지위를 취득하였다고 할 수 없다.

넷째, 대법원 2009. 1. 15. 선고 2008도9410 판결에서 이사 또는 감사 지위의 취득시기에 관한 판시는 다음과 같다. 회사가 설립된 이후의 상법상 회사의 이사 또는 감사의 지위는 주주총회 등의 선임결의가 있은 후 회사와 임용계약을 체결함으로써 취득하게 되는 것일 뿐 그 취임등기가 마쳐졌는지 여부와는 무관하므로, 피고인들이 당해 회사의 이사 또는 감사의 지위에 있는지 여부를 결정함에 있어서는 취임등기가 마쳐진 시점을 기준으로 할 것이 아니라 임용계약의 효력이 발생하는 시점을 기준으로 하여야 한다.

이와 같이 이사 또는 감사의 지위 취득시기에 관한 대법원 판결은 모두 이사 또는 감사 선임의 효력 발생을 위해서는 주주총회의 선임결의와 함께 회사의 대표기관과 이사 또는 감사 선임이 된 사람 사이에 임용계약의 체결이 필요하다는 태도를 취하고 있다.

2. 우리나라의 學說

우리나라의 학설은 주주총회에서의 이사선임 결의와 피선임자의 그에 대한 동의만으로 피선임자가 회사에 대하여 이사로서의 지위를 취득하였다고 보는지 또는 그 이외에 별도로 피선임자가 회사와의 사이에서 임용계약을 체결해야 회사에 대하여 이사로서의 지위를 취득하는 것인지 여부에 관하여 대립하고 있다.

먼저, 임용계약 체결이 필요하다는 견해는, 이사나 감사로 선임된 자가 주주총회의 선임결의만으로 그 지위를 취득하는 것이 아니라 회사와 임용계약을 체결함으로써 이사나 감사의 지위를 취득한다는 입장이다.[5] 이에 대립하는 임용계약 체결이 필요 없다는 견해는, 이사 또는 감사 선임결의는 창설적 효력을 갖는 행위로서 그 자체에 청약의 효력이 있는 것으로 간주하여야 하고 따라서 선임결의가 있으면 피선임자가 그에 대하여 동의하는 즉시 이사나 감사의 지위를 취득한다는 입장이다.[6] 이러한 임용계약 체결이 필요 없다는 견해의 근거는 다음과 같다. 이사 또는 감사 지위의 취득을 위하여 주주총회의 선임결의와 피선임자의 승낙 이외에 임용계약의 체결을 요건으로 한다면, 회사의 대표기관이 이사 또는 감사로 선임된 사람에게 임용계약의 청약을 하지 않는 경우에 그 피선임자가 이사나 감사에 취임하는 것은 불가능해지는 문제가 발생하기 때문이다.

Ⅲ. 理事 地位의 取得時期에 관한 美國의 態度

이 부분에서는 미국의 이사제도에 관하여 간단하게 살펴보고, 미국법상 주주총회에서의 이사선임 결의만으로 피선임자가 회사와 임용계약 체결 없이 회사에 대하여 이사로서의 지위를 취득하는지 여부에 관하여 미국의 판

---

5) 정찬형, 「상법강의(상)」, 박영사, (2011), 840면; 최기원, 「신회사법론」, 박영사, (2009), 565면; 손주찬 · 정동윤 編, 「주석 상법 [회사(Ⅲ)]」 제4판, 한국사법행정학회, (2003), 186면; 김수형, "상업등기청구권의 인정 여부와 감사선임에 관한 주주총회결의의 법적 성질", 「대법원판례해설」, 제23호, 법원도서관, (1995), 188면.

6) 이철송, 「회사법강의」, 박영사, (2011), 547면 ; 채동헌, "감사 선임결의에 따른 임용계약이 없는 경우 감사의 지위", 「상장」, 상장회사협의회, (2007), 115-116면; 이상훈, "주주총회의 감사 선임결의와 임용계약", 「지배구조연구」, (2006), 61-62면; 정준우, "감사의 법적 지위에 관한 비판적 검토", 「상사판례연구」, 제19집 제1권, (2006), 43면.

례를 통하여 논의하도록 한다.

1. 美國의 理事

미국의 경우, 이사(director)는 임원(officer)의 직무집행을 감독하고 회사의 업무집행에 관한 의사결정에 참여하는 권한을 가지는 자로서, 이사회의 구성원이다.[7)]

(1) 이사의 선임[8)]

이사는 원칙적으로 정기주주총회에서 선임되고 해임된다.[9)] 주주는 이사의 선임을 통하여 회사에 대한 지배권을 행사하게 된다. 이사의 선임은 주주총회의 전속적인 관할 사항이므로 이사의 선임권한을 주주총회가 아닌 다른 기관에 위임하는 기본정관 등의 규정은 무효가 된다. 그러나 대부분의 주제정법은 이사의 결원이 발생하는 경우에는 정기주주총회의 소집 시까지 기다리지 않고 이사회가 보충선임할 수 있도록 규정을 두고 있다.[10)] 기본정관에 다른 규정이 없으면 이사의 선임을 위한 의사정족수(quorum)는 통상 의결권 있는 주식의 과반수 출석이고, 결의요건(voting requirement)은 다수결에 따르게 된다.[11)]

(2) 사실상의 이사(de facto director)

이사의 자격요건을 구비하지 못한 경우라고 하더라도, 이러한 이사의 선임결의는 무효(void)가 아니고 무효로 할 수 있는 것(voidable)이다. 따라서 적법한 절차에 의하여 선임결의가 무효로 될 때까지는 그의 행위는 이사의 행위로 적법하다고 간주한다. 이러한 이사는 소위 '사실상의 이사'(de facto director)라고 부르고 다른 이사와 마찬가지로 신인의무(fiduciary duty)가 있는 것이다.

---

7) 임재연, 「미국기업법」, 박영사, (2009), 401면.

8) 회사의 설립시 최초의 이사는 기본정관에 기재됨으로써 선임되거나 발기인의 창립총회(organization meetings of incorporators)에서 선임된다.

9) 미국모범회사법(MBCA) § 8.03 (c) Directors are elected at the first annual shareholders' meeting and at each annual meeting thereafter unless their terms are staggered under section 8.06.

10) 미국모범회사법 § 8.10 참조.

11) 미국모범회사법 § 7.25(a), § 7.28(a).

2. 美國의 判例

(1) 이사직의 수락

이사는 주주총회의 선임결의만으로 이사의 지위를 취득하는 것이 아니고, 본인이 이사직을 수락하여야 이사의 지위를 취득하는 것이다.[12] 아칸소주 대법원의 Zimmerman v. Western & Southern Fire Ins. Co. 판결[13]은 원고인 보험회사가 피고인 은행의 임원과 이사를 상대로 은행의 부실경영으로 인해 손실된 자금을 회복하기 위한 소를 제기한 사안이다. 이 사안의 피고 중에 Zimmerman은 자신이 그 당시 은행의 이사가 아니었다는 항변을 하였다. 사실관계를 살펴보면, 주주총회의 이사선임 후에 피고의 이사직 수락, 피고의 이사회 참석, 그리고 피고가 이사로 선임된 사실의 인식 등에 관한 아무런 증거가 없는 상황이었다. 아칸소주 대법원은 이사의 임무수행 실패로 인한 책임을 지우기 위해서는 본인이 이사의 지위를 반드시 수락하여야 한다고 판시하였다.[14]

West Leechburg Steel Co. v. Smitton 판결[15]에서, 법원은 회사의 이사로 선임된 주주에게 회사의 어느 누구도 그에게 이러한 사실을 통지하지 않았고 그 주주가 이사직을 수락하지도 않았으며 한번이라도 이사회의 회의에 참석한 사실도 없고 또한 어떠한 서류에도 이사로서 서명한 사실이 없다면, 그 주주에게 회사에 대한 책임을 물을 수 없다고 결론을 내렸다. 동 법원은 이사로 선임된 사람의 인지 없이 그 사람을 이사로 만들 수 없다라는 취지로 판시하였다.[16]

Professional Balance Co. v. Fulton & Assocs. Balance Co. 판결[17]의 원고는 건물의 난방과 에어컨을 관리하는 회사였고, 피고는 원고 회사의 부

---

12) Cohen v. Miller, 5 N.J. Super. 451 (Ch.Div. 1949); Christ v. Lake Erie Distributors, Inc., 51 Misc. 2d 811, 814 (N.Y. Sup. Ct. 1966)("Election alone does not make the person elected a director; there must also be an acceptance, ...").

13) 121 Ark. 408, 412 (Ark. 1915).

14) There must be an acceptance of the office of director before any liability can flow from the failure to discharge the duties of the office.

15) 280 Mich. 180 (Mich. 1937).

16) The court stated that the selection of a person as an officer without his knowledge will not make him such an officer.

17) 1999 Ohio App. LEXIS 1692 (Ohio Ct. App., Lake County Apr. 16, 1999)

사장으로 근무하였던 직원이었다. 주주총회를 통하여 피고를 이사로 선임하였지만, 피고가 이사직을 수락하였다는 사실, 피고가 이사회에 참석하였다는 사실, 그리고 피고가 이사로 선임된 사실을 인식하였다는 아무런 증거가 없었다. 동 사안의 피고들이 퇴사하여 자신들의 난방과 에어컨을 관리하는 회사를 설립하여 운영하였고, 이에 원고회사가 피고들을 상대로 신인의무 위반을 원인으로 하는 소를 제기하였다.

오하이오주 항소법원은 누구든지 자신의 의사에 반하여 비자발적으로 회사의 이사가 될 수 없다고 판시하였다. 그 이유는 만약 비자발적으로 회사의 이사가 된다면, 회사는 경쟁자가 될 가능성 있는 자를 이사로 선임하여 이후 회사와 경업하려는 자에게 신인의무 위반을 원인으로 하는 소를 제기함으로써 효과적으로 경쟁자를 제거할 수 있게 된다는 것이다.[18]

(2) 이사직 수락의 형태

이사직의 수락은 명시적(express)일뿐만 아니라 묵시적(implied)으로도 가능하다. 뉴욕주법원은 Christ v. Lake Erie Distributors, Inc. 판결[19]에서 이사는 주주총회의 선임결의만으로 이사의 지위를 취득하는 것이 아니라, 본인이 이사직을 명시적 또는 묵시적으로 수락하여야 이사의 지위를 취득하는 것이라고 판시하였다.[20] TURNER v. HARTMAN 판결[21]의 원고들은 주식브로커에게 사기를 당한 사람들이었고 피고를 상대로 당해 회사의 임원 또는 이사로서의 책임을 물어 손해배상 청구소송을 제기하였다. 그러나 피고는 당해 회사의 주주총회의 선임결의 후에 자신이 임원 또는 이사직을 결코 수락하지 않았기 때문에 동 회사의 이사로서의 책임을 질 수 없다고 주장하였다. 피고의 근거는 주주총회의 선임결의로 지명된 사람은 본인이 이사직을 명시적 또는 묵시적으로 수락하지 않으면 그에게 이사의 의무를 부과할 수 없다는 것이다.[22] 이에 미시간 항소법원은 사실심에서 이러한 피고의 주장

---

18) One cannot involuntarily become a director of a corporation. Under such a framework, a corporation could effectively eliminate its competition by electing any possible competitor to its board of directors, then bringing suit for breach of fiduciary duty for any who tried to compete with it.

19) Christ, 51 Misc. 2d 814.

20) "Election alone does not make the person elected a director: there must also be an acceptance, either express or implied"

21) 2005 Mich. App. LEXIS 1564 (Mich. Ct. App. June 23, 2005).

을 심리하지 않은 잘못이 있다는 이유로 파기환송하였다.

주주총회에서 정당하게 선임된 이사는 단순히 이사의 임무를 수행하는 것만으로 그 수락의 요건을 충족시킬 수 있다. Union Bank of Buffalo v. Keim 판결[23]의 피고는 자신이 주주총회를 통해 이사로 선임되었지만 본인이 이사직을 수락하였다는 것은 입증되지 않았다고 주장하였다. 그러나 뉴욕주 대법원은 피고가 이사회 회의에 한번 참석하였다고 진술하였기 때문에 이러한 사실은 피고가 이사 선임 후에 이사직을 수행하여 그 임무를 수락하였다는 명백한 증거라고 판단하였다.

Cumberland Publishing Co. v. Adams Real Estate Corp. 판결[24]의 원고인 소수주주가 피고인 회사, 임원, 그리고 이사를 상대로 회사의 부실경영을 원인으로 발생한 손해의 회복을 위한 소를 제기하였다. 사실심법원은, 선서를 하거나 수락을 하여 이사의 지위를 취득한 자가 없었기 때문에 피고 회사의 이사회와 임원이 합법적으로 구성되지 않았다고 판시하여, 회사에 재산관리인(receiver)을 선임하였다. 그러나 켄터키주 항소법원은 회사의 이사회가 합법적으로 구성되지 않아서 재산관리인(receiver)이 필요하다는 사실심법원의 결정에 잘못이 있다고 판시하였다. 그 이유는, 이사나 임원이 그 직위를 위한 선서를 하거나 형식적인 절차를 통하여 그 선임을 수락하여야 하는 것은 아니며, 정당하게 선임된 이사는 단순히 이사의 직무를 수행하는 것으로 그 수락의 요건을 충족한다는 것이다.[25]

CSFM Corp. v. Elbert & McKee Co. 판결[26]에서 연방지방법원이 임원의 지위취득에 관하여 판시한 바가 있는데 이사의 지위취득에 참고가 될 만한 사안으로 보인다. 동 사안의 원고인 회사는 신인의무 위반과 계약위반을 청구원인으로 하여 피고인 임원을 상대로 소송을 제기하였다. 이에 피고

22) "he asserts that no duty is imposed on a person who is appointed or elected as an officer unless the person expressly or impliedly accepts the office." *Id.* at 10.

23) 52A.D. 135 (N.Y. App. Div. 1900).

24) 432 S.W.2d 808 (Ky. 1968).

25) Cumberland, 432 S.W.2d 813. "Nor have we been cited to any requirement that a director or other officer must take an oath of office, or accept his trust in any formal manner. In the absence of further enlightenment on the subject it would appear to us that a duly elected director sufficiently accepts the office by the simple act of serving."

26) 870 F. Supp. 819 (N.D. Ill. 1994).

는 원고 회사에 의해 자신이 임원으로 지명되거나 선임된 사실을 몰랐었기 때문에 동의 절차의 흠결로 인해 자신은 임원이 아니라고 주장하였다. 그러나 연방지방법원은 피고가 원고 회사의 임원으로서의 임무를 수행하였기 때문에 피고는 원고 회사에 의해 자신이 임원으로 선임된 사실을 인지하였을 뿐만 아니라 임원직도 수락하였다고 판시하였다.[27)]

심지어 자격요건은 물론이고 명시적 선언, 법률, 또는 반대되는 지배적 관행도 없는 경우에, 회사의 이사직에 선임된 자는 그 선임을 수락한 것으로 추정된다. 그러나 이러한 추정은 반론이 가능하다.[28)] Halpin v. Mutual Brewing Co. 판결[29)]에서 회사의 부사장을 겸한 이사였던 원고는 회사의 다른 임원들의 부실경영에 대하여 손해배상청구를 하였다. 이에 피고인 임원들이, 소송이 청구될 당시에 원고가 회사의 이사와 임원의 지위를 상실한 상태였다는 이유로, 원고적격에 대한 항변을 하였다. 뉴욕주 상소법원은 명시적 선언, 법률, 또는 반대되는 지배적 관행이 없는 경우에, 회사의 이사직에 선임된 자는 그 선임을 수락한 것으로 추정된다고 판시하였다. 법원은 동 사안에 있어서 원고가 확언적으로 수락을 나타내지 않았었다고 하더라도 선임된 직위를 수락했던 것으로 간주되고, 원고가 해당시기인 1월부터 4월에 열렸던 이사회의 회의에 참석하지 않은 것이 법적으로 그가 이사의 지위를 포기했다고 볼 수 있는 정도로 오래 지속된 태만에 이르렀다고 판단할 수 없다고 결정하였다.[30)] 따라서 이사 지위의 수락은 반론이 가능하지만 이사직에 선

---

27) "Regardless of their ignorance of being listed as "officers" in the board minutes or their understanding of their role, Defendants were aware of their appointments and did consent to serve as officers." *Id.* at 833.

28) Christ, 51 Misc. 2d 814. "Moreover, if no qualification is required and if there is no express declaration or statute or controlling usage to the contrary, a person elected to an office in a corporation is presumed to accept on notification, but this presumption may be rebutted."

29) 20 A.D. 583 (N.Y. App. Div. 1897).

30) Halpin, 20 A.D. 585 (in the absence of an express declaration or any statute or controlling usage to the contrary, one elected a director is presumed to accept. The plaintiff, therefore, was deemed to have accepted the offices to which he had been chosen, even if he had not affirmatively indicated that fact; and it cannot be held, as a matter of law, that his omission to attend such meetings as there may have been between January and April constituted such a long-continued neglect of duty as amounted to an abandonment of his office as trustee).

임된 자는 그 선임을 수락한 것으로 추정된다.

3. 小　結

위에서 살펴본 바와 같이 미국법상 이사는 주주총회의 선임결의만으로 이사의 지위를 취득하는 것이 아니고, 본인이 이사직을 수락하여야 이사의 지위를 취득하게 된다. 이때, 이사직의 수락은 명시적(express)일뿐만 아니라 묵시적(implied)으로도 가능하다. 이사가 그 직위를 위한 선서를 하거나, 형식적인 절차를 통하여 그 선임을 수락하여야하는 것은 아니다. 따라서 정당하게 선임된 이사는 단순히 이사의 임무를 수행하는 것으로 그 수락의 요건을 충족시킨다. 심지어 자격요건은 물론이고 명시적 선언, 법률, 또는 반대되는 지배적 관행도 없는 경우에, 회사의 이사직에 선임된 자는 그 선임을 수락한 것으로 추정된다.

결론적으로 미국법에 의하면, 주주총회에서의 이사선임결의와 피선임자의 그에 대한 동의만으로 피선임자가 회사에 대하여 이사로서의 지위를 취득한 것으로 본다. 따라서 회사에 대하여 이사로서의 지위를 취득하기 위해서 별도로 피선임자가 회사의 대표기관과의 사이에 임용계약을 체결할 것을 요건으로 하지 않는다.

Ⅳ. 理事 地位의 取得時期에 관한 프랑스의 態度[31)]

이 단락에서는 먼저 프랑스의 이사제도를 알아보고, 프랑스법상 주주총회에서의 이사선임결의와 피선임자의 그에 대한 동의만으로 피선임자가 회사에 대하여 이사로서의 지위를 취득하였다고 보는지 또는 그 이외에 별도로 피선임자가 회사와 사이에 임용계약을 체결하여야 회사에 대하여 이사로서의 지위를 취득하는 것인지 여부에 관하여 검토하도록 한다.

1. 理事選任의 要件

우리 상법과 마찬가지로 프랑스 상법 제L.225-18조에서도 “이사는 창립

31) 이 단락의 내용은 박수곤 교수(경희대학교 법학전문대학원)가 대법원 재판연구관 재직시 작성한 프랑스법에 관한 검토보고서에서 인용.

총회 또는 정기총회에서 선임된다."라는 규정을 두고 있다.

(1) 주식회사 설립 시의 선임이사

프랑스 상법 제L.225-16조에 의하면 설립 시의 선임이사는 정관에서 지정되어야 하므로 정관에서 지정된 자가 설립 시의 선임이사로 된다. 즉, 창립총회에서는 반드시 정관에서 정한 자를 선임하여야 한다. 상법 제L.225-7조 제2항에서 이사직의 승낙은 창립총회의 '의사록'(procès-verbal)으로 확인할 수 있다고 규정한다. 프랑스법원에 따르면, 창립총회에서 이사직을 승낙하지 않은 경우, 후에 개별적 서한을 통하여 명시적으로 승낙하거나 이사회에 참석함으로써 묵시적으로 승낙할 수 있다.[32]

(2) 주식회사 설립 후의 선임이사

프랑스 상법 제L.225-18조 제1항에 따라 주식회사 설립 후 이사의 선임은 '정기주주총회'(assemblée générale ordinaire)의 수권사항이다. 다만 이사의 결원이 있는 경우, 임시주주총회 등을 통해서 충원할 수 있다고 동법 제L.225-105조 제3항[33]에서 규정한다. 특히, 회사의 합병이나 분할의 경우에는 임시주주총회에서 선임하게 된다.[34]

예외적으로 법령에서 정하는 일정한 경우에는, 이사회에서의 '자진선출'(cooptation)이 가능하지만, 이 경우 차기 주주총회에서 인준을 받아야 한다. 여기서 인준(ratification)을 받지 못하는 경우에는 동법 제L.225-24조[35]에 의해 새로운 이사의 임명은 취소된다. 동조 제5항에 의하면, 이사회에서 주주총회를 소집하지 않는 경우에는, 이해관계 있는 자라면 누구나 상사법원에 이사의 선임 또는 이사회에서 선임된 이사의 인준을 위한 주주총회의 소집을 위하여 특별이사의 선임을 청구할 수 있다.

---

32) Cass. com., 8 mai 1981, *Lamy sociétés, Bull.* août-sept., 1981, n° 2673.

33) 동항의 규정에서, 주주총회는 '우리 식의 소집통지에 기재된 목적사항'(ordre du jour) 이외의 사항에 대해서는 결의할 수 없다고 하면서도, 이사의 해임 및 교체에 대해서는 이와 같은 제한이 없이 어떠한 상황 하에서도 가능한 것으로 규정하고 있다.

34) 프랑스 상법 제L.225-18조 제1항 후단.

35) 동조에서는 이사의 사망 또는 사임 등의 사유로 인하여 법률상 또는 정관에서 정한 이사의 정족수에 결원이 발생한 경우 이사회에서 이사를 선임할 수 있음을 규정하고 있다. 다만, 이와 같이 이사회에서 선임된 임시이사는 가장 먼저 다가 올 정기주주총회에서 인준을 받아야 한다. 다만, 인준을 받지 못하였다고 하여 기왕에 이루어진 이사회결의 및 이를 통한 법률행위가 무효로 되는 것은 아니라고 규정하고 있다.

2. 理事의 任期

이사의 임기는 정관에서 정한다. 단, 정관에서 정한 최초의 이사는 3년, 기타의 경우는 6년을 초과할 수 없다.[36] 비록 이사회에서의 자기선출의 경우에는 예외가 인정될 수도 있으나, 동 기간을 초과하는 임기의 이사선임은 무효이다.[37] 단, 이사선임 사실이 적법하게 공지된 경우에는, 회사도 제3자도 자신의 책임을 면하기 위하여 위와 같은 이사의 선임이 무효임을 주장할 수 없다.[38]

3. 理事의 選任 後 登記 有無와 理事의 地位 取得 與否

이사의 선임 및 변경시 이는 등기사항이므로, 비록 주주총회의 결의는 있었으나, 변경등기가 이루어지지 않은 경우에도 이사로서의 지위를 인정할 것인가의 문제가 있다. 그러나 이러한 경우에도 프랑스 상법 제L.210-9조에 비추어, 대외적인 관계에서는 공시된 상태대로 대항관계를 따져야 할 것이다. 즉, 법인의 이사 등으로 적법하게 공시가 되었다면 비록 그 선임과정에서 위법이 있었다 하더라도 이를 이유로 법인의 책임을 면할 수는 없으며, 제3자 또한 선임과정의 위법을 원용할 수 없다.[39] 그러므로 법인의 이사 등으로 선임된 후 그와 같은 사실이 적법하게 공시되지 않은 상태라면, 법인은 그와 같은 대표 선임의 사실로써 제3자에게 대항할 수 없다.[40] 그러나 그럼에도 불구하고, 임시총회에서 이사로 선임된 자가 이사로서 공시가 되지 않았다고 하여 자신이 승낙하고 수행하는 직무와 관련한 과책으로 인한 민사책임을 면할 수는 없다고 함이 프랑스법원의 태도[41]이기도 하다. 한편, 이사의 책임문제는 이사의 직무수행 기간 동안 이사가 행한 행위에 대해서만 문제삼을 수 있을 것이다. 즉, 이사로서의 직무개시 이전에 또는 이사로서의 직무종료 이후의 행위에 대해서는 책임을 지지 않음이 원칙이다.[42] 따라서 주주

---

36) 프랑스 상법 제L.225-18조 제1항.
37) 프랑스 상법 제L.225-18조 제3항.
38) 프랑스 상법 제L.210-9조.
39) 프랑스 상법 제L.210-9조 제1항.
40) 프랑스 상법 제L.210-9조 제2항.
41) Cass. com., 8 juil. 2003, *BRDA*, n° 19-2003, p.3.

총회에서의 이사선임 후 공시의 유무는 제3자와의 관계에서의 대항요건에 불과하며, 이사의 지위취득과는 무관하다고 평가될 수 있다.

4. 理事 地位의 取得時期

프랑스에서 회사설립 후 이사 지위의 취득시기에 관하여 명시적으로 논의하는 판례는 찾을 수 없으나, 설립 중인 회사에서 이사의 직무 개시시점에 관하여 다음과 같은 판례가 존재한다.

프랑스 파기원의 1991년 판결에서 설립 중의 회사의 대표이사로 선임된 자가 설립등기 이전에 법률행위를 한 경우에 그 효과가 주식회사에 미칠 수 있는지 여부가 문제되었는데, 파기원은 설립등기가 있어야 대표이사로서의 직무행위가 되어 회사에 대해서도 효력이 발생한다고 판시하였다.[43] 그리고 1984년 5월 10일의 파기원 판결에서 설립중의 주식회사의 대표이사로 선임된 자가 주식회사의 설립등기 이전에 법률행위를 하였으나 설립등기 전에 사임한 것이 문제가 되었는데, 파기원은 이러한 자가 회사의 이사일 수 없다고 판시하였다.[44] 따라서 프랑스 파기원에 의하면 회사설립으로 인한 최초의 이사인 경우에는 '상업등기'(immatriculation de la société au RCS)를 한 날로부터 위임이 개시된다.

다른 한편, 파리 항소법원은 「상업등기를 하지 않았다고 하여 회사의 이사로 선임된 자가 직무수행을 하지 못하는 것은 아니고, 이사의 직무개시 시점은 이사직의 승낙시에 개시된다」라고 판시하였다.[45] 게다가 파리 항소법원은 「이사의 직무는 (설립 중인) 회사의 등기한 날이 아니라 이사가 직무를 승낙한 날로부터 개시되며, 이 경우 이사의 승낙은 묵시적으로도 이루어

---

42) *J.-cl. Notarial formulaire, op. cit.*, n° 175.

43) Cass. com., 9 avril 1991, *R.J.D.A.*, juil. 1991, n° 595.

44) Cass. com., 10 mai 1984, *Rev. soc.*, 1984, p. 835.

45) Cour d'appel de Paris, ch. 18e,, 29 juin 2001, *juris-data*, 2001-156175; *juris-data*, 2001-161058. 사안에서는 최초 이사의 직무는 장래 성립할 회사의 상황여하를 불문하고 이사직의 승낙시부터 개시되며, 따라서 승낙이후 회사의 등기가 있기 이전까지 설립중의 회사의 근로자로서 일하기로 하는 근로계약은 절대적 무효라고 판시하였다. 참고로 프랑스 상법에서는 원칙적으로 이사가 회사의 피용자일수 없다는 점에서 근로계약의 체결은 불가능하다고 설명된다. 다만, 현행법상으로는 피용자 중에서도 이사가 될 수 있는 예외적인 경우는 있다.

질 수 있다」라고까지 판시하였다.46) 그러나 회사설립 후 선임된 이사의 경우와 관련하여 명시적인 판단을 내린 사례는 발견되지 않았다. 다만, 주주총회의 결의가 있은 날로부터 각각 이사의 '위임사무'(mandat)가 개시된다는 주장은 존재한다.47)

5. 小 結

프랑스에서는 이사지위의 취득시기에 관해서 활발한 논의가 있는 것으로 보이지는 않지만, 학설상으로는 위에서 언급한 파기원 판례와 같이 최초 설립되는 회사에서 선임된 이사인지, 아니면 회사설립 후 선임된 이사인지의 여부에 따라 직무개시 시점이 달라질 수 있다는 평가도 있다. 즉, 최초의 주식회사 설립의 경우 이사로 선임된 자는 회사의 등기가 있은 날로부터 직무가 개시되지만, 이미 설립된 회사의 이사로 선임된 자의 경우에는 주주총회에서의 의결이 있고 그에 대해 피선임자가 승낙한 날로부터 이사의 자격을 취득한다는 취지의 설명도 있다. 다른 한편, 파기원의 태도와는 달리 이후의 파리 항소법원의 태도에 의할 경우, 이사의 직무개시 또는 자격취득 시점은 이사직의 승낙 시라고 할 것이다.

파기원 판결과 관련하여서는, 우선 회사설립 시의 이사선임에 있어서는 설립등기가 존재하지 않음으로 인하여 현존하지 않는 법인의 기관을 상정할 수 없기 때문에, 주식회사의 설립등기 시에 비로소 법인의 기관으로서의 이사의 실체 및 지위를 인정할 수 있다는 취지로 이해할 수 있을 것이다. 다음으로, 회사설립 이후의 이사선임과 관련하여서는, 프랑스법상 이사선임의 권한은 원칙적으로 주주총회의 고유권한이므로 주주총회의 이사선임에 관한 결의는 일종의 청약에 해당하고 피선임자의 수락은 승낙으로 되어 이와 같

46) Cour d'appel de Paris, ch. 21e,, 4 déc. 1997, *juris-data*, 1997-024106 : En application des articles 107 et 93 de la loi du 24 juillet 1966, est nul le contrat de travail conclu avec un administrateur de la société peu important que celle-ci ait été en cours d'immatriculation à la date de la conclusion du contrat de travail dès lors que les fonctions d'administrateur courent du jour, non de l'immatriculation de la société, mais du jour où l'administrateur a accepté ses fonctions, laquelle peut être une acceptation tacite et résulter de la signature des statuts d'origine.

47) *J.-cl. Notarial formulaire*, v° Société, fasc. K-140, n° 136. 여기서는 위 1984년 5월 10일의 파기원 판결을 인용하면서, 이와 같이 주장한다.

은 승낙이 있던 시점에 주식회사의 이사로서의 직무수행계약48)이 성립된다고 할 수도 있을 것이다. 특히 위임계약 등이 반드시 유상이어야 한다거나 요식행위일 필요는 없을 것이므로, 청약권자의 청약과 승낙권자의 승낙이 있는 시점에 계약이 성립되었다고 볼 수 있다면, 주주총회의 결의와 피선임자의 승낙여부가 이사의 지위취득에서의 결정적 고려사항이 될 수 있을 것이다. 그리고 이와 같은 해석은 파리 항소법원과 동일한 이해의 태도라고 할 수 있다.

회사설립 후 선임된 이사와 관련된 명시적 판단은 없지만 설립중인 회사의 이사에 관한 프랑스의 판결들에 비추어 보면, 결국 프랑스에서는 미국과 마찬가지로 이사 임용계약의 체결 없이 이사선임 결의와 피선임자의 동의만으로 피선임자가 이사로서의 지위를 취득한다고 볼 수 있다.

V. 大法院 判例의 問題點과 解決方案

1. 大法院 判例의 問題點

상기한 바와 같이 이사 또는 감사의 지위 취득시기에 관한 대법원 판례 모두 이사 또는 감사 선임의 효력 발생을 위해서는 주주총회의 선임결의와 함께 회사의 대표기관과 이사 또는 감사로 선임이 된 사람 사이에 임용계약의 체결이 필요하다는 입장을 취하고 있다. 그러나 대법원이 취하는 임용계약 체결이 필요하다는 견해로 인하여 여러 가지 문제점이 발생할 수 있다. 이 단락에서는 이러한 문제점을 검토하도록 한다.

첫째, 민법의 위임에 관한 규정에 있어서 문제가 발생할 수 있다. 상법 제382조 제2항에서 회사와 이사의 관계는 민법의 위임에 관한 규정을 준용하도록 규정하고 있으며 상법 제415조에서 감사에 관하여 위 규정을 준용하도록 규정을 두고 있다. 임용계약 체결이 필요하다는 견해를 따라야 한다면 상법에 이러한 규정을 특별하게 마련할 필요가 없는 것이다. 상법 제382조 제2항과 상법 제415조의 규정들은 주주총회의 이사 또는 감사로 선임된 자와 회사 간에 아직 계약관계가 수립되지 않은 경우에 그 존재의 의미가 있는 것이다.

48) 이사로서의 직무수행계약은 통상 위임으로 볼 것이다.

둘째, 이사 지위의 취득시기가 회사설립 전후에 따라 달라질 수 있는 문제가 발생한다. 주식회사 설립 시의 이사는 상법 제312조[49]에 의해 창립총회에서 선임하거나 상법 제296조[50] 제1항에 의해 발기인이 선임하여야 한다. 이렇게 주식회사가 설립 중일 경우에는 회사의 대표기관이 아직 없으므로, 이사로 선임된 자와 임용계약을 체결할 당사자도 아직 존재하지 않는 것이다. 임용계약 체결이 필요하다는 견해에 따른다면, 주식회사 설립 후에는 임용계약이 필요하지만 설립 시에는 임용계약의 체결이 필요 없다고 하여 회사설립 전후에 따라 이사 지위의 취득시기가 달라진다. 그러나 주식회사 설립 시에는 임용계약이 필요 없고 회사 설립 후에는 임용계약이 필요하다고 하여 이사 지위의 취득시기를 회사설립 전후에 따라 다르게 적용해야 할 타당한 근거를 찾기 어렵다.

셋째, 대표이사가 이사 또는 감사의 선임에 있어서 비토권을 행사할 수 있는 문제가 발생할 수 있다. 임용계약 체결이 필요하다는 견해를 적용한다면 주주총회의 전속적 권한 사항인 이사의 선임에 회사의 다른 기관인 대표이사가 영향력을 미칠 수 있는 여지를 제공하게 된다. 예컨대, 주주총회에서 이사 선임결의를 한다고 하더라도, 대표이사가 피선임자와 임용계약 체결을 거부하게 되면 그 피선임자가 이사의 자격을 취득하는 것은 현실적으로 불가능하게 될 수 있다. 결국 이사에 의하여 선임되는 것에 불과한 대표이사에게 사실상 비토권을 부여한다고 볼 수 있다. 이러한 현상은 이사의 선임을 주주총회의 전속적 권한으로 둔 입법취지와 주식회사 지배구조의 본질을 근본적으로 훼손할 수 있다.

2. 問題點에 대한 解決方案

대법원이 채택한 임용계약 체결이 필요하다는 견해의 많은 문제점과 미국과 프랑스의 판례와 법원칙들을 비교법적으로 검토한 결과를 종합해 보면, 회사 대표기관과의 계약 체결 없이 주주총회의 선임결의와 피선임자의 승낙

49) 상법 제312조 (임원의 선임) 창립총회에서는 이사와 감사를 선임하여야 한다.

50) 제296조 (발기설립의 경우의 임원선임) ① 전조의 규정에 의한 납입과 현물출자의 이행이 완료된 때에는 발기인은 지체없이 의결권의 과반수로 이사와 감사를 선임하여야 한다. ② 발기인의 의결권은 그 인수주식의 1주에 대하여 1개로 한다.

만으로 이사 또는 감사의 지위를 취득한다는 견해가 보다 합리적이고 적절하다고 할 수 있다. 이렇게 임용계약 체결이 필요 없다는 견해를 취하면 임용계약 체결이 필요하다는 견해에 따르는 여러 가지 문제의 발생 없이 합리적으로 사안을 해결할 수 있게 된다. 이사 또는 감사 지위의 취득에 있어서 임용계약 체결이 필요 없다는 견해는 다음과 같은 장점들이 있다.

첫째, 주주총회의 선임결의와 피선임자의 승낙으로 이사의 지위를 취득한다면, 민법의 위임에 관한 규정에 있어서 문제가 발생하지 않는다. 상법 제382조 제2항에서 회사와 이사의 관계는 민법의 위임에 관한 규정을 준용하도록 규정 그리고 상법 제415조에서 감사에 관하여 위 규정을 준용하도록 한 규정과 충돌하지 않게 된다. 이러한 위임에 관한 규정을 적용하는 취지와 의미에 비추어 보면 계약 체결이 필요 없다는 견해가 더 설득력이 있다고 할 것이다.

둘째, 대표기관과의 계약체결이 이사 지위의 취득요건이 아니라면, 회사 설립 전후의 이사 지위의 취득시기가 동일하게 적용될 수 있다.

셋째, 대표이사가 이사 선임에 있어서 비토권을 행사할 수 있는 문제가 사라진다. 주주총회의 선임결의와 피선임자의 승낙으로 이사의 지위를 취득한다면 주식회사의 주식분포의 변화에 따른 지배주주 지위의 변동이 즉시 회사 경영권의 변동으로 반영될 수 있다. 이로 인하여 주주의 가장 중요한 권리인 이사선임을 통하여 회사 경영진을 구성할 권리를 행사할 수 있다. 결국 이사의 선임을 주주총회의 전속적 권한으로 둔 입법취지와 주식회사 지배구조의 본질을 보호할 수 있는 것이다.

결론적으로 미국과 프랑스가 채택하고 있는 임용계약 체결이 필요 없다는 견해의 장점에 비추어 보면, 이사 또는 감사 지위 취득 요건과 시기에 관하여 임용계약 체결이 필요하다는 견해를 적용한 대법원 2009. 1. 15. 선고 2008도9410 판결, 대법원 2005. 11. 8.자 2005마541 결정, 대법원 1995. 2. 28. 선고 94다31440 판결을 변경하는 것이 합리적이라 할 것이다.

Ⅵ. 結　論

대법원 2011. 7. 28. 선고 2009다86918 판결은 주주총회에서 이사로 선임된 자가 회사와 사이에 임용계약을 체결하지 아니한 상황에서 이사회소집 요구를 하였기 때문에 그가 적법하게 이사회소집을 요구할 수 있는 이사로서의 지위를 취득하였는지 여부가 문제된 사안이었지만, 대법원은 이에 관한 판단은 보류하였다. 그러나 앞으로 이러한 이사 지위의 취득시기와 관련하여 지속적인 논란의 여지가 존재하기 때문에, 이 글에서 주주총회에서의 이사선임결의만으로 피선임자가 회사와 임용계약 체결 없이 회사에 대하여 이사로서의 지위를 취득하는지 여부를 논의해 보았다.

우리나라는 주주총회에서의 이사선임 결의와 피선임자의 그에 대한 동의만으로 피선임자가 회사에 대하여 이사로서의 지위를 취득하였다고 보는지 또는 그 이외에 별도로 피선임자가 회사와의 사이에서 임용계약을 체결하여야 회사에 대하여 이사로서의 지위를 취득하는 것인지 여부에 관하여 학설의 대립이 있지만, 모든 대법원 판결은 이사 또는 감사 선임의 효력 발생을 위해서는 주주총회의 선임결의와 함께 회사의 대표기관과 이사 또는 감사로 선임이 된 사람 사이에 임용계약의 체결이 필요하다는 태도를 취하고 있다. 그러나 대법원이 취하는 임용계약 체결이 필요하다는 견해를 적용한다면, 민법의 위임에 관한 규정에 있어서의 문제, 이사 지위의 취득시기가 회사설립 전후에 따라 달라질 수 있는 문제, 그리고 대표이사가 이사 또는 감사의 선임에 있어서 비토권을 행사할 수 있는 문제 등 여러 가지 문제점이 발생할 수 있다.

이러한 대법원 판례의 견해를 임용계약 체결이 필요 없다는 견해로 변경한다면 앞에서 언급한 여러 가지 문제의 발생 없이 합리적으로 사안을 해결할 수 있게 된다. 첫째, 주주총회의 선임결의와 피선임자의 승낙으로 이사의 지위를 취득한다면, 민법의 위임에 관한 규정에 있어서 문제가 발생하지 않는다. 둘째, 대표기관과의 계약체결이 이사 지위의 취득요건이 아니라면, 회사설립 전후의 이사 지위의 취득시기가 동일하게 적용될 수 있다. 셋째, 대표이사가 이사 선임에 있어서 비토권을 행사할 수 있는 문제가 사라지기 때문에, 이사의 선임을 주주총회의 전속적 권한으로 둔 입법취지와 주식회사 지배구조의 본질을 보호할 수 있는 것이다. 게다가 미국법과 프랑스법에서도 모두 주주총회의 선임결의와 피선임자의 승낙이 있으면 회사의 대표기관과 피선임자 사이에서 임용계약이 체결될 필요 없이 이사 지위의 효력이 발생한다는 태도를 취하고 있다.

따라서 임용계약의 체결이 필요 없다는 견해의 장점들과 비교법적인 연구결과를 모두 종합해 보면, 대법원이 이사 또는 감사 지위의 취득 요건과 시기에 관하여 임용계약 체결이 필요 없다는 입장을 취하는 것이 더 적절하고 합리적이기 때문에, 대법원 2009. 1. 15. 선고 2008도9410 판결, 대법원 2005. 11. 8.자 2005마541 결정, 그리고 대법원 1995. 2. 28. 선고 94다31440 판결을 변경하는 것이 어떤지 졸고를 통하여 제언해 본다.

理事 報酬의 決定을 둘러싼 몇 가지 爭點의 檢討*

權 載 烈**

◎ 대법원 **2016. 1. 28.** 선고 **2014다11888** 판결

[事實의 槪要][1)]

1. 當事者

원고 1(X_1)은 2003. 2. 17.부터 2010. 9. 27.까지는 피고(Y)의 이사로, 그 다음 날부터 2010. 11. 17.까지는 Y의 대표이사로 각각 재직하였고, 원고 2(X_2)는 2008. 1. 15.부터 2010. 11. 17.까지 Y의 이사로 재직하였다. Y는 1999. 8. 20. 행담도(島) 해양복합관광 휴게시설 개발사업(이하 '이 사건 사업'이라 함)을 위해 한국의 공기업인 D, 싱가포르 법인인 E 및 국내 굴지의 건설회사가 함께 설립한 법인이다.

2. 事實關係

(1) 2004. 6.경부터 A[2)]는 Y의 발행주식 중 90%를 보유하고, E의 자회

---

* 제41회 상사법무연구회 발표 (2016년 12월 17일)
본 평석은 「법학논고」 제57집, 경북대학교 법학연구원, (2017)에 게재하였음.

** 경희대학교 법학전문대학원 교수

1) 이하 "사실의 개요"는 특별하게 주(註)에서 언급하지 않는 한 주로 대법원 판결이 밝힌 원심에서 인정한 사실 및 사정을 바탕으로 하여 정리한 것이다. 다만, 사실관계를 보다 용이하게 파악하는 데 필요한 경우에는 제1심 법원의 판결(수원지방법원 성남지원 2013. 5. 15. 선고 2011가합7419, 2011가합11425(반소) 판결)에서 밝힌 사실관계 중 일부를 추가적으로 인용하였다.

2) A는 B가 행담도 개발에 대한 자본투자를 위하여 2004. 6.경 설립된 네덜란드 법인으로서 서류상 회사이다.

사인 B[3]는 A의 주식 100%를 보유하고 있었다. 당시 甲은 Y의 대표이사이자 A 및 B의 이사로서 Y의 경영권을 장악하고 있었는데, 2007. 11. 23. 이 사건 사업과 관련하여 사기죄 등으로 기소되어 실형을 선고받고 구속되자, 그 측근이자 A의 집행이사(Managing Director)인 乙을 통하여 Y의 지배주주인 A의 의사결정에 영향력을 행사하였다. 甲은 2008. 4. 24. 위 형사사건에 관하여 유죄판결이 확정되자 2008. 5. 15. Y의 대표이사를 사임하였고, 이사로 재직하던 丙이 그에 앞서 2008. 4. 2. Y의 대표이사로 취임하였다. Y는 설립 이래 경영실적과 재무상태가 지속적으로 어려운 상황에 놓여 있어 2008. 3. 31. 현재 73억 원가량의 누적손실을 기록하고 있었는데, 무엇보다도 매출액 규모에 비해 임원 특히 대표이사의 급여 비중이 높은 것이 손실의 주요인이었고, 휴게소 임대 이외에는 별다른 사업이 없었다.

(2) A는 2005. 2. 17.에 만기가 2009. 5. 4.인 발행가액 미화 8,300만 달러의 회사채(이하 '이 사건 회사채'라 함)를 발행하였다. Y가 추진하던 행담도 2단계 개발사업은 甲의 구속으로 사실상 중단되었기 때문에 X들이 경영상 판단을 할 일은 많지 않았다. A가 보유하는 Y의 주식 90%에 대해서는 C[4]가 질권을 보유하고 있었는데, 만약 A가 이 사건 회사채의 원리금을 상환하지 아니하면 C는 이 질권을 실행하여 Y 주식 90%를 취득할 수 있는 자격을 갖게 되었다. 그러나 A가 위 회사채 원리금을 상환할 가능성은 거의 없었기 때문에 X들은 곧 Y의 지배주주가 C로 변동될 것이고, 이에 따라 자신들도 교체될 것임을 충분히 예상할 수 있었다.

(3) Y의 정관은 제19조 제1항 나.호에서 "이사의 급여, 상여금 기타 보수 및 퇴직금의 결정은 주주총회에 출석한 주주의 의결권의 과반수와 발행주식총수의 4분의 1 이상의 찬성으로 의결한다."고 규정하고 있다. 丙은 2008. 6. 10. 이사회를 개최하여 X들을 비롯한 이사들의 찬성을 얻어 임원퇴직금지급규정의 제정을 결의한 다음, 2008. 6. 26. 개최된 정기주주총회(이하 '이 사건 주주총회'라 함)에서 발행주식 10%를 보유한 D의 반대에 불구하고 발행주식 90%를 보유한 A의 찬성으로 이 사건 퇴직금규정 제정안을 가결하였는데, A를 대리하여 의결권을 행사한 乙은 甲의 측근인 X_1의 요청에 따

3) B는 싱가포르 법인이다.
4) C는 미국의 어느 증권회사의 계열사이다.

라 위 제정안에 찬성하였다. 이 사건 퇴직금규정은 퇴직금지급률을 인상하여, 대표이사에 대하여는 종전의 5배에 해당하는 지급률(근속연수 1년당 5개월)을 적용하고 이사에 대하여는 종전의 3배에 해당하는 지급률(근속연수 1년당 3개월)을 적용하며, 그 인상된 퇴직금지급률을 임원의 근속기간 동안 소급하여 적용하는 것을 내용으로 한다. 또한 X들을 비롯한 Y의 임직원 10명은 2010. 9. 30. 및 2010. 10. 1.에 Y와 연봉인상계약(이하 '이 사건 연봉인상계약'이라 함)을 체결하였는데, 당시 이사인 X_2의 경우 연봉 4,800만 원에서 연봉 8,000만 원으로 인상되어 그 인상폭이 66.7%로 가장 높고, 대표이사인 X_1의 경우 연봉 1억 4,500만 원에서 연봉 1억 8,000만 원으로 인상되어 인상폭은 그 다음으로 높은 29.7%에 이르렀다.

(4) 이 사건 퇴직금규정에 따라 丙은 2010. 10. 4. 대표이사를 사임하면서 인상된 대표이사의 퇴직금지급률에 의하여 퇴직금으로 607,638,890원을 받았다. 이 사건 퇴직금규정 및 인상된 연봉을 기준으로 할 때, 대표이사로 퇴직한 X_1의 경우에는 대표이사로 51일간 재직한 사정만으로 2002. 2. 15. 입사 이래 105개월의 근속기간 전부에 대하여 인상된 대표이사의 퇴직금지급률이 적용되어 퇴직금이 5억 원 이상 증액되고, 이사로 퇴직한 X_2의 경우에도 3배로 인상된 퇴직금지급률이 적용되어 퇴직금이 약 3,500만 원가량 증액된다. C는 2010. 10. 12. 이 사건 회사채에 대한 질권을 실행하여 Y의 주식 90%를 취득한 다음, 2010. 11. 17. 주주총회에서 새로운 이사들을 선임하였고, 같은 날 X들은 이사직을 사임하였다. 그 후 이 사건 퇴직금규정과 이 사건 연봉인상계약을 바탕으로 Y를 상대로 X_1은 66,083,322원을, X_2는 63,333,332원을 지급할 것을 청구하였다.

[訴訟의 經過]

1. 原審 判決[5)]

(1) 원심에서 서울고등법원은 먼저 X들의 퇴직금청구와 관련하여 다음과 같이 판결하였다. 즉 「X들을 비롯한 Y의 이사들이 이사회 결의를 거쳐 정기주주총회에서 이 사건 퇴직금규정을 이사회 결의안대로 제정하기로 하

5) 서울고등법원 2014. 1. 24. 선고 2013나39874 판결.

는 결의를 이끌어낸 행위는 회사재산의 부당한 유출을 야기한 것으로 회사의 자본충실을 해칠 뿐만 아니라 회사의 책임재산을 감소시켜 2대 주주인 D는 물론 회사채권자와 C 등 주식취득예정자의 이익을 중대하게 침해하는 경우에 해당하여 이사의 충실의무에 위반한 배임행위로서 위법하다고 봄이 타당하고, 이사회 및 주주총회의 결의를 거쳤다는 사정만으로 그러한 위법행위가 정당화될 수는 없다고 평가함에 따라 X들은 자신들의 배임행위의 산출물인 이 사건 퇴직금규정을 근거로 Y를 상대로 퇴직금 청구권을 행사할 수 없다」라고 판시하였다.

(2) 서울고등법원은 X들의 급여청구부분에 대해서도 다음과 같이 판결하였다. 즉 「X들이 Y와 체결한 이 사건 연봉인상계약은 경영진 교체가 이루어지기 직전에 최대한 Y로부터 많은 연봉을 받아내고 나아가 퇴직할 때 높은 퇴직금을 받아내기 위한 목적으로 이루어진 것으로 Y를 해하는 배임행위에 해당할 뿐만 아니라 X_1이 Y의 대표이사로서 대표권을 남용한 행위라고 할 것이다. 그리고 X_2도 이 사건 연봉인상계약에 관하여 X_1과 공모하였거나 적어도 이 사건 연인상계약이 Y의 이익과 관계없이 자신들의 이익을 도모할 목적으로 이루어진 것임을 알았거나 적어도 이를 쉽게 알 수 있었다고 할 것이다. 따라서 X들이 Y와 체결한 연봉인상계약은 Y를 해하는 배임행위이자 X_1이 Y의 대표이사로서 대표권을 남용한 행위로서 모두 무효라고 보아야 한다. 또한 X들의 연봉인상에 관하여 주주총회의 결의가 있었다는 점을 인정할 아무런 증거도 없다. 따라서 X들은 위 각 연봉계약에 기한 보수청구권을 행사할 수 없다」라고 판시하였다.

2. 上告理由의 要旨

X들은 원심이 주식회사 이사의 보수 및 배임행위 등에 관한 법리를 오해하거나 논리와 경험의 법칙에 반하여 자유심증주의의 한계를 벗어났다는 등의 이유를 들어 상고하였다. 구체적으로는 첫째, X들이 이사의 보수를 결정할 지위에 있지 않음에도 불구하고 자신들이 사실상 그러한 결정을 한 것으로 판단한 원심에서의 사실인정을 받아들일 수 없다. 또한 이 사건 퇴직금규정에 따른 X들의 퇴직금의 규모는 당시 이사의 직무내용, Y의 재무상황이

나 영업실적 등에 비추어 적절한 수준이므로 Y의 자본금충실을 해하지 않았다. 둘째, 연봉인상계약에 따라 인상된 X들의 연봉은 Y의 정기주주총회에서 결정된 이사의 보수총액의 한도 내이므로 그 연봉인상에 관하여 주주총회의 결의가 있었으며, 그에 따른 X들과 Y 사이에 체결된 이 사건 연봉인상계약은 대표이사의 대표권남용에 해당되지 않는다.[6)]

[判決의 要旨]

대법원은 원고의 상고를 모두 기각하면서 다음과 같이 판단하였다. 첫째, 상법이 정관 또는 주주총회의 결의로 이사의 보수를 정하도록 한 것은 이사들의 고용계약[7)]과 관련하여 사익 도모의 폐해를 방지함으로써 회사와 주주 및 회사채권자의 이익을 보호하기 위한 것이므로, 비록 보수와 직무의 상관관계가 상법에 명시되어 있지 않더라도 이사가 회사에 대하여 제공하는 직무와 그 지급받는 보수 사이에는 합리적 비례관계가 유지되어야 하며, 회사의 채무 상황이나 영업실적에 비추어 합리적인 수준을 벗어나서 현저히 균형성을 잃을 정도로 과다하여서는 아니 된다. 따라서 회사에 대한 경영권 상실 등에 의하여 퇴직을 앞둔 이사가 회사로부터 최대한 많은 보수를 받기 위하여 그에 동조하는 다른 이사와 함께 이사의 직무내용, 회사의 재무상황이나 영업실적 등에 비추어 지나치게 과다하여 합리적 수준을 현저히 벗어나는 보수 지급 기준을 마련하고 그 지위를 이용하여 주주총회에 영향력을 행사함으로써 소수주주의 반대에 불구하고 이에 관한 주주총회결의가 성립되도록 하였다면, 이는 회사를 위하여 직무를 충실하게 수행하여야 하는 상

---

6) 대법원 판결에는 X들의 상고이유가 제대로 적시되어 있지 않아 대상판결에 대한 기존 평석에서의 관련부분을 참조하여 상고이유를 정리하였다.: 김진오, "상법상 과다한 이사 보수의 규제 및 그 보수를 결의한 주주총회결의의 효력 -대법원 2016. 1. 28 선고 2014다11888 판결-", 「BFL」 제79호, 서울대학교 금융법센터, (2016), 154면.

7) 이사가 그 실질상 근로기준법상의 근로자에 해당하지 않는다면(대법원 2005. 5. 27. 선고 2005두524 판결) 이사는 회사와 임용계약(任用契約)을 체결하게 된다(대법원 2014. 5. 29. 선고 2012다98720 판결). 대법원의 여러 판결과 결정에서 회사와 위임관계에 있는 감사의 경우에는 임용계약의 당사자로 표현하고 있다(대법원 1995. 2. 28. 선고 94다31440 판결; 대법원 2005. 11. 8. 자 2005마541 결정). 그러나 이사도 감사와 마찬가지로 회사에 대하여 위임관계에 있음에도 불구하고 이 사건 판결처럼 이사와 회사 간의 계약형식을 민법상 고용계약으로 표현하는 경향도 혼재하고 있다. 이 사건 판결 이외에 회사와 이사 사이에 체결된 계약을 고용계약으로 표현한 다른 판례로는 대법원 2006. 11. 23. 선고 2004다49570 판결을 들 수 있다.

법 제382조의3에서 정한 의무를 위반하여 회사재산의 부당한 유출을 야기함으로써 회사와 주주의 이익을 침해하는 것으로서 회사에 대한 배임행위에 해당하므로, 주주총회결의를 거쳤다 하더라도 그러한 위법행위가 유효하다 할 수는 없다. 원심은 Y의 재무상황 및 영업실적, 이사의 직무내용, 종전의 지급 수준을 훨씬 초과하는 이 사건 퇴직금규정의 내용 및 그 제정 경위 등에 관한 위와 같은 사실관계 및 사정 등에 기초하여, X들을 비롯한 Y의 이사들이 이사회 결의를 거쳐 이 사건 퇴직금규정을 마련하고 주주총회에서 이사회 결의안대로 제정하기로 하는 결의를 이끌어낸 행위는 회사재산의 부당한 유출을 야기한 것으로서 회사의 책임재산을 감소시켜 주주인 D 등의 이익을 중대하게 침해하는 경우에 해당하여 이사의 충실의무에 위반한 행위로서 위법하고, 이사회 및 주주총회의 결의를 거쳤다는 사정만으로 그러한 위법행위가 정당화될 수 없으므로, 그 배임행위의 결과인 이 사건 퇴직금규정을 근거로 퇴직금 청구권을 행사할 수는 없다는 취지로 판단하였다. 위와 같은 원심의 판단은 앞에서 본 법리에 기초한 것으로 보이고, 거기에 상고이유 주장과 같이 주식회사 이사의 보수 및 배임행위 등에 관한 법리를 오해하거나 논리와 경험의 법칙에 반하여 자유심증주의의 한계를 벗어나는 등의 사유로 판결에 영향을 미친 위법이 있다고 할 수 없다.

둘째, 상법 제388조에 의하면 주식회사 이사의 보수는 정관에서 그 액을 정하지 아니한 때에는 주주총회의 결의로 이를 정하여야 하므로, 정관에서 이사의 보수 또는 퇴직금에 관하여 주주총회의 결의로 정한다고 되어 있는 경우에 그 금액·지급시기·지급방법 등에 관하여 주주총회의 결의가 있었음을 인정할 증거가 없다면, 이사는 보수나 퇴직금을 청구할 수 없다. 원심은 2010. 6. 29. Y의 정기주주총회에서 이사들의 2010년 보수를 전년도인 2009년 말과 동일하게 결정한 사실이 인정되므로 X들이 주장하는 바와 같이 인상된 연봉에 관한 주주총회결의가 있다고 볼 수 없다는 취지로 판단하여, 이 사건 연봉인상계약에 따른 원고들의 보수청구를 배척하였는데, 이 같은 원심판결 이유를 위 법리 및 적법하게 채택된 증거들에 비추어 살펴보면 위법이 있다고 할 수 없다. 이 사건 연봉인상계약에 따라 인상된 보수에 관하여 주주총회의 결의가 있다고 볼 수 없어 그 효력이 없다는 원심의 판단 부분에 잘못이 없는 이상 이 부분 상고이유는 더 나아가 살펴 볼 필요 없이 원심을 파기할 사유가 되지 못하여 받아들이지 아니한다.

[評 釋]

Ⅰ. 머리말

주식회사에서 주주(총회)와 이사(회) 사이에 권한을 어떻게 나누어야 하는지는 회사조직에서의 의사결정에 있어 매우 중요하다. 상법(회사편)은 주식회사 기관간 권한분배에 관하여 명시적인 규정을 여럿 두고 있다. 상법상 이사의 보수는 그 액(額)을 정관에 적어두거나 주주총회가 결정할 권한을 가진다(상법 제388조).

이사가 회사경영에 전문성을 가지고 있어 인사평정(人事評定)에 능하다는 점을 고려한다면 이사보수를 책정하고 결정하는 일은 본래 이사회의 업무에 속하여야 하지만 그 결정에 있어서 회사의 이익과 이사의 개인적 이익이 충돌할 우려가 있는 까닭에 상법이 아예 이를 정책적으로 정관에 정하거나 또는 주주총회의 결의사항으로 규정한 것으로 알려져 있다.[8] 그러나 주식이 광범위하게 분산되어 있는 회사의 경우 그 주주가 회사의 경영에 많은 관심을 가질 것을 실제로 기대하기 어렵다. 주주총회가 '관객이 적은 희극'에 비유되는 것처럼 사실상 형해화된 것은 널리 알려져 있는 사실이기 때문이다.[9] 그러다 보니, 형식적으로는 정관으로 혹은 주주총회에서 이사의 보수를 결정하는 것으로 보이지만, 실질에 있어서는 이사 스스로가 자신의 보수를 정한 것과 다름없는 경우가 발생한다.[10]

그동안 대법원은 이사가 회사에 대하여 제공하는 반대급부와 그 지급받는 보수 사이에는 합리적인 비례관계가 유지되어야 한다는 입장을 제시한 바 있다.[11] 더 나아가 대법원은 2016. 1. 28. 선고 2014다11888 판결(이하 '이

---

8) 이철송, 「회사법강의」 제24판, 박영사, (2016), 656면.

9) 김지환, "주식회사의 지배구조에 관한 연구", 성균관대학교 대학원 박사학위논문, (1998), 86-87면.

10) 최완진, 「기업지배구조법」, 한국외국어대학교 지식출판원, (2016), 51면.

11) 대법원 2015. 9. 10. 선고 2015다213308 판결.

사건 판결'이라 한다)에서 퇴직을 목전에 둔 이사가 최대한 많은 보수를 받기 위해 자신의 지위를 이용하여 영향력을 행사함으로써 주주총회에서 지나치게 과다한 보수지급을 가능하게 하는 결의를 이끌어 낸 경우에 그러한 이사의 행위는 상법 제382조의3을 위반하여 회사재산의 유출을 야기한 배임행위이므로 그의 보수청구권 행사를 불허한다는 판단을 하고 있다. 본고는 이 사건 판결을 대상으로 하여 사실관계와 대법원의 판단을 살펴 본 후 몇 가지 쟁점을 도출하고 이를 분석하고자 한다.

Ⅱ. 爭點事項

이사의 보수는 이사가 회사로부터 위임받은 사무에 대한 집행의 대가로서 회사가 이사에게 지급하는 것이다.[12] '퇴직금'이라는 용어는 근로자퇴직급여 보장법에 의하여 제도적으로 강제되는 퇴직금(제2조 제6호, 제4조)과 용어는 같으나, 이사의 퇴직금은 그가 재직 중의 직무집행에 대한 대가로서 후급(後給)되는 보수에 포함된다.[13]

이 사건 판결에서 대법원은 이사들이 회사의 재무상황 등에 비추어 터무니없는 거액의 퇴직금을 지급하도록 하는 퇴직금지급규정을 마련한 후 그들이 영향력을 이용하여 이 사건 주주총회에서 그 규정을 통과하도록 한 것은 배임행위에 해당한다는 취지로 판시하였다. 이 때문에 주주총회의 결의에도 불구하고 이사들의 퇴직금지급청구권 행사는 허용되지 않는다고 판단하였다. 즉 대법원 판결은 이 경우의 주주총회 결의는 유효하지만 오로지 이사의 보수청구권이 인정되지 않는다는 입장이다.[14] 이 밖에 대법원은 연봉인상계약이 주주총회에서 가결되었음을 인정할 증거가 없으므로 이 사건 연봉인상계약에 따른 이사들의 보수청구를 배척하였다. 이처럼 이 사건 판결은

---

12) 대법원 2013. 9. 26. 선고 2012도6537 판결.

13) 대법원 2014. 5. 29. 선고 2012다98720 판결.

14) 제1심 판결은 앞부분에서 「이사의 보수는 그 직무와 합리적인 비례관계를 유지해야 하고, 회사의 재무상태에 비추어 적정해야 할 것이며, 회사의 형편이나 영업실적 등에 비추어 이사의 보수가 지나치게 고액인 때에는, 설령 그와 같은 보수의 결정에 관하여 주주총회의 결의가 있었다고 하더라도, 자본충실의 원칙상 그와 같은 결의의 효력을 인정할 수 없다」는 법리를 제시하면서도, 뒷부분에서는 「이사 보수의 과다책정 행위는 이사의 충실의무에 위반한 배임행위로서 위법하다고 봄이 타당하고, 이사회 및 주주총회의 결의를 거쳤다는 사정만으로 그러한 위법행위가 정당화될 수는 없다」고 판단하고 있다. 원심은 제1심 판결문을 그대로 인용하였다. 이 사건 판결도 원심의 판단에 수긍하고 있다.

주주총회의 이사보수 결정권은 법률상 양보하거나 포기할 수 없는 권한임을 재확인하고 있음은 분명하다. 이하에서는 이사들이 주도하에 이루어져 사실상 주주들의 자주적 판단이 결여된 주주총회의 결의를 유효로 보되 이사의 보수청구권이 인정되지 않는 쪽으로 풀이하는 것이 타당한지의 여부 및 주주총회의 결의가 없는 이사보수에 대한 청구권이 인정될 수 있는지를 검토하고자 한다.

Ⅲ. 關聯 理論 및 判例의 檢討

1. 機關 間의 權限分配에 대한 商法의 機能

(1) 논의의 범위

회사와 이사간의 관계가 위임이므로 이사는 보수를 받지 않은 채 직무를 수행하는 것이 원칙이다(민법 제686조 제1항). 이 원칙을 고수하면 이사는 자신이 가진 회사의 주식의 가치가 증가하는 것으로 만족하여야 하거나 아니면 이사직에 수반된 영예(prestige)로부터 보상을 받을 수밖에 다른 도리가 없다.[15] 그러나 현실에서는 이 원칙은 큰 의미가 없다. 오늘날 이사의 특수한 지위와 책임부담으로 특별한 사정이 없는 한 보수지급을 청구할 수 있다고 보는 것이 일반적이다. 이에 상법은 이사의 회사에 대한 직무집행의 대가와 이사회에 출석하는데 필요한 지출에 대한 보수(compensation)를 정할 주체를 명백히 하는 명문규정을 두고 있다. 상법은 정관에 이사 보수의 액을 정하거나 주주총회의 결의로 정하도록 강제함으로써(제388조) 이사의 보수에 대한 결정권을 주주총회가 가지는 것으로 하여 권한을 분배하고 있다.[16] 이하에서는 이사보수의 결정권을 둘러싼 주식회사의 기관 사이에서 권한을 분배함에 있어서 상법이 어떤 기능을 하는지를 살펴보기로 한다.

---

15) 이철송, 전게서, 656면.: 이러한 현상은 비단 한국에 국한된 현상은 아니다. 미국 회사법의 역사에서도 이 같은 시기가 등장한다.: Dalia T. Mitchell, *Status Bound: The Twentieth Century Evolution of Directors' Liability*, 5 New York University Journal of Law & Business 63, 69-70 (2009).

16) 상법상 정관의 변경은 주주총회의 결의를 필요로 한다는 점에서(상법 제433조 제1항), 정관에 이사보수의 액을 정하는 것도 궁극적으로는 주주총회가 이사 보수를 결정하는 권한을 가지고 있음을 의미한다.

(2) 표준모델의 제공

계약을 맺거나 결정을 하는 데에는 비용이 발생한다. 주식회사내에서 기관 사이 혹은 특정한 기관내에서 권한을 어떻게 분배할 것인지를 결정하는 것도 비용이 드는 작업이다. 예컨대, 주주총회와 이사회의 사이의 권한분배 또는 다수주주와 소수주주 사이의 권한분배를 위해 합의를 도출하는 것에는 시간과 노력을 투입할 수밖에 없다.

상법은 주식회사의 기관간의 권한분배의 모형 혹은 표준형을 제공한다. 표준형에 따라 의사결정을 하거나 합의를 도출한다면 그러한 의사결정이나 합의에 드는 비용을 절약할 수 있다. 즉, 상법이 권한분배의 특정한 유형을 표준화함으로써 회사로 하여금 직접적인 합의를 통하여 결정을 하는 데 드는 품을 줄이게 하는 역할을 수행한다는 것이다.[17] 만약 각 회사가 선택하는 권한분배의 유형이 크게 다르고 표준형으로부터의 괴리가 용이하다면 이러한 역할이 큰 의미를 가지지 못할 것이어서 상법은 권한분배의 표준형을 마련한 규정을 강행적으로 적용하고 있다.[18] 그러한 강행규정의 대표적인 예로서는 주주총회의 권한과 이사회의 권한을 각각 정한 상법 제361조와 제393조를 들 수 있다. 대법원 판례는 무보수 이사의 존재를 전제로 하되[19] 상법 제388조를 기관간의 권한분배를 정한 강행규정의 일종으로 보고 있다. 대법원은 정관에서 이사의 보수 또는 퇴직금에 관하여 주주총회의 결의로 정한다고 되어 있는 경우에 그 금액・지급시기・지급방법 등에 관한 주주총회의 결의가 있었음을 인정할 증거가 없다면 이사는 보수나 퇴직금을 청구할 수 없음을 명백히 밝히고 있다.[20]

회사의 거래상대방, 잠재적 혹은 장래의 투자자 내지 근로자 등은 어느 회사와 거래(계약)를 체결하기에 앞서 정보의 비대칭을 줄이기 위하여 그 회사에 관하여 다양한 정보를 수집하여 분석하는 절차를 밟게 된다. 그 경우에 개개의 회사에서 주주총회와 이사회 사이의 권한분배가 가지각색이라면

---

17) 三輪芳朗・柳川範之・神田秀樹 編, 「會社法の経濟學」, 東京大學出版會, (1998), 51-52頁(柳川範之 집필부분).

18) 김일중・김두얼 편, 「법경제학: 이론과 응용」, 해남, (2011), 355면(송옥렬 집필부분).

19) 대법원 2004. 12. 10. 선고 2004다25123 판결.: 원고가 대표이사 지위의 해임으로 무보수의 비상근 이사로 되었다고 하여 달리 볼 것도 아니라고 하였다.

20) 대법원 2014. 5. 29. 선고 2012다98720 판결.

그 회사가 어떻게 권한분배를 취하고 있는지 및 이사회에 어떠한 권한이 주어지고 있는지 등을 많은 시간과 노력을 들여서 조사할 필요가 있다. 그러나 어느 회사가 표준적인 권한분배모델을 채용하고 있다면 다른 이해관계자가 그 권한분배에 관한 정보를 수집하는 비용을 절감할 수 있다.[21] 게다가 그러한 권한분배모델을 채용하였다면 당해 회사와 거래를 한 이후에도 앞으로 기존의 권한분배구조를 자발적이든 비자발적이든 간에 함부로 변경하지 않겠다는 약속을 시장에 천명한 것으로 이해된다.[22] 그러므로 제3자의 입장에서는 각 회사가 권한분배의 모델을 자율적으로 선택하는 것을 인정하지 않는 것이 경제적이며, 이러한 점에서 상법이 권한분배의 표준모델을 강행적으로 규정하는 것으로 이해할 수 있다.[23]

상법이 권한분배의 모델을 강제하고 있는 한 그 규정을 벗어난 권한분배의 모델을 선택할 수 없어서, 각 회사의 고유한 사정에 따른 권한분배를 설계하는 것이 불가능하게 되는 경우가 발생한다. 그러나 현실에 있어 주식회사에서 기관간의 정보격차는 각 회사의 형편에 따라 동일할 수 없으며, 업종이나 규모 또는 경제환경 등에 의하여 실제 요구되는 바람직한 권한분배의 모델이 다를 수 있다.[24] 그리하여 권한분배 모델의 표준형을 법률이 제공하는 것은 오히려 각 회사의 자유로운 선택을 방해할 우려도 남아 있다.[25] 즉, 표준권한분배모델을 강제적으로 채용하다 보니 회사의 입장으로서는 준수비용(compliance cost)을 지불해가면서도 주주를 비롯한 이해관계자에게 최적의 권한분배의 모델을 제공하지 못하는 위험이 존재한다는 것이다.[26]

---

21) Anita I. Anand, *An Analysis of Enabling vs Mandatory Corporate Governance: Structures Post-Sarbanes-Oxley*, 31 Delaware Journal of Corporate Law 229, (2006).

22) Reinier Kraakman et al., The Anatomy of Corporate Law: A Comparative and Functional Approach 22 (2d ed 2009).

23) 三輪芳朗・柳川範之・神田秀樹 編, 前掲書, 54頁(柳川範之 집필부분).

24) 이 문제점을 해결하기 위하여 상법은 회사의 규모에 따라 다른 권한분배의 표준모델을 제공하고 있다. 현행 상법은 자본금이 10억원 미만인 주식회사의 경우에는 1~2인의 이사를 둘 수 있고, 그 경우에는 이사회가 존재하지 않는다(제383조 제1항). 이사회가 존재하지 않는 경우에는 정관에 따른 대표이사를 정하지 않았다면 각 이사가 회사를 대표하고 이사회의 기능을 담당하거나(제383조 제6항), 상법이 요구하는 '이사회의 결의'가 '주주총회의 결의'에 의하여 갈음되어야 한다(제383조 제4항).

25) 三輪芳朗・柳川範之・神田秀樹 編, 前掲書, 55頁(柳川範之 집필부분).

26) Jonathan R. Macey, *Corporate Law and Corporate Governance: A Contractual Perspective*, 18 Journal of Corporation Law 185, 189 (1992-1993).

(3) 사적 계약의 보완

단순히 경제학적으로만 살펴본다면, 만약 회사가 적정한 보수지급계약을 통해 이사로 하여금 노력을 집중하게 하고 성실하게 직무집행을 하도록 강제할 수 있다면 상법이 특별하게 별도의 규정을 두어서 이사의 행위를 통제할 필요가 없다.[27] 그러나 회사가 장래 일어날 수 있는 모든 상황에 대응하고 당사자가 취해야 할 행동을 일일이 상세하게 약정한 보수지급계약을 체결한다는 것은 현실적으로 상상할 수 없다.[28] 특히 이해관계자가 많고 그 복잡한 내부구조를 가져서 상당한 규모가 있는 회사의 경우에는 보수지급계약에 의한 통제가 불충분하거나 혹은 과도한 비용이 들게 되는 데, 그 경우에는 법률규정에 의하여 그러한 보수지급계약을 보완하는 것은 큰 의미를 지닌다.[29]

상법은 이사의 의무와 책임에 관련된 여러 규정을 두고 있는데, 이 규정들은 회사관계에서 체결되는 개별적인 사적 계약을 보완하는 기능이 있다. 즉, 상법은 회사와 이사 사이의 계약이나 사적 합의를 보완하여 사회적으로 보다 바람직한 권한분배를 이끌어내는 데 기여한다. 구체적으로는 상법상 이사의 선관주의의무(제382조 제2항, 민법 제681조)를 비롯하여 이사의 충실의무(제382조의3)는 이 같은 사적 계약에 대해 보완적 기능을 담당하는 중추적인 제도이다.[30] 같은 맥락에서 「명목상 이사도 회사에 대하여 상법 제388조에 따라 정관의 규정 또는 주주총회의 결의에 의하여 결정된 보수의 청구권을 가지면서, 회사의 기관으로서 회사가 사회적 실체로서 성립하고 활동하는 데 필요한 기초를 제공함과 아울러 상법이 정한 각종 권한과 선관의무를 비롯한 의무를 부담하고 그 의무 위반에 따른 책임을 부담한다」고 판시하였다.[31]

---

27) 三輪芳朗・柳川範之・神田秀樹 編, 前掲書, 56頁(柳川範之 집필부분).

28) 계약의 당사자가 장래의 우발적인 상황을 비롯한 모든 상황과 당사자 관계에 영향을 미칠 수 있는 관련 법률에 관한 정보에 완벽하게 접근할 수 있어 계약의 체결과 이행에 관련된 모든 위험을 사전에 합리적으로 분배할 수 있는 계약을 완전계약(complete contract)이라 한다. 계약의 조건을 정하는 협상비용 등의 부담으로 인하여 완전계약을 기대하는 것은 현실성이 없다.: Scott Baker & Kimberly D. Krawiec, *Incomplete Contracts in a Complete Contract World*, 33 Florida State University Law Review 725, 725-726(2006).

29) Eric W. Orts, Business Persons: A Legal Theory of the Firm 69(2013).

30) 三輪芳朗・柳川範之・神田秀樹 編, 前掲書, 56頁(柳川範之 집필부분).

31) 대법원 2015. 7. 23. 선고 2014다236311 판결.

2. 理事 報酬의 決定

(1) 논의의 범위

상법은 주식회사의 기관으로 주주총회, 이사회, 대표이사, 집행임원, 감사(위원회)를 두고 이들 기관사이에 권한을 분배하고 있다. 상법 제361조는 주주총회와 이사회 사이의 권한분배를 규정하고 있다. 이에 따르면 주주총회는 상법이 정한 사항 또는 정관이 정한 사항에 한해서 결의할 수 있는 것으로 규정하여 주주총회의 권한을 법률적으로 제한하고 있다. 이사의 보수를 정관 또는 주주총회에서 정하도록 한 것(제388조)은 이사 스스로가 자신에게 유리한 보수를 결정하는 것을 원천적으로 봉쇄하기 위한 것이다. 이하에서는 상법이 이사의 보수를 주주총회에서 정하도록 설계한 의의를 비롯하여 주주총회에서의 이사보수결정권을 둘러싼 몇 가지 중요한 사항에 관하여 살펴보기로 한다.

(2) 상법 제388조의 취지

상법 제388조의 취지에 관해서 견해가 나뉜다. 먼저 정책규정설을 살펴보기로 한다. 이 설은 이사의 보수결정은 원래 이사회의 업무집행 권한에 속하기는 하지만 그러한 결정은 이사와 회사간의 이익충돌이 있는 거래행위와 다를 바 없다는 것으로부터 출발한다. 따라서 이사의 보수결정에 대해 이사회의 승인을 받는 것으로 하더라도 행위자가 승인까지 담당하는 것을 논리적으로 받아들이기 어려울 뿐만 아니라 실질적으로는 이사회의 구성원인 이사가 보수결정을 스스로가 하는 측면이 있어서 이를 내버려 두는 것은 회사재산을 축낼 우려가 있다고 본다. 이에 회사이익을 보호하기 위한 정책적 배려에서 정관에 규정을 두거나 주주총회의 권한으로 한 것으로 풀이하여야 한다는 입장이다.[32]

한편, 비정책규정설은 이사의 보수결정은 이사회의 업무집행행위에 속

---

32) 김건식 · 노혁준 · 천경훈, 「회사법」 제2판, 박영사, (2016), 442면; 문정해, "주식회사 이사의 보수 규제 -대법원 2016. 1. 28. 선고 2014다11888 판결을 중심으로-", 「원광법학」, 제32권 제3호, 원광대학교, (2016), 64면; 이철송, 전게서, 656면; 최기원 · 김동민, 「상법학신론(상)」 제20판, 박영사, (2014), 780면; 한철, "대표이사직의 해임에 따른 보수청구와 회사의 손해배상책임 -대법원 2004. 12. 10. 선고 2004다25123 판결-", 「상사판례연구」, 제18집 제3권, 한국상사판례학회, (2005), 106면.

하지 않는다고 본다. 이 견해의 논리구조는 다음과 같다. 주주총회의 이사선임 결의는 회사 내부의 의사결정에 불과하여 일방적인 단체법상의 기관행위에 지나지 않기 때문에 피선임자가 이사에 취임하기 위해서는 회사와 임용계약을 체결하여야 한다.[33] 회사의 부(富)가 주주에게 돌아갈 배당규모와 직접적인 연계가 된다는 점을 고려한다면 선임권자인 주주가 이사의 임용조건까지 결정하는 것이 원칙이고, 보수는 임용계약에 필요한 중요한 조건이다. 따라서 이사의 선임권・해임권을 가지는 주주총회(제382조 제1항, 제385조 제1항)가 보수를 결정하는 것이 당연하다는 것이다. 즉, 본래 이사에 대한 통제기능을 수행하여야 할 기관인 주주총회가 보수결정을 하는 만큼 법에 의하여 정책적으로 부여된 권한으로 볼 수 없다는 입장이다.[34]

생각건대, 각 이사가 담당하여야 하는 직무의 내용과 성질을 정하는 것은 물론이고 그 직무를 제대로 수행하였는지를 파악하는 데 대한 전문성은 회사의 업무집행에 관한 의사결정기관인 이사회가 가지고 있다.[35] 그러나 이사회가 그 구성원인 이사의 보수를 정한다는 것은 이사와 회사간의 이익충돌의 위험이 존재한다.[36] 이 때문에 주주가 일반적으로 회사경영에 관심이 크지 않다는 현실에도 불구하고 어쩔 수 없이 상법은 정책적인 측면에서 주주총회에 이사보수의 결정권을 부여하고 있는 것이다.

대법원 판례도 이사의 보수결정은 회사와 이사간의 이익충돌의 문제를 야기하는 영역으로 인식하고 있다. 예컨대, 이사가 자신이 개인적으로 지급하여야 하는 비용을 회사로 하여금 대신 지급하는 것은 당해 이사에게 금전적 이익을 제공하는 것으로서 특수한 보수에 해당하는 까닭에 주주총회의 결의가 없이 이를 지급한 것은 이사로서 선관주의의무에 위반하여 회사에 손해를 입게 한 것으로 판단한 판결이 있다.[37] 더 나아가 대법원이 상법 제

---

33) 이러한 사실을 분명하게 판시한 판결로서는 대법원 1995. 2. 28. 선고 94다31440 판결이 있다. 여기 인용된 판결은 감사의 선임에 관한 것이기는 하지만 이사에 관해서도 동일하게 적용된다.

34) 奥島孝康, "退職慰勞金の怪＝關西電力事件-取締役の報酬", 「法學セミナー」, 通巻 第448號, 日本評論社, (1992), 93頁.

35) 이와 관련하여 상법 제393조 제2항은 이사회는 이사의 직무의 집행을 감독한다고 규정하고 있다.

36) Robert A. G. Monks & Nell Minow, Power and Accountability 164-177 (1991).

37) 대법원 2007. 10. 11. 선고 2007다34746 판결.

388조의 입법취지가 이사들이 임용계약을 체결하는 과정에서 개인적인 이득을 취할 목적으로 과다한 보수를 약정하여 그 사익 도모의 폐해를 방지하여 회사와 주주의 이익을 보호하기 위한 차원에서 주주총회의 결의를 요한다고 판시한 것[38] 등에 비추어 본다면 대법원이 상법 제388조와 관련하여 정책규정설의 입장을 취한다는 것에 의견을 달리할 수 없다.

(3) 보수규모의 적정성

현행 상법상 이사의 보수에 대한 규정은 절차적인 측면만을 규제를 할 뿐이다.[39] 이는 법원이 이사의 보수규모의 적정성 혹은 상당성을 판단할 것을 전제로 하지 않음을 시사한다.[40] 그럼에도 불구하고 국내의 학설은 이사의 직무와 그 보수는 합리적인 비례관계에 있어야 하며 회사의 재무상태에 비추어 적정하여야 한다는 견해가 제시되어 있다. 그 이유는 이사의 보수가 적정하지 않는 것은 회사의 자본금충실을 해쳐 주주와 채권자에게 손실을 초래한다는 것이다.[41] 대법원 판례도 「이사의 보수가 합리적인 수준을 벗어나서 현저히 균형성을 잃을 정도로 과다하거나, 오로지 보수의 지급이라는 형식으로 회사의 자금을 개인에게 지급하기 위한 방편으로 이사로 선임하였다는 등의 특별한 사정이 있는 경우에는 보수청구권의 일부 또는 전부에 대한 행사가 제한되고 회사는 합리적이라고 인정되는 범위를 초과하여 지급된 보수의 반환을 구할 수 있다」라고 판시하고 있다.[42]

생각건대, 다음의 2가지 이유에서 법원이 이사 보수의 적정성을 판단함에 있어서 주저하는 것이 바람직하다. 첫째, 상법상 이사 보수의 결정에 대한 통제는 다층적으로 이루어진다. 즉, 이사의 보수가 정관의 규정이나 주주총회에서 정해질 뿐만 아니라 이사 보수의 결정을 위한 주주총회에서 수수인 이사는 특별이해관계인에 해당되어 의결권을 행사할 수 없다.[43][44] 한국

---

38) 대법원 2006. 11. 23. 선고 2004다49570 판결.: 일본 최고재판소의 판례도 정책규정설의 입장을 취하고 있다.: 最高裁判所 1985年 3月 26日, 「判例時報」 第1159號, 150頁.

39) 임재연, "임원의 보수에 관한 연구", 「인권과 정의」, 통권 제385호, 대한변호사협회, (2008), 54면.

40) 浜田道代, 「新版注釋會社法(6)」, 株式會社の機關(2), 有斐閣, (1997), 386頁.

41) 이철송, 전게서, 661면; 임재연, 전게논문, 54면; 장덕조, 「상법강의」, 법문사, (2016), 490면.

42) 대법원 2015. 9. 10. 선고 2015다213308 판결.

43) 이사 보수의 결정에 있어서 주주인 이사는 그 특별이해관계인으로서 주주총회에서 의결권을 행사할 수 없다는 견해가 국내의 다수설이다.: 문정해, 전게논문, 65면; 송옥렬, 전게

과 같이 원칙적으로 주주총회에서 이사의 보수를 정하는 일본45)에서도 법원이 이사 보수의 적절성을 심사하지 않는다고 한다.46) 게다가 보수의 적정성을 판단하는 것은 주관적인 성격이 강하고 평가방법도 매우 다양하므로 그 판단은 지난(至難)한 작업이다. 이 때문에 미국과 같이 이사의 보수를 이사회의 결의에 의하여 정하는 국가에서도 사실상 이사의 보수의 적정성을 따지려 하지 않는 경향을 노정한다.47)

둘째, 상법상 이사는 회사에 대하여 수임인의 지위에 있다는 이유로 회사의 이익이 주주의 이익과 반드시 동일하지 않는다고 하더라도 회사의 이익과 주주의 이익이 상호 괴리되었다고 단정하기에는 무리가 있다.48) 보수의 적정성에 대한 판단은 주주총회가 하는 것이 원칙이라고 보아야 하기 때문에 주주총회의 자주적 판단으로 이사의 보수가 결정되는 한 주주총회가 그 주어진 권한을 현저하게 일탈해 공서양속에 반하는 결의를 했을 경우가 아니라면 이사의 보수규모의 적정성과 관련하여 법원이 후견적으로 개입하는 것은 자제되어야 한다.49)

서, 901면; 윤영신, "이사 보수의 회사법적 문제", 「BFL」 제65호, 서울대학교 금융법센터, (2014), 43면; 이철송, 전게서, 521면; 장덕조, 전게서, 490면.: 이 같은 입장을 취하고 있는 판례로서는 서울중앙지방법원 2008. 9. 4. 선고 2008가합47805 판결이 있다.

44) 반면에 주주인 이사가 위의 경우에 특별이해관계인에 해당되지 않는다고 보는 견해도 있다.: 김진오, 전게논문, 163-164면; 김화진, "주식회사 이사의 보수와 상법 제368조 제4항의 해석", 「저스티스」 통권 제102호, 한국법학원, (2008), 56-57면.

45) 일본에서는 위원회가 설치된 회사에서는 보수위원회가 대표이사 및 개별 이사의 보수를 결정한다. 따라서 위원회설치회사에서는 정관의 규정 내지 주주총회에서의 결의에 의한 이사보수를 결정하는 절차가 요구되지 않는다(일본 회사법 제409조). 그러나 위원회설치회사를 제외한 나머지 회사는 한국과 동일하게 정관의 규정 내지 주주주총회의 결의로서 이사의 보수를 정한다(일본 회사법 제361조 제1항 · 제2항).

46) 伊藤靖史, "取締役・執行役報酬の相当性に關する審査について," 「同志社法學」, 第56巻第5號, 同志社法學會, (2006), 57-58頁.

47) Charles M. Elson, *Executive Overcompensation-A Board-Based Solution*, 34 Boston College Law Review 937, 948-949 (1993).

48) 三輪芳朗・柳川範之・神田秀樹 編, 前掲書, 60頁(柳川範之 집필부분).

49) 무엇보다 대가에 있어서의 적정성이라 함은 범위를 갖춘 개념이다. 민법상 위임관계에서의 보수에 관한 판례를 여기에 참고할 수 있다. 대법원은 「위임계약에서 보수액에 관하여 약정한 경우에 수임인은 원칙적으로 약정보수액을 전부 청구할 수 있는 것이 원칙이지만, 그 위임의 경위, 위임업무 처리의 경과와 난이도, 투입한 노력의 정도, 위임인이 업무 처리로 인하여 얻게 되는 구체적 이익, 기타 변론에 나타난 제반 사정을 고려할 때 약정보수액이 부당하게 과다하여 신의성실의 원칙이나 형평의 원칙에 반한다고 볼 만한 특별한 사정이 있는 때에는 예외적으로 상당하다고 인정되는 범위 내의 보수액만을 청구할 수 있다」라고 판시하면서, 「뇌물공여 등 로비를 하는 자금이 그 보수액에 포함되어 있다고 볼 만한

(4) 이사회에 대한 보수분배권의 일임

의사결정의 주체가 누구냐에 따라 투입되어야 하는 시간이나 정확성에 차이가 발생한다면 보다 정확하고 신속히 결정할 수 있는 자에게 의사결정을 맡기는 편이 효율적이다. 이사의 보수는 주주총회가 정하지만 일반주주가 각 개별이사에게 지급될 보수와 관련하여 구체적으로 적정한 규모를 산정할 것을 기대하기란 사실상 어렵기 때문에 각 이사의 보수규모를 결정하는 것을 이사회에 위임하는 것이 되레 효율적이다. 각 개별이사의 보수를 산정하는 것과 관련하여 풍부한 지식을 가지는 전문가에게 구체적인 분배를 맡기는 편이 회사의 비용을 줄인다는 점에서 바람직하기 때문이다. 현재 회사실무도 이사회가 보수분배권을 가지는 것이 일반적이다. 이처럼 주주총회가 개개 이사가 수령할 보수의 구체적인 규모까지 결정할 필요는 없고, 최고 한도액수 또는 보수의 총액을 결정하는 것만으로도 이사와 회사 사이의 이익충돌문제를 해소할 수 있으므로 개별적인 이사에게의 돌아갈 보수액의 분배를 이사회에 일임할 수 있는 것으로 풀이한다.[50] 이에 대해 국내에서는 반대하는 견해를 찾아 볼 수 없으며, 판례도 그러한 일임을 인정하고 있다.[51] 그러나 주주총회가 이사 보수의 총액 등에 관하여 아무 것도 정하지 않은 채 이사회에 보수결정을 무조건으로 일임하는 취지의 주주총회 결의는 효력이 없다.[52] 상법상 권한분배의 취지에 어긋난다는 것이다. 주주총회로부터의 위임에 터잡아 이사회가 각 이사의 보수액을 결정하는 업무는 이사회의 재량권의 범위내에 있는 것이므로 경영판단원칙의 적용을 받게 된다.

(5) 이사보수 결정 관련 주주총회 결의의 하자

주주총회는 다수 투사사의 의사를 단일한 단체의사로 수렴하는 기관이다. 그 결의에 있어서 내용과 절차가 적법하고 공정하여야 한다. 만약 그 결

특수한 사정이 있는 때에는 그 위임계약은 반사회질서적인 조건이 결부됨으로써 반사회질서적 성질을 띠고 있어 민법 제103조에 의하여 무효로 보아야 한다」라고 판결한 바 있다.: 대법원 2016. 2. 18. 선고 2015다35560 판결.

50) 임재연, 전게논문, 52면; 임정하, "이사의 회사에 대한 책임의 관점에서 바라 본 보수규제 -보수 환수제도를 중심으로-", 「서울법학」 제24권 제3호, 서울시립대학교, (2016), 208면; 최기원 · 김동민, 전게서, 781면.

51) 대법원 2012. 3. 29. 선고 2012다1993 판결.

52) 서울중앙지방법원 2008. 7. 24. 선고 2006가합98304 판결.

의가 절차나 내용상 하자가 있다면 주주들의 정당한 의사로 인정될 수 없어 그 효력이 부정되어야 한다. 그런데 주주총회결의는 사단적 법률행위로서 그 성립과정에 다수인의 의사와 이해관계가 개입이 되며, 결의가 있으면 그 유효를 전제로 각종의 후속행위가 이루어진다. 그러므로 주주총회 결의의 하자에 대하여 취소·무효의 일반법리를 그대로 적용하면 사단적 법률행위의 불안정을 초래하여 다수인의 이익을 해하게 된다.[53] 이에 상법은 주주총회 결의의 효력을 부정할 원인이 되는 하자의 유형을 법정하고 그 유형에 따라 결의취소의 소(제376조), 결의무효확인의 소(제380조), 결의부존재확인의 소(제380조), 부당결의취소·변경의 소(제381조) 등 4가지를 마련하고 있다.

과도한 보수를 지급받을 목적으로 대주주에 영향력을 행사하여 그러한 보수지급을 결의한 주주총회가 있다고 가정(이하 '가상의 사례'라 함)할 때 그러한 주주총회의 결의의 효력은 어떠한가? 만약 그러한 결의에 하자가 있다면 과연 어떻게 다툴 것인가? 상법상 주주총회의 결의하자를 다투는 4종류의 소(訴) 중에서 주주총회 결의의 내용이 법령 또는 정관에 위반하는 경우에는 결의무효확인의 소를 제기할 수 있다. 여기서 총회의 결의의 내용이 법령에 위반하는 결의의 예로서는 주주유한책임의 원칙을 위반한 결의, 회사채권자의 이익에 반하여 회사의 이익을 침해하는 결의, 선량한 풍속 기타 사회질서에 어긋나는 사항을 내용으로 정하는 결의, 주주평등의 원칙에 위반하는 결의, 주주총회의 결의사항에 속하지 아니하는 사항에 관한 결의 등이 소개되어 있다.[54] 이사의 과도한 보수를 정하는 결의를 하는 경우에도 결의무효확인의 소를 제기할 수 있다고 풀이하는 견해[55]도 있다.

대법원이 어느 결정[56](이하 '결의취소 결정'이라 함)에서 이익공여를 받은 주주가 의결권을 행사한 주주총회의 결의는 취소할 수 있다는 입장을 견지하고 있는 점을 감안하면, 대법원은 주주총회 결의의 하자를 다투는 소의 원인을 매우 넓게 보고 있음을 알 수 있다.[57] 이익공여에 후행하는 결의방

53) 이철송, 전게서, 589면.

54) 이철송, 전게서, 603면; 장덕조, 전게서, 468-469면; 최기원·김동민, 전게서, 746면.

55) 이철송, 전게서, 604면.

56) 대법원 2014. 7. 11.자 2013마2397 결정.

57) 이 판결이 나오기 전에는 회사의 이익공여는 주주총회 결의의 효력에는 영향을 미치지 않는다는 것이 일반적인 해석이었다. 이러한 해석은 이익을 제공받는다는 것이 의결권행

법이 법령을 위반하였다고 판단한 위의 결의취소 결정에 비추어 보면 자신의 직무에 대한 대가로서 적정한 범위를 초과하는 규모의 보수를 받을 수 있게 대주주를 움직인 위의 가상의 사례에서도 그 결의내용이 법령에 위반하므로 결의무효확인의 소를 제기할 수 있는 것으로 볼 여지가 있다. 그러나 이익수령이 주주의 의결권행사의 다양한 동기 중의 하나에 지나지 않는다는 점을 감안한다면 위의 결의취소 결정에서 단순한 개연성을 바탕으로 주주총회의 결의를 취소한 것은 법원의 후견적인 입장이 극대화된 경우로 보아야 할 것이므로 그 결정의 취지를 일반화하기에는 무리가 있다.[58] 마찬가지로 일본 최고재판소가 「주주총회의 결의의 내용 자체에는 아무런 법령 또는 정관 위배(違背)의 하자가 없고, 단지 결의를 하는 동기, 목적에 공서양속 위반의 불법이 있는 것에 지나지 않는 경우에는 해당 결의를 무효로 하는 것은 아니라고 풀이하는 것이 상당하다」고 판시한 점[59]에 주목하면, 이사의 보수를 정한 주주총회의 결의를 법원의 판단에 의하여 무효로 하는 것도 극히 자제되어야 한다. 즉, 일본의 판례를 감안한다면, 이사가 주주총회를 장악하여 결과적으로 자신의 배임행위를 성취하도록 하는 결의를 유도하였다고 하더라도 이는 여전히 주주의 의결권행사의 동기에 영향을 미칠 뿐이라고 제한적으로 해석해야 한다는 것이다. 따라서 주주총회에서의 이사보수의 결정이 그 결의의 하자가 되기 위해서는 이사가 의도적으로 이사보수의 결정을 위한 주주총회의 자주적인 판단을 현저히 저해하여 주주총회를 그 배임행위의 조력자 내지 도구로 전락시킨 것이 분명한 경우에 한하여야 한다. 왜냐하면 그 경우라면 주주총회가 이사의 보수를 정하도록 한 상법상의 규정을 위반하여 이사가 스스로이 보수를 정한 것과 다를 바 없어 그 주주총회의 결의가 무효로 된다고 풀이할 수 있기 때문이다.

요컨대, 이사의 보수를 결정한 주주총회의 결의가 무효가 되는 경우의 요건을 예를 들어서 구체적으로 살펴보면 다음과 같다. 즉 ① 이사가 과도한 보수를 지급받고자 하는 배임행위가 있는 상황에서, ② 회사의 발행주식총수

사의 동기에 불과하다고 보았기 때문이다.: 정찬형, 「상법강의(상)」 제16판, 박영사, (2013), 1158면; 최준선, "주주권 행사와 관련한 이익공여금지 소고", 「성균관법학」 제27권 제1호, 성균관대학교, (2015), 205-206면.

58) 김건식 · 노혁준 · 천경훈, 전게서, 254면.

59) 最高裁判所 1960年 1月 12日, 「商事法務」 第167號, 18頁.

의 절대적 수량을 보유하여 주주총회의 결의를 좌우할 수 있는 최대주주가 그러한 배임행위를 충분히 인식하고 있음에도 불구하고 주주로서의 감시·감독을 통해 그 행위를 저지하거나 그 책임을 추궁하지 않고 오히려 그러한 행위에 적극적으로 가담하여, ③ 주주총회에서의 결의를 이끌어 내는 경우에 한하여 그러한 결의의 내용이 법령에 위반한 것으로 보아 그 주주총회의 결의의 효력을 부정하는 것이 바람직하다.

Ⅳ. 이 事件 判決의 檢討

1. 檢討 對象의 爭點

이 사건에서의 사실관계 중 검토대상을 쟁점별로 나누어서 검토하기로 한다. 첫째, Y는 경영실적과 재무상태가 지속적으로 어려울 뿐만 아니라 73억 원가량의 누적손실을 기록하였는데, 대표이사에 대하여 지급되는 급여가 그 손실의 주요 원인이었다. 또한 X들은 자신들이 이사직을 곧 사임할 수밖에 없다는 것을 잘 알고 있는 상황에서 X들이 특별나게 경영상 판단을 할 일이 많지 않았음에도 불구하고 Y가 발행한 주식총수의 90%를 가진 A에게 영향력을 행사하여 자신들의 퇴직금을 과도하게 인상하는 것을 내용으로 하는 이 사건 퇴직금규정을 주주총회에서 통과시켰다. 둘째, X들과 Y 사이의 연봉인상계약에 따라 인상된 보수에 관하여 주주총회의 결의가 있다고 볼 수 없어 그 계약의 효력을 인정할 수 없다.

2. 爭點에 따른 判決의 檢討

첫 번째 쟁점을 검토하기로 한다. 이 사건 판결을 살펴보면, X들이 자신의 사익추구를 위하여 A에게 영향력을 행사한 것 및 A가 이 사건 주주총회에서 의결권을 자주적으로 행사하지 않은 것과 관련하여 법원은 Y가 X들에 대한 "합리적 통제를 방기하다시피"60) 하여 그들의 위법행위에 사실상 동조한 것과 다름없는 것으로 보고 있다. 특히 Y가 거액의 누적손실을 부담하고 있는 상황이고 X들이 배임행위를 하였다는 사실까지 함께 고려한다면 법

60) 이는 제1심 법원의 판결문에서 직접 인용한 문구이다.

원이 X들에게 지급하여야 할 퇴직금의 규모가 적정한지의 여부를 판단한 것에 큰 흠이 있다고 말할 수 없다. 이처럼 X들의 배임행위에 조력한 Y의 주주총회 결의에 대하여 비난할 여지가 큰 만큼 이 사건 판결에서 법원이 공익의 수호자로서 이사보수의 규모가 적정한 지에 관하여 후견적으로 개입한 것에 대해 나무라기 어렵다. 그러나 대법원이 이 사건 판결에서 X들이 자신의 배임행위를 통해 취득한 보수청구권의 행사를 마치 그들의 권리남용 내지 신의칙 위반에 준하여 그 청구권 행사를 불허한 것과 다를 바 없는 방법을 통해 결과적으로 주주총회의 결의를 무효로 하는 것은 납득하기 곤란하다.[61] 왜냐하면 이 사건 주주총회 결의의 효력을 부정하여 X들의 보수청구권을 인정할 수 없다는 식으로 판단할 수 있었음에도 불구하고 대법원이 이 사건 주주총회의 결의가 유효함을 전제로 하여 X들의 보수청구권을 허용하지 않는 쪽으로 논리를 전개한 것에 대해 수긍하기 어렵기 때문이다. 따라서 대법원이 이 사건 판결에서 X들이 자신들에게는 유리하되 회사재산의 부당한 유출을 야기하는 퇴직금지급규정을 마련하여 그들이 장악하고 있는 대주주를 통해 주주총회에서 가결되게 한 것은 주주총회가 이사보수의 총액 등을 전혀 정하지 않고서 바로 이사회가 스스로의 보수를 결정한 것과 마찬가지여서 상법 제388조의 취지에 비추어 이 사건 주주총회의 결의는 무효라고 판단하였더라면 하는 아쉬움이 남는다.

두 번째 쟁점을 살펴보기로 한다. Y의 정관에서 이사의 보수를 주주총회의 결의로 정한다고 되어 있으나 실제 Y에서 X들의 연봉인상을 뒷받침할 주주총회의 결의가 있었음을 인정할 증거가 없는 만큼 대법원이 X들의 연봉인상계약에 따른 보수청구를 배척한 것은 상법 제388조의 단순한 문리해석과 관련 판례의 법리에 비추어 보아 지극히 당연하므로 재론(再論)을 요하지 않는다.

요컨대, 이 사건 판결은 거의 도산 직전에 놓이다시피 한 열악한 경영상

---

61) 대법원 판례에 따르면 주주총회 결의무효확인의 소의 법적 성질은 확인의 소이다(대법원 1962. 5. 17. 선고 4294민상1114 판결). 그러나 민사소송법학계에서는 결의무효확인의 소의 법적 성질을 형성의 소로 보고 있다.: 이철송, 전게서, 606면.: 만약에 이 같은 형성소송설에 따른다면 X들의 보수청구권을 배척하는 것은 이 사건 주주총회의 효력을 무효화하는 것과 효과적인 면에서 차이가 없다. 결국 명문의 규정없이 소(訴)가 아닌 방법으로 형성효과를 발생시키는 점에서 문제가 있다.

황과 발행주식총수의 90%를 보유한 절대주주가 존재하는 상황을 배경으로 하다 보니 법원의 후견적 개입이 설득력을 얻고 있다. 그러나 Y의 경영상태 및 권한분배구조와 동일하거나 유사한 상황에 놓여있는 회사가 아니라면, 이 사건 판결에서 대법원이 판시한 사항들이 가감없이 적용될 수 있을지에 관해서는 쉽게 긍정할 수 없다. 왜냐하면 법원의 후견적 역할은 주주들의 자주적인 의결권행사를 하고자 하는 유인을 감소시킬 뿐만 아니라, 합리적 의결권행사를 하고자 하는 모든 주주들의 노력에 헤살 내지 훼방을 놓는 것과 다를 바 없기 때문이다.

Ⅴ. 맺음말

이 사건 판결은 Y의 퇴직금지급 규정이 주주총회 결의에서 가결된 것이니 만큼 유효하지만 X들의 배임행위로 인하여 그들은 보수청구권을 행사할 수 없다는 논리를 제시하고 있다. 이 때문에 대법원은 이 사건 주주총회의 결의가 무효임을 선제적으로 확인하지 않았는지에 대하여 의문이 남게 된다. 그렇다면 과연 이 사건 판결의 대안은 모색가능한가? 이상에서의 검토를 통해 본고가 결론적으로 다음과 같은 대안을 제시하고자 한다. 즉, 이 사건 퇴직금규정을 황금낙하산규정 혹은 이의 변형된 것 내지 이에 유사하다고 풀이하여 법리적용상의 수미일관성을 높이는 것이다.

일반적으로 황금낙하산규정(golden parachute)이라 함은 적대적 M&A가 성공한 경우처럼 회사지배권의 변동으로 인하여 이사 기타 경영진이 퇴임하기에 이른 때에 회사가 거액의 퇴직금을 지급하도록 하는 정관 혹은 이에 준하는 규정을 말한다.[62] 이 규정은 회사에게 부담을 지워 이사 기타 경영진이 자신의 지위의 영속을 도모하는 데 기여하는 일종의 보험과 같은 역할을 한다.[63] 이 사건 판결에서 ① X들은 지배주주의 변동으로 인하여 자신들이 교체될 수 있음을 예상할 수 있었던 상황이었다는 점, ② 이 사건 퇴직금지급규정에서 인상될 퇴직금지급률은 대표이사의 경우는 종전의 5배에 그

62) Richard P. Bress, *Golden Parachutes: Untangling the Ripcords*, 39 Stanford Law Review 955, 958-959 (1987).

63) Henry F. Johnson, *Those 'Golden Parachute' Agreements: The Taxman Cuts the Ripcord*, 10 Delaware Journal of Corporate Law 45, 46 (1985).

리고 이사는 종전의 3배에 해당하면서 소급적용한 것은 회사의 황폐한 재정상태에 비하여 과도하다는 점, ③ Y의 지배주주인 A와의 사실상의 공조를 통해 이 사건 퇴직금지급규정이 통과된 사실을 감안한다면 X들이 자신의 참호구축(entrenchment)을 위한 황금낙하산전략 혹은 이에 유사한 전략을 펼친 것으로 볼 여지가 있다. 특히 이 사건 주주총회에서 가결된 이 사건 퇴직금지급규정 제3조 제2항이 "임원이 연임되었을 경우에는 퇴직으로 보지 않고 연임기간을 통산하여 현실적으로 퇴직에 달하였을 때에 퇴직금을 계산 지급한다."는 것을 적고 있었는데, 이는 X들의 지위영속의 의사가 있었음을 시사하고 있어 황금낙하산규정으로서 손색이 없다.[64)]

그러나 이미 하급심 법원이 「회사의 재정상황에 비하여 현저히 과다한 퇴직금을 이사 또는 대표이사에게 지급하도록 책정한 정관규정은 이사의 임기 중에 주주총회가 이사를 해임하는 것을 사실상 불가능하게 하였음은 물론, 임기 만료된 이사에 대하여도 주주들로서는 거액의 퇴직금 지급 위험을 회피하기 위하여 그 이사를 다시 이사로 선임할 수밖에 없는 결과를 초래함으로써 사실상 주주총회가 이사의 재선임에 관한 권한을 행사할 수 있도록 하여 이사 선임 또는 해임을 주주총회의 전권사항으로 규정한 상법 제382조 제1항 · 제385조 제1항 본문에 반하여 주주총회의 이사 선임 또는 해임권한을 본질적으로 침해한 위법이 있다」는 취지로 판단한 바 있다.[65)] 만약 위의 하급심 판결처럼 이 사건 퇴직금지급규정이 주주총회의 본질적인 권한을 침해한 것으로 풀이하였다면 법령에 위반한 퇴직금지급규정을 가결한 주주총회의 결의는 무효일 수밖에 없으므로 X들의 퇴직금지급청구도 당연히 부인된다는 논리가 전개되었을 것으로 미루어 짐작한다.

---

64) 이사의 퇴직금은 정관이나 주주총회결의로 그 액이 결정된 후 해당 이사의 동의가 있으면 정관변경이나 주주총회의 결의에 의하여 이를 변경할 수 있다(대법원 1977. 11. 22. 선고 77다1742 판결). 따라서 이 같은 퇴직금지급규정은 지급의무자인 회사에 비하여 해당 이사에게 우월적인 지위를 부여하게 된다.

65) 서울중앙지방법원 2008. 6. 25. 선고 2007가합109232 판결.: 여기 인용된 하급심 판결에서 실제로 문제가 된 것은 피고 회사의 정관상 30억원 또는 50억원의 퇴직보상금을 지급하기로 한 규정의 유효 여부였다. 대법원에 따르면, 퇴직보상금은 형식상으로는 보수에 해당하지 않는다고 하더라도 이사의 보수에 관한 상법 제388조를 준용 내지 유추적용하여 이사는 퇴직보상금이 정관에서 그 액을 정하지 않는 한 주주총회 결의가 있어야만 회사에 대하여 이를 청구할 수 있다(대법원 2006. 11. 23. 선고 2004다49570 판결).

理事의 自己去來와 事後 追認*

吳 泳 俊[**]

◎ 대법원 2007. 5. 10. 선고 2005다4284 판결

[事實의 槪要]

(1) 소외 甲은 1976. 7. 2.부터 1999. 5. 4.까지 동안 원고 회사(대한생명보험)의 최대주주(지분율 28.83%)이자 대표이사의 지위에 있었는데, 1984. 11. 9. 개인 자격으로 상업은행과 사이에, 피고 법인(영생학원, 이후 '신동아학원'으로 개명)이 상업은행에 대하여 부담하고 있던 410억 원 상당의 채무에 대한 채무인수약정을 체결하였다. 소외 甲은 그 후 피고 법인을 인수한 이래 1999. 12. 14.까지 피고 법인의 이사장으로 재직하였다.

(2) 원고 회사는 그 대표이사인 소외 甲의 지시 하에 1992. 11. 30.부터 1999. 1. 29.까지 동안 소외 甲이 이사장으로 있던 피고 법인에게 총 63회에 걸쳐 231억 원을 기부하였다. 소외 甲은 그 후 형사사건에서 원고 회사로 하여금 신동아학원 등에 167억여 원(1998. 4. 22 - 1999. 1. 29.)을 기부하도록 한 행위에 대하여 배임죄의 유죄판결이 확정되었다. 소외 甲은 1999. 5. 4. 주주총회 해임결의에 의하여 해임되었다.

[訴訟의 經過]

1. 原審判決의 要旨

이 사건 기부행위는 당시 원고 회사의 대표이사와 피고 법인의 이사장을 겸하였던 소외 甲에 의하여 행해진 것이어서 상법 제398조 소정의 '이사

---

* 제16회 상사법무연구회 발표 (2007년 9월 29일)

** 서울고등법원 부장판사

의 자기거래'에 해당하는데, 원고 이사회의 승인이 없었으므로 원고에 대한 관계에서 무효이다.

상법 제398조에서 규정하는 이사의 자기거래시 이사회의 승인이란 '사전 승인'에 한한다고 봄이 상당하고, 피고가 들고 있는 대법원 1966. 9. 6. 선고 66다1146 판결 및 1992. 2. 11. 선고 91다42685 판결은 이사회의 사후 승인이 허용된다고 판시한 판례로 볼 수 없다.

한편, 원고 회사의 주주총회는 이 사건 기부행위가 있은 후 그 출연내용이 포함된 사업보고서 등을 '사후'에 승인한 것에 불과하므로, 결국 이 사건 기부행위는 이사회의 승인이 없는 자기거래의 예외적인 유효요건(주주 전원이 참석한 상태에서의 주주 전원의 동의)을 갖추지 못하였다.

피고 법인은 이 사건 기부행위가 원고 이사회의 승인 없이 이루어진 것임을 잘 알고 있었던 악의의 수익자이므로 그 받은 이익에 이자를 붙여 반환하여야 한다.

2. 上告理由

(1) 이사의 자기거래시 이사회의 승인에 관한 법리오해

대법원 1966. 9. 6. 선고 66다1146 판결 및 1992. 2. 11. 선고 91다42685 판결에 의하면, 이사회의 사후 승인을 허용하고 있다. 단지 자기거래를 집행한 이사가 다른 이사에게 추인을 강요할 우려 때문에 사후 승인의 효력을 부인하여야 한다는 원심의 판단은 지나친 추론에 근거한 부당한 것이다. 상법 제398조와 민법 제124조의 취지는 동일한바, 민법 제124조 위반행위는 절대적 무효가 아니라 무권대리행위에 불과하여 본인이 이를 사후에 추인하면 완전히 유효하게 된다. 따라서 상법 제398조 위반행위도 무권대리행위로서 추인이 가능하다고 보아야 한다.

(2) 이사회의 결의내용 및 그 법적 성질에 관한 법리오해

이사회에서 사업보고서의 내용을 설명한 후 참석이사의 만장일치로 이를 승인하였다면, 사업보고서의 손익계산서상 기부금명세서 내용도 승인을 받았다고 보아야 한다.

(3) 주주총회의 사후추인에 관한 법리오해 및 채증법칙 위반

원심은 주주 전원이 참석한 주주총회가 성립되지 아니하였고 이 사건 기부행위에 대해 주주 전원의 동의도 없었으므로 이사회의 승인 없는 자기거래의 예외적인 유효요건을 충족하지 못하였다고 판단하였다. 그러나 상법 제398조 위반행위는 무권대리행위로서 사후에 이를 추인할 수 있는데 이러한 추인은 주주총회의 결의로도 가능한 것이다. 반드시 주주 전원이 출석하여 결의하여야만 사후 승인이 가능하다고 보아야 할 근거는 없다.

(4) 무권대리행위의 묵시적 추인에 관한 법리오해

원심판결에는 원고 회사의 묵시적 추인을 인정하지 아니한 위법이 있다.

[判決의 要旨]

(1) 상법 제398조 전문이 이사와 회사 사이의 거래에 관하여 이사회의 승인을 얻도록 규정하고 있는 취지는, 이사가 그 지위를 이용하여 회사와 거래를 함으로써 자기 또는 제3자의 이익을 도모하고 회사 나아가 주주에게 불측의 손해를 입히는 것을 방지하고자 함에 있는바, 이사회의 승인을 얻은 경우 민법 제124조의 적용을 배제하도록 규정한 상법 제398조 후문의 반대해석상 이사회의 승인을 얻지 아니하고 회사와 거래를 한 이사의 행위는 일종의 무권대리인의 행위로 볼 수 있고 무권대리인의 행위에 대하여 추인이 가능한 점에 비추어 보면, 상법 제398조 전문이 이사와 회사 사이의 이익상반거래에 대하여 이사회의 사전 승인만을 규정하고 사후 승인을 배제하고 있다고 볼 수는 없다.

(2) 이사와 회사 사이의 이익상반거래가 비밀리에 행해지는 것을 방지하고 그 거래의 공정성을 확보함과 아울러 이사회에 의한 적정한 직무감독권의 행사를 보장하기 위해서는 그 거래와 관련된 이사는 이사회의 승인을 받기에 앞서 이사회에 그 거래에 관한 자기의 이해관계 및 그 거래에 관한 중요한 사실들을 개시하여야 할 의무가 있고, 만일 이러한 사항들이 이사회에 개시되지 아니한 채 그 거래가 이익상반거래로서 공정한 것인지 여부가 심의된 것이 아니라 단순히 통상의 거래로서 이를 허용하는 이사회의 결의가 이루어진 것에 불과한 경우 등에는 이를 가리켜 상법 제398조 전문이 규

정하는 이사회의 승인이 있다고 할 수는 없다.

(3) 이사와 회사 사이의 이익상반거래에 대한 승인은 주주 전원의 동의가 있다거나 그 승인이 정관에 주주총회의 권한사항으로 정해져 있다는 등의 특별한 사정이 없는 한 이사회의 전결사항이므로, 이사회의 승인을 받지 못한 이익상반거래에 대하여 아무런 승인 권한이 없는 주주총회에서 사후적으로 추인 결의를 하였다 하여 그 거래가 유효하게 될 수는 없다.

(4) 상법 제398조 전문이 이사와 회사 사이의 이익상반거래를 이사회의 승인사항으로 규정하고 있는 취지에는 그 거래로 말미암아 회사 나아가 주주가 손해를 입은 경우 그 거래와 관련된 이사뿐만 아니라 그 거래를 승인한 다른 이사들도 연대하여 손해배상책임을 질 수 있으므로, 이사회에서 회사 등의 이익을 위하여 그 승인 여부를 보다 신중하고 공정하게 심의·의결할 것이라는 고려도 포함되어 있다. 만일 단순히 특정 이사와 회사 사이의 거래가 있은 후 회사가 이에 대하여 적극적으로 이의를 제기하지 아니하였다는 사정 등만으로 묵시적 추인을 쉽게 인정하게 되면, 원래 무효인 거래행위가 유효로 전환됨으로써 회사 등은 불측의 손해를 입게 되고 그 거래와 관련된 이사나 악의·중과실 있는 제3자 등은 이익을 얻게 되는 반면, 묵시적 추인의 주체나 책임소재가 불분명하여 그 책임 추궁이 어렵게 되는 불합리한 사태가 발생할 수 있다.

따라서 회사가 이익상반거래를 묵시적으로 추인하였다고 보기 위해서는 그 거래에 대하여 승인 권한을 갖고 있는 이사회가 그 거래와 관련된 이사의 이해관계 및 그와 관련된 중요한 사실들을 지득한 상태에서 그 거래를 추인할 경우 원래 무효인 거래가 유효로 전환됨으로써 회사에 손해가 발생할 수 있고 그에 대하여 이사들이 연대책임을 부담할 수 있다는 점을 용인하면서까지 추인에 나아갔다고 볼 만한 사유가 인정되어야 한다.

[評　　釋]

Ⅰ. 理事의 自己去來時 理事會의 承認에 관한 一般論

1. 理事의 自己去來의 意義

이사가 회사를 상대방으로 하여 자기 또는 제3자의 계산으로 하는 거래를 이사의 자기거래라고 한다. 자기거래는 모든 재산상 행위를 뜻하고, 채권계약, 물권계약뿐만 아니라 채무면제 등과 같은 단독행위, 채권양도의 승인, 채무승인, 사무관리와 같은 준물권행위도 포함된다. 자기거래는 불공정하게 이루어질 우려가 크므로, 상법 제398조는 이사회의 승인을 받도록 함으로써 자기거래임을 공개하고 이에 대해 이사회의 사전적 감시 및 사후의 책임추궁을 용이하게 하고 있다.

이사의 자기거래는 원칙적으로 금지되고 이사회의 승인이 있는 때에 한하여 할 수 있는 것이므로 직접거래의 당사자 간에 있어서는 승인이 있었다는 점에 대하여 거래의 상대방인 이사 측에서 주장·입증하여야 한다.[1] 반면, 거래의 안전을 도모한다는 견지에서 전주(前主)로부터 다시 거래한 제3자에 대하여는 그 제3자가 문제된 거래가 이사와 회사간의 거래라는 점과 이사회의 승인을 받지 않았다는 점에 대하여 악의였다는 사실을 회사 측에서 주장·입증하여야 한다.[2]

---

1) 대법원 2006. 3. 9. 선고 2005다65180 판결: 「주식회사의 대표이사가 회사를 대표하여 회사의 제3자에 대한 채권을 대표이사 자신에게 양도하는 행위는 상법 제398조 소정의 이사의 자기거래행위에 해당하여 이사회의 결의를 거쳐야 할 것인바, 위 채권양도행위에 대하여 이사회의 결의가 있었다거나 그것이 회사의 기존채무 이행을 위하여 행해진 것으로 이사회의 승인을 요하지 않는다는 점에 대하여는 당해 이사가 스스로 주장·입증하여야 할 것이다」라고 판시하였다.

2) 대법원 2004. 3. 25. 선고 2003다64688 판결: 「회사의 대표이사가 이사회의 승인 없이 한 이른바 자기거래행위는 회사와 이사 간에서는 무효이지만, 회사가 위 거래가 이사회의 승인을 얻지 못하여 무효라는 것을 제3자에 대하여 주장하기 위해서는 거래의 안전과 선의의 제3자를 보호할 필요상 이사회의 승인을 얻지 못하였다는 것 외에 제3자가 이사회의 승인 없음을 알았다는 사실을 입증하여야 할 것이다」라고 판시하였다.

2. 理事會의 承認을 必要로 하는 去來

(1) 직접거래

이사 또는 이와 위탁·대리·대표 등의 일정한 관계에 있는 제3자가 직접 회사의 거래 상대방이 되는 경우이다. 이사가 겸임하고 있는 양 회사 간에 있어서 그 회사 사이에 직접 거래가 이루어진 경우는 직접거래에 해당하고, 간접적으로 거래가 이루어진 경우는 간접거래에 해당한다.[3] 양자의 구별 실익은 당해 거래가 자기거래에 해당됨에도 이사회의 승인을 받지 아니하였다는 사실에 관하여 거래 상대방이 악의·중과실[4]이라는 점에 대한 입증책임을 회사와 거래 상대방 중 어느 쪽에 부담시키느냐에 있다.

회사간의 거래에서 이사가 다른 법인의 대표자이고 그 법인을 대표하여 회사와 거래를 하는 자가 당해 이사인 경우도 직접거래로 취급한다.[5] 따라서 본건과 같이 원, 피고의 대표자인 소외 甲에 의하여 원고 회사와 피고 법인 사이에 이루어진 기부행위(증여)는, 양 회사의 이해가 상반된 직접거래에 해당한다.

제3자를 위한 거래로서 甲, 乙 양 회사의 대표이사 A가 甲, 乙 회사를 대표하여 한 거래 중 직접거래로 분류되는 일본의 사례는 다음과 같다.[6]

---

3) 田村詩子, 「取締役·會社間の取人」, 101-102頁.

4) 대법원 2004. 3. 25. 선고 2003다64688 판결: 회사의 대표이사가 이사회의 승인 없이 한 이른바 자기거래행위는 회사와 이사 간에서는 무효이지만, 회사가 위 거래가 이사회의 승인을 얻지 못하여 무효라는 것을 제3자에 대하여 주장하기 위해서는 거래의 안전과 선의의 제3자를 보호할 필요상 이사회의 승인을 얻지 못하였다는 것 외에 제3자가 이사회의 승인 없음을 알았다는 사실을 입증하여야 할 것이고, 비록 제3자가 선의였다 하더라도 이를 알지 못한 데 중대한 과실이 있음을 입증한 경우에는 악의인 경우와 마찬가지라고 할 것이며, 이 경우 중대한 과실이라 함은 제3자가 조금만 주의를 기울였더라면 그 거래가 이사와 회사간의 거래로서 이사회의 승인이 필요하다는 점과 이사회의 승인을 얻지 못하였다는 사정을 알 수 있었음에도 불구하고, 만연히 이사회의 승인을 얻은 것으로 믿는 등 거래통념상 요구되는 주의의무에 현저히 위반하는 것으로서 공평의 관점에서 제3자를 구태여 보호할 필요가 없다고 봄이 상당하다고 인정되는 상태를 말한다.

5) 대법원 1996. 5. 28. 선고 95다12101,12118 판결: 甲 회사와 乙 회사의 대표이사를 겸하고 있던 자에 의하여 甲 회사와 乙 회사 사이에 토지 및 건물에 대한 매매계약이 체결되고 乙 회사 명의로 소유권이전등기가 경료된 경우, 그 매매계약은 이른바 '이사의 자기거래'에 해당하고, 달리 특별한 사정이 없는 한 이는 甲 회사와 그 이사와의 사이에 이해충돌의 염려 내지 甲 회사에 불이익을 생기게 할 염려가 있는 거래에 해당하는데, 그 거래에 대하여 甲 회사 이사회의 승인이 없었으므로 그 매매계약의 효력은 乙 회사에 대한 관계에 있어서 무효라고 한 사례이다.

6) 田村詩子, 前揭書, 107-108頁.

① 겸임 대표이사인 회사 사이의 약속어음 발행 및 수취 (最判 1971. 12. 23.)
② 겸임 대표이사인 회사 사이의 매매계약 체결 (東京地判 1972. 2. 1.)
③ 甲 회사 및 乙 회사의 대표이사 A가 甲 회사의 채권을 乙 회사에게 양도 (山口地下關支判 1964. 1. 22.)
④ 양도회사의 대표이사가 양수회사의 대표이사를 겸임하고 있는 경우의 무상양도 (名古屋地判 1974. 11. 1.)
⑤ 합자회사의 무한책임사원이 합자회사를 대표하여 자기가 대표이사를 겸임하고 있는 주식회사에 합자회사 소유의 건물을 임대하는 계약 (大阪高判 1979. 8. 29.)

(2) 간접거래

간접거래는 이사가 거래의 당사자는 아니지만 회사와 상대방의 거래로 인한 결과적인 이득이 이사에게 귀속되는 경우이다. 대법원 1984. 12. 11. 선고 84다카1591 판결은, 「상법 제398조에서 말하는 거래에는 이사와 회사 사이에 직접 성립하는 이해상반행위뿐만 아니라 이사가 회사를 대표하여 자기를 위하여 자기 개인 채무의 채권자인 제3자와의 사이에 자기 개인 채무의 연대보증을 하는 것과 같은 이사 개인에게 이익이 되고 회사에 불이익을 주는 행위도 포함하는 것이라 할 것이므로 별개 두 회사의 대표이사를 겸하고 있는 자가 어느 일방 회사의 채무에 관하여 나머지 회사를 대표하여 연대보증을 한 경우에도 역시 상법 제398조의 규정이 적용되는 것으로 보아야 한다」라고 판시하여, 간접거래에 대하여 상법 제398조가 적용되어야 함을 밝히고 있다. 그 밖에 간접거래에 관한 사례로는 대법원 1965. 6. 22. 선고 65다734 판결(이사 개인 채무를 위하여 채권자를 상대로 채무인수를 한 사안), 대법원 1966. 11. 15. 선고 66다1652 판결(甲, 乙 양 회사의 대표이사를 겸하고 있던 자가 乙 회사의 채무를 담보하기 위해 甲 회사를 대표하여 채권자에게 甲 회사 소유 부동산의 소유권이전등기를 해 준 사안) 등이 있다.

서로 다른 두 회사의 겸임 대표이사 사이의 거래 중 간접거래로 분류되는 일본의 사례는 다음과 같다.[7)]

7) 田村詩子, 前揭書, 116-118頁.

① 甲, 乙 양 회사의 대표이사가 甲 회사의 채무에 관하여 乙 회사를 대표하여 보증한 경우(最判 1970. 4. 23.)
② 甲, 乙 양 회사의 대표이사가 甲 회사의 丙에 대한 채무에 관하여 乙 회사를 대표하여 丙에 대하여 한 채무인수(東京地判 1960. 6. 1.)
③ 甲, 乙 양 회사의 대표이사가 乙 회사의 채무를 담보하기 위하여 甲 회사를 대표하여 채권자에게 甲 회사의 부동산에 담보를 설정해 준 행위(東京地判 1963. 1. 30.)

Ⅱ. 理事의 自己去來에 대한 理事會의 承認에 事後 追認이 包含되는지 與否

1. 學　　說

(1) 우리나라의 학설

이사와 회사간의 거래에 관하여는 회사의 이익보호를 위하여 이사회의 승인결의를 요하는데, 이사회의 승인은 사전승인이어야 한다는 것이 현재의 우리나라의 다수설이다. 만일 사후승인(추인)을 인정하게 되면 이사가 미리 사후승인을 예상하고 회사와 무단으로 거래를 한 후 이를 기성사실화 함으로써 다른 이사에게 추인을 강요하는 폐해가 있을 것이기 때문이라는 점을 근거로 든다.8) 반면, 우리나라의 소수설은 사후추인을 인정하여야 한다는 견해를 취하고 있다.9)

---

8) 정동윤 · 손주찬, 「주석상법(회사Ⅲ)」, 279면; 최기원, 「신회사법론」 제12전정판, 651면.
9) 김병기, "이사의 자기거래에 관한 연구," 「기업법연구」 제14집, 327-328면 (2003).
○ 사후추인을 인정해야 하는 근거는 다음과 같다.
- 급변하는 경영현실 상황은 경영자(이사 혹은 대표이사)의 시급을 요하는 결단과 업무시행의 필요성이 상존함.
- 거래의 현실에서 계약이 성립하는데 상당한 시간이 소요됨. 그런데 회사가 급박한 자금압박 혹은 자금필요에 의해 자산을 매각하고자 할 때 적정한 매매가를 보장한다는 것은 불가능함.
- 거래당시의 합리적인 가격과 공정한 방식에 의해 이사가 회사와 우호적인 거래를 한다면 오히려 회사에게 유익한 행위라고 할 수 있음.
- 이때에는 이사회의 사후승인을 인정하더라도 이사의 자기거래에 대한 회사법적 규율의 목적(이사회의 통제에 의한 거래의 공정성 확보와 이를 통한 회사의 이익보호)이 훼손되지 않음.

(2) 일본의 학설[10]

일본의 통설은 사후추인을 인정하고 있다. 그 근거로는 법이 이사회 승인이라는 비교적 가벼운 절차를 거치도록 하고 있고 당해 거래에 의하여 회사에 발생하는 손해에 대하여는 이사에게 결과책임이 부과되며, 또한 사후추인이 있으면 새로운 행위를 하게 된 것과 같으므로 이를 금할 필요가 없다는 점을 든다.

이에 대하여 일본의 소수설(일본 주석회사법 집필자의 견해)은, 사후추인을 부정하면서 우리나라 다수설이 취하는 근거, 즉 다른 이사에게 추인을 강요하는 폐해가 있을 것이라는 점을 그 이유로 내세우고 있다.

일본의 절충설은 원칙적으로 사전승인을 요하나, 거래의 신속성이 요구되는 경우에는 사후승인도 가능하다는 입장을 취한다.

2. 判　　例

(1) 일본의 대심원 판례

일본 대심원 판례[11]는 사후추인을 인정하고 있고, 나아가 당해 이해상반관계에 있는 이사가 사후 추인 당시까지 이사의 지위에 있을 것을 요하지도 아니한다고 판시하고 있다(대심원 1920. 7. 10. 판결).

(2) 우리나라의 대법원 판례

아래 대법원 판례들은 "이사회의 사후추인"을 전제로 판시하고 있다고 해석할 여지가 있으나 그 법리를 명확히 판시한 것은 아니다.

1) 대법원 1966. 9. 6. 선고 66다1146 판결

「피고 회사가 구 상법 시행당시인 1961. 2. 29. 본건 약속어음을 소외 L에게 발행함에 있어서, 그 사람이 피고회사의 취체역인 사실은 원고 소송대리인도 시인하는 바이고, 또 피고회사 L에게 대한 본건 약속어음행위가 증인 L과 증인 J의 항소심에서의 각 증언에 의하면, 피고회사는 본건 약속어

10) 江頭憲治郎,「株式會社法」, (2006), 402頁; 竹内昭夫 外 2人 偏執,「新版 注釋 會社法(6)」, (1987), 248-249頁; 近藤光男,「最新 株式會社法」, 第2版, (2004), 180頁; 加美和照,「新訂 會社法」 第8版 補訂版, (2005), 256頁; 이기봉, "이사와 회사간의 거래", 경북대학교 대학원 석사학위논문, (1995), 48-49면.

11) 大審院 1931. 11. 21. 判決; 大審院 1931. 5. 27. 判決; 大審院 1935. 9. 7. 判決.

음을 발행할 당시에 그 감사역인 소외 Y가 서울에 거주하고 있었으므로, 그의 승인을 얻지 못하고 있다가 1963년도의 결산기에 이르러서 당시의 감사역인 소외 J의 승인을 얻은 사실을 인정할 수 있고, 이를 뒤집을 만한 자료가 없으므로 피고 소송대리인의 주장은 이유 없다」고 판시하였다. 그러나 「피고회사의 1963년도의 결산기라 하면, 상법이 시행된 이후에 속함이 분명하고, 상법 제398조에 의하면 이사는 이사회의 승인이 있는 때에 한하여 자기 또는 제3자의 계산으로 회사와 거래를 할 수 있으며, 상법 시행령 제2조 제1항에 의하면 상법은 특별한 규정이 없으면 상법 시행 전에 생긴 사항에도 적용하므로, 상법시행 이후에 있어서는 본건 약속어음의 발행에 관하여는 상법 제398조에 의하여 피고 회사의 이사회의 승인이 있어야 할 터임으로 원심은 이 점을 심사 판단하였어야 할 것임에도 불구하고, 만연히 1963년도의 결산기에 당시의 감사 J의 승인이 있었음으로 피고회사의 취체역(구 상법 시행 당시)인 소외 L과 피고회사 사이의 거래에 속하는 본건 약속어음 발행 행위는 유효한 것으로 판단한 것은 잘못이다」라고 하면서, 이 점에 관한 상고논지는 이유 있으므로 원판결을 파기하였다.

2) **대법원 1968. 4. 2. 선고 67다2767 판결**

「원고는 소외 대성물산 주식회사의 대표 취체역으로서 1959. 2. 10. 감사역의 승인 없이 지상권설정계약을 체결한 것으로 하여 1965. 5. 31. 그 설정등기를 마쳤다 함으로 원고는 구 상법 제265조, 민법 제186조에 의하여 소외 이사회의 승인을 얻고 지상권설정등기를 거친 1965. 5. 31.부터 위 대지에 관한 지상권을 취득하였다 할 것이다」[12]라고 하였다.

3) **대법원 1992. 2. 11. 선고 91다42685 판결**

「회사의 이사와 대표이사가 자신들의 사업에 사용할 의도로 회사 이사회의 기채결의서를 위조 행사하여 회사 이름으로 대출을 받고 그렇게 대출받을 때의 이사가 위 대표이사와 함께 물상보증 및 연대보증인이 된 후 위 이사가 연대보증인으로서 위 대출금을 변제하였다 하더라도 이는 자신과 위 대표이사의 채무를 변제한 것에 다름없다 하겠으므로 적어도 회사와의 관계

---

12) 위 대법원 판결의 환송심인 서울고등법원 1969. 7. 31. 선고 68나764 판결은 「… 위 회사의 이사회는 사후에 승인한 사실이 인정되므로 위 행위는 이사회에 의하여 승인된 것으로 보아야 할 뿐만 아니라 …」라고 판시하고 있다.

에서는 그 변제의 효력이 발생할 수 없고 또 회사가 이사회의 결의를 거치는 등 적법하게 이를 추인하지 아니하는 한 위 대출금을 회사가 사용하였다 하더라도 그것만으로는 위 이사가 회사에게 막바로 그 변제로 인한 구상권을 행사하거나 그 이득의 반환을 청구할 수 없다」[13]라고 하였다.

3. 各國의 立法例

(1) 미국 : 사후추인 인정

이사의 이해상반거래를 규제하는 '개정 모범회사법(Revised Model Business Corporation Act, 이하 RMBCA)' Subchapter F § 8.60(1)에서 "상충되는 이익(conflicting interest)"에 관하여 규정한 정의를 보면, 회사(당해 회사의 자회사나 당해 회사가 지배적인 이익을 갖는 기타의 회사 포함)에 의하여 「성사되었거나 성사 여부에 대하여 청약된 거래」에 있어서 이사가 갖는 이익을 말한다고 규정하고 있다.[14] RMBCA § 8.62(a)에 대한 공식 주석(Official Comment)은 이사회의 승인은 당해 거래가 있은 후 또는 있기 전에라도 이루어질 수 있고, 하나의 거래나 유사 거래에 대하여 특정 범주를 정하여 할 수 있다고 하고 있다.[15]

(2) 독일 : 사후추인 인정

독일 주식법 제89조 제5항은 이사의 자기거래에 대한 사후추인을 인정하고 있다고 한다.[16]

---

13) 최기원, 「신회사법론」 제12대정판, 박영사, (2005), 651면은, 위 대법원 91다42685 판결을 이사회의 사후추인을 인정한 판례로 보고 있다. 한편 이 사건 원심은, 위 판결은 본 사건과 사안을 달리하는 것이어서 이사의 자기거래에 이사회의 사후승인이 허용된다고 할 근거로 삼을 수 없다고 판단하고 있다.

14) 원문은 다음과 같다. "Conflicting interest" with respect to a corporation means the interest a director of the corporation has respecting a transaction effected or proposed to be effected by the corporation (or by a subsidiary of the corporation or any other entity in which the corporation has a controlling interest if ……"

15) 원문은 다음과 같다. "Action complying with subsection 8.62(a) may be taken by the board of directors at any time, before or after the transaction, and may deal with a single transaction or a specified category of similar transactions.

16) 이기봉, "이사와 회사간의 거래", 경북대학교 대학원 석사학위논문, (1995), 49면.

4. 檢　討

이론적 측면이나 경제적인 효율성 측면에서 보더라도, 이사의 자기거래에 대한 사후추인을 긍정함이 타당하다. 우리나라 다수설(부정설)의 근거는 빈약하여 동의하기 어렵다. 이사회의 사전승인을 무권대리행위의 일종으로 파악하고 그에 대한 사후추인을 인정한 대상 판결의 판시에 찬동한다. 구체적으로 살펴본다.

(1) 상법 제398조 후문의 반대해석 (민법 제124조의 관계)

상법 제398조 후문은 이사회의 승인이 있는 이사의 자기거래에 대하여는 민법 제124조(자기계약, 쌍방대리)의 규정을 적용하지 않는다고 규정하고 있다. 통설은 민법상 자기계약 또는 쌍방대리의 경우에도 본인의 허락이 있으면 그 거래가 유효한 것이고 회사의 업무집행에 관한 의사결정기관인 이사회의 승인은 본인인 회사의 허락으로 보아야 할 것이므로 위 규정은 당연한 이치를 주의적으로 규정한 것으로 보고 있다.

일본 민법 제108조(우리 민법 제124조)는 자기대리와 쌍방대리에 대한 규정으로서, 최고재판소 1978. 12. 25. 대법정 판결은 「이사회의 승인이 없는 경우 민법 제108조의 규정을 적용하지 아니한다는 규정의 반대해석으로서, 그 승인을 얻지 않고 한 행위는 민법 제108조 위반의 경우와 마찬가지로 일종의 무권대리행위의 행위로서 무효로 되는 것이 예정되어 있다」라고 판시하면서, 거래의 안전을 위하여 그 무효를 거래의 상대방인 선의의 제3자에 대하여는 그 무효를 주장할 수 없다는 취지로 판시하고 있다.

위와 같은 이사회의 승인 없는 이사의 자기거래를 무권대리로 보아 무효로 해석하는 것은 대심원 1919. 4. 21. 판결 이후 일본의 전통적 해석이다.[17] 동 판결은 「상법 제176조에 이른바 감사의 승인은 사전에도 사후에도 이를 얻을 수 있으며, 사전에 이를 얻을 경우에는 이사의 거래행위는 처음부터 유효하다. 만약 사전 승인이 없는 경우에는 이사의 거래행위는 무효이지만, 확정적으로 무효가 되는 것이 아니며, 감사가 승인을 하거나 감사의 승인을 거절할 때까지는 유동적인 상황에 있는 것으로 이것은 무권대리인의

---

17) 山本爲三朗, "利益相反の間接取引", 「別冊 ジュリスト」 第180號, 會社法判例百選, (2006), 135頁.

경우에 준한다고 해석하는 것이 옳다」라고 판시하고 있다.

대법원 1969. 11. 11. 선고 69다1374 판결도 「……만일 그 이사회의 승인이 없었다면 소외인이 무권대리로서 체결한 것이라 할 수 있는 위 상호협약 내용을 의정부 소재 회사 또는 피고 회사가 승인하였는가의 여부의 점을 심리판단을 함으로써 그 효력여부를 판단하여야 할 것임에도……」이라고 판시한 바 있다.

상법 제398조의 규정 및 대법원 판례, 일본 대심원 및 최고재판소의 판례나 일본의 통설, 미국 모델회사법 등을 종합하여 고려해 보면, 이사회의 승인 없는 거래는 민법 제124조와 관련이 있는 무권대리행위의 일종으로서 무권대리행위에 대한 추인이 허용되는 이상(민법 제130조), 그 사후추인을 부정할 합리적 근거는 없다.[18]

(2) 다수설의 논거에 대한 반박

다수설의 논거는 이사에 대한 지나친 불신을 전제로 하는 것이고, 주요 국가의 입법동향이나 실무에도 맞지 아니하여 채택하기 어렵다.

이사의 자기거래도 때에 따라서 사후추인하는 것이 회사에게 유리한 경우도 있을 수 있다. 자기거래를 한 이사는 그로 인해 회사에 손해를 끼친 때에는 (설령 이사회의 승인이 있다 하더라도) 손해배상책임을 면할 수 없으며, 그 자기거래를 승인한 이사회 구성원도 마찬가지의 손해배상책임을 지므로, 사후추인에 대한 견제가 제도적으로 마련되어 있는 것이다. 단지 자기거래를 한 이사가 사후추인을 강요한다는 폐해가 있을 수 있다는 사정만으로 사후추인을 부정해야 한다는 논거는 빈약하고 합리성이 떨어진다.

그렇다면, 이사의 자기거래에 대해 사후추인은 허용하여야 하고, 그에 관한 상기 대법원 판례들도 그와 같은 취지에서 판시된 것으로 해석하는 것이 타당하다.

한편, 이사의 자기거래에 대한 사후추인은 "무효행위의 추인"이 아니라 "무권대리행위의 추인"이므로 그 효력은 그 이사의 자기거래 시에 소급하여 효력이 생기는 것으로 보아야 할 것이다(민법 제133조 본문 참조). 東京高等裁判所 1971. 7.

---

18) 加美和照, 「新訂 會社法」 第8版 補訂版, (2005), 256頁에서도, "이사회의 승인을 거치지 않은 거래의 효력에 대해 무권대리행위의 효력이 생긴다고 한다면 추인을 인정할 수 있다."라고 함으로써, 무권대리행위와 마찬가지로 보고 있다.

14. 判決, 東京高等裁判所 1959. 3. 30. 判決, 나고야 地方裁判所 1972. 11. 14. 判決도 이사의 자기거래에 대한 사후승인이 있은 경우에는 그 목적 법률행위는 최초부터 유효한 것이 된다고 판시하고 있다.

다만, "사후 추인"을 긍정하게 되면, 이를 어떠한 방식으로 해야 하는지에 따라 자기거래의 상대방이나 제3자의 지위가 다소 불안정하게 될 수 여지가 있다. 사후 추인은 "무권대리제도"에서 논해지는 "추인제도"를 활용하는 것이므로 무권대리행위 상대방의 최고권(민법 제131조), 철회권(민법 제134조) 등을 유추적용할 여지가 있다고 생각되지만, 이 부분은 차후 학설 및 판례의 발전에 맡겨야 할 부분이다.

Ⅲ. 理事會의 理事의 自己去來에 대한 事後 追認

1. 問題의 所在

원고 회사의 이사회에서 재무제표 승인을 위한 주주총회를 앞두고 이 사건 기부행위의 지출내역이 포함된 기부금명세서 등 결산관련 서류를 사후에 심의·의결한 경우 이 사건 기부행위 자체가 구체적 안건으로 다루어지지 아니하였고 소외 甲이 자기거래사실을 개시한 바가 없음에도 불구하고 이사회의 사후 추인을 인정하여야 하는지가 문제된다.

2. 理事의 自己去來事實 開示義務

(1) 학 설

자기거래를 행하는 이사가 이사회의 소집을 청구하여, 거래의 내용 및 그 거래가 "자기 또는 제3자를 위한 것"이라는 사실, 즉 그 거래에 대한 자기의 이해관계를 이사회에 개시(disclose)하여야 할 의무가 있다.[19] 이사회에 자기거래에 관한 중요한 사항에 관하여 사실을 개시함으로써, 거래가 비밀리에 행하여지는 것 및 이러한 거래에 대한 안이한 승인을 방지하고 그 거래의 공정을 확보할 수 있으며 이사회의 감사권의 적정한 행사를 기재할 수 있기 때문이다.[20]

---

19) 이철송, 「회사법강의」 제13판, (2006), 632-633면; 정찬형, 「상법강의(상)」 제9판, (2006), 879-880면.

학설은 자기거래임을 개시하지 않고 거래를 허용하는 결의만 얻은 경우에는 자기거래에 대해 이사회의 승인이 없는 것으로 해석하고 있다.[21]

(2) 일본의 입법

일본의 경우 2005. 7. 28. 개정 회사법 제365조는 이사의 개시의무를 명문으로 인정하고 있다.[22]

(3) 미국의 개정 모범회사법

RMBCA § 8.61(b)에서는 (1) 이사회의 구성원인 이사들이 § 8.62의 요건을 준수한 경우, (2) 주주들이 § 8.63의 요건을 준수한 경우, (3) 당해 거래가 회사에게 공정하였음이 입증된 경우, 당해 이사의 이익상반행위를 허용하고 있다.[23]

RMBCA § 8.62(a)에서는 원칙적으로 거래에 대한 사실을 개시한 후 이사회의 적격이사 다수결에 의하여 동 거래를 승인할 경우 허용된다고 규정하고 있다.

RMBCA§ 8.60(3)에 의하면, 이익상반관계에 있는 이사가 개시하여야 할 대상은, ① 이익상반관계의 존재 및 내용(the existence and natrue of his conflicting interest) ② 사리분별력 있는 일반인이 당해 거래를 계속할지 여

---

20) 竹内昭夫 外 2人 偏執,「新版 注釋 會社法(6)」, (1987), 247면.

21) 이철송,「회사법강의」제13판, (2006), 633면.

22) 日本 會社法 第356條 (競業及び利益相反取引の制限) 取締役は、次に掲げる場合には、株主總會において、当該取引につき重要な事實を開示し、その承認を受けなければならない。
(1) 取締役が自己又は第三者のために株式會社の事業の部類に屬する取引をしようとするとき。
(2) 取締役が自己又は第三者のために株式會社と取引をしようとするとき。
(3) 株式會社が取締役の債務を保証することその他取締役以外の者との間において株式會社と当該取締役との利益が相反する取引をしようとするとき。

23) 원문은 다음과 같다. § 8.61(b) A director's conflicting interest transaction may not be enjoined, set aside, or give rise to an award of damages or other sanctions, in a proceeding by a shareholder or by or in the right of the corporation, because the director, or any person with whom or which he has a personal, economic, or other association, has an interest in the transaction, if:
(1) director's action respecting the transaction was at any time taken in compliance with section 8.62;
(2) shareholder's action respecting the transaction was at any time taken in compliance with section 8.63; or
(3) the transaction, judged according to the circumstances at the time of commitment, is established to have been fair to the corporation.

부를 판단함에 있어서 중요하다고 합리적으로 여기는 사항으로서 당해 이사가 알고 있는 모든 사항(all facts known to him respecting the subject matter of the transaction that an ordinary prudent person would reasonably believe to be material to a judgement about whether or not to proceed with the transaction)이라고 규정하고 있다.

미국의 판례[24] 중에는 이사회에 자기거래에 관하여 완전한 개시를 다하지 아니한 것은 그 자체로 회사에 대하여 불공정한(unfair)한 거래에 해당한다고 한 것이 있다. 또한 미국의 판례[25] 중에는 대표이사가 회사를 대표하여 자신과 건축도급계약을 체결하면서 그 계약의 상대방이 대표이사인 사실 및 계약조건 등을 개시하지 아니한 사안에서, 「이사는 회사와 계약체결을 할 때 모든 관련 사실을 개시하여야 한다」라고 판시하면서, 대표이사가 그 계약으로 인하여 얻은 이득의 반환을 명한 판결이 있다.

3. 檢 討

(1) 사후 추인에 대한 입증책임

이사회의 사전 승인 없이 이루어져서 무효인 이 사건 기부행위가 유효로 되기 위해서는 사후 추인 사실이 인정되어야 하는바, 그 입증책임은 "무권대리행위"의 추인과 마찬가지로 그 유효성을 주장하는 피고 법인에게 있다고 보아야 할 것이다.

(2) 이사회의 사후 추인의 전제조건으로서의 이사의 개시의무

상법 제398조가 이사의 자기거래에 관하여 이사회의 승인을 받도록 한 것은 이사와 회사 사이의 이익상반거래가 비밀리에 행해지는 것을 방지하고 그 거래의 공정성을 확보함과 아울러 이사회에 의한 적정한 직무감독권의 행사를 보장하기 위한 것이다. 이러한 입법취지를 제대로 살리기 위해서는 자기거래와 관련된 이사는 이사회의 승인을 받기에 앞서 이사회에 그 거래에 관한 자기의 이해관계 및 그 거래에 관한 중요한 사실들을 개시하여야 할 의무가 있다고 보지 않으면 아니된다. 만일 이러한 사항들이 이사회에 개시되

---

24) State ex rel. Hayes Oyster Co. Keypoint Oyster Co., 391 P.2d 979 (Wash. 1964).
25) Tabolt v. James 259 S.C. 73 (1972).

지 아니한 채 그 거래가 이익상반거래로서 공정한 것인지 여부가 심의된 것이 아니라 단순히 통상의 거래로서 이를 허용하는 이사회의 결의가 이루어진 것에 불과한 경우 등에는 이를 이사회의 승인이 있다고 할 수는 없다. 그러한 결의는 상법 제398조가 달성하려는 입법목적과는 무관한 것이기 때문이다. 대상판결의 판시는 이러한 취지를 판시한 것이므로 타당하다.

(3) 이 사건 기부행위의 안건 상정 및 소외 甲의 개시의무 이행 여부

이 사건의 경우 원고 회사가 1992년부터 1999년까지 개최된 이사회에서 모두 재무제표 등에 대한 승인[26]이 있었다고 하더라도, 그 과정에서 이 사건 기부행위에 대하여 승인이 있었다고 보려면 이 사건 기부행위가 이익상반관계의 거래행위에 해당한다는 사실과 그 거래에 관련한 중요한 사실들이 이사회에 개시되어 그 승인 여부가 구체적인 안건으로 상정되어야 심의가 이루어졌어야 한다. 그러나 원고 회사의 이사회 의사록에는 이러한 기록이 전혀 없고 이러한 사실들에 관한 아무런 증거가 없다. 단지 방대한 양의 제무제표 등의 일면에 기부금 총액이 계상되어 있고 기부금명세서가 첨부되었다는 사실 및 그 제무제표 등을 승인하였다는 사정이 있을 뿐이다. 그러나 그러한 사정만으로는 상법 제398조가 규정하는 이사회의 승인이 있었다고 볼 수 없다.

---

26) 제447조 (재무제표의 작성) 이사는 매결산기에 다음의 서류와 그 부속명세서를 작성하여 이사회의 승인을 얻어야 한다.
1. 대차대조표
2. 손익계산서
3. 이익잉여금처분계산서 또는 결손금처리계산서

제447조의2 (영업보고서의 작성) ① 이사는 매결산기에 영업보고서를 작성하여 이사회의 승인을 얻어야 한다.
② 영업보고서에는 대통령령이 정하는 바에 의하여 영업에 관한 중요한 사항을 기재하여야 한다.

제449조 (재무제표등의 승인·공고) ① 이사는 제447조 각호에 규정한 서류를 정기총회에 제출하여 그 승인을 요구하여야 한다.
② 이사는 제447조의2의 서류를 정기총회에 제출하여 그 내용을 보고하여야 한다.

Ⅳ. 理事의 自己去來에 대한 株主總會의 事前承認 및 事後追認

1. 問題의 所在

주주총회가 개최되어 다수결로 이 사건 기부행위에 대하여 사전승인 내지 사후추인을 하였는지 여부 및 이사회가 아닌 주주총회에서 한 사전 승인 내지 사후 추인을 적법하고 유효한 것으로 볼 수 있는지가 문제된다. 이 사건 원심은 주주총회의 사전 승인은 물론이고 사후 추인이 가능함을 전제로 판시하고 있다.

2. 株主總會와 理事會 사이의 權限分配

상법 제361조[27]는 1962년에 창설된 규정으로 의용상법 하에서와 달리, 주주총회의 권한을 상법과 정관이 정하는 사항에 한하여 결의할 수 있게 한정하고 다른 사항에 관하여 결의가 있더라도 아무런 효력을 갖지 못하게 한 것이다. 본조는 경영과 소유의 분리에 적합하게 기관구성을 개혁하는 영미법과 독일 및 프랑스법 등에 맞추어 주주총회의 권한을 상법과 정관이 정하는 사항으로 변경한 것이다.[28]

일본의 학설[29]도 정관이나 법령에 정하여진 사항 이외의 사항에 관하여 주주총회로 결의가 이루어져도 "무효"라고 하고 있다.

한편, 1998년 상법 개정에 의하여 소규모 회사에서까지 이사의 수를 3인 이상으로 법정하여 이사회를 형식화하지 않도록 간소하기 위하여, 상법 제383조 제4항[30]은 1인 이사인 회사의 경우 "이사와 회사의 거래"를 주주총회의 권한사항으로 규정하고 있다. 이와 같은 경우 그 결의는 "보통결의"의 정족수로 족하다.[31]

---

27) 주주총회는 본법 또는 정관에 정하는 사항에 한하여 결의할 수 있다(상법 제361조).

28) 정동윤 · 손주찬, 「주석상법 [회사(III)]」, 50면; 최기원, 「신회사법론」 제12대정판, 416-417면 참조.

29) 江頭憲治郎, 「株式會社法」, (2006), 402頁.

30) 상법 제383조 (원수 및 임기) ① 이사는 3인 이상이어야 한다. 다만, 자본의 총액이 5억원 미만인 회사는 1인 또는 2인으로 할 수 있다.
④ 제1항 단서의 규정에 의하여 이사가 1인이 된 경우에는 … 제398조 … 중 "이사회"는 이를 각각 "주주총회"로 본다.

3. 商法 및 定款에 반하여 自己去來를 株主總會의 決議로 承認할 수 있는지 與否

(1) 주주총회의 결의로 갈음할 수 있는지 여부

상법 및 정관에 이사회의 전결사항으로 되어 있는 이사와 회사의 거래에 대한 승인을 주주총회의 결의로 갈음하는 것은 상법 제361조에 정면으로 반하므로, 설령 주주총회에서 이사의 자기거래를 승인하였다고 하더라도 이는 주주총회의 권한사항이 아닌 것을 결의한 것이어서 이로써 그 자기거래가 유효하게 된다고 할 수 없다.

東京地方裁判所 1975. 3. 20. 判決은 「위 계약에 관하여 원고의 주주총회의 사후적 승인을 받았더라도 회사와 이사간의 거래행위의 승인은 이사회의 전결사항으로 법에 정해져 있기 때문에 정관에 위 승인을 주주총회의 권한사항으로 정하고 있다는 등의 특별한 사정의 주장・입증이 없는 본건에서는, 주주총회의 사후적인 승인결의로서 위 계약에 대한 적식의 추인이 있어 유효한 것이라고는 할 수 없다」라고 판시하고 있다. 東京地方裁判所 1954. 8. 30. 判決도 「원고 회사의 임시주주총회가 개최되어 위 총회에서 원고 회사의 대표이사에 의하여 원고 회사에게 행하여진 상표권 및 영업양도를 추인하는 취지의 결의가 행하여진 사실이 인정되지만, 위 승인은 이사회가 행하여야 할 것이고, 주주총회가 결의에 의하여 할 것은 아니기 때문에 사후에 주주총회가 위 양도를 추인하여도 위 양도가 유효하게 되는 것이라고 할 수 없다」라고 판시하고 있다.

(2) 주주 전원의 동의로 이사회 결의를 갈음할 수 있는지 여부

(가) 학 설

1) 긍정설

자기거래의 승인규정의 취지는 회사와 주주의 이익을 보호하는 데 있고 1인 회사의 경우 회사의 이익은 바로 1인 주주의 이익과 일치한다고 할 수 있으며, 더욱이 1인회사나 총주주의 동의가 가능한 폐쇄회사의 경우 이사회

---

31) 정동윤・손주찬, 「주석상법(III)」, [회사(2)], 378-379면.; 일본 상법 제356조 제1항 및 제365조 제1항도, 이사회가 설치되어 있지 아니한 회사의 경우 주주총회의 보통결의에 의하여 이사의 자기거래에 대하여 승인하도록 하는 규정을 두고 있다.

의 결의를 생략하더라도 특별한 폐해가 생길 염려는 없으므로 유효설이 옳다고 한다. 일본의 다수설이다.

2) 부정설

이 제도는 주주보호만이 아니라 회사 재산의 건전한 유지에 목적이 있고, 이사의 자기거래로 회사가 손실을 입었을 때 이사회의 결의에 의한 것이라면 이사들의 책임을 추궁해 손해를 전보할 수 있지만, 1인 주주나 총주주의 동의시에는 주주의 책임을 물을 수 없어 손해전보가 불가능하므로 무효설이 옳다고 한다. 주주의 이익만을 고려하고 회사채권자의 이익을 무시한 채 주주전원의 동의만 있다면 회사 재산의 임의처분도 가능하다는 논리여서 문제라는 것이다.[32]

(나) 판　례

대법원 1992. 3. 31. 선고 91다16310 판결 및 대법원 2002. 7. 12. 선고 2002다20544 판결은「회사의 이사에 대한 채무부담행위가 상법 제398조 소정의 이사의 자기거래에 해당하여 이사회의 승인을 요한다고 할지라도, 위 규정의 취지가 회사 및 주주에게 예기치 못한 손해를 끼치는 것을 방지함에 있다고 할 것이므로, 그 채무부담행위에 대하여 사전에 주주 전원의 동의가 있었다면 회사는 이사회의 승인이 없었음을 이유로 그 책임을 회피할 수 없다」라고 판시하고 있다.

일본 최고재판소 1974. 9. 26. 판결은「상법 제265조는 이사와 회사간의 거래에 관하여 이사회의 승인을 요하도록 하는 취지는 이사회가 그 지위를 이용하여 회사와 거래를 하고 자기 또는 제3자의 이익을 도모하고 회사 나아가 주주에게 불측의 손해를 입히는 것을 방지하기 위한 것이라고 해석되는바, 주주 전원의 합의가 있는 이상 별도로 이사회의 승인을 요하지 않는 것은 위와 같은 회사의 이익보호를 목적으로 하는 상법 제265조의 입법취지에 비추어 당연한 것이다」라고 판시하고 있다.

일본의 학설[33]은 위 최고재판소 판결에 관하여, ① 주주전원의 합의로

32) 加美和照,「新訂會社法」第8版 補訂版, 259頁.

33) 浜田道代, "株主全員の合意と利益相反取引",「別冊 ジュリスト」第180號, 會社法判例百選, (2006), 131頁; 浜田道代, "株主全員の合意と商法第265條",「別冊 ジュリスト」第149號, 會社法判例百選, (1998), 102-103頁.

써 이사회 설치 회사에 있어서 이사와 회사간 거래의 승인을 주주총회의 결의사항으로 하는 정관변경결의에 갈음하는 절차, ② 주주전원의 합의로써 그 거래를 승인하는 총회결의에 갈음하는 절차 등의 2단계 절차를 통하여 도출된 것으로서, 이 두 단계 절차를 거치면 주주전원의 합의로써 이사회의 승인에 갈음할 수 있다고 한다. 학설은 이익상반거래의 승인을 주주총회의 결의사항으로 한다든지 주주전원의 합의로 이사회 승인의 결의에 갈음한 경우에는 결의에 찬성한 주주 내지 합의한 주주 전원이 회사채권자 등에게 손해배상책임을 부담하게 될 여지가 있다고 한다.

(3) 미국의 입법례

RMBCA §8.63(a)에서는 이사의 이해상반거래를 주주들에게 통지하고 의결권을 행사하는 주주들에게 필요한 개시를 한 이후, 이해관계 없는 주주(이해상반 이사와 관여되는 주주의 주식수 제외)의 다수결에 의한 승인을 받을 경우 이해상반행위를 허용하고 있다.[34] RMBCA §8.63(a)에서는 이해관계 없는 주주들에 의한 이사의 자기거래에 대한 승인에 대하여도 앞서 본바와 같이 당해 이사의 이해상반관계에 대한 "개시의무"를 부여하고 있다. 사전승인 혹은 사후추인이냐 여부에 대하여 구별하지 아니한다.[35][36]

---

34) § 8.63(a) Shareholders' action respecting a transaction is effective for purposes of section 8.61(b)(2) if a majority of the votes entitled to be cast by the holders of all qualified shares were cast in favor of the transaction after (1) notice to shareholders describing the director's conflicting interest transaction, (2) provision of the information referred to in subsection (d), and (3) required disclosure to the shareholders who voted on the transaction (to the extent the information was not known by them).

35) 미국 판례 중에는 이사의 자기거래에 관하여 주주전원이 일치되어 이사의 자기거래를 승인한 경우에는 더 이상 회사는 무효를 주장할 수 없지만, "완전한 개시(full disclosure)"가 수반되지 않으면 그러하지 아니하다고 한 것이 있다.: Rivoli Theatre Co. v. Allision, 152 A.2d 449 (Pa, 1959).

36) 미국 판례 중에는 주주 전원 합의가 아닌 다수결에 의하여 이사의 자기거래를 승인한 경우 그 다수결이 "이해관계 없는 주주"들에 의한 승인인 경우에는 회사가 더 이상 무효를 주장할 수 없거나 혹은 당해 거래가 불공정거래라는 것에 대한 입증책임을 회사가 진다고 하고[Eliasberg v. Standard Oil Co., 92 A.2d 862(N.J. 1952)], 반면 이해관계 있는 주주의 결의로 그 거래를 승인한 경우에는 단 한명이라도 반대 주주가 있으면 당해 거래의 무효를 주장할 수 있다고 한 것이 있다[Pappas v. Moss, 393 F.2d 865 (3d Cir. 1968)].

4. 檢 討

(1) 대상 판결의 판시

대상 판결은 「이사와 회사 사이의 이익상반거래에 대한 승인은 주주 전원의 동의가 있다거나 그 승인이 정관에 주주총회의 권한사항으로 정해져 있다는 등의 특별한 사정이 있는 경우에는 주주총회의 결의로 이사의 자기거래에 대하여 승인이 가능함을 밝히고, 나아가 그러한 특별한 사정이 없는 경우에는 이사회의 전결사항이므로, 이사회의 승인을 받지 못한 이익상반거래에 대하여 아무런 승인 권한이 없는 주주총회에서 사후적으로 추인 결의를 하였다 하여 그 거래가 유효하게 될 수는 없다」고 판시하고 있다.

대상 판결의 판시에 전적으로 찬동한다. 특히 전자의 법리에 관한 찬동 근거는 다음과 같다.

첫째, 회사는 각각의 필요에 따라 적합한 지배형태를 선택할 수 있으므로 성질상 주주총회의 결의사항으로 할 수 없는 것을 제외하고 주식회사의 본질이나 강행법규에 위반되지 않는 한 정관으로 이사회의 결의사항을 주주총회의 결의사항으로 유보할 수 있다.[37)]

둘째, 상법 제383조 제4항이 1인 이사 회사의 경우 주주총회의 결의로 이사의 자기거래를 승인할 수 있게 한 점에 비추어, 이사의 자기거래를 주주총회에서 결의하는 것이 주식회사의 본질에 반한다고 보기 어렵다.

셋째, 이사회 구성원은 주주총회의 결의에 의하여 선임, 해임되는 점에 비추어 보면, 이사회의 결의를 정관변경에 의하여 주주총회의 결의로 갈음하는 것은 당해 회사의 선택의 문제로 보이고(주주총회 결의가 더 번잡할 것임), 이를 금지하는 강행법규는 상법상 존재하지 아니한다.

넷째, 대법원 판례나 최고재판소 판례가 “주주 전원”의 합의가 정당하다고 한 의미는, 주주 전원의 합의로 ‘정관변경’ 및 ‘주주총회결의’를 모두 갈음할 수 있다는 취지이지, 이미 주주총회에 자기거래에 승인을 의결할 수 있도록 정관변경이 이루어진 경우에까지 주주 전원의 합의가 없다는 이유로 그 효력을 부정하여야 한다는 취지로 판시한 것은 아니다.

다섯째, 반대설은 이사회의 승인이 있는 경우 찬성한 이사에 대하여 회

---

37) 정동윤 · 손주찬, 「주석상법」, [회사(III)], 52면.

사 및 제3자의 책임을 추궁할 수 있다는 장점이 있다고 하나, 이사회의 결의사항을 주주총회의 결의사항으로 하는 경우에도 찬성 주주에게 이사의 회사 및 제3자에 대한 책임에 관한 규정(상법 제309조, 제401조)을 유추 적용하는 것을 학설이 긍정하고 있으므로[38], 이러한 이론을 채용한다면 소수주주나 채권자의 보호가 소홀해지는 문제가 발생하지 아니한다.

여섯째, 미국의 RMBCA뿐만 아니라 일본 2005. 7. 28. 개정된 회사법 제356조도 이익상반거래를 주주총회의 결의사항[39]으로 하고 있다.

(2) 이 사건의 구체적 검토

1992년도부터 1999년도까지 원고 회사의 정기주주총회에서 재무제표와 영업보고서 등의 승인이 이루어졌다 하더라도, 주주 전원이 참석한 것이 아니라 일부만이 참석하여 그 재무제표를 승인한 것에 불과하다.[40] 원고 회사의 정관에 의하여 이사의 자기거래를 주주총회의 결의사항으로 하지 않았으므로, 주주총회가 이를 결의할 권한이 없고, 결의하였더라도 그 결의에 의하여 이 사건 기부행위가 유효로 전환되는 것은 아니다.[41]

또한 주주총회 결의 당시 소외 甲이 이해상반관계에 관한 사실을 모두 개시하고 이 사건 기부행위가 구체적인 안건으로 상정됨으로써 주주들이 이 사건 기부행위를 승인한 것도 아니다.

따라서 원고 회사의 주주총회에서 이 사건 기부행위를 사후 추인할 권한이 있다거나 또는 적법한 사후 추인이 있었음을 전제로 하는 상고이유의

---

38) 정동윤 · 손주찬, 전게서, 52면; 浜田道代, "株主全員の合意と商法第265條", 「別冊 ジュリスト」 第149號, 會社法判例百選, (1998), 103頁.

39) 日本 會社法 第356條 (競業及び利益相反取引の制限) 取締役は、次に掲げる場合には、株主總會において、当該取引につき重要な事實を開示し、その承認を受けなければならない。
(1) 取締役が自己又は第三者のために株式會社の事業の部類に屬する取引をしようとするとき。
(2) 取締役が自己又は第三者のために株式會社と取引をしようとするとき。
(3) 株式會社が取締役の債務を保証することその他取締役以外の者との間において株式會社と当該取締役との利益が相反する取引をしようとするとき。

40) 을제38호증의 1 내지 7(기록 제1596면 - 1634면), 을제20호증의 7(기록 제783면).

41) 원고의 이사회규정에 의하면, 제7조 제6호에서 '중요한 자산의 득실 및 관리에 관한 사항'을 이사회 결의사항으로 규정하고 있다.; 대법원 2005. 6. 10. 선고 2005도946 판결은 소외 甲의 거액의 기부행위를 배임죄로 처벌한 원심을 확정하면서 거액의 기부금을 중요자산으로 판시한 원심을 정당하다고 하였다. 여러 해에 걸친 기부금의 액수가 다소 크다고 하여 이를 '중요한 자산의 득실 및 관리에 관한 사항'에 해당된다고 볼 수 있는지 여부는 보다 더 신중한 검토가 필요하다고 할 것이다.

주장은 받아들이기 어렵다.

Ⅴ. 理事會의 理事의 自己去來에 대한 黙示的 追認

1. 問題의 所在

이 사건 기부행위가 여러 해에 걸쳐서 행해지는 동안에 원고 회사의 다른 이사들이나 감사 등은 이 사건 기부행위에 대하여 아무런 이의제기를 하지 아니하였는데 이를 두고 원고 회사에게 이 사건 기부행위를 묵시적으로 추인하였다고 볼 수 있는지가 문제된다.

2. 無權代理의 黙示的 追認에 관한 判例

대법원 1998. 2. 10. 선고 97다31113 판결은 「무권대리행위에 대한 추인은 무권대리행위로 인한 효과를 자기에게 귀속시키려는 의사표시이니만큼 무권대리행위에 대한 추인이 있었다고 하려면 그러한 의사가 표시되었다고 볼 만한 사유가 있어야 하고, 무권대리행위가 범죄가 되는 경우에 대하여 그 사실을 알고도 장기간 형사고소를 하지 아니하였다 하더라도 그 사실만으로 묵시적인 추인이 있었다고 할 수는 없는 것인바, 권한 없이 기명날인을 대행하는 방식에 의하여 약속어음을 위조한 경우에 피위조자가 이를 묵시적으로 추인하였다고 인정하려면 그와 마찬가지로 추인의 의사가 표시되었다고 볼 만한 사유가 있어야 할 것이다」라고 판시하고 있다.

대법원 2002. 10. 11. 선고 2001다59217 판결은 「무권대리행위는 그 효력이 불확정 상태에 있다가 본인의 추인 유무에 따라 본인에 대한 효력발생 여부가 결정되는 것으로서, 추인은 무권대리행위가 있음을 알고 그 행위의 효과를 자기에게 귀속시키도록 하는 단독행위인바, 증권회사의 고객이 그 직원의 임의매매를 묵시적으로 추인하였다고 하기 위해서는 자신이 처한 법적 지위를 충분히 이해하고 진의에 기하여 당해 매매의 손실이 자기에게 귀속된다는 것을 승인하는 것으로 볼 만한 사정이 있어야 할 것이고, 나아가 임의매매를 사후에 추인한 것으로 보게 되면 그 법률효과는 모두 고객에게 귀속되고 그 임의매매행위가 불법행위를 구성하지 않게 되어 임의매매로 인한 손해배상청구도 할 수 없게 되므로, 임의매매의 추인, 특히 묵시적 추인을 인정하려면, 고객이 임의매매 사실을 알고도 이의를 제기하지 않고 방치하였는지 여부, 임의매수에 대해 항의하면서 곧바로 매도를 요구하였는지 아니면 직원의 설득을 받아들이는 등으로 주가가 상승하기를 기다렸는지, 임의매도로 계좌에 입금된 그 증권의 매도대금(예탁금)을 인출하였는지 또는 신용으로 임의매수한 경우 그에 따른 그 미수금을 이의 없이 변제하거나, 미수금 변제독촉에 이의를 제기하지 않았는지 여부 등의 사정을 종합적으로 검토하여 신중하게 판단하여야 할 것이다」라고 판시하고 있다.

3. 檢 討

이사회의 승인이 없는 자기거래를 일종의 무권대리행위로 보고 이에 대한 사후 추인이 가능한 것으로 보더라도 나아가 묵시적인 추인이 허용되는지 여부는 개별 사안에 따라 무권대리행위의 추인에 관한 대법원 판례의 일반법리에 맞추어 살펴보아야 한다.

대상 판결은 회사가 이익상반거래를 묵시적으로 추인하였다고 보기 위해서는 그 거래를 추인할 경우 원래 무효인 거래가 유효로 전환됨으로써 회사에 손해가 발생할 수 있고 그에 대하여 이사들이 연대책임을 부담할 수 있다는 점을 용인하면서까지 추인에 나아갔다고 볼 만한 사유가 인정되어야 한다고 판시하고 있다. 대상판결의 위 판시에 찬동한다.

상법 제398조가 이사와 회사의 이익상반거래를 이사회의 승인사항으로 규정한 취지에는 그 거래로 말미암아 회사 나아가 주주가 손해를 입은 경우 그 거래와 관련된 이사뿐만 아니라 그 거래를 승인한 다른 이사들도 연대하여 손해배상책임을 질 수 있으므로, 이사회에서 그 승인 여부를 보다 신중하고 공정하게 심의·의결할 것이라는 고려 즉, "사전적 감시"와 "사후적 책임추궁"(상법 제399조 제2항)42)에 관한 고려가 모두 포함되어 있는 것이다.

그런데 묵시적 추인을 너무 쉽게 인정해 버리면, 원래 무효인 거래행위가 유효로 전환됨으로써 회사나 주주는 불측의 손해를 입게 되고 그 거래와 관련된 이사나 악의·중과실 있는 제3자 등은 이익을 얻게 되는 반면, 묵시

42) 이철송, 「신회사법강의」 제13판, 626-627면; 菅原菊志. 「判例商法(上)」, 404-405頁.

적 추인의 주체나 책임소재가 불분명하여 그 책임 추궁이 어렵게 되는 등 불합리한 사태가 발생할 수 있다. 따라서 회사가 이익상반거래를 묵시적으로 추인하였다고 보기 위해서는 그 거래에 대하여 승인 권한을 갖고 있는 이사회가 그 거래와 관련된 이사의 이해관계 및 그와 관련된 중요한 사실들을 모두 지득한 상태에서 그 거래를 추인할 경우 원래 무효인 거래가 유효로 전환됨으로써 회사에 손해가 발생할 수 있고 그에 대하여 이사들이 연대책임을 부담할 수 있다는 점을 용인하면서까지 추인에 나아갔다고 볼만한 사유가 인정되어야 할 것이다.

만일 이사회의 구성원들이 이 사건 배임적 기부행위를 추인하였다고 한다면, 당해 추인에 찬성한 이사들이 "피고 법인을 상대로 부당이득반환청구"를 할 수 없게 됨에 따른 손해배상책임을 져야 하는 결과가 되는데, 어느 이사가 묵시적으로 추인하였는지 확정할 수도 없는 상태에서 "묵시적 추인"을 인정하는 것도 불합리하다.

이 사건의 경우 소외 甲은 이 사건 기부행위로 배임죄의 유죄판결이 확정되었는바, 이사회가 이러한 배임행위에 대하여 "묵시적인 의사표시"에 의하여 그 사법적 효력을 유효라고 추인하였다고 보는 것은 매우 부자연스러운 해석이다. 소외 甲이 비록 원고 회사에서 영향력을 행사하는 대주주였다고 하더라도 그 사정은 달라지지 아니한다.

Ⅵ. 結　論

이사회의 승인 없이 이루어진 이사의 자기거래에 대하여 이사회의 사후 추인을 긍정할 수 있는가에 관하여 우리나라 통설은 "추인 강요의 폐해"가 있을 수 있다는 이유로 사후 추인을 부정하고 있으나 그 근거는 빈약하다. 대상판결이 이사회의 사전승인 없이 행한 이사의 자기거래를 무권대리행위의 일종으로 보고 이사회의 사후 추인을 인정한 것은 기존 법체계와 정합성을 지닌 해석으로서 타당하다.

또한, 이사의 자기거래가 구체적인 안건으로 발의되거나 심의되지도 아니하였고, 이사가 당해 거래행위가 자기거래임을 밝히고 이사회의 승인을 받은 것도 아닌 경우, 예컨대 결산 관련 서류 등에 기부금명세서가 첨부되어 결산 관련 서류를 승인받았다는 것만으로 기부행위에 대하여 이사회의 사후 승인이 있었다고는 볼 수는 없다. 그러한 형식의 승인만으로는 이사회의 승인이라는 통제장치를 통하여 이사와 회사 사이의 이익상반거래가 비밀리에 행해지는 것을 방지하고 그 거래의 공정성을 확보함과 아울러 이사회에 의한 적정한 직무감독권의 행사를 보장하려는 입법목적을 전혀 달성할 수 없기 때문이다. 대상판결이 이사회의 승인에 앞서 이사의 자기거래사실 개시의무를 인정한 것은 타당하다.

이사회의 전결사항을 정관 변경 없이 주주총회에서 결의하더라도 무효이므로, 상법 및 정관에 이사회의 전결사항으로 되어 있는 이사의 자기거래를 아무런 승인 권한이 없는 주주총회에서 다수결로 사후 추인하였다고 하여 그 거래가 유효해 지는 것은 아니다. 다만, 이사와 회사 사이의 이익상반거래에 대하여 주주 전원의 동의가 있다거나 그 승인이 정관에 주주총회의 권한사항으로 정해져 있다는 등의 특별한 사정이 있는 경우에는, 주주총회의 결의로써 이를 승인하는 것은 가능하다. 대상 판결이 그동안 논란이 있었던 쟁점들에 관하여 위와 같은 취지를 판시한 것은 타당하다.

대상 판결은 이익상반거래에 대하여 단순히 이사회의 구성원 등이 장기간 아무런 이의제기를 하지 아니하였다는 사정만으로 이사회에서 이익상반거래를 묵시적으로 추인할 수 없고, 묵시적 추인이 인정되려면 이사회가 그 거래와 관련된 이사의 이해관계 및 중요사실을 모두 알고 있는 상태에서 그 거래를 추인할 경우 무효인 거래가 유효로 되어 회사에 손해가 발생할 수 있고 그에 대하여 이사들이 연대책임을 부담할 수 있다는 점을 용인하면서까지 추인에 나아갔다고 볼 만한 사정이 있어야 한다고 판시하고 있다. 이는 묵시적 추인을 일반 무권대리의 추인 법리에 따라 판단하는 것으로서 이러한 판시도 기존 법체계와 정합성을 지닌 해석으로서 타당하다.

대상 판결은 이사의 자기거래에 관하여 발생할 수 있는 여러 쟁점들에 관하여 비교적 상세한 논거를 제시하며 명확한 법리를 표명하고 있다. 향후 유사 사건에서 선례로서 가치가 클 것이다.

理事의 義務違反과 責任追窮 관련 몇 가지 爭點 檢討*

權 載 烈**

◎ 대법원 2013. 9. 12. 선고 2011다57869 판결

[事實의 概要]

1. 光州 新世界의 有償增資

(1) 주식회사 신세계(이하 "신세계"라 함)는 1995년 4월 10일 100%의 지분을 출자하여 지점 형태가 아닌 독립된 법인의 형태로 주식회사 광주신세계백화점(이하 "광주신세계"라 함)을 설립하였다. 광주신세계는 1997년 말에 발생한 IMF 외환위기 사태 이후 자금조달에 어려움을 겪게 되자, 이를 해소하기 위해 신세계 측과 협의를 거쳐 1998년 3월 30일 기명식 보통주식 50만 주(이하 "이 사건 신주"라 함)를 주주명부에 등재된 주주에게 배정하는 유상증자(이하 "이 사건 유상증자"라 함)를 단행키로 하였다.

(2) 그러나 광주신세계의 완전모회사인 신세계는 그 해 4월 20일 개최된 이사회에서 광주신세계의 재무구조 개선을 위하여 이 사건 유상증자의 규모 및 시기는 적합한 것으로 판단되지만 신세계의 1997년 말 부채비율이 257%로 비교적 높은 편이며, IMF 시기에 외부차입금을 조달하여 타 법인에 대하여 출자하는 것은 바람직하지 않다는 등의 이유로 이 사건 신주인수권을 전부 포기하기로 의결하고, 이사회가 개최된 날의 다음 날에 광주신세계에 그 사실을 통보하였다.

---

* 第32회 상사법무연구회 발표 (2013년 11월 30일)
본 평석은 "모회사의 이사에 대한 자회사의 실권주 배정에 관한 몇 가지 쟁점의 검토", 「선진상사법률연구」 제65호, (2014)에 게재하였음.

** 경희대학교 법학전문대학원 교수

2. 光州 新世界의 Y1에 대한 失權株 配定

(1) 이에 1998년 4월 22일 광주신세계의 이사회는 실권주인 이 사건 신주를 복수의 자연인으로 구성된 피고들(Y) 중의 1인인 피고 Y_1에게 제3자 배정하기로 의결하였고, Y_1은 아버지이자 신세계의 명예회장인 소외인으로부터 25억 원을 증여받아 그 다음날인 4월 23일 이 사건 신주의 인수대금을 전액 납입하였다(이하 “이 사건 신주인수”라 함).

(2) 광주신세계가 4월 25일 이 사건 유상증자를 등기함으로써 동사의 자본금은 5억 원에서 30억 원으로, 발행주식 총수는 10만 주에서 60만 주로 각 변경되었다. 다만, 신세계가 100%를 보유하고 있던 지분은 Y_1이 83.3%로, 신세계가 16.7%를 보유하는 것으로 변경되어 광주신세계의 최대주주는 신세계에서 Y_1으로 변경되었다.

3. 光州 新世界의 2次 有償增資 및 企業公開

그 이후 광주신세계는 1999년 12월 17일 주주배정 및 우리사주조합 배정방식으로 25억 원의 유상증자를, 2002년 1월 30일 기업공개를 하면서 일반공모 형태로 주당 33,000원에 유상증자를 각 실시하여 총 160만 주의 주식을 발행하였고, 위와 같은 유상증자 과정에서 신세계와 Y_1은 신주를 인수한 결과 총 발행주식 중, 신세계는 166,670주(지분율 10.42%)를, Y_1은 833,330주(지분율 52.08%)를 각 소유하게 되었다.

4. 原告들의 代表訴訟 提起 및 一部 原告의 株主地位 喪失

(1) 2007년 9월 20일(아래의 2008년 3월 20일로 부터 6월 전) 이전에 신세계의 발행주식 총 18,860,500주 중 합계 66,368주를 취득한 복수의 자연인(自然人)과 법인(法人)인 주주 10인으로 구성된 원고들(X)은 구 증권거래법[1] 소정의 요건을 갖추어서 위의 1998년 4월 20일자 이사회 당시의 신세계 이사들을 상대로 하여 대표소송을 제기하였다.

---

1) 구 증권거래법은 2007년 8월 3일 법률 제8635호 자본시장과 금융투자업에 관한 법률 부칙 제2조로 폐지된 법률을 의미한다.

(2) 즉, X는 2008년 3월 20일 경 신세계에 대하여 Y가 이 사건 신주인수권을 포기하기로 의결하는 등 그 임무를 해태하여 신세계에 손해를 입혔음을 이유로 그들의 책임을 추궁할 손해배상청구의 소제기를 청구하였으나 신세계가 이에 응하지 않자 X가 2008년 4월 18일 이 사건 소를 제기한 것이다. 그러나 그 후에도 신세계는 Y를 상대로 소를 제기하지 아니하였다. 이 사건 소 제기 후 원고들 중 X_2, X_7, X_8, X_9는 보유주식을 모두 처분하는 바람에 원심 변론종결 당시[2]에는 신세계의 발행주식을 보유하지 아니하였다.

[判決의 要旨][3]

1. 上告理由 第1點 : 株主代表訴訟의 提訴要件

(1) 상고이유

원고들은 상고이유 제1점으로서 상법[4] 제403조 제5항의 "(발행주식을 보유하지 않게 된 경우를 제외한다)"는 부분은 제소를 한 전체 주주를 기준으로 판단되어야 하므로 제소주주 구성원 개개인별로 주식보유 여부를 살펴 제소의 적격여부가 판단되어서는 안된다고 보아 소 제기 이후 주식을 전량 처분한 X_2, X_7, X_8, X_9에게도 주주대표 소송을 제기한 적격이 인정되어야 한다고 주장하였다.

(2) 판시사항

위의 상고이유에 대하여 대법원은 대표소송을 제기할 때 보유주식을 합산하여 상법 또는 구 증권거래법이 정하는 주식보유요건을 갖추면 될 뿐이어서 소 제기 이후에는 보유주식의 수가 그 요건에 미달하게 되어도 무방하지만, 그렇다고 해서 「대표소송을 제기한 주주 중 일부가 주식을 처분하는 등의 사유로 주식을 전혀 보유하지 않게 되어 주주의 지위를 상실하면, 특별

---

2) 원심의 변론종결일은 2011년 4월 28일이다.

3) 이 사건 판결에서 대법원은 원고들의 상고이유 각각에 대하여 판단하고 있다. 하지만 이 사건 판결만으로는 원고들의 상고이유를 분명하게 파악하기란 용이하지 않다. 이에 본고에서 소개한 원고들의 상고이유는 이 사건 판결 이외에 제1심과 원심의 판결들을 비롯하여, 기타 언론에서 공개된 자료 등을 참고하여 재구성한 것이다.

4) 특별한 언급이 없으면 이하에서의 상법은 2011년 4월 14일 법률 제10600호로 개정되기 전의 "구 상법"을 지칭한다. 구 상법과 현행 상법이 내용상 차이가 없다면 상법이 어떤 상법인지의 여부에 상관없이 구 상법으로 인식하여도 당연히 무방하다.

한 사정이 없는 한 그 주주는 원고적격을 상실하여 그가 제기한 부분의 소는 부적법하게 되고, 이는 함께 대표소송을 제기한 다른 원고들이 주주의 지위를 유지하고 있다고 하여 달리 볼 것은 아니다」라고 판시하였다.

2. 上告理由 第2點 : 理事의 自己去來

(1) 상고이유

원고들은 모회사의 이사가 완전자회사와 거래를 하는 것은 그 이사가 모회사와 직접 거래한 것과 그 경제적 실질이 동일한 경우에는 이사의 자기거래에 해당하므로, 이 사건 신주를 인수함에 있어서는 신세계 이사회의 승인이 필요함에도 그 승인 없이 이 사건 신주를 인수하였고, 나머지 피고들은 Y_1으로 하여금 이 사건 신주인수를 가능하게 하였으므로 신세계에게 이로 인한 손해를 배상할 책임이 있다고 주장하였다.

(2) 판시사항

위의 상고이유에 대하여 대법원은 다음과 같이 판시하였다. 첫째, 상법 제398조에서 이사의 자기거래에 대하여 이사회의 승인을 요구하는 것은 이사가 그 지위를 이용하여 회사와 직접 거래를 하거나 이사 자신의 이익을 위하여 회사와 제3자 간에 거래를 하여 이사 자신의 이익을 도모하고 회사 또는 주주에게 손해를 입히는 것을 방지하는 것을 그 목적으로 하므로 그러한 자기거래의 상대방은 이사가 직무수행에 관하여 선관주의의무 또는 충실의무를 부담하는 당해 회사이어야 한다.

둘째, 자회사가 모회사의 이사와 거래를 한 경우에는 설령 완전모자회사관계라 하더라도 모회사와 자회사는 상법상 별개의 법인격을 가진 회사이므로 그 거래로 인한 불이익이 있더라도 그것은 자회사에게 귀속되는 것에 지나지 않아 모회사는 간접적인 영향을 받을 뿐이다. 따라서 자회사의 거래를 모회사의 거래와 동일하게 볼 수는 없다. 그러므로 모회사의 이사와 자회사의 거래는 모회사와의 관계에서 상법 제398조의 적용대상이 되는 거래에 해당하지 않으므로 모회사의 이사인 Y_1이 그 거래에 관하여 모회사 이사회의 승인을 받아야 할 필요는 없다.

3. 上告理由 第3點 : 理事의 競業

(1) 상고이유

원고들은 피고 Y_1의 경업이 인정된다면서 다음과 같은 주장을 하였다.

첫째, 신세계가 백화점 이외에도 운영하고 있는 13개 지점의 이마트까지 고려하여 이사의 경업여부를 판단하여야 한다.

둘째, 상법 제397조 제1항은 영업지역을 구분하여 경업여부를 판단할 것을 명문으로 요구하지 않으며, 회사의 피해가 영업의 결과로부터 발생하여야 한다는 요건을 요구하지 않고 있으므로, 단순히 회사에 피해를 줄 우려만 있더라도 이사의 경업금지위반으로 될 수 있다. 즉, 광주신세계가 광주지역에서 영업하기 때문에 신세계가 백화점 고객을 빼앗기고 신세계가 광주지역에 추가적으로 지점을 개설하는 데 어려움이 있으므로 Y_1이 신세계 이사회의 승인 없이 광주에서 광주신세계의 사실상의 주재자로서 신세계브랜드로 백화점업을 영위한 것은 경업금지 의무를 위반한 것이다.

(2) 판시사항

대법원은, 「상법상 이사의 경업금지를 규정한 제397조 제1항은 그 취지가 이사로 하여금 선량한 관리자의 주의로써 회사를 유효적절하게 운영하여 그 직무를 충실하게 수행하여야 할 의무를 다하도록 하려는 데 있다」라고 보았다. 그리고 「이사는 경업 대상 회사의 이사, 대표이사가 되는 경우뿐만 아니라 그 회사의 지배주주가 되어 그 회사의 의사결정과 업무집행에 관여할 수 있게 되는 경우에도 자신이 속한 회사 이사회의 승인을 얻어야 하는 것으로 볼 것이다. 한편 어떤 회사가 이사가 속한 회사의 영업부류에 속한 거래를 하고 있다면 그 당시 서로 영업지역을 달리하고 있다고 하여 그것만으로 두 회사가 경업관계에 있지 아니하다고 볼 것은 아니지만, 두 회사의 지분소유 상황과 지배구조, 영업형태, 동일하거나 유사한 상호나 상표의 사용 여부, 시장에서 두 회사가 경쟁자로 인식되는지 여부 등 거래 전반의 사정에 비추어 볼 때 경업 대상 여부가 문제되는 회사가 실질적으로 이사가 속한 회사의 지점 내지 영업부문으로 운영되고 공동의 이익을 추구하는 관계에 있다면 두 회사 사이에는 서로 이익충돌의 여지가 있다고 볼 수 없고, 이사가 위와 같은 다른 회사의 주식을 인수하여 지배주주가 되려는 경우에는 상법 제397조가 정하는 바와 같은 이사회의 승인을 얻을 필요가 있다고 보기 어렵다」라고 판시하였다.

따라서 이 사건에서 광주신세계는 피고 Y_1의 이 사건 신주인수 후에도 예전처럼 사실상 신세계의 지점처럼 운영되었으며, 피고 Y_1이 광주신세계를 통하여 신세계와 이익충돌의 염려가 있는 거래를 하였다고 볼 수도 없는 상황이므로 Y_1이 광주신세계의 지배주주가 되었다는 것만으로 이사의 경업에 해당하지는 않는다고 판단하였다.

4. 上告理由 第4點 : 理事의 事業機會 流用

(1) 상고이유

원고들은 신세계가 이 사건 신주에 대하여 실권 의결하고, 피고 Y_1이 이 사건 신주를 인수하여 광주신세계의 지배주주가 됨으로써 신세계는 광주지역에서 백화점업을 영위할 사업기회를 잃게 된 반면에 Y_1은 신세계의 브랜드, 노하우를 이용하여 백화점업을 영위하게 되었는데, 이는 Y_1이 신세계의 사업기회를 유용한 것으로 되어 이사로서의 선관의무 내지 충실의무를 위반한 것이 되고, 나머지 피고들은 이 사건 신주에 대하여 실권 의결을 하여 피고 Y_1의 사업 기회 유용을 가능하게 하였으므로 피고들은 신세계에게 신세계가 광주신세계를 운영하였다면 얻을 수 있었던 기대이익을 배상할 의무가 있다고 할 것이라고 하여 피고 Y_1에 대하여 1,200억 원, 그리고 나머지 피고들에 대하여도 일정한 규모의 손해배상을 구하였다.

(2) 판시사항

대법원은 이와 관련하여, 「이사는 회사에 대하여 선량한 관리자의 주의의무를 지므로, 법령과 정관에 따라 회사를 위하여 그 의무를 충실히 수행한 때에야 이사로서의 임무를 다한 것이 된다. 이사는 이익이 될 여지가 있는 사업기회가 있으면 이를 회사에 제공하여 회사로 하여금 이를 이용할 수 있도록 하여야 하고, 회사의 승인 없이 이를 자기 또는 제3자의 이익을 위하여 이용하여서는 아니된다. 그러나 회사의 이사회가 그에 관하여 충분한 정보를 수집·분석하고 정당한 절차를 거쳐 회사의 이익을 위하여 의사를 결정함으로써 그러한 사업기회를 포기하거나 어느 이사가 그것을 이용할 수 있도록 승인하였다면 그 의사결정과정에 현저한 불합리가 없는 한 그와 같이 결의한 이사들의 경영판단은 존중되어야 할 것이므로, 이 경우에는 어느 이사가 그러한 사업기회를 이용하게 되었더라도 그 이사나 이사회의 승인 결의에 참여한 이사들이 이사로서 선량한 관리자의 주의의무 또는 충실의무를 위반하였다고 할 수 없다」라고 판시하였다.

이에 대법원은 Y_1이 신세계의 사업기회를 유용한 것으로 보기 어렵다는 취지로 판단한 것은 원심에 대하여 결과적으로 정당한 것으로 수긍하면서, 이사가 회사의 사업기회를 취득할 수 있는 요건이나 절차에 관한 법리를 오해하거나 사실을 잘못 인정하는 등으로 판결 결과에 영향을 미친 위법이 없다고 판단하였다.

5. 上告理由 第5點 : 失權株의 第3者 配定時 理事의 義務

(1) 상고이유

원고들은 신세계가 이 사건 신주가 현저히 저가로 발행된다는 사정을 잘 알고 있는 있었기 때문에 신세계의 이익을 위해 이 사건 신주를 인수했어야 함에도 이를 인수하지 않기로 한 피고들의 의사결정이 현저히 불합리하여 이사로서의 임무해태를 한 것으로 인정하기 부족하다고 한 원심의 판단은 자신들의 주장을 오인한 것이라고 주장하였다. 또한 이 사건에서 제3자가 실권주를 인수하면 광주신세계에 대한 신세계의 지배권이 상실되는 경우가 발생하므로 제3자에게 함부로 배정되지 아니하도록 예방조치를 취할 의무가 있지만 방치한 것은 임무를 해태한 것이라고 주장하였다. 더 나아가 그와 같은 제3자 배정은 Y_1에 대한 지배권 승계에 대한 협조차원에서 이루어진 것으로 추정되는데, 원심은 이 부분에 관하여 판단을 누락하였다고 주장하였다.

(2) 판시사항

대법원은 「광주신세계가 IMF 외환위기 사태 이후 자금조달에 어려움을 겪게 되자 이 사건 유상증자에 이른 점, 신세계는 IMF 외환위기 사태를 맞아 불가피하게 이 사건 신주인수를 포기한 점, 광주신세계는 신세계로부터 실권 통보를 받은 후 이 사건 신주 인수자를 물색하였으나 광주신세계의 자본잠식과 IMF로 인한 국내경제의 침체 영향으로 찾지 못한 끝에 피고 Y_1에게 전액 배정하기로 결정한 점, 이 사건 유상증자 당시 신세계의 주가는 16,400원, 광주신세계가 일반 공모의 형태로 기업공개를 한 2002. 1. 30. 당시 광주신세계의 주가는 33,000원에 머물렀던 점, 이 사건 유상증자 당시에는 비상장법인 주식의 적정한 가액을 평가하는 확립된 기준이 존재하지 않았고, 여러 가지 평가의 가능성이 존재하였으며, 광주신세계와 동종업체인 여러 백화점의 주식이 순자산가치의 10.2%~38.0% 수준에서 주식 시세가 형성되어 있었던 점, 원고들이 유가증권인수업무 규정 시행세칙 제6조 제1항에 따르지 아니한 채 광주신세계의 주식가치를 산정하는 것은 그 산정방식이 적정하지 못한 것으로 보이는 점 등을 종합하여 판단한 원심을 살펴 볼 때 이 사건 신주가 현저히 저가로 발행된 것으로 단정하기에 부족하고, 설령 이 사건 신주가 다소 저가로 발행되었더라도 그러한 사정만으로는 이를 인수하지 아니하기로 한 피고들의 의사결정이 현저히 불합리하여 이사의 임무를 해태하였다고 인정하기에 부족하다고 판단한 원심의 판단이 정당하여 수긍할 수 있다는 입장을 피력하였다.

더 나아가 대법원은 「원심의 이상과 같은 판단에는 "이 사건 신주가 지배권의 이전을 수반하는 대규모의 물량임에도 이를 고려하지 아니한 채 현저히 저가로 발행되었으니 신세계의 이사인 피고들로서는 신세계가 실권하더라도 광주신세계가 이를 동일한 가액으로 제3자에게 배정하지 아니하도록 할 의무가 있다는 원고들의 주장을 배척하는 취지가 포함되어 있다고 볼 수 있으므로, 원심 판결에 상고이유의 주장과 같은 판단누락 등의 위법이 있다고 할 수 없다」라고 판단하였다.

[評　　釋]

Ⅰ. 序　　論

주식회사를 소유하는 주주는 회사와 운명을 같이하는 존재이다. 회사가 양호한 경영실적을 달성하는 경우에는 그러하지 않는 경우보다 더 많은 배당을 기대할 수 있으며(상법 제462조), 회사가 존립기간의 만료 등 여러 가지 이유로 인하여 해산・청산하는 경우에는 주주는 원칙적으로 잔여재산에 대한 분배청구권을 행사할 수 있다(상법 제538조).[5] 주주는 자신이 좀 더 많은 배당을 받고 종국적으로 더 많은 잔여재산을 분배받기 위하여 자신보다 경영에 더 전문적이고 효율적인 능력이 있는 자들을 이사로 선임하며, 회사는 이사에게 경영의 권한과 임무를 위임한다.[6][7] 이로 인하여 소유와 경영의 분리가 이루어지는 것이다. 더 나아가 주주가 자신이 선임한 이사를 감시하는 유인을 가지는 것도 배당과 잔여재산분배를 많이 받기 위한 것이다.

권한의 위임은 권한의 이동(power shift)을 필연적으로 수반한다.[8] 그러다 보니 수임인은 위임자의 뜻에 반하거나 합리적인 주의를 기울이지 않아 태만하거나 또는 자신의 이익을 회사의 그것 보다 앞세우는 행태를 보일 수 있다. 이에 상법은 주주가 본디 행사하였던 권한 중 일부가 이사에게 위임됨으로써 발생할 수 있는 도덕적 해이(moral hazard)의 현상을 줄이기 위하여 주주에게 그가 사전적으로 성실하게 임무를 수행할 이사를 선임할 수 있도록 하고(상법 제385조 제1항) 사후적으로는 임무를 해태하거나 자신의 의무를 저버린 이사를 해임할 수 있는 권한(상법 제385조)을 부여하고 있다. 또한 상법은 이사에게 다양한 의무를 부담시켜서 이사가 수임인으로서 제대로 역할을 수행할 것을 직접적으로 강제하고 있다. 예컨대, 이사는 회사에 대해 업무집행에 있어서

---

5) 상법 제538조 본문은 주주가 잔여재산분배에 대한 청구권을 가진다는 것을 규정하고 있으며, 그 단서는 회사가 상법 제344조 제1항에 따라 잔여재산의 분배에 대한 권한을 부여하지 않는 종류주식을 발행하는 경우에 한하여 이러한 청구권이 인정되지 않음을 명시하고 있다.

6) 참고로 미국의 경우에 Percival v. Wright, 2 Ch 421 (1902)과 같은 초기 판례에서는, 이사는 회사에 대해서만 공식적인 관계가 인정되었기 때문에 그는 회사에 대해서만 의무를 부담하는 것으로 인식되었다.: J. C. Shepherd, The Law of Fiduciaries 355-356 (1981).: 그러나 현재 미국의 경우에는 이와 같은 인식은 폐기되고 이사는 주주를 위하여 자신의 의무를 이행한다는 관념이 정착되었다.: Dodge v. Ford Motor Co., 204 Mich. 459, 170 N.W. 668, 3 A.L.R. 413 (1919).

7) 우리의 경우, 이사는 회사에 대한 수임인으로서의 지위를 지닐 뿐이므로 적어도 형식적으로는 이사는 주주에 대해서는 의무를 부담하지 않는다. 지금의 우리 상법만으로 볼 때에는 회사에 대한 이사의 관계는 지난 세기의 미국의 경향과 큰 차이가 없는 것으로 이해된다. 그러나 현실에 있어서는 "회사"를 법적 편의성을 위하여 인격의 주체로 의제된 것으로 본다면 이사는 회사의 배후에 있는 전체 주주에 대하여 이무를 부담하는 것으로 이해할 수 있으며, 따라서 회사에 대하여 이사는 미국과 유사한 관계에 놓이는 것이다.: 한국상사법학회 편, 「주식회사법대계 Ⅱ」, 법문사, (2013), 642면(고창현 집필부분).

8) Lawrence E. Mitchell, *Fairness and Trust in Corporate Law*, 43 Duke Law Journal 425, 430 (1993).

선량한 관리자로서의 주의를 다할 의무(선관의무, 상법 제382조 제2항)와 법령·정관을 준수하고 회사를 위해 충실히 직무를 수행할 의무(충실의무, 상법 제382조의3)를 부담한다. 만약 이사가 자신의 의무를 위반하고, 그로 인하여 회사가 손해를 입었다면 해당 이사는 회사에 대해 손해배상책임을 져야 한다(상법 제399조 제1항).

회사에 대한 책임은 이사에게 권한을 부여한 회사가 추궁하는 것이 논리적으로 맞지만, 현실적으로 회사는 타인기관[9]에 의하여 경영되는 만큼 회사가 직접 이사의 책임을 추궁하는 것은 실효성이 떨어진다. 이 때문에 이사와 직접적으로는 아무런 관계가 없는 주주가 나서서 이사의 책임을 추궁할 수 있도록 길을 터놓은 제도가 바로 주주대표소송(상법 제403조)이다.

대법원은 2013년 9월 12일 선고한 2011다57869 판결[10]에서 자회사가 실권주를 모회사의 이사에게 배정한 경우와 관련하여 상법상 이사가 부담하는 다양한 의무에 대한 위반여부와 그 의무위반으로 인한 책임을 추궁하기 위하여 제기하는 대표소송의 당사자 적격유무가 다투어졌다. 즉, 이 판결에서는 실권주의 배정과 같은 자본거래의 경우에 이사가 각종의 의무를 위반하였는지의 여부를 손익거래와 동일한 잣대에 의하여 판단하여야 하는지의 여부가 핵심적인 쟁점이었다.[11] 이에 대하여 대법원은 이 사건 판결에서 근래에 보기 드물게 원고의 상고이유 각각에 대하여 판시사항을 비교적 자세하게 밝히고 있는데, 본고에서는 이 사건 판결을 대상으로 하여 그 판시한 내용의 핵심을 정리하고 이 사건에서의 중요한 쟁점을 제시하며, 그에 관한 학설과 판례를 소개한 후에 개인적인 의견을 피력하고자 한다.

---

9) "타인기관"이라 함은 기관자격과 사원자격이 일치하지 않는 것을 의미한다. 말하자면, 주주로서의 자격을 요건으로 하지 않는 이사회를 주로 의미한다.: 이철송, 「회사법강의」 제21판, 박영사, (2013), 465면.

10) 이 판결의 원심은 서울고등법원 2011. 6. 16. 선고 2010나70751 판결이다.

11) 회사의 순자산이 증감되는 거래는 그 원천이 회사 본연의 경영활동과 출자한 자본의 증감이나 수정에 있다. 이 중 그 원천이 경영활동에 있는 거래 또는 법인의 소득에 영향을 미치는 거래를 손익거래라 하며, 자본의 증감에 관련된 거래를 자본거래라 한다.: 대법원 1992. 9. 8. 선고 91누13670 판결.

Ⅱ. 이 事件 判決의 檢討

1. 上告理由 第1點에 대한 判決 內容 檢討

(1) 쟁점사항

상법은 대표소송을 제기할 수 있는 자를 지주율를 기준으로 정하고 있는데, 이에 따라 발행주식총수의 100분의 1이상에 해당하는 주식을 가진 자만이 원고적격을 가진다(상법 제403조 제1항). 상장법인의 경우에는 이러한 지주율 요건이 완화되어 발행주식총수의 1만분의 1 이상의 주식을 가진 주주에 한하여 대표소송제기권을 가진다. 다만, 상장법인의 경우에는 6월 전부터 계속하여 주식을 보유해야 하는 요건이 추가되어 있다(구 증권거래법 제191조의13 제1항, 현행 상법 제542조의6 제6항). 이처럼 소수주주만이 제소권자가 될 수 있도록 규정한 것은 남소를 방지하기 위한 것이다. 이상의 소수주주 요건은 소제기를 할 때부터 변론의 종결에 이르기까지 계속 유지되어야 한다. 물론 1인의 주주가 이러한 요건을 충족하여도 되고 여러 명의 주주가 공동으로 이 요건을 충족시켜도 상관이 없다.

한편, 상법 제403조 제5항은 제소한 "주주의 보유주식이 제소 후 발행주식총수의 100분의 1 미만으로 감소한 경우(발행주식을 보유하지 아니하게 된 경우를 제외한다)에도 제소의 효력에는 영향이 없다"고 규정하고 있다. 즉, 제소시에 지주율 요건을 충족하면 제소한 후에는 그러한 지주율에 미달되는 경우라 하더라도 1주 이상의 주식을 보유하기만 하면 기존의 제소에 대해서는 아무런 영향이 없다. 이 사건에서는 여러 주주가 함께 제소요건을 갖추어서 소를 제기하였지만 변론종결 전에 제소한 주주 중 일부가 자신이 보유한 주식을 전량 처분한 경우 그 처분한 자에게도 소송을 제기할 적격이 인정되어야 하는지가 다투어졌다.

(2) 학 설

(가) 원고적격의 당연상실설

주식을 전혀 보유하지 않은 자는 대표소송을 수행할 의사가 없다는 것이므로 수인이 공동으로 제소한 후 일부의 주주가 전혀 주식을 보유하지 않게 된 경우 이들은 당사자적격을 상실한다고 해석하는 것이 타당하다는 입장이다.[12] 이를 구체적으로 살펴보면, 상법 제403조 제5항 괄호안의 내용을 문리적으로 해석할 때 변론종결 전에 보유 주식 모두를 처분하면 원고들은 당사자적격을 상실하는 것으로 풀이하여야 하며, 또한 주식을 전혀 보유하지 않는다는 것은 대표소송을 수행할 유인이 없다는 의미이므로,[13] 주식처분으로 인하여 주식을 보유하지 않게 된 것이 자발적이든 그러하지 않던 간에 원고적격을 상실하는 것으로 보아야 한다는 것이다. 그리하여 원고가 합병으로 인하여 주주로서의 지위를 상실한 경우에도 더 이상 회사의 이해관계자가 아닌 까닭에 원고적격을 상실하게 된다.[14] 미국의 주회사법 관련 판례는 대체적으로 이러한 입장을 취하는 것으로 보인다.[15]

(나) 원고적격의 원칙적 상실설 (예외적 유지설)

주주의 주식보유비율이 제소요건에 미달하더라도 1주 이상의 주식을 보유하는 한 제소의 효력에는 영향을 미치지 않는다고 규정한 제403조 제5항은 1998년의 개정 상법에서 신설된 규정인데, 이 규정의 취지는 제소 후 변론이 종결되기 전에 이사나 대주주가 주주를 회유하여 제소주주 가운데 일부를 이탈시켜 당사자적격을 잃도록 하는 폐해를 방지하자는 데에 있다는 것이다.[16] 즉, 주식 전부를 처분한 결과 회사와의 이해관계가 전혀 없는 자에게 소를 유지할 수 있게 내버려 두는 것은 당사자적격성을 잃은 자에게 소권(訴權)을 인정하게 되어 불합리하므로[17] 원고적격이 상실되어야 하지만, 이상과 같은 입법취지를 고려할 때 회사가 소를 각하시킬 목적으로 주식처분을 야기한 경우에는 원고적격을 부인하지 않아야 한다는 것이다.[18] 같은 맥락에서 자발적인 의사에 의하여 주식을 처분하여 주주의 지위를 상실

12) 이철송, 전게서, 795면.

13) 송옥렬, 「상법강의」 제3판, 홍문사, (2013), 1057면.

14) 김대연, "주주대표소송에서의 원고적격", 「비교사법」 제5권 제1호, 한국비교사법학회, (1998), 322면.

15) 미국의 경우 판례법에서는 주식을 가지지 못한 주주의 대표소송의 원고적격으로서의 지위를 상실하는 것으로 보는 경향이 있다.: 예컨대, Timko v. Triarsi, 898 So. 2d 89(Fla. Dist. Ct. App. 2005) 참조.: 캘리포니아주 법원의 경우에도 합병으로 인하여 주주로서의 지위를 상실하는 경우 대표소송의 원고적격을 상실하는 것으로 판시한 바 있다.: Grosset v. Wenaas, 42 Cal.4th 1100 (2008).

16) 박길준 외 3인, 「개정상법축조해설」, 박영사, (1999), 70면; 법무부, 「상법개정 공청회자료」 (1998), 29면.

17) Alabama By-Products Corp. v. Cede & Co., 657 A.2d 254 (Del. 1995).

18) 김상규, "주주의 대표소송에 관한 소고 - 당사자를 중심으로 -", 「법학논총」 제25집 제3호, 한양대학교 법학연구소, (2008), 186면.

한 자와 비자발적인 이유로 인하여 주식을 처분하여 주주의 지위를 상실한 자를 차별적으로 취급하여 후자와 같이 특수한 사정이 있다면 예외적으로 원고적격을 유지할 수 있다는 견해도 있다.[19]

이와 같이 원고적격의 원칙적 상실설 혹은 예외적 유지설을 취하는 입법례로서는 미국의 모범사업회사법(Model Business Corporation Act: MBCA)[20]과 일본회사법을 들 수 있다. MBCA §7.41[21]은 상속의 경우와 같이 법의 작용(operation of law)[22]에 의하여 주식이전이 이루어지는 경우에 제소자격의 유지를 인정하고 있으며, 일본 회사법 제851조[23][24]는 특정한 기업구조조정의 경우에 제소자격의 유지를 인정한다.

---

19) 안성포, "주주대표소송과 원고적격성", 「비교사법」 제12권 제1호, 한국비교사법학회, (2005), 485-486면 참조.

20) MBCA는 미국변호사협회(American Bar Association: ABA)가 1933년 일리노이주 회사법을 모델로 하여 작성한 것으로서 1950년에 정식으로 공포하였으며, 동법은 수차례의 수정과 개정을 거쳐 현재에 이르고 있다. 이처럼 MBCA는 각주(各州)에서 선발된 위원들에 의하여 주(州)가 회사법을 제정 또는 개정할 때의 모범으로 삼기위하여 제정한 것이다.: 並木俊守・並木和夫, 「現代アメリカ會社法」 改訂版, 中央経済社, (1989), 5-6頁.

21) MBCA §7.41은 주주대표소송의 원고적격에 관한 주식동시보유의 원칙(contemporaneous shareownership rule)의 적용과 관련하여, 상속 등과 같이 법의 작용에 의한 주식이전을 다른 임의적인 주식처분과 차별하여 전자에 대하여는 제소자격을 그대로 유지되는 것으로 규정하고 있다. 참고로 주식동시보유의 원칙이란, 주주대표소송에서 소의 원인이 되는 이사의 부정행위가 있는 당시에 이미 주주일 것을 요구하는 원칙을 말한다.

22) 미국법상 법의 작용(operation of law)이란, 당사자의 의사에 상관없이 법에 의해서 권리나 의무가 발생하는 것을 말한다.: Black's Law Dictionary 1124 (8th ed. 2004).

23) 일본의 경우 주주대표소송의 제기권은 단독주주권이다. 2005년 회사법 제정 이전에는 소송계속 중 주식양도가 발생하는 경우 소의 효력에 관하여는 별도의 조항을 마련하지 않았다. 회사설립무효의 소의 계속 중 주식을 양도한 경우 주주로서의 지위 상실을 이유로 그 소가 부적법각하된 판결은 있었다.: 最高裁判所 1933. 10. 26. 民集 第12卷, 2626頁.

24) 일본 회사법 제851조는 주식교환・주식이전의 경우, 합병(삼각합병 포함), 그리고 주식교환・주식이전・합병 이후에 추가적인 구조조정이 있는 경우와 같이 대표소송에 있어서 원고주주가 주주지위를 상실하더라도 소송수행을 계속할 수 있음을 명정하는 특칙이다. 이를 구체적으로 살펴보면, 원고주주가 주식교환・주식이전을 통해 해당회사의 완전모회사의 주식을 취득하게 된 경우(일본 회사법 제851조 제1항 제1호), 대표소송이 제기된 해당 회사가 소멸하는 합병에 의하여 신설회사, 존속회사, 또는 그 완전모회사의 주식을 취득하게 된 경우(일본 회사법 제851조 제1항 제2호), 제851조 제1항 제1호에 의해 완전모회사의 주주로서 소송수행을 계속할 수 있었던 주주가 이후 추가적인 주식교환・주식이전・합병으로 인해 완전모회사의 주주 지위를 상실한 경우(일본 회사법 제851조 제2항), 제851조 제1항 제2호에 의해 신설회사・존속회사 또는 그 완전모회사의 주주로서 소송수행을 계속할 수 있었던 주주가 이후 추가적인 주식교환・주식이전・합병으로 인해 신설회사・존속회사 또는 그 완전모회사의 주주 지위를 상실한 경우(일본 회사법 제851조 제3항)에도 소송수행을 계속할 수 있다.

(3) 대법원 판례의 입장

2002년 제일은행의 전(前) 이사들을 상대로 제기한 주주대표소송(이하 "제일은행 사건"이라 함)에서, 대법원은 제소 후에 원고들과 제1심 소송참가인들의 보유 주식이 모두 무상소각된 결과 대표소송의 원고적격을 상실한다는 취지로 판결하였다.25) 이 제일은행 사건에서 만약 회사가 원고 공동소송참가를 하지 않았다면 이 소는 부적법하여 각하되었을 것이다.

이 사건 판결에서 대법원은 주식을 처분한 주주는 "특별한 사정이 없는 한" 원고적격을 상실하며, 설령 대표소송을 함께 제기한 다른 원고들이 주주의 지위를 유지한다고 하더라도 마찬가지라고 판시하였다. 말하자면, 이 사건은 주식 전부의 상실을 원고적격의 상실로 인정한 것은 기존의 2002년 제일은행 사건과 동일하지만, 특별한 사정이 있다면 예외적으로 그러하지 않다는 점을 분명히 하고 있다. 따라서 이 사건의 입장을 굳이 분류하자면 적어도 외관상으로는 원고적격의 원칙적 상실설에 속한다.

(4) 이 사건 판결의 검토

(가) 판결의 한계

이 사건 판결은 집단적으로 주주대표소송의 원고적격을 충족하여 제소를 한 후에 해당 주식을 전량 처분한 일부 주주에게 소송계속을 허용할 것인지에 관하여 원칙적 상실설의 입장을 취하는 것으로 읽힌다. 그러나 이 사건의 판결을 좀 더 구체적으로 들어다 보면, 원칙적 상실설 보다는 당연상실설에 가까운 것으로 평가할 수 있다. 그 구체적인 논거를 외국의 입법례와 연관하여 살펴보기로 한다.

미국의 MBCA가 원고적격을 유지할 수 있는 예외적인 경우로 규정하고 있는 상속과 같은 법의 작용에 의하여 이루어지는 주식이전은 이 사건의 판결에서 "특정한 사정"의 전형적인 예가 될 수는 없을 것으로 보인다. 왜냐하면 소를 제기한 주주가 사망하는 경우에는 일단 그 주주는 사망으로 원고적격을 상실하되 민사소송법 제233조에 따라 피상속인 주주의 권리의무를 포괄승계한 상속인이 주주지위의 교체에 의하여 소를 수계하여 계속 진행할 수 있기 때문이다.

---

25) 대법원 2002. 3. 15. 선고 2000다9086 판결.

기업구조조정의 경우 일본에서는 회사법상 특례로서 예외적으로 원고적격을 유지할 수 있지만, 우리나라에서는 그러할 수는 없을 것으로 예상한다.[26) 말하자면, 주주가 주주대표소송을 제기한 이후에 완전모회사의 주주가 됨으로서 더 이상 당초 제기한 소의 상대방이 되는 회사의 주주가 아닌 경우에도 원고적격을 유지할 수 있는 것으로 해석할 수 없다는 것이다. 그 이유는 다음과 같다. 첫째, 일본과 같은 입법이 마련되어 있지 않은 현실에서 원고적격을 유지할 수 있는 것으로 풀이하기가 용이하지 않다. 일본도 2005년 제정된 회사법에 예외적으로 원고적격을 유지할 수 있는 규정을 두기 이전에는 법원은 구조조정에 의해 주식을 상실하는 경우 원고적격까지 상실되는 것으로 풀이한 바 있다.[27) 만약 그 경우에 원고로서의 적격을 유지할 수 있는 것으로 풀이한다면 이는 명문의 입법이 없는 상황에서 이중대표소송을 사실상 인정하는 것과 다를 바 없고, 그렇게 우회하는 방식은 명문의 법규정이 없는 상황에서 이중대표소송을 인정할 수 없다는 대법원의 기존의 판결[28)과 상치되기 때문이다.

요컨대, 외국의 입법례는 이 사건에서 판시한 "특별한 사정"에 해당하는 경우를 파악하는 데 그다지 큰 도움이 되지 않는다. 따라서 이 사건에서 대법원이 판시한 "특별한 사정"이 과연 어떠한 경우를 의미할지는 분명하지 않지만, 아마도 대법원은 장래에 "특별한 사정"을 매우 제한적으로 인정하거나 이를 실제적으로는 의미없이 운용할 것으로 예상된다. 그러므로 대법원

---

26) 대표소송을 제기한 후에 단순히 흡수합병 또는 신설합병에 의하여 주주로서의 지위가 상실된 경우에는 민사소송법 제234조에 의하여 기존의 주주의 권리를 포괄승계한 신설회사 또는 존속회사가 소송절차를 수계할 수 있다.: 송옥렬, 전게서, 1057면.

27) 일본의 경우 2005년 회사법이 제정되어 시행되기 이전에, 상법은 대표소송제기권을 단독주주권으로 하되 6개월 전부터 계속 주식을 소유하고 있는 주주에게 원고적격을 부여하고 있었다(구 상법 제267조 제1항). 그러한 상법이 적용되는 상황에서 N은행(日本興業銀行)의 주주였던 X 등 2명(원고)은 1999년 동 은행의 이사·감사 등 86명을 피고로 하여 그들의 의무위반을 이유로 주주대표소송을 제기하였다. 소송이 진행되던 중 N은행은 다른 은행과 함께 주식이전의 방법에 따라 2000년 9월 M회사를 설립하였으며, 그로 인하여 N은행은 M회사의 완전자회사가 되었다. 그 결과 X 등은 M회사의 주주가 됨으로써 N은행의 주주라는 지위를 상실하였다.: 동경지방재판소는 일본상법 제267조 제1항 소정의 "주주"는 피고 이사가 속한 회사의 주주라고 해석하므로 본 사건에서 상법 제267조 제1항의 법률적 문맥에 반하여 원고의 당사자 적격을 유지해야 한다고 해석해야 할 특별한 이유도 없다고 보아 본 사건의 소송이 부적법하여 각하한 바 있다.: 東京地方裁判所 2001年 3月 29日,「判例時報」第1748號, 171頁.

28) 대법원 2004. 9. 23. 선고 2003다49221 판결.

판결은 형식상 원고적격의 원칙적 상실설을 취하고는 있으나, 사실은 원고적격의 당연상실의 입장과 큰 차이가 없을 것으로 보인다.

(나) 사　견

상법 제403조 제5항에 대한 전형적인 문리해석에 따르면 별도의 조항이 없는 이상 제소 후 주식전부의 양도는 당사자지위의 상실을 의미하므로 지위 상실의 이유를 묻지 않고 부적법각하하는 것으로 되어야 한다. 자발적으로 주식을 전량 매도한 경우에는 원칙적으로 당사자로서의 지위가 상실되어야 하겠지만, 그럼에도 불구하고 주주대표소송의 기본적인 존재의의가 이사의 의무위반에 대한 책임추궁에 있다는 점을 충분히 고려하여 좀 더 유연하게 운영할 필요가 있다고 생각한다. 즉, ① 회사의 경영진에게 이미 제기된 소송을 손쉽게 회피할 수 있는 길을 열어주어서는 안 되며, ② 타의에 의하여 주식을 상실하게 되더라도 원고주주의 경제적 이익은 여전히 유지되어 그 결과 계속 성실하게 소송을 수행할 유인이 존재할 수도 있으며, ③ 외부적 환경의 변화로 인하여 초래되는 부담을 원고주주에게만 귀속시키는 것은 부당하다는 점 등을 감안하여 형평의 관념에 비추어서 제소한 주주의 일부가 주식을 전부 양도하게 된 원인을 살펴서 당사자적격의 유지 여부를 판단하는 것이 바람직하다.[29] 따라서 원고적격이 유지되는 것으로 풀이하여야 하는 경우를 예시적으로 열거하면 아래와 같다.

첫째, 타의에 의하여 비자발적으로 주식을 전량 처분할 수밖에 없어 그 결과 주주의 지위를 상실하는 경우가 있다. 외국의 입법례에서 보는 바와 같이 기업구조조정을 하는 경우가 이에 해당하는 가장 전형적인 예이다. 이에 해당하는 구체적인 예로서 일본회사법의 규정을 빌어서 우리 상법에 맞게 설명하기로 한다. 어느 회사(甲)를 대상으로 하는 삼각합병(현행 상법 제523조 제4호, 제523조의2)으로 인하여 갑(甲)의 주주인 원고가 존속회사(乙)의 100% 모회사(丙)의 주주가 되면서 합병의 직접적인 당사회사(甲과 乙)에 대한 지분을 상실하거나 취득하지 못하는 경우를 들 수 있다.

이 밖에도 부실금융기관의 강제적인 자본감소[30]로 인하여 주주의 지위

29) 노혁준 외 2인, 「회사소송제도의 개선을 위한 연구」, 2012년도 법무부 연구용역 과제보고서, 서울대학교 금융법센터, (2012), 26면.

30) 이에 해당하는 예로서는 금융산업의 구조개선에 관한 법률 제10조 등의 규정에 의하여

를 상실하는 경우에도 마찬가지로 취급하여야 한다. 2002년 제일은행 사건에서는 자본 전부가 소각되는 바람에 주주가 존재하지 않아 원고적격을 상실하였지만 다행히 회사가 공동소송참가(상법 제404조 제1항)를 하였기에 소송이 계속된 바 있다. 그러나 주주의 소제기 청구에도 불구하고 소를 제기하지 않았던 회사가 주주의 대표소송제기 이후에 기존의 의사를 번복하여 소에 참가할 것을 기대하기란 쉽지 않다. 그러므로 이와 같이 주식이 완전소각되고 회사의 소송참가가 없는 경우에는 부정행위를 한 이사의 행위에 대하여 구제받을 수 있는 길이 봉쇄되는 것이다. 이와 같은 정의에 반하는 상황을 타개하기 위해서는 상법 제403조 제5항의 해석을 확대하여 이상의 경우에는 원고적격이 유지되는 것으로 볼 필요가 있다.

둘째, 대표소송에서 승리한 경우 그 결과물은 회사에게 귀속되기 때문에 승소한 원고주주는 고작 자신이 소유하고 있는 주식의 가치가 증가하는 것만으로 만족하여야 한다. 미국의 경험을 살펴 볼 때, 공개회사의 경우에 대표소송의 승리로 부터 얻은 주주의 이익은 지극히 미미하다는 것을 알 수 있다.[31] 예컨대, 1944년 뉴욕주 상업회의소의 소송위원회가 발표한 Wood 보고서에 의하면 Winkelman v. General Motors Corp. 사건에서 승리한 주주가 받은 이익은 단돈 8센트였다고 한다.[32] 이러한 사정으로 인하여 주주는 자신의 노력으로부터 거두는 편익(benefit)이 그러한 노력에 투입되는 비용(cost)과 같지도 않고 이를 초과하지도 않으므로 회사의 경영에 참여하거나 이사를 감시하지 않으려는 이른바 "집단행동의 문제"(collective action problem)[33]에 직면하게 된다. 이러한 주주의 행동양태를 감안한다면 주주의 자발적인 주식처분이기는 하더라도 그 배경에 구조적 혹은 제도적인 문제가 숨어있는 경우에는 그의 원고적격을 계속 유지할 수 있는 것으로 볼 필요가 있다. 예컨대, 2013년 12월 현재 국내의 최대기업인 S전자의 1주의 가격이 150만원

부실한 금융기관에 대한 적기시정조치로서 내려진 자본감소명령으로 인하여 주식이 강제적으로 소각되는 경우를 들 수 있다.

31) Dana B. Reiser, *Theorizing Forms for Social Enterprise*, 62 Emory Law Journal 681, 716 (2013).

32) Franklin S. Wood, Survey and Report Regarding Stockholders' Derivative Suits 49-50 (1944).

33) Paul Rose, *The Corporate Governance Industry*, 32 Journal of Corporation Law 887, 898 (2007).

에 육박하는 현실에서 주주대표소송이 제3자의 소송담당이라는 측면을 고려할 때 재정적인 문제에 직면한 주주의 경우 그 주식을 매도하지 않을 유인은 크지 않을 것으로 예상한다. 또한 소가 지연(遲延)되는 상황[34]에서 원고의 재정적인 문제로 인하여 보유주식 전량을 매도하여야 하는 경우에 원고적격을 상실하는 것으로 된다면 법원에 의한 소의 지연은 결과적으로 피고에게 유리하게 작용하는 불합리를 야기한다.

2. 上告理由 第2點에 대한 判決 內容 檢討

(1) 쟁점사항

상법 제398조는 이사는 이사회의 승인이 없으면 자기 또는 제3자의 계산으로 회사와의 거래를 할 수 없는 것으로 규정하여 이사의 자기거래를 규제하고 있다. 이 같은 이사의 자기거래에 대한 제한은 회사이익의 보호를 그 주된 목적으로 한다.[35]

상법 제398조에 규정된 이사의 자기거래 제한은 당연히 이사의 직접적 자기거래 뿐만 아니라 간접적 자기거래에도 적용된다.[36] 여기서 간접적 자기거래라 함은, 형식적으로는 회사와 이사가 아닌 제3자 사이의 거래이지만 실질적으로는 회사와 이사 사이의 이익충돌을 야기하는 거래를 말한다. 전형적인 간접적 자기거래의 예로는, 이사가 개인적으로 제3자에 대하여 채무를 부담하는 때에 회사가 그 채권자인 제3자의 채무를 인수하거나 연대보증을 하는 경우 등을 들 수 있다. 상법 제398조는 공동이사(겸임이사, common director)가 있는 경우에도 적용된다.[37]

구 상법상 이사의 자기거래에 대한 이사회의 승인에는 이사 과반수의 출석과 출석이사의 과반수의 찬성이 필요하다(상법 제391조 제1항).[38] 이 경우 이사의

34) 이 사건은 2008년 신세계의 주주가 Y_1을 비롯한 신세계의 이사를 상대로 서울중앙지방법원에 손해배상청구를 제기한 지 5년 만인 2013년에서야 대법원 판결로서 종결을 맺게 되었다. 무려 5년이 소요된 것이다.

35) Margaret M. Blair & Lynn A. Stout, *Director Accountability and the Mediating Role of the Corporate Board*, 79 Washington University Law Quarterly 403, 427 (2001).

36) 대법원 1984. 12. 11. 선고 84다카1591 판결; 대법원 1973. 10. 31. 선고 73다954 판결.

37) 대법원 1996. 5. 28. 선고 95다12101, 12118 판결.

38) 이와 같이 이사의 자기거래에 대한 이사회 의결을 위한 과반수 요건은 현행 상법에서 이사 3분의 2 이상의 수(數)로 가중되었다.

자기거래에 대하여 이해관계가 있는 이사는 자신의 의결권을 행사할 수 없다(상법 제368조 제4항, 제391조 제3항). 또한 이사의 자기거래에 대하여 승인할 수 있는 각각의 이사의 권한 전부를 대표이사에게 위임하는 것은 허용되지 않는다.

이사가 자기거래에 대하여 이사회의 승인을 얻었다고 하더라도 이사는 그 자기거래로 인하여 회사가 입은 손해배상에 대한 사적인 책임을 면제받는 것은 아니다. 그 이유는 이사회에서 자기거래를 승인하였다 하더라도 그는 여전히 상당한 주의를 기울여서 회사에 대하여 손해를 야기하지 않아야 하는 의무를 부담하기 때문이다. 그러므로 우리 상법상 이사의 자기거래에 대한 이사회의 승인의 효력은 결국 이사의 자기거래를 유효화하기 위한 요건일 뿐이다.[39]

이사와 회사 사이에 이익의 현실적인 충돌 내지 충돌할 위험이 없다면 이사회의 승인은 당연히 요구되지 않는다.[40] 이처럼 이사회의 승인이 필요하지 않는 거래의 예로는, ① 회사에 대한 이사의 채무이행행위 또는 이사에 대한 회사의 채무이행행위, ② 상계, ③ 회사에 대하여 이사가 무상으로 증여하는 행위, ④ 회사에 대하여 이사가 무이자 또는 무담보로 대부하는 행위,[41] ⑤ 보험, 운송 또는 예금과 같은 보통거래약관에 의한 거래, 그리고 ⑥ 자동차회사가 그 회사의 이사에게 자동차를 판매하는 거래와 같이 회사와 고객간의 일반적인 거래로 인식될 수 있는 거래 등이 있다.

이 사건에서 광주신세계가 신세계와는 별도의 법인으로 존재하기는 하지만 이와 같은 외면적인 형식과는 달리 전자가 후자의 완전자회사이라는 점에서 실제적으로는 하나의 회사로 보아 완전자회사의 이사회가 처분한 실권주를 인수한 Y_1의 거래가 상법 제398조의 적용대상이 되는 자기거래에 해당하는지가 다투어졌다.

(2) 학 설

(가) 이사의 자기거래의 상대방인 회사의 범위

자회사와 그 회사의 모회사 이사와의 거래가 상법 제398조의 적용대상인지에 관한 학계에서의 세심한 논의를 찾아보기가 어렵다. 이사의 자기거래

39) 이철송, 전게서, 745면.
40) 대법원 2010. 3. 11. 선고 2007다71271 판결.
41) 대법원 2010. 1. 14. 선고 2009다55808 판결.

에 대하여 이사회의 승인을 요구하는 것은 회사의 손해를 방지하자는 데 그 취지가 있으므로, 그 거래의 상대방은 이사와 제398조의 관계로 연결되는 회사에 한한다는 견해를 제시한 간단한 설명만 찾을 수 있다. 이 설명을 뒷받침하는 근거로서 이 사건의 원심을 들고 있다는 점이 이채롭다.[42)]

(나) 상법 제398조의 자본거래에 대한 적용 여부

현행 상법에서는 제398조의 적용범위에 주요주주 및 그 특수관계인과의 거래가 포함되며, 자기거래의 결의요건이 특별결의, 즉 이사 전원의 3분의 2로 가중되어 있으므로 자본거래에 대한 이사회의 결의만으로 이사의 자기거래까지 자동적으로 승인된다고 볼 수 없다.[43)] 그러나 종전의 상법에서는 제398조가 손익거래에만 적용되는지에 관하여 논란이 있었다.

먼저 회사가 발행하는 신주를 이사가 제3자 배정방식으로 인수하거나 실권주를 인수하는 것은 이사와 회사간에 이해충돌의 우려가 있으므로 자본거래도 동조의 적용대상에 포함된다는 적용설[44)]이 있었으며, 그 근거로서 이 사건의 원심을 들고 있다.[45)] 이와는 반대로 신주의 발행사항과 실권주의 처분을 이사회가 결정하기 때문에(상법 제416조 본문) 그러한 이사회의 결정이 있으면 동일한 이사회의 결의요건을 충족하여야 하는 상법 제398조상 이사의 자기거래의 문제는 발생하지 않는다는 부적용설[46)]이 있었다.

(3) 대법원 판례의 입장

완전모자회사의 경우에 법인격을 부인하여 단일한 기업으로 보기 위해서는 기존 대법원 판례에서 정립된 법인의 형해화에 따른 법인격의 부인 또는 회사제도의 남용에 따른 법인격의 부인에 필요한 여러 가지 요건을 모두 충족하여야 한다.[47)] 이 때문에 대법원은 「완전모자회사의 경우에는 자회사와 모회사 간에 상당 정도의 인적·자본적 결합관계가 존재하는 것이 당연

---

42) 이철송, 전게서, 741면.
43) 송옥렬, 전게서, 1019면.
44) 이철송, 전게서, 741-742면.
45) 이철송, 전게서, 742면 주 1) 참조.
46) 송옥렬, 전게서, 1018-1019면.
47) 대법원 2006. 8. 25. 선고 2004다26119 판결.; 법인격의 형해화에 의한 법인격 부인과 법인격의 남용에 의한 법인격 부인의 요건에 개별적으로 잘 정리한 것으로는 대법원 2013. 2. 15. 선고 2011다103984 판결이 있다.

할 수밖에 없으므로 단순히 완전모자회사의 관계에 있다고 해서 바로 법인격을 부인할 수는 없다」라고 판시한 바 있다.48)

대법원은 이상과 같은 기존의 판례를 바탕으로 하여 이 사건에서 광주신세계가 단지 신세계의 완전자회사라는 이유만으로는 자회사의 법인격을 부인할 수 없음을 판시하고 있으며,49) 또한 별개의 법인격을 가진 자회사의 거래로 인한 손해는 모회사에게 간접적인 것에 지나지 않으므로 굳이 자회사와 모회사의 이사 사이의 거래는 모회사 이사와 그가 수임인으로 있는 회사와의 거래로 볼 수 없으므로 상법 제398조의 자기거래에 해당하지 않는 까닭에 모회사 이사회의 승인을 받을 필요가 없다고 결론을 맺고 있다. 이상과 같은 대법원 판례는 첫째, 완전모회사와 그 자회사에 대하여 각각의 법인격이 존재한다는 사실을 명확히 재확인함으로써 기업가가 매우 유연하게 회사조직의 유형을 선택할 수 있으며,50) 둘째, 이사가 선관의무 또는 충실의무

48) 대법원 2006. 8. 25. 선고 2004다26119 판결.: 「친자회사는 상호간에 상당 정도의 인적·자본적 결합관계가 존재하는 것이 당연하므로, 자회사의 임·직원이 모회사의 임·직원 신분을 겸유하고 있었다거나 모회사가 자회사의 전 주식을 소유하여 자회사에 대해 강한 지배력을 가진다거나 자회사의 사업 규모가 확장되었으나 자본금의 규모가 그에 상응하여 증가하지 아니한 사정 등만으로는 모회사가 자회사의 독자적인 법인격을 주장하는 것이 자회사의 채권자에 대한 관계에서 법인격의 남용에 해당한다고 보기에 부족하고, 적어도 자회사가 독자적인 의사 또는 존재를 상실하고 모회사가 자신의 사업의 일부로서 자회사를 운영한다고 할 수 있을 정도로 완전한 지배력을 행사하고 있을 것이 요구되며, 구체적으로는 모회사와 자회사 간의 재산과 업무 및 대외적인 기업거래활동 등이 명확히 구분되어 있지 않고 양자가 서로 혼용되어 있다는 등의 객관적 징표가 있어야 하며, 자회사의 법인격이 모회사에 대한 법률 적용을 회피하기 위한 수단으로 사용되거나 채무면탈이라는 위법한 목적 달성을 위하여 회사제도를 남용하는 등의 주관적 의도 또는 목적이 인정되어야 한다」라고 판시하였다.

49) 상법은 형식적인 주식의 소유비율을 기준으로 하여 모회사와 자회사의 관계(완전모회사와 자회사의 관계 포함)를 파악하고 있는데, 이는 복수의 회사 사이의 관계를 객관적·획일적으로 파악함으로써, 단순 명확한 법적 처리를 하기 위해서이다. 이와 같은 모자회사의 관계는 법인격이 남용되었다는 분명한 증거가 없는 한 부인되기 어렵다.

50) 회사가 자회사 혹은 완전자회사를 두는 주된 경제적 목적을 살펴보면 다음과 같다. 첫째, 과도하게 대규모화되고 다각화된 경영조직과 부문을 가지고 있는 대기업이 그 일부분의 분리 및 전문화를 통하여 경영의 효율성을 제고하기 위해서이다. 즉, 자회사를 둘 수 있다는 것은 기업환경의 변화에 대응하기 위하여 감량경영(lean production) 또는 구조의 경량화(lean structure)를 통해 다양한 기업형태의 선택을 가능하게 하는 방안중의 하나이다. 둘째, 회사가 부진하거나 채산이 맞지 않는 부분을 따로 분리하여 독립시켜 수익률을 올리기 위하거나 개별기업의 차원에서 사업 중 규제대상영업부분이 있어 이를 규제대상이 아닌 사업과 분리하기 위해 이용할 수도 있다. 이밖에 지주회사의 형성, 주주간의 내분의 해소, 경영진에 대한 감독기능의 강화, 위험부담의 제한, 노무관리의 합리화, 자금조달의 용이, 독점규제 및 공정거래에 관한 법률(이하 "공정거래법"으로 줄임)의 적용배제, 주가상

를 부담하는 대상을 명확히 한정함으로써 이사의 의무와 그 위반으로 인한 책임의 확대를 방지하였다는 점에 의의가 있다.[51)]

(4) 이 사건 판결의 검토

(가) 이 사건 판결의 한계

이 사건에서 상고이유 제2점에 대한 판시사항의 요점은, 자회사와 모회사가 상법상 별개의 법인격을 가지고 있으므로 자회사가 한 그 모회사의 이사와의 거래는 거래주체가 상법 제398조에 정한 제한대상에 포함되지 않는 까닭에 모회사 이사회의 승인이 필요없다는 것이다. 이는 마치 회사가 이사에 대하여 실권주를 처분하는 경우 상법 제398조의 적용대상이 될 수 있지만, 이 사건의 경우에는 그 거래의 상대방이 그 이사와 위임관계에 있는 회사가 아니므로 이사회 승인이 요구되지 않는다는 식으로 읽힌다.

물론 대법원은 원고가 상고이유에서 모회사의 이사에 대한 자회사의 실권주 처분이 모회사 이사의 자기거래에 해당한다는 주장 때문에 이사의 자기거래에 한정하여 위와 같은 판시가 나왔을 것으로 미루어 짐작할 수 있다. 그러나 원고의 상고이유에 얽매이지 않는다면, 상법 제398조의 이사의 자기거래는 원칙적으로 손익거래에 관련된 것이므로 이 사건에서 실권주 처분과 같은 자본거래에 적용하는 것은 당초부터 무리가 있다는 취지로 풀어나갈 수도 있었을 것이다. 이하에서 졸견(拙見)을 제시하고자 한다.

(나) 사 견

이 사건에서 자회사가 모회사의 이사에 대한 실권주 처분을 이사에 대한 실권주 처분의 관점에서 다음과 같이 접근할 수 있다. 회사법이 수권자본제(authorized capital)를 택한 것은 자본조달의 기동성을 확보하기 위한 것이다.[52)] 수권자본제에 터잡아 신주를 발행하는 과정에서 기존 주주의 이익이

승의 도모, 이익분산에 의한 절세 등의 수단으로 이용될 수 있다.: 정윤모, 「회사분할과 기업구조조정」, 한국증권연구원, (1999), 38-53면.

51) 설령 기업집단이라고 하더라도 이사는 자신과 위임관계에 있는 회사에 대하여 수임인의 지위를 가지고 그 회사에 대하여 이사로서의 의무를 부담한다.: 河合正二, 「グループ経營の法的研究: 構造と課題の考察」, 法律文化社, (2012), 124-127頁.

52) 송옥렬, "신주의 저가발행에서 이사의 임무위배", 「민사판례연구」 제33권 제1호, 박영사, (2011), 737면.: 양승규, "주식회사의 자본조달과 신주발행", 「상법의 논점」, 삼지원, (2002), 227면.

침해되지 않는다면,[53] 회사법은 사후적으로 문제삼지 않겠다는 원칙을 고수하고 있다.[54] 따라서 신주를 일단 주주배정방식으로 발행하였으나 실권된 경우 그 발행조건에 변경이 없다면 이는 회사의 자본충실에는 부정적인 영향을 미치지 않으므로,[55] 이사는 자유롭게 실권주을 제3자에게 배정할 수 있다.[56] 여기서의 제3자에는 신주를 발행한 회사의 이사를 비롯하여 그 발행회사의 모회사의 이사를 배제하지 않는다.[57]

여기서 한 걸음 더 나아가서 살펴보면, 설령 신주를 발행한 회사가 실권주를 그 회사의 이사에게 처분한다고 하더라도 이는 상법 제398조에 의하여 제한의 대상이 되는 이사의 자기거래에 포섭될 수 없다. 그 이유는 위에서 언급한 바대로 자본조달의 기동성을 중시하기 위한 것도 있겠지만, 실권주를 이사에게 처분하는 결정을 하는 과정에서 이사회의 결의가 있었으므로 굳이 상법 제398조에서의 이사회의 승인을 요구하면 이는 그 이사회의 결의를 중복적으로 요구하는 것으로 되므로 굳이 실권주의 처분을 이사회의 자기거래로 취급할 실익이 크지 않기 때문이다. 그밖에 신주인수를 포기한 기존의 주주에게 제시되었던 동일한 조건으로 이사가 실권주를 인수한다는 점도 그 이유로 들 수 있다.

이사에게 배정하는 경우와 이사가 아닌 제3자에게 배정하는 경우라 하더라도 회사에 유입되는 자본의 규모는 상호 동일하므로 회사와 이사 사이의 이익충돌은 발생하지 않는다. 이는 마치 자동차 회사가 그 회사가 만든

---

53) 대법원은 실권주는 이미 주주들이 자신에게 부여된 구체적 신주인수권을 포기하여 그 신주를 인수하지 아니하지 않아서 발생한 것이므로 이를 제3자에게 배정한다고 하여 그 주주들의 신주인수권을 침해한다고 볼 수 없다는 입장을 지속적으로 유지하고 있다.: 대법원 2012. 11. 15. 선고 2010다49380 판결.

54) 미국의 경우에도 현실의 사기(actual fraud)가 없는 한 수권자본의 범위 내에서 이루어진 이사의 주식의 발행은 경영판단의 영역에 포함된다.: Mira Ganor, *The Power to Issue Stock*, 46 Wake Forest Law Review 701, 710 (2011).: 현실의 사기는 진정한 의미의 고의에 의하여 상대방을 기망하는 경우를 가리킨다.

55) 한국상사법학회 편, 「주식회사법대계 Ⅲ」, 법문사, (2013), 19면(정명재 집필부분).

56) 대법원 2009. 5. 29. 선고 2007도4949 전원합의체 판결.

57) 대법원은 실권된 신주 또는 전환사채의 제3자 배정에 관하여 제3자의 범위에 그 발행회사의 이사가 제외된다고 판시한 경우는 전혀 없다. 이는 각각의 관련사건[본고의 각주 50)과 53)에 인용된 사건]에서 실권된 신주 또는 전환사채가 배정된 자가 이사가 아니었기 때문에 논란이 되지 않았을 것이라는 풀이도 가능하지만, 오히려 회사의 자본조달의 기동성을 확보하는 것을 최우선시 하겠다는 인식을 긍정하기 때문으로 이해된다.

자동차를 그 회사의 이사에게 다른 고객과 동일한 가격으로 판매하는 것과 다름이 없다는 이야기이다. 만약 제3자인 이사가 불공정한 가액으로 인수한 경우에는 이는 자기거래의 범주에서 취급하기 보다는 오히려 상법 제424조의2 제1항에 의하여 처리하는 것이 바람직하다. 말하자면, 이사가 실권주를 인수하는 경우 신주발행을 결정하는 이사가 그 실권주를 인수한 이사와 동일인이므로 사실상 양자의 지위를 겸하기는 하지만 어떻든 간에 관념적으로는 이들 양자가 통모하여 현저하게 불공정한 발행가액으로 주식을 인수한 것으로 하여 회사에 대하여 공정한 발행가액과의 차액에 상당한 금액을 지급할 의무를 부담시키면 충분하다. 또한 회사가 손해를 입어서 궁극적으로 기존 주주의 이익을 침해할 의도로서 실권주를 이사에게 배정하는 경우에는 이를 부당한 신주발행의 문제로서 처리하여야 한다.[58] 이에 상법 제398조는 자본거래에는 적용하기 어려운 것으로 정리된다.

3. 上告理由 第3點에 대한 判決 內容 檢討

(1) 쟁점사항

상법은 이사회의 승인이 없으면 이사는 자기 또는 제3자의 계산으로 회사의 영업 부류에 속한 거래를 하거나 동종 영업을 목적으로 하는 다른 회사의 무한책임사원이나 이사가 되지 못한다고 규정하고 있다(상법 제397조 제1항). 이는 회사의 이익과 이사의 이익이 충돌하는 경우에 회사의 이익을 배제 또는 침해하고 자기 또는 제3자의 이익을 도모해서는 안 된다는 취지로 이사에게 경업금지의무를 부과하고 있는 것이다. 이사의 경업금지의무에는 이사로 하여금 업무에 전념하도록 하자는 취지도 반영되어 있다.[59]

이 부분에 있어서의 다툼이 된 사항으로 첫째, 두 회사의 영업지역이 상호 달리 하고 있다면 그 두 회사는 경업관계에 있지 않는 것으로 볼 수 있는지의 여부, 둘째, 이사가 동종 영업을 하는 다른 회사의 주식을 취득하여 지

58) 최문희, "경영자의 배임죄와 회사법상 이사의 의무 -전환사채의 저가발행 판례를 소재로 하여-", 「저스티스」 통권 제112호, 한국법학원, (2009), 48면.

59) 이사가 경업거래 내지 겸직을 하는 경우에는 사실상 그의 노력이 분산됨으로 인하여 이사가 회사로부터 받는 보수에 상응하는 정도의 일을 하지 않는다는 것과 다름이 없다. 이는 현실적으로 이사가 자신의 사적인 이익을 회사의 이익보다 먼저 고려하는 행동을 하는 것과 동일하다.

배주주가 된 경우에도 상법 제397조의 적용대상이 되는지의 여부, 그리고 셋째, 동일한 기업집단에 소속된 기업간 또는 더 나아가 동일한 기업집단에 속하여 상호 협력하는 기업간에도 상법 제397조의 적용대상이 되는 경업이 인정될 수 있는지의 여부 등이 있었다.

(2) 경업여부를 판단할 때 영업지역을 고려하여야 하는지의 여부

(가) 학 설

국내의 상법 관련 교과서나 논문들에서는 이사의 경업금지와 관련하여 지역적인 경합이 요구되는 것으로 풀이하는 견해를 찾아보기 어렵다. 이와는 반대로 상법상 이사의 경업금지의무는 회사와 이사 사이의 이익충돌을 방지하자는 데 있으므로, 상법상 이사의 "경업"은 경쟁제한행위를 규제하고자 하는 독점규제 및 공정거래에 관한 법률(이하 "공정거래법")상의 경쟁과는 달리 취급하여야 하는 까닭에 영업지역을 고려하지 않아야 하며, 따라서 영업지역을 고려하여 경업여부를 판단한 이 사건의 원심의 판단은 수정되어야 한다는 견해만 존재할 뿐이다.[60]

(나) 대법원 판례의 입장

이 사건 판결은 어느 두 회사가 단순히 영업지역을 달리한다는 것만으로 경업관계에 있지 않는 것으로 볼 수 없다는 전제하에, 다양한 기준에 의하여 실질적인 관점에서 이익충돌의 여지가 있어야만 상법 제397조가 적용되고, 그에 따라 이사회의 승인을 필요로 한다고 판시하고 있다.

(다) 이 사건 판결의 검토

공정거래법은 일정한 거래분야를 거래의 객체별·단계별 또는 지역별로 경쟁관계에 있거나 경쟁관계가 성립될 수 있는 분야로 정의하고 있지만(공정거래법 제2조 제8호),[61] 상법 제397조는 이러한 시장개념을 전제로 하지 않고 있다. 또한 상법은 이사를 비롯하여 상업사용인, 영업양도인 등에 대하여 경업금지의무를 부과하고 있는데, 그중에서 이사의 경업금지의무는 상업사용인의 경업금지의무(상법 제17조 제1항)와 내용상 거의 동일하지만, 영업양도인의 경업금지(상법 제41조)

---

60) 천경훈, "회사기회의 법리에 관한 연구", 서울대학교 박사학위논문, (2012), 205면.

61) 공정거래법은 유효한 경쟁이 이루어지는 범위(area of effective competition)를 강학상 관련시장(relevant market)이라 하는데, 이는 공정거래법에 따라, 관련객체(상품·용역)시장, 관련단계시장, 관련지역시장으로 분류한다(공정거래법 제2조 제8호).

와는 달리 지리적인 인접성을 고려하여 경업여부를 판단할 것을 명시적으로 요구하지 않고 있다. 이처럼 상법 제397조를 충실하게 문리적으로 해석할 경우 동조(同條)는 시장이라는 개념을 전제로 하지 않고 있어 지역을 기준으로 경업여부를 판단하는 것은 무리이며, 따라서 이 사건 판결의 판시사항이 합당하다.

(3) 동종 영업을 하는 다른 회사의 지배주주가 된 경우에도 상법 제397조의 적용대상이 되는지 여부

(가) 학 설

국내에서는 이 사건의 원심만을 근거로 제시하면서 이사가 이미 경업중인 다른 회사의 주식을 취득하여 지배주주가 된 경우 상법 제397조의 적용대상이 된다고 보는 견해만 찾아 볼 수 있다.[62] 일본의 경우에는 단순히 경쟁업체의 주식취득만으로 경업금지의무 위반으로 되지 않는다는 취지의 판례[63]가 있다.

"사실상 주재자"는 일본식 개념으로서 회사에 실질적인 지배적 영향력을 미치게 하고 있는 자를 의미하는데, 국내에는 사실상 주재자가 경업금지의무를 부담하는 것으로 판시한 일본 판례가 간단하게 소개되어 있다.[64][65] 또한 일본의 사실상 주재자는 우리 상법 제401조의2 제1항 제1호의 업무집

---

62) 이철송, 전게서, 727면.

63) 東京地方裁判所 1988年 5月 19日,「金融·商事判例」第823號, 33頁.: 이 사건은 이사가 경업 관계에 있는 회사의 "주식을 취득하는 행위 그 자체"는 경업거래에는 해당하지 않는다는 취지로 설시하고 있다.

64) 일본에는 사실상 주재자의 경업금지의무위반을 인정한 판례들이 있다. 그중에서 대표적인 것이 이른바 야마자키제빵(山崎製パン) 사건이다. 이 사건에서 1981년 원고 야마자키제빵(X 회사)는 제빵업을 하는 회사로서 지바현(千葉縣)을 비롯하여 관동지방을 영업(판매)대상지역 이었다. 피고 Y는 X 회사의 대표이사로서 X 회사로부터 자금을 대출하여 지바현에서 제빵업을 하는 甲 회사의 주식 대부분을 취득한 후 동 회사를 사실상 경영·지배하였다. 하지만 Y는 X 회사의 이사회에 자신이 甲 회사를 경영·지배한다는 사실을 알리지 않은 채 아무런 대가를 받지 않은 채 X 회사 소관의 지바현 내의 판매점 다수를 甲 회사에 이관하였을 뿐만 아니라 甲회사로 하여금 X 회사로 부터 운영자금으로 다액을 융자받도록 하였다. 게다가 Y는 X 회사의 자금으로 관서지방으로의 진출을 위하여 그 곳에 토지를 구입해서 乙 회사를 설립하여 제빵업을 하였다. 이에 대하여 법원은 Y가 사실상의 주재자로서 甲 회사를 경영하면서 경업을 하였다고 판단하였다.: 東京地判 1981年 3月 26日「判例時報」第1015號 27頁.

65) 이 판례의 내용에 대한 자세한 소개는 이윤석, "회사기회유용금지에 관한 법적 연구", 연세대학교 박사학위논문, (2008), 142-144면을 바탕으로 작성한 것이다.

행지시자에 상당하는 것으로 알려져 있을 뿐이다.[66)]

(나) 대법원 판례의 입장

이 사건 판결 전에는 이사가 다른 회사의 지배주주가 되는 경우에 상법 제397조의 적용대상이 되는지를 직접 다룬 판례는 없었다. 다만, 영업을 양도한 것과 같은 효과를 발생시키는 자본거래는 직접적으로(현실적으로) 이루어지는 영업양도와는 구별되어 달리 취급되어야 한다는 취지의 판례만 있을 뿐이었다.[67)]

한편, 이 사건의 판결에서는 "이사는 경업 대상 회사의 이사, 대표이사가 되는 경우뿐만 아니라 그 회사의 지배주주가 되어 그 회사의 의사결정과 업무집행에 관여할 수 있게 되는 경우에도 자신이 속한 회사 이사회의 승인을 얻어야 하는 것"으로 판시함으로써 일본식의 사실상 주재자의 개념을 국내에서 처음으로 도입 내지 인정하는 것으로 풀이된다.

(다) 이 사건 판결의 검토

경업금지의무는 이사에게 경업이나 겸직과 같은 일정한 행위를 하지 아니하는 의무, 즉 부작위의무로서의 성격을 지닌다. 상법상 이사의 경업금지의무는 이사가 경업을 하는 것은 직업선택의 자유(헌법 제15조) 또는 이 자유에 포함되는 영업의 자유(freedom of enterprise)에 의하여 헌법상 보장되어야 하는 사항이지만,[68)] 경업으로 인하여 회사와의 이익충돌이 발생할 수 있는 여지가 있어 이사회의 승인을 조건으로 하여 인정하는 것으로도 이해할 수 있다.[69)] 따라서 단순히 경쟁업체의 주식만을 취득하는 것에 대하여 이사회의 승인을 요구토록 하는 것은 주식의 취득 자체가 직업선택의 자유와는 무관함에도 불구하고 이에 대하여 이사회의 승인을 요구하는 것과 다를 바 없으

---

66) 김재걸, "사실상의 이사의 제3자에 대한 책임 -일본의 판례를 중심으로 하여-", 「상법학의 전망」, 평성 임홍근 교수 정년퇴임기념논문집, (2003), 190면.

67) 대법원 1999. 4. 23. 선고 98다45546 판결: 「회사의 주식을 그 소유자로부터 양수받아 양수인이 회사의 새로운 지배자로서 회사를 경영하는 경우에는 회사의 영업이나 재산은 아무런 변동이 없고 주식만이 양도될 뿐이므로 주주총회의 특별결의는 이를 거칠 필요가 없다」라는 취지의 판결이다.

68) 이희성, "우리나라와 독일에서 근로자의 직업의 자유", 「노동법논총」 제7집, 한국비교노동법학회, (2005), 95면.

69) Jae Y. Kwon, *Corporate Governance from a Comparative Perspective: Specific Applications of the Duty of Loyalty in Korea*, 22 UCLA Pacific Basin Law Journal 1, 20 (2004).

므로, 결국 과도한 규제로 판단된다. 예컨대, S전자의 이사가 그 회사와 경쟁을 하는 L전자의 주식을 취득하기 위해서는 이사회의 승인을 취득하라는 것은 납득하기 어렵기 때문이다. 이와 같이 단순한 자본거래를 하는 자에 대하여 일종의 부작위의무를 부과하는 것은 용인하기 어렵다.

상법 제397조는 이사의 경업금지와 관련하여 동종 영업을 목적으로 하는 다른 회사의 무한책임사원이나 이사가 되지 못한다고만 규정하고 있을 뿐이다. 동조는 위에서 언급한 바대로 직업선택의 자유를 제한할 수 있으므로 가급적 조문에 충실하여 한정적으로 해석하여야 한다. 따라서 이 사건 판결처럼 상법 제397조를 "그 회사의 지배주주가 되어 그 회사의 의사결정과 업무집행에 관여할 수 있게 되는 경우"에 까지 확대하여 적용할 수 있을지는 의문이다. 설령 일본에서의 "사실상 주재자"가 우리 상법 제401조의2 제1항 제1호의 업무집행지시자에 상당하는 것으로 이해한다고 하더라도 이 사건을 해결함에 있어서는 큰 의미가 없다. 왜냐하면 근본적으로 상법 제401조의2는 업무집행지시자 등에 대하여 일종의 상법상 규정된 책임을 부담시키려는 의도에서 그를 책임주체로서의 이사로 간주한다는 규정에 지나지 않기 때문이다.[70] 그러므로 상법 제401조의2를 원용하여 동종영업을 목적으로 하는 다른 회사의 사실상 주재자를 상법 제397조가 적용되어야 하는 무한책임사원 또는 이사로 볼 수는 없다. 현행 상법을 감안하는 경우 어느 이사가 동종영업을 목적으로 하는 다른 회사의 지배주주로서 그 회사의 의사결정과 업무집행에 관여하는 경우에 관련해서는 이를 이사의 회사기회유용(상법 제397조의2)으로 다루거나, 또는 (보다 포괄적인 관점에서) 이사의 선관의무 또는 충실의무 위반으로 취급하는 것이 바람직하다.

(4) 두 회사 사이에 이익충돌이 없는 경우에도 상법 제397조의 적용대상이 되는지의 여부

(가) 학설 및 대법원 판례의 입장

상법 제397조는 경업으로 인하여 발생할 수 있는 이사와 회사의 이익이 충돌하는 추상적인 위험성에 기초하여 마련한 일반예방규정이라는 데에는

70) 이철송, 전게서, 781면; 한국상사법학회 편, 「주식회사법대계 Ⅱ」, 법문사, (2013), 684-685면(권윤구 집필부분).

이론이 없으며,[71] 기존의 대법원 판례[72]도 이와 동일한 입장이다. 이 사건에서 대법원은 「두 회사가 동일한 영업부류에 속하는 거래를 하였지만 상호 경쟁할 이유가 없이 동일한 기업집단에 소속되어 있으며, 더 나아가 두 회사가 동일한 상표를 사용하고 실질상 경영지배를 받거나 협력하는 관계에 있어 이익충돌의 염려가 없으므로 경업금지의 문제는 발생하지 않는다」라고 판시하였다.

(나) 이 사건 판결의 검토

이사의 충실의무는 공서양속에 기반하여 형성된 것이다.[73] 말하자면, 이사는 회사에 대하여 한 눈 팔지 않는(undivided) 충성을 하여야 하며, 이를 위해서는 이사는 자신의 사적인 이익을 회사의 이익보다 먼저 고려하는 행동을 취하여서는 안 된다.[74] 이 사건 판결은 상법 제397조의 취지와 그 적용범위의 확인을 통하여 이사의 경업금지의무는 이사의 충실의무가 구체적으로 표현된 하위의무임[75]을 분명히 하는 것으로 이해된다.

4. 上告理由 第4點에 대한 判決 內容 檢討

(1) 쟁점사항

일반적으로 어떠한 사업기회가 있을 경우에 이를 취하여 회사가 활용할 것인지 아니면 이를 제3자, 특히 이사에게 이를 활용할 수 있도록 내버려둘 것인지는 이사의 전형적인 경영판단의 대상이다. 이와 같이 회사기회의 법리(corporate opportunity doctrine)는 특정한 기회를 이용할 수 있는 “재산권을 회사와 그 회사를 경영하는 자 사이에 어떻게 분배하는지에 대한 메커니즘”에 관한 것이다.[76]

2011년 개정 상법은 “회사기회의 유용”(usurpation of corporate opportunity)

---

71) 이철송, 전게서, 726면.
72) 대법원 1993. 4. 9. 선고 92다53583 판결.
73) Guth v. Loft, 5 A. 2d 503, 510(Del. 1939).
74) Litwin (Rosemarin) v. Allen, 25 N.Y.S. 2d 677 (1940). 이밖에 George P. Fletcher, Loyalty: An Essay on the Morality of Relationship 8 (1993) 참조.
75) 한국상사법학회 편, 「주식회사법대계 Ⅱ」, 법문사, (2013), 635면(고창현 집필부분).
76) Eric Talley, *Turning Servile Opportunities to Gold: A Strategic Analysis of the Corporate Opportunity Doctrine*, 108 Yale Law Journal 277, 280 (1998).

을 이사가 현재 또는 장래에 회사의 이익이 될 수 있는 회사의 사업기회를 이용하여 자신의 이익을 취득하거나, 제3자로 하여금 이익을 취득하도록 하는 행위로 정의하고 있다(현행 상법 제397조의2 제1항 본문).

이 사건의 상고이유 제4점에 관련되는 사실관계는 현행 상법이 시행되기 이전에 발생하였다. 따라서 상법에 회사기회의 유용에 금지하는 명문의 규정이 없는 상황에서 모회사가 실권한 자회사의 주식을 모회사의 이사가 취득한 것을 법적으로 어떻게 취급하여야 하는지가 다투어졌다.

(2) 학　　설

(가) 이사의 충실의무 위반설

이사는 법령과 정관의 규정에 따라 회사를 위하여 그 직무를 충실하게 수행하여야 하므로(상법 제382조 의3), 이사 스스로가 회사기회를 이용하지 않아야 할 뿐만 아니라, 지배주주가 회사기회를 이용하는 행위도 방지하여야 하는 충실의무를 부담한다는 입장이다.[77] 이 입장에 따를 경우 만약 이사가 그러한 기회이용을 방지하지 못하여 회사에 손해가 발생한 경우에는 회사에 대하여 손해배상책임(상법 제399조)을 부담하게 된다. 이와 같은 입장을 취하고 있는 국가로서 독일을 들 수 있다고 한다. 독일은 회사기회의 유용에 관한 별도의 조문을 두지 않고 있음에도 불구하고 판례와 학설은 이사의 충실의무(Treupflict)에 근거하여 이 문제를 다루고 있다고 한다.[78]

(나) 이사의 경업금지의무 확대 적용설

이사의 회사기회의 유용과 이사의 회사와의 경업은 공통되는 경우가 적지 않으므로,[79] 큰 범주에서 가급적이면 현행 상법상 이사의 경업금지의 범주에 포섭되는 것으로 확대해석 내지 유추적용하자는 입장이다. 말하자면, 요건이 유사한 두 제도를 동시에 규정하는 것은 중복규제에 해당하며,[80] 그러한 과도한 규제는 이사의 운신의 폭을 제한하여 경영의 위축을 가져오는

---

77) 최문희, "기업집단에서의 회사기회유용", 「BFL」 제19호, 서울대학교, (2006), 26면.

78) 천경훈, 전게 학위논문, 37면.

79) 龜山孟司, "會社経營と取締役の責任", 「アメリカ會社法の硏究 -」, 成文堂, (2003), 181頁.

80) 현행 상법이 제397조의2를 신설함에 따라 상법 제397조가 사문화될 가능성이 상당한 것으로 예상하는 견해도 그 저변에는 이사의 경업금지규정과 기회유용금지규정이 일정한 부분에서 중복된다는 것을 시사한다.: 한국상사법학회 편, 「주식회사법대계 Ⅱ」, 법문사, (2013), 644-645면(고창현 집필부분).

등 사회경제적 부작용을 낳게 되므로 가급적이면 기존의 제도 속에서 또는 기존의 제도를 활용하여 해결하자는 것이다.[81)]

(다) 절충설

이는 이사의 회사기회유용 중에서 이사가 직접 회사의 사업범위에 속하는 기회를 유용하는 경우는 상법 제397조(경업금지)에 의하여 규제하는 반면, 그밖의 경우는 상법 제382조의3(충실의무)을 적용하는 것이 타당하다는 견해이다. 말하자면, 이사가 회사의 직무집행과 관련하여 접하는 정보 또는 기회는 일반적으로 회사의 영업과 관련된 정보나 기회일 가능성이 높을 것이므로 그 정보나 기회를 유용하여 영업을 하는 것은 상법 제397조에서 규정한 "회사의 영업부류에 속하는 거래"에 해당할 수 있다는 것이다. 더 나아가 법률에 위반하여 이사가 경업을 한 경우에 회사가 행사할 수 있는 개입권(상법 제397조 제2항)은 절차상의 차이는 있지만 미국법상 회사기회의 유용에 대한 구제책인 '의제신탁'(constructive trust)과 기능상 유사하다는 점까지 고려한다면 상법 제397조는 부분적으로 회사기회의 법리와 유사한 기능을 수행할 수 있다고 보여 진다.[82)]

하지만 기회유용이 겸직과 교차하기는 어려우므로[83)] 이 입장에 따르면 이사의 회사기회유용이 상법 제397조에 의하여 규율되지 못하는 부분은 이사와 회사간의 이익충돌에 적용가능한 일반조항(catchall provision)인 상법 제382조의3을 적용하여야 한다.[84)]

(3) 대법원 판례의 입장

이 사건에서 대법원은 이사는 회사에 대하여 선관주의의무를 부담하기 때문에 충실의무를 성실하게 수행하여야 한다고 설시한 이후에 이사는 이익이 될 여지가 있는 사업기회를 우선적으로 이를 회사에 제공하여야 하며, 회사의 승인 없이 이를 자기 또는 제3자의 이익을 위하여 이용하여서는 안되

81) 최준선, "회사기회유용금지이론에 관한 고찰", 「저스티스」 통권 제95호, 한국법학원, (2006), 132면; 허덕회, "이사의 회사기회유용에 대한 규제 -ALI의 Principles of Corporate Governance를 중심으로-", 「상사법연구」 제20권 제2호, 한국상사법학회, (2001), 498면.

82) 권재열, "회사기회의 법리 -2007년 2월 조정된 상법개정안의 비교법적 검토-", 「상사법연구」 제25권 제4호, 한국상사법학회, (2007), 98-99면.

83) 이철송, 전게서, 732면.

84) 권재열, 전게논문, 104면.

는 것으로 판시하고 있다. 따라서 이 사건에서 이사가 회사의 승인 없이 회사의 사업기회를 이용할 수 없다는 논리는 적어도 회사기회의 유용을 단순히 선관주의의무 내지 충실의무의 위반으로 파악하지 않았음을 의미한다. 이 사건에서 대법원은 분명하게 밝히지는 않았지만, 이사의 회사기회유용에 대하여 상법상 충실의무의 구체적인 유형인 이사의 경업금지규정(상법 제397조) 또는 이사의 자기거래규정(상법 제398조)을 유추적용한 것으로 보인다. 그 이유는 타인기관을 두고 있는 주식회사에서 회사의 승인을 위해서는 자연스럽게 이사회의 승인이 있어야 할 것인데, 상법 제397조와 상법 제398조는 이사의 행위요건으로서 이사회의 승인을 요구하고 있기 때문이다. 하지만 이사의 자기거래위반에 대한 피해구제는 손해배상(compensation)에 한정되는 등 부당이득의 반환(disgorgement)에 의한 피해구제가 허용되는 이사의 경업금지와는 차이가 있으므로 이 사건 판결에서 상법 제397조와 제398조 중에서 어느 쪽에 근거할 것인지를 분명하게 판시하였으면 하는 아쉬움이 있다.

(4) 이 사건 판결의 검토

이상에서 살펴 본 바와 같이 이 사건 판결은 현행 상법 제397조의2가 신설되기 전에는 실제 회사기회의 유용에 해당하는 거래는 이사의 경업 혹은 자기거래에 준하여 취급한다는 것을 판시한 최초의 대법원 판결이다. 이는 미국법상 회사의 기회유용이 문제된 여러 판례를 범주(category)에 따라 구분할 경우 대체적으로 이사의 경업형(型)과 이사의 자기거래형(型)을 비롯하여 기타의 유형으로 나눌 수 있다는 것[85]과 그 맥락을 같이 하는 것으로 이해할 수 있다.

이 사건에서 상고이유로 다투어지지는 않았으나 몇 가지 사항에 추가적인 언급을 하고자 한다. 첫째, 이 사건 판결은 "이사는 회사에 대하여 선량한 관리자의 주의의무를 지므로, 법령과 정관에 따라 회사를 위하여 그 의무를 충실히 수행한 때에야 이사로서의 임무를 다한 것이 된다"고 판시하고 있는데, 이는 기존의 판례[86]와 마찬가지로 상법 제382조 제2항(과 이에 의해 준용되는 민법 제681조)에

85) 천경훈, "개정상법상 회사기회유용 금지규정의 해석론 연구", 「상사법연구」 제30권 제2호, 한국상사법학회, (2011), 168-176면.

86) 대표적인 판례로 대법원 2002. 6. 14. 선고 2001다52407 판결에서는, 「A는 자신에 대한 B의 채무와 관련하여 그 이행을 용이하게 하기 위해 자신이 이사장으로 있는 금고의 자금

근거한 이사의 선관주의의무와 제382조의3에 따른 이사의 충실의무와의 관계를 동질적인 것으로 바라보고 있다. 이는 아마도 법체계적인 정합성을 제고하기 위하여 상법 제382조의3을 기존의 선관의무의 체계 내에서 하나의 부분집합으로 해석한 것으로 이해된다. 그러나 경제적인 측면에서 의무위반의 성격상 충실의무위반이 주의의무위반보다 이사에게 더 많은 이익을 가져다준다는 점을 고려한다면 양자는 분명히 구별할 필요가 있다. 예컨대, 이사가 도덕적 해이를 통해 자기의 이익을 취득한 경우 이사가 획득하는 이익, 즉, 충실의무위반에 의해 취득한 이익은 이사가 조금 더 많은 여가시간을 얻기 위하여 주의를 덜 한 경우에 얻는 이익, 즉 선관의무위반으로 얻는 이익보다 대개의 경우 더 클 것이며, 또한 충실의무는 이사가 자신의 지위를 이용하여 개인적인 이익을 취득하는 데 대한 것인 반면에 선관의무는 이사가 회사를 위하여 직무를 집행하는 데 관련된 의무이므로[87] 그 규제의 내용도 차별화되어야 하기 때문이다.

둘째, 이 사건 판결은 이사가 회사의 이익을 위하여 의사를 결정함으로써 그러한 사업기회를 포기하거나 어느 이사가 그것을 이용할 수 있도록 승인한 경우 그러한 의사결정은 그 과정에서 현저한 불합리가 없는 한 기존의 경영판단의 원칙에 의하여 면책된다고 판시하고 있다. 그러나 미국의 회사기회의 법리에 따르면 사업기회는 회사외부에서 발생하여 회사에게 부여되는 기회인데 반하여,[88] 이 사건의 경우에는 모회사가 동일한 기업집단내에 소속된 광주신세계가 발행한 신주를 취득할 수 있는 기회는 회사외부에서 발생한 사업기회라기 보다는 단순히 주주로서의 고유한 권리인 신주인수권에

을 B에게 대출하게 함으로써 그 대출금의 일부로 자신의 채권변제에 충당하게 하였는데, 이는 이사의 자기거래금지의 대상이 되는 간접거래의 전형적인 유형에 해당한다. 그러나 이 사건 판결은 이사의 자기거래금지를 규정한 상법 제398조에 근거하기 보다는 이사의 선관의무규정(상법 제382조 제2항)과 이사의 회사에 대한 책임규정(상법 제399조)만을 참조하고 있어 상법 제382의3이 적용될 여지가 없다.」라고 하였고, 대법원 2007. 10. 11. 선고 2007다34746 판결에서는 「C의 사저(私邸)에 근무하는 자에 대하여 회사가 금전적으로 이익을 제공한 행위는 상대적으로 회사의 재산을 감소시킨다는 점에서 회사와 이사간의 이익충돌이 발생하지만, 상법상 이사보수의 결정에 관한 규정(상법 제388조)의 위반으로 보아 선관의무를 위반하는 것이다」라고 판단하였다.

87) 한국상사법학회 편, 「주식회사법대계 Ⅱ」, 법문사, (2013), 630면(고창현 집필부분).

88) William Savitt, A New New Look at Corporate Opportunities (Columbia Law School Center for Law & Economics Studies, Working Paper No. 235, 2003) at 80-81.

기인한 것에 지나지 않으므로 외부로부터 발생한 기회로 보기는 곤란하다. 따라서 모회사의 신주인수를 포기하였다고 하여 이를 사업기회를 포기한 것으로 인식할 수는 없다.

5. 上告理由 第5點에 대한 判決 內容 檢討

(1) 쟁점사항

상법상 주주는 원칙적으로 그가 가진 주식의 수에 비례하여 신주를 배정받을 권리가 있다(상법 제418조 제1항). 이처럼 회사가 신규로 발행하는 주식에 대하여 이를 우선적으로 인수할 권리를 신주인수권이라 한다.[89] 주주에게 신주인수권을 인정하는 것은 신주발행으로 인하여 발생하는 기존주주들의 주식 지분비율과 소유주식의 재산적 가치가 떨어지는 것을 방지하자는 데 그 목적이 있다.

기존의 대법원 판례는 「실권주라는 것은 이미 주주들에게 구체적 신주인수권을 부여하였음에도 불구하고 주주들이 그 신주를 인수하지 아니하여 실권된 것이므로, 이를 제3자의 정체가 누구이든지 간에 배정한다고 하여 그 주주들의 신주인수권을 침해한다고 볼 수 없다」는 입장이다.[90] 그럼에도 불구하고 이 사건에서는 이사가 실권주를 제3자에게 함부로 배정하지 않아야 하는 예방조치를 취할 의무를 부담하는지의 여부와 만약 그러한 의무를 부담한다면 이를 방치한 것이 임무해태를 구성하는 지가 다투어졌다.

(2) 학 설

(가) 이사 의무부담 긍정설

이사가 신주를 발행할 때 충실의무를 부담하는 것처럼 실권주를 처분하는 시점에서도 동일하게 충실의무를 부담한다는 입장이다. 즉, 실권주의 처분은 주주의 이해관계에게 중요한 영향을 미치기 때문에 회사와 기존주주에게 어떤 영향을 가져다 줄 지를 판단하고 회사 또는 기존 주주의 장기적인 이익을 최대화할 수 있는 방향으로 행동하여야 한다는 것이다.[91] 이 입장은

---

89) 대법원 1989. 3. 14. 선고 88누889 판결.
90) 대법원 2012. 11. 15. 선고 2010다49380 판결; 대법원 2009. 5. 29. 선고 2007도4949 판결.
91) 송옥렬, 전게논문, 732면.

실권주의 처분은 제3자에게 신주를 배정하는 것과 경제적 효과가 차이가 없기 때문에 이사는 충실의무를 부담하여야 한다는 것으로 요약된다.[92] 이밖에 지배권의 문제에 대해서는 이사가 중립의무가 발생하므로 자기이익을 앞세울 수 없는 까닭에 어느 자금조달행위가 결과적으로 지배권의 변동을 초래한다면 이는 중립의무의 위반으로 된다는 견해도 있다.[93]

(나) 이사 의무부담 부정설

실권주는 주주가 신주의 인수를 포기하여야만 발생하는 것이므로 주주가 이미 포기한 이익을 상법상 명문의 근거가 없는 이상 이를 회복시킬 이유가 없을 뿐만 아니라 주주에게 그 구체적 신주인수권에 따라 배정절차를 거쳤으므로 기존 주주의 지분가치가 희석되는 것을 방지하기 위해 배려할 어떠한 의무도 부담하지 않는다는 입장이다.[94]

(3) 대법원 판례의 입장

대법원은 세칭 삼성에버랜드 전환사채 발행사건에서부터 오늘에 이르기까지 일관되게 실권주를 제3자에게 배정하는 경우를 주주에게 신주를 배정하는 것으로부터 차별하여 취급하고 있다.[95] 위에서 여러 번 살펴 본 것처럼 회사가 기존 주주에게 신주를 인수할 수 있는 정당한 기회를 부여하였지만 주주가 그러한 권리를 포기하였다면 굳이 이사가 포기한 주주의 이익을 다시 고려할 의무를 부담하지 않는다는 것이다. 이 사건의 판결도 이 사건 신주가 지배권의 이전을 수반하는 대규모의 물량이기는 하지만 그것이 현저히 저가로 발행된 것이 아닌 이상 실권주를 인수할 제3자를 모색하는 데에는 아무런 의무도 부담하지 않는 것으로 읽힌다.

(4) 이 사건 판결의 검토

이 사건 판결은 실권주의 처분과 관련하여 이사의 자본조달의 기동성 확보와 주주의 이익보호 중에서 전자가 더 비중이 크다는 것을 재확인하고

---

92) 송옥렬, 전게논문, 734면.

93) 이성웅, "회사의 이익 -전환사채발행에 대한 이사의무와 관련하여-", 「법학연구」 제18권 제3호, 경상대학교, (2010), 112면.: 이와 같은 취지의 견해로는 최문희, "실권주에 관한 법적 쟁점의 검토 -최근의 판례를 소재로 하여-", 「상사법연구」 제32권 제3호, 한국상사법학회, (2013), 125면이 있다.

94) 이철송, 전게서, 883면.

95) 대법원 2012. 11. 15. 선고 2010다49380 판결; 대법원 2009. 5. 29. 선고 2007도4949 판결.

있다. 제 아무리 중요한 권리라고 하더라도 버려지거나 포기한 경우라면 갖은 노력을 다하여 이를 버린 자 혹은 포기한 자에게 다시 찾아 줄 필요는 없다는 것이다. 요컨대, 이사의 의사결정도 존중되어야 하지만, 주주의 의사결정도 존중할 필요가 있다는 점에서 지극히 당연하다.

Ⅲ. 結　論

이 사건에서는 모회사가 자회사의 신주를 인수하지 않음에 따라 모회사의 이사가 자회사의 실권주를 제3자 배정하는 데 사실상 찬성한 것으로 되었으며, 그 결과 모회사의 자회사에 대한 지주비율이 저하됨으로 인하여 발생한 기업결합관계의 희석화(稀釋化)와 관련하여 다양한 이유를 들어 모회사 이사의 책임을 주장한 것이다. 본문에서는 이 사건에서 다투어진 상고이유를 중심으로 하여 쟁점사항을 추출한 후 그에 대한 학설과 대법원 판례를 살펴보고 나름대로의 평가를 위한 검토를 행하였다. 본문에서의 논의를 정리하면 이하와 같다.

첫째, 대법원은 여러 명의 주주가 공동으로 주주대표소송의 원고적격의 요건을 충족시킨 후 변론종결 전에 그 주주의 일부가 주식을 전부 처분한 경우에 처분한 주주의 원고적격이 원칙적으로 상실된다고 판시하였다. 이러한 판시는 기존의 판례와 큰 틀에서 정합성을 유지하고 있다. 그러나 주주대표소송의 취지를 고려할 때 형평적인 관점에서 원고적격의 유지여부에 대해서는 좀 더 유연한 접근이 요구된다고 생각한다.

둘째, 대법원은 모회사의 이사에 대한 자회사의 실권주 처분은 상법 제398조의 자기거래에 해당하지 않는다고 판시하였다. 상법 제398조가 이 사건의 대상이 된 실권주 처분과 같은 자본거래에는 적용될 수 없다는 식으로 논의할 수도 있다고 본다.

셋째, 대법원은 이사의 경업여부를 판단함에 있어서는 두 회사의 영업지역을 고려할 필요가 없고, 경업 대상 회사의 지배주주가 되어 그 회사의 의사결정과 업무집행에 관여할 수 있게 되는 경우도 이사의 경업금지의무 위반으로 되며, 두 회사 사이에 이익충돌이 없는 경우에는 상법 제397조가 적용되지 않는다고 판시하였다. 이처럼 이 사건 판결은 이사의 경업금지의무가 적용되는 경우를 확대해석하고 있지만, 직업선택의 자유의 보장이라는 측면에서 그러한 확대해석이 타당한지는 의문이다.

넷째, 대법원은 현행 상법 제397조의2가 신설되기 전에 발생한 회사기회의 유용에 해당하는 거래에 대해서는 회사의 승인이 필요하다고 판시하고 있다. 이 사건은 개정된 상법(현행 상법)에 영향을 받지 않은 채 법률행위시를 기준으로 판단하고 있다는 점[96]에서 매우 바람직하다. 다만, 모회사가 자회사의 신주를 취득할 수 있는 기회가 회사기회에 해당하는 것으로 이해하기는 어렵다고 생각한다.

다섯째, 대법원은 이사가 실권주를 제3자에게 배정함에 있어서 주주를 배려할 어떠한 의무를 부담하지 않는다고 판시하였다. 이는 이사의 자본조달의 기동성을 중시한 것이라는 점에서 매우 바람직한 판시로 보인다.

이상과 같이 이 사건 판결은 회사법에서 매우 중요하다고 여겨지는 많은 사안에 대하여 자세하게 법리를 판시하고 있어 향후 회사 관련 실무와 연구에 중요한 자료가 될 뿐만 아니라 이 분야의 법형성(Rechtsfortbildung)에 크게 기여할 것으로 보인다.

---

96) 대법원 2013. 9. 26. 선고 2013다26746 판결; 대법원 2000. 12. 8. 선고 2000다30905 판결.

監事의 第3者에 대한 責任要件으로서 重過失의 判斷基準*

蔣 尙 均**

◎ 대법원 2008. 2. 14. 선고 2006다82601 판결

[事實의 槪要]

(1) 피고 1은 甲 주식회사(이하 '이 사건 회사'라고 한다)의 감사이고, 피고 2와 3 및 4는 이사인데, 피고들은 아래와 같이 원고 은행을 기망하는 데에 관련되어 있었다.

(2) 1995 및 1996 회계연도에 이 사건 회사에서 분식회계가 있었는데, 피고들은 1995년의 경우 자본잠식 상태이고 당기순손실이 발생한 사실을 감추고자 약 3,207억원의 자산을 과대계상하여 당기순이익 약 47억이 발생한 것처럼 분식하였고, 1996년의 경우 자본잠식 상태이고 약 3,442억원 상당의 당기순손실이 발생한 사실을 감추고자 약 6,784억원의 자산을 과대계상하여 당기순이익 약 82억원이 발생한 것처럼 분식하였다.

(3) 이어 피고들은 위 분식회계자료를 제출하여, 아래 차환사채[1]에 대한 원고의 지급보증을 획득하였다.

> ○ 1997. 1. 24. 액면 100억원의 제185회 회사채 : 기발행 제135회 회사채(액면 50억원, 상환일 1997. 2. 7., 보증기관 원고) 상환에 50억원, 제136회 회사채(액면 100억원, 상환일 19897. 2. 28. 보증기관 제일은행) 상환에 50억원이 각 사용되었다

* 제18회 상사법무연구회 발표 (2008년 12월 6일)

** 변호사, 법무법인(유한) 태평양

1) 채권은 기한이 도래하면 상환해야 하지만 자금수요가 지속될 경우에는 만기시 상환에 맞추어 또다시 채권을 발행하게 되는데, 이를 차환발행이라 하고 그렇게 발행된 사채를 차환사채라고 한다.

○ 1997. 3. 14. 액면 100억원의 제188회 회사채 : 기발행 제137회 회사채(액면 140억원, 상환일 1997. 3. 14. 보증기관 원고) 상환에 70억원, 제138회 회사채(액면 100억원, 무보증) 상환에 30억원이 각 사용되었다.

(4) 이 사건 회사는 1998. 7. 14. 기업개선작업(work-out) 대상으로 지정되었고, 원고는 사채권자들에게 101억 7,600만원(제185회) 및 102억 9,200만원(제188회)을 각 대위변제하였다. 이후 1998. 11. 21. 기업개선약정에 따라, 원고의 이 사건 회사에 대한 위 각 회사채 지급보증약정에 따른 구상금채권은 이 사건 회사에 대한 일반대출채권으로 전환되어 2004. 12. 31.까지 상환이 유예되었는데, 그 회수 가능성이 불투명한 상태였다.

(5) 이에 원고는, 위 제185회 및 제188회 회사채에 대한 대위변제액 상당의 손해 발생이 피고들이 관여한 분식결산행위와 인과관계가 있다고 주장하면서, 피고들에 대하여 상법 제401조[2] 및 제404조[3]의 제3자에 대한 책임조항에 기한 손해배상을 청구하였다.

[訴訟의 經過]

1. 原審判決[4]

(1) 피고 1에 대하여 제185회 부분과 관련한 대위변제액에 대한 청구는 기각하고, 그 재직시에 차환발행된 제188회 부분과 관련한 대위변제액에 대한 청구는 과실상계 후 일부 인용하였다.

그 이유는, 먼저 1995 회계연도 분식회계와 관련된 책임 부분(즉, 제185회 회사채 부분)의 경우 1995 회계연도의 재무제표가 주주들에 의하여 승인

---

2) 제401조 (제3자에 대한 책임) ① 이사가 악의 또는 중대한 과실로 인하여 그 임무를 해태한 때에는 그 이사는 제삼자에 대하여 연대하여 손해를 배상할 책임이 있다.
② 제399조 제2항, 제3항의 규정(찬성이사의 책임 및 의사록에 이의기재 없는 자의 찬성추정규정)은 전항의 경우에 준용한다.

3) 제414조 (감사의 책임) ② 감사가 악의 또는 중대한 과실로 인하여 그 임무를 해태한 때에는 그 감사는 제3자에 대하여 연대하여 손해를 배상할 책임이 있다.

4) 원심 판결 및 대상 판결에는, 차환사채의 발행과 관련한 분식결산과 회사채 지급보증 사이의 인과관계의 판단 방법, 상법 제401조의 손해배상청구권의 소멸시효기간 등의 다른 중요 쟁점도 존재하나, 편의상 '감사의 책임요건'이라는 주제의 논의에 필요한 부분에 한정하여 살핀다.

된 바로 그 1996. 2. 29.자 정기주주총회에서 비로소 피고 1이 선임된 사실에 비추어, 분식결산된 재무제표가 공시되는 것을 방치하였다고 보기 어렵다는 이유로 책임을 부정하였다.

(2) 그러나 1996 회계연도 분식회계와 관련된 책임 부분(즉, 제188회 회사채 부분)의 경우, 「이 사건 회사의 1996 회계연도에 관한 분식회계 및 이에 따른 허위 재무제표의 작성은 피고 1이 감사로 취임한 이후 약 1년이 경과한 무렵에 이루어졌고, 그 당시까지도 위 피고는 감사로서의 업무를 전혀 수행하지 않았음을 자인하는 이상, 위 피고는 감사로서의 임무해태 행위에 대한 책임이 면제될 수 없다」라고 하면서, 「피고 1은 1996. 2. 29.부터 이 사건 회사의 감사로 재직하였는바, 감사는 회사의 업무감사를 주된 직무로 하는 주식회사의 필요적 상설기관으로서 상법 제447조의3에 따라 이사로부터 매 결산기에 작성한 재무제표를 제출받아 이에 대한 감사보고서를 작성하는 등 이사의 회계에 관한 업무집행을 감사할 임무가 있고, 또한 상법 제412조에 의하여 이사의 직무집행을 감사하고 업무감사를 위하여 언제든지 이사에 대하여 영업에 관한 보고를 요구하거나 회사의 재산상태를 조사할 수 있는 권한을 가지는 점에다가, 특히 피고 1은 이 사건 회사의 감사로 취임하기 전 2년간 이 사건 회사의 이사로도 근무한 경력이 있음에 비추어 이 사건 회사에 대한 내·외부 통제시스템이 미흡한 상태임을 잘 알고 있었다고 보이는 점을 보태어 보면, 이 사건 회사의 이사들이 위와 같이 1996 회계연도에 관한 허위의 재무제표를 작성·공시하는 과정에서 피고 1이 감사로서의 아무런 직무를 수행하지 않고 이를 방치함으로써 결과적으로 이사들이 위 재무제표를 사채상환능력에 관한 심사서류로 제출하여 원고로부터 이 사건 회사 발행의 제188회 회사채에 대한 지급보증을 받는 임무해태 행위를 용이하게 하였다 할 것이어서, 이는 그 자체로서 중대한 과실로 인한 임무해태라고 할 것이며, 내부업무 분장상 감사 업무를 수행할 수 없었다거나 위 재무제표에 대하여 외부감사인도 적정의견을 표시한 바 있다는 사정을 들어 위 피고가 그 책임을 면할 수는 없다」라고 판단하였다.

2. 上告理由의 要旨

(1) 첫째, 甲 주식회사의 1996 회계연도 분식회계와 제188회 회사채 지급보증 사이에는 아무런 인과관계가 없다.

1996 회계연도 재무제표가 원고에게 제출되었다는 증거가 없고, 또한 원고 주장에 의하더라도 1996 회계연도 재무제표는 지급보증결정일(1997. 3. 14.) 이후 제출되었다. 제188회 회사채도 1995 회계연도 재무제표를 기준으로 지급보증 결정이 있었으므로, 1996 회계연도 재무제표에만 임무해태가 인정되는 피고 1의 경우, 제188회 회사채 관련 책임이 없다.

(2) 둘째, 피고 1은 甲회사의 이사로서의 임무를 게을리한 바 없었고, 분식을 저지할 기대가능성도 없었다.

피고 1은 이사로 근무하다 퇴임하면서 1996. 2. 29.부터 무보수의 비상임 감사로 재직하였고, 사무실도 없었다. 법정기한 내에 결산자료를 제출할 것을 독촉하였으나 주주총회 직전에야 제출받아 제대로 감사할 수 없었으므로, 분식을 저지할 기대가능성도 없었다.

[判決의 要旨]

이와 관련하여 대법원은, "주식회사의 감사가 직무 수행 의사 없이 명의만 빌려줌으로써 이사로 하여금 분식된 재무제표 등을 작성・이용하여 제3자에게 손해를 입히도록 묵인・방치한 경우에 악의 또는 중대한 과실이 인정되어 손해배상책임을 지는지 여부" 및 "주식회사의 감사가 결산 업무를 수행하면서 재무제표 등이 허위로 기재된 것을 발견하지 못한 경우에 제3자에 대한 손해배상책임의 성립요건인 중대한 과실 유무의 판단 기준"에 대하여 아래와 같이 판시하였다.

(1) 「회사의 정관이 정하는 바에 따라 감사위원회를 둔 경우를 제외하고 감사는 주식회사의 필요적 상설기관으로서 이사의 직무집행을 감사하고 업무감사를 위하여 언제든지 이사에 대하여 영업에 관한 보고를 요구하거나 회사의 재산상태를 조사할 수 있는 권한이 있을 뿐만 아니라(상법 제412조), 특히 결산 업무와 관련하여서는 이사로부터 매 결산기의 재무제표와 영업보고서를 제출받아 법정기한 내에 이에 대한 감사보고서를 작성할 의무가 있다(상법 제447조의3, 4). 따

라서 만약 실질적으로 감사로서의 직무를 수행할 의사가 전혀 없으면서도 자신의 도장을 이사에게 맡기는 등의 방식으로 그 명의만을 빌려줌으로써 회사의 이사로 하여금 어떠한 간섭이나 감독도 받지 않고 재무제표 등에 허위의 사실을 기재한 다음 그와 같이 분식된 재무제표 등을 이용하여 거래상대방인 제3자에게 손해를 입히도록 묵인하거나 방치한 경우 감사는 악의 또는 중대한 과실로 인하여 임무를 해태한 때에 해당하여 그로 말미암아 제3자가 입은 손해를 배상할 책임이 있다고 할 것이나, 이처럼 결산과 관련하여 감사로서의 직무를 전혀 수행하지 아니한 경우와는 달리 감사로서 결산과 관련한 업무 자체를 수행하기는 하였으나 재무제표 등에 허위의 기재가 있다는 사실을 과실로 알지 못한 경우에는 문제된 분식결산이 쉽게 발견 가능한 것이어서 조금만 주의를 기울였더라면 허위로 작성된 사실을 알아내어 이사가 허위의 재무제표 등을 주주총회에서 승인받는 것을 저지할 수 있었다는 등 중대한 과실을 추단할 만한 사정이 인정되어야 비로소 제3자에 대한 손해배상의 책임을 인정할 수 있고, 분식결산이 회사의 다른 임직원들에 의하여 조직적으로 교묘하게 이루어진 것이어서 감사가 쉽게 발견할 수 없었던 때에는 분식결산을 발견하지 못하였다는 사정만으로 중대한 과실이 있다고 할 수는 없고, 따라서 감사에게 분식결산으로 인하여 제3자가 입은 손해에 대한 배상책임을 인정할 수는 없다」라고 하였다.

(2) 위 법리에 따라, 아래와 같은 이유를 들어 파기환송하였다.

「피고 1은 원심에서 회사의 이사가 법정 제출시한(6주)을 지키지 못하고 주주총회 직전에야 감사인 자신에게 재무제표 등을 제출하여 부득이 적정의견이 기재된 외부감사인의 감사보고서를 참고하여 감사보고서를 작성·제출하였다는 취지로 주장하면서 중대한 과실이 있다고 볼 수 없다고 다투어 왔음을 알 수 있는바, 그렇다면 원심으로서는 피고 1이 이 사건 회사의 1996 회계연도 결산과 관련하여 실제 감사로서의 직무를 수행하였는지 여부와 만약 그 직무를 수행하였다면 분식결산의 발견이 용이하였는지 여부 등을 먼저 심리한 다음 중대한 과실로 인하여 임무를 해태한 사실이 있는지를 판단하였어야 할 것이다」라고 하였다.

[評　　釋]

Ⅰ. 머리말

1997년 외환위기 이후 기업의 부실경영으로 인한 책임 문제가 대두되면서, 당해 위법행위를 한 이사뿐만 아니라 감시의무를 소홀히 한 이사 또는 감사의 책임을 묻는 소송이 크게 늘었고, 1998년 및 1999년에 걸쳐 상당수의 사건이 대법원판결에서 심리되어 판단을 받은 바 있다.

그런데 심지어 대기업에 있어서도 종래 감사의 권한이나 임무는 내부적으로 소홀히 다루어져 왔기에 소송을 당한 감사들은 억울함을 호소하는 사례가 드물지 않았고, 이러한 사례에서 책임요건인 '악의 또는 중대한 과실'을 판단하는 기준을 어떻게 설정하고 어떻게 적용할 것인지가 중요한 문제로 등장하였다.

Ⅱ. 商法上 監事의 地位

1. 監事의 權限과 義務

상법상 감사는 업무감사 및 회계감사권을 가진 필요적 상설기관이다(상법 제412조 제1항). 감사는 회사와 위임관계에 있으므로(상법 제415조, 제382조 제2항) 선량한 관리자의 주의로써 그 임무를 수행할 의무가 있는데, 효과적인 임무수행을 위해 상법은 이사에 대한 영업보고요구권과 영업재산상태조사권(상법 제412조 제2항), 이사회 출석권 및 의견진술권(상법 제391조 의2 제1항), 이사의 위법행위에 대한 유지청구권(상법 제402조), 주주총회 소집요구권(상법 제412의3 제1항 및 제2항), 이사회의사록 기명날인권(상법 제391조 의3 제2항), 주주총회에 대한 조사보고의무(상법 제413조), 이사회에 대한 이사의 위법행위에 대한 보고의무(상법 제391조 의2 제2항), 감사록 작성의무(상법 제413조의2 제1항 및 제2항)[5], 감사보고서 작성제출의무(상법 제447조 의4 제1항)[6] 등 다양한 부수적인 권한과 의무를 규정하고 있다.

---

5) 제413조의2 (감사록의 작성) ① 감사는 감사에 관하여 감사록을 작성하여야 한다.
② 감사록에는 감사의 실시요령과 그 결과를 기재하고 감사를 실시한 감사가 기명날인 또는 서명하여야 한다.〈개정 1995.12.29〉

6) 제447조의3 (재무제표등의 제출) 이사는 정기총회 회일의 6주간 전에 제447조 및 제447조의2의 서류를 감사에게 제출하여야 한다.
제447조의4 (감사보고서) ① 감사는 제447조의3의 서류를 받은 날로부터 4주간 내에 감사보고서를 이사에게 제출하여야 한다.

감사는 업무감사와 회계감사로 대별할 수 있는데, 업무감사는 회사의 업무집행·대표행위의 적법성과 합목적성 및 재산상태 등에 대하여 감사하는 것을 말하고, 회계감사는 회사의 재무제표를 비롯한 회계장부 및 서류를 통하여 회사의 회계에 관하여 부정사실의 유무를 확인하고 재무제표 및 그 기록이 일반적으로 공정 타당한 회계원칙에 준거하여 회사의 재정상태 및 경영성적을 적정하게 표시하였는지의 여부를 감사하는 것이다.

주식회사의 외부감사에 관한 법률상 외부감사인의 감사보고서 제출기한이 주주총회 1주일 전임에 비추어, 상법은 감사에게 4주간의 감사기간을 주면서 2주일 전까지 제출하도록 하고 있으므로(제447조의 3, 4 참조), 감사의 결산감사가 외부 감사인의 감사보고서 완성 이후에 이를 토대로 하도록 되어 있는 것이 아니다.

2. 監事의 責任要件

(1) 개　　요

상법 제414조 제2항에 따르면 제3자에 대한 책임요건은, ① 감사의 악의 또는 중대한 과실로 인한 임무해태, ② 제3자의 손해, ③ 인과관계의 3가

---

② 제1항의 감사보고서에는 다음의 사항을 기재하여야 한다.
1. 감사방법의 개요
2. 회계장부에 기재할 사항의 기재가 없거나 부실기재된 경우 또는 대차대조표나 손익계산서의 기재가 회계장부의 기재와 합치되지 아니하는 경우에는 그 뜻
3. 대차대조표 및 손익계산서가 법령 및 정관에 따라 회사의 재산 및 손익상태를 정확하게 표시하고 있는 경우에는 그 뜻
4. 대차대조표 또는 손익계산서가 법령 또는 정관에 위반하여 회사의 재산 및 손익상태가 정확하게 표시되지 아니하는 경우에는 그 뜻과 사유
5. 대차대조표 또는 손익계산서의 작성에 관한 회계방침의 변경이 타당한지의 여부와 그 이유
6. 영업보고서가 법령 및 정관에 따라 회사의 상황을 정확하게 표시하고 있는지의 여부
7. 이익잉여금처분계산서 또는 결손금처리계산서가 법령 및 정관에 적합한지의 여부
8. 이익잉여금처분계산서 또는 결손금처리계산서가 회사재산의 상태 기타의 사정에 비추어 현저하게 부당한 경우에는 그 뜻
9. 제447조의 부속명세서에 기재할 사항의 기재가 없거나 부실기재된 경우 또는 회계장부·대차대조표·손익계산서나 영업보고서의 기재와 합치되지 아니하는 기재가 있는 경우에는 그 뜻
10. 이사의 직무수행에 관하여 부정한 행위 또는 법령이나 정관의 규정에 위반하는 중대한 사실이 있는 경우에는 그 사실
11. 감사를 하기 위하여 필요한 조사를 할 수 없었던 경우에는 그 뜻과 이유

지로서, 회사에 대한 책임요건과 비교할 때 '경과실'이 제외된다는 차이가 있다. 회사가 아니라 제3자에 대한 책임을 인정하는 것은 우리나라와 일본에 특유한 것이다.[7] 이 점은 이사의 제3자에 대한 책임의 경우도 마찬가지인데, 악의나 중과실의 대상이 '임무해태'에 대한 것임은 법문상 명백하다.

그리고 감사의 임무해태에 관하여 감사에게 악의 또는 중대한 과실이 있다는 점에 대하여는 손해배상을 구하는 원고(제3자)에게 주장·입증책임이 있다고 이해된다.[8]

(2) 고의 및 중과실의 판단기준

'감사가 분식회계 사실을 발견하지 못하였다는 사정'만으로 곧바로 감사에게 악의 또는 중대한 과실로 인한 임무해태가 있었다고 단정할 수는 없는 것이고, 임무해태가 있더라도 추가로 임무해태와 손해 발생 사이의 인과관계가 요구된다는 점이 중요하다. 특히 판례는 '분식회계가 조직적이고 교묘하게 이루어진 것인지 아니면 허술하게 이루어져서 약간의 조사만 했다면 쉽게 발견할 수 있었던 것인지'를 중시하는 것으로 보인다. 인과관계의 문제까지 중과실 판단에 흡수시키는 경향이 엿보이기도 한다.

반면, 명목상의 감사에 불과하였다는 점만으로는 책임을 면하지 못한다는 것이 또한 판례이다(긍정례 중 ㉡, ㉢). 따라서 결과 발생을 저지할 가능성이 전혀 없었거나[9] 감사로서 업무감사권한을 전혀 행사할 수 없었던 경우[10]에는 책임을 인정할 수 없을 것이나, 상법이 필요적 상설기관으로 정한 취지에 비추어, '명목상의 이사(또는 감사)라는 이유 등으로 아무런 감사업무를 하지 않은 경우' 그러한 극도의 부주의를 주장하여 면책이 되는 것은 제도의 존재이유를 무시하는 것이므로[11] 이 경우에는 인과관계 요건을 완화하여 책임을 인정하되(긍정례 중 ㉢, ㉣), 그러한 사정을 책임제한 단계에서 적절히 고려하려는 것이 판례의 태도처럼 보인다.

---

7) 김건식, "감사의 제3자에 대한 책임", 「민사판례연구」 제12집, 박영사, 216면.

8) 酒井太郎, "監査役の義務と責任", 「企業ビジネスと法的責任」, (1999), 79頁.

9) 예컨대, 대표이사가 감사의 지적에도 불구하고 어음을 계속 남발할 것이 인정되는 경우이다.

10) 예컨대, 결산감사와 관련하여 감사의 요구에도 불구하고 계산서류를 감사에게 제공하기를 거부하는 경우이다.

11) 龍田節, 會社法大要, 有斐閣, (2007), 99頁은 "태만이 심할수록 책임을 부담하지 않는다고 하는 것은 제도의 본질에서 볼 때 의문이다."라고 한다.

역으로 '명목상의 감사'라는 사실이 곧 '고의 또는 중대한 과실'에 의한 임무해태의 징표인지가 문제될 수 있다. 판례는 '명목상 이사'[12]의 경우 '직무의 일임(一任) 내지 방기(放棄)' 그 자체가 상법 제401조에서 말하는 악의 또는 중대한 과실로 인한 임무해태에 해당한다고 하여 이른바 명목상의 이사의 책임을 인정하는 태도를 취하고 있다고 이해된다.[13] 그러나, 명목상의 이사가 이사로서의 임무를 방기하고 이를 다른 사람에게 일임하였더라도 회사와의 관계에서 손해를 입은 제3자에게 항상 배상책임을 지는 것은 아니기 때문에,[14] 제3자에 의하여 실제 처리된 업무의 내용을 따져 보아야 하고, 따라서 실제 판단에 있어서 "실제 처리된 업무를 명목상 대표이사가 직접 했다고 가정하고, 그것이 상법 제401조에서 말하는 고의 또는 중과실로 인한 임무해태에 해당하는지 판단하여야 한다."는 비판이 있다.[15] 이 견해에 따르자면, 명목상 감사의 제3자에 대한 책임에 있어서도, 마찬가지로 직무의 일임(一任) 내지 방기(放棄) 그 자체를 들어 책임을 지울 수는 없고, 문제된 당해 결산 및 그 감사행위에 초점을 맞추어야 할 것이다. 이처럼 명목상의 감사의 경우에도 유사한 문제가 있는데, 논리적으로는 위 지적이 타당하겠지만, 분식결산과 같이 회사의 다른 임직원의 부정행위가 있었음이 당연한 전제되어 소송이 제기된 사안에서 보자면, 어느 입장을 취하더라도 결론에 큰 차이를 가져오지는 아니할 듯하다.

---

12) 회사에서 요청받은 대로 명의만 대여하고 업무를 집행하거나 의무를 부담하지 않는다는 약속을 한 후 이사의 직에 취임한 자를 가리키는 것으로 이해된다.

13) 대법원 2003. 4. 11. 선고 2002다70044 판결: 상법 제401조 제1항에 규정된 주식회사의 이사의 제3자에 대한 손해배상책임은 이사가 악의 또는 중대한 과실로 인하여 그 임무를 해태한 것을 요건으로 하는 것이어서 단순히 통상의 거래행위로 인하여 부담하는 회사의 채무를 이행하지 않는 것만으로는 악의 또는 중대한 과실로 그 임무를 해태한 것이라고 할 수 없지만, 이사의 직무상 충실 및 선관의무 위반의 행위로서 위법성이 있는 경우에는 악의 또는 중대한 과실로 그 임무를 해태한 경우에 해당한다 할 것이고(대법원 2002. 3. 29. 선고 2000다47316 판결 참조), 대표이사가 대표이사로서의 업무 일체를 다른 이사 등에게 위임하고, 대표이사로서의 직무를 전혀 집행하지 않는 것은 그 자체가 이사의 직무상 충실 및 선관의무를 위반하는 행위에 해당한다 할 것이다.: 대법원 2006. 9. 8. 선고 2006다21880 판결도 동일한 취지이다.

14) 현실적으로 이사의 업무를 수행한 사람이 상법 제401조의 요건에 해당되지 않아 책임을 지지 않는 경우 명목상의 이사에게 상법 제401조에 따른 책임을 물을 수는 없다.

15) 심준보, "명목상 이사의 제3자에 대한 책임", 「상사판례연구 Ⅶ」, (2007), 101-103면.

3. 監事의 故意 또는 重過失 與否

(1) 긍정한 판례

(가) 대법원 1988. 10. 25. 선고 87다카1370 판결

「회사의 감사가 회사의 사정에 비추어 회계감사 등의 필요성이 있음을 충분히 인식하고 있었고 또 경리업무담당자의 부정행위의 수법이 교묘하게 저질러진 것이 아니어서 어음용지의 수량과 발행매수를 조사하거나 은행의 어음결제량을 확인하는 정도의 조사만이라도 했다면 위 경리업무 담당자의 부정행위를 쉽게 발견할 수 있었을 것인데도 아무런 조사도 하지 아니하였다면 이는 감사로서의 중대한 과실로 인하여 그 임무를 해태한 것이 되므로 위 경리업무담당자의 부정행위로 발행된 어음을 취득함으로써 손해를 입은 어음소지인들에 대하여 위 감사는 상법 제414조 제2항 및 제3항에 의한 손해를 배상할 책임이 있다」라고 판단하였다. 위 회사가 사실상의 1인회사로서 다른 이사들이 경영에 참여하지 아니하므로 감사 외에는 달리 이를 감독할 기관이 없었던 회사에 관한 사례이다. 이는 감사의 제3자에 대한 책임에 관한 최초의 판결인데, '인과관계(저지가능성)에 대한 판단 없이 책임을 너무 쉽게 인정하였다는 비판이 있다.[16)]

(나) 대법원 2004. 4. 9. 선고 2003다5252 판결

「신용협동조합의 감사에게 불법·부당대출과 관련하여 조합에 대하여 손해배상책임을 묻기 위하여는 당해 대출이 불법·부당한 것임을 알았거나 조합의 장부 또는 대출관련서류상으로 불법·부당한 대출임이 명백하여 조금만 주의를 기울였다면 이를 알 수 있었을 것임에도 그러한 주의를 현저히 게을리 함으로써 감사로서의 임무를 해태한 데에 중대한 과실이 있는 경우이어야 한다」라고 판단하였다. 명목상의 감사임을 중시하여 책임을 부정한 원심을, 직원들의 불법행위를 쉽게 알 수 있었다는 이유로 파기환송한 사례이다.

신용협동조합법에 따라 신용협동조합의 감사는 신용협동조합에 대하여도 '중과실'이 책임요건인데,[17)] 2003년 및 2004년경 다수의 사건이 대법원에

---

16) 김건식, 전게논문, 217면.

17) 제33조 (임원의 책임 등) ② 임원이 그 직무를 수행함에 있어서 고의 또는 중대한 과실(상임인 임원의 경우에는 고의 또는 과실)로 조합 또는 타인에게 끼친 손해에 대하여는 연대하여 손해배상의 책임을 진다.

서 판단을 받았던 유형이다. 대부분의 감사가 이사장과의 친분관계 등으로 이름만 올린 사람들이어서, 엄격한 책임을 묻는 것이 가혹한 것으로 보여질 수 있는 사안들인데, 원칙적으로 '직원들의 불법행위를 쉽게 발견할 수 있었는지 여부'가 중요한 판단기준이었던 것으로 보여진다.[18)]

(다) 대법원 2005. 6. 23. 선고 2003다61450 판결

「피고 2가 피고 회사의 실질적인 지배자인 피고 1의 처로서 회사의 업무에 전혀 관여하지 않는 명목상 감사에 불과하다고 하더라도 감사로서 피고 회사 또는 그 이사들이 위에서 본 바와 같은 증권거래법상의 각 신고·공시의무를 제대로 지키는지 여부를 조사하여 회사에게는 주주나 회사채권자 또는 일반투자자에 대한 신뢰를 훼손당하지 않도록 하고 주주나 회사채권자 또는 일반투자자에게는 잘못된 정보의 제공으로 인한 손해를 입지 않도록 하여야 할 임무가 있는데도, 실질적으로는 감사로서의 임무를 수행할 의사가 전혀 없으면서도 그 명의를 빌려줌으로써 피고 1이 어떠한 간섭이나 감독도 받지 않고 피고 회사를 지배하면서 오로지 그의 사적인 이익을 위하여 위에서 본 바와 같은 증권거래법상의 각 신고·공시의무를 위반하여 일반투자자에게 허위의 정보를 제공하게 하도록 묵인, 방조하였다고 보이므로, 피고 2는 상법 제414조 제2항에 의하여 피고 회사가 각 신고·공시의무를 제대로 이행하였고 주가가 당연히 그에 바탕을 두고 형성되었다고 믿고서 아무런 가치가 없는 피고 회사의 주식을 취득하게 된 원고가 입은 손해를 배상할 책임이 있다」라고 판단한 원심을 유지하였다. 증권거래법상의 신고·공시의무 위반으로 인한 투자자 손해배상청구 사건이었다.

(라) 대법원 2007. 5. 30. 선고 2007다8952 판결 (새한 사건)

감사인 피고는 그 직무를 전혀 수행하지 아니하고 1999. 2. 11. 회사의 대차대조표 및 손익계산서, 이익잉여금 처분계산서, 영업보고서 등이 적정하게 작성되어 있다는 감사보고서를 작성하여 허위로 작성된 재무제표가 작성·공시되는 것을 그대로 방치하였고, 피고는 감사로서 이사의 직무를 감사하고 특히 매 결산기에는 재무제표의 적정성을 감사해야 할 임무가 있음에

18) 문영화, "신용협동조합 감사의 임무해태로 인한 조합에 대한 손해배상책임", 「대법원 판례해설」 제49호, (2004), 법원도서관, (2004), 660-672면.

도 감사로서의 직무를 전혀 수행하지 아니하여 위와 같은 허위 재무제표의 작성 및 공시를 방치하였다는 책임을 인정한 사례이다.

(마) 대법원 2007. 11. 15. **선고** 2005**다**22442 **판결 (대우통신 사건)**

「상법상의 감사와 외부감사인은 상호 독립적인 점, 감사업무에 대한 지원 부족은 불합리한 변명에 불과한 점, 취임 후 1년이 지나 재무상태를 어느 정도 파악하고 있었을 것으로 보이는 점, 재고자산 비율이 동종업계 평균에 비하여 상대적으로 너무 높고 원재료 구입액이 과다하여 재무제표의 의문점을 쉽게 알아차릴 수 있는 것으로 보이는 점, 외부감사인이 발견하지 못한 것은 돈을 받은 독직에 기인하는 것이고 그로 인해 형사처벌까지 받은 점, 이사가 법정 서류제출기한을 지키지 아니한 사실은 주주총회에 의견진술 또는 보고하여야 하는데 전혀 조치를 취하지 아니한 점 등에 비추어 조금만 주의를 기울였더라면 경영진이 허위의 재무제표를 작성하여 주주총회의 승인을 받는 것을 저지할 수 있었다」고 보아, 책임을 부정한 원심판결을 파기환송한 사례이다.

분식회계가 매우 조직적이고 은밀하게 이루어져 그에 관여하지 아니한 사람으로서 알기 어려웠던 점, 외부감사인으로부터도 분식회계를 의심할 만한 보고를 받지 못한 사정을 고려하면, 조금만 주의를 기울이면 분식회계를 알 수 있었다고 단정하기 어렵다는 이유로 책임을 부정한 원심을 파기환송한 사안이다.

(바) 대법원 2007. 12. 13. **선고** 2007**다**60080 **판결 (동아건설 사건)**

「우리 상법이 감사를 상임 감사와 비상임 감사로 구별하여 비상임 감사는 상임 감사에 비해 그 직무와 책임이 감경되는 것으로 규정하고 있지도 않을 뿐 아니라, 우리나라의 회사들이 비상임 감사를 두어 비상임 감사는 상임 감사의 유고시에만 감사의 직무를 수행하도록 하고 있다는 상관습의 존재도 인정할 수 없으므로, 비상임 감사는 감사로서의 선관주의의무 위반에 따른 책임을 지지 않는다는 주장은 허용될 수 없다」라고 판시하면서, 원심법원이 “피고 3은 회사의 비상임 감사로서 1995 내지 1997 회계연도 결산시 감사로서의 직무를 수행하지 않았으므로, 위 각 회계연도의 분식결산으로 인한 손해를 배상할 책임이 없다.”라는 위 피고의 주장을 배척한 조치는 옳다고 판단하였다.

(2) 부정한 판례

(가) 대법원 2007. 4. 13. 선고 2006다87804 판결 (기아자동차 사건)

기아자동차의 1995, 1996 회계연도에 관한 분식회계는 회장의 지시에 의하여 조직적으로 교묘하게 이루어진 것이어서 감사가 쉽게 발견할 수 없었던 것으로 보아 책임을 부정한 원심을 확정한 사안이다.

(나) 대법원 2003. 10. 9. 선고 2001다66727 판결

상호신용금고의 출자자 등에 대한 대출 또는 동일인에 대한 여신한도 초과대출이 대표이사 등에 의하여 조직적으로 이루어지고 또한 타인의 명의를 빌림으로써 적어도 서류상으로는 그 대출행위가 위법함을 알아내기 어려운 경우, 사후에 그 대출의 적법 여부를 감사하는 것에 그치는 감사로서는 불법대출의 의심이 든다는 점만으로는 바로 관계 서류의 제출요구, 관계자의 출석 및 답변요구, 회사관계 거래처의 조사자료 징구, 위법부당행위의 시정과 관계 직원의 징계요구 및 감독기관에 보고 등의 조치를 취할 것을 기대하기는 어렵다는 이유로 임무해태로 인한 손해배상책임을 인정하지 않은 사례이다.

Ⅲ. 이 事件의 檢討

피고 1이 감사업무를 수행하였는지 여부와 관련하여, 피고 1이 자인하지 아니한 사실을 자인하였다고 인정한 데에 원심의 오류가 있었다고 보아, 대상판결은 환송 후 원심으로 하여금 '피고 1이 이 사건 회사의 1996 회계연도 결산과 관련하여 실제 감사로서의 직무를 수행하였는지 여부'부터 다시 심리하도록 하였고, 나아가 '만약 그 직무를 수행하였다면 분식결산의 발견이 용이하였는지 여부 등'을 심리하도록 하였다.

이에 따라 환송 후 원심[19]의 심리결과, 이사가 상법 제447조의3 소정의 제출기한을 지키지 않고 정기주주총회일 직전에야 감사인 피고 1에게 재무제표 등을 제출한 사실 및 피고 1이 이에 대한 감사보고서를 작성하여 회사에 제출한 사실은 당사자 사이에 다툼이 없는 사실로서 인정되었고, 이를 토

19) 서울고등법원 2008. 10. 31. 선고 2008나27563 판결 (2008. 11. 21. 상소, 미확정).

대로 피고 1의 고의적 묵인 내지 방치사실을 부인하고 발견용이성도 부정하여 원고의 청구를 기각하였다. 즉, 환송 후 원심은, 「피고 1이 재무제표 등의 적정성에 대하여 추가조사를 하지 않고 시간상의 제약으로 인하여 부득이 적정의견이 기재된 외부감사인의 감사보고서를 참고하여 감사보고서를 작성하였더라도 이를 두고 감사로서의 직무를 전혀 수행하지 아니하고 이사들이 분식된 재무제표 등을 이용하여 거래 상대방인 제3자에게 손해를 입히도록 묵인하거나 방치하였다고는 할 수는 없다. 감사는 업무의 결정 · 집행에 관여할 권한이 없고, 감사에게 일반적으로 업무의 타당성에 대하여는 감사권이 없다는 점에 비추어 볼 때, 감사로서는 통상 열람할 수 있는 관계 서류에 근거하여 업무집행의 위법성을 알아낼 수 있음에도 이를 발견하지 못한 경우 또는 위 관계 서류상 업무집행의 위법성이 의심되어 이를 확인하기 위하여 그에 관한 보고요구 및 조사가 필요함에도 필요한 조치를 하지 아니한 경우에 그 임무를 해태하였다고 할 수 있으나, 이 사건은 분식결산이 회사의 다른 임직원들에 의하여 조직적으로 교묘하게 이루어진 것이어서 감사가 쉽게 발견할 수 없었던 때에 해당하여 피고 1이 재무제표 등을 열람하였더라도 분식결산이 이루어졌음을 발견하기가 어려웠을 것으로 보이므로, 피고 1이 분식결산을 발견하지 못하였다는 사정만으로 중대한 과실로 임무를 해태한 경우에 해당한다고 볼 수도 없다」라고 판단하였다.

결국 환송 후 원심은 '발견용이성'이 인정되지 않는다는 이유로 중과실을 인정하지 아니하였는데, 판결문상으로는 분식회계가 재무담당 임직원의 주도 하에 이루어진 것이라는 점 이외에 그것이 어느 정도 교묘하게 이루어진 것인지를 알 수 있는 사정은 드러나 있지 않다. 오히려 반대 입장에서는 임무해태의 내용상 고의에 의한 부작위(예컨대, 감사에 대한 법정 서류제출기한 위반이 있었음을 주총에 보고지 않은 점)도 뒤섞여 있어서 감사절차를 다 밟았으나 분식을 발견하지 못한 것과는 차원이 다른 점, 피고는 감사로 취임하기 전 당해 회사의 이사로서 재직하던 사람이고, 이 사건 회사는 1989년 이래 매년 누적적자를 분식해 온 회사인 점, 1996년 외부감사를 담당하였던 회계법인 및 그 소속 회계사들에 대하여 사후 실시된 감리결과 회계감사준칙 위반 등 감사상 주의를 태만히 한 잘못으로 행정제재가 내려졌고 따라서 본건 분식회계가 오랜 기간 당해 회사에 재직한 경험이 있는 피고 1도 알아차릴 수 없는 고도의 방식으로 이루어졌는지 의심스럽다는 점을 지적할 수 있을 것으로 보인다.

Ⅳ. 맺음말

대상 판결은 분식회계가 문제된 사안에서 감사의 제3자에 대한 책임요건인 '악의 또는 중대한 과실'을 판단하는 기준을 구체적으로 제시한 것으로서 중요한 선례이다. 세부적인 기준이라 할 수 있는 '발견용이성' 및 '저지가능성'과 관련하여 어떻게 심리, 판단하여야 할지는 앞으로 판례의 축적이 필요한 분야라고 사료된다.

한편 위 판결 이후 선고된 대법원 2008. 9. 11. 선고 2006다68834 판결은 대규모 주식회사에서 일부 임직원의 전횡이 방치되고 있거나 중요한 재무정보에 대한 감사의 접근이 조직적, 지속적으로 차단되고 있는 경우 감사의 주의의무의 정도와 관련하여 「감사의 구체적인 주의의무의 내용과 범위는 회사의 종류나 규모, 업종, 지배구조 및 내부통제 시스템, 재정상태, 법령상 규제의 정도, 감사 개개인의 능력과 경력, 근무 여건 등에 따라 다를 수 있겠으나, 감사는 이사의 직무집행을 감사할 권한을 가진 주식회사의 필요적 상설기관으로서 회계감사를 비롯하여 이사의 업무집행 전반을 감사할 권한을 갖고, 업무감사를 위해서는 언제든지 이사에 대하여 영업에 관한 보고를 요구하거나 회사의 재산상태를 조사할 권한이 있으며(상법 제412조), 감사의 조사를 방해하거나 요구를 거부한 때에는 감사는 그 뜻과 이유를 감사보고서에 기재하여야 하는바(상법 제447조의4 제2항 제11호), 이와 같이 상법이 규정하고 있는 감사의 권한과 의무에 비추어 볼 때 대규모 주식회사에서 일부 임직원의 전횡이 방치되고 있었다거나 중요한 재무정보로부터 감사가 조직적·지속적으로 차단되고 있는 상황이라면, 감사의 주의의무는 위 피고들 주장과 같이 경감되는 것이라기보다는, 가중된다고 보아야 할 것이다」라고 판시하면서, 분식회계의 발견이 처음부터 불가능하였다는 피고의 항변을 배척한 원심을 확정함으로써 발견용이성과 저지가능성에 앞서 엄격한 수준의 감시의무를 요구한 바 있어 주목할 만하다.

株式會社 理事의 會社에 대한 背任罪*

高 錫 洪**

◎ 대법원 2011. 10. 27. 선고 2009도14464 판결[1]

[事實의 槪要]

1. 犯罪事實

(1) 피고인 5명의 지위[2]

피고인 2는 1988.경 주식회사 부산상호저축은행(이하, 부산저축은행) 영업이사로 입사하여 2002. 4. 1.부터 2003. 11. 24.까지 부사장으로, 2003. 11. 25.부터 현재까지 대표이사로 부산저축은행의 여·수신업무, 신용공여업무 등 모든 업무를 총괄하는 자이고, 피고인 5는 부산저축은행의 감사이며, 피고인 1은 부산저축은행의 대출담당이사이면서 은행자금운용을 결정하는 여신심사위원회의 위원이고, 피고인 4는 부산저축은행의 전무이사로서 은행자금의 대출을 총괄하는 여신심사위원회 위원장이며, 피고인 3은 부산저축은행의 최대주주이고 1986. 4. 11.경부터 2003. 11. 24.경까지 부산저축은행의 대표이사로 근무하였다.

(2) 저축은행의 운영체제

부산저축은행, 부산2상호저축은행(이하, 부산2저축은행), 중앙부산상호저축은행(이하, 중앙부산저축은행)은 각각 형식상 별도의 법인으로 되어 있으나, 그 자본금 및 주요의사결정 등은 모두 피고인 2, 1, 3, 4, 5를 비롯한 부

---

* 제27회 상사법무연구회 발표 (2012년 3월 10일)

** 서울고등검찰청 부장검사

1) 본 대법원 판결의 제1심과 원심의 판결 내용 가운데, 공히 유죄가 선고된 뇌물 공여 및 수수 범죄와 관계된 피고인(피고인 6, 7) 및 그 범죄내용은 여기 논의에서 제외한다. 그리고 가급적 제1심과 원심 및 대법원 판결의 원문을 대부분 인용한다.

2) 원래 범죄사실에는 제목을 두지 않았으나 이해의 편의상 몇 개의 제목을 둔 것이다.

산저축은행의 주요 임원들이 주도적으로 결정하는 구조이고, 다른 은행의 임원들은 주요결정을 하는 회의에는 참석하지만 각 자금의 대출 등은 부산저축은행에서 결정하는 대로 따르는 체계이다.

(3) 피고인들의 임무

피고인 2, 3은 위 각 은행 대표이사로 재직하면서 은행의 각종 여·수신업무, 투자업무 등 총괄하고 각 업무가 법령의 규정에 따라 이루어져 위 은행에 손해가 가지 않도록 하여야 할 업무상 임무가 있고, 피고인 5는 위 은행의 감사로서 은행의 다른 경영진이 은행을 운영함에 있어 상호저축은행법 등 각종 법령에 맞게 운영을 하는지, 대출 등 여·수신업무를 할 때는 담보물조사규정, 신용조사규정을 준수하여 은행에 위험을 초래할 가능성이 있는 운영을 하는지를 감시하여 은행의 건전한 발전을 도모하여야 할 업무상 임무가 있으며, 피고인 4는 위 은행의 여신심사위원회 위원장으로 은행의 여신제공업무를 총괄하고, 피고인 1은 대출담당이사이면서 여신심사위원회 위원이므로 각 여신의 제공이 상호저축은행과 관련된 각종 법령 및 은행 정관 규정에 따라 집행되도록 하여야 하고, 은행의 자금을 대출할 경우 채권회수조치를 위하여 적정한 담보확보 등의 노력을 하여야 할 업무상 임무가 있다.

(4) 범행동기 및 공모

피고인 2, 3, 5, 4, 1은 1990년대 후반 IMF 구제금융시기를 거치며 부실대출규모가 커지고 각종 위험사업에 대출해 준 후 받지 못하는 경우가 있게 되자 이러한 대출금 회수에 대한 위험성(소위 시행자 위험)을 회피한다는 명목하에 위 은행에서 전문성이 없음에도, 각종 특수목적법인을 설립하여 은행 임직원의 친척들 명의를 빌려 위 법인의 임원들로 등재한 다음 골프장, 아파트 등 각종 부동산 관련 사업을 위 은행의 주도 하에 하기로 하였다.

상호저축은행은 상호저축은행법의 취지에 따라 서민과 중소기업의 금융편의를 도모하고 거래자를 보호하여야 하며, 그 업무로 지정되어 있는 예금, 대출, 어음의 할인 등의 업무를 하여야 함에도, 피고인 2, 3, 5, 4, 1은 위와 같은 대출금 회수의 위험성을 회피한다는 명목 하에 상호저축은행법, 금산분리의 원칙을 규정하고 있는 금융산업의 구조개선에 관한 법률 및 부동산 거래시 실명으로 하도록 되어 있는 부동산 실권리자명의 등기에 관한 법률 등을 위반하여 제대로 된 사업성 검토 없이 위 골프장 사업 등을 적극적으로 시행하기로 하였다.

◎ '상호저축은행법'의 조항은 다음과 같다.

◇ 제11조 (업무) ① 상호저축은행은 영리를 목적으로 조직적 · 계속적으로 다음 각 호의 업무를 할 수 있다.

1. 신용계 업무
2. 신용부금 업무
3. 예금 및 적금의 수입 업무
4. 자금의 대출 업무
5. 어음의 할인 업무
6. 내 · 외국환(내 · 외국환) 업무
7. 보호예수(보호예수) 업무
8. 수납 및 지급대행 업무
9. 기업 합병 및 매수의 중개 · 주선 또는 대리 업무
10. 국가 · 공공단체 및 금융기관의 대리 업무
11. 제25조에 따른 상호저축은행중앙회를 대리하거나 그로부터 위탁받은 업무
12. 「전자금융거래법」에서 정하는 직불전자지급수단의 발행 · 관리 및 대금의 결제(제25조의2제1항제9호에 따른 상호저축은행중앙회의 업무를 공동으로 하는 경우만 해당한다)
13. 「전자금융거래법」에서 정하는 선불전자지급수단의 발행 · 관리 · 판매 및 대금의 결제(제25조의2제1항제10호에 따른 상호저축은행중앙회의 업무를 공동으로 하는 경우만 해당한다)
14. 「자본시장과 금융투자업에 관한 법률」에 따라 금융위원회의 인가를 받은 투자중개업, 투자매매업 및 신탁업
15. 제1호부터 제14호까지의 업무에 부대되는 업무 또는 제1조의 목적 달성에 필요한 업무로서 금융위원회의 승인을 받은 업무

② 제1항의 업무를 할 때 신용공여 총액에 대한 영업구역 내의 개인과 중소기업에 대한 신용공여 합계액의 최소 유지 비율, 그 밖에 상호저축은행이 지켜야 할 구체적인 사항은 대통령령으로 정한다.

③ 상호저축은행은 제1항에 따른 업무를 할 때 이 법과 이 법에 따른 명령에 따라 서민과 중소기업에 대한 금융 편의를 도모하여야 한다.

◇ 제18조의2 (금지 행위) 상호저축은행은 다음 각 호의 행위를 하여서는 아니 된다.

1. 자기자본을 초과하는 유가증권(금융위원회가 정하는 것은 제외한다)에 대한 투자. 이 경우 금융위원회는 상호저축은행의 건전한 경영을 위하여 필요한

범위에서 유가증권의 종류별로 투자 한도를 따로 정할 수 있다.
2. 업무용부동산 외의 부동산의 소유. 다만, 담보권의 실행으로 취득하는 경우는 제외한다.
3. 채무의 보증이나 담보의 제공(보증이나 담보의 제공에 따른 신용위험이 현저하게 낮은 경우로서 대통령령으로 정하는 보증이나 담보의 제공은 제외한다)
4. 직접 · 간접을 불문하고 그 상호저축은행의 주식을 매입하도록 하기 위한 신용공여 또는 그 상호저축은행의 주식을 담보로 하는 신용공여
5. 상품 또는 유가증권에 대한 투기를 목적으로 하는 신용공여
6. 타인의 명의를 이용한 신용공여
7. 정당한 이유 없이 제37조제1항에 따른 대주주등에게 금전, 서비스, 그 밖의 재산상 이익을 제공하는 행위. 다만, 대주주등에 대한 신용공여 금지 및 가지급금 지급 금지에 관하여는 제37조에 따른다.

◎ '금융산업구조개선에 관한 법률'의 조항은 다음과 같다.

◇ 제24조 (다른 회사의 주식소유한도) ① 금융기관(제2조제1호나목에 따른 중소기업은행은 제외한다. 이하 이 장에서 같다) 및 그 금융기관과 같은 기업집단에 속하는 금융기관(이하 "동일계열 금융기관"이라 한다)은 다음 각 호의 어느 하나에 해당하는 행위를 하려면 대통령령으로 정하는 기준에 따라 미리 금융위원회의 승인을 받아야 한다. 다만, 그 금융기관의 설립근거가 되는 법률에 따라 인가 · 승인 등을 받은 경우에는 그러하지 아니하다.

1. 다른 회사의 의결권 있는 발행주식 총수의 100분의 20 이상을 소유하게 되는 경우
2. 다른 회사의 의결권 있는 발행주식 총수의 100분의 5 이상을 소유하고 동일계열 금융기관이나 동일계열 금융기관이 속하는 기업집단이 그 회사를 사실상 지배하는 것으로 인정되는 경우로서 대통령령으로 정하는 경우

② 제1항에서 "기업집단"이란 「독점규제 및 공정거래에 관한 법률」 제2조제2호에 따른 기업집단을 말한다.

③ 금융위원회는 제1항에 따른 승인을 할 때에는 해당 주식소유가 관련 시장에서의 경쟁을 실질적으로 제한하는지에 대하여 미리 공정거래위원회와 협의하여야 한다. 제1항 단서에 따라 인가 · 승인 등을 하는 경우에도 또한 같다.

④ 제1항에도 불구하고 다른 주주의 감자 등 대통령령으로 정하는 부득이한 사유로 제1항 각 호의 어느 하나에 해당하게 된 동일계열 금융기관은 그 사유가 발생한 날부터 대통령령으로 정하는 기간 내에 금융위원회에 승인을 신청하여야 한다. 이 경우 금융위원회는 제6항의 기준에 따라 승인 여부를 결정하여야 한다.

⑤ 동일계열 금융기관이 다음 각 호의 구분에 따른 한도를 초과하여 다른 회사의 주식을 소유하려면 제1항 및 제4항에도 불구하고 다시 금융위원회의 승인을 받아야 한다.

1. 의결권 있는 발행주식 총수의 100분의 25
2. 의결권 있는 발행주식 총수의 100분의 33

⑥ 금융위원회는 제1항 · 제4항 및 제5항에 따라 동일계열 금융기관에 대하여 승인을 할 때 다음 각 호의 요건(이하 "초과소유요건"이라 한다)을 심사하여야 한다. 심사를 위하여 필요하면 그 금융기관에 자료를 요구할 수 있다.

1. 해당 주식소유가 다음 각 목의 어느 하나에 해당하는 회사가 아닌 다른 회사를 사실상 지배하기 위한 것이 아닐 것
   가. 금융업(「통계법」 제22조제1항에 따라 통계청장이 작성 · 고시하는 한국표준산업분류에 따른 금융 및 보험업을 말한다)을 경영하는 회사
   나. 「사회기반시설에 대한 민간투자법」 제8조의2에 따라 주무관청이 지정한 민간투자대상사업을 경영하는 회사(「법인세법」 제51조의2 제1항 제6호의 회사만 해당한다)
   다. 「신용정보의 이용 및 보호에 관한 법률」에 따른 신용정보업 등 그 금융기관의 업무와 직접적인 관련이 있거나 그 금융기관의 효율적인 업무수행을 위하여 필요한 사업을 경영하는 회사
2. 해당 주식소유가 관련 시장에서의 경쟁을 실질적으로 제한하지 아니할 것

⑦ 금융위원회는 제1항 · 제4항 및 제5항에 따른 승인을 하지 아니하는 경우에는 대통령령으로 정하는 기간 내에 신청인에게 그 사유를 구체적으로 밝혀 알려야 한다.

⑧ 금융위원회는 동일계열 금융기관이 제1항 · 제4항 및 제5항에 따른 승인을 받은 후 대통령령으로 정하는 바에 따라 초과소유요건을 충족하는지를 심사하여야 한다.

⑨ 제1항 각 호 및 제5항 각 호의 발행주식의 범위와 주식소유비율의 산정방법은 금융위원회가 정하여 고시한다.

◎ '부동산 실권리자명의 등기에 관한 법률'의 조항은 다음과 같다.

◇ 제3조 (실권리자명의 등기의무 등) ① 누구든지 부동산에 관한 물권을 명의신탁약정에 따라 명의수탁자의 명의로 등기하여서는 아니 된다.

② 채무의 변제를 담보하기 위하여 채권자가 부동산에 관한 물권을 이전받는 경우에는 채무자, 채권금액 및 채무변제를 위한 담보라는 뜻이 적힌 서면을 등기신청서와 함께 등기관에게 제출하여야 한다.

◇ 제7조 (벌칙) ① 다음 각 호의 어느 하나에 해당하는 자 및 그를 교사하여 해당 규정을 위반하게 한 자는 5년 이하의 징역 또는 2억원 이하의 벌금에 처한다.

1. 제3조 제1항을 위반한 명의신탁자
2. 제3조 제2항을 위반한 채권자 및 같은 항에 따른 서면에 채무자를 거짓으로 적어 제출하게 한 실채무자

② 제3조 제1항을 위반한 명의수탁자 및 그를 교사하여 해당 규정을 위반하게 한

> 자는 3년 이하의 징역 또는 1억원 이하의 벌금에 처한다.
> ③ 제3조를 위반하도록 방조한 자는 1년 이하의 징역 또는 3천만원 이하의 벌금에 처한다.

(5) A골프장 건설사업 관련 업무상 배임

피고인 2, 3, 5, 4, 1은 2002. 12.경 피고인 6의 소개로 울산 울주군 두서면 인보리 (지번 생략) 등 21필지 3,166,323㎡(957,813평)의 땅을 골프장 개발용지로 소개받았다.

피고인 2, 3, 5, 4, 1은 위 은행의 대표이사, 감사, 전무이사 등 임원으로서 상호저축은행이 부동산 실권리자명의 등기에 관한 법률 등을 위반하면서 돈을 주고 명의대여자들을 구하여 토지를 매입한 다음 골프장 건설사업을 직접 영위하여서는 아니되고, 설령 위 은행 본연의 임무로서 이러한 골프장을 건설할 업체에 대출을 하는 경우가 있더라도 골프장 부지로서 적합한지 여부, 골부장 부지 매수가격이 적정한지 여부, 골프장 건설 및 운영상 문제점 등 골프장 건설사업의 타당성 조사를 선행하여 그 사업타당성이 인정되는 경우 적절한 채권확보조치를 취하면서 은행자금을 대출하여야 할 업무상 임무가 있다.

그럼에도 불구하고 피고인 2, 3, 5, 4, 1은 그 임무에 위배하여 토지의 구입가격이 적절한 것인지에 대한 토지감정평가, 골프장 사업의 타당성 조사 등과 같은 조치를 취하지 아니하고, 위 은행 임직원들의 친척들인 공소외 2, 11, 12, 13, 3에게 명의대여료로 월 100~200만 원을 지급하고 동인들의 명의를 빌려 위 95만 여 평의 골프장 용지를 구입하기로 한 다음 위 구입토지에 대한 근저당권설정 등 채권확보를 위한 최소한의 조치도 취하지 아니한 채, 2002. 12. 6. 공소외 2에게 위 토지구입을 위한 계약금으로 대출하는 형식으로 위 은행의 자금 475,000,000원을 사용한 것을 비롯하여 위 일자경부터 2008. 11. 5.경까지 사이에 총 647회에 걸쳐 위 은행자금 합계 17,779,636,573원{다만, 피고인 1, 2의 경우 총 634회에 걸쳐 합계 17,525,636,573원}을 사용하였다.

그리하여 피고인 2, 3, 5, 4, 1은 공모{다만, 피고인 3은 2003. 11.경까지 위 은행의 대표이사로 근무하는 동안 위 나머지 피고인들과 함께 별지 범죄일람표

(1)의 순번 1~13번, 301~307번 합계 4,852,589,960원의 사용 부분에 한하여 공모}하여 업무상 임무에 위배하여 토지매도인 공소외 14 등 별지 범죄일람표(1) 기재 이익귀속자들에게 위 합계액 상당의 이익을 취득하게 하고, 위 은행에 동액 상당의 손해를 가하였다.

(6) 전남 곡성 골프장 건설사업 관련 업무상 배임

공소외 8은 2002. 8.경 전남 곡성군 목사동면 대곡리의 땅 약 30만 평이 골프장 용지로서 적합하다고 피고인 4에게 추천하였다.

이에 피고인 2, 3, 5, 4, 1은 상호저축은행이 전항과 같은 방법으로 골프장 사업을 하여서는 아니되고, 설령 위 은행 본연의 임무로서 이러한 골프장을 건설할 업체에 대출을 하는 경우가 있더라도 골프장 부지로서 적합한지 여부, 골프장 부지 매수가격이 적정한지 여부, 골프장 건설 및 운영상 문제점 등 골프장 건설사업의 타당성 조사를 선행하여 그 사업타당성이 인정되는 경우 적절한 채권확보조치를 취하면서 은행자금을 대출하여야 할 업무상 임무가 있다.

그럼에도 불구하고 피고인 2, 3, 5, 4, 1은 그 임무에 위배하여 토지의 구입가격이 적절한 것인지에 대한 토지감정평가, 골프장 사업의 타당성 조사 등과 같은 조치를 취하지 아니하고, 피고인 4의 지인인 공소외 3 등에게 명의대여료로 월 100만 원을 지급하고 동인들의 명의를 빌려 위 토지를 구입하기로 한 다음 위 구입토지에 대한 근저당권설정 등 채권확보를 위한 최소한의 조치도 취하지 아니한 채, 2002. 8. 28.경 공소외 6 주식회사 명의로 1,000만 원을 대출하여 위 공소외 8에게 사업경비 명목으로 지급한 것을 비롯하여 위 일자경부터 2005. 6. 23.까지 사이에 별지 범죄일람표(2) 기재와 같이 총 64회에 걸쳐 명의대여자인 위 공소외 3, 15 등에게 대출하는 형식으로 토지구입비 및 용역비, 명의대여자들에 대한 급여 등으로 3,600,081,433원을 사용하였다.

그리하여 피고인 2, 3, 5, 4, 1은 공모(다만, 피고인 3은 2003. 11.경까지 위 은행 대표이사로 근무하는 동안 위 나머지 피고인들과 함께 별지 범죄일람표(2)의 순번 1~29번 합계 2,075,109,453원의 사용 부분에 한하여 공모)하여 업무상 임무에 위배하여 토지매도인 공소외 16 등 별지 범죄일람표(2) 기재 이익귀속자들에게 위 합계액 상당의 이익을 취득하게 하고, 위 은행에 동액 상당의 손해를 가하였다.

2. 第1審이 認定한 事實

(1) A 골프장 사업

피고인들은 2002. 4.경 당시 부산저축은행이 공소외 17 주식회사에 대하여 갖고 있던 다액의 부실채권을 처리하는 방안으로 공소외 17 주식회사를 인수한 후, 2002. 4. 26. 부동산 사업추진을 위하여 공소외 17 주식회사를 회사 분할하여 공소외 6 주식회사를 설립하였다.

공소외 6 주식회사의 이사이던 피고인 6은 2002. 11.경 공소외 18로부터 울산 울주군 두서면 인보리 (지번 생략) 외 21필지 95만 여 평을 소개받아 답사한 후 골프장 부지로서 적합하다고 판단되어, 그 무렵 이를 피고인 1에게 골프장 부지로 추천하였다.

피고인들은 피고인 6의 제안에 따라 위 은행 여신심사위원회의 의결을 거쳐 위 부지에서 골프장 사업을 하기로 결의하였는데, 당시 위 피고인들은 피고인 6의 위와 같은 조언을 듣고 현장을 답사하거나 울주군수가 발행한 토지이용계획확인서를 확인한 것 이외에는 위 부지에서의 골프장 사업 가능 여부 및 예상수익에 관한 아무런 법률적 검토, 사업성 검토를 거치지 아니하였을 뿐만 아니라 위 부지의 평당 가격결정에 있어서도 주변의 토지시세확인 등을 하지 아니하였다.

피고인들은 2002. 12. 6. 당시 위 부지의 소유자인 공소외 14로부터 위 부지를 47억 5,000만 원(평당 4,959원)에 매수하면서, 계약서상 매수인 명의를 위 은행이 아닌 위 은행의 지인 및 친척인 공소외 13, 2, 11, 12, 3(이하 통틀어 '공소외 13 등 5인'이라고 한다)으로 하고, 위 부동산 매수대금은 위 은행으로부터 위 공소외 13 등 5인 명의로 담보대출을 받아 이를 지급하여 모두 소유권이전등기를 마쳤다.

그런데, 피고인들은 위 공소외 13 등 5인 명의로 대출을 실시할 당시 위 은행 여신심사위원회의 심사를 거친 바 없고, 위 매매계약 후 근저당권 설정 서류조차 마련해두지 아니하였다가 감사를 대비하여 위 부지 중 일부인

635,752평에 대하여 2003. 7. 7., 나머지 부지에 대하여는 그보다 더 늦은 2004. 12. 30.에서야 근저당권을 설정하였다.

그 후 피고인들은 위 공소외 13 등 5인 명의로 2003. 12. 29. 공소외 36 주식회사와 골프장 기본설계 및 진입도로 개설공사 설계용역계약을 체결하였고, 2004. 5.경 공소외 6 주식회사와 건설관리용역계약을 체결하였는데, 그 때부터 위 공소외 13 등 5인 명의로 대출을 받아 설계비 및 건설사업관리비용을 지급하여 왔다.

피고인들은 2004. 3.경 위 골프장 사업의 시행자로 공소외 5 주식회사를 설립하여 그 무렵부터 공소외 5 주식회사 명의로 대출을 받아 매월 운영비 5,000만 원을 비롯하여 이자 및 기타 경비를 지급하여 왔다.

이후 공소외 5 주식회사는, 피고인들의 결정에 따라, 2004. 11. 17. 위 부지 중 골프장 용지로 결정된 427,085평을 위 공소외 13 등 5인으로부터 매수하였는데, 위 부지의 평당 금액은 골프장 인가가 날 경우의 적정가가 6~7만 원일 것이라는 공소외 36 주식회사의 조언에 따라 주변의 토지시세확인 등을 확인하지 않은 채 55,618원으로 결정하였다.

공소외 6 주식회사는 2004. 9.경이 되어서야 공소외 5 주식회사 명의로 A 골프장의 사업계획, 수지분석 등을 내용으로 하는 사업계획서를 위 피고인들에게 제출하였다.

피고인 6은 2005. 4.경 울주군수에게 도시관리계획 입안제안서를 제출하였고, 이에 울주군수는 2005. 5. 13. 울산광역시장에 울산도시기본계획 변경을 건의하였으나, 울산광역시장은 2005. 7. 13. 위 부지에 골프장 건설이 불가하여 도시기본계획을 변경하지 아니한다는 통보를 하였다.

(2) 곡성 골프장 사업

위 피고인들은 2002. 8.경 피고인 4의 지인인 공소외 8로부터 전남 곡성군 목사동면 대곡리 산 125-1 외 30만 평이 골프장 부지로 적합하다는 조언에 따라 위 부지에서 골프장 사업을 하기로 결의하고, 위 공소외 8에게 토지 매입작업을 의뢰하였다.

위 피고인들은 토지매입과정에서 다른 골프장보다 저렴한 평당 45,000원 정도에 토지를 매입할 수 있다는 공소외 8의 제의에 따라 공소외 6 주식회사의 자문을 거쳐 평당 가격을 그와 같이 결정하였을 뿐 평당 가격에 대한 여타의 확인절차를 거치지 아니하였고, 그 외에 위 골프장에 대한 사업성 검토 또한 전혀 이루어진 바 없었다.

위 피고인들은 위 은행 여신심사위원회의 심사를 거치지 아니하고, 명의대여자인 공소외 3 등의 명의로 담보대출을 일으켜 받은 금원을 매수대금으로 하여 20만 여 평의 부지를 매수하였고 그 중 일부에 대하여는 위 공소외 3 명의로 소유권이전등기를 마쳤음에도, 위와 같은 대출에 대한 담보를 위하여 위 부지에 근저당권을 설정하지 않고 있다가 뒤늦게 2005. 4. 7.에서야 그 중 3필지에 대해서만 근저당권을 설정하였다.

이후 위 피고인들은 토지매입작업이 진행 중이던 2004. 6. 15. 위 공소외 8이 설립한 공소외 35 주식회사로부터 위 골프장 부지의 사업성 검토결과를 통보받았다.

[訴訟의 經過]

1. 第1審 判決[3)][4)]

(1) 배임의 고의 또는 불법이득의 의사가 없었다는 주장에 대한 판단

(가) 변소의 요지

IMF 구제금융시기 직후 부산저축은행에 남아있던 상당한 액수의 부실채권 처리를 위하여 새로운 수익모델을 모색하는 과정에서 저축은행 임원들의 친척 등을 내세워 별도의 특수목적법인을 세우거나 인수한 후 위 법인에 대출하는 형식으로 직접 부동산 개발사업을 추진하기로 한 것으로, 골프장이 완성될 경우 골프장 부지를 포함하여 200억 원이 넘는 고수익을 예상하고 부산저축은행의 이익을 위하여 추진한 것이지 위 피고인들의 개인적인 이익을 도모하기 위한 것이 아니었다. 또한, A 골프장 및 전남 곡성 골프장 사업시행 초기부터 관계자로부터 각각 사업성이 충분하다는 보고를 받고 골프장 사업을 진행한 것이므로, 배임의 고의 또는 불법이득의 의사가 없었다고 주장한다.

---

3) 울산지방법원 2009. 6. 30. 선고 2008고합374, 2009고합15(병합).

4) 모두 유죄가 선고되었다. - 피고인 2는 실형 선고, 피고인 1, 3, 4, 5는 집행유예 선고.

(나) 판 단

일반적으로 업무상 배임죄의 고의 또는 불법이득의 의사는 업무상 타인의 사무를 처리하는 자가 본인에게 재산상의 손해를 가한다는 의사와 자기 또는 제3자의 재산상의 이득의 의사가 임무에 위배된다는 인식과 결합하여 성립되는 것이며, 이와 같은 업무상배임죄의 주관적 요소로 되는 사실(고의, 동기 등의 내심적 사실)은 피고인이 본인의 이익을 위하여 문제가 된 행위를 하였다고 주장하면서 범의를 부인하고 있는 경우에는 사물의 성질상 고의와 상당한 관련성이 있는 간접사실을 증명하는 방법에 의하여 입증할 수밖에 없고, 무엇이 상당한 관련성이 있는 간접사실에 해당할 것인가는 정상적인 경험칙에 바탕을 두고 치밀한 관찰력이나 분석력에 의하여 사실의 연결상태를 합리적으로 판단하는 방법에 의하여야 한다.

위 '제1심이 인정한 사실(사건 경과)'에 의하여 인정되는 다음과 같은 사정(① 내지 ⑦)을 비추어 보면, 위 피고인들은 상호저축은행법 등의 관계 법령을 위반하여 직접 골프장 건설사업을 영위하기 위하여 사업타당성 검토도 소홀히 한 채 대출의 형식을 빌어 상호저축은행의 자금을 사용한 것으로서 위 각 골프장 부지를 매입할 당시부터 위 피고인들은 법령위반 등 자신들의 임무에 위배되는 행위를 함으로써 제3자에게 재산상 이득을 주고 상호저축은행에 재산상 손해를 가한다는 인식이 있었다고 보아야 할 것이고, 경영상의 판단이라는 이유로 배임의 고의가 부정될 수 있는 사안은 아니어서, 위 피고인들 및 그 변호인들의 위 주장은 받아들이지 아니한다.

① 피고인들이 특수목적법인을 내세워 직접 행한 부동산 개발사업은 상호저축은행법 제11조에서 정한 상호저축은행의 업무 범위 및 공소외 1 저축은행 정관 제2조의 사업 범위를 벗어나는 위법한 행위인 점,

② 상호저축은행이 다른 회사의 주식을 일정 비율 이상 소유하게 되는 경우에는 미리 금융위원회의 승인을 얻어야 함에도 피고인들은 이를 받지 아니하고 위 부동산 개발사업을 추진하고자 기존의 공소외 17 주식회사를 인수한 후 이를 분할하여 공소외 6 주식회사를 설립함으로써 금융기관의 다른 회사 주식소유를 제한하고 있는 금융산업의 구조개선에 관한 법률 제24조 제1항을 위반한 점,

③ 또한 상호저축은행법 제18조의2 제2호는 상호저축은행의 비업무용 부동산의 소유를 금지하고 있는데, 피고인들은 이러한 조항을 회피하기 위하여 위 골프장 부지에 관하여 타인 이름으로 소유권이전등기를 경료함으로써 부동산 실권리자명의 등기에 관한 법률 제3조도 위반한 점,

④ 피고인들은 앞서 본 바와 같이 공소외 17 주식회사를 인수한 후 회사 분할하여 공소외 6 주식회사를 설립한 것을 비롯하여, 피고인 4의 지인인 공소외 4를 명목상의 대표이사로 내세워 위 공소외 4 명의로 받은 대출금 등을 자본금으로 위 A 골프장 건설사업의 시행자인 공소외 5 주식회사를 설립하고, 그 이후 매월 평균 5,000만 원의 운영비를 지급하여 왔으며, 그 외에 피고인들의 친척을 명목상의 대표이사로 내세워 공소외 37 주식회사, 공소외 38 주식회사, 공소외 39 주식회사를 설립한 후 위 법인들을 통하여 다른 부동산 개발사업을 수행하였고, 위 법인들에 대한 운영비를 공소외 6 주식회사를 통하여 지급하여 왔던 점,

⑤ A 골프장 부지는 그 용도지역이 농림지역, 보전관리지역으로 되어 있어 국토의 계획 및 이용에 관한 법률 제43조 제2항, 도시계획시설의 결정·구조 및 설치기준에 관한 규칙 제100조 제2호에 따라 골프장과 같은 체육시설을 설치할 수 없는 곳이었던 점,

⑥ 2004. 12. 1. 울산 울주군 두서면 일대가 대곡댐 상수원보호구역으로 지정됨에 따라 그로부터 상류 방향 유하거리가 8~9km밖에 되지 아니하는 A 골프장 부지는 체육시설의 설치·이용에 관한 법률 제13조 제1항, 같은 법 시행령 제12조 제3호, 골프장의 입지기준 및 환경보전 등에 관한 규정(문화관광부 고시) 제2조 제1호의 규정에 저촉되어 골프장 건설이 불가능하게 되었고, 이러한 이유로 울산광역시장은 2005. 7. 13. 울주군수의 도시기본계획 변경건의(A골프장 부지에 골프장 건설이 가능하게끔 위 부지를 백운산 자연공에서 해제하여 달라는 내용)를 반려한 점,

⑦ 위와 같이 국토의 계획 및 이용에 관한 법률, 체육시설의 설치·이용에 관한 법률상의 제약으로 인하여 A 골프장 부지에 골프장 건설이 불가능함에도 불구하고, 위 피고인들은 무리하게 골프장 건설사업을 계속 추진하면서 공소외 5 주식회사 등의 이름으로 대출을 일으켜 그 돈으로 공소외 5 주

식회사의 운영비, 이자비용, 진입도로비용, 설계비와 건설사업관리비용, 공소외 6 주식회사 격려금, 명의대여자들에 대한 급여 및 각종 공과금 등을 불필요하게 계속 지출해 온 점 등

(2) 임무위배행위에 해당하지 아니한다는 주장에 대한 판단

(가) 변소의 요지

피고인들이 A 골프장의 경우 부지매입을 권유받은 후 몇 차례의 부지답사를 하였고, 관계사로부터 사업성 검토보고서를 받아 내부적으로는 충분한 사업성 검토와 법률상 검토를 거쳤을 뿐만 아니라, 위 피고인들이 확인한 토지이용계획확인서로는 위 부지가 자연공원으로 지정되었음을 당시 확인할 수 없었고, 울산광역시장의 자연공원 지정해제 불가통보에도 불구하고 그로 인하여 위 지정해제가 전혀 불가능한 것은 아니어서 위 골프장 사업은 여전히 실현가능성이 있으며,

한편 전남 곡성군 골프장 부지에 대하여도 매입을 권유받은 후 위 부지가 골프장 사업에 적합하다는 내용의 공문을 기초로 사업성 검토가 이루어진 바 있고, 또한 지가 상승을 우려하여 은행 대신 타인 명의로 골프장 부지를 매입한 후 등기명의인들로부터 근저당권 설정에 필요한 서류를 모두 교부받아 이를 은행에서 보관하고 있다가 그 후 근저당권을 모두 경료하여 두었으므로, 위 피고인들은 임무위배행위를 하지 아니하였다고 주장한다.

(나) 판 단

배임죄에서의 임무위배행위는 처리하는 사무의 내용과 성질 등 구체적 상황에 비추어 법령의 규정, 계약 내용 또는 신의성실의 원칙상 당연히 하여야 할 것으로 기대되는 행위를 하지 않거나 당연히 하지 않아야 할 것으로 기대되는 행위를 함으로써 본인과 맺은 신임관계를 저버리는 일체의 행위를 말하고(대법원 1994. 9. 9. 선고 94도902 판결, 대법원 2004. 7. 9. 선고 2004도10 판결 등 참조), 어떠한 행위가 임무위배행위에 해당하는지 여부는 그 사무의 성질과 내용, 사무집행자의 역할과 지위, 행위 당시의 구체적 상황에 따라 그 행위가 신의칙에 비추어 통상의 업무집행의 범위를 일탈하였는가에 따라 판단하여야 한다(대법원 2007. 11. 15. 선고 2007도6075 판결 등 참조).

피고인들이 골프장 건설사업을 영위하기 위하여 명의대여자를 물색하고 공소외 5 주식회사를 설립한 후 부산저축은행으로부터 위 명의대여자들

및 공소외 5 주식회사 이름으로 대출을 받아 골프장 사업자금에 충당한 행위는 실질적으로는 투자, 형식적으로는 대출의 양면성을 지니고 있으므로 양쪽 측면에서 각각 임무위배 여부를 검토해 보기로 한다.

1) 투자 측면에서의 검토

① 피고인들은 상호저축은행의 임직원들로서 상호저축은행법, 금융산업의 구조개선에 관한 법률, 부동산 실권리자명의 등기에 관한 법률 등을 준수하여야 할 업무상의 임무가 있음에도 골프장 건설사업을 직접 영위하고자 위 각 법률에 저촉되는 행위를 감행한 점,

② 또한 위와 같이 불법적으로 골프장 건설사업을 영위함에 있어서도 사전에 객관적인 자료를 토대로 사업타당성 검토를 충분히 해 보지 아니하였고, 특히 곡성 골프장의 경우에는 그 부지매입가격이 주변의 다른 골프장에 비하여 저렴하다는 이유만으로 사업성이 있다고 쉽게 판단하여 버린 점,

③ 피고인들은 골프장 부지를 매입함에 있어 공소외 6 주식회사 및 공소외 35 주식회사의 사업성 검토를 거쳤다고 주장하나, 공소외 6 주식회사 및 공소외 35 주식회사는 위 피고인들에게 부지 매입을 권유한 사람이 소속된 회사들이고 더욱이 공소외 6 주식회사는 위 은행이 세운 특수목적법인이므로, 이들로부터 공정하고 객관적인 검토결과를 기대하는 것 자체가 무리이고, 그나마 위 회사들의 검토결과가 위 은행에 제출된 시기도 골프장 부지매입이 이미 상당 부분 진행된 이후의 일인 점,

④ 피고인들은 골프장 부지의 입지조건, 토지현황, 공법상의 제한에 대하여도 형식적인 현지 답사, 토지이용계획확인서 확인 등의 조치만 취하였을 뿐 전문가에 의한 실지조사와 토지감정평가, 도시기본계획 확인 등의 조치는 취하지 아니한 점,

⑤ 피고인들은 주로 자신들의 친인척들로 구성된 명의대여자들에게 불요불급한 급여 등을 지급해 오는 한편, 공소외 6 주식회사의 직원들에게 불필요한 격려금을 지급해 왔으며, 별다른 인적, 물적 조직이나 고정 업무가 없는 공소외 5 주식회사에 매월 과다한 운영비를 책정하여 지급하여 온 점,

⑥ 피고인들은 공소외 5 주식회사로 하여금 부산저축은행의 지급보증하에 공소외 40 저축은행으로부터 25억 원을 대출받게 하고 공소외 40 저축

은행에 11억 원 이상의 이자 및 수수료를 지급하게 하기도 한 점

등을 종합해 볼 때, 위 피고인들은 객관적이고도 충분한 사업성 검토도 거치지 아니한 채 관련 법령을 위반하여 스스로 골프장 건설사업을 영위할 목적으로 상호저축은행의 돈을 방만하게 사용함으로써 위 은행 임직원들으로서의 임무를 위반하였다고 할 것이다.

2) 대출 측면에서의 검토

① 피고인들이 상호저축은행의 임직원들로서 대출신청인에게 대출을 시행함에 있어 당연히 거쳐야 하는 대출신청인의 재정상태나 재무구조, 변제자력 및 대출신청인이 추진하고자 하는 사업의 타당성 검토를 제대로 거치지 아니하였고 여신심사위원회의 심사도 거치지 아니한 점,

② 담보한도 설정비율에 따른 근저당 설정, 담보물의 가치에 대한 조사절차(감정평가, 실지조사 및 조사가격의 확인, 담보물건에 대한 심사)를 규정하고 있는 담보물조사규정 및 그러한 규정을 준수하도록 정해놓은 내부통제규정을 지키지 아니하고 A골프장 사업에 177억 원이 넘는 금액을, 곡성 골프장 사업에는 36억 원이 넘는 금액을 만연히 대출하여 준 점,

③ 또한 위 피고인들이 명의대여자들 앞으로 대출을 시행함에 있어서는 대출채권확보를 위하여 즉시 해당 골프장 부지에 근저당권을 설정함이 마땅함에도 이러한 조치를 취하지 아니한 점,

④ 위 피고인들로서는 신규대출 이후에도 그 여신이 적절한 용도로 사용되고 있는지 감시하고 자금의 지원규모가 적정한지 여부를 검토하여 적정한 여신관리를 하여야 함에도 이를 게을리한 점,

⑤ 특히 위 피고인들은 부산저축은행으로부터 대출받은 대출금이 명의대여자들에 대한 급여, 공소외 6 주식회사 직원에 대한 격려금, 공소외 5 주식회사의 운영비, 공소외 40 저축은행에 대한 수수료 등으로 불필요하게 사용되고 있음을 알고 있었거나 충분히 알 수 있었음에도 계속하여 추가대출을 시행하여 온 점,

⑥ 심지어 울산광역시장이 2005. 7. 13. 울주군수의 도시기본계획 변경건의를 반려함으로써 A 골프장 부지에서의 골프장 건설이 불가능하다는 점이 명백해진 이후에도 계속하여 공소외 5 주식회사 운영자금 용도의 추가대

출을 동일하게 시행하여 온 점 등에 비추어 보면,

위 피고인들은 대출 관련 내부 규정과 절차를 무시한 채 상환능력이 검증되지 아니한 개인과 극히 불투명한 사업계획을 가진 사업시행자에게 대출채권확보조치도 제대로 하지 아니한 상태에서 신규대출을 시행한 후 그 여신관리도 부실하게 하면서 만연히 추가대출을 계속 시행함으로써 위 은행 임직원으로서의 임무를 위반하였다고 할 것이다.

따라서 위 피고인들 및 그 변호인들의 위 주장은 어느 모로 보나 이유 없으므로 받아들이지 아니한다.

(3) 손해가 발생하지 않았다는 주장에 대한 판단

(가) 변소의 요지

피고인들이 골프장 사업을 하면서 대출금을 토지구입비, 법인 운영비, 진입도로비용, 설계비 및 건설사업관리비용 등으로 사용하였다고 하더라도, 이러한 비용은 골프장 사업을 하기 위하여 필수적이거나 골프장 사업의 위험성을 줄이는데 유효·적절한 사용이라고 할 것이므로 그 액수가 부당하게 과다하지 아니하는 한, 위와 같은 용도로 대출금을 사용하였다는 것만으로는 손해가 발생하였다고 할 수 없고, 더욱이 위 피고인들이 골프장 부지로 구입하여 놓은 토지가격이 상승하여 그 자체만으로도 수익성이 적지 않을 뿐 아니라 나아가 차후에 골프장이 완성될 경우의 수익이 200억 원을 상회할 것으로 예상되기 때문에, 위 피고인들의 골프장 사업추진으로 인하여 부산저축은행에 손해가 발생한 것은 없다고 주장한다.

(나) 판 단

업무상배임죄에 있어 본인에게 재산상의 손해를 가한다 함은 총체적으로 보아 본인의 재산상태에 손해를 가하는 경우, 즉 본인의 전체적 재산가치의 감소를 가져오는 것을 말하는 것으로, 현실적인 손해를 가한 경우뿐만 아니라 재산상 실해 발생의 위험을 초래한 경우도 포함되며, 재산상 손해의 유무에 대한 판단은 법률적 판단에 의하지 아니하고 경제적 관점에서 파악하여야 한다(대법원 2007. 3. 15. 선고 2004도5742 판결 등 참고).

① A골프장 부지는 국토의 계획 및 이용에 관한 법률, 도시계획시설의 결정·구조 및 설치기준에 관한 규칙뿐만 아니라 체육시설의 설치·이용에

관한 법률, 동법 시행령, 골프장의 입지기준 및 환경보전 등에 관한 규정상 골프장 건설이 불가능한 용도지역과 입지조건을 가지고 있어 골프장 건설사업을 더 이상 진행할 수가 없는 점,

② 곡성 골프장 부지의 경우 사업타당성 검토도 없이 부지 매입을 한 후에 구체적인 사업계획을 세우지도 못하고 방치하고 있다가 이 사건이 문제되자 그 부지의 대부분을 제3자에게 매각한 점에 비추어,

앞서 본 위 피고인들의 임무위배행위로 말미암아 상호저축은행으로서는 자신이 출연한 범죄일람표(1), (2) 기재 대출금 합계액 상당(A골프장 사업 17,779,636,573원, 곡성 골프장 사업 3,600,081,433원)의 자금회수가 극히 불투명해지게 되는 위험에 빠지게 되었다고 할 것이므로, 위 피고인들 및 그 변호인들의 위 주장은 받아들이지 아니한다.

(4) 별지 범죄일람표 (1), (2) 기재 이익귀속자들이 재산상 이익을 취득하지 아니하였다는 주장에 대한 판단

(가) 변소의 요지

별지 범죄일람표(1), (2)의 이익귀속자란에 기재된 이익취득자들은 급부와 반대급부가 서로 균형을 이룬 거래행위의 일방당사자일 뿐 부당하게 과다한 돈을 지급받은 바 없으므로 위 피고인들의 임무위배행위로 인하여 재산상 이익을 취한 것은 없고, 따라서 위 피고인들에 대하여 배임죄가 성립하지 아니한다고 주장한다.

(나) 판 단

부실대출에 의한 업무상배임죄가 성립하는 경우에는 담보물의 가치를 초과하여 대출한 금액이나 실제로 회수가 불가능하게 된 금액만을 손해액으로 볼 것은 아니고, 재산상 권리의 실행이 불가능하게 될 염려가 있거나 손해발생의 위험이 있는 대출금 전액을 손해액으로 보아야 하며, 그것을 제3자가 취득한 경우에는 그 전액을 특정경제범죄 가중처벌 등에 관한 법률 제3조에서 규정한 제3자로 하여금 취득하게 한 재산상의 가액에 해당하는 것으로 보아야 한다(대법원 2000. 3. 24. 선고 2000도28 판결 등 참고).

배임죄에서 말하는 재산상 이익이라 함은 전체 재산상태의 보다 유리한 형성 그 자체를 의미하는바, 위 피고인들의 배임행위로 인하여 상호저축은행

에게 발생한 재산상 손해는 별지 범죄일람표(1), (2) 대출금의 합계액 상당액임은 위에서 본 바와 같고, 한편, 피고인 4의 진술서, 수사보고(대출금 현황 및 사용내역첨부, 2003. 7. 7. 이후 명의대여자들의 지출내 중 배임액수 산정)에 의하면, 위 각 금원이 대출의 형식을 거쳐 별지 범죄일람표(1), (2) 기재 이익귀속자들에게 각 지급된 사실 또한 인정할 수 있으므로, 위 각 이익귀속자들은 위 각 금원에 대한 반대급부의 내용이나 급부 상호간의 균형성과 관계 없이 위 피고인들의 배임행위로 인하여 재산상 이익을 취득하였다고 볼 것이다.

따라서 배임죄에서 말하는 재산상 이익이 급부와 반대급부의 부당한 차액임을 전제로 한 위 피고인들과 그 변호인들의 위 주장은 이유 없다.

2. 原審 判決[5][6]

(1) 배임 관련 항소이유의 요지[7]

피고인들은 부산저축은행의 임원들로서 수익을 창출하기 위하여 골프장 건설사업을 추진한 것이므로 피고인들에게 '제3자에게 이익을 취득하게 하고 은행에 손해를 가한다'라는 배임의 고의가 없었고, 피고인들이 골프장 사업을 추진함에 있어 관련 법령을 위반하기는 하였지만 은행의 이익을 보호하는 임무를 위반하지는 않았으며, 그 외에도 본인에게 재산상 손해를 가하거나 제3자에게 이익을 취득하게 한 바 없으므로, 피고인들에 대한 배임죄의 공소사실을 유죄로 인정한 원심 판결에는 사실오인이나 법리오해의 위법이 있다는 것이다.

(2) 판　　단

피고인들에게 배임죄의 고의가 있는지 여부에 관하여 판단하기로 하되, 그러기 위하여 먼저 피고인들이 이 사건 골프장 사업을 추진하게 된 배경과 그 경과에 관하여 살펴본 다음에, 배임죄의 고의에 관한 법리를 검토하고, 공소사실에 따라 이 사건 피고인들에 대하여 배임죄를 인정할 수 있는지 여

5) 부산고등법원 2009. 12. 3. 선고 2009노514 판결.
6) 피고인 1, 2, 3, 4, 5. 부분 파기되었다. - 피고인 1, 2, 3, 4, 5 배임죄는 무죄 선고.
7) 제1심에서 주장한 내용과 같다.

부를 검토하기로 한다.

(가) 기초사실 (피고인들의 골프장 사업 추진 배경과 경과)

1) IMF 구제금융과 저축은행의 영업환경

IMF 구제금융 시기 극심한 경제불황에 따라 제1,2금융권은 물론 저축은행 업계도 부실대출이 급증하였고(200여 개이던 저축은행 숫자가 100여 개로 줄었다), 이에 따른 금융자율화 조치의 시행으로 제1금융권의 숙박시설, 유흥업소 등에 대한 여신제한이 해제된 반면, 저축은행에 대하여는 지점설치 제한, 동일인 여신한도 제한 등 규제가 강화되어 저축은행 업계의 영업환경이 악화되었다. 그런데 2001년경부터 실시된 예금자보호제도에 따라 시중은행보다 금리를 높게 운영하는 저축은행의 수신고가 급증하게 되었다.

2) 프로젝트 파이낸싱(PF)

저축은행은 위와 같은 여신시장의 축소와 수신고의 증가에 따라 서민들을 대상으로 하는 "고금리 소액 신용대출"이나 또는 고수익 상품에 투자성 대출을 하는 "프로젝트 파이낸싱(PF)" 상품을 새로운 수익모델로 취급하게 되었다.

저축은행은 PF 대출을 통하여 고금리의 수익을 얻기도 하였으나, 사업시행자들이 대출금을 다른 곳에 사용하거나, 어음이나 수표를 남발한 후 부도를 내기도 하였으며, 사업시행자 측 내부 분쟁으로 회사가 도산하는 등 소위 '시행자 리스크' 문제에 직면하기도 하였다. 저축은행 업계에서는 이를 피한다는 명목으로 직접 투자 사업을 수행하는 경우도 생겨났다.

3) 부산저축은행과 계열 저축은행 및 피고인들의 지위

부산저축은행은 국내 굴지의 저축은행으로서 비상장 주식회사이고, 그 주식은 피고인 3 약 26%, 피고인 2 약 12%, 피고인 5 약 7% 등으로 피고인들을 비롯한 부산저축은행의 경영권자들이 50% 이상을 소유하고 있다. 부산2저축은행, 중앙부산저축은행은 부산저축은행의 계열 저축은행으로 부산저축은행의 임원들인 피고인들이 부산저축은행을 경영하면서 부산2저축은행, 중앙부산저축은행도 사실상 지배하고 있다.

4) 부산저축은행의 건설사업 진출

피고인들은 2002. 4.경 당시 부산저축은행에 수백억원에 이르는 대출금

채무를 연체하고 있던 공소외 17 주식회사를 인수하였는데 공소외 17 주식회사는 재정상태가 불량하고 공사실적이나 건설회사 평가점수도 저조하였기 때문에 2002. 4. 26. 공소외 17 주식회사의 분할을 통하여 공소외 6 주식회사를 설립하였다.

피고인들은 공소외 6 주식회사를 종합건설사 및 건설사업관리용역(CM, Construction Management) 회사로 운영하면서 특급기술사, 고급기술사 10여 명 등 30여 명 이상의 직원을 두었으며, 피고인들이 공동주택 건설분양사업 등 각종 사업을 추진할 때에는 공소외 6 주식회사의 직원들로 하여금 사업성을 검토하게 하고, 실제로 사업 추진을 하는 경우에는 사업건 별로 특수목적법인을 설립하여 10여 개 이상의 특수목적법인이 설립되었다.

5) 울주군 두서면 골프장 부지 매입과정

피고인들이 공소외 6 주식회사의 이사로 채용한 피고인 6은 2002. 11.경 공소외 18로부터 울산 울주군 두서면 인보리 (지번 생략) 외 21필지 957,813평(3,166,323㎡)을 소개받은 후 이를 피고인 1에게 골프장 부지로 추천하였다.

피고인들은 현장답사, 토지이용계획확인서 등을 검토하고, 그 부지의 면적이 100만 평에 가깝고 그중 상당 부분이 목장으로 사용되고 있었던 관계로 완만한 초지로 형성되어 골프장 조성이 용이할 뿐 아니라 소유자가 한 명인데다가 제시하는 가격도 평당 5,000원 정도로서 저렴하다고 판단하여 이를 매입하기로 하였다.

그리하여 피고인들은 2002. 12. 6. 당시 위 부지의 소유자인 공소외 14로부터 이를 47억 5,000만 원(평당 4,959원)에 매수하였는데, 매수인은 은행직원의 지인이나 친척인 공소외 13 등 5인 명의로 하고, 그들 명의의 대출서류를 작성하여 인출한 은행 자금으로 토지대금을 지급한 다음 그들 명의로 소유권이전등기를 마쳤다.

6) 본격적인 골프장 사업 추진

피고인들은 위와 같이 매입한 두서면 일대 토지에 골프장 건설 사업을 추진하기 위하여 2003. 12. 29. 공소외 36 주식회사에 골프장 기본설계, 진입도로 실시설계, 문화재 지표조사, 환경영향평가, 토지적성평가, 교통영향평가, 시설결정 및 기본설계 등의 용역을 맡겼으며, 2004. 3.경 골프장 사업 시행사로 공소외 5 주식회사를 설립하고(이하 피고인들이 건설을 추진한 골프장을 'A골프장'이라 한다), 세계 유수의 골프장 코스 디자인 업체인 '게리플레이어디자인(Gary Player Design)'사와 접촉할 수 있는 공소외 4를 대표이사로, 피고인 5의 처남 공소외 19를 이사로, 대표이사 공소외 4의 지인 공소외 20과 피고인 5의 인척 공소외 21를 각 감사로 등재하고, 골프장 건설·분양에 업무경험이 있던 공소외 22를 상무로, 울주군 부군수 출신 공소외 23, 울주군 공무원 출신 공소외 24 등을 직원으로 채용하였으며, 공소외 5 주식회사의 운영비를 월 5,000만 원으로 책정하여 지급하면서 서울, 울산 두 곳에 사무소를 차리고 운영하였다.

그리고 2004. 4.경 공소외 36 주식회사에서 조사·분석하여 작성한 도시관리계획 변경 결정신청서(골프장 건설사업의 개요, 이를 위해 필요한 도시관리계획 변경의 내용, 프장 건설 사업계획의 내용, 환경성, 교통성 검토 등의 내용이 들어 있다)를 울주군청에 제출하였고, 피고인 6으로 하여금 울주군의 인허가를 위하여 활동하게 하고, 2004. 6.경 울주군민들의 청원서를 제출하게 하였다.

2004. 11. 17. 위 부지 중 골프장 용지로 사용할 427,805평을 매매가격은 골프장 인허가를 전제로 237억 5,100만 원(평당 55,518원 가량)으로 정하여 공소외 5 주식회사로 소유권이전등기를 하였고, 2005. 4. 6. 공소외 5 주식회사 명의로 공소외 25 주식회사와 골프장 인허가를 조건으로 공사대금 405억 원에 A골프장(총 27홀의 골프코스 및 클럽하우스, 부대시설)을 건설하기로 하는 기본약정서를 작성하였고, 공소외 25 주식회사는 골프장 회원권 350구좌를 한 구좌 당 2억 원에 책임 분양한다는 부가 약정을 하였다.

피고인들은 2005. 5.경 공소외 5 주식회사 이름으로 개리플레이어디자인사와 코스디자인 설계계약을 체결하였고, 공소외 6 주식회사는 A골프장 건설사업에 관하여 공소외 36 주식회사 작성 자료 등을 취합하여 2005. 2.경 A골프장의 입지여건분석, 사업수지분석(27홀, 회원수 599, 분양권대금 최대 1,500억, 최소 1,300억, 수익금 최대 00억, 최소 250억), 추진일정 등을 담은 공소외 5 주식회사 명의의 사업계획서를 작성하여 이를 피고인들에게 제출하였다.

7) 울산광역시장의 도시기본계획 변경건의 반려

울주군수는 공소외 5 주식회사의 민원에 따라 A골프장 등을 울주군의 관광개발계획으로 삼아 이를 추진하기 위하여 2005. 5. 13. 울산광역시장에게 도시기본계획 변경을 건의하였으나, 울산광역시장은 2005. 7. 13. 울산 시민들의 반대, 골프장 부지가 2004. 12. 1.에 지정된 상수원보호구역으로부터 유하거리 20km 이내에 있다는 등의 이유로 이를 반려하였다.

8) 곡성골프장 부지 매입

피고인들은 2002. 8.경 피고인 4의 지인 공소외 8로부터 전남 곡성군 목사동면 대곡리 산 125-1 외 30만 평이 있는데 위치, 수요, 토지형태 등이 좋으며, 다른 골프장 용지보다 저렴한 평당 45,000원 정도에 토지를 매입할 수 있다는 의견을 제시받고, 공소외 6 주식회사의 자문을 거쳐 위 부지를 매입하기로 결의하고, 공소외 8에게 토지매입 작업을 의뢰하였다.

피고인들은 명의대여자인 공소외 3 등의 명의로 대출서류를 작성하여 인출한 은행의 자금 36억 원을 들여 20만 여 평의 부지를 매수하였고, 공소외 3 등의 이름으로 소유권이전등기를 마쳤는데, 개발가능성에 대한 기대로 잔여 토지의 가격이 상승함에 따라 2005. 6. 이후 토지매입 작업을 중단하였고, 매입하였던 토지를 2008. 12. 공소외 26 주식회사에 38억 원으로 매도하고 2009. 2. 24.까지 35억 원의 매매대금을 지급받았다.

(나) 배임죄의 고의에 관한 법리

업무상 배임죄의 고의는 업무상 타인의 사무를 처리하는 자가 본인에게 재산상의 손해를 가한다는 의사와 자기 또는 제3자의 재산상의 이득의 의사가 임무에 위배된다는 인식과 결합되어 성립되는 것이며, 이와 같은 업무상 배임죄의 주관적 요소로 되는 사실(고의, 동기 등의 내심적 사실)은 피고인이 본인의 이익을 위하여 문제가 된 행위를 하였다고 주장하면서 범의를 부인하고 있는 경우에는 사물의 성질상 고의와 상당한 관련성이 있는 간접사실을 증명하는 방법에 의하여 입증할 수밖에 없고, 무엇이 상당한 관련성이 있는 간접사실에 해당할 것인가는 정상적인 경험칙에 바탕을 두고 치밀한 관찰력이나 분석력에 의하여 사실의 연결 상태를 합리적으로 판단하는 방법에 의해야 하며, 위와 같은 간접사실에 의하여 본인의 이익을 위한다는 의사는 부수적일 뿐이고 이득 또는 가해의 의사가 주된 것임이 판명되는 경우에 배임죄의 고의가 존재한다고 볼 것이다(대법원 2003. 2. 11. 2002도5679, 1999. 6. 25. 99도1141 판결).

그리고 투자행위에는 원천적으로 위험이 내재하므로 임직원들이 아무런 개인적인 이익을 취할 의도 없이 선의에 기하여 가능한 범위 내에서 수집된 정보를 바탕으로 기업의 이익에 합치된다는 믿음을 가지고 신중하게 결정을 내렸다 하더라도 그 예측이 빗나가 기업에 손해가 발생하는 경우가 있을 수 있는바, 투자행위를 한 경영자에게 배임의 고의와 불법이득의 의사가 있었는지 여부를 판단할 때에는, 문제된 투자 판단에 이르게 된 경위와 동기(부정한 사례금의 수수나 정실관계 등의 개재 여부가 주요한 고려인자 될 수 있다. 대법원 1987. 3. 10. 선고 81도2026 판결 참조), 판단 대상인 사업의 내용, 기업이 처한 경제적 상황, 손실발생의 개연성과 이익획득의 개연성 등 여러 사정을 고려하여 자기 또는 제3자가 재산상 이익을 취득한다는 인식과 본인에게 손해를 가한다는 인식하의 의도적 행위임이 인정되는 경우에 한하여 배임죄의 고의를 인정하는 엄격한 해석을 하여야 하고, 그러한 인식이 없는데 단순히 본인에게 손해가 발생하였다는 결과만으로 책임을 묻거나 주의의무를 소홀히 한 과실이 있다는 이유로 책임을 물을 수는 없다고 할 것이다(대법원 2004. 7. 22. 선고 2002도4229 판결 참조).

(다) 개별 쟁점 검토

1) 법령 위반의 점

피고인들의 행위가 상호저축은행법[8] 등에 위배된다고 하더라도 이로써 곧바로 배임죄의 고의를 인정할 수는 없다. 즉 배임죄는 타인에게 사무 처리를 위임한 본인의 재산을 보호하는 재산범죄인바, 피고인들이 위반한 상호저축은행법, 부동산 실권리자명의 등기에 관한 법률 등의 해당규정들이 상호저축은행의 재산보호를 직접 목적으로 규정된 것이라고 볼 수 없으며, 피고인들의 법령위배 행위는 피고인들의 임무위배 여부를 판단할 사유로 볼 수는 있지만, 법령위배 행위 자체로 본인에게 재산상 손해를 가하고 피고인들 자신이나 제3자에게 이익이 된다고 평가할 수는 없다.

2) 토지감정평가 및 사업타당성조사의 점

피고인들이 사업타당성을 검토하지도 않고 자신들이나 제3자의 이익을

---

8) 상호저축은행법 제18조의2, 금융산업의 구조개선에 관한 법률 제24조 제1항.

도모하기 위하여 사업을 추진한 것이 아닌가 하는 의심이 든다.

그러나 앞서 본 증거들에 의하여 인정되는 다음과 같은 사정 즉, A골프장 부지의 경우 95만 평에 이르는 넓은 토지를 한 사람의 소유자로부터 평당 5,000원 미만으로 매수할 수 있는데다가 그 부지 중 22만 여 평은 목장부지로 사용되고 있던 초지였으므로 골프장 조성 공사비가 절감될 수 있는 점, 곡성골프장 부지의 경우 호남지역의 골프장이 9개인데 연간 이용객이 150만 명으로 수요가 많으며 위치상으로도 순천에서 10분, 광주에서 20분, 여수에서 30분, 광양제철소에서 30분 거리이며 다른 골프장 용지보다 저렴한 평당 45,000원 정도에 토지를 매입할 수 있다는 의견에 따라 36억 원을 들여 20만 여 평의 부지를 매수한 점, 피고인들은 매수 당시 토지가격 상승과 전매에 따른 투자가치도 고려하였고, 실제로 곡성골프장 용지의 경우 잔여 토지의 가격 상승에 따라 토지매입 작업을 중단한 뒤 2008. 12. 공소외 26 주식회사에 38억 원으로 매도할 수 있었던 점, 한편 골프장 건설 사업에 있어 사업부지 자체가 골프장 건설이 이미 가능한 경우는 드물고 대체로 농림지역이나 보전관리지역을 계획관리지역 등으로 용도를 변경하는 방식으로 추진하는 것이 일반적인 점, 따라서 A골프장 부지의 용도가 농림지역이나 보전관리지역이었다는 사정만으로 피고인들이 추진한 A골프장 건설 사업의 타당성이 전혀 없었다고 볼 수 없는 점, 울주군도 2004. 9.경 A골프장 건설을 울주관광종합개발계획으로 삼고 있었으며, 울주군수는 2005. 5. 13. A골프장 인허가를 위하여 울산광역시장에게 도시기본계획변경을 건의한 점, 울주군수의 건의에 따라 울산광역시의 도시기본계획이 변경되었다면 피고인들이 추진하던 A골프장 건설 사업에 대한 인허가 가능성이 높았을 것으로 보이는 점, 한편 공소외 25 주식회사는 A골프장의 접근성, 울산 지역의 골프수요량, A골프장 부지의 공사 용이성 등을 고려하여 공소외 5 주식회사 측의 골프장 건설 사업 인허가 취득을 전제로 2005. 4. 6. 공사대금 405억 원에 총 27홀의 A골프장 건설공사계약을 체결하면서 골프장 회원권 350구좌를 한 구좌 당 2억 원에 책임분양하기로 약정한 점, A골프장 용지가 있는 두서면 일대가 2004. 12. 1. 상수원보호구역으로 지정됨에 따라 A골프장 건설 사업 인허가 가능성이 낮아졌으나, 위 문화체육관광부 고시에 의하면 목장용지를 골프장으로 전환하는 경우는 상수원보호구역으로부터의 이격거리를 5km 이상으로 축소하는 등의 내용으로 규제가 완화되어 있고, 피고인들이 매수한 부지 중 22만 평 정도가 목장용지로 이용되고 있었던 점, 골프장 조성과 같은 대규모의 건설 사업은 장기간의 민원활동을 통하여 이루어질 가능성이 있는 점 등을 종합하여 살펴보면, 피고인들이 골프장 용지를 매입하거나 골프장 건설 사업을 추진하면서 사업 타당성을 전혀 검토하지 않고 골프장 건설 사업이 불가능하다고 인식하면서도 자신들이나 제3자의 이익을 도모하기 위하여 이를 추진한 것이라고는 보기 어렵다.

3) 명의대여자들에게 지급한 월 급여 등 소요경비

명의대여자들은 대출금상환이 불가능해지거나 이사로 등재된 공소외 5 주식회사가 부도날 경우 법적 분쟁에 휘말릴 위험성을 배제할 수 없고, 명의대여에 따른 금융기관, 관공서 방문 등의 불편을 겪어야 하므로 피고인들이 명의를 대여한 사람들에게 지급한 경비가 아무런 대가 없는 것이라고 볼 수 없는 점, 피고인들로서는 저축은행 명의로 골프장 용지를 매수하고 골프장 건설 사업을 추진하는 것이 법령상 금지되어 있으므로 골프장 건설 사업을 추진하기 위해서는 상당한 비용을 지급하더라도 신뢰할 수 있는 명의대여자들을 구하여야 할 필요가 있었던 점, 한편 공소외 5 주식회사의 대표이사로는 세계 유수의 골프장 디자인 업체인 게리플레이어디자인사와 접촉할 수 있는 공소외 4가 선임되었고, 골프장 건설・분양에 경험이 있던 공소외 22가 상무로 채용되었으며, 공소외 23 전 부군수 등 전직 울주군 공무원이 부사장 등으로 근무하였고, 서울, 울산 두 곳의 사무소가 운영되었으며. 피고인들은 공소외 5 주식회사로 하여금 2004. 4.경 공소외 36 주식회사에 용역을 주게 하여 도시관리계획 결정신청서(입안제안서)를 제작하였고, 2005. 5.경 개리플레이어디자인사와 코스디자인 설계계약을 체결하였고, 2004. 6.부터 2005. 10.까지 주민들을 통하여 1차 422명, 2차 971명에 달하는 울주군 주민들의 도시기본계획의 변경 청원을 이끌어 내는 등의 작업을 진행하였는바, 여기에 상당한 경비가 소요될 것으로 보이므로 위와 같이 지급된 운영비가 전혀 불필요한 것이었다고 볼 수 없는 점, 피고인들은 골프장 건설 사업을 추진하면서 위와 같은 지출 이외에도 토지대금, 진입도로관련비용, 금융비용, 설계비용, 건설사업관리비용 등을 지출하여 왔는바, 피고인들이 그러한 용도로 사용한 은행의 자금이 이와 대등한 경제적 대가 없이 지출되었다고 볼 증거가 없는 점 등에 비추어 보면, 피고인들이 은행 자금을 다소 방만하게 지출한 것이 아닌가 하는 의심이 들 여지가 없는 것은 아니지만, 피고인들이 은행의 자금을 자신들의 이익이나 공소사실에 적시된 거래상대방의 이익을 도모하기 위하여 사용하였다고 쉽사리 단정할 수 없다.

4) 채권확보 미조치의 점

피고인들은 명의대여자들을 구하여 그들 명의로 대출서류를 꾸며 인출한 은행자금을 사용하면서 담보대출에 관한 담보물 조사절차 규정을 준수하지 않았고, 명의대여자들 앞으로 소유권을 취득한 골프장 부지에 대하여 매수 즉시 근저당권을 설정하지 않은 사실이 인정되지만, 다른 한편 골프장 부지에 관한 등기필증은 피고인들이 보관하고 있었고, 차후에 근저당권을 설정한 사실이 인정되는바, 피고인들은 은행자금을 인출할 근거로 대출형식을 취한 것일 뿐 실제로 대출을 한 것이 아니므로 대출규정의 준수 여부를 논할 것이 아니고, 피고인들이 은행자금으로 토지소유권을 취득하고 이를 명의대여자들 앞으로 등기명의를 신탁하여 둔 것이므로 이에 대하여 그 즉시 근저당권을 설정하여 두지 않았다는 사정은 명의대여자들의 배신적인 토지처분을 방지하기 위한 자산보전 관리 사무에 과실이 있다는 사유로 볼 수 있을지언정 이를 배임죄의 고의를 인정할 사유로 보기 어렵다.

5) 정실관계나 부정한 청탁의 존재 여부

피고인들이 그들을 포함한 은행 임직원들의 친인척으로부터 명의를 빌려 대출서류를 작성하고, 취득한 토지의 소유권을 이전하고 그들에게 월급 명목으로 100~200만 원씩을 지급하여 왔는바, 이에 관하여는 앞서 본 것처럼 피고인들이 골프장 건설 사업을 추진하려면 상당한 비용을 지급하고라도 신뢰할 수 있는 명의대여자들을 구하여야 할 필요가 있었고, 그들에게 지급된 월급 명목의 금원이 아무런 대가 없는 것이라고 볼 수 없는 점에 관하여는 앞서 살펴 본 바 있으며, 그 외에 다른 사업비를 지출함에 있어 피고인들이 부정한 청탁 내지 사례금을 받았다거나, 거래상대방과 정실관계에 따랐다는 점을 인정할 아무런 증거가 없다.

(라) 종합 검토

1) 피고인들은 저축은행의 임직원으로서 저축은행이 골프장 건설 사업을 추진할 수 없음에도 법령을 위반하여 골프장 건설 사업을 추진하면서 골프장 용지를 취득하여 이를 제3자 명의로 등기하고, 골프장 용지 매수와 골프장 사업 추진과정에 제3의 독립적이고 전문적인 기관에 의한 골프장 건설 사업 타당성 조사를 거치지 않았으며, 골프장 건설 인허가 조건이 악화된 상태에서도 골프장 건설 사업을 계속 추진하면서 그 비용을 다소 방만하게 운영하였다고 볼 여지가 없는 것은 아니다.

2) 그러나 위와 같은 피고인들의 행위가 각종 법령에 위배된다고 하여 이로써 피고인들에게 배임죄의 고의를 인정할 수는 없는 점, 피고인들이 골프장 용지 매수에 자체적인 조사와 논의를 거친 점, A골프장 용지에서의 골프장 건설 인허가에 각종 법령상의 제약이나 행정적인 규제가 있지만 일반적으로 골프장 건설 사업은 이러한 법령상 제약이나 행정적인 규제가 전혀 없는 상태에서 추진되는 것이 아니라 해당 용지의 용도변경 등 행정민원을 통하여 추진되는 것인 점, 골프장 건설 사업을 둘러싼 법령상 제약이나 행정적인 규제의 내용도 상황에 따라 변경될 수 있는 것인 점, 피고인들이 골프장 건설 사업에 상당한 비용을 지출하였으나 피고인들이 개인적인 정실관계 혹은 부정한 사례금이나 청탁을 받는 등의 배신적 요인으로 토지대금이나 설계대금 등을 허위로 부풀려 지급하였다고 볼 자료가 없는 점, 피고인들이 지출한 사업비가 아무런 대가 없이 사용된 것이라고 보이지 않는 점 등을 종합해 보면, 피고인들이 본인인 은행의 이익을 위해서가 아니라 은행에 손해를 가하고 공소사실에 적시된 제3자의 이익을 위한다는 의사로, 골프장 건설 사업을 추진하면서 은행 자금을 사용한 것이라고 단정하기 어렵고, 이를 인정할 만한 증거가 없다(즉, 배임죄의 범의가 없다).

3) 그러므로 임무위배나 재산상 손해 등 배임죄에 관한 객관적 구성요건을 살펴 볼 것 없이 범죄의 증명이 없는 경우에 해당하므로, 이를 유죄로 인정한 원심 판결에는 사실오인이나 법리오해의 위법이 있다.

[判決의 要旨][9]

1. 上告理由에 대한 判斷

(1) 업무상배임죄에 있어서의 고의는, 업무상 타인의 사무를 처리하는 자가 본인에게 재산상의 손해를 가하고 그로 인하여 자기 또는 제3자의 재산상 이득을 취한다는 의사와 그러한 손익의 초래가 자신의 임무에 위배된다는 인식이 결합되어 성립하는 것이다.

따라서 경영상 판단과 관련하여 경영자에게 배임의 고의와 불법이득의 의사가 있었는지 여부를 판단함에 있어서도, 문제된 경영상의 판단에 이르게 된 경위와 동기, 판단 대상인 사업의 내용, 기업이 처한 경제적 상황, 손실 발생의 개연성과 이익 획득의 개연성 등의 여러 사정을 고려하여 볼 때 자기 또는 제3자가 재산상 이익을 취득한다는 인식과 본인에게 손해를 가한다는 인식하의 의도적 행위임이 인정되는 경우에 한하여 배임죄의 고의를 인정하여야 하고, 그러한 인식이 없는데도 본인에게 손해가 발생하였다는 결과만으로 책임을 묻거나 단순히 주의의무를 소홀히 한 과실이 있다는 이유로 책임을 물어서는 안된다(대법원 2004. 7. 22. 선고 2002도4229 판결, 대법원 2007. 11. 15. 선고 2007도6075 판결 등 참조).

(2) 배임죄에서 말하는 임무위배행위는 처리하는 사무의 내용, 성질 등 구체적 상황에 비추어 법령의 규정, 계약 내용 또는 신의성실의 원칙상 당연히 하여야 할 것으로 기대되는 행위를 하지 않거나 당연히 하지 않아야 할 것으로 기대되는 행위를 함으로써 본인과 맺은 신임관계를 저버리는 일체의 행위를 말하므로, 경영자의 경영상 판단에 관한 위와 같은 사정을 모두 고려하더라도 법령의 규정, 계약 내용 또는 신의성실의 원칙상 구체적 상황과 자신의 역할·지위에서 당연히 하여야 할 것으로 기대되는 행위를 하지 않거나 하지 않아야 할 것으로 기대되는 행위를 함으로써 재산상 이익을 취득하거나 제3자로 하여금 이를 취득하게 하고 본인에게 손해를 가하였다면 그에 관한 고의 내지 불법이득의 의사는 인정된다고 할 것이다.

---

9) 원심 판결 중 피고인 1, 2, 3, 4, 5에 대한 무죄 부분이 모두 파기 환송되었다.

2. 原審의 判斷

「피고인들이 골프장건설을 추진하면서 상호저축은행법 등 관련 법령을 위반하였다는 점만으로는 곧바로 배임죄의 고의를 인정할 수 없고, 피고인들은 골프장 용지를 매입하거나 골프장건설을 추진하면서 사업타당성에 관하여 자체적인 조사와 논의를 거쳤으며, 일반적으로 골프장건설은 인허가상의 각종 법령상 제약이나 행정적인 규제가 있는 상태하에서 행정민원을 통한 해당 용지의 용도변경 등의 방법으로 추진되기도 하고, 피고인들이 위 추진 과정에서 부산저축은행 자금을 방만하게 지출하였다는 의심의 여지는 있으나 개인적인 정실관계 혹은 부정한 사례금이나 청탁에 기하여 토지대금 등을 부풀려 지급하였다거나 아무런 대가 없이 사업비를 지출한 것으로는 보이지 아니하므로, 피고인들이 부산저축은행에 손해를 가하고 제3자의 이익을 위한다는 배임의 의사가 있었다는 점에 대한 증명이 없다」는 이유로, 공소사실을 무죄로 판단하였다.

3. 原審 判斷의 排斥

(1) 원심이 인정한 사실관계에 따르면, 피고인들은 부산저축은행 임직원들의 친척 또는 지인 명의로 울주군 토지를 매수한 다음 피고인 4의 지인인 공소외 4를 대표이사로 내세워 이른바 특수목적법인(SPC)인 공소외 5 주식회사를 설립하고 공소외 5 주식회사에 대하여 자금을 대출하여 줌으로써 공소외 5 주식회사 명의로 골프장 건설사업을 추진하였다는 것인바, 원심이 인정한 사실과 그 채택 증거에 의하더라도 이와 같은 일련의 행위는 그 실질에 있어 부산저축은행이 직접 골프장 건설사업을 시행하기 위한 편법으로 이루어진 것임을 알아볼 수 있어 상호저축은행법 제11조에서 규정한 상호저축은행의 업무 범위나 부산저축은행 정관에 규정한 사업 범위를 벗어나는 것이자 상호저축은행의 비업무용 부동산 소유를 제한하는 상호저축은행법 제18조의2 제2호의 규정에 반하는 위법행위가 될 수 있고, 서민과 중소기업의 금융편의를 도모하고 거래자를 보호하며 신용질서를 유지함으로써 국민경제의 발전에 이바지함을 목적으로 하는 상호저축은행법의 목적(제1조), 그

업무의 범위 및 제한과 벌칙에 관한 규정(제11조, 제18조의2, 제39조) 등에 비추어 위와 같은 피고인들의 행위는 부산저축은행의 설립목적에 근본적으로 반하는 것이어서, 그럼에도 특수목적법인을 내세워 골프장 사업을 직접 추진해야 할 사회적·경제적 합리성 내지 필요성에 대한 소명이 없는 한 그 임원으로서의 임무에 위배되는 행위임이 분명하다.

(2) 그렇다면 그러한 배임행위로 인하여 부산저축은행에 재산상 손해를 야기하고 거래상대방에게 재산상 이익을 준 것에 대하여 피고인들에게 배임의 고의 내지 불법이득의 의사가 없었다고 볼 수는 없으며, 또한 이러한 경우가 정상적인 사업 진행의 과정에서 이루어진 경영상 판단에 대하여 단지 본인에게 손해가 발생하였다는 결과만으로 배임의 책임을 물을 수 없는 경우에 해당한다고 볼 수는 없다.[10)]

결국 원심이 피고인들에게 업무상배임의 고의가 없다고 보는 근거로 든 사정들, 즉 그 사업의 추진과정에서 사업타당성에 대한 조사와 논의를 거친 바 있고 편법적인 방법이기는 하지만 사업의 진행이 전혀 불가능한 것은 아니었으며 거래상대방의 부정한 사례금이나 청탁이 없었고 아무런 대가 없이 사업비를 지출한 것은 아니었다는 등의 사정만으로는 업무상배임죄의 책임을 면할 수 없다고 할 것이다.

(3) 더구나 원심 및 제1심이 적법하게 조사한 증거들에 의하면, 위 토지 매수 및 사업시행 결정 당시 피고인들은 부산저축은행의 지배하에 있는 공소외 6 주식회사의 이사 공소외 7로부터 울주군 토지를 골프장사업 부지로 추천받아 현장답사와 함께 토지이용계획확인서를 확인한 것 외에는 주변 토지의 시세 등에 비추어 그 토지가격이 적정한지 여부, 해당 토지에서 골프장 사업이 가능한지 여부 및 향후 예상수익 등 사업타당성에 관한 아무런 구체적인 검토를 거친 바 없고, 피고인들이 47억 5,000만 원에 구입한 울주군 토지는 불과 약 20일 전에 28억 원에 거래된 토지로서, 당시 울산광역시 도시기본계획상 농림지역 또는 보전관리지역에 위치한 탓에 국토의 계획 및 이

10) 위와 같은 강행법규 위반은 이사로서 선관의무와 충실의무를 다한 것이라고 볼 수 없고 경영판단이나 모험거래도 법령이나 회사 정관에 위배되지 않는 범위 내에서 이루어져야 하므로 상법상 배상책임을 부담한다고 본 판례로서는, 대법원 2002. 6. 14. 선고 2001다52407 판결; 대법원 2006. 11. 9. 선고 2004다41651 판결; 대법원 2007. 10.11. 선고 2006다33333 판결 등이 있다.

용에 관한 법률 제43조 제2항, 도시계획시설의 결정·구조 및 설치기준에 관한 규칙 제100조 제2호에 따라 골프장과 같은 체육시설을 설치할 수 없는 곳인 사실, 뿐만 아니라 2004. 12. 1. 울산 울주군 두서면 일대가 대곡댐 상수원보호구역으로 지정됨에 따라 그로부터 상류 방향 유하거리가 8~9㎞밖에 되지 아니하는 울주군 토지에서는 체육시설의 설치·이용에 관한 법률 제13조 제1항, 같은 법 시행령 제12조 제3호, 골프장의 입지기준 및 환경보전 등에 관한 규정(문화관광부 고시) 제2조 제1호의 규정에 저촉되어 골프장 건설이 아예 불가능해진 사실, 그럼에도 불구하고 피고인들은 위 명의대여자들이나 공소외 5 주식회사에 대한 대출 형식으로 공소외 1 저축은행의 자금으로 울주군 토지의 매입대금과 월 평균 5,000만 원에 달하는 공소외 5 주식회사의 운영비를 지출하는 등 무용하거나 과다한 비용을 계속적으로 지출하여 왔고, 이러한 비용지출은 피고인들이 2005. 5. 13. 울주군수를 통하여 제출한 도시기본계획 변경건의가 2005. 7. 13. 울산광역시장에 의하여 반려됨으로써 골프장건설이 사실상 무산된 이후에도 계속된 사실, 피고인들은 위 곡성군 토지에 관하여서도 피고인 4의 지인 공소외 8로부터 골프장 부지로 적합하다는 추천을 받고 이를 매입하는 과정에서 그 매입가격이 적정한지, 골프장 건설사업이 타당성이 있는지 등에 관하여 아무런 구체적 검토를 거치지 아니한 사실 등을 알 수 있는데, 이러한 사정들은 설령 공소외 1 저축은행의 특성 및 위 사업추진의 위법성을 논외로 하고 그 경영상 판단의 면에서만 본다고 하더라도 그 자체로서 업무상 임무위배의 점 및 배임의 고의를 인정하기에 충분하다.

(4) 사실관계가 이와 같다면, 피고인들은, 상호저축은행법 등 관계 법령에 위배되는 까닭에 부산저축은행이 실질적 당사자가 되어 시행하거나 보유할 수 없는 골프장 건설사업을 타인의 명의 등을 내세워 편법으로 추진하였을 뿐만 아니라, 임원으로서의 임무에 위배하여 구체적인 사업성 검토도 제대로 거치지 아니한 채 함부로 저축은행의 자금을 지출한 것이고, 이는 법령의 규정과 직무 내용은 물론 신의성실의 원칙상 당연히 하지 않아야 할 것으로 기대되는 행위를 함으로써 본인과 맺은 신임관계를 저버리고 그로 인하여 본인에게 재산상 손해를 가하였으며 제3자로 하여금 재산상 이익을 취

득하게 한 경우라고 할 것이다.

이와 달리 원심은, 그 판시와 같은 이유만으로 피고인들에게 업무상배임의 고의를 인정할 수 없다고 선불리 단정한 나머지 피고인들의 구체적인 임무위배행위 및 그로 인한 재산상 손해와 이익의 유무 등 업무상배임죄의 나머지 구성요건에 관하여는 살펴보지도 아니한 채 이 부분 공소사실을 유죄로 인정한 제1심판결을 파기하고 피고인들에게 무죄를 선고하였으니, 이러한 원심판결에는 업무상배임죄의 성립에 관한 법리를 오해한 위법이 있고, 이 점을 지적하는 상고이유는 이유 있다.

[評　　釋]

Ⅰ. 問題의 提起

자본주의 사회에서 주식회사는 자본주의 경제활동의 핵심 가운데 하나가 되어 왔다. 주식회사의 활동으로 인해 국가와 사회 발전이 비약적으로 이루어졌고 국민의 생활도 향상되었다. 하지만 그 발전의 이면에는 주식회사 자신이 범죄의 주체가 되어 부실공사, 부정식품, 공해 등 각종 범죄를 저지르고, 주식회사 대표이사 등 내부 경영진의 부정행위와 회사자본 부실화 등으로 주주, 채권자, 근로자, 소비자 등에 직간접으로 막대한 해를 끼치고 국민경제에 극심한 피해를 끼쳐 마침내 국가, 사회의 존립을 위태롭게 한 경우도 있다는 것을 우리는 기억하고 있다.[11)]

최근 언론에서 대서특필되어 온 저축은행 경영진의 회사에 대한 각종 배임 등의 타락상은 주식회사 경영진이 선량한 관리자의 주의의무와 충실의무를 준수하는 것이 얼마나 중요하고 또 주식회사 건전한 존립과 활동에 필수불가결한 존재라는 것을 여실히 느낄 수 있게 해주었다. 이런 점에서 앞서 언급한 2011. 10. 17. 선고된 부산상호저축은행 경영진의 배임행위에 대한 대

11) 합법적으로 조직된 기업 또는 그 구성원이 기업의 목적을 추구하는 과정에서 작위 또는 부작위에 의해 고용인, 소비자, 일반대중 그리고 다른 기업에 대해 인적, 물적 손해를 가하는 행위로 국가에 의해 처벌되는 행위를 '기업범죄'라고 규정하고 있으므로[사법연수원, 「신종범죄론」, (2010), 446면], 이러한 개념 하에서는 이사 측이 재산상 이익을 취하는 것과 같은 배임죄는 기업범죄에 포함되지 않는다고 볼 수도 있을 것이다.

법원 판결은 향후 상고심에서 선고되어질 다른 저축은행 관계자들 사건의 법률적 판단에 큰 영향을 미칠 것으로 본다.

비록 이 대법원 판결이 형법의 업무상 배임죄에 기반을 둔 것이지만 현재 상법 제3편 제7장 벌칙 회사 경영진의 임무 위배에 대한 각종 처벌 조항 가운데 배임죄와 밀접한 관련이 있는 부분을 종합적으로 검토하여 해석하는 데에도 큰 의미가 있으므로 이에 대하여도 함께 검토해보고자 한다.

Ⅱ. 株式會社 理事의 會社에 대한 背任罪

1. 序　　說

주식회사의 재산은 회사의 성립 및 존속의 근거이다. 소유와 경영이 분리된 주식회사에서 경영진이 회사의 재산에 손실을 가하는 횡령과 배임행위를 예방하고 제재하는 것은 주식회사의 존속을 담보하는 일이다. 그런데 횡령행위는 행위의 유형이 비교적 단순한데 반하여, 배임행위는 회사의 목적, 이사의 각종 임무 등에 비추어 형태가 다양하고 죄의 성립에 대한 판단이 어려운 경우가 많다.

주식회사의 이사(이하, '이사'라 한다)의 배임죄는 본인인 회사에 대하여 이사의 임무를 위배한 행위로서 이사 자신이 재산상 이익을 취득하거나 제3자로 하여금 이를 취득하게 하여[12] 회사에 손해를 가하는 범죄를 말한다. 그런데 이사는 본인인 회사를 위해 임무를 행할 경우 법률, 정관, 주주총회 또는 이사회의 결의에 따라 행하는 업무가 대부분이므로 이사의 회사에 대한 임무 위배는 업무상로 배임죄를 행하는 것이 된다.

이사의 업무상 배임행위에 대하여 우리나라는 형법과 상법에서 따로 규정하는 방식을 취하고 있는데 업무상 배임죄인 형법 제356조와 상법상 특별배임죄인 상법 제622조[13] 및 배임행위에 해당하지만 이사 측이 재산상 이익

---

12) 비록 이사 이외의 제3자가 재산상 이익을 취득하더라도 이사와 관련이 있는 자가 이득을 취하는 점을 볼 때, 이사 또는 제3자가 이득을 취하는 것을 이사 측이 이득을 취한다고 표현할 수 있다.

13) 상법 제3편 회사법 제7장의 벌칙 규정은 1962. 1. 20. 상법 제정 당시 1938년 개정된 일본 상법의 벌칙 조항이 도입된 것이다. 1933년 일본에서는 타이완은행의 은행장 이하 임원들이 배임죄가 문제가 되어 내각이 붕괴된 일이 있었다. 그 후 상법을 전면 개정할 때 주식회사 임직원의 배임죄가 한 나라의 내각을 붕괴시킬 정도로 엄청난 영향력을 갖고 있기

을 취하고 회사에 손해를 가하는 요건이 없어도 성립하는 상법 제625조 내지 제631조의 배임행위 처벌 조항이 있다.14)

앞으로 이사의 배임죄를 논함에 있어서는 형법상 업무상 배임죄와 상법상 특별배임죄를 중심으로 논하되 필요한 경우 이와 관련한 범죄도 부수적으로 논하고자 한다.

2. 刑法의 業務上 背任罪와 商法의 特別背任罪

형법 제356조 업무상 배임죄(이하, '업무상 배임죄')와 상법 제622조 특별배임죄(이하, '특별배임죄')는 서로 법조경합을 이루고 있으므로 어느 조항을 적용해도 무방하지만 다음과 같은 중요한 차이가 있다.

(1) 범죄의 주체

(가) 형법 제356조 업무상 배임죄의 주체는 주식회사 이사 등 경영진15) 을 비롯하여 타인의 재산 관리에 관한 사무의 전부 또는 일부를 대행하는 업무를 담당하는 자라면 그 주체에 제한이 없다. 여기서 업무란 사회생활상의 지위에 기하여 반복 또는 계속적으로 행하는 사무로서 반드시 직무 또는 직업으로 행해질 필요는 없고 겸무라도 무관하며, 본래 사무와 밀접한 관련이 있는 부수적으로 행하는 사무, 타인을 대신해서 사실상 행하는 사무도 포함된다. 따라서 범행 주체는 대단히 광범위하다.

(나) 상법 제622조 특별배임죄의 주체는 주식회사 설립자인 발기인, 합명회사나 합자회사의 정관에 정한 업무집행사원, 주식회사나 유한회사의 이사, 감사위원회 위원, 감사, 이사직무대행자, 주식회사의 감사직무대행자, 지배인, 기타 회사영업에 관한 어느 종류 또는 특정한 사항의 위임을 받은 사용인, 모든 회사의 청산인, 주식회사의 청산인 직무대행자, 설립위원 등에 국한된다. 따라서 형법상 업무상 배임죄는 상법상 특별배임죄를 포함하는 포괄

때문에 형법의 배임죄와는 별도로 특별규정을 만들어야 한다는 의견이 집약되어 규정된 것으로서 법정형을 강화한 것이다.: 河井信太郎, 「檢察讀本」, 법무부 검찰국 번역, 법무부, (2004), 198면 참조.

14) 이사 자신 또는 제3자가 재산상 이익을 취득하고 회사에게 재산상 손해를 가하지 않은 배임행위로서 처벌받는 것들을 말한다. 경우에 따라 '유사배임죄'라고도 부른다.

15) 이를 임원이라고도 부를 수 있다.

적인 일반조항이 된다.

(다) 이와 관련하여 1인회사의 이사에게 배임죄가 성립하는지 여부를 살펴보면 "주식회사의 주식이 사실상 1인 주주에게 귀속하는 소위 1인회사에 있어서는 행위의 주체와 그 본인은 분명히 별개의 인격이며, 그 본인인 주식회사에 재산상 손해가 발생하였을 때 배임의 죄는 기수가 되는 것이므로, 궁극적으로 그 손해가 주주의 손해가 된다고 하더라도 이미 성립한 죄에는 아무 소장이 없다."고 판시하고 있다.[16] 또한 이사 선임의 절차가 결여된 것으로 볼 수 있는 상태에서 선임된 이사가 배임죄의 주체가 될 수 있는지 여부에 대하여, 「특별배임죄의 주체는 상법상 회사의 적법한 이사나 대표이사의 지위에 있는 자에 한하고, 주주총회나 이사회가 적법하게 개최된 바도 없으면서 마치 결의한 사실이 있는 것처럼 결의록을 만들고 그에 기하여 이사나 대표이사의 선임등기를 마친 경우, 그 결의는 부존재한 결의로서 효력이 발생할 수 없고 따라서 그와 같은 자는 회사의 이사나 대표이사의 지위에 있는 자라고 인정할 수 없어 특별배임죄의 주체가 될 수 없다」라고 판시하였다.[17]

(2) 법정형(法定刑)

(가) 법정형에 대해 살펴보면, 주식회사 이사의 배임행위를 처벌하는 형법 제356조와 상법 제622조는 각각 그 형량에 있어서 각각 10년 이하의 징역 또는 3,000만 원 이하의 벌금에 처하게 되어 동일하지만 업무상 배임죄만큼은 10년 이하의 자격정지를 병과할 수 있다.[18]

(나) 형법 제356조는, 상법 제622조와 달리 이득액의 규모가 큰 경우 그 형을 가중하는 특정경제범죄가중처벌 등에 관한 법률(이하, '특경법'이라 한다)의 적용을 받게 된다. 즉, 특경법 제3조 제1항에서 이득액이 5억 원 이상 50억 원 미만인 경우에는 3년 이상의 유기징역을, 50억 원 이상인 경우에는 무기 또는 5년 이상의 징역에 처하며 같은 조 제2항에서는 이득액 이하에 상당하는 벌금을 병과할 수 있다고 규정하고 있다.

---

16) 대법원 1983. 12. 13. 선고 83도2330 판결.

17) 대법원 1986. 9. 9. 선고 85도218 판결.

18) 상법 제623조에서는 사채권자집회의 대표자 또는 그 결의를 집행하는 자의 특별배임죄에 대하여 7년 이하의 징역 또는 2,000만원 이하의 벌금에 처하도록 하고 있어 주체에 따라 다소 법정형에 차이가 있다.

(3) 경영진의 경우

(가) 이사 등 경영진의 배임죄에 대하여는 실무상 대부분 업무상 배임죄로 의율하여 기소하고 이에 맞추어 판결이 이루어지고 있는데 이는 다음과 같은 이유 때문이라고 생각된다. 우선, 등기되지 아니한 사실상 이사(제401조의2)[19]에 대한 처벌은 형법 업무상 배임죄만으로 가능하며, 속칭 등기이사와 사실상 이사가 배임죄의 공범인 경우 형법 제33조[20]를 적용함이 없이 바로 형법의 업무상 배임죄의 공범으로 의율하는 것이 간명하며, 또 앞서본 특경법 의율, 자격정지 부과를 위해서도 업무상 배임죄를 채택할 수밖에 없으며, 나아가 검찰실무상 특별배임죄가 형법이 아닌 상법에 규정되어 있는 관계로 기소하는 검사들이 죄명을 결정함에 있어 익숙하지 않은 상법의 적용을 꺼리는 점 등이 복합적으로 작용한다고 여겨진다.

(나) 한편 상법 제7장 벌칙의 장에서는 제622조와 같은 특별배임죄 이외에도 이사의 임무에 위배하는 행위에 대하여 이사 또는 제3자의 이익과 회사의 손해 발생과 무관하게 일정 유형의 임무위배 행위가 있으면 배임행위로서 처벌하는 조항들이 있다. 즉, 상법 제625조 회사재산을 위태롭게 하는 죄, 제625조의2 주식의 취득제한 등에 위반한 죄, 제626조 부실보고죄, 제628조 가장납입죄, 제629조 초과발행죄 등에 관한 규정이 있다. 이러한 경영진의 임무위배 행태는 형법이 아닌 오직 상법으로만 처벌할 수 있다는데 큰 의의가 있으나, 가장납입죄 이외에는 실무상 판례가 거의 없을 정도로 적용되고 있지 않는 상태이다.

3. 理事의 地位

(1) 의 의

주식회사 이사는 등기사항으로서 "등기이사"라고도 부른다. 이사는 주주총회에서 선출되는데 '대표이사', 업무집행을 담당하는 이사(이하, '업무담당이사'), 개별적으로 업무집행을 담당하지 않고 이사회에 참석하여 업무를

---

19) 이하, 괄호 안에 상법을 인용하는 경우 상법임을 표시하지 아니한다.

20) 형법 제33조는 신분관계로 인해 성립될 범죄에 가공한 행위는 신분관계가 없는 자에도 적용한다는 내용이다.

담당하는 '일반이사'로 나뉜다.[21] 대표이사는 이사회에서 선출된다. 이사회는 대표이사, 업무집행을 담당하는 이사, 일반이사가 모두 참가하며 회사 업무집행의 의사를 결정하고 이사회를 통해 이사들을 감독한다.

대표이사는 주주총회 및 이사회의 결의에 따라 집행에 관한 세부적 사항을 정하고 회사 업무를 집행하며 회사를 대표한다. 그런데 업무담당이사는 회사를 대표하는 지위를 부여받지 못하면 상법상 기관의 지위를 가지지 못하고 대표이사를 위하여 상업사용인처럼 업무를 담당하게 된다.

이사는 사내이사와 사외이사로 구분되는데, 사외이사란 전문적인 지식과 능력을 갖추고 경영실무를 담당하지 않으면서 업무집행기관으로부터 독립적인 지위에서 이사회의 구성원으로서 활동하는 이사(제382조 제3항)로서 사내이사 중 일반이사와 같은 지위에 있으나 비상근이다.[22] 사내이사건 사외이사건 상법이 이사에 대하여 부과한 각종 의무와 책임을 똑같이 부담한다.

(2) 이사의 의무

이사와 회사의 관계는 위임이다. 그러므로 이사는 회사에 대하여 선량한 관리자의 주의로서 업무를 집행할 의무(이하, '선관의무')를 부담한다(제382조 제2항, 민법 제681조). 업무의 집행으로 인하여 받은 금전 기타의 물건 및 수취한 과실을 회사에 인도하고 회사를 위하여 자기명의로 취득한 권리를 회사에 이전해야 한다(민법 제684조). 또한 위임이 종료한 때에는 지체없이 업무집행의 전말을 보고해야 하며(민법 제683조), 위임종료사유를 상대방에게 통지하거나 상대방이 안 때가 아니면 상대방에게 대항하지 못한다(민법 제692조).

또한 이사는 위 선관의무에 덧붙여 법령과 정관의 규정에 따라 회사를 위하여 그 직무를 충실하게 수행할 충실의무가 있다(제382조의2). 이러한 충실의무에 대하여는 선량한 관리자의 주의 의무의 일종이라는 학설도 있으나[23] 객관적 평균인으로서 선관주의의무를 훨씬 뛰어넘는 각자 역량에서 본인이 할 수 있는 최선을 다해야 한다는 의무로 선관의무와는 별개의 의무[24]로 보는 것이 타당하다고 생각된다.[25] 나아가 이사는 비밀엄수의무가 있기 때문에

21) 업무담당이사를 '상무담당이사'로, 일반이사를 '평이사'라고 표현하기도 한다.
22) 최기원, 「상법학신론(상)」 제18판, 박영사, (2010), 856면.
23) 최기원, 전게서, 934면.: 판례는 동일설을 따른다고 한다.
24) 河井信太郎, 「檢察讀本」, 법무부 검찰국 번역, 법무부, (2004), 228면.
25) '이질설'에서는 이사가 회사의 이익을 희생시키고 자기 또는 제3자의 이익을 꾀해서는

(제382조의4), 재임 중 뿐만 아니라 퇴임 후에도 직무상 알게 된 영업상의 비밀을 누설해서는 안 된다.

상법이 규정한 이러한 의무는 다음에 설명할 이사의 각종 임무를 수행함에 있어서 이를 위배하였는지 여부를 판단하는 중요한 척도가 된다.

4. 理事 共通의 任務

(1) 이사회 의사결정 과정에서의 임무

이사회는 상법이나 정관에서 주주총회의 권한으로 규정한 이외의 업무집행사항에 대하여 회사의 의사를 결정하고 이사의 직무를 감독하는 기관이다. 이사회에는 대표이사 및 업무담당이사도 참석하며 일반이사와 마찬가지로 이러한 두 개의 임무를 공유한다. 이사회가 결정할 수 있는 사항은 다음과 같이 광범위하다.

첫째, 상법 규정을 보면, 대표이사의 선임과 공동대표의 결정(제389조 제1항, 제2항), 신주의 발행(제416조), 사채의 발행(제469조), 중요한 자산의 처분과 양도 및 대규모 재산의 차입(제393조 제1항), 지배인의 선임 또는 해임(제393조 제1항), 주주총회의 소집결정(제398조), 이사에 대한 경업의 승인(제397조 제1항), 이사와 회사 간의 거래의 승인(제398조), 이사회 소집권자의 특정(제390조 제1항), 준비금의 자본전입(제461조 제1항), 전환사채의 발행(제513조 제2항), 신주인수권부사채의 발행(제516조의2 제2항), 신주인수권의 양도성 결정(제416조 제5항), 재무제표의 사전승인(제447조), 중간배당의 결정(제462조의3 제1항), 영업보고서의 승인(제447조의2 제1항), 이사의 업무감독권(제393조 제2항), 지점의 설치 · 이전 · 폐지(제393조 제1항), 간이합병의 승인(제527조의2 제1항), 소규모 합병의 승인(제527조의3 제1항), 정관에 의한 주식의 양도제한에서 양도 승인(제335조의2, 제335의3), 주식양도제한을 거부한 경우에 상대방 지정(제335의7), 주주제안의 채택(제363조의2 제3항), 주식매수선택권의 부여 취소(제340조의3 제1항), 이사회 내의 위원회 설치(제393조의2), 감사위원회의 선임 · 해임(제415조의2 제3항), 3개월에 1회 이상 업무집행상황의 보고를 받을 권리(제393조 제4항), 완전자회사가 되는 회사의 간이주식교환의 승인(제360조의9 제1항), 완전모회사가 되는 회사의 소규모주식교환의 승인(제360조의10 제1항) 등이 있는데,[26] 이러한 의사결정 과정에서 다양한 형태의

안 된다는 의무로 보기도 한다.

26) 최기원, 전게서, 892면.

임무위배가 발생할 수 있다. 또한 대통령령으로 정하는 상장회사의 경우, 최대주주 및 그 상장회사의 특수관계인으로서 대통령령으로 정하는 자를 상대방으로 하거나 그를 위하여 한 거래가 대통령령이 정하는 규모 이상인 경우, 또는 해당사업 연도 중에 특정인과 해당 거래를 포함한 거래총액이 대통령령이 정하는 규모 이상이 되는 경우, 해당거래를 하고자 하는 때에는 이사회의 승인을 얻어야 하므로(제542조의9 제3항) 이 경우에도 의사결정 과정에서 임무위배가 발생할 수 있다.

둘째, 회사의 정관으로 규정한 사항에 대한 결정 과정에서도 이사의 임무위배가 발생할 수 있다.

셋째, 법률 또는 정관에 의하여 주주총회나 이사회의 권한이 아닌 사항이라도 사업계획, 중요한 규칙의 개폐, 중요한 재산의 취득과 처분, 영업의 중요하지 않은 일부의 양도, 임원의 인사에 관한 사항, 중요한 투자 및 융자에 관한 사항 등 일상 업무에 속하지 않는 중요한 업무집행은 이사회의 권한에 속하며,[27] 그 결정 과정에서 임무위배가 발생할 수 있다.

넷째, 재무제표와 그 부속명세서의 내용결정, 영업양도·양수·임대 등에 관한 상법 제374조 소정의 사항에 대한 내용 결정, 합병계약서 및 분할계약서의 내용에 대한결정 등은 대표이사에게 위임하여 의사결정 책임 대신 대표이사에 대한 집행 감독 책임을 택할 수도 있지만 이사회 결정사항으로 한 경우 위와 같은 의사결정상 임무위배가 발생할 수 있다.[28]

(2) 직무집행 감독의 임무

이사는 이사회의 의제로 제출된 사항뿐만 아니라 이사회에 상정되지 아니한 사항에 대해서도 감시할 의무가 있다. 이사회가 이사의 직무를 감독하는 기관이므로 이사회를 통해서 이사회의 이사를 감독할 수 있고, 이사 각자가 이사회의 이사를 감독할 수도 있다.

감시의무의 내용은 회사의 업무집행 상황을 파악할 의무와 업무집행의 부당성이나 위법성을 발견한 때에는 그 시정을 위한 조치를 취할 의무를 포함하는데 이를 위해 이사는 이사회를 소집하고 이사회에서 의견을 개진할

27) 최기원, 전게서, 894면.
28) 대법원 1997. 6. 13. 선고 96다48282 판결.

수 있다. 만일 회사에 현저하게 손해를 미칠 염려가 있는 사항을 발견한 때에는 즉시 감사에게 보고해야 한다(제412조 의2). 이러한 감시의무의 수행에는 선관의무가 뒤따른다.[29]

이사의 감독의 범위는 적법성, 즉 위법행위의 예방과 시정뿐만 아니라 나아가 업무집행상 효과적인 의사결정을 도모하고 회사와 이해관계자들의 이익을 위하여 합리적인 경영판단이 이루어졌는가에 대한 타당성에 대해서도 미친다.[30]

5. 代表理事 또는 業務擔當理事로서의 任務

(1) 대표이사의 경우

주식회사는 법인이므로 자신의 의사를 대외적으로 표시하는 대표기관이 필요한데 이를 위해 이사회의 구성원인 이사들 가운데 1인 또는 수인의 대표이사를 선임하여 대표이사가 회사의 업무집행과 회사를 대표한다(제389조 제1항). 대표이사는 대내적으로 주주총회와 이사회가 결의한 사항을 집행하고 그 업무집행을 위해 필요한 때에는 회사를 대표한다.

대표이사는 이사회 결의로 임명되지만 정관에서 주주총회 권한으로 선정될 수도 있다. 여기서 대표이사라는 명칭은 법률이 규정한 명칭일 뿐이므로, 시중 일반회사에서 사용되는 대표이사, 회장, 부회장, 사장, 부사장, 전무이사, 상무이사 등 다양한 이름에도 불구하고 상업등기부에 대표이사로 기재되어 있는지 여부가 법률상 대표이사 여부를 결정한다. 대표이사가 수인이 있는 경우에는 회사를 공동으로 대표한다고 정해지지 않는 한 각자 단독으로 회사의 업무를 대표하고 업무를 집행한다.

대표이사는 업무담당이사, 일반이사 및 기타 사용인에 대하여 감독할 의무를 부담한다.[31] 수인의 대표이사가 있는 경우 어느 대표이사는 다른 대표이사의 업무에 대하여 감시할 의무가 있다. 이사회 제도를 둔 취지를 볼 때 대표이사에게 원칙적으로 업무집행의 의사결정 권한이 있다고 보기 어렵

---

29) 대법원 1985. 6. 25. 선고 84다카1954 판결.
30) 최기원, 전게서, 895면.
31) 최기원, 전게서, 932면.

지만 중요한 업무에 대하여 이사회의 위임이 있는 경우에는 대표이사에게 업무집행에 관한 의사결정권이 있다.[32)]

(2) 업무담당이사의 경우

회사 대표권을 제외한 업무집행만을 담당하는 이사를 업무담당이사[33)]라고 한다. 그런데 형법상 배임죄의 범행주체의 요건인 '타인의 사무를 처리하는 자'에서 타인의 사무를 처리하는 근거는 법령, 계약, 법률행위, 관습에 국한하지 아니하고 더 나아가 사무관리에 의해 사무를 처리하는 자일지라도 신의성실의 원칙에 의한 신임관계가 형성되면 족하기 때문에,[34)] 비록 대표권은 없는 이사지만 이들이 사장, 부사장, 전무, 상무 기타 회사를 대표할 권한이 있는 것처럼 명칭을 사용하고 대외적인 활동을 하는 경우, 상법 제395조에 의하여 회사가 선의의 제3자에게 책임을 지는 점에 비추어 소위 업무담당이사에게 업무상 배임죄를 인정할 수 있는 근거가 된다.[35)]

또한 업무담당이사가 비록 회사를 대표할 권한이 없지만 만일 상업사용인의 지위를 겸할 경우라면, 영업 전부 또는 일부에 대하여 회사를 대리하게 되므로 이 또한 이들에게 배임죄를 인정할 수 있는 근거가 된다. 한편 등기된 이사는 아니지만 사실상 이사의 역할을 하는 명예회장, 부회장으로 불리는 대주주, 사장, 부사장, 전무, 상무, 이사, 기타 유사한 명칭을 사용하면서 회사의 업무를 집행하는 자도 위에서 보듯 업무상 배임죄의 주체가 되지만, 상법 제622조의 특별배임죄의 주체는 될 수 없다.

6. 理事의 背任行爲

(1) 의의 및 유형

(가) "배임행위"란 회사의 사무를 처리하는 자가 임무에 위배하는 행위를 말하는데 판례는 '사무의 내용, 성질 등 구체적 상황에 비추어 법률의 규

32) 대법원 1997. 6. 13. 선고 96다48282 판결.
33) 사내이사, 사외이사, 상무에 종사하지 않는 이사를 회사 설립 시 등기하도록 하고 있는 상법 제317조 제2항 제8호는 업무담당이사의 존재를 상정한 조항으로 보인다.
34) 이재상, 「형법각론」 제5판, 박영사, (2011), 412면.
35) 판례는 이러한 경우 이사의 자격이 없는 자의 행위에 대해서도 제395조가 유추적용 된다고 보고 있다.: 대법원 1998. 3. 27. 선고 97다34709 판결.

정, 계약의 내용 혹은 신의칙상 당연히 기대되는 행위를 하지 아니하거나, 당연히 하지 말아야 할 것으로 기대되는 행위를 함으로써 본인과의 사이에서 신뢰관계를 저버리는 일체의 행위'라고 한다.36) 배임행위는 일반적인 임무위배 내지 임무해태에서 더 나아가 신뢰관계를 저버리는 행위로서, 사무의 성질과 내용 및 행위 당시 상황 등 모든 사정을 구체적으로 검토하여 신의성실의 원칙에 비추어 판단하지 않으면 안 된다.37)

(나) 배임행위는 권한의 남용이건 법률상 의무 위반이건 불문하며 법률행위와 사실행위를 모두 포함하며, 업무의 성질과 내용 등 구체적 상황에 인정되는 유형이 달라지는데, 이사와 회사와의 이익충돌행위, 임원의 보수 및 상여금의 부정지급, 회사목적 이외의 부정지출, 영업비밀의 누설, 분식결산과 재산의 부정평가 등으로 크게 나눌 수 있다.38)

첫째, 이사와 회사 간의 이익충돌행위로는 회사의 자기거래와 경업 및 겸직 행위가 있고 2011년 개정상법에 도입된 회사의 기회 및 자산의 유용행위(제397조의2)가 있다. 둘째, 이사의 보수 및 상여금의 부정지급에서, 보수는 이익의 유무와 관계없이 회사경비에서 지급되는데 반해 상여금은 이익이 있을 때에만 그 처분이 가능한 이익금에서 지급되므로 상여금은 보수에 포함되지 않는다. 따라서 이사가 보수나 상여금을 과다하게 책정하거나 주주총회의 결의를 위반하여 지급하는 경우(제447조 제3호)가 그에 해당할 수 있다. 셋째, 회사 목적 이외의 부정지출행위로서는 정치헌금 기타 기부행위와 금전대차행위 그리고 증뢰행위와 투기적 거래행위가 있다. 넷째, 이사는 재임 중뿐만 아니라 퇴임 후에도 직무상 알게 된 회사의 영업상 비밀을 누설해서는 안 되는데(제382조의4). 영업비밀누설은 이사가 경제적 대가를 얻기 위해 신임관계를 저버리는 유형이다. 다섯째, 분식결산과 재산의 부당평가에 있어서 과대평가는 가상의 이익을 계상하여 위법배당, 부정지출 등을 숨기는 방법으로 악용되는데 경우에 따라 배임죄에까지 이르지 않는 경우도 있다(제625조).

---

36) 대법원 1995. 12. 22. 선고 94도3013 판결.

37) 배임죄의 본질에 대한 권리남용설, 사무처리설, 배신설 가운데 통설과 판례 입장인 배신설에 입각한 결론으로서 배신설에 따르면 타인의 신뢰를 배반하여 타인의 재산을 침해하는 것을 본질로 한다.

38) 송호신, "상법상의 회사 관련 범죄에 대한 연구", 한양대학교 대학원 박사학위논문, (2002), 52면 참조.

(2) 이사와 회사 간의 이익충돌행위

(가) 이사의 자기거래

1) 이사가 회사를 상대로 자기 또는 제3자의 계산으로 행하는 거래를 '이사의 자기거래'라고 하는데(제398조) 회사의 건전성을 해치는 대표적인 배임행위의 하나이다. 이사는 회사의 실정을 제일 잘 알고 있으므로 이사가 충실의무를 다하지 아니할 경우 그 폐단은 이루 말할 수 없다. 비록 그 폐단을 막아보고자 감독기관인 이사회의 승인을 얻어야 한다고 규정하고 있지만 그 승인을 얻어 자기거래가 유효가 되는 경우라도 불공정하고 비합리적이며 신뢰관계를 해치는 내용이라면 배임행위가 성립한다.[39]

이사회의 승인은 개개의 거래에 대하여 사전에 이루어져야 하고 개개의 거래에 승인이 이루어져야 한다.[40] 따라서 사후에 승인을 얻은 경우이거나 포괄적인 승인을 얻은 경우라면 배임죄 성립에 아무 문제가 없다. 다만, 회사에서 반복적으로 행해지는 유형의 거래에서 기간이나 한도를 합리적 범위로 정하여 승인하는 것은 예외적으로 가능하다.[41] 만일 주주 전원의 합의로서 이사회의 승인을 얻지 않아도 된다고 한 경우 이사회 승인 없이 회사의 이해와 상반되는 거래행위를 한 경우에도 주주 전원의 합의가 회사의 이익과 반드시 일치한다고 할 수 없으므로 배임행위가 될 수 있다.[42] 또한 이사회의 승인을 얻지 못한 자기거래는 임무위배행위에 해당하며 이를 감독할 다른 이사들도 임무위배를 알았다면 가담정도에 따라 배임행위의 공범이 될 수 있다.

2) 이사와 특별관계 있는 자로 하여금 별개의 회사를 만들어 거래하게 하여 자기거래가 아닌 것처럼 보이는 행위에 대해서도 본인인 회사에 대하여 특히 불이익한 조건으로 거래하게 되면 배임죄가 성립한다.[43] 판례는 「상법 제398조에서 말하는 거래에는 이사와 회사 사이에 직접 성립하는 이해 상반하는 행위뿐만 아니라 이사가 회사를 대표하여 자기를 위하여 자기 개인책임의 채권자인 제3자와의 사이에 자기 개인책임의 연대보증을 하는

---

39) 송호신, 전게논문, 59면.
40) 사법연수원, 「신종범죄론」, (2010), 476면.
41) 송호신, 전게논문, 60면.
42) 사법연수원, 「신종범죄론」, (2010), 476면.
43) 사법연수원, 「신종범죄론」, (2010), 476면.

경우와 같은 이사 개인에게 이익이 되고 회사에게 불이익을 주는 행위도 포함한다고 할 것이므로 별개의 두 회사 대표이사를 겸하고 있는 자가 어느 일방 회사의 채무에 관하여 나머지 회사를 대표하여 연대보증을 한 경우에도 위 규정이 적용된다」라고 판시한 바 있다.[44)]

범행 주체는 모든 이사로서 사외이사도 포함하며 경우에 따라 퇴임이사(제386조 제1항), 일시이사(제386조 제2항), 법원의 가처분에 의하여 선임된 직무대행자(제407조 제1항) 등이 포함되며 1인 주주인 이사 및 사실상 이사도 포함된다.[45)]

한편 자기거래라 하더라도 그 성질상 이익충돌의 염려가 없는 때에는 이사회의 승인이 없더라도 임무위배에 해당되지 않는다. 가령 회사가 부담 없이 무상증여를 받는 행위, 기존채무의 조건을 회사에 유리하게 변경하는 행위, 채무이행과 채권, 채무의 상계, 보통거래약관에 의한 행위 등이 여기에 속한다.[46)]

3) 이사의 자기거래가 임무위배에 해당하기 위해서는, 이사와 회사 간에 이익이 충돌하고 그 거래로 인해 회사에 불이익을 초래할 위험이 있어야 한다. 이를 유형화하여 정리하면 다음과 같다.[47)]

첫째, 이사가 회사의 제품이나 재산을 양수하거나 회사에 대해 자기 제품이나 재산을 양도하는 행위로서 회사에게 손해가 되는 가격과 품질인 경우, 배임행위에 해당한다. 경영상 필요에 의한 정상적인 거래로서 허용될 수 있는 한계를 넘어 주식을 매도하려는 대주주의 개인적인 이익을 위해 대주주가 소유한 다른 회사의 비상장주식을 본인인 회사가 매입한 경우 대주주와 회사 임원은 업무상 배임죄가 성립한다.[48)]

---

44) 대법원 1984. 12. 11. 선고 84다카1591 판결.

45) 송호신, 전게논문, 54면.

46) 송호신, 전게논문, 57면 ; 그러나 채무이행과 상계는 그로 인해 만약 회사재산이 현저히 악화되고 채무의 존부 자체에 다툼이 있거나 회사 측에 항변권이 존재한다면 역시 임무위배에 해당하는 거래가 된다.

47) 송호신, 전게논문, 56면.

48) 대법원 2005. 4. 29. 선고 2005도856 판결.: 본 사안은 모회사와 자회사 임직원들이 모회사의 대주주로부터 비상장 주식을 매입한 사안으로, 여기서 「정상적인 거래 실례가 없는 경우 거래당시 비상장법인 및 거래당사자의 상황, 당해업종의 특성 등을 종합적으로 고려하여 가격을 평가하여 재산상 손해를 산출해야 하며, 만일 비상장법인의 실거래 가격이 시가와 근사하여 실거래가격과의 차액 상당의 손해가 있다고 할 수 없는 경우에도 그 거래의 주된 목적이 매도인의 자금조달에 있고 회사가 그 규모 및 재정상태에 비추어 과도한 대출을 일으켜 그 목적달성에 이용된 것에 불과하다고 보이는 등의 특별한 사정이 있는

둘째, 이사가 회사로부터 금전을 빌린 경우이다. 판례는 「대표이사가 회사 소유의 금전을 대표이사 자신의 채권의 변제에 충당하는 것은 자기거래행위에 해당하지 아니하므로 대표이사가 자신의 회사에 대한 채권을 변제하더라도 회사채무의 이행행위로 유효하다」라고 한다.[49] 그러나 ① 이사가 회사로부터 대차, 체당금, 미결제 계정 등의 명목으로 금전을 융통받아 기말에 정산하거나 또는 결산일 하루 전에 변제하고 그 다음날 다시 차입하면서 차입금의 변제를 면할 목적으로 각종 이권획득을 위한 로비자금이나 거래처와의 회식비 및 교제비 등의 구체적인 사용내용을 알 수 없게 하거나 또는 그 사용처를 규명하는 것이 오히려 회사에게 불리한 것처럼 위장하여 관계서류를 조작하거나 또는 정규비용에 포함시켜 차액을 착복한 경우, ② 회사의 실험연구비·광고선전비 등의 이연자산에 속한 계정에 이월하여 처리함으로써 자신의 차입금을 말소하거나 그 변제를 면제시켜주는 경우 회사에 손해를 주는 것이므로 배임행위에 해당한다.[50]

셋째, 이사의 자기거래가 어음행위일 때에도 임무위배가 될 수 있다. 가령 이사가 신용여신 등의 금융상의 편의를 얻기 위해 회사로 하여금 어음을 발행하게 하거나 또는 자기가 어음을 발행하고 그 어음을 회사가 인수, 배서하여 유통성을 증대시키는 경우인데 어음행위는 그 원인관계에서 다른 어음상의 채무를 발생시키고 어음행위자에게는 엄격한 법적 책임이 따르므로 배임행위에 해당한다.[51]

그런데 「회사의 대표이사가 회사 명의로 한 채무부담행위가 관련 법령에 위배되어 법률상 효력이 없는 경우 그로 인해 회사가 민법상 사용자책임 또는 회사의 불법행위책임을 부담하는 등의 특별한 사정이 없는 한 배임죄를 구성하지 않지만 한편 회사의 대표이사가 대표권의 범위 내에서 한 행위는 설사 대표이사가 자기 또는 제3자의 이익을 도모할 목적으로 권한을 남용한 것이라 할지라도 일단 회사의 행위로서 유효하지만 그 행위의 상대방

경우라면 그와 같이 비상장 주식을 현금화함으로써 매도인에게 유동성을 증가시키는 재산상의 이익을 취득하게 하고 반대로 회사에 그에 상응하는 재산상 손해로서 그 가액을 산정할 수 없는 손해를 가한 것으로 볼 수 있다」라고 판시하였다.

49) 대법원 1999. 2. 23. 선고 98도2296 판결.

50) 송호신, 전게논문, 56면.

51) 대법원 1994. 10. 11. 선고 94다24626 판결.

이 대표이사의 진의를 알았거나 알 수 있었을 때에는 회사에 대하여 무효이므로,[52] 대표이사가 자신 채무 담보를 위해 회사명의 약속어음을 발행한 경우 이는 대표권 남용으로 약속어음 상대방이 이를 알았거나 중대한 과실로 알지 못했다면 회사는 위와 같은 사용자 책임 내지 불법행위책임을 부담하지 아니하고 따라서 손해가 발생하였다거나 손해발생의 위험이 초래되었다고 볼 수 없으므로 배임죄가 되지 아니하며, 이후 상대방이 무효인 약속어음 채권을 채무명의로 하여 회사 소유의 재산을 압류하거나 회사가 이를 이유로 발행주식 수를 줄였다고 해도 달라지지 않는다」라고 판시하여,[53] 각주 51)의 94다24626 판결과 다소 상충되고 있다.

넷째, 회사에 대한 채권에 있어서 채권자 변경, 회사의 채권을 이사의 채권으로 하는 경개, 이사의 회사에 대한 금전대여, 자기가 이사로 있는 은행에 대한 유가증권의 무상임치, 이사의 개인이익을 위한 회사와 제3자 사이의 화해계약, 회사에 의한 이사의 채무면제 등도 자기거래에 해당한다.[54] 또한 이사 개인의 채무에 대하여 이사가 회사를 대표하여 채무인수를 하는 경우도 이에 해당한다.[55]

(나) 경업 및 겸직의 금지 위반

1) 이사는 이사회의 승인이 없으면 자기 또는 제3자의 계산으로 회사의 영업부류에 속한 거래를 하거나 동종영업을 목적으로 하는 다른 회사의 무한책임사원이나 이사가 되지 못한다(제397조 제1항). 이러한 경업과 겸직금지는 이사의 충실의무에 바탕을 둔 의무로서 회사비용으로 얻은 영업기회를 유용하는 것을 방지하기 위한 것이다.[56]

이사회의 승인 없는 경업과 겸직은 대표적인 임무위배 행위지만, 이사가 유용할 수 없는 회사의 영업기회인지 여부를 판단하기는 쉽지 않지만 회사가 경영하는 사업과 경합하여 회사의 이익을 침해할 가능성이 있는지 여부로 판단한다. 따라서 회사에게 충분한 경험과 수행할 능력이 있고 회사의 영업확장을 위한 필요에 부합하는 분야에 이사가 경업 내지 겸직을 한다면

---

52) 대법원 1993. 6. 25. 선고 93다13391 판결.
53) 대법원 2011. 9. 29. 선고 2011도8110 판결.
54) 송호신, 전게논문, 57면.
55) 대법원 1974. 1. 15. 선고 73다955 판결.
56) 송호신, 전게논문, 61면.

회사의 이익이 침해될 가능성이 높다고 보아야 한다.

2) 경업의 경우, ① 이사가 평상시 회사와 거래관계가 있는 상대방에게 일정수량의 금액 등을 지정하여 자기 또는 지인과 거래할 것을 의뢰하는 경우, ② 이사가 회사제품을 구입·판매하는 거래상대방에게 타사의 동종 제품을 매도하여 이익을 얻는 경우, ③ 자사제품의 제조공정이나 기술상의 비밀을 알고 있는 이사가 동종 목적의 다른 회사를 설립한 후 기술자를 매수하여 동종제품을 제조·판매하여 이익을 얻는 경우, ④ 일부는 회사거래로 하고 나머지는 자기거래로 하는 경우처럼 회사거래에 편승하여 이익을 얻는 경우, ⑤ 거래당사자를 애매하게 하여 이익이 발생할 때에는 이사의 개인거래로 하고 손실이 발생할 때에는 회사거래로 처리하는 경우 등 다양한 형태의 배임행위가 있을 수 있다.[57] 또한 회사의 대표이사가 외국회사와의 기존 대리점 계약을 유지발전 시켜야 할 의무가 있음에도 사술을 써서 외국회사로 하여금 대리점 계약의 해지통지를 하게 한 다음 자기가 대표이사로 취임할 다른 회사와 새로운 대리점 계약을 체결하게 한 경우 회사의 영업부류에 속하는 제3자의 계산으로 거래한 배임죄에 해당한다.[58]

그러나 이사가 경업을 하였지만 본인인 회사가 거래처를 상실하거나 가격하락, 매상감소를 겪지 아니하고 오히려 관련 시장의 기술혁신 및 시장 확대 등으로 전혀 경제적 손해가 발생하지 아니한 경우라면 배임행위가 있으므로 특별배임죄의 미수로 처벌이 가능하지만, 만일 재산상 손해의 추상적 위험마저 없을 때에는 미수죄로서도 처벌할 수 없다.[59]

3) 겸직의 경우는 구성요건적으로 경업보다 범위가 축소되어 금지되는 범위는 동종영업에 국한된다(제397조 제1항). 그리고 다른 회사의 무한책임사원이나 이사가 되지 못하는데, 이사의 충실의무라는 관점에서 보면 그 외에도 다른 회사의 사용인도 되는 것도 금지하는 것이 타당하다.[60] 이러한 금지의무를 위반한 경우 배임행위가 될 것이지만 다른 회사의 이사에 취임하더라도 실제 업무에 관여치 않거나 회사와의 사이에 이익충돌의 우려가 없다면 임무

57) 송호신, 전게논문, 64면.
58) 대법원 1983. 12. 13. 선고 83도2349 판결.
59) 대법원 1960. 9. 6. 선고 1959형상675 판결.
60) 송호신, 전게논문, 65면.

위배라고 보기 어렵다고 본다.

이사회의 승인을 얻으면 배임죄가 성립되지 않는가? 이사회의 승인을 얻었다고 하더라도 이사회에서 경업 등 행위의 내용 가운데 회사 이익과 대립할 수 있는 중요한 부분(거래 상대방, 목적물의 수량과 가액, 거래관계, 이익 등)과 이사가 그 지위에서 은밀하게 알게 된 정보를 부당하게 이용하는지 여부, 회사 속하는 영업의 기회를 유용하는 것인지 판단할 수 있게 해주는 사실 등을 숨기거나 허위로 개진하여 이사회의 승인을 얻은 경우라면 승인을 얻지 않은 것과 동일하게 취급하여 배임죄가 성립한다.[61]

(3) 임원의 보수 및 상여금의 부정지급

(가) 임원의 보수의 경우

임원의 보수는 연봉, 월급, 수당, 퇴직위로금 등 명칭 여하를 불문하고 직무수행의 대가로서 지급되는 일체의 금전이나 현물 급여를 의미하며,[62] 정관이나 주주총회의 결의에 의해서만 지급될 수 있다(제388조). 하지만 정관이나 주주총회는 보수 총액 및 보수 지급의 기본적 조건을 정하고 이사 개인별 보수는 이사회에서 정하는 경우가 많다.

배임행위에 해당하는 부정지급의 예로는 정관이나 주주총회의 결의에 의하지 아니하고 비공식적으로 지급하는 경우, 정관이나 주주총회에서 결정한 액수를 초과하여 지급하는 경우, 비용의 변경 · 지급비용의 위조 · 지급시기의 변경 등 지급방법의 부정을 들 수 있다.[63] 또한 이사회가 정관이나 주주총회의 결의 내용을 무시하고 마음대로 보수를 지급하거나 결정된 한도를 위반하여 보수를 지급하는 경우 그 결의에 찬성한 이사 전원은 특별배임죄가 된다.[64] 한편, 정관이나 주주총회의 결정이 있더라도 회사의 형편이나 영업실적에 비추어 보수가 과다하면 자본충실의 원칙과 이사의 충실의무에 위반하여 회사에 손해를 가한 것으로 보아야 하는데 이러한 문제는 대주주와 그 특수관계자가 이사인 경우에 발생한다.

지배인이나 일부 부서의 부장 등과 같이 사용인의 지위를 겸하는 이사

---

61) 사법연수원, 「신종범죄론」, (2010), 475면.
62) 대법원 1999. 2. 24. 선고 97다38930 판결.
63) 송호신, 전게논문, 67면.
64) 송호신, 전게논문, 67면.

의 경우 사용인에 대한 보수와 이사에 대한 보수를 나누어 다르게 취급해야 하는 문제에 대해서는 사용인에 대한 보수부분을 정관이나 주주총회의 결정 없이 따로 정하게 되면 이사로 하여금 부당한 이익을 추구할 위험이 있으므로 전체를 합한 보수 총액이 정관이나 주주총회의 결정이 있어야 한다고 볼 것이다.[65]

(나) 상여금의 경우

상여금은 회사의 이익에 대한 임원의 공로에 보답하기 위해서 지급되는 것으로서 이익이 있을 때에만 그 처분 가능한 이익금 가운데에서 지급되기 때문에, 이익의 유무와 관계없이 회사경비에서 지급되는 보수와 그 성격과 재원이 다르다.

상여금은 주주총회의 이익처분에 관한 승인결의(제447조 제3호)에 의해 정해지므로, 이를 위반하여 상여금이 지급되면 임무위배가 된다. 그런데 상여금의 부정지급은 당기이익금 처분 과정에서 발생할 수 있다. 즉, 순익에 비해 과다한 상여금을 지급하기 위해 이익 산출에 대한 결산평가에서의 부정, 매출 기타의 수익 부풀리기, 원재료 기타 원가의 감액 등 가공의 이익을 계상하여 상여금을 지급하거나 가공의 인물 또는 특별히 일하지 않는 자를 임원으로 등재하여 상여금을 지급하게 한 경우 등이 있다.[66]

(4) 회사목적 이외의 부정지출

(가) 정치헌금 기타 기부행위

회사는 정관에 정한 목적이 범위 내에서 행위를 하여야 하므로 이사가 정관 소정의 목적 범위를 벗어난 행위를 하게 되면 임무위배가 된다. 그런데 정치헌금 기타 기부행위가 회사의 목적 범위내인지 기준이 불분명하다. 이는 회사의 권리능력제한을 인정할 것인가와 밀접한 관련이 있는데 권리능력제한설에 따르면 정관에 기재된 문자 그대로만 행할 수 있다고 엄격하게 해석하므로 임무위배의 범위가 크게 확대된다. 그러나 권리능력 제한부정설에 따르면 정관에 기재된 목적에 반하지 않는 일체의 행위를 회사가 할 수 있으므로 임원의 직무행위가 대폭 확대된다.

---

65) 송호신, 전게논문, 69면.
66) 대법원 1988. 2. 9. 선고 87도2234 판결.

다수설인 절충설에 의하면, 정관에서 정한 목적의 달성에 필요하고도 유익한 행위까지는 할 수 있는 것으로 보아 어느 정도 범위를 제한한다. 따라서 회사의 목적 그 자체 및 목적 달성에 필요하고도 유익한 행위를 벗어난 이사 등의 행위는 임무위배 행위로서 목적 범위외의 행위이며 다른 요건을 구비하는 한 특별배임죄가 성립한다. 이때 필요하고도 유익한 행위의 기준에 문제되는데 행위의 주관적 성질을 기준으로 하여 구체적으로 판단하는 것이 타당하다.[67]

따라서 정치헌금 또는 기부행위에 대하여 사전에 주주총회나 의사회의 결의를 거쳤더라도 필요하고도 유익한 행위인지 여부에 따라 배임죄 여부가 결정되므로, 정치헌금 등이 이사 개인의 정치적 이유나 이권 때문이라면 비록 정식절차를 통해 승인을 얻더라도 충실의무 위반이고 권한남용이므로 이러한 행위는 임무위배에 해당한다.[68] 또한 정치헌금 기타 기부금으로 인해 회사의 자본계획에 혼란이 생기고 회사 재산에 손해가 발생한다면 이사의 충실의무를 위반한 것이므로 배임죄의 책임을 진다. 그러나 회사의 규모, 경영실적 등 구체적 상황에 비추어 정치헌금이 직접적으로 회사의 목적달성에 필요한 경우에는 임무위배라고 보기는 어렵다.[69]

한편, 법원은 회사 자금으로 뇌물을 공여한 경우 뇌물공여죄가 성립하는 경우는 별론으로 하고 배임행위는 되지 않는다고 판시하였다.[70]

(나) 금전대차

이사가 타인에게 회사자금을 대여하는 경우를 살펴보면, 그 타인이 이미 채무변제능력을 상실하여 그에게 자금을 대여할 경우 회사에 손해가 발생하리라는 정을 충분히 알면서 대여하였거나, 충분한 담보를 제공받는 등 상당하고도 합리적인 채권회수조치를 취하지 아니한 채 대여해 준 경우에는 배임죄가 성립한다.[71] 금융기관의 임직원이 대출규정을 위반하여 보증인 중 일부를 자격미달인 보증인을 세우고 충분한 담보를 제공받는 등 상당하고 합리적인 채권회수조치를 취하지 아니하고 대출한 경우도 배임죄가 성립한

67) 송호신, 전게논문, 75면.
68) 송호신, 전게논문, 76면.
69) 송호신, 전게논문, 75면.
70) 본고에서 소개한 대법원 판례의 하급심 판결에서 이에 대하여 판단하고 있다.
71) 대법원 2000. 3. 14. 선고 99도4923 판결 등 다수.

다.[72] 이때 대여를 경영상 판단이라고 주장하더라도 위와 같은 사정이 있다면 여전히 배임죄의 죄책을 면하기 어렵고 그 타인이 이사가 속한 회사의 계열회사라고 하여 달라지지 아니한다.[73]

한편, 회사임원이 안정적으로 주주를 확보하여 경영권을 계속 유지하고자 종업원에게 자사주 매입자금을 지원한 경우도 배임죄가 된다.[74] 회사의 대주주도 타인이므로 회사의 임원이 대주주의 지시가 있었다는 이유로 그 대주주가 개인적 용도로 사용할 것을 알면서 회사 명의의 약속어음을 발행하여 교부한 경우 배임죄가 성립한다.[75] 또 금전소비대차는 아니지만 대표이사가 이사회의 승인도 없이 타인의 금전차용에 보증을 함으로써 보증채무를 부담한 경우,[76] 지급능력 없는 타인 발행의 약속어음에 회사가 배서를 함으로써 배서인의 책임을 시키는 경우[77]도 배임죄가 된다.

반대로 임원이 회사로부터 금원을 차용하는 경우를 살펴본다. 임원이 회사로부터 금원을 차용하는 경우는 대부분 회사의 목적사업 수행과 무관한 이례적이고 특별한 조치로 볼 수 있다. 이사의 이러한 차입이 이사의 특수한 사정과 개인적 편의를 위한 것이라면 회사의 목적 범위 외의 행위가 된다. 가령 회사 명의로 은행에서 금전을 차입하여 이를 무이자로 차용한 이사가 주식투자를 하거나 타인에게 고리로 융자를 하여 이익을 취하는 경우가 있는데 돈을 빌린 이사는 돈을 빌려준 이사와 함께 배임죄가 되기 쉽다. 하지만 이때에도 어느 시점에서 회사의 손해가 어느 정도 발생하였는지가 문제이다. 빌린 돈을 변제하지 않은 경우는 그 빌린 액수만큼 손해액이지만, 무이자 차입의 경우에는 시중 금리와 비교하여 무이자로 이득을 취득한 만큼 회사에게 손해를 입혔다고 보아야 할 것이다.[78] 하지만 이사가 처음부터 변제할 의사 없이 회사로부터 금원을 차용하는 경우나 차입금을 변제하지 아니할 의사로 각종 비용의 허위영수증을 작성하여 그 변제를 면탈한 경우에

72) 대법원 2004. 3. 26. 선고 2003도7878 판결.
73) 대법원 2000. 3. 14. 선고 99도4923 판결; 대법원 1999. 6. 25. 선고 99도1141 판결.
74) 대법원 1999. 6. 25. 선고 99도141 판결.
75) 대법원 1983. 3. 8. 선고 82도2873 판결.
76) 대법원 1983. 10. 25. 선고 83도2099 판결.
77) 대법원 2000. 5. 26. 선고 99도2781 판결.
78) 회사가 무이자 대여의 혜택을 입을 것이 배임죄가 되는지 여부는 대법원 판결 내용을 유추하여 다양한 요소를 검토할 필요가 있다.

는 회사에 대한 배임죄가 성립한다.[79]

(5) 영업비밀의 누설

영업비밀이란 기업 경영과 관련이 있는 사실에 관하여 공개하지 않은 정보로서 회사가 비밀로 하려는 의사가 있고 비밀유지에 경제적 이익이 있는 것을 말한다.[80] 이사는 재임 중 뿐만 아니라 퇴임 후에도 직무상 알게 된 회사의 영업상의 비밀을 누설해서는 안 되므로(제382조의4) 이를 저버리는 행위는 신임관계를 저버리는 배임행위가 된다.[81]

(6) 분식결산과 재산의 부당평가

(가) 분식결산의 경우

이사가 재무제표와 이익배당의안을 작성함에 있어 이익을 과대표시하거나 또는 과소표시하여 이익배당을 고율 또는 저율로 조작하는 행위를 분식결산이라고 하는데 이 분식결산 가운데 배임죄가 되는 경우는 배당가능이익이 많아지도록 분식하는 경우 경우이다. 따라서 회사의 건실함에 해를 끼친다고 보기 어렵다고 여겨지는 배당가능이익이 없거나 적어지도록 분식하는 경우는 배임죄가 된다고 보기 어렵다. 하지만 후자가 배임죄가 되지 않더라도 상법 제625조 제3호의 위법배당에 의한 회사재산을 위태롭게 하는 죄에는 해당한다. 전자의 경우에도 같은 회사재산을 위태롭게 하는 죄가 성립하지만 죄가 중한 배임죄에 흡수된다.

결산기에 시가가 급등하자 평가기준의 계속성을 무시하고 종래 원가주의에서 시가주의로 평가기준을 변경하여 평가익을 조정하거나, 재고상품 가격을 인상하고 매상가격의 감소를 도모하거나 재산의 가치를 부풀리는 경우가 있는데 이는 가상의 이익 계상, 위법배당, 부정지출 등을 부정한 목적을 숨기기 위해 행하는 회계부정을 통해 달성하려는 것이 바로 배임죄가 되고[82] 이 부실한 장부와 자료는 그 배임죄 성립에 결정적인 증거가 된다.

분식결산을 아니지만 장부를 작성하지 않거나 게을리 한 경우에는 이로 인해 회사 현황 및 이익을 제대로 파악할 수 없어 회사가 손해를 입게 되므

79) 송호신, 전게논문, 77면.
80) 대법원 1996. 12. 23. 선고 96다16605 판결.
81) 대법원 1998. 2. 10. 선고 96도2287 판결.
82) 송호신, 전게논문, 81면.

로 배임죄가 된다.

(나) 현물출자에서의 부당평가

상법 제290조 제2호, 제422조 현물출자의 경우 출자자가 누군지 상관없이 발기인 또는 이사는 자본충실책임과 손해배상책임을 부담하게 되므로 출자재산의 정확한 평가는 발기인 또는 이사의 책임이 된다. 만일 출자재산을 과대평가하면 회사의 재산적 기초를 위태롭게 하고 회사에 손해를 주게 된다. 이러한 과대평가로 발기인이나 이사 또는 제3자가 재산상 이익을 취하는 경우 배임죄가 성립하는데, 법원이 선임한 검사인, 감정인 등과 함께 공범이 될 가능성이 있다.

상법 제290조 제3호에서는 발기인이 회사 성립 전에 양수하기로 한 재산의 종류, 수량, 가격 및 양도인의 성명을 정관에 기재해야 한다고 규정하고 있다. 이러한 재산인수 대상이 되는 목적물을 평가함에 있어서 배임행위가 이루어질 수 있는데, 가령 현물출자를 하였음에도 이를 숨기기 위해 특정재산을 현물출자하지 아니하고 금전으로 지급한 것으로 위장하여 주식을 인수하고 일단 회사를 성립시킨 후에 그 재산을 회사에서 매수시킬 것을 예정하여 계약하면서 가액에 대해 부정한 평가를 행하는 경우 사실상 현물 출자하여 주주가 된 자가 이익을 취득하고 회사로 하여금 손해를 입게 한 경우이므로 현물출자와 마찬가지로 배임죄로 처벌되어야 한다.[83]

(7) 특별법에서의 배임행위

특별법에서는 ① 회사 임직원 또는 제3자가 재산상 이득을 얻은 배임행위만 처벌하는 유형, ② 회사 임직원 또는 제3자의 재산상 이득뿐만 아니라 및 본인인 회사의 손해발생 요건 충족 없이도 배임행위를 처벌하는 유형 등 2가지의 유형으로 구분하고 있다.

(가) 첫 번째 유형으로서 특경법 제8조는 금융기관 임직원이 그 지위를 이용하여 자기의 이익 또는 소속금융기관 외의 제3자의 이익을 위해 자기의 계산 또는 소속금융기관 외의 제3자의 계산으로 금전의 대부, 채무의 보증 또는 인수를 하거나 이를 알선한 자는 7년 이하의 징역 또는 7,000만 원 이하의 벌금에 처한다고 규정하고 있다. 여기서 지위를 이용하여 금전을 대부

83) 송호신, 전게논문, 87면.

하는 경우란 금융기관의 임직원의 지위에 있음으로 인해 가능하게 되었거나 일반인 보다 용이하게 되었다는 사정이 존재하는 경우를 말하고, 그 사정의 존재 여부는 그 임직원의 대부자금을 소속 금융기관에 예치되거나 예치될 자금으로부터 쉽게 대출받거나 유용함으로써 마련하였는지 여부, 자금의 대여 또는 차용을 원하는 사람을 물색하여 선정함에 있어서 소속 금융기관 고객과의 거래관계로부터 도움이 있었는지 여부 및 소속 금융기관이 가진 고객에 관한 정보나 기타 유형·무형의 자산을 당해 대부거래의 성립에 이용하였는지 여부 등을 종합하여 당해 대부행위에 가벌성이 있는지 여부를 판단함에 의하여 정해야 할 것이다.[84]

한편 특경법 제9조 제3항에서는 금융기관의 임직원이 저축을 하는 자, 저축을 중개하는 자, 또는 제3자에게 저축에 관한 법령이나 약관 기타 이에 준하는 금융기관의 규정에 의해 정해진 이자, 복금, 배당금 이외에 금품 기타 이익을 공여하게 하거나 저축과 관련하여 대출 등을 받게 한 경우에는 5년 이하의 징역 또는 5,000만 원 이하의 벌금에 처한다고 규정하고 있다. 이때 저축을 하는 자가 당해 저축과 관련하여 금융기관과 맺은 계약의 유·무효는 위 죄의 성부를 좌우하는 것이 아니며,[85] 보험계약자가 보험회사와의 사이에 보험계약상의 급부와 별도로 특별한 이익을 제공받기로 하는 이면계약을 체결하고 추가 지급받은 돈은 '이자 또는 약관 기타 이에 준하는 금융기관의 규정에 의하여 지급한 보험금'에 해당한다고 보기 어렵고 특경법 제9조 제1항의 '이익'을 수수한 것이라고 보아야 한다.[86]

(나) 두 번째 유형은 상법 제625조 내지 제631조의 유사배임죄와 같은 유형이다. 이러한 유형으로 은행법, 금융회사지주법, 자본시장과 금융투자업에 관한 법률(이하, 자본시장법) 등의 위반이 대표적인데 주식회사인 은행 임직원에 대한 배임행위 특별규정 형태를 살펴보면 다음과 같다.

1) 은행법 제66조와 제67조는 법인인 은행이 아닌 대표이사, 임원 등의 배임행위에 대하여 처벌하고 있다. 우선 비공개정보의 외부 누설을 금지하고 있는데(은행법 제21조의2) 상법 규정과 다른 점은 누설 이외에도 업무 목적 이외의 사

---

84) 대법원 2006. 11. 24. 선고 2006도60 판결; 대법원 2000. 11. 28. 선고 2000도2474 판결.
85) 대법원 2001. 6. 29. 선고 99도5026 판결.
86) 대법원 2006. 3. 9. 선고 2003도6733 판결.

용 금지를 추가하고, 외부의 개념에 은행의 대주주 또는 그 대주주의 특수관계인을 포함시켰다. 그 은행법이 정한 대주주에 대한 신용공여의 한도를 지켜야 하며, 은행 자산을 무상으로 양도하거나 통상의 거래조건에 비추어 현저하게 불리한 조건으로 매매·교환 또는 신용공여를 해서도 안 된다(은행법 제35조의2 제1항 내지 제3항, 제7항, 제8항). 또한 대주주가 발행한 자본시장법 제4조 제4항에 따른 지분증권에 대하여 은행법이 규정한 비율 이상 취득해서는 안 된다(이하, 은행법 제35조의3 제1항). 위 3가지 금지사항은 은행에 손해가 발생할 가능성이 대단히 높은 배임행위의 유형으로서 위반행위에 대한 법정형도 10년 이하의 징역 또는 5억 원 이하의 벌금에 처하도록 되어 있다(은행법 제66조 제1항).

2) 동일한 개인·법인 및 그 개인·법인과 신용위험을 공유하는 대통령령이 정한 자에게 신용공여의 한도를 지켜야 할 의무를 부담시키고 있다(은행법 제35조 제1항, 제3항, 제4항). 다른 회사에 지분증권 소유가 일정 범위 제한되고, 은행의 자회사에 대하여 또는 자(子)은행이 있는 경우 자 은행과 모 은행이 해서는 안 되는 사항을 규정하고 있다(은행법 제37조 제1항, 제3항, 제6항 내지 제8항). 이 의무 역시 은행에 손해가 발생한 가능성이 높은 배임행위를 규정한 것으로 위반시 법정형은 3년 이하의 징역 또는 1억 원 이하의 벌금에 처하도록 되어 있다(은행법 제67조).

7. 背任罪 成立要件인 理事의 財産上 利益과 會社의 財産上 損害

배임죄가 성립하기 위해서는 배임행위에서 더 나아가 이사 자신 또는 제3자가 이득을 취하고 본인이 재산상 손해를 입어야 한다. 따라서 본인인 회사에게 손해를 가하였다 할지라도 이사 자신 또는 제3자가 이득을 취한 사실이 없으면 배임죄가 되지 아니한다. 여기서 재산상 이익이란 일체의 재산적 가치를 증식시키는 이익을 말하며 적극적 이익은 물론이고 소극적 이익도 포함된다.

손해를 가한 때라고 함은 본인의 전체적 재산 가치가 감소됨을 가리키는 것으로서 배임행위 전후의 본인의 재산 상태를 비교하여 결정하는 전체계산 방식에 따른다. 기존재산이 감소하는 적극적 손해는 물론이고 얻을 수 있는 이익을 취득하지 못하는 소극적 손해도 포함하며 재산 감소 여부는 순전히 경제적 관점에서 판단된다. 따라서 배임행위에 의해 재산이 감소되었다

하더라도 그 배임행위 자체로 인하여 상당한 재산상 이익을 취득하였다면 재산상 손해는 인정될 수 없다.87) 그러나 사후에 변상을 받는 등 피해가 회복되거나 회복가능성이 생겼다 하더라도 이미 발생한 손해 발생 인정에 영향이 없다.88)

손해 발생은 본인에게 현실적인 손해를 가한 경우뿐만 아니라 재산상 실해 발생의 위험을 초래할 경우도 포함되는 것이므로89) 위조된 문서를 근거로 대출해준 행위가 비록 법적으로 무효로 볼 수 있어 현실적 손해가 발생하지 않았다고 볼 여지도 있지만 사실적으로는 손해발생을 인정할 수 있고 실해 발생의 위험을 초래한 것이므로 업무상 배임죄에 해당하는 것이다.90) 또한 신용금고 대표이사가 허위로 예금이 입금된 것처럼 거래원장을 작성하고 예금통장을 작성하여 교부한 경우91) 이사회의 결의를 거치지 아니하고 충분한 담보도 받지 아니하고 회사에 보증채무를 부담하게 한 경우도 모두 손해가 발생한 것으로 본다.92)

주식회사 대표이사가 회사의 유일한 재산 또는 중요한 재산을 양도한 경우 그 양도에 관하여 주주총회의 특별결의나 이사회의 승인을 얻지 아니하여 그 매매계약이나 이전등기가 법률상 무효라고 하더라도 경제적 관점에서 볼 때 회사에 손해를 가하지 아니하였거나 재산상 실해발생의 위험을 초래하지 않았다고 볼 수 없으므로 배임죄가 성립한다.93) 회사 임원이 임무에 반하여 부정하게 발행한 어음에 관하여 아직 소지인으로부터 이행청구나 압류 등을 하여온 사실이 없다 하여 회사에 손해가 없다고 할 수는 없으며,94) 대출규정에 위배하여 부실한 대출을 한 경우에도 재산상 실해 발생이 아직 없다 하더라도 위험을 발생시키기에 충분하며 손해액이 구체적으로 확정되지 않고 추상적이라도 무방하다.95)

---

87) 따라서 배임행위에 의하여 회사가 손해배상청구권 등 원상회복청구권을 취득하였다고 하더라도 이는 '이익'이라고 볼 수 없다.

88) 대법원 1995. 2. 17. 선고 94도3297 판결.

89) 대법원 2007. 3. 15. 선고 2004도5742 판결.

90) 대법원 1983. 2. 8. 선고 81도3190 판결.

91) 대법원 1996. 9. 6. 선고 96도1606 판결.

92) 대법원 1969. 7. 22. 선고 69도694 판결.

93) 대법원 1995. 11. 21. 선고 94도1375 판결.

94) 대법원 1983. 3. 8. 선고 82도2873 판결.

95) 대법원 1990. 1. 23. 선고 87도2625 판결.

한편, 손해의 유무는 법률적 판단에 의하지 아니하고 경제적 관점에서 파악해야 하나, 회사의 대표이사가 그 회사 명의로 체결한 계약이 관련 법령이나 정관에 위배되어 법률상 효력이 없는 경우에는 그로 인하여 회사가 계약상대방에게 민법상 불법행위 책임을 부담하게 되는 등 특별한 사정이 없는 한 그 계약의 체결행위만으로는 회사에 현실적인 손해가 발생하거나 재산상 실해 발생의 위험을 초래되었다고 할 수 없어 그것만으로는 배임죄의 구성요건이 충족되어 범행이 기수에 이르렀거나 그 범행이 종료되었다고 볼 수 없으므로[96] 이에 따라 주식회사 대표이사가 주주총회 의사록을 허위로 작성하고 이를 근거로 회사 임직원들과 주식매수선택권부여계약을 체결한 경우 그것만으로는 손해가 발생한 것이 아니라고 보았다.[97] 또 새마을금고 이사장이 이사회의 결의 없이 이사장 명의로 채무부담각서를 작성하여 교부한 경우 이는 법률상 무효이므로 위 금고에 아무런 위험이 발생하였다고 보기 어려워 역시 배임죄가 성립하지 아니한다고 판시하였다.[98]

---

96) 대법원 2011. 7. 14. 선고 2011도3180 판결.: 재판부는 「2인 이상이 공모하여 범죄를 실행하는 과정에서, 범죄에 필요한 자금을 제공한 공범에게 자금제공에 대한 대가를 지급하거나 자금제공에 따른 손실을 보전하여 주기로 하는 공범 간의 약정은 사회질서에 위배되어 무효이고, 공범이 아닌 제3자가 그 무효인 약정에 기한 채무를 부담하거나 이행하기로 하는 약정도 무효이다」라고 보면서, 甲 주식회사 대표이사인 피고인이 乙 주식회사 등의 주식에 대한 인위적인 주가관리를 하는 과정에서 丙에게서 필요한 자금을 제공받은 후 甲 회사를 채무자로 하는 금전소비대차계약 등의 약정을 체결하여 甲 회사에 재산상 손해를 가하였다고 하여 특정경제범죄가중처벌등에 관한 법률 위반(배임)으로 기소된 사안에서, 「피고인이 甲 회사로 하여금 약정에 따른 채무를 부담하게 하는 행위는 회사의 영리목적 또는 경영상 필요와 관계없이 피고인 또는 제3자의 이익을 도모할 목적으로 권한을 남용한 것으로 상대방 丙도 그와 같은 진의를 알았거나 알 수 있었다고 볼 여지가 있을 뿐만 아니라, 위 금전소비대차 계약 자체가 사기적 부정거래 등을 통한 주가조작 범행을 공모하여 실행한 공범 사이에서 범행에 필요한 자금제공에 대한 대가를 지급하거나 그에 따른 손실을 보전하여 주기로 하는 반사회질서 법률행위에 기초한 것으로 볼 수도 있어 위 채무부담행위는 甲 회사에 대하여 무효이므로, 그로 인하여 甲 회사에 어떠한 재산상 손해가 발생하거나 발생할 위험이 있다고 보기 어렵다」라고 판시하고 있는바, 아래 각주 97) 및 98)의 판례와 비교해 볼 필요가 있다.

97) 대법원 2011. 11. 24. 선고 2010도11394 판결.

98) 대법원 1987. 11. 10. 선고 87도993 판결.

8. 背任의 故意

(1) 의 의

배임죄가 성립하려면 임무에 위배하는 행위를 한다는 점과 이로 인해 자기 또는 제3자가 이익을 취득하고 본인에게 손해를 가한다는 점에 관한 인식, 즉 고의가 필요하다.

따라서 회사 임원이 개인적 이익을 취할 의도 없이 선의에 기하여 가능한 범위 내에서 수집된 정보를 바탕으로 기업의 이익에 합치된다는 믿음을 가지고 신중하게 결정을 내렸다 하더라도 그 예측이 벗어나 기업에 손해가 발생하는 경우까지 배임의 범의를 인정하기는 어렵다.[99] 또한 새마을금고 이사장이 대출금의 일부만 변제받은 후 나머지 원리금의 보전에 지장이 없다고 판단한 범위 내에서 담보의 일부를 해제한 행위가 배임죄가 되려면 그 담보 일부 해지가 채권보전에 지장을 주는지 여부와 이에 대한 인식이 있어야 하는데 담보물 가격이 담보의 취득 시점보다 하락하였다는 특별한 사정이 엿보이지 않은 이상 그가 담보가치를 새로 평가하지 아니하고 담보의 취득 당시의 평가에 따랐다고 하여 그것만으로 배임의 범의를 인정하기는 어렵다고 판시하였다.[100]

(2) 경영상 판단의 경우

경영상 판단과 관련하여 기업의 경영자에게 배임의 고의가 있었는지 여부를 판단함에 있어서는 기업경영에 내재된 속성을 고려하여 문제된 경영상 판단에 이르게 된 경위와 동기, 판단 대상인 사업의 내용, 기업이 처한 경제적 상황, 손실 발생의 개연성과 이익획득의 개연성 등 제반 사정에 비추어 자기 또는 제3자가 재산상 이익을 취득한다는 인식과 본인에게 손해를 가한다는 인식(미필적 인식 포함) 하의 의도적인 행위임이 인정되는 경우에 한하여 배임죄의 고의를 인정하는 엄격한 해석기준을 유지해야 하며, 그러한 인식이 없는데도 불구하고 본인에게 손해가 발생하였다는 결과만으로 책임을

---

99) 대법원 2007. 3. 15. 선고 2004도5742 판결.: 「위와 같은 판시내용과 달리 충분한 정보수집, 신중한 검토 없이 회사나 경영자 개인이 정치적인 이유 등으로 곤란함을 겪고 있어 이를 벗어나기 위해 재산상 손해가 발생하더라도 부득이 한 행위인 경우 배임죄의 고의가 인정된다」라고 판시하고 있다.

100) 대법원 1994. 11. 8. 선고 94도2123 판결.

묻거나 또는 주의의무를 소홀히 한 과실이 있다고 책임을 물을 수는 없다고 판시하였다.[101]

모험거래란 그 사무의 처리가 본인에게 이익이 될지 손해가 될지에 대한 전망이 불투명한 상태에서 행한 거래를 말하는데 모험거래를 할 수 있는 권한의 유무와 그 범위는 본인과의 내부관계에 의하여 결정될 것이지만 회사를 경영하는 대표이사는 어느 정도 모험거래가 허용되므로,[102] 배임의 고의를 판단할 때 모험거래인지 여부도 고려해야 한다.

Ⅲ. 會社法上 罰則 관련 判例의 態度

1. 序 說

상법 제3편 제7장 벌칙에 대한 대법원 판례의 수는 대단히 적기는 하지만, 형법의 업무상 배임죄와 밀접한 관련이 있는 것으로서, 의미있는 대법원 판결이 존재하는 것으로는, 특별배임죄(제622조), 회사재산을 위태롭게 하는 죄(제625조), 납입가장죄(제628조), 독직죄(제630조) 등을 들 수 있다.

2. 特別背任罪에 관한 判例

상법 벌칙 조항 중 가장 수가 많은데 그 내용은 다음과 같다. 회사의 지급의무가 없는 금원을 회사대표가 임의로 지급한 경우,[103] 대표이사와 이사가 허위로 회사경비를 과다하게 지출한 양 장부를 작성하여 그 돈을 회사의 정식 경리에 제외시킨 후 그 금액의 대강에 부합하는 지출내역을 밝혀내지 못하는 경우,[104] 사후에 피해가 회복되었더라도 일단 회사에 대하여 재산상 손

---

101) 대법원 2004. 7. 22. 선고 2002도4229 판결; 대법원 2007. 11. 15. 선고 2007도6075 판결; 대법원 2009. 2. 26. 선고 2008도522 판결.: 특히 2008도522 판결에서는 甲 회사의 대표이사 또는 이사들이 甲 회사가 운영하는 골프장을 운영하면서 '회원예우에 관한 규정'에 따라 해당 비용을 면제받은 것을 배임으로 의율한 원심 결정에 대하여 배임의 고의를 인정하는데 문제가 있음을 지적하였다.

102) 이회창, 「주석형법 5」 제3판, 한국사법행정학회, (2012), 518면.

103) 대법원 1984. 2. 28. 선고 83도2928 판결.

104) 대법원 1989. 10. 10. 선고 87도966 판결; 재판부는 「회사 경영진이 회사 경비를 허위로 과다하게 지출한 양 경리장부를 작성하게 하여 그 돈을 회사의 정식경리에서 제외시켰더라도 이를 회사의 비밀경리에 입금시켜 회사의 자금으로 관리하고 회사의 사업집행 상 필요한 용도에 사용하였다면 배임죄가 성립하지 않을 뿐만 아니라 나아가 그 나머지를 합의

해의 위험을 발생시킨 경우[105] 특별배임죄의 성립을 인정하였다.

배임죄에서 '회사에 손해를 가한 때'라 함은 회사에 현실적인 재산상의 손해가 발생한 경우뿐만 아니라 회사재산의 가치감소라고 볼 수 있는 재산상 손해의 위험이 발생한 경우도 포함되므로 따라서 재산적 가치를 갖는 온천 발견자의 지위를 아무런 대가 없이 제3자에게 양도하였다면 회사에 대하여 온천 발견에 대한 비용 상당의 손해를 가하고 타인에게 동액 상당의 재산상 이익을 취하게 함으로써 배임죄가 성립하고, 그 임무위배행위에 대하여 대주주의 양해를 얻었다거나 이사회의 결의가 있었다 하여 배임죄 성립에 영향이 있는 것도 아니다.[106]

회사에 끼친 손해가 없다고 판단되거나 특별배임죄의 행위 주체에 해당하지 않을 경우 특별배임죄의 성립이 부정되어 왔는데, 은행원이 융자업무를 처리함에 있어 융자금의 용도, 적합성 등의 검토는 잘못하였으나 은행에 대한 손해가 없는 경우,[107] 주식회사 임원들이 과대계상에 의하여 … 주주들에게 배당하였더라도 그 배당절차가 적법하고 그 액수도 통상노임액수에 미달되어 회사에 손해를 가한 것이 없는 경우,[108] 상법 제622조 제1항 소정의 특별배임죄의 주체는 …. 위임된 회사의 업무가 개별적·구체적인 사항에 관한 것인 경우,[109] 주주총회나 이사회가 적법하게 개최된 바 없이 허위로 의사록이 만들어지고 이에 기해 이사나 대표이사 등기가 이루어진 것과 같이 상법상 회사의 적법한 이사나 대표이사의 지위에 있는 자가 아닌 경우,[110] 배임행위의 의미에 비추어 볼 때 상법 제622조에 열거된 이사 등의 지위에 없는 자가 독자적으로 행한 경우[111] 등에 대해서는 특별배임죄가 성립될 수 없다고 판시하였다.

하여 이익을 분배한 경우라도 감추어진 상여 또는 이익배당으로 적정규모라면 이 역시 배임죄가 성립하지 아니한다」라고 판시하였다.

105) 대법원 1998. 2. 24. 선고 97도183 판결.

106) 대법원 2000. 11. 24. 선고 99도822 판결.

107) 대법원 1971. 4. 13. 선고 71도326 판결.

108) 대법원 1981. 1. 27. 선고 79도2810 판결.

109) 대법원 1978. 1. 24. 선고 77도1637 판결; 대법원 1978. 11. 28. 선고 78도1297 판결; 대법원 1977. 11. 8. 선고 77도2439 판결.

110) 대법원 1986. 9. 9. 선고 85도218 판결; 대법원 1978 11. 28. 선고 78도1297 판결.

111) 대법원 1998. 2. 10. 선고 96도2287 판결.

3. 會社財産을 危殆롭게 하는 罪에 관한 判例

상법 제625조 회사재산을 위태롭게 하는 죄의 경우를 살펴보면 다음과 같다. 「사법상 금지되는 자기주식 취득의 경우라도 회사재산에 대한 추상적 위험이 없는 경우 자기주식취득금지위반죄로 처벌할 수 있는지 여부에 대하여, 회사재산에 대한 추상적 위험이 없다고 생각되는 경우 형법상으로는 실질적인 위법성이 없으므로 '부정하게' 주식을 취득한 경우에 해당하지 않아 자기주식취득금지위반죄로 처벌할 수 없으나, 그러한 경우에 해당하지 않는 사법상 금지되는 자기주식 취득은 본죄로 처벌할 수 있다. 따라서 대표이사가 회사자금으로 주주 8명으로부터 주식의 액면가에다 그 동안의 은행금리 상당의 돈을 붙여 주식대금으로 지급하고 자사주를 취득한 경우에는 비록 주주 아닌 자에게 주식을 양도하지 않기로 하는 주주총회의 결의가 있었고 취득 후 1년이 지난 뒤에 대표이사 자신이 회사가 지급한 주식대금보다 많은 돈을 회사에 지급하고 자사주를 양수하였더라도 자기주식취득금지위반죄에 해당한다」라고 판시하였다.[112)]

또한 「상법 제625조 제4호 '회사의 영업범위 외에서 투기행위를 하기 위하여 회사재산을 처분한 때'에서 '회사의 영업범위 외'라고 함은 회사의 정관에 명시된 목적 및 그 목적을 수행하는데 직접 또는 간접적으로 필요한 통상적인 부대업무의 범위를 벗어난 것을 말하는 것으로서, 목적 수행에 필요한지 여부는 행위의 객관적인 성질에 따라 추상적으로 판단할 것이지 행위자의 주관적·구체적 의사에 따라 판단할 것은 아니며, 또 '투기행위'라 함은 거래시세의 변동에서 생기는 차액의 이득을 목적으로 하는 거래행위 중에서 사회통념상 회사의 자금 운용방법 또는 자산 보유수단으로 용인될 수 없는 행위를 말하는 것으로서, 구체적으로 회사 임원 등의 회사재산 처분이 투기행위를 하기 위한 것인지를 판단함에는 당해 회사의 목적과 주된 영업내용, 회사의 자산규모, 당해 거래에 이르게 된 경위, 거래 목적물의 특성, 예상되는 시세변동의 폭, 거래의 방법·규모와 횟수, 거래자금의 조성경위, 일반적인 거래관행 및 거래 당시의 경제상황 등 제반사정을 종합적으로 고려해야 한다」라고 판시하였다.[113)]

---

112) 대법원 1993. 2. 23. 선고 92도616 판결.

상법 제625조는 상법 제622조 및 형법 제356조의 보충규정으로서 특별배임죄 또는 업무상 배임죄가 성립하는 경우 별도로 상법 제625조 위반죄가 성립하지 아니한다고[114] 판시하여 제3편 회사 제7장 벌칙에서 제622조 이외의 나머지 조항들의 성격을 규정하였다.

4. 納入假裝罪[115]에 관한 判例

가장납입죄는 특별배임죄 다음으로 그 수가 많다. 가장납입죄 성립을 긍정한 주요한 판례로는, 주금을 납입할 의사 없이 주금으로 납입하는 양 은행에 예치하여 회사설립요건을 갖춘 듯이 등기한 다음 그 예치한 돈을 바로 인출하였는데, 이를 회사를 위하여 사용하였다는 특별한 사정이 없는 경우,[116] 당초부터 진실한 주금납입으로 회사의 자금을 확보할 의사 없이 형식상 또는 일시적으로 주금을 납입하고 설립등기나 증자등기의 절차를 마친 다음 바로 그 납입한 돈을 인출하였는데, 이를 회사를 위하여 사용하였다는 특별한 사정이 없는 경우[117] 등을 들 수 있다.

한편 가장납입죄의 적용을 부정한 판례로서는 비록 설립등기 그 다음날 납입주금 전액을 인출하였더라도 그 자금을 회사를 위하여 사용한 경우,[118] 은행에 납입하였던 돈을 회사설립등기와 증자등기가 이루어진 후 바로 인출하였더라도 이미 주식납입금 이상의 자본을 투자하여 회사의 자산을 만들어 놓았고 또한 그 인출금을 회사의 운영자금이나 자산의 취득과정에서 발생한 대차관계를 청산하는데 사용하였으며 주식납입금에 상당하는 자산을 양도받기로 되어 있어 그 양수자금으로 사용한 것으로 볼 수 있는 경우[119] 등을

113) 대법원 2007. 3. 15. 선고 2004도5742 판결.: 여기서 재판부는 비상장주식 소유가 비록 회사의 목적 범위에 포함된다고 보기 어려우나 제반사정으로 볼 때 투기행위에 해당하지 않는다고 보았다.

114) 대법원 2007. 3. 15. 선고 2004도5742 판결.

115) '가장납입죄'라고도 하며 여기서 혼용하여 쓰기로 한다.

116) 대법원 1986. 9. 9. 선고 85도2297 판결; 대법원 1993. 8. 24. 선고 93도1200 판결.

117) 대법원 1997. 2. 14. 선고 96도2904 판결; 대법원 1993. 8. 24. 선고 93도1200 판결.

118) 대법원 1982. 4. 13. 선고 80도537 판결; 대법원 1979. 12. 11. 선고 79도1489 판결; 대법원 1977. 11. 8. 선고 77도2439 판결; 대법원 2005 4. 29. 선고 2005도856 판결에서는 「납입한 돈을 설립 등기 내지 증자등기 후 바로 인출했더라도 그 인출금을 주식납입금 상당의 자산을 양수하는 대금으로 사용한 경우 가장납입죄가 되지 않는다」고 보았다.

119) 대법원 2001. 8. 21. 선고 2000도5418 판결; 대법원 1999. 10. 12. 선고 99도3057 판결;

들 수 있다. 한편, 전환사채는 주식이 아닌 사채이고 전환권은 사채권자의 권리로서 전환권을 행사하지 않을 수 있으므로 가장납입죄의 적용이 없다고 보고 있다.120)

상법 제628조 가장납입죄에서 주체 가운데 하나인 기타 회사영업에 관한 어느 종류 또는 특정한 사항의 위임을 받은 사용인이라는 의미는 어느 종류 또는 특정한 사항에 관하여 대외적으로 회사를 대리할 수 있는 부분적이기는 하나 포괄대리권을 가진 자만 말하고 위임받은 사항이 포괄적인 것이 아니고 개개의 구체적인 사항에 불과한 경우는 이에 해당하지 않으며, 회사 대주주로 상법 제401조의2의 업무집행지시자로 볼 수 있는 경우는 이에 해당하지 아니한다.121)

타인으로부터 금원을 차용하여 주금을 납입하고 설립등기나 증자등기 후 바로 인출하여 차용금 변제에 사용하는 경우 상법상 가장납입죄의 성립을 인정한 이상 회사 자본이 실질적으로 증가됨을 전제로 한 업무상 횡령죄가 성립한다고 할 수 없다.122) 이 경우 재산상 손해가 발생한다고 볼 수 없어 업무상 배임죄도 성립하지 아니한다.123) 만일 신주발행시 가장납입이 이루어진 경우 그 업무를 담당하는 대표이사는 회사의 사무를 하는 것이지 기존 주주의 사무를 처리하는 지위에 있지 아니하므로 가장납입죄 외에 기존 주주에 대한 업무상 배임죄는 성립되지 아니한다.124)

Ⅳ. 이 事件의 檢討 結果

이 사건 판결은 경영진의 어떤 행위가 배임행위에 해당하는지, 경영상 판단과 관련하여 경영진에게 배임의 고의와 불법이득의 의사가 있었는지 여부를 판단하는 것이 핵심이다.

제1심은 경영진인 피고인들이 저축은행 제도의 취지 및 운영과 관련한 각종 법률을 위반한데다가 통상적인 투자와 대출의 관행·절차를 위반하고

대법원 1979. 12. 11. 선고 79도1489 판결.

120) 대법원 2008. 5. 29. 선고 2007도5206 판결.

121) 대법원 2006. 6. 2. 선고 2005도3431 판결; 대법원 1978. 1. 24. 선고 77도1637 판결.

122) 대법원 2004. 6. 17. 선고 2003도7645 전원합의체 판결.

123) 대법원 2005. 4. 29. 선고 2005도856 판결.

124) 대법원 2004. 5. 13. 선고 2002도7340 판결.

방만하게 자금을 지출하는 행위를 배임행위로 인정하고, 피고인들이 그 배임행위 당시 이로 인해 제3자가 이익을 취득하고 저축은행이 금전적 손해를 입게 된다는 것을 인식했다고 보고 업무상 배임죄 성립을 인정하였다.

그러나 원심은 「위 사업의 추진 과정에서 경영진이 위법한 행위를 하였다고 하더라도 배임의 고의가 바로 인정되는 것이 아니며, 비록 저축은행 자금을 방만하게 지출하였다는 의심의 여지는 있으나 회사의 이익을 위한 경영판단이었고, 개인적인 정실관계나 부정한 사례 및 청탁에 기하여 토지대금 등을 부풀려 지급하였다거나 또는 대가 없이 사업비를 지출한 것으로는 보이지 아니하므로 배임죄의 고의를 인정하기 어렵다」라고 하면서 업무상 배임죄 성립을 부정하였다.

하지만, 원심의 결론은 경영진이 회사 이익을 위한다는 동기로 행한 것이라면 회사 목적에 반하여 불법과 편법으로 저지르더라도 반드시 배임행위라고 보기 어렵고, 경영판단으로 행한 것이라면 경영진의 선관의무와 주의의무를 다한 것이라는 이상한 결론에 이르게 된다. 또, 배임행위 당시 그로 인해 제3자에게 재산상 이익이 본인인 회사에게 손해가 발생한다는 것을 인식하면 배임죄의 고의 요건을 충족한 것임에도 위와 같은 동기가 있다면 고의가 인정되지 아니한다고 대단히 좁게 해석하여 사실상 경영진의 배임범죄 처벌을 어렵게 만들었다.

이에 관하여 대법원은 「피고인들은 위와 같은 위법행위만으로도 배임행위가 되는데 충분함에도 더 나아가 각종 편법을 동원하고 방만한 사업 운영과 자금을 지출함으로써, 법령·직무내용·신의성실의 원칙상 당연히 하지 않아야 할 것으로 기대되는 행위를 하여 회사와 맺은 신임관계를 저버렸으며, 이러한 배임행위 당시 회사에게 재산상 손해를 야기하고 거래상대방에게 재산상 이익을 발생하는 것을 인식하였으므로 배임의 고의 내지 불법영득의 의사가 있으며, 본 사안과 같은 상황에서는 경영판단의 원칙을 적용하여 배임죄를 묻기 어려운 경우도 아니다」라고 보아 원심을 바로 잡았는데, 향후 예상되는 저축은행 임직원의 다양한 배임행위 재판에서 나침반 역할을 할 것으로 기대된다.

非上場會社의 第3者配定 新株發行에 의한 經營權防禦*

鄭 鎭 世**

◎ 대법원 2009. 1. 30. 선고 2008다50776 판결

[事實의 槪要][1)]

(1) 피고(주식회사 스맥)는 1999. 6. 18. 공작기계 및 그 부품의 제조, 판매 등을 주목적으로 하여 삼성테크윈 주식회사(이하 '삼성테크윈'이라 한다)로부터 분사하여 설립된 비상장법인으로서, 2007. 4. 21. 신주를 발행하기 이전에는 총 발행주식이 517,488주이고 그 중 피고의 임직원이 52.05%, 삼성테크윈이 18.04%, 기타 외부주주가 나머지를 각 보유하고 있었으며, 원고는 그 24.25%인 125,514주를 보유하여 최대주주의 지위에 있었다.

(2) 원고는 2007. 2. 9. 주주로서 피고에게 정관, 주주총회의사록, 회계장부 및 서류 등의 열람, 등사 청구를 하였다가 이를 거절당하자 이 법원(창원지방법원)에 회계장부 등 열람 및 등사 가처분신청을 하여 2007. 4. 9. 인용결정을 받고, 같은 해 1.경 열린 정기주주총회에서는 원고 및 원고 측 인사를 이사와 감사로 추가하는 안건이 상정되는 등 원고와 피고의 현 경영진 측은 그간 회사 경영 및 그 주도권을 둘러싸고 다툼을 벌여왔다.

(3) 이에 피고는 2007. 4. 19. 이사회를 개최하여 보통주식 155,246주(기발행 주식의 약 30%)를 주당 금 7,500원(액면가 5,000원)에 발행하되 이를 광산용 기계 및 부분품 제작, 판매 등을 주목적으로 하는 디엠씨 주식회사(이하 '소외 회사'라 한다)에 전부 배정하고, 그 납입기일을 2007. 4. 20.로 정하기

---

* 제23회 상사법무연구회 발표 (2010년 11월 27일)

** 前 홍익대학교 법학과 교수

1) 제1심 판결이유에서 인용한다.

로 의결하였다. 소외 회사가 2007. 4. 20. 그 인수대금 전액 1,164,345,000원을 납입함에 따라 피고는 2007. 4. 21. 위 신주를 발행(이하 '이 사건 신주발행'이라 한다)하고 같은 달 23. 이에 따른 변경등기까지 마쳤다.

(4) 이 사건 신주발행으로 소외 회사는 발행주식 총수 672,734주 중 155,246주(23.08%)를 보유한 최대주주가 되었고, 원고는 종전 지분율이 18.65%로 떨어졌다. 한편, 피고의 정관 제10조 제1항은, '본 회사의 주주는 소유주식수에 비례하여 신주인수권을 가지며 주주가 신주인수권을 포기 또는 상실하거나 신주 배정시 단수주가 발생하였을 경우에는 이사회 결의에 따라 이를 처리한다.'고 규정하고, 그 제2항은, '제1항의 규정에도 불구하고 긴급한 자금의 조달을 위하여 국내외 금융기관 또는 기술도입을 필요로 그 제휴회사에게 이사회의 결의로 보통주식 또는 우선주식을 발행주식 총수의 100분의 30을 초과하지 않는 범위에서 신주를 발행하는 경우(제4호)' 등에는 주주 외의 자에게 신주를 배정할 수 있다는 예외를 규정하고 있다.

(5) 이에 원고는 이 사건 신주 발행과 관련하여 이 법원 2007카합228호로 위 신주에 기한 의결권행사금지가처분신청을 하여 2007. 6. 7. 그 인용결정을 받았는데, 2007. 6. 9. 열린 피고의 임시주주총회에서 안건으로, ① 제3자 등에게 전환사채를 발행할 수 있게 하고, 이사 수를 3인으로 제한하며 이사 선임에 있어 집중투표제를 배제하는 등을 내용으로 하는 정관 변경의 건, ② 원고에게 우호적인 이사 이상혁, 감사 정병조 등을 해임하는 건, ③ 대표이사 원종범을 해임하는 건, ④ 원고 등을 이사에 선임하는 건 등이 제안되었으나, 소외 회사의 의결권행사가 금지된 상태에서 특별결의를 요하는 ①, ②, ③안건은 특별결의 정족수 미달(①, ②안 찬성 61.32%, ③안 찬성 38.68%)로, ④안건도 일반결의 정족수 미달(반대 59.86%)로 각 부결되었다.

(6) 피고의 2007. 6. 9. 현재[2] 지분율은 원고 19.35%, 소외 회사 23.08%, 피고의 대표이사 원종범 2.33%, 삼성테크윈 주식회사 13.88% 등의 분포를 보이고 있다.

---

2) 제1심 변론종결일은 2007. 9. 20.이다.

[訴訟의 經過]

1. 原告의 主張

이 사건 신주발행은 원고와 피고 대표이사 원종범 등 현 경영진 사이의 경영권 분쟁이 발생한 가운데 위 원종범이 경영권을 방어할 목적으로 현 경영진에 우호적인 소외 회사에 기습적으로 신주를 배정하는 방식으로 이루어졌고 이로 인하여 원고는 최대주주의 지위를 상실하였다. 그러므로 이 사건 신주발행은 무효이다.

2. 被告의 主張

피고는 삼성테크윈 주식회사에 대하여 약 44억 원의 채무를 부담하고 있는 경영 악화 상태에서 소형정밀 CNC선반 제품에 관한 기술도입, 긴밀한 업무제휴를 통한 경영성과 향상 및 채무 상환을 통한 재무구조 개선 등을 목적으로 우수한 기술력을 지닌 소외 회사에 이 사건 신주 발행을 한 것이어서 주주 이외의 제3자에게 신주인수권을 부여할 요건을 갖추었다. 그러므로 이 사건 신주발행은 유효하다.

[判決의 要旨]

1. 上告理由 第1, 3, 4點에 대하여

위 신주발행 당시 피고 회사에는 경영권 분쟁이 있었고, 위 신주발행은 상법 제418조 제2항과 피고 회사의 정관이 정한 재무구조 개선이나 신기술 도입을 위하여 이루어진 것이 아니라 현 경영진의 경영권을 방어할 목적으로 이루어진 것이라고 보이는바, 위와 같은 취지의 원심 판단은 정당하고, 거기에 심리미진 또는 채증법칙 위배나 경영권 다툼에 관한 법리오해의 위법이 있다고 할 수 없다.

2. 上告理由 第2點에 대하여

(1) 상법 제418조는 종래 주주의 신주인수권을 정관에 의하여 폭넓게

제한할 수 있도록 하다가 2001. 7. 24. 법률 개정을 통하여 제1항을 "주주는 그가 가진 주식 수에 따라서 신주의 배정을 받을 권리가 있다."라고, 제2항을 "회사는 제1항의 규정에 불구하고 정관에 정하는 바에 따라 주주 외의 자에게 신주를 배정할 수 있다. 다만, 이 경우에는 신기술의 도입, 재무구조의 개선 등 회사의 경영상 목적을 달성하기 위하여 필요한 경우에 한한다." 라고 각 개정하였는바, 이는 주식회사가 신주를 발행하면서 주주 아닌 제3자에게 신주를 배정할 경우 기존 주주에게 보유 주식의 가치 하락이나 회사에 대한 지배권 상실 등 불이익을 끼칠 우려가 있다는 점을 감안하여, 신주를 발행할 경우 원칙적으로 기존 주주에게 이를 배정하고 제3자에 대한 신주배정은 정관이 정한 바에 따라서만 가능하도록 하면서, 그 사유도 신기술의 도입이나 재무구조 개선 등 기업 경영의 필요상 부득이한 예외적인 경우로 제한함으로써 기존 주주의 신주인수권에 대한 보호를 강화하고자 하는 데 그 취지가 있다 할 것이므로, 주식회사가 신주를 발행함에 있어 신기술의 도입, 재무구조의 개선 등 회사의 경영상 목적을 달성하기 위하여 필요한 범위 안에서 정관이 정한 사유가 없는데도 회사의 경영권 분쟁이 현실화된 상황에서 경영진의 경영권이나 지배권 방어라는 목적을 달성하기 위하여 제3자에게 신주를 배정하는 것은 상법 제418조 제2항을 위반하여 주주의 신주인수권을 침해하는 것이라고 할 것이다.

(2) 한편, 신주 발행을 사후에 무효로 하는 경우, 거래의 안전과 법적 안정성을 해할 우려가 큰 점을 고려할 때 신주발행무효의 소에서 그 무효원인은 가급적 엄격하게 해석하여야 할 것이나, 신주 발행에 법령이나 정관의 위반이 있고 그것이 주식회사의 본질 또는 회사법의 기본원칙에 반하거나 기존 주주들의 이익과 회사의 경영권 내지 지배권에 중대한 영향을 미치는 경우로서 주식의 관련된 거래의 안전, 주주 기타 이해관계인의 이익 등을 고려하더라도 도저히 묵과할 수 없는 정도라고 평가되는 경우에는 그 신주의 발행을 무효라고 보지 않을 수 없다.

(3) 위와 같은 법리에 앞서 본 사정들을 종합하여 보면, 이 사건 신주발행은 상법 제418조 제2항과 피고 회사의 정관이 정하고 있는 사유가 아니라 현 경영진의 경영권을 방어하기 위하여 제3자 배정방식으로 이루어진 것으

로서 위 상법 조항과 피고 회사의 정관을 위반하여 원고 등 기존 주주의 신주인수권을 침해한 것이고, 그로 인하여 피고 회사의 지배구조에 앞서 본 바와 같은 심대한 변화가 초래되어 원고의 피고 회사에 대한 종래의 지배권이 현저하게 약화되는 중대한 영향을 받게 되었으니 이러한 신주발행은 도저히 허용될 수 없어 무효라고 하지 않을 수 없다.

[評　　釋]

Ⅰ. 序　　論

기업의 경영권 다툼은 상장회사에서는 증권시장을 통한 주식의 買集이나 M&A의 전형적 형태인 공개매수(TOB)로 나타나지만 非상장회사에서는 주식을 매집할 시장도 형성되어 있지 않아서 본 건처럼 주주들간 주도권 다툼의 형태로 나타나는 것이 보통이다. 상장회사에 대한 M&A도 법적으로는 '외계인(외부인)의 침입'이 아니라 주주가 일으킨 '내홍(內訌)'이다. 외부인으로서는 회사의 이사가 임무를 수행함에 있어서 회사에 대하여 주의의무·충실의무에 위반한 것을 거론할 입장이 아니다.

대법원은 본 건에서 전환사채발행에 관한 삼성전자 사건[3] 후 5년 가까이 지나 제3자배정 신주발행의 효력에 관하여 반대의 결론을 내렸는데, 본 판결은 경영권분쟁이 현재화한 상황에서 경영진에게 우호적인 제3자에게 배정한 대량 신주발행이 주주의 신주인수권 제한의 요건을 충족한 적법한 방어인지를 판단하는 본격적인 M&A 방어수단에 관한 사안인데도 삼성전자 판결과 같은 주의를 끌지는 못하였다. M&A에 관한 판례가 대부분 가처분 신청에 대한 하급심 결정인데 이 두 판결에서 경영진의 지배권강화에 대하여 대법원이 본안판결로 입장을 표명하였다. 다만 본 건은 비상장법인이 주주의 신주인수권을 배제한 사안이라는 특색이 있다. 외국의 입법례나 학설·판례에서는, 주주의 신주인수권을 일반적으로 보장하지 않은 법제에서도, 폐쇄회사에서는 회사 주도권 다툼은 M&A의 순기능인 경영시장의 활성화와

3) 대법원 2004. 6. 25. 선고 2000다37326 판결 [전환사채발행무효].

는 직접관계가 없고 소수파 주주들이 투하자본을 회수하고 회사에서 탈퇴하기 어려운 점을 감안하여 이들의 지위가 신주발행에 의하여 더 축소되지 않도록 신주인수권을 존중하는 것이 일반적 경향인데, 우리나라 상법은 원칙으로 주주의 신주인수권을 보장하면서도 그 배제의 요건에 있어서 상장회사와 비상장회사를 구별하지 않고 있다(제418조).[4] 그러나 이 배제의 요건을 인정함에 있어서 비상장법인에서 더 엄격하게 해석하는 것이 소수파 주주들의 보호를 위하여 필요할 듯 한데, 본 판결에서는 이에 관한 언급은 없고 신주발행의 무효를 선언하여 결과적으로 소수주주는 보호되었다.

본 건 신주발행은 상법 제418조 제2항과 피고회사의 정관이 정한 주주의 신주신수권 배제(제3자배정 증자)의 요건인 재무구조 개선이나 신기술도입의 목적이 아니라 경영권 분쟁의 상황에서 현 경영진의 경영권을 방어할 목적으로 이루어졌으므로 무효라고 선언했다. 본 판결은 피고의 "신주발행은 상법 제418조 제2항과 피고 회사의 정관이 정한 재무구조 개선이나 신기술도입을 위하여 이루어진 것이 아니라 현 경영진의 경영권을 방어할 목적으로 이루어진 것"이라는 사실인정을 바탕으로, 신주발행의 무효를 선언한 것이다. 즉 본 판결은 제3자배정 신주발행이 "재무구조 개선이나 신기술도입을 위하여 이루어진 것"이라는 피고의 주장을 상세한 설명 없이 배척하였다. 그리고 주식이 일단 발행되면 법적 안정성과 거래안전을 위하여 되도록 그 효력을 유지해야 하는데도 신주발행의 무효를 선언한 것이다.

그 과정에서 대법원은 제1심과 원심을 지지하면서 관여법관의 일치된 의견으로, 피고 회사의 제3자배정 신주발행은 경영권 분쟁의 상황에서 회사경영의 필요성 때문이 아니라 현 경영진의 경영권방어를 목적으로 하므로 위법하다고 한다. 회사의 이사는 자금수요 등 회사경영상 필요로 그에게 부여된 권한을 행사해야 하는데 경영권 분쟁상황에서 현 경영진의 경영권방어를 목적으로 이 권한을 행사하는 것은 이사 스스로의 이익을 위하여 회사의 이익을 침해하여 이사의 신인의무에 위반할 가능성이 있기 때문이다. 그래서 미국 판례에서는 「원래 이사의 경영상 행위는 경영판단의 법칙에 의하여 적법하다는 추정을 받지만 경영권 분쟁 상황에서 경영권의 획득·유지·강화

---

4) 후술하는 바와 같이 자본시장과 금융투자업에 관한 법률 제165조의6은 주권상장법인에게 일반공모증자를 허용한다.

를 위한 행위는 Unocal 판결을 계기로 "가중된 사법심사"(Enhanced Judicial Scrutiny)에서, ① 매수자의 주식취득으로 회사의 정책이나 효율성에 대한 위험이 발생한다고 믿은 합리적 근거를 입증해야 하고, ② 그가 취한 대항조치가 형량의 관점에서 위협에 대한 관계에서 합리적이었다는 입증을 해야, 비로소 그의 결정은 경영판단 법칙의 보호를 받는다」고 한다.

그런데 본 판결에서 대법원은 피고의 제3자배정 신주발행이 상법 제418조에 위반하여 주주의 신주인수권을 침해했기 때문에 무효라고 선언하였다. 상법 제418조는 제1항에서 주주에게 신주인수권을 부여하고 제2항에서 이 주주의 신주인수권을 제한하고 제3자에게 배정하여 신주를 발행하기 위한 요건으로 "신기술의 도입, 재무구조의 개선 등 회사의 경영상 목적을 달성하기 위하여 필요한 경우에 한한다."라고 규정하였는데, 피고의 제3자배정 신주발행은 이러한 '경영상 목적'이 아니라 경영권 방어의 목적이므로 이 요건에 해당되지 않는다는 것이다. 경영권 유지·강화 자체가 위법해서가 아니라 이 경영권 유지·강화를 위한 수단인 제3자배정 신주발행이 제418조가 규정한 요건을 충족하지 못하여 위법하다는 뜻이다. 여기서 경영권방어 목적이 있다고 한 것은 경영상 목적이 없었다는 사실을 뒷받침하는 수단인 셈이다. 그러나 경영권방어 목적이 있었더라도 이와 함께 경영상 필요가 있는 경우도 있다. 그리고 경영권방어는 반드시 위법한 것도 아니다.

상술한 바와 같이 주주의 신주인수권을 보장하지 아니하는 미국이나 일본에서도 제3자배정 신주발행를 포함하여 이사의 경영권방어를 규제한다. 대법원 판례이론에서는 제3자배정 신주발행 이외의 이사의 경영권방어에 대해서는 같은 경영권방어라도 주주의 신주인수권 이외의 방법으로 대처해야 할 것이다. 그리고 다른 한편 회사의 자금수요 충족의 기동성이 세계화한 자본시장에서 점차 중요성을 더하는 상황에 비추어 우리나라 증권거래법에 이어 자본시장과 금융투자업에 관한 법률은 상장회사의 일반공모증자에 의한 신주발행을 규정하여 주주의 신주인수권은 중요성이 감소하고 있다. 그래서 경영권방어에 관한 본 사안에서 주주의 신주인수권 침해만을 신주발행 무효의 이유로 하는 것이 설득력이 미흡하고 보다 큰 틀에서 검토할 필요가 있지 않은지 살펴본다.

그러므로 이 판결을 이해하기 위해서 다음에 신주발행이 회사경영상 필요한 것이었다는 입증의 책임은 누가 부담하는지(Ⅲ), 그리고 이러한 신주발행은 무효인지(Ⅳ)를 검토하기에 앞서, 이 문제들의 바탕을 이룬다고 생각되어 피고 회사의 본 건 신주발행이 유효하다고 인정되기 위한 주주 신주인수권 배제의 요건으로 "신기술의 도입, 재무구조의 개선 등 회사의 경영상 목적을 달성하기 위하여 필요한 경우"(상법 제418조 제2항)를 규정한 것은 어떠한 의미인지, 그리고 경영진의 경영권방어를 위한 제3자배정 신주발행은 허용되지 않는지(Ⅱ)를 살펴보고자 한다.

Ⅱ. 第3者配定 新株發行의 要件

신주인수권과 그 제한에 관하여 검토한 다음, 이 제한사유인 경영상 필요성과 경영권방어 목적의 관계를 살펴본다.

1. 新株引受權

우리나라, 미국, 일본의 신주인수권과 그 제한에 대하여 살펴본 다음, 상법의 신주인수권 제한에 관한 제418조 제2항의 적용을 검토한다.

(1) 우리나라 상법상 신주인수권

전에는 상법 제418조 제1항은 "주주는 정관에 다른 정함이 없으면 그가 가진 주식의 수에 따라서 신주의 배정을 받을 권리가 있다."라고 규정하여, 정관의 규정으로 주주의 신주인수권을 제한할 수 있었기 때문에, 실무상으로도 자본조달의 편의성과 기동성이라는 명분 하에 주주를 배제한 제3자배정이나 공모발행이 아무런 통제 없이 이루어지고 있는 실정이었다.[5] 그래서 본 판결이유가 설명하는 바와 같이, 상법 제418조는 종래 주주의 신주인수권을 정관에 의하여 폭넓게 제한할 수 있도록 하다가, 2001. 7. 24. 법률 개정을 통하여 "주주는 그가 가진 주식 수에 따라서 신주의 배정을 받을 권리가 있으며(동조 제1항), 회사는 제1항의 규정에 불구하고 정관에 정하는 바에 따라 주주 외의 자에게 신주를 배정할 수 있지만, 이 경우에는 신기술의 도입, 재무구

5) 최준선, "주주의 신주인수권에 관한 연구", 「상장협연구」 제43호, (2001), 193면.

조의 개선 등 회사의 경영상 목적을 달성하기 위하여 필요한 경우에 한하는 것으로(동조 제2항) 개정하였는바, 이는 주식회사가 신주를 발행하면서 주주 아닌 제3자에게 신주를 배정할 경우 기존 주주에게 보유 주식의 가치 하락이나 회사에 대한 지배권 상실 등 불이익을 끼칠 우려가 있다는 점을 감안하여, 신주를 발행할 경우 원칙적으로 기존 주주에게 이를 배정하고 제3자에 대한 신주배정은 정관이 정한 바에 따라서만 가능하도록 하면서, 그 사유도 신기술의 도입이나 재무구조 개선 등 기업 경영의 필요상 부득이한 예외적인 경우로 제한함으로써 기존 주주의 신주인수권에 대한 보호를 강화하고자 하는데 그 취지가 있다고 하였다.

(2) 미국법상 주주의 신주인수권과 이사의 신인의무

(가) 미국에서도 일부 주주집단에게 의결권 있는 주식을 발행하거나 주식의 정상가격 이하로 발행하면 다른 주주집단에게 손해를 입히게 되므로 이를 피하기 위하여 판례는 신주인수권이론(doctrine of preemptive rights)을 마련하였는데, 그 최초의 판결은 *Gray v. Portland Bank*, 3 Mass. 364 (1807)이지만, 신주인수권이 주식소유의 본질적 요소인 소유권의 내용(소유권적 기득권 · 고유권)이라고(as a vested property interest that was an essential incident to the wnership of shares) 그 바탕에 있는 철학적 기초(underlying philosophical basis)를 명확히 한 것은 *Stokes v. Continental Trust Co.*, 186 N.Y. 285, 78 N.E. 1090 (1906)이다. 이 판결은 주주에게 신주의 발행 당시 시가와 주주가 신주에 대하여 납입하였을 금액의 차액에 해당하는 손해배상을 인정하였다.

(나) 그러나 점차 회사의 자본구조가 복잡하게 되어 여러 종류의 주식을 발행한 회사에서 어느 한 종류의 신주를 발행하는 경우에 주주들의 지분비율을 그대로 유지시키는 것은 어려울 뿐 아니라, 주주의 신주인수권을 유지하면서 전국규모의 시장에 신주를 발행하는 것은 기동성이 떨어지게 되었다.[6)] 그래서 1999.1.1. 기준으로 모범사업회사법(MBCA)을 위시하여 주주에게 신주인수권을 인정하지 않는 것을 법률상 원칙으로 하고 각 회사가 정관

---

6) Model Business Corporation Act Annotated, Third Edition, American Bar Association 1998/1999, § 6.30, HISTORY, Historical Background, 1. In General.

으로 이를 인정하는 방식(opt in)을 채택한 州가 33주이고 반대로 신주인수권을 州法으로 원칙상 인정하고 회사정관에서 이를 배제할 수 있도록 하는(opt out) 州가 13주인데, 그 외에 stock option이나 우리사주조합 등 주주의 신주인수권이 적용되지 않는 경우를 열거하는 州들이 있다.[7] 1993년 3월 기준으로는 opt in 방식이 25州이고 opt out 방식이 20州였으니, opt in 방식이 증가하는 추세인 듯 하다. 1930년경부터 주 제정법의 주주 신주인수권 제한 또는 배제 허용은 이사의 일반적인 신인의무(fiduciary duty)에 의하여 신주발행권 남용을 효과적으로 방지한다는(provided effective protection) 이론을 바탕으로 한다. 주주의 신주인수권에 관한 문제가 이사의 신인의무 논의로 자리를 옮긴 셈이다.

(다) 일본이나 미국과 같이 주주의 신주인수권이 법정되어 있지 않은 법제 하에서는 경영진에게 우호적인 제3자에게 배정하는 신주발행이 현 경영진의 지위 유지를 위한 이기적 목적이 아니라는 변명을 위하여 신주발행의 본래 제도적 목적인 자금수요 충족을 위한 조치라는 것을 입증해야 한다. 신주발행이 우리사주조합계획 실천 또는 stock option을 위해서도 필요하므로 이 경우에는 우리사주조합의 실천 또는 stock option의 필요성을 입증해야 할 것이다. 우리나라처럼 주주의 신주인수권이 법정되어 있는 제도에서는 이 신주인수권을 제한할 수 있는 사유의 입증이 필요하다. 어느 법제 하에서나 경영권분쟁이 이미 발생한 상황에서는 위의 증명은 더 어려워질 것이다. 주주의 신주인수권을 법정하지 않는 법제에서도 현 경영진의 회사지배를 유지・강화할 목적으로 제3자배정 신주발행을 규제하는 것을 보면 이 규제는 주주의 신주인수권 제한과 필연적인 관계가 있는 것은 아닌 듯 하다. 그러나 주주의 신주인수권을 보장하지 아니하는 법제에서도 이 규제 속에 이사의 신인의무 형태로 주주 신주인수권의 취지가 남아 있다. 미국에서도 폐쇄회사에서는 주주의 신주인수권을 유지・강화해야 한다는 학설이 유력한데,[8] 판례에서는 신인원리(fiduciary principle)의 엄격한 적용이 형식적인 신주인수권의 대체기능을 수행하고 있다.[9]

---

7) ibid. STATUTORY COMPARISON.

8) O'Neal, Molding the Corporate Form to Particular business Practices: Optional Charter Clauses, 10 Vand. L. Rev. 1, 41 (1956); Id., Close Corporations § 3. 39 (1970).

(라) 한편 주주간 지배쟁탈의 상황에서 이사가 주식을 발행하여 이에 영향을 미치는 불공정발행에 관한 판례는 미국에서 오래 전부터 흔히 볼 수 있었는데, 전통적으로 "주요 목적 기준"(primary purpose rule)에 의하여 신주발행의 시비를 가려왔다. 주요목적 기준은 신주발행의 主목적이 자금조달, 영업재산 취득, 종업원지주제도 등 회사의 정당한 사업목적 추진인지, 지배권 획득·유지·강화인지 심사하여 후자에 해당하면 이사의 신인의무 위반을 인정하여 신주발행의 留止, 취소 등 구제를 인정하는 것인데,[10] 주로 **폐쇄회사**의 사례를 중심으로 발전되어 왔다. 폐쇄회사에서는 주식소유에 있어서는 소수이지만 이사회에서 다수임을 기화로 신주발행에 의하여 다수주주로부터 지배권을 탈취하는 불공정성이 명백한 경우가 대부분이어서 지배탈취 목적이 인정되면 탈취 자체가 정당한지 그 <u>동기</u>를 거의 따지지 않고 신주발행을 위법한 것으로 보았다.[11][12] 폐쇄회사에 있어서는 주식시장이 없으므로 외부자가 주식을 매집하여 회사를 인수합병하는 경우는 생각하기 어렵고 주주들간의 내분인 경우가 대부분인데, *Schwarz v. Marien*, 37 N. Y. 2d 487, 373 N. Y. S. 2d 122 335 N. E. 2d 334 (1975)는 주주가 2파로 나뉘어 각각 50주씩 가졌는데 이사회의 다수파인 피고 이사 등이 5주의 금고주

---

9) Cary & Eisenberg, Cases and Materials on Corporations, 5th ed. 1980, at 1096; Jennings & Buxbaum, Cases and Materials on corporations, 5th ed. (1979), at 882, 886.: 이러한 보호를 準신주인수권(quasi-preemptive right)이라고 부른다.

10) Brudney, Fiduciary Ideology in Transactions Affecting Corporate Control, 65 Mich. L. Rev. 259, 264-5 (1966). - 洲崎博史, "不公正な新株發行とその規制", 「民商法雜誌」, 有斐閣, (一) 第94券 第5號, (1986), 569頁에서 재인용.

11) 다음 판결에서는 원고인 주주가 승소하였다.: *Elliot v. Baker*, 194 Mass. 518, 80 N. E. 450 (1907); *Luther v. C. J. Luther Co.*, 118 Wis 112, 94 N. W. 69 (1903); *Glenn v. Kittanning Brewing Co.*, 259 Pa. 510, 103 A. 340 (1918); *Sheppard v. wilcox*, 26 Cal. Rptr. 412 (Cist. Ct. App. 1963); *Canada So. Oils, Ltd. v. Manabi Exploration Co.*, 33 Del. Ch. 537, 96 A. 2d 810 (Ch. 1953); *Adelman v. Conotti Corp.*, 215 Va. 782, 213 S. E. 2d 774 (1975); *Ross Transport, Inc. v. Crothers*, 185 Md. 573, 45 A. 2d 267 (1946); *Lichtenberger v. Long Island Machinery Sales Corp.*, 71 A. D. 2d 941, 420 N. Y. S. 2d 507 (1979); *Rowland v. Times Publishing Co.*, 160 Fla. 465, 35 So. 2d 399 (1948) 등은 법정된 신주인수권을 무시한 사안이고, *Trask v. Chase*, 107 Me. 137, 77 A. 698 (1910)은 부속정관에 규정된 신주인수권을 무시한 사안이다.

12) 이에 반하여, 피고 이사가 원래 다수파 주주였던 사안[*Johnson v. Trueblood*, 629 F. 2d 287 (3d Cir. 1980) cert. denied, 101 S. Ct. 1704 (1981)], 당해 신주발행에 의해서가 아니라 후에 다른 주주로부터 주식을 양수하여 과반수 주주가 된 사안[*Dunlay v. Avenue A Garage & Repair Co.*, 253 N. Y. 274, 170 N. E. 917 (1930)]에서는 원고인 주주가 패소하였다.: <u>본 대법원 판결 사안도 피고 회사의 이사가 원래 다수파 주주였던 사례이다.</u>

를 자기와 종업원에게 매각한 사안에서, 「주주의 불평등 대우도 회사의 최대 이익에 보탬이 되면 정당화되지만 불평등대우의 사실이 일응 인정되면 정당화의 입증책임은 이사에게 이전한다」고 판시하였다. *Sichtenberger v. Long Island Machinery Sales Corp.*, 71 A. D. 2d 941, 420 N.Y.S. 2d 507 (1979)은 이 판결을 답습한 것이다.[13] 그런데 근래에는 공개회사 사례에 관한 판례는 신주발행의 목적을 기준으로 하는 공정성 심사를 한편으로는 유지하면서도,[14] 급격한 지배권이동으로 회사나 주주들에게 대한 지나친 영향을 염려해서인지, 현 경영진의 지배권 이전 저지를 곧바로 위법한 것으로 보지 않고 현직 유지의 개인적 동기에서인지 회사의 이익을 위해서인지(예를 들면, 현 경영진의 정책을 변경해서는 안 된다든지, 공개매수의 제안가격이 낮다든지, 공개매수자가 약탈자라든지 등)를 기준으로 하는 경우가 있다.[15][16] 주요목적을

---

13) 洲崎, 前揭書, 570頁에서 재인용.

14) (a) Cummings v. United Artists Theatre Circuit, Inc., 237 Md. 1, 204 A. 2d 795 (Ch. 1967); (b) Condec Corp. v. Lunkengeimer Co., 43 Del. Ch 353, 230 A. 2d 769; (c) Klaus v. Hi-Shear Corp., 528 F. 2d 225 (9th Cir. 1975) California州法 적용; (d) Consolidated Amusement Co. v. Rugoff, [1978 Transfer Binder] Fed. Sec. L. Rep. (CCH). 96, 584 (S. D. N. Y.) New York州法 적용.; (e) *Podesta v. Calumet Industries, Inc.*, [1978 Transfer Binder] Fed. Sec. L. Rep. (CCH). 96, 433 (N. D. III.) Delaware州法 적용.: Calumet회사의 이사였던 Podesta가 Calumet회사를 지배할 의도로 위임장경쟁을 개시하자, Calumet회사는 거래은행에 수여했던 18,500주 상당의 warrant를 매입하고 이와 다른 거래선에게 양도하여 warrant를 행사하게 하고, 종업원지주신탁(ESOT)을 창설하여 이에 5만주를 발행하였는데 이 5만주 중 1만주는 회사의 금고주를 무상으로 양도한 것이고 나머지는 회사로부터 융자를 받아 ESOT가 인수한 사안에 관한 것이다. 법원은 Calumet회사 경영진이 위임장경쟁을 알아차리자마자 반년이 못되어서 소멸할 warrant를 구태여 매입한 사정 및 ESOT의 창설시점과 조급한 계획추진 등을 상세히 심사하고 발행된 신주의 의결권행사를 금지하는 injunction을 인정하였다.

(가) 종업원지주제도와 관련된 신주발행은 그 필요성이나 긴급성이 입증되지 않으면 지배유지목적이 인정되기 쉽다[(c)사건; (e)사건; Norlin Corp. v. Rooney, Pace Inc., 744 F. 2d 255 (2d Cir. 1984)].

(나) 특히 신주의 의결권행사를 현 경영진이 실질적으로 지배하는 경우에는 더욱 그러하다[(c)사건; Norlin사건].

(다) 자금조달 목적의 신주발행에 있어서 제3자배정에 대한 평가에 관하여 (d)판결이 깊이 있는 검토를 하였다.

(라) 기업인수나 기업합동을 위한 신주발행에 있어서는 경영전문가가 아닌 법관으로서는 당해 신주발행의 필요성이나 긴급성을 부인하고 지배목적을 인정하는 것은 일반적으로 어렵다[(a)사건; (c)사건; Zweifach v. Scranton Lace Co.; Northwest Industries Inc. v. B. F. Goodrich Co.; Crouse-Hinds Co. v. Internorth, Inc.]. 지배권 분쟁이 표면화하기 전부터 기업합동에 관한 논의가 있었던 경우에는 비록 이 분쟁에 의하여 급히 표면화되었더라도 경영진의 판단이 우선하는 듯 하다[(a)사건; Northwest사건; Crouse-Hinds사건]. - 洲崎, 前揭書, 572頁 참조.

기준으로 판단하더라도 폐쇄회사 사례와 공개회사 사례에 있어서 고려할 사항이 반드시 동일하지 않으므로 주의를 요한다.

(3) 일본의 신주인수권제도

우리나라에 큰 영향을 미치는 일본의 신주인수권에 관한 제도는 특수한 사정으로 변천하였는데, 주주의 신주인수권이 법률상 당연히 인정된 적이 없는 것은 비교법제적으로 특이하다.[17]

(가) 일본의 1938년 개정 전 상법에는 신주인수권에 관한 규정이 없었고 실무에서는 주주총회의 증자결의에서 주주에게 신주인수권을 부여하는 것이 관행이었는데, 이 1938년 개정법은 이 관행을 명문화하여 회사는 정관 또는 자본증가결의로 "신주인수권을 부여할 자 및 그 권리의 내용"을 정할 수 있다고 규정하고(제348조 제4항) 특정한 자에게 장래 증자하는 경우에 신주인수권의 부여를 약정하기 위해서는 주주총회의 특별결의가 있어야 하는 것으로 하였다(제349조). 여하튼 1950년 개정 전에는 신주발행은 항상 증자를 수반하고 증자는 주주총회의 권한사항이었으므로 이사회의 배정권한 행사를 구속하는

15) Cheff v. Mathes, 41 Del. Ch. 491, 199 A. 2d 548 (1964) (자기주식 취득); Northwest Industries, Inc. v. B. F. Goodrich Co., 301 F. Supp. 706 (N. D. Ill. 1969) (신주발행). 학설로는 Gelfond & Sebastian, Reevaluating the Duties of Target Management in a Hostile Tender Offer, 60 B. U. L. Rev. 403, 437-443 (1980); Gilson, A Structural Approach to Corporations: The Case Against Defensive Tactics in Tender Offers, 33 Stan. L. Rev. 819, 824-831 (1981). - 洲崎博史, "不公正な新株發行とその規制", 「民商法雜誌」, 有斐閣, (一) 第94券 第5號, (1986), 578頁 주15에서 재인용.

16) 그 후의 저명한 판결로 Treadway Cos. v. Care Corp., 638 F. 2d 357 (2d Cir. 1980)은 Care회사가 Treadway회사 주식의 3분의1을 매집하자 Treadway회사 경영진은 투자은행에게 조사를 의뢰하여 Care회사에 의한 인수(take over)는 Treadway회사의 최상의 이익에 합치하지 않는다는 결론을 얻고, 제3의 회사인 Fair Lanes와 합병을 교섭하였으나 당시의 지수비율로는 Treadway회사의 주주총회에서 합병승인을 받을 수 없으므로 Fair Lanes 회사에게 대량의 주식을 발행한 데 대하여, Care회사가 이 주식의 의결권행사 금지의 injunction을 신청한 사건인데, 법원은 이사회가 타사에 의한 인수가 자사에게 해롭다고 판단하였으면 이에 반대조치를 강구하는 것은 합리적이며 여기에 경영판단의 원칙이 적용된다고 하였다. 그래서 「원고가 이사는 당해 조치에 이해관계가 있었던 사실과 불성실 또는 부적절한 목적으로 행동한 사실을 입증해야 이사가 당해 조치가 회사에게 공정하고 합리적이라는 입증책임을 부담하는데, 본건에서 기업결합의 실행을 위하여 신주발행을 한 것인데 원고는 합병이 구실이라는 입증을 하지 않았고 또 합병 후 유임되는 것은 사장 1인뿐이고 다른 이사가 이 합병에 이해관계가 있다는 입증이 없다」고 판시하였다.
한편, 미국 판례는 공개매수기간 중 대상회사 경영진의 방어조치에 경영판단의 원칙이 적용된다는 입장이지만 이에 대하여는 비판이 강하다.

17) 坂本延夫, 「新株引受權論」 (1973), 147頁 이하 참조. - 倉澤康一郎, 「新版注釋會社法(7)」 有斐閣, (1987), § 280ノ4, 6, 166頁에서 재인용.

의미의 신주인수권은 문제되지 않았다.

(나) 이에 대하여 1950년 개정법은 수권자본제도를 도입하여 신주 발행을 이사회의 권한사항으로 함에 따라 그 권한남용에 대하여 주주 이익보호의 관점에서 신주인수권의 문제가 중요성을 띠게 되었다.[18] 이 개정법안 작성과정에서 주주가 신주인수권을 가지는 것을 원칙으로 할 것인지(opt out) 가지지 않는 것을 원칙으로 할 것인지(opt in)에 관하여 견해가 대립하였는데 원안은 후자의 입장에서 작성되었지만 美점령군사령부(GHQ)가 이를 용납하지 않았기 때문에 타협으로 이 결정을 회사의 자치에 맡기기로 하면서 수권자본의 액과 함께 "주주에 대한 신주인수권의 유무 또는 제한에 관한 사항, 만일 특정의 제3자에게 이를 부여할 것을 정한 때에는 이에 관한 사항"(1955년 개정법 제166조 제1항 제5호)을 정관의 절대적 기재사항으로 하였다.[19]

(다) 그런데 이 절대적 기재사항이 무효이면 정관 전체가 무효로 되므로 이 규정의 해석에 관하여 견해가 대립되어 실무계에 큰 혼란이 발생하였다. 특히 당시 실무상 가장 널리 채용되었던 "주주는 未발행주식에 대하여 신주인수권이 있다. 단 이사회의 결의에 의하여 그 일부를 공모하고, 역원(役員; 임원), 종업원, 舊역원 및 舊종업원에게 신주인수권을 부여할 수 있다."라는 정관규정이 무효라는 판결[20]이 나와 혼란은 더하였다. 그래서 1955년 상법개정에서 주주의 신주인수권을 법률상 원칙으로 있는 것으로 하던지 없는 것으로 하면 이에 관한 사항을 정관의 절대적 기재사항에서 제거하여 이 혼란을 저지할 수 있다고 판단하여 결국 주주의 신주인수권은 법률상 원칙으로 없는 것으로 하고,[21] 정관에 이에 관한 규정이 없으면 이사회의 신주발행결의에서 부여할 수 있게 하였다. 그런데 주식양도가 제한된 회사에 관해서는 平成2年[1990] 상법개정에 의하여 주주의 신주인수권이 법정되어 이를 배제함에는 주주총회의 특별결의가 필요하고(平成17년[2005] 개정 전 상법 제280조의5의2) 법정의 신주인수권을 무시한 신주발행은 무효라고 인정될 가능성이 높고,[22] 불공정

---

18) 倉澤康一郞, 「新版注釋會社法(7)」, 有斐閣, (1987), § 280ノ4, 6, 164頁.

19) 鈴木竹雄, "改正法上の新株引受權" 「商法硏究 III」, 有斐閣, (1971), 160頁, - 「法學協會雜誌」 第72券 第6號, 昭和30 (1955)에 처음 게재됨.

20) 東京地判 昭和30 (1955). 2. 28. 「下民」 第6券 第2號, 361頁.

21) 鈴木竹雄, 前揭書, 161頁.

22) 東京高判 平成12 (2000). 8. 7. 「判例 タイムズ」 第1042號, 234頁 참조.

발행에 관한 분쟁은 감소하게 되었다. 상법이 신주발행을 이사회의 결의사항으로 하여 누구에게 주식을 할당할지도 이사회의 재량에 맡겨(상법 제280조의2 제1항, 제2항 참조) 기존주주의 지주비율은 원칙으로 보호하지 않는 것은, "공개회사의 주주는 자기의 지주비율에 별로 큰 관심을 가지는 일은 적고 오히려 기동적인 자금조달을 가능하게 하는 장점을 생각하면 누구에게 주식을 할당할지는 이사회의 재량에 맡기는 것이 공개회사의 주주가 통상 바라는 형태라는 생각을 바탕으로 한다."[23] 그런데 정관으로 주식의 양도제한을 하는 폐쇄회사에 있어서는 오히려 반대로 지주비율이 유지되는 형태로 신주발행을 하도록 되어 있다(상법 제280조의5 제2항). 이러한 회사의 주주는 자기의 지주비율에 중대한 관심을 가진다는 전제이다. 단 정관으로 양도제한을 하면서 주주에게 신주인수권을 부여하지 않는 것은 당시(1998년) 법적으로 허용되지 않았다.[24]

(라) 신 회사법에서는 전부주식양도제한의 회사(공개회사가 아닌 회사 - 회사법 제2조 제5호 참조)의 신주발행 절차가 개정되어, 주주의 신주인수권을 법정하는 규정은 두지 않았지만 규제의 실질은 유지되었다. 즉 회사법 제199조 제1항 · 제2항은 공개회사 아닌 주식회사의 모집사항 결정은 주주총회의 특별결의에 의하게 하고, 제200조 제1항은 모집주식수의 상한과 납입금액의 하한을 정하지 않고는 이사 또는 이사회에 모집사항의 결정을 위임할 수 없게 하였다. 제204조 제2항은 양도제한주식에 관한 신주 할당을 받을 자의 결정은 정관에 별단의 정한 바가 없는 한 주주총회의 특별결의에 의하도록 한다. 주주에게 배정을 받을 권리를 부여함에 있어서도 원칙으로 주주총회의 특별결의를 필요로 하지만 정관으로 이사 또는 이사회의 권한으로 할 수도 있다(제202조 제1항 · 제3항).

(마) 그러나 주주의 신주인수권이 법정되지 않은 공개회사의 제3자배정 신주발행에 의한 M&A 방어조치가 일본 신 회사법 제210조 제2호의 신주발행(및 자기주식처분)에 대한 유지청구의 요건으로 규정하는 "현저히 불공정한 방법"[25]에 해당되는지가 논의되었다.[26][27] 이 규정은 이사가 불공정한

23) 神田秀樹 · 藤田友敬, "第15章 株式會社の特質, 多樣性, 變化", 「會社法の經濟學」 三輪芳朗 · 神田秀樹 · 柳川範之 編, 東京大學出版會, (1998), 457頁.

24) 神田秀樹 · 藤田友敬, 前揭書, 457頁 주6.

25) 상법 제424조 (유지청구권)가 규정하는 "법령 또는 정관에 위반하거나 현저하게 불공정한 방법에 의하여 주식을 발행함으로써 주주가 불이익을 받을 염려"에 해당한다.

26) 이 유지청구권은 미국 여러 州法 上의 "주주자신의 권리에 기한 개인적 소권"에서 유래

방법으로 회사와 주주에게 불이익을 주지 않도록 배려할 의무(제382조 제2항)·충실의무(제382조 의3)의 구체적 발현이라고 할 수 있다. M&A 방어수단의 적법성 판단기준의 기초에 있는 미국 판례가 제시하는 **이사의 신인의무**나 독일 판례에서 볼 수 있는 **이사의 회사이익보호의무**와 유사성을 발견할 수 있다. 우리나라의 2001. 7. 24. 상법개정에서 주주의 신주인수권을 제한하기 위한 기준으로 도입한 "신기술의 도입, 재무구조의 개선 등 **회사의 경영상 목적**을 달성하기 위하여 필요한 경우"도 경영권분쟁 상황에서는 그 기초가 이사의 충실의무·신인의무와 공통하므로 해석에 있어서 이 외국 판례가 참고될 수 있다. 우리나라에서도 하급심 결정은 이 외국판례를 참고하였다.

(4) 우리나라 상법 제418조 제2항의 적용

(가) 제418조 제2항은 주주의 신주인수권을 배제하고 제3자에게 배정하는 신주발행을 그 단서에서 "다만 이 경우에는 신기술의 도입, 재무구조의 개선 등 회사의 경영상 목적을 달성하기 위하여 필요한 경우에 한한다."라고 제한하고 있지만, 예를 들면 사업상 경쟁자가 회사를 인수합병하여 없애버리려 하거나(독일의 Minimax II 판결), 오랜 전통을 자랑하는 격조 높은 시사·교양지를 상업적 흥행기사로 채우기 위한 또는 기업문화에 영향을 미치는 M&A(미국의 TIME 판결), 저가의 강압적 2단계 공개매수에 대하여 다른 마땅한 대항조치가 없을 때 제3자배정 신주발행은 허용되지 않는다고 할 것인가.[28] 반대로 위의 제418조 제2항의 조건만 갖추면 어떤 제3자배정 신주

하는데[矢澤惇, "株主の地位の强化", 「企業法の諸問題」, 有斐閣, 1981], 일본의 1945년 상법개정으로 신주발행이 이사회의 권한으로 귀속됨에 따라 주주의 불이익을 방지하기 위하여 도입되었고, 우리나라에는 주주의 신주인수권이 원칙으로 법정되었지만 1962년 상법제정 시에 도입되었다. 미국에서는 우리상법 제402조 형태의 유지청구권의 예는 드물지만 이 제424조 형태의 유지소송은 빈번하다고 한다[江頭, 前揭書, 688頁].

27) 우리나라의 경우, 상법 제424조가 규정하는 유지청구권에 기한 가처분신청이 실무상 위법한 M&A 방어수단에 대한 방편으로 이용되긴 하지만 주주 개인의 권리이며 이사의 신인의무와는 성질이 다르다.

28) 일본 판결 중에도 미국(위의 주11 참조)이나 독일에 있어서처럼 대상회사의 경영자는 대항조치를 취할 수 있다고 판시한 예가 없는 것은 아니다. 제3자배정의 신주발행이 적대적M&A의 대항조치로 취해지는 경우에도 이 M&A가 회사에 해로운 것으로 판단되는 경우에는 이에 대한 임원의 조치가 불공정하다고 할 수 없다.

① 京都地判 平成4 (1992). 8. 5. 「判例時報」 第1440號, 129頁.; 신주발행의 留止 사례가 아니고 신주발행을 이유로 이사의 손해배상을 청구한 사건인데 "매수를 기도하는 자가 회사를 해할 의도가 있고 매수에 의하여 회사가 괴멸되는 것이 명백한 경우 등 특단의 사정"이 있는 경우에는 대항조치가 허용될 수 있다고 판시한다. 이 판결에 대해서는 다

발행도 허용한다는 취지는 아닐 것이다. "회사의 경영상 목적"에도 중요성이나 긴급성의 정도에 사안마다 차이가 있을 것이다. 이사의 주의의무·충실의무를 바탕에 두고 제418조 제2항을 운영해야 한다.

(나) 우리나라에도 미국 판례이론에 가까운 하급심 결정이 있다. **수원지방법원 여주지원 2003. 12. 12. 선고 2003카합369 결정**(현대엘리베이터 사건)은 주권상장법인인 현대엘리베이터 주식회사(피신청인)가 주식회사 금강고려화학(신청인)과 경영권분쟁이 공식화 한 상황하에 정관상 상법 제418조

수의 해설이 있다. 항소심은 大阪高判 平成5 (1993). 11. 18,「金融·商事判例」第1036號, 26頁~28頁[德本, 前揭書, 44頁 주36].

② "忠實屋·いなげや" 사건에서는, 대상회사가 패소하였으나 방론으로「가처분신청인(매수자)이 피신청인(대상회사)의 경영에 참가하는 것이 피신청인의 업무에 곧 중대한 불이익을 초래하는 것을 소명한 때에는 역시 대항조치가 허용된다」라고 판시하였다.: 東京地判 平成元年 (1989). 7. 25,「判例時報」第1317號, 28頁.

③ "三井鑛山 사건"에서는, 광업·채석업 등을 경영하는 A주식회사가 昭和30年부터 업적이 악화하여 경영다각화를 추진하던 중 昭和50年 (1975) 봄부터 시멘트 사업을 경영하는 비교적 업적이 안정된 B주식회사(昭和38年에 A회사가 속한 그룹의 여러 회사가 출자하여 설립되었다)를 흡수합병하여 시멘트 사업을 A회사의 중심사업으로 하고 주주안정화를 시도하는 계획을 세웠다. 그러나 A회사의 주식을 매집하여 昭和50年 11월 중순에는 1550만주(발행주식총수의 25.8%)를 취득한 C회사가 이 합병은 자기의 지주비율을 저하시킨다는 이유로 반대하여 합병의 실현이 어렵게 되었다. A회사 상무회는 C회사와의 교섭 끝에 동년 12월 3일 A회사의 100% 자회사인 D회사로 하여금 C회사가 소유한 A회사주식 1550만주를 당시 시가 주당 380원 내지 400원보다 높은 500원에 매입하게 하는 결의를 하였는데, D회사는 주당 530원에 매입하여 그룹 회사들에게 300원에 매각한 결과 35억 5160만원의 차손을 입었다. A회사와 B회사의 합병은 昭和51年 5월 1일에 이루어졌다. 그 후 昭和53年에 A회사 주식 1000주를 매입한 X는 D회사의 매취는 당시 상법 제210조(우리나라 상법 제341조)의 자기주식취득금지에 위반한다는 이유로 당시 A회사 이사들에게 대표소송을 제기하여 이 차손 중 1억원의 지급을 청구하였다(자회사에 의한 모회사주식의 취득을 금지하는 우리나라 상법 제342조의2에 해당하는 규정은 본건 후 昭和56年 상법개정으로 제211조의2에 신설되고 일부 개정하여 신회사법 제135조에 계승되었다). 법원은 제1심부터 제3심까지 모두 자기주식취득금지 위반을 인정하여 청구를 인용하였는데, 제1심 판결[東京地判 昭和61 (1986). 5. 29,「判例時報」第1194號, 33頁]은 방론이지만「자기주식취득 금지는 정책적인 것이므로 명문의 적법사유에 해당하지 않더라도 제반의 사정에 비추어 허용되는 경우가 있을 수 있다」라고 하면서,「주주가 반사회적 목적을 위하여 ... 회사의 주식을 買占하여 이에 의하여 회사의 경영을 지배하고, 회사의 경영진뿐 아니라 다른 일반주주, 채권자, 종업원, 거래선 등 회사의 이해관계자에게 중대한 손해를 주는 위험성이 높고 급박한 상황하에서 이러한 주주의 야망을 물리치고 회사가 입을 중대한 손해를 회피하기 위하여 필요한 대항책으로의 자기주식 취득은 회사의 발행주식총수에서 점하는 비율, 이 취득에 의하여 회사가 입는 손해의 정도 등을 참작하여 상당한 것으로 허용될 여지가 전혀 없다고 할 수 없다」라고 하였으나, 이러한 제1심의 입장은 항소심[東京高判 平成元年 (1989). 7. 3,「金融商事判例」, 第826號, 3頁] 및 상소심[最一小判 平成5 (1993). 9. 9,「民集」, 第47券 第7號, 4814頁]에 의하여 부인되었다.

제2항 단서와 같은 조건이 규정되어 있는 일반공모증자[29] 방식의 신주발행을 하는 데 대하여 금강고려화학이 주주의 신주인수권 침해와 현저하게 불공정한 발행방법을 이유로 발행금지가처분을 신청한 사건에서,[30] 경영권 방어행위에 대한 판단의 기준은 그 "동기나 목적, 방어 수단의 합리성 등을 종합하여 그 허용 여부가 결정되어야 하고, 이러한 결정에는 그 방어행위로 추구하는 회사 또는 주주의 이익의 내용, 방어행위 실행의 결정과정이 적정한 절차를 거쳐 상당한 근거를 가지고 이루어졌는지 여부"라고 원칙을 제시하고, 「그러한 신주발행의 주요목적이 기존 지배주주의 대상회사에 대한 지배권 및 현 이사회의 경영권 방어에 있고, 회사의 경영을 위한 기동성 있는 자금조달의 필요성 및 이를 위한 적합성을 인정하기 어려운 경우라도 적대적으로 기업취득을 시도하는 자본의 성격과 기업취득 의도, 기존 지배주주 및 현 경영진의 경영전략, 대상회사의 기업문화 및 종래의 대상회사의 사업내용이 사회경제적으로 차지하는 중요성과 기업취득으로 인한 종래의 사업의 지속 전망 등에 비추어 기존 지배주주의 지배권 또는 현 경영진의 경영권이 유지되는 것이 대상회사와 일반 주주에게 이익이 되거나 특별한 사회적 필요가 있다고 인정되고, 한편, 이러한 신주발행행위가 그 결의 당시의 객관적 사정에 의하여 뒷받침되고, 그 결의에 이르기까지의 과정에 대상회사의 경영권 분쟁 당사자인 기존 지배주주가 아닌 일반 주주의 의견과 중립적인 전문가의 조언을 듣는 절차를 거치는 등 **합리성**이 있는 경우라면 상법 제418조 제2항 및 이와 동일한 내용의 규정을 둔 대상회사의 정관규정이 정하는 **회사의 경영상 목적**을 달성하기 위하여 필요한 경우에 해당한다고 보아 허용되어야 할 것이다」라고 판시하였다. 이 사유들은 회사의 일상적인 경영상 목적을 위한 것이 아니다. 그러므로 이 결정은 제418조 제2항의 문리해석의 범위보다 넓은 제3자배정 신주발행을 허용하는 듯 하다.

(다) 송종준 교수도 우리나라의 판례태도에 대한 평가에서, "우리나라의 판례는 제3자에 대한 신주발행 또는 전환사채발행 등과 같이 상법상 그 발

---

29) 증권거래법 제189조의3 제1항 (자본시장과 금융투자업에 관한 법률 제165조의6).

30) 본 사건의 자세한 경과에 관하여는, 김현태 · 윤용준, "신주발행금지가처분의 실무상 쟁점에 관한 고찰 -KCC와 현대그룹 사이의 적대적 M&A사건을 중심으로-", 「적대적 기업인수와 경영권방어」, 소화, (2007), 93면 이하 참조.; 김현태 변호사는 본 건에서 신청인의 소송대리인이었다.

행요건을 정하고 있는 경우에 일정한 방어책의 행사가 그 요건을 충족시키는지의 여부를 검토하여 그 위법성을 판단하고 있긴 한데, 이는 사실상 미국 판례에서 다루고 있는 경영판단 원칙의 남용한계에 대한 판단기준과 크게 다르지 않다."라고 주장한다.[31]

반대로, 김현태/윤용준 변호사는 "Unocal기준은 주주의 신주인수권을 인정하지 않는 미국法 하에서 이사의 충실의무 위반의 판단기준으로 정립된 이론임에 반하여 우리법은 주주의 신주인수권을 명문으로 인정하고 있으므로 이를 동일한 평면에서 적용하기는 어렵다."라고 주장한다.[32] 충실의무는 회사의 이해관계와 이사의 이해관계가 충돌하는 경우에 회사의 이익을 우선해야 하는 의무인데, 적대적 M&A 방어행위는 이사의 지위를 유지하는 이익 때문에 회사의 이익을 희생할 염려가 있으므로 충실의무가 여기에 적용된다. 그런데 지배권분쟁의 상황에서 제3자배정으로 신주를 발행하는 경우에도 이사의 지위를 유지하는 이익 때문에 회사의 이익을 희생할 염려가 있으므로 적대적 M&A 방어행위가 이사의 지위유지 이익 때문에 회사의 이익이 희생되는 것을 방지하기 위하여 전개된 Unocal판결의 기준이 지배권분쟁의 상황에서 제3자배정의 신주발행이 이사의 지위유지 이익 때문에 회사의 이익을 희생되지 않도록 하기 위하여 적용될 수 있을 것이다.

(라) 이 여주지원 결정은 제3자배정 신주발행이 이 요소들을 고려하여 '회사경영상 목적을 달성하기 위하여 필요한 경우'에 해당한다고 승인한 것이 아니라 이런 필요가 있다는 특별한 사정이 소명되지 않았다고 하여 이 상법규정에 위배한다고 결론을 내렸다. 여기에 열거된 여러 요소는 본 사안에서 법원 결정의 적극적 바탕이 되지 못하고 선례로서 의미가 적다.[33] 그

---

31) 송종준, 「적대적 M&A의 법리」, 개신, (2008), 229면~230면 참조. - 이 결정에 대하여 긍정적으로 평가하는 견해로는, 유영일, "방어행위의 적법성 판단에 관한 국내 판례의 법리", 「기업법연구」 제23권 제1호, (2009). 263면~265면 ; 김화진 · 송옥렬, 「기업인수합병」, 박영사, (2007), 387면~394면; 김태진 · 이동건, "미국 법제하에서의 적대적 M&A 방어방법의 한국 법제하에서의 활용가능성", 「증권법연구」 제8권 제2호, (2007), 332면; 정대, "적대적 M&A에 대한 대상회사의 방어행위의 적법성 판단기준에 관한 고찰", 「기업법연구」 제20권 제2호, (2006), 244면.

32) 김현태 · 윤용준, "신주발행금지가처분의 실무상 쟁점에 관한 고찰 -KCC와 현대그룹 사이의 적대적 M&A사건을 중심으로-", 「적대적 기업인수와 경영권방어」, 소화, (2007), 120면~123면. - 유영일, 전게서, 258면에서 재인용.

33) 신우진, "경영권 방어를 위한 자기주식의 제3자에 대한 처분의 법적 문제점", 「기업법연

리고 이 결정에서는, 적대적 M&A는 "**대상회사 및 주주의 이해**가 항상 일치되는 것으로 보기 어려워 이를 일률적으로 위법하다거나 허용되지 않는 것이라고 단정할 수 없으므로 이에 대하여 기업취득 대상회사의 이사회가 취하는 일정한 경영권 방어행위도 또한 일률적으로 그 허부를 말할 수는 없다"(결정이유 3. 가.)고 전제한다. 그러나 회사와 주주는 법적으로는 별개의 법인격을 가졌고 그래서 각각 권리·의무의 주체이지만 실질적 면에서는 회사의 이익과 주주의 이익은 동일한 것이 아닐까.[34] 그래서 본 결정도 위에 인용한 바와 같이 경영권 방어행위에 대한 판단의 기준 중에 "그 방어행위로 추구하는 회사 또는 주주의 이익의 내용"을 제시하였다.

2. 經營權 防禦와 經營上 必要

본 대법원 판결은 주주의 신주인수권을 제한하고 제3자배정하는 신주발행이 적법하기 위해서는 경영상 필요해야 하고 경영권 방어의 목적이 있어서는 안 된다고 하였다. 그러나 경영권 방어와 경영상 필요는 모순되는 개념이 아니다. 경영상 필요가 있다고 증명된 경우에는 경영권방어 목적은 없었을 수 있지만 경영권 방어의 목적도 함께 있을 수도 있다. 그리고 경영권방어 목적만 있었더라도 제3자배정 신주발행이 허용되는 경우도 있다.

(1) 경영권 방어와 경영상 필요의 공존

(가) 의 의

1) 상법 제418조 제2항이 규정하는 적법한 제3자배정 신주발행의 요건은 재무구조 개선이거나 신기술도입의 목적이 있어야 하는 것인데, 피고회사 정관에 의하면 긴급한 자금의 조달은 금융기관에 대한 신주발행으로 한정되어 있으나 신주인수대금 1,164,345,000원으로 삼성테크윈에 대한 약 44억원의 채무를 상당부분 변제하여 재무구조를 어느 정도 개선할 수는 있을 것이다. 다만 이 목적을 위해서 신주를 디엠씨에게 전부 배정하고 주주들의 신주

구」 제21권 제1호, (2007), 166면 참조.

34) 대법원 2009. 5. 29. 선고 2007도4949 전원합의체 판결(에버랜드 전환사채발행사건)은 주주배정 신주발행에서는 발행가액이 시가보다 현저하게 낮더라도 이사의 업무상배임죄가 성립되지 않는다고 판시하였다. 총 주주에게 손해가 없으면 회사의 손해도 인정할 수 없다는 뜻이라고 이해된다.

인수권을 배제한 이유는 설명할 수 없다. 그러나 신기술도입의 목적에 관하여 제1심 판결이유[35]에 의하면, 피고는 "삼성테크윈 주식회사에 대하여 약 44억 원의 채무를 부담하고 있는 경영 악화 상태에서 소형정밀 CNC선반 제품에 관한 기술도입, 긴밀한 업무제휴를 통한 경영성과 향상 및 채무 상환을 통한 재무구조 개선 등을 목적으로 우수한 기술력을 지닌 소외 회사에 이 사건 신주 발행을 한 것이어서 주주 이외 제3자에게 신주인수권을 부여할 요건을 갖추었다"[36]고 주장하였는데, 제1심 법원은 「피고가 소외 회사에 대하여 기술을 도입하거나 업무를 제휴할 필요성 여부 및 그 대가관계의 적정성 여부 등이 불분명하고(필요성 및 적정성을 부인하는 뜻인지) 재무구조 개선은 기존 주주의 신주인수를 통하여서도 달성할 수 있는 것이다」라고 하면서,[37] 이 주장을 배척하였다.[38] 대법원도 「신주를 발행함에 있어 신기술의 도입, 재무구조의 개선 등 회사의 경영상 목적을 달성하기 위하여 필요한 범위 안에서 정관이 정한 사유가 없다」고 일축하였다.[39]

2) 그런데 경영성과 향상을 목적으로 신기술을 도입하기 위하여 소외 회사(디엠씨 주식회사)와 업무를 제휴할 필요성에 대한 판단에 있어서는 피고회사의 경영진에게 재량의 여지가 있고, 이 업무제휴가 필요하다면 신주를 소외 회사에게 배정할 필요도 인정될 것이다. 그러므로 피고회사에 경영권분쟁이 있었다는 이유만으로 신주발행이 현 경영진의 경영권 방어만이 목적이라고 단정하여 기술도입을 위한 업무제휴의 필요성을 부인할 수 있을까. 현 경영진의 경영권방어와 함께 업무제휴의 목적도 추구하기 위하여 제3자배정 신주발행을 하였을 수도 있다. 그런데 상법 제418조 제2항이 업무제휴를 위한 제3자배정 신주발행을 허용한 것은 이로 인한 회사지배권의 변동을 용인한 것으로 생각할 수 있다. 제3자배정 신주발행은 지배권변동의 가능성이 있기 때문에 제418조 제2항은 이러한 조건을 부가한 것이다. 물론 업무제휴는 단순한 구실일 수도 있고 이 경우에는 제3자배정 신주발행은 허용되지 않고,

---

35) 창원지방법원 2007. 10. 18. 선고 2007가합3117 판결 [신주발행무효].

36) 제1심 판결이유, 2. 가. (2).

37) 기존 주주들은 소외 회사처럼 "우수한 기술력"을 지니지 못하였으므로 위의 "목적"을 달성할 수 없을 것이다.

38) 제1심 판결이유, 2. 판단, 나. 판단, (2).

39) 대법원 판결이유, 2.

주주의 신주인수권 제한은 업무제휴의 필요성 범위 내(Unocal 기준의 둘째번 조건인 '상당성')이어야 한다. 그러나 업무제휴목적의 진정성이 인정된다면 제3자배정 신주발행은 원칙으로 허용되어야 할 것이다. 본 판결이, 피고회사에 경영권분쟁이 있는 상황에서 현 경영진의 제3자배정 신주발행은 경영권을 방어할 목적이라는 이유로 업무제휴의 필요성을 이유로 하는 피고의 주장을 배척한 것은 피고의 주장을 충분히 검토하였다고 할 수 있을지 의문이다.[40] 경영권 방어의 목적이 기술도입과 업무제휴 필요성을 부인하는 이유라고 명시하지는 않았지만, 판결문 중에 기술도입과 업무제휴 필요성을 주장하는 피고의 주장을 배척하는 이유는 그 이외에 찾아볼 수 없다.

(나) 우리나라 하급심 판례

1) 하급심 판례에서는 회사의 자금수요가 인정된 경우에 제3자배정 신주발행이 허용되는 것이 보통이다.

가) 서울중앙지법 2005. 11. 15. 고지, 2005카합3661 결정 (세양선박 사건)

동 결정은 세양선박의 지분 18%를 매입하여 제2의 대주주로 부상한 S&T중공업이 세양선박의 방어조치인 해외CB 발행과 제3자배정 신주발행의 효력정지 가처분을 신청한 사안에서, 전술한 삼성전자 판결에 따라 「자본조달의 목적이 회사의 이익에 부합하지 않고, 그 목적달성을 위하여 주주의 신주인수권을 배제할만한 상당한 사정이 없는 경우에는 제3자배정 신주발행은 무효이고 전환사채도 주식회사의 본질이나 회사법의 기본원칙에 반하거나 기존주주들의 이익과 회사의 경영 내지 지배권에 중대한 영향을 미치는 경우로서 전환사채의 거래와 관련된 거래의 안전, 주주 기타 이해관계인의 이익들을 고려하더라도 도저히 묵과할 수 없는 정도라고 평가되는 경우에는 전환사채의 발행도 무효이다」라고 설시하면서도, 이 사건에서 제3자에 대한 신주발행과 CB발행은 자금조달이라는 회사경영상의 필요가 있다는 이유로 가처분신청을 기각하였다.

나) 서울중앙지법 2008. 4. 28.자 2008카합1306 결정

이 사건은 본 대법원 판결 사안과 더 가까운데, 「① 이 사건 주식 발행 당시 피신청인 지엔코가 이른바 경영권 분쟁 상황에 있었는지 여부를 살피

---

40) 본 논문 '결어' 마지막 문단 참조.

건대, ... 신청인이 다른 목적을 위하여 피신청인 지엔코의 경영진에게 압박을 가하고 있다고 인정할 수 있음은 별론으로 하고, 피신청인 지엔코의 경영권을 취득하려는 목적을 가지고 있음을 인정하기는 어렵다」라고 하였는데, 본 판결에서는 유사한 사안에서 경영권분쟁상황을 인정하여 반대의 입장을 취하였다. "경영권을 취득하려는 목적"은 없었더라도 "경영진에게 압박을 가하고 있다면 경영권 분쟁 상황"이라고 인정하여, 이사는 현 경영진의 회사에 대한 지배를 유지·강화할 목적으로 신주를 발행하는 것은 충실의무·신인의무에 위반되는 것이 원칙이다. 위 서울중앙지법 결정은 이어서 「② 이 사건 주식 발행에 상법 제418조, 피신청인 지엔코의 정관 제9조가 정하고 있는 경영상 목적이 있는지 여부를 살피건대, 기록에 의하면, 피신청인 지엔코는 그 자회사인 주식회사 중부공용화물터미널의 토지수용공탁금과 공사비 재원 마련 목적으로 자금 조달을 할 필요성이 있었던 사실이 소명되고, 피신청인 지엔코는 이 사건 주식 발행에 의하여 2008. 2. 14. 피신청인 큐로컴으로부터 5,999,998,660원(2,489,626주 × 2,410원/주)을 납입 받고, 2008. 2. 15. 이사회결의에 의하여 주식회사 중부공용화물터미널에게 최대 60억 원의 금원을 대여하기로 한 다음, 같은 날 55억 원, 같은 달 27. 2억 원, 2008. 3. 17. 3억 원 등 합계 60억 원을 대여한 사실이 소명되므로, 제3자배정 방식에 의한 신주를 발행할 경영상 목적이 인정된다고 할 것이다」라고 판시하여,[41] 제3자배정 신주발행은 주주들의 의결권 비율에 변동을 초래하겠지만 경영상 목적을 인정하여 유효하다고 인정하였다.

2) 회사의 자금수요가 인정되지 아니한 사안에서는 제3자배정 신주발행은 상법에는 명문의 규정이 없지만 회사 경영권에 영향을 미친다는 이유로 적법성이 부인되었다.

가) 한화종금 사건

이 사건은 박의송이 경영권을 장악할 목적으로 한화종금의 주식을 매집하자 한화종금이 대량의 전환사채를 사모의 방법으로 발행하여 경영권을 방

41) 신청인은, 다른 방식에 의한 자금조달이 가능하였다는 주장을 하나, 기상 피신청인 지엔코가 다른 방식에 의한 자금조달 가능성 및 경제성을 검토한 것으로 보이고, 이러한 상황에서 경영진이 적정하다고 판단하는 방식에 의한 자금조달을 하는 것은 경영판단의 범위내에 속하는 것으로, 위법하다고 할 수 없다.

어하려 한 데 대하여, 박의송이 전환사채의 전환으로 발행되는 신주의 의결권행사금지 가처분을 신청한 사안이다.

제1심[42]은 「당시의 상법 제418조 제1항은 "주주는 정관에 다른 정함이 없으면 그가 가진 주식의 수에 따라서 신주의 배정을 받을 권리가 있다."라고 규정하고, 현행 제2항(전환사채발행에 관하여 제513조 제3항 제2문에 의하여 준용됨)은 2001년 개정에 의하여 신설되었으므로, 제3자에 대한 전환사채 발행은 정관의 규정에 따른 것으로 주주의 신주인수권을 침해했다고 볼 수 없고, 전환사채 발행은 조직법상의 행위가 아니라 거래법상의 행위로서 전환사채는 유통성이 강한 유가증권이므로 거래의 안전을 중시해야 하고 대외적 업무집행을 무효라고 볼 수 없으며 그 효력은 획일적으로 판단해야 하므로 개개의 사안마다 달리 판단할 수 없다」라고 판시하였다.[43] 본 대법원 판결처럼 경영권 취득·유지·강화에 신주인수권에 관한 법규정을 적용하였다. 대법원도 2001년 상법개정 전이었다면 본 건에서 같은 내용의 판결을 하지 않았을까.

항소심[44]은 「경영권분쟁에서 열세에 처한 현 지배세력이 지분비율을 역전시켜 경영권을 방어하기 위하여 기존주주를 완전히 배제하고 우호세력에게 집중적으로 신주를 배정하기 위하여 전환사채를 발행한 것은 제도의 남용으로서 주주의 신주인수권을 침해하여 현저하게 불공정한 발행으로서 무효이다」라고 하였다.[45] 주주의 신주인수권을 정관의 규정에 의하여 제한할 수 있다는 제418조 제1항에 우선하여 신주 또는 전환사채의 제3자배정에 의한 경영권방어의 적법성에 관한 법리를 적용한 것이다.

이욱래 변호사는 한화종금 사건에 대한 "서울고등법원의 결정은 적대적 M&A 국면에서 이사회의 행위의 목적이 경영권 유지에 있고 일부 주주의

42) 서울지방법원 1997. 2. 6. 97카합118 결정.

43) 거래의 안전을 보호해야 하므로 무효로 할 수 없다는 견해로는, 임홍근, 「회사법」, 법문사, (2001), 610면.; 전삼현, "경영권방어목적을 위한 사모전환사재발행의 유효성", 「고시계」, (2000). 43면~44면.: 판시와 같이 전환사채 발행이 정관의 규정에 따른 것으로 적법하다면 거래의 안전을 논할 필요는 없다.

44) 서울고등법원 1997. 5. 13. 97라36 결정.

45) 이에 찬성하는 견해로는, 홍복기, "신주인수권의 제한과 그 양도", 「고시계」, (2003), 14면 주9; 최준선, "경영권방어를 목적으로 하는 전환사채발행의 효력", 「고시계」, (2003), 36면.: 본 항소심에 대한 해설에서 "경영권을 방어하기 위하여 주주 외의 자에게 전환사채를 발행하는 것은 전환사채발행무효의 소의 충분한 원인이 된다"고 한다.: 이에 반대하는 견해로는, 전삼현, 전게서, 45면~46면.

권리를 철저히 배제한 것이라면 비록 법령의 테두리 내에서 적법하게 이루어졌더라도 권한의 남용 내지 의무위반에 해당한다고 보아 이사회의 행위자체의 효력을 부정한 것에 의미가 있다."고 한다.46) 그런데 위 고등법원 결정은 전환사채 제도를 남용하였기 때문에 방어행위가 무효라고 한 것이지, 경영권 유지의 목적이 있으면 전환사채 발행이 제도남용이 되어 무효라는 뜻은 아닌 듯하다. 여기서 "법령의 테두리 내에서 적법하게 이루어졌더라도"라 함은 '형식적으로 외형상 적법하더라도'라는 뜻인 듯하다.47)

그러나 보전의 필요성에 관하여 "언젠가 열릴 수 있는 경영진 개편을 위한 임시주주총회에서 비로소 신청인의 주주권, 즉 지배적 이익의 침해 여부가 문제될 것인바, 그 언젠가 열릴 임시주주총회에 대비하여 미리 이 사건 가처분을 할 필요가 있는지도 의문일 뿐만 아니라, 경영진의 교체가 그 때 바로 이루어지지 않고 본안판결의 확정 후로 미루어진다면 본안판결이 왜 무의미하게 되는지, 그렇게 될 경우 신청인에게 어떠한 회복할 수 없는 손해가 생기는지에 관하여 신청인은 주장·소명하여야 한다"면서 피신청인 등의 의결권행사금지 가처분 신청을 기각하였다.

본안판결 확정 전에 경영진 교체가 이루어진다면, 신주발행무효의 판결은 소급효가 없으므로(제431조 제1항) 원고는 이 경영진 교체를 부인할 수 없게 된다. 다만 원고는 이 판결확정 후 다시 경영진 再교체를 위한 임시주주총회의 소집을 청구할 수 있으나(제366조), 이미 교체된 이사의 행위는 유효하며 그 해임에는 제한이 있다(제385조).

나) 서울지방법원 1997. 2. 6. 고지 97카합481 결정 (미도파 사건)

동 결정은 미도파가 전환사채와 신주인수권부사채를 대량으로 공모 이외의 방식으로 발행하려 하는 데 대하여 경영권을 인수하려 했던 외국 투자자가 그 발행유지 가처분을 신청한 사안에서, 「미도파의 정기주주총회를 위한 주주명부폐쇄일인 1997. 7. 1. 이전에 보통주식으로 전환청구를 할 수 있는 전환사채 또는 그 일자 이전에 보통주식에 대한 신주인수권을 행사할 수 있는 신주인수권부사채를 공모 이외의 방법으로 발행하는 것은 경영권분쟁

46) 이욱래, "敵對的 M&A에 대응한 理事의 防禦行爲에 대한 法的 評價", 「BFL」 제12호, 서울대학교 금융법센터, (2005), 16면.

47) 이욱래, 전게논문, 18면 참조.

의 향배에 영향을 미치게 되어 현저히 불공정한 방법에 의한 발행이다」라는 이유로 금지하였다.

다) 서울남부지방법원 2004. 11. 25. 선고 2003가합16871 판결

의료정보화 전문기업인 유비케어의 최대주주이던 메디슨이 부도나자, 유비케어와 동종 업체인 엠디하우스가 2003. 5. 적대적 M&A를 시도한 데 대하여, 유비케어(피고)의 제3자배정 신주발행(및 신주인수권 매도)이 지배권 변경 또는 이를 저지할 목적이었다는 이유로 무효를 선언하였다.

(다) 일본의 학설 및 판례

1) 일본의 통설은 현실적으로 자금조달의 필요가 있어서 신주발행을 한 것이면 이사가 自派에게만 배정하는 것 같은 경우가 아닌 한 결과적으로 반대파의 세력을 약화하게 되었더라도 불공정발행이 되지 않는다고 하여 자금수요 유무를 공정성의 중요한 표식으로 한다.[48] 제3자배정을 함에는 주주의 지배관계상의 이익을 보상하기에 충분한 합리적 이유가 있어야 한다는 설도 많은 경우 자금수요는 곧 합리적 이유라고 풀이하므로 결국 이 통설에 가깝다.[49] 다만 이들도 사안에 따라서는 자금수요에 더하여 배정에도 착안하여 공정성을 판단하려 한다.[50] 실제로 자금조달의 필요가 있다면 自派에게만 배정하더라도 불공정발행이 되지 않고,[51] 주주의 지배적 지위에 관한 이익은 문제되지 않는다[52]는 견해도 있다.[53]

2) 일본 판례 중에서, 平成元年 (1989). 7. 25.의 東京地決[忠實屋・いなげや 事件]은 주요목적 rule에 따라 예외적으로 신주발행금지 가처분신청을 인용하였으나,[54] 일본 판례는 이 <u>주요목적 rule</u>에 따르면서도 자금조달을 위한 신주발행이라는 회사측의 주장을 지지하는 것이 대부분이다. 江頭憲治郎 교수에 의하면, 일본에서 종래 상장회사주식 매점은 거의 예외 없이 지배권 취득이 진정한 목적이 아니라 거래소금융상품시장(金商法 제2조 제17항)을 통하여 조금

48) 鈴木竹雄, "新株發行の差止と無效" 「商法研究 III」, 225頁; 大隅・今井, 「新版會社法論 中卷 II」, (1963), 628頁 주1 ≠ 삼성전자전환사채발행사건에 대한 대법원 판결.
49) 坂本延夫, 「金商」 第377號, 5頁; 阪埜光男, 「金商」, 第543號, 49頁.
50) 坂本延夫, 「金商」 第698號, 51頁; 阪埜光男, 「法學研究」, 第51券 第9號, 114頁.
51) 河本一郎, 「現代會社法[新訂第二版]」, (1963), 251頁.
52) 近藤弘二, 「判評」, 第301號, 55頁.
53) 洲崎, 前揭書(二), 723頁.
54) 同旨: さいたま地決 平成19 (2007). 6. 22. 「金判」, 第1270號, 55頁.

씩 사 모아서 비싸게 시장에서 매각하거나 또는 회사관계자에 대하여 비싸게 사가도록 요구할 의도였기 때문에 법원도 이사의 대항조치를 용인할 수밖에 없었다고 한다.[55] 그렇다면 이사의 대항조치가 부당목적에서 나왔는지 판단은 특정주주의 지분비율 저하가 주요목적인지 보다 당해 특정주주의 회사사업운영계획의 구체성 등에 초점을 맞추는 것이 옳을 듯한데, 법원이 이 점을 정면으로 판단하기를 꺼리는 듯하다고 한다.[56] 삼성전자 전환사채발행 사건[57]에서는, 「기록상 당시 피고 회사에 자금조달의 필요가 없었다고 단정하기 어려울 뿐만 아니라, 설령 이 점에 관하여 의심의 여지가 있다고 하더라도 그러한 사유만으로 전환사채의 발행을 무효로 볼 수는 없고」라고 실시하여, 주요목적론과 다른 입장을 나타내었다.

3) 이 東京地決 이전의 판례로는 ⅰ) "공개회사"의 사례로서, ① 新瀉地判 昭和42 (1967). 2. 23.「判時」第493號 53頁[小林百貨店 사건 - 거래선에 배정한 신주발행에 의하여 소수주주가 누투표청구권을 상실하게 된 사안에서 신주발행유지가처분결정 취소], ② 大阪地決 昭和48 (1973). 1. 31.「金商」第355號 10頁[第一紡績 사건 - 거래선에 할당한 신주발행에 의하여 소수주주가 장부람권을 상실한 사안에서 신주발행유지가처분신청 각하] 등이 있고, ⅱ) "폐쇄회사"의 사례로서, ① 大阪地堺地判 昭和49 (1974). 11. 29.「判時」第731號 85頁[거래선과 종업원에 할당한 사안에서 신주발행유지가처분결정 취소], ② 大阪高判 昭和55 (1980). 11. 5.「判タ」第444號 146頁[감사에게 배정한 사안에서 신주발행무효청구 기각], ③ 東京地判 昭和58 (1983). 7. 12.「判時」第1085號 140頁[이사와 종업원에게 배정한 사안에서 신주발행무효청구 기각], ④ 東京地決 昭和52 (1977). 8. 30.「金商」第533號 22頁「거래선에 배정한 사안에서 신주발행유지가처분신청 각하] 등이 있다.[58][59]

---

55) 松井秀征, "取締役の新株發行權限(二・完)"「法學協會雜誌」第114券 第6號, (1997), 714頁 - 江頭憲治郎,「株式會社法」第2版, 有斐閣, (2007), 692頁에서 재인용.

56) 江頭憲治郎,「株式會社法」第2版, 有斐閣, (2007), 692頁.

57) 대법원 2004. 6. 25. 선고 2000다37326 판결.

58) 洲崎博史, "不公正な新株發行とその規制"「民商法雜誌」有斐閣, (二), 第94券 第6號, (1986), 724頁에서 재인용. - 本書의 734頁～736頁, 주10～주15에 각 사안 내용이 요령 있게 정리되어 있다.: 일본에서 주식양도의 제한 가능성은 1976년에 도입되었으므로 여기서 폐쇄회사라 함은 실질적 개념일 것이다.

59) 이 東京地決 이후 판례로는 東京地決 平成元 (1989). 9. 5. [第二宮入バルブ 事件],「判時」第1323號, 48頁; 大阪地決 平成2 (1990). 7. 12.「判時」第1364號, 104頁; 東京地判 平成16

洲崎 교수는, "회사의 소유와 지배가 밀접하게 결합되어 있고 주식매매 시장이 없는 폐쇄회사에서는 소수주주가 이사회를 지배하는 경우에 다수파 주주의 과반수지배를 상실하게 하는 제3자배정은 회사 사업수행에 필요할 뿐 아니라 다수파 주주에게 지주비율유지에 필요한 주식을 인수하게 하면 회사 사업수행에 큰 지장이 있다는 것을 충분히 설명한 경우에 한하여 지배 목적이라는 인정을 면할 수 있는데 위 판례의 일반적 경향은 폐쇄회사의 특수성을 고려하지 않는다"고 비판하고, 입법론으로서도 "주식이 유통되지 않는 회사에서는 그 규모의 대소를 불문하고 지주비율유지 요청을 우선시켜야 하며 신주인수권 법정이 바람직하다"고 주장한다.[60] 이 입법론의 주장은 상술한 바와 같이 平成2年 (1990) 상법개정으로 실현되었다.

그런데 실제에 있어서는 회사에 자금수요는 보통 늘 있는 것이므로 방위조치로 신주를 발행한 것도 대부분 허용되었던 것이 아닌가 생각된다. 그래서 최근에는 이러한 판례의 입장이 자금조달이라는 假裝된 목적의 유무를 문제삼아왔다고 비판하고, <u>지배목적에 의한 신주발행의 공정성</u>을 정면으로 논의해야 한다면서, 이사회에는 회사지배권에 영향을 미칠 목적으로 신주를 발행할 권한이 있다는 주장도 유력해지고 있다고 한다.[61]

(2) 기관권한분배질서론

(가) 이와 반대로 機關權限分配秩序論은, 회사의 이사는 매수의 결과 비록 회사가 해체되는 것이 예상되더라도[62] 주주간의 지배쟁탈에 개입하지 말아야 하고(중립의무), 어느 주주가 회사지배를 획득하면 회사에게 유익한

(2004). 7. 30.; 東京高決 平成16 (2004). 8. 4.「金判」第1201號, 4頁; 大阪地決 平成16 (2004). 9. 27.「金判」第1204號 6頁; 京都地判 平成4 (1992). 8. 5.「判時」第1440號, 129頁; 東京地決 平成6 (1994). 3. 28.「判時」第1496號, 123頁; 東京地決 平成10 (1998). 6. 11.「資料版商事法務」第173號, 192頁 참조.

60) 洲崎, 前掲書(二), 730頁.

61) 吉本健一,「會社法判例百選」, (2006), 67頁 좌단 - 이 주장의 예로서 森田 章,「投資者保護の法理」, (1990), 308頁; 竝木俊守,「企業買收の防衛と第三者割當」, (1989), 263頁; 四宮章夫・藤川義人, "敵對的株式買收と新株發行",「現代倒產法・會社法をめぐる諸問題」, 今中利昭先生還曆記念, (1995), 653頁; 松井秀征, "取締役の新株發行權限",「法學協會雜誌」(2・完), 第114券 第6號, 715頁; 德本 穰, "敵對的企業買收と對抗措置理論",「琉大法學」第69號, 328頁을 인용한다.

62) 특히 도산기업에서는 우량사업 부문은 다른 기존 또는 신설 회사에 분리양도되어 그 사업가치가 보존되어 재생되는 재건방법이 널리 사용된다: 大杉謙一, 前掲書, 512頁.

지에 대하여 결정할 권한이 없고(기관권한분배질서), 따라서 수권자본(인가자본)에 의한 증자권한을 매수회피 목적에 이용해서는 안 된다고 한다.[63] 그러나 적대적 M&A는 대상회사에 유익한 것도 있고 해로운 것도 있으므로 결국 방위조치가 유익한 M&A에 대한 것인지 해로운 M&A에 대한 것인지 판단하여 그 방위조치의 허용여부를 결정해야 한다.[64][65]

(나) 日本 經濟産業省이 2005. 5. 27. 발표한 「企業價値報告書」도 "기업가치기준"을 채용하였고(83頁), 경제산업성과 법무성이 같은 날 발표한 「買收防衛指針」도 "특정한 주주에 의한 지배권 취득에 제한을 가함으로써 주주공동의 이익을 확보하고 향상시키는 것을 내용으로 하는 매수방위책을 도입하는 것은 주식회사의 존립목적에 비추어 적법하고 합리적이다."라고 하여(4頁), 企業價値報告書나 買收防衛指針 모두 이사의 엄격한 중립의무를 부인하였는데, 이 엄격중립의무는 ニツポン放送 事件의 東京高等裁判所 決定 이래의 각 裁判例에서도 채용하지 않고 있다.[66]

---

63) 德本, 前揭書, 118頁 주2.: Mestmäcker, Verwaltung, Konzerngewalt und Recht der Aktionäre, 1958, S. 146 f.; ders., Zur aktienrechtlichen Stellung der Verwaltung bei Kapitalerhöhungen, Betriebsberater (1961), S. 945 ff.; 上柳克郎・河本一郎 監譯, 「メストメツカー教授論文飜譯集・法秩序と經濟體制」, 商事法務硏究會, (1980), 205頁. - 德本, 前揭書, 96頁 주10에서 재인용.: 일본에서 같은 취지로는 川浜 昇, "株式會社の支配爭奪と取締役の行動の規制(三・完)", 「民商」 第95券 第4號, 496頁; 森本 滋, "第三者割當と支配權の變更" 「商事法務」 第1191號, (1989), 17頁.: 반대의견으로 落合誠一, "敵對的買收における若干の基本問題", 「企業會計」 第10券 第4號, (2005), 8頁

64) 日本 通商産業省 編, 「我が國のM&Aの課題」, (1991), 15頁 참조.

65) 송종준, "M&A에 대한 주요방어대책", 「상사법연구」 제14권 제1호, (1995), 206면은 경제적 논리에서 중시하는 경제적 효과라는 것은 단기적으로는 긍정적일 수도 있는 반면, 장기적으로는 부정적일 수도 있으므로 이사의 방어책이 회사와 주주의 최대이익 실현을 위하여 정당한 조치라고 단언할 수 없는 것이고, 따라서 이 논리는 이사의 방어책 행사의 적법성에 대한 법률적인 근거로 보기는 어렵다고 한다. 경험적으로도 치열하게 공방이 오갔던 '한화종금사건'이나 '미도파사건'의 경우 양측 모두 커다란 피해를 입었고 주주들 역시 커다란 손실을 면치 못했다고 한다. 그러나 '회사와 주주의 이익'은 뒤에 보는 바와 같이 미국, 독일, 일본에서 M&A 방어수단의 적법성을 판단함에 있어서 기준이다. 행위시에 예견할 수 있었던 회사와 주주의 이익이 행위의 적법성 판단의 기준이 될 것이다. 그런데 판단시에 이익이 되었으면 행위시의 손해를 문제삼을 수 없게 되지 않을까.

66) 武井一浩, "第3章 '買收防禦指針'および'企業價値報告書'の解說", 「企業買收防衛戰略 II」; 武井一浩・中山龍太郎 編著, 「商事法務」, (2006), 94頁에서 재인용.

3. 本 事案에서 考慮할 기타 事項

(1) 본 사안에 있어서는 이익충돌이라는 내재적인 문제 이외에, "피고의 이사회가 제3자배정 방식에 의한 신주발행결의를 하면서 납입기일을 바로 그 다음 날로 정하는 등 전격적으로 신주발행절차를 진행함으로써 신주발행에 대한 유지청구 등 원고의 구제수단을 사실상 원천 봉쇄한 점"[67]은 미국의 Unocal 기준에서 경영판단원칙을 적용하기 위한 둘째 전제인 대항조치의 상당성에도 문제가 제기되지만, 원고는 2007. 6. 9. 열린 임시주주총회 전에 "위 신주에 기한 의결권행사금지 가처분" 결정을 받을 여유가 있었다. 특히 비상장법인인 피고회사에 있어서는 주주들은 주식을 매각하여 회사에 대한 투자를 회수하고 탈퇴할 시장이 형성되지 않았으므로 다수의 남용으로부터 그들의 경제적 이익이나 지배이익을 보호하기 위하여 신주인수권을 인정해야 할 필요성은 크다. 단, 본 건의 피고는 일본에서 주주의 신주인수권을 법정한 폐쇄회사(일본상법 구 제280조의5 제5항 : 신 회사법 제199조・제200조)는 아니다.

(2) 우리나라 판례는 미국에서 인정하는 경영판단원칙을 인정하지 않지만, 피고회사의 소외회사와 업무제휴할 필요성이 인정되었다면 신주의 소외회사에 대한 배정이 수긍되었을 것인데 본 소송에서 피고회사는 이 필요성에 대하여 주주(피고를 포함하여)와 법원을 설득하는 데에 실패한 듯 하다. 그런데 독일 판례에서는 *Holzmann* 판결(1982. 4. 19.)에 의하여 강화된 법원의 내용통제로 회사를 압박하여 이득을 취하려는 영세주주에 의한 남소의 폐해가 빈번해지자, 주주권 남용과 다수결원칙 남용이 중요한 문제로 대두되는 상황에서 *Deutsche Bank 판결*(1994. 3. 7.)은 「은행 주주총회가 주식을 뉴욕 증권거래소에 공모의 형식으로 상장하기 위하여 99.48%의 찬성으로 이사회에게 주주의 신주인수권 배제를 포함하는 자본증가 수권 결의를 한 데 대하여 소액주주가 주주의 사원권과 재산권 침해를 이유로 결의취소를 구한 사건에서, 주주의 설명요구가 지나치면 계획을 적절히 실행하기 불가능하고 회사의 재량권이 위축되어 유리한 자본시장의 이용이 어렵게 된다」라고 하면서, 인수권배제에 관한 실질적 요건에 관한 지금까지의 법원에 의한 엄격한 내용통제를 완화하고 이사회의 재량권에 비중을 두었다. 그러면서도 주주

---

67) 제1심 판결이유 2. 나. (2).

의 신주인수권 배제는 최후의 수단으로만 허용될 수 있다는 태도를 유지하였다. 이어서 *Siemens 판결*(1997. 6. 23.)에서도 「BGH가 수권자본의 경우 또는 현물출자에 의하여 신주를 발행하면서 주주의 신주인수권 배제를 결의하는 경우에 종래 요구한 실질적 요건은 지나치게 엄격한 것으로서 기업실무에서의 실용성을 결하고 법률이 수권자본제도하에 회사에 부여한 유연성을 박탈하는 정도에 이르고 있다」라고 인정하고 실질적 내용통제의 의미를 재정립하였다. 이러한 엄격한 태도는 기업이 국내 또는 국제 시장에서 유리한 조건으로 신속하게 자본을 조달할 수 없게 하고 특히 이 사건에서처럼 기업 혹은 기업지분을 취득하기 위한 경우에는 기업확대의 호기를 상실하게 하므로 학설도 수권자본제도의 유연한 운영을 불가피한 것으로 여긴다.[68][69] 우리나라에서도 제3자배정이나 공모에 의한 신주발행을 너무 엄격히 규제하면 소수주주에 의한 남소의 염려가 있을 것이다.

Ⅲ. 立證責任

1. 序 說

제1심 법원은 기술도입이나 업무제휴의 필요성 및 대가의 적정성이 불분명하다고 하였고 대법원도 이러한 필요성을 부인하였다. 법원에 의한 이 사실인정 여부가 이 소송의 승패를 좌우한 셈이다. 대가의 적정성은 이사(상법 제399조)와 불공정한 가격으로 주식을 인수한 자(제424조의2)의 책임을 추궁하거나 신주발행의 유지를 청구하는(상법 제424조) 경우에 원고가 대가의 적정치 아니함을 입증해야 하지만, 기술도입이나 업무제휴의 필요성이 없는데도 제3자에게 배정했으므로 신주발행이 무효라는 사실의 입증책임은 누가 부담하는가. 제3자배정 신주발행이 권한남용의 문제라면, 권한남용이론의 적용에 관한 일

68) Theodor Heinsius, “Bezugsrechtsausschluß bei der Schaffung von Genehmigtem Kapital” in Festschrift Kellermann, 1991, S.120 ff.; Klaus-Peter Martens, “Der Ausschluß des Bezugsrechts” ZIP 1992, S.1677 ff. - 최준선, 전게서, 202면에서 재인용.

69) 독일의 경우, 자금조달의 기동성·편의성이 강조되는 세계적인 추세에 발맞추어 금전출자에 의한 신발행총액이 기본자본의 10%를 넘지 아니하고, 또 발행가액이 시세를 근본적으로 하회하지 아니하는 때에는 총회결의 없이도 주주의 신주인수권을 배제할 수 있도록 주식법을 개정하였다(獨逸 株式法 제186조 제3항 제4문).: 권기범, “제3자배정 신주발행에 의한 주식회사의 자금조달”, 「21세기 한국상사법학의 과제와 전망」, 心堂 宋相現 先生 華甲紀念論文集, 박영사, (2002), 276면에서 재인용.

반원칙에 따라 그 적용은 예외적인 경우에 한정해야 하며 입증책임은 권한 남용을 주장하는 측이 부담해야 할 것이다.70) 그러나 신주발행에 있어서 주주배정이 원칙이고(제418조 제1항) 제3자배정은 기술도입이나 업무제휴의 필요성이 있는 경우에 예외적으로 허용되므로(제418조 제2항) 이러한 필요성은 제3자배정을 한 피고가 주장하고 입증해야 한다. 제418조 제1항이 규정하는 주주들의 신주인수권을 배제하고 제3자에게 신주를 배정하기 위한 요건인 제2항의 회사경영상 필요는 회사가 입증해야 함은 규정의 형식상 당연하다.

2. 外國의 學說 및 判例

(1) 미　국

(가) 기술도입이나 업무제휴의 필요성에 대한 피고 회사의 설명의무는, 미국에서도 적대적 M&A에 대한 경영진의 대항조치를 허용하기 위해서 1985년 Unocal 판결이 제시한 조건에도 맞는다. 미국에서는 M&A 방어수단의 적법성은 경영판단의 원칙과의 관계에서 논의되어 왔는데, 이 원칙은 경영자 판단의 적법성을 추정한다. 즉 M&A 방어수단의 적법성에 관한 미국의 판례이론 자체에 있어서도 입증책임의 문제가 중심이다. 미국 판례법이 20세기초부터 1960년경까지 경영진의 적대적 M&A에 대한 방위조치의 적법성을 판단함에 있어서 이 조치의 실질적 내용에 깊이 들어가 판단하고 적법성의 입증책임을 이사에게 과함으로써 주요목적 기준 중에서도 엄격한 객관적 접근을 채택하였었는데, 이렇게 형성된 판례 이론은 본격적인 M&A 융성시대에 들어서면서 변용을 겪게 되어 1964년 Delaware州 최고법원의 Cheff v. Mathes사건 판결을 계기로 이사의 상당한 조사와 성실성을 심사기

---

70) *ALI*의 *Corporate Governance*, *§6-02(c)*는 입증책임을 이사의 행위에 이의를 제기하는 자에게 부담시키고 있는데, 吉田 直 교수는 이러한 ALI의 입장을 기초로 대상회사 이사의 역할 및 행위기준을 논한다.: “テンダー・オファーにおける標的企業の經營者の役割”, 「國學院法學」 第28券 第4號, 47頁. ; 同, “敵對的企業買收の法理 -對象會社の取締役の役割・行爲基準を中心に-”, 「企業結合買收法理」, 久保欣哉 編, 中央經濟社, (1992), 107頁.; 同, “會社の支配權の維持確立を主たる目的としかつ株主總會の適法な特別決議を欠く第三者に對する新株の有利發行につき取締役の任務懈怠に當たるとして商法二六六ノ三第一項による損害賠償請求が認められた事例”, 「金融・商事判例」 第923號, 42頁.: 이에 대하여 적대적 기업매수의 상황에 있는 이사의 이익충돌 문제를 너무 가볍게 보는 것이라는 비판이 있다.; 德本, 前揭書, 83~84頁 주2 참조.

준으로 하는 주관적 접근으로 돌아서 일종의 **경영판단의 원칙**에 의하여 판결한 배경에는, 기업인수 실상의 급격한 변화가 있었다고 추론하는 견해도 있다.[71] 미국에서도 전에는 이러한 판단에는 경영판단의 원칙이 적용되어 합리적인 것으로 추정되고 있었다.

(나) 그리하여 미국[72]에서는 전에는 M&A 대항조치에 대해서도 회사의 다른 사업목적을 위한 행위와 구별하지 않고 경영판단의 원칙을 적용하여, 회사 경영자가 사업결정을 함에 있어서(in making a business decision) 정보에 기하여(on an informed basis) 성실하게(in good faith) 그 행위가 회사에게 최선의 이익이 된다고 정직하게 믿고(in the honest belief that the action taken was in the best interests of he company) 행위한 것으로 추정하였다.[73] 그 후 이렇게 추정할 수 없는 경우가 빈번하여 이 원칙의 적용을 제한하는 변천을 겪었는데 그 출발점은 역시 경영판단의 원칙이다. 그리고 이 변천에 있어서 가장 중요한 계기는 Unocal 판결이고, 이 판결이 제시한 기준(Unocal 기준)은 그 이후의 판례에 의하여 내용이 구체화하였다.

(다) Unocal 사건[74]에서 최고법원은 종래의 판례와는 다르게 「적대적 기업매수와 같은 회사지배에 대한 위협에 관계되는 국면에서는 이사회는 회사와 주주의 이해보다 주로 자기의 이익을 위하여 행동할지도 모른다는 지울 수 없는 의혹(the omnipresent specter)이 어른거리고, 이사의 객관적 결정이 어렵기 때문에, 경영판단원칙에 의한 보호를 부여하기에 앞서 법원은 이사회에게 가중된 의무(an enhanced duty)의 이행에 대하여 사법심사를 거치지 않으면 안 된다」라고 지적하였다.[75] 사법심사의 내용으로, 「이러한 내재

---

71) 大杉謙一, "敵對的買收と防衛措置の法的效力に關する一試論", 「商事法への提言」, 落合誠一先生 還曆記念, 商事法務, (2004), 480頁.

72) 미국 회사법의 실무와 이론에 큰 영향을 주어 지도적 역할을 담당하는 델라웨어州의 상황을 위주로 검토한다.

73) 德本 穰, 「敵對的企業買收の法理論」, 九州大學出版會, (2000), 51頁.
한편, 미국에서는 경영판단원칙이 본문에서 지적한 요건 하에 법원에 의한 사법심사를 원칙으로 배제하는 이론인데 반하여, 일본과 우리나라에서는 일반적으로 법원이 경영자에게 임무해태가 있는지 판단하는 지침으로 기능하고 있다. 그래서 그 내용도 미국에서는 경영자에 의한 사업결정에 관한 추정으로 인식되는데, 일본과 우리나라에서는 "이사의 주의의무위반이 없다고 하기 위해서는 그 판단이 그 당시의 상황에 비추어 이사로서 회사 업무를 집행할 능력과 식견이 있는 자의 입장에서 보아 명백히 불합리하지 않아야 한다."라는 견해가 있다.: 德本, 前揭書, 105頁 주5 참조.

74) Unocal Corp. v. Mesa Petroleum Co., 493 A. 2d 946 (1985).

적 이익충돌(inherent conflict)에 직면한 이사는 ① 매수자의 주식취득으로 회사의 정책이나 효율성에 대한 위협이 발생한다고 믿은 합리적 근거를 입증해야 하고, ② 그가 취한 대항조치가 형량의 관점에서 위협에 대한 관계에서 합리적이었다는 것을 입증해야 비로소 그의 결정은 경영판단원칙의 보호를 받는다」고 說示하였다. 그러므로 회사경영에 관한 분쟁 상황에서 대항조치는 불공정하다고 주장하는 당사자는 이 분쟁상황이나 대항조치의 존재를 입증해야겠지만, 회사의 정책 또는 효율성에 대한 위험이나 대항조치의 합리성·상당성은 회사경영진에게 입증책임이 있는 셈이다. 여기서 「①의 입증은 이사의 성실성과 합리적 조사가 있으면 충족된 것으로 보고, 더욱이 사외독립이사(outside independent directors)가 다수인 이사회 승인이 있으면 실질적으로 보강된다. ②의 입증을 위해서는 이사가 기업매수의 성질이나 회사기업에 대한 영향을 분석해야 하는데, 그 예로서 매수가격의 부적당성, 매수의 성질과 시기, 위법성의 유무, 채권자, 고객, 종업원, 지역사회 일반 등 주주 이외의 이해관계자들(constituencies)에 대한 영향,76) 매수가 개시되지 않는 경우의 위험, 교환되는 증권의 질, 기본적인 주주의 이익 등을 지적하였다. 본 건에서는 이러한 내용이 각각 충족되었다고 판단하고 Unocal회사는 이사회 결정이 경영판단 원칙의 보호를 받는다」고 하여 승소시켰다.77)

---

75) 이러한 사법심사를 "가중된 사법심사(Enhanced Judicial Scrutiny)"라고 하는데[Unitrin, Inc. v. American General Corp., at 1373], 경영판단원칙이 직접 적용되는 경우와 이 원칙이 적용되지 않는 "전체로서 공정한 기준"의 중간이기 때문에 "중간적 기준(intermediate standard)"이라고도 한다.

76) 이사는 주주에게 합리적 관련성이 있는 이익이 발생하는 범위 내에서 주주 이외의 회사 이해관계자에 대한 영향을 고려할 수 있다고 조건부로 인정하였다.: Robert A. Ragazzo, Unifying The Law of Hostile Takeovers: Bridging The UNOCAL/REVLON Gap, 35 Ariz.L.Rev. 989, 1035 (1993)에 의하면, "이사회는 주주이외의 회사이해관계자의 이익을 보호하는 권한이 있어야 하지만, 그의 행위로 인하여 발생하는 주주에 대한 여하한 부정적 영향도 과도한 것이 아니라는(not excessive) 것을 설명하는 것이 요구되어야 한다.": 德本, 前揭書, 62頁 주12에서 재인용.

77) Unocal 기준의 내용을 구체화한 중요한 판결로는 *Paramount Communications, Inc. v. Time*, Inc., 571 A2d 1140, 1153 (TIME 판결) [매수자가 제시한 가격이 불충분한 것만이 위협으로 인정되는 것이 아니라 이 공개매수에 의하여 이사회가 보다 큰 가치가 발생할 것으로 믿은 장기 사업계획이 중단되는 것도 Unocal 기준에서 말하는 위협을 구성한다]; *Paramount Communications, Inc. v. QVC Network, Inc.*, 637 A.2d 34, 45-46; *Unitrin, Inc. v. American General Corp.*, 651 A.2d 1361, 1387-1388; *Frantz Mtg. Co. v. EAC Indus.*, Del.Supr., 501 A.2d 401 (1985) [이사회는 기업매수를 완성한(accomplished takeover) 과반수 주주에 대하여 대항조치를 취할 수 없다]; *Revlon, Inc. v. MacAndrews*

Cheff사건과 Unocal사건의 방어수단인 차별적 자기주식 공개매수는 그 후 SEC의 규칙 13e-4(f)(8) 제정으로 금지되어,[78] 그 다음부터의 방어조치로서는 poison pill이 주류를 이루게 된다.[79]

(2) 독일의 "Kali + Salz" 판결 (1978)[80]

(가) 독일의 Kali+Salz 판결은 1978년에 주주의 신주인수권 배제에 이 "Unocal 기준"과 유사한 조건을 제시하였다. 이 판결은 회사이익(Gesellschaftsinteresse)을 기준으로 하여 내용통제(Inhaltskontrolle)의 개념을 도입하였는데, 회사이익의 개념을 확립한 Minimax II 판결(1961)의 연장선상에 있는 것이라고 할 수 있다. 1976년 말에 공포된 EU 회사법 第2指示[81]의 '자본준칙' 내용을 수용한 것이다.

[사실] 피고 Salzdethfurth 주식회사는 파산위기에 처했으나 담보재산 부족으로 은행융자를 기대할 수 없는 상황이었으므로, 재무구조 개선을 위하여 Winterschall 주식회사와 그의 자회사인 Burbach Kaliwerke 주식회사로부터 이들이 보유하는 구 Kali + Salz 주식회사의 주식을 현물출자하는 데 대한 대가로 피고 Salzdethfurth의 신주를 발행해 줌으로써, 피고회사는 지급불능의 위기에서 벗어나고 상호를 Kali + Salz AG로 변경하였다. 피고

& Forbes Holdings, Inc., Del.Supr., 506 A.2d 173, 182 (1986) [회사가 이미 매각되기로 결정되었을 때에는 이사회의 책무는 회사의 방어인(defenders)에서 경매인(auctioneers)으로 전환되어 회사의 매각에 주주들을 위하여 최고가격을 획득하는 것이라고 판시하였다]; *Blasius Industries, Inc. v. Atlas Corp.*, Del.Ch., 564 A.2d 651 (1988) [주주 의결권의 실효성(effectiveness)에 대한 방해를 주요 목적으로 하는 행위에는 회사통치(corporate governance)의 구조에 관한 의결권(the franchise)의 중심적 중요성에 비추어 Unocal기준은 적용되지 않고 법원의 더 엄격한 심사(closer scrutiny)가 필요하다고 판단하였다]; *Stroud v. Grace*, Del. Supr., 606 A.2d 75 (1992) 등.

78) 그러나, 大杉謙一 교수에 의하면, "주주평등의 원칙은 신의성실의 원칙이나 권리남용의 금지(일본 민법 제1조 제2항 · 제3항)와 마찬가지로 일반원칙이고, 실정법규의 흠결을 보충하는 계기로서 유연하게 운용해야 한다. 여기서는 차별적인가 아닌가라는 형식의 문제를 지나치게 강조할 것이 아니라 차별적 조항이 노리고 있는 방어효과가 합리적인 것으로 허용되는지 아닌지라는 실질을 정면으로부터 문제로 할 것이다"라고 주장한다.; 大杉謙一, 前揭書, 520頁 주54 참조.

79) 大杉謙一, 前揭書, 484頁 참조.

80) Urteil vom 13. 3. 1978 - II ZR 14276, BGHZ 71, 40 = NJW 1978, 1316 = AG 1978, 196 = WM 1978, 401.: 德本, 前揭書, 41頁 주26.: 최준선, "주주의 신주인수권에 관한 연구", 「상장협연구」 제43호, (2001), 198면 참조.

81) Die Zweite Richtlinie des Rates der Europäischen Gemeinschaften zur Koordinierung des Gesellschaftrechts.

Salzdethfurth AG의 총 발행주식 43.4%를 소유하고 있던 Winterschall AG와 그 자회사인 Burbach Kaliwerke AG는 이 현물출자로 인하여 지분이 71.7%로 상승하였는데, 신주인수권이 배제된 주주들은 지분비율이 그만큼 감소하여 주주총회 결의에 이의를 제기하였다.

[판지] 법원은 「① 주주의 신주인수권 배제가 회사이익을 위한 목적의 수단이고, ② 이 신주인수권 배제가 이 목적에 적합하고 필요하며 또한 상당(verhältmäßig)해야 한다는 2개의 기준을 설정하였다. 그래서 회사지분의 취득에 주주의 신주인수권 배제가 필요하고 그와 같은 목적의 신주인수권 배제는 회사이익에 비추어 객관적으로 정당화된다」고 판시하였다.

(나) 이 판결은 입증책임에 관하여, 「주주의 신주인수권을 배제한 증자에 의한 대항조치에 결정적인 이유를 개별적으로 설명할(darlegen) 책임은 필요한 자료·정보를 가진 회사에게 있으나, 이를 반박하여 최종적으로 결의가 위법하다는(즉, 신주인수권 배제가 객관적으로 부당하다는) 것을 입증할 책임은 다수주주·법적거래(Rechsverkehr)·공중의 신뢰보호를 위하여 원고주주가 부담하므로[82] 하자의 존부가 불명한 경우에는 결의를 취소할 수 없다」고 하였다(BGHZ 71, S.48f.). 본 대법원 판결 사안에 있어서 피고의 주장사실이 불분명한 경우에는 신주발행을 취소할 수 없다는 뜻이다. 이에 대하여 *Lutter* 교수는 "최고법원 판결과 근래의 유력설 처럼 객관적 정당성 요건이 신주인수권 배제를 허용하는 주식법 제186조 제3항에 규정되어 있다고 이해하는 이상 입증책임 분배의 일반원칙상 회사가 객관적 정당성을 입증해야 하며, 또한 인수권배제가 주주권 침해이며 회사가 이를 입증하는 것이 용이한 사실을 고려해도 그러하다."고 한다. 그러나 "이 입증책임은 인수권 배제가 필요하고 상당하다는 판단의 기초 사실이 존재하는지에 한정되며, 이 사실에 기하여 인수권배제가 필요하고 상당하다는 판단 자체는 기업가적 재량에 속하기 때문에 입증책임의 대상으로 적절치 않다"고 한다. 그래서 인수권배제의 주주총회 결의가 對案과의 비교 검토를 포함하여 이사의 충분한 보고를 바탕으로 이루어졌는지 형태를 바꾸어 검토된다고 한다.[83]

---

82) 德本, 前揭書, 98頁 주1 참조.

83) Lutter, Materielle und förmliche Erfordernisse eines Bezugsrechtsausschlusses - Besprechung der Entscheidung BGHZ 71, 40 (Kali+Salz) - ZGR 1979, S.413 ff.; Hirte, Bezugrechtsausschluß

(3) 일 본

일본의 洲崎博史 교수에 의하면, "① 주주간에 지배분쟁이 있는 상황에서 반대파주주를 피하여 특정 제3자에게 지배권 변동을 미치게 할 대량의 주식을 배정하는 경우에는 ② 단순한 자금조달목적에 더하여 당해 제3자배정을 필요로 하는 회사의 사업목적(예를 들면 자본제휴)이 있어야 하는데, 신주발행이 불공정하다고 주장하기 위해서는 주주 측이 그 주된 목적이 지배권변동에 있음을 입증해야 하지만, 주주가 ①의 사실을 주장·입증하면 이사의 지배목적이 사실상 추정되어 회사측이 이 추정을 깨트리기(진위불명 상태로 만들기) 위해서는 ②에 대하여 충분히 합리성이 있는 설명(및 그 근거자료 제출)을 해서 반증을 해야 할 것이다."라고 한다.[84] 이사의 지배목적에 대한 입증책임은 원고 주주에게 있다는 입장이다.

위의 Kali+Salz 판결이나 Lutter 교수나 洲崎 교수 중 어느 견해에 있어서도 대법원은 본 건에 있어서처럼 손쉽게 피고회사의 주장을 배척하고 신주발행의 무효를 선언하기 어려웠을 것이다.

Ⅳ. 新株發行의 無效

1. 序 說

(1) 본 판결은, 「신주발행을 사후에 무효로 하는 경우, 거래의 안전과 법적 안정성을 해할 우려가 큰 점을 고려할 때 신주발행무효의 소에서 그 무효원인은 가급적 엄격하게 해석하여야 할 것이나, 신주발행에 법령이나 정관의 위반이 있고 그것이 주식회사의 본질 또는 회사법의 기본원칙에 반하거나 기존 주주들의 이익과 회사의 경영권 내지 지배권에 중대한 영향을 미치는 경우로서 주식의 관련된 거래의 안전, 주주 기타 이해관계인의 이익 등을 고려하더라도 도저히 묵과할 수 없는 정도라고 평가되는 경우에는 그 신주의 발행을 무효라고 보지 않을 수 없다」라고 판시하면서, 삼성전자 사건에서와 동일한 기준을 제시하면서도 이와 반대로 본건에서는 신주발행의 무효를 선언하였다.

---

und Konzernbildung, 1986, S. 220 ff. - 洲崎, 前揭書(一), 591頁에서 재인용.

84) 洲崎, 前揭書(二), 727頁 참조.

(2) 신주발행의 무효원인에 대해서는 상법에 별단의 규정이 없어서 어떤 하자가 무효원인이 되는지는 신주발행에 있어서 준수해야 할 법령 또는 정관의 해석으로 결정할 수밖에 없는데, 일반적으로 신주발행에 하자가 있더라도 유지청구나 이사의 손해배상책임의 원인이 되는 데 그치고 무효원인은 되도록 좁게 인정해야 한다는 데 이의가 없다. 왜냐하면 이미 신주발행이 효력을 발생한 이상 회사는 확대된 규모로 활동하게 되어 회사, 주주, 회사채권자 등이 신주발행의 유효성에 이해관계를 가지게 되고, 특히 대표이사가 회사를 대표하여 신주를 발행한 이상 상대방은 신주발행의 유효성을 신뢰하여 신주를 인수하고 제3자도 이를 신뢰하여 신수를 양수하기 때문에 신주발행에 있어서도 거래의 안전이 강조되기 때문이다.

2. 學　說

위법한 제3자배정 신주발행을 우리나라 학설은 주주의 신주인수권 무시의 문제로 그 효력을 검토하는데 반하여, 공개회사에 관하여 주주의 신주인수권을 법정하지 아니한 일본에서는 주주의 신주인수권을 무시한 신주발행과 현저히 불공정한 신주발행을 구별하여 효력을 논한다.

(1) 일본의 학설

(가) 일본에는 정관으로 부여된 신주인수권은 주주의 고유권이 아니므로 이를 무시해도 신주발행은 유효라는 설이 있다. 倉澤康一郞 교수는 "주주의 경제적 손해는 손해배상으로 보상되지만, 주주의 추상적 신주인수권을 법정하고 있지 않은 일본 상법의 입법정책의 결과로 주주의 지분저하의 불이익은 방지할 수 없다."라고 한다.[85] 이와는 달리 "주주의 신주인수권을 무시한 발행에 관하여, 상법이나 정관 또는 신주발행결의(보통은 이사회 결의)에 의하여 주주에게 부여된 신주인수권을 무시한 신주발행은 신주인수권이 중대한 경제적 의미와 의결권부여의 의미가 있으므로 그 일부분을 무시해도 무효이다."라는 견해[86]도 있다.

---

85) 倉澤, 「新版注釋會社法(7)」 有斐閣, (1987), § 280ノ4, 17, 173頁.

86) 田中誠二, 「會社法詳論 下」, 968頁.; 최기원, 「상법학신론(상)」 제18판, 박영사, (2009), 1024면.; 서돈각, 「상법강의(상)」 제3전정판, 법문사, (1985), 242면.

현저히 불공정한 신주발행에 관하여는 일본에서 거래안전의 요청과 불공정발행 판단기준의 불명확성을 이유로 하는 有效說[87]이 오랫동안 지배적 학설이었다. 그러나 현재에는 이사의 손해배상책임 추궁은 용이하지 않고 불공정발행을 무효사유로 하지 않으면 신주발행에 의하여 지주비율이 저하된 주주의 구제는 불가능하다는 無效說[88]이 다수설이다.

(나) 北澤正啓 교수에 의하면, 다수설은 주주의 신주인수권의 전부 또는 대부분이 무시된 경우에는 신주발행이 무효로 되지만 근소한 일부분이 무시된 데 불과한 경우에는 무효로 되지 않고 이사의 손해배상책임이 발생하는 데 불과하다고 하는데, 정당하다고 한다.[89] 그런데 北澤 교수는 '현저히 불공정한 방법에 의한 신주발행'의 효력에 관하여, 그 전형적 예인 이사가 주주총회에서 지배력을 유지·강화하기 위하여 자기 또는 그 관계자에게 다수의 신주를 발행하는 경우에, 거래의 안전을 위하여 신주발행은 유효하다는 하급심판례가 있지만,[90] 종래의 주주를 보호하기 위하여 무효라고 주장한다. 신주발행사항의 공시로부터 2주 내에(일본상법 구 제280조의3의2 ; 우리나라 상법 제418조 제3항) 유지청구(일본상법 구 제280조의10 ; 우리나라 상법 제424조)를 하지 않은 채 신주가 발행된 경우에도 이 신주발행은 무효라는 것이다. 그러면서 다만 이 경우에도 이사가 자기 또는 관계자에 대하여 발행한 신주가 이들 인수인의 손을 떠나 불공정 상태가 소멸하면 그 주식에 대해서 무효원인이 치유된다고 한다.[91]

(다) 현저히 불공정한 신주발행에 관하여 일본에서는 현재 불공정발행인 사실에 대하여 악의인 인수인과 양수인이 신주를 보유하는 한 신주발행은 무효라는 折衷說[92]이 유력하다.[93] 불공정발행은 이사가 지배의 유지·

---

87) 河本一郎, 「現代會社法(新訂第9版)」, (2004), 301頁 - 山下友信, 前揭書, 解說 3. 71頁 左段에서 재인용.

88) 北澤正啓, 「會社法」, (2001), 544頁 - 山下友信, 前揭書, 解說 3. 71頁에서 재인용.

89) 정동윤, 「회사법」 제6판, 법문사, (2000), 531면.; 회사지배에 대한 영향력에 변동을 줄 정도인 경우에는 무효라는 이철송, 「회사법강의」 제12판, 박영사, (2005), 697면도 이에 속한다.; 손주찬, 「상법(상)」 제15보정판, 박영사, (2004), 824면.; 김용태, 「상법(상)」, 박영사, (1984), 416면.; 北澤正啓, 「會社法」 第4版, 青林書院, (1994), 523頁.

90) 釧路地判 昭和38 (1963). 2. 26, 「商事法務」 第273號, 10頁; 釧路地判 昭和38 (1963). 2. 28, 「商事法務」 第273號, 12頁.

91) 北澤正啓, 前揭書, 528頁～529頁 참조.

92) 鈴木竹雄, "新株發行の差止と無效", 「商法研究 III」, (1971), 234頁.; 洲崎博史, "不公正な新株發行とその規制", 「民商法雜誌」 第94券 第6號, 740頁.; 吉本健一, "新株發行による既存株主の法益侵害とその救濟", 「阪大法學」 第149號·第150號, 193頁. - 山下友信, 前揭書, 解

획득의 목적을 달성하기 위하여 주식을 장기보유할 인수인에게 배정하는 것이 보통이므로 선의의 양수인이 등장할 가능성은 높지 않은데, *입증책임*은 인수인과 양수인 모두의 악의에 대하여 신주발행의 무효를 주장하는 원고가 부담한다는 견해[94]도 있으나, 洲崎교수는 인수인에 대하여는 입증책임을 전환하여 회사 또는 인수인이 선의를 입증해야 한다면서도 이러한 복잡한 취급보다는 차라리 인수인에 대하여는 신의·악의를 불문하고 무효를 주장할 수 있다는 견해[95]가 나을 것이라고 한다.[96]

(라) 절충설 중에는 악의의 인수인이나 양수인이 보유하는 신주에 대해서만 무효로 하는 신주발행의 일부무효를 인정하는 견해가 대부분인데, 이에 대하여 ① 이러한 개별적 취급이 신주발행이나 그 무효의 소의 일체성에 반하지 않는지 의문이 제기된다.[97] 이에 대하여는 현행법에서는 자본확정의 원칙은 채택되지 않았고(일본상법 舊제280조의9 - 우리나라상법 제423조) 신주발행의 일체성도 엄격히 요구되지 않으며,[98] 불공정발행의 인수인은 대부분 소수이므로 실질적으로 소송진행을 번잡하게 할 염려는 적으므로 일체성의 요청은 약하다[99]고 한다. ② (i) 제소권자는 불이익을 받은 주주에 한정되며, (ii) 무효판결에 소급효를 인정하여 의결권행사금지 가처분을 받을 필요가 있고, (iii) 납입금 반환에 있어서의 배려(일본상법 구제280조의18 제2항 - 우리나라상법 제432조 제2항)는 불필요한 사실을 들어, 회사 내지 주주 전체의 이익에 관련된 하자를 염두에 둔 무효의 소는 일부 주주만이 불이익을 받는 불공정발행에 대한 대응수단으로서는 부적절하다는 지적이 있다.[100] 이에 대하여 洲崎교수는 (i)은 무효의 소가 부적절하다는 근거가 될 정도의 중요한 문제점은 아니며, (ii)에 관해서도 무효판결의 효력불소급(상법 구제280조의17 제1항 - 우리나라상법 제431조 제1항)과

說 3. 71頁 左段에서 재인용.

93) 이 견해 중에는 신주발행의 하자 일반에 대하여 이러한 무효를 주장하는 것이 대부분이다.: 鈴木竹雄, 前揭書, 233頁.; 北澤正啓, 「會社法」 新版, (1982), 496頁.; 山下友信, 「會社判例百選」 第4版, 225頁.

94) 山下, 前揭書, 225頁.

95) 鈴木竹雄/竹內昭夫, 「會社法」, (1981), 327頁.

96) 洲崎, 前揭書, 743頁 주55.

97) 大隅·今井, 前揭書, 639頁 주1.

98) 鈴木竹雄, "新株發行の無效再論" 「商事法務」, 4頁.

99) 山下, 前揭書, 225頁.

100) 近藤弘二, "新株發行の差止と無效", 「會社法演習 III」, 149頁.: 우리나라 상법 제340조에 의하여 준용되는 제190조 본문(무효 판결의 대세적 효력) 참조.

가처분의 가부와는 분리해서 생각할 수 있고, (iii)도 이 지적이 정당하면 구체적 사안에서 법원은 그렇게 처리하면 될 것이라고 주장한다.[101)]

(2) 대상 판결의 검토

우리나라에서는 주주의 신주인수권이 상법 제418조에서 법정되고 엄격한 조건하에 그 예외를 규정하고 있어서인지 이를 무시한 신주발행도 유효라는 견해는 찾아보기 어렵다. 그러나 증권거래법(구) 제189조의3 제1항은 "주권상장법인 또는 협회등록법인은 정관이 정하는 바에 따라 이사회의 결의로써 대통령령이 정하는 일반공모증자에 의하여 신주를 발행할 수 있다." 라고 규정하므로 상장법인에 있어서는 주주 신주인수권의 중요성은 완화되었다.[102)][103)] 따라서 주주의 신주인수권을 무시했다는 이유보다는 M&A 방어수단이 부적법하다는[104)] 이유로 무효를 선언하는 편이 더 설득력이 있을 듯 하다. 다만 본 건에 있어서 피고회사는 비상장법인이다.

3. 判　　例

일본의 하급심 판례는 유효설을 취한 예도 있지만,[105)] 최근에는 절충설

---

101) 洲崎博史, "不公正新株發行規制"「民商法雜誌」第94券 第6號, 740頁 참조.

102) 자본시장과 금융투자업에 관한 법률 [법률 제10063호, 2010. 3. 12, 일부개정] 제165조의6 (일반공모증자) ① 주권상장법인은「상법」제418조 제1항 및 같은 조 제2항 단서에도 불구하고 정관으로 정하는 바에 따라 이사회 결의로써 대통령령으로 정하는 일반공모증자 방식으로 신주를 발행할 수 있다.
② 제1항에 따른 일반공모증자 방식으로 발행되는 신주의 발행가격은 대통령령으로 정하는 방법에 따라 산정한 가격 이상이어야 한다.

103) 김현태 · 윤용준, "신주발행금지가처분의 실무상 쟁점에 관한 고찰 -KCC와 현대그룹 사이의 적대적 M&A 사건을 중심으로-",「BFL」제23호, (2007)는 "일반공모증자에도 상법 제418조 제2항이 적용되어야 하는데, 그 이유는 주주의 신주인수권이라는 주주의 비례적 이익은 다수결에 의해서도 자의적으로 제약할 수 없는 성질의 것으로 회사나 주주 전체에 이익이 되는 경우에만 예외적으로 그 제약을 긍정해야 하기 때문이다"라고 설명한다(77면 우단).: '회사나 주주 전체의 이익'은 이사가 이에 합치하도록 업무를 수행해야 하는 것은 당연하지만 제418조 제2항이 특별히 규정하는 요건이 아니다. 그리고 자금수요의 기동성 있는 충족의 필요가 더 절실한 상장회사에 대하여 주주의 신주인수권에 의한 제한을 배제하기 위한 요건을 상법 제418조 제2항에 더하여 자본시장과 금융투자업에 관한 법률에서 중복 규정하여 가중할 이유는 없다.

104) 주주들이 경영진을 선임하는 것이 아니라 경영진이 주주를 선택하는 것은 주식회사 구조에 어긋난다.

105) 釧路地判 昭和38 (1963). 2. 26.「商事法務」第273號, 10頁.; 釧路地判 昭和38. 2. 28,「商事法務」第273號, 12頁.; 東京地判 平成11 (1999). 6. 7.「判例時報」第1725號, 110頁.

의 입장도 보인다.[106] 절충설의 판례는 모두 폐쇄회사 발행의 신주 전부를 당초의 인수인이 보유하고 있는 사안이고 신주발행의 일부무효가 문제된 것은 없다.

(1) 最高裁判所 平成6 (1994). 7. 14. 第1小法廷 判決[107]

현저하게 불공정한 방법에 의한 신주발행의 효력에 관한 최초의 최고재판소 판례로서 이러한 사유로 신주발행은 무효가 아니라고 판결하였는데, 곧 이은 第2小法廷 判決[108]에 의하여 판례로서 확립되었다. 본건에서처럼 소규모폐쇄주식회사에 있어서 주주간의 지배권 다툼의 경우에 일파의 자기 지주비율을 높이기 위한 신주발행의 유효성에 관한 분쟁이 빈번한데, 본 판결에 의하여 신주발행은 무효가 되지 않는다는 입장이 확정되었다.

(가) 사실의 개요

원고 X는 피고 Y주식회사의 설립이래 이 회사 주식의 과반수를 소유하는 유일한 대표이사였는데, 고령·입원 때문에 Y회사 경영은 그의 양자인 소외 A가 전무이사로서 일체를 담당하여왔다. X와 A의 관계는 昭和61年(1986) 6월경에는 험악하게 되어 A는 X가 Y회사의 해산결의를 하는 등의 위험을 느끼고, 같은 해 9월 16일 이사회를 소집하여 A를 대표이사로 선임하는 결의를 하게 하고, 11월 14일에는 X에게 소집통지도 하지 않고 이사회를 소집하여 본건 신주발행의 결의를 하고 12월 6일 신주를 발행하여 A가 전부 인수하고 현재도 그대로 보유하고 있다. 이에 의하여 A와 그의 처 및 異母형제의 지주비율은 27.9%에서 51.9%로 증가하였다. X는 본건 소송에서, A를 대표이사로 선임한 이사회결의 무효확인을 구하였으나 소의 이익이 없다는 이유로 제1심 판결[大阪地判 昭和63 (1988). 12. 21. 金判 第956號, 9頁]에서 각하되었는데, 한편 본건 신주발행이 **현저히 불공정한 방법**에 의한 것으로서 무효라고 주장한 데 대하여 *제1심 판결*은 청구를 인용하였다. *항소심 판결*[大阪高判 平成元年 (1989). 12. 22. 金判 8頁]도 「신주발행이 현저히 불공

106) 大阪高判 平成3 (1991). 9. 20.「判例時報」第1410號, 110頁.; 神戶地判 平成5 (1993). 2. 24.「判例時報」第1462號, 151頁.: 신주발행 공고를 관보에 했기 때문에, 실질상 통지·공고의무 위반도 이유로 한다.

107) 平成2年(オ) 第391號, 取締役會決議無效確認, 新株發行無效 等 請求事件.:「判例時報」第1512號, 178頁.:「判例タイムズ」第859號, 118頁.:「金融·商事判例」第956號, 3頁.

108) 平成6 (1994), 7. 18.「集民」第172號, 967頁 참조.

정한 방법에 의한 것인데, 본건에서는 신주는 모두 이 발행을 계획한 A가 인수하여 보유하고 있으므로 거래의 안전을 위하여 신주발행을 무효로 하는데 특별히 제한하는 사정이 없고 Y회사는 소규모 폐쇄적 회사인데 신주가 전술한 목적으로 발행된 것을 함께 생각하면 신주발행을 무효로 할 특별한 사정이 있는 경우에 해당한다」고 판시하면서 항소를 기각하였다.

(나) 상고심 판지 : 파기

신주발행은 주식회사의 조직에 관한 것이라고 하지만 회사의 업무집행에 준하여 취급되는 것이므로 이 회사를 대표하는 권한이 있는 이사가 신주를 발행한 이상 비록 신주발행에 관한 유효한 이사회의 결의가 없더라도 이 신주의 발행이 유효하다는 것은 당 재판소의 판례[109]의 보이는 바이다. 그 이유는 신주가 현저히 불공정한 방법에 의하여 발행된 경우라도 다를 바가 없는 것이라고 해야한다. 또한 발행된 신주가 그 회사의 이사의 지위에 있는 자에 의하여 인수되어 그 자가 현재 보유하고 있는 사실, 또는 신주를 발행한 회사가 소규모로 폐쇄적인 회사인 사실 등 원판시의 사정은 이 결론에 영향을 미칠 것이 아니다. 왜냐하면 신주의 발행은 회사와 거래관계에 있는 제3자를 포함하여 넓은 범위의 법률관계에 영향을 미칠 가능성이 있는 사실에 비추어보면 그 효력을 획일적으로 판단할 필요가 있고 위와 같은 사정의 유무에 의하여 이를 개개의 사건마다 판단하는 것은 상당하지 않기 때문이다.

(2) 위 최고재판소 판결의 의의

불공정발행을 무효사유로 할 필요성을 저하시키는 사정으로서 이 판결 후에 모집사항 통지 · 공고[110]의 흠결이 주주의 모집주식 발행 등에 대한 유지청구권[111] 행사 기회를 잃게 하므로, 당해 공고 · 통지 이외에 유지사유가 없는 경우를 제외하고 무효사유가 된다는 것이 판례로서 확정되었고,[112] 또한 유지가처분위반의 신주발행은 무효사유라는 판례가 굳어졌다.[113]

---

109) 最高裁 昭和36年 3月 31日 第2小法廷判決,「民集」第15券 第3號, 645頁.

110) 일본 新 회사법 제201조 제3항 및 제4항 - 우리나라 상법은 신주인수권자의 공고(제418조 제3항)와 이에 대한 최고(제419조)를 규정한다.

111) 일본 新 회사법 제210조 참조.

112) 最判 平成9 (1997). 1. 28.「民集」第51券 第1號, 71頁, (會社法判例百選, 28事件).; 最判 平成10 (1998). 7. 17.「判時」第1653號, 143頁.

113) 最判 平成5 (1993). 12. 16.「民集」第47券 第10號, 5423頁, (會社判例百選, 32事件).

江頭憲治郎 교수는 "이러한 무효사유와 법정의 주주 신주인수권을 무시한 신주발행이라는 폐쇄적회사 특유의 무효사유를 인정함으로써 불공정발행의 문제해결을 企圖했다."라고 평가하는데,114) 山下 교수는 "공고가 관보로도 무방하므로 실제로는 주주가 알 수 없는 상황에서 신주발행이 이루어질 수 있고, 통지・공고 후 2주간 내에 유지청구를 하는 것은 용이하지 않다는 한계가 있다."라고 지적한다. 山下 교수도 "신 회사법이 신주인수권을 보장하는 개정전 상법의 규제를 유지하는 취지에 비추어 주식양도제한 회사에서는 주주의 신주인수권을 무시한 신주발행은 무효이며 본 판결과 같은 분쟁은 주식양도가 제한되지 않은 공개회사에서 발생하는데 이런 회사에는 실태상 폐쇄적인 회사가 포함되어 있다."라고 한다.115) <u>불공정한 신주발행은 이사회의 신주발행 권한의 남용이라고 할 수 있는데, 일단 법령에 의하여 이사회에 인정된 권한의 행사를 부인하는 데는 신중해야 하고 그 효력을 부인하는 데는 더욱 신중해야 한다는 뜻이라고 이해할 수 있을 듯하다</u>. 이와 같이 경영권분쟁의 상황에서 이사회가 대항조치로 제3자에게 배정한 신주발행이 무효라는 판단은 비교법적으로는 일치된 입장이 아니다.

(3) 대상 판결의 검토

원고는 이 사건 신주발행으로 최대주주의 지위는 상실하였으나 상법상 최대주주는 특별한 의미가 없으며 소수주주권행사에 지장이 없고, 이 사건 신주발행 전에도 피고의 임직원이 발행주식의 52.05%, 삼성태크윈이 18.04%를 보유하였었으므로 원고는 그의 제24.25% 주식으로 회사경영 및 주도권을 쟁취하기는 어려웠을 듯 하다. 그러나 이 사건 신주발행이 유효하면 현 임직원 측은 원고 측에게 우호적인 이사나 감사의 해임결의가 그만큼 용이해지고 원고 측의 경영에 대한 발언권이 위축될 것이다.

V. 結　　語

(1) 일본에서는 전부주식양도제한회사 이외에는 주주의 신주인수권을 법정한 적이 없는 법제인 데 대하여116) 우리나라 상법은 주주의 신주인수권

114) 江頭憲治郎, 「株式會社法」 第2版, 有斐閣, (2008), 699頁 주7.
115) 山下友信, "33. 著しい不公正發行と新株發行無效事由", (會社法判例百選), 「別册ジュリスト」 第180號, (2006), 有斐閣, 71頁 左段.

에 대한 제한을 엄격한 조건하에서만 허용하므로 유사한 경영권분쟁 사례에서 일본 최고재판소가 유효설을 취했더라도 우리나라에서는 무효라고 판시하는 것은 주주의 신주인수권에 대한 양 법제의 입장 차이 때문이라고 우선 설명하려 할지 모른다. 그러나 주식회사에 있어서 기동성 있는 자금조달의 중요성이 증가하고 자본시장이 국제화하는 상황에서 우리나라에서도 일반공모증자에 의한 신주발행을 허용하는데도 주주의 신주인수권만을 내세워 회사경영을 판단하는 것은 이유가 형식적이고 설득력이 미흡하다. 주주의 신주인수권의 바탕에 있는 소수주주의 이익보호를 위해 그리고 경영권분쟁의 문제에서는 이사의 주의의무 · 충실의무에 비추어, 본 건 신주발행을 무효라고 선언할 사안인지를 검토해야 할 것이다.

주주의 신수인수권은 상당한 근거가 있으나,117) 기업에게 긴요한 자금수요의 기동성 있는 충족이 세계화한 자본시장에서 절실한 상황에서 장해가 되었다. 우리나라, 일본, 유럽의 대륙법계 나라에서도 기업의 자금수요를 주거래은행으로부터 대출을 받는 방법에서 자본시장에서 증권을 발행하는 쪽으로 바꾸면서 이 장해는 더 가중될 것이다. 그리고 증권거래소들은 내부규제를 통하여 일정규모 이상의 신주발행에 주주총회의 결의를 거치도록 하고 있으며,118)119)120) 우리나라에서도 상법개정안에서 도입하려 하는 신주인수

116) 이사회의 권한을 제약하기 위하여 신주인수권을 법정하는 것은 시가발행공모증자가 완전히 정착한 일본에서는 실제적 견지에서 무리라고 한다. 그래서 신주인수권을 법정한 독일이나 영국에서는 시가발행공모증자가 일반적으로 보급되어 있지 않다고 한다.: 洲崎, 前揭書(二), 738頁 주41 참조.

117) Alain Couret(알렝 · 꾸레)에 의하면, "신주인수권은 증자의 기술적 방식에 그치지 않고 기업과 개인적 저축을 연결하는 강한 정책적 면(aspect profondément politique)을 지닌다. 이 연결이 사라지면 소시민의 저축에 대하여 기관투자자가 우선하게 되어 자유주의의 기초가 흔들릴 염려가 있다."고 주장한다.: Le Développement du Droit Préférentiel de Souscription de l'Actionnaire en Droit Comparé, Revue des Sociétés, 1979, n°4, p.506.

118) 미국 공개회사의 신주발행 방식의 주류는 주주배정(rights offering)은 감소하고 투자은행의 매취인수를 통한 '시가발행 공모증자'(public offering)이다. New York 증권거래소는 상장회사에 대하여 사외 보통주 총액의 약 18.5% 이상에 해당하는 보통주 발행(주주배정을 제외)에는 주주총회의 승인을 요구하는데[New York Stock Exchange Company Manual §§ 312 00, 703, 04(B)], 전환사채와 같이 장래 보통주 발행이 예정된 증권도 포함되고 연속된 신주발행은 합산될 수 있으며, 구체적 사안에서 주주총회 승인이 필요한지에 관하여 증권거래소와의 사전상담을 장려한다. American 증권거래소는 사외 보통주 총수의 20% 이상에 해당하는 보통주 발행에 있어서 다른 회사의 주식 또는 자산(현금을 포함)을 대가로 하는 경우 또는 유리발행의 경우에 이와 거의 같은 규제를 한다[American Stock Exchange, Listing Standards, Policies and Requirements §§ 712, 713.]. - 洲崎, 前揭書

선택권과 같은 poison pill은 적대적 M&A에 대해서 회사와 주주를 위하여 정보 및 숙고할 시간과 교섭할 기회를 얻도록 하는 것이 주목적이다. M&A 방어의 적법성에 관한 문제는 주주의 신주인수권을 현저히 초과한다. '개별적 주주의 기득권'을 보호하여 정적 안전을 기하는 신주인수권으로부터 경영권 분쟁의 동적 상황에서 '기업의 이익'을 기준으로 하는 이사의 충실의무·신인의무에 관한 논의로 중심이 이동한 듯하다.121)

(2) 본 건에서 주주간에 경영권분쟁이 있었던 것은 사실이라고 인정되었다. 그리고 신주발행에 의하여 원고의 지주비율이 24.25%에서 18.65%로 하락한 것도 사실이다. 그러나 피고의 주장처럼 "피고는 삼성테크윈 주식회사에 대하여 약 44억 원의 채무를 부담하고 있는 **경영악화 상태**에서 소형정밀 CNC선반 제품에 관한 기술도입, 긴밀한 업무제휴를 통한 **경영성과 향상** 및 채무 상환을 통한 **재무구조 개선** 등을 목적으로 우수한 기술력을 지닌 소외 회사에 이 사건 신주 발행을 한 것"이었다면 어떤가.

피고가 "피고는 삼성테크윈 주식회사에 대하여 약 44억 원의 채무를 부담하고 있는" 사실은 쉽게 확인할 수 있고 이것이 사실이라면 "경영악화 상

(一), 566頁 주6에서 재인용. : SEC의 공개매수에 관한 자문위원회도 1983년에 제출한 보고서에서 공개매수기간 중에 발행 후 사외주식 총수의 15%(발행 전 사외주식 총수의 17.6%) 이상의 주식을 발행하는 경우에는 주주총회의 승인을 요구하도록 제안하였다.: SEC Advisory Committee on Tender Offers - Report of Recommendation, CCH Fed. Sec. L. Rep., No. 1028 Extra Ed. (July 15, 1983), Recommendation 41.

119) 영국에서는 *증권거래소*가 총회의 수권에 의해 이사에게 인수권배제증자 권한이 있는 경우에도 회사지배권을 변경(alter)하는 신주발행 예컨대, 특정주주의 지주비율을 50% 이상으로 하는 신주발행, 분산소유의 경우에는 35% 이상으로 하는 신주발행[Pennington, Stock Exchange Listing, The New Requirements (1985) 123]에는 원칙적으로 주주총회의 보통결의에 의한 승인을 요구한다[The Stock Exchange: Admission of securities to Listing, Section 5, Chapter 2, para 34. - 洲崎, 前掲書(二), 731頁에서 재인용.: *City Code*도 공개매수기간 중 그 대상회사는 주주총회의 승인이 없는 한 원칙적으로 모든 신주발행을 할 수 없다고 한다[The City Code on Take-overs and Mergers, April 19, (1985), Rule 21] - 洲崎, 前掲書(一), 585頁 주58에서 재인용.

120) 일본 증권계의 자주규칙에 의하면, 증자 전 발행주식총수의 15%(발행주식총수가 비교적 적은 회사에서는 20%)를 초과하는 시가발행공모증자는 사실상 불가능하다["時價發行增資に關する考え方" 및 그 細目과 메모.: 山一證券經濟硏究所・山一證券 編, 「新時代の企業ファイナンス戰略 - 調達編」, (1963), 476頁 이하 참조]. 그리고 전환사채와 신주인수권부사채에 관하여도 한도가 약간 넓기는 하지만 유사한 제한이 있다["轉換社債發行に關する考え方", 同書 224頁 이하 및 "新株引受權付社債發行に關する考え方", 同書 229頁 이하 참조]. - 洲崎, 前掲書(二), 732頁~733頁에서 재인용.

121) Alain Couret, ibid. n°12 p.513.

태"일 가능성이 있다. 이런 상태라면 경영진으로서 "소형정밀 CNC선반 제품에 관한 기술도입, 긴밀한 업무제휴를 통한 경영성과 향상 및 채무 상환을 통한 재무구조 개선 등"을 시도하는 것은 수긍이 가고, 이 목적을 위하여 "우수한 기술력을 지닌 소외 회사에 이 사건 신주 발행을 한 것"은 경영진으로서 해야 할 일을 한 것이고 상법 제418조 제2항의 요건을 충족한다고 보아야 할 것이다. 법원으로서는 이러한 피고의 주장을 한마디로 부인할 것이 아니라, ① 피고는 삼성테크윈 주식회사에게 위의 채무를 부담하고 경영 악화의 상태에 있었는지, ② 위의 소외회사로부터의 기술도입을 위한 업무제휴가 경영성과 향상에 합당한지, ③ 이를 위하여 소외회사에 대한 신주배정이 합당한지 등이 본 사안의 쟁점이라고 할 수 있으므로 법원으로서도 이 쟁점들을 심사하는 것이 친절한 법 운영(司法)이 아닐까.

본 판결에는 모든 회사의 제3자배정 신주발행에 관한 경영권 분쟁을 주주의 신주인수권 문제로만 접근하고, 사실의 인정 또는 사실인정의 설명에 있어서, 미흡한 감을 지울 수 없다.

意圖的인 失權株 處理를 통한 第3者 新株配定의 問題點*

金 東 民**

◎ 대법원 2012. 11. 15. 선고 2010다49380 판결

[事實의 槪要]

(1) 원고는 피고 회사의 총 발행주식 5,556,000주의 7.5%인 417,600주를 소유한 피고 회사의 주주이다. 그리고 피고 회사는 2008. 1. 24.에 보통주식 800,000주, 2008. 1. 29.에 보통주식 400,000주, 2008. 2. 11.에 보통주식 800,000주, 2008. 3. 4.에 보통주식 156,000주의 신주를 각각 발행(이하 '이 사건 신주발행'이라 한다)하였다.

(2) 이 사건 신주발행의 구체적 현황은 별지 신주발행 현황기재와 같으며, 2008. 1. 24.자 신주발행시 신주를 인수한 주식회사 네오빌드코리아이엔씨 및 2008. 2. 11.자 신주발행시 신주를 인수한 A를 제외한 다른 신주인수자들은 모두 피고 회사의 기존 주주들이었다. 이 사건 신주발행으로 원고의 피고 회사에 대한 지분율은 12.3%에서 7.5%로 감소하였다.

(3) 그리하여 원고는, "피고가 2008. 1. 24.자로 등기한 신주(보통주식 800,000주), 2008. 1. 30.자로 등기한 신주(보통주식 400,000주), 2008. 2. 11.자로 등기한 신주(보통주식 800,000주), 2008. 3. 4.자로 등기한 신주(보통주식 156,000주) 등의 발행은 각 무효임을 확인한다"라는 소를 제기하였다.[1)]

---

* 제30회 상사법무연구회 발표 (2013년 3월 16일)
본 평석은 「일감법학」 제29호, 건국대학교 법학연구소, (2014)에 게재하였음.

** 상명대학교 지적재산권학과 교수

1) 이 사건에서 이루어진 4회의 신주발행에서 신주의 액면가는 모두 1주당 500원이었다.

[訴訟의 經過]

1. 第1審 判決[2] (原告 請求 棄却)

(1) 당사자의 주장

(가) 원고측 주장

1) 이 사건 신주발행을 위한 각 이사회 결의시 원고가 이사회에 참여하지 않았는데도 참석하여 의결한 것처럼 이사회 회의록을 허위 작성하였고, 신주발행시에도 상법 제418조와 제416조 및 정관의 규정에 위반하여 기존 주주인 원고에게 신주인수권을 행사할 것인지를 확인하지 않았다.

2) 기존 주주가 모두 신주인수권을 포기한 후 특정 주주에게 신주를 인수하도록 하는 것은 제3자에게 신주를 배정하는 것과 마찬가지로 보아야 하고, 제3자에게 신주를 배정하기 위하여는 정관에 규정이 있어야 하는데 이 사건 신주발행 당시 피고 회사의 정관에는 제3자에게 신주를 배정하는 규정이 없었다.

3) 이 사건 신주발행은 정관에 제3자에 대한 신주발행 규정이 없음에도 불구하고 멋대로 특정 주주에게 주주의 지위와 무관하게 신주인수권을 부여한 것이므로, 민법 제103조가 규정하는 선량한 풍속 기타 사회질서에 위반한 사항을 내용으로 하는 법률행위로서 무효이다.

(나) 피고측 주장

1) 전문경영인인 B가 피고 회사의 대표이사로 취임하면서 원고를 포함한 피고 회사의 주요 주주 및 이사들은 2007. 1. 4. 피고 회사의 자본금을 30억원까지 증자하고 증자와 관련된 일체의 행위에 대하여 상근경영진에게 포괄적으로 위임하는 사항에 동의하였고, 원고는 2007. 9. 15. 개최된 이사회에서 제3자 배정방식 유상증자에 관하여 상근경영진에게 증자금액 및 신주발행일정을 포괄적으로 위임하였다.

2) 따라서 이 사건 신주발행은 원고의 포괄적 위임에 따라 진행된 것으로서 원고의 신주인수권을 무시한 절차상 하자가 없다.

---

2) 서울남부지방법원 2009. 1. 23. 선고 2008가합6916 판결.

(2) 법원의 판단

(가) 이사회 결의 및 신주발행 절차에 하자가 있다는 주장에 관하여

1) 을 1호증 내지 3호증의 각 기재에 변론 전체의 취지를 종합하면, 2007. 1. 4. 개최된 피고 회사의 이사회에서 원고를 포함한 피고 회사의 모든 이사들이 모여 증자를 통해 회사의 자본금을 증가시키는 내용의 결의를 하였고, 2007. 9. 15. 개최된 피고 회사의 이사회에서 원고를 포함한 피고 회사의 이사들은 내부 주주에 대한 5배수 유상증자와 제3자 배정 외부 유상증자에 대하여 찬성하고 상근경영진에게 증자배수, 증자금액, 일정 등 제3자 배정 유상증자에 따른 세부진행 사항을 위임한 사실을 인정할 수 있다.

2) 위 인정사실에 의하면 이 사건 신주발행은 원고를 포함한 피고 회사 이사들의 포괄적 위임에 따라 행해진 것으로서 개개 이사회 결의 시 승낙을 받아야 한다고 볼 수 없고, 원고는 이미 신주발행절차를 위임하였으므로 기존 주주였던 원고에게 신주발행절차를 통지하지 않고 원고 명의의 신주인수권포기서를 작성하였다고 하여 신주발행절차상 하자가 있다고 볼 수 없다. 또한 이 사건 신주발행으로 원고의 지분율은 12.3%에서 7.5%로 감소한 것에 불과하므로 이 사건 신주발행으로 피고 회사의 지배구조에 중대한 변동을 가져온다고 볼 수 없어서, 원고에 대해 신주발행절차를 통지하지 않았다고 하여 이 사건 신주발행을 무효로 볼 정도의 중대한 하자가 있다고 보기 어렵다.

3) 원고는 2007. 9. 15. 이사회에서 제3자 배정 유상증자에 찬성하고 유상증자의 절차를 상근 경영진에게 위임한 것은 현대자동차 계열 건설회사인 주식회사 엠코에게 신주를 배정하려고 한다는 피고 회사의 대주주 C의 말을 믿고 한 것으로서, 제3자가 아닌 기존 주주들 중 원고를 배제하고 특정 주주들에게만 신주를 배정하라는 취지는 아니었으므로, 이 사건 신주발행은 원고의 위임 취지에 반하는 것이라는 이유로 원고는 위임의 의사표시를 철회한다고 주장한다.

4) 그러나 갑 7호증 내지 9호증, 갑 11호증, 갑 31호증의 각 기재만으로는 원고가 주식회사 엠코에 대한 신주발행만을 염두에 두고서 이 사건 신주발행절차를 위임했다거나 제3자가 아닌 기존 주주들 중 특정 주주들에게 신

주를 배정하는 것이 원고의 위임취지에 어긋나는 것이라고 인정하기에 부족하다. 오히려 원고가 피고 회사의 제3자 배정 유상증자에 찬성하고 상근경영진에게 신주발행절차를 위임한 취지는 피고 회사의 자본조달이 필요한 상황임을 인식하고 자본조달에 관한 구체적 절차를 경영진에게 위임한 것이고 구체적으로 신주를 누구에게 배정하는지에 대하여는 특별한 위임이 없었던 것으로 보인다. 이와 같이 이 사건 신주발행이 원고의 위임 취지에 어긋나는 것으로 볼 수 없고 이미 신주발행절차가 완료된 이상 원고의 위임 철회는 이 사건 신주발행 효력에 영향이 없다.

(나) 정관에 제3자 신주배정 규정이 없다는 주장에 관하여

1) 갑 15호증 내지 17호증의 각 기재에 의하면, 피고 회사는 이 사건 신주발행 이후인 2008. 11. 18.에야 정관에 제3자에게 신주를 배정하는 조항을 규정한 사실을 인정할 수 있다. 그러나 갑 18호증 내지 21호증의 각 기재에 의하면, 이 사건 신주발행시 피고 회사는 기존 주주들 명의의 신주인수포기서를 제출받은 후 기존 주주들 중 일부 주주들에게서 다시 신주인수청약서를 제출받는 방법으로 신주를 배정하여 별지 신주발행 현황 기재와 같이 이 사건 신주를 인수한 대부분의 인수자들은 기존 주주들인 사실을 인정할 수 있는바, 기존 주주들에게 신주를 배정하기 위하여 정관에 제3자 신주배정 규정이 필요하다고 볼 수 없다.

2) 한편 2008. 1. 24.자 신주발행시 신주를 인수한 주식회사 네오빌드코리아 이엔씨와 2008. 2. 11.자 신주발행시 신주를 인수한 A는 기존 주주가 아닌 제3자로서 신주배정시 정관에 제3자 신주배정 규정이 없었던 사실은 인정되나, 주식회사 네오빌드코리아 이엔씨가 인수한 신주는 40,000주, A가 인수한 신주는 300,000주로서 당시 피고 회사 발행주식 총수 기준으로 각각 0.9%와 5%에 불과하고 이 사건 소 계속 중 제3자 신주배정 규정을 추가하는 정관 개정이 이루어졌으므로 이 사건 신주발행시 제3자에게 신주를 배정하는 정관규정이 없었다는 사정만으로는 그 신주발행을 무효로 할 만한 중대한 하자가 있다고 보기 어렵다.

(다) 선량한 풍속 등에 위반되는 신주발행이라는 주장에 관하여

앞서 본 바와 같이 이 사건 신주발행이 원고의 포괄적 위임에 따라 행해진 이상 이 사건 신주발행시 제3자에게 신주를 배정하지 않고 기존 주주들 중 특정 주주에게만 신주의 대부분을 배정하였다고 하여도 그러한 사실만으로는 이 사건 신주발행이 선량한 풍속 기타 사회질서에 위반되는 행위라고 보기 어렵다. 결국 원고의 주장은 모두 이유 없다.

2. 原審 判決[3] (抗訴 棄却)

(1) 항소 취지

제1심 판결을 취소한다. 별지 신주발행 현황목록의 기재와 같이 피고가 2008. 1. 24.자로 등기한 신주(보통주식 800,000주), 2008. 1. 30.자로 등기한 신주(보통주식 400,000주), 2008. 2. 11.자로 등기한 신주(보통주식 800,000주), 2008. 3. 4.자로 등기한 신주(보통주식 156,000주) 등의 발행은 각 무효임을 확인한다.

(2) 법원의 판단

(가) 원고는, 피고가 2008. 2. 1. 주주인 C에게 3억 5,000만원, D에게 5,000만원의 각 회사 자금을 송금하여, C로 하여금 별지 신주발행 현황 목록 제3기재와 같이 500,000주 및 같은 목록 제4기재와 같이 20,118주를, D로 하여금 같은 목록 제4기재와 같이 20,000주를 각 인수하도록 신주발행을 한 것은 C 및 D가 피고와 공모하여 피고의 자금으로 피고가 발행한 신주를 인수한 현저히 불공정한 법률행위에 해당하고, 이는 원고 등의 주주의 사원권을 침해한 것일 뿐만 아니라 회사의 자본금충실의 원칙에도 위배되는 행위로서 무효라는 취지로 주장한다.

(나) 살피건대, 갑 제34호증의 기재에 의하면, 피고가 2008. 2. 1. 주주 C에게 3억 5,000만원, D에게 5,000만원을 입금한 사실은 인정되나, 한편 같은 증거에 의하면 주주 C가 피고의 예금계좌에 2008. 1. 23. 3억 8,000만원을, 2008. 1. 28. 2억원을, 2008. 2. 1. 2억 5,000만원을 각 입금한 사실을 인정할 수 있는바, 위 인정사실만으로는 피고가 회사 자금으로 C와 D로 하여금 신주를 인수하도록 하였다고 인정하기에 부족하고 달리 특정주주에로의 사외

---

3) 서울고등법원 2010. 5. 27. 선고 2009나24264 판결.

유출을 인정할 증거가 없으므로, 이와 반대의 전제에 선 원고의 주장은 더 나아가 살필 필요 없이 이유 없다.

(다) 그렇다면, 원고의 이 사건 청구는 이유 없어 이를 기각할 것인바, 제1심 판결은 이와 결론을 같이하여 정당하므로 원고의 항소는 이유 없어 이를 기각하기로 하여, 주문과 같이 판결한다.

[大法院 判決[4]]

1. 判決要旨 (上告 棄却)

(1) 상법 제429조는 신주발행의 무효는 주주나 이사 또는 감사에 한하여 신주를 발행한 날부터 6월 내에 소만으로 주장할 수 있다고 규정하고 있는데, 이는 신주발행에 수반되는 복잡한 법률관계를 조기에 확정하고자 하는 것으로서, 새로운 무효사유를 출소기간 경과 후에도 주장할 수 있도록 하면 법률관계가 불안정하게 되어 위 규정의 취지가 몰각된다는 점에 비추어, 무효사유의 주장시기도 제한하고 있는 것이라고 해석함이 타당하므로, 신주발행무효의 소에서 신주를 발행한 날부터 6월의 출소기간이 경과한 후에는 새로운 무효사유를 추가하여 주장할 수 없다.

(2) 신주 등의 발행에서 주주 배정방식과 제3자 배정방식을 구별하는 기준은 회사가 신주 등을 발행하면서 주주들에게 그들의 지분비율에 따라 신주 등을 우선적으로 인수할 기회를 부여하였는지 여부에 따라 객관적으로 결정되어야 하고, 신주 등의 인수권을 부여받은 주주들이 실제로 인수권을 행사함으로써 신주 등을 배정받았는지 여부에 좌우되는 것은 아니다.

(3) 회사가 주주 배정방식에 의하여 신주를 발행하려는데 주주가 인수를 포기하거나 청약을 하지 아니함으로써 그 인수권을 잃은 때에는(상법 제419조 제4항) 회사는 이사회 결의로 인수가 없는 부분에 대하여 자유로이 이를 제3자에게 처분할 수 있고, 이 경우 실권된 신주를 제3자에게 발행하는 것에 관하여 정관에 반드시 근거 규정이 있어야 하는 것은 아니다.

4) 대법원 2012. 11. 15. 선고 2010다49380 판결.

2. 判決理由

(1) 자백간주 및 증명책임의 분배 등에 관한 법리오해 등

(가) 상법 제429조는 신주발행의 무효는 주주 · 이사 또는 감사에 한하여 신주를 발행한 날부터 6월내에 소만으로 주장할 수 있다고 규정하고 있는데, 이는 신주발행에 수반되는 복잡한 법률관계를 조기에 확정하고자 하는 것으로서, 새로운 무효사유를 출소기간의 경과 후에도 주장할 수 있도록 하면 법률관계가 불안정하게 되어 위 규정의 취지가 몰각된다는 점에 비추어, 위 규정은 무효사유의 주장시기도 제한하고 있는 것이라고 해석함이 상당하므로, 신주발행의 무효의 소에서 신주를 발행한 날부터 6월의 출소기간이 경과한 후에는 새로운 무효사유를 추가하여 주장할 수 없다.[5]

(나) 기록에 의하면, 원고는 2008. 4. 14. 피고 회사를 상대로 이 사건 신주발행무효의 소를 제기한 후, 원심 단계에 이르러 2009. 11. 30.자 준비서면을 통하여 비로소 "피고 회사가 2008. 2. 1. 주주인 C와 D에게 신주인수대금을 송금하여 그들로 하여금 원심판결 별지 신주발행 현황 목록 제3기재 신주 및 같은 목록 제4기재 신주를 인수하도록 하였는데, 이는 신주발행 절차가 현저히 불공정하고 원고 등의 신주인수권을 침해하며 자본충실의 원칙에도 위배되어 무효이다"라는 취지의 주장을 하였음을 알 수 있고, 위 주장이 제출된 시점은 위 각 신주발행의 효력이 발생한 날부터 6월이 경과한 후임이 분명하다.

(다) 이처럼 신주발행무효의 소의 출소기간이 경과한 후에 새로운 무효사유를 추가하여 주장하는 것은 허용되지 아니하므로, 이 부분 주장은 더 나아가 살펴볼 필요 없이 받아들일 수 없다. 원심이 이와 달리 신주발행무효의 소의 출소기간이 경과한 후에도 새로운 무효사유를 추가하여 주장하는 것이 허용된다는 전제에서 원고의 위 주장사실의 당부에 관하여 판단한 것은 적절하지 아니하나, 원고의 이 부분 주장을 배척한 결론은 정당하므로, 거기에 상고이유에서 주장하는 바와 같이 자백간주나 증명책임의 분배 등에 관한 법리 등을 오해하여 사실을 잘못 인정함으로써 판결에 영향을 미친 위법이 있다고 할 수 없다.

---

5) 대법원 2004. 6. 25. 선고 2000다37326 판결 등 참조.

(2) 신주의 제3자 배정에 관한 법리오해 등

(가) 신주 등의 발행에서 주주배정방식과 제3자 배정방식을 구별하는 기준은 회사가 신주 등을 발행함에 있어서 주주들에게 그들의 지분비율에 따라 신주 등을 우선적으로 인수할 기회를 부여하였는지 여부에 따라 객관적으로 결정되어야 하고, 신주 등의 인수권을 부여받은 주주들이 실제로 인수권을 행사함으로써 신주 등을 배정받았는지 여부에 좌우되는 것은 아니다.[6] 회사가 주주배정방식에 의하여 신주를 발행하려는데 주주가 인수를 포기하거나 청약을 하지 아니함으로써 그 인수권을 잃은 경우에, 회사는 이사회의 결의에 의하여 그 인수가 없는 부분에 대하여 자유로이 이를 제3자에게 처분할 수 있고, 이 경우 그 실권된 신주를 제3자에게 발행하는 것에 관하여 정관에 반드시 근거 규정이 있어야 하는 것은 아니다.

(나) 원심판결 이유를 위 법리와 기록에 비추어 살펴보면, 이 사건 각 신주발행은 피고 회사의 이사회 결의에 따라 피고 회사 주주들의 주식 보유비율로 안분하여 주주들에게 신주를 우선 배정하되 그 주주들이 신주인수를 포기하거나 청약하지 아니하여 실권된 신주를 피고 회사의 주주 등을 포함한 제3자에게 발행한 것임을 알 수 있으므로 주주배정방식을 따른 것이라고 할 수 있고, 위와 같이 실권된 신주를 제3자에게 발행하는 것에 관하여 피고 회사의 정관에 반드시 근거 규정이 있어야 하는 것은 아니다.

(다) 또한 원고 주장과 같이 이 사건 각 신주발행 당시 피고 회사의 다른 주주들은 모두 신주인수를 포기하였지만 원고는 신주인수를 포기한 적이 없다 하더라도, 원고가 피고 회사를 상대로 소정의 기간 내에 신주인수의 청약을 하고 그 인수대금을 납입하였다고 볼만한 아무런 자료가 없는 이 사건에서 원고에게 배정된 신주에 대하여 실권의 효력이 발생하는 것은 변함이 없으므로, 원고의 위 주장과 같은 사정만으로 이 사건 각 신주발행이 제3자 배정에 해당한다거나 무효로 된다고 볼 수 없다.

(라) 원심이 이 사건 각 신주발행 당시 신주를 인수한 대부분의 인수자들이 피고 회사의 주주들이라는 이유로 피고 회사의 정관에 신주의 제3자 배정에 관한 근거 규정이 필요하지 않다고 판단한 것은 적절하지 아니하나,

---

6) 대법원 2009. 5. 29. 선고 2007도4949 전원합의체 판결 등 참조.

이 사건 각 신주발행에 관하여 피고 회사의 정관에 근거 규정이 필요하지 않다고 본 결론은 정당하므로, 원심판결에 상고이유에서 주장하는 바와 같이 신주의 제3자 배정에 관한 법리 등을 오해하여 판결에 영향을 미친 위법이 있다고 할 수 없다.

(3) 신주의 제3자 배정에 대한 위임 의사의 해석에 관한 법리오해 등

이 부분 상고이유의 주장은, 이 사건 각 신주발행이 제3자 배정에 해당함을 전제로, 원고가 신주의 제3자 배정에 관하여 피고 회사에 위임을 할 당시 그 제3자를 특정하였는지에 관한 원심의 의사해석의 당부를 다투는 것에 불과하여 판결에 아무런 영향을 미칠 수 없으므로, 더 나아가 살펴볼 필요 없이 받아들이지 아니한다.

(4) 결　　론

상고를 모두 기각하고 상고비용은 패소자가 부담하도록 하여, 관여 대법관의 일치된 의견으로 주문과 같이 판결한다.

[評　　釋]

Ⅰ. 序　　說

(1) 대상 판결은 주식회사가 자본금을 증가시키기 위해 유상증자를 하면서 기존의 주주들로 하여금 증자와 관련된 일체의 행위에 대하여 경영진에게 포괄적으로 위임하도록 한 후에, 이들이 신주인수권을 포기함으로써 발생한 실권주에 대한 신주인수권을 당해 회사의 다른 주주 및 제3자에게 배정한 사안이다. 사실관계를 살펴보면, 피고 회사의 주주 중 한명인 원고는 피고의 주주에 대한 5배수 유상증자와 제3자 배정 외부 유상증자에 대하여 찬성하고 상근경영진에게 증자의 배수와 금액 및 일정 등 제3자 배정 유상증자에 따른 세부진행 사항을 경영진에게 위임하였고, 이에 따라 피고는 원고 등이 신주인수권을 포기함으로써 발생한 실권주를 원고 등을 제외한 피고의 우호세력에게 배정하였다. 이에 대하여 원고는 피고가 원고의 지주비율을 감소시키기 위해 자신을 제외한 다른 주주 및 제3자에게 신주인수권을

배정하여 결론적으로 자신의 지주율이 감소되는 결과가 초래되었으므로, 이러한 신주발행이 무효임을 확인하는 소송을 제기한 것이다.

(2) 이에 대하여 대법원에서는 「신주 등의 발행에서 주주 배정방식과 제3자 배정방식을 구별하는 기준은 회사가 신주 등을 발행하면서 주주들에게 그들의 지분비율에 따라 신주 등을 우선적으로 인수할 기회를 부여하였는지 여부에 따라 객관적으로 결정되어야 하고, 신주 등의 인수권을 부여받은 주주들이 실제로 인수권을 행사함으로써 신주 등을 배정받았는지 여부에 좌우되는 것은 아니다」라고 판시하면서, 「회사가 주주 배정방식에 의하여 신주를 발행하려는데 주주가 인수를 포기하거나 청약을 하지 아니함으로써 그 인수권을 잃은 때에는(상법 제419조 제4항) 회사는 이사회 결의로 인수가 없는 부분에 대하여 자유로이 이를 제3자에게 처분할 수 있고, 이 경우 실권된 신주를 제3자에게 발행하는 것에 관하여 정관에 반드시 근거 규정이 있어야 하는 것은 아니다」라고 판단하였다.

(3) 대상 판결과 관련하여, 주주에게 배정된 신주인수권을 회사에서 의도하는 바대로 포기하게 함으로써 발생한 실권주에 대하여 회사가 주주의 진의와 상관없이 회사가 원하는 주주 및 제3자 등에게 배정하는 것이 적법한지, 그리고 주주에게 우선적으로 보장되어 있는 신주인수권의 처분에 관한 포괄적 위임이 적법하기 위해서는 어떠한 요건을 갖추어야 하는지 등이 문제된다. 그리하여 본 논문에서는 대법원의 쟁점 및 원심 법원의 판단 중에서 다음의 내용을 중심으로 그 타당성 여부를 살펴보고자 한다.

(4) 구체적으로 첫째, 회사가 의도적으로 실권주를 발생케 한 이후에 단행된 제3자 신주배정의 적법성 여부, 둘째, 유상증자와 관련된 일체의 행위에 대한 경영진에의 포괄적 위임의 적법성 여부, 셋째, 주주의 신주인수권의 위임이 제3자의 기망에 의한 의사표시의 동기의 착오에 해당하는지 여부,[7] 넷째, 실권된 주식에 대한 제3자 신주배정을 위하여도 정관의 규정이 필요한지 여부, 다섯째, 제3자 신주배정에서 제3자가 회사의 자금으로 인수한 신주

7) 현대자동차 계열 건설회사인 주식회사 엠코에게 신주를 배정하려고 한다는 피고 회사의 대주주 C의 말을 믿은 원고가 2007. 9. 15.자 이사회에서 제3자 배정 유상증자에 찬성하고 유상증자 절차를 상근경영진에게 위임한 것이 제3자 기망에 의한 의사표시의 동기의 착오에 해당하는지 여부이다.

의 유효성 여부, 여섯째, 실권된 주식에 대한 제3자 배정의 방법은 이사회의 결의로 자유롭게 제3자에게 배정할 수 있는지 아니면 실권주의 배정절차가 새롭게 진행해야 하는지 등에 관하여 그 문제점을 분석하고 법원 판결의 타당성 여부를 검토해보기로 한다.

Ⅱ. 有償增資에서의 新株引受權

1. 株主의 新株引受權

(1) 의 의

"신주인수권"(pre-emption right)이란, 회사가 성립한 이후 자금조달을 위하여 신주를 발행하는 경우에 우선적으로 타인에 우선하여 그 신주의 전부 또는 일부의 인수를 청구할 수 있는 권리를 말한다.[8] 회사가 유상증자에 의해 자본조달을 하는 과정에서 이러한 신주인수권을 기존의 주주들에게 그 지주비율에 따라 부여하지 않게 되면, 회사의 지배구조에 변동이 생기게 될 뿐만 아니라 신주인수권을 제대로 부여받지 못한 주주의 지주비율이 낮아지게 됨으로써, 그러한 소수주주는 종래의 주주총회에서 발언권이 약화되고 심지어는 주주로서의 권리를 행사할 수 없게 되는 결과가 초래될 수도 있다. 또한 신주가 불공정한 가액으로 다수 발행되는 경우에는 이익 배당률이 감소하게 되거나 또는 주식시장에서의 주가의 하락으로 인해 기존의 주주들이 손해를 입게 될 수도 있다.[9] 이와 같이 신주인수권은 주주의 이해관계에 직접적인 영향을 미치므로 주주의 보호를 위하여 인정한 중요한 권리인 점을 고려한다면, 신주인수권은 당해 회사의 주주에게만 부여하는 것이 타당하다. 그리하여 상법은 유상증자의 경우에 수권자본제도의 도입에 따라 원칙적으로 이사회가 신주발행사항을 결정하도록 하면서(상법 제416조), 이사회의 신주발행에 관한 권한남용을 방지하기 위하여 우선적으로 주주에 대하여 신주인수권을 인정하고 있다(상법 제418조 제1항).

(2) 법적 성질

이와 같이 주주에게 신주인수권을 부여하고 주주의 신주인수권에 기하

8) 최기원, 「신회사법론」 제14대정판, 박영사, (2012), 769면.
9) 최기원 저 · 김동민 보정, 「상법학신론(상)」 제20판, 박영사, (2014), 905면.

여 신주를 발행하는 경우를 '신주인수권의 주주 배정' 또는 '주주 배정에 의한 신주발행'이라고 한다. 주주의 이러한 신주인수권은 정관이나 이사회의 결의에 의하여 생기는 권리가 아니라, 주주의 자격에 기한 필연적인 부수현상으로서 법률의 규정에 의하여 주주에게 당연히 발생하는 권리이다.[10] 이 경우 주주의 유한책임의 원칙상 주주는 주금의 납입의무 이외에 다른 책임을 부담하지 않기 때문에, 주주는 신주를 인수할 권리가 있을 뿐이고 신주를 인수해야 하는 의무가 있는 것은 아니다. 또한 이러한 신주인수권은 신주의 인수에 있어서 제3자보다 우선하는 권리일 뿐 동일한 유상증자에서 발행가액이나 기타 인수조건에 우대를 받을 수 있는 권리는 아니다.[11] 그리고 신주인수권은 주식 그 자체의 과실이 아닐 뿐만 아니라 인수의 반대급부로서 인수권자가 주금의 납입의무를 부담하는 의무가 수반되는 권리이므로, 신주인수권을 행사하여 인수한 주식에 대하여는 기존의 구주에 대한 질권의 효력이 미치지 아니한다.[12]

2. 第3者의 新株引受權

(1) 의　　의

(가) 회사가 수권자본제도에 의하여 신속하게 거액의 자금을 조달하려면 당해 회사의 주주만을 대상으로 할 것이 아니라 넓은 자본시장을 상대로 해야 하기 때문에 제3자에게도 신주인수권을 부여해야 할 필요가 있다. 그리하여 상법은 주주의 이익을 보호하고 자금조달과 기업간의 결합을 용이하게 하기 위하여 신주인수권을 주주에게 부여하는 것을 원칙으로 하고 있지만, 예외적으로 구체적인 정관의 규정에 의하여 제3자에게 신주인수권을 부여할 수 있는 길을 열어놓고 있다(상법 제418조, 제420조 제5호). 이와 같이 신주인수권은 주주가 갖고 있는 것이 원칙이지만, 예외적으로 주주가 아닌 제3자에게 신주인수권을 부여하고 이러한 제3자의 신주인수권에 기하여 신주를 발행하는 경우를 '신주인수권의 제3자 배정' 또는 '제3자 배정에 의한 신주발행'이라고 한다.[13]

---

10) 정찬형, 「상법강의(상)」 제17판, 박영사, (2014), 1059면.

11) 이철송, 「회사법강의」 제22판, 박영사, (2014), 866면.

12) Reinhardt/Schultz, S. 236.

13) 결국 제3자의 신주인수권이란 신주발행의 경우에 주주 이외의 자가 일정한 신주에 대하

(나) 이러한 제3자의 신주인수권이 언제 발생하는지에 관하여는 정관의 규정만 있으면 당연히 신주인수권이 생긴다는 견해도 있으나,[14] 정관의 규정을 전제로 하여 일정한 제3자와 회사의 계약에 의해 비로소 신주인수권이 발생한다고 보는 견해가 타당하다.[15] 한편 신주인수권의 제3자 배정의 범위와 관련하여, 주주가 신주를 인수하더라도 주주 자격에 의하지 아니하고 자신이 소유하고 있는 주식수에 비례한 자기 몫을 초과하여 신주를 인수하는 경우도 신주인수권의 제3자 배정에 해당한다. 그러나 공모에 의하여 일반인이 주식인수의 청약을 하고 이에 대하여 회사가 배정을 하는 경우에는 청약자인 제3자에게 우선적으로 배정받을 권리를 인정하는 것이 아니므로 이러한 유형은 신주인수권의 제3자 배정에 해당하지 않는다.[16]

(2) 제3자 배정의 요건

(가) 회사가 제3자에게 신주인수권을 주는 경우 회사의 지분구조 내지는 지배관계에 변동을 생기게 할 수도 있고, 회사가 자금조달에 급급하여 지나치게 유리한 조건으로 제3자에게 신주를 발행하면 이는 주주의 권리를 침해하는 것이 될 수도 있다. 이에 반하여 회사의 자금조달의 편의를 도모하기 위하여, 종업원이나 거래처 등과의 유대관계를 강화하기 위하여, 또는 신기술의 도입이나 재무구조의 개선 등 회사의 경영상 목적을 달성하기 위하여 제3자에게 신주인수권을 부여할 필요가 있다. 즉 주주가 아닌 제3자에게 신주인수권을 부여할 수 있도록 한 이유는 자본시장으로부터 보다 광범위하게 자금조달을 할 수 있게 하고 비상장법인의 종업원 등이 회사의 주주가 될 수 있도록 하기 위함이다.[17] 그러나 2001년의 개정상법에 의하면 제3자에 대한 신주인수권의 부여는 신기술의 도입, 재무구조의 개선 등 회사의 경영상 목석을 달성하기 위하여 필요한 경우 정관의 규정을 근거로 하여 할 수 있는 것으로 그 요건을 엄격히 제한하고 있다(상법 제418조 제2항).

(나) 판례도 「상법 제418조 제1항 및 제2항의 규정은 주식회사가 신주

여 우선적 배정을 받는 권리를 말한다.

14) 이철송, 전게서, 677면.

15) 최기원 저 · 김동민 보정, 전게서, 910면.; 정동윤, 「회사법」 제6판, (2000), 513면.; 채이식, 「상법강의(상)」 제2판, (1996), 703면.

16) 정찬형, 전게서, 1060면.

17) 최기원, 전게서, 775면.

를 발행하면서 주주 아닌 제3자에게 신주를 배정할 경우 기존 주주에게 보유 주식의 가치 하락이나 회사에 대한 지배권 상실 등 불이익을 끼칠 우려가 있다는 점을 감안하여, 신주를 발행할 경우 원칙적으로 기존 주주에게 이를 배정하고 제3자에 대한 신주배정은 정관이 정한 바에 따라서만 가능하도록 하면서, 그 사유도 신기술의 도입이나 재무구조의 개선 등 기업 경영의 필요상 부득이한 예외적인 경우로 제한함으로써 기존 주주의 신주인수권에 대한 보호를 강화하고자 하는 데 그 취지가 있다. 따라서 주식회사가 신주를 발행함에 있어 신기술의 도입, 재무구조의 개선 등 회사의 경영상 목적을 달성하기 위하여 필요한 범위 안에서 정관이 정한 사유가 없는데도, 회사의 경영권 분쟁이 현실화된 상황에서 경영진의 경영권이나 지배권 방어라는 목적을 달성하기 위하여 제3자에게 신주를 배정하는 것은 상법 제418조 제2항을 위반하여 주주의 신주인수권을 침해하는 것이다」고 하였다.[18]

Ⅲ. 株主 配定에 의한 新株發行

1. 經營陣에 대한 包括的 委任의 適法性

(1) 사기에 의한 의사표시 여부

(가) 원심 판결

원심에서는 「이 사건 신주발행은 원고의 포괄적 위임에 따라 행해진 것으로서 개개 이사회 결의시 승낙을 받을 필요가 없으며, 원고는 이미 신주발행절차를 위임하였으므로 기존 주주였던 원고에게 신주발행절차를 통지하지 않고 원고 명의의 신주인수권포기서를 작성하였다고 하여 신주발행절차상 하자가 있다고도 볼 수 없다」라고 하면서, 이 사건 신주발행을 무효로 볼 정도의 중대한 하자가 있다고 보기 어렵다고 판시하였다.

(나) 원심 판단에 대한 검토

1) 원고가 유상증자 절차를 상근경영진에게 위임한 것은 현대자동차 계열 건설회사인 주식회사 엠코에게 신주를 배정하려고 한다는 피고 회사의 대주주 C의 말을 믿고 한 것으로서 제3자가 아닌 기존 주주들 중 원고를 배

---

18) 대법원 2009. 1. 30. 선고 2008다50778 판결.

제하고 특정 주주들에게만 신주를 배정하라는 취지는 아니었기 때문에, 이 사건 신주발행은 원고가 피고 회사에게 위임한 취지에 반하는 것으로 보는 것이 타당하다. 즉 원고의 위임취지는 현대자동차 계열 건설회사인 주식회사 엠코에게 신주를 배정함으로써 기존의 주주들의 지주비율은 그대로 유지되면서 제3자인 주식회사 엠코가 새로운 주주로 신규 편입되는 것이라 인식하고 위임을 하였는데, 피고 회사는 이와는 달리 원고를 제외한 다른 주주 및 제3자에게 실권주를 배정하여 대주주 C를 비롯한 우호세력의 지배권을 확장하는 방향으로 유상증자를 실시한 것이다.

2) 이와 같이 위임의 취지에 반하는 형태의 유상증자가 이루어진 계기가 피고 회사 내지는 대주주 C의 기망에 의해 잘못된 의사표시를 하게 됨으로써 체결된 위임계약에 의한 것이라면, 이는 상대방 또는 제3자의 사기에 의한 의사표시에 해당할 수 있고 원고는 위임의 의사표시를 취소할 수 있다고 본다.[19] 또한 피고 회사가 원고를 배제한 채 제3자 등에게 신주를 배정하려는 의도하에 상법 제418조 제2항 소정의 제3자 신주배정을 의욕하고 있었지만, 정관의 규정을 전제로 하면서 이와 동시에 신기술의 도입이나 재무구조의 개선 등의 경영상의 목적을 필요로 하는 제3자 신주배정의 요건을 충족시키지 못하였기 때문에, 피고 회사는 어쩔 수 없이 그 대안으로서 상법 제418조 제1항 소정의 주주 배정을 한 이후 기존의 주주들에게 의도적으로 신주인수권의 처분에 관한 포괄적 위임을 받아서 그들의 신주인수권을 포기시킨 다음에 여기에서 발생한 실권주를 아무런 제약 없이 피고 회사가 원하는 제3자 등에게 자유롭게 배정한 것이라고 볼 여지도 충분히 있다. 이러한 일련의 과정에서 피고 회사는 원고가 자신에게 배정된 신주인수권을 용이하게 포기할 수 있도록 유노하기 위하여 대주주 C를 동원하여 실권주가 발생하면 이를 주식회사 엠코에게 배정할 것이라고 기망함으로써 원고로 하여금

19) 피고 회사가 직접 원고를 기망한 경우는 물론이고, 피고 회사의 대주주인 C가 원고를 기망한 경우에는 표의자인 원고의 상대방인 피고 회사가 제3자인 C의 기망 사실을 알았거나 알 수 있었다면, 표의자인 원고는 제3자의 사기, 강박에 관한 민법 제110조 제2항을 근거로 하여 그 의사표시를 취소할 수 있다. 사안의 경우 피고 회사의 대주주인 C는 피고 회사에 대해 사실상 지배권을 행사하고 있기 때문에, 피고 회사와 C 사이에는 공모의 합의가 있었다고 보여 지므로, 이러한 사실관계가 증명된다면 원고와 피고 회사의 포괄적 위임계약은 제3자 사기에 의한 의사표시로서 취소될 수 있다.

그 의사결정을 잘못하게 한 것이므로, 이러한 피고 회사 및 대주주 C의 의도가 증명이 된다면 이는 명백한 사기에 해당할 것이고, 이에 따라 원고는 신주인수권의 포괄적 위임의 의사표시를 제3자 사기에 의한 의사표시로서 취소할 수 있을 것이다.

3) 한편 사기에 의한 의사표시는 상대방 또는 제3자의 기망행위에 의하여 표의자가 착오에 빠진 상태에서 하게 되므로 일반적으로 그러한 사기의 의사표시에는 착오에 의한 의사표시가 병존하게 되며, 따라서 착오에 의한 의사표시의 취소와의 경합이 문제된다. 이러한 경우 의사표시의 상대방 또는 제3자의 사기에 의한 의사표시와 표의자의 착오에 의한 의사표시는 그 인정근거 및 요건이 서로 다른 별개의 제도이므로 표의자는 자신의 착오이든 상대방 등의 사기이든 그 법적 요건을 증명하여 당해 의사표시를 취소할 수 있다고 본다.[20] 즉 민법에 규정되어 있는 사기의 요건 및 착오의 요건을 모두 충족하는 한 표의자에게는 사기에 의한 취소권과 착오에 의한 취소권이 병존하게 되는 것이다. 결론에 있어서는 이러한 하자있는 의사표시가 취소되면 당해 법률행위가 소급적으로 무효가 되므로, 사기에 의한 취소이든 착오에 의한 취소이든 그 요건의 인정에 있어서만 구별의 실익이 있을 뿐이고 법률행위의 효과 측면에서는 별다른 차이가 없다.

(2) 주주의 지주율 감소에 대한 평가

(가) 원심 판결

원심 판결에 의하면, 「이 사건 신주발행으로 인하여 원고의 지분율은 12.3%에서 7.5%로 감소한 것에 불과하므로 이 사건 신주발행으로 피고 회사의 지배구조에 중대한 변동을 가져온다고 볼 수 없어서 원고에 대해 신주발행절차를 통지하지 않았다고 하여 이 사건 신주발행을 무효로 볼 정도의 중대한 하자가 있다고는 보기 어렵다」라고 판시하였다.

(나) 원심 판단에 대한 검토

1) 특정 회사에 있어서 그 지배구조의 중대한 변동을 단순히 경영권의 장악 여부와 같은 정도로 엄격하게 해석할 일은 아니라고 본다. 즉 유상증자에 의한 신주발행으로 인하여 기존의 지배구조에 중대한 변동이 생긴다는

20) 대법원 2003. 11. 13. 선고 2001다33000 판결; 대법원 1995. 4. 9. 선고 85도167 판결.

것은 오로지 경영권의 취득과 상실이라는 이분법적인 사고로 판단할 문제가 아니라, 기존의 경영권은 그대로 유지되고 있더라도 향후 지주비율의 변동으로 인하여 우월적 지위 또는 선점적 지위를 박탈당하거나 그 위상이 축소되는 결과가 도출된다면 이러한 경우도 역시 지배구조의 중대한 변동에 해당한다고 할 것이다. 왜냐하면 현재 시점에서의 유상증자에서는 경영권의 변동이 없더라도 이를 기화로 하여 향후 경영권 변동에 결정적인 영향을 미칠 수도 있기 때문이다. 또한 실권주의 제3자 배정으로 인하여 비록 주주총회에서 회사에 대한 원고의 지배 여부가 달라지지는 않았다고 하더라도 원고는 영업년도 말에 배당을 받을 이익이 감소되는 불이익을 받을 수도 있다. 또한 원고의 지분율이 7.5%로 감소됨으로써 원고는 이러한 유상증자 이전의 회사에 대한 지배력과 비교하여 어느 정도 약화된 지배권을 행사할 수밖에 없음은 물론이고, 더 나아가 대주주 등에 대한 견제기능도 미약해짐을 감수할 수밖에 없는 입장에 처하는 불이익을 받을 수도 있다.

2) 그리고 원고도 다른 주주와 마찬가지로 회사의 이익을 위해서 기꺼이 신주를 인수하고자 하는 의사를 갖고 있는데도 불구하고 자금조달이라는 회사의 경영상의 이유만을 들어 원고의 의사를 간과하는 행위는 소수자에 대한 다수자의 횡포라 할 것이다. 어차피 원고에게 주주총회에서의 결정권이 인정되지 않는 경우라면, 자금조달을 할 때 원고를 배제하고 다른 주주들만을 대상으로 유상증자를 하는 것은 합리적인 이유가 되지 못한다고 할 것이다. 즉 긴급한 자금조달의 필요성이 있더라도 일단 기존의 주주에게 신주 배정을 한 다음에 인수를 포기하는 주주가 있으면 그 때 제3자 신주배정을 해도 크게 문제될 일은 아니다. 물론 자본조달의 긴급성이라는 측면에서 시간적인 로스가 생길 수는 있지만, 기존의 주주에게 신주배정을 한 후 발생하는 실권주에 대하여 이사회가 제3자 배정을 하는데 걸리는 시간은 그리 길지 않을 것이므로, 기존의 포괄적 위임을 이유로 무조건 제3자 배정이 적법하다는 논리는 재고의 소지가 있다.

2. 動機의 錯誤에 의한 新株引受權의 委任

(1) 동기의 착오의 취소 가능성

(가) 착오란 의사표시의 내용과 내심의 의사가 일치하지 않는 것을 표의자 스스로가 모르는 것을 말한다.[21] 그런데 동기의 착오란 표시에 대응하는 내심의 의사가 존재하지만 그 내심의 의사를 결정할 때의 동기 내지 내심의 의사를 결정하는 과정에 착오가 있는 경우로서,[22] 의사형성과정에서의 착오에 해당하며 궁극적으로는 표의자의 의사결정에 영향을 준다. 동기의 착오를 이유로 의사표시를 취소할 수 있는지에 관하여는 다음과 같은 견해가 대립하고 있다. 첫째, 동기가 표시되었는지 여부와 관계없이 법률행위의 내용의 중요부분에 관한 동기의 착오는 제109조에 의하여 또는 그 유추적용에 의하여 취소할 수 있다는 견해,[23] 둘째, 동기의 착오 중 거래에서 중요한 사람 또는 물건의 성질에 관한 착오 및 이에 준하는 착오는 실제 거래에서 표시상의 착오 또는 내용의 착오와 동등한 가치를 가지므로 이러한 착오에 대해서는 제109조가 유추적용 된다는 견해[24] 등이 있다. 그러나 동기의 불법에서와 마찬가지로 동기의 착오는 본래 고려되는 착오가 아니지만, 동기가 표시되어 상대방이 그 동기를 알고 있으면 그 동기는 의사표시의 내용으로 되므로 그러한 경우에 동기의 착오는 고려되는 착오로 된다는 견해가 다수설이다.[25]

(나) 판례도 「동기의 착오를 이유로 의사표시를 취소하기 위하여 먼저 그 동기를 당해 의사표시의 내용으로 삼을 것을 상대방에게 표시하여 의사표시의 해석상 동기가 법률행위의 내용으로 되어야 하고, 나아가 그 법률행위의 동기의 착오는 보통 일반인이 표의자의 입장에 섰더라면 그와 같은 의사표시를 하지 않았으리라고 여겨질 정도로 그것이 중요한 부분에 관한 것이어야 한다. 따라서 먼저 동기가 법률행위의 내용으로 되어야 하지만, 동기가 법률행위의 내용으로 되기만 하면 충분하고 당사자들 사이에 별도로 그

---

21) 대법원 1985. 4. 23. 선고 84다카890 판결.

22) 지원림, 「민법강의」 제12판, 홍문사, (2014), 247면.

23) 고상룡, 「민법총칙」 제3판, 법문사, (2003), 416면; 이은영, 「민법총칙」, 박영사, (1996), 518면.

24) 이영준, 「한국민법론(총칙편)」, 박영사, (2003), 340면.

25) 곽윤직, 「민법총칙」 신판(수정판), 박영사, (1998), 340면; 지원림, 전게서, 247면.

동기를 의사표시의 내용으로 삼기로 하는 합의까지 있어야 하는 것은 아니다」라고 판시하고 있다.[26] 그러나 이러한 원칙에 대하여도 다음과 같은 일정한 사유가 있는 경우에는 동기의 표시 여부와 상관없이 표의자는 법률행위를 취소할 수 있다. 즉 타인의 기망행위로 인한 동기의 착오의 경우,[27] 또는 동기의 착오가 상대방에 의하여 제공되었거나 유발된 경우[28] 등에는 동기의 표시 여부와 무관하게 취소가 인정된다.

(2) 상대방이 유발한 착오의 해당 여부

(가) 의사표시의 상대방이 부정한 방법으로 표의자의 착오를 유발한 경우 또는 동기의 착오가 상대방에 의하여 제공된 경우에, 판례의 주류는 비록 동기의 착오라 할지라도 그 표시 여부를 불문하고 당해 의사표시를 이유로 취소할 수 있다고 한다. 우선 동기의 착오와 관련하여, 타인의 기망행위로 인한 경우 또는 동기가 상대방에 의하여 제공되거나 유발된 경우에 동기의 표시 여부와 무관하게 의사표시의 취소를 인정한다.[29] 판례는 매매계약이 체결된 이후 매수인은 건물이 건축선을 침범한 사실을 알았으나 매도인이 법률전문가의 자문을 얻어 문제없다고 말하여 이를 믿고 매매계약을 해제하지 않고 대금을 지급한 사안에서 상대방이 표의자의 착오를 유발한 점을 중대한 과실의 판단자료로 삼아서 매수인의 착오에 의한 의사표시의 취소를 인정하였다.[30]

(나) 결국 판례에 의하면, 「표의자의 동기의 착오가 상대방에 의하여 유발되었다는 점은 원칙적으로 동기의 표시라는 요건과 법률행위의 중요부분이라는 요건 및 중대한 과실이라는 요건 전부에 일정한 영향을 미치며, 이러한 요건들은 표의자와 상대방 사이의 이해관계를 조절하기 위한 기준으로 기능하여 표의자의 동기의 착오를 유발한 상대방의 보호가치가 부정된다」라고 판단하고 있다.[31] 특히 동기의 착오의 유발이 상대방의 고의에 기한 경우에 사기 취소와의 경합이 문제될 수 있다. 즉 사기에 의한 의사표시는 타

---

26) 대법원 2000. 5. 12. 선고 2000다12259 판결.
27) 대법원 1985. 4. 9. 선고 85도167 판결.
28) 대법원 1997. 8. 26. 선고 97다6063 판결.
29) 대법원 1996. 7. 26. 선고 94다25964 판결; 대법원 1990. 7. 10. 선고 90다카7460 판결.
30) 대법원 1997. 9. 30. 선고 97다26210 판결.
31) 지원림, 전게서, 257면.

인의 기망행위에 의하여 표의자가 착오에 빠진 상태에서 하게 되는 의사표시이므로 그 의사표시에는 표의자의 착오가 게재될 수밖에 없으며, 따라서 사기에 의한 의사표시의 취소에 대하여는 착오에 의한 의사표시의 취소와의 경합이 문제된다. 이에 관하여는 착오와 사기는 그 인정근거 및 요건이 서로 다른 별개의 제도이므로 표의자는 착오이든 사기이든 그 요건을 증명하여 당해 의사표시를 취소할 수 있다고 본다.[32)]

(3) 대법원 판단에 대한 검토

(가) 사안의 경우, 원고가 이사회에서 제3자 배정 유상증자에 찬성하고 유상증자 절차를 상근경영진에게 위임한 이유는 현대자동차 계열 건설회사인 주식회사 엠코에게 신주를 배정하려고 한다는 피고 회사 대주주 C의 말을 믿었기 때문이다. 즉 피고 회사의 대주주 C는 원고로 하여금 신주인수권을 비롯한 권리를 피고 회사에 위임하도록 하기 위하여 현대자동차 계열 건설회사인 주식회사 엠코에게 신주를 배정한다고 하면서 표의자인 원고의 착오를 유발시킨 것인데, 이는 의사표시의 상대방 또는 제3자가 부정한 방법으로 표의자의 착오를 유발한 경우 또는 동기의 착오가 상대방 또는 제3자에 의하여 제공된 경우에 해당한다.[33)] 따라서 이러한 경우 판례에 의하면 원고의 착오에 의한 의사표시가 비록 동기의 착오라 할지라도 원고는 동기의 표시 여부를 불문하고 이를 이유로 취소할 수 있다.[34)]

만약 원고가 인식한 것처럼 피고 회사는 제3자가 아닌 기존 주주들 중 원고를 배제하고 특정 주주들에게만 신주를 배정하려는 취지를 갖고 있었다면 원고는 절대로 유상증자에 대한 포괄적인 위임을 하지 않았을 것이다. 왜냐하면 원고가 신주신수권을 포기하는 이러한 유상증자에 의해 발생한 실권주에 대해 원고가 배제된 채 특정 주주들에게 이러한 실권주가 배정되어 이들이 인수하게 되면, 원고의 지주율이 감소되어 회사에 대한 영향력의 행사

---

32) 대법원 2003. 11. 13. 선고 2001다33000 판결; 대법원 1995. 4. 9. 선고 85도167 판결.

33) 한편 의사표시의 상대방인 피고 회사의 기망에 의한 착오의 경우에는 중과실이 없는 한 바로 취소권이 발생하지만, 상대방인 피고 회사 이외의 제3자 예컨대 대주주 C의 기망에 의한 착오의 경우에는 그러한 기망에 의한 의사표시라는 사실을 상대방인 피고 회사가 알았거나 알 수 있었을 때에 한하여 표의자인 원고가 취소권을 행사할 수 있다(민법 제110조 제2항).

34) 대법원 1996. 7. 26. 선고 94다25964 판결; 대법원 1990. 7. 10. 선고 90다카7460 판결.

및 우월적 지위가 약화되는 불이익을 받게 될 것이고, 원고는 이러한 결과를 수용하고 싶지 않았을 것이기 때문이다.

(나) 결국 원고의 유상증자에 관한 포괄적 위임 및 신주인수권 포기의 의사표시는 피고 회사의 대주주인 C의 기망 내지 부정한 방법에 의해 야기된 착오에 의한 의사표시로서 이는 명백히 상대방에 의해 유발된 동기의 착오에 해당하기 때문에, 이러한 경우에 원고는 동기의 표시 여부와 상관없이 착오를 이유로 포괄적 위임의 의사표시를 취소할 수 있다. 결론적으로 주식회사 엠코에게 실권주를 배정한다는 이유 내지 동기로 인해 신주인수권을 비롯한 권리를 포괄적으로 위임한 원고의 내심의 의사에 의한 의사표시는 법률행위의 중요한 부분의 착오에 해당하는 것이고(민법 제109조), 따라서 원고에게 중대한 과실이 없는 한 원고는 피고 회사와 체결한 신주인수권의 포기에 관한 위임계약을 취소할 수 있다.

(다) 사안의 경우, 피고 회사의 대주주 C의 기망에 의하여 원고가 신주인수권의 포기에 관한 포괄적 위임을 한 것인바, 이는 의사표시의 상대방인 피고 회사 이외의 제3자인 C의 기망에 의해서 원고가 의사표시를 한 것이므로 민법 제110조 제2항 소정의 제3자 사기에 해당하는 것이다. 이와 동시에 피고 회사의 대주주 C는 원고로 하여금 신주인수권을 비롯한 권리를 피고 회사에 위임하도록 하기 위하여 현대자동차 계열 건설회사인 주식회사 엠코에게 신주를 배정한다고 하면서 표의자인 원고의 착오를 유발시킨 것인데, 이는 의사표시의 상대방 또는 제3자가 부정한 방법으로 표의자의 착오를 유발한 경우 또는 동기의 착오가 상대방 또는 제3자에 의하여 제공된 경우에 해당하는 것이다.

이와 같이 상대방 또는 제3자의 기망행위와 원고의 착오가 경합되는 경우에, 원고가 사기의 요건 또는 착오의 요건을 증명하게 되면 원고는 사기에 의한 취소권과 착오에 의한 취소권을 각각 행사하여 신주인수권의 포괄적 위임을 취소할 수 있게 된다. 물론 원고의 착오에 의한 의사표시가 비록 동기의 착오라 할지라도 원고는 동기의 표시 여부를 불문하고 신주인수권의 포괄적 위임계약을 취소할 수 있다.

Ⅳ. 第3者 配定에 의한 新株發行

1. 定款 規定의 必要性 與否

(1) 원심 판결

원심에서는 「이 사건 신주발행시 피고 회사는 기존 주주들 명의의 신주인수포기서를 제출받은 후 기존 주주들 중 일부 주주들에게서 다시 신주인수청약서를 제출받는 방법으로 신주를 배정하여 이 사건 신주를 인수한 대부분의 인수자들은 기존 주주들이기 때문에 정관에 제3자 신주배정 규정이 필요하지 않다」라고 하면서, 「이 사건 소의 계속 중에 피고 회사에서는 정관에 제3자 신주배정에 관한 규정을 추가하는 개정을 하였으므로 이 사건 신주발행시 제3자에게 신주를 배정하는 정관규정이 없었다는 이유로 이 사건 신주발행을 무효로 할 수 없다」라고 판시하였다.

(2) 원심 판단에 대한 검토

(가) 대법원에서 수정을 하기는 하였지만, 원심의 판단은 신주인수권의 주주 배정(상법 제418조 제1항)과 신주인수권의 제3자 배정(상법 제418조 제2항)의 법리를 혼동하여 본 사안에 잘못 적용한 것이다. 즉 상법 제418조 제1항에서 규정하고 있는 신주인수권의 주주 배정이란 회사가 유상증자를 하면서 처음부터 기존의 주주를 상대로 하여 신주인수권을 배정하는 것인데, 일단 주주를 상대로 하여 신주인수권을 배정한 이상 그것이 실권주가 되어서 다시 제3자에게 배정을 하더라도 이는 명백히 신주인수권의 주주 배정인 것이다. 이와는 달리 상법 제418조 제2항에서 규정하고 있는 제3자 배정이란 회사가 신기술의 도입이나 재무구조의 개선 등 경영상의 목적을 달성하기 위해 처음부터 주주에 대한 신주배정을 배제한 채 정관의 규정으로 제3자에 대하여 신주배정을 하는 것이다.

(나) 사안의 경우는 피고 회사에서 유상증자를 하면서 원고를 비롯한 기존의 주주들에게 신주인수권을 그 지주비율대로 배정한 이후, 원고를 비롯한 개별 주주들이 각각 신주인수권을 포기함으로써 발생한 실권주를 이사회의 결의에 의해 원고를 제외한 새로운 제3자에게 다시 배정한 것이다. 따라서 이러한 신주인수권의 부여는 제3자에 대한 신주배정이 아니라 주주에 대

한 신주배정에 해당하는 것이다. 즉 사안의 경우는 신주인수권의 주주 배정(상법 제418조 제1항)에 해당하기 때문에, 신주인수권의 제3자 배정을 위한 정관의 규정 또는 경영상의 목적 등의 요건이 필요하지 않은 것이다. 그런데도 원심은 사안이 마치 제3자 신주배정에 해당하는 것으로 판단하여, 소송의 계속 중에 피고 회사에서 제3자 신주배정에 관한 정관 규정을 추가하였기 때문에, 신주발행시 제3자에게 신주를 배정하는 정관규정이 없었다는 이유로 그러한 신주발행을 무효라고 하는 원고의 주장을 배척한 것이다.

이는 명백히 잘못된 판단이다. 왜냐하면 사안의 경우는 비록 실권주가 발생한 이후 제3자에 대한 신주배정이 이루어졌다 하더라도 처음에 신주인수권을 주주에게 배정한 상법 제418조 제1항의 소정의 주주 배정에 관한 문제로서, 처음부터 제3자 신주배정을 위한 정관의 규정 또는 경영상의 목적은 전혀 필요 없는 고려사항이기 때문이다. 그런데도 원심은 피고 회사에서 제3자 신주배정에 관한 정관의 개정이 이루어졌음을 이유로 하여 원고의 주장을 배척하고 있는데, 사안의 경우는 신주인수권의 주주배정에 관한 것이어서 이는 전혀 불필요한 논거이다.

(다) 또한 원심은 실권된 신주를 인수한 대부분의 인수자들이 기존의 주주들이기 때문에 구태여 정관에 제3자 신주배정에 관한 규정을 둘 필요가 없는 것으로 판단하고 있다.[35] 만약 사안이 상법 제418조 제2항에서 규정하고 있는 신주인수권의 제3자 배정에 관한 것이라면 어떠한 경우에도 피고 회사는 제3자 신주배정에 관한 규정을 정관에 두었어야 하는 것이다. 즉 실권주를 인수한 자들이 기존의 주주들이라고 할지라도 그 지주비율대로 배정하지 않은 경우도 있을 수 있고, 또는 인수인 중에 단 1명이라도 제3자가 개입되어 실권주를 인수하게 되는 경우도 가능하기 때문에, 이러한 요건이 반드시 충족되어야 하는 것이다.

결국 사안은 제3자 신주배정이 아니라 주주 신주배정에 해당하기 때문에 정관에 제3자 신주배정에 관한 규정을 둘 필요가 없는 것인데도 불구하

35) 원심은 「신주를 인수한 대부분의 인수자들은 기존 주주들이기 때문에 정관에 제3자 신주배정 규정이 필요하지 않다고 하면서, 이 사건 소의 계속 중에 피고 회사에서는 정관에 제3자 신주배정 규정을 추가하는 개정을 하였으므로 이 사건 신주발행시 제3자에게 신주를 배정하는 정관규정이 없었다는 이유로 이 사건 신주발행을 무효로 할 수 없다」라고 판단하였다.

고, 원심에서 실권주의 인수자들이 대부분 기존의 주주라서 지주비율의 변동이 없을 것이라는 논거로 제3자 배정을 위한 정관의 규정은 필요하지 않다고 판단한 것은 명백히 잘못이다.

(라) 그리고 원심에서 실권주의 제3자 배정에 의해 신주를 인수한 자가 대부분 기존의 주주들이라고 해서 신주의 제3자 배정을 위해 정관에 규정이 있어야 한다는 상법 제418조 제2항의 규정이 무시될 수도 있다고 판단하는 것은 법조문을 너무 자의적으로 해석하여 명확성의 원칙에 반하는 결과를 초래하는 것이다. 즉 피고 회사가 이사회의 결의만으로 실권주를 제3자 배정하였는데 그 배정 내역을 살펴보니까 원고를 제외하고 거의 대부분의 기존 주주들이 배정을 받은 것이어서 아무런 문제가 없고, 따라서 신주인수권의 제3자 배정을 위한 정관의 규정도 필요 없다는 원심의 판단은 이러한 제3자 배정에 참여하지 못한 원고와 같은 지위에 있는 주주들의 신주인수권을 침해한 것이라 아니할 수 없다.

2. 第3者 新株配定이 차지하는 比率

(1) 원심 판결

원심에서는 「이 사건 신주발행에서 주식회사 네오빌드코리아 이엔씨가 인수한 신주는 40,000주, A가 인수한 신주는 300,000주로서 당시 피고 회사 발행주식 총수 기준으로 각각 0.9%와 5%에 불과하고 이 사건 소 계속 중 제3자 신주배정 규정을 추가하는 정관의 개정이 이루어졌으므로 이 사건 신주발행시 제3자에게 신주를 배정하는 정관규정이 없었다는 사정만으로는 그 신주발행을 무효로 할 수 없다」라고 판시하였다.

(2) 원심 판단에 대한 검토

(가) 원심에서 실권주의 제3자 배정에 의해 신주를 취득하는 자의 주식이 회사 발행주식 총수 기준으로 각각 0.9%와 5%에 불과하다는 이유로 신주인수권의 제3자 배정에 관한 정관 규정이 필요하지 않다는 논거를 제시하면서 그러한 신주발행이 유효하다고 판단한 것은 명백히 상법 조문을 잘못 해석한 오류라고 본다. 즉 피고 회사의 발행주식총수를 기준으로 했을 때 신주를 취득한 자의 주식보유 비율이 너무 미미한 수치에 그친다는 이유로 제

3자 배정이 적법하게 된다는 원심의 판단은 회사의 지배구조의 변동 내지는 소수주주의 권리 보호 차원에서 부당하다. 왜냐하면 기존의 주주가 가지는 이익은 회사의 발행주식총수를 기준으로 하는 지주율에 의한 회사에 대한 지배권으로만 파악되는 것이 아니고, 그밖에도 주식 가치의 상승으로 인한 시세차익의 실현이나 또는 그 금액은 적더라도 이익배당에 의한 추가적 이익의 취득 등 지주율의 유지에 따른 이익 이외에 여러 가지 다양한 이익이 존재할 수 있기 때문이다.

(나) 그리고 피고 회사에서는 이 사건 소 계속 중 제3자 신주배정 규정을 추가하는 정관 개정을 하였기 때문에 더더욱 제3자 배정에 문제가 없다고 하는 원심의 판단은 소급효 금지의 원칙을 무시하는 무리한 해석이 아닐 수 없다. 만약 피고 회사가 정관의 규정 없이 행한 제3자 배정이 적법하다고 판단하였다면, 구태여 소송 계속 중에 정관을 변경해가면서까지 제3자 배정에 관한 규정을 만들 필요가 없었을 텐데, 피고 회사는 제3자 배정을 하는 도중임에도 불구하고 무언가 절차상의 하자가 있다고 생각한 나머지 무리하게 정관을 변경한 것이라고 생각된다.36)

그렇다면 피고 회사 자신도 상법 규정을 나중에 인지하고 조금이라도 유리한 지위를 점하기 위하여 정관을 변경한 것이라고 밖에 판단할 수 없는데, 이는 피고 회사가 실권주에 대한 제3자 배정의 경우라 할지라도 일단 제3자 배정을 하기 위해서는 정관에 규정이 전제되어야 한다는 상법 제418조 제2항의 규정을 따르려고 했다는 것을 반증하는 것이다. 결국 실권주에 대한 제3자 배정은 상법 제418조 제1항 소정의 요건을 충족하는 주주 배정방식의 유상증자에 해당하며 그 연장선에 있는 신주배정이므로, 이러한 경우 제3자 신주배정의 절차와 방법에 대하여 상법 제418조 제2항 소정의 요건이 필요한지 여부를 논한 원심은 잘못된 것이다.

---

36) 물론 사안의 경우는 신주인수권의 제3자 배정이 아니라 신주인수권의 주주배정에 관한 것이기 때문에, 피고 회사의 경우에는 구태여 정관에 제3자 배정에 관한 규정을 추가할 필요도 없었다.

3. 第3者가 會社 資金으로 引受한 新株의 效力

(1) 제3자 배정의 범위

(가) '신주인수권'이란, 회사가 성립한 이후 자금조달을 위하여 신주를 발행하는 경우에 타인에 우선하여 그 신주의 전부 또는 일부의 인수를 청구할 수 있는 권리를 말한다.37) 이러한 신주인수권은 주주의 이해관계에 직접적인 영향을 미치므로 주주의 이익보호를 위하여 당해 회사의 주주에게 우선적으로 배정하는 것이 원칙이다(상법 제418조 제1항).38) 왜냐하면 회사가 제3자에게 신주인수권을 주는 경우 기존 주주의 지분구조 내지는 지배관계가 변동될 수도 있고, 회사가 자금조달에 급급하여 지나치게 유리한 조건으로 제3자에게 신주를 발행하여 기존 주주의 권리를 침해할 수도 있기 때문이다. 주주의 신주인수권은 정관이나 이사회의 결의에 의하여 생기는 권리가 아니라, 주주의 자격에 기한 필연적인 부수현상으로서 법률의 규정에 의하여 주주에게 당연히 발생하는 권리이다.39) 이 경우 주주의 유한책임의 원칙상 주주는 주금의 납입의무 이외에 다른 책임을 부담하지 않기 때문에, 주주는 신주를 인수할 권리가 있을 뿐이고 신주를 인수해야 하는 의무가 있는 것은 아니다. 또한 이러한 신주인수권은 신주의 인수에 있어서 제3자보다 우선하는 권리일 뿐 동일한 유상증자에서 발행가액이나 기타 인수조건에 우대를 받을 수 있는 권리는 아니다.40)

(나) 하지만 회사가 수권자본제도에 의하여 신속하게 거액의 자금을 조달하려면 주주만을 대상으로 할 것이 아니라 넓은 자본시장을 상대로 해야 하기 때문에 제3자에게도 신주인수권을 부여해야 할 필요가 있다. 즉 자본시장으로부터 보다 광범위한 자금조달을 하기 위하여, 비상장법인의 종업원이나 거래처와의 유대관계를 강화하기 위하여, 신기술의 도입이나 재무구조의 개선 등 회사의 경영상 목적을 달성하기 위하여 제3자에게 신주인수권을 부여할 필요가 있다.41) 그리하여 상법은 신주인수권을 주주에게 배정하는 것

37) 최기원, 전게서, 769면.
38) 최기원 저 · 김동민 보정, 전게서, 905면.
39) 정찬형, 전게서, 1059면.
40) 이철송, 전게서, 866면.
41) 최기원, 전게서, 775면.

을 원칙으로 하지만, 예외적으로 구체적인 정관의 규정에 의하여 제3자에게 신주인수권을 부여할 수 있는 길을 열어놓고 있는데(상법 제418조, 제420조 제5호), 이를 "신주인수권의 제3자 배정"이라고 한다.[42)]

신주인수권의 제3자 배정의 범위와 관련하여, 주주가 신주를 인수하더라도 주주 자격에 의하지 아니하고 자신이 소유하고 있는 주식수에 비례한 자기 몫을 초과하여 신주를 인수하는 경우도 신주인수권의 제3자 배정에 해당한다. 그러나 공모에 의하여 일반인이 주식인수의 청약을 하고 이에 대하여 회사가 배정을 하는 경우에는 청약자인 제3자에게 우선적으로 배정받을 권리를 인정하는 것이 아니므로 이러한 유형은 신주인수권의 제3자 배정에 해당하지 않는다.[43)] 이와 관련하여 대상판결의 경우처럼 실권주의 제3자 배정에 있어서 대주주인 C가 제3자의 자격으로 신주배정을 받은 이후에 회사의 자금으로 인수한 신주도 유효한지가 문제된다.

(2) 회사 자금으로 인수한 신주의 효력

(가) 대법원 판결

대법원의 판결에 의하면, 「피고 회사가 2008. 2. 1.에 주주 C에게 3억 5,000만원을, D에게 5,000만원을 입금한 사실은 인정되지만, 주주 C가 피고 회사의 예금계좌로 2008. 1. 23.에 3억 8,000만원을, 2008. 1. 28.에 2억원을, 2008. 2. 1.에 2억 5,000만원을 각 입금한 사실을 인정할 수 있는바, 위 인정사실만으로는 피고가 회사 자금으로 C와 D로 하여금 신주를 인수하도록 하였다고 인정하기에 부족하고 달리 특정 주주에로의 사외유출을 인정할 수 없다」라고 판시하고 있다.

(나) 대법원 판단에 대한 검토

1) 하지만 원고의 주장과 같이, 피고 회사가 2008. 2. 1. 주주 C에게 3억 5,000만원, D에게 5,000만원의 회사 자금을 각각 송금하여 주주 C로 하여금 500,000주 및 20,118주를, D로 하여금 20,000주를 각각 인수하도록 신주발행을 한 것은 C와 D가 피고 회사와 공모하여 피고 회사의 자금으로 피고 회사

---

42) 2001년의 개정상법에 의하면 제3자에 대한 신주인수권의 부여는 신기술의 도입, 재무구조의 개선 등 회사의 경영상 목적을 달성하기 위하여 필요한 경우 정관의 규정을 근거로 하여 할 수 있는 것으로 그 요건을 엄격히 제한하고 있다(상법 제418조 제2항).

43) 정동윤, 전게서, 513면; 채이식, 전게서, 703면.

가 발행한 신주를 인수한 것으로서 무효라고 할 것이다. 즉 피고 회사 등의 이러한 배임행위에 의해 피고 회사의 자본금이 사외로 유출되는 결과가 초래되기 때문에, 이와 같은 배임적 공모행위를 한 피고 회사의 이사는 명백히 선관의무를 위반한 것이고, 이들과 공모한 C와 D도 피고 회사의 이사와 함께 횡령 및 배임의 공동불법행위를 한 것이라고 본다. 이와 같이 피고 회사 등의 배임적 공모행위는 피고 회사의 적법한 절차 없이 회사의 자본금을 외부로 빼돌려서 대주주 C와 D의 신주인수자금으로 충당한 것은 회사의 재산을 개인적인 용도로 사용한 불법행위가 되는 것이다. 결국 C와 D에게 송금되어 주식의 납입대금으로 사용된 금액만큼 회사의 자본금을 감소시키는 것은 원고를 비롯한 기존 주주의 이익을 침해하는 것이면서, 동시에 회사채권자를 위한 책임재산을 감소시킴으로써 회사채권자의 기대이익도 침해하는 것이다. 결국 이러한 피고 회사의 배임적 행위는 자본금충실의 원칙에 위배되는 횡령 및 배임행위로서 불법행위를 구성하고 더 나아가 그러한 신주 인수의 사법적 효력도 무효가 된다고 할 것이다.

2) 만약 신주인수권의 제3자 배정을 받은 C가 자신의 개인재산을 출자하여 피고 회사 주식을 인수하고자 하였다면, C는 구태여 피고 회사의 예금계좌에 2008. 1. 23. 3억 8,000만원을, 2008. 1. 28. 2억원을, 2008. 2. 1. 2억 5,000만원을 각각 입금한 이후, 다시 피고 회사로부터 2008. 2. 1. 3억 5,000만원을 받을 필요가 없었을 것이기 때문이다. 즉 C에게 제3자 신주배정이 이루어지고 나면 그 때 C는 자신이 직접 회사에 배정받은 신주만큼의 주금을 납입하면 되는 것인데, 아직 제3자 배정이 확정되지도 않은 상황에서 미리 회사에 대하여 납입금 상당액을 입금한 이유가 무엇인지는 도저히 이해하기 어려운 부분이다. 이와 관련하여 C가 회사에 납입한 주금이 과연 C 자신의 재산이었는지 아니면 회사가 차명으로 관리하는 재산이었는지를 살펴보아야 하는데, 만약 회사가 차명으로 관리하는 재산이라면 이러한 재산관리는 명백히 금융실명제도를 위반한 불법행위에 해당한다. 그리고 회사에 납입한 주금이 비록 C 자신의 재산이라고 할지라도 주주가 개인 자격으로 회사에 대하여 소비대차를 하는 것은 허용될지 몰라도 주주의 유한책임의 원칙상 추가출자의무가 없는 주주 C가 어떠한 원인으로 회사에 대하여 주금 상당액을

미리 입금하였는지도 이해가 되지 않는 부분이다.

3) 그렇다면 C가 피고 회사에 대하여 배정받은 주식에 해당하는 납입금 상당액을 미리 입금한 사실은, 피고 회사가 정상적인 방법으로 실권주에 대한 제3자 배정을 한 것이 아니라, 처음부터 C와 D 및 피고 회사가 공모하여 대주주인 C를 비롯하여 피고 회사의 우호세력에게 실권주를 배정함으로써, C가 지배주주로서의 지위를 공고히 하면서 피고 회사의 경영권의 안정을 도모하기 위하여 원고 등의 지주율을 감소시키기 위한 수단으로 실권주를 제3자에게 배정한 것임을 반증하는 것이다. 결국 대상판결의 경우에 C와 D 및 피고 회사가 공모하여 이러한 지배권 장악의 목적을 위하여 C와 D로 하여금 회사의 자금으로 주금을 납입하게 한 것이라는 사실이 증명된다면, 그 납입의 효력이 무효임은 물론이고 피고 회사의 이러한 제3자 배정 자체도 무효가 된다고 할 것이다.

4. 失權된 株式에 대한 第3者 新株配定

(1) 대법원 판결

대법원 판결에 의하면, 「회사가 주주배정 방식에 의하여 신주를 발행하려는데 주주가 인수를 포기하거나 청약을 하지 아니함으로써 그 인수권을 잃은 때에는(상법 제419조 제4항) 회사는 이사회의 결의에 의하여 그 인수가 없는 부분에 대하여 자유로이 이를 제3자에게 처분할 수 있고, 이 경우 실권된 신주를 제3자에게 발행하는 것에 관하여 정관에 반드시 근거 규정이 있어야 하는 것은 아니다」라고 판시하고 있다. 즉 대법원은 회사가 유상증자를 하면서 주주에 대한 배정 이후에 발생한 실권주를 제3자에게 배정하는 경우에는, 이러한 실권주에 대한 새로운 배정절차가 이루어질 필요는 없고 이사회가 임의로 제3자를 정하여 자유롭게 배정할 수 있다는 입장이다.

(2) 대법원 판단에 대한 검토

(가) 문제의 제기

1) 회사가 주주 배정방식에 의한 유상증자 이후에 발생한 실권주에 대한 제3자 배정의 방법과 관련하여 이사회가 임의로 그 배정 내용을 정할 수 있는지 아니면 처음으로 돌아가서 새로운 배정절차가 이루어져야 하는지가

문제된다. 이러한 경우 대법원 판례는 일관적으로, 「실권주라는 것은 이미 주주들에게 구체적 신주인수권을 부여하였음에도 불구하고 주주들이 그 신주를 인수하지 아니하여 실권된 것이므로, 이를 제3자가 누구든지 상관없이 제3자에게 배정한다고 하여 당해 주주들의 신주인수권을 침해한다고 볼 수 없다」라는 입장을 고수하고 있다.44)

2) 그러나 실권된 주식을 제3자 배정하는 경우에 그 가액은 시세에 비하여 저렴한 경우가 대부분이고, 지배주주의 경영권 보호를 위하여 그 우호세력인 제3자에게 배정하는 경우도 있으며, 이러한 배정을 하게 되면 결과적으로 처음부터 제3자 신주배정을 하는 경우와 다를 바 없다. 따라서 이러한 실권주에 대하여 이사회가 임의로 제3자를 지정해서 자유롭게 배정할 수 있도록 허용하는 것이 과연 회사법의 이념에 부합하는 것인지에 관하여는 면밀히 검토할 필요가 있다. 즉 이사가 회사의 업무집행을 하면서 이러한 실권주를 자신의 우호세력인 제3자에게 함부로 배정하지 않아야 하는 예방조치를 취해야 할 선량한 관리자의 주의의무 내지는 충실의무를 부담하는지의 여부, 그리고 그러한 의무를 부담한다면 이를 방치한 것이 이사의 임무해태를 구성하여 손해배상책임이 발생하는지가 문제된다.

(나) 이사의 선관의무 인정 여부

1) 회사와 이사 간의 관계는 위임에 관한 민법 규정이 준용되기 때문에(상법 제382조 제2항), 이사는 회사의 업무를 집행함에 있어서 선량한 관리자의 주의의무를 부담한다(민법 제681조).45) 따라서 이사회는 업무집행의 감독기관이므로 그 구성원인 이사는 대표이사의 업무집행을 감독할 감시의무가 있으며 이러한 감시의무의 수행을 위하여 선관의무를 진다.46) 이와는 별도로 이사는 법령과 정관의 규정에 따라 회사를 위하여 직무를 충실하게 수행하여야 하는 충실의무를 부담한다(상법 제382조의3). 따라서 대상 판결의 경우 피고 회사가 주주 배정의 방식에 의해 신주를 발행하였는데 원고는 이미 피고 회사의 유상증자와 관련된 일체의 행위에 대하여 상근경영진에게 포괄적으로 위임하는 사항에 동의하였기 때문에, 피고 회사는 원고에게 신주발행절차를 통지하지 않고

44) 대법원 2012. 11. 15. 선고 2010다49380 판결; 대법원 2009. 5. 29. 선고 2007도4949 판결.
45) 최기원 저 · 김동민 보정, 전게서, 824면.
46) 대법원 1985. 6. 25. 선고 84다카1954 판결.

원고 명의의 신주인수권포기서를 작성하였다고 하여 신주발행절차에 하자가 있다고 볼 수 없고, 따라서 이로부터 발생한 실권주에 대하여 회사는 이사회의 결의로 그 인수가 없는 부분에 대하여 자유로이 제3자에게 처분한 행위가 과연 이사의 선관의무 내지는 충실의무에 위반한 것이 아닌지 문제된다. 이에 관하여는 다음과 같이 견해가 대립하고 있다.

2) 첫째, 이사의 의무를 긍정하는 견해에 의하면, 이사가 신주를 발행할 때 충실의무를 부담하는 것처럼 실권주를 처분하는 시점에서도 동일하게 충실의무를 부담한다고 한다. 즉 실권주의 처분은 주주의 이해관계에게 중요한 영향을 미치기 때문에 회사와 기존주주에게 어떤 영향을 가져다 줄 지를 판단하고 회사 또는 기존 주주의 장기적인 이익을 최대화할 수 있는 방향으로 행동하여야 한다는 것이다.[47] 이 입장은 실권주의 처분은 제3자에게 신주를 배정하는 것과 경제적 효과 측면에서 차이가 없기 때문에 이사는 충실의무를 부담하여야 한다는 것으로 요약된다. 이밖에 지배권의 문제와 관련하여 이사는 중립의무를 부담하므로 자기이익을 앞세울 수 없기 때문에 이러한 자금조달행위가 결과적으로 지배권의 변동을 초래한다면 이는 이사의 중립의무 위반으로 된다는 견해도 있다.[48]

3) 둘째, 이사의 의무를 부정하는 견해에 의하면, 주주 배정 이후에 실권된 주식은 논리적으로 주주가 신주의 인수를 포기하여야만 발생하는 것이므로, 주주가 이미 포기한 이익을 상법상 명문의 근거가 없는 이상 이를 회복시킬 이유가 없을 뿐만 아니라, 주주에게는 그 구체적 신주인수권에 따라 적법한 배정 절차를 거쳤기 때문에, 기존 주주의 지분 가치가 희석되는 것을 방지하기 위해 이사는 특별히 이를 배려할 어떠한 의무도 부담하지 않는다고 한다.[49] 또한 회사가 기존 주주에게 신주를 인수할 수 있는 정당한 기회를 부여하였지만 주주가 그러한 권리를 포기하였다면 굳이 이사가 포기한 주주의 이익을 다시 고려할 의무를 부담하지 않는다고 하면서, 신주가 지배

---

47) 송옥렬, “신주의 저가발행에서 이사의 임무위배”, 「민사판례연구」 제33-1권, 박영사, (2011), 732면.

48) 이성웅, “회사의 이익 -전환사채 발행에 대한 이사의무와 관련하여-”, 「법학연구」 제18권 제3호, 경상대학교, (2010), 112면; 최문희, “실권주에 관한 법적 쟁점의 검토 -최근의 판례를 소재로 하여-”, 「상사법연구」 제32권 제3호, 한국상사법학회, (2013), 125면.

49) 이철송, 전게서, 883면.

권의 이전을 수반하는 대규모의 물량이라 할지라도 그것이 현저히 저가로 발행된 것이 아닌 이상 실권주를 인수할 제3자를 모색하는 데 있어서 이사는 아무런 의무도 부담하지 않는다는 견해도 있다.[50)]

(다) 학설에 대한 검토

1) 대상판결의 경우는 물론이고 그밖에 이와 유사한 사례에서 대법원의 주된 입장은 실권주의 제3자 배정과 관련하여 회사의 자본조달의 기동성 확보라는 이념과 주주의 지주율 보장을 통한 이익보호라는 이념 중에서 전자에 더 큰 비중을 두고 있는 것으로 판단된다. 이와 동일한 시각에서 지배주주나 경영진의 압박에 의하여 신주인수권의 포기를 강요함으로써 발생한 실권주라 하더라도 주주의 이익보호라는 이념의 관철로 인해 오히려 신주발행이 늦추어져서 회사가 긴급하게 필요로 하는 자금을 적시에 조달하지 못하게 되어 회사의 경영상태가 악화됨으로써 초래되는 주주의 손해는 어떻게 극복할 수 있는지에 대한 의문이 제기될 수도 있다. 즉 주주가 지배주주나 경영진의 압박에 의하여 신주인수권의 포기를 강요당하여 발생하는 실권주의 처리 문제에 대하여는 이를 실권주의 제3자 배정의 문제로 해결하기 보다는, 이러한 강압적인 의사결정을 유도한 이사에 대한 책임추궁, 또는 이러한 비정상적인 수단을 동원하여 업무집행을 한 대표이사나 사실상의 이사에 대한 책임추궁 등의 방법으로 해결하는 것이 오히려 자금조달의 신속성 차원에서는 더 효과적이라고 볼 여지도 있다.

2) 그러나 실권주의 제3자 배정의 문제는 주주에게 배정된 신주인수권을 포기한 주주가 어떠한 사유로 인수 내지 납입을 하지 않게 되었는지를 구체적으로 고찰하여 위에서 언급한 두 가지 이념의 충돌을 합리적으로 해결하는 것이 바람직하다. 첫 번째 사례로서, 주주에게 배정된 신주인수권에 대하여 당해 주주가 실제로 주금을 납입할 경제적 능력이 부족하거나 또는 더 이상 당해 회사에 신규로 출자하고 싶은 의지가 없어서 자의적으로 실권시킨 경우에는, 이러한 주주에 대한 보호의 가치보다는 회사의 자본조달의 기동성 확보의 가치가 더 보호되어야 한다. 따라서 이러한 경우에는 이사회

50) 권재열, “모회사의 이사에 대한 자회사의 실권주 배정에 관련된 몇 가지 쟁점의 검토 - 대법원 2013. 9. 12. 선고 2011다57869 판결을 대상으로 하여-”, 「선진상사법률연구」 통권 제65호, 법무부, (2014), 42면.

가 임의로 제3자 배정의 내용을 결정하더라도 이사의 선관의무 내지 충실의무의 위반이라고 할 수 없다. 하지만 두 번째 사례로서, 지배주주나 경영진의 압박에 의하여 주주에게 배정된 신주인수권의 포기를 강요당하는 경우 또는 이사를 겸하고 있는 주주로서 도저히 회사의 전략적 의도에 반대하는 의사를 개진할 수 없는 경우처럼, 신주인수권의 포기와 관련하여 그 회피가능성이 배제된 상태에서 실권주가 발생한 경우라면, 회사의 자본조달의 기동성 확보라는 가치보다는 주주의 지주율 확보라는 이념에 대한 보호가치가 더 우선되어야 한다. 따라서 이러한 경우에 이사회가 신주배정에 관한 제3자 배정 등의 새로운 절차를 개시하지 아니하고 임의로 우호적인 세력에 대한 제3자 배정의 내용을 결정하는 것은 명백히 이사의 선관의무 내지 충실의무의 위반이라고 할 것이다.

3) 결국 첫 번째 사례의 경우에는 기존의 주주 배정 방식에 의한 내용 그대로 이사회의 결의만으로 자유롭게 제3자 배정이 이루어져도 무방하겠지만, 두 번째 사례의 경우에는 다시 처음으로 돌아가서 최초로 제3자 배정을 하는 때와 마찬가지로 상법 제418조 제2항의 요건을 갖추어 다시 신주배정을 하는 절차를 경유하는 것이 옳다고 본다. 그리고 두 번째 사례의 경우 이사가 신주배정에 관한 새로운 절차를 개시하지 아니하고 이사회의 결의에 따라 임의대로 제3자 배정의 내용을 결정하는 것은 명백히 이사의 선관의무 내지는 충실의무에 대한 위반으로서 회사에 대하여 손해배상책임을 부담해야 함은 물론이다. 한편 다른 사건의 경우이기는 하지만 대법원의 소수의견에서도 「신주나 전환사채를 주주 배정방식으로 발행한 경우 실권된 주식이나 전환사채의 발행을 중단하지 아니하고 동일한 발행조건으로 그 실권주 해당부분을 제3자로 하여금 인수하도록 하였다면 이는 이사의 선관의무 위반에 해당한다」라고 하였다.[51] 그리고 2014년에 개정된 자본시장법에 의하면, 주권상장법인은 신주를 배정하는 경우 그 기일까지 신주인수의 청약을 하지 아니하거나 그 가액을 납입하지 아니한 주식인 실권주에 대하여는 그 발행을 철회하여야 하는 것으로 규정하고 있다(제165조의6 제2항). 상법상 비상장법인의 경우에도 자본시장법에 의한 규율과 마찬가지로 주주 배정에 의해 실권

51) 대법원 2009. 5. 29. 선고 2007도4949 판결.

된 주식에 대하여는 일단 그 발행을 철회하고 다시 상법에서 요구하는 신주배정의 요건을 새롭게 갖추어서 발행토록 하는 것이 옳다.

Ⅴ. 結 論

(1) 사안의 경우, 원고가 유상증자 절차를 상근경영진에게 위임한 이유는 현대자동차 계열 건설회사인 주식회사 엠코에게 신주를 배정하려고 한다는 피고 회사 대주주 C의 말을 믿고 한 것으로서 제3자가 아닌 기존 주주들 중 원고를 배제하고 특정 주주들에게만 신주를 배정하라는 취지는 아니었기 때문에, 이 사건 신주발행은 원고가 피고 회사에게 위임한 취지에 반하는 것으로 보는 것이 타당하다. 즉 원고의 위임취지는 현대자동차 계열 건설회사인 주식회사 엠코에게 신주를 배정함으로써 기존의 주주들의 지주비율은 그대로 유지되면서 제3자인 주식회사 엠코가 새로운 주주로 신규 편입되는 것이라 인식하고 위임을 하였는데, 피고 회사는 이와는 달리 원고를 제외한 다른 주주 등에게 실권주를 배정하여 대주주를 비롯한 우호세력의 지배권을 확장하는 방향으로 유상증자를 실시한 것이기 때문이다.

이와 같이 위임의 취지에 반하는 형태의 유상증자가 이루어진 계기가 피고 회사 내지는 제3자인 대주주 C의 기망에 의해 잘못된 의사표시를 하게 됨으로써 체결된 위임계약에 의한 것이라면, 이는 사기에 의한 의사표시의 취소사유에 해당한다. 즉 피고 회사는 원고가 자신에게 배정된 신주인수권을 용이하게 포기할 수 있도록 유도하기 위하여 실권주가 발생하면 이를 주식회사 엠코에게 배정할 것이라고 기망하여 원고의 의사결정을 혼란스럽게 한 것이므로, 이러한 피고 회사의 행위가 증명이 된다면 이는 명백한 사기에 해당하고, 그렇다면 원고는 신주인수권을 포괄적으로 위임한 의사표시를 사기에 의한 의사표시로서 취소할 수 있다.

(2) 사안의 경우, 피고 회사의 대주주 C는 원고로 하여금 신주인수권을 비롯한 권리를 피고 회사에 위임하도록 하기 위하여 현대자동차 계열 건설회사인 주식회사 엠코에게 신주를 배정한다고 하면서 표의자인 원고의 착오를 유발시킨 것인데, 이는 의사표시의 상대방 또는 제3자가 부정한 방법으로 표의자의 착오를 유발한 경우 또는 동기의 착오가 상대방 또는 제3자에 의

하여 제공된 경우에 해당한다. 이러한 경우 판례에 의하면 원고의 착오에 의한 의사표시가 비록 동기의 착오라 할지라도 원고는 중대한 과실이 없는 한 동기의 표시 여부를 불문하고 이를 이유로 취소할 수 있다. 만약 원고가 인식한 것처럼 피고 회사가 원고를 배제하고 특정 주주들에게만 신주를 배정하려는 취지를 갖고 있었다면 원고는 절대로 유상증자에 대한 포괄적인 위임을 하지 않았을 것이다. 왜냐하면 원고가 신주신수권을 포기하는 유상증자에 의해 발생한 실권주에 대하여 원고가 배제된 채 특정 주주들에게 실권주가 배정되어 이들이 인수하게 되면, 원고의 지주비율이 감소되어 회사에 대한 영향력의 행사 및 우월적 지위가 약화되는 불이익을 받게 될 것이고, 원고는 이러한 결과를 수용하지 않았을 것이기 때문이다.

(3) 사안의 경우, 신기술의 도입이나 재무구조의 개선 등의 경영상의 목적과 정관의 규정을 전제로 하는 상법의 요건을 충족시키지 못하여 어쩔 수 없이 상법 제418조 제1항 소정의 주주 배정을 한 이후, 기존의 주주들에게 의도적으로 신주인수권의 처분에 관한 포괄적 위임을 받아서 그들의 신주인수권을 포기시킨 다음에 여기에서 발생한 실권주를 아무런 제약 없이 피고 회사가 원하는 제3자 등에게 자유롭게 배정한 것이라고 볼 여지도 있다. 이와 같이 상법 제418조 제2항 소정의 제3자 배정의 요건을 충족하지 못한 회사가 일단 상법 제418조 제1항 소정의 주주 배정방식으로 유상증자를 한 이후에 주주들로 하여금 신주인수권을 포기시켜서 발생한 실권주를 회사 마음대로 지배주주의 우호세력인 제3자에게 배정하는 것은 결국 기망적인 수단을 동원하여 편법적인 제3자 배정을 한 결과가 되는데, 이는 법에서 규정하고 있는 금지조항을 우회적인 방법으로 회피하여 간접적으로 법을 위반하는 소위 탈법행위에 해당한다.

따라서 이러한 형태의 제3자 배정에 대하여는 상법 제418조 제2항의 규정을 엄격히 해석하여 처음부터 원천적으로 봉쇄할 필요가 있고, 특히 회사가 의도적으로 실권주를 만들어낸 후 법의 간섭을 받지 않고 자연스럽게 제3자 배정을 하는 경우를 철저하게 금지시킬 필요가 있다. 결국 실권주에 대한 제3자 배정에 있어서는 다시 이사회를 소집하여 그 배정방법 및 내용에 관한 의결을 거쳐서 새로운 신주배정이 이루어지도록 하는 것이 유상증자에 있어서의 절차적 정당성과 합목적성을 동시에 충족시키는 것이 합리적인 해결책이라고 본다.

(4) 회사가 유상증자를 하는 경우에 실권된 주식에 대한 제3자 배정의 방식은 기존의 배정 내용을 그대로 유지하여야 하는지 아니면 새로운 배정 절차가 이루어져야 하는지의 문제는 주주에게 배정된 신주인수권을 주주가 어떠한 사유로 포기하였는지를 구체적으로 고찰하여 제3자 배정의 방법을 달리해야 한다. 즉 주주가 실제로 주금을 납입할 능력이 되지 않거나 또는 더 이상 당해 회사에 출자하고 싶은 의지가 없어서 자의적으로 실권시킨 경우에는 회사의 자본조달의 기동성 확보의 가치보다 이러한 주주에 대한 보호의 가치가 후퇴하지만, 이와는 달리 지배주주나 경영진의 압박에 의하여 포기를 강요당하는 경우 또는 이사를 겸하고 있는 주주로서 도저히 회사의 의도에 반대 의사를 표시할 수 없는 경우처럼 회피가능성이 배제된 상태에서 발생한 실권주에 대하여는 회사의 자본조달의 기동성 확보의 가치보다 이러한 주주에 대한 보호의 필요성이 우선한다고 본다. 따라서 전자의 경우에는 기존의 주주 배정 방식에 의한 내용 그대로 이사회의 결의만으로 제3자 배정이 이루어져도 무방하겠지만, 후자의 경우에는 다시 처음으로 돌아가서 최초로 제3자 배정을 하는 때와 마찬가지로 상법 제418조 제2항의 요건을 갖추어 다시 배정을 하는 절차를 경유하는 것이 옳다. 특히 후자의 경우에 이사가 이러한 의무를 위반하여 임의로 제3자 배정을 하게 되면 이사의 선관의무 내지는 충실의무에 대한 임무해태에 해당하여 이사는 손해배상책임을 부담하게 됨은 물론이다.

經營理事會(Vorstand) 理事에 대한 監督理事會(Aufsichtsrat)의 責任追窮義務*

鄭 大 翼**

◎ 독일 연방대법원(BGH)의 ARAG/Garmenbeck 판결[1)]

[事實의 槪要][2)]

1935년에 설립된 ARAG AG[법률보험업(Rechtschutzversicherung)을 위하는 주식회사, 이하 'ARAG'라 한다]와, ARAG의 2개(독일과 네덜란드에 각각 1개가 존재함)의 자회사는 영국 런던에서 1979년에 설립된 페이퍼 컴퍼니(mailbox company) Garmenbeck Ltd.(이하 단순히 'Garmenbeck'라 한다: 여러 번 파산사건과 관련이 있는 전기설비술자가 설립하였고, 그 전기설비기술자가 Garmenbeck의 이사임)와 업무관계를 맺었다.

Garmenbeck은 스위스를 거점으로 고리로 자금을 빌려 저리로 자금을 대여하는 의심스러운 투자(투자 및 투자중개업)를 하였다. Garmenbeck은 이

---

* 제42회 상사법무연구회 발표 (2017년 3월 25일)
본 평석은 「금융법연구」 제14권 제2호, 한국금융법학회, (2017)에 게재하였음.

** 경북대학교 법학전문대학원 교수

1) BGHZ 135, 244=NJW 1997, 1926. ARAG AG(Allgemeine Rechtsschutz-Versicherungs-AG)는 1935년에 Deutsche Auto-Rechtsschutz-AG (DARAG)라는 상호로 설립된 법률보험회사(Rechtschutzversicherng)인데, 2011년 12월 회사형태를 SE(Societas Europaea, 유럽주식회사)로 변경을 하여 현재 상호는 ARAG SE이다. 2015년말 기준 7인의 이사, 종업원 3,870명, 매출 17억 2천만 EURO이고, ARAG Konzern (ARAG Holding SE)에 속한 회사이다. ARAG Holding SE 산하에는 법률 보험업을 영위하는 ARAG SE 이외에 일반 보험업을 영위하는 ARAG Allgemeine Versicherungs-AG, 의료보험업을 영위하는 ARAG Krankenversicherungs-AG, 생명보험업을 영위하는 ARAG Lebensversicherungs-AG이 속해 있으며, 콘체른(Konzern) 전체로 보아 2016년 말 기준으로 세계 17개 국가(유럽 15개국, 미국, 캐나다)에 진출해 있다. Garmenbeck은 1979년 런던에 설립된 폐쇄회사 형태(Private limited with Share Capital, Ltd)의 페이퍼 컴퍼니이다.

2) BGH NJW 1997, 1926 ff.; 매우 복잡한 사실관계를 판결과 유의미한 관계가 있는 핵심내용 위주로 축약한 것이다.

러한 영업방식으로 발생하는 손실을 일정기간 스노우볼(snow ball) 투자방식으로(투자규모를 더 늘리는 방식으로) 보전하다가 1990년에 파산하였다.

ARAG의 자회사 중 하나인 네덜란드 자회사는 이사(동시에 ARAG의 재무이사)의 지시를 받고 아무런 담보(통상적으로 재보험회사의 지급담보)도 없이 스노우볼(snowball) 투자방식으로 영업을 하는 페이퍼 컴퍼니(mailbox company)인 영국계 Garmenbeck이라는 회사(Ltd)에 5천 5백만 마르크를 대여하였는데, ARAG의 대표이사(Vorstandsvorsitzender) Dr. L과 다른 이사는 이러한 자금대여에는 직접 관여하지 않았다. 대여한 자금 중 수천만 마르크는 Garmenbeck의 파산 전에 회수되지 못하여 네덜란드 자회사는 이로 인해 심각한 자금압박을 받았고, 자금조달(은행으로부터 대출, refinancing)이 어려워졌으며, Garmenbeck으로부터 대여자금이 회수되지 않아 채권자에 대한 채무도 변제할 수 없게 되었다.

ARAG의 대표이사 Dr. L은 네덜란드 자회사의 채무변제를 담보하기 위해서, 네덜란드 자회사가 은행으로부터 빌린 자금의 상환을 담보하기 위한 재보험회사의 지급담보에 대하여 ARAG 명의의 '호의의견'(comfort letter, Partronatserklärung)을 담보 방법으로 제공하였다.

Garmenbeck의 파산으로 인하여 담보채무를 부담하게 된 ARAG와 그 자회사는 약 42만 마르크의 이자손실을 입었고, 네덜란드 자회사의 회수불가능한 금전대여행위로 인해 ARAG은 원고의 주장에 따르면 8천만 마르크 이상의 손해를 입게 되었다.

ARAG의 감독이사회(Aufsichtsrat) 이사 2인(원고)은 대표이사 Dr. L을 해임하고 부실한 네덜란드 자회사 지원을 이유로 Dr. L에 대한 손해배상책임을 추궁할 것을 감독이사회에 요구하였으나 감독이사회는 2차례의 결의를 통해 이를 거절하였다. 이에 위 감독이사회 이사 2인(원고)은 책임을 추궁하지 않기로 한 감독이사회 결의가 위법함을 이유로 무효확인을 구하는 소를 제기하였다. 제1심 법원인 뒤셀도르프 지방법원(Landesgericht)은 원고 청구를 인용하였으나, 원심인 뒤셀도르프 고등법원(Oberlandesgericht)은 원고 패소판결을 내렸고, 독일 연방대법원(BGH)은 제1심 법원과 같은 결론을 내려 뒤셀도르프 고등법원의 판결을 파기 환송하였다.[3)]

[訴訟의 經過]

1. 第1審 法院의 判斷要旨[4)]

(1) 외국에 설립된 자회사를 통해 보험회사에 허용되지 않는 신용행위를 한 것은 신용행위를 금지하는 보험감독법(구법) 제7조 제2항에 대한 탈법행위로서 허용되지 않는다.

(2) 모회사(주식회사)의 이사가 자회사의 손실을 보전해 준 경우 주식법 제93조에 의해 모회사에 손해배상책임이 있다.

(3) 소수주주가 요구한 대표이사에 대한 손해배상청구권 행사를 거절한 감독이사회의 결의는 주식법 제246조에 의해 무효이다.

2. 原審 法院의 判斷要旨[5)]

(1) 감독이사회 결의가 단순한 절차상 하자가 아니라 내용상 하자가 있음을 이유로 주식회사를 피고로 하여 감독이사회 결의 무효 확인의 소를 제기할 수 있는 권한은 소제기를 하는 감독이사회 이사의 개인적 이해관계가 없어도 원칙적으로 모든 감독이사회 이사가 가지고 있다.

(2) 주식회사의 감독이사회는 감독업무를 집행함에 있어서 적법성의 범위 내에서 재량을 가지고 있는데, 재량권 행사는 회사의 이익에 기준을 맞추어야 한다. 재량권이 있는 감독이사회 결의는 따라서 제한된 범위 내에서만 법원의 심사를 받는다. “영으로의 재량권 축소(Ermessensreduktion auf Null)”는 구체적인 사안에서 제반사정을 모두 고려하였을 때 법률상 오직 한 가지 결정만 가능한 예외적인 경우에만 인정된다.

(3) 감독이사회는 이사에 대한 손해배상청구권 행사 여부를 결정할 때

---

3) ARAG의 감독이사회는 뒤셀도르프 고등법원(Oberlandesgericht)에 네덜란드 자회사의 이사이자 ARAG의 재무이사를 상대로 손해배상책임을 추궁하기 위한 소를 제기하였다. 뒤셀도르프 고등법원은 아무런 담보 없이 재무이사가 의심스러운 투자를 영위하던 Garmenbeck사에 5천 5백만 마르크를 대여하도록 지시한 것은 주식법 제93조 제1항에 규정된 이사의 의무(주의의무)를 위반한 것으로 보아 Garmenbeck의 파산으로 인해 ARAG가 입은 손해(회수불가능한 대여금과 ARAG가 호의의견에 기초해 은행에 변제한 금액)를 배상할 책임이 있다고 판시하였다. 이 문제는 다툼이 없었다.

4) LG Düsseldorf ZIP 1994, 628.

5) OLG Düsseldorf NJWßRR 1995, 1371.

소송의 성공 가능성뿐만 아니라 회사의 이익이라는 관점에서 제소를 하지 않아야 하는 이유도 함께 고려하여야 한다.

[聯邦大法院의 判斷[6]]

(1) 감독이사회 이사는 주식회사의 기관이라는 지위와 기관의 지위에서 부담하는 결의의 적법성에 대한 공동책임으로 인해 감독이사회 결의가 무효임을 확인할 소의 이익이 있다.

(2) 경영이사회 이사의 업무집행을 감독하고 통제하여야 하는 임무에 근거해 감독이사회는 경영이사회 이사에 대해 회사가 손해배상청구권을 가지고 있는지 여부에 대해 자기책임 하에 검토할 의무가 있다.

이러한 검토 시 감독이사회는 경영상 행위에 대해서는 경영이사회에 넓은 재량이 인정되고 있음을 고려해야 한다. 주식법 제147조 제1항에 근거해서 경영이사회의 특정 이사에 대해 주주총회가 책임추궁결의를 할 수 있는 가능성은 감독이사회의 이러한 의무에 영향을 미치지 않는다.

(3) 경영이사회 이사가 손해배상책임을 야기하였다고 결론을 내리면 감독이사회는 주의 깊은 객관적인 위험분석에 기초해 소송을 통한 손해배상청구가 발생한 손해의 보전으로 이어질지 여부 및 어느 정도 손해의 보전이 가능할지 여부에 대해 평가하여야 한다. 경영이사회 이사에 대한 책임추궁 여부를 결정하기 위해서 손해배상청구소송의 승소 여부에 대한 확실성까지 요구되는 것은 아니다.

(4) 검토의 결과 행사가능한 손해배상청구권이 주식회사에 있다면 감독이사회는 원칙적으로 당해 손해배상청구권을 행사하여야 한다. 손해배상청구권 행사가 회사의 이익에 반하는 중대한 사유가 있고 손해배상청구권의 행사를 막는 중대한 사유가 손해배상청구권을 행사하여야 하는 이유보다 우위에 있거나 최소한 동등한 가치를 가지는 경우 예외적으로 이사에 대한 손해배상청구권을 행사하지 않을 수 있다. 회사의 이익 이외에 경영이사회 이사의 개인적 사정은 극히 예외적인 경우에만 고려할 수 있다.

6) BGH NJW 1997, 1926.

[評　　釋]

Ⅰ. 序　　言

오늘날 회사를 경영하는 이사의 책임을 효율적으로 규율하는 것은 대리인 문제를 해소하고, 건전한 기업지배 구조 유지를 위해서 가장 중요한 수단이다. 이사의 회사에 대한 책임을 묻는 주체에는 회사 내부에는 감사 또는 감사위원회가 있고, 회사 외부에는 주주가 있다. 전자가 제대로 기능하지 못할 경우 후자의 역할이 강조되고, 전자의 역할이 정상적이면 후자의 역할은 축소될 것이다.

독일에서 70년대와 80년대에 감독이사회(Aufsichtsrat)가 경영이사회(Vorstand)[7] 이사의 책임을 추궁한 예는 거의 없고, 문헌에도 감독이사회의 '책임추궁의무'라는 단어를 찾아 볼 수가 없다. 그러나 1997년에 나온 독일연방대법원의 ARAG/Garmenbeck 판결로 인해 감독이사회의 책임추궁의무

7) Aufsichtsrat는 그 구성원인 이사가 주주총회에서 선 · 해임되고, Vorstand(경영이사회로 표현함)의 구성원인 이사를 선 · 해임할 권한과 경영이사회의 업무집행에 대한 감독권한이 있으므로 많이 통용되는 감사회(복수의 감사로 구성된 회의체란 의미로 이해됨)란 표현 대신 감독이사회라 표시한다. 독일 학자들이 Aufsichtsrat를 supervisory board, Vorstand를 management board로 번역해서 사용하는 점도 이러한 표현을 택한 이유이다. 이러한 번역례는 Grigoleit, "Directors' Liability and Enforcement Mechanisms – General Structure and Key Issues – From the German Perspective (February 6, 2016)", Fleischer/Kanda/Kim/Mülbert (eds.), German and Asian Perspectives on Company Law, Mohr Siebeck, 2016, Forthcoming. Available at SSRN: https://ssrn.com/abstract=2728726, p. 10; Wagner, "Officers' and Directors' Liability Under German Law－A Potemkin Village", Theoretical Inquiries in Law 16.1 (2015), p. 78; du Pleiss/Großfeld/Lutterman/Saenger/Sandrock/Casper, German Corporate Governance in Iternational and European Context, 2012, p. 2; Norton Rose Fulbright, German Stock Corporation Act (Aktiengesetz) English translation as at May 10, 2016, §§ 76, 95. 집행이사회(executive board)로 번역하여 사용하는 경우도 있다. 예컨대 Kuntz, "German Corporate Law in the 20th Century", Harwell Wells (ed.), Research Handbook on the History of Corporate and Company Law, Edward Elgar, 2017 (Forthcoming). Available at https://papers.ssrn.com/sol3/papers.cfm?abstract_id=2930974), p. 2는 주식회사에 관한 최초의 포괄적 입법인 1861년 독일보통상법전(ADHGB)에서 오늘날의 Vorstand에 해당하는 것을 Verwaltungsrat라고 규정한 점을(당시에 Verwaltungsrat는 주주와 주주총회의 지시에 구속되었다) 반영하여 Vorstand를 executive board(집행이사회)로 번역하여 사용하고 있다. 본 논고에서는 다수가 선호하는 번역례를 따르고, 독립적이고 광범위한 재량을 가지고 있는 Vorstand의 권한(주식법 제76조 참고)을 고려하여 경영이사회라 번역하여 사용한다. 감독이사회와 경영이사회로 이루어지는 독일 주식회사의 이원적 시스템(two tier system)은 집행임원제도를 도입한 경우 이사회-집행임원 구조와 매우 유사하다.

가 인정됨으로써 감독이사회에 의한 경영이사회 이사에 대한 책임추궁이 활성화되기 시작하였다. 독일은 주주대표소송을 2005년에 주식법(AktG)에 도입하였으나 여러 가지 요인으로 인해 그 기능이 활성화되지 못하고 있기 때문에 감독이사회의 책임추궁은 매우 중요한 역할을 한다.

국내에서 회사 내부적으로 이사의 책임(Innenhaftung, Innenregreß)을 묻기 위한 소송이 감사나 감사위원회에 의해 제기되었다는 소식은 전무하고, 우리 상법 및 기타의 법 규정을 고려할 때 이사에 대한 손해배상책임을 회사 외부에서 묻기 위한 주주대표소송이 미국이나 일본처럼 활성화되기도 쉽지 않은 여건이다.[8][9] 반대로 이사의 책임은 상법 제400조 제2항에 의해 일

---

8) 이철송, 「회사법강의」 제25판, 박영사, (2017), 31면, 809면은 대표소송이 활성화되어 이사·감사들이 과중한 손해배상책임을 지는 일이 빈번해지고 있다고 한다. 또한 김건식·노혁준·천경훈, 「회사법」 제2판, 박영사, (2016), 478면은 Hyeok-Joon Rho/Kon-Sik Kim, Invigorating Shareholder Derivative Actions in Korea, in: Daniel Puchniak and Harald Baum(eds.), The Derivative Action in Asia, Cambridge University Press, 2011. p. 196-197의 자료를 인용하면서(1997. 1. 1.부터 2010. 5. 30.까지 총 55건의 주주대표소송이 기록됨), 주주대표소송의 수가 크게 늘어났다고 평가하고, 주식보유요건이 크게 완화되었기 때문에(비상장회사의 경우 5%에서 1%로- 상법 제403조 제1항, 상장회사의 경우 계속적 개정을 통해서 5%에서 1%로, 다시 1%에서 0.01%로 완화됨 - 상법 제542조의6 제6항) 주주대표소송의 수가 크게 늘어났다고 본다.

9) 상법상 주주대표소송을 위한 지분요건(상법 제403조 제1항)은 단독주주권으로 되어있는 미국이나 일본에 비해 엄격하다고 할 수 있지만 국제적으로 비교하면 지분요건이 엄격한 편에 속하는 것은 아니며, 더구나 상장회사의 경우 특례규정(상법 제542조의6 제6항)을 두어 지분요건을 더욱 완화하고 있으므로, 주주대표소송 제기 건수가 적다고 평가를 내리면 그 원인을 지분요건에 돌리기는 곤란하고 오히려 다른 요인에서 그 원인을 찾아야 할 것이다. 즉 입증책임의 어려움, 대부분의 입증자료가 회사 내부에 존재하는 문제, 소송비용 부담의 위험, 이사의 책임제한 가능성, 인센티브의 부재(주주의 합리적 무관심), 성공보수(contingency fee)의 허용범위 문제, 전문성 있는 변호사의 부재, 집단소송의 허용범위의 협소함, 공개적인 분쟁해결에 대한 문화적 태도 등에 원인이 있는 것이다. Hyeok-Joon Rho/Kon-Sik Kim, supra at 203-205는 특히 성공보수 인정범위에 소극적인 법원의 태도 및 형평의 관점에서 손해배상액을 제한하는 법원의 실무가 주주대표소송 대리에 대한 기업변호사의 유인을 약화시킬 수 있다고 본다.; 유럽 국가들의 주주대표소송 제기를 위한 지분요건과 기타의 요건은 Gerner-Beuerle, Carsten/Paech, Philipp/Schuster, Edmund Philipp, Study on Directors' Duties and Liability(이하 LSE Study), Department of Law, London School of Economics, LSE Enterprise 2013 London. p.192-208. 한편 LSE Study, p.192-201에 의하면 주주대표소송을 위한 지분요건을 5% 이상으로 하고 있는 나라가 유럽 28개국 중 13개국이다(10% 이상인 국가도 7개국임). 국제적으로 주주대표소송이 활발하다고 평가받는 국가는 미국과 일본 등인데 이들 국가에서 주주대표소송이 왕성한 이유를 독일, 프랑스, 이태리의 주주대표소송과 비교하면서 밝힌 글은 Siems, "Welche Auswirkung hat das neue Verfolgungsrecht der Aktionärsminderheit?- Eine rechtsvergleichende Folgenanalyse des § 148 AktG n.F.", ZVglRWiss 2005, S. 384-392. 또한 주주대표소송이 회사의 지배구조개선에 기여할 수도 있다는 글은 Song, Ok-Rial, Improving Corporate Governance Through

정 범위로 제한이 가능하고, 경영판단의 원칙을 통해 이사의 책임조각이 가능하며, 회사가 보험료를 내는 임원배상책임보험(D&O)을 통해 책임위험의 부보가 가능하고, 재판실무는 제반사정을 반영하여 형평의 관점에서 이사의 손해배상책임범위를 제한하기도 한다. 이러 사정에 비추어 회사 내부적으로 감독이사회의 경영이사회 이사에 대한 책임추궁의무를 명백히 인정하고, 엄격한 요건 하에서만 책임추궁을 하지 않을 재량을 인정하는 독일 연방대법원(BGH)의 ARAG/Garmenbeck 판례는 회사의 중요한 기관인 감사(감사위원회)의 본연의 역할(감시・감독의무)을 강조하여 철저한 책임추궁의무를 부과함으로써 대리인 문제를 완화하고 회사 경영의 건전성을 확보하여 올바른 회사지배구조의 정립에 기여하는 수단을 제공할 수 있을 것이다.

이하에서는 우선 ARAG/Garmenbeck 판결의 기초가 된 사실관계를 요약 설명하고(II), 제1심과 원심 및 연방대법원의 판단요지를 알아본 다음(III), 연방대법원의 판시사항에 대한 다양한 의견을 소개하고(IV), 이후 판례에서 재확인된 연방대법원의 확고한 입장을 알아보며(V), 이어서 책임추궁의무를 이행하지 않은 감독이사회의 책임에 대해서 설명한 후(VI), 책임추궁에 있어서 감독이사회의 중요한 역할을 이해하기 위해 주식법상 경영이사회 이사에 대한 책임추궁체계를 알아본다. 결론에서는(VIII) 책임추궁에 관한 ARAG/Garmenbeck 판결의 핵심 원칙을 정리한 후 한국에서 이사와 감사에 대한 책임추궁에 주는 시사점을 설명하는 것으로 글을 마무리한다.

Ⅱ. 聯邦大法院의 判示事項에 대한 意見

1. 槪　　觀

감독이사회의 책임추궁의무를 인정한 획기적인 ARAG/Garmenbeck 판결에 대해 처음에는 거의 한 목소리로 환영하다가 판례가 나온 지 20년이 지난 최근에는 판례의 취지에는 원칙적으로 동의하나 판례의 정확한 함의를

Litigations - Derivative Suits And Class Actions In Korea: Song, Ok-Rial, Ineffective Derivative Suits and Corporate Control Market in Korea. 우리나라에서는 1997년에 참여연대가 주주들의 위임을 받아 구제일은행 이사들을 상대로 한보철강에 대한 부실대출을 이유로 손해배상청구소송을 제기한 것이 최초이다.: 대법원 2002. 3. 15. 선고 2000다9086 판결.

두고 아래와 같은 다양한 의문이 제기되고 있다.

감독이사회는 특정한 사유가 있는 경우에 이사에 대한 책임추궁을 하지 않을 수 있는지가 문제된다. 즉, 감독이사회는 책임추궁 여부를 결정할 재량이 있는지, 책임을 추궁하지 않기로 한 감독이사회 결의는 주주총회의 승인을 얻어야만 유효한지, 감독이사회는 책임추궁여부를 주주총회안건으로 회부할 어떠한 유인동기가 있는지 및 안건 회부가 허용되는지, 책임추궁 여부에 관한 주주총회결의의 효력, 책임불추궁을 결정하면 이사에 대한 손해배상청구권의 시효 완성을 용인하여야 하는지, 시효가 완성되기 전 책임불추궁의 기초가 된 사정의 계속적인 존속 여부에 대한 조사·검토의무가 있는지 등이 대표적으로 제기되는 의문이다.

이하에서는 책임추궁 여부에 대한 감독이사회의 재량, 책임불추궁 결정을 정당화하는 사유, 시효와 감독이사회의 책임불추궁 결정의 관계 및 책임불추궁 결정에 대한 주주총회의 관여 문제를 검토해 보기로 한다.

2. 責任追窮 與否에 대한 監督理事會의 裁量

원칙적으로 감독이사회는 경영이사회 이사의 책임을 추궁할 의무가 있고, 책임추궁이 회사의 이익에 반하는 중대한 사유가 있는, 극히 예외적인 경우에만 책임추궁을 하지 않을 수 있다는 1997년 ARAG/Grmenbeck 판결은 상당기간 동안 큰 이견 없이 전폭적인 지지를 받아왔다. 그러나 2005년 UMAG[10]에 의해 주식법의 책임구조가 새로운 모습을 띠게 되었고,[11] 경영이사회 이사 등 기관에 대한 책임추궁이 현저히 증가함과[12] 동시에 엄격한

10) "기업의 건전성 및 취소소송의 현대화에 관한 법"(Gesetz zur Unternehmensintergrität und Modernisierung des Anfechtungsrechts vom 22. 9. 2005, BGBl. I, 2802).

11) 이 법(UMAG)에 의해서 이루어진 대표적인 입법이 주식법 제93조 제1항 제2문에 도입된 경영판단의 원칙과, 주식법 제148조 제1항의 주주대표소송이다. 독일의 경영판단의 원칙을 확립한 판례도 ARAG/Garmenbeck 판결이고, 이 판결이 정립한 경영판단의 원칙의 내용이 바로 주식법 제93조 제1항 제2문에 반영되었다. 경영판단의 원칙이 감독이사회 이사에게도 준용하는 규정이 있어서(주식법 제116조 제1문) 감독이사회의 책임추궁 결정에도 경영판단의 원칙이 적용되는지에 관한 논의가 촉발되었다.; Fleischer, "Legal Transplants im deutschen Aktienrecht", NZG 2004, 1131은 ARAG/Garmenbeck 판결을 경영판단 원칙을 위한 독일 최고법원이 진행한 '기사서임식'이라 표현하고 있고, 경영판단의 원칙을 도입한 주식법 제93조 제1항 제2문의 법문언에 대해 입법과정에서 제기된 많은 반대는 법률 이식(legal transplant)의 어려움을 잘 보여주는 대표적인 예이다.

책임추궁이 경영이사회 이사에게 매우 심각한 결과를 초래하는 상황이 나타남에 따라,[13] ARAG/Garmenbeck 판결의 근본취지에는 찬성하나 감독이사회의 책임추궁과 관련한 재량권 범위를 두고는 이전과는 달리 다양한 의견이 개진되고 있다. 책임추궁에 관한 감독이사회의 재량권 범위에 관한 3가지 주된 흐름을 보면 다음과 같다.

(1) ARAG/Garmenbeck 판결보다 재량권을 더 넓게 인정하는 입장

이는 ARAG/Grmenbeck 판결보다 책임추궁 여부 결정에 관하여 감독이사회에 좀 더 넓은 재량을 인정하려는 입장으로서, 비교적 다수가 지지하고 있다. 이에 속하는 견해들은 뉘앙스와 논거는 상이하지만 공통적인 것은 주식법 제116조 제1문,[14] 제93조에 근거하여 발생가능한 자신의 책임을 면하기 위해서 감독이사회가 모든 것을 희생하면서 과도하게(제한된 범위의 책임불추궁 재량을 활용하지도 않고) 경영이사회 이사의 책임을 추궁하여 또 다른 문제를 양산하게 되는 것을 억제할 필요가 있다는 인식이다.[15]

(가) 첫 번째 견해는 의무위반사실을 조사하고 의무위반에 대해 법적 평가를 내리는 것은 구속적인, 재량에 기초하지 않는 결정이어서 이 범위 내에서는 감독이사회의 지위는 엄격히 법에 구속되는 법관의 지위와 유사하다고 본다. 그러나 기타의 사항, 예컨대 회사에 불리한 사정의 공개 가능성, 회사의 업무분위기 훼손, 책임추궁의 손익비교(C/B Analysis) 등의 경우에는

---

12) Bachmann, "Reform der Organhaftung?-Materielles Haftungsrecht und seine Durchsetzung in privaten und öffentlichen Unternehmen", Gutachten E zum 70. Deutschen Juristentag, Bd. I, 2014, E. 12에 의하면, 회사의 기관에 대한 책임추궁 통계를 정확히 작성하는 것은 다양한 이유에서 매우 어려운 과제라고 본다. 기관에 대한 책임추궁 사건 중 5% 미만만 대중에게 알려진다고 보는데, 기관책임의 당사자(회사, 이사 등 기관, 보험회사)는 책임 사안을 통상 조용히 해결하려 하고, 해결 수단도 중재나 화해를 선호하기 때문에 기관 책임은 대중에게 잘 알려지지 않는다고 본다.

13) Koch, "Die schleichende Erosion der Verfolgungspflicht nach ARAG/Garmenbeck", NZG 2014, 934.

14) 감독이사회 이사의 주의의무와 책임에 대해서는 경영이사회 이사의 주의의무와 책임에 관한 주식법 제93조(제93조 제2항 제3문은 제외)를 준용한다.

15) Reichert, "Das Prinzip der Regelverfolgung von Schadensersatzanspruchen nach ARAG/Garmenbeck - Eine kritische Wurdigung", in: Festschrift für Peter Hommelhoff, 2012, S. 909 f.: 감독이사회가 경영이사회 이사의 의무위반을 발견하고도(예컨대, 파산이 임박하였음에도 경영이사회 이사가 파산신청을 하지 않고 계속 제3자에 대해 채무를 이행하고 있음을 발견하고도) 아무런 조치를 취하지 않은 경우 감독이사회 스스로 회사에 대해 손해배상책임을 지는지 여부에 관한 판례는 BGH NJW 2009, 2454 ff.

감독이사회에게 큰 재량이 있다고 본다.[16)]

(나) 이 범주의 또 다른 견해는 UMAG을 통해 주식법 제93조 제1항 제2문에 도입된 경영판단의 원칙은 주식법 제116조 제1문에 의해 감독이사회에도 적용되므로 감독이사회의 책임추궁 여부 결정에는 경영상 결정과 마찬가지로 재량이 인정된다고 본다. 따라서 이 견해는 ARAG/Garmenbeck 판결이 전제한 책임추궁의무는 경영판단의 원칙 도입에 의해 가능해진 재량판단을 부당하게 좁히고 있다고 비판한다.[17)] 이 견해는 이사에 대해서 책임추궁 여부를 결정하는 감독이사회 이사와 경영이사회 이사는 이해상충관계에 있기 때문에 경영판단의 원칙을 적용할 수 없다는 타당한 반론에[18)] 직면한다. 즉, 감독이사회가 사후적으로 이사의 책임을 묻는 경우에 다른 한편으로 감독이사회는 스스로 이사에 대한 사전적 감시의무 소홀을 자인하게 됨으로써 이사의 책임을 추궁함으로써 보호하여야 하는 회사의 이익과 자신의 과실을 숨겨야 하는 감독이사회의 이익이 상충관계에 있게 된다.[19)] 이러한 이해상충상황에서 내린 책임추궁 여부에 대한 결정(대부분 책임불추궁 결정)은 특별한 이해관계가 개입된 결정으로서 경영판단의 원칙에 의한 보호를 받을 수 없다고 본다.[20)]

---

16) Goette, "ARAG/GARMENBECK-Doktrin" in: Festschrift für Martin Winter, 2011, S. 156 ff, 159 ff.

17) Paefgen, "Organhaftung: Bestandsaufnahme und Zukunftsperspektiven AG-Ein kritischer Werkstattbericht vor dem Hintergrund der Beratungen des 70. Deutschen Juristentages 2014",AG 2014, 571 ff: Kocher, "Zur Reichweite der Business Judgment Rule", CCZ 2009, 219 f.: Schnorbus/Ganzer, "Recht und Praxis der Prüfung und Verfolgung von Vorstandsfehlverhalten durch den Aufsichtsrat", WM 2015, 1842 f.

18) Habersack, "19 Jahre ARAG/Garmenbeck - und viele Fragen offen", NZG 2016, 322; Hüffer/Koch, Aktiengesetz, Kommentar, 12. Aufl. 2016(im Folgenden Hüffer/Koch, Aktiengesetz), § 93 Rn. 25 f.

19) 경영이사회(Vorstand)가 감독이사회 이사의 책임을 추궁하는 경우에도 역시 경영이사회가 감독이사회 이사에 대한 감시의무를 소홀히 하였음을 자인하여야 하므로 책임을 추궁하여 보호하여야 하는 회사의 이익과 자신의 감시의무 소홀을 숨겨야 하는 경영이사회의 이익이 이해상충관계에 있게 된다.

20) Habersack, NZG 2016, 322.: 이러한 이해상충관계 때문에 주식법 제93조 제4항 제3문에 의하면 경영이사회 이사에 대한 손해배상청구권에 대한 포기나 화해는 청구권이 발생한 날로부터 3년이 경과하여야 하고, 주주총회의 동의를 받아야 하며, 기본자본금(Grundkapital)의 100분의 10이상(간단히 한국 상법전의 표현 방식을 따르면 발행주식총수의 100분의 10 이상)의 지분을 가진 주주의 반대가 없어야 가능하다. 이러한 이해상충관계 때문에 책임추궁'의무'를 인정하여야 한다고 보는 견해는 Grigoleit, at SSRN: https://ssrn.com/abstract=2728726. p.23.

(다) 이 범주에 속한 마지막 견해는 ARAG/Garmenbeck 판결의 적용범위를 확대하기 위해 ARAG/Garmenbeck 판결이 제시한 회사의 손해배상청구권 발생 여부를 검토하는 제1단계 심사와 책임추궁을 배제할 만한 중대한 회사 이익의 존부를 검토하는 제2단계 심사에 더하여 이사에 대한 배려의무 내지는 충실의무에[21] 기초해 지나치게 가혹한 손해배상책임을 제한할 수 있는 구체적 사정의 존부를 검토하는 제3단계 심사를 주장한다.[22] 제2단계에서 책임추궁 여부를 결정하는 기준은 주식법 제93조의 의무위반, 소송에서의 승소가능성, 집행가능성을 기초로 판단한 손해배상청구권 행사의 성공가능성 여부이고, 성공가능성이 있으면 감독이사회는 손해배상책임을 추궁할 의무가 있다. 즉 2단계에서는 책임추궁의 '성공가능성 여부'를 판단하는 경우에만 재량이 있고, 성공가능성에 종속적인 '책임추궁 여부'에 대한 재량은 없다고 본다.[23] 제3단계 심사에서 필요한 손해배상책임 제한 기준으로는 과실의 정도, 손해의 크기, 경영이사회 이사의 소득 및 재산 상태, 책임을 지는 경영이사회 이사가 다수인지 여부 등이다.[24]

(2) 재량권을 인정하지 않는 입장

일부 견해는[25] 이사의 책임추궁에 관해서 감독이사회의 재량은 없으며, 감독이사회의 책임추궁여부결정은 완전한 사법심사의 대상이 된다고(경영판단의 대상이 아니라고) 본다. 주식법 제148조 제1항 제1문에 의하면 기본자본금(발행주식총수)의 100분의 1 이상 지분을 보유하거나 액면가(Nennbetrag) 100,000유로 이상의 지분을 가진 소수주주는 자신의 명의로 경영이사회 이

---

21) 이사가 회사에 대해 충실의무를 부담하는 것은 한 목소리로 인정된다. 충실의무는 일방통행(Einbahnstraße)이 아니며 회사도 이사에 대한 배려 혹은 충실의무를 부담한다는 대표적 견해는 Hüffer/Koch, Aktiengesetz, § 84 Rn. 9.

22) Casper, "Hat die grundsätzliche Verfolgungspflicht des Aufsichtsrats im Sinne des ARAG/GarmenbeckßUrteils ausgedient?", ZHR 176 (2012), 636 ff; Schnorbus/Ganzer, WM 2015, 1878 ff.; Seibt/Cziupka, "Rechtspflichten und Best Practices für Vorstands- und Aufsichtsratshandeln bei der Kapitalmarktrecht-Compliance", AG 2015, 107.; 책임추궁의무의 존부까지만 보면 이 견해는 재량권을 인정하지 않는 견해와 동일하다.

23) Casper, ZHR 176 (2012), 628-636, 649.

24) Casper, ZHR 176 (2012), 640 ff.

25) 대표적으로 Koch, "Keine Ermessensspielräume bei der Entscheidung über die Inanspruchnahme von Vorstandsmitgliedern", AG 2009, 93 ff.; ders., "Die schleichende Erosion der Verfolgungspflicht nach ARAG/Garmenbeck", NZG 2014, 934 ff.; Hüffer/Koch, Aktiengesetz, § 111 Rn. 11.

사에 대한 손해배상청구권(독일 주주대표소송)을 행사하기 위해 법원의 허가를 구할 수 있고, 주식법 제148조 제1항 제2문 제4호에 의해 법원은 손해배상청구권행사가 회사의 이익에 반하는 중대한 사유가 있으면 허가하지 않을 수 있다. 이 견해는 이 규정을 근거로 경영이사회 이사에 대한 손해배상청구권 행사를 허가하지 않을 수 있는 회사의 이익에 반하는 중대한 사유가 무엇인지 여부를 결정할 권한은 오로지 법원이 가지고 있으므로 감독이사회의 책임추궁 결정은 재량여지가 없는 구속적인 결정이라고 본다.

이 견해는 소수주주가 책임을 추궁하던지 아니면 감독이사회가 책임을 추궁하던지 책임추궁 결정의 구속적 성격은 달리 평가되어서는 아니 된다고 보며, 재량이 있는 경영상 결정을 할 수 있는 권한은 회사의 업무를 집행하면서 잘못된 판단의 위험에 늘 직면하는 경영이사회에게만 주어진 것으로 본다.[26] 감독이사회는 경영이사회의 활동에 대해 사전적 통제를 하는 경우와 같이 법이 예외적으로 경영상 업무를 부과한 경우에만 경영상의 결정을 내릴 수 있다고 본다.[27] 따라서 구상권행사(책임추궁)와 같은 사전적 감시 · 예방활동이 아니라 전형적인 사후적 감시활동에 대해서는 자유로운 재량이 인정되지 않는다고 본다.

이 견해는 감독이사회의 예외 없는 책임추궁의무로 인해 이사의 생존권을 위협할 정도로 과도한 책임추궁의 문제는 기관으로서 이사에 대한 회사의 충실의무(배려의무, Treuepflicht, Fürsorgepflicht)에 기초한 책임제한 법리로써 해결하여야 한다고 본다.[28] 감독이사회의 재량을 인정하지 않는 이 견해는 이사에 대해 책임을 추궁하는 것이 손익을 따져보면(per Saldo) 회사에 손해가 되는 경우에도 감독이사회에게 책임추궁의무를 부담시킨다는 점에서 ARAG/Garmenbeck 판결의 취지에 반하고 객관적으로도 타당하지 않다는 비판을 받고 있다.[29]

---

26) Koch, AG 2009, 95.

27) 감독이사회에게 재량이 있는 경영상의 결정을 내릴 수 있는 범위에 대해서는 Kindler, "Unternehmerisches Ermessen und Pflichtenbindung", ZHR 162(1998), 108 f.

28) Koch, NZG 2014, 934 ff.

29) Habersack, NZG 2016, 322.

(3) 제한된 범위 내의 재량권만 인정하는 입장 (ARAG/Garmenbeck 판결과 유사한 입장)

다수의 견해는[30] 회사의 이익이라는 기준에 따라 감독이사회가 책임추궁 여부를 결정할 재량이 있고, 책임추궁 여부 결정 시 손해배상책임을 추궁하는 것이 회사에 어떠한 결과를 가져다주는 것인지 검토하고 평가할 의무가 있다고 본다. 즉, 회사의 이익과 관련된 중대한 사유가 존재하면 손해배상책임추궁이 손해보전과 손해예방 기능을 가진 이사의 책임규정에 의한 회사의 이익 보호라는 목적에 오히려 반하는 결과를 초래하는지에 대해 검토하고 평가할 의무(재량)가 있다고 본다.

책임추궁과 관련하여 회사의 특수한 사정과 이해를 고려할 재량이 있다고 보면 감독이사회가 이미 합리적으로 반영한 재량사항에 대한 법원의 사법심사는 제한된다고 본다. 다만, 법원의 사법심사에 언제나 제외되는 재량권이 있는 것이 아니라 상호 대립하는 사유, 즉 회사와 관련하여 책임추궁을 하여야 하는 사유와 책임추궁을 하지 않아야 하는 사유가 함께 존재하는 것이 확인되면 비로소 감독이사회는 재량권을 행사할 수 있다.[31]

책임불추궁과 관련하여 감독이사회의 재량판단시 고려된 제반사정은 법원의 심사가 가능한 대상으로서 충분한 사실적 근거를 가지고 있어야 하고, 재량판단 그 자체 및 재량판단에서 고려된 사정의 비중에 대한 타당성 검토도 가능하여야 한다.

주식법 제148조 제1항 제2문 제4호는 이사에 대한 책임추궁 여부를 결정할 권한이 법원에 있는 것으로 규정하고 있는데, 이 규정은 이사에 대한 손해배상책임추궁을 주주가 하는 경우에만 허가 여부를[32] 법원의 심사를 통해서 결정한다는 제한적 의미를 가지고 있다. 따라서 주식법 제148조 제1항 제2문 제4호에도 불구하고 이사에 대한 책임추궁 여부에 대해 감독이사

---

30) 대표적으로 Habersack, in: Goette/Habersack/Kalls(Hrsg.), Münchener Kommentar zum Aktiengesetz, 4. Aufl. 2014(im Folgenden Bearbeiter, in: Münchener Kommentar) § 111 Rn. 37; Spindler, in: Spindler/Stilz(Hrsg.), Kommentar zum Akteingesetz, 3. Aufl. 2015(im Folgenden Bearbeiter, in: Spindler/Stilz), §116 Rn. 60.

31) Habersack, NZG 2016, 323.

32) 소수주주의 허가 청구에 대해 법원은 이사에 대한 손해배상청구가 회사의 이익을 침해하는 중대한 사유가 있는 경우 불허할 수 있다(주식법 제148조 제1항 제2문 제4호).

회는 재량권을 행사할 수 있다고 본다.[33)]

3. 責任 不追窮을 正當化하는 事由

연방대법원의 ARAG/Garmenbeck 판결[34)]에 따라 소송의 위험을 분석하여 성공가능성이 있다는 판단이 서면 감독이사회는 당해이사에 대한 책임추궁의무가 있고, 소송수행이 회사의 이익에 반하는 아주 예외적인 경우에만 책임추궁을 하지 않을 수 있다.[35)] 즉, 보호되어야 하는 회사의 이익이 책임추궁으로 인한 이익보다 크거나 최소한 같은 중요성을 지니고 있어만 책임추궁을 하지 않을 수 있다.[36)] 아래의 사유가 책임불추궁을 정당화하는 사유로서 인정되고 있다.

(1) 관련 이사가 직무를 계속 수행해야 할 필요성

경영이사회 이사에 대해 손해배상책임을 추궁하면 통상 이사의 사임이나 해임이라는 결과로 이어지는데 손해배상책임추궁 여부를 결정할 때 재직중인 이사가 그 의무위반에도 불구하고 계속 이사직을 수행하는 것이 회사에 이익이 되는지 고려하여야 한다.

특정 이사가 계속 이사직을 수행하도록 하는 감독이사회 결정은, 법원의 직접적인 심사대상이 되지 않는 감독이사회에 부여된 인사정책상 재량권 행사에 해당한다. 만약 경영이사회 이사가 고의로 혹은 자신의 사익추구를 위해 의무를 위반한 것이라면 이사가 회사에 계속 남아 이사직을 수행해야 할 이유를 찾기 어렵기 때문에, 이사직 계속 수행에 대한 회사의 이익이 없어 손해배상책임을 추궁하지 않을 중대한 사유가 될 수 없다. 반대로 경과실로 이사가 감시·감독의무를 위반한 경우에는 경영이사회 이사가 계속 재직하여야 할 충분한 이유가 있다면 손해배상책임을 추궁하지 않는 감독이사회의 결의가 가능하다.[37)]

---

33) Habersack, NZG 2016, 323.

34) BGHZ 135, 244, 254 ff.=NJW 1997, 1926-ARAG/Garmenbeck. ARAG/Garmenbeck 판결을 따른 판례는 BGH NZG 2014, 1058 Rn. 19.; 이 판례에 대한 평가는 Mayer, NZG 2014, 1208 ff.

35) Fleischer, in: Spindler/Stilz, § 93 Rn. 291.

36) BGHZ 135, 244, 255 f.

37) Habersack, NZG 2016, 323 f.

(2) 회사에 대한 제3자의 책임추궁 위험

경영이사회 이사의 책임을 추궁하는 것이 제3자가 회사에 대해 손해배상 책임을 묻는 근거가 되고 이로 인해 회사가 부담하게 될 제3자에 대한 손해배상책임이 임원배상책임보험(D&O Versicherung, D&O Liability Insurance)의 보험금과 이사 개인의 책임재산의 범위를 넘게 되어 결과적으로 손익을 계산하면(이사에 대한 책임추궁으로 얻게 되는 이익과 제3자에 대해 부담하는 배상책임이라는 불이익을 정산하면) 오히려 회사에 손해가 되는 때에는 이사에 대한 손해배상책임을 묻지 않는 결정을 할 수 있다.38)

공정거래법상 카르텔(부당공동행위) 금지규정이나 자본시장법상 공시규정 위반 사안의 경우 경영이사회 이사에 대한 책임을 추궁하는 것은 카르텔로 인해 피해를 본 제3자(경쟁사업자)나 투자자에게 회사에 대한 손해배상청구권이 있음을 알려주는 결과가 되기 때문에 결과적으로 회사에 더 큰 손해를 끼칠 수가 있다.39)

제3자에 대한 회사의 손해배상책임이 객관적으로 있어도 이사에 대한 책임추궁여부를 결정할 때 회사에 대한 제3자의 책임추궁 위험을 고려할 수 있다. 제3자가 성공적으로 회사에 대해 손해배상청구권을 행사할 수 있을 지 미정인 상태에서 경영이사회 이사에 대한 책임추궁은 회사의 책임부담 위험을 높일 수 있고, 일반 채무자와 마찬가지로 회사가 자신에 대한 제3자(채권자)의 책임추궁에 도움이 되는 행위를 하지 않는 것은 허용된다.40)

(3) 회사의 평판손상 위험

ARAG/Garmenbeck 판결에서 독일 연방대법원(BGH)은 회사의 평판손상(Reputationsschaden, loss of reputation) 위험을 예외적으로 이사에 대한 책임불추궁을 정당화할 수 있는 중대한 사유의 한 예로 들고 있다.41) 다만,

---

38) Habersack, NZG 2016, 324.

39) 특히 카르텔금지(부당공동행위금지) 규정 위반으로 벌금이나 과징금 혹은 부가금 등이 회사에 부과되어 이러한 위법행위를 한 이사에게 회사 내부적으로 구상권을 행사하면 이사는 그러한 카르텔금지 규정 위반으로 인해 회사가 얻은 이익이 회사의 벌금 납부 등으로 인한 손해를 전부 또는 일부 상쇄한다는 것을 이유로 구상권 행사에 전부 혹은 일부 응하지 않는 경우가 발생하고 이는 결국 카르텔금지 규정 위반을 이유로 손해배상청구를 하는 경쟁사업자에 대한 회사의 지위를 악화시키게 된다.: Habersack, NZG 2016, 324.

40) Habersack, NZG 2016, 324.

41) BGHZ 135, 244, 255.

법규 위반에 대처하는 회사의 태도에 대한 최근 달라진 일반 공중의 기대를 고려하면 손해배상책임을 추궁하는 것이 반드시 혹은 일반적으로 회사의 평판 손상으로 이어진다고 볼 수는 없다.42) 다만 이러한 인식을 전제로 하더라도 손해배상책임추궁이 다른 이유에서 회사의 이익에 반하는 경우 회사의 평판 유지나 제고를 위해 감독이사회에게 책임을 추궁할 의무가 있다는 반대결론을 내릴 수는 없다.

문제되는 경영이사회 이사의 의무위반이 대중에게 알려지지 않았거나 그 개요만 알려진 상태이고 특별히 쟁점화되지 않은 경우에 이사에 대한 책임추궁은 회사의 평판 손상으로 이어질 수 있고, 이러한 평판 손상의 가능성은 다른 고려요소(특히, 책임추궁과정에서 공개가능성)와 함께 책임 불추궁을 정당화하는 사유가 될 수 있다. 다만, 중재절차를 통하여 경영이사회 이사에 대한 책임추궁을 하면 재판절차와는 달리 비공개가 가능하여 평판 손상의 가능성이 없기 때문에, 책임추궁을 해야 하는 의무가 감독이사회에 있다고 보아야 한다.43)

(4) 기타의 사유

그밖에 회사의 이익이라는 관점에서 책임추궁을 하지 않을 수 있는 사유로 들 수 있는 것은 회사의 영업활동에 대한 부정적 영향,44) 이사의 업무집행과 영업분위기(Betriebsklima)에 대한 악영향45) 등을 들 수 있다.

법적 책임을 추궁하지 않으면 이사가 의무위반 사실을 조사하는데 협조적일 수 있다는 사정이나46) 이사나 이사의 가족 보호 등은 책임추궁을 하지 않는 이유가 될 수 없다.47) 다만, 경미한 의무위반으로 발생한 회사의 손해가 크지 않으나 책임추궁의 결과가 이사에게는 지나치게 가혹한 경우는 책

42) Habersack, NZG 2016, 324 f.; Habersack, in: Münchenr Kommentar, § 111 Rn. 37; Tröger, "Durchsetzung der Vorstandshaftung", ZHR 179 (2015), 486 ff.

43) Habersack, NZG 2016, 325; Habersack/Wasserbäch, "Oragnhandeln vor Schiedsgerichten", AG 2016, 12.; 중재절차는 폭 넓은 재량과 유연성 및 신속성 등으로 인해 회사내부의 분쟁이나 해임에 관한 분쟁에 매우 적합하고 장점이 많은 절차이다.

44) Hölters, Hölters (Hrsg.), Aktiengesetz, Kommentar, 2. Aufl. 2014.(im Folgenden Hölters/Bearbeiter) § 93 Rn. 292.

45) BGHZ 135, 244, 255; Hölters/Hölters, § 93 Rn. 292.

46) Hölters/Hölters, § 93 Rn. 292.

47) BGHZ 135, 244, 255 f.

임추궁을 하지 않는 사유가 될 수 있다.[48]

4. 監督理事會의 責任不追窮 決定과 時效

이사에 대한 손해배상청구권의 시효가 완성되지 않았으면 책임불추궁 결정을 정당화할 수 있는 중대한 사유가 계속 존속해야만 감독이사회의 책임불추궁 결정이 유효하다. 이런 점이 책임불추궁 결정을 손해배상청구권의 포기나 화해계약과 구별되게 하는 점이다. 시효가 완성되기 전에 책임불추궁 결정을 정당화한 사정에 변경이 있으면 책임불추궁 결정에 필요한 요건이 계속 충족된 상태인지를 감독이사회는 검토하여야 한다. 책임불추궁 결정이 시효완성 직전에 이루어진 것이 아닌 경우 시효완성이 임박할수록 사정변경과는 무관하게 책임불추궁 결정의 근거가 된 요건이 여전히 충족되고 있는지에 대한 계속적인 검토가 요구된다.

5. 損害賠償責任 追窮에 대한 株主總會의 關與

(1) 감독이사회의 이해관계와 주주총회의 관여 허용 여부

ARAG/Garmenbeck 판결 후 20년이 흘렀지만 구체적으로 어떤 조건하에서 경영이사회 이사에 대한 책임추궁을 하지 않을 수 있는지 여전히 명확하지 않고, 책임불추궁 결정을 내리는 경우 위에서 본 바와 같이 감독이사회가 이해상충관계에서 자유로운 독립적 결정을 내린다는 보장이 없으므로 감독이사회는 경영이사회 이사에 대한 책임추궁 여부에 대해 주주총회를 관여시킬 만한 이해와 동기가 있다.

다만, 주식법 제119조 제1항에 의해 주주총회는 주식법과 정관에 주주총회 권한으로 정해진 사항에 대해서만 결의할 권한이 있고, 또한 주식법 제93조 제4항 제3문은 손해배상책임추궁 시 주주총회의 결의를 요건으로 규정하고 있지 않아서 책임추궁 여부를 주주총회 안건으로 회부할 수 있는지 문제된다.[49] 경영이사회가 요구하는 경우 회사의 업무집행과 관련된 사안에

48) BGHZ 135, 244, 256.

49) 감사 또는 감사위원회(상법 415조의2 제7항)는 회의의 목적사항과 소집 이유를 기재한 서면으로 이사회에 임시총회의 소집을 청구할 수 있고(상법 제412조의3 제1항), 소집청구

대해서 주주총회가 결의할 수 있다는 주식법 제119조 제2항의 유추적용을 통해 감독이사회가 그 결정권한을 가지고 있는 경영이사회 이사에 대한 책임추궁안건을 주주총회에 회부할 수 있다고 본다. 주주총회의 안건으로 회부하는 것을 금지할만한 명백한 이유가 없고, 경영이사회 이사의 책임을 추궁하는 것은 감독이사회의 고유권한이어서 경영이사회의 권한을 침해하는 것도 아니기 때문에 이러한 해석에는 무리가 없다.[50)]

(2) 경영이사회 이사에 대한 책임불추궁 주주총회결의의 효력

회부한 경영이사회 이사에 대한 책임추궁 안건에 대해 주주총회가 적법하게 불추궁 결의를 하여 감독이사회가 이사의 책임을 추궁하지 않은 경우에는 회사에 손해가 발생하더라도 주식법 제116조 제1문, 제93조 제4항 제1문에 근거해 회사에 대해 손해배상책임을 부담하지 않는다. 감독이사회에도 준용되는 주식법 제93조 제4항 제1문에 의하면 주주총회의 결의에 기초한 경영이사회 이사의 행위가 회사에 손해를 야기하여도 경영이사회 이사는 면책되는데, 이는 주식법 제83조 제2항에 의해 경영이사회 이사는 적법한(무효 혹은 취소사유가 없는) 주주총회의 결의사항을 집행할 의무가 있고, 주주총회의 결의로 인해 최종적인 책임(손해부담)을 지는 것은 주주라는 사실을 반영한 것이다.[51)]

6. 責任追窮義務 違反으로 인한 監督理事會 理事의 責任

책임불추궁을 정당화하는 사유나 책임불추궁을 결의한 주주총회의 결의가 없음에도 불구하고 회사에 손해를 야기한 경영이사회 이사를 상대로 손해배상책임을 묻지 않은 경우 감독이사회 이사는 주식법 제116조, 제93조에 의해 회사에 대해 손해배상책임을 진다.[52)]

후 지체 없이 총회 소집의 절차를 밟지 않은 경우 법원의 허가를 얻어 감사(감사위원회)가 직접 총회를 소집할 수 있다(상법 제412조의3 제2항, 제366조 제2항).

50) Habersack, NZG 2016, 327.

51) 주주총회결의로 인해 결의사항을 집행할 의무가 발생하면 결의사항을 집행한 기관에 대해서는 책임을 물을 수 없고, 책임이 발생한다면 주주총회 결의사항의 집행의무를 기관에게 부과할 수 없다. 주주총회결의를 집행한 기관의 책임에 관해서는 Spindler, in: Spindler/Stilz, § 93 Rn. 237.

52) Götz, "Die Pflicht des Aufsichtsrats zur Haftbarmachung von Vorstandsmitgliedern-

경영이사회 이사에 대한 책임을 묻는 소송에서 감독이사회 이사 자신의 사전적 업무감독 소홀이 밝혀질 위험이 있어도 책임추궁의무가 있다고 본다. 이러한 이해충돌이 있는 때에는 손해를 보전해야 하는 회사의 이익과 책임을 추궁하지 않음으로써 업무감독 소홀을 숨겨야 하는 감독이사회 이사 자신의 이익 중 회사의 이익을 우선해야 하기 때문이다(충실의무의 발현).[53)]

Ⅲ. 再確認된 聯邦大法院의 確固한 立場

1. 聯邦大法院 判例 (BGH v. 8.7.2014- Ⅱ ZR 174/13[54)])

(1) 사실관계의 개요

피고는 원고 주식회사(이하 원고회사)의 경영이사회 이사였는데 고용해지계약과 더불어 원고회사와 (채무)인수계약을 체결하였는바, 이 인수계약에 의하면 원·피고 양당사자는 피고에 대한 검찰 수사가 개시되었음을 상호 인식하였다. 검찰의 수사대상은 피고가 이사로서 업무를 집행하는 과정에서 행한 특정행위였다. 원·피고 양당사자는 검찰의 수사가 근거 없이 개시되었고, 만일 피고에 대해 금전적 제재가 부과되면 법률이 허용하는 한 원고회사가 당해 금전적 제재를 인수하기로 하였다. 원고회사는 검찰의 수사절차

Besprechung des ARAG - Urteils des BGH", NJW 1997, 3277.: 위법하거나 부당한 책임불추궁 결의에 찬성한 감독이사회 이사는 연대하여 손해배상책임을 진다. 반대한 감독이사회 이사는 다수결에 의해 자신의 반대의견이 채택되지 않았더라도 위법하거나 부당한 책임불추궁결의가 집행되지 않도록 적절한 조치를 취할 의무를 부담한다. 즉, 감독이사회 내부에서 책임불추궁결의가 집행이 되지 않도록 새로운 결의안을 제안하거나 이의제기를 하여야 한다. 이러한 의무를 이행한 경우 책임불추궁결의에 반대한 감독이사회 이사는 회사에 대해 손해배상책임을 지지 않는다.: 다수결에 의해 자신의 반대의견이 채택되지 않은 경영이사회 이사에 대한 동일한 취지의 설명은 Spindler, in: Münchener Kommentar, § 93 Rn. 166-167.

53) Götz, NJW 1997, 3277, 3278. 책임추궁의무가 없다는 반대견해는 Mertens, in: Zöllner/Noack (Hrsg.), Kölner Kommentar zum Aktiengesetz, 3. Aufl. 2009(im Folgenden Bearbeiter, Kölner Kommentar) § 93 Rn. 51.: 다만, 감독이사회가 이사의 책임을 추궁하지 않더라도 감독이사회가 손해배상책임을 지는 경우가 실제로 발생하기는 매우 어렵다. 감독이사회의 책임을 묻는 권한은 이사가 가지고 있는데 경험칙상 스스로 손해배상책임이 있는 이사가 감독이사회를 상대로 손해배상책임을 묻는 것을 기대하기는 어렵고, 감독이사회가 이사(재)선임 권한을 가지고 있기 때문에 더욱 손해배상책임을 추궁하기가 쉽지 않으며, 소수주주권 행사를 통해 감독이사회의 책임을 묻기 위한 주식법 제147조의 기준은 매우 높기 때문이다.

54) BGH DStR 2014, 2518; NZG 2014, 1058.

가 종료된 후 피고에게 부과된 부가금(Geldauflage)을 납입할 수 있도록 부가금에 해당하는 금전을 피고에게 제공하였다. 원고 회사는 제공한 금전의 반환을 요구하였고, 피고는 제공한 금전의 반환청구는 양당사자가 합의한 인수계약에 반하는 것이라는 주장을 하였다.

(2) 판결의 핵심요지

주식회사의 경영이사회 이사가 검찰의 수사절차나 형사절차의 대상이 되는 행위로 동시에 회사에 대한 자신의 의무를 위반한 경우라면 그 행위로 경영이사회 이사가 스스로 부담할 벌금, 과징금 혹은 부가금을 회사가 인수하기 위해서는 주주총회의 결의가 있어야 한다.

2. 聯邦大法院 判決의 意義

(1) 경영이사회 이사의 행위가 동시에 회사에 대한 의무위반행위에 해당하면 감독이사회는 주주총회의 결의 없이는 경영이사회 이사가 부담해야 하는 벌금 등을 회사가 인수하는 결의를 할 수 없다. 이사에 대한 벌금 등의 부과를 야기한 행위가 동시에 회사에 대한 의무위반이 아닌 경우에만 감독이사회는 벌금 등을 회사가 인수하는 결의를 할 수 있다.[55)]

(2) 벌금 등을 부과받은 경영이사회 이사의 행위가 동시에 회사에 대한 의무위반인지 여부(Pflichtwidrigkeit)를 판단함에 있어서 감독이사회는 재량이 없고, 객관적인 법적 기준에 따라 판단하여야 한다.[56)]

(3) 회사에 대한 의무를 위반한 경영이사회 이사의 행위가 있음에도 불구하고 이사의 벌금 등을 회사가 인수하도록 감독이사회가 결의하는 것은

---

55) BGH NZG 2014, 1058 Rn. 13. 독일의 통설도 판례와 같은 입장이다. 대표적으로 Spindler, in: Münchener Kommentar, § 84 Rn. 97 f.; Fleischer, in: Spindler/Stilz, § 84 Rn. 68.; 소수견해는 회사의 평판이나 근로 모럴 및 관련 이사의 장래의 준법상태 등을 고려하여 회사에 발생하는 손해가 감내할만한 것이면 회사가 벌금 등을 인수해 줄 수 있다고 보거나[Fonk, in: Semler/v. Schenk (Hrsg.), Arbeitshandbuch für Aufsichtsratsmitglieder, 4. Aufl. 2013, § 9 Rn. 171], 혹은 ARAG/Garmenbeck 판결의 원칙을 고려하여 회사의 영업활동과 평판에 대한 영향, 이사회의 업무집행에 대한 지장 및 회사의 업무분위기(Betriebsklima) 침해 등과 같은 회사의 이익을 위한 중대한 사유가 있는 경우에는 예외적으로 벌금 등을 인수하는 것이 허용된다고 본다[Hasselbach/Seibel, "Die Freistellung von Vorstandsmitgliedern und leitenden Angestellten von der Haftung für Kartellrechtsverstöße", AG 2008, 776 f.].

56) BGH NZG 2014, 1058 Rn. 17.

이사의 회사에 대한 손해배상책임을 추궁할 감독이사회의 원칙적인 의무에 반하며 회사에 추가적 손해를 야기하는 것으로 허용되지 않는다.

경영이사회 이사가 부담해야할 벌금 등을 인수함으로써 회사에 손해를 야기하는 것은 회사의 이익을 위해서 예외적으로 손해배상책임을 추궁하지 않을 수 있는 중대한 사유에 해당되지 않아 감독이사회의 재량범위를 넘어서는 것이다.

벌금 등의 인수는 결국 경영이사회 이사에 대한 손해배상청구권 포기와 마찬가지로 회사의 손해라는 결과를 초래하므로 손해배상청구권의 포기와 같이 주주총회 결의(주식법 제93조 제4항 제3문)가 필요하다.[57] 따라서 본 판례의 사안과 같이 주주총회결의 없이 경영이사회 이사에게 부과된 부가금을 회사가 인수하기로 한 감독이사회 결의는 무효이며, 따라서 피고 이사와의 (부가금) 인수계약에 기초해서 이루어진, 이사에 대한 부가금 납부를 위한 금전제공은 무효이다.

(4) 금전제공의 유효요건으로서 회사에 대한 의무위반이 없었음에 대한 입증책임은 피고인 경영이사회 이사가 부담한다. 회사에 대한 의무위반이 없어야 감독이사회 결의만으로 피고 이사가 부담하는 벌금 등을 회사가 인수하는 계약이 유효하고, 이러한 인수계약에 기초해 이루어진 피고 이사에 대한 금전제공은 유효하다. 경영이사회 이사의 책임에 관한 일반 규정에 해당하는 주식법 제93조 제2항 제2문에 의하면 회사에 대한 의무위반 여부(의무위반이 없음)에 대해서 이사가 그 입증책임을 진다.[58]

(5) 이 판례는 회사에 대한 의무위반이 되는 행위로 인해 경영이사회 이사에게 부과된 벌금(Geldstrafe)이나 과징금(Geldbuße), 부가금(Geldauflage) 등을 회사가 인수하려면 감독이사회의 결의만으로는 부족하고 주주총회의 결의(주식법 제93조 제4항 제3문)가 있어야 한다고 판시함으로써 ARAG/Garmenbeck 판결의 취지를 다시 확인하였다.[59]

---

57) BGH NZG 2014, 1058 Rn. 19.

58) BGH NZG 2014, 1058 Rn. 33.: 주식법 제93조 제2항 제2문도 이사의 입증책임을 명문으로 규정하고 있다. 손해배상책임의 피고인 이사가 해임이나 사임 혹은 임기만료 등의 이유로 더 이상 이사가 아니어도 입증책임은 이사였던 자가 부담한다.

59) Mayer, "Die Aktienrechtliche Organhaftung - Reform durch juristische Methodik oder gesetzgeberisches Handeln?", NZG 2014, 1210.

Ⅳ. 株式法上 經營理事會 理事에 대한 責任追窮 體系

위에서 ARAG/Garmenbeck 판결로 인해 명확히 인정된 감독이사회의 책임추궁의무를 알아보았다. 경영이사회 이사의 책임을 묻는데 감독이사회의 역할이 매우 중요한 이유는 주식법의 책임추궁체계에 기인한다. 주식법상 감독이사회 이외에 주주총회, 소수주주(주주대표소송), 채권자도 경영이사회 이사에 대한 책임추궁권한을 가지고 있으나 이들 책임추궁권한은 주주총회 결의라는 요건의 필요성, 엄격한 주주대표소송 요건, 채권자 자신의 만족을 위한 책임추궁이라는 본질 등으로 인해 그 활용도와 실효성이 높지 않다. 아래에서는 감독이사회의 책임추궁의무의 중요성을 확인하기 위해 주식법상 책임추궁체계를 간략히 알아본다.

1. 監督理事會의 責任追窮의 權限 및 義務

(1) 감독이사회의 책임추궁권한

경영이사회 이사에 대한 손해배상책임추궁(enforcement)은 주식법 제111조 제1항, 제112조에 의해 우선 감독이사회의 권한이다.[60] 상술한 바와 같이 감독이사회가 경영이사회 이사에 대해 책임추궁을 할지 여부는 회사의 이익이라는 기준에 의해서 판단하는데, 좁은 범위의 재량만 인정된다.[61]

(2) 감독이사회의 책임추궁의무

경영이사회 이사에 대한 손해배상책임추궁은, 당해 이사에 대한 손해배상청구권 존부를 검토하여 책임추궁 여부를 스스로 결정하는 감독이사회의 권한(책임추궁권한)이면서 동시에 감시의무(주식법 제111조 제1항)의 일환이기도 하며(책임추궁의무), 이러한 책임추궁의무는 주식법 제147조 제1항에 따른 주주총회결의에 기한 감독이사회의 책임추궁의무와는 독립적인 것이다.

---

60) 상법상 이사와 회사 간의 訴에 대해서만(재판상으로만) 감사 또는 감사위원회가 회사를 대표하지만(상법 제394조 제1항, 제415조의2 제7항), 주식법 제112조에 의하면 감독이사회는 경영이사회(Vorstand) 이사에 대해서는 재판상·재판 외에서 회사를 대표한다. 반대로 주식법 제76조 제1항, 제78조에 의하여 감독이사회(Aufsichtsrat) 이사에 대한 손해배상청구권의 행사 여부는 경영이사회의 권한이다.

61) Habersack, NZG 2016, 321.

주식법 제147조 제1항에 의해 주주총회가 경영이사회 이사의 책임을 추궁하기로 결의(단순다수결, einfache Mehrheit)한 경우 감독이사회는 주주총회결의일로부터 6개월 이내에 당해이사에 대한 책임추궁을 할 의무가 있다(이것을 주주총회의 책임추궁권한으로 파악하기도 한다). 주주총회결의에 기한 책임추궁의무에 대해서는 감독이사회 스스로 책임추궁 여부를 결정할 때와는 달리 감독이사회의 재량이 없다고 본다.[62]

2. 小數株主의 責任追窮 權限

주식법 제148조 제1항 제1문에 기초해 발행주식총수(기본자본금)의 100분의 1 이상 지분을 보유하거나 주식가액 100,000유로 이상의 지분을 가진 소수주주는 자신의 명의로 경영이사회 이사를 상대로 한 직접적인 訴提起(독일식 주주대표소송)를 위해 회사의 본점이 소재한 지방법원(Landesgericht)에 소송허가를 구할 수 있다(소송허가절차, Klagezulassungsverfahren).[63]

주식법 제148조 제1항 제2문 제1호에서 제4호에 규정된 다음과 같은 요건이 충족되면 법원은 소제기를 허가한다. 첫째, 주주나 혹은 상속 등 포괄승계의 경우 주주의 前者가 이사의 의무위반이나 회사의 손해가 공시되었다면 공시로 인해 알았어야 할 시점(통상 공시 시점) 이전에 주식을 취득한 사실을 증명하여야 하고, 둘째, 상당한 기간을 정하여 회사에 대해 이사를 상대로 소를 제기할 것을 청구하였으나 회사가 응하지 않아야 하며, 셋째, 부정행위 혹은 법령과 정관의 중대한 위반으로 인해 회사에 손해가 발생하였음을 의심할 만한 사실이 존재하여야 하고, 넷째, 이사에 대해 손해배상청구권을 행사하는 것이 회사의 중요한 이익에 반하지 않을 것이라는 요건이 충족되어야 한다.

소수주주에 대한 소송허가결정이 있더라도[64] 회사는 언제든지 스스로

---

62) Hölters/Hölters, § 93 Rn. 293.

63) 이 규정도 2005년 UMAG에 의해 주주권을 강화하기 위해 도입되었으나 높은 지분요건, 엄격한 소송허가요건 등으로 인해 거의 기능을 하지 못하고 있다.: Fleischer, in: Spindler/Stilz, § 93 Rn. 292.

64) 소송허가 신청에 대한 확정력 있는 법원의 허가결정이 있으면, 그 결정일로부터 3개월 이내에 회사에 대하여 상당한 기간 내에 소를 제기할 것을 다시 요구하였으나 회사가 소를 제기하지 않은 경우, 소수주주는 당해 소송허가 결정을 한 법원에 직접 제소할 수 있다

소를 제기할 수 있으며(회사의 개입권 행사) 회사가 소를 제기하면 계속 중인 소송허가절차 혹은 소수주주가 수행하고 있는 소송절차는 효력을 잃게 된다(주식법 제148조 제3항). 회사는 신소(新訴)를 제기하거나 소수주주가 수행한 소송을 수계하는 것 모두 가능하다.

3. 債權者의 責任追窮 權限

회사채권자는 주식법 제93조 제5항의 요건이 충족된 경우 자신의 명의로 이사에 대한 회사의 손해배상청구권을 행사할 수 있다. 이 규정으로 인하여 회사채권자는 통상의 절차(주식회사에 대한 집행권원 취득과 이사에 대한 회사의 손해배상청구권 압류 및 전부명령 등의 절차)보다 간편하게 자신의 채권의 변제를 받는 것이 가능하다.

(1) 요 건

(가) 회사에 대한 채권

채권자가 회사에 대한 금전채권 혹은 금전채권으로 전환 가능한 채권을 가지고 있어야 하고(입증책임은 채권자가 부담한다), 채권은 변제기가 도래하여야 한다. 채권의 취득원인이나 크기 및 발생시점은 묻지 않으며, 채권의 취득 시 이사에 대한 회사의 손해배상청구권을 알았는지 여부도 묻지 않는다. 또한 다른 요건인 회사의 이사에 대한 손해배상청구권보다 먼저 발생할 필요도 없다.[65]

(나) 회사로부터 변제를 받지 못할 것

채권자가 회사로부터 변제를 받지 못하여야 하는데, 강제집행의 불주효나 소제기는 요건이 아니고 회사가 객관적으로 지급 불가능한 상태이면 충분한데, 지급불가능에 대한 입증책임은 채권자가 부담한다. 지급능력이 있는 회사가 단순히 지급을 할 의사 없는 것으로는 충분하지 않다.[66]

(다) 이사에 대한 회사의 손해배상청구권

이사가 기관으로서 주의의무를 위반한 것을 이유로 회사가 이사에 대한

(주식법 제148조 제4항).

65) Fleischer, in: Spindler/Stilz, § 93 Rn. 295; Hölters/Hölters, § 93 Rn. 324.

66) Fleischer, in: Spindler/Stilz, § 93 Rn. 296; Hölters/Hölters, § 93 Rn. 326.

손해배상청구권을 취득하여야 한다. 기타의 사유로 취득한 회사의 이사에 대한 손해배상청구권은 주식법 제93조 제5항에 포함되지 않는다. 이사에 대한 회사의 손해배상청구권이 발생하였다는 사실에 대한 입증책임은 채권자가 부담한다. 이사에 대한 손해배상청구권과 관련하여 회사가 포기하였는지 여부 및 이사와 화해를 하였는지 여부 혹은 책임조각이 되는 주주총회의 결의에 기한 이사의 행위라도 채권자의 이사에 대한 손해배상청구에는 영향을 미치지 않는다(주식법 제93조 제5항 제3문).[67]

(라) 이사의 현저한 의무위반

이사가 주식법 제93조 제2항의 주의의무를 고의나 중과실로 위반하여야 하고, 주식법 제93조 제2항 제2문의 입증책임전환 규정이 적용되므로 고의나 중과실이 없음에 대해서는 이사가 입증책임을 진다. 특히 주식법 제93조 제3항의 9가지 행위로 인한 의무위반의 경우 중과실 여부를 묻지 않고 이사에 대한 손해배상청구가 가능하다.[68]

(2) 책임추궁권(손해배상청구권)의 행사

채권자는 회사가 아닌 자신에 대해서 손해배상책임을 이행할 것을 요구할 수 있고, 자신에 대해서 이행할 것을 요구하여야 한다. 채권자는 자신의 채권액 범위에서만 이사에 대한 손해배상청구권을 행사할 수 있다. 이사는 회사나 회사의 채권자 양자 누구에게나 이행하는 것이 가능하고 누구에게라도 이행하면 변제의 효력이 발생한다.[69]

Ⅴ. 結　　論

1. ARAG/Garmenbeck 判決이 提示하는 責任追窮의 原則

독일 연방대법원(BGH)이 1997년 4월 21일 내린 ARAG/Garmenbeck 판결은 경영이사회 이사에 대한 감독이사회의 책임추궁의무에 관한 아이콘과 같은 판결로 이후 일련의 판례에 의해 계속적으로 인용되고 있다.[70] 다

---

67) Fleischer, in: Spindler/Stilz, § 93 Rn. 297; Hölters/Hölters, § 93 Rn. 325.
68) Fleischer, in: Spindler/Stilz, § 93 Rn. 298; Hölters/Hölters, § 93 Rn. 327.
69) Fleischer, in: Spindler/Stilz, § 93 Rn. 299; Hölters/Hölters, § 93 Rn. 328.
70) BGHZ 202, 26=NZG 2014, 1058 Rn. 19; BGHZ 180, 9=NZG 2009, 342 Rn. 23; BGH, NZG 2009, 550 Rn. 30.

만, 판례의 함의를 두고 20년간 독일의 회사법 학계에서 계속적인 논쟁을 유발하고 있으며[71], 2014년 10월 하노버(Hannover)에서 개최된 제70회 독일법률가 대회(Deutscher Juristentag)의 경제법 분과에서 설정한 "기관책임의 개정"(Reform der Organhftung)[72]이라는 주제에서도 ARAG/Garmenbeck 판결의 의미가 다시 검토되었다(감독이사회의 제한된 재량이 있는 것으로 보는 판례의 취지에 동조하 취지의 발표가 있었음). ARAG/Garmenbeck 판결이 제시하는 책임추궁과 관련된 원칙(ARAG/Garmenbeck-Doktrin)을 요약하면 다음과 같다.

첫째, 감독이사회는 경영이사회의 업무집행을 감독하고 통제하여야하는 자신의 임무에 기초해 경영이사회 이사에 대한 회사의 손해배상청구권의 존부 및 그 행사가능성을 심사할 의무가 있고, 행사 가능한 손해배상청구권이 존재한다고 판단되면 감독이사회는 경영이사회 이사에 대해 원칙적으로 손해배상책임을 추궁하여야 한다.

둘째, 손해배상책임추궁이 회사의 이익에 반하는 중대한 사유가 있고, 이러한 사유가 손해배상책임을 추궁하여야 하는 이익보다 우위에 있거나 최소한 같은 가치를 지닌 경우에는 예외적으로 감독이사회는 손해배상책임을 추궁하지 않을 수 있다. 여기서 이사에 대한 손해배상책임추궁이 회사의 이익에 반하는 중대한 사유에 해당하는 것은 회사의 영업과 평판에 대한 부정적 영향, 이사회 업무수행에 대한 지장, 회사의 업무분위기 훼손 등을 들 수 있다. 책임을 추궁하지 않는 것을 극히 예외적으로 정당화 해주는 이사의 개인적 사정은, 예컨대 이사의 회사에 대한 의무위반행위가 중대하지 않고 또한 회사에 끼친 손해가 비교적 경미한데 책임을 추궁하면 이사에게 심각한 부담을 주게 되는 경우를 들 수 있다.[73]

셋째, ARAG/Garmenbeck 판결에 의해 감독이사회가 경영이사회 이사

71) 판례의 함의와 관련하여 많은 논의 과제를 던지고 있는데 2010년대 중반에도 Faßbender, "18 Jahre ARAG Garmenbeck - und alle Fragen offen", NZG 2015, 501 ff.; Habersack, NZG 2016, 321 ff.("19 Jahre ARAG/Garmenbeck - und viele Fragen offen")라는 제목의 논문이 발표되고 있다.

72) 공식적인 주제는 "Reform der Organhftung? - Materielles Haftungsrcht und seine Durchsetzung in privaten und öffentlichen Unternehmen"이고, Berlin 대학의 Gregor Bachmann 교수가 검토의견서(Gutachten)를 작성하였다.

73) BGHZ 135, 244, 255 f.

의 책임을 추궁할 의무가 있는 것과 마찬가지로 경영이사회도 감독이사회 이사의 책임을 추궁할 의무가 있다. 즉, ARAG/Garmenbeck 판결의 원칙은 그대로 감독이사회 이사의 책임을 묻는데 적용된다.74)

넷째, 책임추궁과 관련하여 원칙(책임추궁=구속적 결정)과 예외(책임불추궁=재량적 결정)의 비중을 어느 정도로 할지를 두고 다양한 목소리가 나오고 있는데, 최소한 자동적인 책임추궁의무는 인정할 수 없고 또한 책임추궁여부에 대해 경영상 결정(business judgement)만큼의 광범위한 재량은 허용되지 않는다고 보아야 한다.

2. 우리나라의 理事·監事에 대한 責任追窮의 示唆點

최근 회사법 주제 중 이사나 감사(감사위원회)와 같은 기관의 책임보다 더 큰 주목을 받는 주제를 찾기는 쉽지 않다. 회사의 손해예방과 손해보전 기능을 하고 이사와 감사 등 기관의 행위기준으로서의 역할을 하는 책임규정이 실제 잘 적용되고 있는지에 대한 답을 구해보면 긍정적 답변이 쉽게 나오지 않는다. 이사, 감사(감사위원회) 등 회사의 기관에 대한 책임추궁이 철저하게 이루어져야만 사익추구 등의 대리인 문제를 해결하고 회사를 위한 행위기준을 철저히 관철할 수 있어서 올바른 지배구조의 정립을 통한, 지속가능한 기업이 유지될 수 있다.

이사의 임무소홀로 회사에 끼친 손해가 명백함에도 민사적 책임추궁(private enforcement)이 제대로 이루어지지 않는 경우가 대부분인 한국의 현실에서 ARAG/Garmenbeck 판결이 시사하는 바는 매우 크다. 특히, 이사에 대해 회사내부로부터 혹은 회사외부로부터 엄격한 책임추궁을 경험하지 못하고 성급하게 책임 제한 시대로 넘어 간 것은 아닌지 의문이 든다. 빈번한 주주권 남용이 비로소 주주권 제한 논의를 촉발 하였듯이 엄격한 책임추궁으로 인해 이사의 생존이 위협받을 정도의 가혹한 상황이 초래된 후 비로소 논의해야 할 것이 책임의 제한이다. 감사(감사위원회)는 사전적 감시·감독의무도 충실히 이행하여야 하지만 이사의 책임이 발생하면 사후적으로 철저히 그 책임을 물어야할 의무가 있다. 경영판단의 원칙 인정, 임원배상책임보

74) Habersack, NZG 2016, 322 Fn. 12.

험제도 도입, 책임제한 규정 신설(상법 제400조 제2항), 형평의 관점에서 제반사정을 고려하여 이사의 책임을 제한하는 재판실무 등 이사를 과도한 책임위험으로부터 보호하기 위한 장치들이 다수 구비된 상태여서 감사(감사위원회)가 엄격한 책임추궁을 마다할 이유가 없다.

감사(감사위원회)가 책임추궁의무를 이행하지 않는다면 스스로 회사에 대해 임무를 소홀히 한 것으로 되어 감사(감사위원회)는 회사에 대해 손해배상책임을 부담하여야 하고(상법 제414조 제1항, 제415조의2 제7항), 이러한 감사(감사위원회)의 손해배상책임에 대해서는 대표이사가 회사를 대표하여 그 책임을 추궁할 의무가 있고, 대표이사가 책임을 추궁하지 않는 경우 주주대표소송에 의해 소수주주가 책임추궁을 할 수 있다(상법 제415조, 제415조의2 제7항).

기업활동에 대한 도덕주의적 형사범죄화 축소(배임죄 폐지 혹은 적용범위 축소) 주장도 최근 매우 강한데 이사의 민사책임을 규정하고 있는 상법의 책임기제가 제대로 작동하지 않고 있는 상태여서 그 타당성에도 불구하고 선뜻 수용하기가 쉽지 않다. 이사의 책임규정이 잘 기능하는 때가 바로 배임죄 만능국가 혹은 배임죄의 과도한 사용 혹은 도덕주의적 형사소추라는 비판에서 벗어날 수 있는 출발점이 될 것이다.

이러한 점에서 감독이사회의 책임추궁의무에 관한 강경하고 일관된 독일 연방대법원의 태도가 계속 유지될지, 아니면 여전히 현재진행형인 독일 학계의 논의가 어느 방향으로 어떠한 모습으로 전개될지 매우 궁금하다. 법전에만 규정되어 있고 적용은 되지 않는, 이빨 없는 상어와 같은 서면상 책임규정(law on paper)이 아니라, 실제로 온전히 작동하는 책임규정(law in action)이 하루 속히 자리 잡기를 희망한다.

유럽包括社債券이 發行된 記名式 海外轉換社債에 관한 法律關係*

吳 泳 俊**

◎ 대법원 2010. 1. 28. 선고 2008다54587 판결

[事實의 概要]

1. 事實關係

(1) 주식회사 대우의 해외전환사채 발행

주식회사 대우(이하 '대우'라고 한다)는 1997. 3. 26. 총 발행금액 미합중국화폐(이하 '미화'라고 한다) 5,500만 달러, 만기 2007. 12. 31.인 기명식 해외전환사채(ISIN[1]) : XS0075123504, 이하 '이 사건 사채'라고 한다)를 영국법을 준거법으로 하여 발행하였다. 대우는 체이스 맨해튼 신탁(Chase Manhattan Trustees Limited)을 장래 이 사건 사채를 취득할 사채권자를 위한 수탁자로 선임하고 신탁계약(Trust Deed)을 체결하였다.

수탁회사인 체이스 맨해튼 신탁은 1999. 9. 17. 신탁계약에 의한 수탁자로서의 모든 업무를 로 디벤처 신탁법인(Law Debenture Trust Corporation)에게 위임하였다. 대우는 체이스 맨해튼 은행(Chase Manhattan Bank)을 등록대리인(Registrar)로 선임하고 사채권자의 명의등록 · 변경 · 전환사채 · 실물보관 등의 업무를 위탁하였다.

---

* 제24회 상사법무연구회 발표 (2011년 3월 12일)

** 서울고등법원 부장판사

1) ISIN(International Securities Identifying Number)이란, 국제적으로 통용되는 증권식별번호를 말한다.

(2) 이 사건 사채에 관한 신탁계약서와 사업설명서의 내용

이 사건 사채의 발행회사인 대우와 수탁자인 체이스 맨해튼 사이에 체결된 이 사건 신탁계약에는 이 사건 사채 및 이 사건 사채에 관한 이해관계인들의 권리의무관계에 관하여 다음과 같은 내용 등이 규정되어 있다.

- ○ 유럽포괄사채권(European Global Certificate)이 발행되는 이 사건 사채는 기명사채이다. 사채권자(社債權者, Bondholder)는 사채권자 명부에 사채의 소지자로 등록된 자를 의미한다.
- ○ 이 사건 사채를 표창하는 유럽포괄사채권은 청산기관(clearing system)인 유로클리어(Euroclear)와 세델 은행(Cedel Bank, société anonyme)의 공동예탁기관(common depositary) 또는 그를 위한 피지명인(nominee)의 이름으로 발행되고 그의 명의로 사채권자 명부에 등록된다.
- ○ 유럽포괄사채권은 유로클리어와 세델 은행의 공동예탁기관인 체이스 맨해튼 은행에 예탁된다.
- ○ 사채(Title to Bond)는 사채권자 명부에 사채소지자로 등록하여야만 이전되고, 적정하게 등록된 사채권자만이 유럽포괄사채권에 의하여 표창되는 사채에 대하여 지급받을 권리를 갖는다.
- ○ 사채를 청산기관이 지명한 자가 아닌 다른 이름으로 등록하는 것은 소정의 예외적인 경우를 제외하고는 허용되지 아니한다.
- ○ 청산기관의 계좌에 기입된 형태로 존재하는 이 사건 사채에 관한 권리(Title to book-entry interest in the Bonds)는 청산기관이 정한 절차에 따라 그 계좌상 기입된 명의를 변경하는 방법으로 양도된다.
- ○ 유럽포괄사채권이 발행된 이 사건 사채에 관한 권리의 소유자들(Owners of interests in the Bonds)은, ① 유로클리어나 세델 은행이 연속하여 14 영업일 동안 또는 영구적으로 영업을 중단한 경우, ② 미국포괄사채권이 확정사채권(definitive certificate)으로 전환되어 있는 상황에서 유럽포괄사채권으로 표창되고 있는 사채에 관한 권리를 확정사채권으로 표창되는 사채에 관한 권리 형태로 전달할 자에게 양도하라는 지시가 있는 경우, ③ 발행회사의 채무불이행이 발생한 경우, 각각 이 사건 사채를 그들의 이름으로 사채권자 명부에 등록할 권리와 개별적으로 확정사채권을 교부받을 권리를 갖는다.

(3) 대우증권 등 기관투자자의 이 사건 사채 인수

대우증권과 ING Barings 등 18개 국내외 인수금융기관들은 이 사건 사채를 인수하기 위해서 인수단을 구성하였다. 인수금융기관들은 인수자별로 해당 납입대금을 유로클리어와 세델에 있는 자신의 계좌에 송금하고 납입일에 주간사 회사(Lead Manager)가 총 납입대금을 발행회사인 대우에게 납입하는 방식으로 이 사건 사채를 인수하였다. 대우는 위와 같이 주간사회사를 통하여 사채대금을 납입 받음과 동시에 이 사건 사채 전액에 관하여 유럽포괄사채권을 발행하였다.

위와 같이 발행된 유럽포괄사채권은 체이스 노미니즈(Chase Nominees Limited) 명의로 이 사건 사채권자 명부에 사채권자 등록이 이루어졌고, 그 실물은 등록대리인이자 공동예탁기관인 체이스 맨해튼 은행에 보관되었다. 이후 이 사건 사채는 룩셈부르크 증권거래소에 상장되었다.

이 사건 사채의 인수단을 구성하는 금융기관들이 유로클리어와 세델 은행에 개설한 각 해당 계좌들에는 이 사건 사채 중 해당 액면금이 표시된 금액이 각 기입되었고, 그 계좌이체로 유럽포괄사채권에 관한 권리에 대한 유통이 시작되었다.

(4) 기관투자자들의 계좌개설과 원고 등 개인들의 계좌개설

유로클리어와 세델에 계좌를 보유하는 자는 통상적으로는 기관투자자들이고, 그 기관투자자로부터 이 사건 사채에 관한 권리를 매입하는 개인들은 기관투자자에게 다시 자신의 계좌를 개설하게 된다.

원고들은 1998. 12. 14. 미국에 소재하는 베어스턴스 증권회사(Bear, Sterns Securities Corporation; 이하 '베어스턴스 증권'이라고 한다)로부터 베어스턴스 증권이 이 사건 사채와 관련하여 유로클리어의 계좌를 통하여 보유하고 있던 미화 96만 달러 상당의 이 사건 사채에 관한 권리 중 미화 30만 달러 상당 부분(portion)을 매입하고, 베어스턴스 증권에 원고들 명의의 계좌를 개설하여 그 내용을 기입하였다.

(5) 대우의 회사분할

IMF 금융위기 사태 하에 대우그룹 계열사에 대한 기업개선작업이 시작되었다. 대우의 임시주주총회에서 2000. 7. 22. 대우에 관한 회사분할계획서를 승인하는 특별결의가 이루어졌다. 분할계획서에 의하면 대우는 피고 (주)대우건설(이하 '피고 대우건설'이라고 한다) 및 피고 (주)대우인터내셔널(이하 '피고 대우인터내셔날'이라고 한다)에게 무수익 자산(부실채권 등) 및 회수가능성이 낮은 자산을 제외한 건설부문 및 무역부문의 영업자산을 각 이전하되, 피고 대우건설 및 피고 대우인터내셔널은 분할계획서에서 별도로 정하지 않는 한 대우의 채무 중에서 각 출자한 재산에 관한 채무만을 부담하고, 피고 대우건설 및 피고 대우인터내셔널로 이전되지 않은 대우의 다른 채무에 대하여 연대책임을 지지 않기로 되어 있다.

대우는 2000. 7. 24. 동아일보와 한국일보에 채권자 이의제출을 공고하고, 개별채권자에 대한 최고절차를 거쳤으며, 2000. 12. 27. 대우의 분할등기, 대우건설 및 대우인터내셔널 설립등기가 마쳐졌다. 대우는 2006. 6. 16. 서울중앙지방법원 2006하합18호로 파산선고를 받았다.

2. 當事者들의 主張

(1) 원고의 주장

원고들은 대우의 사채권자(Bondholder)이다. 대우는 회사분할 과정에서 채권자인 원고들에게 회사분할사실 및 이의제출을 통지하는 등 채권자보호절차를 준수하지 않았으므로, 분할 후 회사인 피고들은 대우의 채무에 대하여 대우와 함께 연대책임을 부담한다. 따라서 피고들은 원고에게 미화 30만달러 상당을 지급할 의무가 있다.

(2) 피고의 주장

대우의 사채권자는 체이스 노미니즈뿐이며 원고들은 사채권자(Bondholder)가 아니므로, 대우는 원고들에 대하여 개별 최고절차를 할 필요가 없으며, 피고들은 원고에게 연대책임도 부담하지 아니한다.

[訴訟의 經過]

1. 第1審의 判斷

우리나라 상법은 회사분할시 채권자보호절차를 규정하고 있다. 대우는 사채권자인 원고들에게 회사분할사실을 통지하는 등 채권자보호절차를 다하지 아니하였으므로, 대우에서 분할된 피고 대우건설과 피고 대우인터내셔널은 연대책임의 배제가 인정되지 아니한다.

2. 原審의 判斷

이 사건 사채의 사채권자가 누구인지는 신탁계약의 규정의 해석에 의하여 결정된다고 할 것이고, 이와 관련하여 원칙적으로 어느 특정국가의 증권거래관련 법규의 제한을 받지 않는다.

원고들은 이 사건 사채에 관한 권리(interests in the Bonds)를 매입한 수익자(beneficial holder)일 뿐 사채권(Title to the Bonds)을 가지는 '사채권자(Bondholder)'의 지위에 있는 것은 아니다. 유로클리어와 세델이 지명한 체이스 노미니즈만이 사채권자(Bondholder)이다.

베어스턴스 증권이나 원고들은 이 사건 사채에 관한 권리의 소유자로서(Owners of interests in the Bonds) 예외적인 경우에 한해서 사채권자 명부에 등록할 권리와 개별적으로 확정사채권을 교부받을 자격을 가지고 있을 뿐이다. 이 사건에서 원고들이 사채권자 명부에 등록하고 개별적으로 확정사채권을 교부받았다고 인정할 증거가 없으므로, 원고들이 대우의 사채권자임을 전제로 하는 이 사건 청구는 이유 없다.

3. 上告理由의 要旨

(1) 제1점 : 사채권자에 관한 법리오해

원고들은 이 사건 사채를 실제로 매입하고, 베어스턴스 증권의 고객계좌부에 사채권자로 기재되어 있는 '실질사채권자'이다. 유로클리어와 세델의 공동지명인이 이 사건 대우사채 미화 5,500달러의 유일한 사채권자이므로 공동지명인만이 이 사건 사채의 30만 달러의 사채권자이며 원고들이 이 사건 사채의 사채권자가 아니라는 원심의 판단은 잘못이다.

(2) 제2점 : 신탁계약의 인적 적용 범위에 관한 법리오해

원심은 이 사건 사업설명서상 원고들이 대우와 수탁회사 사이의 신탁계약에 구속되고 그 내용을 모두 알고 있는 것으로 간주된다는 규정을 들어, 신탁계약의 내용(사채권자란 이 사건 사채권자 명부에 사채의 소지자로 등록된 자를 말다)을 이 사건 사채에 관한 권리관계의 근거규정으로 삼았다. 그러나 신탁계약은 원고들과 같은 투자자들에게 설명되거나 제시된 바 없으므로, 이 사건 사업설명서에 의하여 원고들의 사채에 관한 권리관계를 일방적으로 규율할 수 없다.

(3) 제3점 : 준거법에 관한 법리오해 및 심리미진

이 사건 사업설명서에 의하면, 영국법이 준거법으로 되어 있으므로 사채권자가 누구인지는 영국의 증권 관련 법규에 대한 검토가 이루어져야 한다. 그런데도 원심이 유로본드인 이 사건 사채에 관하여는 어느 특정 국가의 증권거래 관련 법규에 제한을 받지 않는다고 판단한 것은 잘못이다. 우리나라의 증권거래법에 의하면, 원고들은 예탁증권 등에 대한 공유지분을 갖고 있는 것으로 추정되는바, 이러한 규정에 의할 때 원고들은 이 사건 사채 30만 달러에 관한 권리자임이 명백하다.

(4) 제4점 : 사업설명서의 해석에 관한 법리오해

이 사건 사업설명서에 의하면, 발행인(대우)의 채무불이행 등 세 가지 경우에 '사채에 관한 권리'의 보유자들이 사채권자 명부에 등록될 수 있다고 규정되어 있으나, 이 사건에서 명목 사채권자인 체이스 노미니즈는 대우의 채무불이행 후 사채권을 행사한 적이 없다. 따라서 발행회사인 대우의 채무불이행 이후에는 실질 사채권자들이 사채에 관한 권리를 행사할 수 있는 것으로 해석하여야 한다. 그렇지 않으면 이 사건 사업설명서는 신의칙에 위반되어 무효로 보아야 한다.

(5) 제5점 : 사채권의 의의에 관한 법리오해

'사채권'(Title to the Bonds)의 권리자는 권리를 행사할 수 있지만, '사채권에 관한 권리'(interests in the Bonds)의 권리자는 대우에 대하여 사채권을 행사할 수 없다는 원심의 판단은 독단적 견해에 불과하다. 우리나라 증권거래법에 의하면, 고객계좌부에 해당되는 베어스턴스 증권에 개설되어 있는 계좌에 사채를 보유하고 있는 원고들은 대우에 대하여 이 사건 사채에 관한 권리를 행사할 수 있다.

[判決의 要旨]

(1) 외국적 요소가 있는 법률관계에 관하여 적용될 외국법규의 내용을 확정하고 그 의미를 해석할 경우에는 그 외국법이 그 본국에서 현실로 해석 · 적용되고 있는 의미와 내용대로 해석 · 적용하는 것이 원칙이며, 소송 과정에서 그 외국의 판례나 해석기준에 관한 자료가 제출되지 아니하여 그 내용의 확인이 불가능한 경우에만 일반적인 법해석 기준에 따라 법의 의미와 내용을 확정할 수 있다.

(2) 이 사건 신탁계약과 이 사건 사채는 준거법인 영국법, 특히 영국의 신탁법리에 기초하여 그에 따라 사채의 발행회사인 대우와 사채권자 및 사채에 관한 이해관계인들의 권리의무관계를 규율하는 구조이다. 즉, ① 청산기관인 유로클리어와 세델 은행의 공동예탁기관 또는 그를 위한 피지명인 명의로 이 사건 사채를 표창하는 유럽포괄사채권이 발행되고 그 명의인이 사채권자 명부에 사채소지자로 등록되어 있는 동안에는, 그 명의인만이 이 사건 사채의 유일한 사채권자가 되고 그 사채권은 원칙적으로 수탁자에 의하여만 행사되도록 되어 있는 한편, ② 청산기관에 계좌를 개설한 기관투자자 등과 같은 계좌보유자들은 곧바로 이 사건 사채를 취득하거나 사채권자로서의 지위를 취득하는 것이 아니라 이 사건 사채에 관한 수익적 권리를 취득하며, ③ 나아가 이러한 계좌보유자들과 다시 계좌를 개설한 개인 투자자 등은 그 계좌보유자들이 취득한 이 사건 사채에 관한 권리에서 파생하는 수익적 권리를 계좌보유자와의 계약을 통하여 취득하게 된다.

따라서 이 사건 사채의 유일한 사채권자는 사채권자 명부에 사채소지자로 등록된 체이스 노미니즈로서, 원칙적으로 체이스 노미니즈 혹은 그 수탁자인 체이스 맨해튼반이 사채 발행회사인 대우에 대한 관계에서 권리의무관계를 맺고, 이 사건 사채의 청산기관인 유로클리어나 세델 은행에 계좌를 개설하여 미화 96만 달러 상당의 이 사건 사채에 관한 권리를 취득한 베어스턴스 증권에 다시 계좌를 개설함으로써 그 중 미화 30만 달러 상당의 이 사건 사채에 관한 권리에서 파생하는 수익적 권리를 취득한 원고들은 발행회사인 대우에 대하여 사채권자의 지위에 있다거나 직접 미화 30만 달러 상당의 금전지급청구권이 있음을 주장할 수 없다.

(3) 구 증권거래법(2007. 8. 3. 법률 제8635호로 공포되어 2009. 2. 4. 시행된 자본시장과 금융투자업에 관한 법률 부칙 제2조로 폐지되기 전의 것) 제174조의3, 제174조의4의 규정과 같이 증권예탁결제원의 예탁자계좌부와 예탁자의 고객계좌부에 기재된 자를 각각 예탁된 유가증권의 점유자로 보고 그 예탁유가증권에 대한 공유지분을 갖는 것으로 추정하는 법리나 해석론은 이 사건 신탁계약 및 이 사건 사채에 관한 권리의무관계를 해석하는 데 적용될 여지가 없다.

(4) 베어스턴스 증권은 이 사건 사채에 관한 신탁계약상의 권리의무관계를 전제로 하여 유로클리어나 세델 은행에 계좌를 개설하여 이 사건 사채에 관한 권리를 취득하였고, 원고들은 다시 베어스턴스 증권에 계좌를 개설함으로써 베어스턴스 증권이 갖고 있는 이 사건 사채에 관한 권리에서 파생하는 수익적 권리를 취득한 것이므로, 원고들이 이 사건 사업설명서나 신탁계약서의 내용을 알지 못하였다면 원고들의 계약상대방인 베어스턴스 증권에 대하여 이를 설명하지 않은 점을 탓할 수 있는지는 몰라도, 그와 같은 사정을 내세워 이 사건 신탁계약의 효력을 부정하고 원고들이 발행회사인 대우에 대하여 사채권자의 지위에 있다거나 직접 미화 30만 달러 상당의 금전지급청구권이 있음을 주장할 수는 없다.

(5) 발행회사인 대우의 채무불이행이 발생하는 등의 사정에 의하여 확정사채권이 발행되어 원고들에게 교부되고 이 사건 사채의 사채권자 명부에 원고들의 이름이 등록된 경우에는 원고들을 대우에 대한 관계에서 사채권자로 볼 수 있지만, 이와 같은 점에 관하여 아무런 주장·입증이 없는 이 사건에서, 단지 대우의 채무불이행 발생 후 수탁자인 체이스 맨해튼이 대우를 상대로 어떠한 권리도 행사한 사실이 없다는 사정만으로는 곧바로 원고들이 대우에 대하여 사채권자의 지위를 취득하게 된다거나 직접 미화 30만 달러 상당의 금전지급청구권을 취득하게 된다고 할 수는 없다.

[評 釋]

Ⅰ. 問題의 所在

오늘날 주식과 사채 등의 유가증권은 증권의 실물 보관에 따른 분실이나 도난 등의 사고를 방지하고 증권업자의 실물교부 및 수납업무를 간소화하며, 증권발행회사의 증권발행비용의 절감·증권발행업무의 간편화·증권관리업무의 합리화 및 자금조달촉진 등을 도모하기 위하여 증권의 실물이 발행되지 아니하는 증권의 부동화(immobilization)와 무권화(dematerialization; decertification) 현상이 확산되고 있다. 이를 뒷받침하기 위하여 증권시장 전체로서 실물의 이동이 없는 계좌간 이체에 의하여 권리이전 및 결제가 이루어지는 집중예탁제도가 발달하게 되었다.

위와 같은 집중예탁제도의 도입에 의하여 증권실물의 물리적 이동 없이 장부상의 기장만으로 권리이전 및 결제가 가능해지기는 하였지만, 다른 한편으로는 증권에 대한 권리의 귀속 및 이전을 법률적으로 어떻게 구성하여야 하는 것인지에 관하여 새로운 문제가 발생한다. 특히 자본시장의 세계화 경향에 따라 주식과 사채 등이 한 국가 내에서 발행·유통되는 것이 아니고 해외에서 발행되어 여러 국가에서 유통되는 경우에는 그 발행·유통절차와 관련하여 단순히 발행·유통지 국가의 증권거래규제법 적용 여부가 문제되는 것에 그치지 않고, 각국의 회사법, 신탁법, 채권법 및 물권법 등 여러 실체법의 적용이 문제될 수 있다는 점에서 이는 한층 복잡한 성질을 띠게 된다. 즉, 증권의 발행지, 유통지, 중앙예탁기관소재지, 하부 중개기관소재지(고객과의 계좌개설계약 체결지) 등이 각기 달라짐에 따라 당해 주식과 사채 등 유가증권의 권리의무관계 등을 어떠한 국가의 무슨 법률을 적용하여 해석하여야 하는지에 관하여 검토할 필요가 생기는 것이다.[2)]

이 사건의 경우 발행회사인 대우가 해외에서 이 사건 사채와 신탁계약의 준거법으로 영국법을 지정하여 발행한 관계로, 사채권자의 지위 등과 관련한 준거법 결정과 관련하여서는 대체로 어려운 문제는 발생하지 아니하지

2) 이에 관한 논문으로는 석광현, "국제적인 증권담보거래의 준거법 -헤이그국제사법회의의 유가증권협약을 중심으로-", 「증권법연구」 제5권 제1호, (2004); 심인숙, "회사분할시 유로본드 투자자의 법적 지위", 「민사판례연구 XXXII」, 697면 참조.

만, 우리나라에 다소 낯선 영국의 신탁법리를 정확히 파악하여 적용하여야 하는 부담이 남는다.

한편, 상법은 주주총회의 특별결의로써 신설회사가 분할되는 회사의 채무 중에서 출자한 재산에 관한 채무[3]만을 부담할 것을 정할 수 있도록 하고 있다. 이 경우 분할되는 회사가 분할 후에 존속하는 때에는 신설회사가 부담하지 아니하는 채무만을 부담하며(상법 제530조의9 제2항), 이때에는 회사가 알고 있는 채권자에게 일정한 기간 내에 이의를 제출할 것을 최고하는 등의 채권자보호절차를 취하여야 한다(상법 제530조의9 제4항, 제527조의5).

그러나 분할되는 회사와 신설회사가 분할 전 회사의 채무에 대하여 연대책임을 지지 않는 경우에는 채무자의 책임재산에 변동이 생기게 되어 채권자의 이해관계에 중대한 영향을 미친다. 따라서 분할되는 회사와 신설회사의 채무관계가 분할채무관계로 바뀌는 것은 분할되는 회사가 자신이 알고 있는 채권자에게 개별적인 최고절차를 제대로 거쳤을 것을 요건으로 하는 것이라고 보아야 한다. 만약 그러한 개별적인 최고를 누락한 경우에는 그 채권자에 대하여 분할채무관계의 효력이 발생할 수 없고 원칙으로 돌아가 신설회사와 분할되는 회사가 연대책임을 지게 된다.[4]

이 사건의 경우 대우는 사업을 건설부문 및 무역부문으로 나눈 후 이를 인적 분할을 통하여 각 피고 대우건설과 피고 대우인터내셔널에 포괄승계시키고 나머지 사업부문은 대우에 잔존시키는 것으로 정하면서, 피고들은 각 출자한 재산에 관한 채무만을 부담하도록 하였다. 원고들은 베어스턴스 증권에 계좌를 개설하여 이 사건 사채에 관한 권리를 취득한 자로서 대우에 대하여 직접 상환청구권을 갖는 대우의 채권자라고 주장하는바, 만일 원고들의 주장이 인정된다면 대우가 회사분할 과정에서 원고들에 대하여 채권자보호절차를 취하지 아니한 경우 피고들은 연대책임을 면할 수 없다. 반면, 원고

---

3) 대법원 2010. 8. 19. 선고 2008다92336 판결은 「분할되는 회사가 '출자한 재산'이라 함은 분할되는 회사의 특정재산을 의미하는 것이 아니라 조직적 일체성을 가진 영업, 즉 특정의 영업과 그 영업에 필요한 재산을 의미하며, '출자한 재산에 관한 채무'라 함은 신설회사가 분할되는 회사로부터 승계한 영업에 관한 채무로서 당해 영업 자체에 직접적으로 관계된 채무뿐만 아니라 그 영업을 수행하기 위해 필요한 적극재산과 관련된 모든 채무가 포함된다」라고 판시하였다.

4) 대법원 2004. 8. 30. 선고 2003다25973 판결; 대법원 2010. 8. 19. 선고 2008다92336 판결; 대법원 2010. 8. 26. 선고 2009다95769 판결 등.

들이 대우에 대한 채권자가 아니라면, 대우로서는 채권자보호절차를 취할 의무가 없고 피고들 역시 연대책임을 질 이유가 없다. 따라서 이 사건은 원고들이 대우에 대한 채권자인지 여부가 선결문제로 작용한다.

Ⅱ. 一般論에 관한 檢討

1. 유로社債와 準據法[5)]

(1) 유로사채의 의의 및 준거법

사채는 발행・판매지역과 표시통화에 따라 내국채와 국제채(international bonds)로 나누어진다. 국제채는 외국채(foreign Bond)와 유로본드(Euro bond; 이하 '유로사채'라고 한다), 글로벌 본드(Global bond)로 구분된다.[6)]

그 중에서 "유로사채"라 함은 유로달러본드, 유로엔본드 등과 같이 표시통화의 국가 이외의 국가에서 국제적 채권인수단을 통하여 주로 표시통화 소속국 이외의 투자자들을 대상으로 발행・판매되는 사채를 말한다. 이와 관련하여 외국채는 시장소재국의 증권거래법 관련 법령에 의한 규율을 받으나, 유로사채는 통상 어느 특정 국가의 규제를 받지 않는다. 하지만 이는 유로사채라고 하여 증권발행 단계에서 증권거래법 관련 법령의 적용이 면제되는 특권이 부여된다는 뜻이 아니다. 즉 유로사채의 경우 발행회사는 인수단과의 인수계약에서 발행을 위한 투자권유행위가 행해지는 국가의 증권거래법 관련 법령을 적용받지 않도록 판매행위에 관여하는 인수증권회사 등으로 하여금 투자권유 대상을 일반 대중이 아니라 전문투자자(sophisticated investor)로 제한하는 내용 등의 판매제한(selling restriction) 조항을 삽입하고 인수증권회사는 이를 이행한다. 일반적으로 각국의 증권거래법 관련 법령은 전문투자자만을 대상으로 하는 발행이나 사모발행의 경우 증권거래법 관련 법령에 의한 제한을 하지 아니하는바, 유로사채가 발행・유통과 관련하여 어느 특정 국가의 규제를 받지 않는다고 하는 것은 바로 판매제한 조항의 효과 및 그 이행에 의하여 이와 같이 증권거래법 관련 법령의 적용을 받지 않게 된다는

---

5) 이에 관하여 상세히 논한 글로는 석광현, "국내기업의 해외사채 발행의 실무와 법적인 문제점 -유로채(Eurobond) 발행시 우리법의 적용범위에 관한 문제를 중심으로-", 「국제거래법연구」 제6집, 29면 이하 참조.

6) 최병선, "해외사채발행 실무해설", 「BFL」 제8호, 87면.

것에 불과하다.7)

따라서 유로사채의 경우에도 사채에 관한 권리의무관계나 신탁계약에 관해서는 당연히 당사자 자치나 국제사법에 의하여 정해지는 준거법의 적용을 받게 된다. 유로사채의 발행과 관련된 여러 계약서들과 사채는 영국법을 준거법으로 지정하고 있으므로, 발행회사와 수탁회사 및 사채권자의 권리·의무는 신탁계약과 그의 준거법인 영국법에 따라 규율되고 있다.

(2) 유로사채의 준거법의 적용범위

(가) 발행인과 사채권자간의 권리의무 관계

유로사채의 경우 통상 사채의 조건에 준거법 조항을 두어 사채와 이권에 따른 권리의무에 대하여 영국법을 준거법으로 지정하므로 사채와 이권의 준거법은 영국법이 된다. 여기서 사채의 준거법이라 함은 사채의 발행인과 사채권자간의 채권·채무의 준거법을 의미한다. 즉 사채계약 내지 인수계약 자체의 준거법이 아니라 채권에 화체된 권리의 준거법을 의미한다.

(나) 유로사채의 방식

유로사채는 납입일에 포괄사채권의 형식으로 발행되었다가 일정기간 경과 후 확정사채권으로 교환된다. 국제사법 제15조에 의하면, 법률행위의 방식은 법률행위의 준거법 또는 행위지법에 따른다고 하고 있으므로, 유로사채의 방식은 유로사채의 준거법인 영국법 또는 그 행위지법인 유로사채의 작성지법 중 어느 하나에 따른 방식을 충족하면 된다. 실무상으로는 ISMA가 정한 표준양식을 따르고 있다.

(다) 유로사채 발행회사의 속인법

유로사채 자체와 유로사채의 발행과 관련된 각종 계약들의 준거법이 영국법으로 지정되었다 하더라도 ① 발행회사의 능력, ② 이사회결의 등 사채발행을 위하여 필요한 내부절차에 관한 사항, ③ 기타 사채의 발행에 대한 상법상의 규제사항(예컨대, 사채총액의 제한)에 대하여는 발행회사의 회사법이 속인법으로 적용된다. 따라서 전환사채나 신주인수권부사채의 경우 주주가 되는 시기, 전환비율, 신주인수권 부여비율, 전환권이나 신주인수권 행사의 효과 등은 발행회사의 회사법의 규율을 받는다.

7) 심인숙, 전게논문, 712-713면.

2. 受託者를 두는 유로社債와 包括社債權

(1) 신탁계약 (Trust Deed)

발행회사는 유로사채를 발행하면서 재무대리인과 지급대리인들을 지명한다. 재무대리인은 사채의 원리금의 지급과 임시사채권과 확정사채권의 교환, 통지와 사채에 관한 기록의 관리 등 관리업무를 담당하며 지급대리인은 사채원리금의 지급을 담당한다.

그러나 유로사채를 발행하면서 수탁자를 두는 경우에는 재무대리인계약서 대신에 발행회사와 수탁자간에 신탁계약(Trust Deed, "신탁약관" 또는 "신탁증서"라고도 한다)이 체결된다. 유로사채 발행의 경우 통상 수탁자를 두지는 아니하나, 전환사채 또는 신주인수권부사채와 같이 주식연계사채를 발행하는 경우에는 수탁자를 두는 것이 보통이다. 발행회사와 수탁회사 사이에 작성되는 신탁계약은, 발행회사가 사채권자들에게 권리를 일방적으로 부여하는 성격을 가지고 있으므로 영미법계에서의 일방계약(deed 또는 deed poll)의 성격을 가지고 있다.[8]

재무대리인은 발행회사의 대리인으로 사채권자에 대하여 원칙적으로 충실의무를 부담하지 않으나, 발행회사로부터 일단 사채원리금을 지급받은 경우에는 사채권자에 대해 예외적으로 충실의무를 부담한다. 반면에 수탁자는 발행회사의 대리인이 아니고 사채에 관한 권리 보유자들의 대표자로서 그들에 대해 사채계약과 그 준거법이 부과하는 충실의무를 부담한다. 발행회사는 이 경우 수탁자에게 사채원리금을 지급함으로써 의무를 면한다.

수탁자를 두는가의 여부에 따른 차이는 발행회사가 사채의 원리금을 지급하지 못하는 등 채무불이행이 있는 경우에 특히 현저하다. 수탁자가 있는 경우 사채에 관한 권리의 보유자들을 위하여 조치를 취할 권리와 책임이 수탁자에게 귀속하는 데 반하여, 수탁자가 없는 경우에는 그러한 권리와 책임은 각 사채권자에게 있다. 재무대리인을 두는 유로사채의 경우에는 각 사채권자가 개별적으로 기한의 이익을 상실시킬 수 있는 반면, 수탁자를 두는 경우에는 각 사채권자가 기한의 이익을 상실시킬 수 없고(이른바 "no action clause"), 수탁자만이 유로사채 전체의 기한의 이익을 상실시킬 수 있도록 계

8) 최병선, 전게논문, 91면.

약조항에 삽입하는 것이 통상이다.

(2) 포괄사채권 (Global Certificate; 包括社債券, 包括社債證書)

(가) 포괄사채권[9]

사채권(社債券)을 전액 실물로 발행하여 투자자들에게 배포하는 경우 그것을 확정사채권(確定社債券)이라고 부른다. 이와 달리 실물로 발행하지 아니하고 불발행제도를 취하거나 아니면 전자등록식으로 발행하는 경우에는 사채발행액 전액을 액면으로 한 사채권 1매를 발행하여 결제기관 또는 그 위탁을 받은 예탁기관에 예탁하는 것이 일반적인데, 이렇게 1매로 전액에 관하여 발행한 사채권을 포괄사채권(包括社債券; Global Certificate)이라고 한다. 이러한 사채권은 사채의 보유자임을 증명하는 증서로서 사채(社債) 그 자체와는 구별되어야 한다.[10][11]

(나) 무기명식 임시포괄사채권

발행회사는 납입일에 임시포괄사채권을 발행하여 유로결제기구의 공동예탁기관에게 교부한다. 임시포괄사채권은 무기명식으로 발행되고 발행회사는 그 소지인에게 사채의 원금 전액을 그와 교환하여 지급할 것을 약속한다. 통상의 경우 발행회사는 사채권자의 청구에 따라 임시포괄사채권을 확정사채권과 교환할 의무를 진다. 확정사채권이 발행되는 경우 임시포괄사채권은 그 금액이 감소되고 전부 교환되면 수탁자에 의하여 취소되고 발행회사에게 반환된다. 임시포괄사채권을 사용하는 이유는 주로 미국 증권법위반을 피하기 위한 것이다. 유로사채는 이른바 40일 간의 폐쇄기간(lock-up period) 동

---

9) 최병선, 전게논문, 90면.

10) 참고로 사채(Bond)와 사채권(社債券, Certificate)의 차이를 살펴보면, "사채"(Bond)는 금전지급청구권이 화체되어 있는 증권을 말하고, "사채권"(Certificate)은 주식이나 증권의 소유자임을 증명하는 증거서류를 말한다.
① Bond : Any interest-bearing or discounted security that normally obliges the issuer to pay the bondholder a contracted sum of money and to repay the principal amount of the debt. ② Certificate : Evidence of ownership of a company showing the number of shares and relevant details on the security.

11) 이 사건 신탁계약서 SCHEDULE 2 PART 1 FORM OF EUROPEAN GLOBAL CERTIFICATE에도 "This Ceritificate is evidence of entitlement only. Title to the Bonds passes only on the registration of Bondholders and only the duly registered holder is entitled to payments on Bonds in respect of which this Certificate is issued"라고 되어 있어 유럽포괄사채권이 권리의 증서서류에 불과하다는 점을 명확히 하고 있다.

안은 임시포괄사채권의 형태로 있다가 위 기간 만료시에 유로결제기구의 계좌개설인이 "미국인"에 의하여 실질적으로 소유되지 않는다는 증명서를 제출하고 확정사채권을 교부받는다.

(다) 영구포괄사채권

만기시까지 포괄사채권의 방식을 유지하고 확정사채권이 전혀 발행되지 않는 경우도 있는데 그러한 사채권을 영구포괄사채권이라고 한다. 다만, 이 경우에도 예컨대 유로결제기구가 폐쇄된 때와 같은 예외적인 사유가 발생한 때에는 발행회사는 개별적인 확정사채권(individual definitive Certificates)을 발행할 의무를 부담한다.

3. 預託機關에 預託된 證券의 所有權에 관한 規律[12)]

(1) 다층적 중개기관(multi-tiered intermediary)의 관여

현재 증권거래에 있어서는 증서가 발행되지 않거나 포괄사채증서(global certificate) 1개만이 발행되고, 투자자는 자신을 위한 증서를 요구할 수 없는 경우가 많다. 대부분 증서는 투자자의 중개기관(intermediary)인 증권회사 등에 의하여 보유되지도 않고 그 중개기관의 이름으로 등록되지도 아니한다. 증서가 발행되든지, 발행되지 않든지 간에, 증권(securities)은 거의 항상 연쇄사슬에 있어서 최상층부에 있는 위치한 다른 중개기관에 의하여 보유되고 있다. 국가 예탁기관 혹은 국제 예탁기관이 여기에 해당된다. 이러한 증권보유의 패턴은, 국가 간의 경계를 넘어서고 여러 하부 보관약정(sub-custody arrangement)이 맺어짐으로써, 단순한 최상층 중개기관과 최하층 중개기관의 관계라는 범위를 넘어서게 된다.

통상 투자자(investor)는 어디가 최상층 중개기관인지, 다른 중개기관이 개입되어 있는지 등은 알지도 못하고 신경 쓰지도 아니한다. 항상 1개의 층마다 증권계좌를 개설·관리하는 각 중개기관이 존재하는데, 이 중개기관은 연쇄사슬에서 자기보다 낮은 층에 있는 중개기관의 이름으로 그 증권계좌를

---

12) Luc Thévenoz, "INTERMEDIATED SECURITIES, LEGAL RISK, AND THE INTERNATIONAL HARMONIZATION OF COMMERCIAL LAW", Stanford Journal of Law, Business and Finance, pp.401-410.

개설 · 관리하는 것이고, 이러한 연쇄사슬에 있어서 최하층에 존재하는 중개기관은 투자자의 이름으로 증권계좌를 개설 · 관리한다. 각 연쇄사슬의 단계에서, 각 관련 중개기관은 단지 그 계좌보유자(account holder)의 인적사항(identity)만을 알 뿐이다. 그 계좌보유자가 설령 금융기관이라 하더라도 그 중개기관은 전부 혹은 일정 수량을 또 다른 하부 계좌보유자의 중개기관으로서 보유하고 있는 것인지 아니면 자신의 계산으로 보유하고 있는 것인지 알 수 없다. 설령 그러한 사실을 알고 있다 하더라도 누가 투자자(investor)인지는 더욱 알 길이 없다.

비록 총체적인 중개시스템(the whole intermediated system)이 연쇄사슬의 피라미드 구조에서 최하층에 위치한 최종적 계좌보유자(ultimate account holder)인 투자자를 위하여 운영된다 하더라도, 그 연쇄사슬의 위치가 어디에 있는지는 무관하게 각각의 "계좌보유자와 그 계좌를 개설한 중개기관" 사이에만 그들 상호간의 계좌개설계약에 따른 법률관계가 형성되는 것이 원칙이다. 이 경우 더 나아가 최상층부에 위치한 보관인(custodian)인 중앙예탁기관(central securities depository)과 최종적인 계좌보유자(투자자) 사이에 직접적인 권리의무관계가 인정될 수 있는가는 각국의 입법정책에 따라 달라질 수 있다. 현재 주요 국가의 입법례는 연쇄사슬의 최하층에 있는 투자자가 최상층부에서 위치한 중앙 증권예탁기관에 보유하는 증권에 관하여 직접 소유권(ownership)을 갖는 것으로 인정하는 법제와 이를 부정하고 다층적인 권리(entitlement)만을 인정하는 법제로 대별할 수 있다.

(2) 투자자의 직접 소유권(Direct Ownership)을 인정하는 법제

최하층부에 위치한 투자자에게 최상층부의 예탁기관에 예치된 증권에 대하여 직접 소유권(Direct Ownership)을 인정하는 법제의 경우, 최상층부의 예탁기관이나 중개기관(증권회사)은 투자자(소유자)를 위한 수치인(대리인)에 불과하다. 투자자는 주식 또는 사채에 대한 소유자(공유자)로서의 지위를 갖고 발행회사와 직접적인 권리의무관계를 형성한다. 그리하여 증권예탁기관에 예탁된 투자자의 재산권을 직접 소유권이라고 본다. 대륙법계에 속하는 나라가 이러한 방식을 취하는데, 벨기에, 브라질, 중국, 프랑스, 독일, 이탈리아, 일본, 스페인, 스위스 등이 여기에 해당된다. 우리나라의 증권거래법도 이 법제에 속한다고 할 수 있다.

이러한 법제에서는 중개기관이 관여한다고 하여 투자자의 증권에 대한 법적 권리(legal title)가 박탈되지 아니하고, 투자자의 발행회사에 대한 권리 및 청구권에 아무런 영향을 받지 아니한다. 투자자와 혼장임치된 증권 사이에 중개기관(예탁기관)이 개입된다 하더라도 이들은 단지 투자자가 그 혼장임치된 증권의 소유 및 점유를 위하여 필요한 도구에 불과하다고 보거나, 투자자를 위한 계좌관리자 혹은 대리인으로 본다.

이 법제에서는, 증권이 혼장임치된 경우 소유형태를 지분율에 의한 공유로 바꿀 뿐, 소유권의 귀속은 바꾸지 못한다. 또한, 발행회사에 대한 관계에서도 투자자가 계약의 당사자이거나 회사의 주주가 되고, 단지 운영상의 편의상 중개기관을 통하여 지급을 받거나 의결권을 행사하며, 중개기관은 채권자와 발행회사를 대리할 뿐이다.

그 결과 대륙법계에서는, 개별 증권이 발행되어 예탁되었든지 간에, 혹은 1개의 포괄사채권이 발행되었든지 간에, 투자자가 발행회사에 대한 관계에서 소유자라는 점에는 변함이 없다.

서울중앙지방법원 2007. 11. 8. 선고 2004가합78245 판결에 나타난 사례가 이러한 경우인데, 그 구체적인 계약내용은 다음과 같다. 위 사건에서 대우는 1996. 10. 18. 총 발행금액 독일화 200,000,000마르크, 만기 1999. 10. 18.인 제180회 확정금리사채를 독일법을 준거법으로 하여 발행하였는데, 드레스덴 은행을 지급 및 상장대리인(Paying and Listing Agent)으로 선임하였다. 신탁계약이 개입되어 있지 아니한 점을 유의할 필요가 있다. 위 사건의 사채의 투자설명서(Information Memorandum) 제1조 제2항은 "사채는 무기명 영구포괄사채권에 의하여 표창된다. (중략) 포괄사채권은 도이처 카센페어라인에 예탁될 것이다. (중략) 확정사채권은 발행되지 않을 것이다. 사채보유자들은 포괄사채권에 공유자로 참여할 권리가 있고, 위 공유자 참여권은 도이처 카센페어라인의 규정에 따라, 독일연방공화국 밖에서는 세델 뱅크와 유로클리어 시스템의 운영자인 모건 개런티 트러스트 컴퍼니의 규정에 따라 양도될 수 있다."라고 규정하고 있다. 위 사건에서는 준거법이 독일법인 관계로, 사채의 소유권이 수탁자에 이전되는 신탁관계를 설정하지 않고, 단순히 지급 및 상장대리인만이 선임되었음을 주목할 필요가 있다. 앞서 본 바와 같이 위 사건에서 지급 및 상장대리인은 발행회사의 대리인 지위에 있는 것에 불과하다. 또한 확정사채권((individual definitive Certificate)이 발행되지 아니함에도 불구하고 투자자들을 혼장임치된 증권의 직접 소유자(공유자)로 취급하고 있음도 주목할 필요가 있다.

(3) 다층적 권리(Multi-Tiered Entitlement)를 인정하는 법제

(가) 일반적 특성

다층적 권리(Multi-Tiered Entitlement) 관계를 인정하는 법제에서는 신탁계약 체결을 통하여 중앙 예탁기관 또는 수탁자에게 소유권이 이전되는 방식을 취한다. 수탁자는 발행회사의 대리인이 아니다. 투자자는 주식 또는 사채에 대한 수익자의 지위에 있는 것에 불과하고 발행회사와 직접적인 권리의무관계가 없다. 각 층의 중개기관에 계좌를 설정한 계좌보유자가 취득하는 권리의 내용은 서로 상이하다. 이 법제에서는, 계좌보유자가 투자자이든 중개기관이든지 간에, 모든 계좌보유자는 자신이 계좌를 개설한 중개기관 혹은 직근 중개기관이 갖는 증권에 대하여 간접적인(indirective) 혹은 파생적인(derivative) 권리(interest)만을 가질 뿐이고, 최상층부에 있는 중앙 예탁기관만이 예탁된 증권에 대하여 법적 소유자(legal owner)로 인정받는다. 이것이 다층적 권리(multi-tiered entitlements)의 내용이다.

투자자가 중개기관을 통하여 증권을 취득하려는 경우, 투자자는 중개기관에 법적 권리를 이전(transfer)하고 발행회사에 대하여는 모든 직접적인 법률관계를 차단(shut out)한다. 이를 흔히 '증권의 간접보유'(indirect holding of securities)라고 한다. 이러한 법제하에서 발행회사와 직접적인 법률관계를 맺는 유일한 당사자는 최초의 층에 위치한 중개기관(first-tier intermediary)이고 통상 피지명인(nominee)이 중개기관을 위하여 지명된다. 여기서 하나 혹은 그 이상의 중개기관이 "증권보유 연쇄사슬"(holding chain)에 등장하고, 각 중개기관은 자신에게 계좌를 개설한 자들을 위하여 증권에 대한 일정한 권리(interest)를 보유한다.

투자자 자신은 연쇄사슬에 있어서 최종적인 계좌보유자이고, 간접적으로 증권에 대하여 권리를 갖고 있지만, 사채권자나 주주는 아니며, 발행회사의 장부에 사채권자나 주주로 등록되지 아니한다.

(나) 영국의 법제[13)]

영국의 신탁법리에 의하여 다층적 권리구조를 설명하면 다음과 같다. 즉 피라미드 최상층부에 있는 최초의 보관인은 계좌보유자들을 위하여 혼장임치된 증권의 수탁자(trustee)이고, 계좌보유자들은 신탁(trust)의 수익자들(beneficiaries)이다. 각 중개기관은 다시 각 자신에게 계좌를 개설한 계좌보유자를 위한 수탁자가 된다. 여기서 계좌보유자는 당해 중개기관이 그 상층부의 중개기관에 증권계좌를 개설하여 취득한 권리에서 파생되어 나온 수익적 권리(beneficial interest)를 대상으로 하여 계좌를 개설한 것으로 보게 된다. 피라미드의 가장 밑바닥에는 투자자가 존재하는데 그는 신탁의 연쇄사슬(chain of trust)에서 가장 최종적인 수익자이다.

이와 같이 연쇄하는 각 중개기관과 계좌보유자 사이에 각각 다층적인 신탁관계가 존재하는 것으로 보는 장점 중의 하나는 각 계좌보유자를 그와 계좌개설계약을 체결한 중개기관의 파산으로부터 보호할 수 있다는 점에 있다. 신탁재산은 원칙적으로 수탁자의 일반채권자에 의하여 강제집행을 당하지 않는 도산격리기능이 있기 때문에, 투자자를 비롯하여 모든 계좌보유자들은 그와 계좌개설계약을 체결한 중개기관의 도산으로부터 보호될 수 있는 것이다. 이와 같이 각 계좌보유자가 자신의 중개기관에 대한 도산위험을 부담하지 아니한다는 점에서 그들의 권리는 중개기관에 대한 관계에서 물권적인 성질을 갖고 있다고 볼 수 있다. 하지만 계좌보유자는 결코 특정 증권 자체에 대한 배타적 물권은 보유하지 아니한다.

이러한 법제에서는, 동일한 증권 보유 연쇄사슬에 위치한 각 층에서 중개기관은 자신에게 계좌를 개설한 계좌보유자를 위하여 금융자산에 대하여 일정한 재산적 권리(some property interest in the financial asset)를 보유하고, 또한 그 계좌보유자들에게 재산적 권리를 부여하지만, 그와 같이 제공하는 재산적 권리는 당해 중개기관 자신이 보유하는 재산적 권리와는 구별된다. 그 계좌보유자는 자신이 계좌를 개설한 당해 증권기관에 대하여만 증권과

---

13) 이에 관하여는 김이수, "영국신탁법리에 의한 증권간접보유구조의 구성", 「상사법연구」 제22권 제2호, (2004), 273면 이하 참조.

관련한 권리를 행사할 수 있을 따름이다.

투자자가 자신이 보유하는 사채에 관한 권리를 매도하기 위해서는 자신이 거래하는 중개기관에 대하여 자신의 계좌에서 해당 물량을 차감하고 매수인의 계좌에 동일 물량만큼 증가 기재하도록 요청하여야 한다. 발행회사의 입장에서는 이러한 투자자들 사이의 거래는 전혀 인식되지 못한 채 이루어진다. 왜냐하면 발행회사의 장부상 최상층부의 예탁기관의 피지명인(nominee)은 변경되지 않기 때문이다.

<증권의 간접보유에 관한 다층적 권리구조 흐름도>

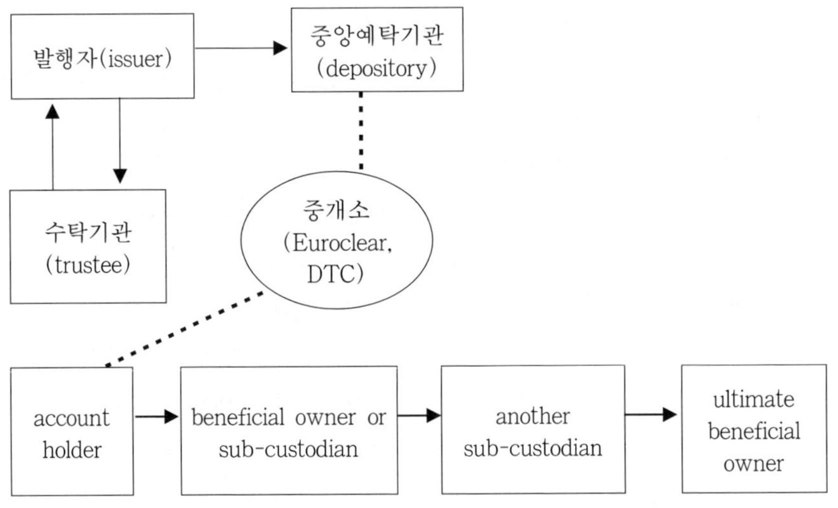

(다) 미국의 법제

미국은 권리자를 보호하기 위하여 공유지분의 개념을 사용하지 않지만, 혼장예탁된 유가증권에 대하여 권리자들에게 물권적 권리를 인정하고 있다. 프랑스, 이탈리아와 브라질 등도 이러한 법제에 속한다.

1994년에 개정된 미국 "통일상법전"(Uniform Commercial Code)의 제8장(Article 8)은, 투자자가 중개기관을 통하여 증권을 보유하는 다층보유(multi-tier holding)의 본질을 투자자에 의한 증권의 간접보유로 파악하였던 종전의 규율 방식과는 달리, 중개기관의 증권계좌보유자에게 '증권권리'(security entitle- ment)라는 새로운 권리를 인정하기에 이르렀다.

통일상법전 §8-102(a)(17)는 증권권리를 제5절에 규정된 금융자산에 관한 증권권리보유자의 권리와 재산권을 말한다고 정의한다. 이에 대한 주석(comment)은, 증권권리는 중개기관을 통하여 유가증권 또는 기타 금융자산을 보유하는 자의 권리와 재산권을 말하고, 이는 중개기관에 대한 '대인적 권리'와 중개기관이 보유하는 '재산에 대한 권리'의 양자를 의미하지만, 중개기관이나 그를 통하여 금융자산을 보유하는 청산기구가 보유하는 어떠한 금융자산에 대한 특정한 재산권은 아님을 분명히 하고 있다. 즉 계좌보유자들은 중개기관이나 최상위 예탁기관이 보관하는 증권 자체에 대하여는 법적 소유권(legal title)이 없고, 중개기관을 통하여야만 그의 권리인 '증권권리'를 행사할 수 있을 뿐이다. 한편, 중개기관이 도산한 경우 고객의 권리에 대응하는 유가증권은 고객의 권리에 우선 충당되므로 증권권리의 보유자인 고객은 중개기관의 다른 영업으로 인한 신용위험을 부담하지 않는다.[14)]

Ⅲ. 對象 判決에 대한 檢討

1. 이 事件 社債에 관한 權利義務關係의 準據法

이 사건 신탁계약서의 제18조 준거법 및 관할(Governing Law And Jurisdiction) 중에서 18. 1. 준거법은 "이 신탁계약은 영국법이 적용되고 영국법에 의하여 해석하여야 한다."라고 규정되어 있고, 이 사건 사업설명서 제15조 준거법과 관할(Governing Law And Jurisdiction)은 "이 사채와 신탁계약은 영국법이 적용되고 영국법에 의하여 해석되어야 한다."라고 규정하고 있다. 이와 같이 이 사건 사채와 이 사건 신탁계약의 준거법은 영국법이므로, 이에 따라 해석하여야 한다.

그런데 원심 판결은 이 사건 사채의 준거법이 영국법이라고 인정하였으면서도, 「이 사건 채권에 관한 권리를 매입한 원고들은 신탁계약에서 규정하고, 사업설명서에서 그 취지를 설명한 바에 따라 신탁계약에서 정한 권리의 무관계를 인정함을 전제로 그러한 권리를 취득하였으므로 신탁계약의 구속

14) 석광현, "국제적인 증권담보거래의 준거법 -헤이그국제사법회의의 유가증권협약을 중심으로-", 「증권법연구」 제5권 제1호, 50면; 통일상법전상 증권권리에 관하여는, 김이수, "UCC상 증권권리(security entitlement)의 개념", 「증권법연구」 제5권 제1호, 42면.

을 받는다고 봄이 상당하다. 따라서 이 사건 사채권자가 누구인지는 신탁계약 규정의 해석에 의하여 결정된다고 할 것이며, 이와 관련하여 원칙적으로 어느 특정 국가의 증권거래관련 법규의 제한을 받지 않는다고 할 것이다」라고 하였다. 이러한 원심의 판단은 증권의 발행·유통과정에서 계약조항에 삽입된 '판매제한 조항'의 효과 및 그 이행에 의하여 특정 국가의 증권거래법 관련 법령의 적용을 받지 않게 된다는 유로사채의 특성을 오해한 나머지 유로사채의 권리의무관계에 관하여서까지 준거법 국가의 실체법을 적용받지 아니하는 특권이 부여된 것처럼 잘못 해석한 것으로 보인다. 앞서 본 검토에 의하면 이러한 해석은 잘못된 것임이 명백하다.

하지만, 원심은 이 사건 신탁계약의 해석을 정확하게 하여 원고들이 사채권자가 아니라는 결론을 도출하였으므로, 원심의 준거법에 관한 법리오해의 위법은 판결결과에 영향이 없어 파기사유가 될 수 없다.

2. 原告들이 社債權者인지 與否

(1) 이 사건 신탁계약서와 사업설명서의 관련 규정

(가) 이 사건 신탁계약서의 관련 규정

○ 해석 (Interpretation)

1.1. 사채권자(Bondholder)는 이 사건 사채권자 명부에 사채의 소지자로 등록된 자를 말한다.[15)]
단, (2) 수탁자에 대하여 신탁계약의 이행을 청구(집행)하기 위한 목적에서는, 포괄사채권(Global Certificate)에 의하여 표창(represented)되는 사채의 사채권자임을 나타내는 증서(a certificate)에 이름이 기재된 자를 신탁계약에 규정된 신탁의 수익자(beneficiaries of the trusts)로 인정한다. 이 경우 그 증서에 기재된 사채에 관한 권리(the interest in the Bonds)의 원금 액수만큼 마치 그들이 사채권자인 것처럼 취급하고, 포괄사채권에 의하여 표창되는(represented) 사채의 사채권자는 그와 동일한 금액만큼 사채권자로 인정되지 않을 것이고,[16)]…

---

15) Bondholder means a person in whose name a Bond is registered in the register of Bondholders.

16) {provided that (1) … , (2) for the purposes of enforcement of the provisions of the Trust Deed against the Trustee, the persons named in a certificate of the holder of the Bonds represented by a Global Certificate shall be recognised as the beneficiaries of the trusts set out in this Trust Deed to the extent of the principal amount of the interest in the Bonds set out in the certificates of the holder as if they are themselves the holders

1.1. 등록기관(Registrar)은 "체이스 맨해튼 은행"이나 그 승계 등록기관을 의미한다.
1.1. 스케줄(Schedule)은 이 신탁계약의 일부분이고, 그에 따라 효력을 갖는다.

○ 사채의 형식 (Form of the Bonds)

3.1 포괄사채권(Global Certificate) : 사채의 발행에 있어, 사채의 원금총액을 명시한 포괄사채권이 발행될 것이다. 유럽포괄사채권(European Global Certificate)은, 유로클리어와 세델 은행의 공동예탁기관(common depositary) 또는 그의 피지명인(nominee)의 이름으로 발행될 것이고, 미국포괄사채권(U.S. Global Certificate)은 DTC(the Depository Trust Company, 미국 뉴욕 주의 법인이다) 또는 그를 위하여 지명된 자의 이름으로 발행될 것이다.

3.2. 사채권(The Certificates) : 만일 확정사채증서(The definite Certificates)가 발행된다면, 그 증서는 증거거래 준거 법령과 신탁계약 스케줄 1에 규정된 형식 및 승인된 조건들에 맞추어 발행될 것이다.

3.4. 발행(issue) : 사채(Bond)의 발행(issue)과 교부(delivery)는 포괄사채권을 발행하여 이를 공동예탁기관과 DTC에 교부하고 또한(and) 등록기관의 사채등록원부에 등록됨으로써 완료된다.

○ 사채의 발행조건 (Terms and Conditions of the Bonds)

제1조 (A)항: … 무제한 사채(Unrestricted Bonds)와 제한사채(Restricted Bonds)는 최초에 각각 유럽포괄사채권과 미국포괄사채권에 의하여 표창될 것이다. 유럽포괄사채권은 유로클리어와 세델 뱅크를 위한 공동 피지명자(common nominee for Euroclear and Cedel Bank)의 이름으로 등록될 것이고, 미국포괄사채권은 DTC의 피지명자인 세대 앤 코(Cede & Co.)의 이름으로 등록될 것이다. 유럽포괄사채권은 유로클리어와 세델 뱅크의 예탁기관(depositary)인 체이스 맨해튼 은행에 예탁되고, 미국포괄사채권은 DTC의 보관인(custodian)인 체이스 맨해튼 은행에 예탁될 것이다.

별첨 2, 파트 1, 유럽포괄사채권의 양식(SCHEDULE 2, PART I, FORM OF EUROPEAN GLOBAL CERTIFICATE)

- 유럽포괄사채권이 발행되는 사채는 기명식 사채이다.17)
- 회사는 체이스 노미니즈가 사채권자 등록원부에 사채원금(미화 1억 달러)의 사채권자로 등록되었음을 확인한다.

---

of Bonds in such principal amount and the holder of the Bonds represented by a Global Certificates shall not be so recognised to the same extent, and (3)…

17) The Bonds in respect of which this European Global Certificate is issued are in

- 사채(The Bonds)의 내용은 수탁자(Trustee)인 대우와 체이스 맨해튼 간의 1997. 10. 1.자 신탁계약(Trust Deed)에 의하여 구성되고, 신탁계약과 신탁계약 스케줄 1에 열거된 조건들에 따른다.
- 유럽포괄사채권은 권리의 증서에 불과하다. 사채(Title to the Bonds)는 사채권자에 관한 적정한 등록에 의하여야만 이전되고, 적정하게 등록된 사채권자만이 이 사채권에 의하여 표창되는 사채에 대하여 지급받을 권리를 보유한다.
- 양도(transfer): 유럽포괄사채권이 발행된 이 사건 사채에 관한 권리의 양도(transfers of interests in the Bonds)는 유로클리어 또는 세델의 규칙과 절차에 따른다.

(나) 이 사건 사업설명서의 관련 규정

○ 유럽포괄사채권은 유로클리어와 세델이 공동으로 지명한 자의 이름으로 사채권자 명부에 등록될 것이고, 미국포괄사채권은 DTC가 지명한 자인 세데 앤 코(Cede & Co.)의 이름으로 사채권자 명부에 등록될 것이다.
○ 유로클리어와 세델은 체이스 맨해튼 은행에게 유럽포괄사채권의 보관을 예탁하여, 위 은행이 이를 보관할 것이다. DTC는 위 은행에게 미국포괄사채권의 보관을 예탁하여, 위 은행이 이를 보관할 것이다.
○ 이 사건 사채는 사채권자 명부에 사채소지자로 등록하여야 이전된다.**18)**
○ 유로클리어, 세델 또는 DTC의 계좌에 기입된 형태로 존재하는 이 사건 사채에 관한 권리는 위 기관들이 각자 정한 절차에 따라 그 계좌상 기입된 명의를 변경하는 방법으로 양도되며,**19)** 사채(Title to the Bonds)를 청산기관이 지명한 자가 아닌 다른 자의 이름으로 등록하는 것은 허용되지 아니한다.
○ 다만, (i) 유럽포괄사채권이 발행된 경우에 유로클리어나 세델이 연속하여 14영업일 동안 또는 영구적으로 업무를 중단한 경우, (ii) 미국포괄사채권이 발행된 경우에 DTC가 그 업무를 중단하거나 수행할 수 없게 된 경우, (iii) 유럽포괄사채권과 미국포괄사채권 중 어느 하나가 확정사채권으로 전환되어 있는 상황에서, 포괄사채권으로 표창되고 있는 사채에 관한 권리를 확정사채권으로 표창되는 사채에 관한 권리 형태로 전달할 자에게 양도하라는 지시(instructions)가 있는 경우 (iv) 발행인의 채무불이행(Event of Default)이 발생한 경우에만, 이 사건 사채는 청산기관이 지명한 자가 지정한 자들에게 양도될 수 있다. 위와 같은 사유들이 있는 경우, 이 사건 사채는 사채권자가 청산기관을 위하여 사채의 양수인이라고 그 명의가 통지된 자 앞으로 이전될 수 있다. 단, 이 경우 그 증서는 권리이전에 대한 적법한 요구가 있은 날로부터 21일이 지나야 발급될 수 있다.

---

registered form.

18) Title to the Bonds passes by registration in the register of Bondholders.

19) Title to book-entry interest in the Bonds passes by book-entry registration of the

(2) 원고들의 법적 지위에 관한 검토

이 사건 신탁계약서와 사업설명서의 각 규정은 앞서 본 다층적 권리 인정 법제에 관한 설명과 일치한다. 즉 청산기관인 유로클리어와 세델 은행의 공동예탁기관 또는 그를 위한 피지명인 명의로 이 사건 사채에 관한 유럽포괄사채권이 발행되고 그 명의인이 사채권자 명부에 사채소지자로 등록되어 있는 동안에는, 그 명의인만이 이 사건 사채의 유일한 사채권자가 되고 그 사채권은 원칙적으로 수탁자에 의하여만 행사할 수 있다. 또한 청산기관에 계좌를 개설한 기관투자자 등과 같은 계좌보유자들은 곧바로 이 사건 사채를 취득하거나 사채권자로서의 지위를 취득하는 것이 아니라 이 사건 사채에 관한 수익적 권리를 취득한다. 나아가 이러한 계좌보유자들과 다시 계좌를 개설한 개인 투자자 등은 그 계좌보유자들이 취득한 이 사건 사채에 관한 권리에서 파생하는 수익적 권리[20]를 계좌보유자와의 계약을 통하여 취득하게 된다.

따라서 이 사건 사채의 유일한 사채권자는 사채권자 명부에 사채소지자로 등록된 체이스 노미니즈로서, 원칙적으로 체이스 노미니즈 혹은 그 수탁자인 체이스 맨해튼만이 사채 발행회사인 대우에 대한 관계에서 권리의무관계를 맺을 뿐이다. 이 사건 사채의 청산기관인 유로클리어나 세델 은행에 계좌를 개설하여 미화 96만 달러 상당의 이 사건 사채에 관한 권리를 취득한 베어스턴스 증권에 다시 계좌를 개설함으로써 그 중 미화 30만 달러 상당의 이 사건 사채에 관한 권리에서 파생하는 수익적 권리를 취득한 원고들은 발행회사인 대우에 대하여 사채권자의 지위에 있다거나 직접 미화 30만 달러 상당의 금전지급청구권이 있음을 주장할 수 없다.

원심 판결은, 원고들을 가리켜 사채권자(bondholder)가 아니라 "사채에

transfer in the records of Euroclear, Cedel bank or DTC, as the case may be, in accordance with their respective procedures.

20) 미국 소재 법인인 베어스턴스 증권과 원고들 사이에도 영국의 신탁법이 곧바로 준거법으로 적용될 수 있는지는 그리 명확한 것은 아니다. 대상판결은 이러한 점을 고려하여 "신탁의 수익권"이라는 표현을 피하고 "수익적 권리"라고 표시한 것으로 보인다. 만일 영국의 신탁법리가 아닌 미국의 통일상법전 제8장이 적용된다면, 원고들은 베어스턴스 증권에 대하여 증권권리(security entitlement)를 갖고 있다고 표현하는 것이 정확할 것이다. 하지만 미국 통일상법전에 의하더라도, 원고들은 계좌를 개설한 증권회사에 대하여 간접적·파생적 권리를 갖는다는 점에서는 동일하므로 이는 별다른 문제가 되지 않는다.

관한 권리"(interests in the Bonds)의 보유자라고 하면서, 원고들을 수익자(beneficial holder)라고 표현하였다. 이는 영국의 신탁법리에 비추어 보면 타당한 해석이다. 다만, 수익자 중에서도 "최종적 수익자(ultimate beneficial owner)"라는 용어가 더 정확할 것이다. 포괄사채권이 발행된 경우 다층적 신탁구조를 인정하는 영국의 신탁법리에 따르면, 원고들이 계좌를 개설한 베어스턴스 증권 역시 그 직근 중개기관에 대한 관계에서는 계좌보유자(account holder)의 지위에 있으므로 그 점에서 신탁의 수익자라고 볼 수 있기 때문이다.[21] 이 사건 사채발행과 관련하여 관련 당사자들의 지위는 아래와 같다.

<대상판결 사안의 증권의 간접보유에 관한 다층적 권리구조>

당사자	지위		권리의 내용	권리행사의 상대방
유로클리어, 세델	청산기관 사채권자를 공동지명·등록함			
체이스 노미니즈	수탁기관 (청산기관의 등록 지명인)	**사채권자 (Bondholder)**	**사채권** (Title to the Bonds)	대우
베어스턴스 증권 등	기관투자자	(유로클리어, 세델에의) **계좌보유자** (account older) 겸 **수익자** (beneficial holder)	청산기관 계좌에 기입된 형태로 존재하는 이 사건 사채에 관한 권리 (Title to book-entry interests in the Bonds) → 일종의 interests in the Bonds임.	체이스 노미니즈
원고들 등	개인 투자자	**최종 수익자**[22] ultimate beneficial holder	이 사건 사채에 관한 권리 (interests in the Bonds)	**베어스턴스 증권**

21) BLACK'S LAW DICTIONARY, 8th Edition, WEST (2004), 165면에 의하면, 수익자(beneficial holder)는 회사가 발행한 증권에 대하여 형평법상의 권리를 갖는 소지자를 의미하며, 그 증권이 그 소지자의 이름으로 회사의 증권명부에 등록되지 아니한 경우를 의미한다.: A holder of equitable title to corporate stock. The stock is not registered under the holder's name in the corporation's records.

22) 원심 판결은 '계좌보유자로부터 매입한 자'(beneficial holder)란 표현을 사용하고 있다.

(3) 원고들이 증권거래법상 실질주주와 유사한 실질사채권자인지 여부

이 사건 신탁계약과 사채에 관한 준거법은 영국법이므로, 증권예탁결제원에 계좌를 개설한 예탁자의 고객계좌부와 증권예탁원의 예탁자계좌부에 기재된 자를 각각 그 유가증권을 점유한 것으로 보고 예탁유가증권에 대한 공유지분을 갖는 것으로 추정하는 구 증권거래법(2007. 8. 3. 법률 제8635호로 공포되어 2009. 2. 4. 시행된 자본시장과 금융투자업에 관한 법률 부칙 제2조로 폐지) 제174조의3, 제174조의4의 규정은 이 사건 신탁계약 및 이 사건 사채의 준거법이 아니므로 그에 관한 권리의무관계를 해석·적용하는데 적용될 여지가 없다. 뿐만 아니라 우리나라 증권거래법은 실질주주라는 개념은 인정하여도 실질사채권자라는 개념은 인정하지 않고 있으므로 이 점에서도 원고들의 주장은 받아들이기 어렵다.

(4) 소 결

원고들은 이 사건 사채에 관하여 베어스턴스 증권에 대하여 계좌개설에 따른 파생적·수익적 권리를 갖고 있을 뿐 이 사건 사채 자체 대한 직접적인 소유권을 갖고 있지 아니하므로 발행회사인 대우에 대하여는 직접 상환청구권을 갖고 있지 않다. 따라서 발행회사인 대우가 회사분할과 관련하여 최고를 원고들에게 하지 아니하였다고 하여, 분할 후 신설회사가 연대책임을 질 이유는 없다.

3. 대우가 原告들에 대하여 이 事件 社債에 관한 說明義務를 負擔하는지 與否

원고들은 기발행된 사채를 전제로 일부 계좌를 매입한 베어스턴스 증권에 대하여 수익적 권리를 취득한 자에 불과하다. 즉 원고들은 유로클리어에 일부 계좌를 개설한 베어스턴스 증권으로부터 다시 일부 계좌를 개설한 자에 불과하고, 이 사건 신탁계약에서 규정하고 있는 "사채권자"에 해당하지 아니하다. 이 사건 신탁계약에서 말하는 사채권자는 공동예탁기관 또는 체이스 노미니즈이다.

이 사건 사채는 발행회사와 수탁회사 사이의 신탁계약에 의하여 포괄사채권이 발행되고, 수탁회사의 지명인으로 체이스 노미니즈가 사채권자 등록

부에 등록됨으로써 그 발행이 완료되는바(앞서 본 이 사건 신탁계약서 3.4 참조), 이 과정에 원고들이 개입할 여지가 없고, 발행회사(대우)가 원고들에게 그 사채의 권리내용을 설명할 필요도 없다. 베어스턴스 증권은 이미 위와 같이 발행된 사채에 관한 권리(book-entry interest in the bond = beneficial interest)를 유로클리어 등의 계좌에 개설함으로써 취득한 것이므로, 이미 발행된 사채의 조건과 내용에 구속당하는 것은 당연하다.

나아가 그 연쇄사슬의 하부 층에 있는 원고들은 위와 같이 이미 그 권리내용이나 조건 등이 확정된 베어스턴스 증권의 사채에 관한 권리와 관련하여 베어스턴스 증권에 계좌를 개설함으로써 파생적 권리를 취득한 것인바, 원고들의 권리 자체가 위와 같이 간접적 · 파생적인 것인 이상 ① 이 사건 사채가 발행된 권리 내용 및 조건, ② 베어스턴스 증권이 취득한 사채에 관한 권리(beneficial interest)의 권리 내용 및 조건 등에 구속되는 것은 당연하다. 원고들의 권리는 위 ①의 권리도 아니고, 위 ②의 권리도 아니며, 위 ② 권리를 대상으로 하여 베어스턴스 증권과 사이에 계좌를 설정함으로써 파생된 간접적 권리에 불과하기 때문이다.

따라서 발행회사(대우)나 수탁회사가 이를 원고들에게 신탁관계에 관한 내용을 설명하여야만 신탁관계에 기하여 발행된 이 사건 사채의 권리내용이나 권리행사조건을 주장할 수 있게 되는 것은 아니다.

원고들이 이 사건 사업설명서나 신탁계약서의 내용을 알지 못하였다면 원고들과 계약관계에 있는 베어스턴스 증권에 대하여 이를 설명하지 않는 점을 탓할 수 있는지 여부는 별론으로 하고, 그와 같은 사정을 내세워 이 사건 신탁계약의 효력을 전적으로 부정하고 원고들이 발행회사인 대우에 대하여 직접적으로 사채권자의 지위에 있음을 주장할 수는 없다.

4. 대우의 債務不履行과 社債의 償還請求權을 行使할 수 있는 者

(1) 이 사건 신탁계약서 및 사업설명서의 내용

(가) 이 사건 신탁계약서의 관련 규정

별첨 2, 파트 1, 유럽포괄사채권의 양식(SCHEDULE 2, PART I, FORM OF EUROPEAN GLOBAL CERTIFICATE)

○ 유럽포괄사채권(European Global Certificate)이 발행된 이 사건 사채에 관한 권리의 소유자들(Owners of interests in the Bond)은 다음과 같은 경우에 이 사건 사채를 그들의 이름으로 사채권자 명부에 등록하고 개별적으로 확정사채증서를 교부받을 권리를 갖는다.23)

(1) 유로클리어(Euroclear)나 세델은행(Cedel Bank)이 연속하여 14영업일 동안 또는 영구적으로 영업을 중단한 경우

(2) 미국포괄사채권이 확정사채권(definitive certificate)으로 전환되어 있는 상황에서 유럽포괄사채권으로 표창되는 사채에 관한 권리를 확정사채권으로 표창되는 사채에 관한 권리 형태로 전달할 자에게 양도하라는 명령이 있는 경우

(3) 발행인의 채무불이행(Event of Default)이 발생한 경우, 이러한 상황에서 회사는 충분한 개별 확정사채권을 작성하여 등록기관에 교부하여 관련 사채권자에게 교부될 수 있도록 할 것이다. 포괄사채권이 표창하고 있는 사채에 관한 권리를 가진 자24)는 반드시 회사와 등록기관이 개별 확정사채증서(individual definitive Certificates)를 작성하여 교부할 수 있도록, 회사와 등록기관이 요구하는 정보와 지시들이 담긴 서면을 등록기관에 반드시 제공하여야 한다.

○ 통지 (Notices) : 이 사건 사채가 유럽포괄사채권에 의하여 표창되고 유럽포괄사채권을 유로클리어나 세델의 대리인이 보관하는 한, 사채발행조건이 정한 바에 따라 사채권자(Bondholder)에게 전달이 요구되는 통지는, 관련 청산기관에 계좌를 보유하고 있는 자들(account holders)에게 그 통지내용이 전달될 수 있도록 해당 청산기관에 통지를 하는 것으로서 갈음할 수 있다.25) 다만, 이 사건 사채가 룩셈부르크 증권거래소에 상장되고 동 거래소 규칙상 요구되는 경우, 통지는 룩셈부르크에 유통되는 유력 일간지(예컨대, Luxemburger Wort가 될 것으로 예상된다)에 공고를 통해서도 이루어져야 한다.

---

23) Owners of interests in the Bonds in respect of which this European Global Certificate is issued will be entitled to have title to the Bonds registered in their names and to receive individual definitive Certificates if…

24) A person with an interest in the Bonds in respect of which this European Glolbal Certificate is issued

25) notices required to be given to Bondholder may be given by their being delivered to the relevant clearing system for communication by it to entitled to account holders in

(나) 이 사건 사업설명서의 관련 규정

○ 사채의 조건 (Terms and Conditions of the Bonds)

8. 채무불이행 사유 (Event of Default)

수탁자는 다음과 같은 사유가 발생하고 지속되고 있다면, (신탁계약에 의하여 보상받을 권리 내용에 따라) 발행회사에 사채가 곧 만기에 달하고 상환될 수 있다는 내용을 신의 재량에 따라 통지할 수 있고, 만일 미지급 사채의 원금 25% 이상의 비율을 보유한 자의 서면 요구가 있거나 특별결의(Extraordinary Resolution)에 의하여 지시가 있는 경우에는 통지하여야 한다.**26)**

(i) 어느 사채에 관하여서 원금지급이 14일 이상 지체되는 경우

(iv) 발행회사나 그의 주된 자회사가 (a) 지급을 중단하거나(한국의 도산법 혹은 준거 도산법의 관점에서) (b) 존속하지 않거나, 발행회사나 자회사의 이사회 결의를 통하여 영업계속을 중단할 우려가 있거나 (c) (수탁자의 생각으로) 만기가 다가왔을 때 지급할 능력이 없다고 생각할 경우

(v) 발행회사나 자회사가 준거가 되는 도산법, 회사정리법, 파산법 하에서 절차를 진행하여 개시하거나 진행하도록 승낙하거나, 채권자들을 위하여 양도를 하거나 화의절차를 개시한 경우

위와 같은 경우에 수탁자는 발행회사에 대하여 서면으로, 수탁자가 생각할 때 이러한 각 사유들은 채권자들의 이익에 중대하게 해(害)가 된다는 취지를 확실히 알려야 한다.

그리고 … 수탁자가 발행회사에 통보할 경우에는 사채는 즉시 만기가 도래하고 상환될 수 있는 상태에 있게 된다.

10. 집행 (Enforcement)

사채의 만기가 도래하고 상환가능한 상태에 있은 후에는 어느 때라도 수탁자는 재량에 따라 그리고 추가적인 통지 없이 발행회사를 상대로 사채의 지급을 강제하기에 적당하거나 신탁계약의 조항들을 집행하기에 적당한 조치를 취할 수 있다. 그러나 수탁자는 다음과 같은 사유가 없는 한 그러한 조치를 취할 구속을 받지 않는다.

(a) 미지급 사채의 원금 25% 이상의 비율을 보유한 자의 서면 요구가 있거나 특별결의(Extraordinary Resolution)에 의하여 지시가 있고, 또한 (b) 수탁자가 충분한 보상을 받은 경우

---

substitution for notification, as required by the Conditions.

26) The Trustee at its discretion may, and if so requested in writing by the holders of not less than 25 percent in principal amount of the Bonds then outstanding or if so directed by Extraordinary Resolution shall (subject to its right under the Trust Deed to be indemnified), give notice to the Company that the Bonds are immediately due and repayable if any one of the following events occurs and is continuing.

> 수탁자가 위와 같은 조치를 취하도록 구속을 받음에도 불구하고 합리적인 기간 내에 위와 같은 조치를 취하지 아니하며, 그와 같은 조치 불이행에 계속되고 있지 않은 한, 어떠한 사채권자(Bondholder)라도 직접 회사에 대하여 집행절차를 진행할 수 없다.27)

(2) 검 토

(가) 소송금지 조항 (no-action clause)

통상 영구포괄사채가 발행된 경우에는 계좌보유자가 발행회사를 상대로 청구권을 행사하지 못한다. 이 사건 사채설명서 제10조 집행은 대우의 채무불이행 사유가 발생한 경우, (a) 미지급 사채의 원금 25% 이상의 비율을 보유한 자의 서면 요구가 있거나 특별결의(Extraordinary Resolution)에 의하여 지시가 있고, 또한 (b) 수탁자가 충분한 보상을 받았다는 요건을 모두 충족한 경우 수탁자에게 발행회사에 대한 조기 상환청구 및 집행할 조치를 취할 의무를 부과하지만, 수탁자가 합리적인 기간 내에 그러한 조치를 취하지 않고 그 조치 불이행이 계속되는 경우에 한하여 사채권자(Bondholder)가 직접 회사에 대하여 집행절차를 진행할 수 있도록 하고 있다. 그러나 이 사건에서는 위 (a)와 (b)의 요건을 충족하였다고 볼만한 아무런 자료가 없고, 원고들을 위 규정에서 말하는 사채권자(Bondholder)라고 보기도 어려우므로 위 조항의 적용은 곤란하다.28)

---

27) No Bondholder will be entitled to proceed directly against the Company unless the Trustee, having become bound to do so, fails to do so within a reasonable period and such failure shall be continuing.

28) 이 사건 사업설명서는 수탁자가 합리적인 기간 내에 적정 조치를 취하지 아니한 경우에 "사채권자"(Bondholder)가 직접 회사에 대하여 집행절차를 진행할 수 있도록 하고 있다. 그런데 확정사채권이 발행되지 아니하는 한 이 사건 사채의 유일한 사채권자는 사채권자 명부에 사채소지자로 등록된 체이스 노미니즈이다. 이렇게 본다면 이와 같은 집행절차 조항은 아무런 의미가 없는 것이 되고 만다. 만일 청산기관에 대한 계좌보유자 또는 원고들과 같이 중개기관에 대한 계좌를 설정한 최종적인 계좌보유자가 확정사채권을 받았다면 이들은 명실상부한 사채권자로서 스스로 권리를 행사할 수 있으므로 이 점에서도 위 집행절차 조항은 무의미한 조항이 되고 만다. 따라서 위 집행절차 조항의 의미는 상당히 모호하다고 생각된다. 위 조항을 조화롭게 해석하기 위해서는 위 집행절차에서 말하는 '사채권'자(Bondholder)는 청산기관에 계좌를 직접 개설한 중개기관을 지칭하는 것으로 보아야 할 것으로 생각된다.

(나) 개별 확정사채권의 발행

이 사건 신탁계약서 별첨 2는 공동예탁기관이 정상적인 영업을 하지 못하거나, 또는 발행회사가 채무불이행의 상태에 빠진 경우 등에는 이 사건 사채에 관한 권리의 소유자들(Owners of interests in the Bonds)은 "개별 확정사채권"(individual definitive Certificates)을 교부받아 직접 발행회사를 상대로 권리를 행사할 수 있도록 하고 있다.

개별 확정사채증서를 발행받기 위해서는, 사채에 관한 권리를 보유한 자가 사채권자 명부에 자신의 이름을 등록하여야 하고, 회사와 등록기관(이 사건의 경우 체이스맨해튼 은행)이 요구하는 정보와 자료를 등록기관에 제시하여야 한다.

그런데 이 사건 신탁계약서에서 말하는 "사채에 관한 권리 보유자"는 문언상 청산기관에 계좌를 보유하고 있는 자만을 가리키는지 아니면 원고와 같이 하부 중개기관에 계좌를 보유한 자도 포함되는지 문제된다. 규정 문언상 '이 사건 사채에 관한 권리의 소유자들(Owners of interests in the Bond)'로 되어 있으므로, 원고들과 같은 최하층부의 투자자가 당연히 배제된다고 단정할 수 없다. 하지만 발행회사나 등록기관은 청산기관에 직접 계좌를 개설한 사채에 관한 권리 보유자에 대하여는 그 인적사항을 알 수 있으므로 확정사채 발행이 용이할 것이지만, 원고들과 같은 하부 층의 계좌보유자에 대하여는 그 파악이 어렵다. 따라서 원고들과 같은 투자자는 실제로는 청산기관에 계좌를 개설한 중개기관을 통하여 확정사채를 받는 수밖에 없을 것이다.

한편, 이 사건 신탁계약서에 의하면, 발행회사나 등록기관은 일정한 경우에는 유로클리어에 직접 계좌를 개설한 계좌보유자의 이익을 위하여 직접 통지할 수 있도록 하는 규정을 두고 있다. 이 사건 신탁계약서에서 "사채권자(Bondholder)에게 전달이 요구되는 통지는, 관련 청산기관에 계좌를 보유하고 있는 자들(account holders)에게 그 통지내용이 전달될 수 있도록 해당 청산기관에 통지를 하는 것으로써 이를 갈음할 수 있다."라고 규정한 것이 그것이다. 그러나 여기서 직접 통지할 수 있음을 규정한 대상은, 청산기관에 직접 계좌를 개설한 자이지 원고들과 같은 하부구조의 수익자가 아님이 문언상 명백하다.

또한 이 사건 사업설명서는 포괄사채권에 관하여 규정하면서 수탁자의 권한에 관하여, “포괄사채권이 청산기관에 피지명인의 이름으로 등록되어 있는 동안에, 사채권자들의 이익을 고려하여, 수탁자는 비록 의무는 아니지만, 청산기관 또는 청산기관의 운영자로부터 전달받은 청산기관에 대한 계좌보유자의 인적사항을 고려할 수 있고, 마치 청산기관에 대한 계좌보유자를 포괄사채권의 소지자인 것처럼 취급하여 그들의 권리(interests)를 고려할 수 있다.29)”고 규정하고 있다. 이러한 규정은 수탁자가 발행회사를 상대로 권리행사를 할 때에, 계좌보유자의 이해관계를 반영하여 권리행사를 하겠다는 취지이다. 그러나 이 규정은 어디까지나 수탁자와 청산기관에의 계좌보유자 간의 권리의무관계에 관한 규정(그것도 임의규정)이고, 이 규정에 의하여 발행회사(대우)가 직접 계좌보유자와 사이에 권리의무관계를 형성하게 되는 것은 아니다. 그리고 여기서 수탁자가 고려할 수 있는 대상은, 청산기관(유로클리어)에 직접 계좌를 개설한 자를 말하는 것이지, 최하층부에 위치한 원고들과 같은 투자자를 지칭하는 것은 아니다.

발행회사나 수탁회사는 청산기관에 계좌를 개설한 계좌보유자의 인적사항은 알 수 있지만, 그로부터 연속된 중개기관 중 최하층부의 중개기관에 계좌를 개설한 투자자의 인적사항은 알 수 없으므로, 발행회사나 등록기관 등이 대우의 회사분할 절차와 관련하여 원고들과 같은 최종 수익자에게 직접 통지나 최고의무를 진다고 볼 수 없다. 이러한 경우 최하부층에 위치한 투자자는 자신이 계좌를 개설한 중개기관으로부터 필요한 통지를 교부받고, 자신이 요구하는 사항을 그 중개기관에 알려 그 의사가 최상층부의 청산기관의 결정에 반영될 수 있도록 하여야 할 것이다.

요컨대, 사채권자가 되기 위해서는 등록기관에 인적사항과 정보를 고지하고 등록기관의 사채원부에 등록한 후 확정사채를 받아야 한다. 이 사건에서 원고들은 물론이고 베어스턴스 증권도 이러한 절차를 거치지 아니하였으

29) In Considering the interests of Bondholders while a Global Certificates is registered in the name of a nominee for a clearing system, the Trustee may, without being obliged to do so, have regard to any information provided to it by such clearing system or its operator as to the identity (either individually or by category) of its account holders with entitlements to a Global Certificates and may consider such interests as if such account holders were the holder of such Global Certificates.

므로, 원고들은 발행회사인 대우에 대한 관계에서 사채권자임을 주장할 여지가 없다. 이는 체이스 노미니즈가 대우의 채무불이행 이후 사채권을 행사한 적이 없다는 사정이 있다고 하여 달라지지 아니한다.

Ⅳ. 對象 判決의 意義

대상 판결은 국내법인이 해외에서 영국법, 특히 영국의 신탁법을 준거법으로 하여 발행된 기명식 해외전환사채와 관련하여 흥미롭고 선례적인 가치가 있는 판시를 내린 것으로 평가할 수 있다.

전 세계적으로 증권의 부동화·무권화 현상이 확산되고 집중예탁제도를 통하여 증권의 간접보유 형태가 일반화되고 있는 현 상황에서 증권의 간접보유자에 대한 각국의 규제법리가 상이한 점을 직시하고 준거법 결정이 중요하다는 점을 밝힌 판결이다. 대상판결은 그에 따라 영국법 특히 영국의 신탁법리를 적용하여 이 사건 사채 및 신탁계약을 해석함으로써 이 사건 사채에 관한 권리의무를 각 중개기관과 계좌보유자 사이에 각각 다층적인 권리의무관계가 존재하고, 그러한 다층적인 구조 하에서 최하층부에 위치한 투자자는 단지 그와 계좌개설계약을 체결한 중개기관에 대하여만 수익적 권리를 주장할 수 있을 뿐 원칙적으로 발행회사에 대하여 직접적인 금전청구권이 없다는 점을 명확히 하고 있다. 그리고 다층적 구조 하에서 최하층부에 위치한 투자자가 직접 발행회사에 대하여 금전청구권을 취득하기 위해서는 확정사채권을 받아야 한다는 점도 밝히고 있다.

자본시장의 세계화 경향에 따라 주식과 사채 등이 한 국가 내에서 발행·유통되는 것이 아니고 해외에서 발행되어 여러 국가에서 유통되는 경우가 많은 오늘날의 상황에서, 대상 판결은 향후 해외전환사채 등과 관련한 법률관계를 어떻게 해석하여야 하는지에 관하여 지침을 제시하였다는 점에서 선례적 가치가 있다.

合併 反對株主의 株式買受請求權의 法的 性格과 株式買受代金에 대한 遲延損害金의 起算點*

閔 靖 晳**

◎ 대법원 2011. 4. 28. 선고 2009다72667 판결

[事實의 槪要]

1. 事實關係

(1) 원고들의 이 사건 주식매수청구권 행사 경위

한국케이블티비드림시티방송 주식회사(이하 '드림시티'라고 한다)는 2000. 10. 28. 원고들로부터 은평정보통신 주식회사(이하 '은평정보통신'이라고 한다)의 발행주식 20,000주 전부를 매수하여 은평정보통신의 지분 100%를 소유한 1인 주주가 되었다. 드림시티는 2001. 1. 31. 주식회사 한국케이블티브이은평방송(이하 '은평방송'이라고 한다)의 주주인 주식회사 서울문화사 등으로부터 은평방송의 주식 349,250주를 취득하여 은평방송 발행주식의 69.85% 지분을 소유한 최대주주가 되었고, 이어 은평정보통신과 은평방송의 합병을 추진하여, 이에 따라 은평방송은 2001. 3. 26. 이사회에서 은평정보통신과의 합병을 결의하고, 2001. 4. 27. 주주총회를 개최하여 은평정보통신과 은평방송의 합병안(합병비율 1 : 0.0842)을 승인하였다.

원고들은 은평방송의 주주들인데(원고 1은 40,750주, 원고 2는 30,000주,

---

* 제25회 상사법무연구회 발표 (2011년 7월 9일)
본 평석은 「BFL」 제48호, 서울대학교 금융법센터, (2011)에 게재하였음.

** 수원고등법원 고법판사

원고 3과 원고 4는 각 15,000주, 원고 5는 50,000주 소유), 상법이 정한 바에 따라 2001. 4. 23. 은평방송에 대하여 합병반대 의사를 통지하였고, 위 합병주주총회일로부터 20일 이내인 2001. 5. 16. 원고들이 가진 주식 전부에 대하여 은평방송에 대하여 주식매수청구를 하였다.

은평방송은 2001. 5. 31. 은평정보통신에 흡수합병(합병등기는 2001. 6. 12.에 완료되었다)되어 해산하였고, 은평정보통신은 '드림시티은평방송 주식회사'로 상호를 변경한 뒤 2004. 7. 2. 피고 회사에 흡수합병되어 해산하였다(피고는 2008. 6. 9. 상호를 '드림시티방송 주식회사'에서 현재의 상호인 주식회사 씨제이헬로비전드림씨티방송'으로 변경하였다).

(2) 주식매수대금가격결정에 대한 재판 경과

원고들은 2001. 10. 10. 주식매수를 청구한 날부터 30일 이내에 매수가격에 관한 협의가 이루어지지 않자 법원에 매수가격의 결정을 청구하였는데, 2004. 3. 24. 제1심에서는 주식의 시가, 순자산가치, 수익가치를 산술평균하여 1주당 매수가격을 7,675원으로 결정하였다(서울서부지방법원 2001파41호).

원고들은 이에 대하여 항고하였으나 기각되었고(서울고등법원 2004. 10. 28.자 2004라282 결정),[1] 원고들이 2004. 11. 15. 재항고하여 재항고심에서, 「항고심이 은평방송의 1주당 순자산가치(1,386원)와 수익가치(0원)를 잘못 평가한 잘못이 있을 뿐 아니라 1주당 시장가치(22,025원)와 차이가 심하여 순자산가치와 수익가치를 주식매수가액의 산정요소로 고려하는 것이 적절하지 않음에도 시장가치, 순자산가치, 수익가치를 단순히 산술평균하여 1주당 매수가액을 산정한 위법이 있다」라는 이유로 파기환송하였으며(대법원 2006. 11. 24.자 2004마1022 결정), 환송 후 항고심에서 시장가치를 기준으로 1주당 매수가액을 22,025원으로 결정하였고(서울고등법원 2008. 1. 18.자 2006라1783 결정), 이에 대한 재항고가 기각되고 확정되었다(대법원 2008. 5. 26.자 2008마203 결정).

2. 當事者들의 主張

(1) 원고들의 주장

구 상법(2001. 7. 24. 법률 제6488호로 개정되기 전의 것) 제530조 제2항,

---

1) 다만, 1주당 매수가액 7,675원이 7,803원으로 경정되었다.

제374조의2 제2항에서 회사는 주식매수청구를 받은 날부터 2월 이내에 그 주식을 매수하여야 한다고 규정하고 있는데, 반대주주의 주식매수청구권은 형성권이고, 또한 매매가격을 유보한 매매계약의 성립도 가능하다는 점에서 주주의 주식매수청구권 행사와 동시에 주주와 회사 사이에서 주식매매계약 체결의 효과가 발생하고, '2월 이내'는 그 계약에 따른 주식매수대금의 이행 시한으로 보아야 하므로, 피고는 이 사건 주식매수청구일인 2001. 5. 16.부터 2개월이 경과한 2001. 7. 17.부터 지체책임을 진다.

(2) 피고의 주장

법원의 주식매수가액에 관한 결정이 확정될 때까지는 피고가 현실적으로 지급하여야 할 대금을 확정할 수 없었으므로 이행지체에 빠지지 아니하고, 따라서 대법원 결정의 확정일 다음날인 2008. 5. 27.부터 이행지체의 책임을 진다.2)

[訴訟의 經過]

1. 第1審의 判斷

제1심3)은, 「소송비용액상환의무, 청구취지 확장에 따른 추가되는 청구액, 이혼시 재산분할청구권 등의 경우 권리발생 이후 구체적 채권액이 확정됨으로써 비로소 지체책임이 발생하는 점, 비상장주식의 주식매수청구권이 행사되는 경우 법원의 결정에 의하여 매수가격이 결정되기 전까지는 매수가격을 산정할 수 있는 기준과 방법이 확립되어 있지 아니한 점 등에 비추어, 상법에 따른 주식매수청구권에 있어서는 법원의 결정에 의하여 비로소 구체적인 매수가액이 확정되므로 그때에 이행기가 도래하고, 따라서 피고는 그 다음날부터 지체책임을 부담한다」라고 판시한 뒤, 주식매수가액에 관한 대법원 결정 확정일 다음 날인 2008. 5. 27.부터 판결 선고일인 2008. 12. 29.까지는 연 6%의, 그 다음 날부터 완제일까지는 연 20%의 비율에 의한 지연손해금의 지급을 명하였다.

---

2) 즉, 당사자들은 위 주식매수가격의 원금에 대해서는 전혀 다투지 아니하고, 오직 그 지연손해금의 발생시기에 대해서만 다투었다.

3) 서울서부지방법원 2008. 12. 29. 선고 2008가합7840 판결.

2. 原審의 判斷

원심[4]은, 「주식매수청구권의 행사는 회사의 승낙과 관계 없이 일방적으로 매수의 효과를 발생시키므로 주식매수청구권은 일종의 형성권에 해당한다. 따라서 주주가 주식매수청구권을 행사하면 매매계약 체결의 효과가 발생하게 되고 회사는 구 상법 제374조의2 제2항이 정한 2월 이내에 매수대금 지급의무를 부담한다고 보아야 한다. 이와 같이 매수대금 지급채무의 확정기한이 정해져 있는 경우에는 채무자는 기한이 도래한 때로부터 지체책임을 부담하므로, 회사가 주식매수청구를 받은 날로부터 2월이 넘도록 매수대금을 지급하지 아니하는 때에는 2월이 경과한 시점부터 지연손해금을 부담하여야 한다」라는 취지로 판단한 뒤, 이 사건 주식매수청구일로부터 2개월이 지난 2001. 7. 17.부터 소장 송달일인 2008. 7. 2.까지 연 6%의, 그 다음 날부터 다 갚는 날까지 연 20%의 비율에 의한 지연손해금을 지급하라고 명하였다(변경판결).

3. 被告의 上告理由

(1) 제1점 : 주식매수청구권의 법적 성격 등에 관한 법리오해

상법상 주식매수청구권을 이른바 형성권이 아니다. 주식매수청구권은 합병의 유지를 정지조건으로 하거나 합병의 취소나 해제를 해제조건으로 하는 조건부 의사표시인바, 이는 형성권과 양립할 수 없다. 또한 상법 제374조의2 제2항이 "회사는 제1항의 청구를 받은 날부터 2월 이내에 그 주식을 매수하여야 한다."라고 하여 명문으로 회사의 매수의무를 정하고 있는바, 굳이 주식매수청구권을 형성권으로 볼 이유가 없다. 그리고 주식매수청구권을 형성권으로 본다고 하더라도, 주식매수청구권의 행사만으로 주식매매계약이 성립한다고 볼 수 없다. 주식매수청구권도 이혼시 재산분할청구권, 공유물분할청구 등과 마찬가지로 그에 대한 재판의 확정으로 비로소 그 권리가 확정되고 지체책임이 발생하는 것이다.

또한, 매매계약이 성립하기 위해서는 매매계약 체결 당시 매수대금이

---

4) 서울고등법원 2009. 8. 21. 선고 2009나13851 판결.

정하여져 있을 필요는 없으나, 그것을 사후에라도 특정할 수 있는 방법과 기준이 정하여져 있어야 하는데, 특히 회계전문가에 의하여 주식매수가격을 일단 산정하도록 한 구 상법의 태도나, 상장주식의 주식매수가액 결정에 관한 규정 등과 비교하여 볼 때 현행 상법상 비상장주식의 경우 주식매수가액이 확정되기 이전에는 그 매수가액 특정을 위한 구체적 방법이나 기준이 제시되어 있다고 할 수 없다. 주주들이 주식가격도 모른 채 이를 매도할 의사가 있었다고 하기 어렵고, 회사의 경우에도 주식매수대금이 과다할 경우 합병계약을 해제하는 등의 방법으로 합병절차를 중지할 수 있는 점 등에 비추어 볼 때 개별 주식매수청구에 응하여 매매계약이 성립되었다고 생각하는 것으로는 볼 수 없는바, 이러한 당사자들의 의사에 비추어보더라도 주식매매계약의 성립을 인정하기 어렵다.

원심이 원고들의 이 사건 주식매수청구권을 형성권으로 보고 그러한 권리의 행사로 인하여 그에 관한 매매계약이 성립하였다고 판단한 데에는 법리를 오해한 위법이 있다.

(2) 제2점 : 상법 제374조의2 제2항의 해석에 관한 법리오해

상법 제374조의2 제2항 소정의 "2월 이내"는 주식대금의 이행기를 규정한 것이 아니라 단지 회사는 그 기간 내에 협의하여 매수할 의무가 있다는 의미에 불과하다. 주식매수가격이 결정되지 않은 이상 피고에게는 지체책임이 인정될 수 없으므로, 주식매수청구일로부터 2개월이 지난 이후 지연손해금을 지급할 의무가 없다.

(3) 제3점 이하

나머지 상고이유는 소송촉진 등에 관한 특례법 제3조 제2항 소정의 '항쟁의 상당성'에 관한 법리오해, 상법 부칙의 해석에 관한 법리오해로 인한 법률의 오적용 주장이었으나, 이에 관하여는 본 평석의 주제와 직접적인 관련이 없으므로 자세한 서술을 생략한다.[5]

---

5) 아래에서도 이 부분 상고이유에 관한 대법원의 판단과 그에 대한 검토는 생략한다.

[判決의 要旨]

대법원은, 「합병에 반대하는 주주(이하 '합병 반대주주'라고 한다)의 주식매수청구권에 관하여 규율하고 있는 상법 제522조의3 제1항 및 상법 제530조 제2항에 의하여 준용되는 상법 제374조의2 제2항 내지 제4항의 규정취지에 비추어보면, 합병 반대주주의 주식매수청구권은 이른바 형성권으로서 그 행사로 인하여 회사의 승낙 여부와 관계없이 주식에 관한 매매계약이 성립하고, 상법 제374조의2 제2항의 '회사가 주식매수청구를 받은 날로부터 2월'의 기간은 주식매매대금 지급의무의 이행기를 정한 것이라고 해석된다. 그리고 이러한 법리는 위 2월 이내에 주식의 매수가액이 확정되지 아니하였다고 하더라도 다르지 아니하다」라고 판시하면서, 상고를 기각하였다.

[評　　釋]

Ⅰ. 一般論的 檢討

1. 合併反對株主의 株式買受請求權 規定

(1) 우리나라의 규정

(가) 현행 상법의 규정 (비상장주식에 적용)[6)]

상법 제522조의3 제1항 및 제530조에서 준용하는 제374조의2 제2항 내지 제5항에서는 합병 반대주주의 주식매수청구권에 관하여 규정하고 있다. 이는 비상장회사의 주식에 적용되고, 유가증권시장이나 코스닥에 상장된 회사의 경우는 아래 자본시장과 금융투자업에 관한 법률(이하 '자본시장법'이라고 한다)의 규정이 특별법으로서 우선 적용된다.[7)] 합병 반대주주의 주식매수청구권에 관한 상법 규정은 다음과 같다.

---

6) 상법상 영업양도, 합병, 분할합병, 주식의 포괄적 교환·이전 등에 관하여 반대주주의 주식매수청구권을 인정하고 있으나, 아래에서는 필요한 경우를 제외하고는 이 사건과 같은 합병의 경우를 전제로 서술한다.

7) 다만, 금융기관에 관하여는 금융산업의 구조개선에 관한 법률에서 반대주주의 사전 서면에 의한 반대통지를 거치지 않도록 하고, 이사회결의에 대한 공고일로부터 10일 내에 주식매수청구를 할 수 있도록 하는 등 주식매수청구절차를 간소화하는 특례규정을 두고 있다 (금융산업의 구조개선에 관한 법률 제5조 제8항, 제12조 제7항, 제13조의2).

제522조의3 (합병반대주주의 주식매수청구권) ① 제522조 제1항의 규정에 의한 결의사항에 관하여 이사회의 결의가 있는 때에 그 결의에 반대하는 주주는 주주총회전에 회사에 대하여 서면으로 그 결의에 반대하는 의사를 통지한 경우에는 그 총회의 결의일부터 20일이내에 주식의 종류와 수를 기재한 서면으로 회사에 대하여 자기가 소유하고 있는 주식의 매수를 청구할 수 있다. **제374조의2 (반대주주의 주식매수청구권)** ② 회사는 제1항의 청구를 받은 날부터 2월이내에 그 주식을 매수하여야 한다. ③ 제2항의 규정에 의한 주식의 매수가액은 주주와 회사간의 협의에 의하여 결정한다. ④ 제1항의 청구를 받은 날부터 30일 이내에 제3항의 규정에 의한 협의가 이루어지지 아니한 경우에는 회사 또는 주식의 매수를 청구한 주주는 법원에 대하여 매수가액의 결정을 청구할 수 있다. ⑤ 법원이 제4항의 규정에 의하여 주식의 매수가액을 결정하는 경우에는 회사의 재산상태 그 밖의 사정을 참작하여 공정한 가액으로 이를 산정하여야 한다.

이와 같이 현행 상법 규정에 따르면 합병에 반대하는 주주의 주식매수청구는 다음과 같은 절차에 따르게 된다. 즉, ① 합병에 반대하는 주주는 주주총회 전에 회사에 대하여 서면으로 그 결의를 반대하는 의사를 통지하여야 한다. ② 주식매수청구는 주주총회 결의일로부터 20일 이내에 주식의 종류와 수를 기재한 서면에 의하여 회사에 대하여 행사한다. ③회사는 주식매수청구를 받은 날부터 2월 이내에 주식을 매수하여야 한다. ④ 매수가액은 주주와 회사 사이의 협의에 의하여 결정하되, 그 청구를 받은 날부터 30일 이내에 협의가 이루어지지 않은 경우에는 회사나 주주가 법원에 매수가액의 결정을 청구할 수 있다. ⑤ 법원은 매수가액 결정에 있어 '회사의 재산상태 그 밖의 사정을 참작'하여 '공정한 가액'으로 산정한다. 법원에 의한 매수가액 결정절차는 비송사건으로서 비송사건절차법의 규정에 따른다(비송사건절차법 제72조 제1항, 제86조의2).

(나) 개정 전 상법의 규정

2001. 7. 24. 법률 제6488호로 현행 상법과 같이 개정되기 이전의 상법(구 상법) 제374조의2 제2항 내지 제4항의 규정[8]은 현행 상법과 비교하여

8) 제374조의2 (반대주주의 주식매수청구권) ② 회사는 제1항의 청구를 받은 날부터 2월 이내에 그 주식을 매수하여야 한다. ③ 제2항의 규정에 의한 주식의 매수가액은 주주와 회

다음과 같은 차이가 있었다.

즉, 구 상법상으로는 주식 매수가액에 관하여 주주와 회사 사이에 협의가 이루어지지 않는 경우 '회계전문가'에 의하여 산정된 가액을 매수가액으로 하도록 하였고, 회사나 매수청구 주주 중 100분의 30 이상이 회계전문가에 의한 매수가액에 반대할 경우 그 가액결정일로부터 30일 내에 법원에 매수가액 결정을 청구하도록 하였으며, 법원이 매수가액을 산정함에 있어 따라야 할 기준에 대하여는 특별한 규정이 없었다.

위와 같이 구 상법이 '회계전문가에 의한 매수가액 산정'을 필요적 절차로 두고 있던 데 대하여는, 주주평등의 원칙에 어긋난다거나 재판청구권을 제한한다는 등의 비판이 있었고, 이러한 비판을 수용하여 현행 상법과 같이 위 절차를 생략하는 것으로 개정이 이루어진 것으로 보인다.[9)]

(다) 자본시장법의 규정 (상장주식에 적용)[10)]

자본시장법상 합병반대주주의 주식매수청구에 관한 규율은 다음과 같다.

즉, 합병에 반대하는 주주가 주주총회 이전에 서면으로 회사에 그 반대의사를 통지하여야 하는 점, 주식매수청구권은 주주총회 결의일로부터 20일 이내에 주식의 종류와 수를 기재한 서면에 의하여 회사에 대하여 행사하여야 하는 점은 상법과 동일하다. 그러나 주식매수청구를 받은 회사가 매수청

사간의 협의에 의하여 결정한다. 다만, 협의가 이루어지지 아니하는 경우에는 회계전문가에 의하여 산정된 가액을 매수가액으로 한다. ④ 회사 또는 주식의 매수를 청구한 주주가 보유한 주식의 100분의 30이상이 제3항 단서의 규정에 의하여 결정된 매수가액에 반대하는 경우에는 그 가액을 결정한 때부터 30일 이내에 법원에 대하여 매수가액의 결정을 청구할 수 있다. 반면, 상법 제522조의3의 규정은 현행 상법과 동일하다.

9) 정동윤, "개정상법상의 주식매수청구에 관하여", 「법조」 제45권 제11호, (1996), 법조협회, 15면; 상법 중 개정법률(2001. 7. 24. 법률 제6488호) 개정이유서 참조.

10) 제165조의5 (주식매수청구권의 특례) ① 주권상장법인이 「상법」 제360조의3 · 제360조의9 · 제360조의16 · 제374조 · 제522조 · 제527조의2 및 제530조의3(같은 법 제530조의2에 따른 분할합병의 경우만 해당한다)에서 규정하는 의결사항에 관한 이사회 결의에 반대하는 주주는 주주총회 전에 해당 법인에 대하여 서면으로 그 결의에 반대하는 의사를 통지한 경우에만 자기가 소유하고 있는 주식을 매수하여 줄 것을 해당 법인에 대하여 주주총회의 결의일부터 20일 이내에 주식의 종류와 수를 기재한 서면으로 청구할 수 있다. ② 제1항의 청구를 받으면 해당 법인은 매수청구기간이 종료하는 날부터 1개월 이내에 해당 주식을 매수하여야 한다. ③ 제2항에 따른 주식의 매수가격은 주주와 해당 법인 간의 협의로 결정한다. 다만, 협의가 이루어지지 아니하는 경우의 매수가격은 이사회 결의일 이전에 증권시장에서 거래된 해당 주식의 거래가격을 기준으로 하여 대통령령으로 정하는 방법에 따라 산정된 금액으로 하며, 해당 법인이나 매수를 청구한 주주가 그 매수가격에 대하여도 반대하면 법원에 매수가격의 결정을 청구할 수 있다.

구기간의 종료일로부터 1개월 이내에 해당 주식을 매수하도록 하고 있어 상법에 비하여 주식의 매수기간을 단축하고 있고, 매수가격은 주주와 회사가 협의하여 결정하되 협의가 이루어지지 않은 경우의 매수가격은 주식의 실거래가액을 기준으로 하여 일정한 산정방식[11]에 따라 계산된 금액으로 정하고, 이에 이의하는 회사나 주주가 법원에 매수가격의 결정을 청구하도록 하고 있어 상법이 당사자 사이에 협의가 이루어지지 않은 경우의 매수가격 산정기준에 관하여 침묵하고 있고 바로 법원에 매수가액의 결정을 청구하도록 하고 있는 것과 차이가 있다.

(2) 외국의 입법례

(가) 일본 회사법의 규정[12]

일본은 2005년(平成 17年) 상법을 개정하여 회사법을 독립시키면서 주식매수청구에 관한 규정도 많은 부분 수정하였다. 개정 회사법상 회사의 흡수합병시[13] 주식매수청구권에 관한 규정 내용은 다음과 같다.

주주가 주식매수청구권을 행사하기 위해서는 합병주주총회일 전에 합병에 반대하는 취지를 회사에 통지하고 주주총회에서 반대의 의사표시를 하여야 하고(회사법 제116조 제2항 제1호),[14] 주식매수청구는 합병의 효력발생일의 20일 전일부터 합병의 효력발생일의 전일까지 사이에 주식의 종류와 수를 명시하여 하여야 한다(회사법 제116조 제5항).[15]

주식의 매수가격은 주주와 회사 사이의 협의에 의하여 결정하고, 협의가 이루어진 때에는 회사는 합병 효력발생일로부터 60일 이내에 그 지불을 하여야 하고(회사법 제117조 제1항), 효력발생일로부터 30일 내에 협의가 이루어지지 않

---

11) 자본시장법 시행령 제176조의7 제2항 참조.

12) 江頭憲治郎 外 1(편)/河和哲雄 外 1(집필), 『會社法大系 Ⅱ』, 青林書院, (2008), 95頁.

13) 일본의 경우 2005년 개정 이전에는 흡수합병의 경우도 합병등기일에 합병의 효력이 발생하는 것으로 되어 있어 우리 상법과 같은 입장이었으나, 개정 회사법에서는 흡수합병의 경우 합병계약에서 정한 날에 합병의 효력이 발생하고, 신설합병의 경우에는 신설회사의 설립등기일에 합병의 효력이 발생하는 것으로 규정하였다. 이러한 차이 때문에 주식매수청구권과 관련해서도 흡수합병과 신설합병의 경우 적용되는 기간 등에 있어 다소 차이가 있으나, 아래에서는 원칙적으로 이 사건과 같은 흡수합병을 기준으로 서술한다.

14) 우리의 경우 주주총회에서 합병에 대한 반대의 의사표시를 주식매수청구의 요건으로 하고 있지 않은 것과 다르다.

15) 2005년 개정 이전에는 주주총회의 결의일로부터 20일 이내로 정하고 있어서 우리 상법과 동일하였다.

은 때에는 주주 또는 회사는 그 기간 만료일로부터 30일 이내에 법원에 가격의 결정을 청구할 수 있다(회사법 제117조 제2항). 주식매수가격 결정의 청구를 받은 법원은 '공정한 가격'을 결정하여야 한다(회사법 제116조 제1항).[16)]

이때 주식매수청구권의 행사에 의한 주식매수(株式買取)의 효력[17)]은 대금지불시에 발생하는 것이 원칙이나(회사법 제117조 제5항), 다만 합병에서의 소멸회사, 주식교환 또는 주식이전에 있어서 완전자회사로 되는 회사의 주주에 의한 주식매수청구에 관하여는, 흡수합병과 주식교환의 경우는 그 효력발생일, 신설합병과 주식이전의 경우는 설립회사의 성립일에 매매의 효력이 발생한다(회사법 제786조 제5항, 제807조 제5항).[18)]

회사는 매수가격이 협의 또는 법원에 의하여 결정된 경우, 합병 효력발생일로부터 60일의 기간만료일 이후의 연 6%에 의한 법정이자를 지불하여야 하고, 주권이 발행된 경우에는 주권과 상환으로 매매대금을 지불하여야 한다(회사법 제117조 제1항, 제4항, 제6항).[19)]

주주는 매수청구권을 행사한 이후에는 회사의 승낙을 얻지 아니하면 매수청구를 철회할 수 없다(회사법 제116조 제2항 제6호).[20)] 다만 합병 효력발생일로부터 60일 이내에 주주나 회사로부터 법원에 대한 가격결정신청이 없으면 주주는 언제든지 주식매수청구를 철회할 수 있다(회사법 제117조 제3항).[21)] 주식매수청구는 합병이 중지된 때에는 실효한다(회사법 제116조 제2항 제7호).

---

16) 개정 전 상법은 '결의가 없었다면 그 주식이 가졌을 공정한 가격'으로 규정하고 있었다.

17) 여기서 '주식매수의 효력'이라고 함은, 채권적인 주식매매계약의 성립을 말하는 것이 아니라, 주식에 관한 소유권이 회사에 이전되는 것을 말한다.

18) 이와 관련하여, 개정 전 상법은 주식매수의 효력이 대금지불시에 발생한다고만 규정하고 있어 흡수합병 등의 경우에 주식매수청구를 한 주주에게 합병신주가 배정될 것인가 등에 관하여 논란이 있었다고 한다. 개정된 회사법의 규정에 따르면 합병과 동시에 주식매수청구를 한 주주는 대금의 지불과 관계없이 주주의 지위를 상실하게 되므로, 합병신주를 교부받지 못하게 된다.

19) 일본 회사법 제117조 제4항 : 주식회사는 재판소가 결정한 가격에 대한 제1항 기간의 만료일 후의 연 6푼의 이율에 의하여 산정한 이자(利息)도 지급하여야 한다.

20) 2005년 개정 이전에는 이러한 규정이 없었고, 학설상 매수청구의 철회가 허용된다고 해석되는 것이 일반적이었다고 한다.

21) 이와 관련하여, 구 상법상으로는 매수청구의 철회를 제한하는 규정이 없어 기회주의적인 매수청구권의 행사가 가능하다는 비판이 있었다고 한다.

(나) 미국 모범회사법의 규정[22)]

미국의 경우 거의 대부분의 주에서 주식매수청구권을 입법화하고 있고, 다만 그 인정 대상 및 인정 요건과 절차 등에 있어서 조금씩의 차이가 있다. 미국 모범회사법(Model Business Corporation Act; MBCA, 1984)의 규정을 중심으로 한 주식매수청구권(Shareholder's Appraisal Right)의 대강의 내용을 요약하면 다음과 같다.[23)]

회사는 합병주주총회의 통지시 주주들이 주식매수청구권을 행사할 수 있는지 여부를 명시하여야 한다(MBCA §13.20). 주주가 주식매수청구권을 행사하기 위해서는 주주총회에서의 투표 전에 서면으로 주식대금을 요구하여야 하고, 또한 합병에 찬성하는 투표를 하지 아니하여야 한다(MBCA §13.21). 그리고 회사는 주주총회 결의에서 합병이 승인되면 10일 이내에 주식대금을 요구할 수 있는 장소와 시간, 회사가 산정하는 공정한 주식가격, 주권이 발행된 때에는 주권을 예탁할 수 있는 장소 등을 명시한 서면과 양식(appraisal notice and form)을 사전에 주식대금을 요구한 주주들에게 발송하여야 한다(MBCA §13.22).

주주는 회사가 정한 절차 등에 따라 양식을 작성하고 이를 회사에 보냄으로써[24)] 주식대금을 청구하는데, 이때 주주는 주권이 발행된 경우에는 주권을 예탁하여야 한다. 주주는 주권이 발행된 경우에는 주권을 예탁함으로써, 주권이 발행되지 않은 경우에는 위 양식을 회사에 보냄으로써 모든 주주로서의 권리를 상실한다. 다만 주주는 주식매수청구기간 만료일로부터 10일 이내에 주식매수청구를 철회할 수 있고, 그 기간이 지나면 회사의 동의 없이는 철회할 수 없다(MBCA §13.23).

회사는 주주로부터 주식매수청구를 받은 날로부터 30일 이내에 스스로 공정한 것으로 산정한 주식가격에 그때까지 발생한 이자[25)26)]를 더하여 주

---

22) 김건식, "미국 회사법상 반대주주의 주식매수청구권", 「법학」 제4권 제3호, 서울대학교, (1993), 102면; Clark, Corporate Law, Little, Brown & Company, (1986), 443 ff.

23) MBCA § 13.02(a)에서는 합병, 주식교환, 회사의 실질적인 전재산의 처분, 정관변경, 기타 정관에서 정한 사유의 5가지를 주식매수청구권이 발생되는 경우로 규정하는바, 아래에서는 합병의 경우를 중심으로 서술한다.

24) 주주의 주식매수청구 기간으로서 appraisal notice and form이 주주에게 발송된 때로부터 40일 이상 60일 이하의 회사가 정한 기간이 주어진다.

25) MBCA §13.24(a): §13.25에 규정된 경우를 제외하고, §13.22(b)(2)(ii)에서 요구하는 서

주에게 지급하여야 한다(MBCA §13.24).[27] 주주는 회사가 지급한 금액에 만족하지 못하는 경우 그가 생각하는 공정한 가격 및 이자액을 회사에 서면통지하고 그 금액(회사로부터 지급받은 것이 있으면 그 금액과의 차액)을 청구할 수 있다. 회사가 대금을 지급한 날부터 30일 이내에 위 청구를 하지 아니한 주주는 추가적인 지급에 대한 권리를 상실한다(MBCA §13.26).

이러한 주식 매수가액의 지급청구가 있을 경우 회사는 그 청구일로부터 60일 이내에 주식가격에 관하여 협의가 이루어지지 않은 모든 반대주주들을 상대로 하여 법원에 공정한 가격의 결정을 구하는 신청을 하여야 하고, 위 기간 내에 위와 같은 신청을 하지 아니하면 주주가 추가청구한 금액을 그대로 지급하여야 한다. 이 경우 법원은 주식의 공정한 가액과 이자를 결정하여야 한다(MBCA§ 13.30).[28]

2. 株式買受請求權이 認定되는 制度的 趣旨

주식매수청구권 제도가 인정되는 취지에 관하여는 다양한 설명이 행하여지고 있으나, 우리나라에서의 통설적인 견해는 다음과 같다.[29] 그 중에서 '다수결 원리로부터의 소수주주의 보호'가 전통적인 설명이며, '다수주주의 견제'는 보다 최근에 이루어지는 설명이다.

(1) 다수결 원리로부터 소수주주의 보호

합병이나 영업양도 등 회사의 조직이나 경영을 근본적으로 변경하는 조

식의 기간이 만료된 후 30일 이내에 회사는 현금으로 §13.23(a)의 절차를 준수한 주주에게 회사가 산정하는 주식의 정당한 가치 및 그 이자를 지급하여야 한다.

26) 한편, 이자의 기산점은 주주가 반대한 회사의 행위(합병이나 영업양도 등)의 효력발생일이다.: MBCA §13.01(5) 참조.

27) 즉 회사는 지급액에 대한 이견이 있더라도 이를 이유로 지급을 연기할 수 없고, 법원의 매수가격결정을 기다릴 수 없다.

28) MBCA §13.30(e): 절차의 당사자가 된 각 주주는 법원이 결정하는 주식의 공정한 가치와 이자를 합한 금액과 회사가 주주에게 지급한 금액의 차액을 받을 권리가 있다(Each shareholder made a party to the proceeding is entitled to judgment for the amount, if any, by which the court finds the fair value of the shareholder's shares, plus interest, exceeds the amount paid by the corporation to the shareholder for such shares).

29) 이승철, "주식매수청구권에 관한 증권거래법 규정에 대한 비판적 검토", 「저스티스」 제105호, (2008), 82-83면; 김창종, "주식매수청구권", 「재판자료」 제90집, 법원도서관, (2001), 601-602면 참조.

직법적 행위가 이루어질 경우 이에 찬성하는 다수주주와 반대하는 소수주주 사이에 이해관계의 대립과 충돌이 발생하는바, 이러한 이해충돌에 대하여 다수결의 결정이라는 미명 아래 소수주주의 목소리를 묵살하면 결국 소수주주는 투하자본의 회수에 대한 불안을 염려할 수밖에 없고, 이는 결과적으로 투자의 위축으로 이어져 궁극적으로는 다수주주를 포함한 이해관계인 전부에게 불리한 결과로 된다. 따라서 자본다수결 원칙에 따라 다수주주로 하여금 그들의 의도대로 회사를 운영할 수 있도록 허용하되, 이에 반대하는 소수주주에게는 주식매수청구권을 행사하여 중요한 회사의 의사결정이 있을 경우 자신의 투하자본을 회수하여 회사에서 탈퇴할 수 있도록 함으로써 다수결원칙의 한계를 극복함과 동시에 소수주주를 보호하는 기능을 하게 된다.

한편 이러한 소수주주의 보호장치라는 주식매수청구권은 다른 측면에서 말하면 다수주주로 하여금 효율적으로 소수주주의 반대를 무릅쓰고 그들의 의사를 관철할 수 있는 장치로서의 의미도 가지는 것이다.

(2) 다수주주에 대한 견제

합병이나 영업양도 등의 행위가 이루어지는 경우, 특히 모회사에 의한 자회사의 흡수합병, 계열사간의 합병 등의 경우에는 다수주주 또는 경영진은 소수주주의 이익을 경시하고 심지어 자신들의 사적이익을 추구하거나 자신들에게로 합병에 의하여 창출되는 부를 이전하고자 하는 시도를 하기 쉽다. 이러한 경우 소수주주에게 공정한 가액에 의한 주식매수청구권을 인정한다면 다수주주 등은 이러한 사적 이익 추구행위를 포기하거나 합병 등의 조건을 수정하게 된다. 즉, 주식매수청구권은 다수주주 등에 의한 사적 이익 추구행위에 대한 견제 기능을 하는 것이다.

Ⅱ. 對象 判決의 檢討[30)]

1. 株式買受請求權의 法的 性質 – 形成權인지 與否

국내의 대다수의 학설은 주식매수청구권을 형성권으로 파악하고 있는

30) 이 사건에서는 개정된 현행 상법이 시행된 2001. 7. 24. 이전인 2001. 5. 16.에 원고들의 주식매수청구권이 행사되었는데, 이 사건에 적용될 법률이 개정 전 상법인지 현행 상법인지 여부가 쟁점이 되었다. 결론적으로 대상판결은 상법 부칙에 의하여 현행 상법이 적용된다고 판시하였는바, 이하의 서술도 모두 현행 상법이 적용됨을 전제로 한 것이다.

것으로 생각되고, 일본의 경우에도 주식매수청구권의 성질을 형성권으로 보는 데에는 별다른 이견이 없는 것으로 보인다.

주식매수청구권이 합병의 성사 여부에 걸려 있는 조건부 의사표시에 해당한다고 볼 수는 있겠지만, 그러한 사정이 주식매수청구권을 형성권으로 보는 데에 방해가 되지는 아니한다. 상대방 있는 단독행위라고 하더라도 상대방의 동의가 있는 경우에는 조건이 붙을 수 있고,31) 주식매수청구권은 법률에 의하여 그 행사 상대방인 회사의 동의가 있는 것으로 의제되는 것이라고 볼 수 있기 때문이다.

만약 주식매수청구권을 형성권으로 보지 않고 주식매수청구를 매매의 청약으로 보고 다만 상법 제374조의2 제2항에 의하여 비로소 회사의 이에 대한 승낙의무가 부과될 뿐이라고 본다면, 회사가 주식매수청구에 응하지 아니할 경우에 주주로서는 별도의 이행판결32)을 받아야 하므로 주식매수가격을 정하기 위한 절차33)에 더하여 이중의 부담을 안게 된다. 바로 이러한 당사자의 부담을 덜어주고 절차를 간소화하기 위한 데에 주식매수청구권을 형성권으로 파악하는 의의가 있다고 할 것이다.

따라서 상법 제374조의2 제2항에서 비록 "매수하여야 한다"라는 표현을 쓰고 있지만, 이는 매매계약에 대한 승낙의 의사표시를 하여야 한다는 의미라기보다는 "매매대금을 지급하여야 한다"라는 의미로 해석함이 타당하다. 이에 관하여는 항을 바꾸어 다시 논의한다.

2. 株式買受請求權 行使의 效力 − 株式에 대한 賣買契約이 成立되는지 與否

(1) 학설의 대립

주식매수청구권이 형성권이라고 파악하는 입장에서도, 주식매수청구권의 행사로 바로 해당 주식에 대한 매매계약이 성립하는지 여부에 대하여는 학설이 대립한다.

---

31) 곽윤직(편)/민형기(집필), 「민법주해」 제III권, [총칙 3], 박영사, (2000), 330면.
32) 이는 소송절차를 통한 것이다.
33) 이는 비송사건에 해당한다.; 비송사건절차법 제72조 제1항 참조.

다수설인 긍정설[34]은, 주식매수청구권의 행사로 인하여 바로 해당 주식에 대한 매매계약이 성립한다고 한다. 이 견해에서는 상법 제374조의2 제2항에서 “회사는 제1항의 청구를 받은 날부터 2월 이내에 그 주식을 매수하여야 한다.”라고 규정한 의미는, 이미 주식매수계약이 성립한 이상, 주식에 대한 “매매대금을 지급하여야 한다.”라는 의미로, 즉 위 2개월을 매매대금의 이행기를 정한 것으로 해석하고 있다.

반면 소수설인 부정설[35]은, 주식매수청구권의 행사로 인하여 매매계약이 성립하는 것이 아니라 회사에 매수가격에 대한 협의의무가 발생할 뿐이라고 해석한다. 이 견해에서는 상법 제374조의2 제2항의 의미를 “회사가 2개월 이내에 매수가격을 주주와 협의결정하여 매매계약을 체결하여야 한다.”라는 의미로 해석하고, 매매가격이 협의된 후의 매매대금의 지급기일에 대하여는 상법에 규정이 없으므로 당사자가 가격협의시에 이를 함께 협의하여야 한다고 보고 있다.

(2) 검　　토

결론적으로 다수설과 같이 주식매수청구권의 행사에 의하여 주식에 대한 매매계약이 성립한다고 보는 것이 타당하다고 생각된다.

부정설은 주식매수청구권의 행사로 회사에 ‘매수가격에 대한 협의의무’가 발생한다고 하고 있으나, 도대체 ‘협의의무’라는 것이 무엇인지 생소하고, ‘협의’라는 것은 계약의 당사자 쌍방이 일정한 합의를 도출하기 위하여 협상한다는 것인데, 그러한 의무를 매매계약의 일방당사자인 회사에게만 부과하는 이유가 무엇인지 납득하기 어렵다. 결국, 부정설의 입장은 상법 제374조의2 제2항이 회사에 대하여 매매계약을 체결할 의무(매수의 의사표시를 할 의무)를 부과한 것으로 보고 있는 것으로 보인다. 그러나 이는 앞서 주식매수청구권을 형성권으로 보고 있지 아니하는 입장과 다를 것이 없다. 그러므로 이에 대해서는 앞서 본 주식매수청구권을 형성권으로 보지 아니하는 입

---

34) 정동윤, 「회사법」 제7판, 법문사, (2001), 238면, 360면; 손주찬, 「상법(상)」 제15보정판, 박영사, (2004), 731-732면; 최기원, 「신회사법론」 제12대정판, 박영사, (2005), 433면; 이철송, 「회사법강의」 제15판, 박영사, (2008), 480면.

35) 정찬형, 「상법강의(상)」 제14판, 박영사, (2011), 818면; 이기수 외 2, 「회사법」 제8판, 박영사, (2009), 456-457면.

장에 대한 비판이 그대로 적용될 수 있을 것이다.

더구나 2001년 상법 개정으로 상법 제374조의2 제4항을 신설하여 주식매수가격에 대한 협의기간으로 30일을 별도로 부여하였는데, 위 2개월을 부정설과 같이 해석하는 것은 이에 모순된다고 생각된다.[36] 부정설에 따르면 회사는 매수가액을 협의하여 주식매수계약을 체결할 기간으로 주식매수청구를 받은 날로부터 2개월을 부여받은 셈인데, 다른 한편 상법 제374조의2 제4항에서는 회사가 주식매수청구를 받은 날로부터 30일이 지나면 법원에 주식매수가액의 결정을 청구할 수 있도록 하고 있어 주식매수가액의 협의를 위한 기간이 채 지나기도 전에 법원의 주식매수가액 결정 절차가 개시될 수 있어 혼란스러운 결과가 초래된다.

부정설의 또 다른 문제점은, 부정설에 의하면 주식매수청구권의 행사만으로는 매매계약이 성립하지 않고 추후에 당사자에 의한 의사의 합치 또는 법원에 의한 매매가액결정의 확정이 있을 때에 비로소 매매계약이 성립한다고 보게 될 것이므로, 그와 같은 주식 매매가액의 확정 이전에는 주주에 의한 자유로운 주식매수청구의 철회를 허용하지 않기는 어렵다는 점이다. 그러나 주주에 의한 주식매수청구의 일방적 철회는 반대의 이해관계를 가지는 회사의 이익을 무시하고 회사의 법률적 지위를 불안정하게 하는 것이므로 허용되지 않는다고 해석하여야 할 것이고,[37][38] 긍정설에 의하면 주식매수청구권의 행사에 의하여 매매계약이 성립한다고 보게 되므로 자연스럽게 이

---

36) 강헌, "상법상 주식매수청구권제도의 문제점", 「상사법연구」 제21권 제2호, 한국상사법학회, (2002), 410면.

37) 즉, 회사는 주주의 주식매수청구권의 행사, 불행사의 여부에 따라 회사의 재무구조나 지배구조가 달라지고, 이를 토대로 합병의 계속 추진 여부를 결정하게 되므로, 주주의 주식매수청구의 유지 여부는 회사의 합병과 관련한 의사결정에 매우 중요한 고려요소가 된다. 반면, 일방적 매수청구권의 철회가 가능하다면 주주는 합병추진 중 존속회사의 주가가 상승될 것으로 기대하는 경우 매수청구를 철회하고, 반대로 존속회사의 주가가 하락할 것으로 기대하는 경우에는 매수청구를 계속 유지하여, 주주의 기회주의적인 행동이 가능하게 되어 문제이다. 따라서 회사는 주식매수청구권이 행사되는 경우 이와 같은 반대의 이해관계를 갖게 되므로 회사의 동의 없이 매수청구를 철회할 수 없다고 봄이 타당하다. 미국이나 일본의 경우에도 주식매수청구 후 자유로운 철회를 허용하지 않고 있음은 앞서 본 바와 같다. - 同旨: 김화진, "주식매수청구권의 본질과 주식매수가액의 결정", 「인권과 정의」 제393호, (2009. 5.), 36-37면; 강헌, 전게논문, 414-415면.

38) 주식매수청구권은 주주의 이익을 보호하기 위한 제도이므로 매수청구권의 행사여부에 관하여 회사가 반대의 이해를 갖는다고 볼 수 없기 때문에 주주는 회사의 동의 없이 매수청구를 철회할 수 있다는 반대 취지로는, 이철송, 전게서, 480면.

와 같은 해석을 도출할 수 있다.

한편, 긍정설을 취할 때, 주식매수가격이 아직 결정되지 아니한 상태에서 주식매수계약이 성립한다고 볼 수 있는지에 관하여는 다음과 같은 의문이 제기될 수 있다. 즉 대법원은, 계약이 성립하였다고 하기 위하여는 그 본질적 사항이나 중요 사항에 관하여는 구체적으로 의사의 합치가 있거나, 적어도 장래 구체적으로 특정할 수 있는 기준과 방법 등에 관한 합의는 있을 것을 요구하고 있으며, 특히 매매계약의 경우에는 그 본질적 요소인 매매목적물과 대금이 반드시 계약체결 당시에 구체적으로 특정할 필요가 없더라도 계약 성립 당시 사후에라도 구체적으로 특정할 수 있는 방법과 기준이 정하여져 있어야 한다는 입장을 취하고 있는데,[39] 주식매수청구권의 행사 당시에는 아직 주식매수가액이 결정되어 있지 아니한 것은 물론이고, 나아가 상장주식은 별론으로 하더라도[40] 비상장주식의 경우 주주와 회사간의 협의에 의하여 가격을 결정하되, 협의가 이루어지지 않으면 법원으로 하여금 이를 결정하도록 하고 있을 뿐 법원이 주식매수가격을 결정하는 구체적인 기준에 관하여는 법상 규정이 존재하지 아니하고, 다만 판례가 그에 관한 몇 가지 다소 추상적인 원칙을 제시하고 있을 뿐이다.[41] 더구나 개정 전 상법에서는 법원에 의한 가액 산정 이전에 '회계전문가에 의한 매수가액 산정'의 절차를 두었으나, 현행 상법에서는 이 절차가 생략되었으므로, 더욱 주식매수가액의 산정기준이 모호하게 되었다고 볼 수 있다. 따라서 주식매수청구권의 행사 당시에 그 매매대금을 장차 구체적으로 특정할 수 있는 방법과 기준조차 마련되어 있지 않다고 볼 여지가 있다.

그러나 매매계약의 성립 여부에 관한 위 대법원 판결은 당사자들의 자율적인 의사에 기한 매매계약의 성립 여부가 문제된 사안들로서, 주로 당사

---

39) 대법원 1993. 6. 8. 선고 92다49447 판결; 대법원 1997. 1. 24. 선고 96다26176 판결; 대법원 2001. 3. 23. 선고 2000다51650 판결; 대법원 2002. 7. 12. 선고 2001다7940 판결; 대법원 2006. 11. 24. 선고 2005다39594 판결; 대법원 2009. 3. 16. 선고 2008다1842 판결.

40) 상장주식의 경우 자본시장법 제165조의5 제3항(이사회 결의일 이전에 증권시장에서 거래된 해당 주식의 거래가격을 기준으로 하여 대통령령으로 정하는 방법에 의하여 산정된 금액), 자본시장법 시행령 제176조의6 제2항(이사회 결의일 전일부터 과거 일정 기간 공표된 증권시장에서의 최종시세가격의 가중산술평균한 가격을 다시 산술평균한 금액)에 의하여 어느 정도 구체적인 주식매수가격의 산정기준이 정하여져 있다.

41) 대법원 2006. 11. 23.자 2005마958, 959, 960, 961, 962, 963, 964, 965, 966 결정; 대법원 2006. 11. 24.자 2004마1022 결정 참조.

자들의 일차적인 의사해석에 의하여 매매계약의 체결 의사의 존부 자체가 명확하게 드러나지 아니하여 다투어진 사안들임에 유의할 필요가 있다. 달리 매매계약의 의사가 존재함이 명확하지 아니하여 당사자 사이에 다툼이 되는 경우, 매매계약의 성립 여부를 가리기 위해서는 매매계약의 본질적 요소인 매매대금 및 매매목적물이 특정되었는지 또는 그 특정을 위한 기준이 마련되어 있는지 여부가 중요한 의사해석의 징표가 되는 것이다. 이 경우에는 매매대금이 특정되어 있지 않거나 특정기준이 마련되어 있지 않다면 쉽게 매매계약이 성립되었다고 말하기 어려울 것이다. 그러나 매매대금이 특정되어 있지 않거나 그 특정기준이 명확하지 않다고 하더라도 달리 당사자들의 의사가 그러한 명확하지 않은 매매대금을 전제로 매매계약을 체결하겠다는 것이 분명하다면, 그러한 매매계약의 성립도 부정할 이유는 없다.[42][43] 그리고 매매계약의 성립 이후에 결국 매매대금의 특정이 불가능하게 되었다면 이는 계약 성립 이후의 이행불능의 문제로 해결하면 족하다.

이와 같이 볼 때, 주식매수청구권의 행사로 인하여 성립 여부가 문제되는 매매계약은 당사자의 자율적인 의사의 합치에 의하여 이루어지는 매매계약이 아니라, 주주들의 일방적인 매도의사에 의하여 이루어지는 매매계약이라는 점, 즉 당사자의 계약체결의 의사가 불분명하여 그 의사의 해석이 문제되는 경우가 아니라는 점에서 매매대금 확정의 기준이 구체적이지 않더라도 그 때문에 계약의 성립여부가 좌우된다고 할 것은 아니다. 따라서 주식매수

---

42) 같은 취지로, 김재형, "법률행위 내용의 확정과 그 기준", 「법학」 제41권 제1호, 서울대학교, (2000), 253-254면.: 한편, 위의 논문 253면에 의하면, 독일연방대법원은, 「조합계약에서 한 조합원이 현물출자를 하기로 하였는데, 그가 출자한 물건에 대한 평가를 장래의 시기로 미루었지만 이에 관하여 조합원들 사이에 합의가 이루어지지 않았으나, 이러한 경우에도 조합계약이 유효하게 성립하였다」라고 판시하였다고 한다. 또한, 함부르크 고등법원은, 「집을 팔면서 그곳에 비치된 가구를 매수인에게 인도하였지만, 가구의 매매대금에 관하여 합의하지 아니하고 추후에 합의하기로 한 경우에도 매매계약이 성립할 수 있다」라고 한 사례가 있다고 한다.

43) 위 각주 39)의 대법원 판결 중 대법원 2002. 7. 12. 선고 2001다7940 판결의 사안을 보면, 매매계약 체결시 일응의 매매대금이 정하여 졌지만 구체적인 매매대금은 원고 조합의 아파트단지 조성공사로 인한 지가 상승분을 참작하여 추후에 법원이 정하도록 한 사안에서 매매계약의 성립을 긍정하였는바, 장래의 지가 상승분을 감안하여 매매대금을 산정할 구체적인 기준이 정하여진 것이라고 보기 어려운 측면이 있음에도 당사자들이 그러한 내용의 매매계약을 체결할 의사가 존재하였음이 매매계약서 등에 의하여 분명하였으므로 매매계약의 성립을 인정한 것이라고 할 수 있다.

청구권이 행사된 경우 주식매수대금의 산정을 위한 구체적인 기준이 마련되어 있다고 보기 어려운 측면이 있다고 하더라도 주식매매계약의 성립을 부정할 이유는 없다고 본다.

3. 株式買受代金에 대한 遲延損害金의 發生時期 – 請求를 받은 때로부터 2月이 經過한 때 vs 買受價額이 確定된 때

(1) 문제의 소재

위와 같이 주식매수청구권의 행사에 의하여 주식에 대한 매매계약이 성립한다고 보는 이상, 상법 제374조의2 제2항의 '2개월'도 다수설과 같이 주식매수대금의 이행기를 정한 것이라고 보아 그 경과로써 회사의 지연손해금이 발생한다고 보는 것이 자연스러운 해석이 될 것이다.

그러나 주식매수청구권의 행사에 의하여 주식에 대한 매매계약이 성립한다고 보면서도, 상법 제374조의2 제2항 소정의 2개월 이내에 협의에 기하여, 또는 법원의 결정에 기하여 매매가액이 확정되지 아니한 경우에는 주식매수가액이 확정된 때로부터 회사가 지체책임을 진다고 해석하는 것이 논리적으로 불가능한 것은 아니다. 즉, 주식매수대금 지급채무는 그 매매가액이 확정됨으로써 비로소 이행기에 도달하는 것이고 위 2개월은 주식매수대금 채무의 이행기가 아닌 단지 '지체책임의 유예'를 정한 것으로 보아, 위 2개월 이내에 주식매수가액이 확정된 경우에는 위 2개월의 경과로 지연손해금이 발생하고, 2개월이 지난 후에 주식매수가액이 확정된 경우에는 그 확정된 다음날부터 지연손해금이 발생한다고 해석하는 것이다.[44]

따라서 상법 제374조의2 제2항 소정의 '2개월'이 경과한 시점에서 아직 주식매수가액이 확정되지 아니한 경우 회사의 주식매수대금 채무에 대한 지연손해금이 위 2개월이 경과한 때로부터 발생한다고 할 것인지 또는 주식매수가액이 확정된 때에 발생한다고 볼 것인지가 문제되는바, 이 문제의 해결을 위해서는 주식매수청구권을 행사한 주주 지위의 소멸시기, 그 주주권의 행사 가능여부 등 주식매수청구와 관련한 법률관계 일반에 관하여 약간의 검토가 필요하다.

---

44) 대상 판결의 제1심 판결이 이와 같은 해석을 취한 것으로 보인다.

(2) 주식매수청구권을 행사한 경우 주주 지위의 소멸시기

주식매수청구권의 행사에 따라 주주의 지위가 소멸하는 시기에 관하여 대부분의 학설은 '회사가 매매대금을 지급한 때'에 주주의 지위가 소멸한다고 설명하고 있는 것으로 보인다. 그러나 주식매수청구권의 행사에 의하여 주식매매계약이 성립한다고 보는 이상, 주주의 지위가 소멸하는 시기는 주주가 주식매매계약에 따라 주식에 대한 소유권을 회사에 이전한 때가 된다고 하지 않을 수 없다.[45] 그리고 이와 같은 해석이 상법 제374조의2 제2항에서 회사가 주식을 '매수'하여야 한다고 규정하고 있는 것과도 일치한다고 생각된다. 다시 말하면 법은 주식매수청구권의 행사에 의하여 매매계약이 성립한 이후에도 별도로 회사가 주식을 '매수'할 것, 즉 주식을 취득할 것을 요구하고 있는 것이다.

이와 같이 볼 때에 주권이 발행된 경우에는 주식의 양도를 위하여 주권의 교부가 필요하므로(상법 제336조 제1항), 주식매수청구권을 행사한 뒤 실제 주권을 회사에 교부한 때에 주주의 지위를 상실한다고 보는 것은 당연하다. 문제는 주권이 발행되지 아니한 경우인데, 이 때에는 회사성립 후 또는 신주의 납입기일 후 6월이 경과하면 주권의 교부 없이 지명채권의 양도방식으로 주식을 양도할 수 있는바,[46] 여기에서 주식매수청구권을 행사한 주주가 주식에 대한 소유권을 이전하기 위해서는 다시 회사에 대하여 주식양도의 의사표시를 하여야 하는지 문제된다. 주식매수청구권의 행사에는 주식양도의 의사도 포함되어 있다고 보아 주식매수청구에 의하여 확정적으로 주식이 회사에 이전되어 주주는 주주로서의 지위를 상실한다고 보는 견해도 있을 수 있으나, 주식매수청구권의 행사에 의하여 체결되는 매매계약은 채권적인 매매계약으로서 준물권행위로서의 주식양도의 의사표시와는 구별되고, 주식매수청구를 하는 주주의 통상적인 의사를 주식매수대금을 지급받기 이전에 주주로서의 지위를 포기하겠다고 보는 것은 지나친 것이다. 또한, 주권이 발행된 경우와

---

45) 미국의 경우 주식매수청구를 한 경우 주주로 하여금 주권을 예탁하도록 함과 동시에 주주의 지위를 상실하게 하고 있다. 또한, 일본의 경우 '매매대금의 지불시' 매수의 효력이 발생한다고 규정하고 있어 일반적인 주식양도의 경우에 대한 예외를 명문의 규정에 의하여 인정하고 있다. 그러나 이러한 명문의 규정이 없는 우리 상법의 해석에 있어서는 일반적인 주식양도의 경우와 마찬가지로 해석할 수밖에 없을 것이다.

46) 상법 제335조 제3항.; 대법원 2003. 10. 24. 선고 2003다29661 판결 등 참조.

그렇지 않은 경우에 차등을 두는 것도 자연스럽다고 보기 어렵다. 따라서 주권이 발행되지 않은 경우 반대주주는 다시 주식양도의 의사표시를 하였을 때 주주 지위를 상실한다고 보는 것이 타당하다.

물론 주권이 발행된 경우 회사에 의한 주식매수대금의 지급과 주주에 의한 주권의 교부는 동시이행관계에 있다고 보는 것이 학설의 일치된 견해로 보이는바47) 이 경우 회사가 주식매수대금을 주주에게 지급하고 동시에 주주는 주권을 회사에 교부함으로써 주주의 지위를 회사에 이전하는 것이 보통일 것이고, 학설이 매매대금을 지급한 때 주주의 지위가 소멸한다고 설명하는 것은 이러한 경우를 상정한 것으로 생각된다. 그러나 주주가 어떠한 사정으로 매매대금을 지급받기 이전에 주식을 회사에 양도한다면 그 시점에서 주주의 지위가 소멸한다고 보아야 하는 것이다.48) 주식매수대금의 지급과 주권 교부와의 동시이행관계는 아래 해당 부분에서 별도로 다시 논의하기로 한다.

(3) 주식매수청구권을 행사한 주주의 지위 - 자익권(自益權)을 행사할 수 있는지 여부

위와 같이 주식매수청구권을 행사한 주주의 지위가 당해 주주가 주식을 회사에 이전한 때에 소멸한다고 보는 경우에도, 그 소멸 이전에 통상적인 주주와 같이 공익권(共益權) 외에도 자익권(自益權)을 행사할 수 있는지가 문제된다.49)

우리나라의 경우 자익권을 행사할 수 있다는 설과 자익권의 행사가 제한된다는 설이 대립하고 있다. 전설은 매수대금을 지급받기 이전에는 주식매수청구권을 행사한 주주라도 아직 주주의 지위를 잃지 않으므로 당연히 주

---

47) 일본의 경우 이를 명문으로 규정하고 있음은 앞에서 살펴보았다.

48) 다만 주권이 발행되지 아니한 경우에는 주주가 별도의 주식양도의 의사표시를 하지 아니한 상태에서 회사로부터 매매대금을 지급받았다면 통상 그 시점에서 주식양도의 의사표시가 있었다고 보는 것이 일반적일 것이다.

49) 외국의 경우 자익권뿐만 아니라 공익권도 인정되지 않는다는 견해가 있는 것으로 보이나, 우리나라의 학설 중에는 이러한 견해는 보이지 아니한다.: 공익권에 관하여는, "주식매수청구권의 배타성을 부정하는 입장에서 볼 때 결의취소의 소, 합병무효의 소 등 주주의 소권이 매수청구된 주식과 관련될 수 있고, 매수대금이 지급되기 전까지는 의결권 등 사원권적 권리를 자기의 주식매수청구권과 관련시켜서 행사할 수도 있으며, 의결권은 회사의 이익을 위해 행사될 수도 있으므로 이의 행사를 인정하여도 무방하다."라고 설명되고 있다.: 김창종, 전게논문, 633면 참조.

주로서의 이익배당청구권이나 신주인수권 등의 자익권을 행사할 수 있다고 한다.[50] 이에 대하여 후설은 주식매수청구시에 주주는 이미 회사를 탈퇴하여 출자를 회수하겠다는 확정적 의사표시를 하였으므로, 주식매수청구를 한 주주는 이미 주주라기보다는 회사에 대한 채권자적 지위에 있다고 보아야 하고, 회사가 지급하는 매수대금에는 이익배당이나 신주인수에 대한 기대가치가 포함되어 있다고 보아야 하므로 매수청구권을 행사한 주주는 자익권을 행사할 수 없다고 해석한다.[51]

일본의 경우 이 문제는 학설상 주로 주주가 '법정이자'의 지급과 이익배당청구권을 이중으로 행사할 수 있는지 여부와 관련하여 논의되는데, ① 법정이자가 발생하는 시점 이후로는 매수청구 주식은 '자기자본'으로부터 '타인자본'으로 성격이 변화한다고 해석하여야 하므로 이익배당은 중지된다고 하는 설(西島弥太郞, 江村元, 長谷川雄一), ② 대금의 지불을 받아 주주자격을 상실할 때까지 이익배당도 받을 수 있다고 하는 설(領木竹雄, 松田二郞), ③ 일응 이익배당은 지불되지만, 법정이자를 지불할 때 차액계산을 하여야 한다는 설(領木忠一, 和座一淸, 宍戶善一)로 나뉘고 있다고 한다.[52]

생각건대, 기본적으로 이익배당 등 자익권과 매수대금, 나아가서 매수대금에 대한 지연손해금을 이중으로 허용하는 해석은 취하기 곤란하다. 그렇다면 자익권의 행사를 제한하거나, 일단 인정하더라도 이를 주식매수대금이 지급될 때 사후적으로 정산하도록 하는 입장을 취하여야 할 것이다. 그러나 그 중에서도 다음과 같은 점을 고려하면 주식매수청구 시점부터 자익권의 행사를 제한하는 입장이 타당하다고 생각된다.

---

50) 이철송, "현행 주식매수청구권제도의 문제점", 「법학논총」 제4집, 한양대학교 법학연구소, (1987), 181면; 강헌, 전게논문, 411-412면.: 이철송 교수는 이러한 자익권을 허용할 경우 주식매수대금의 수령에 의하여 주주가 이중의 이득을 보는 것이 아닌가 하는 점에 관하여, "매수청구의 원인인 결의사항이 실행되지 아니하여 매수청구권이 실효된 경우에는 그 사이에 주주가 상실한 이익배당청구권이나 신주인수권을 회복시켜 줄 길이 없으므로, 일단은 주주로서의 권리를 인정하고 매수대금이 지급될 때 소급적으로 정산하도록 함이 타당하다"라고 하여, 매수대금과 자익권의 이중이득을 허용하지 않는 입장인 데 반하여, 강헌 교수는 "이러한 이중이득의 허용 여부에 관하여는 별다른 설명 없이 주주의 지위가 유지되는 한 주주권의 행사를 제한할 수는 없다"라고 설명하고 있다.

51) 김창종, 전게논문, 633면; 임재연, 「증권거래법」, 박영사, (2007), 762면.

52) 이에 관하여는 上柳克郞 외 2(편집)/宍戶善一(집필), 「新版 注釋會社法(5)」, 300頁; 大林忠夫 외 1(편집)/長谷川雄一(집필), 「注釋會社法(4)」, 167頁 참조.

주식매수청구를 하는 주주의 기본적인 의사는 주주로서의 지위를 포기하고 대신 매수대금을 지급받겠다는 것이고, 학설・실무상 비상장법인의 주식매수가액의 산정기준이 되는 시점은 이사회결의일, 또는 회사의 합병 등 행위가 주가에 영향을 미치기 전의 시점으로 보고 있으므로,53) 늦어도 주식매수청구가 이루어지기 이전이 그 기준시점으로 되는데, 주식매수청구를 한 주주에게 이익배당권 등 자익권을 인정하는 것은 기본적으로 이중의 이익을 허용하는 측면이 있음을 고려할 때 자익권의 행사를 제한하는 입장이 이론적으로 타당하다고 생각된다. 일단 자익권의 행사를 인정하면서 사후적으로 정산하자는 입장이 있으나,54) 이익배당금은 사후적으로 주식매수대금과 정산이 가능할 수도 있지만 주주가 주식을 인수하였거나 배당받은 경우 등에는 그 정산에 관한 복잡한 문제를 야기할 수 있다. 또한, 합병 등이 무산될 경우 주주가 상실한 자익권을 회복시켜 줄 수 없게 된다고 보기도 어렵다. 주식매수청구권은 합병 등이 이루어지지 아니하는 것을 해제조건으로 하는 조건부 의사표시라고 볼 것이므로, 합병 등이 무산되면 매수청구권에 따른 효과는 소급적으로 실효된다고 보아야 할 것이고, 따라서 이러한 경우에는 주주는 사후적으로 상실한 이익배당금을 지급받거나 신주를 발행받을 수 있다고 할 수 있다.55)

명문의 규정 없이 주식매수청구권을 행사하였다는 이유만으로 주주의 권리를 제한할 수 있는지에 관하여 의문이 있을 수 있으나, 위와 같이 주식매수청구권을 행사한 주주의 의사를 합리적으로 해석하고, 사후 정산을 둘러싼 불필요한 분쟁 등을 고려하면 충분히 자익권을 제한하는 해석이 가능하다. 자기주식의 경우에도 상법상 '의결권이 없다'는 규정이 있을 뿐이고 이익배당권 등 자익권에 관하여는 아무런 규정이 없으나,56) 대부분의 학설은 자익권도 제한된다는 견해를 취하고 있다.57)

---

53) 하태헌, "주식매수가액결정 사건의 이론적・실무적 문제에 관한 연구", 「司法」 제6호, 사법발전재단, (2008), 225면.: 상장주식의 경우 '이사회 결의일 이전에 증권시장에서 거래된 해당 주식의 거래가격'을 기준으로 하고 있으나(자본시장법 제165조의4 제3항), 비상장주식의 경우 명문의 규정이 없다.

54) 이철송, 전게논문, 411-412면.

55) 임재연, 전게서, 762면.

56) 상법 제369조 제2항.

57) 이철송, 전게서, 325-326면 참조.

한편 이익배당권 등 자익권을 인정하면서 대신 지연손해금을 인정하지 않으면 이중이익의 문제를 회피할 수 있다는 주장도 생각할 수 있다. 그러나 일반 민법원리에 따라 발생 여부가 인정되어야 할 지연손해금을 자익권이 인정된다는 이유만으로 제한할 수 있는지 의문일 뿐 아니라, 더 근본적으로 지연손해금을 인정하지 아니하고 이익배당권만을 인정하는 것은, 회사에게 이익배당에 관한 재량이 부여되어 있는 이상 회사가 이익배당을 하지 아니하고 사내유보를 할 경우 그로 인한 주가 상승분에 해당하는 이익을 주주가 상실하는 결과를 가져오므로, 주주에게 지나치게 불리한 해석이 된다는 점에서 문제가 있다.[58]

(4) 합병시 소멸회사의 주주로서 주식매수청구권을 행사한 자가 합병신주를 배정받을 수 있는지 여부

특히 합병시 소멸회사의 주주[59]가 주식매수청구권을 행사한 경우 그 법적 지위에 관하여는 유의할 점이 있다. 즉, 합병시 주식매수청구권을 행사한 소멸회사의 주주가 주식매수대금을 받고 주식을 회사에 이전하기 전에 합병의 효력이 발생하여[60] 소멸회사가 법적으로 소멸되었다면, 그로써 그 주주도 소멸회사에 대한 주주로서의 지위를 상실하는 것은 당연하나, 주식매수청구권을 행사한 주주에게도 합병신주가 배정되어야 한다고 볼 것인지의 문제가 있을 수 있다.[61]

이에 관하여는 ① 주식매수청구권을 행한 주주는 기본적으로 합병에 대한 반대의사를 표시한 것인데, 소멸회사의 주주였던 자의 의사를 합병으로

58) 물론, 주식매수청구를 한 주주도 주식의 자유로운 양도가 허용된다는 입장에 따르면(이에 관하여는 학설 대립이 있으나 상설하지 아니한다) 주주는 주가상승분을 회수할 수 있다고 볼 수도 있으나, 상장주식과 달리 비상장주식의 경우에는 주식의 양도가 쉽지 않다는 점에서 문제가 있다.

59) 주식의 포괄적 교환 및 포괄적 이전에서 완전자회사가 되는 회사의 주주도 마찬가지로 생각할 수 있다.

60) 합병의 경우 합병등기시에 합병의 효력이 발생하고, 주식의 포괄적 이전의 경우에는 모회사가 되는 신설회사의 설립등기에 의하여 효력이 발생한다(상법 제360조의21). 주식의 포괄적 교환의 경우에는 주식교환계약서에 기재하는 '주식교환을 할 날'에 그 효력이 발생하는 것으로 해석된다.: 이철송, 전게서, 924면.

61) 당연히 주식매수청구권을 행사한 합병시 존속회사의 주주, 주식의 포괄적 교환에서 모회사의 주주의 경우에는 이러한 문제가 생기지 아니하고, 주권의 교부 등의 시점에 주주의 지위가 소멸한다고 할 것이다.

인하여 그 회사가 소멸한 이후에도 존속회사의 주주로서의 지위를 계속 유지하겠다는 것으로 보는 것은 지나치고, 합병의 효력이 발생하는 시점에서는 주주의 지위를 소멸시키고 대금청산의 문제만을 남기는 것이 법률관계를 간명하게 한다는 견해와, ② 주식매수청구권을 행사한 주주도 그 지위를 상실하기 전에는 당해 주주에게 합병신주가 배정되어야 한다고 보는 견해 등을 상정할 수 있다.

기본적으로 주식매수청구권을 행사한 소멸회사의 주주를 어떻게 취급할 것인가는 합병계약에서 정한대로 따를 문제라고 생각된다. 그러나 합병계약에 별다른 규정 없이 "일정 비율에 의하여 소멸회사의 주주에 합병신주를 교부한다."라는 취지의 규정만이 있을 뿐이라면 주식매수청구권을 행사한 주주라고 하여 소멸회사의 주주라고 하지 않을 수는 없으므로 그에게도 합병신주가 배정되었다고 볼 수밖에 없다고 생각된다. 즉, 합병시 소멸회사의 주주는 주식매수청구권을 행사하였다고 하더라도 그에 따른 매수대금을 지급받고 자신의 주식을 회사에 양도하지 아니하는 이상, 여전히 회사의 주주의 지위에 있다고 할 것이고, 합병 등에 의하여 당연히 소멸회사의 주주 등에게는 새로운 주식이 발행되는 것이므로, 이와 같이 합병 등의 효력이 발생함에 의하여 자신의 구 주식에 대한 대상물로서 새로 발행되는 주식을 소유하게 된다고 이해할 수 있다.62)

앞서 본 것처럼 일본의 경우 명문의 규정에 의하여 합병에서의 소멸회사의 주주, 또는 주식의 교환이나 이전에 있어서 완전자회사로 되는 회사의 주주에 의한 주식매수청구에 관하여는 각 그 효력발생일 등에 주식매수의 효력이 발생한다고 규정하고 있으므로, 주식매수청구권을 행사한 소멸회사의 주주 등은 존속회사의 신주를 발행받을 수 없는 것으로 해석된다. 그러나 이러한 명문의 규정이 없는 우리 상법의 경우에는 위의 일본 회사법에서와

62) 합병의 경우에는 합병계약서상 합병신주를 배정받은 소멸회사의 주주는 합병등기와 더불어 존속회사 또는 신회사의 주주로 되고[권기범, 「기업구조조정법」, 삼지원, (1999), 268면], 주식의 포괄적 교환의 경우에는 주식교환계약에서 정한 '주식을 교환할 날'에 자회사 주주의 소유주식은 모회사에게로 이전되고 동시에 모회사가 발행하는 신주가 자회사의 주주에게 발행되는 것으로 되며, 주식의 포괄적 이전의 경우에는 모회사의 설립등기시 자회사의 주주가 소유한 주식은 모회사로 이전됨과 동시에 모회사의 주식이 자회사의 주주에게 발행된다.: 이철송, 전게서, 909-932면.

같이 해석하는 것은 무리라고 생각된다.

또한, 합병계약서에는 존속회사가 발행할 주식의 총수 및 증가하는 자본과 준비금의 총액을 기재하여야 하고, 이는 합병시 등기하여야 할 사항인바,63) 만약 주식매수청구를 한 주주에게는 합병신주가 배정되지 아니한다고 하면 주식매수청구 이후에 발행할 주식수와 증가할 자본금 등을 수정한 합병계약서를 작성하고 이를 승인하기 위하여 주주총회를 다시 열고 등기절차를 거쳐야 하는 등의 절차상의 어려움도 있다.64)

다만, 소멸회사의 주주에게 합병신주가 발행된다고 하더라도, 주식매수청구권을 행사한 주주에게 자익권의 행사가 제한된다는 견해에 따르면 여전히 주주는 존속회사로부터 이익배당 등을 받을 수 없다.

(5) 상법 제374조의2 제2항의 '2개월'이 주식매수가액의 확정과 무관하게 주식매수대금의 이행기를 정한 것인지 여부

당사자들의 자발적인 의사에 기하여 성립하는 일반적인 매매계약에 있어서 매매대금을 계약 체결 당시 결정하지 않고 장래에 다시 결정하기로 하였다면, 당사자들의 의사는 그와 같이 매매대금이 결정되는 때에 그 지급기일도 도래하는 것으로 정한 것이라고 보는 것이 통상적일 것이다. 그와 같이 보더라도 매도인은 매매대금의 지급이 있기까지는 소유권이전을 거부할 수 있어 매도인이 매매대금을 지급받지 못함으로 인한 손해가 있다고 할 수 없으므로 부당한 점이 없다. 다만 매매대금을 추후 정하기로 하는 약정을 하면서 별도로 매매대금의 지급기한을 정한 경우, 구체적 사정에 따라서 당사자들의 의사를 매수대금의 결정 여부에 불구하고 그 특정한 기한이 지나면 지체책임을 묻겠다는 것으로 해석해야 할 경우도 있을 것이다.

그러나 일반적인 매매계약과는 달리 주식매수청구에 있어서는 상법 제374조의2 제2항은 주식매수가액의 확정 여부와는 관계없이 주식매수대금채무의 이행기를 정한 것이라고 해석하여야 한다.

주식매수청구의 경우 당사자들의 자발적인 의사에 기하여 매매계약이 성립하는 것이 아니므로, 일반적인 매매계약의 경우와 같이 볼 것은 아니다. 즉,

63) 상법 제523조, 제528조 제1항 참조.

64) 필자가 개인적으로 알아본 바에 의하면 실무적으로도 주식매수청구권을 행사한 주주에게 합병신주를 배정하여 주는 사례가 있는 것으로 보인다.

주식매수청구에 있어서 매매계약의 성립 당시 주식매수가액이 결정되지 아니하는 것은, 그 가액이 결정되지 않은 상태에서 법이 매매계약의 성립을 의제하기 때문이고 당사자들의 의사에 기한 것이 아니다. 따라서 주식매수가액이 확정된 때를 이행기로 정한 것이라는 해석은 적용될 여지가 없다.

문리해석상으로도 위 '2개월'을 주식매수대금채무의 이행기로 해석하는 것이 타당하다. 상법 제374조의2 제2항은 "2월 이내"에 주식을 매수하여야 한다고 하고 있으므로, 이를 단지 지체책임을 유예하여 준 것이라고 해석하는 것은 문언해석으로서는 부자연스럽고, 오히려 채무이행의 기한을 정한 것으로 보는 것이 자연스러운 해석이다. 상법 제374조의2 제2항은 "매매계약을 체결하여야 한다."라거나 "매매에 관한 승낙의 의사표시를 하여야 한다."라 표현하지 않고 "매수하여야 한다."라 하고 있는바, "매수"의 통상적인 의미는 매매계약을 체결하고 매수대금을 지급하여 주식에 대한 소유권을 이전받아야 한다는 것을 뜻하는 것으로 해석함이 자연스럽다.[65)]

주식매수청구권의 제도적인 취지와 상법 제374조의2 제2항이 굳이 일정한 기한을 두어 회사로 하여금 주식을 매수하도록 하는 취지에 비추어 보아도 그러한 해석이 타당하다. 앞서 본 바와 같이 주식매수청구권의 가장 기본적인 기능은 다수결의 원리에 의하여 합병 등 회사의 지배구조나 재무구조에 중요한 변동을 가져오는 행위 등이 있을 경우에 이에 반대하는 주주로 하여금 자신의 투하자본을 회수할 수 있도록 하여 소수의 반대 주주를 보호하기 위한 것이고, 이러한 기능을 효과적으로 수행하기 위해서는 주식매수청구 및 그에 따른 절차가 신속하게 이루어질 것이 요구된다. 또한 회사 또는 합병 등에 찬성한 주주의 입장에서도 반대주주에 대한 법률관계가 청산되지 아니하면 회사의 재무관리에 부담을 가져오게 되고 비우호적인 반대주주의 존재가 단체적 의사결정에도 부담을 주게 되므로 역시 주식매수청구에 따른 절차는 신속하게 이루어질 필요가 있다. 상법이 주식매수청구기간, 매수가액 협의기간 등과 아울러 회사의 '매수' 기간을 비교적 단기로 하여 법률로 명시하고 있는 취지도 바로 여기에 있다고 볼 수 있고, 또한 주식매수가액의

---

65) 부연하면, 주식에 대한 소유권을 이전하는 것은 회사가 아닌 주주의 행위를 요하는 것인바, 결국 "매수"의 주된 의미는 회사로 하여금 주식의 소유권을 취득하기 위하여 주주에게 대금을 지급하라는 것에 있다고 해석할 수밖에 없을 것이다.

결정을 비송사건절차에 의하도록 한 것도 그러한 취지가 반영되어 있다고 할 수 있다. 이와 같이 볼 때에 주식매수가액이 확정되지 아니하는 한 매수대금의 이행기가 도래하지 않는다는 해석은 위와 같은 반대주주의 보호 및 신속한 단체법적 법률관계의 안정이라는 취지에 역행하는 것이다. 다만 위 2개월이 경과하도록 주식매수가액이 확정되지 아니하는 경우 회사로서는 사실상 매수대금을 지급할 수 없게 되나, 이와 같이 매수가액 결정을 비송사건절차에 의하도록 하였음에도 그 결정절차가 지연되는 것은 제도 운영상의 한계에서 오는 문제라고 볼 수밖에 없고,[66] 그 때문에 위 2개월이 매수대금의 지급기한이 아니라고 해석할 것은 아니다. 오히려 2개월을 매수대금 지급기한으로 해석하여 그 기간을 도과한 경우에 지체책임을 물림으로써 회사로 하여금 신속하게 매수가액의 협의에 응하도록 하는 것이 위와 같은 제도의 취지에 부합한다.[67]

위와 같이 채무액이 확정되지 아니하였음에도 지체책임을 지는 것이 법이론적으로 옳지 않다거나 예외적인 현상이라고 할 수도 없다. 이행지체도 채무불이행의 일종이고 채무불이행이 성립하기 위해서는 채무자의 귀책사유가 요구되므로, 주식매수대금이 확정되기 이전에는 회사로서는 지불해야 할 금액을 알 수 없어 이를 지불하지 아니하더라도 지체책임을 지지 아니한다고 생각하기 쉬우나, 주식매수대금채무는 금전채무이므로 금전채무불이행에 대한 특칙(민법 제397조 제2항)이 적용되어 회사는 과실 없음을 항변하지 못한다. 즉 지불할 금액이 확정되지 아니하였다는 이유만으로 회사는 지체책임을 면할 수 없다.[68] 또한, 불법행위로 인한 손해배상채무의 경우에는 불법행위가 발생

66) 앞서 본 바와 같이 미국의 경우, 주주 지위의 운명과 대금의 지급을 서로 분리하여 주주 지위는 주식매수청구와 함께 소멸되는 것으로 하고, 회사로 하여금 자신이 정당하다고 생각하는 대금을 먼저 지급하되 다툼이 있는 차액에 대해서만 법원이 결정하도록 하는 방법에 의하여 위와 같은 문제점을 입법적으로 완화하고 있고, 일본의 경우 원칙적으로 매수대금의 지급과 주주의 지위 소멸을 연계하고 있어 우리와 유사하나, 주식매수대금의 결정과 관계없이 일정 시점 이후에 회사로 하여금 법정이자를 지급하도록 하고 있어 회사의 재무적 이익보다는 주주의 보호 및 회사의 단체법적 법률관계의 안정을 입법적으로 우선하고 있다고 할 수 있다.

67) 다만 주주의 주식이전의무와 회사의 매수대금 지급의무가 동시이행관계에 있다고 해석됨으로 인하여 매수대금에 대한 지연손해금 발생 여부가 달라질 수 있는데, 이에 관하여는 후술한다.

68) 금전채무불이행에 대한 특칙에 의하여 채무자는 귀책사유의 없음뿐만 아니라 불가항력을 항변사유로 내세울 수도 없다고 해석된다.: 곽윤직(편)/양삼승(집필), 「민법주해」 제IX권, 채권(2), 박영사, (2000), 629면 참조.

한 시점에서 손해배상액을 확정할 수 없는 경우가 대부분이지만, 불법행위의 발생시점부터 지체책임이 성립한다는 것이 판례[69]와 통설[70]의 태도인데, 이와 같이 보는 이론적인 근거는, 불법행위가 없었더라면 피해자는 불법행위 시에 발생한 손해 상당의 재산을 재원으로 하여 지연손해금 상당의 수익을 얻을 수 있었다고 추정할 수 있으므로, 지연손해금을 배상하도록 하여 이를 전보해 주어야 한다는 공평의 관념에 있다고 볼 수 있다.[71] 주식매수청구의 경우에도 주주는 자신의 주식을 상실하는 시점에서 그에 대한 '공정한 대가'를 받아야 하고, 다만 그 가액이 구체적으로 결정되지 아니하여 현실적인 이행을 받지 못할 뿐이므로, 추후에 가액이 결정되면 '공정한 대가'를 지급받지 못한 데 대한 보상(지연손해금)을 받아야 공평하다고 생각할 수 있다. 위 2개월이 경과하도록 아직 주식매수대금이 확정되지 아니하였다고 하더라도, 주주의 매수대금청구권 자체는 이미 발생한 것이고, 그 구체적인 매수가액이 아직 확정되지 아니한 것일 뿐이므로, '지연손해금 발생의 전제가 되는 원본채권이 부존재한다'고 할 수는 없다.

결론적으로 말하자면, 위와 같이 해석하는 것이 당사자 사이의 이익 균형에도 맞고, 주식매수청구제도의 취지를 살리는 것이라고 할 것이다. 위 2개월을 이행기로 해석하더라도, 앞서 본 바와 같이 주식매수청구권을 행사한 주주가 자익권을 행사하지 못한다는 견해에 따르면 주주가 주주로서의 이익을 누리면서 지연손해금도 지급받는 이중의 이익을 얻는 결과로 되지 아니한다. 물론 주식매수청구권을 행사한 주주가 자익권을 행사할 수 있다는 견해에 따르더라도, 주주가 지연손해금을 포함한 매수대금을 받을 경우 이를 다시 반환하여야 한다고 해석한다면 역시 이중이익의 문제는 발생하지 아니할 것이다.

주주로 하여금 자익권을 행사하도록 하면서 대신 지연손해금을 인정하지 않는 입장을 생각할 수 있으나, 이는 주주에게 불리한 해석이어서 주식매수청구권을 인정한 취지와 부합하지 아니한다는 점은 앞서 언급한 바와 같다. 근본적으로 주식매수청구권을 행사한 주주는 자신의 주주로서의 지위가

---

69) 대법원 1975. 5. 27. 선고 74다1393 판결; 대법원 1993. 3. 9. 선고 92다48413 판결; 대법원 2010. 7. 22. 선고 2010다18829 판결.

70) 박준서(편)/김현채(집필), 「주석 민법」 (채권각칙 6), 한국사법행정학회, (2004), 214면.

71) 박준서(편)/김현채(집필), 전게서, 214면.

가치가 없다고 생각하여 이를 환가하기를 원하는 자일 뿐 아니라, 비상장회사의 주주로서 누리는 이익배당 등의 가치는 법정이율에 따른 지연손해금에 비하여 적을 가능성이 크다. 물론, 주식매수가액이 확정되기 전에 지체책임을 인정할 경우 시장이자율보다 높은 이율의 지연손해금을 지급받기 위하여 주주가 고의로 주식매수가격 결정절차를 지연하려는 유인이 발생하고, 반대로 주식매수가액의 확정 이후에야 지체책임을 인정할 경우 이번에는 회사측에서 최대한 주식매수가격 결정절차를 지연할 유인이 발생한다고 할 수 있는데, 두 가지 유인 중 어느 것이 더 큰 것인지 단정하기는 어렵다. 그러나 절차 지연에 따른 위험[72]을 감안할 때 일반적으로 합당한 매수가액이 제시되었을 경우 주주가 고의로 절차를 지연할 위험성은 그리 크지 않으며, 반대로 회사로서는 반대주주의 존재로 인한 재정적·단체법적 부담을 안기는 하지만, 절차 지연에 따른 금전적 대가(지연손해금)에 대한 부담이 전혀 없다면 회사의 고의적 절차 지연의 유인은 매우 강할 것이다.

4. 株主 地位의 移轉義務와 株式買受代金 支給義務의 關係 및 株式買受代金에 대한 遲延損害金과의 關係

(1) 주주 지위의 이전의무와 주식매수대금 지급의무의 관계

앞서 본 바와 같이 일본의 경우, 회사의 주식매수대금 지급의무와 합병 등 반대주주의 주권교부의무가 동시이행의 관계에 있음을 법에서 명시하고 있고, 우리나라의 경우에도 대부분의 학설이 이와 같이 설명하고 있는 것으로 보인다.

그러나 주식매수청구권 행사에 의하여 주식 매매계약이 성립한다고 보는 이상, 일반의 매매계약에 있어서와 마찬가지로 주주의 회사에 대한 주식이전의무와 회사의 주주에 대한 주식매수대금 지급의무가 상호 동시이행의 관계에 있다고 보아야 할 것이다. 따라서 결국 주권이 발행된 경우에는 주권의 교부가 주식양도의 방법이므로 주권의 교부의무가, 주권이 발행되지 않은 경우에는 주식양도의 의사표시가 각 매수대금의 지급의무와 동시이행의 관계에 있는 것으로 될 것이다. 다만 주권이 발행된 경우에는 통상 매수대금의

72) 회사의 재정상태의 악화, 시장이율의 변화 등을 들 수 있을 것이다.

지급이 이루어짐과 동시에 주권의 교부도 이루어짐이 보통일 것이고, 주권이 발행되지 않은 경우에는 통상 주주가 매수대금을 지급받을 때에 (명시적이지 않다고 하더라도) 주식양도의 의사표시가 있다고 볼 수 있을 것이다. 만약 합병시 소멸회사의 반대주주 등이 합병의 효력이 발생함에 따라 존속회사의 신주를 발행받았다면 그 발행받은 신주의 이전의무와 매수대금 지급의무가 동시이행관계에 있다고 보게 될 것이다.

(2) 동시이행관계 및 회사의 주식매수대금에 관한 지체책임

대법원의 판시[73]에 따르면, 쌍무계약에서 쌍방의 채무가 동시이행관계에 있는 경우 일방의 채무의 이행기가 도래하더라도 상대방 채무의 이행제공이 있을 때까지는 그 채무를 이행하지 않아도 이행지체의 책임을 지지 않는 것이며, 이와 같은 효과는 이행지체의 책임이 없다고 주장하는 자가 반드시 동시이행의 항변권을 행사하여야만 발생하는 것은 아니다. 따라서 주식매수청구권이 행사됨으로써 매매계약이 성립되었다고 보고, 주주의 주식이전의무와 회사의 대금지급의무가 동시이행관계에 있다고 보는 이상, 위 판례의 법리에 따라 주주가 주권의 교부 등의 주식이전에 필요한 절차에 관한 이행의 제공을 하지 않고 있으면, 회사는 대금지급에 관한 이행지체에 빠진다고 보기 어려울 것이다.

그런데 주식매수청구권이 행사된 경우, 주주는 회사를 이행지체에 빠뜨리기 위하여 그 주식이전의 의무에 관하여 별도로 이행의 제공을 할 필요가 있는지 여부가 문제될 수 있다.

부동산의 매매계약에 관하여 판례는, 「매도인이 매수인을 이행지체에 빠뜨리기 위하여 소유권이전등기에 필요한 서류 등을 준비하여 두고 그 뜻을 매수인에게 통지하여 산금지급과 아울러 이를 수령하여 갈 것을 최고함으로써 족하다」라고 판시하고 있다.[74] 또한, 비록 판례는 상대방을 계속적으로 이행지체에 빠뜨리기 위해서는 이행의 제공도 계속되어야 한다는 입장을 취하고 있으나,[75] 판례는 나아가 「쌍무계약에서 일방 당사자가 하여야 할

73) 대법원 2001. 7. 10. 선고 2001다3764 판결; 대법원 1998. 3. 13. 선고 97다54604, 54611 판결 등.
74) 대법원 1996. 7. 30. 선고 96다17738 판결 등.
75) 대법원 1995. 3. 14. 선고 94다26646 판결 등.

이행제공의 정도는 그 시기와 구체적인 상황에 따라 신의칙에 어긋나지 않게 합리적으로 정하여야 하고, 매수인이 계약의 이행에 비협조적인 태도를 취하면서 잔대금의 지급을 미루는 등 소유권이전등기서류를 수령할 준비를 아니하는 경우에는 매도인으로서도 그에 상응하는 이행준비를 하면 족하고,[76] 따라서 매도인은 이행장소에 서류 등을 계속 보관시키면서 신의칙상 요구되는 상당한 시간 간격을 두고 거듭 수령을 최고하면 이행제공을 다한 것이 된다[77]」라고 판시하고 있다.

이러한 판례의 태도에 비추어 주식매수청구권이 행사된 경우에 관하여 보면, 먼저 주권이 발행된 경우, 주주는 주식이전을 위하여 주권을 회사에 인도하여야 하지만, 주주가 주식매수청구서 자체에 그러한 의사, 즉 자신이 주권을 소지하고 있고 회사가 매수대금을 지급함과 동시에 언제든지 주권을 인도하겠다는 취지를 기재하여 회사에 제출하였다면 특별한 사정이 없는 한 그로써 일응 이행제공을 한 것이라고 볼 것이고, 그 후 어느 정도의 간격을 두고 주주가 다시 이행제공을 하여야 하는지 여부는 개별적인 사건에서의 제반 사정을 참작하여 판단하여야 할 문제이나, 여기에서 주식매수청구권을 행사한 주주는 이익배당권 등 온전한 주주로서의 이익을 누리지 못하는 지위에 있는 점,[78] 주식매수청구권에 따른 법률관계는 형식상 매매계약이나, 그 실질은 출자의 환급으로서의 성격을 가지고 그 이행에 의하여 회사는 자기주식을 취득하는 것이므로 일반적인 부동산 등의 매매계약과는 달리 볼 것인 점[79] 등을 고려하면 그다지 짧은 간격을 두고 이행제공이 계속되어야 한다고 할 필요는 없을 것이다.

다음 주권이 발행되지 않은 경우, 주주가 행할 이행이라고는 주식을 회사에 이전하겠다는 준물권적 의사표시에 불과하므로, 주식매수청구권의 행사에 의하여 이미 매수대금과 상환으로 주식을 이전하겠다는 확정적인 의사표시가 이루어진 이상, 그 후에 별도의 이행제공이 필요하다고 할 근거는 주

76) 대법원 2001. 12. 11. 선고 2001다36511 판결; 대법원 2005. 4. 29. 선고 2005다8627 판결.
77) 대법원 2001. 5. 8. 선고 2001다6053, 6060, 6077 판결.
78) 앞서 본 자익권을 부정하는 견해에 따르는 것을 전제로 한 것이다.
79) 즉, 부동산의 매수인은 그 매매목적물의 인도나 등기이전 등을 받음으로써 그 소유자로서의 이익을 향수하게 되는 반면, 회사는 자기주식을 취득함으로써 공익권이나 자익권 등 주주로서의 권리를 행사할 수 없다(통설).

권이 발행된 경우에 비하여 더욱 미약하다고 할 것이다. 특히 회사가 매수대금을 주주에게 지급할 경우 주주가 명시적인 주식이전의 의사를 표시하지 않더라도 주주에 의한 그 매수대금의 수령으로써 사실상 그러한 의사의 표시가 추정된다고 볼 것이어서 회사가 매수대금을 지급함으로써 자동적으로 주식의 이전을 받는 것과 같은 효과를 얻게 될 것인 이상, 더욱 별도의 주주로부터의 이행제공은 필요하지 않다고 보는 것이 타당하다.

5. 이 事件에 관한 檢討

이상의 검토내용에 의하면, 원심이 주식매수청구권을 그 행사에 의하여 회사와 주주 사이에 해당 주식에 관한 매매계약이 성립하는 형성권으로 보고, 주식매수가액의 확정 여부와 관계없이 상법 제374조의2 제2항 소정의 2월을 매수대금 지급의 이행기로 해석하여, 원고들의 이 사건 주식매수청구일로부터 2개월이 지난 2001. 7. 17.부터 피고의 지연손해금 지급을 명한 것은 정당하다.

다만 이 사건에서 상고이유가 아니어서 쟁점으로 되지는 아니하였지만, 원고들이 피고에게 각 주식[80]을 이전할 의무[81]와 피고의 주식매수대금의 지급의무는 동시이행관계에 있으므로 원칙적으로 피고들은 피고를 이행지체에 빠뜨리기 위하여 주식이전의무에 관한 이행제공을 하여야 할 것이므로, 그 이행제공 여부가 문제될 수 있다.

그러나 이 사건에서는 원고들이 별도의 이행제공을 하지 아니하더라도 주식매수청구권의 행사에 의하여 이행제공이 계속되고 있는 상태라고 볼 수 있을 것이다. 즉, 원고들은 주식매수청구권의 행사에 의하여 공정한 매수대금과 상환으로 주식을 이전하겠다는 확정적 의사를 표시하였고, 원고들의 주식이전을 위하여 필요한 절차는 그 준물권적 양도의 의사표시를 하는 것뿐인 점, 이 사건에서 매수대금이 지급되지 않고 있었던 이유는 원고들의 귀책

80) 이 사건 사안상 분명하지 아니하나, 은평방송의 은평정보통신으로의 흡수합병시 원고들에게도 은평정보통신의 합병신주가 배정되었을 가능성이 큰 바, 그렇다면 여기서의 주식은 합병신주를 의미할 것이다.

81) 이 사건에서 은평방송의 주권은 발행되지 아니하였고, 은평방송의 설립일(1994. 9. 15.)로부터 6개월이 경과하였음이 명백하여 원고들의 주식의 이전을 위해서는 주식양도의 의사표시로 족하다.

사유로 인한 것이 아니고 매수가액이 확정되지 않았거나 피고가 매수가액 확정 이전의 지연손해금의 지급을 거절하였기 때문인 점, 그 밖에 일반적인 매매계약과 다른 주식매수청구권의 지분환급으로서의 성격 등을 고려하면, 원고들의 주식매수청구권 행사 이후에 별도의 이행제공이 필요하지는 않다고 할 것이거나, 또는 원고들의 이행제공의 상태가 계속되었다고 볼 수 있을 것이다.[82] 그렇다면 피고의 지연손해금이 2001. 7. 17.부터 발생한다고 보는 결론에는 아무런 지장이 없다.

Ⅲ. 對象 判決의 意義

대상 판결은 합병반대주주의 주식매수청구권이 형성권으로서 그 행사로 회사의 승낙 여부와 관계없이 주식에 관한 매매계약이 성립하고, 주식 매수가액의 확정 여부와 관계없이 상법 제374조의2 제2항의 '회사가 주식매수청구를 받은 날로부터 2월'은 주식매수대금 지급의무의 이행기를 정한 것이라는 법리를 선언한 최초의 선례로서 의의가 있다.

종래 이 쟁점에 관하여는 상법의 문언이 명료하지 아니하여 그 해석에

---

82) 한편, 대상 판결과 같은 날에 선고된 대법원 2011. 4. 28. 선고 2010다94953 판결은, 피고 한국주택저당채권 유동화 주식회사(비상장 회사임)의 주주인 원고들이 피고가 그 영업 전부를 한국주택금융공사에 양도하기로 하고 그에 관한 주주총회결의를 하자 주식매수청구권을 행사한 사안에서, 「쌍무계약에 있어서 일방 당사자의 자기 채무에 관한 이행의 제공을 엄격하게 요구하면 오히려 불성실한 상대 당사자에게 구실을 주는 것이 될 수도 있으므로 일방 당사자가 하여야 할 제공의 정도는 그 시기와 구체적인 상황에 따라 신의성실의 원칙에 어긋나지 않게 합리적으로 정하여야 할 것이다"라고 전제한 뒤, "원고들의 주권은 모두 원고들에게 교부되지 않은 상태로 원고들이 주식매수청구권을 행사하기 이전부터 계속하여 피고가 주권을 새로 발행하면서 명의개서대리인으로 선임한 주식회사 국민은행(이하 '국민은행'이라 한다)에 예탁되어 있었고, 원고들이 주식매수청구권의 행사를 통하여 피고가 공정한 매수대금을 지급함과 동시에 언제든지 자신들이 소지하고 있는 주권을 인도하겠다는 취지의 서면을 피고에게 제출하였으며, 원고들은 주식매수청구권의 행사 당시 피고로부터 주식매수대금 지급의 이행제공을 받기만 하면 피고의 업무를 대행하면서 원고들의 주권을 직접 점유하고 있던 국민은행을 통하여 지체 없이 피고에게 원고들의 주권을 교부할 수 있는 상태였고, 피고 역시 마찬가지로 원고들의 주권을 손쉽게 교부받을 수 있는 상태였던 점을 고려하면, 원고들로서는 주식매수청구권을 행사한 2004. 3. 16. 또는 2004. 3. 25.부터 2월이 경과하였을 당시에 비록 피고에게 별도로 주식매수대금 지급과 동시에 주권을 교부받아 갈 것을 최고하지 않았다 하더라도 주권 교부의무에 대한 이행제공을 마쳤다」라는 취지로 판단하여, 원고들의 주권 교부의무가 이행되지 아니하여 주식매수대금을 지급할 수 없었다는 피고의 동시이행의 항변을 배척한 원심 판결을 수긍하였다. 대상 판결의 사안과 달리 주권이 발행된 경우의 주식매수청구에 따른 동시이행의 관계에 관한 판단으로서 주목된다.

의문이 있었으나, 대법원은 다수결 원리로부터 소수주주를 보호하고 단체법적 법률관계를 신속하게 안정시키고자 하는 상법상 주식매수청구권의 취지, 주주와 회사 사이의 주식매수청구에 따른 법률관계를 둘러싼 이해관계의 합리적인 조정 등을 종합적으로 고려하여 그 판시와 같은 결론을 내린 것으로서, 타당하다고 생각된다.

그러나 여전히 주식매수청구권을 행사한 주주 지위의 소멸시기, 그 주주로서의 권리행사의 가부, 주식 이전의무와 매수대금 지급의무 사이의 동시이행관계를 둘러싼 지체책임의 발생 여부 등 주식매수청구권을 둘러싼 법률관계는 명확하게 정리되어 있지 않으며, 향후 이와 관련한 분쟁의 소지는 여전히 남아 있다.

입법론상으로는 미국의 모범회사법과 같이 먼저 주식매수청구를 한 주주의 권리를 소멸시킨 후에 그 매수가액에 관한 다툼이 있을 경우 별도의 쟁송절차에 의하여 해결하도록 하는 방식이 법률관계를 명확하게 하고 주식매수청구의 지분환급적인 성격에 부합하여 더 우수하고, 적어도 일본과 같이 주주의 권리의 소멸시점이나 지연이자의 발생 여부에 관하여 명시적인 규정을 두는 것이 바람직하다고 생각된다.

分割合併無效의 訴에서 그 瑕疵가 補完될 수 없는 경우 裁量棄却의 與否*

金 東 民**

◎ 대법원 2010. 7. 22. 선고 2008다37193 판결[1)]

[事實의 概要]

1. 原告 이경춘의 株式 讓渡

(1) 원고 이경춘은 2002. 12. 2.부터 2004. 9. 15.까지 피고 주식회사 이랜드(이하 '피고 이랜드'라 한다)의 대표이사로 근무하였던 자이고, 원고 주식회사 세이브존은 백화점업을 하는 법인이다. 피고 이랜드는 의류제조 및 동 판매업 등을 하는 법인, 피고 이랜드 월드는 부동산 분양 및 임대업 등을 하는 법인이다.

(2) 원고 이경춘은 1999. 5. 25. 안영옥으로부터 피고 이랜드 주식 보통주 2,000주를 1,000,000원에 양수하고 1999. 5. 31. 피고 이랜드 사이에 그 양수 사실을 비밀로 하고 회사의 동의 없이 퇴직한 경우, 취업규칙 위반으로 중징계 되거나 회사에 중대한 재산상 손실을 입힌 경우 양도 받은 주식 전량을 회사 또는 회사가 지정한 자에게 최초 양도 받은 가격으로 양도하고, 이를 위반할 경우 피고 이랜드에게 1억원을 손해배상으로 지급한다는 내용의 서약서를 작성하였다(이하 '이 사건 약정'이라 한다).

(3) 원고 이경춘은 2001. 9. 22. 피고 이랜드의 실질 사주인 박성수로부

---

* 제24회 상사법무연구회 발표 (2011년 3월 12일)
본 평석은 「상사판례연구」 제25집 제1권, 한국상사판례학회, (2012)에 게재하였음.
** 상명대학교 지적재산권학과 교수
1) 판례공보 2010하, 1633.

터 보통주 251주를 5,020,000원에 양수하였고, 그 양수 주식과 이후 무상 배정받게 될 신주를 2004. 12. 31.까지 박성수의 사전 동의 없이 제3자에게 양도 또는 증여할 수 없고,[2] 위반시 박성수가 계약 해제는 물론 1천만원 이상의 손해배상을 청구할 수 있다는 내용의 약정을 하였다.

(4) 원고 이경춘은 2006. 2. 7. 원고 세이브존에게 피고 이랜드의 보통주 2,251주를 주당 50,000원씩 총 112,550,000원에 매도하였고, 원고 세이브존은 2006. 2. 8. 피고 이랜드에게 주식양도계약서와 원고 이경춘 작성의 주식양도 통지서 등을 첨부하여 주식양수의 통지를 하고, 명의개서 청구에 필요한 서류를 요청하였다. 원고 세이브존은 피고 이랜드로부터 아무런 답변을 받지 못하자 같은 달 17. 원고 이경춘의 위임장을 첨부하여 피고 이랜드에게 명의개서 협력, 주주명부 열람 및 등사를 요청하였다.

(5) 피고 이랜드는 2006. 2. 21. 양도인인 원고 이경춘에 의한 적법한 양도 통지가 없다는 이유로 원고들의 요청을 거부하였다. 피고 이랜드의 주식은 아직 그 주권이 발행되지 아니하였다.

2. 被告 이랜드와 이랜드월드의 分割合併

(1) 피고 이랜드와 피고 이랜드월드는 2005. 11. 2. 피고 이랜드의 투자부분을 피고 이랜드의 주주가 피고 이랜드월드의 신주를 기존 지분율에 비례하여 취득하는 인적분할 방식에 의해 분할하고, 피고 이랜드월드는 피고 이랜드의 투자부문을 흡수합병하고 피고 이랜드는 존속하는 분할합병계약을 체결하였다.[3]

(2) 피고 이랜드는 2005. 11. 25. 그 본점 사무실에서 임시주주총회를 개최하여 발행 주식 4,000,000주(주주 수 239명)에서 의결권이 없는 주식을 제외한 2,881,367주 중 2,615,774주를 보유한 주주 3명(박성수 1,974,737주, 곽숙

---

2) 이와 함께 원고 이경춘이 양수한 주식과 무상배정을 받게 될 신주를 2004. 12. 31. 이전에 처분하고자 하는 경우에는 박성수에게 주당 20,000원으로 우선 매수할 권리가 있는 것으로 약정하고 있다.

3) 분할합병으로 피고 이랜드 주주는 1주당 0.234328주의 비율로 주식병합이 되어, 발행주식은 400만주에서 937,314주로 감소되고, 자본금도 207억원에서 53억 8657만원으로 줄어들게 되며, 피고 이랜드월드로부터 보유 중인 주식 1,219,082주를 기초로 1주당 0.398087주의 비율로 교부받게 된다.

재 438,539주, 이랜드 복지재단 202,498주)이 출석하여 전원 분할합병계약을 승인하였다. 이 사건 주주총회 개최 당시 피고 이랜드는 위 출석 주주 3명에게는 구두로 이 사건 주주총회의 소집을 통지하였고, 그 외에 원고 이경춘 등 소수주주에게는 아무런 통지를 하지 아니하였다. 한편 이 사건 주주총회 개최 당시 박성수와 곽숙재는 한국에 있었다.

(3) 피고 이랜드월드는 2005. 11. 25. 그 본점 사무실에서 임시주주총회를 개최하여 발행주식 5,856,674주(주주 수 7명)에서 의결권이 없는 주식을 제외한 주식 2,399,991주 중 1,411,212주를 보유한 주주 4명이 출석하여 전원 분할합병계약을 승인하였다. 위 임시주주총회 개최 당시 피고 이랜드월드는 주주 전원에게 구두로 이 사건 주주총회 소집을 통지하였다.

(4) 피고들은 2005. 11. 28. 매일경제 일간지에 이 사건 분할합병을 공고하면서 이에 이의 있는 채권자는 그 익일부터 1개월 간 이의를 제출할 것을 공고하였다. 또한 피고 이랜드는 같은 날 채권자들에게 개별적으로도 위와 같이 통보하였다.

(5) 한편 피고 이랜드는 2007. 3. 30. 그 본점 사무실에서 정기주주총회를 개최하여 발행주식총수 908,336주 중 908,336주를 보유한 주주 74명이 출석하여 찬성 907,808주, 반대 528주로 이 사건 분할합병 이후 합병에 따른 효과를 승인하였다.

(6) 피고 이랜드월드는 2007. 3. 30. 그 본점 사무실에서 정기주주총회를 개최하여 발행주식총수 2,280,461주 중 2,242,140주를 보유한 주주 75명이 출석하여 찬성 2,241,455주, 반대 685주로 이 사건 분할합병 이후 합병에 따른 효과를 승인하였다.

[訴訟의 經過]

1. 第1審 判決[4] (이경춘의 訴 却下, 세이브존의 請求 一部 棄却)

(1) 당사자들의 주장

(가) 원고들의 주장

원고들은, "이 사건 분할합병을 승인한 주주총회가 실제로 개최되지 않았거나 주주들에게 소집통지 없이 개최되었고, 주주들의 주식매수청구권 행사 기회를 박탈한 상태에서 이루어진 것이므로 이 사건 분할합병은 무효이다. 원고 이경춘은 2006. 2. 7. 자신이 보유하던 피고 이랜드의 주식을 원고 세이브존에게 양도하였으므로, 피고 이랜드는 그 명의개서를 이행해야 하고, 피고 이랜드 및 이랜드월드는 원고 세이브존에게 주주명부의 열람 또는 등사를 허용해야 한다."라고 주장하였다.

(나) 피고들의 주장

피고들은, "이 사건 분할합병을 승인한 주주총회는 적법하게 개최되었고, 이 사건 소송계속 중인 2007. 3. 30. 주주총회에서 이를 추인하였으므로 이 사건 분할합병은 유효하다. 그리고 원고 이경춘이 피고 이랜드와의 주식양도제한 약정에 위반하여 피고 이랜드의 주식을 처분한 것은 무효이므로, 그 양수인이라고 주장하는 원고 세이브존은 피고 이랜드나 피고 이랜드월드의 주주라 할 수 없다. 따라서 피고들은 원고 세이브존의 명의개서 및 주주명부 열람 또는 등사에 응할 의무가 없다."라고 주장하였다.

(2) 피고들의 본안 전 항변에 대한 판단

(가) 제소기간의 경과 여부

피고들은, "분할합병을 승인한 주주총회결의의 하자를 이유로 분할합병의 무효를 구하는 경우 그 주총결의가 있은 날로부터 2개월 이내에 분할합병무효의 소를 제기하여야 하는데, 원고들의 이 사건 소는 그 제소기간을 도과한 것으로 부적법하다"라고 항변하였다.

살피건대, 주주총회결의의 취소소송 제기기간이 2개월이지만(상법 제376조 제1항),

4) 서울서부지방법원 2007. 6. 15. 선고 2006가합5550 판결.

분할합병무효소송의 제소기간은 그 사유와 상관없이 분할합병 등기일로부터 6개월이고(상법 제530조의11, 제529조 제2항), 더구나 원고들은 분할합병의 승인을 위한 주주총회 결의의 취소가 아닌 무효나 부존재를 근거로 이 사건 분할합병무효의 소를 제기하고 있다. 또한 이 사건 소는 분할합병 등기일(2005. 12. 30.)로부터 6개월이 경과하기 전인 2006. 6. 2. 제기되었음이 기록상 명백하므로, 원고들의 이 사건 소는 제소기간을 지킨 것으로 적법하고 피고들의 위 항변은 받아들이지 아니한다.

(나) 원고 이경춘 및 세이브존의 원고 적격

1) 피고들의 항변 요지

원고 이경춘은 피고 이랜드의 주식을 양도받을 당시 피고 이랜드에 중대한 재산상 손실을 입힌 경우 그 주식 전량을 피고 이랜드 또는 그 피지정자에게 양도하겠다는 약정을 체결하였고, 원고 이경춘은 대표이사로 재직하면서 출고 제품의 스타일넘버 등을 변경하는 위법행위로 인하여 공정거래위원회로부터 시정명령을 받는 등으로 피고 이랜드에 중대한 재산상 손실을 입혔다. 따라서 원고 이경춘이 원고 세이브존에게 피고 이랜드 주식을 양도한 것은 위 약정에 반하여 효력이 없으며, 그 양도계약은 반사회적 법률행위로서 무효이다. 그러므로 원고 세이브존은 피고들의 주주가 아니다. 또한 원고 이경춘의 주식은 위 약정에 따라 피고 이랜드의 피지정자에게 귀속되어 원고 이경춘도 피고들의 주주가 아니다. 결국 원고들은 분할합병무효의 소를 제기할 당사자 적격이 없다.

2) 법원의 판단

원고 이경춘과 피고 이랜드 사이의 이 사건 약정은 내부적인 약정에 불과하여 원고 이경춘이 이를 위반하고 제3자에게 주식을 양도하더라도 손해배상의 문제가 발생할 뿐 이를 양수받은 제3자의 주주로서의 권리까지 부인된다고 보기는 어렵다. 원고 세이브존이 2006. 2. 8. 원고 이경춘 작성의 주식양도통지서를 피고 이랜드에 발송함으로써 양도인에 의한 적법한 통지가 있었다고 보여지기 때문에 원고 이경춘의 주식은 같은 날 원고 세이브존에게 적법하게 양도되었다고 할 것이다.

한편 피고들은 원고 세이브존이 피고 이랜드와 적대적·경쟁적 관계에 있고, 이 사건 약정 내용을 잘 알면서도 원고 이경춘을 적극적으로 회유하여 그 주식을 양수하였으므로 그 주식양수는 반사회적 행위로서 무효라고 주장하나, 이를 인정할 증거가 없으므로 피고들의 주장은 이유 없다. 그렇다면 2006. 2. 8. 이후 피고 이랜드의 주주로서 이 사건 분할합병무효의 소를 제기할 수 있는 당사자 적격이 있는 자는 원고 이경춘이 아닌 원고 세이브존이라 할 것이므로, 원고 이경춘의 이 사건 소는 부적법하다.

(3) 분할합병의 무효에 대한 판단

(가) 정당한 소집권자에 의하여 소집된 주주총회의 결의라면 그 소집통지가 서면에 의하지 아니한 구두 소집통지로서 법정소집기간을 준수하지 아니하였으며 일부 주주에 대해 소집통지를 빠뜨렸다 하더라도 이러한 하자는 단순한 취소 사유에 불과하다.[5] 위 인정 사실에 의하면 피고 이랜드가 이 사건 주주총회를 개최함에 있어 주주들에게 서면이 아닌 구두로 통지하였고 피고 이랜드 발행 주식의 9.22%를 보유한 원고 이경춘 등 소수 주주들에게 소집 통지를 하지 아니하였으나, 이러한 하자는 주주총회 결의 취소 사유에 불과할 뿐이고 2007. 3. 30. 피고 이랜드의 정기주주총회 결의에 의하여 치유되었다고 할 것이다.

(나) 다만 이 사건 주주총회 당시 피고 이랜드가 원고 이경춘 등 소수주주들에게 소집통지를 하지 아니하는 등으로 주식매수청구권 행사 기회를 주지 아니한 사실은 인정되나, 주식매수청구권은 분할합병 승인에 반대하는 주주들에게 투하자본을 회수할 수 있게 하여 그들의 이익을 보호하는 절차일 뿐이어서, "이 사건 주주총회 후 채권자들에게 그 보호를 위한 이의제출 기회 부여와 개별적 통보를 거쳤고",[6] 그 합병의 목적이 공정거래법상 피고들의 상호출자의 위법 상태를 해소하기 위한 것인 점 등을 고려하여 보면, 그 사유만으로 이 사건 분할합병이 무효라 할 수 없다. 따라서 이 사건 분할합병의 무효를 구하는 원고 세이브존의 청구는 이유 없다.

---

5) 대법원 1987. 4. 28. 선고 86다카535 판결 등 참조.

6) "株式買受請求權"은 분할합병에 반대하는 소수주주들에게 투하자본을 회수할 수 있는 기회를 부여함으로써 이들의 이익을 보호하는 절차일 뿐이므로, 피분할회사의 채권자를 보호하기 위한 "異議提出權"의 최고 및 공고절차와는 전혀 무관한 제도임에도 불구하고, 판례가 채권자 보호절차의 일환으로 채권자에게 이의제출의 기회를 제공하면 마치 소수주주들의 주식매수청구권이 보장되는 것처럼 설시하고 있는 것은 명백한 오류이다.

(4) 주주명부의 열람 및 등사 청구에 대한 판단

원고 세이브존이 원고 이경춘으로부터 피고 이랜드의 주식을 양수하였고 이를 피고 이랜드에게 통지한 사실, 피고 이랜드에게 명의개서 협력 및 주주명부 열람 · 등사를 청구한 사실은 앞서 본 바와 같다. 따라서 피고 이랜드는 원고 세이브존에게 그 주식에 대한 명의개서 절차를 이행해야 할 의무가 있다. 또한 피고 이랜드의 주식은 분할합병에 의해 주식병합 또는 주식교부 방식으로 피고 이랜드 및 이랜드월드의 주식으로 교환되었으므로, 피고 이랜드 및 이랜드월드는 그 주주인 원고 세이브존에게 피고들의 주주명부를 영업시간 내에 열람 · 등사하게 할 의무가 있다. 피고들은 원고 세이브존이 피고들과 적대적 관계에 있으므로 피고들을 괴롭히고 업무를 방해할 목적으로 주주명부 열람청구를 하고 있다고 주장하지만, 이를 인정할 증거가 없으므로 피고들의 주장은 이유 없다.

2. 原審 判決[7] (原告들 및 被告들의 抗訴 모두 棄却)

(1) 제1심 판결의 인용

법원이 이 사건에 관하여 설시할 이유는 제1심 판결 제9쪽 제11째줄의 '채권자'를 '주주'로 고치고,[8] 원고들과 피고들이 당심에서 주장하는 사항에 관하여 다음과 같은 판단을 추가하는 외에는 제1심 판결의 이유 부분 기재와 같으므로, 민사소송법 제420조 본문에 의하여 이를 그대로 인용한다.

(2) 추가 판단 사항

(가) 원고들의 주장에 대한 판단

원고들은, "이 사건 분할합병 승인을 위한 피고 이랜드의 임시주주총회

---

7) 서울고등법원 2008. 4. 3. 선고 2007나71853 판결.

8) 이는 제1심 판결 중에서 "주식매수청구권은 분할합병 승인에 반대하는 株主들에게 투하자본을 회수할 수 있게 하여 그들의 이익을 보호하는 절차일 뿐이어서, 이 사건 주주총회 후 채권자들에게 그 보호를 위한 이의제출 기회 부여와 개별적 통보를 거쳤고" 부분이다. 위에서 언급한 것처럼 주식매수청구권과 채권자 보호절차는 완전히 별개의 제도인데도 불구하고 원심에서 이와 같이 수정한 이유는 도저히 납득이 되지 않는다. 즉 원심의 판단처럼 채권자를 주주로 수정한다고 해서 그 내용이 올바르게 수정되는 것은 아니기 때문에, 차라리 '이 사건 주주총회 후 채권자들에게 그 보호를 위한 이의제출 기회 부여와 개별적 통보를 거쳤고' 부분을 완전히 삭제하는 것이 타당하다.

의사록에 의하면 위 임시총회에는 총 239명의 주주 중 3명만 참석한 것으로 기재되어 있는 점, 위 3명의 주주는 피고 이랜드의 실질적인 소유자 박성수, 박성수의 처 곽숙재, 피고 이랜드가 설립한 재단인 이랜드복지재단으로 모두 피고 이랜드와 특수관계에 있는 사람들인 점, 이 사건 임시총회는 피고 이랜드의 영업시간 중 피고 이랜드의 본점 사무실에서 개최된 것으로 기재된 점 등을 종합할 때, 이 사건 임시총회는 실제로 개최되지 않았거나 그 절차상 하자가 중대하여 이 사건 분할합병 승인결의가 부존재하므로, 피고 이랜드의 정기주주총회 결의에 의하여 이 사건 임시주주총회의 분할합병 승인결의는 추인될 수 없다."라고 주장하였다.

그러나 「원고들의 위 주장과 같은 사정만으로 이 사건 임시총회의 분할합병 승인결의가 부존재하거나 무효라고 단정하기는 어려우므로 원고들의 주장은 이유 없다」라고 판단하였다.

(나) 피고들의 주장에 대한 판단

피고들은, "원고 세이브존이 원고 이경춘과 피고 이랜드 사이의 주식양도 제한 약정이 있음을 알면서도 피고 이랜드와의 분쟁에서 우위를 점하고 피고 이랜드의 경영에도 부당하게 간섭할 목적으로 피고 이랜드의 주식을 매수하였는데, 이는 민법 제103조 소정의 반사회적 법률행위에 해당하므로 원고 이경춘과 원고 세이브존 사이의 주식매매계약은 무효이고, 따라서 원고 세이브존은 적법한 주식소유자가 될 수 없기 때문에, 원고 세이브존의 이 사건 소는 부적법하다."라고 주장하였다.

그러나 「원고 세이브존과 피고 이랜드 사이에 분쟁이 있고 원고 세이브존이 피고 이랜드의 경영에 간섭할 목적이 있었다는 사실만으로 원고 세이브존이 원고 이경춘과 피고 이랜드 사이의 주식양도 제한 약정을 인식하고 주식을 매수하였다거나 위 주식 매수행위가 반사회적 법률행위라고 인정하기에 부족하고 달리 이를 인정할 증거가 없으므로 피고들의 위 주장 역시 이유 없다」라고 판단하였다.

[大法院 判決[9)]]

1. 判決 要旨 (上告 모두 棄却)

(1) 주주가 회사를 상대로 제기한 분할합병무효의 소에서 당사자 사이에 분할합병계약을 승인한 주주총회결의 자체가 있었는지 및 그 결의에 이를 부존재로 볼 만한 중대한 하자가 있는지 등 주주총회결의의 존부에 관하여 다툼이 있는 경우 주주총회결의 자체가 있었다는 점에 관해서는 회사가 증명책임을 부담하고 그 결의에 이를 부존재로 볼 만한 중대한 하자가 있다는 점에 관해서는 주주가 증명책임을 부담하는 것이 타당하다.

(2) 甲회사와 乙회사가 분할합병계약을 체결한 후 甲회사가 임시주주총회를 개최하여 위 분할합병계약을 승인하는 결의를 하였으나, 甲회사가 위 주주총회를 소집하면서 소수주주들에게 소집통지를 하지 아니한 사안에서, 甲회사가 위 주주총회를 개최함에 있어 발행주식의 9.22%를 보유한 소수주주들에게 소집통지를 하지 아니한 하자만으로 위 주주총회결의가 부존재한다고 할 수 없고 결의 취소사유에 해당한다.

(3) 상법 제530조의11 제1항에 의하면, 분할합병무효의 소가 그 심리 중에 원인이 된 하자가 보완되고 회사의 현황과 제반사정을 참작하여 분할합병을 무효로 하는 것이 부적당하다고 인정한 때에는 법원은 그 청구를 기각할 수 있으므로,[10)] 법원이 분할합병무효의 소를 재량기각하기 위해서는 원칙적으로 그 소 제기 전이나 그 심리 중에 원인이 된 하자가 보완되어야 할 것이나, 그 "하자가 추후 보완될 수 없는 성질의 것인 경우"에는 그 하자가 보완되지 아니하였다고 하더라도 회사의 현황 등 제반사정을 참작하여 분할합병무효의 소를 재량기각할 수 있다.

(4) 분할합병계약의 승인을 위한 주주총회를 개최하면서 소수주주들에게 소집통지를 하지 않음으로 인하여 위 주주들이 주식매수청구권 행사 기회를 갖지 못하였으나, 주식매수청구권은 분할합병에 반대하는 주주로 하여금 투하자본을 회수할 수 있도록 하기 위해 부여된 것인데 분할합병무효의

---

9) 대법원 2010. 7. 22. 선고 2008다37193 판결.

10) 상법 제530조의11 제1항 및 제240조는 분할합병무효의 소에 관하여 회사설립무효의 소에 관한 상법 제189조를 준용하고 있다.

소를 제기한 소수주주가 자신이 보유하고 있던 주식을 제3자에게 매도함으로써 그 투하자본을 이미 회수하였다고 볼 수 있고, 위 분할합병의 목적이 독점규제법상 상호출자관계를 해소하기 위한 것으로 위 분할합병을 무효로 함으로 인하여 당사자 회사와 그 주주들에게 이익이 된다는 사정이 엿보이지 아니하는 점 등을 참작해 볼 때, 분할합병무효의 청구를 기각한 원심 판단은 수긍할 수 있다.

(5) 상법 제335조 제1항 본문은 "주식은 타인에게 이를 양도할 수 있다."라고 하여 주식양도의 자유를 보장하고 있으므로 회사와 경쟁관계에 있거나 분쟁 중에 있어 그 회사의 경영에 간섭할 목적을 가지고 있는 자에게 주식을 양도하였다고 하여 그러한 사정만으로 이를 반사회질서 법률행위라고 할 수 없다.

(6) 주주가 상법 제396조 제2항에 의하여 주주명부 등의 열람등사청구를 한 경우 회사는 그 청구에 정당한 목적이 없는 등의 특별한 사정이 없는 한 이를 거절할 수 없고, 이 경우 정당한 목적이 없다는 점에 관한 증명책임은 회사가 부담한다.

2. 判決 理由

(1) 원고 세이브존의 상고이유에 관하여

(가) 상고이유 제1, 2점에 대하여

1) 주주가 회사를 상대로 제기한 분할합병무효의 소에서 당사자 사이에 분할합병계약을 승인한 주주총회결의 자체가 있었는지 및 그 결의에 이를 부존재로 볼 만한 중대한 하자가 있는지 등 주주총회결의의 존부에 관하여 다툼이 있는 경우 주주총회결의 자체가 있었다는 점에 관해서는 회사가 증명책임을 부담하고 그 결의에 이를 부존재로 볼 만한 중대한 하자가 있다는 점에 관해서는 주주가 증명책임을 부담하는 것이 타당하다.

2) 원심은 그 채택 증거를 종합하여, 「① 피고 주식회사 이랜드와 피고 주식회사 이랜드월드가 2005. 11. 2. 피고 이랜드의 투자부분을 분할하여 피고 이랜드월드에 합병시키는 내용의 분할합병계약을 체결한 사실, ② 피고 이랜드가 2005. 11. 25. 임시주주총회를 개최하였는데 피고 이랜드의 의결권

있는 주식 2,881,367주 중에서 1,974,737주를 보유한 소외 1과 438,539주를 보유한 소외 2 그리고 202,498주를 보유한 이랜드복지재단이 출석하여 출석 주주 전원의 찬성으로 이 사건 분할합병계약을 승인하는 결의를 한 사실, ③ 피고 이랜드가 이 사건 주주총회를 소집하면서 소외 1, 2, 이랜드복지재단에게는 구두로 소집통지를 하였으나 원고 1을 비롯한 나머지 소수주주들에게는 소집통지를 하지 아니한 사실, ④ 피고 이랜드월드도 같은 날 임시주주총회를 개최하여 이 사건 분할합병계약을 승인하는 결의를 한 사실 등을 인정한 다음, 피고 이랜드가 이 사건 주주총회를 개최함에 있어 발행주식의 9.22%를 보유한 원고 1 등 소수주주들에게 소집통지를 하지 아니한 하자만으로 이 사건 주주총회결의가 부존재한다고 할 수 없고 이는 결의 취소사유에 해당한다」라고 판단하였다.

3) 원심의 위와 같은 사실인정 및 판단은 정당한 것으로 수긍할 수 있고 거기에 상고이유에서 주장하는 바와 같은 피고 이랜드의 이 사건 주주총회결의 및 피고 이랜드월드의 2005. 11. 25.자 임시주주총회결의의 존부에 관한 채증법칙 위반, 심리미진, 증명책임과 주주총회결의의 효력에 관한 법리오해의 위법 등이 있다고 할 수 없다.

(나) 상고이유 제3, 4점에 대하여

1) 상법 제530조의11 제1항 및 제240조는 분할합병무효의 소에 관하여 상법 제189조를 준용하고 있고 있는데, 상법 제189조는 "설립무효의 소 또는 설립취소의 소가 그 심리 중에 원인이 된 하자가 보완되고 회사의 현황과 제반 사정을 참작하여 설립을 무효 또는 취소하는 것이 부적당하다고 인정한 때에는 법원은 그 청구를 기각할 수 있다."라고 규정하고 있으므로, 법원이 분할합병무효의 소를 재량기각하기 위해서는 원칙적으로 그 소 제기 전이나 그 심리 중에 원인이 된 하자가 보완되어야 할 것이지만, 그 하자가 추후 보완될 수 없는 성질의 것인 경우에는 그 하자가 보완되지 아니하였다고 하더라도 회사의 현황 등 제반 사정을 참작하여 분할합병무효의 소를 재량기각할 수 있다.[11]

2) 원심은 그 채택 증거를 종합하여, 「① 피고 이랜드가 이 사건 주주총

11) 대법원 2004. 4. 27. 선고 2003다29616 판결 참조.

회를 소집하면서 원고 1을 비롯한 소수주주들에게는 소집통지를 하지 않았고 이로 인하여 위 주주들이 주식매수청구권 행사 기회를 갖지 못한 사실, ② 2005. 12. 30. 피고들의 법인등기부에 이 사건 분할합병에 관한 등기가 경료되었고 원고 1은 자신이 보유하고 있던 피고 이랜드 주식 2,251주를 2006. 2. 7. 원고 주식회사 세이브존에게 주당 50,000원으로 총 매매대금 112,550,000원에 매도한 사실, ③ 피고 이랜드가 2007. 3. 30. 정기주주총회를 개최하였는데 발행주식 총수 937,314주[12] 중에서 908,336주를 보유한 주주 74명이 출석하여 찬성 907,808주, 반대 528주로 이 사건 분할합병에 따른 효과를 승인하는 결의를 한 사실, ④ 피고 이랜드월드도 같은 날 정기주주총회를 개최하였는데 발행주식 총수 2,280,461주 중에서 2,242,140주를 보유한 주주 75명이 출석하여 찬성 2,241,455주와 반대 685주로 이 사건 분할합병에 따른 효과를 승인하는 결의를 한 사실 등을 인정한 다음, 피고 이랜드가 이 사건 주주총회를 개최하면서 원고 1을 비롯한 소수주주들에게 소집통지를 하지 아니한 하자는 피고 이랜드의 2007. 3. 30.자 정기주주총회결의에 의해 치유되었고, 주식매수청구권은 분할합병승인에 반대하는 주주들로 하여금 투하자본을 회수할 수 있게 하는 절차일 뿐인 점, 이 사건 분할합병의 목적이 공정거래법상 피고들의 상호출자의 위법 상태를 해소하기 위한 점 등을 고려할 때 원고 1을 비롯한 소수주주들이 주식매수청구권 행사 기회를 갖지 못한 것만으로는 이 사건 분할합병을 무효라고 할 수 없다」라고 하여, 원고 세이브존의 이 사건 분할합병무효청구를 기각하였다.

3) 원심이 이 사건 분할합병으로 "피고 이랜드의 주주 구성"이 달라진 후에 이루어진 2007. 3. 30.자 정기주주총회결의에 의해 이 사건 분할합병계약승인결의를 한 이 사건 주주총회의 소집통지 누락의 하자가 치유되었다고 판단한 것은 부당하지만,[13] 원심이 설시한 사정과 아울러 원심이 적법하게

---

12) 원심이 인용한 제1심 판결문 8면에는 908,336주로 되어 있으나, 이는 937,314주의 오기로 보인다.

13) 피고 이랜드의 '株主의 構成'이 달라진 것이 아니라, 이들 '株主의 保有株式 內容'이 달라진 것으로 표현해야 맞다. 사안의 경우, 피분할회사인 피고 이랜드의 주주는 당해 회사의 분할합병에 의하여 기존에 피고 이랜드의 주식을 그대로 보유하고 있으면서 수혜회사인 피고 이랜드월드로부터 발행된 신주를 교부받은 것이므로, 피고 이랜드의 주주는 당해 회사의 분할합병에 의해 이랜드의 주식과 피고 이랜드월드의 주식을 함께 보유하게 되기 때문이다.

채택한 증거에 의하여 인정되는 다음과 같은 사정, 즉 ① 이 사건 주주총회에 피고 이랜드의 의결권 있는 주식 2,881,367주 중에서 90.78%에 해당하는 2,615,774주를 보유한 소외 1, 2, 이랜드복지재단이 출석하여 전원 찬성으로 이 사건 분할합병계약 승인결의를 한 점, ② 이 사건 주주총회의 소집통지를 받지 못한 주주들 중 원고 1만이 이 사건 분할합병무효의 소를 제기한 점, ③ 원고 세이브존은 피고들이 원고 세이브존의 경영권 탈취를 시도하자 2006. 2. 7. 원고 1로부터 이 사건 주식을 양수한 후 그 다음날 피고 이랜드에게 내용증명우편으로 명의개서를 요청하였는데 위 내용증명우편에서는 이 사건 분할합병의 효력을 문제 삼지 않은 채 이 사건 분할합병이 유효함을 전제로 이 사건 주식이 이 사건 분할합병으로 어떻게 변환되었는지 알려줄 것을 요청하였으나 피고 이랜드가 이에 응하지 않자 비로소 이 사건 분할합병무효의 소를 제기한 점, ④ 주식매수청구권은 분할합병에 반대하는 주주로 하여금 투하자본을 회수할 수 있도록 하기 위해 부여된 것인데 원고 1은 이 사건 주식을 원고 세이브존에게 매도함으로써 그 투하자본을 이미 회수하였다고 볼 수 있고 원고 세이브존은 이와 같이 주식매수청구권을 행사한 것과 마찬가지의 상태가 된 원고 1의 주식매수청구권 행사 기회 상실을 문제삼고 있을 뿐인 점, ⑤ 피고들은 2005. 4. 20. 공정거래위원회로부터 독점규제 및 공정거래에 관한 법률 제9조에서 정한 "상호출자 제한 기업집단"으로 지정받음에 따라 그 지정일로부터 1년 내에 상호출자관계를 해소하기 위해 이 사건 분할합병을 한 것인데 이 사건 분할합병이 무효가 된다면 피고들이 위 제한기간 내에 상호출자관계를 해소하지 않은 결과가 되어 과징금을 부과받을 수 있는 반면 이 사건 분할합병을 무효로 함으로 인하여 피고들 및 그 주주들에게 이익이 된다는 사정은 엿보이지 아니하는 점 등을 참작할 때, 원고 세이브존의 이 사건 분할합병무효청구를 기각한 원심의 결론은 정당하고 거기에 상고이유로 주장하는 바와 같은 판결에 영향을 미친 주식매수청구권의 행사 기회를 박탈한 분할합병의 효력에 관한 법리오해 등의 위법이 있다고 할 수 없다.

(2) 원고 1의 상고이유에 관하여

(가) 상법 제530조의11 제1항에 의하면, 분할합병무효는 각 회사의 주

주 · 이사 · 감사 · 청산인 · 파산관재인 또는 합병을 승인하지 아니한 채권자에 한하여 소만으로 이를 주장할 수 있으므로[14] 주주가 아닌 자는 분할합병무효의 소를 제기할 원고적격이 없다.

(나) 그렇다면 원심에서 원고 1이 원고 세이브존에 이 사건 주식을 양도하여 더 이상 피고 이랜드의 주주가 아니므로 이 사건 분할합병무효의 소를 제기할 원고적격이 없다고 판단한 것은 정당하고, 이 사건 분할합병이 무효라는 본안에 관한 주장으로 일관하고 있는 원고 1의 상고이유는 나아가 판단할 필요 없이 이유 없다.

(3) 피고들의 상고이유에 관하여

(가) 상고이유 제1점에 대하여

원심 판결의 이유를 살펴보면, 원심이 원고 세이브존이 원고 1과 피고 이랜드 사이에 이 사건 주식에 관한 양도제한약정이 있다는 사정을 잘 알면서도 원고 1을 적극적으로 회유하였음을 인정할 증거가 없다고 하여 이 사건 주식매매가 반사회질서 법률행위라는 피고들의 주장을 배척한 것은 정당하고, 거기에 상고이유로 주장하는 바와 같은 반사회질서 법률행위에 관한 법리오해 및 채증법칙 위반의 위법이 있다고 할 수 없다.

(나) 상고이유 제2점에 대하여

상법 제335조 제1항 본문은 "주식은 타인에게 이를 양도할 수 있다."라고 하여 주식양도의 자유를 보장하고 있으므로, 회사와 경쟁관계에 있거나 분쟁 중에 있어 그 회사의 경영에 간섭할 목적을 가지고 있는 자에게 주식을 양도하였다고 하여 그러한 사정만으로 이를 반사회질서 법률행위라고 할 수 없다. 그렇다면 원심이 원고 세이브존과 피고 이랜드 사이에 분쟁이 있고 원고 세이브존이 피고 이랜드의 경영에 간섭할 목적을 가지고 있었다는 사정만으로 이 사건 주식매매가 반사회질서 행위라고 할 수 없다고 판단한 것은 정당하고 거기에 상고이유로 주장하는 바와 같은 반사회질서 행위에 관한 법리오해의 위법이 있다고 할 수 없다.

---

14) 상법 제530조의11 제1항에 의하여 분할합병무효의 소에는 합병무효의 소에 관한 상법 제529조가 준용된다.

(다) 상고이유 제3점에 대하여

주주 또는 회사채권자가 상법 제396조 제2항에 의하여 주주명부 등의 열람등사청구를 한 경우 회사는 그 청구에 정당한 목적이 없는 등의 특별한 사정이 없는 한 이를 거절할 수 없고, 이 경우 정당한 목적이 없다는 점에 관한 증명책임은 회사가 부담한다.[15] 원심 판결의 이유를 위 법리와 기록에 비추어 살펴보면, 원심이 원고 세이브존이 피고들을 괴롭히고 업무를 방해할 목적으로 주주명부 열람등사청구를 하였음을 인정할 증거가 없으므로 피고들이 이를 거절할 수 없다고 판단한 것은 정당하고 거기에 상고이유로 주장하는 바와 같은 주주명부 열람등사청구에 관한 법리오해 및 채증법칙 위반의 위법이 있다고 할 수 없다.

[評　　釋]

Ⅰ. 序　　說

대상 판결에 의하면, 「분할합병무효의 소를 제기한 소수주주가 보유하고 있던 주식을 제3자에게 매도함으로써 투하자본을 이미 회수하였고, 분할합병의 목적이 독점규제법상 상호출자관계를 해소하기 위한 것으로 분할합병의 무효로 인하여 회사와 주주들에게 이익이 된다는 사정이 엿보이지 아니하므로 그 청구를 기각한 원심은 타당하다」라고 하면서, 다만 「분할합병무효의 소가 그 심리 중에 원인이 된 하자가 보완되고 회사의 현황과 제반사정 등을 종합적으로 참작하여 분할합병을 무효로 하는 것이 부적당하다고 인정한 때에는 그 청구를 기각할 수 있으므로, 법원이 재량기각하기 위해서는 소 제기 전이나 심리 중에 원인이 된 하자가 보완되어야 할 것이지만, 하자가 추후 보완될 수 없는 성질의 것인 경우에는 그 하자가 보완되지 아니하더라도 회사의 현황 등 제반사정을 참작하여 분할합병무효의 소를 재량기각할 수 있는 것이다」라고 판시하고 있다.

대상 판결의 쟁점은 주식양도의 자유와 한계 및 분할합병무효의 소의

---

15) 대법원 1997. 3. 19.자 97그7 결정 참조.

요건과 효과라는 두 가지의 측면에서 고찰할 수 있다. 첫째, "주식양도의 자유와 한계"는 주식양도의 제한에 관한 당사자의 약정이 있는 경우 당해 주식의 양도가 어느 범위까지 인정될 수 있는지, 이러한 주식양도가 적법하게 이루어졌을 때 당해 주식의 양수인이 행사하는 주주명부 등의 열람등사청구에 대해 회사가 응해야 하는 의무가 있는지 등에 관한 문제이다. 둘째, "분할합병무효의 소의 요건과 효과"는 분할합병의 승인을 위한 주주총회에서 소수주주에 대한 소집통지를 해태한 경우 당해 주주총회의 결의는 어떠한 하자를 갖고 있는지, 이 때 소집통지를 받지 못한 소수주주에게 주식매수청구권의 기회가 박탈되는 것이 주주총회 결의의 취소사유가 되는지, 그리고 분할합병무효의 소에서 하자가 치유되지 못하는 경우에도 법원의 재량기각이 가능한지 등에 관한 문제이다.

Ⅱ. 株式讓渡의 效力

1. 株式讓渡의 自由와 限界

(1) 주식양도의 의의

주식회사에서는 기업의 유지와 채권자보호를 위하여 자본에 관한 원칙이 준수되어야 하기 때문에 인적회사와 같은 퇴사나 제명제도가 인정되지 않는다. 그리고 주식의 유상소각에 의한 자본감소나 이익소각(상법 제343조), 상환주식의 상환(상법 제345조), 회사의 해산에 의한 잔여재산의 분배(상법 제538조), 주식매수청구권의 행사(상법 제374조의2) 등의 경우가 아닌 한 투하자금은 주식의 양도를 통하여 회수할 수 있을 뿐이다.[16] 주식의 양도란 사원의 지위를 표창하는 유가증권인 주식을 법률행위에 의하여 이전하는 것인데, 이 경우 양수인은 주식을 승계취득하게 된다. 주식의 양도는 주권의 교부에 의하여 그 효력이 발생하기 때문에(상법 제336조 제1항), 주주의 지위인 사원권을 유가증권화한 주권이 발행된다. 주식의 양도는 그 원인행위인 매매나 증여 등의 채권계약의 이행행위로서 하는 이전행위이며 그 성질은 준물권행위이다.[17] 따라서 주주가 회사에 대하여 갖는 모든 법률관계인 자익권과 공익권은 주식의 양도에 의하

16) 崔基元, 「商法學新論(上)」 제19판, 박영사, (2011), 686면.
17) 鄭熙喆, 「商法學(上)」 제6판, 박영사, (1992), 422면.

여 일괄적으로 양수인에게 이전된다.

(2) 주식양도의 자유와 제한

회사의 합병이나 영업양도 등과 같이 주주의 주식매수청구가 인정되는 특별한 경우를 제외하면, 주식의 양도는 주주가 투하자본을 회수할 수 있는 유일한 방법이므로 그 자유가 보장되어야 한다. 그러나 상법은 주식양도 자유의 원칙에 대한 예외로서, 미완성주식의 이전을 제한하기 위하여 권리주의 양도(상법 제425조) 및 주권발행 전의 주식의 양도(상법 제335조 제2항)를 제한하고, 자본충실을 기하기 위하여 자기주식의 취득(상법 제341조) 및 모자회사간 주식의 상호소유(상법 제342조의2)를 제한하고 있다.

또한 회사도 경영의 안정을 도모하기 위해 정관으로 주식양도를 제한할 수 있다(상법 제335조 제1항).[18] 정관에 의한 주식양도 제한은 M&A로부터 기업의 지배권을 보호하고 종업원지주제도의 효율적인 운영을 위하여 필요하다. 그러나 정관에 의하더라도 주식의 양도를 완전히 금지하거나 사실상 불가능하게 하는 정함은 할 수 없으며,[19] 양도의 승인도 이사회 이외에 주주총회의 결의나 대표이사가 한다는 정함은 인정되지 않는다.

한편 사적자치의 원칙상 당사자간의 계약에 의하여도 주식양도의 제한이 가능하다. 즉 회사의 정관에 주식의 양도를 제한하는 규정이 없거나 또는 이러한 규정이 있는 경우에도 이와 병행하여 회사와 주주, 주주 상호간, 제3자와 주주 사이의 개별적인 계약에 의하여 주식의 양도를 제한하는 것은 가능하다. 이러한 계약에 의한 주식양도의 제한은 정관에 의하여 제한하는 경우에 요구되는 엄격하고 복잡한 절차를 회피할 수 있는 이점이 있다. 그러나 회사와 주주간의 양도제한에 관한 계약의 내용이 사실상 주식의 양도를 금지하거나 정관으로 주식의 양도를 제한한 경우보다 현저하게 제한하는 것인 때에는 그 계약은 무효이다.

(3) 대상 판결의 검토

(가) 대상 판결에 의하면, 「상법 제335조 제1항에서는 "주식은 타인에게

18) 정관으로 그 발행하는 주식의 전부의 양도에 관하여 이사회의 승인을 받도록 할 수 있다(상법 제335조 제1항, 제383조 제4항).

19) 대법원 2000. 9. 26. 선고 99다48429 판결.

이를 양도할 수 있다."라고 하여 주식양도의 자유를 보장하고 있으므로, 회사와 경쟁관계에 있거나 분쟁 중에 있어 그 회사의 경영에 간섭할 목적을 가지고 있는 자에게 주식을 양도하였다고 하여 그러한 사정만으로 이를 반사회질서 법률행위라고 할 수 없다」라고 판시하고 있다.

(나) 당사자간의 주식양도 제한에 관한 계약의 효력에 관하여, 대법원에서는「회사와 주주들 사이에서 회사의 설립일로부터 5년 동안 주식의 전부 또는 일부를 다른 당사자 또는 제3자에게 양도할 수 없다는 내용의 약정을 한 경우, 그 약정은 약식양도가 이사회의 승인을 얻도록 하는 등 그 양도를 제한하는 것이 아니라 설립 후 5년간 일체 주식의 양도를 금지하는 내용으로 이를 정관으로 규정하였다고 하더라도 주주의 투하자본 회수의 가능성을 전면적으로 부정하는 것으로서 무효이므로, 정관으로 규정하여도 무효가 되는 내용을 나아가 회사와 주주들 사이에서에서 약정하였다고 하더라도 이 또한 무효이다」라고 판시하고 있다.[20)]

(다) 이러한 대법원의 입장은 결국 당사자 간의 합의에 의한 주식양도의 제한은 거의 모든 경우에 허용되지 않는 것과 동일하게 되는 것으로 판단된다. 그렇다면 당사자 간의 주식양도 제한에 관한 계약은 어떠한 경우에 그 제한이 유효한지가 문제된다. 대부분의 경우 이러한 계약이 체결되면 주식의 보유자는 당해 주식의 양도에 관한 제한을 받는 대신 그 계약의 상대방으로부터 무엇인가 다른 혜택을 받았을 확률이 높은데, 그렇다면 양수인은 일정한 혜택은 그대로 누리면서 주식양도를 마음대로 할 수 있게 되어 사실상 주식의 양도제한에 관한 약정을 무의미하게 만들 소지가 있다. 또한 이와 같은 법원의 입장을 아는 주주는 판례의 취지를 악용하여 일부러 주식양도제한에 관한 계약을 체결하면서 일정한 특혜를 누리려는 현상도 발생할 수 있다. 따라서 당사자 간의 주식양도 제한 계약은 사적자치의 원칙을 존중하여 그 효력을 인정하고, 만약 이러한 효력을 부정하기 위하여는 당해 계약의 부당성을 판단하는 명확하고 합리적인 기준이 정립되어야 한다.

---

20) 대법원 2000. 9. 26. 선고 99다48429 판결.

2. 株主名簿의 閱覽 및 謄寫請求權

(1) 주주명부의 열람청구

주주명부란 주주 및 주권에 관한 사항을 명확하게 하기 위하여 작성하여야 되는 장부이다. 주주명부는 주식의 이전이 회사와는 무관하게 이루어지므로 회사가 주주를 확인할 수 있도록 하기 위한 제도이다. 주주명부는 무기명주식을 발행한 경우에도 작성하여야 하지만 이 경우에는 주주의 성명과 주소 등을 주주명부에 기재하지 않으므로 실질적으로는 주권대장에 불과하다. 기명주식의 경우는 주주명부에 의하여 권리행사자를 획일적으로 확정할 수 있으므로 회사의 사무처리를 위하여 편리하고, 주주는 권리를 행사할 때마다 주권을 제시할 필요가 없게 된다.

한편 이사는 주주명부를 작성하여 본점에 비치하여야 한다(상법 제396조 제1항). 명의개서대리인을 둔 경우에는 명의개서대리인의 영업소에만 주주명부를 비치할 수 있으며, 본점에도 비치하는 때에는 명의개서대리인의 영업소에도 그 복본을 비치하여야 한다. 이 때 복본에 한 명의개서는 주주명부에 한 명의개서와 동일한 효력이 있다(상법 제337조 제2항). 그리고 주주와 회사채권자는 영업시간 내에는 언제든지 주주명부의 열람 또는 등사를 청구할 수 있다(상법 제396조 제2항). 그러나 그 청구가 부당한 목적을 위한 것으로서 권리의 남용으로 인정되는 경우에는 회사는 목적의 부당함을 입증하고 청구를 거절할 수 있다.[21]

(2) 대상 판결의 검토

(가) 본 평석의 대상 판결에 의하면, 「주주 또는 회사채권자가 상법 제396조 제2항에 의하여 주주명부 등의 열람등사청구를 한 경우 회사는 그 청구에 정당한 목적이 없는 등의 특별한 사정이 없는 한 이를 거절할 수 없고, 이 경우 정당한 목적이 없다는 점에 관한 증명책임은 회사가 부담한다」라고 판시하고 있다.

(나) 사안의 경우처럼, 주식의 양수인이 회사에게 주식양도계약서, 주식양도인의 주식양도통지서 및 인감증명서를 첨부하여 주식양수의 통지를 하고, 명의개서 청구에 필요한 서류 등을 요청하는 것은 너무나도 적법한 권리

---

21) 대법원 1997. 3. 19.자 97그7 결정.

행사이다.[22] 따라서 비록 당사자간에 주식양도를 제한하는 계약이 체결되어 있다고 하더라도, 위 대법원의 판결과 같이 일체 주식의 양도를 금지하는 내용으로 이를 정관으로 규정하거나 또는 정관으로 규정하여도 무효가 되는 내용을 나아가 회사와 주주들 사이에서 또는 주주들 사이에서 약정하였다고 하더라도 궁극적으로 주주의 투하자본 회수의 가능성을 전면적으로 부정하는 결과가 초래되는 경우, 당해 주식양도 제한에 관한 약정은 효력이 없는 것이다. 따라서 본 사안에서 원고 이경춘이 원고 세이브존에게 양도한 주식은 적법하게 이전된 것이므로, 다른 특별한 사정이 없는 한 피고 이랜드는 당연히 원고 세이브존의 명의개서에 응해야 할 것이고, 더 나아가 주주명부의 열람 및 등사를 허용해야 할 것으로 판단된다.

Ⅲ. 分割合併無效의 訴

1. 少數株主에 대한 召集通知의 欠缺

(1) 주주총회결의 취소의 소

(가) 주주총회의 결의가 성립과정에 있어서 총회소집의 절차나 결의방법이 법령 또는 정관에 위반하거나 현저하게 불공정한 때 또는 그 결의의 내용이 정관에 위반한 때에는, 그 결의의 날로부터 2월 이내에 주주와 이사 및 감사는 결의취소의 소를 제기할 수 있다(상법 제376조). 주주총회결의의 취소는 결의에 형식적 하자가 있거나 그 내용이 정관의 규정을 위반한 때에 소에 의해서만 가능하고, 제소권자와 제소기간을 제한하고 있다. 주주총회결의 취소의 소는 형성의 소이기 때문에,[23] 그 결의는 취소판결의 확정에 의하여 무효가 되고 제소기간이 경과하면 하자가 치유된다.

(나) 주주총회결의의 취소원인으로는 소집절차의 법령위반, 결의방법의 법령위반, 결의방법의 불공정, 결의의 절차・방법・내용의 정관위반 등이 있다. 본 사안은 주주총회를 소집하면서 일부 소수주주에게 그 소집통지를 하지 않은 하자를 갖고 있는 것이므로, 주주총회 소집절차의 법령위반에 해당

22) "주주명부"는 기명주식을 소유한 주주의 성명과 주소 등이 기재되므로 '주권대장'과 구별되며, 영영상의 재산상태와는 무관하므로 '상업장부'가 아니다.
23) 대법원 1965. 11. 16. 선고 65다1683 판결.

하는 것이다. 구체적인 예를 살펴보면, 대표이사가 이사회의 결의 없이 또는 하자 있는 이사회의 결의에 따라 총회를 소집한 경우,[24] 일부 주주에 대한 소집통지의 흠결 등 주주평등의 원칙에 반하는 경우,[25] 주주총회의 소집통지 기간이 부족한 경우, 소집통지의 불비로서 회의의 목적인 사항 · 의사일정 · 의안의 요령 등을 기재하지 않거나 그 기재가 불완전한 경우, 주주총회의 소집통지를 구두로 한 경우, 서면투표를 위한 소집통지에 참고자료를 첨부하지 않은 경우, 정족수에 미달한 결의라도 주주총회의 소집권자에 의하여 소집되어 개최된 경우,[26] 회사가 실질주주가 아님을 알고 있었는데도 형식주주에게 소집통지를 한 경우,[27] 명의개서에 불응하고 주주명부에 등재되어 있는 자에게만 소집통지를 하여 총회가 개최된 경우 등이다.

(2) 주주총회결의 무효 및 부존재 확인의 소

(가) 주주총회의 결의의 내용이 법령에 위반하는 실질적인 하자가 있는 경우에는 그 결의는 당연히 무효가 된다(상법 제380조). 그러므로 소의 이익이 있는 자는 누구든지 결의무효확인의 소를 제기할 수 있다. 그리고 결의취소의 경우에 비하여 주주총회의 소집절차 또는 결의방법에 총회결의가 존재한다고 볼 수 없을 정도의 중대한 하자가 있는 때에는 소의 이익이 있는 자는 누구든지 결의부존재확인의 소를 제기할 수 있다(상법 제380조).

(나) 주주총회결의의 내용이 법령에 위반되는 경우는 결의의 무효원인이 된다. 구체적으로 주주평등의 원칙에 위반한 경우, 유한책임의 원칙을 위반한 경우, 회사채권자의 이익에 반하는 결의와 같이 주식회사의 본질에 반하는 경우, 자산재평가원칙에 반하여 작성한 재무제표를 승인한 경우, 상법 제462조 제1항에 위반하는 이익배당안을 승인한 경우, 총회결의사항을 이사에게 일임하는 결의를 한 경우, 민법의 일반원칙에 따라 결의의 내용이 사회질서에 위반하는 경우 등이 이에 해당한다.[28]

(다) 결의부존재라 함은 외형상 당해 회사의 주주총회로서 소집 · 개최

---

24) 대법원 1980. 10. 27. 선고 79다1264 판결.

25) 대법원 1993. 10. 12. 선고 92다21692 판결.

26) 서면투표를 위한 소집통지에 필요한 참고자료는 상법 제368조의3 제2항에서 규정하고 있다.: 대법원 1996. 12. 23. 선고 96다32768 판결.

27) 대법원 1998. 9. 8. 선고 96다45818 판결.

28) 崔基元, 전게서, 831면 참조.

되어 결의가 성립하였거나, 회사 내부의 의사결정이 일단 존재하기는 하지만 그 소집절차나 결의방법에 중대한 하자가 있어서 법률상 결의의 부존재로 볼 수밖에 없는 경우를 말한다.[29] 예컨대, 대표이사가 아닌 이사 또는 감사와 같이 권한이 없는 자에 의한 총회의 소집,[30] 부존재인 결의에 의하여 선임된 대표이사에 의하여 소집된 총회에서의 결의,[31] 총회의 산회 선언 후 일부 주주들이 별도의 장소에서 한 결의,[32] 전혀 주주총회의 소집절차를 밟지 않은 경우,[33] 주주가 아닌 사람이 참여한 결의, 의사록에만 결의가 있었던 것과 같이 기재되어 있는 경우,[34] 일부 주주에게만 소집통지를 한 경우,[35] 주주총회의 권한에 속하지 않는 사항에 대한 결의, 총회개최금지가처분에 위반한 결의 등이 이에 해당한다.

(3) 대상 판결의 검토

(가) 본 평석의 대상 판결에 의하면, 「甲회사와 乙회사가 분할합병계약을 체결한 후 甲회사가 임시주주총회를 개최하여 위 분할합병계약을 승인하는 결의를 하였으나, 甲회사가 위 주주총회를 소집하면서 소수주주들에게 소집통지를 하지 아니한 사안에서, 甲회사가 위 주주총회를 개최함에 있어 발행주식의 9.22%를 보유한 소수주주들에게 소집통지를 하지 아니한 하자만으로 위 주주총회결의가 부존재한다고 할 수 없고 이는 주주총회결의 취소사유에 해당한다」라고 판시하고 있다. 그러면서 「피고 이랜드가 이 사건 주주총회를 개최함에 있어 주주들에게 서면이 아닌 구두로 통지하였고 피고 이랜드 발행 주식의 9.22%를 보유한 원고 이경춘 등 소수 주주들에게 소집통지를 하지 아니하였으나, 이러한 하자는 주주총회 결의 취소 사유에 불과할 뿐이고 2007. 3. 30. 피고 이랜드의 정기주주총회 결의에 의해 치유되었다」라고 판시하고 있다.

(나) 본 사안과 같이 주주총회의 소집절차에서 소수주주에게 그 소집통

29) 대법원 1992. 8. 18. 선고 91다14369, 91다39924 판결.
30) 대법원 1973. 6. 29. 선고 72다2611 판결.
31) 대법원 1993. 10. 12. 선고 92다28235 판결.
32) 대법원 1993. 10. 12. 선고 92다28235 판결.
33) 소위 1인회사의 경우는 전혀 주주총회의 소집절차를 밟지 않더라도 유효한 주주총회의 결의가 된다.: 대법원 1964. 5. 26. 선고 63다67 판결.
34) 대법원 1976. 4. 13. 선고 74다1755 판결.
35) 대법원 1978. 11. 14. 선고 78다1268 판결.

지가 제대로 이루어지지 않은 경우와 관련하여, 대법원에서는 다음과 같이 결의취소사유 또는 결의부존재사유로 판단하고 있다. 구체적으로 판례는 「발행주식 20,000주의 주식 중에서 12,000주의 주식에 의하여 의결권을 행사할 수 있는 주주에게 소집통지를 하지 않은 경우는 결의의 부존재사유가 된다」라고 판시하고 있다. 그러나 "발행주식 20만주 중에서 6,300주의 주식을 소유한 주주에게 소집통지를 하지 않은 경우",[36] "전체 주식의 68.56%를 보유한 대표이사가 다른 주주들에게는 통지도 하지 한고 단독으로 결의를 한 것으로 의사록을 작성한 경우"[37] 등은 결의의 부존재사유가 되지 않는다고 판시하고 있다.[38]

(다) 위에서 언급한 내용처럼, 회사가 일부의 소수주주에게 주주총회의 소집통지를 해태한 경우, 대법원에서는 이를 주주총회결의 취소사유로 판단하기도 하고 주주총회결의 부존재로 판단하기도 한다. 이러한 점에서 과연 어느 정도의 기준에 의해 결의취소사유가 되는지, 결의부존재사유가 되는지에 관한 합리적이고 구체적인 기준의 제시가 필요하다. 한편 주주총회의 결의에 하자가 있더라도 나중에 다시 주주총회를 개최하여 적법한 절차에 의해 결의내용을 승인받으면 원래 존재하던 결의의 하자는 치유되는 것으로 판시하고 있다. 하지만 본 사안의 경우처럼 분할합병이 완료되어 그 등기까지 이행하였는데, 나중에 주주총회를 개최하여 분할합병의 승인을 받으면 기존에 있었던 결의의 하자가 치유된다고 하는 것이 과연 타당한지는 의문이다.[39] 즉 주주총회의 결의에 따른 효과가 발생하기 전에는 그 하자가 치유된다고 하여도 무방하겠지만, 이미 그 효과가 발생하여 법률관계가 확정된 다음에 별도로 주주총회를 개최하여 과거에 하자가 있었던 주주총회의 결의를 다시 승인하여 그 효력을 부여하는 것은 재고의 여지가 있다.

---

36) 대법원 1980. 12. 9. 선고 80다128 판결.
37) 대법원 1993. 12. 28. 선고 93다8719 판결.
38) 대법원 1994. 5. 10. 선고 94다10078 판결.
39) 金東民, "會社分割을 통한 企業의 構造調整에 관한 硏究 -소수주주 및 채권자보호를 중심으로-", 서울대학교 박사학위논문, (2003), 143면.

2. 召集通知를 받지 못한 株主의 株式買受請求權

(1) 주식매수청구권의 의의

상법에 의하면 분할합병에 반대하는 피분할회사의 주주에게만 주식매수청구권을 인정하면서 회사합병의 규정을 준용하고 있다(상법 제530조의11 제2항). 그리하여 회사분할에 관한 이사회의 결의가 있는 때에 그 결의에 반대하는 주주는 분할합병계약서에 대한 주주총회의 승인결의 전에 서면으로 분할결의에 반대하는 의사를 통지한 경우에, 그 주주총회의 결의일로부터 20일 이내에 주식매수청구를 할 주식의 종류와 수를 기재한 서면으로 회사에 대해 주식의 매수를 청구할 수 있다(상법 제530조의11 제2항, 제522조의3). 상법은 회사채권자의 이의제출권을 원칙적으로 분할합병의 경우에만 허용하고 있는 것과 동일한 맥락에서, 회사합병에서의 주식매수청구권에 관한 규정을 단순분할의 경우는 제외하고 분할합병의 경우에만 준용하고 있다.40)

(2) 대상 판결의 검토

(가) 대상 판결에서는 「분할합병계약의 승인을 위한 주주총회를 개최하면서 소수주주들에게 소집통지를 하지 않음으로 인하여 위 주주들이 주식매수청구권 행사 기회를 갖지 못하였으나, 주식매수청구권은 분할합병에 반대하는 주주로 하여금 투하자본을 회수할 수 있도록 하기 위해 부여된 것인데 분할합병무효의 소를 제기한 소수주주가 자신이 보유하고 있던 주식을 제3자에게 매도함으로써 그 투하자본을 이미 회수하였다고 볼 수 있고, 위 분할합병의 목적이 독점규제법상 상호출자관계를 해소하기 위한 것으로 위 분할합병을 무효로 함으로써 당사자 회사와 그 주주들에게 이익이 된다는 사정이 엿보이지 아니하는 점 등을 참작해 볼 때, 분할합병무효청구를 기각한 원심판단을 수긍한 사례」라고 판시하고 있다.

(나) 회사의 분할합병에 대한 주주총회의 승인결의에 있어서 피분할회사의 소수주주는 분할합병에 반대하는 의사를 갖고 있더라도 자본다수결의 원칙에 입각한 주주총회의 결의는 지배주주의 의사대로 결정될 것이기 때문에 소수주주는 그 결과를 뒤집을 수 없을 것이고, 따라서 이들을 보호하기

---

40) 金東民, 전게논문, 147면.

위해 상법은 주식매수청구권을 인정하고 있다(상법 제530조의11 제2항).[41] 즉 상법은 이러한 소수주주들이 분할합병을 막지는 못할지라도 주식매수청구권의 행사를 통해 그들의 투하자본을 용이하게 회수할 수 있는 길을 열어준 것이다. 그런데 본 사안과 같이 분할합병에 반대하는 소수주주들이 자신들이 보유하고 있던 주식을 제3자에게 양도하여 이미 투하자본을 회수하였고, 더 나아가 당해 분할합병은 독점규제법에 저촉되는 상호출자관계를 해소하기 위한 목적을 갖고 있는 것이라면, 이들 소수주주에게는 주식매수청구권을 인정할 실익이 없고, 따라서 위 분할합병무효의 청구에 대한 기각은 타당하다.

3. 分割合併無效의 訴의 裁量棄却

(1) 회사분할무효의 소

회사의 분할에 무효의 원인이 있을 경우에, 회사분할무효의 소로서 다툴 수 있는데, 상법은 이에 관하여 회사의 합병무효의 소에 관한 상법 제529조를 준용하고 있다(상법 제530조의11 제1항). 회사분할의 무효는 소만으로 주장할 수 있으며 소송에 대한 판결의 효과가 즉시 발생하므로, 분할무효의 소는 형성의 소라고 할 수 있다.[42] 그리고 분할무효의 소는 분할의 등기가 있은 날로부터 6월 이내에 제기하여야 한다(상법 제529조 제2항). 한편 분할계획서 또는 분할합병계약서의 내용이 선량한 풍속 기타 사회질서에 위반하는 경우, 회사분할의 내용이 강행법규에 위반하거나 현저히 불공정한 경우에는 회사분할의 무효의 원인이 된다.[43] 그리고 분할계획이나 분할합병계약의 승인결의에 하자가 있는 경우, 분할의 당사회사의 형태에 관한 적법성을 결여한 경우, 그리고 분할계획서 등에 필요적 기재사항이 누락되거나 분할대차대조표 등의 공시의무를 위반한 경우도 회사분할의 무효원인이 된다.[44]

(2) 법원의 재량기각

분할무효의 소가 심리 중에 그 무효의 원인이 된 하자가 보완되고 회사의 현황과 제반사정을 참작하여 분할을 무효로 하는 것이 부적당하다고 인

41) 金東民, 전게논문, 265면.
42) 崔基元, 「新會社法論」 제14대정판, 박영사, (2009), 1355면.
43) 李哲松, 「會社法講義」 제14판, 박영사, (2010), 87면.
44) 鄭東潤, 「會社法」 제8판, 법문사, (2008), 853면.

정한 때에는, 법원은 그 청구를 기각할 수 있다(상법 제240조, 제187조).[45] 그러나 하자의 성질과 정도가 중대한 때에는 원고의 의결권이 결의의 결과에 영향을 미치지 않는 경우라도 재량기각을 할 수 없다. 왜냐하면 결의의 결과에 따른 영향만을 기준으로 하게 되면 결의의 성립에 필요한 주식을 확보하고 있는 주주는 결의의 절차와 방법의 현저한 위반도 거침없이 할 수 있게 될 것이기 때문이다. 여기서 하자가 중대한 경우란 법률이나 정관에 의하여 주주에게 보장된 이익이 침해된 경우이다. 또한 결의의 내용이 정관에 위반하여 결의취소의 소가 제기된 경우에는 법원이 재량기각을 할 수 없다. 그러나 결의당시에는 정관에 위반하였으나 추후 정관변경에 의해 결의내용이 정당화된 때에는 재량기각을 하여야 한다는 견해도 있다.[46]

(3) 대상 판결의 검토

(가) 대상 판결에 의하면, 「분할합병무효의 소가 그 심리 중에 원인이 된 하자가 보완되고 회사의 현황과 제반 사정을 참작하여 분할합병을 무효로 하는 것이 부적당하다고 인정한 때에는 법원은 그 청구를 기각할 수 있으므로(상법 제530조의11 제1항, 제240조, 제189조), 법원이 분할합병무효의 소를 재량기각하기 위해서는 원칙적으로 그 소 제기 전이나 그 심리 중에 원인이 된 하자가 보완되어야 할 것이나, 그 하자가 추후 보완될 수 없는 성질의 것인 경우에는 그 하자가 보완되지 아니하였다고 하더라도 회사의 현황 등 제반 사정을 참작하여 분할합병무효의 소를 재량기각할 수 있다」고 판시하고 있다.

(나) 주식매수청구권은 분할합병에 반대하는 주주로 하여금 투하자본을 회수할 수 있도록 하기 위해 부여된 것인데, 원고 이경춘 등은 피고 이랜드가 분할합병되기 전에 이미 자신의 주식을 제3자에게 양도하여 그 투하자본을 회수함으로써 마치 주식매수청권을 행사한 것과 동일한 상태여서 불이익을 받지 않고 있는데도, 주식매수청구권 행사 기회의 상실을 문제 삼는 것은 부당하다. 한편 피고들은 공정거래위원회로부터 독점규제법에서 정한 "상호출자 제한 기업집단"으로 지정받게 됨에 따라 그 지정일로부터 1년 내에 상

---

[45] 법원의 "재량기각"과 관련하여, 주주총회결의 취소의 소가 제기된 경우 당해 결의의 내용 및 회사의 현황과 제반사정을 참작하여 그 취소가 부적당한 때에는 법원은 그 청구를 기각할 수 있다(상법 제379조).

[46] 李哲松, 전게서, 495면 참조.

호출자관계를 해소하기 위해 분할합병을 한 것인데, 이러한 분할합병이 무효가 된다면 피고들이 위 제한기간 내에 상호출자관계를 해소하지 않은 결과가 되어 과징금을 부과받는 불이익을 감수할 수밖에 없게 된다. 이러한 경우는 분할합병이 무효로 된다고 하더라도 피고들 및 그 주주들에게 특별히 어떠한 이익이 귀속되는 상황은 발생하지 않을 것으로 판단된다.

(다) 그렇다면 피고 이랜드의 분할합병무효의 청구는 기각하는 것이 타당하지만, 명백히 주주총회의 소집통지 흠결이라는 절차상의 하자가 있기 때문에 법원은 재량기각을 할 수밖에 없다. 그런데 법원이 분할합병무효의 소를 재량기각하기 위해서는 원칙적으로 소 제기 전이나 심리 중에 원인이 된 하자가 보완되어야 한다. 하지만 그러한 하자가 추후 보완될 수 없는 성질의 것인 경우에 법원이 재량기각을 할 수 없게 되면 본 사안과 같이 분할합병의 무효가 누구에게도 아무런 이익이 되지 않는 상황임에도 불구하고 그 무효를 선언해야 한다는 것은 바람직하지 않다. 따라서 분할합병무효의 원인이 된 하자가 보완되지 아니하였다고 하더라도 회사의 현황 등 제반 사정을 참작하여 주주와 채권자 기타 이해관계인에게 불이익이 발생하지 않고, 오히려 회사의 입장에서도 상호출자 관계가 해소되어 과징금을 부과 받지 않는 등의 경제적 이익이 발생하는 상황이라면, 분할합병무효의 소를 재량기각할 수 있도록 길을 열어주는 것이 옳은 판단이라고 본다.

Ⅳ. 結 論

첫째, "주식양도의 자유와 한계"의 측면에서, 대법원의 기본적인 입장은 당사자 간의 주식양도 제한에 관한 계약에 관하여 거의 모든 경우에 그 효력을 인정하지 않는 것으로 판단된다. 그렇다면 당사자 간에 체결된 주식양도 제한 계약은 어떠한 정도의 내용을 담고 있어야 그 제한이 유효한지가 문제된다. 대부분의 경우 주식양도를 제한하는 계약이 체결되면 주식의 보유자는 당해 주식의 양도에 관한 제한을 받는 대신 그 계약의 상대방으로부터 무엇인가 다른 혜택을 받았을 가능성이 높은데, 그렇다면 양수인은 일정한 혜택은 그대로 누리면서 다시 주식양도를 마음대로 할 수 있게 되어 사실상 주식의 양도제한에 관한 약정을 무의미하게 만들 소지가 있다. 또한 이러한 법원의 입장을 아는 주주는 판례의 취지를 악용하여 일부러 주식양도 제한에 관한 계약을 체결하면서 일정한 특혜를 누리려는 현상도 발생할 수 있다. 따라서 당사자 간에 체결된 주식양도를 제한하는 계약은 사적자치의 원칙을 존중하여 그 효력을 인정하는 것이 타당하고, 만약 이러한 효력을 부정하기 위하여는 당해 계약 내용의 부당성을 판단하는 명확하고 합리적인 기준과 범위가 정립되어야 할 것이다.

둘째, "분할합병무효의 소의 요건과 효과"의 측면에서, 분할합병계약의 승인을 위한 주주총회를 개최하면서 소수주주들에게 소집통지를 하지 않음으로 인하여 위 주주들이 주식매수청구권 행사 기회를 갖지 못한 점은 명백한 절차상의 하자라 할 것이고, 이러한 절차상의 흠결로 인해 향후 소수주주들이 주식매수청구를 할 수 없을 것이기 때문에 소집통지의 해태로 인한 주식매수청구권의 행사 기회의 박탈은 치유될 수 없는 하자임이 분명하다. 하지만 분할합병무효의 소를 제기한 소수주주가 자신이 보유하고 있던 주식을 제3자에게 매도함으로써 그 투하자본을 이미 회수한 상태이기 때문에 어떠한 불이익도 받지 않고 있으며, 또한 분할합병을 하게 된 목적이 독점규제법상 상호출자관계를 해소하기 위한 것으로 위 분할합병을 무효로 함으로써 당사자 회사와 그 주주들에게 이익이 된다는 사정이 없는 것으로 판단된다.

상법상 법원이 분할합병무효의 소에 대하여 재량기각을 하기 위해서는 그 소의 제기 전이나 심리 중에 원인이 된 하자가 보완되어 있어야 하고, 이와 동시에 회사의 현황과 제반 사정을 참작하여 분할합병을 무효로 하는 것이 부적당하다고 인정되어야 한다. 하지만 이와 같이 법원의 재량기각 사유를 엄격한 잣대로 해석하게 되면, 분할합병을 무효로 하는 것이 회사와 기타 이해관계인 등에게 아무런 이익도 발생하지 않는 상황이라 할지라도 하자가 치유되지 않았음을 이유로 재량기각을 할 수 없게 되는데, 이는 마치 소의 이익이 없는 경우에도 원고 승소판결을 내려야 하는 부당한 결론에 이르게 된다. 따라서 상법 제530조의11 제1항(상법 제186조, 제24조)을 문리적으로 엄격하게 해석하여 하자의 보완과 제반사정의 고려를 병렬적으로 파악할 것이 아니라, 하자의 보완 문제는 회사의 현황과 제반사정의 고려를 위한 하나의 예시로 판단하여 재량기각을 허용하는 것이 타당하다.

分割合併시 新設會社가 지는 連帶責任의 法的 性質 및 그 適用*

吳 泳 俊**

◎ 대법원 2010. 8. 26. 선고 2009다95769 판결

[事實의 概要]

1. 事實關係

(1) 원고와 주식회사 신화이앤아이 사이의 채권관계

(가) 원고는 2006. 10. 4. 주식회사 신화이앤아이(이하 '신화이앤아이'라 한다)의 중소기업은행에 대한 대출금채무를 담보해 주기 위하여 원고 소유의 부동산을 담보로 제공하였다. 신화이앤아이가 위 대출금 채무를 이행하지 아니하여 중소기업은행의 신청으로 위 부동산에 관한 임의경매절차가 진행되자, 원고는 2007. 12. 26. 중소기업은행에게 신화이앤아이의 대출원리금 채무 213,839,656원을 대위변제하였다.

(나) 신화이앤아이는 국민은행 및 중소기업은행으로부터 대출을 받기 위하여 신용보증기금과 신용보증약정을 체결하였는데, 원고는 신화이앤아이의 신용보증기금에 대한 구상금채무를 연대보증하였다. 그런데 신화이앤아이의 부도로 신용보증기금은 위 각 은행에 대하여 신화이앤아이의 대출금채무를 대위변제하여 신화이앤아이는 422,987,550원의 구상금채무를 부담하게 되었고, 원고는 2007. 12. 27. 신용보증기금에 위 구상금채무의 연대보증인으로서 200,000,000원을 변제하였다.

(다) 신화이앤아이는 우리은행으로부터 대출받기 위하여 기술신용보증

---

* 제36회 상사법무연구회 발표 (2015년 4월 11일)

** 서울고등법원 부장판사

기금과의 사이에 신용보증약정을 체결하였는데, 원고는 신화이앤아이의 기술신용보증기금에 대한 구상금채무를 연대보증하였다. 신화이앤아이가 부도가 나자 원고는 2008. 1. 4. 위 구상금채무의 연대보증인으로서 204,000,000원을 변제하였다.

(라) 이후 원고는 신화이앤아이에게 2006. 9. 11.에 50,000,000원을 이자 월 3%, 변제기 2006. 10. 11.로 정하여 대여하고, 2006. 9. 18.에 80,000,000원을 이자 월 3%, 변제기 2006. 10. 18.로 정하여 대여하였다.

(2) 신화이앤아이와 신화테크원 주식회사 사이의 분할합병관계

(가) 신화이앤아이의 대표이사인 소외 A는 2006. 11.경 신화이앤아이의 경영상태가 좋지 않아 관급공사의 입찰을 받을 수 없는 상황에 처하자 경영지도사인 소외 B에게 신화이앤아이의 전기공사 부문만을 떼어서 관급공사만을 전문으로 입찰하는 회사를 설립해 줄 것을 의뢰하였다.

(나) 소외 B는 전기공사업, 통신공사업 부문을 분할하여 가칭 주식회사 신화전기라는 회사를 신설하려다가, 그 후 자신이 소외 C와 소외 D 명의로 주식을 소유하고 있던 휴면회사인 신화테크원 주식회사(이하 '피고 회사'라 한다)에 신화이앤아이의 전기공사 부문을 분할합병하기로 하고, 2006. 11. 28.자 분할합병계약서를 작성하였다.

(다) 분할합병절차를 용역받은 소외 B는 위 분할합병절차를 이행하고자 2006. 11. 28. 실제로는 신화이앤아이의 주주총회가 개최된 바가 없음에도 신화이앤아이의 총 발행주식을 보유하고 있던 원고와 소외 A로부터 위임을 받아 이 사건 분할합병계약서를 승인하는 신화이앤아이의 주주총회결의가 있었다는 내용의 주주총회의사록을 작성하여 인증을 받았다.

(라) 이후 2006. 12. 1. 아시아경제신문에, 2006. 12. 2. 매일경제신문에 "피고 회사는 상법 제530조의9 제2항의 결의절차를 밟아 상법 제530조의9 제1항 의 출자재산 이외의 채무에 대하여는 연대책임을 부담하지 않기로 결의하였으므로 분할합병에 이의가 있는 채권자는 공고일로부터 1개월 이내에 회사에 이의를 제출하라."는 취지의 분할합병 공고가 마쳐졌다.

한편 소외 B는 신화이앤아이의 기존의 채권자들에 대한 개별적 최고절차는 별도로 거치지 않았고, 소외 A는 위와 같은 공고 사실을 2006. 12. 중순경 우연히 알게 되었다.

(마) 피고 회사와 신화이앤아이는 2007. 3. 12. 신화이앤아이의 일부부문(전기공사업 부문)을 피고 회사에게 분할합병하는 내용의 회사분할 및 분할합병등기를 경료하였고, 신화이앤아이는 그 이후 전기공사 신규면허를 얻어 2007. 3. 27. 등기부상 사업목적에 전기공사업을 추가한 후 계속하여 전기공사업을 수행하였다.

(바) 그런데, 신화이앤아이의 대표이사이던 소외 A는 2007. 2.경 소외 B에게 7억 원에 피고 회사를 인수할 것을 제안하였고, 그 후 소외 B는 2007. 3. 29. 신화이앤아이와 사이에서 분할합병계약과는 별도로 피고 회사가 신화이앤아이에게 7억 원을 지급하고 전기공사업 등록권을 양수받은 내용의 계약을 체결하였다.

(사) 신화이앤아이 및 동 회사의 주주인 소외 A와 소외 E는 위 등록권 양도계약 체결 당시 소외 B에게 분할합병 전후에 발생하는 모든 채무 및 우발채무에 대하여 신화이앤아이가 책임을 지고, 피고 회사에게 연대책임이 발생할 경우 분할합병은 무효로 하면서 신화이앤아이가 피고 회사에게 양도대금 및 이에 대한 연 25%의 비율에 의한 배상금을 지급하기로 하는 내용의 각서를 작성하여 주었다.

원고는 소외 A와 사이에서 소외 B로부터 받은 양도대금의 사용처에 대한 다툼이 벌어지면서 위와 같은 내용의 각서 작성을 거절하였다.

2. 原告의 請求原因

피고 회사는 신화이앤아이의 전기공사업 부문을 분할합병한 회사로서, 상법 제530조의9 제1항에 따라 신화이앤아이의 원고에 대한 이 사건 구상금 및 대여금 채무를 연대하여 변제할 책임이 있다.

[訴訟의 經過]

1. 原審의 判斷[1)]

원심은 아래와 같이 판단하면서 원고의 청구를 대부분 인용하였다.

(1) 이 사건 분할합병계약의 유효성

이 사건 분할합병계약서에는 상법이 정하고 있는 분할합병계약서의 법정 기재사항(상법 제530조의6)이 기재되어 있고, 신화이앤아이와 피고 회사를 실질적으로 지배하는 주주들의 승인 하에 주주총회의 특별결의를 통하여 승인되었다는 취지의 인증서가 작성된 후 이에 따른 분할합병공고가 이루어졌으며, 그 후 분할합병등기가 이루어졌기 때문에, 신화이앤아이는 피고 회사와 사이에서 이 사건 분할합병계약서에 따라 전기공사업 부문에 대한 분할합병을 한 것으로 인정된다.

(2) 피고 회사가 신화이앤아이의 원고에 대한 채무에 대하여 연대책임이 있는지 여부

원고가 신화이앤아이의 중소기업은행이나 신용보증기금 등에 대한 채무를 연대보증하고 신화이앤아이에 금원을 대여해 주었으므로, 원고나 중소기업은행 등은 신화이앤아이와 피고 회사가 개별적으로 최고하여야 하는 상법 제530조의9 제4항, 제527조의5 제1항에 규정된 "알고 있는 채권자"에 해당한다.

그러나 신화이앤아이와 피고 회사가 이 사건 분할합병계약을 체결하고 분할합병등기를 하면서 원고 등에게 이의제기를 할 것인지 여부를 개별적으로 최고하는 절차를 취하지 않았으므로, 피고 회사는 신화이앤아이와 연대하여 분할합병일인 2007. 3. 12. 이전에 발생한 신화이앤아이의 원고 등에 대한 채무를 연대하여 변제할 책임이 있다.

(3) 변제책임의 범위에 관한 피고 회사의 주장에 대한 판단

(가) 피고 회사는, 원고의 신화이앤아이에 대한 구상금채권이 분할합병 이후 생긴 채무라는 이유로 연대책임을 질 수 없다고 주장한다.

그러나 원고가 이 사건 분할합병 이후인 2007. 12. 26. 신화이앤아이의

---

1) 이 사건 판례 평석에 필요한 범위 내에서 발췌하여 정리한다.

중소기업은행에 대한 대출금채무를, 2007. 12. 27. 신화이앤아이의 신용보증기금에 대한 구상금채무를, 2008. 1. 4. 신화이앤아이의 기술신용보증기금에 대한 구상금채무를 대위변제하였으나, 위 각 대위변제는 이 사건 분할합병 이전에 이미 이루어진 물적담보제공 내지 구상금채무의 연대보증계약에 의하여 이루어진 것으로서 실제 대위변제가 이 사건 분할합병 이후에 이루어졌다는 이유만으로 분할합병 이후에 생긴 채무라고 할 수 없다. 따라서 피고 회사의 위 주장은 이유 없다.

(나) 피고 회사는, 피고 회사에게 신화이앤아이의 분할합병 전의 채무에 관하여 연대하여 변제할 책임이 있다고 하더라도, 원고와 피고 회사는 신화이앤아이의 중소기업은행, 신용보증기금, 기술신용보증기금에 대한 주채무에 대하여 동일하게 연대하여 변제할 책임이 있는 자이므로 피고 회사는 원고의 대위변제 금액 중 원고의 부담부분을 넘는 부분에 대하여만 변제책임이 있다고 주장한다.

그러나 원고는 신화이앤아이의 중소기업은행과 위 각 보증기금에 대한 채무의 물상보증인 또는 연대보증인이기는 하지만, 피고 회사는 상법 제530조의9 제1항에 의하여 신화이앤아이와 마찬가지로 주채무자의 지위에서 신화이앤아이의 채무 전액을 변제할 책임이 있는 자이므로, 피고 회사의 위 주장도 이유 없다.

(4) 상계의 주장에 관한 판단

원고의 이 사건 청구가 인용되는 경우 피고 회사는 원래 채무자인 신화이앤아이에 대하여 인용금액 상당의 구상금 채권을 가지게 되는데, 원고는 신화이앤아이의 자금을 횡령하고 허위 세금계산서를 발급하여 신화이앤아이로 하여금 세금을 추징당하게 하는 손해를 입힌 바 있으므로, 피고 회사는 신화이앤아이를 대위하여 신화이앤아이가 원고에 대하여 가지는 위 손해배상채권으로 원고의 이 사건 청구채권과 상계한다고 주장한다.

그러나 연대채무자 사이의 구상권은 연대채무자가 현실로 채권자에게 채권액을 지급하여 공동면책이 된 때에 발생하므로, 원고에게 변제하지 아니한 피고 회사는 신화이앤아이에 대한 구상금 채권을 취득하지 못하였다고 할 것이므로, 피고 회사의 위 주장은 이유 없다.

2. 被告 會社의 上告理由[2)]

(1) 1인 주주에 대한 개별 최고절차의 필요성에 관한 법리오해

이 사건 분할합병계약서는 피고 회사가 인수할 채무의 범위를 한정적으로 규정하고 있는데, 사실상 신화이앤아이의 1인 주주인 원고가 위 분할합병계약서를 승인하는 주주총회 결의에 동의한 것은 위 계약서의 취지에 동의한 것으로 해석되고, 이러한 원고의 적극적 동의가 존재하는 한, 알고 있는 채권자에 대한 최고 등 상법이 정한 채권자보호절차를 이행한 바 없다 하더라도, 최소한 원고와의 관계에서는 신화이앤아이와 피고 회사간의 채무가 분리되고 피고 회사의 연대책임이 배제되는 것으로 해석해야 한다.

(2) 상법 제530조의9 제1항이 규정하는 '연대책임'에 관한 법리오해

상법 제530조의9 제1항의 '연대하여 변제할 책임'은 '연대보증책임'을 가리키는 것이다. 따라서 피고 회사가 신화이앤아이의 원고에 대한 기존 채무를 변제할 책임을 부담한다 하더라도, 피고 회사는 원고와 마찬가지로 '신화이앤아이의 연대보증인'으로서 기존채무를 변제할 책임을 부담할 뿐이다. 따라서 원고는 연대보증인인 피고 회사에 대하여 피고 회사가 부담해야 하는 채무의 범위 내에서만 구상권을 행사할 수 있을 뿐이다. 그런데도 원고가 피고 회사에 대하여 자신이 신화이앤아이를 대신하여 지급한 금원 전체의 지급을 구할 수 있다고 판단한 원심 판결에는 상법 제530조의9 제1항의 해석 및 연대보증채무에 관한 법리를 오해한 위법이 있다.

(3) 연대보증인의 주채무자의 상계권 원용에 관한 법리오해

원심은, 연대채무자 사이의 구상권은 연대채무자가 현실로 채권자에게 채권액을 지급하여 공동면책이 된 때에 발생하므로, 원고에게 변제하지 아니한 피고 회사는 신화이앤아이에 대한 구상금 채권을 취득하지 못하였다고 판단하였다. 그러나 앞서 본 바와 같이 상법 제530조의9 제1항의 연대책임은 '연대보증책임'으로 해석되고, 연대보증인은 주채무자의 상계권을 원용하여 채권자에 대항할 수 있으므로, 피고 회사가 '연대채무자'임을 전제로 하여 판시한 원심의 위 판단은 위법하다.

---

2) 이 사건 판례 평석에 필요한 범위 내에서 발췌하여 정리한다.

[判決의 要旨]

1. 分割合倂 時 新設會社의 連帶責任 排除의 要件과 個別的 催告 節次의 要否

(1) 분할 또는 분할합병으로 인하여 설립되는 회사 또는 존속하는 회사(이하 '분할당사회사'라고 한다)는 특별한 사정이 없는 한 상법 제530조의9 제1항에 의하여 각자 분할계획서 또는 분할합병계약서에 본래 부담하기로 정한 채무 이외의 채무에 대하여 연대책임을 지는 것이 원칙이고, 이 연대책임은 채권자에 대하여 개별 최고를 거쳤는지 여부와 관계없이 부담하게 되는 법정책임이다. 따라서 채권자에 대하여 개별 최고를 하였는데 채권자가 이의제출을 하지 않았다거나 채권자가 분할 또는 분할합병에 동의하였기 때문에 개별 최고를 생략하였다는 등의 사정은 상법 제530조의9 제1항이 규정하는 분할당사회사의 연대책임의 성부에 영향을 미치지 못한다.

한편 분할합병을 하는 분할당사회사는 상법 제530조의9 제1항에 의한 연대책임을 면하고 각자 분할합병계약서에 본래 부담하기로 정한 채무에 대한 변제책임만을 지는 분할채무관계를 형성할 수도 있다. 이를 위해서는 분할합병에 따른 출자를 받는 존립 중의 회사가 분할되는 회사의 채무 중에서 출자한 재산에 관한 채무만을 부담한다는 취지가 기재된 분할합병계약서를 작성하여 이에 대한 주주총회의 승인을 얻어야 하고(상법 제530조의9 제3항, 제2항 후단, 제530조의3 제1항, 제2항), 이러한 요건이 충족되었다는 점에 관한 주장·증명책임은 분할당사회사가 연대책임관계가 아닌 분할채무관계에 있음을 주장하는 측에게 있다. 단순히 분할합병계약서에 상법 제530조의6 제1항 제6호가 규정하는 '분할되는 회사가 분할합병의 상대방 회사에 이전할 재산과 그 가액'의 사항 등을 기재하여 주주총회의 승인을 얻었다는 사정만으로는 위와 같이 분할책임관계를 형성하기 위한 요건이 충족되었다고 할 수 없으므로, 분할당사회사는 각자 분할합병계약서에 본래 부담하기로 정한 채무 이외의 채무에 대하여 연대책임을 면할 수 없다.

(2) 이 사건 분할합병계약서에는 신화이앤아이가 출자한 재산에 관한 채무만을 피고 회사가 부담한다는 취지가 기재되어 있지 아니하다. 신화이앤아이의 총 발행주식을 실질적으로 보유한 원고와 소외 A의 승인 내지 주주

총회의사록 작성 위임은 그러한 취지가 누락된 이 사건 분할합병계약서에 대하여 이루어진 것에 불과하며, 이와 달리 신화이앤아이가 출자한 재산에 관한 채무만을 피고 회사가 부담한다는 취지가 기재된 분할합병계약서가 작성되어 이에 대한 신화이앤아이의 주주총회의 승인이 이루어졌다는 사정을 인정할 만한 자료를 기록상 찾아볼 수 없다. 따라서 피고 회사는 상법 제530조의9 제1항에 의하여 이 사건 분할합병계약서에 의하여 본래 부담하기로 정한 채무 이외의 채무에 대하여 연대책임을 진다.

원래 분할합병의 공고는 분할합병계약서의 요령을 기재하는 방법으로 하여야 하는 것임에 비추어(상법 제530조의3 제4항), 이 사건 분할합병계약서에 아무런 기재가 없고 주주총회의 승인을 얻은 적이 없는데도 신화이앤아이가 출자한 재산에 관한 채무만을 피고 회사가 부담한다는 취지가 일간신문에 공고되었다고 하여 그에 따른 효력이 발생한다고 볼 수 없음은 당연하다. 원고가 위 분할합병에 동의한 관계로 신화이앤아이가 원고에 대한 개별 최고를 생략하였다는 사정 등 역시 피고 회사가 상법 제530조의9 제1항에 의하여 부담하게 되는 연대책임의 성부에 아무런 영향을 미치지 못한다.

원심이 피고 회사가 원고에 대하여 연대책임을 부담하는 근거로 개별 최고를 누락하였다는 점을 든 것은 적절하지 않지만, 피고 회사가 상법 제530조의9 제1항에 의하여 신화이앤아이와 연대하여 신화이앤아이의 원고에 대한 채무를 변제할 책임이 있다고 본 결론은 정당하고, 거기에 상고이유에서 주장하는 바와 같이 상법 제530조의9 제1항이 규정하는 연대책임에 관한 법리 등을 오해하여 판결에 영향을 미친 위법이 있다고 할 수 없다.

2. 商法 第530條의9 第1項의 '連帶責任'의 法的 性質

(1) 분할당사회사가 상법 제530조의9 제1항에 의하여 각자 분할계획서나 분할합병계약서에 본래 부담하기로 정한 채무 이외의 채무에 대하여 연대책임을 지는 경우, 이는 회사분할로 인하여 채무자의 책임재산에 변동이 생기게 되어 채권 회수에 불이익한 영향을 받는 채권자를 보호하기 위하여 부과된 법정책임으로서 특별한 사정이 없는 한 그 연대책임의 부담에 관하여 분할당사회사 사이에 주관적 공동관계가 있다고 보기 어려우므로, 분할당

사회사는 각자 분할계획서나 분할합병계약서에 본래 부담하기로 정한 채무 이외의 채무에 대하여 부진정연대관계에 있다고 봄이 상당하다.

(2) 신화이앤아이의 원고에 대한 대여금 채무와 구상금 채무는 이 사건 분할합병계약서에 피고 회사가 신화이앤아이로부터 승계하는 것으로 정해진 채무는 아니지만, 피고 회사가 상법 제530조의9 제1항에 의하여 신화이앤아이의 원고에 대한 대여금 채무와 구상금 채무에 대하여 부진정연대채무자로서 변제할 책임을 부담하므로, 원고는 피고 회사에 대하여 위 대여금과 구상금 전액의 이행을 청구할 수 있다.

3. 被告 會社가 신화이앤아이의 相計權을 代位行使할 수 있는지

(1) 부진정연대채무에 대하여는 민법 제418조 제2항이 적용 내지 유추적용되지 아니하므로, 어느 부진정연대채무자가 채권자에 대하여 상계할 채권을 가지고 있음에도 상계를 하지 않고 있다 하더라도 다른 부진정연대채무자는 그 채권을 가지고 상계를 할 수 없다. 한편 채무자가 제3자에 대하여 갖는 상계권도 채권자대위권의 목적이 될 수 있지만, 채권자대위권을 행사하기 위해서는 원칙적으로 채권의 존재 및 보전의 필요성, 기한의 도래 등의 요건을 충족하여야 함에 비추어, 어느 부진정연대채무자가 현실적으로 자신의 부담부분을 초과하는 출재를 하여 채무를 소멸시킴으로써 다른 부진정연대채무자에 대하여 구상권을 취득한 상태에 이르지 아니한 채 단지 장래에 출재를 할 경우 취득할 수 있는 다른 부진정연대채무자에 대한 구상권을 보전하기 위하여 다른 부진정연대채무자가 채권자에게 갖는 상계권을 대위 행사하는 것은 허용되지 아니한다.

(2) 피고 회사는 원고에 대한 채무에 대하여 신화이앤아이와 부진정연대관계에 있음에 불과하므로, 설령 신화이앤아이가 원고에 대하여 채권을 갖고 있더라고 민법 제418조 제2항을 적용 내지 유추 적용하여 그 채권을 가지고 스스로 상계를 할 수 있다고 볼 수 없고, 또한 피고 회사가 현실적으로 출재를 하여 원고에 대한 채무를 소멸시키지 아니한 채 장래 신화이앤아이에 대하여 취득할 수 있는 구상권을 채권자대위권의 피보전권리로 삼아 신화이앤아이가 원고에 대하여 행사할 수 있는 상계권을 대위 행사할 수도 없다.

[評　　釋]

Ⅰ. 分割合併 時 新設會社가 지는 連帶責任의 排除 要件과 個別的 催告의 要否

1. 連帶責任의 原則과 그 例外

상법은 분할된 회사가 회사분할 후에도 존속하는 경우, 특별한 사정이 없는 한 회사의 책임재산은 분할회사와 신설회사의 소유로 분리되는 것이 일반적이므로 분할 전 회사의 채권자를 보호하기 위하여 분할회사와 신설회사가 분할 전의 회사채무에 관하여 연대책임을 지는 것을 원칙으로 하고 있다(상법 제530조의9 제1항). 그러나 회사분할에 있어서 위와 같은 연대책임의 원칙을 엄격하게 고수할 경우에는 회사분할제도의 활용을 가로막는 장애요소로 작용할 수 있다.

그리하여 상법은 연대책임의 원칙에 대한 예외를 인정하여, 신설회사가 분할회사의 채무 중에서 출자받은 재산에 관한 채무만을 부담할 것을 분할회사의 주주총회의 특별결의로써 정할 수 있게 하면서, 그 경우에는 신설회사가 분할회사의 채무 중에서 그 부분의 채무만을 부담하고, 분할회사는 신설회사가 부담하지 아니하는 채무만을 부담하게 하여 채무관계가 분할채무관계로 바뀌도록 하고 있다(상법 제530조의9 제2항).

위와 같이 예외적으로 연대책임이 배제되는 경우에는 채무자의 책임재산에 변동이 생기게 되어 채권자의 이해관계에 중대한 영향을 미치므로, 상법은 채권자 보호를 위하여 채권자에게 미리 회사가 분할된다는 점을 개별적으로 최고함으로써, 채권자가 이의를 하면 분할회사로부터 사전에 변제·담보제공·신탁제공을 받을 수 있도록 이의권을 제도적으로 보장하고 있다(상법 제530조의9 제4항, 제527조의5, 제232조 제2항, 제3항). 채권자가 이의기간 내에 이의를 제출하지 아니한 때에는 분할을 승인한 것으로 본다(상법 제530조의9 제4항, 제527조의5 제3항, 제232조 제2항).

그러나 분할로 인하여 설립되는 회사가 분할 전의 회사채무에 대하여 연대책임을 지는 원칙적인 경우에는 위와 같은 최고를 할 필요가 없고, 연대책임을 지지 않는 경우에만 개별최고의무를 부담한다(상법 제530조의9 제4항).

2. 이 事件의 檢討

원심의 결론은 정당하지만 그 이유는 타당하다고 보기 어렵다.

회사분할이나 분할합병시 (i) 신설회사는 원칙적으로 연대책임을 지고(상법 제530조의9 제1항) (ii) 예외적으로 상법 제530조의9 제1항의 요건을 충족하고 나아가 채권자에 대한 개별 최고를 거친 경우에 한하여 분할책임을 지는 것이다. 따라서 예외적인 '분할책임'의 적용을 주장하는 피고 회사로서는 위 (ii)의 각 요건을 모두 충족한 사실을 주장·증명하여야 분할책임의 적용을 받을 수 있는데, 이 사건에서 그에 관한 주장·증명이 없다.

상법 제530조의9 제1항의 회사분할은 채권자에 대한 개별 최고 이행 여부와 관계없이 신설회사가 분할회사와 함께 연대책임을 지는 것이고, 개별 최고의 누락으로 인하여 신설회사가 연대책임을 지는 경우는 상법 제530조의9 제2항·제3항의 분할 및 분할합병이 문제되는 경우에 한한다. 이 사건은 존립 중인 피고 회사와의 분할합병(=흡수분할합병[3])이 문제되는 경우이므로 연대책임 배제를 위해서는 상법 제530조의9 제3항의 조치를 취하여야 한다. 그러나 이 사건 분할합병계약서에는 피고 회사가 분할회사(신화이앤아이)의 채무 중에서 출자한 재산에 관한 채무만을 부담한다는 취지가 기재되어 있지 않고, 이 점에 관한 분할승인 주주총회의 특별결의도 없었다. 출자한 재산에 관한 채무만을 부담한다는 취지는 상법 제530조의3의 규정에 비추어 반드시 분할계획서 또는 분할합병계약서를 작성한 후 이에 대하여 주주총회의 승인결의를 얻어야 한다(상법 제530조의3 제1항).

분할계획서나 분할합병계약서에는 '설립되는 회사에 이전될 재산과 그 가액' 또는 '분할되는 회사가 분할합병의 상대방 회사에 이전할 재산과 그 가액'을 기재하여야 하므로(분할계획서의 경우 상법 제530조의5 제1항 제7호, 제2항 제3호, 분할합병계약서의 경우 상법 제530조의6 제1항 제6호, 제2항 제4호[4]), 이러

---

3) '단순분할'은 분할회사의 분할되는 영업 부문이 신설회사로 되는 경우를 말한다(상법 제530조의2 제1항). '분할합병'은 합병과 결합된 분할로서 분할회사의 분할되는 영업 부문이 다른 기존회사 또는 다른 기존회사의 일부와 합병되어 하나의 회사로 되는 경우를 말한다(상법 제530조의2 제2항). 분할합병의 상대방회사가 분할회사의 분할되는 영업 부문을 흡수하고 존속회사로 되는 경우에는 흡수합병에 유사하기 때문에 '흡수분할합병'(상법 제530조의6 제1항)이라 하고, 분할되는 영업 부문과 분할합병의 상대방회사와 합병하여 신설회사로 되는 경우에는 신설합병에 유사하기 때문에 '신설분할합병'(상법 제530조의6 제2항)이라 한다.

4) 제530조의6 (분할합병계약서의 기재사항) ① 분할되는 회사의 일부가 다른 회사와 합병

한 기재가 있다고 하여 분할합병계약서에 상법 제530조의9 제3항, 제530조의3 제1항에 의하여 특별히 요구되는 '출자한 재산에 관한 채무만을 부담한다는 취지의 기재'가 있었다거나 그러한 취지가 기재된 분할합병계약서에 대한 주주총회 승인결의가 있다고 할 수는 없다(즉 연대책임 배제의 효력이 없다).5) 또한, 공고는 분할계획서 등의 요령을 기재하여야 하는데(상법 제530조의3 제3항), 이 사건처럼 분할합병계약서에 기재가 없고 주주총회 승인결의도 없는 사항(=출자한 재산에 관한 채무만을 부담)을 공고하였다고 그에 따른 효력이 발생한다고 할 수도 없다.

따라서 이 사건 분할합병은 상법 제530조의9 제3항의 '연대책임이 배제되는 분할합병'이라 보기 어렵고, 상법 제530조의9 제1항의 '연대책임이 적용되는 분할합병'이라고 할 것이다. 그렇다면 이 사건 분할합병이 상법 제530조의9 제3항의 분할합병임을 전제로 개별 최고 누락 여부를 판단하고 그 누락을 이유로 연대책임을 인정한 원심의 판단은 잘못된 것이다.

한편 여론(餘論)이기는 하지만, 만일 이 사건이 상법 제530조의9 제3항의 '연대책임이 배제되는 분할합병'에 해당한다면, 대주주인 원고가 그와 같은 분할합병에 동의한 이상 피고 회사는 원고에게 개별 최고를 할 필요가 없고, 따라서 피고 회사의 연대책임이 배제된다고 볼 수 있을 것이다.6) 이

하여 그 다른 회사(이하 "분할합병의 상대방 회사"라 한다)가 존속하는 경우에는 분할합병계약서에 다음 각 호의 사항을 기재하여야 한다.

6. 분할되는 회사가 분할합병의 상대방 회사에 이전할 재산과 그 가액

② 분할되는 회사의 일부가 다른 회사 또는 다른 회사의 일부와 분할합병을 하여 회사를 설립하는 경우에는 분할합병계약서에 다음 각 호의 사항을 기재하여야 한다.

6. 각 회사에서 제530조의3 제2항의 결의를 할 주주총회의 기일

5) 「주석상법」 제4판, 회사(IV), 651면: 천승희, "회사분할에 관한 연구 -실무적 측면을 중심으로-", 고려대학교 박사학위논문, 77면; 분할당사회사 간에 연대책임 배제 합의가 있더라도 분할합병계약서에 그 취지가 기재되지 않는 한 그러한 효력이 없다.

6) 대법원 2010. 2. 25. 선고 2008다74963 판결: 동 판결에서는, 「분할되는 회사와 신설회사가 분할 전 회사의 채무에 대하여 연대책임을 지지 않는 경우에는 채무자의 책임재산에 변동이 생기게 되어 채권자의 이해관계에 중대한 영향을 미치므로 채권자의 보호를 위하여 분할되는 회사가 알고 있는 채권자에게 개별적으로 이를 최고하고 만약 그러한 개별적인 최고를 누락한 경우에는 그 채권자에 대하여 신설회사와 분할되는 회사가 연대하여 변제할 책임을 지게 된다고 할 것이나, 채권자가 회사분할에 관여되어 있고 회사분할을 미리 알고 있는 지위에 있으며, 사전에 회사분할에 대한 이의제기를 포기하였다고 볼만한 사정이 있는 등 예측하지 못한 손해를 입을 우려가 없다고 인정되는 경우에는 개별적인 최고를 누락하였다고 하여 그 채권자에 대하여 신설회사와 분할되는 회사가 연대하여 변제할 책임이 되살아난다고 할 수 없다」라고 판시하고 있다.

점에서도 원심의 판단은 타당하다고 보기 어렵다. 그러나 이 사건은 앞서 본 바와 같이 상법 제530조의9 제3항의 분할합병이 아님이 분명하므로, 어차피 이와 같은 개별 최고의 이행 여부는 결론에 영향을 주지 못한다. 결국 원심의 이유 설시는 잘못되었지만, 피고 회사가 원고에 대하여 연대책임을 진다고 본 결론은 정당하다.

Ⅱ. 商法 第530條의9 第1項의 '連帶責任'의 法的 性質과 範圍 및 관련 法律關係

1. 原告가 主張하는 被告 會社에 대한 債權의 內容

이 사건 분할합병의 효력발생일은 그 등기일인 2007. 3. 12.이다. 그런데 원고가 이 사건에서 피고가 연대책임을 져야 한다고 주장하는 채권의 내용은, i) '분할합병 전' 신화이앤아이에 대한 1억 3천만 원의 대여금채권, ii) 신화이앤아이의 기술신용보증기금에 대한 구상금채무를 연대보증하였다가 '분할합병 후' 대위변제함에 따른 구상금채권 2억 400만 원, iii) 분할 전 신화이앤아이의 중소기업은행에 대한 대금채무를 담보하기 위하여 물상보증을 서 주었다가 '분할합병 후' 대위변제함에 따른 구상금채권 213,839,656원, iv) 분할 전 신화이앤아이의 신용보증기금에 대한 구상금채무를 연대보증하였다가 '분할합병 후' 대위변제함에 따른 구상금채권 2억 원 등이다.

2. 各 見解에 따른 法律關係의 差異 檢討

회사분할의 경우, ⅰ) 신설회사가 상법 제530조의9 제1항에 의하여 부담하는 '연대책임'의 법적 성질이 무엇인지(연대보증인지, 연대채무인지 아니면 부진정연대채무인지), ⅱ) 분할회사와 신설회사 사이에서 연대책임에 대한 부담부분을 어떻게 산정하여야 하는지, iii) 분할회사에 금전을 대여해 주거나 분할회사의 채권자를 위하여 연대보증 또는 물상보증을 해 준 경우, 분할합병 당시 아직 현실적으로 발생하지 아니한 '분할회사의 장래 구상금 채무'에 대하여 신설회사가 연대책임을 진다고 볼 수 있는지 등이 문제되고, 거기서 어떠한 결론을 취하는지에 따라 여러 법률문제의 결론이 달라진다.

(1) 대여금채권 부분

대여금에 관하여 채권자인 원고가 피고 회사에 연대책임을 물어 1억 3천만 원의 이행을 청구하는데 아무런 문제가 없다. 이는 신설회사인 피고 회사가 지는 '연대책임'의 법적 성질에 관하여 연대보증설, 연대채무설, 부진정연대채무설 중 어느 견해를 취하든지 마찬가지이다.

다만 신설회사가 분할회사의 채권으로 대여금 채권자에 대하여 상계권을 행사할 수 있는지는 이 중 어느 견해를 취하는지에 따라 그 결론이 달라진다. 이 사건에서 만일 신화이앤아이가 원고에 대하여 어떠한 채권을 갖고 있다고 가정할 경우, ① '연대보증설'의 경우에는 연대보증인의 지위에 있는 피고 회사가 민법 제434조[7]에 의하여 그 채권에 의한 상계로써 원고에 대항할 수 있고, ② '연대채무설'의 경우에는 민법 제418조[8]에 의하여 신화이앤아이의 부담부분(후술하지만, 신설회사가 승계하지 않기로 한 채무에 관한 내부적 부담분은 분할회사가 100%, 신설회사가 0%이다)에 한하여 그 채권에 의한 상계로써 원고에 대항할 수 있으며, ③ '부진정연대채무설'의 경우에는 상계에 의한 대항이 불가능하다(이 점은 후술한다).[9]

(2) 분할합병 후 대위변제에 따른 사후 구상금채권 부분[10]

원고가 연대보증인 내지 물상보증인으로서 대위변제하여 '사후 구상권'이 현실적으로 발생한 시점은 회사분할의 등기일 후이다.

---

7) 제434조 (보증인과 주채무자 상계권) 보증인은 주채무자의 채권에 의한 상계로 채권자에게 대항할 수 있다.

8) 제418조 (상계의 절대적 효력) ② 상계할 채권이 있는 연대채무자가 상계하지 아니한 때에는 그 채무자의 부담부분에 한하여 다른 연대채무자가 상계할 수 있다.

9) 대법원 1994. 5. 27. 선고 93다21521 판결.

10) 이 사건에서 회사분할 이전에 연대보증 부분에 관하여 "사전 구상금채무"가 발생하였는지는 확인할 수 없다. 사전 구상금채무가 인정되기 위해서는 원고가 분할회사의 부탁을 받고 연대보증을 한 수탁보증인이라는 점이 인정되어야 한다. 한편 원고가 물상보증을 서 준 부분에 대하여는 분할회사가 "사전 구상금채무"를 부담하지 않는다는 것이 판례(대법원 2009. 7. 23. 선고 2009다19802 판결: 수탁보증인의 사전구상권에 관한 민법 제442조는 물상보증인에게 적용되지 아니하고 물상보증인은 사전구상권을 행사할 수 없다)이므로, 이 부분에 대하여 사전 구상금 채무가 발생하지 아니함은 명백하다.

(가) '신화이앤아이의 원고에 대한 구상금채무'가 회사분할 후 발생하여 피고 회사가 '연대책임'을 지지 않는다고 볼 경우의 법률관계

1) 의 의

종래 '영업양도'에 관한 판례[11]는 영업양도 전에 영업양도인의 채권자에 대하여 보증을 서 주었다가 영업양도 후 대위변제를 한 보증인의 사후구상금 채권에 대하여 상호속용 양수인에게 변제책임이 없다고 판시하고 있다. 이 판례의 논리를 회사분할에도 그대로 적용한다면, '신화이앤아이의 원고에 대한 구상금채무'는 분할합병 후 비로소 발생한 것이므로 피고 회사는 이에 대하여 연대책임을 지지 않는다고 보게 될 것이다.

그러나 이러한 견해를 취한다 하더라도, 피고 회사는 신화이앤아이의 원채권자(대출은행 등)에 대한 채무에 대하여는 상법 제530조의9 제1항에 따라 연대책임을 진다. 이러한 경우 피고 회사와 원고 사이의 구상관계는 피고 회사가 상법 제530조의9 제1항에 따라 신화이앤아이의 원고에 대한 '구상금채무 자체'에 대하여 '법정 연대책임'을 부담함으로써 형성되는 것이 아니라, 중소기업은행, 신용보증기금 등에 대한 채무에 대하여 '법정 연대책임'을 지게 됨으로써, 분할합병에 따라 형성된 다수당사자의 채권관계에 기하여 형성되는 구상관계이다. 이는 신화이앤아이가 원고의 연대보증 하에 채권자 중소기업은행 등으로부터 대출을 받았는데, 그 후 피고 회사가 그 대출금채무에 대하여 다시 연대보증을 하거나 이 채무를 중첩적 인수하는 등으로 (부진정) 연대채무를 지게 된 경우, 자신의 연대보증채무를 이행한 원고가 피고 회사에 대하여 구상권을 행사할 수 있는지의 문제와 유사하다.

2) 연대책임의 법적 성질을 연대보증으로 보는 경우

신화이앤아이는 채권자 중소기업은행 등에 대하여 주채무를 부담하고,

11) 대법원 1989. 12. 22. 선고 89다카11005 판결: 동 판결에서는, 「A가 유흥업소를 경영하면서 원고의 연대보증 아래 B로부터 영업자금을 차용하였는데 피고가 A로부터 그 유흥업소를 양수하고 상호를 계속 사용하여 영업을 계속하였고 그 후 원고가 A의 연대보증인으로서 위 영업자금대출금 중 일부를 변제한 경우, 원고는 피고에 대한 채무를 보증한 사실이 없으므로 보증인으로서의 구상권이 발생할 수는 없으며, 영업양도 당시에는 원고의 영업양도인에 대한 구상금채권이 아직 발생된 바 없으므로 영업양도인으로서 양도인이 부담한 구상금채권을 변상할 책임이 있다고 하기도 어렵고, 피고의 영업양수가 양도인의 영업자금과 관련한 피보증인의 지위까지 승계하는 것이라고 보기도 어려우므로 피고는 원고에게 구상금을 지급할 근거가 없다」라고 하였다.

원고는 이에 대한 연대보증인이다. 한편 피고 회사는 분할합병으로 인하여 상법 제530조의9 제1항에 의하여 채권자 중소기업은행 등에 대하여 연대보증채무를 부담하는 것으로 보게 된다.

이와 같이 공동보증인의 지위에 있는 원고나 피고 회사는 그 중 1인이 자신의 부담부분(특별한 사정이 없는 한 균등함)을 초과하여 변제한 경우, 다른 1인에 대하여 그 부담부분 초과분에 대하여 구상권을 행사할 수 있다. 따라서 이 사건에서 채권자 중소기업은행 등에 대하여 연대보증채무를 이행한 원고는 다른 공동연대보증인인 피고 회사에게 그 변제액의 2분의 1 상당액의 구상을 청구할 수 있다는 결론에 이르게 될 것이다.

3) 연대책임의 법적 성질을 연대채무나 부진정연대채무로 보는 경우

민법 제447조는 "어느 연대채무자나 어느 불가분채무자를 위하여 보증인이 된 자는 다른 연대채무자나 다른 불가분채무자에 대하여 그 부담부분에 한하여 구상권이 있다."라고 규정하고 있다. 연대채무설 또는 부진정연대채무설을 취하는 경우 피고 회사는 신화이앤아이의 채권자 중소기업은행 등에 대한 채무에 관하여 신화이앤아이와 연대채무관계 내지 부진정연대관계에 놓이게 된다.

한편 원고는 (부진정)연대채무자 중의 1인인 신화이앤아이를 위하여 연대보증인이 된 자이므로, 원고가 채권자 중소기업은행 등에 대한 연대보증채무를 모두 이행한 경우, 원고는 민법 제447조를 근거로 다른 (부진정)연대채무자인 피고 회사에 대하여 피고 회사의 부담부분에 한하여 구상권을 행사할 수 있다.

그런데 분할회사와 신설회사 사이에서 각자가 분할합병계약서에 부담하기로 정한 채무 이외의 채무에 대한 내부적 부담부분은 서로 '零'이라고 봄이 타당하므로, 원고가 분할합병 후 채권자 중소기업은행 등에게 연대보증채무 전부를 이행하더라도 내부적 부담부분이 없는 피고 회사에 대하여는 전혀 구상을 청구할 수 없고 오로지 신화이앤아이에 대하여만 구상권을 행사할 수 있게 된다는 결론에 이르게 된다. 만일 분할합병으로 인하여 실질적인 재산이 모두 피고 회사로 이전되어 신화이앤아이가 무자력 상태에 빠지게 되면, 원고의 구상권행사는 사실상 무의미하게 된다.

(나) '신화이앤아이의 원고에 대한 구상금채무'가 회사분할 후 발생하였더라도 피고 회사가 연대책임을 진다고 볼 경우의 법률관계

이 견해는 '장래 구상금채무' 자체에 대하여 분할당사회사가 연대책임을 진다고 보는 견해이다. 이 견해에 서면, 피고 회사가 신화이앤아이의 원고에 대한 장래 구상금채무 자체에 대한 연대책임을 부담하므로, 원고가 분할합병 후 신화이앤아이의 채권자 중소기업은행 등에 연대보증채무를 이행하여 사후 구상금채권이 발생한 경우, 피고 회사는 원고의 전액 구상청구에 응할 의무가 있다고 보게 된다. 이는 연대책임의 성질을 연대보증, 연대채무, 부진정연대채무 중 어느 것으로 보든지 간에 그 결론이 동일하다.

3. 分割合併 時 新設會社가 負擔하는 連帶債務의 法的 性質

(1) 학　　설

(가) 연대보증설

이는 분할당사회사의 연대책임을 민법상 보증채무에서 보충성이 배제된 민법 제437조 후문의 연대책임으로 해석하는 학설이다.[12] 그 근거로 주로 회계상의 처리 필요성을 중시한다.

일반적으로 연대보증은 대차대조표에 부채항목에 기재되지 아니하고 주석사항으로 기재되기 때문에, 대외적으로 부채비율이 높은 것으로 나타나지 않게 되어 신설회사의 영업활동에 지장을 주지 않게 되는데, 독일 기업재편법의 해석상 연대채무자가 부담하는 연대책임의 구체적인 내용이 대차대조표상 부채로 계상되는지 여부에 관하여는 견해의 대립이 있지만, 부정적으로 해석하는 견해가 다수설이라는 점을 논거로 든다.

그리하여 이 학설에서는 채권자의 권익보호를 도모하면서 동시에 회사분할을 통한 조직재편의 효용도 함께 도모하기 위하여 분할당사회사가 부담하는 연대책임의 법적 성질을 '연대보증'으로 해석하고, 이들 회사 상호간의 채무관계에 대하여는 보증채무 중에서 연대보증에 관한 민법의 일반원칙을

---

12) 「주석상법」 제4판, 회사(IV), 651면~652면; 최기원, 「상법학신론(상)」 제18판, (2009), 1343면~1344면; 김동민, "회사분할에서 채권자보호를 위한 연대책임규정의 한계", 「상사법연구」 제25권 제4호, (2007), 206면~207면.

적용하는 것이 타당하다고 한다.

(나) 연대채무설

이는 분할당사회사의 연대책임을 민법 제413조 이하에서 규정하고 있는 본래적 의미의 '진정 연대채무'로 파악하는 견해이다. 독일 기업재편법은 이러한 연대책임을 본래의 연대채무로 명시하여 독일 민법 제421조 이하의 규정에 의하도록 하면서 다만 몇 가지 필요한 예외를 규정하고 있는데, 이에 관하여 독일의 다수 견해는 공동책임자(Mithafter)는 부종적(akzessorisch)으로만 책임을 진다고 한다.[13]

독일의 학설은 연대채무의 내용에 관하여, (i) 독일 상법 제128조에서 규정하고 있는 인적회사 사원의 회사채권자에 대한 책임으로 보는 견해, (ii) 특히 비대체적 작위의무에 대한 연대책임에 대하여는 주채무에 대한 이행담보책임과 그 채무불이행에 따르는 손해배상책임을 부담하는 것으로 해석하는 견해로 나뉜다.[14]

(다) 부진정연대채무설

이는 분할당사회사가 분할계획서 등에 의하여 부담하기로 한 본래의 채무 이외의 채무에 대한 연대책임을 부진정연대채무로 파악하는 견해로서, 일본의 다수설이다.[15] 다만 일본 상법상 분할회사나 신설회사의 연대책임은 분할 당시 분할당사회사가 각자 보유하는 재산의 가액을 한도로 지도록 하고 있으므로 '물적 유한책임을 지는 부진정연대채무'라고 본다.[16]

회사분할의 경우 분할회사와 신설회사 사이에는 분할계약서상 각자가 부담하기로 하는 채무가 구체적으로 구분되어 있고, 다만 이렇게 될 경우 회사분할에 의하여 책임재산이 감소되는 채권자가 피해를 보게 되어 채권자보

---

13) Maier-Reimer, in: Semler/Stengel(Hrsg.), Umwandlungsgesetz, 2009, § 133, Rn. 30 ff.

14) 「주석상법」 제4판, 회사(IV), 652면; 김동민, 전게논문, 207면.

15) 原田晃治, "會社分割法制の創設について-平成12年改正商法解説-", 「商事法務」 第1565號, (2000), 16頁.; 武井一浩, 「會社分割の實務」, 商事法務研究會, (2000), 99頁.; 武井一浩, "會社分割と營業讓渡の實務的觀点からの比較,上", (旬刊) 「商事法務」 第1590號, (2001), 18頁.; 김동민, 전게논문, 205면의 주 26) 참조.

16) 일본 상법 제374조의10 제2항, 제374조의26 제2항은 본래의 연대채무관계로 오해될 여지가 있기 때문에, 이를 피하기 위하여 "그 채무를 부담하지 아니한 것으로 된 회사도 역시 그 변제의 책임이 있다. 다만, 분할일에 있어서 재산가액을 한도로 한다"라고 규정하고 있다.: 「주석상법」 제4판, 회사(IV), 652면.

호를 위하여 법정 연대책임을 부담하게 된 것에 불과하므로 양자 사이에는 주관적 공동관계가 없다고 보는 것이다.

분할회사와 신설회사 사이의 부담비율은 기본적으로 분할계획서상 또는 분할계약서의 기재에 의하게 된다. 따라서 문제가 된 채무를 신설회사가 승계하는 취지가 분할계획서 또는 분할계약서에 기재되어 있는 경우에는 분할회사의 부담부분은 '零'으로 된다.[17] 한편 부진정연대채무를 부담하는 채무에 관하여는 분할당사회사들은 분할계획서 등에 내부적으로 미리 구상관계에 관하여 정하는 것도 가능하다고 한다.[18]

부진정연대채무의 가능성이 있는 경우 분할당사회사에 있어서 어떻게 회계처리를 하는가에 관하여 日本公認會計士協會의 分割會社에 관한 會計處理 公開草案(2000. 12. 1.)에는 당초 '연대책임을 지는 채무의 전액을 부채로 계상한 다음 자신의 부담부분을 초과하는 액에 관하여 구상채권으로 자산항목에 계상하는 방법'이 제시되었으나, 분할당사회사 모두에게 부채 전액이 계상되는 문제가 있어 각계의 코멘트를 참조하여 '채무 중 자신의 부담부분만을 부채로 계상한 다음 그 나머지 액에 관하여는 주석사항으로 기재하는 방법'이 검토되고 있다고 한다.[19]

(라) 중첩적 채무인수설[20]

이는 분할회사 또는 신설회사가 분할계획서 등에 채무를 부담하기로 정한 채무 이외의 채무에 대하여 연대책임을 지는 것을 법률에 의한 '중첩적 채무인수'라고 보는 것이다. 이는 다수당사자의 채무관계의 법적 성질이 무엇인지를 설명하는 견해라기보다는 그 채무관계가 형성되는 근거에 포착하여 그 근거에 관한 입론으로 보인다.

중첩적 채무인수의 법적 성질에 관하여 연대채무설, 부진정연대채무설, 연대보증설 등의 대립이 있는데, 대법원 판례[21]는 채무자의 부탁을 받고 채

---

17) 原田晃治, 前揭論文, 16頁.

18) 武井一浩, 「會社分割の實務」, 103頁.

19) 原田晃治, 前揭論文, 17頁.; 武井一浩, 「會社分割の實務」, 99頁; 武井一浩, "會社分割と營業讓渡の實務的觀点からの比較(上)", 18頁.

20) 「주석상법」 제4판, 회사(IV), 652면.

21) 대법원 2009. 8. 20. 선고 2009다32409 판결: 동 판결에서는, 「중첩적 채무인수에서 인수인이 채무자의 부탁 없이 채권자와의 계약으로 채무를 인수하는 것은 매우 드문 일이므로 채무자와 인수인은 원칙적으로 주관적 공동관계가 있는 연대채무관계에 있고, 인수인이

무인수를 하였는지 여부(=주관적 공동관계의 유무)를 기준으로 그러한 사실이 있으면 연대관계, 그렇지 아니하면 부진정연대관계로 보고 있다. 따라서 분할회사와 신설회사 사이에는 주관적 공동관계가 없다면, 분할당사회사들이 부담하는 연대책임은 특별한 약정이 없는 한 부진정연대채무로 보아야 할 것이다. 다만 분할회사와 신설회사 사이에 중첩적 채무인수에 관한 특약이 있다면 연대채무관계로 볼 수도 있을 것이다.

(2) 검　토

(가) '보증'의 법률행위가 없는데도 '보증'으로 해석하는 것은 무리이고, 대차대조표에 부채로 계상해야 하는지 여부는 회계상 문제임

현행법의 해석상 '보증'에 관한 법률행위가 없고 법문에 '보증'이라고 규정하고 있지도 아니한데 이를 '보증'이라고 해석하는 예는 찾아볼 수 없다. 보증은 '보증계약'에 의하여 성립하는 것이 원칙이고 보증인은 주채무자와의 특별한 인적관계 또는 주채무자의 자력이나 신용을 신뢰하는 전제에서 보증채무를 부담하는 것이 보통이다.

반면 회사분할은 기업구조조정 차원에서 자산·부채·자본의 분리를 위하여 이루어지는 것으로서 그 과정에서 M&A를 통한 주주 및 임원의 교체가 이루어져 인적관계가 절연되는 경우가 적지 않다. 또한, 분할회사의 자력이나 신용에 대한 신뢰를 근거로 신설회사에 연대책임을 부담한 것이 아니라 신설회사가 주채무자의 책임재산을 이전받아 채권자에게 책임재산 감소라는 피해를 주기 때문에 법률에 의하여 강제적으로 부과된 책임이라는 점에서 보증과 차이가 있다.

한편 회계처리의 문제는 법률관계의 성질 파악과는 별개의 문제이다. 독일이나 일본의 예에서도 보듯이 연대책임을 연대채무 혹은 부진정연대채무로 해석하면서도 이를 대차대조표에 부채로 계상하지 않는 방법은 별도로 강구될 수 있다. 단지 대차대조표에 부채로 계상되는 것을 방지하기 위하여 그 법률적 성질을 따져보지도 아니한 채 민법상의 보증채무 중에서 연대보증으로 보아야 한다는 견해는 찬동하기 어렵다.[22]

채무자의 부탁을 받지 아니하여 주관적 공동관계가 없는 경우에는 부진정연대관계에 있는 것으로 보아야 한다」라고 판시하였다.

22) 현재 우리나라 기업회계기준서에 의하면, 회사분할시 연대책임에 관한 별도의 규정은 존

(나) 분할회사와 신설회사 사이에 주관적 공동관계가 없으므로, 분할당사회사들의 연대책임으로 보기 어려움

연대채무와 부진정연대채무를 구별하는 기준으로 대법원 판례[23]와 학설이 채택하고 있는 주관적 공동관계설의 내용은 다음과 같다.[24] 즉 「연대채무는 객관적인 단일목적과 주관적인 공동의 목적을 가진다. 각 채무자의 채무는 '객관적'으로 단일한 목적을 달성하는 수단이기 때문에 채무자 중 어느 1인의 이행이 있으면 전부의 채무는 소멸한다. 채무자 각자의 채무는 '주관적'으로도 공동의 목적을 가지고 서로 관련하므로 1인에 발생한 사유는 일정한 범위에서 다른 자에게도 영향을 미치고, 또한 내부적으로 부담부분이 정해져 있고, 서로 공동해서 출연을 분담한다. 구상관계에서도 연대채무는 채권자에 대한 관계에서는 각자 전액을 지급해야 할 의무이지만 채무자의 내부관계에서는 출연을 분담한다고 하는 주관적인 관계가 있다는 것을 근거로 하고, 부진정연대채무에 대한 구별기준도 채무자 간에 공동목적에 의한 주관적인 관련의 유무에 있다. 양자는 객관적으로 단일한 목적을 달성하는 수단이라는 것은 동일하지만, 주관적인 관련의 유무에 따라 연대채무는 일정한 사유가 절대적 효력을 발생하고 또한 구상관계를 발생시키는 데 반하여 부진연대채무는 이러한 효과를 발생하지 아니한다」는 것이다.

이와 같이 연대채무와 부진정연대채무는 결국 '공동의 주관적 목적' 즉 주관적 공동원인으로서 '일체적(一體的) 법률관계'[25]의 유무에서 차이가 있으므로, '채무의 발생원인'이 동일한 경우에는 대체로 연대채무가 성립되고, 채무의 발생원인이 다르거나 법률에 의하여 채권자를 보호하기 위하여 법정책임을 규정하는 경우에는 대체로 '부진정연대채무'가 성립한다고 보게 될 경우가 많을 것이다.[26]

재하지 아니한데, 이는 그 현실화 가능성을 감안하여 대차대조표의 주석에 기재할 사항으로 생각된다.

23) 대법원 2009. 8. 20. 선고 2009다32409 판결.

24) 박종권, "연대채무", 「외법논집」 제24집, (2006), 43-45면.

25) 福田誠治, "連帶債務の一體性と相互保證性", 「Jurist 增刊」, 民法の爭點, 204頁.

26) 이는 대법원 판례의 "부진정연대채무"에 관한 정의와 부합한다.: 대법원 2009. 3. 26. 선고 2006다47677 판결: 부진정연대채무 관계는 서로 별개의 원인으로 발생한 독립된 채무라 하더라도 동일한 경제적 목적을 가지며 서로 중첩되는 부분에 관하여 일방의 채무가 변제 등으로 소멸할 경우 타방의 채무도 소멸하는 관계에 있으면 성립할 수 있고, 반드시

회사분할의 경우 상법 제530조의9 제1항에 의하여 분할회사와 신설회사는 원래 각기 분할계약에서 정해진 채무를 지는 것이므로, 서로 분할계약서에서 부담하기로 정한 채무 이외의 채무에 대하여는 원칙적으로 아무런 주관적 공동관계가 없고[27] 그 채무발생의 원인도 상이한 것이다(분할회사는 계약책임이고, 신설회사는 법정책임이다). 즉 신설회사는 책임재산의 감소에 따라 피해가 우려되는 채권자보호의 차원에서 법정 연대책임을 지게 된 것에 불과하다.

이와 같이 분할당사회사들의 연대책임은 그 법적 성질상 '부진정연대채무'로 보는 것이 타당하고, 이를 '진정연대채무'로 보기 어렵다. 분할당사회사들의 연대책임을 인정하는 상법 제530조의9 제1항은, 영업양도에 의하여 책임재산이 사라지는 채권자를 보호[28]하기 위하여 상호속용 양수인에 대하여 변제책임을 인정하는 상법 제42조와 그 취지가 유사한데, 통설이 영업양도인과 영업양수인의 책임관계를 '부진정연대채무관계'라고 해석하고 있는 것도 참고할 만하다(이 점은 뒤에서 상술한다).

한편 국세기본법[29]은 조세정책적인 목적에서 다양한 분할회사와 신설

양 채무의 발생원인, 채무의 액수 등이 서로 동일할 것을 요하는 것은 아니다.

27) 김동민, 전게논문, 205-206면에서는 "분할당사회사의 연대책임은 상법 제530조의9 제1항의 규정에 의하여 또는 분할계획서 등에 대한 주주총회의 승인결의에 의하여 연대의 약정을 함으로써 성립되는 것이므로 당해 채무에는 명백한 주관적 공동목적이 존재하는 것이다."라고 설명하고 있다. 그러나 상법 제530조의9 제1항의 연대책임은 서로 승계하지 않기로 정한 채무에 대하여 법정 책임을 부담하는 것인데, 거기에 어떠한 "공동의 목적"이 있다고 보기는 어렵다.

28) 대법원 2009. 1. 15. 선고 2007다17123,17130 판결: 동 판결에서는, 「상호를 속용하는 영업양수인의 책임을 정하고 있는 상법 제42조 제1항은, 일반적으로 영업상의 채권자의 채무자에 대한 신용은 채무자의 영업재산에 의하여 실질적으로 담보되어 있는 것이 대부분인데도 실제 영업의 양도가 이루어지면서 채무의 승계가 제외된 경우에는 영업상의 채권자의 채권이 영업재산과 분리되게 되어 채권자를 해치게 되는 일이 일어나므로 영업상의 채권자에게 채권추구의 기회를 상실시키는 것과 같은 영업양도의 방법, 즉 채무를 승계하지 않았음에도 불구하고 상호를 속용함으로써 영업양도의 사실이 대외적으로 판명되기 어려운 방법 또는 영업양도에도 불구하고 채무의 승계가 이루어지지 않은 사실이 대외적으로 판명되기 어려운 방법 등이 채용된 경우에 양수인에게도 변제의 책임을 지우기 위하여 마련된 규정이라고 해석된다」라고 판시하였다.

29) 국세기본법 제25조 (연대납세의무) ① 공유물(공유물), 공동사업 또는 그 공동사업에 속하는 재산에 관계되는 국세·가산금과 체납처분비는 공유자 또는 공동사업자가 연대하여 납부할 의무를 진다.

② 법인이 분할되거나 분할합병되는 경우 분할되는 법인에 대하여 분할일 또는 분할합병일 이전에 부과되거나 납세의무가 성립한 국세·가산금 및 체납처분비는 다음 각 호의

회사 등을 포함한 관련 당사자에게 연대납부책임을 인정하고 이에 대하여 민법상의 연대채무를 준용하고 있다. 하지만 이는 조세정책적인 목적에서 그러한 것이고 연대채무에 관한 모든 민법 규정을 준용하는 것도 아니므로(특히 이 사건에서 문제되는 상계 원용권은 준용 대상에서 배제되어 있다), 이러한 국세기본법의 규정이 있다고 하여 상법 제530조의9 제1항의 연대책임을 민법상의 연대채무로 해석하기는 곤란하다.

또한, 독일의 학설이 신설회사의 연대책임을 진정연대채무라고 보면서 이를 합명회사(인적회사) 사원의 회사채권자에 대한 인적 책임과 결부시키는 것에 대하여는, "인적회사와 물적 회사 상호 간에 교차분할을 허용하고 있는 독일 기업재편법상으로는 가능한 해석이지만 우리 상법은 주식회사의 분할만을 규정하고 있으므로 그 원용이 곤란하며, 물적회사인 주식회사의 책임관계를 인적회사 사원의 책임으로 이론 구성하여 책임의 범위를 확장하는 것은 문제가 있다."라는 비판이 가능하다.[30)]

(다) '연대책임'이라는 법문에서 '연대채무'라는 결론이 도출되지 아니함

민법, 상법에서 종종 '연대하여 책임을 진다'는 문언을 사용하고 있는데, 학설과 판례는 위에서 본 '주관적 공동관계'의 유무를 기준으로 그것이 진정연대인지 부진정연대인지를 구별하고 있다. 이러한 점에 비추어 보면, 상법 제530조의9 제1항이 "연대하여 변제할 책임"이라는 문언을 사용하였다고 하

법인이 연대하여 납부할 의무를 진다.

1. 분할되는 법인
2. 분할 또는 분할합병으로 설립되는 법인
3. 분할되는 법인의 일부가 다른 법인과 합병하여 그 다른 법인이 존속하는 경우 그 다른 법인(이하 "존속하는 분할합병의 상대방 법인"이라 한다)

③ 법인이 분할 또는 분할합병으로 해산하는 경우 해산하는 법인에 부과되거나 그 법인이 납부할 국세·가산금 및 체납처분비는 다음 각 호의 법인이 연대하여 납부할 의무를 진다.

1. 분할 또는 분할합병으로 설립되는 법인
2. 존속하는 분할합병의 상대방 법인

④ 법인이 「채무자 회생 및 파산에 관한 법률」 제215조에 따라 신회사를 설립하는 경우 기존의 법인에 부과되거나 납세의무가 성립한 국세·가산금 및 체납처분비는 신회사가 연대하여 납부할 의무를 진다.

국세기본법 제25조의2 (준용 규정) 이 법 또는 세법에 따라 국세·가산금과 체납처분비를 연대하여 납부할 의무에 관하여는 「민법」 제413조부터 제416조까지, 제419조, 제421조, 제423조 및 제425조부터 제427조까지의 규정을 준용한다.

30) 김동민, 전게논문, 205면 참조.

여 이를 "진정연대"라고 볼 근거는 되지 아니한다.[31)32)]

(라) 절대적 효력의 범위가 넓은 우리 민법 하에서 그렇지 않은 독일과 동일하게 연대채무설을 취하면, 채권자의 보호가 소홀해짐

연대채무를 단순연대적인 것으로 통일한 독일 민법 하에서는 절대적 효력의 범위가 좁기 때문에 부진정연대채무의 관념을 인정할 필요성은 적다. 특히 독일 민법 제422조는 이 사건에서 문제되는 "연대채무자의 다른 연대채무자가 갖는 상계권 행사"를 오히려 금지하고 있다.

◎ 독일 민법은 다음과 같이 규정하고 있다.

- 제421조 (연대채무자) 수인이 부담하는 동일한 급부에 관하여 각 채무자가 급부 전부를 실행할 의무를 지되 채권자는 1회의 급부만을 청구할 수 있는 경우에, 채권자는 임의로 각 채무자로부터 전부 또는 일부의 급부를 청구할 수 있다. 급부 전부가 실행되기까지는 채무자 전원의 채무자 존속한다.
- 제422조 (변제의 효력) ① 연대채무자 중 1인이 한 변제는 다른 채무자에게도 효력을 가진다. 대물변제, 공탁 및 상계도 또한 같다. ② 연대채무자 1인이 가지는 채권으로 다른 채무자가 상계할 수 없다.
- 제423조 (면제의 효력) 연대채무자 중 1인과 채권자 사이에 약정된 면제되는 계약당사자들이 채권관계 전부의 소멸을 원하는 경우에는 다른 채무자에게도 효력을 가진다.
- 제424조 (채권자지체의 효력) 연대채무자 1인에 대한 채권자의 지체는 다른 채무자에

---

31) 민법 제35조 제2항은 "법인의 목적범위 외의 행위로 인하여 타인에게 손해를 가한 때에는 그 사항의 의결에 찬성하거나 그 의결을 집행한 사원, 이사 및 기타 대표자가 연대하여 배상하여야 한다."고 규정하고, 제760조 제1항은 "수인이 공동의 불법행위로 타인에게 손해를 가한 때에는 연대하여 그 손해를 배상할 책임이 있다."고 규정하고 있는데, 각 규정의 연대책임은 부진정연대채무로 해석하는 것이 통설이다. 상법 제24조는 "타인에게 자기의 성명 또는 상호를 사용하여 영업을 할 것을 허락한 자는 자기를 영업주로 오인하여 거래한 제3자에 대하여 그 타인과 연대하여 변제할 책임이 있다."고 규정하고 있는데, 여기서 '연대하여'의 의미는 부진정연대채무로 보는 것이 통설과 판례의 입장이다. 상법 제399조 제1항은 "이사가 법령 또는 정관에 위반한 행위를 하거나 그 임무를 해태한 때에는 그 이사는 회사에 대하여 연대하여 손해를 배상할 책임이 있다."고 규정하고 있는데, 여기서 '연대하여'의 의미도 부진정연대관계로 보는 것이 통설이다.

32) 민법 제616조는 "수인이 공동하여 물건을 차용한 때에는 연대하여 그 의무를 부담한다."고 규정하고 있는데, 여기서 '연대하여'는 연대채무로 해석하는 것이 통설이다. 수인이 공동으로 물건을 차용하거나 임차한 것이어서 주관적 공동목적을 인정할 수 있기 때문이다. 상법 제57조 제1항은 "수인이 그 1인 또는 전원에게 상행위가 되는 행위로 인하여 채무를 부담한 때에는 연대하여 변제할 책임이 있다."고 규정하고 있는데, 여기서 '연대하여'는 연대채무로 해석하는 것이 통설, 판례(대법원 1987. 6. 23. 선고 86다카633 판결)이다. 수인에게 상행위의 효력이 모두 미치는 데에서 주관적 공동관계를 인정할 수 있기 때문이다.

게도 효력을 가진다.
- ○ 제425조 (기타 사실의 효력) ① 제422조 내지 제424조에 의하여 정하여진 것 이외의 사실은, 채권관계로부터 달리 해석되지 않는 한 그 사실이 발생한 연대채무자에 대하여만 효력을 가진다. ② 제1항은 특히 해지, 이행지체, 과책 및 연대채무자 중 1인에 관한 급부불능, 소멸시효의 완성과 그 갱신, 정지 및 완성유예, 채권채무의 혼동, 그리고 확정판결에 대하여 적용된다.
- ○ 제426조 (구상채무; 채권이전) ① 연대채무자 상호 간에는 다른 정함이 없는 한 균등한 비율로 의무를 진다. 연대채무자 중 1인의 부담부분이 실현될 수 없는 때에는 그 부족액은 구상의무가 있는 다른 채무자가 부담한다. ② 연대채무자 중 1인이 채권자를 만족시키고 그가 다른 채무자에 대하여 구상할 수 있는 경우에는 채권자의 다른 채권자에 대한 채권은 그 범위에서 그에게 이전한다. 그 이전은 채권자의 불이익으로 이를 주장할 수 없다.
- ○ 제427조 (공동의 계약상 의무) 수인이 계약에 의하여 공동으로 가분급부를 지는 경우에 의심스러운 때에는 그들은 연대채무자로서 책임을 진다.

이와 달리 공동연대적인 성격이 강한 우리 민법상의 연대채무는 그 절대적 효력의 범위가 넓어서 채권의 담보적 기능이 약화되어 있으므로, 회사분할에 따른 "책임재산 감소"로 채권자 보호가 요청되는 회사분할절차에서 독일의 이론(연대채무설)을 그대로 따르기는 곤란하다.

연대채무에 관하여 절대적 효력을 인정하는 범위가 지나치게 넓은 우리 민법 하에서 연대채무를 인정하기 위해서는 채무자들 사이에 주관적 공동목적(일체적 단체관계)이 인정되어야 할 것이고, 그렇지 아니한 경우에까지 연대채무를 인정하면 부당한 결과가 발생할 수 있다. 이는 회사분할의 경우 특히 그러한데, 이를 구체적으로 분석하면 아래 표와 같다.

규정 내용	분할당사회사에 적용의 적절성 여부
○ 제415조 (채무자에 생긴 무효, 취소) 어느 연대채무자에 대한 법률행위의 무효나 취소의 원인은 다른 연대채무자의 채무에 영향을 미치지 아니한다.	○ 부적절 : 원래의 채무가 무효·취소되면 연대책임도 없는 것으로 보아야 한다.

<table>
<tr><td>○ 제416조 (이행청구의 절대적 효력)
어느 연대채무자에 대한 이행청구는 다른 연대채무자에게도 효력이 있다.</td><td>○ 부적절 : 분할회사와 신설회사(흡수분할 합병회사 포함)는 서로 별개의 회사이고, M&A 등으로 주주 및 임직원 구성도 다른 별개의 법인일 수 있는데, 어느 일방에 대한 청구로 타방에 대한 청구의 효력을 인정하면 부당한 결과(시효, 지연손해금 등)가 발생할 수 있다.</td></tr>
<tr><td>○ 제417조 (경개의 절대적 효력)
어느 연대채무자와 채권자 간에 채무의 경개가 있는 때에는 채권은 모든 연대채무자의 이익을 위하여 소멸한다.</td><td>○ 부적절 : 위와 동일한 이유이다. 각 회사의 재정상황 등에 따라 경개계약을 체결할 경우가 있는데, 이 때문에 다른 회사에 대한 채권이 소멸한다고 하면 이는 부당하다.</td></tr>
<tr><td>○ 제418조 (상계의 절대적 효력)
② 상계할 채권이 있는 연대채무자가 상계하지 않는 때에는 그 채무자의 부담부분에 한하여 다른 연대채무자가 상계할 수 있다.</td><td>○ 부적절 : 서로 주관적 공동관계가 없는 별개의 회사들이 다른 회사의 채권을 가지고 상계하는 것은 부당하다.</td></tr>
<tr><td>○ 제419조 (면제의 절대적 효력)
어느 연대채무자에 대한 채무면제는 그 채무자의 부담부분에 한하여 다른 연대채무자의 이익을 위하여 효력이 있다.</td><td rowspan="2">○ 부적절 : 제417조의 설명과 동일한 이유가 적용될 수 있다.</td></tr>
<tr><td>○ 제420조 (혼동의 절대적 효력)
어느 연대채무자와 채권자 간에 혼동이 있는 때에는 그 채무자의 부담부분에 한하여 다른 연대채무자도 의무를 면한다.</td></tr>
<tr><td>○ 제421조 (소멸시효의 절대적 효력)
어느 연대채무자에 대하여 소멸시효가 완성한 때에는 그 부담부분에 한하여 다른 연대채무자도 의무를 면한다.</td><td rowspan="2">○ 부적절 : 제416조 및 제417조의 설명과 동일한 이유이다.</td></tr>
<tr><td>○ 제422조 (채권자지체의 절대적 효력)
어느 연대채무자에 대한 채권자의 지체는 다른 연대채무자에게도 효력이 있다.</td></tr>
<tr><td>○ 제423조 (효력의 상대성의 원칙)
전7조의 사항 외에 어느 연대채무자에 관한 사항은 다른 연대채무자에게 효력이 없다.</td><td>○ 무관하다.</td></tr>
</table>

○ 第424조 (부담부분의 균등) 연대채무자의 부담부분은 균등한 것으로 추정한다.	○ 부적절 : 분할계획서에 서로 부담하기로 한 채무와 그렇지 않는 채무가 구분되므로, 여기에 해당하지 않은 채무의 내부적 부담부분은 “零”으로 보아야 한다.

(마) 부진정연대채무에 있어서도 구상관계의 인정은 얼마든지 가능함

부진정연대채무의 경우에도 구상관계가 생기는 것을 전면적으로 부인하는 견해는 없고 오히려 적극적으로 존재한다고 보는 견해가 통설이다.[33] 판례도 공동불법행위자 상호간의 구상권을 인정하는 것은 물론 주관적 공동관계가 전혀 형성되지 아니한 채무불이행책임자와 불법행위책임자 상호간의 구상관계를 인정하고 있다.[34]

따라서 예컨대, 신설회사가 승계하지 아니한 채무에 대하여 연대책임을 지고 변제한 경우 신설회사는 분할회사에 구상권을 행사하는 방법으로 이해조정이 가능하므로, 부진정연대채무설을 취한다고 하여 어떠한 문제가 생기는 것은 아니다.[35]

(바) 중첩적 채무인수설은 ‘연대책임’을 지는 법적 근거에 관한 설명으로서 원칙적으로 부진정연대채무설과 다르지 않음

분할당사회사가 분할계약서상 부담하기 않기로 정한 채무에 대하여 법률이 채무를 부담시키는 것은 ‘법률에 의한 채무인수’라고 해석하는 것도 가능하다. 예컨대, 상법상 영업양도시 상호속용 양수인의 책임의 법적 성질을 부진정연대채무로 보면서 그 근거를 ‘중첩적 채무인수’에서 찾고 있다.

원래의 채무자인 분할회사의 채무가 무효・취소되어 소멸하면 신설회사의 연대책임도 소멸하는 근거를 설명하기에 용이한 점 등을 고려하면, 법률에 의한 중첩적 채무인수설은 설득력이 있다. 다만 이 견해는 다수당사자의 채무관계의 법적 성질이 무엇인지를 설명하는 견해라기보다는 그 채무관계가 형성되는 근거에 관한 설명에 가까우므로, 직접적으로 그 법적 성질을 규명하는 학설이라고 보기는 어렵다.

33) 武井一浩, 「會社分割の實務」, 99頁-100頁; 福田誠治, 前揭論文, 205頁.

34) 대법원 2006. 1. 27. 선고 2005다19378 판결 등.

35) 구상관계가 발생하지 아니하여 부진정연체무설이 타당하지 않다는 견해로는 최기원, 전게서, 1343면.; 김동민, 전게논문, 205면이 있다.

(3) 논의의 정리

분할당사회사가 상법 제530조의9 제1항에 의하여 각자 분할계획서나 분할합병계약서에 본래 부담하기로 정한 채무 이외의 채무에 대하여 연대책임을 지는 경우, 이는 회사분할로 인하여 채무자의 책임재산에 변동이 생기게 되어 채권 회수에 불이익한 영향을 받는 채권자를 보호하기 위하여 부과된 법정책임으로서 특별한 사정이 없는 한 그 법정 연대책임의 부담에 관하여 분할당사회사 사이에 주관적 공동관계가 있다고 보기 어렵다. 따라서 분할당사회사는 각자 분할계획서나 분할합병계약서에 본래 부담하기로 정한 채무 이외의 채무에 대하여 '부진정연대관계'에 있다고 봄이 상당하다.

4. 將來 求償金 債務에 대한 新設會社의 連帶責任 有無

(1) 독일의 학설[36]

(가) 연대책임을 지는 채무의 범위

독일 기업재편법에 의하면 분할회사가 분할의 효력이 발생하기 전에 부담한 채무에 대하여는 분할 당사회사 모두가 연대책임을 부담한다(제133조 제1항 제1문). 연대책임은 분할의 효력발생 이전에 분할회사가 직접적으로 부담한 모든 채무에 대하여 적용된다. 즉 분할과정에서 이전되는 채무는 물론 분할회사에 남아 있는 채무 모두에 대하여 적용되는 것이다.

연대책임은 분할의 효력발생 이전에 설정된 분할회사의 채무, 즉 구 채무에 대해서만 적용된다. 구채무와 신채무의 구별을 위한 기준이 되는 시점은 분할의 효력발생 시점인데, 분할의 효력은 법 제131조 제1항에 의하여 분할회사 주소지의 등기법원에 등기함으로써 발생한다. 따라서 분할등기 시점에 이미 채무가 성립되어 있어야 한다. 여기서 채무가 성립되어 있다는 것은 법적 근거가 마련되어 있다는 것을 의미한다.[37] 만기가 도래하지 않았거나 분할의 효력발생 이전에 모든 성립요건이 충족되지 않았더라도 상관없다. 법률행위에 의한 채무의 경우에는 계약이 체결된 것으로 충분하다.[38]

---

36) 유진희, "독일 회사법상 기업의 합병과 분할", 「서강법학연구」 제2권, 서강대학교 법학연구소, 162면-163면.

37) Emmerich, in Heymann, Handelsgesetzbuch, 1988/1990, §128 Rz.38.

38) Emmerich(주 38) §128 Rz.38.

이러한 원칙은 계속적 채권관계에 대해서도 적용된다. 따라서 분할의 효력발생 이전에 체결된 계속적 계약에 근거한 개별채무는 구 채무이다. 생산자책임 또는 환경책임으로 인한 채무의 경우에는 분할 이전에 채무를 발생시키는 행위[39]가 있었던 것으로 충분하다.

분할 및 인수계약에서 독일 기업재편법 제133조 제1항 제1문에 의한 채무자로 지정되지 않은 회사는 분할 이후 5년이 경과하기 전에 만기가 되고 그것으로 인한 청구권이 회사에 대하여 재판상 행사되는 경우에 한하여 그 채무에 대하여 책임을 진다(동법 제133조 제3항).

(나) 연대보증인 및 물상보증인의 구상권

독일의 학설은 물적담보를 제공한 제3자를 회사분할 후 구상청구권과 관련하여 회사분할시 연대책임의 대상이 되는 구 채권자(Altgläubiger)라고 보고 있다.[40] 이 경우 물적담보를 제공한 제3자는 분할당사회사들이 연대채무적(gesamtschuldnerisch)으로 책임을 지기 때문에 사적인 채무인수의 경우에서 보다도 덜 위태로운 지위에 놓이게 된다.

(2) 우리나라의 학설

학설[41]은 "연대책임의 대상이 되는 위와 같은 분할회사의 채무는 명문 규정은 없지만 적어도 분할등기 전에 성립한 것이어야 한다. 여기서 '분할등기 전에 성립하여야 한다'는 의미는 채무의 발생 기초가 분할등기 전에 성립한 것으로 완화하여 해석하여야 할 것이다."라고 설명하고 있다. 분할 전에 분할회사를 위하여 보증이나 물상보증을 서 준 후 분할 후에 취득한 구상권이 여기에 해당하는지를 구체적으로 논하는 견해는 찾아볼 수 없다.

(3) 판　례

대상 판결은 회사분할 전에 분할회사를 위하여 보증이나 물상보증을 한 제3자가 회사분할 후에 분할회사에 대하여 취득한 구상권에 대하여도 신설회사가 연대책임을 지는지 여부에 관하여, 구체적으로 상고이유로 주장되어 있지 아니한 탓에 명확한 판단은 하지 아니하였지만, 이를 전제로 판시하였

---

39) Hefermehl, in Gessler/Hefermehl/Eckardt/Kroff, AktG, 1974ff. 225 Rz.3; Hommelhoff, in Lutter, Umwandlungsgesetz, 1996, §13 Rz.11.

40) Selmer/Stengel, Umwandlungsgesetz mit Spruchverfahrensgesezt 2Auflage, 1,253.

41) 「주석상법」 제4판, 회사(IV), 651면.

다고 볼 수 있다. 대상 판결이 선고된 이후에 선고된 대법원 2010. 12. 23. 선고 2010다71660 판결은 이 점을 명확히 재확인하였다.

즉, 위 대법원 판결은 「상법 제530조의9 제1항에 따라 주식회사의 분할 또는 분할합병으로 인하여 설립되는 회사와 존속하는 회사가 회사 채권자에게 연대하여 변제할 책임이 있는 분할 또는 분할합병 전의 회사 채무에는 회사 분할 또는 분할합병의 효력발생 전에 발생하였으나 분할 또는 분할합병 당시에는 아직 그 변제기가 도래하지 아니한 채무도 포함된다고 할 것이고, 나아가 회사 분할 또는 분할합병의 효력발생 전에 아직 발생하지는 아니하였으나 이미 그 성립의 기초가 되는 법률관계가 발생하여 있는 채무도 포함된다고 할 것이다」라고 전제한 다음, 「이 사건 구상금 채무는 분할 전의 신용보증약정 및 이를 담보로 한 각 대출계약에 의해 그 기초가 되는 법률관계가 이미 성립되어 있었다 할 것이므로, 비록 원고가 피고의 분할 후인 2008. 3. 21. 및 같은 해 5. 30. 우일건설산업 주식회사의 대출채무를 대위변제하였다 하여도 피고는 그로 인한 구상금 채무를 우일건설산업 주식회사와 연대하여 변제할 책임이 있다」라고 판시하였다.

(4) 검 토

장래 구상권은 판례에서 장래의 청구권의 일종으로 인정되고 있고, 또한 판례는 장래의 구상권자가 갖는 권리를 보호하고 장래의 구상채무자에 대한 책임재산이 일탈되지 않도록 장래 구상권을 보호하고 있다. 또한, 구상권의 발생의 기초가 되는 법률상·사실상 관계가 존재하고 미리 청구할 필요성이 인정되는 경우에는 '장래이행의 소'를 제기하는 것을 허용하고 있고,[42] 구상권의 발생의 기초가 존재하는 경우 가압류의 피보전채권이 될 수 있음을 인정하고 있다.[43] 또한, 구상권 발생의 기초가 되는 연대보증계약이

---

42) 대법원 2004. 1. 15. 선고 2002다3891 판결: 이행보증보험계약에 있어서 구상금채권의 발생의 기초가 되는 법률상·사실상 관계가 변론종결 당시까지 존재하고 있고, 그러한 상태가 앞으로도 계속될 것으로 예상되며, 구상금채권의 존부에 대하여 다툼이 있어 보험자가 피보험자에게 보험금을 지급하더라도 보험계약자와 구상금채무의 연대보증인들의 채무이행을 기대할 수 없음이 명백한 경우 장래 이행보증보험금지급을 조건으로 미리 구상금지급을 구하는 장래이행의 소는 적법하다.

43) 대법원 1993. 2. 12. 선고 92다29801 판결: 가압류의 피보전권리는 가압류신청 당시 확정적으로 발생되어 있어야 하는 것은 아니고 이미 그 발생의 기초가 존재하는 한 조건부 채권이나 장래에 발생할 채권 역시 가압류의 피보전권리가 될 수 있다고 할 것이다. 기록에

성립되어 있고 가까운 장래에 구상금채권이 발생할 개연성이 높은 경우에는 장래 구상권에 기한 사해행위취소권을 인정하고 있다.[44)]

학설도 장래 구상권이 장래 청구권의 일종임을 인정하면서, 다만 이는 구상권 발생의 성립요건이 일부 결여된 점에서, "불확실한 조건"이 성취되지 않은 조건부 권리와는 다른 것이라고 보고 있다.[45)] 한편 채무자 회생 및 파산에 관한 법률은 제138조 제2항에서 장래의 청구권에 관하여 규정하는 한편, 제126조 제4항에서 장래의 구상권에 관하여 규정하고 있는데, 학설은 이러한 장래의 구상권을 청구권의 일종으로 파악하면서 명문의 규정이 없더라도 당연히 인정되는 권리로 본다.[46)]

회사분할은 채권자의 책임재산이 분할회사에서 신설회사로 이전되어 채권자에게 피해를 줄 수 있기 때문에, 상법 제530조의9 제1항은 채권자들이 개별적으로 가압류를 하거나 채권자취소권을 행사하는 등의 조치를 강구할

의하면 원고가 전주지방법원 군산지원에 소외 주식회사 고려와 사이의 신용보증계약에 따른 신용보증금 5억 4830만 원 중 금 2억 원을 피보전권리로, 채무자를 위 소외 회사로 하여 소외 회사 소유의 부동산에 대하여 가압류 신청을 한 결과 1980. 6. 14. 위 법원에서 가압류결정이 있었으며, 그 가압류신청 당시는 이미 소외 회사의 부도로 신용보증계약에 기하여 대위변제를 하여야 할 상태 다시 말하자면 원고의 소외 회사에 대한 구상금 채권 발생의 기초가 성립되어 있었음을 알 수 있으므로 위 가압류의 피보전권리가 사전구상권에 한한 것임을 전제로 한 논지는 채용할 수 없다.

44) 대법원 2005. 6. 23. 선고 2005다20361 판결: 이 사건 매매계약 당시인 2003. 5. 20.에는 원고의 서기철에 대한 구상금채권이 발생하지는 않았으나, 구상권 발생의 기초가 되는 이행보증보험계약상의 연대보증인으로서의 지위가 이미 성립되어 있었고, 또한 이 사건 매매계약이 체결된 시점은 우진종합조명의 원고에 대한 보험금 지급청구일로부터 약 2개월 전으로서 당시 이미 보람전자의 재정상태가 악화되어 가까운 장래에 구상금채권이 성립되리라는 점에 대한 고도의 개연성도 있었으며, 실제로 위 보험금 지급청구일로부터 약 2개월만에 그 개연성이 현실화되어 구상금채권이 성립하였다 할 것이므로, 원고의 위 구상금채권은 채권자취소권의 피보전채권에 해당하며 … 앞서 본 법리와 기록에 비추어 살펴보면, 원심의 이러한 사실인정과 판단은 모두 옳은 것으로 수긍이 된다.

45) 윤경, "보증인의 추상적 구상권이 채권자취소권의 피보전채권이 될 수 있는지 여부 -사전구상권과 사후구상권의 차이-", 「대법원판례해설」 제42호, (2002), 493면-495면.; 임채웅, "도산법상 장래의 청구권 및 구상권에 관한 연구", 「민사소송」, 제7권 제2호, 한국민사소송법학회, (2003), 325면-326면.

46) 전병서, 「파산법」, (1999), 114면: 장래의 청구권도 파산재단에 속한다고 규정하고 있다. 이런 종류의 청구권의 예로서는 보증채무나 연대채무관계 등에서 생기는 구상권을 들 수 있다.; 「條解 會士更生法(中)」, 359면, 360면: 원래, 장래의 구상권도 갱생채권의 일종이기 때문에 그 일종인 장래의 구상권이 갱생채권이 되고 장래의 구상권이 갱생절차상 그 권리를 행사할 수 있는 것은 본조 본문 제1항을 기다릴 것도 없다고 할 수 있다. 그러나 민법의 원칙과의 관계에서 疑義가 생길 여지가 없는 것은 아니고 또한 단서를 인용하는 의미도 있기 때문에, 본조가 현재와 같은 형태로 마련된 것이다.

필요가 없도록 신설회사에게 법정 연대책임을 부과한 것이다. 앞서 일반 민법이나 채무자 회생 및 파산에 관한 법률에서 장래 구상권을 보호하려는 취지는 이와 같은 회사분할에서도 동일하게 적용되어야 할 것이다. 만일 회사분할 당시 장래 구상권의 발생 기초가 이미 성립하고 그 구상권의 발생 범위도 예측 가능한데도 그것이 회사분할 당시 현실화되지 아니하였다고 하여 신설회사의 연대책임 대상에서 배제하면 법적 정합성이 깨어진다. 앞서 본 독일의 학설 등도 회사분할시 채무가 성립되어 있다는 의미를 법적 근거가 마련되어 있거나 성립의 기초가 형성되어 있는 것으로 해석하고 있는 점도 이와 동일한 사고에 터 잡은 것으로 보인다.

또한, 회사분할은 채권자의 관여가 배제된 채 주주들에 의하여 일방적으로 결정되는 것인데, 분할에 의하여 장래 구상권자와 같은 채권자들이 연대책임을 지는 신설회사를 위하여 대위변제를 하였는데도 분할 전보다 불이익한 상황에 놓이는 결과를 용인하는 것은 바람직하지 않다. 이와 달리 해석하면 연대보증인이 회사분할 후 신설회사를 대위하여 연대책임 대상 주채무를 변제하면 신설회사는 이로써 연대책임을 면하는 이득을 얻으면서도 이에 대하여 아무런 책임을 지지 않게 되는 부당한 결과가 발생한다.

따라서 분할 전에 기존 회사를 위하여 연대보증을 진 연대보증인이 분할 후 연대보증채무를 변제한 경우라도 분할당사회사들이 상법 제530조의9 제1항의 연대책임을 지는 때에는, 분할 후 신설된 회사에 대하여도 그 신설회사가 구상금채무에 관한 부진정연대채무자임을 주장하여 그 전액의 이행을 구할 수 있다고 할 것이다.

5. 被告 會社가 신화이앤아이의 相計權을 行使 내지 代位行使할 수 있는지 與否

(1) 부진정연대채무자 중의 1인인 피고 회사가 신화이앤아이의 상계권을 행사할 수 있는지

대법원 1994. 5. 27. 선고 93다21521 판결은 「부진정연대채무에 있어서 부진정연대채무자 1인이 한 상계가 다른 부진정연대채무자에 대한 관계에 있어서도 공동면책의 효력 내지 절대적 효력이 있는 것인지는 별론으로 하더라도, 부진정연대채무자 사이에는 고유의 의미에 있어서의 부담부분이 존재하지 아니하므로 위와 같은 고유한 의미의 부담부분의 존재를 전제로 하는 민법 제418조 제2항은 부진정연대채무에는 적용되지 아니하는 것으로 봄이 상당하고, 따라서 부진정연대채무에 있어서는 한 부진정연대채무자가 채권자에 대하여 상계할 채권을 가지고 있음에도 상계를 하지 않고 있다 하더라도 다른 부진정연대채무자가 그 채권을 가지고 상계를 할 수는 없는 것으로 보아야 한다」라고 판시하고 있다.

따라서 이 사건에서 신화이앤아이가 원고에 대하여 어떠한 채권을 갖고 있더라도, 부진정연대채무자 중의 1인에 불과한 피고 회사로서는 다른 부진정연대채무자인 신화이앤아이의 채권을 가지고 상계를 할 수 없다.

(2) 피고 회사가 신화이앤아이의 상계권을 대위행사할 수 있는지

채권자대위권의 목적이 되는 권리로는 취소권,[47] 해제・해지권[48], 환취권,[49] 상계권,[50] 대금감액청구권,[51] 공유물분할청구권[52] 등과 같은 형성권도 대위권의 목적이 된다.[53] 채권자대위권을 행사하기 위해서는 채권의 존재와 그 이행기의 도래를 요구하므로, 채권자대위권의 경우는 채권자취소권에 있어서와 그 요건을 달리한다.

민법 제404조 제2항은 채권자대위권에 관하여 "채권자는 그 채권의 기한이 도래하기 전에는 법원의 허가 없이 전항의 권리를 행사하지 못한다. 그러나 보전행위는 그러하지 아니하다."라고 규정하고 있다. 대법원 1995. 9. 5. 선고 95다22917 판결은 「민법 제404조에서 규정하고 있는 채권자대위권은 채권자가 채무자에 대한 자기의 채권을 보전하기 위하여 필요한 경우에 채무자의 제3자에 대한 권리를 대위 행사할 수 있는 권리를 말하는 것으로서, 이 때 보전되는 채권은 그 발생원인이 어떠하든 보전의 필요성이 인정되고 이행기가 도래한 것이면 족하다」라고 판시하고 있다.

---

47) 대법원 1966. 6. 28. 선고 66다569 판결.
48) 대법원 1960. 4. 21. 선고 4292민상483 판결.
49) 일본 대심원 1910. 7. 6. 판결.
50) 일본 대심원 1933. 5. 30. 판결.
51) 대법원 1965. 5. 25. 선고 65다265 판결; 대법원 1976. 10. 12. 선고 76다1591 판결.
52) 대법원 1979. 6. 26. 선고 79다407 판결; 대법원 1991. 3. 27. 선고 90다17552 판결.
53) 「민법주해[IX]」, 채권(2), 767면.

따라서 이 사건에서 피고 회사가 장래 원고에 대한 연대책임을 이행하여 신화이앤아이에 대한 구상권을 취득할 수 있는 권리 즉 장래의 구상권이 있다고 인정된다 하더라도, 이러한 장래의 구상권은 그 이행기가 도래하지 아니한 것이므로, 이를 보전하기 위하여 신화이앤아이가 원고에 대하여 갖고 있는 권리를 대위행사할 수 없다.

6. 小　　結

첫째, 회사분할시 상법 제530조의9 제1항에 의하여 분할당사회사가 지는 연대책임의 법적 성질은 부진정연대채무이다.

둘째, 분할당사회사가 지는 연대책임의 부담부분은 분할계약서에서 서로 부담하기로 정한 채무가 아닌 채무의 경우 각 '영(零)'이라고 보아야 한다. 따라서 신설회사가 자신이 승계하지 아니한 채무를 연대책임을 지고 전액 변제한 경우에는 분할회사에 대하여 전액 구상권을 행사할 수 있다.

셋째, 회사분할 전에 연대보증을 서 준 보증인이나 담보를 제공한 물상보증인은 분할회사에 대하여 장래 구상권을 갖고 있고, 회사분할 당시 비록 대위변제가 이루어지지 아니하여 구상권이 현실적으로 발생하지 아니하였다 하더라도 신설회사는 상법 제530조의9 제1항에 의하여 장래 구상채무자에 대하여도 연대책임을 진다. 따라서 연대보증인 등이 회사분할 후에 채무를 변제하여 사후 구상권이 성립한 경우 신설회사는 이를 연대하여 전액 변제할 책임이 있다.

넷째, 부진정연대채무에 대하여는 민법 제418조 제2항이 적용되지 아니하므로, 분할당사회사들이 상법 제530조의9 제1항에 따라 연대책임(부진정연대채무)을 지는 경우, 신설회사는 분할회사가 채권자에 대하여 갖는 반대채권을 가지고 채권자에 대하여 상계를 할 수 없다.

다섯째, 부진정연대채무자는 채권자대위권 행사의 요건을 충족할 경우 다른 부진정연대채무자가 갖는 상계권을 대위할 수 있으나, 이를 위해서는 채권이 현실적으로 발생(이행기가 도래)하여야 한다. 따라서 분할당사회사들이 상법 제530조의9 제1항에 따라 연대책임(부진정연대채무)을 지는 경우, 신설회사가 분할계약서상에서 서로 부담하기로 정한 채무를 현실로 이행하지 아니한 상태에서는 그 채무를 이행할 경우 분할회사에 대하여 구상권을 취득할 수 있다는 이유(장래 구상권을 갖고 있다는 이유)를 들어 그 장래 구상권을 보전한다는 명목으로 분할회사가 채권자에 대하여 갖는 상계권을 대위 행사할 수 없다.

Ⅲ. 對象 判決의 意義

대상 판결은 회사의 구조조정과 관련하여 회사분할 절차가 이용하는 사례가 점차 늘어나는 가운데, 분할당사회사들이 부담하는 채무와 관련하여 중요한 기준을 제시하고 있다.

대상 판결은 상법 제530조의9 제1항에 의하여 분할당사회사가 연대책임을 지는 것이 원칙이고, 이를 배제하고 분할당사회사 사이에 예외적으로 분할책임 관계가 성립하였다고 보기 위해서는 이를 주장하는 자가 그 배제요건(상법 제530조의9 제3항, 제2항 후단, 상법 제530조의3 제1항, 제2항)의 구비에 관하여 주장·증명할 책임이 있으며, 이러한 배제요건을 증명하지 못한 경우에는 채권자에 대한 개별 최고 절차를 거쳤는지 여부를 따질 필요 없이 연대책임이 적용된다는 점을 명확히 하고 있다. 그리고 위와 같은 배제요건을 갖추기 위해서는 분할계약서에 출자한 재산에 관한 채무만을 신설회사가 부담한다는 취지가 기재되어야 하고 이에 관한 주주총회의 승인이 있어야 하며, 이러한 요건의 구비 없이 그러한 취지의 기재가 있다는 공고를 한 것만으로는 분할책임관계가 성립할 수 없다고 판시하고 있다. 대상판결은 이와 같이 회사분할시 연대책임과 분할책임과의 관계, 그 증명책임, 분할책임을 적용하기 위한 요건을 명확히 제시함으로써 향후 분할 등을 앞둔 회사들에게 실무상 중요한 규범으로 기능할 것으로 보인다.

또한, 대상 판결은 상법 제530조의9 제1항에 의하여 신설회사가 부담하는 연대책임의 법적 성질은 부진정연대채무임을 명확히 하고, 신설회사가 부담하는 부진정연대채무의 범위 속에는 회사분할 전에 아직 발생하지는 아니하였으나 이미 그 성립의 기초가 되는 법률관계가 발생하여 있는 채무도 포함되어 연대보증인 등이 회사분할 후 그 채무를 대위변제한 경우, 신설회사에 구상권을 행사할 수 있다고 판시하고 있다. 이는 신설회사가 부담하는 연대책임의 법적 성질을 최초로 밝힘으로써 그동안 학설의 대립에 종지부를 찍었을 뿐만 아니라, 신설회사가 부담하는 연대책임의 범위 속에 장래 구상금채무도 포함된다는 점도 전제로 함으로써 회사분할 과정에서 책임재산이 신설회사에 이전되어 피해를 입을 수 있는 채권자들을 충실하게 보호하고 있는 점에서 그 선례적 가치가 크다.

株主提案權과 그 限界*

全 炫 柾**

Ⅰ. 序 論

1. 株主提案權 槪觀

(1) 단체의 구성원이 총회에서 논의할 의제(議題)와 의안(議案)을 제안하는 것은 당연한 것처럼 생각할 수 있지만, 실제로는 그 구성원이 의제와 의안을 제시하는 데는 여러 가지 제한이 있기 마련이다. 특히 규모가 큰 단체에서 구성원이 마음대로 의제와 의안을 제출하도록 한다면 회의가 제대로 운영될 수 없다.

상법은 주주총회의 의제와 의안을 누가 결정하는지에 관하여 명시적인 규정을 두고 있지 않다. 그러나 주주총회의 소집은 이사회가 결정하기 때문에(상법 제362조), 의제와 의안도 이사회가 결정한다고 보아야 한다.[1] 대주주 등 이사회에 영향력을 미칠 수 있는 주주는 이사회를 통하여 의제와 의안을 제안할 수 있다. 그러나 대부분의 주주는 주주총회에서 이사회의 제안을 의결하거나 거부하는 등 제한적인 역할을 할 수밖에 없다. 이처럼 모든 주주가 의제나 의안을 제안할 수 없다는 현실적·규범적 제약이 있기 때문에, 이러한 제약 속에서 주주총회에서 주주의 권리를 보장하기 위하여 마련된 것이 주주제안권(株主提案權)이다.

(2) 우리나라는 1997년 당시 시행되던 증권거래법 개정을 통하여 상장

---

* 제43회 상사법무연구회 발표 (2017년 12월 9일)
본 평석은 「저스티스」 통권 제164호, 한국법학원, (2018)에 게재하였음.

** 법무법인 KCL 변호사

1) 김건식·노혁준·천경훈, 「회사법」 제2판, 박영사, (2016), 278면; 정동윤 편, 「주석 상법」 제5판, 회사법(3), 박영사, (2014), 73면(송옥렬 집필부분) 참조.

회사에 한정하여 주주제안권을 도입하였다가, 1998년 상법 개정에서 이를 주식회사에 일반적으로 적용되는 권리로 승격시켰다. 주주제안권은 주주가 주주총회에서 소극적이고 수동적인 지위에 머무르는 데에서 나아가 회사의 의사결정에 대하여 자신의 의사를 적극적이고 능동적으로 반영하도록 하는 권리이다.

얼마 전까지만 해도 우리나라에서 주주제안권을 행사하는 것은 드문 일이었다. 주주의 소극성을 고려할 때 주주제안권을 인정하더라도 일반적으로 잘 활용하지 않을 것이라는 예측도 있었다.[2] 그러나 최근 주주제안권에 대한 관심이 높아지면서 그 활용도가 급격히 증가하고 있다.[3] 회사에 대한 자문 업무를 하다보면, 주주제안권이 문제되는 경우가 드물지 않고 중요한 문제가 되고 있다는 것을 알 수 있다. 일본에서는 2015년 7월부터 2016년 6월까지 1년간 열린 상장사 주주총회에서 주주제안권을 행사한 건수가 50개로 5년 전에 비해 2배로 늘었다.[4][5]

(3) 대주주가 회사의 경영권을 장악하기 위한 목적으로 주주제안권을 이용하는 경우가 있다. 반면에 집중투표제가 널리 허용되면서 회사의 경영권을 장악하지 못한 소수주주도 자신의 이해관계에 따라 이사를 선임하고 나아가 회사의 경영권까지 장악하기 위한 수단으로 주주제안권을 이용하기도 한다. 이처럼 주주제안권은 회사의 지배권에 도전하는 주주들에게 주요한 수단으로 부각되고 있다.

그런데 주주제안권은 회사의 의사결정에 주주들의 의사를 반영한다는 순수한 목적에서 벗어나, 주주들이 자신들의 이해관계에 따라 회사의 이익을

---

2) 정동윤 편, 전게서, 82면; 송옥렬, 「상법강의」 제6판, 홍문사, (2016), 896면.

3) 성민섭, "주주제안권의 내용상 한계와 이사회의 심사·변형 상정 가능성 - 이사 추가선임 및 집중투표를 청구한 사례들을 중심으로 -", 「법학논총」 제28권 제3호, 국민대학교 법학연구소, (2016), 265면.

4) 한국경제 2017. 2. 10.자, "일본, 주주제안권 남용 막는 회사법 개정 추진한다" (http://land.hankyung.com/news/app/newsview.php?aid=2017021097141)

5) 日本経済新聞 2017. 12. 11.자 "株主提案権、亂用防ぐ 回數制限など法務省檢討" (https://r.nikkei.com/article/DGXLASFS09H49_Z00C17A2MM8000).: 이다원·윤정화·정혜민, "주주제안 현황 및 제도 실태 분석", 「기업지배구조연구원 리뷰」 제79권, (2015), 96면에 의하면, 2015년에 조사대상 기업 1,728사 중 총 36사에 116건의 주주제안이 확인되었는데, 2014년에 비해 약 2.8배 증가한 것이다. 안건별로는 임원선임 관련 안건 72건(62.1%), 배당 관련 안건 20건(17.2%), 정관변경을 요구하는 안건 8건(6.9%)이고, 그 밖에 자본이나 자산의 변동, 정보 공개 요구 등의 주주제안도 있었다.

도외시한 채 행사하는 경우도 빈번히 발생하고 있다. 주주제안권이 행사될 경우 그 비용은 주식회사가 부담하기 때문에, 주주제안권을 남용하더라도 주주가 비용을 부담할 위험이 없다. 이러한 점도 소수주주들이 경영권을 획득하거나 회사 경영을 방해할 목적으로 주주제안권을 남용하는 이유로 작용할 수 있다.6)

2. 商法의 規定

(1) 상법 제363조의 2 제3항에서는 "이사는 제1항에 의한 주주제안이 있는 경우에는 이를 이사회에 보고하고, 이사회는 주주제안의 내용이 법령 또는 정관을 위반하는 경우와 그 밖에 대통령령으로 정하는 경우를 제외하고는 이를 주주총회의 목적사항으로 하여야 한다."라고 정하고 있다. 이 규정에 따르면 주주제안이 있으면 이를 주주총회의 목적사항으로 해야 한다. 그런데 주주제안이 된 내용이 그대로 주주총회에 상정되지 않으면 주주제안권을 침해하는 것인지 문제된다. 즉 논란이 되는 주주제안권 행사가 있을 경우, 주주제안권의 행사를 어떠한 방식으로 규제하거나 제한할 수 있는지, 아니면 주주제안권이 행사되었으면 무조건 주주총회의 목적사항으로 삼아야 하는지 문제된다. 가령 회사에 몇 명의 이사를 두는 것이 적합한지는 이사회가 회사의 경영목적이나 상황 등을 고려하여 정책적으로 판단할 사항인데, 이에 대해 주주제안권이 행사되었다면, 상법 제363조의 2 제3항에 따라 바로 주주총회의 결의대상으로 삼아야 하는가?

(2) 주주제안권은 주주총회의 권한사항에 대해 행사할 수 있는데, 주주총회의 권한사항은 매우 광범위하다. 그렇다면, 주주제안권은 어느 범위에 대해서까지 행사할 수 있고 그 한계는 무엇인가? 주주제안권을 남용할 때 그 규제는 어떤 방식으로 이루어져야 하는가? 주주제안권의 범위와 한계에 관한 논의는 주주제안권의 행사로 인한 부정적인 영향이나 낭비를 미리 막고, 주주제안권 제도를 긍정적인 측면에서 제대로 정착시키기 위해서도 중요한 문제이다.

6) 김진봉, "상법상의 주주제안권제도에 관한 검토", 「경영법률」 제11집, 한국경영법률학회, (2000), 181면.

3. 下級審 法院의 判例

(1) 사안의 개요

실제로 서울고등법원 2015. 8. 28. 선고 2015나2019092 판결(이하 '서울고법 판결'이라 한다)[7]에서 주주는 어느 범위에서 주주제안권을 행사할 수 있는지, 즉 주주제안권의 행사대상에 한계는 없는지, 주주제안을 무시한 주주총회결의가 있었다고 볼 것인지, 주주총회결의에 취소사유가 있는지, 결의취소사유가 있는지 판단할 때 의제와 의안은 어떻게 구분해야 하는지 등이 문제되었다. 이 판결은 하급심 판결이지만, 주주제안권과 관련된 중요한 쟁점을 다루고 있기 때문에 자세히 살펴보고자 한다.[8]

(2) 사실관계

(가) 피고 회사의 정관에는 이사를 3명 이상 선임하도록 정하고 있었고, 피고 회사는 이사의 최소인원이 3명이므로 이사를 3명 두었다.[9]

(나) 원고들은 피고 회사의 정기주주총회에서 "현재 재직 중인 이사 이외에 2명의 이사를 추가로 선임하고, 원고 A와 B를 후보로 하는 내용"을 정기주주총회 목적사항 및 안건으로 상정할 것을 제안하면서, 집중투표[10]의 방법으로 이사를 선임할 것을 청구하였다.

(다) 피고 회사에서는 "이사선임에 관한 건(주주제안에 따른 '현 이사 외 2명의 이사 추가 선임의 건'의 당부에 관한 건 포함)" 등을 주주총회의 목적사항으로 하여 정기주주총회 소집통지서를 발송하였다.[11] 피고의 정기주주총

---

7) 주주총회결의취소 사건.: 위 판결에 대하여 원고들이 대법원 2015다236318호로 상고하였으나, 법정기간 내에 상고이유서를 제출하지 않아 2015. 11. 6. 상고기각 판결이 선고되었다.; 서울중앙지판 2015. 4. 9. 선고 2014가합529247(각급공보 2015 하, 449면 이하)은 위 판결의 제1심 판결이다.

8) 이 사건에서 집중투표제 위반도 문제되었다. 이 글에서는 주주제안권과 관련된 문제를 중심으로 검토하되, 이와 관련된 한도에서 집중투표제도 다루고자 한다.

9) 피고 회사의 이사는 5명이었는데, 2013. 3. 26. 이사 4명의 임기가 만료된 후 2명의 이사만을 선출하여 이사는 총 3명이 되었다. 원고들은 2014. 2. 12.경 주주제안권을 행사하면서 "현재 재직 중인 이사 이외에 2명의 이사를 추가로 선임"할 것을 요구하였다.

10) 상법 제382조의 2는 집중투표제를 도입하고 있는데, 이는 주주총회에서 2인 이상의 이사선임을 하나의 결의로 할 때 주주가 주식수에 따라 각 후보에게 투표할 수 있는 의결권을 하나로 제한하지 않은 것이다.

11) 즉, 피고 회사의 주주총회 소집통지서에는 회의의 목적사항란에 원고들이 주주제안을 한 "현 이사 외 2명의 이사 추가 선임"과는 표현을 약간 달리하여, "현 이사 외 2명의 이사 추가 선임의 당부"라고 기재되었던 것이다.

회에서는 추가 이사선임의 필요성에 대하여 논의한 후, 원고들이 제안한 "현 이사 외 2명의 이사 추가 선임의 건"에 대하여 표결하기로 하여 "현 이사 외 2명의 이사 추가 선임의 건"이 부결되었다. 한편 그 무렵 피고 회사 1명의 이사의 임기가 만료될 예정이었다. 피고 회사는 이사의 최소인원이 3명이므로 임기가 만료된 이사 1명을 선임하는 안건을 상정하고, 임기가 만료된 이사직에 C를 선임하는 결의(이하 '이 사건 결의'라 한다)를 하였다.

(라) 원고들은 "현 이사 외 2명의 이사 추가 선임"을 제안한 것이지, "현 이사 외 2명의 이사 추가 선임의 당부"를 제안한 것이 아니다. 그런데 피고는 원고들의 제안을 무시하고, '이사 선임의 건(주주제안에 따른 현 이사 외 2명의 이사 추가 선임의 건의 당부에 관한 건 포함)'이라는 내용으로 주주총회 소집통지를 하고, '현 이사 외 2명의 이사 추가 선임의 당부'에 관해 의결하였다. 피고는 원고들의 주주제안권에 의한 이사선임권을 침해하고, 위법한 소집통지를 하였다. 원고들의 제안을 무시하고 원고들 제안의 당부를 목적사항으로 한 위법한 주주총회결의는 위법하므로, 이 사건 결의는 취소되어야 한다고 주장하였다. 즉, 임기가 만료된 이사직에 C를 선임한 이 사건 결의에 대해 취소를 구하였다. 이에 대하여 피고는 회사의 기관을 구성할 권한은 주주총회에 전속한다. 원고들의 제안에 따라 2명의 이사를 추가 선임하기 전에, 2명의 이사가 추가적으로 선임되어야 하는지에 관한 판단이 선행되어야 하는 것은 회사법의 법리상 당연한 것이라고 주장하였다.

(3) 사안의 쟁점

(가) 이러한 사례에서 회사가 원고들의 주주제안권을 무시 또는 침해했다고 볼 것인지 문제된다. 회사가 주주제안의 전제로서 문제되는 안건을 추가함으로써 주주제안에 대한 표결이 이루어지지 않게 하였는지, 아니면 원고들이 주주제안한 내용이 '현 이사 외 2명의 이사 추가 선임 여부'와, '2명의 이사 추가 선임이 결정된 경우 원고 A와 B를 후보로 하는 내용'이 결합되어 있었기 때문에, 이사회에서 이를 논리적으로 구분·변형하여 주주총회 목적사항과 안건으로 상정할 수 있는지 하는 문제이다.

결국 이 사건에서 위와 같이 한 결의를 주주제안권을 무시한 결의로 보아야 할 것인지 문제된다. 이는 주주제안된 내용을 주주총회에 상정할 때 원안 그대로 해야 하는지, 변형한 내용을 상정해도 되는지, 주주제안이 된 것과 약간 다른 형태로 변형을 하여 주주총회의 목적사항을 정할 수 있다고 할 경우, 그 범위나 한계는 어떻게 설정해야 할지, 또한 주주제안권 행사의 한계를 벗어나서 주주제안권이 행사되었을 때에는 어떻게 규제해야 하는지, 즉 주주제안권을 무시한 결의가 있었을 때 그 효력을 어떻게 보아야 할지 등 주주제안권에 관한 다양한 쟁점과 관련되어 있다.

(나) 위와 같은 문제에 관하여 하급심의 판단이 엇갈리고 있으나, 아직 대법원 판결은 나오지 않았다. 서울고법 판결에서 주주제안권에 관한 여러 문제가 드러나고 있으므로, 이를 중심으로 관련 문제를 다양한 시각에서 세밀하게 검토해 보는 것은 여전히 의미 있는 일이다.

이 글에서는 먼저 주주제안권의 의의와 행사주체, 주주제안의 대상, 주주제안의 제한 또는 거부사유를 중심으로 주주제안권 일반론에 관하여 간단히 살펴본 다음, 주주제안권의 변형 상정이 가능한지, 변형 상정의 한계 설정 문제, 주주제안권을 침해한 경우의 효력, 주주제안권의 남용을 다루면서 주주제안권의 행사와 한계에 관하여 살펴보고자 한다. 특히 이러한 문제를 서울고법 판결을 비롯하여 몇몇 하급심 판결들과 관련하여 다룸으로써 주주제안권에 관하여 이론적인 논의에 그치지 않고 구체적이고 실천적인 해결방안을 제시하고자 한다.

Ⅱ. 株主提案權 一般

1. 意 義

주주제안권은 주주총회에서 심의할 의제나 의안을 주주가 제안할 수 있는 권리이다.[12] 주주총회를 소집할 때에는 통지서에 목적사항을 기재해야 하고(상법 제363조 제2항) 주주총회에서는 통지에 기재된 목적사항에 대하여 결의할 수 있다. 주주총회의 소집은 이사회가 결정한다(상법 제362조). 그러므로 주주에게는 원칙적으로 주주총회의 의안을 발의할 기회가 없다. 이는 기본적으로 소유와 경영의 분리를 원칙으로 하는 회사법 원리에 따른 것이다.

---

12) 정동윤 편, 전게서, 82면; 김건식 외 2인, 전게서, 279면; 송옥렬, 전게서, 896면; 정찬형, 「상법강의(상)」 제19판, 박영사, (2016), 856면.

그러나 이사회가 주식회사의 경영을 전횡할 경우에 주주의 권리, 즉 소유권이 침해될 수 있다. 이와 같이 소유와 경영의 엄격한 분리에서 나오는 갈등을 조정하기 위한 것이 주주제안권이다.[13] 소수주주는 임시주주총회의 소집을 청구하는 방식으로 회사의 의사결정에 관여할 수 있다. 그러나 주주총회가 이미 소집이 예정되어 있다면 그 주주총회에 의제나 의안이 추가되도록 주주제안권을 행사하는 것이 더욱 경제적이다.[14] 여기에 주주제안권의 제도적 의의가 있다.

주주총회 의사결정의 효과는 궁극적으로 주주에게 귀속되므로 주주야말로 의사결정에 최대의 이해를 가진 자라 할 수 있는데 주주가 의안을 제안할 기회조차 갖지 못하는 것은 불합리하다는 견해가 있다.[15] 그러나 규모가 큰 단체에서 모든 구성원으로 하여금 의안을 제출할 수 있도록 할 수 없다. 실제로 정관 등에서 이사회, 감사, 소수의 회원이나 위원회 등에 의안을 제출할 수 있도록 정하고 있는 경우가 많다.[16] 단체의 의사결정에는 구성원이 모두 참여하지만, 의안을 제출할 수 있는 권리가 모든 구성원에게 당연히 주어지는 것은 아니다. 주주총회에서 주주가 의사결정을 할 수 있는 권한을 존중해야 하지만, 주주에게 무조건 주주제안권을 주는 것은 불가능한 것이고 그것이 효율적이라거나 합리적이라고 할 수 없다.

2. 行使의 主體

주주제안권은 주주이기만 하면 무조건 행사할 수 있는 것이 아니고 일정한 기준 이상의 주주, 즉 소수주주가 행사할 수 있다.[17] 주주제안권의 남용을 막기 위한 제한이다.[18]

상법 제363조의2는 주주제안권에 관하여 제1항에서 "의결권 없는 주식을 제외한 발행주식총수의 100분의 3 이상에 해당하는 주식을 가진 주주는

13) 주주제안권의 취지에 관해서는 정동윤 편, 전게서, 82면; 김건식 외 2인, 전게서, 279면; 송옥렬, 전게서, 896면; 이철송, 「회사법강의」 제24판, 박영사, (2016), 502면.
14) 김건식 외 2인, 전게서, 279면.
15) 이철송, 전게서, 502면.
16) 김교창 대표집필, 「표준회의규칙」, 한국회의법학회, (2012), 88면.
17) 정동윤 편, 전게서, 83면.
18) 김건식 외 2인, 전게서, 279면.

이사에게 주주총회일(정기주주총회의 경우 직전 연도의 정기주주총회일에 해당하는 그 해의 해당일, 이하 이 조에서 같다)의 6주 전에 서면 또는 전자문서로 일정한 사항을 주주총회의 목적사항으로 할 것을 제안할 수 있다."라고 정하고 있다. 제2항에서는 "제1항의 주주는 이사에 대하여 회일의 6주 전에 서면 또는 전자문서의 회의의 목적으로 할 사항에 추가하여 당해 주주가 제출하는 의안의 요령을 제363조에서 정하는 통지와 공고에 기재할 것을 청구할 수 있다."라고 정하고 있다.

상법 제542조의6은 소수주주권에 관한 규정을 두고 있는데, 제2항에서는 주주제안권과 관련해서 "6개월 전부터 계속하여 상장회사의 의결권 없는 주식을 제외한 발행주식총수의 1천분의 10(대통령령으로 정하는 상장회사의 경우에는 1천분의 5) 이상에 해당하는 주식을 보유한 자는 제363조의2에 따른 주주의 권리를 행사할 수 있다."라고 정하고 있다.

위 규정에 따라 주주제안권의 행사 주체는 세 가지로 구분된다. 비상장회사의 경우에는 3%, 상장회사의 경우에는 6개월 이상 보유를 조건으로 하여 회사의 규모에 따라 1% 또는 0.5%의 주식을 보유한 주주가 행사할 수 있다. 이 경우 의결권 없는 주식은 지분비율 계산에서 모두 제외된다. 의결권 없는 주식에는 상법에서 정하고 있는 자기주식이나 상호주뿐만 아니라, 독점규제 및 공정거래에 관한 법률이나 은행법 등에서 의결권이 없는 것으로 정한 경우도 포함된다.[19)]

3. 株主提案의 對象

주주제안권은 주주총회의 권한에 속하는 사항에 대하여 행사될 수 있다. 따라서 주주총회의 권한사항에 속하지 않는 사항에 대하여 주주제안권이 행사되는 경우, 적법한 주주제안권의 행사로 볼 수 없다.[20)] 그리하여 주주총회의 권한 사항 이외의 사항에 대해서는 주주제안권을 인정하더라도 총회에서 결의할 수 없고, 총회에서 결의하더라도 효력이 없으며, 회사의 이사들을

---

19) 정동윤 편, 전게서, 82면; 김건식 외 2인, 전게서, 279면; 송옥렬, 전게서, 896면.
20) 송현웅, "주주제안권행사의 제 문제", 「BFL」 제27호, 서울대학교 금융법센터, (2008), 55면; 김진봉, 전게논문, 188면.

구속하는 효과도 없다.21)

주주총회는 상법 또는 정관에서 정하는 사항에 한하여 결의할 수 있다(상법 제361조). 특별법에 주주총회의 결의사항으로 정해 놓은 사항에 관해서도 결의할 수 있다.22) 주식회사에서 소유와 경영의 분리 이념에 따라 이사회의 권한은 커지고 주주총회의 권한에는 한계가 생겼지만,23) 주주총회는 여전히 회사의 최고 기관으로서 그 권한의 폭이 매우 넓다. 주주제안권은 주주총회의 권한 사항에 대하여 행사되므로,24) 주주제안권의 대상이 되는 사항도 광범위하다. 주주제안권이 행사되면 먼저 주주총회의 권한사항에 속하는 것인지, 아니면 주주총회 권한 밖의 사항인지 판단해야 한다.

주주총회의 권한사항에 속하더라도 상대방이 있는 거래는 주주제안권의 대상으로 보기 어려운 경우가 있다.25) 어느 범위까지 주주제안권의 대상이 될지 판단하는 것은 쉬운 문제가 아니다. 예컨대 상법에서 주주총회 결의사항으로 정한 사항 중 영업양도, 합병, 회사해산 등 회사의 기본조직의 변경과 관련된 사항에 대해서는 원칙적으로 주주제안권의 대상이 되지 않는다는 주장이 있다.26)

서울고법 판결에서는 주주제안권 행사로 이사의 선임과 이사의 수 등이 문제되었다. 이사의 선임은 주주총회의 권한으로서(상법 제382조 제1항) 정관이나 주주총회의 결의에 의해서도 다른 기관이나 사람에게 위임할 수 없다. 상법 제383조 제1항에서는 이사는 3인 이상이어야 한다고 규정하고 있으나, 최대 인원에 대한 제한이 없다. 다만 정관으로 이사의 상한을 둘 수 있다. 이사의 선임에 관한 사항이 주주총회의 권한이므로, 주식회사의 정관에서 이사의 정원에 관하여 특별히 규정한 바가 없다면 이사 증원의 필요성 및 적정 증원 인

---

21) 송현웅, 전게논문, 52면.

22) 김교창, 「주주총회의 운영」 제3개정판, 육법사, (2010), 40면.

23) 각국의 입법례를 보면 소유와 경영의 분리를 실천원리로 삼아 점차 주주총회의 기능을 축소하고 이사회의 기능을 확장하는 추세이다. 상법 제361조는 "주주총회는 본법 또는 정관에 정하는 사항에 한하여 결의할 수 있다."라고 규정하는데, 이사회의 권한을 포괄적으로 설정한 가운데 주주총회의 권한을 제한적으로 부여하려는 뜻이다.

24) 김건식 외 2인, 전게서, 280면에 의하면, 주주총회 권한 밖의 사항에 대해서는 행사가 거부되어야 한다.

25) 김건식 외 2인, 전게서, 281면에 의하면, 그 밖에 경영정책의 결정이나 이사회의 업무집행에 속하는 사항도 논란이 될 수 있다.; 김진봉, 전게논문, 191면~193면.

26) 김원기, "주주제안권 · 누적투표권", 「전주변호사회지」 제2호, (1999), 143면.

원수에 대한 판단은 주주총회의 결의사항이다.

서울고법 판결에서 피고의 정관에는 이사의 정원을 3명 이상 두어야 한다는 규정 외에 이사의 수에 대한 상한이 없었다. 따라서 현재 재직 중에 있는 이사 이외에 2명의 이사를 추가로 선임할지 여부는 주주제안의 대상이 된다고 볼 수 있다. 이 부분에 대해서는 거의 논란이 없다.

4. 株主提案의 制限 또는 拒否事由

상법 제363조의2 제3항은 주주제안권의 제한 사유로 '주주제안의 내용이 법령 또는 정관에 위반되는 경우'와 그 밖에 '대통령령으로 정하는 경우'를 들고 있다.[27] 상법이 이처럼 주주제안을 거부할 수 있는 사유를 직접 규정한 것은 주주제안권 행사가 남용될 경우 주주총회에서 불필요한 논의를 해야 함으로써 회사에 발생할 소모적인 낭비를 방지하기 위한 것이다.[28] 상법이나 상법 시행령에서 정한 요건에 해당할 경우 이사회는 이를 주주총회의 목적사항으로 하지 않을 수 있다.

서울북부지방법원 2007. 2. 28.자 2007카합215 결정[29]에서는「주주제안권의 거부사유는 주주제안권의 명백한 남용을 방지하기 위한 예외적 규정으로 마련된 것이므로, 그 남용의 위험이 명백하지 않은 한, 소수주주의 주주제안권의 폭넓은 실현을 위하여 그 사유들은 엄격하게 해석되어야 할 것이다」라고 판시하였다.

상법 시행령 제12조는 구체적인 거부사유로 다음과 같은 사항을 정하고 있다. 주주총회에서 의결권의 10% 미만의 찬성밖에 얻지 못하여 부결된 내용과 같은 내용의 의안을 부결된 날부터 3년 내에 다시 제안하는 경우(제1호), 주주 개인의 고충에 관한 사항인 경우(제2호), 소수주주권에 관한 사항인 경우

27) 상법 제363조의 2 제3항은 "이사는 제1항에 의한 주주제안이 있는 경우에는 이를 이사회에 보고하고, 이사회는 주주제안의 내용이 법령 또는 정관에 위반되는 경우와 그 밖에 대통령령으로 정하는 경우를 제외하고는 이를 주주총회의 목적사항으로 하여야 한다. 이 경우 주주제안을 한 자의 청구가 있는 때에는 주주총회에서 당해 의안을 설명할 기회를 주어야 한다."라고 정하고 있다.

28) 정동윤 편, 전게서, 84면; 이철송, 전게서, 503면.

29) 각급공보 2007, 827.: 당시 증권거래법에 규정되어 있던 주주제안권 거부사유에 대한 판단이다.

(제3호), 상장회사에서 임기 중에 있는 임원의 해임에 관한 사항인 경우(제4호), 회사가 실현할 수 없는 사항 또는 제안이유가 명백히 허위이거나 특정인의 명예를 훼손하는 사항인 경우(제5호)이다.

상법 시행령 제12조의 제2, 3, 5호에 규정된 사항은 주주총회 권한 밖의 사항에 해당하므로 당연히 거부사항이 된다고 보는 견해가 있다.[30] 한편 제5호에서 정하고 있는 "회사가 실현할 수 없는 사항"과 관련하여 법률적으로 실현불가능한 경우에는 상법 제363조의2 제3항에 따라 '법령 또는 정관에 위반되는 경우'에 해당하여 어차피 주주제안권을 행사할 수 없으므로,[31] 시행령 제12조의 제5호에 해당하는 사항은 사실상 실현불가능한 경우가 주로 문제된다는 견해가 있다.[32] 사실상 실현불가능한 문제인지에 대해서는 개별적인 사안마다 사람에 따라 판단이 다를 수 있다.[33] 원칙적으로 주주제안권 행사를 허용하되, 주주제안권을 남용한다고 판단되는 경우에만 위 요건에 따라 주주제안권을 행사할 수 없다고 보아야 한다.

위 서울북부지방법원 2007. 2. 28.자 2007카합215 결정에서도, 추상적인 일반규정[34]에 대하여는 이사회의 재량판단의 남용을 막기 위해 더욱 엄격한 해석이 요청된다면서, 회사 이익과 아무런 관련이 없는 사항, 영업관련성이 없는 사항 또는 주식회사 본질에 적합하지 않은 사항 등을 예로 들면서, 형식적 판단에 의해 주주총회의 의결사항이 되기에 적당하지 아니한 것을 의미한다고 판시하였다.

5. 株主提案에 대한 會社의 措置

상법 제363조의2 제3항은 "주주제안이 있을 경우 이사는 이를 이사회에 보고하고, 이사회는 제안 내용이 법령·정관에 위반하는 등 주주제안의 제한사유에 해당하지 않는 한 주주총회의 목적사항으로 하여야 한다."고 정하고

30) 김건식 외 2인, 전게서, 280면.
31) 이철송, 전게서, 504면.
32) 이철송, 전게서, 504면; 박찬우, "주주제안권", 「비교사법」 제6권 제1호, 한국비교사법학회, (1999), 462면.
33) 이철송, 전게서, 504면; 박찬우, 전게논문, 462면.
34) 위 결정에서는 당시 증권거래법에서 규정을 두고 있던 주주제안권 거부사유 '주주총회의 의안으로 상정할 실익이 없거나 부적합한 사항'이 문제되었다.

있다.[35] 또한 제3항은 주주제안을 한 자의 요청이 있을 경우에는 주주총회에서 당해 의안을 설명할 수 있는 기회를 주도록 하고 있다.[36]

Ⅲ. 株主提案의 變形 上程이 可能한지 與否

1. 問題의 提起

서론에서 본 서울고법 판결에서 원고들은 상법 제363조의2 제1항에 따라 "현 이사 외 2명의 이사 추가 선임"을 주주총회의 목적사항으로 할 것을 제안하고 위 이사를 집중투표제로 선임할 것을 청구하였다. 그런데 피고는 '이사 선임의 건(주주제안에 따른 현 이사 외 2명의 이사 추가 선임의 건의 당부에 관 건 포함)'이라는 내용으로 주주총회의 소집통지를 하고, "현 이사 외 2명의 이사 추가 선임의 당부"에 관해 의결하였다.

회사의 정관에서 이사의 상한을 정하고 있지 않은 경우, 주주들이 '복수의 이사 추가선임'을 주주제안권으로 행사하는 동시에 집중투표청구를 하는 경우가 많다. 집중투표를 규정한 상법 제382조의2에서 "2인 이상의 이사의 선임을 목적으로 하는 총회의 소집이 있는 때"라고 규정하고 있으므로, 소수주주가 주주제안권을 행사하면서 '복수의 이사 추가선임'을 요구하는 동시에 집중투표청구를 하는 경우이다. 이러한 경우 '복수의 이사 선임' 자체가 주주총회의 목적사항이 될 것인지 확정된 상태는 아니지만, 2인 이상의 이사 선임을 목적으로 하는 '총회의 소집' 자체는 있기 때문이다.

우리나라에서 최근에 논리적으로 구분이 되는 여러 안건을 단계적으로 구분하지 않고 일부를 생략하거나 결합하는 형태로 주주제안권을 행사하는 경우가 점점 많아지고 있다. 예컨대, 2인 이상의 이사를 선임할 것인지 여부, 2인 이상의 이사를 선임하기로 한 경우 누구를 복수의 이사로 선임할 것인지를 구분하여 주주제안권을 행사하지 않고, 곧바로 복수의 이사 후보를 내세우면서 복수의 이사 선임에 대해 주주제안권을 행사하고 이를 집중투표의 방법으로 할 것을 청구한다.

또한 비슷한 비율로 주식을 보유한 주주들이 주주제안권 행사 선후에

---

35) 송옥렬, 전게서, 897면.

36) 상법 제363조의2 제3항 참조.

따라 계산상 유리한 방향으로 주주제안권을 행사하면서 집중투표 청구를 하기도 한다. 정관에 이사의 상한에 대해 규정도 두고 있지 않은 회사에서, 원고측이 3명의 복수 이사 추가선임에 대해 주주제안권을 행사하면서 집중투표청구를 했다면, 다른 상대방은 동일한 주주총회의 목적사항으로 3명의 과반이 넘는 7명의 복수 이사를 추가로 선임할 것을 주주제안하면서 집중투표를 청구하는 식이다. 이러한 경우 원고측은 자신들이 지지하는 후보 3명에 대해서 표를 몰아주게 되는데, 그렇게 되면 나머지 4명은 상대방이 제안한 후보가 이사로 선임될 가능성이 많아진다. 같은 주주총회에서 어느 쪽이 먼저 주주제안권을 행사하고, 누가 나중에 주주제안권을 행사하느냐에 따라 경영권 장악을 위한 이사수 확보가 달라질 수 있다. 주주제안권을 둔 목적이나 회사의 이익은 도외시한 채 주주제안권을 행사하는 경우로 볼 수 있다. 그렇다고 하여 상법 제363조의2 제3항에서 주주제안의 거부사유로 규정한 경우, 즉 주주제안의 내용이 법령 또는 정관을 위반하거나 그 밖에 대통령령으로 정하는 경우에 해당한다고 보기도 어렵다.

논리적으로 구분이 되는 여러 안건을 결합하여 하나의 안건으로 주주제안권을 행사하거나, 양 당사자가 서로 양립할 수 없는 내용으로 주주제안권을 각각 행사할 때, 이사회는 어떤 식으로 주주총회의 안건을 상정해야 할지 문제된다. 즉, 주주제안된 내용에 대해 심사를 하거나 어느 정도 변형을 가하는 것이 허용되는지, 아니면 주주제안된 내용과 형태 그대로 주주총회의 목적사항으로 삼아야만 하는지 검토할 필요가 있다. 상법 제363조의2 제3항에서 "주주제안이 있는 경우 이사회는 주주제안의 내용이 법령 또는 정관을 위반하는 경우와 그 밖에 대통령령으로 정하는 경우를 제외하고는 이를 주주총회의 목적사항으로 하여야 한다."라고 규정하고 있는데, 이 규정을 어떻게 해석할지와 연관된다. 주주제안된 내용에 대해 변형 상정이 된다고 볼 경우에도 그 한계를 어떻게 설정할지 검토할 필요가 있다.

2. 學說의 對立

주주제안권이 최근 들어 새로운 방식으로 시도되고 되고 있기 때문에 그와 관련된 본격적인 논의가 많은 편은 아니다. 그러나 다른 나라에서 논의되지 않았던 다양한 쟁점까지 문제되기 시작하였다. 가장 많이 문제되는 것은 임원 선임과 관련된 것이다.

(1) 변형 긍정설

소수주주의 의제제안이나 의안제안 자체를 배척하거나 본래 취지를 변경하지 않는 한 주주제안된 내용을 변형하여 주주총회에 상정하는 것이 가능하다는 견해이다.[37]

이사회에 주주총회의 소집·운영에 관한 권한과 의무, 책임이 모두 있으므로 주주총회의 적법·적정한 운영을 위해 이사회는 주주제안권 행사가 제한되는지 여부[38]뿐만 아니라 적정성까지 심사할 수 있다는 것이다.[39] 양립불가능하고 상반되는 내용으로 복수의 주주제안이 있는 경우에는 주주총회가 주주제안된 안건을 그대로 상정해서 표결을 할 수 없다는 점을 주요 논거로 삼는다.[40] 경영권을 장악하기 위한 분쟁이 있는 경우 소수주주는 자신의 이해관계에 유리하도록 주주제안권을 행사하려고 하기 때문에 이러한 경우는 얼마든지 발생할 수 있다.[41]

예를 들어, "현존하는 이사 외에 3인의 이사를 추가로 선임하되, A·B·C를 포함한 후보 중에서 집중투표의 방식으로 선임한다."라는 주주제안은 전 단계의 의사결정을 전제로 하므로,[42] 1단계로 3인의 이사를 추가로 선임한다는 의사결정이 있음을 전제로 하거나 그 자체를 1단계의 주주제안으로 하고 A, B, C를 포함한 후보 중에서 집중투표를 한다는 것을 2단계의 제안으로 볼 수 있다고 한다. 그러므로 의사결정을 분리하여 3인의 이사를 추가로 선임한다는 안을 다루고 가결될 경우에 한해 이어 2단계의 제안을

37) 이철송, 전게서, 506면; 성민섭, 전게논문, 285면~288면.

38) 주주제안의 내용이 법령 또는 정관에 위반하는 경우 또는 그밖에 대통령령으로 정하는 경우에 해당하는지 여부에 관한 것이다.

39) 성민섭, 전게논문, 285면~286면.: 일반적인 회의에서 의안은 원칙적으로 1개씩 상정해야 하지만, 의장은 여러 의안을 병합 상정할 수도 있고, 병합 기재되어 있는 의안을 분할 상정할 수도 있다. 의안을 병합할지 분할할지는 의장의 재량에 맡겨져 있다. 다만 의장이 의안을 병합하여 상정할 경우라도 표결만은 의안별로 하나씩 표결에 부쳐야 한다.: 김교창 대표집필, 「표준회의규칙」, 96면.

40) 성민섭, 전게논문, 288면.

41) 주주제안을 하는 측이 보유하는 주식의 비율에 따라 예컨대 3명의 이사를 추가선임하자고 하면서 집중투표를 청구했다면, 상대방은 7명의 이사를 추가선임하자고 하면서 집중투표를 청구하는 경우 등이 있을 수 있다.

42) 이철송, 전게서, 506면.

다루어야 할 것이라고 한다.43)

서울서부지방법원 2015. 11. 12. 선고 2015가합33281 판결에서도 변형 상정이 가능한지 문제되었다. 원고는 피고 회사의 사내이사 1인, 비상무이사 1인의 임기 만료를 전제로 "이사 2인의 임기가 만료하므로 이사를 충원하기 위하여 비상무이사 2인을 선임하고, 비상무이사 2명 중 1명의 후보를 A로 한다."는 내용의 의안을 제안하면서 집중투표의 방법으로 비상무이사의 선임결의를 할 것을 청구하였다. 그런데 피고 회사는 비상무이사 1인의 임기만료를 전제로 '비상무이사 중임'을 부기한 안건을 주주총회에 상정하였다.44) 피고 회사는 위와 같은 의안을 함께 상정하면서, 비상무이사로 누구를 선임할지에 앞서 해결되어야 할 부분인 비상무이사 선임의 수, 즉 "비상무이사를 피고의 의안과 같이 1명만 선임할지 아니면 원고의 주주제안에 따라 1명을 증원하여 2명을 선임할지" 여부에 관하여 표결에 부치고, 과반수 주주가 '비상무이사를 1명만 선임한다는 의견'을 지지하자, 비상무이사 2명을 선임하는 내용의 이 사건 의안을 부결하였다.

위 판결에서는 「원고가 주주제안한 의안은 임기만료된 기존 비상무이사 외에 1인의 비상무이사 추가 선임을 그 전제로 삼고 있으므로, "비상무이사 1인 추가선임 여부"에 관한 위 결의는 이 사건 의안에 포함된 내용이자 선결문제라고 할 것이어서, 위 결의에 하자가 없다」라고 판시하였다.45) 위 판결은 주주제안된 내용을 변형하여 주주총회에 상정하는 것이 가능하다고 보는 견해에 따른 것이다.

---

43) 이철송, 전게서, 506면.

44) 피고 회사의 의안과 원고가 주주제안한 의안은 임기만료로 공석이 될 비상무이사 1인의 선출에 관한 것이거나 이를 포함한 것인데, 피고 회사의 의안에 의하면 비상무이사 수가 그대로 유지되나 원고가 주주제안한 의안에 의하면 비상무이사를 1명 증원하는 결과가 되므로, '비상무이사 1인 추가선임 여부'에 관하여 택일적인 관계에 있게 되었다.

45) 위 사건에서는 주주총회에서의 결의가 집중투표청구를 회피하기 위한 것으로 위법한지도 문제되었다. 「'2인 이상의 이사의 선임'을 목적으로 하는 총회의 소집이 있어야만 집중투표청구가 가능한데, 주주총회에서는 그 무렵 임기가 만료될 사내이사 1인, 비상무이사 1인의 선임만이 예정되어 있었고, 원고가 주주제안한 의안은 비상무이사 1인의 증원을 전제로 하는 것이어서, 원고의 집중투표청구가 수용되기 위해서는 기타 비상무이사 1인을 증원한다는 주주총회결의가 먼저 이루어짐으로써 선임할 비상무이사의 수가 2인이 되어야 가능하다」고 보았다. 그런데 「과반수의 주주들이 비상무이사를 1명만 선임한다는 안에 찬성함으로써 집중투표청구의 전제가 되는 '2인 이상의 이사의 선임'이라는 요건이 충족되지 않았으므로 집중투표청구 회피가 문제되지 않는다」고 보았다.

또한 서울고등법원 2015. 10. 15.자 2015라651 결정46)에서도 주주제안된 안건의 변형 상정이 문제되었다. 소수주주가 "이사 4인을 집중투표의 방법으로 선임"할 것을 주주제안하면서 이사후보자로 4인을 내세웠는데, 회사는 주주총회에 "이사 추가 선임 여부, 선임할 이사의 인원수 결정, 이사의 선임"으로 나누어 변형상정하였다. 위 결정에서는 「변형안건이 주주제안의 논리적 전제를 구체화하여 주주제안의 내용을 논리적 순서에 따라 단계적으로 세분화한 것으로 볼 여지가 있다는 이유로 주주제안권을 잠탈하거나 침해하는 것으로서 위법하다고 단정하기 어렵다」고 하였다.

변형 긍정설에 대해서는, 이사회가 주주제안의 취지를 벗어나 주주제안된 내용을 왜곡·변형할 우려가 있다는 점이 문제로 지적될 수 있다. 이사회의 변형 상정의 한계를 명확히 하는 것이 중요하다. 변형 상정을 허용하더라도 소수주주의 주주제안권을 근본적으로 침해해서는 안 된다. 즉 '주주제안의 본질적인 내용'을 벗어나는 변형은 허용되지 않는다. 변형 상정이 주주제안의 본질적 요소를 회피하기 위한 것으로 판단되면 주주제안권을 침해한 것으로 보아야 한다. 주주제안의 본질적 요소는 주주제안을 한 소수주주의 주관적 의도가 아니라 주주제안의 내용을 객관적으로 분석해서 각 사안마다 구체적·개별적으로 판단해야 한다.47)

인천지방법원 2014. 3. 14.자 2014카합10052 결정48)은 서울고등법원 2015라651 결정에서 문제된 회사와 관련된 다른 사건이다. 주주제안권 행사에 대하여 서울고등법원 2015라651 결정과 같은 판단을 하고 있다. 그 근거로서, 「소수주주가 원칙적으로 "이사의 증원 여부와 증원 범위에 관한 안건"을 "선임의 안건"과 분리하여 주주제안을 해야 하는데, 적은 수의 주식만으로 회사에 대해 강력한 영향력을 행사하기 위하여 의도적으로 안건을 하나

46) 이 사건에서 문제되는 회사는 위 결정 이외에도 주주제안권과 관련하여 여러 사건에서 문제되고 있다.

47) 성민섭, 전게논문, 289면.

48) 위 서울고법 2015라651 결정은 임시주주총회 소집허가신청에 대한 것이고, 인천지법의 위 사건은 이사 및 대표이사 직무집행정지 및 직무가처분에 대한 것이다. 위 결정에서도 「채권자가 제안한 추천인을 비상무이사 4인으로 선임할지 여부를 결의하기에 앞서 이사 증원 여부 및 그 범위에 관하여 주주들이 먼저 판단하고 결의할 필요성이 인정되고, 그러한 취지에서 회사의 이사회가 채권자의 주주제안에 안건을 추가하는 것이 허용된다」라고 판단하였다.

로 결합하여 제안한 것으로 보이고, 회사가 주주권 행사를 방해할 목적으로 증원 여부와 증원 범위의 건을 별개의 안건으로 추가하였다고 볼 만한 사정도 없다」라고 보았다. 변형 상정의 한계를 벗어났는지 여부를 판단할 때는 주주제안권으로 행사된 안건의 결합 형태와 목적, 회사가 변형 상정한 안건의 내용과 목적 등을 종합적으로 고려하여, 회사가 소수주주의 주주권 행사를 방해할 목적으로 안건을 변형했는지 여부를 판단하면 된다.

(2) 변형 부정설

소수주주가 주주제안한 내용을 그대로 주주총회의 목적사항으로 해야 한다는 견해이다. 상법 제363조의 2 제3항에 따라 주주제안권 행사가 제한되는 경우, 즉 주주제안의 내용이 법령 또는 정관을 위반하는 경우와 그 밖에 대통령령으로 정하는 경우에 해당하지 않는다면, 이사회는 주주제안된 내용을 그대로 주주총회의 목적사항으로 해야 한다는 것이다. 상법 제363조의 2 제3항의 법문에 충실한 해석이라고 볼 수 있다.

현재 기업실무에서는 이러한 인식이 널리 퍼져 있다. 주주총회의 소집과 운영에 관한 전반적인 사항에 대하여 소수주주가 당연히 주주제안권을 행사할 수 있고, 법령상 제한 사유에 해당하지 않으면 주주제안된 내용 그대로 주주총회의 목적사항으로 삼아야 한다는 것이다. 그에 따라 여러 내용을 결합하여 하나의 안건으로 주주제안권을 행사하거나 전제를 생략한 채 하나의 안건으로 주주제안권을 행사하는 경우가 많아지고 있다.

서울고법 판결도 변형 부정설에 따른 판단을 하였다. 즉 피고 이사회는 원고들이 제안한 의제를 그대로 주주총회의 안건으로 상정하지 않고, 원고들이 제안한 내용을 변형하여 "현 이사 외 2명의 이사 추가 선임의 건의 당부"를 안건으로 상정함으로써 원고들이 추천한 이사 후보자들에 대한 집중투표가 이루어질 수 없었다. 위와 같이 「피고 이사회가 변형된 안건을 주주총회의 목적사항으로 한 것은 상법이 규정하고 있는 주주제안권 및 집중투표의 규정취지를 잠탈하는 것으로 원고들이 제안한 의제를 주주총회의 목적사항으로 상정하였다고 볼 수 없다」라고 판단하였다. 상법의 주주제안 관련 규정은 원칙적으로 주주제안된 내용의 변형 상정을 고려하지 않는다는 판단을 한 것으로 보인다.

(3) 주주제안권 행사가 집중투표와 결합되는 경우에는 주주제안된 내용을 변형 상정할 수 없다는 견해

주주제안권이 집중투표청구와 결합되어 행사된 경우에는 주주제안된 내용을 그대로 주주총회의 목적사항으로 삼아야 한다는 견해이다.49)

이 견해는 이사선임이 단순투표제로 이루어지는 경우와 집중투표로 이루어지는 경우 사이에 주주총회의 결의안건이 주주제안한 내용 그대로인지 변형되었는지에 따라 결과가 달라질 수 있다는 점에 주목한다. 이사선임이 단순투표제로 이루어지는 경우에는 주주제안된 내용을 변형 상정하여 이사의 추가선임 당부에 대하여 결의를 하더라도 추가선임 의안이 부결될 경우 원고가 추천한 이사 후보가 어차피 선임될 수 없다는 결과에서는 차이가 없다. 그러나 집중투표청구를 한 경우에는 원안이 상정되면 2인 이상의 이사를 선임하므로 집중투표방식이 적용될 수 있지만, 변형안건이 상정되면 단순투표방식에 따라 추가선임의안이 부결될 것이므로 원고들이 집중투표 방식으로 이사를 선임할 기회를 박탈당하게 된다는 것이다.50) 따라서 주주제안권을 행사한 소수주주들의 권리침해 여부를 판단할 때 주주제안된 내용이 원안대로 상정되었는지 여부는 중요하지 않고, 집중투표를 할 수 있었는지 여부가 중요하다고 한다.51)

(4) 소　　결

위와 같은 논란은 상법에서 규정하고 있는 집중투표제에 대한 견해의 차이에서 비롯된다고 볼 수도 있다.

집중투표는 2인 이상의 이사 선임을 하나의 결의로 할 때 주주가 주식수에 따라 각 후보에게 투표할 수 있는 의결권을 하나로 제한하지 않은 것이다. 집중투표에 관해 상법 제382조의2 제1항에서는 "2인 이상의 이사의 선임을 목적으로 하는 총회의 소집이 있는 때에는 의결권 없는 주식을 제외한 발행주식총수의 100분의 3 이상에 해당하는 주식을 가진 주주는 정관에서 달리 정하는 경우를 제외하고는 회사에 대하여 집중투표의 방법으로 이사를

49) 윤영신, "이사선임 주주제안 변형 상정의 경우 주주권리 침해 여부 및 주주총회 결의의 효력", 민사판례연구회 발표문, (2017), 5면.
50) 윤영신, 전게논문, 11면.
51) 윤영신, 전게논문, 11면.

선임할 것을 청구할 수 있다."라고 정하고 있다.[52)]

여기에서 "2인 이상의 이사의 선임을 목적으로 하는 총회의 소집"이 있는 때를 어떻게 해석할지 문제된다. 집중투표제의 요소[53)]는 2명 이상의 이사를 선임할 때 하나의 결의에 의하고, 주주들은 1주당 선임할 이사의 수와 동일한 수의 의결권을 가지며, 주주들은 그 의결권을 이사후보 1인 또는 수인에게 집중하여 행사할 수 있고, 최다수를 얻은 후보부터 순차적으로 이사로 선임된다는 것에 있다.[54)] 1주에 대해 선임하고자 하는 이사의 수에 상당하는 복수의 의결권을 부여하므로[55)] 선임할 이사가 1인이라면 의결권의 집중행사가 있을 수 없다.[56)] 집중투표제는 2인 이상의 이사를 선임할 때에 한해 채택할 수 있다.[57)]

서울고등법원 2015. 5. 29. 선고 2014나2042552 판결[58)]에서 집중투표제는 이사의 선임을 위한 투표방법의 하나로서, 2인 이상의 이사를 선임하는 것을 목적으로 하는 주주총회의 소집이 있는 때에 비로소 그 청구가 가능하

---

52) 위 규정과 관련해서는 2016. 7. 4. 김종인 의원 대표발의안으로 상법 개정법률안이 제출되어 있다. 일정 자산 규모 이상의 상장회사에서 2인 이상의 이사의 선임을 할 때 소수주주권으로 집중투표를 청구할 경우 정관으로도 이를 배제할 수 없도록 하여 집중투표제를 단계적으로 의무화(안 제542조의7)하는 것을 내용으로 한다. 현행법에서 소수주주가 이사를 선출할 수 있는 수단으로서 집중투표제를 도입하고 있으나 대부분의 회사가 정관으로 이를 배제하고 있어 도입 취지가 퇴색되고 있으며, 소수주주의 총회참여 활성화를 위하여 도입한 전자투표제 또한 회사의 선택사항이기 때문에 실질적으로 그 활용도가 낮다는 비판이 제기되고 있다는 점을 문제점으로 지적한다.

53) 김건식 외 2인, 전게서, 340면~341면.

54) 상법 제382조의2는 제1항에서 "2인 이상의 이사의 선임을 목적으로 하는 총회의 소집이 있는 때에는 의결권 없는 주식을 제외한 발행주식총수의 100분의 3 이상에 해당하는 주식을 가진 주주는 정관에서 달리 정하는 경우를 제외하고는 회사에 대하여 집중투표의 방법으로 이사를 선임할 것을 청구할 수 있다."라고 규정하고 있고, 제3항에서 "제1항의 청구가 있는 경우에 이사의 선임결의에 관하여 각 주주는 1주마다 선임할 이사의 수와 동일한 수의 의결권을 가지며, 그 의결권은 이사 후보자 1인 또는 수인에게 집중하여 투표하는 방법으로 행사할 수 있다."라고 규정하며, 제4항에서 "제3항의 규정에 의한 투표의 방법으로 이사를 선임하는 경우에는 투표의 최다수를 얻은 자부터 순차적으로 이사에 선임되는 것으로 한다."라고 규정하고 있다.

55) 이철송, 전게서, 645면; 정동윤 편, 전게서, 208면에서도 "집중투표제 하에서 각 주주는 자신이 보유하는 주식의 수에 선임할 이사의 수를 곱한 만큼의 의결권을 갖고, 그 의결권을 1인에게 집중하거나 수인에게 분산하여 투표할 수 있다."라고 한다.

56) 김건식 외 2인, 전게서, 340면; 송옥렬, 전게서, 956면.

57) 이철송, 전게서, 646면.

58) 위 서울고법 2015라651 결정에서 문제된 회사에 대한 것으로, 인천지방법원 2014. 10. 17. 선고 2014가합51578 판결의 항소심 판결이다.

다고 보았다. 집중투표제는 주주제안권과는 그 행사요건, 내용, 성격 등을 달리하고, 집중투표 청구 자체가 주주제안의 내용이 될 수는 없으며, 집중투표 청구를 하였더라도 그 주주총회에서 복수의 이사를 선출하지 않는 경우에는 집중투표제도가 적용될 여지가 없음을 명백히 하였다.

위 사건에서 원고는 "4인의 이사 선임"을 주주제안하고, 당해 이사 선임시 "집중투표"의 방법으로 선임할 것을 청구하였다. 그러나 「원고의 주주제안 내용은 '4인의 이사 선임'이며, '집중투표' 청구는 복수의 이사 선임을 전제로 한 이사 선출 방법에 해당할 뿐으로, 원고가 주주제안한 '4인의 이사 선임'이라는 의안 자체의 채택 여부에 대한 결의는 주주총회 보통결의의 방식으로 하면 충분하다」는 것이다. 집중투표제도는 이사 선출을 위한 투표방법의 하나이지, 주주총회에 제출된 의안의 채택 여부 등을 정할 때 사용할 수 있는 결의방법은 아니라고 보았다. 원고가 주주제안한 '4인의 이사 선임'이라는 안건이 주주총회에서 가결되어 복수의 이사를 선임하기로 결의된 이후라야만 비로소 집중투표 방식에 의한 이사 선출이 가능하다. 즉 「주주가 '복수의 이사 선임'이라는 주주제안을 하면서 '집중투표' 청구를 동시에 하였다고 하여, 주주의 집중투표권을 보호하기 위해 주주제안 의안에 대한 주주총회의 결의 권한까지 배제되어야 한다고 볼 수는 없다」고 보았다.[59)]

위 서울서부지방법원 2015가합33281 판결에서도, 「우선적으로 '2인 이상의 이사의 선임'을 목적으로 하는 주주총회의 소집이 있어야만 그 이후에 집중투표의 청구가 가능하다」라고 판시하였다.

서울고등법원 2010. 11. 15.자 2010라1065 결정[60)]에서는 간접적으로 집중투표제와 관련한 판단을 하고 있다. 즉, 「이사 선임에 있어 집중투표를 정관으로 배제하지 않은 주식회사는 이사 선임에 관한 주주총회의 통지와 공

---

59) 그런데 「주주총회에서는 그 무렵 임기가 만료될 사내이사 1인, 비상무이사 1인의 선임만이 예정되어 있었고, 원고가 주주제안한 의안은 비상무이사 1인의 증원을 전제로 하는 것이어서, 원고의 집중투표청구가 수용되기 위해서는 기타 비상무이사 1인을 증원한다는 주주총회결의가 먼저 이루어짐으로써 선임할 비상무이사의 수가 2인이 되어야 가능하다」고 전제한 다음, 「피고는 선결적으로 '비상무이사를 1명만 선임할지 아니면 1명을 증원하여 2명을 선임할지'를 표결에 부침으로써 그 의안을 주주총회에 상정하였으나, 위 표결에서 과반수의 주주들이 비상무이사를 1명만 선임한다는 안에 찬성함으로써 집중투표청구의 전제가 되는 '2인 이상의 이사의 선임'이라는 요건이 충족되지 않았으므로, 집중투표제도를 무력화하거나 회피하기 위한 결의로 볼 수 없다」고 판단하였다.

60) 각급공보 (2011상), 23면.

고에 선임할 이사의 원수를 반드시 기재하여야 하는데, 4명의 이사를 선임하기 위한 주주총회의 소집통지서에 '이사 4인 선임의 건'이 아닌 '임원 선임의 건'으로만 표기한 경우, 위 주주총회에는 집중투표를 위한 이사 인원수 기재에 관한 소집통지상의 하자가 존재한다」고 보았다.[61] 그 이유는 선임될 이사의 원수에 따라 주주가 회사에 대한 집중투표의 청구 여부를 결정할 것이기 때문이라는 것이다. 즉, 「집중투표는 형식적으로만 보아 '2인 이상의 이사의 선임을 목적으로 하는 총회의 소집'이 있다고 해서 가능한 것이 아니라, '2인 이상의 이사 선임'이 주주총회에서 안건으로 결정되어 실제로 문제될 때 가능하다」라고 판시하였다.

서울고법 판결의 사안에서는 원고들이 '복수의 이사 추가선임'을 주주제안권으로 행사하면서 '집중투표'의 청구를 하고 있기 때문에 2인 이상의 이사의 선임을 목적으로 하는 '총회의 소집' 자체가 있었다고 볼 수는 있다. 그러나 '복수의 이사를 선임할 것인지' 여부가 확정된 상태는 아니다. 그러므로 주주제안이 집중투표와 결합되었는지 여부에 따라 주주제안된 내용에 대한 변형을 허용할지 여부를 달리 볼 것은 아니다.

회사의 경영권을 장악하려는 의도로 주주제안권을 왜곡하여 행사하는 사례가 많아지고 있다. 변형 부정설을 일관할 경우 주주제안의 내용이나 형태를 어떻게 할 것인지에 따라 결론 자체가 달라지는 경우까지 초래할 수 있다. 선결문제까지 주주제안의 내용으로 결합시키는 등 주주제안권의 본래 취지를 벗어나 주주제안권을 행사하는 폐해가 많아지고 있다. 위에서 본 인천지방법원 2014카합10052 결정에서는 「이사 증원 및 선임을 결합한 하나의 주주제안이 있을 경우 주주총회에서 그 안건 자체에 대한 가부만을 결의해야 한다는 구속력을 인정하게 되면, 소수주주가 회사에 불필요하게 증원된 몇십 명, 몇백 명의 이사 선임을 요구하는 주주제안을 하더라도 다수주주가 이를 전혀 제지하지 못하게 되는데, 이는 오히려 자본 다수결의 대원칙 자체를 정면으로 부정하는 결과가 되어 허용할 수 없다」고 보았다. 소수주주가 결합된 내용의 안건을 주주제안함으로써 주주제안한 내용에 앞서 판단하고

61) 그러나 「다시 주주총회와 이사회를 개최하더라도 위 주주총회에서 이사로 선임된 피신청인들이 다시 이사로 선임될 개연성이 매우 높아 보이므로, 가처분으로써 이사로서의 직무집행을 정지시켜야 할 만한 보전의 필요성이 없다」고 판단하였다.

결의할 필요성이 인정되는 안건을 이사회가 추가하였다면, 주주제안된 안건 자체를 배척하거나 변경하지 않은 이상 주주제안권을 침해했다고 볼 수 없다는 것이다. 주주제안권이 본래 취지에 맞게 이용되기 위해서는 이사회가 주주제안된 내용을 변형 상정할 수 있다고 보아야 한다.

그러나 주주제안된 안건의 변형 상정이 가능하더라도 이사회는 주주제안된 안건의 본질적인 취지를 벗어나지 않는 범위 내에서 제한적으로 변형 상정을 할 수 있을 뿐이다.

결국 주주제안된 내용이 주주총회의 안건으로 그대로 상정되는 데 아무런 문제가 없다면, 이사회는 주주제안된 내용 그대로 주주총회에 상정을 해야 할 것이다. 결합된 안건이나 양립되지 않는 안건에 대해 주주제안이 이루어진 경우에는 그대로 주주총회에 상정을 하는 것도 허용되고, 주주제안의 취지를 고려하여 변형 상정을 하는 것도 허용될 것이다. 즉, 양 당사자가 서로 양립할 수 없는 주주제안을 하였다면, 주주제안이 된 그대로 양립할 수 없는 두 안건에 대하여 각각 주주총회 결의를 거치도록 하거나, 주주제안의 취지를 고려하여 변형 상정을 하는 것 모두가 가능하다. 또한 논리적으로 선결되어야 하는 문제를 다른 안건과 결합하여 하나의 주주제안을 한 경우에도 주주제안된 그대로 주주총회 결의를 거치게 할 수도 있고, 주주제안의 취지를 고려하여 변형 상정을 할 수도 있다.

변형 상정을 하지 않고 주주제안된 내용 그대로 주주총회에 안건을 상정할 경우에는 서로 모순되지 않는 내용으로 결의가 이루어져야 한다. 그러나 이와 같은 논리적인 결론이 현실에서 언제나 이루어진다고 단정할 수는 없다. 결합된 형태나 내용에 따라 주주들이 그 차이를 제대로 인식하지 못할 수도 있기 때문이다. 그러나 이와 같은 현실적인 문제점에도 불구하고 결합된 안건이나 양립되지 않는 안건을 변형 상정하지 않았다고 하여 그것이 오히려 부적절하다고 할 수도 없다.

한편 결합된 안건이나 양립되지 않는 안건에 대해 적법한 한도에서 변형 상정이 이루어졌다면, 그와 같이 변형 상정된 안건에 대한 결의는 적법하다. 다만, 이사회가 주주제안된 내용에 대해 변형 상정을 할 경우, 그 변형 상정이 적절한지, 한계를 벗어났는지와 관련하여 주주총회 결의에 대한 분쟁이 많아질 수 있다. 주주제안권 제도를 잠탈하기 위한 변형 상정인지를 고려하여 판단하면 된다.

Ⅳ. 株主提案權 侵害에 대한 救濟

1. 問題의 提起

주주제안권을 침해하는 주주총회 결의가 이루어진 경우, 그 구제방안이 무엇인지 문제된다. 상법 제635조 제1항 제21호에 따라 이사가 500만 원 이하의 과태료의 제재를 받는 것 이외에 주주가 적법한 절차를 거쳐 주주제안을 하였는데도 이사회가 이를 거부한 경우 그 주주총회결의는 어떤 효력이 있는지 검토해 볼 필요가 있다.

통설과 판례는 의제제안인지 또는 의안제안인지에 따라 달리 취급하고 있다.[62] 그러나 의제제안과 의안제안을 구분하는 것 자체가 원래 상대적일 수 있다. 또한 주주제안의 경우 어떠한 형식과 내용으로 주주제안이 이루어졌는지에 따라 의제에 대한 주주제안인지, 의안에 대한 주주제안인지 구분하기 어려울 수도 있다. 이와 관련하여 의제제안인지 또는 의안제안인지에 따라 효력을 달리 보는 것이 타당한지 검토할 필요가 있다.

이하에서는 의제제안과 의안제안은 일반적으로 어떻게 구분되는지, 주주제안에서 그 구분이 어떤 의미를 가지는지, 주주제안권이 침해된 경우 그 효력을 어떻게 보아야 하는지, 의제제안과 의안제안에 따라 효력을 달리 보아야 하는지 등에 관하여 살펴보고자 한다.

2. 議題提案과 議案提案

주주총회에서 다루는 사항은 의제와 의안으로 나눌 수 있다. 첫째, "의제"는 주주총회에서 심의·의결하기로 한 사항의 제목으로서, 의안의 제목이라고 할 수 있다. 예컨대, 의제는 이사의 선임, 재무제표의 승인, 이익배당의 결정 등과 같이 주주총회의 목적이 되는 사항이다.[63] 둘째, "의안"은 주

62) 정동윤 편, 전게서, 86면; 김건식 외 2인, 전게서, 282면; 이철송, 전게서, 506면~507면; 정찬형, 전게서, 858면; 송옥렬, 전게서, 898면; 서울중앙지방법원 2015. 4. 9. 선고 2014가합529247 판결. 서울고등법원 판결도 마찬가지이다.

주총회에서 심의·의결할 구체적인 내용이라고 할 수 있다. 예컨대, 선임될 이사의 후보 또는 변경되는 정관의 내용 등 의제의 내용을 이루는 것으로서, 구체적인 결의대상을 말한다.[64] 주주총회에서 결의의 대상이 바로 의안이다. 의제와 의안이 명확하게 구분되는 경우도 있으나, 그 구별이 힘든 경우도 있고 의제 자체가 의안이 되는 경우도 있다. 가령 '이사 ○○○ 해임의 건'과 같은 경우에는 의제와 의안이 일치한다.[65]

주주총회에서는 주주총회 소집 당시 회의의 목적 사항으로 된 것 이외에는 결의할 수 없다.[66] 주주총회일의 2주 전에 그 소집통지를 할 때 통지서에 회의의 목적사항을 미리 적도록 하고 있다.[67] 주주들에게 어떤 의안이 주주총회에서 다루어지는지를 알려주고 제대로 의결권 행사를 할 수 있도록 하기 위한 것이다.[68] 한편 상법 제542조의4 제2항에 따라 상장회사는 이사·감사의 선임에 관한 사항을 목적으로 하는 주주총회를 소집통지 또는 공고하는 때에는, 이사·감사 후보자의 성명, 약력, 추천인, 그 밖에 대통령령으로 정하는 후보자에 관한 사항을 통지하거나 공고하여야 한다.

3. 株主提案權에서 議題提案과 議案提案의 區分

(1) 의제제안과 의안제안의 근거규정

상법 제363조의 2 제1항[69]은 "일정한 사항을 주주총회의 목적사항으로

63) 김건식 외 2인, 전게서, 278면.: 재무제표 승인의 경우에는 의제와 의안이 일치하지만, 이익배당 등이 의제인 경우에는 구체적인 이익배당액이 의안이 된다.

64) 김건식 외 2인, 전게서, 278면; 송옥렬, 전게서, 895면; 서울고법 판결에서도 「상법 제363조의2 제1항에 따라 주주가 주주총회의 목적으로 삼을 사항을 제안하는 것을 '의제제안'이라고 하고, 같은 조 제2항에 따라 의안의 요령을 제안하는 것을 '의안제안'이라 하는데, 의안제안은 의제의 구체적인 내용이라고 할 수 있다」라고 보았다.

65) 윤영신, 전게논문, 5면.

66) 김교창, 전게서, 169면; 대법원 1979. 3. 27. 선고 79다19 판결.; 다만 주식회사의 주주총회가 법령이나 정관상 요구되는 이사회의 결의나 소집절차를 거치지 아니하고 이루어졌다고 하더라도 주주 전원이 참석하여 아무런 이의 없이 일치된 의견으로 총회를 개최하는 데 동의하고 결의가 이루어졌다면 그 결의는 특별한 사정이 없는 한 유효하다.: 대법원 2002. 7. 23. 선고 2002다15733 판결 참조.

67) 상법 제363조 제2항.

68) 김교창, 전게서, 169면.

69) 의결권 없는 주식을 제외한 발행주식총수의 100분의 3 이상에 해당하는 주식을 가진 주주는 이사에게 주주총회일(정기주주총회의 경우 직전 연도의 정기주주총회일에 해당하는 그 해의 해당일)의 6주 전에 서면 또는 전자문서로 일정한 사항을 주주총회의 목적사항으

할 것을 제안할 수 있다."고 정하고 있는데, 이는 의제제안으로 볼 수 있다. 제2항에서는 "회의의 목적사항으로 할 사항에 추가하여 당해 주주가 제출하는 의안의 요령을 통지나 공고에 기재할 것을 청구할 수 있다."고 정하고 있는데, 이를 의안제안이라고 할 수 있다.[70] 상법 제363조의2 제2항이 의제제안과 의안제안에 대한 근거규정이 된다는 견해가 있으나,[71] 어차피 의제제안과 의안제안이 모두 가능하다고 본다는 점에서는 차이가 없다.

상법에서 의제제안과 의안제안에 대하여 규정하고 있지만, 의안제안 없이 의제만을 제안하는 것은 실질적으로 의미가 없다. 그러나 의안제안이 없는 의제제안권만을 행사할 수 있을지 문제될 수 있다. 주주총회의 소집통지에 의안의 요령이 기재될 필요가 없는 경우 의제만을 소집통지에 기재하면 되고 구체적인 의안은 회의장에서 제출할 수 있으므로 원칙적으로 의제제안권만 행사할 수 있다.[72]

한편 주주제안권을 행사할 때 의제제안이 없는 의안제안은 당연히 의제제안을 포함한다고 보아야 하는 측면이 있다.[73] 회사측이 제안한 의제에 대한 수정제안 또는 반대제안으로 의안이 제안된 경우에는 이사회가 통지한 의제가 주주가 제안한 의안의 의제가 된다고 볼 수 있고, 회사측이 제안한 의제와 무관한 의안을 제안한 경우에는 그것이 형식상 의안만의 제안이라고 하더라도 그 의안으로부터 합리적으로 추측할 수 있는 의제가 포함되어 있다고 볼 수 있다고 한다.[74] 이런 경우 의제와 의안이 일체로 되어 의안제안권과 의제제안권도 함께 행사되었다고 볼 수 있다.[75]

주주제안권을 행사하면서 의제와 의안을 뚜렷하게 구분하지 않고 '주주총회의 목적사항과 안건'이라든지 '의제와 의안'으로 뭉뚱그려 행사하는 사례가 많다. 그러나 주주제안권을 행사하는 소수주주의 입장에서도 어떤 내용

로 할 것을 제안(이하 '주주제안'이라 한다)할 수 있다.

70) 정동윤 편, 전게서, 83면; 김건식 외 2인, 전게서, 279면~280면; 송옥렬, 전게서, 896면~897면; 이철송, 전게서, 502면.

71) 이철송, 전게서, 502면~503면.

72) 노일석, "주주제안권", 「고시연구」 제26권 제8호, (1999), 32면~33면; 이철송, 전게서, 451면 이하 참조.

73) 노일석, 전게논문, 30면~31면; 이철송, 전게서, 451면 이하.

74) 노일석, 전게논문, 32면.

75) 노일석, 전게논문, 32면.

을 의제로 하고 어떤 내용을 의안으로 할 것인지 구분하여 점검하는 기회를 가지는 것이 좋을 것이다. 주주제안권 부당거부의 효력과 관련하여 뒤에서 살펴보는 바와 같이 의제제안과 의안제안은 큰 차이가 있다. 물론 주주제안권 부당거부의 효력을 판단할 때 의제제안인지, 의안제안인지에 관하여 소수주주 스스로 한 구분에는 구속되지 않는다.

(2) 의제제안과 의안제안의 구분

서울고법 판결에서 원고들은 "현재 재직 중인 이사 이외에 2명의 이사를 추가로 선임하고, 원고 A와 B를 후보로 한다."라는 내용을 정기주주총회 목적사항 및 안건으로 상정할 것을 제안하면서, 주주총회의 목적사항과 안건을 명확히 구분하지는 않았다.

제1심 판결인 서울중앙지방법원 2015. 4. 9. 선고 2014가합529247 판결은 그 내용을 실질적으로 구분하여, "현재 재직 중에 있는 이사 이외에 2명의 이사를 추가로 선임하는 사항"을 원고들이 주주총회의 목적사항으로 할 것을 제안하였고, 그 의안의 요령으로 원고 A와 B를 후보로 할 것을 제안한 것으로 보아, 의제와 의안을 구분하였다.

항소심인 서울고법 판결에서는 「원고들이 한 주주제안의 내용은 '현 이사 외 2명의 이사를 추가로 선임하고 추가되는 2명의 이사는 원고 A와 B로 해달라'는 것으로 그 의제는 '원고 A와 B를 2명의 이사로 추가 선임해 달라'는 것이었는데, 2014. 3. 26. 정기주주총회에서 실제로 다루어진 의제가 단순히 "현 이사 외 2명의 이사를 추가로 선임할지 여부에 대한 당부"의 판단으로 원고들이 제안한 주주제안의 의제와, 2014. 3. 26. 정기주주총회에서 다루어진 의제는 서로 다르다」고 판단하였다.[76]

이 사건에서 원고들은 주주총회 목적사항과 안건을 명확히 구분하지 않

---

76) 서울고법 판결에서는 「주주총회에서 이사 추가 선임의 건을 의제로 하여 결의를 하는 경우에 주주들이 그 결의를 함에 있어 중요하게 고려하는 요소에는 단순히 몇 명을 이사로 추가 선임할지 여부가 아니라 추천된 후보자를 이사로 추가 선임할지 여부라 할 것이므로 단순히 이사 몇 명을 추가로 선임할지 여부에 대한 의제와 구체적으로 누구를 이사로 추가 선임할지 여부에 대한 의제는 서로 다르다」라고 되어 있다. 그런데 서울고법 판결에서는 위와 같은 판단과 달리 원고들이 '현재 재직 중에 있는 이사 이외에 2명의 이사를 추가로 선임하는 사항'을 주주총회의 목적사항으로 할 것을 제안하였고, 그 의안의 요령으로는 '원고 A와 B를 후보로 할 것을 제안하였다'는 내용이 기재되어 있는데, 제1심 판결을 참고하는 과정에서 뒷부분이 잘못 기재된 것으로 보인다.

은 채 주주제안권을 행사하였으나, 제1심 법원은 의제와 의안의 의미 구분에 따라 '현재 재직 중에 있는 이사 이외에 2명의 이사를 추가로 선임하는 사항'을 의제로 본 반면, 서울고법 판결은 '원고 A와 B를 2명의 이사로 추가 선임해 달라는 것'을 의제로 보았다.

위에서도 언급한 바와 같이 의제와 의안의 구분은 상대적일 수 있고, 의제와 의안이 동일한 경우도 있다. 제1심 판결과 그 항소심인 서울고법 판결이 위와 같이 다르게 판단한 것도 주주제안권의 내용이 되는 의제제안과 의안제안의 구분이 때로는 상대적인 문제일 수도 있음을 보여준다.

소수주주가 주주제안권을 행사하면서 주주총회의 목적사항을 일반적인 경우보다 구체적으로 정하고자 하는 경우도 있을 것이다. 의제를 무엇으로 보느냐에 따라 의안의 내용도 달라질 수 있다. 그러나 서울고법 판결에서처럼 '원고 A와 B를 2명의 이사로 추가 선임해 달라는 것'을 원고들이 제안한 의제로 본다면, 이런 경우가 바로 의제와 의안이 동일한 경우에 해당한다. 주주총회에서 결의의 대상이 되는 것이 의안이기 때문이다.

이 사건에서 원고들은 "현재 재직 중인 이사 이외에 2명의 이사를 추가로 선임하고, 원고 A와 B를 후보로 한다."라는 내용을 '정기주주총회 목적사항 및 안건'으로 상정할 것을 제안하였다. 주주총회 목적사항과 안건을 구분하지 않았으나, 제안한 내용이 모두 의제와 의안을 포함한다는 점은 명확히 하였다. 그러므로 서울고법 판결에서와 같이 의제제안만으로 보는 것은 부적절한 점이 있다. 의제와 의안을 구분한다면, 제1심 판결에서와 같이 원고들이 '현재 재직 중에 있는 이사 이외에 2명의 이사를 추가로 선임하는 사항'을 주주총회의 의제로 할 것을 제안하였고, '원고 A와 B를 후보로 할 것'을 의안으로 제안하였다고 보아야 하고, 그렇지 않으면 원고들이 제안한 내용 자체를 의제와 의안으로 보아야 한다.

(3) 주주제안권을 무시한 주주총회 결의에 대한 구제수단

(가) 의제제안과 의안제안을 구분하여 효력을 달리 보는 견해

주주제안권을 무시한 주주총회 결의에 대해서는 통설은 의안제안과 의제제안을 구분해서 그 효력을 달리 본다.77) 즉, 의안제안을 무시한 주주총회

77) 이철송, 전게서, 506면~507면; 송옥렬, 전게서, 898면.: 주주가 적법한 절차를 거쳐 주주

결의는 취소할 수 있으나, 의제제안을 무시한 주주총회 결의는 취소 대상이 되는 결의 자체가 없어 취소할 수 없다는 것이다.

의안제안이 무시된 경우에는 그 주주총회 결의를 취소할 수 있다. 예컨대 이사선임 안건이 의제였는데 주주가 제안한 후보를 의안으로 올리지 않고 통지에도 기재하지 않은 경우라면 그 결의는 소집절차 또는 결의방법에 하자가 있어 취소할 수 있다고 한다.[78]

서울고법 판결에서도 이를 긍정하였다.[79] 즉 「이사회가 주주의 의안제안을 부당하게 거절한 경우, 즉 주주가 의안제안권을 행사하여 회사의 제안에 대하여 수정제안이나 반대제안 등을 하였는데도 제안한 의안의 요령을 통지와 공고에 기재하지 않은 경우에는 소집절차 및 결의방법이 법령에 위반하여 당해 의안에 대응하는 의제에 대한 결의는 상법 제363조의2를 위반한 위법한 결의이다. 따라서 의안제안을 무시한 결의는 상법 제376조에 따라 취소할 수 있다」라고 판시하였다.

한편 의제제안을 무시한 경우, 즉 주주가 제안한 목적사항을 소집통지에 기재하지도 않고 의제로 상정하지도 않는 경우, 어떠한 효과가 주어지는지를 둘러싸고 다양한 견해가 존재한다. 일본에서는 주주총회에서 이루어진 모든 결의의 취소사유가 된다는 견해가 있다고 한다.[80] 의제제안권의 무시는 총회의 모든 결의에 영향을 미치는 공통의 절차적 하자라고 생각해야 하므로 당해 총회의 모든 결의의 취소원인으로 볼 수 있다는 것이다.[81] 그러

제안을 하였는데도 이사회가 이를 거부한 경우, 주주로서는 본안소송을 통하여 구제를 받기 전에 임시의 지위를 정하는 가처분으로써 구제를 받을 수 있는지, 어떠한 형태의 가처분이 가능한지 문제되나, 이 사건에서는 그 쟁점이 문제되지 않으므로 이를 생략한다. 이와 관련하여 서울북부지방법원 2007. 2. 28.자 2007카합215 결정에서는 「상법상 소수주주의 임시주주총회 소집청구권과 증권거래법상 주주제안권은 그 행사요건과 내용 등을 달리하고 있는데, 임시주주총회 소집청구권은 소수주주 권리의 일환으로서 주주제안권과 병행하는 별개의 권리(소수주주는 양 권리를 선택적으로 행사할 수 있다)라고 보아야 하고, 주주제안을 거부당한 주주가 반드시 임시주주총회 소집청구절차를 그 구제절차로 거쳐야 하는 것은 아니므로, 주주제안을 거부당한 주주가 임시주주총회 소집청구를 하지 아니한 채, 주주제안권 자체의 실현을 위하여 거부당한 의안을 주주총회의 목적사항으로 상정시키는 형태의 가처분을 신청하는 것을 두고 적법한 구제절차인 임시주주총회 소집청구제도를 잠탈하는 것이라고 볼 수 없다」라고 판단하였다.

78) 이철송, 전게서, 506면; 송옥렬, 전게서, 898면.

79) 서울고법 판결의 제1심 판결도 마찬가지이다.

80) 이철송, 전게서, 506면.

81) 노일석, 전게논문, 45면.

나 정관변경 안건이 의제였는데 주주제안이 된 이사선임 안건이 아예 의제로 다루어지지 않은 경우, 주주제안에 대응하는 결의가 없게 된다. 이 경우 정관변경의 결의를 취소할 수 있다고 하면 주주제안에 너무 강한 효과를 부여하는 결과가 된다.[82] 의제제안과 무관한 결의일 경우 그 효력은 유지되어야 하므로,[83] 주주제안에 관한 하자로 주주총회의 모든 결의의 효력이 뒤집어진다는 것은 지나치다고 한다.[84] 이와 같이 볼 경우 의제제안의 부당거절에 대해 주주의 주주제안권이 충분히 보호되지 못하는 문제가 있으나,[85] 주주는 이사에 대하여 손해배상을 청구하는 방식으로 대응할 수 있을 뿐이라고 한다.[86]

서울고법 판결에서도 「이사회가 주주가 제안한 의제 자체를 부당하게 거절하여 주주총회의 의제로 상정하지 않은 경우라면 그 의제 자체가 주주총회에서 다루어지지 않게 되므로 주주제안에 대응하는 결의 자체가 존재하지 않는 것이고, 따라서 주주의 주주제안권이 부당하게 침해되었다고 하더라도 의제제안의 부당거절이 주주총회에서 이루어진 다른 결의의 효력에는 영향을 미치지 않는다」라고 하였다.[87]

(나) 연관성 등 실질을 고려하여 효력을 달리 보는 견해

주주제안된 내용이 다른 의제나 의안의 전제가 될 경우 주주가 제안한 의제제안과 의안제안을 부당하게 거절했다면, 주주총회에서 관련성 있는 의제에 대해 이루어진 결의는 취소될 수 있다고 해석하는 견해이다.[88] 이 견해에서는 주주의 의안제안이 부당하게 거절된 경우라도 일률적으로 취소사유가 된다고 보지 않고, 부당하게 거절된 의안과 직접적으로 인과관계가 있

82) 정동윤 편, 전게서, 364면; 김건식 외 2인, 전게서, 282면; 이철송, 전게서, 506면~507면; 송옥렬, 전게서, 898면.

83) 정의종, "개정 회사법", 「인권과 정의」 제270호, 대한변호사협회, (1999), 65면.

84) 노일석, 전게논문, 45면.

85) 노일석, 전게논문, 45면.

86) 정동윤 편, 전게서, 364면; 김건식 외 2인, 전게서, 282면; 이철송, 전게서, 506면~507면; 송옥렬, 전게서, 898면.

87) 서울고등법원 2015. 3. 27, 선고 2014나26769 판결에서도 「소수주주가 제안한 주주제안이 부당하게 거절되어 주주총회의 목적사항에 포함되지 않은 경우에 이사에 대한 과태료 처분이나 법령위반에 따른 민사책임을 추궁함은 별론으로 하고 이 사건 결의 자체의 취소를 구할 수는 없다」라고 판단하였다.

88) 윤영신, 전게논문, 16면.

는 결의, 즉 부당하게 거절된 의안과 의제에 관해 성립한 결의가 양립할 수 없는 경우에만 결의취소사유가 있다고 본다.[89)]

일본에서 이와 유사한 견해가 있다.[90)] 이 견해는 의제제안의 부당거절은 원칙적으로 주주총회에서 성립한 결의의 취소원인이 아니라고 한다. 그러나 의제제안권과 의안통지청구권의 행사가 주주총회에서 다른 의제·의안에 대하여 전제가 되는 관계에 있는 경우에는 의제·의안제안의 부당거절이 후속 의제에 관한 결의에 영향을 줄 수 있다고 한다. 이러한 특정한 의제제안과 의안통지청구의 내용이 주주총회에서 다른 의제에 대한 전제관계에 있는 경우에는 전제로 되는 의제제안의 부당거절은 그 하자가 없었다면 다른 의제에 관한 결의가 성립하지 않았을 가능성이 있다는 의미에서 다른 의제에 관하여 성립한 결의에 직접적인 인과관계가 있기 때문에 그 주주총회결의의 취소원인이 된다고 본다.

(다) 검 토

주주가 적법한 절차를 거쳐 주주제안을 하였는데도 이사회가 이를 거부한 경우 주주총회결의의 효력에 관해서는 원칙적으로 의안제안과 의제제안을 구분하여 효력을 달리 보아야 한다.

의제제안을 부당거절한 경우에는 의제제안에 직접 대응하는 결의가 없기 때문에 원칙적으로는 취소할 대상이 없다. 그러나 예외적으로 실제 주주총회에서 이루어지는 결의가 부당거절된 의제제안과 직접적인 관련을 가지는 경우가 있다. 예컨대 이익배당이나 주식배당에 관한 규정 변경에 대해 주주제안을 하였으나, 그에 대하여 주주총회에서 아무런 결의도 하지 않은 채 이익배당의 구체적인 안건을 다루고 그에 대해 주주총회에서 결의가 이루어지는 경우를 상정해 볼 수 있다. 그러한 경우 주주제안권이 행사된 이익배당 관련 사항에 관해 실제로 결의가 이루어졌다면, 주주총회에서 실제로 이루어지는 이익배당 관련 결의의 구체적인 내용이 달라질 수도 있을 것이다. 따라서 의제제안의 경우 예외적으로 주주제안된 내용이 부당하게 거절됨으로써 주주총회에서 실제로 이루어진 결의에 실질적인 영향을 줄 때에는 주주총회

---

89) 윤영신, 전게논문, 16면.

90) 吉本健一, "株主提案の不当拒絶と株主總會決議の效力", 「阪大法學」 第61巻 第3號·第4號, (2011), 676頁~677頁.

에서 이루어진 결의를 취소할 수 있다고 보아야 한다.91)

그러나 의안제안의 경우에는 당해 의안제안이 부당하게 거절된 채 결의가 이루어지면 주주총회결의 취소사유가 있다고 보면 된다. 주주총회에서 이루어진 결의가 주주제안과 직접적으로 인과관계가 있는지 여부를 논의할 필요가 없다.

한편, 의제와 의안이 일치하는 경우 주주제안된 내용이 무시된 채 주주총회결의가 이루어졌고 그 안건이 주주총회에서 전혀 다루어지지 않았다면, 그 효력을 의제제안의 부당거절과 동일하게 보아야 한다. 의제제안과 마찬가지로 원칙적으로는 대응하는 결의가 없기 때문이다.

부당거절이 있는지 여부를 판단할 때에는 변형 긍정설에 따라 의제제안이나 의안제안 모두 적법한 한도에서 변형 상정이 되었다면 주주제안권이 침해되었다고 볼 것은 아니다.

서울고법 판결의 사건에서 원고들은 "현재 재직 중인 이사 이외에 2명의 이사를 추가로 선임하고, 원고 A와 B를 후보로 한다."라는 내용을 정기주주총회 목적사항 및 안건으로 상정할 것을 제안하면서, 주주총회 목적사항과 안건을 명확히 구분하지는 않았다. 이 사건에서 원고들이 주주제안한 내용은 '현재 재직 중인 이사 이외에 2명의 이사를 추가로 선임할지 여부'와, '2명의 이사 추가선임이 결정된 경우에 원고 A와 B를 후보로 하는 것'이 결합된 것이다. 그리고 주주총회에서 실제로 다루어진 의제는 "현 이사 외 2명의 이사를 추가로 선임할지 여부에 대한 당부"의 판단이었다. 그러므로 원고들이 주주제안한 내용이 그 한계를 벗어나 변형 상정된 것은 아니기 때문에 주주제안권이 침해되었다고 보기 어렵다.

서울고법 판결은 「정기주주총회에서 실제로 다루어진 의제가 단순히 '현 이사 외 2명의 이사를 추가로 선임할지 여부에 대한 당부의 판단'으로 원고들이 제안한 주주제안의 의제와, 2014. 3. 26. 정기주주총회에서 다루어진 의제는 서로 다르다」고 판단하였다. 그러나 「C를 이사로 선임한 결의는 2014. 3. 26. 주주총회 당시 재직 중이던 피고의 이사 3명 중 1명이었던 C의 임기가 곧 도래함에 따른 것이고, 원고들이 제안한 '현 이사 외 2명의 이사

---

91) 吉本健一, 前揭論文, 678頁.

추가 선임'과 관련된 것은 아니므로, 원고들의 주주제안권을 침해한 위법을 문제삼아 위 결의까지 취소할 수는 없다」고 판단하였다.

서울고법 판결[92]은 주주제안된 내용에 대해 변형 상정을 인정하지 않는 견해에 따른 것이나, 그 결의를 취소할 수 없다고 판단한 점에서는 변형 긍정설과 동일한 결론에 이르렀다.

Ⅵ. 株主提案權의 濫用

1. 問題의 提起

주주제안권은 주주총회의 권한사항에 대해 폭넓게 행사될 수 있다. 이렇게 폭넓은 범위에서 주주제안권을 행사하는 것이 가능하다 보니 주주제안권을 행사한다는 명목으로 주주제안권을 남용할 수 있다. 이는 주주제안권 행사의 한계와 관련된 문제이다. 주주제안권 제도는 그 권리의 실질적 보호라는 문제와 함께 남용의 방지도 자주 문제된다.[93]

물론 상법 제363조의2 제3항에서 주주제안을 거부할 수 있는 사유를 규정하고 있다. 그러나 위 규정에 해당하지 않는 경우라도 주주제안권 남용이 문제될 수 있다. 실제로 회사에 도움이 전혀 되지 않는 내용으로 주주제안권을 행사하는 경우가 많다.

주주제안권을 남용하는 구체적인 사례를 살펴볼 필요가 있다. 주주제안의 거부 또는 제한 사유로 볼지 논란이 되는 사례로 주주가 회사의 경영상황을 도외시한 채 특정제품의 가격을 10% 인상하라는 주주제안을 하는 경우,[94] 회사의 자산규모로 보아 사실상 실현불가능한 사업목적을 추가하는 경우,[95] 임시주주총회 소집허가를 통해 여러 차례 부결된 사항에 대해 주주제안권을 행사하는 경우, 무제한적으로 이사수를 증원할 것을 주주제안하는

---

92) 서울고법 판결의 제1심 판결도 마찬가지이다.

93) 정의종, 전게서, 66면; 한철, "고용문제와 주주제안권", 「비교사법」 제6권 제2호, 한국비교사법학회, (1999), 632면에 의하면, 주주제안권을 광범위하게 인정할 경우에는 주주제안의 홍수로 기업의 경영진이 이에 대응하는 데 과도한 정력과 비용을 투입해야 하는 상황이 발생할 수 있고, 엄격하게 주주제안권의 행사를 제한하면 회사 경영진 보호에 치중하게 되어 주주보호가 어렵게 된다.

94) 김건식 외 2인, 전게서, 281면.

95) 이철송, 전게서, 504면.

경우 등을 들 수 있다.

일본에서는 주주 공동의 이익을 고려하지 않고 오로지 자기 현시 욕구를 과시하거나 회사를 당혹스럽게 할 목적으로 주주제안권을 행사하거나 제도의 취지에서 벗어나 행사하는 사안이 늘고 있다. 예컨대, 특정 회사의 특정 주주가 매우 많거나 긴 의안을 제안하거나, 황당한 내용의 의안 또는 회사의 특정 인물에 대한 인격적 공격을 할 의도로 의안을 제출하는 경우가 있다고 한다.96) 간사이전력(關西電力)은 2016년 원자력발전소의 폐로와 사회적 책임(CSR) 강화 등 22건의 주주제안을 받았다. 일본에서 소수주주가 대량의 주주제안권을 행사해 기업에 과도한 부담을 주는 사례가 늘어나면서 법무성은 주주의 권리를 부당하게 제한하지 않으면서 회사의 부담을 줄이기 위하여 횟수를 제한하는 방안을 검토하고 있다.97)

광범위한 주주총회 권한사항에 대해 주주제안을 할 수 있기 때문에 주주제안권 남용이 문제된다. 이에 관한 명시적 규정이 없기 때문에, 주주제안권의 남용을 해석론으로 해결하는 방안을 검토할 필요가 있다.

2. 濫用의 要件

대법원 판례는 권리남용의 요건으로 객관적 요건과 주관적 요건을 요구하고 있다. 즉, 권리행사가 권리의 남용에 해당한다고 할 수 있으려면, 주관적으로 그 권리행사의 목적이 오직 상대방에게 고통을 주고 손해를 입히려는 데 있을 뿐 행사하는 사람에게 아무런 이익이 없는 경우이어야 하고, 객관적으로는 그 권리 행사가 사회질서에 위반된다고 볼 수 있어야 하는 것이다. 이러한 경우에 해당하지 않는 한 비록 그 권리의 행사에 의하여 권리행사자가 얻는 이익보다 상대방이 잃을 손해가 현저히 크다고 하여도 그러한 사정만으로는 이를 권리남용이라 할 수 없다고 한다.98) 이처럼 판례의 기본적인 태도는 권리남용을 엄격하게 한정하여 인정하고 있다.99)

---

96) 酒井太郎, "日本の株主提案權制度の現狀と諸問題", 「21世紀商法論壇 第16回國際硏討會論文集」, (2016), 4頁.

97) 한국경제 2017. 2. 10.자(주 4); 日本経濟新聞 2017. 12. 11.자(주 4).

98) 대법원 2010. 2. 25. 선고 2009다58173 판결 등 다수.

99) 이에 대한 비판으로는 곽윤직 · 김재형, 「민법총칙」 제9판, 박영사, (2016), 85면.

그러나 상계권의 행사가 권리남용에 해당하는지에 관하여는 일반적인 권리 남용의 경우에 요구되는 주관적 요건을 필요로 하는 것은 아니라고 보고 있다. 즉 당사자가 상계의 대상이 되는 채권을 취득하거나 채무를 부담하게 된 목적과 경위, 상계권을 행사함에 이른 구체적·개별적 사정에 비추어, 그것이 상계제도의 목적이나 기능을 일탈하고 법적으로 보호받을 만한 가치가 없는 경우에는 그 상계권의 행사는 신의칙에 반하거나 상계에 관한 권리를 남용하는 것으로서 허용되지 않는다고 해야 하고, 상계권의 행사를 제한하는 위와 같은 근거에 비추어 일반적인 권리 남용의 경우에 요구되는 주관적 요건을 필요로 하는 것은 아니라는 것이다.[100)]

주주제안권의 남용의 경우에도 상계권의 남용과 유사하게 요건을 파악할 수 있다. 주주제안권이 상법상 소수주주권의 하나로 인정되고 있으므로, 소수주주권 및 주주제안권 제도의 취지, 주주제안권을 행사하는 목적과 경위 등 주주제안권을 행사하게 된 구체적·개별적 사정에 비추어, 주주제안권 제도의 목적이나 기능을 일탈하고 법적으로 보호받을 만한 가치가 없는 경우에는 주주제안권을 남용하는 것으로서 허용되지 않는다. 일반적인 권리 남용의 경우에 요구되는 주관적 요건을 필요로 하는 것은 아니다.

3. 濫用의 效力

주주제안권이 남용되었다고 인정되는 경우에는 소수주주가 주주제안한 내용을 주주총회의 목적사항 등으로 다루지 않았더라도, 주주제안권을 침해한 것은 아니다.

주주제안권을 행사할 수 있는 주주는 임시주주총회의 소집을 요구할 수 있다. 그런데 동일한 주주가 이 두 가지를 대체수단으로 활용할 수 있는지 문제된다. 주주제안권과 임시주주총회 소집청구권은 그 지주요건과 제도의 취지가 다르므로 소수주주가 정기주주총회에서 주주제안을 하여 부결된 안건을 위하여 다시 임시주주총회 소집청구권을 행사하는 데 법령상 장애는 없다.[101)] 그런데 서울고등법원 2005. 5. 13.자 2004라885 결정에서는, 주주제

100) 대법원 2003. 4. 11. 선고 2002다59481 판결.
101) 서울고등법원 2005. 5. 13.자 2004라885 결정.

안을 통해 총회에 상정하였으나 부결된 안건을 다루기 위해 3년 내에 소수주주가 임시주주총회 소집청구를 한 사건에서 그 신청을 기각하였다.102) 주주제안권 행사와 임시주주총회 소집청구 사이에 중대한 사정변경이 없다면, 주주제안 관련 법령에서 3년 이내에 다시 동일한 내용의 주주제안을 할 수 없도록 반복제안을 금지하는 법의 취지를 잠탈한다는 것이다.

한편 「상법이 주주제안권을 임시주주총회 소집청구권과 별도로 인정하고 있으므로, 임시주주총회 소집청구가 가능하다는 이유만으로 정기주주총회의 안건에 대해 주주제안권을 행사할 수 없는 것은 아니다」라는 결정이 있다.103) 소수주주가 특정 주주총회에서 제안할 수 있는 의제나 의안의 수에 대해 제한은 없다. 그러나 과도한 수의 제안을 하거나 주주총회를 진행하는 것이 거의 불가능할 정도로 비용과 시간을 과도하게 요구하는 제안은 제안권의 남용으로 거부될 수 있다.104)

Ⅴ. 結　論

주주제안권이 도입된 지 거의 20년의 세월이 지났다. 주주총회의 의사결정에 주주를 참여할 수 있도록 함으로써 회사의 경영에 주주의 의사를 반영시키고자 하는 것이 주주제안권 제도이다.105) 주주제안권을 도입한 초기에는 주주제안권의 행사로 상정된 의안이 주주총회에서 가결될 것을 기대하

102) 이철송, 전게서, 505면.; 위 서울고등법원 2004라885 결정.; 위 사건은 에스케이 주식회사와 소버린 사이의 분쟁에 관한 것이다.

103) 청주지방법원 2011. 3. 15.자 2011카합107 결정에서는 채무자 회사가 주주제안을 받고도 이를 정기주주총회에 상정하지 아니할 의사를 분명히 한 사례에서 의안상정가처분 신청을 인용하였다. 그 사건에서 채무자 회사는 채권자들이 신청한 주주제안의 안건을 임시주주총회의 안건으로 이미 상정하였고, 나아가 채권자들 스스로 직접 상법 제366조 소정의 임시주주총회 소집청구권을 행사할 수 있으므로 이 사건 신청은 보전의 필요성이 없다고 주장하였다. 그러나 「상법이 주주제안권을 임시주주총회 소집청구권과 별도로 인정하고 있는 점, 채무자가 이전에 개최하기로 하였던 임시주주총회를 4회에 걸쳐 그 기일을 변경한 점에 비추어 임시주주총회 역시 그 기일이 변경될 수 있는 것으로 보이는 점, 채권자들이 직접 임시주주총회 소집청구권을 행사할 경우 그에 소요되는 비용과 시간이 적지 않을 것으로 보이는 점 등을 감안할 때, 특별한 사정이 없는 한 채권자들이 주주제안한 안건이 임시주주총회의 안건으로 상정되었고, 채권자들이 직접 임시주주총회 소집청구가 가능하다는 이유만으로는 이 사건 신청에 보전의 필요성이 있다」고 판단하였다.

104) 김건식 외 2인, 전게서, 281면.; 일본의 최근 판례는 한 주주가 58건의 제안을 한 경우에도 남용에 해당하지 않는 것으로 판단하였다고 한다.

105) 노일석, 전게논문, 29면.

기보다는 주주총회 활성화나 의사소통에 큰 의미를 두었다.106) 그러나 상당수의 주식을 보유한 주주들이 경영권 장악 또는 변경의 목적으로 주주제안권을 행사하는 사례가 점차 많아지고, 남용도 점차 문제되었다.

주주제안권은 주주총회의 권한 사항에 대하여 폭넓게 행사될 수 있다. 그러나 주주에게 무제한의 제안권을 줄 수는 없다. 주주제안권의 행사로 말미암아 이사회의 권한이 과도하게 침해되거나 다른 주주의 이익이나 권리가 부당하게 침해되어서는 안 된다.

정관에 이사의 상한에 대하여 아무런 규정이 없는 경우 복수의 이사 선임에 대한 주주제안권을 행사하면서 집중투표청구를 하는 경우가 많다. 그러나 집중투표와 주주제안권은 별개의 문제로서, 주주총회에서 복수의 이사를 선출할 것이 확정되었을 때 비로소 문제되는 것이다. 집중투표 청구 자체는 주주제안의 내용이 될 수 없다.

또한 양립 가능하지 않은 주주제안권이 각각 행사되거나 논리적으로 선결되어야 할 문제를 생략한 채 주주제안권이 행사되는 경우가 있다. 이러한 경우 이사회는 주주제안의 본질적인 취지를 벗어나지 않는 범위 내에서 주주제안된 내용을 변형 상정할 수 있다고 보아야 한다. 이사회에 주주총회의 소집이나 진행 등의 운영을 맡겨져 있기 때문에, 주주제안권을 침해하지 않는 한도에서는 주주총회를 효율적으로 운영할 수 있도록 하여야 할 것이다.

주주가 적법한 절차를 거쳐 주주제안을 하였는데도 이사회가 이를 거부한 경우 그 주주총회결의의 효력은 원칙적으로 의안제안과 의제제안을 구분해 보아야 한다. 의안제안의 경우에는 주주총회결의 취소 사유가 있다고 볼 수 있지만, 의제제안의 경우에는 그에 상응하는 결의가 없기 때문에 취소 사유가 없다고 보아야 한다. 그러나 의제제안의 경우 예외적으로 부당거절된 의제제안이 주주총회의 다른 의제·의안에 대하여 전제가 되는 관계가 있고, 전제로 되는 의제제안의 부당거절이 없다면 다른 의제에 대한 결의가 달라질 가능성이 있는 경우에는 그 결의는 취소 사유가 있다고 보아야 한다. 한편, 적법한 한도에서 변형 상정이 되었다면 주주제안권이 침해되었다고 볼 것은 아니다.

---

106) 노일석, 전게논문, 29면.

현재 실무에서는 주주제안된 내용이 그대로 주주총회의 안건으로 상정되어야만 주주제안권이 침해되지 않는다고 보는 경향이 많다. 그러나 이는 주주제안권을 지나치게 평면적으로 이해한 것이다. 주주가 회사의 의사결정에 실질적으로 참여하는 것을 보장하면서도 주주총회의 공정하고 효율적인 운영이 가능하도록 주주제안권의 행사를 적절하게 규율할 필요가 있다.

株式의 包括的 交換과 株主總會決意取消의 訴의 原告適格 및 株主總會決意不存在確認의 訴의 確認의 利益*

李 度 京**

◎ 대법원 2016. 7. 22. 선고 2015다66397 판결

[事實의 概要]

1. 事實關係

(1) 당사자들의 지위

피고는 은행법에 의한 은행 업무를 그 주된 목적으로 하여 설립된 은행이고, 원고들은 피고의 2011. 3. 31.자 주주총회 당시 피고의 주주였다.

(2) 피고의 2011. 3. 31.자 주주총회 개최

피고는 2011. 3. 31. 이 사건 주주총회를 개최하여, 제44기(2010. 1. 1.~2010. 12. 31.) 재무상태표, 손익계산서 및 이익잉여금 처분계산서 승인 안건(이익잉여금 처분계산서상의 주당 배당금 원안 580원을 850원으로 수정하여 승인)을 비롯하여 6개 안건[1]에 대하여 결의하였다(이하 '이 사건 주주총회결의'라고 한다). 이 사건 주주총회 당시 피고의 주주로는 벨기에국 법인인 甲 회사(지분율 51.02%) 등이 있었고, 甲 회사는 이 사건 주주총회에서 위 지분율에 따른 의결권을 행사하였다.

---

* 제41회 상사법무연구회 발표 (2016년 10월 8일)
본 평석은 「BFL」 통권 제81호, 서울대학교 금융법센터, (2017)에 게재하였음.

** 대구지방법원 판사

1) 나머지 5개 안건은 ① 정관 일부 변경의 건, ② 이사 선임의 건, ③ 감사위원회 위원 선임의 건, ④ 이사보수한도 승인의 건, ⑤ 주식매수선택권 부여분 승인의 건이다.

(3) 이 사건 주식교환

주식회사 하나금융지주(이하 '하나금융지주'라고 한다)는 2012. 1. 27. 피고를 하나금융지주의 자회사로 편입하는 것에 대하여 금융위원회로부터 금융지주회사법 제16조 제1항에 따른 승인을 받았고, 하나금융지주는 2012. 2. 9.부터 2012. 6. 28.까지 피고가 발행한 총 주식 중 약 60%에 해당하는 주식을 취득하였다.

하나금융지주는 2013. 1. 28. 피고와 사이에, 피고의 주주명부에 기재된 주주 중 하나금융지주를 제외한 주주들(당시 피고 발행주식의 약 40%를 보유하고 있었고, 원고들도 여기에 포함된다. 이하 '소수주주'라고 한다)이 보유하는 피고의 주식을 모두 하나금융지주에 이전하고, 하나금융지주가 소수주주에게 하나금융지주의 신주를 배정하거나 하나금융지주의 자기주식을 교부하기로 하는 내용의 주식의 포괄적 교환계약(이하 '이 사건 주식교환계약'이라고 한다)을 체결하였고, 같은 날 피고와 하나금융지주의 각 이사회에서 이 사건 주식교환계약에 대한 승인이 이루어졌으며, 피고 주식과 하나금융지주 주식의 교환비율은 당시 시행되던 구 자본시장과 금융투자업에 관한 법률(2013. 5. 28. 법률 제11845호로 개정되기 전의 것, 이하 같다) 제165조의4 제3호 및 그 위임에 따른 구 자본시장과 금융투자업에 관한 법률시행령(2013. 6. 21. 대통령령 제24636호로 개정되기 전의 것, 이하 같다) 제176조의6 제2항, 제176조의5 제1항 제1호에 따라 주식의 포괄적 교환을 위한 이사회 결의일과 주식의 포괄적 교환계약을 체결한 날 중 앞서는 날의 전일인 2013. 1. 27.을 기산일로 한 종가를 기초로 하여 산정되었다.

피고가 2013. 3. 15. 개최한 주주총회에서 특별결의 요건을 충족하여 이 사건 주식교환계약에 대한 승인결의가 이루어졌고, 2013. 4. 5. 하나금융지주가 피고의 100% 지분을 보유한 주주가 되었다. 이에 따라 원고들은 피고의 주주에서 하나금융지주의 주주로 지위가 바뀌게 되었다.

(4) 주식교환무효의 소의 진행

이 사건 주식교환 당시 피고의 주주였던 359명(이 사건의 원고들 중 1인이 포함되어 있다)은 피고 및 하나금융지주를 상대로 주식교환의 무효확인을 구하는 소를 제기하였으나, 위 사건에서 2014. 6. 26. 일부 원고들의 경우 위 사건의 변론종결 당시 피고 주주의 지위에 있지 않다는 이유로 소를 각하하고, 나머지 원고들에 대하여도 이 사건 주식교환이 무효라고 볼 수 없다는 이유로 청구를 기각하는 판결이 선고되었으며, 위 사건의 원고들이 항소하여 이 사건의 원심 변론종결일 당시 항소심 계속 중이었다.[2)]

2. 原告들의 請求原因

이 사건 주주총회 당시 피고의 주주인 甲 회사는 구 은행법(2013. 8. 13. 법률 제12101호로 개정되기 전의 것, 이하 같다) 제16조의2 제1항에서 정한 '비금융주력자'에 해당하여 구 은행법 제16조 제1항에 따라 은행인 피고 발행주식의 100분의 4를 초과하는 주식에 대하여는 의결권을 행사할 수 없는데도, 주주(지분율 51.02%)의 지위에서 위 지분율에 따른 의결권을 행사한 중대한 하자가 있다고 주장하면서, 주위적으로 이 사건 주주총회결의의 부존재확인을, 예비적으로 그 취소를 구하는 소를 제기하였다.

[訴訟의 經過]

1. 第1審의 判斷

제1심은 다음과 같은 이유를 들어 이 사건 소를 모두 각하하였다.

상법 제376조 제1항은 주주총회결의 취소의 소를 제기할 수 있는 자를 당해 회사의 주주, 이사 또는 감사로 한정하고 있다. 한편 주주총회결의 부존재확인의 소는 제소권자에 관하여 아무런 제한을 두고 있지 않아 확인의 이익이 있는 자는 누구라도 원고적격이 있다고 할 것이니, 주주총회결의 취소의 소를 제기할 수 있는 당해 회사의 주주, 이사, 감사 이외에는 주주총회결의에 의하여 권리 또는 법적 지위가 구체적·직접적으로 침해되는 경우가 아닌 이상 그 확인의 이익이 있다고 할 수 없다. 그런데 이 사건 주주총회결의가 이루어질 당시 원고들은 피고의 주주였으나 피고와 하나금융지주가 이 사건 주식교환을 완료하여 하나금융지주가 피고의 100% 주주가 되었으므

2) 한편 이 사건의 원심 변론종결일(2015. 9. 3.) 이후인 2015. 9. 17. 위 주식교환무효의 소는 소의 취하로 종결되었다.

로, 원고들은 더 이상 피고의 주주가 아니게 되었다.

따라서 주주가 아닌 원고들은 상법 제376조 제1항에 따라 이 사건 주주총회결의취소의 소를 제기할 원고적격이 인정되지 않고, 달리 원고들이 이 사건 주주총회결의 부존재확인을 구할 확인의 이익이 있다고 인정할 만한 증거도 없다.

2. 原審의 判斷

이에 대하여 원심도 다음과 같은 이유를 들어 이 사건 소가 모두 부적법하다고 판단하였다.

(1) 이 사건 주주총회결의 부존재확인을 구하는 부분

원고들이 주장하는 사정, 즉 이 사건 주주총회결의가 부존재하는 것으로 확인이 되는 경우 이 사건 주주총회결의에 근거한 배당액은 모두 피고에게 반환되어야 하고, 위 금액은 모회사인 하나금융지주의 이익이 되므로, 이 사건 주식교환에 따라 하나금융지주의 주주가 된 원고들은 이 사건 주식교환에도 불구하고 이 사건 주주총회결의의 부존재에 대한 확인을 구할 구체적이고 직접적인 이익이 있다는 것만으로는, 더 이상 피고의 주주로 보기 어려운 원고들에 대하여, 이 사건 주주총회결의가 원고들의 권리 또는 법적 지위를 구체적으로 침해하고 또 직접적으로 이에 영향을 미치는 경우에 해당한다고 보기 어렵다.

(2) 이 사건 주주총회결의 취소를 구하는 부분

상법 제376조 제1항은 주주총회결의 취소의 소를 제기할 수 있는 자를 당해 회사의 주주, 이사 또는 감사로 제한하고 있다. 이 사건 주주총회결의 당시 원고들은 피고의 주주였으나, 피고와 하나금융지주가 이 사건 주식교환을 통하여 하나금융지주가 피고의 100% 주주가 되고 원고들은 더 이상 피고의 주주가 아니게 되었으므로 변론종결 당시 피고의 주주가 아닌 원고들은 주주총회결의 취소의 소에서의 원고적격이 인정되지 않는다.

원고들은, 이 사건 소 제기 당시에는 피고의 주주였고 그 이후 이 사건 주식교환에 따라 원고들의 의사에 반하여 피고 주주의 지위를 상실한 이상, 원고적격이 부인되어서는 아니 된다고 주장하지만, 원고적격에 관한 사항은 소송요건에 관한 것으로서 사실심 변론종결시를 기준으로 법원이 조사하여 판단하여야 할 것이므로, 당심 변론종결 당시 원고들에게 이 사건 주주총회결의 취소의 소를 제기한 원고적격이 인정되지 않는 이상 이 사건 소 제기 당시의 사정을 고려할 것이 아니다.

3. 上告理由의 要旨

(1) 이 사건 주주총회결의 부존재확인을 구하는 부분

주주총회결의 부존재확인의 소에서, ① 원고들은 이 사건 주주총회결의 당시 피고의 주주였으나 이 사건 주식교환으로 인하여 그 의사와 무관하게 하나금융지주의 주주로 지위가 변경된 것이고, ② 이 사건 주주총회결의의 부존재가 확인될 경우 배당금으로 수령한 금원이 피고에게 반환되어야 하는데 이는 결국 모회사인 하나금융지주의 이익으로 귀속되어 하나금융지주의 주주인 원고들에게 직접적인 이익이 있다고 볼 수 있고, 과다한 배당금을 결의한 이 사건 주주총회결의를 통하여 피고의 주식가치가 하락하고 결과적으로 이 사건 주식교환비율에도 영향을 미쳐 원고들에게 손해가 발생하였으므로, 원고들은 피고의 주주로서의 지위는 없다고 하더라도 피고의 모회사인 하나금융지주의 주주로서 이 사건 주주총회결의의 중대한 하자가 확인될 경우 누리게 될 구체적·직접적 이익이 있다.

(2) 이 사건 주주총회결의 취소를 구하는 부분

주주총회결의 취소의 소에 관하여 규정한 상법 제376조 제1항은 제소권자인 주주의 지위와 관련하여 언제까지 그 지위가 유지되어야 하는지에 관하여 명확히 정해놓지 아니하였는데, 대부분의 견해는 소 제기 당시에 주주의 지위를 가지면 된다는 입장을 취하고 있고, 변론종결 시까지 주주의 지위를 유지해야 한다고 보는 일부 견해도, 주주총회결의 취소의 소는 회사 전체의 이익을 위해 제기되는 공익적 성격의 소이므로 제소자의 개인적 사정에 결부시켜 소를 종결시키는 것은 부당하다는 입장이다.

그리고 주주총회결의 취소의 소에서 제소권자로서의 주주의 지위가 변동되는 사정은 임의적·개인적 사정에 의한 경우(자의에 의한 주식 처분의 경우)와 강제적·조직적 사정에 의한 경우(주식의 포괄적 교환의 과정에서 모회사의 주식을 교부받게 되는 경우)를 구분하여야 한다. 후자의 경우에는 주주의 지위가 변동된 후에도 모회사를 통하여 직·간접적으로 대상회사를 지배하고 있으므로 단체법적인 법률관계에서 완전히 탈퇴하였다고 볼 수 없고, 원고들은 피고의 조직법상 변경으로 인하여 자신들의 의사와 무관하게 피고의 주주 지위를 상실하게 되었는데 이러한 경우에까지 원고적격을 부정하는 것은 주주총회결의취소의 소를 인정하는 상법의 취지에 반한다.

따라서 주주총회결의 취소의 소 제기 후 주주의 지위가 이 사건 주식교환에 따라 원고들의 의사와 무관하게 소멸된 경우에 원고적격을 부정하는 것은 부당하다.

[判例의 要旨]

1. 이 事件 株主總會決議 不存在確認을 求하는 部分

① 이 사건 주주총회결의가 부존재하는 것으로 확인이 되어 이 사건 주주총회결의에 근거한 배당액이 모두 피고에게 반환됨으로써 피고의 완전모회사인 하나금융지주에 이익이 된다고 하더라도, 이로 인하여 하나금융지주의 주주인 원고들이 갖는 이익은 사실상·경제상의 것에 불과하므로, 원고들은 이 사건 주주총회결의 부존재의 확인을 구할 법률상 이익을 가진다고 할 수 없고, ② 이 사건 주주총회결의 내지 그에 따른 배당금 지급이 그로부터 약 1년 10개월 후의 시장주가에 근거한 이 사건 주식교환비율의 결정에 영향을 미쳤다고 단정하기 어렵고, 설령 이 사건 주주총회결의가 이 사건 주식교환비율의 결정에 영향을 미쳤다고 하더라도 이 사건 주식교환비율의 불공정 또는 이 사건 주주총회결의 성립과정에서의 위법 등을 이유로 주식교환무효의 소 또는 손해배상청구의 소를 통하여 직접 다툴 수 있는 것이어서 이 사건 주주총회결의 부존재의 확인을 구하는 것이 이 사건 주식교환비율을 둘러싼 분쟁을 가장 유효·적절하게 해결하는 수단이 된다고 볼 수도 없으므로, 원고들에게 이 사건 주주총회결의 부존재의 확인을 구할 확인의 이익이 있다고 인정하기 어렵다는 취지의 원심의 판단은 정당하다.

2. 이 事件 株主總會決議 取消를 求하는 部分

주주총회결의 취소소송의 계속 중 원고가 주주로서의 지위를 상실하면 원고는 상법 제376조에 따라 그 취소를 구할 당사자적격을 상실하고, 이는 원고가 자신의 의사에 반하여 주주의 지위를 상실하였다 하여 달리 볼 것은 아니므로, 같은 취지의 원심의 판단은 정당하다.

[評　　釋]

Ⅰ. 株式의 包括的 交換과 株主總會決議 取消의 訴의 原告適格

1. 問題의 所在

주주총회결의 취소소송을 제기할 당시에는 원고가 주주의 지위에 있었으나 주주총회결의 취소소송 계속 중에 주주의 지위를 상실한 경우 주주총회결의취소를 구할 원고적격을 상실하는지와 관련하여, 주주총회결의 취소소송에서 원고가 주주의 지위를 갖추어야 하는 시점과 원고가 자신의 의사와 무관하게 주주의 지위를 상실한 경우에 주주총회결의 취소소송에서의 원고적격을 부정할 것인지가 문제된다.

2. 株主總會決議 取消訴訟에서 株主의 原告適格

주주총회결의 취소의 소를 제기할 수 있는 자는 주주·이사 또는 감사에 한한다. 주주는 그 주주총회결의의 당시에 주주이었을 필요는 없고 제소 당시에 주주이면 무방하다. 언제까지 주주의 지위가 유지되어야 하는지에 관하여는 소를 제기한 때로부터 그 소의 판결이 확정될 때까지 주주의 지위를 유지하여야 한다고 보는 것이 다수 견해이다.[3][4]

---

3) 정동윤(편)/송옥렬(집필), 「주석상법」 회사(III), 제5판, 한국사법행정학회, (2014), 164면; 최기원, 「신회사법론」 제14대정판, 박영사, (2012), 541면; 정동윤, 「상법(상)」 제6판, 법문사, (2012), 579면; 최준선, 「회사법」 제10판, 삼영사, (2015), 409면; 권기범, 「현대회사법론」 제6판, 삼영사, (2015), 724면.

4) 변론종결 시까지 그 자격을 유지하여야 한다는 견해로 이철송, 「회사법강의」 제24판, 박영사, (2016), 600면; 임재연, 「회사법 II」 개정3판, 박영사, (2016), 190면도 있으나, 다른

소송의 계속 중에 원고인 주주가 사망한 경우에는 당연승계의 원인이므로 상속인이 소송을 수계한다고 본다.[5] 주주가 다른 회사에 합병되는 때에도 그 포괄승계인이 소송을 수계한다고 본다.[6]

반면 주주가 주식을 양도하여 그 지위를 상실하는 경우에는 소각하판결의 대상이라는 것이 일반적인 견해이고,[7] 주식의 단순한 양수인은 양도인의 소송상의 지위를 승계하지 못한다.[8] 이에 대하여 주주총회결의 취소의 소의 공익적 성격을 고려하여 다른 주주의 소송수계를 허용하여야 한다는 소수설이 있다. 즉 주주가 주주총회결의 취소의 소를 제기한 경우 주주는 자기의 권리에 기한 측면도 있지만 회사의 기관이라는 병행적 지위에서 제소한 것으로 보아 주주가 주식을 양도한 경우에 민사소송법 제237조 제1항[9]을 유추적용하여 다른 주주의 소송수계를 허용해야 한다는 것이다.[10] 그렇지만 민사소송법 제237조 제1항은 권리주체인 사람 대신에 제3자가 당사자적격(소송수행권)을 갖게 된 경우, 즉 제3자의 소송담당의 경우에 적용되는데(예를 들어 파산재단에 관한 소송에 있어서의 파산관재인 등), 채권자대위권에 의하여 채무자의 재산에 관하여 소송을 하는 채권자, 추심명령을 받은 후 제3채무자를 상대로 소송하는 채권자 등은 여기에 해당하지 않는다고 보는 것이 일반적이고, 주주대표소송의 경우에도 주주인 자기의 지위에 기해서 소송을 하는 것이기 때문에 여기에 포함되지 않는다. 따라서 채권을 양도하거나, 추심소송의 목적채권을 양도하거나 또는 주주의 지위를 상실하는 경우 본안의 청구가 기각될 뿐이며, 소송절차가 중단되는 것은 아니다. 위와 같은 채권자나 주주가 사망한 때에는 위 규정에 의한 중단은 생기지 않고 민사소송법 제233조에 의한 중단이 생긴다.[11] 그렇다면 민사소송법 제237조 제1항을 유

취지인지는 명확하지 않다.

5) 최기원, 전게서, 541면; 최준선, 전게서, 410면; 임재연, 전게서, 190면; 권기범, 전게서, 724면 참조.

6) 권기범, 전게서, 724면.

7) 임재연, 전게서, 190면.

8) 최기원, 전게서, 541면; 최준선, 전게서, 409면-410면.

9) 제237조 (자격상실로 말미암은 중단) ① 일정한 자격에 의하여 자기 이름으로 남을 위하여 소송당사자가 된 사람이 그 자격을 잃거나 죽은 때에 소송절차는 중단된다. 이 경우 같은 자격을 가진 사람이 소송절차를 수계하여야 한다.

10) 이철송, 전게서, 600면-601면.

11) 민일영·김능환(편)/유남석(집필), 「주석민사소송법(III)」, 한국사법행정학회, (2012), 489면.

추적용하여 다른 주주의 소송수계를 허용해야 한다고 보기에는 다소 문제가 있는 것으로 보인다.

대법원 판례 중에는 주주가 보유한 주식이 공매절차 등을 통하여 매각됨으로써 주주 지위가 상실되자 주주총회결의 취소소송에서의 원고적격을 부정한 사안이 있다. 사실관계는 다음과 같다. X1은 2008. 3. 26. 주주총회결의 당시 Y1 회사가 발행한 주식 100%를 보유한 실질주주였고 위 주주총회결의의 부존재확인 및 취소를 구하였는데, 2008. 12.부터 2009. 9.까지 그 보유주식 중 70%가 체납처분에 의한 공매절차 등을 통하여 제3자에게 매각되었고, 원심 변론종결일 이후인 2011. 1. 나머지 보유주식 30%가 체납처분에 의한 공매절차를 통하여 제3자에게 매각되었다. 원심에서 Y1 회사는 X1이 Y1 회사의 주식을 소유하고 있지 아니하므로 Y1 회사의 주주, 이사, 감사에 해당하지 않고, 주주총회결의의 부존재확인을 구할 확인의 이익이 없어 X1에게 원고적격이 없다는 본안전 항변을 하였고, 이에 대해 원심은 X1이 변론종결일까지 적어도 Y1 회사가 발행한 주식의 30%를 보유하고 있는 주주라는 이유로, Y1 회사의 위 본안전 항변을 배척하였다. 대법원은 「X1은 그 보유 주식 전부가 공매절차 등을 통하여 제3자에게 매각됨으로써 Y1 회사의 주주로서의 지위를 상실하였고, 주주총회결의로 인하여 X1의 권리 또는 법적 지위에 현존하는 불안 또는 위험이 야기되었다고 볼 자료가 없는 이상, X1은 주주총회결의의 부존재확인을 구할 소의 이익이 없게 되었고, 상법 제376조에 따라 그 취소를 구할 당사자적격도 없게 되었으므로 원심 변론종결일 이후에 소가 부적법하게 되었다」라고 판단하여, 원심 판결을 파기하고 자판(제1심 판결 취소 및 소 각하)하였다.[12)]

하급심 판례 중에는 ① 주주인 X2가 주주총회결의 취소를 구하였는데, 소송 계속 중에 주식의 강제소각을 이유로 X2가 주주의 지위를 상실한 사안에서, X2에게 원고적격이 없다는 이유로 주주총회결의 취소의 소를 각하한 사례,[13)] ② 주주인 X3가 주주총회결의 취소를 구하였는데, 소송 계속 중에 주식을 제3자에게 매도한 사안에서, X3에게 원고적격이 없다는 이유로 주주총회결의 취소의 소를 각하한 사례,[14)] ③ 주주총회결의 취소의 소에 대한

12) 대법원 2011. 2. 10. 선고 2010다87535 판결.
13) 수원지방법원 여주지원 2014. 1. 9. 선고 2013가합538 판결.

사안은 아니지만, 주주인 X4가 주주총회결의 부존재 및 무효 확인을 구하였는데, 소송 계속 중에 X4의 보유 주식이 경매를 통하여 제3자에게 매각된 사안에서, 주주 지위를 상실한 X4는 원고적격이 없음을 이유로 소를 각하한 사례15) 등이 있다.

3. 株式의 包括的 交換과 株主總會決議 取消訴訟에서 株主의 原告適格

주식의 포괄적 교환은 기존의 회사 사이에서 법정의 절차를 거쳐 완전자회사로 되는 회사(乙 회사)의 주식 전부를 완전모회사로 되는 회사(甲 회사)에 강제적으로 이전하고, 乙 회사의 주주는 甲 회사가 주식교환을 위하여 발행하는 신주의 배정을 받아 甲 회사의 주주로 되어, 완전모자회사 관계를 창설하는 행위를 말한다. 주식교환의 법적 성질에 관하여는 완전자회사로 되는 회사의 주식에 대하여 완전모회사로 되는 회사의 신주가 배정되는 점에 착안하여 이를 현물출자로 보는 견해, 강제적인 현물출자와 신주발행의 병합행위라고 보는 견해, 합병에 유사한 조직법상의 행위로 보는 견해, 완전모자회사관계를 형성하는 조직법 내지 단체법상의 행위로 보는 견해 등 다양한 견해가 주장되고 있으나, 이를 대별하면 현물출자적 구성을 하는 견해와 조직법적 구성을 하는 견해로 나눌 수 있다.

주식교환의 경우에는 주주 개인이 가지는 주식을 다른 회사에 현물출자하는 경우와 같이 엄격한 조사절차가 없고, 강제성이 수반되며, 설령 개별적으로 주주 전원이 가지는 주식을 다른 회사에 현물출자하여 다른 회사의 100% 자회사가 된다고 하더라도 상법상의 주식교환에 의한 완전모자회사 관계가 발생하는 것은 아니므로, 주식의 현물출자와 다르다. 우리나라의 다수설은 완전자회사로 되는 회사의 주주의 입장에서 보면 주식교환은 흡수합병에 유사한 면이 있고, 주주총회의 특별결의를 요하고 반대주주에게 주식매수청구권을 부여하는 점에서 주식교환은 합병에 유사한 조직법상의 행위로 본다.16) 다만 주식교환에서는 완전모회사가 완전자회사의 주식만 취득할 뿐

14) 수원지방법원 성남지원 2007. 10. 17. 선고 2007가합1681 판결.
15) 서울고등법원 2014. 10. 17. 선고 2013나66753 판결.

권리의무를 포괄승계하지 않는다는 점에서 다르다.[17)]

주식의 포괄적 교환과 주주총회결의 취소소송에서의 주주의 원고적격에 관하여 직접적으로 논의하고 있는 국내 문헌은 드물다. 다만 일본 하급심 판결로 흥업은행의 이사를 피고로 하는 주주대표소송의 계속 중에 흥업은행이 주식이전을 통하여 미즈호 주식회사의 완전자회사가 된 사례에서, 동경지방재판소가 「주식이전에 의한 원고가 주주의 지위를 상실한 경우 주주대표소송의 당사자적격이 유지된다는 특별한 규정이 없다」라는 이유로 소 각하한 사례[18)]가 있는데, 이 판결에 대하여 그 취지에 따른다면 주주총회결의 취소의 소 등 주주자격이 원고적격 요건이 되는 소송은 모두 같은 결론이 될 것이라고 한 견해가 있다.[19)] 일본 문헌 중에는 주주총회결의 취소소송 계속 중에 주식교환에 의하여 당해 회사의 주주가 아니게 되었을 경우 주주총회결의 취소의 소의 원고적격에 대하여, 일본 회사법 제851조[20)]가 주식교환을 포함한 일정한 경우 주주대표소송의 원고적격을 상실하지 않는 것으로 하고 있는데, 주주총회결의 취소의 소의 원고적격에도 위 규정을 유추적용할 수 있는지 여부에 대해서 논의가 필요하다고 한 것이 있다.[21)]

4. 株主의 代表訴訟 이후 株式의 包括的 交換이 있는 경우

주주대표소송과 관련하여 주식의 포괄적 교환이 있는 경우에 대한 논의가 상세하다. 주주대표소송은 소수주주가 회사를 위해서 이사의 회사에 대한 책임을 추궁할 수 있도록 마련된 소송인데, 주주대표소송의 소송승계와 관련

---

16) 정동윤(편)/정동윤(집필), 전게서, 612면.

17) 최기원, 전게서, 1130면; 임재연, 전게서, 740면.

18) 東京地判 2001(平成 13). 3. 29. 「判例時報」, 第1748號 참조.

19) 노혁준, "주식의 포괄적 교환·이전에 관한 연구", 서울대학교 박사학위논문, (2002), 193면-194면.

20) 일본 회사법 제851조 ① 책임추궁등의 소를 제기한 주주 또는 제849조 제1항의 공동소송인으로서 당해 책임추궁등의 소에 관한 소송에 참가한 주주가 그 소송계속 중에 주주가 아니게 된 경우에 있어서도 다음의 경우 그 자가 소송을 수행할 수 있다.
1. 그 자가 주식회사의 주식교환 또는 주식이전에 의하여 주식회사의 완전모회사(특정 주식회사의 발행주식전부를 가지는 주식회사 그 밖에 이와 동등한 것으로서 시행규칙으로 정하는 주식회사를 말한다)의 주식을 취득한 때

21) 東京地方裁判所 商事研究會, 「有形別 會社訴訟 I」 第3版, 判例 タイムズ社, (2011), 363頁-364頁 참조.

하여 아래와 같은 견해들이 보인다.

주주대표소송을 제기한 주주가 사망하거나 합병으로 소멸한 경우 민사소송법 제233조, 제234조에 근거하여 상속인 또는 존속회사가 소송을 수계하는 것으로 본다.[22)]

주주대표소송을 제기한 주주가 자신이 보유한 주식을 전부 매각한 경우, 대법원 판례[23)]가 「신주발행무효의 소 계속 중 그 원고 적격의 근거가 되는 주식이 양도된 경우에 그 양수인은 제소기간 등의 요건이 충족된다면 새로운 주주의 지위에서 신소를 제기할 수 있을 뿐만 아니라, 양도인이 이미 제기한 기존의 위 소송을 적법하게 승계할 수도 있다」라는 입장을 취하고 있음에 비추어, 민사소송법 제81조, 제82조에 따라 양수인이 승계할 수 있다는 견해가 있다.[24)]

한편 주식의 포괄적 교환이 있는 경우에 대하여는 다음과 같은 논의가 있다. 예컨대, 甲 회사의 주주 A가 주주대표소송을 제기한 다음 주식교환을 통하여 甲 회사가 乙 회사의 완전자회사가 된 경우 주주 A는 乙 회사의 주주가 된다. 상법은 제소 당시 소수주주의 요건을 갖추었다면 제소 후 보유주식의 지분비율이 100분의 1 미만으로 감소하였더라도 제소의 효력에는 영향이 없다는 조항을 두고 있으나(제403조 제5항), 위 조항은 발행주식을 보유하지 아니하게 된 경우를 제외한다고 명문으로 규정하고 있어 주식의 포괄적 교환 이후 甲 회사의 주식을 전혀 보유하지 않게 된 주주 A는 현행법의 해석으로는 주주대표소송의 원고 적격을 상실하게 된다. 주식을 보유하지 않는 자는 대표소송을 진지하게 수행할 인센티브가 없다는 것이므로 주식이 전혀 없게 된 원인이 자발적인 것이었는지 여부는 묻지 않는다. 따라서 이 경우에는 A의 이해관계를 승계한 자도 따로 없고, 다중대표소송이 인정되지 않는 한 결국 소를 각하할 수밖에 없다는 것이다.[25)]

일본의 경우, 주식교환에 의해 원고가 주주자격을 상실하고 완전모회사의 주주가 된 때에는 원고적격을 상실하지 않고 종전의 대표소송을 수행할

---

22) 송옥렬, 「상법강의」 제6판, 홍문사, (2016), 1066면; 임재연, 전게서, 519면.

23) 대법원 2003. 2. 26. 선고 2000다42786 판결.

24) 송옥렬, 전게서, 1066면; 임재연, 전게서, 520면.

25) 송옥렬, 전게서, 1066면; 임재연, 전게서, 520면; 한국상사법학회(편)/김태진(집필), 「주식회사법대계 III」, 제2판, 법문사, (2016), 640면.

수 있음을 명문으로 규정하여 입법으로 해결하였다(일본 회사법 제851조 제1항 제1호).[26)][27)]

이와 관련하여 입법정책적으로 일본과 같은 입법태도를 취하는 것이 타당하다는 견해,[28)] 원고적격의 상실로 인하여 대표소송이 각하되어야 하는 것으로 보면 완전자회사가 이러한 대표소송을 회피할 목적으로 주식교환·이전제도를 악용할 우려가 있는데 이 경우 원고적격이 유지된다고 해석하는 것은 현행법상 무리가 있으므로, 원고적격이 유지될 수 있도록 입법적 조치가 강구되어야 한다는 견해[29)] 등이 있다.

대표소송의 원고적격에 대한 대법원 판례로는 다음과 같은 사안이 있다. ① 종속회사의 주주가 아닌 지배회사의 주주가 종속회사의 이사를 상대로 이른바 이중대표소송을 제기할 수 있는지 여부에 관하여, 「어느 한 회사가 다른 회사의 주식의 전부 또는 대부분을 소유하여 양자 간에 지배종속관계에 있고, 종속회사가 그 이사 등의 부정행위에 의하여 손해를 입었다고 하더라도, 지배회사와 종속회사는 상법상 별개의 법인격을 가진 회사이고, 대표소송의 제소자격은 책임추궁을 당하여야 하는 이사가 속한 당해 회사의 주주로 한정되어 있으므로, 종속회사의 주주가 아닌 지배회사의 주주는 상법 제403조, 제415조에 의하여 종속회사의 이사 등에 대하여 책임을 추궁하는 이른바 이중대표소송을 제기할 수 없다」라고 판단하였고,[30)] ② 대표소송 계속 중 금융산업의 구조개선에 관한 법률에 따라 주주가 보유하던 주식이 모두 무상소각 된 사안에서, 대표소송에서의 당사자적격을 상실하게 됨을 전제로 판단하였으며,[31)] ③ 여러 주주들이 함께 대표소송을 제기한 후 일부 주

26) 각주 20) 일본 회사법 제851조 참조.

27) 일본의 대화은행의 주주대표소송 사건의 제1심에서 원고 주주들이 승소하였음에도 불구하고[오사카地判 2000(平成12年). 9. 20.『判例時報』第1721號], 제2심 단계에서 주식이전에 의하여 대화은행이 대화은행홀딩스의 완전자회사가 됨으로써 원고 주주들이 원고적격을 상실하게 되어 각하 판결을 하여하만 하는 상황이 벌어졌다. 그 결과 제1심에서 인정된 손해배상금액보다 훨씬 적은 금액으로 당사자들이 화해하는 것으로 절차가 종결되었다. 이와 관련하여 막대한 손해배상책임을 면하기 위해 주식이전절차를 개시하였다는 비판이 있었고, 이러한 비판을 고려하여 주식교환·이전의 경우에는 원고가 소송계속 중에 주주자격을 상실하고 완전모회사의 주주가 되더라도 원고적격을 상실하지 않는다는 명문의 규정을 두게 되었다.: 한국상사법학회(편)/김태진(집필), 전게서, 641면.

28) 송옥렬, 전게서, 1066면; 한국상사법학회(편)/최승재(집필), 「주식회사법대계 II」 제2판, 법문사, (2016), 1055면.

29) 정찬형, "주식의 포괄적 교환 및 이전제도에 관한 연구", 「고려법학」 제39호, (2002), 53면.

30) 대법원 2004. 9. 23. 선고 2003다49221 판결.

주가 주식을 처분하여 주식을 전혀 보유하지 않게 되어 그 원고적격이 문제된 사안에서, 「대표소송을 제기한 주주 중 일부가 주식을 처분하는 등의 사유로 주식을 전혀 보유하지 아니하게 되어 주주의 지위를 상실하면, 특별한 사정이 없는 한 그 주주는 원고적격을 상실하여 그가 제기한 부분의 소는 부적법하게 되고, 이는 함께 대표소송을 제기한 다른 원고들이 주주의 지위를 유지하고 있다고 하여 달리 볼 것은 아니다」라고 판시하였다.[32)]

5. 이 事件에서 大法院의 判斷

주주총회결의 취소의 소를 제기한 주주가 언제까지 그 지위를 유지해야 하는지와 관련하여, 원고들은 대부분의 견해가 소 제기 당시에 주주의 자격을 가지면 된다는 입장을 취한다고 주장하나 일반적인 견해는 소를 제기한 때로부터 그 소의 판결이 확정될 때까지 주주의 지위를 유지하여야 한다고 보고 있다. 또한 주주총회결의 취소의 소의 공익적 성격을 고려하여 제소자의 개인적 사정에 결부시켜 소를 종결시키는 것은 부당하다는 원고들의 주장도 앞서 본 바와 같은 문제가 있다.

그리고 원고들의 주장과 같이 자신의 의사와 무관하게 주주의 지위를 상실한 경우에는 주주총회결의 취소소송에서의 원고적격이 그대로 유지되는 것으로 보아야 하는지 문제되는데, 앞서 본 대법원 2010다87535 판결의 사안도 주주가 보유한 주식이 공매절차를 통하여 매각된 사안으로서 주주의 의사와 무관하게 주주의 지위를 상실한 경우에 해당하고, 대법원 판례가 상법상 이중대표소송을 인정하지 않고 있을 뿐만 아니라, 대표소송을 제기한 후 주식의 포괄적 교환에 의하여 원고가 주주의 지위를 상실하고 완전모회사의 주주가 된 경우에 원고적격 문제를 해결하기 위하여 일본이 회사법에 이에 관한 명문의 규정을 두고 있는 점에 비추어 보면, 원고적격이 유지되어야 한다는 원고의 주장을 받아들이기는 어렵다. 따라서 대상 판결에서 대법원이 같은 취지로 판단한 것은 정당하다.

---

31) 대법원 2002. 3. 15. 선고 2000다9086 판결.
32) 대법원 2013. 9. 12. 선고 2011다57869 판결.

Ⅱ. 이 事件 株主總會決議 不存在確認의 訴에서 確認의 利益

1. 問題의 所在

원고들은 이 사건 주주총회결의의 부존재가 확인될 경우 배당금으로 수령한 금원이 피고에게 반환되어야 하는데 이는 결국 모회사인 하나금융지주의 이익으로 귀속되어 하나금융지주의 주주인 원고들에게 직접적인 이익이 있다고 주장하고 있으므로, 위와 같이 원고들이 주장하는 이익이 이 사건 주주총회결의 부존재의 확인을 구할 법률상 이익인지가 문제된다.

그리고 원고들은 과다한 배당금을 결의한 이 사건 주주총회결의를 통하여 피고의 주식가치가 하락하고 결과적으로 이 사건 주식교환비율에도 영향을 미쳐 원고들에게 손해가 발생하였으므로 주주총회결의 부존재확인의 소에 있어서의 확인의 이익이 있다고 주장하고 있다. 그에 따라 먼저 이 사건 주주총회결의가 이 사건 주식교환비율의 결정에 영향을 미친 것인지가 문제되고, 다음으로 영향을 미친 것으로 볼 수 있다면 원고들에게 이 사건 주주총회결의 부존재의 확인을 구할 이익이 있는지가 문제된다.

2. 株主總會決議 不存在確認의 訴에서 確認의 利益

주주총회결의 부존재확인의 소는 제소권자의 제한이 없으므로 결의의 부존재의 확인에 관하여 정당한 법률상 이익이 있는 자라면 누구나 소송으로써 그 확인을 구할 수 있으나, 확인의 소에 있어서 확인의 이익은 원고의 권리 또는 법률상의 지위에 현존하는 불안·위험이 있고 그러한 불안·위험을 제거함에는 확인판결을 받는 것이 가장 유효하고 적절한 수단일 때에만 인정된다.33)

33) 대법원 1980. 10. 27. 선고 79다2267 판결; 대법원 2011. 9. 8. 선고 2009다67115 판결.

3. 이 事件 株主總會決議 不存在의 確認을 구할 法律上 利益이 있는지 與否

(1) 학설과 판례의 태도

즉시 확정의 이익은 법률상의 이익을 가리키는데, 반사적으로 받게 될 사실적·경제적 이익은 포함되지 않고 판결에 의하여 불안을 제거함으로써 원고의 법률상의 지위에 영향을 줄 수 있는 경우이어야 한다. 이에 반하여 회사의 자산이 늘어나는데 대한 주주로서 경제적 이익의 증가, 명예 회복 또는 재취업상의 불이익 제거 등 사실상의 이익만으로는 확인의 이익이 있다고 할 수 없다.[34)]

그리고 주식회사의 주주는 주식의 소유자로서 회사의 경영에 이해관계를 가지고 있다고 할 수 있지만, 회사의 재산관계에 대하여는 단순히 사실상·경제상 또는 일반적·추상적인 이해관계만을 가질 뿐, 구체적 또는 법률상의 이해관계를 가진다고는 할 수 없다.[35)]

(2) 이 사건의 경우

원고들이 이 사건 주주총회결의의 부존재가 확인될 경우 배당금으로 수령한 금원이 피고에게 반환되어야 하는데 이는 결국 모회사인 하나금융지주의 이익으로 귀속되어 하나금융지주의 주주인 원고들에게 이익이 있다는 취지로 주장하는 이익은 위와 같은 학설과 판례의 태도에 비추어 보면 사실상·경제상의 것에 불과하다고 할 것이므로, 원고들에게 이 사건 주주총회결의부존재의 확인을 구할 법률상 이익이 있다고 보기는 어렵다. 따라서 대상판결에서 대법원이 같은 취지로 판단한 것은 정당하다.

4. 이 事件 株主總會決議가 株式交換比率의 決定에 影響을 미쳤는지 與否

(1) 문제의 소제

이 사건 주식교환비율은 당시 시행되던 자본시장과 금융투자업에 관한

---

34) 민일영·김능환(편)/강영수(집필), 「주석민사소송법(IV)」, 한국사법행정학회, (2012), 169면; 이시윤, 「신민사소송법」 제10판, 박영사, (2016), 237면.

35) 대법원 2001. 2. 28.자 2000마7839 결정.

법률 등[36][37]에 따라 2013. 1. 27.을 기산일로 한 증권시장에서 형성된 시장주가를 기준으로 하여 산정되었다. 따라서 이 사건 주주총회결의 내지 그에 따른 배당금 지급이 이 사건 주식교환비율의 산정 기산일인 2013. 1. 27. 무렵의 피고 주가에 영향을 미쳐 피고 주가를 낮추었다면 이 사건 주식교환비율의 결정에 영향을 미쳤다고 볼 수 있는데, 이는 배당이 주가에 어떠한 영향을 미치는가의 문제이므로 이에 대하여 살펴본다.

(2) 배당이 주가에 미치는 영향

일반적으로 주권상장법인의 시장주가는 유가증권시장에 참여한 다수의 투자자가 법령에 근거하여 공시되는 해당기업의 자산내용, 재무상황, 수익력, 장래의 사업전망 등 해당 법인에 관한 정보에 기초하여 내린 투자판단에 의하여 해당 기업의 객관적 가치가 반영되어 형성된 것이므로,[38] 주가가 단순히 배당이라는 요소에 의하여 결정되는 것은 아니다. 배당정책에 있어서 고배당정책의 선호에 대한 현실적 요인으로는, ① 주주들의 현재수입에 대한 선호(미래의 수입보다는 현재의 수입 선호), ② 배당에 의한 미래불확실성의

36) 구 자본시장과 금융투자업에 관한 법률 제165조의4 (합병 등의 특례) 주권상장법인은 다음 각 호의 어느 하나에 해당하는 행위를 하려면 대통령령으로 정하는 요건·방법 등의 기준에 따라야 한다.
3. 주식의 포괄적 교환 또는 포괄적 이전

37) 구 자본시장법 시행령 제176조의6 (영업양수·양도 등의 요건·방법 등) ② 법 제165조의4 제3호에 따른 주식의 포괄적 교환 또는 포괄적 이전과 같은 조 제4호에 따른 분할합병에 관하여는 제176조의5 제1항(분할되는 법인의 합병대상이 되는 부분의 합병가액 산정에 관하여는 같은 항 제2호 나목)을 준용한다. 다만, 주식의 포괄적 이전으로서 그 주권상장법인이 단독으로 완전자회사가 되는 경우에는 그러하지 아니하다.
동법 시행령 제176조의5 (합병의 요건·방법 등) ① 주권상장법인(기업인수목적회사를 제외한다. 이하 이 항에서 같다)이 다른 법인과 합병하려는 경우에는 다음 각 호의 방법에 따라 산정한 합병가액에 따라야 한다. 이 경우 주권상장법인이 제1호 또는 제2호 가목 본문에 따른 가격을 산정할 수 없는 경우에는 제2호 나목에 따른 가격으로 하되, 합병가액의 적정성에 대해서는 제6항에 따른 외부평가기관의 평가를 받아야 한다.
1. 주권상장법인 간 합병의 경우에는 합병을 위한 이사회 결의일과 합병계약을 체결한 날 중 앞서는 날의 전일을 기산일로 한 다음 각 목의 종가를 산술평균한 가액과, 다목의 종가 중 낮은 가액으로 한다. 이 경우 가목 및 나목의 평균종가는 종가를 거래량으로 가중산술평균하여 산정한다.
   가. 최근 1개월간 평균종가. 다만, 산정대상기간 중에 배당락 또는 권리락이 있는 경우로서 배당락 또는 권리락이 있은 날부터 기산일까지의 기간이 7일 이상인 경우에는 그 기간의 평균종가로 한다.
   나. 최근 1주일간 평균종가
   다. 최근일의 종가

38) 대법원 2011. 10. 13.자 2009마989 결정.

감소(현재의 높은 배당이 주주의 미래 불확실성에 대한 불안을 감소시키기 때문에 투자자들이 배당을 유보이익보다 높게 평가) 등이 있고, 저배당정책의 선호에 대한 현실적 요인으로는, ① 세금(자본이득과 배당소득의 세율 차이), ② 발행비용(배당을 위한 자금 조달에 필요한 신주발행 비용) 등이 있는데, 어느 요인이 더 지배적인 요인인지, 즉 배당과 주가가 정(+)의 또는 부(-)의 관계를 갖는지는 아직까지 명확한 결론이 내려지지 않고 있다.[39] 나아가 기대하지 못한 배당의 증가가 이루어진 경우에 일반투자자들이 이를 기업에 관한 좋은 소식의 신호로 인식함으로써 주가가 상승하게 되며, 반대로 기대하지 못한 배당의 감소가 발생한 경우에는 기업에 관한 나쁜 소식의 신호로 인식하여 주가가 하락하게 된다는 견해도 있다.[40]

(3) 이 사건의 경우

앞서 본 바와 같이 배당이 주가에 미치는 영향을 일률적으로 확정하기는 어렵다. 더구나 이 사건 주주총회결의 시점은 2011. 3. 31.이고 이 사건 주식교환비율의 산정 기산일은 2013. 1. 27.로 그 사이에 약 1년 10개월의 시간적 간격이 존재하므로 이 사건 주주총회결의 내지 그에 따른 배당금 지급이 약 1년 10개월 이후의 시장주가에 근거한 이 사건 주식교환비율의 결정에 영향을 미쳤다고 단정하기 어렵다. 따라서 대상 판결에서 대법원이 같은 취지로 판단한 것은 정당하다.

5. 株主總會決議가 株式交換比率의 決定에 影響을 미쳤다고 假定할 경우, 原告들에게 確認의 利益이 있는지 與否

(1) 문제의 소재

이 사건 주주총회결의가 주식교환비율의 결정에 영향을 미쳤다고 가정하더라도, 원고들이 취할 수 있는 권리구제수단과의 관계에서 이 사건 주주총회결의부존재의 확인을 구하는 것이 이 사건 주식교환비율을 둘러싼 분쟁을 가장 유효·적절하게 해결하는 수단이 아니라면 원고들에게 이 사건 주주총회결의부존재의 확인을 구할 이익이 있다고 보기 어려우므로 원고들이

---

39) 김영규·감형규, 「재무관리」 제4판, 박영사, (2008), 440면-444면.
40) 김영규·감형규, 전게서, 445면.

취할 수 있는 권리구제수단과의 관계에서 이 사건 주주총회결의 부존재의 확인을 구할 이익이 있는지를 살펴본다.

(2) 권리구제수단의 개관[41)]

이사회 및 주주총회의 승인결의나 주식매수청구권의 보장 등은 주식교환의 공정성을 절차적으로 보장하고자 하는 제도지만, 이러한 제도만으로는 소수주주의 보호에 한계가 있다. 주식교환시의 정보개시, 주식매수청구권, 주주총회승인 등의 자치적인 공정성 확보장치와 아울러, 그러한 절차의 위반 기타 불공정한 내용의 거래행위, 특히 불공정한 비율에 의한 주식교환이 이루어진 경우에 대하여 실효성 있는 사법적 구제수단을 정립하는 것이 중요한데 소송에 의한 소수주주 보호수단을 분류하면, ① 주식교환무효의 소, ② 금전적 손해배상청구로 나눌 수 있다.

(3) 주식교환무효의 소

(가) 주식교환의 무효원인

주식교환은 여러 가지 원인으로 무효가 될 수 있으나, 상법은 주식교환무효의 소의 제도를 두어, 주식교환의 무효는 오로지 이 방법에 의하여만 주장할 수 있게 하고 그 이외의 방법에 의한 무효의 주장을 허용하지 않는 동시에, 무효판결에는 대세적 효력을 부여하고 있다. 주식교환은 법정의 요건을 갖추지 못하면 무효로 되는데 주식교환 무효원인으로는 주식교환계약서의 불작성, 주식교환계약서의 기재사항 누락, 주주총회 승인결의의 취소·무효 또는 부존재, 모회사의 자본금이 자회사의 순자산을 초과하여 증가된 경우, 교환비율이 불공정한 경우 등이 있다.[42)]

(나) 주식교환무효의 소를 통하여 직접 다툴 수 있는지 여부

주주총회결의 무효확인 및 부존재확인의 소의 성질에 대하여 다수설은 결의의 내용이 법령에 위반하거나 총회의 소집절차 또는 결의방법에 총회의 결의가 존재한다고 볼 수 없을 정도의 중대한 하자가 있는 경우에는 결의는 당연히 무효 또는 부존재이므로, 누구든지 언제든지 또 어떠한 방법에 의하여도 이를 주장할 수 있고, 반드시 소에 의하여 무효 또는 부존재를 주장하

41) 노혁준, 전게논문, 144면-164면; 이철송, 전게서, 1152면-1153면.
42) 정동윤(편)/정동윤(집필), 전게서, 640면.

여야 하는 것은 아니라고 풀이한다. 이 견해에 의하면 이 소는 당연히 무효이거나 부존재인 결의에 대하여 그 무효 또는 부존재의 확인을 구하는 것이므로, 그 소의 성질은 보통의 확인의 소에 지나지 않는다.43) 대법원도 「주주총회결의의 효력이 제3자 사이의 소송에 있어 선결문제로 된 경우, 당사자는 언제든지 당해 소송에서 주주총회결의가 처음부터 무효 또는 부존재한다고 주장하면서 다툴 수 있는 것이고, 반드시 먼저 회사를 상대로 주주총회의 효력을 직접 다투는 소송을 제기하여야 하는 것은 아니다」라고 판시하여 확인소송설을 취하고 있다.44)

확인소송설과 형성소송설의 실제적인 차이에 관하여는 다음과 같이 설명되고 있다(무효확인소송에 대한 설명이나 부존재확인소송에 대해서도 그대로 적용된다). 즉 형성의 소라는 견해에 의하면 결의무효의 주장은 소로써만 할 수 있고, 무효판결이 있기 전에는 결의는 유효한 것으로 본다. 따라서 확인소송은 후속 법률관계에 관한 소송의 선결소송이 된다. 그러나 확인의 소라는 견해에 의하면 소 이외의 방법, 예컨대 소에서의 청구원인이나 항변으로도 무효를 주장할 수 있고, 처음부터 결의는 무효이므로 별도로 결의무효를 주장함이 없이 그 무효를 전제로 결의의 후속행위의 무효를 주장할 수 있다는 차이가 있다.45)

따라서 다수설과 판례의 태도에 비추어 보면 설령 이 사건 주주총회결의가 이 사건 주식교환비율의 결정에 영향을 미쳤다고 하더라도 원고들은 교환비율의 불공정 등을 이유로 주식교환무효의 소를 통하여 직접 다툴 수 있다고 할 것이다.

(4) 손해배상청구

주식교환과 관련하여 이사의 임무해태로 모회사에 손해가 발생한 경우 이사들이 상법 제399조에 따른 손해배상책임을 지며, 자회사의 주주에게 발생한 손해에 관하여 자회사 및 모회사의 이사들이 상법 제401조에 따른 책임을 진다.46) 주식교환에 있어서 어느 회사의 경영진이 자기 회사의 주주들

---

43) 정동윤(편)/송옥렬(집필), 전게서, 178면-179면.

44) 대법원 2011. 6. 24. 선고 2009다35033 판결; 정동윤(편)/송옥렬(집필), 전게서, 180면.

45) 한국상사법학회(편)/최준선(집필), 전게서, 311면.

46) 이철송, 전게서, 1152면-1153면; 임재연, 전게서, 757면.

에게 불리하도록 교환계약을 체결하였다면 불리한 조건이 적용된 주주집단은 직접적인 손해를 입었으므로, 그러한 계약체결을 추진한 이사들 및 이에 공모한 상대방 이사들의 고의 또는 중과실이 인정될 경우 그를 상대로 손해배상청구를 통하여 직접 다툴 수 있다고 할 것이다.47)

(5) 이 사건의 경우

이 사건 주주총회결의가 이 사건 주식교환비율의 결정에 영향을 미쳤다고 단정하기 어렵고, 설령 이 사건 주주총회결의가 이 사건 주식교환비율의 결정에 영향을 미쳤다고 가정하더라도 원고들은 주식교환무효의 소 또는 손해배상청구의 소를 통하여 직접 다툴 수 있으므로,48) 이 사건 주주총회결의 부존재의 확인을 구하는 것이 이 사건 주식교환비율을 둘러싼 분쟁을 가장 유효·적절하게 해결하는 수단이 된다고 볼 수 없어 원고들에게 이 사건 주주총회결의 부존재의 확인을 구할 확인의 이익이 있다고 보기 어렵다. 따라서 대상 판결에서 대법원이 같은 취지로 판단한 것은 정당하다.

Ⅲ. 對象 判決의 意義

대상 판결은 주주총회결의 취소소송을 제기한 주주가 주식의 포괄적 교환에 따라 자신의 의사에 반하여 주주의 지위를 상실한 경우에도 원고적격을 상실하게 된다고 밝힌 선례로서 의미가 있다. 또한 주주는 회사의 재산관계에 대하여는 사실상, 경제상의 이해관계를 가질 뿐, 법률상의 이해관계를 가진다고는 할 수 없음을 확인하고, 주주총회결의 부존재의 확인을 구하는 것이 주식교환비율을 둘러싼 분쟁을 가장 유효·적절하게 해결하는 수단이 된다고 볼 수 없는 경우 그 부존재의 확인을 구할 확인의 이익을 인정하기 어려움을 밝힌 판결로서도 의미가 있다.

47) 노혁준, 전게논문, 164면.

48) 원고들 중 1인은 실제 주식교환비율이 불공정하여 무효임을 주장하면서 주식교환무효의 소를 제기하였다. 다만 제1심은 「피고가 주권상장법인 간의 포괄적 주식교환에 관하여 적용되는 관계 법령의 규정에 따라 증권시장에서 형성된 시장주가를 기준으로 이 사건 주식교환비율을 산정한 데에 대하여 어떠한 위법이 있다고 할 수 없고, 부당히 낮은 주식교환비율로 이 사건 주식교환계약을 체결하였다고 인정하기 부족하므로, 이 사건 주식교환비율이 현저하게 불공정하여 이 사건 주식교환이 무효로 된다고 볼 수 없다」라고 판단하였다.: 서울중앙지방법원 2014. 6. 26. 선고 2013가합37444 판결 참조.

閉鎖會社의 株主除名處分*

金 容 載**

◎ 대법원 2007. 5. 10. 선고 2005다60147 판결

[事實의 概要]

(1) 1993. 8. 22. 원고는 피고의 전신인 합명회사 제일감정평가법인(이하 '변경전 법인'이라 한다)1)에 입사하여, 변경전 법인의 사원 및 감정평가사로 근무하였다. 2002. 2. 26. 변경전 법인은 정기사원총회를 개최하여, 2002. 7. 1. 주식회사로 조직변경하기로 결의하였다. 그리고 정기사원총회는 정관의 제정 및 개정권 기타 주식회사 설립에 필요한 사항을 운영위원회(사원총회에서 선출된 9인~15인으로 구성)에 포괄적으로 위임하기로 결의하였다. 이에 따라 운영위원회는 법인 운영규정(이하 '운영규정'이라 한다), 주주감정평가사의 운영규약(이하 '운영규약'이라 한다)을 제정·의결하였다.

(2) 2002. 7. 1. 주식회사 제일감정평가법인(피고)이 설립되고,2) 그 과정에서 피고는 퍼스트에셋매니지먼트 주식회사를 합병하였다. 변경 전 법인의 정관에는 사원의 제명의 규정이 있었지만, 피고의 정관에는 제명에 관하여 아무런 규정이 없었고, 2002. 7. 1. 제정된 운영규정 제30조 제3항과 제31조 및 운영규약 제16조 제2항에 제명조항이 있었다.

(3) 2002. 9. 원고는 표준지 공시지가 조사업무의 지역분배와 관련,3) 피

---

* 제20회 상사법무연구회 발표 (2009년 12월 12일)

** 고려대학교 법학전문대학원 교수

1) 소속 감정평가사 78명이 각 5백만원씩 출자한 자본총액 3억9천만원의 합명회사였다.

2) 소속 감정평가사 전원이 각 5,640,000원을 출자하고 전원이 주주가 된 자본금 4억4천만원의 주식회사이다.

3) 조사업무는 건설교통부장관→한국감정평가협회→감정평가법인에 순차적으로 위임하는데, 한국감정평가협회는 감정평가법인들에게 지역을 나누어 해당지역의 표준지 공시지가 조사업무를 하게 하였다. 피고는 감정평가협회로부터 위임받은 지역을 소속 감정평가사들

고 소속 감정평가사들과 갈등을 겪게 되었다. 원고는 1994년~2002년 수도권 지역에서 공시지가 업무를 수행하였으므로 2003년 타 지역의 조사업무를 맡을 것을 제의받았는데, 피고에게 다시 수도권 배정을 요구하며 한국감정평가협회와 건설교통부 담당자에게 이러한 사정을 시정해줄 것을 진정하였다. 원고는 이전에도 1999년 수도권 이외의 지역이 배정되자 한국감정평가협회에 진정하여, 변경전 법인에게 배정되었던 전북 완주군 지역의 조사업무를 반납토록 한 전력이 있었다. 이로 인하여 1998. 10. 30. 원고는 변경전 법인으로부터 두달 치 수당지급 제한조치를 받기도 하였다.

(4) 2002. 9. 16. 피고는 18명의 소속 감정평가사가 참석한 가운데 본사비상사원총회를 개최하여 원고에게 사퇴권고 및 징계(상여금지급 제외)를 의결하였고, 피고는 원고에게 1개월 내 성실한 반응을 보이지 않으면 제명할 뜻을 통보하였지만, 원고가 의결내용을 거부하였다. 2002. 9. 25. 피고는 운영위원회를 개최하여 본사 비상사원총회의 결의내용을 재확인하고 1개월 내 원고로부터 사과 및 재발방지 약속이 없을 경우 제명할 것을 참석자 19명의 전원찬성으로 결의하였다. 그리고 피고는 각 지사 소속 감정평가사들에게 원고의 제명 건에 대한 동의를 구해 전체 88명 중 66명으로부터 동의를 받아냈다. 2002. 12. 5. 피고는 원고에게 "원고를 피고에서 제명한다."는 취지의 통지를 발송하였다. 2003. 2. 27. 피고는 정기주주총회를 개최하였는데, 원고는 주주총회의 참석통지를 받고 참석하였으나, 충분한 발언권을 얻지 못하고 일부 주주들로부터 "원고에 대한 주주총회 참석통지는 사무착오에 의한 것이고, 원고는 제명당했으므로 주주총회에 참석할 권한이 없다."는 취지의 말을 듣고 퇴장하였다.

[訴訟의 經過]

1. 原審 判決[4] (抗訴 棄却)

피고 회사의 원고에 대한 제명처분이 무효인 이상 원고는 제명처분의

에게 배분하여 일정기간 조사업무를 맡겨왔는데, 피고 소속 감정평가사 다수가 수도권 지역근무를 희망하므로, 이해조정을 위하여 수도권과 지방을 순환하는 방식으로 공시지가 조사업무지역을 배정하여 왔다.

4) 서울고법 2005. 9. 9. 선고 2004나74585 판결.

무효확인을 구할 이익이 있으므로, 항소를 기각한다.

(1) 이 사건 제명처분의 근거규정인 운영규정 및 운영규약이 적법한 주주총회의 승인을 받지 못하고 정관의 위임한계를 일탈하여 무효라는 원고의 주장에 대하여

피고의 정관에는 주주제명에 관한 어떠한 규정도 없으므로 운영규정 및 운영규약은 정관의 위임범위를 일탈하였다. 그러나 변경전 법인의 사원총회가 운영규정, 운영규약 제정에 대해 포괄적 위임을 하고 변경전 법인과 피고는 조직형태의 차이가 있지만 일응 연속성이 인정되는 점에서, 운영규정 및 운영규약이 피고 주주의 총의에 의하여 성립한 이상 정관에 규정이 없음을 이유로 당연히 무효가 된다고 할 수 없다(주식회사의 본질에 반하는 것은 별론).

(2) 운영규정 및 운영규약이 적법하게 의결되었더라도 주식회사는 인적회사와 달리 사원인 주주를 제명할 수 없으므로 이 사건 제명처분은 주식회사의 본질에 반하여 무효라는 원고의 주장에 대하여

제명의 문언상 의미는 회사가 특정 사원으로서의 지위를 박탈하는 것이고, 제명에 따른 효과로 지분을 환급하는 것을 전제로 한 피고의 운영규정의 내용[5]에 비추어 보면 이 사건 제명처분에서 제명은 원고의 주주로서의 지위를 박탈하는 것이다. 피고가 종전의 합명회사 당시 규정과 유사한 규정을 두고 있지만 그러한 사정만으로 피고가 주식회사인 점에 어떠한 변동이 있는 것은 아닌데, 주식회사의 경우에는 특정한 법정사유, 즉 주식의 양도, 주식의 소각 또는 실권절차 등에 의하여만 주주의 지위를 상실하게 할 수 있고 인적회사에서와 같은 제명은 허용되지 않는다. 원고를 제명하는 경우 원고보유주식은 피고에게 귀속될 수밖에 없는데, 이는 상법 및 피고 정관이 정하는 자식주식취득사유 중 어느 것에도 해당하지 아니하므로, 결국 주주제명은 주식회사의 본질에 반한다고 할 수 있다. 따라서 주주제명에 관한 피고 운영규정 및 운영규약의 관련규정은 무효이고 제명처분 역시 무효이다.

---

5) 운영규정 제31조 제2항에서는 제명된 주주에 관하여 지분환급청구권을 제한할 수 있는 것으로 규정하고 있으며, 제30조에서는 주주의 제명에 관하여 임의 탈퇴와 마찬가지로 지분을 환급하도록 규정하고 있다.

(3) 이 사건 제명처분은 민법 제137조의 일부무효의 법리 또는 제138조의 무효행위의 전환법리 등에 따라 원고와의 고용계약을 종결시키는 해고의 의사표시로서 유효하다는 피고의 주장에 대하여

이 사건 제명처분은 원고의 주주로서의 지위를 박탈하기 위한 것으로서 상법에 반하여 무효인 이상 전부 무효이다. 제명처분은 원고에 대해 침익적 효과를 발생시키는 단독행위로서 무효인 제명처분에 이와 다른 별도의 법률효과를 부여하게 되면 원고의 지위를 현저히 불안정하게 만들고, 제명처분 당시 원고를 근로자의 지위에서 해고하기 위한 요건과 절차를 구비하였다고 보기도 어려우므로 무효행위의 전환 주장 역시 이유없다. 원고의 신뢰를 저버리는 행동에 대해 피고가 별도로 징계를 하거나 요건과 절차를 갖추어 근로자의 지위에서 해고할 수 있는지 여부는 별론으로 하고, 그러한 이유만으로 주식회사에서 허용되지 않는 이 사건 제명처분을 할 수 없다.

2. 上告理由[6)]

(1) 확인의 이익에 관한 법리오해

이 사건 제명처분은 원고의 주주로서의 지위를 전면 박탈한 것이 아니라, 단지 업무수행자로서의 지위를 부인하는 것에 지나지 않으므로, 원고의 주주로서의 법률상 지위에는 어떠한 불안이나 위험이 존재하지 않는다. "구 지가공시 및 토지등의 평가에 관한 법률" 제19조 제4항[7)]은 감정평가법인의 경우 발기인은 반드시 감정평가사의 자격을 갖출 것을 요구하나 주주가 반드시 감정평가법인의 업무집행자가 될 것을 요구하지 않는다. 따라서 피고회사에는 감정평가업무를 집행하지 않는 주주도 있을 수 있으므로, 이 사건 제명처분에 의하여 원고가 업무수행에서 배제되었더라도 위법한 것이 아니다. 그리고 주주는 이익배당청구권이 있으므로, 주주의 지위만을 유지하는 것은 아무런 의미가 없다거나 주주감정평가사의 경우 주주・감정평가사의 지위는

---

6) 대법원이 각 상고이유에 대해 비교적 자세하게 판시하고 있으므로, 평석자도 상고이유를 상술하였다.

7) 감정평가법인을 설립하고자 할 때에는 사원이 될 자 또는 감정평가사인 발기인이 공동으로 다음 각호의 사항을 기재한 정관을 작성하여 대통령령이 정하는 바에 의하여 건설교통부장관의 인가를 받아야 한다(동법 제19조 제4항).

불가분의 동일체라는 원고의 주장은 아무런 법적 의미가 없다. 한편 피고회사는 원고의 주주로서의 지위를 인정하고 원고에게 계속 정기주주총회 소집통지를 하여 그 권한행사를 보장하였다.[8] 따라서 원고의 무효확인청구는 확인의 이익이 없어 부적법하다.

(2) 법률행위의 해석에 관한 법리오해

제명처분이 피고의 단독행위이므로 원고의 의사는 법률행위 해석의 기준이 될 수 없고 피고의 의사가 가장 중요한 기준이 된다. 그럼에도 불구하고 피고의 의사를 무시한 채 민법 내지 상법과 운영규정만을 기준으로 제명처분의 의미를 해석한 것은 법률행위의 해석에 관한 법리를 위반한 것이다. 원고가 감정평가사로서의 업무를 수행함에 있어 직업윤리를 위반하여 피고회사의 운영에 막대한 지장을 초래하였기 때문에, 원고의 주주로서의 지위를 그대로 인정하면서 업무수행자로서의 지위를 박탈할 수 있는 절차(운영규약 제16조에 따른 징계→ 운영규정 제31조에 따른 제명)를 밟은 것이다.

운영규정 제30조는 제명시 임의탈퇴와 마찬가지로 지분을 환급하도록 규정하고 있으나, 피고는 주주 지위의 박탈로 귀결되는 절차, 즉 원고에게 주식인수대금을 환급하기 위한 어떠한 절차도 취하지 않았다. 따라서 피고의 의사를 기준으로 이 사건 제명처분은 원고의 주주로서의 지위를 박탈하는 것이 아니라 업무수행자로서의 지위만을 박탈하는 단독행위이다.

(3) 운영규약 및 운영규정의 취지 오인 및 폐쇄회사의 법리 오해

물적회사인 주식회사에 있어서 주주의 지위를 박탈하는 제명은 불가능한데 이는 자기주식취득사유 중 어디에도 해당되지 않는다는 원심의 판단은 폐쇄회사의 특수성을 이해하지 못한 과오가 있다. 주주의 제명이 주식회사의 본질에 반한다는 것은 대규모 공개회사라는 특정 형태의 주식회사를 전제할 때만 타당할 뿐, 모든 형태의 주식회사에 적용할 수 있는 명제가 아니다. 소규모 폐쇄회사 내지 가족회사는 형식만 주식회사일 뿐 실질은 인적회사임에도 불구하고, 이러한 법현실을 무시한 채 주주관계를 단지 물적으로 또는 비인격적으로 보는 것은 잘못된 것이다.

---

8) 그 때문에 원고에게 주식인수대금(투자금)을 환급하지 않았고, 2003년, 2004년, 2005년 정기주주총회 소집통지서를 원고에게 보냈던 것이다.

그리고 운영규약 및 운영규정은 전원주주총회결의이자 주주간 계약이다. 미국의 최근 판례들은 주식의 전부 또는 대부분을 소유한 주주들이 계약의 당사자일 때에는 그 내용이 이사의 중요한 권한을 제한하는 계약이라도 그 효력을 인정하는 경향이 있는데, 회사의 전체주주가 계약의 당사자이고 계약내용이 회사 채권자 또는 일반 공중의 권리를 침해하지 않는 것일 때에는 그 효력을 부인할 필요성이 없다. 우리나라에서는 총회소집과 같이 그 성질상 허용될 수 없는 것을 제외하고 정관의 규정으로써 이사회의 권한사항을 주주총회의 결의사항으로 이관할 수 있으므로, 회사업무를 포함한 여러가지 사항을 주주간 계약의 대상으로 삼을 수 있다. 운영규약 및 운영규정은 주주감정평가사 전원이 그 당사자이고 피고회사의 내부관계만을 내용으로 하고 있으므로 회사채권자 및 일반 공중의 권리를 침해할 위험성이 없기 때문에 유효성을 인정할 수 있다.

폐쇄회사에서 주주간의 불화는 다른 주주와 회사기업에 중대한 악영향을 미치는데, 회사의 해산을 막고 회사를 유지하는 방안으로서 주주간 계약에 의한 주주제명을 규정하여 미리 분쟁해결의 방법을 정해놓은 것이다. 주주간 계약인 운영규정 제30조 제3항의 제명시 이를 탈퇴한 것으로 간주하여 지분을 환급하도록 한 운영규약 제7조 제1항은 피고의 자기주식 취득 및 주식소각에 해당하는 것인데, 우리 상법 제341조 제1호 및 피고의 정관 제11조 제1호는 주식소각을 위한 자기주식취득을 예외적으로 인정하고 있으므로, 운영규약 및 운영규정상의 제명 내지 탈퇴규정은 상법규정과 정관에 위반되지 않는다. 이는 폐쇄회사의 경영권 분쟁과 관련한 사건인 대법원 1992. 4. 14. 선고 90다카22698 판결[9]과도 합치된다. 즉 판례도 폐쇄회사의 내부 불화를 해결하기 위한 자기주식 취득 및 주식소각의 유효성을 인정하고 있는 것이다. 한편 합명회사 사원의 제명을 규정한 상법 제220조는 강행규정이 아니고, 제3자의 이익과는 무관한 회사내부의 문제를 규율하는 임의법규이다. 따라서 주식회사에도 유추적용할 수 있다.

---

9) 동 판결에서는, 회사가 자기주식을 유상으로 취득한다고 하더라도, 그것은 주식을 소각하기 위한 때에 해당되어 무효라고 할 수 없다고 하였다.

(4) 무효행위의 전환 또는 일부무효의 법리 오해

이 사건 제명처분이 주주의 지위를 박탈하는 것으로서 주식회사의 본질에 관하여 무효라도, 해고로서의 효력을 인정할 수 있다. 운영규정 제32조 제2항은 징계의 종류를 정직, 감봉, 견책으로 정하고 있지만, 위 규정이 피고회사의 정당한 징계해고권을 박탈하지 않는다. 따라서 제명처분은 원고에 대한 징계해고로서 유효하다. 취업규칙이나 단체협약이 없더라도 "사회통념상 고용계약을 유지할 수 없을 정도로 근로자에게 귀책사유가 있는 경우" 당해 근로자의 해고처분은 정당성이 인정되는데, 회사 내부적으로 징계절차 규정이 없더라도 징계대상자에게 그 회부사실을 통보하고 의결기구에 출석하여 소명의 기회를 제공한다면 절차적 정당성을 갖게 된다.

제명처분은 주주로서의 지위를 상실시키는 행위와 피고 소속 감정평가사로서의 업무를 중단시키는 이중의 효력이 있는데, 이 사건에서 피고의 의사는 제명의 효력을 인정하지 않고 단지 직무권한만 박탈하는 것이다. 법률행위의 일부무효에 있어서 나머지 효력을 인정할 것인지 여부는 성립된 법률행위가 침익적이냐 수익적이냐를 불문하고, 계약이 아닌 단독행위라도 무방하다. 또한 무효행위의 전환이 수익적 계약에 제한되지 않는다.

[大法院 判決]

1. 判決의 要旨 (破棄還送)

(1) 상고이유 제1, 2점에 대하여

원심이 원고가 이 사건 제명처분 중 주주 제명처분 부분에 대하여 무효확인을 구할 이익이 있다는 취지로 판단하였음은 정당한 것으로 수긍할 수 있고, 거기에 상고이유에서 주장하는 바와 같이 확인의 이익이나 법률행위의 해석에 관한 법리오해 등의 위법이 없다.

(2) 상고이유 제3점에 대하여

주식회사의 경우에는 주주의 제명에 관한 근거 규정과 절차 규정을 두고 있지 아니한바, 이는 상법이 인적 결합이 아닌 자본의 결합을 본질로 하는 물적 회사로서의 주식회사의 특성을 특별히 고려한 입법이라고 해석되므로, 회사의 주주의 구성이 소수에 의하여 제한적으로 이루어져 있다거나 주주 상호간의 신뢰관계를 기초로 하고 있다는 등의 사정이 있다 하더라도, 그러한 사정만으로 인적 회사인 합명회사, 합자회사의 사원 제명에 관한 규정을 물적 회사인 주식회사에 유추적용하여 주주의 제명을 허용할 수 없을 뿐만 아니라, 주주 간의 분쟁 등 일정한 사유가 발생할 경우 어느 주주를 제명시키되 회사가 그 주주에게 출자금 등을 환급해 주기로 하는 내용의 규정을 회사의 정관이나 내부규정에 두는 것은 그것이 회사 또는 주주 등에게 생길지 모르는 중대한 손해를 회피하기 위한 것이라 하더라도 법정사유 이외에는 자기주식의 취득을 금지하는 상법 제341조의 규정에 위반되므로(대법원 2003. 5. 16. 선고 2001다44109 판결 참조), 결국 주주를 제명하고 회사가 그 주주에게 출자금 등을 환급하도록 하는 내용을 규정한 정관이나 내부규정은 물적 회사로서의 주식회사의 본질에 반하고 자기주식의 취득을 금지하는 상법의 규정에도 위반되어 무효이다. 같은 취지에서 원심이 주주 제명에 관한 피고 회사의 운영규약 및 운영규정의 관련 규정이 무효이므로, 이를 근거로 한 원고에 대한 주주 제명처분이 무효라는 취지로 판단하였음은 정당하고, 거기에 상고이유에서 주장하는 바와 같은 주주간 계약이나 폐쇄적 주식회사에 관한 법리 등을 오해한 위법이 있다고 할 수 없다. 상고이유에서 들고 있는 대법원판례는 이 사건과 사안을 달리하여 원용하기에 적절하지 않다.

(3) 상고이유 제2, 4점에 대하여

원고는 피고 회사의 주주임과 동시에 피고 회사 소속 감정평가사로서 감정평가업무 등을 수행하면서 급여와 상여금 등을 지급받는 관계에 있고, 피고 회사의 운용규약 및 운용규정에서 제명의 대상으로 삼은 지위는 '주주감정평가사'의 지위이지 단순한 '주주'의 지위에 그치는 것이라고 볼 수 없으므로, 이 사건 제명처분에는 원고를 단순히 '주주'에서 제명한다는 의사표시뿐만 아니라 원고가 피고 회사 소속 '주주감정평가사'로서 업무를 수행하고 급여와 상여금 등을 지급받는 법률관계 역시 종료시키겠다는 의사표시도 포함되어 있다고 봄이 상당하다.[10)]

---

10) 피고 회사는 원래 소속 감정평가사 78명이 각 5,000,000원을 출자하여 설립한 합명회사였다가 2002. 7. 1. 소속 감정평가사 전원이 각 5,640,000원을 출자하고 전원이 주주가 되어 주식회사인 피고 회사를 설립한 관계로 내부적으로 주주의 지위와 감정평가사의 지위가

그렇다면 원심으로서는 원고가 피고 회사 소속 주주감정평가사로서 업무를 수행하고 급여와 상여금 등을 지급받는 법률관계 및 그러한 법률관계를 종료시키려는 피고 회사의 의사표시의 법적 성질이 무엇인지를 면밀히 따져보고, 그와 같은 피고 회사의 의사표시가 주주 제명처분의 무효 여부와 무관하게 가분적으로 유효하게 존재할 수 있는 것인지 여부 및 그러한 의사표시가 정당한 사유에 기하여 적법한 절차에 따라 이루어진 것이어서 유효하다고 볼 수 있는지 여부 등을 심리·판단하여야 할 것임에도 불구하고, 이 사건 제명처분이 원고의 주주로서의 지위만을 박탈하는 의사표시라고 잘못 해석한 나머지 이 사건 제명처분이 원고에 대한 해고로서는 유효하다는 피고의 주장을 선불리 배척하고 말았으니, 이러한 원심의 판단에는 법률행위의 해석 및 일부 무효에 관한 법리 등을 오해하여 판결에 영향을 미친 위법이 있다고 할 것이다. 이 점을 지적하는 상고이유의 주장은 이유 있다.

2. 破棄 後 還送審[11)]

원고의 이 사건 소 중 피고가 2002. 12. 5. 원고에 대하여 한 제명처분 중 주주로서의 지위를 박탈하는 제명처분의 무효 확인을 구하는 부분을 각

서로 관련을 갖고 있는 점, 이러한 내부관계를 반영하여 제정된 피고 회사의 운영규약은 피고 회사에 고용된 감정평가사와 달리 주주감정평가사의 권리와 의무, 급여, 복무 책임 등에 관한 내용을 규정하고 있는데, 제1조는 주주감정평가사를 '구성원'으로 표현한다고 밝히고 있고, 제16조는 '구성원'이 고의 또는 중과실로 법인의 명예를 손상하거나 재산상의 손실을 입혔을 경우 또는 법인의 질서와 규율을 문란하게 할 때 등을 징계사유로 열거하고 그러한 행위를 한 '구성원'에 대하여 1차 경고 후 업무수당 및 상여금의 지급을 제한하고, 1차 경고 후에도 그러한 행위를 계속 또는 재발한 경우에는 '구성원'을 제명할 수 있도록 규정하고 있는 점, 또한 피고 회사의 운영규정 제1조는 주주감정평가사를 '주주'라고 표현한다고 밝히고 있고, 제32조는 '주주'가 고의 또는 중대한 과실로 법인에 손해를 입히거나 법인의 명예를 실추시키는 행위를 한 때 그 '주주'에 대하여 정직, 감봉, 견책 등의 징계를 할 수 있도록 규정하고 제31조는 '주주'가 법인의 목적에 위배되는 행위 또는 법인의 명예를 손상시키는 행위를 하였을 경우 그 '주주'를 제명할 수 있도록 규정하고 있는 점, 원고는 피고 회사로부터 이 사건 제명처분을 받은 후 주주의 지위만을 인정받지 못하고 있는데 그치는 것이 아니라 피고 회사의 감정평가업무 등에서 완전히 배제되고 피고 회사의 소속 감정평가사 명단에서도 빠지게 된 점, 원고는 주주의 지위와 감정평가사로서의 지위의 불가분성을 주장하며 이 사건 소를 통하여 피고 회사 소속 주주감정평가사로서의 완전한 지위회복을 구한다고 주장하고 있고, 피고 회사는 이 사건 제명처분에 원고를 감정평가사의 지위에서 해고한다는 의사표시가 포함되어 있다고 주장하고 있는 점 등을 알 수 있는바, 위와 같은 제반 사정에 비추어 본 결론이다.

11) 서울고등법원 2009. 1. 9. 선고 2007나44172 판결.

하한다. 피고가 2002. 12. 5. 원고에 대하여 한 제명처분 중 피고 소속 감정평가사로서의 지위를 박탈하는 제명처분은 무효임을 확인한다.[12)]

[評　　釋]

Ⅰ. 閉鎖會社 槪觀 및 株主除名의 可否

1. 論議의 必要性

이 사건은 폐쇄회사에서의 구성원 간 내부갈등을 해소하는 방안으로 다수주주가 근로자인 소수주주를 제명한 최초의 사안으로서, 대법원에서 과거 폐쇄회사의 법리나 주주제명의 법리가 판시로 나간 선례가 없기 때문에, 폐쇄회사의 의의와 특성 및 문제점 그리고 주주제명에 관한 일반론 등을 간략히 고찰할 필요가 있다.

2. 閉鎖會社의 槪念

폐쇄회사란 미국의 close corporation에 대한 번역으로서, 우리나라와 일본에서는 소회사, 소규모주식회사 또는 중소기업주식회사라는 용어가 흔히

12) 원고의 업무 내용 및 업무 형태, 피고 구성원 외의 제3자를 통한 업무의 대행가능성의 제약, 급여 지급 형태 및 세금 처리나 사회보장보험 가입 관계, 이익잉여금의 처리 내역 등을 종합하여 보면, 원고는 업무 수행 과정에서 피고로부터 상당한 지휘·감독을 받으며 임금을 목적으로 피고에게 근로를 제공한 근로자에 해당한다고 봄이 상당하고 . . . 이 부분 제명처분은 원고의 근로자로서의 감정평가사 지위를 박탈하는 것이고, 주주감정평가사 운영규약에서도 제명을 징계의 한 종류로 정하고 있으므로, 원고에 대한 징계해고에 해당한다 . . . 이 부분 제명처분은 주주감정평가사 운영규약상의 제명이라고 볼 것이다 . . . 이 부분 제명처분은, 피고 운영위원회의 1차 경고결의도 없이 한 결의에 터잡아 하였거나 1차 경고결의가 있었다고 보더라도 경고결의 후 제명사유에 해당하는 행위의 계속 또는 재발이 없음에도 단지 '사과나 재발 방지 약속 또는 반성의 의사표시'가 없다는 사유에 터잡아 하는 등으로 그에 이른 절차가 위법하여 제명사유의 존부나 징계양정의 정당성에 관하여 더 나아가 살필 필요 없이 무효이고, 피고가 이를 다투고 있으므로, 원고로서는 그 무효 확인을 구할 이익이 있다 . . . 그렇다면, 이 사건 제명처분 중 주주로서의 지위를 박탈하는 제명처분의 무효확인을 구하는 부분은 부적법하여 이를 각하하고, 피고 소속 감정평가사로서의 지위를 박탈하는 제명처분의 무효 확인을 구하는 부분은 이유 있어 이를 인용하여야 할 것이므로, 원고의 청구를 인용한 제1심 판결을 위와 같이 변경하기로 하여 주문과 같이 판결한다.

사용되고 있는데, 반드시 소규모의 기업에 한정되지 않으므로 이들 용어가 정확한 것은 아니다. 그렇지만 1인회사와 가족회사는 폐쇄회사의 가장 전형이라고 할 수 있는데, 이들의 특징으로부터 폐쇄회사라는 개념의 공통분모를 찾을 수 있다고 생각한다.

미국에서는 다음과 같이 폐쇄회사에 대한 7가지의 정의가 발견된다고 한다. 즉 주주의 수를 기준으로, ① 비교적 소수의 주주를 가진 주식회사, ② 회사주식이 증권시장에서 일반적으로 거래되지 아니하는 주식회사(뉴욕주 회사법), 앞의 ①+②를 기준으로, ③ 주식이 소수인 또는 소수의 가족에 의하여 보유되고, 주식의 매매거래가 전혀 없거나 혹은 있더라도 그 거래가 극히 드문 주식회사(미국의 판례), ④ 기업의 참가자들이 대외적으로는 기업을 법인화하되, 대내적으로는 합명회사의 특성을 그대로 유지하려고 하는 주식회사(a corporation de jure and a partnership de facto),[13] ⑤ 주식의 소유자가 일정한 수, 즉 30명을 넘지 않고, 주식의 양도에 대하여 일정한 제한이 가하여져 있으며, 회사가 증권법상의 공모(public offering)에 해당하는 주식의 모집·매출을 하지 아니하는 회사(델라웨어주 회사법), ⑥ 무의결권주식을 포함한 주주 전원의 합의에 의하여 정관의 규정으로써 자기회사를 폐쇄회사라고 명명하는 회사(메릴랜드주 회사법), ⑦ 폐쇄회사의 경제적 특질을 추출하여, 회사의 경영진과 소유주가 실질적으로 동일한 주식회사 등을 폐쇄회사라고 하는 것이다.

우리나라에서 폐쇄회사라는 개념은 실정법상의 용어가 아니다. 단지 회사의 규모와 운영실태에 따라 회사법의 일부 규정의 적용을 차별화하여야 한다는 점에서, 입법론적으로 동 개념의 논의가 있을 뿐이다.[14] 그런데 우리나라에서도 앞의 ② 또는 ⑤와 같이 복수의 표준에 의하여 폐쇄회사를 정의할 필요성이 있으며, 폐쇄회사의 폐쇄성을 나타내는 지표로서 주주 수 제한, 주식양도 제한, 회사설립 또는 신주발행시 공모 제한 등을 거론하는 일부 주장이 발견된다.[15] 아마도 이 견해는 일본에서의 ① 자본금액, ② 주주 수, ③ 자본금액(5천만엔 이하)과 주주 수(20인 이하), ④ 주주 수와 주식양도제한

13) 이를 chartered partnership, incorporated partnership, partnership corporation이라고도 한다.
14) 이철송, 「회사법강의」, 박영사, (2009), 78면.
15) 정동윤, "폐쇄회사의 개념·특성과 그 문제점", 「법조」 제26권 제1호, (1977), 86면.

등으로 공개회사와 폐쇄회사를 구분하자는 견해를 수용한 것으로 분석되는데, 대상 판결과 같은 일부 사례에서 알 수 있듯이 구체적인 상황에 따라서는 폐쇄회사라는 개념의 유용성이 발견되기도 한다.

3. 閉鎖會社의 特性과 問題點

(1) 특 성

폐쇄회사는 다음과 같은 특성을 갖는다. ① 폐쇄회사의 주주들은 다른 주주들의 신원에 관하여 지대한 관심을 갖고 있으므로 환영하지 않는 외부자의 침입에 의하여 기업조직의 조화와 균형이 깨지는 것을 원하지 않으므로, 주식양도에 관하여 일정한 제한을 가하고 있다. ② 그리고 공개회사의 주주들은 회사경영에 관심이 없고 이익배당과 주가상승에 관심이 있는데 반하여, 폐쇄회사의 주주들은 회사에 고용되어 봉급의 형태로 투자에 대한 회수를 하는 것이 보통이다. 즉 주식의 매매를 통하여 이익을 얻거나 이익의 배당을 기대하지 않고, 회사의 임·직원의 자격에서 봉급 등의 형태로 투하자본을 회수하는 것이다. ③ 폐쇄회사의 주주들은 그 주된 수입이 회사의 특정직책을 보유함으로써 가능하고 사업상, 사회적 지위가 회사의 일정한 직위를 보유하는데 달려 있으므로 회사로부터 영구적인 고용계약을 확보하려 하고, 이사와 타 주주들에 의한 해임가능성을 배제하려고 한다. 또한 소수주주들은 다수주주의 다수결에 의한 횡포를 방지할 수 있는 안전판을 확보하고자 한다. ④ 폐쇄회사에서는 주주 수가 적고 다수결원리가 제한되는 경우가 많으므로, 주주들 간 회사경영과 관련하여 반목·불화가 생겨 조화로운 업무활동이 불가능할 가능성이 많다. 그렇다보니 회사의 교착상태(deadlock)를 타개하는 방안을 모색하게 된다. ⑤ 주주총회와 이사회가 법정된 절차와 방법에 따라 소집, 개최, 진행되지 않는다.

(2) 문제점

다수주주가 소수주주를 기업으로부터 제거하려는 계획(oppression, squeeze-out, 소위 '억압 내지 축출')이 종종 시도될 수 있다. 예를 들어 다수주주나 그 가족이 회사의 임원직을 차지하고 봉급·상여금 또는 다수주주로부터 임차한 재산에 대한 임료 등을 과다하게 책정하여 회사이익의 상당부분을 빼가는 방법, 다수주주가 자신의 봉급을 높이 책정하여 최대한 이익을 향유하면서 몇 년이고 이익배당을 하지 않음으로써 투자에 대한 아무런 소득이 없는 소수주주로 하여금 다수주주가 제시하는 임의의 가격에 주식을 매각하도록 하는 방법 등을 들 수 있다.

4. 閉鎖會社에서의 株主除名 可否에 관한 檢討[16)]

(1) 우리나라의 학설 및 판례

(가) 통 설

주주제명은 자본단체로서의 주식회사 본질에 위배되며 사단법인 주식회사법 체계의 이질적 요소일 뿐만 아니라 주식회사법의 강행질서에도 적합하지 아니하다. 더욱이 합명회사에서의 사원제명을 규정한 상법 제220조는 주식회사에 적용되지 않는다.[17)] 이 때문에 이 사건의 1심법원과 원심법원 및 대법원이 모두 주주제명은 무효라고 본 것이다.

(나) 소수설 (주주제명 긍정설)

그러나 주주제명을 긍정하는 견해도 있다. 동 견해에 의하면, 비록 현행 주식회사 관련 규정 중 상법 제220조와 같은 명문의 규정은 없으나, ① 제명제도만으로 해결할 수 있는 실제적 필요성이 회사법 현실에 존재하는 경우 그 수요를 충족해주어야 하고, ② 주주제명제도가 반드시 우리 주식회사법의 법리에 모순되지 않으며, ③ 통설은 방법론적으로 오류가 있다는 것이다.[18)]

(2) 비교법적 검토

(가) 미국 주식회사(특히 폐쇄회사)에서의 주주제명

미국에서는 폐쇄회사에서의 주주제명을 인정하고 있는데, 다음과 같은

---

16) 이하의 논의는 남기윤, "주주제명제도에 관한 비교법적 고찰", 「안암법학」 제7호, (1998), 183면 이하 참조.

17) 예를 들어 최기원, 「상법학신론(상)」, 박영사, (2009), 641면은 "인적회사와 달리 자본감소의 결과를 초래하게 될 주주에 의한 퇴사나 회사에 의한 제명은 인정되지 않는다."라고 하고 있는데, 이는 합명회사에 관한 규정이 적용되지 않을 뿐만 아니라 자본단체로서의 속성에도 반한다는 통설의 주장과 궤를 같이 하는 것이다.

18) 남기윤, "현행 주식회사법에서 주주제명이나 주주충실의무의 승인은 불가능한 것인가? 그 법리검토를 위한 서론으로서 방법론적 전환필요성에 대하여", 「기업구조의 재편과 상사법」, 회명 박길준 교수 화갑기념논문집, (1998), 484면 이하.

방식이 많이 활용되고 있다.

1) **교착상태에서 소수주주 축출방법으로서 주식매수계약** (buy-out)

이는 기존 주주들 간의 주식매매에 의하여 반대파 주주를 회사에서 축출함으로써 실제로 주주제명의 목적을 달성할 수 있는 방법으로서, 주주들 상호간에 주식매수계약을 체결하여 이루어 진다.

2) **소수주주 축출** (freeze-out, squeeze-out)

이는 지배주주가 주주제명의 목적으로 소수주주를 억압하여 당해 소수주주를 회사에서 몰아내는 현상으로서, 회사의 해산, 실질적인 전자산(全資產)의 양도, 현금합병[19] 등 회사의 근간을 변화시키는 방법(fundamental corporate change)과, 회사의 근간은 유지하되 소수주주에 압력을 가하여 스스로 물러나게 하는 방법[20] 등이 있다.

(나) 독일 주식회사에서의 주주제명

1) 주주제명 부정설

독일의 통설과 판례는 유한회사에서의 사원제명을 허용함에 반하여, 주식회사에서의 주주제명을 부정하고 있다. 특히 통설은 주식회사의 개별 주주간에는 주주제명의 기초를 형성할 수 있는 인적 형태의 법적 관계가 존재하지 않는다고 보고 있다. 주주는 회사와의 관계에서 유한회사보다 더 자본적으로 결합되어 있고, 주주의 인격은 거의 기능을 발휘하지 못하며 유한회사에서 통상적으로 존재할 수 있는 신뢰관계를 주식회사에서는 필요로 하지 않는다. 이 때문에 주식회사의 경우 중대한 사유로 인한 주주제명의 필요성도 존재하지 않는 것이다.

---

19) 소멸회사 및 존속회사의 양 회사의 지배주주가 양 회사를 흡수합병하는 과정에서 소멸회사의 소수주주에게 존속회사의 주식이 아닌 현금을 교부하는 방법으로서, 지배주주는 실질적으로 종전사업에 대한 지배권을 상실하지 않으나 소수주주는 현금만으로 만족한 채 축출당하게 된다.

20) 다양한 유형의 '짜내기'(siphoning)가 있는데, 주로 이용되는 것이 숨은 이익배당의 방법이다. 숨은 이익배당은 지배주주가 상당한 반대급부를 제공받는 것이 아니라, 적법한 근거하에 회사재산을 취득하는 것을 의미하는데, 구체적으로 지배주주 자신이나 그 관계인을 회사 이사 등으로 임명한 후 그들에게 과다한 보수를 지급하는 방법 또는 지배주주와 회사간 불공정계약을 체결한 후 회사의 이익을 빼돌리는 방법(지배주주의 소유 부동산을 회사에 임대하고 그 대가로 과다한 임대료를 징수하거나, 회사의 영업을 지배주주가 지배하는 다른 회사에 위탁시켜 과다한 대가를 지급받는 것) 등이 있다.

2) 주주제명 긍정설

유력설은 인적 주식회사의 경우 유한회사와 같이 중대한 사유에 의한 주주제명을 허용하여야 한다고 주장한다.[21] 그 근거로써 계속적 법률관계에서의 기한전 해지가능성이라는 사법상의 일반원칙과 이 원칙이 회사법상으로 수용된 합명회사 사원의 제명에 관한 독일상법 제140조를 들고 있다. 즉 독일상법 제140조의 근본취지와 제명절차에서의 사법적 심사의 필요성 및 사원의 지위 상실에 대한 보상청구권의 부여 등은 유한회사법에서와 같이 주식법에서도 주주제명에 관한 근거로서 기능할 수 있다는 것이다. 유력설에 의하면 중대한 의무를 위반한 사원의 제명권한은 모든 사단에서 제기될 수 있는 조직법상의 문제에 해당하게 된다.

유력설은 독일법상 사원지위의 보유에 대한 무제한적인 보장이 인정되지 않고 주식법은 조직변경 · 합병 · 편입의 규정에서 사원지위에 대한 침해를 허용하고 있는데, 이의 연장선상에서 볼 때 중대한 사유로 인한 주주제명도 주식회사의 본질에 반하지 않는다고 한다. 그리고 유력설은 정관규정에 의한 제명이 법적으로 확립된 주식회사의 조직구조변경과 관련되지 않고 정관에 규정할 수 없는 절대적인 금지사항도 아니라고 한다. 다만 주주제명에는 실질적 요건으로서 반드시 중대한 사유[22]가 있어야 하고 절차적 요건으로서 주주총회의 특별결의 혹은 제명소송을 거쳐야 한다는 점을 강조하고 있다. 이 때에는 피제명주주의 주식처리방법으로서 주식소각, 자기주식 취득 혹은 다른 주주나 제3자에 의한 취득을 고려할 수 있다는 것이다.

---

21) 남기윤, "주주제명제도에 관한 비교법적 고찰," 「안암법학」 제7호, (1998), 200면의 주 38)에서는 M. Becker, "Der Ausschluß aus der Aktiengesellschaft", 「ZGR」(1986), S.383ff; R. Friedewald, Die personalistische Aktiengesellschaft(1991), S.145ff; P.Hommelhoff, "100 Bände BGHZ: Aktienrecht", 「ZHR」152(1987), S.515f; B. Grunewald, Der Ausschluß aus Gesellschaft und Verein(1987), S.50ff; A. Reinisch, Der Ausschluß von Aktionären aus der Aktiengesellschaft(1992) 등을 인용하고 있다. [평석자의 독일어 독해능력이 떨어지고 판례평석을 준비하는 시간도 짧았으므로 이번에는 이와 같이 재인용 만을 하기로 한다. 추후 보완할 것을 약속드리는 바이다].

22) 예를 들어 주주의 출자의무 불이행과 같이 회사 목적달성의 장애 또는 침해사유로써 회사와 다른 주주에 대한 충실의무 위반의 경우에 주로 발생한다고 한다.

(다) 일본 회사법상 주주제명

일본에서의 다수설도 우리나라와 마찬가지로 부정설을 취한다. 대표적으로 浜田道代 교수는 "폐쇄주식회사·유한회사에 있어서는 합명회사·합자회사의 경우와는 달리 주주(사원)가 당연히 경영을 담당하는 것은 아니기 때문에 다수파주주(사원)가 異分子를 배제하여 회사를 경영하는 것이 충분히 가능하다. 또 다수파주주(사원)의 의사에 기해서 제명을 인정한다면 제명되는 주주(사원)의 투하자본 회수시기의 선택에 관해 다수파주주(사원)가 주도권을 잡을 수 있게 된다. 이 점에서 제명은 소수파주주(사원)가 스스로 투하자본 회수시기를 선택할 수 있는 주식(지분) 매수청구권의 행사와는 다르고 또 누군가가 시기를 선택할 수 없는 상속의 경우와 다르다. 다수결 지배의 관철에 의해 일반적으로 약한 입장에 처해있는 폐쇄회사의 소수파주주(사원)가 더 나아가 그에게 가장 불리한 시기에 투하자본회수를 강요당할지도 모르는 입법-제명규정의 신설-에는 찬성하기 어렵다. 다수파주주(사원)가 최대한으로 할 수 있는 것은 이분자화한 주주(사원)를 회사지배로부터 축출함으로써 그가 주식(지분) 매수청구권을 행사하는 것을 기다리는 것에 그쳐야 할 것이다."라고 주장하고 있다.[23)]

그런데 일본에서도 근자에 이르러 폐쇄회사에서 주주제명이 필요하다는 견해(野村修也 教授)가 대두되고 있다. 이들에 의하면 소유와 경영이 일치하고 있음은 물론 所有와 現業도 일치하고 있는 폐쇄적 자본회사(여기서 폐쇄적 자본회사는 유한회사뿐만 아니라 폐쇄적 주식회사도 포한다)에 있어서 사원간의 不和對立은 회사의 존속에 지장을 초래하는 것으로서 합명회사와 같이 소수파사원을 제명할 수 있는 제도가 필요하다고 한다. 인적 회사에서 제명이 인정되고 있는 이유는 사원이면 누구나 업무집행권 및 회사대표권이 인정되어 있으므로 대외적 신용 뿐만 아니라 사원상호간의 신용관계를 유지하는 것이 함께 중요한 보호법익으로 되어 있기 때문에 제명이 제도화되어 있는 것인데, 폐쇄적 주식회사의 경우 주주총회에서 특별결의사항의 결의요건이 총주주의 과반수 출석과 또 발행주식총수의 3분의 2 이상의 찬성이 필

---

23) 浜田道代, "閉鎖會社における投下資本の回收と閉鎖性の維持", 「商事法務」 第983號, (1983), 11頁 참조.

요하기 때문에, 역으로 말하면 발행주식총수 3분의 1을 초과하는 주식을 갖는 소수주주는 상당한 범위에 걸쳐서 회사의 의사결정을 방해하는 수단을 갖는 것이 된다. 폐쇄적 자본회사에 있어서 불화·대립이 생기는 경우 업무집행의 정체는 무한히 계속될 가능성이 크고 제명제도를 고려하지 않으면 당해 회사의 존속은 어렵게 된다. 이러한 경우 현행법상 주식의 소각·해산결의·해산판결청구권 그리고 사실상의 축출 등 여러 제도적 장치를 두고 있지만 이러한 제도들은 각기 한계를 갖는다. 따라서 이상의 점을 감안하면 폐쇄적 자본회사에서 특정사원에 관해 그 사원권을 보유시킬 수 없다고 생각되는 중대한 사유가 존재하는 경우에는 사원의 다수결에 근거해서 특정사원의 지분을 회사의 자금을 사용해서 강제적으로 매수하는 제도, 즉 주주제명제도를 도입하여야 한다는 것이다.[24)]

5. 小結論

미국을 제외한 우리나라와 독일 및 일본의 통설과 판례는 주식회사에서의 주주제명에 대해 부정적임을 알 수 있다. 평석자도 추후 상법 개정이 없는 한, 현행 상법에서는 다음과 같은 이유로 주주의 지위를 박탈하는 주주제명을 부정함이 타당하다고 사료된다. 첫째, 주주제명은 자본단체로서의 주식회사 본질에 반하고 회사법의 강행법규성과도 조화될 수 없다. 둘째, 합명회사 사원의 제명에 관한 상법 제218조 제6호가 주식회사에 준용되지 않는다. 셋째, 다수결 지배의 관철에 의해 일반적으로 약한 입장에 처해있는 주식회사의 소수파 주주가 더 나아가 그에게 가장 불리한 시기에 투하자본 회수를 강요당할 수도 있다. 따라서 이 사건에서 폐쇄회사에서 주주제명이 가능함을 전제로 한 피고의 주장은 근거가 없는 것이고, 주식회사의 경우 주주제명을 부정한 대법원의 판단도 옳다고 본다.

---

24) 野村修也, "閉鎖的資本會社における除名制度の必要性について", 「西南學院大學法學論集」 第25卷 第2號·第3號, (1993), 211~291頁.

Ⅱ. 閉鎖會社에서 少數株主인 勤勞者 解雇의 可否 - 美國 매사추세츠州에서의 論議를 중심으로[25)]

1. 論議의 實益

피고는 상고이유서에서 이 사건에서의 제명처분이 주주로서의 지위를 박탈하는 것이 아니라 근로자로서의 지위를 해고하는 것이라고 주장하므로, 이 사건과 같이 폐쇄회사에서 주주가 근로자의 지위를 겸할 때, i) 우선 근로자인 소수주주를 해고하는 것이 법적으로 어떠한 의미를 갖는지, ii) 예외적으로 어떠한 경우 소수주주를 해고할 수 있는지를 고찰할 필요가 있다. 그런데 이 사건 이전까지 우리나라와 독일 및 일본에서는 주주제명 자체를 인정할지 여부에 대해서만 제한적으로 논의가 있었던 상태이므로, 구체적으로 소수주주인 근로자의 해고가 가능한지에 관한 분석은 미국에서의 논의를 전적으로 참조할 수 밖에 없다는 점을 미리 밝히는 바이다.

2. 逐出手段으로서 少數株主의 解雇 - 株主除名의 核心

(1) 소수주주-근로자의 해고

미국에서 소수주주인 근로자의 해고는 사실상 소수주주의 축출수단으로 활용되어 왔다. 폐쇄회사에 있어서의 소수주주이자 근로자가 다수주주를 상대로 하여 '다수주주의 신인의무 위반'을 주장하면서 해고의 무효를 주장한 사례는 1975년 Donahue v. Electrotype Co. of New England, Inc. 사건이 효시인 것으로 알려져 있다. 동 사건에서 매사추세츠 대법원은 「폐쇄회사의 근로자-주주들의 지위를 종료시키는 것(소위 '축출' 혹은 'freeze-out')은 이들의 주식가치 및 투자에 대한 수익을 박탈하는 것으로서, 주주들이 폐쇄회사에서 상호간에 부담하는 신인의무(fiduciary duty)를 위반하는 것이다」라고 판시하였다.[26)]

---

25) 다음의 내용은 Margaret H. Paget, *Exceptions to the At-Will Employment Doctrine and Its Applicability to Employment of Minority Shareholders*, 88 Mass. L. Rev. 41 (Summer 2003) pp.44-47을 정리한 것이다.

26) *Wilkes v. Springside Nursing Home, Inc.*, 370 Mass. 842, 851 (1976).

소수주주의 근로관계를 종료시키는 축출 자체를 문제삼는 소송이 제기될 경우 회사법과 노동법의 쟁점이 모두 제기될 것인데, 소수주주인 근로자를 해고하는 것은 기존의 해고자유의 원칙을 관철하기 어려운 회색지대 중 하나가 될 것이다. 주주이자 근로자인 원고가 자신의 해고는 다수주주의 신인의무 및 '암묵적인 선의·공정행동약정'(implied covenant of good faith and fair dealing)을 위반한 것이라고 주장한 사건에서, 매사추세츠 대법원은 회사법과 노동법의 쟁점이 중첩된다는 사실을 인정하였다.[27]

(2) 폐쇄회사에서의 해고의 효과

축출이 있었다는 주장은 통상적으로 다수주주가 소수주주를 해고하는 고용관계에서 발생하는데, 이러한 해고는 당해 주주로 하여금 회사지분 보유에 의하여 발생하는 이익(고용과 관련된 이익도 포함)을 박탈하는 결과를 야기한다. *Wilkes v. Springside Nursing Home., Inc.* 사건[28]에서 매사추세츠 대법원은 "다수주주 마음대로 소수주주를 해고하는 것은 일정한 사안에 있어서 특히 유해하다. 회사에 대한 고용을 보장한다는 점이 소수주주가 당해 회사에 대해 자본을 투자한 가장 근본적인 원인의 하나였을 수 있다. 폐쇄회사의 법인소득은 대부분 급여, 보너스, 퇴직금으로 배분되므로, 소수주주는 통상 자신의 급여에 의존하게 된다. 왜냐하면 이러한 급여가 투자에 대한 주된 수익원이기 때문이다"는 점을 인정하였다.

(3) 신인의무 위반 여부를 판단하는 선결조건 (폐쇄회사성의 충족)

축출이론에 따라 다수주주가 신인의무를 위반하여 해고하였다고 주장하려면, 소수주주는 폐쇄회사에 고용되었어야 한다. Donahue 사건에서 매사추세츠 대법원은 「폐쇄회사는 ① 소수의 주주, ② 회사주식을 쉽게 매각할 수 있는 시장의 부존재, ③ 다수주주의 회사경영, 지시 및 업무에 대한 상당한 정도의 참여. 대개 폐쇄회사는 조합(혹은 합명회사)과 유사하게 기능한다.

---

27) 신인의무를 위반하였는지 여부를 판단함에 있어서 적법한 사업목적이 있었는지가 가장 본질적인 판단기준이 되는 것과 마찬가지로, 선의·공정거래약정를 위반하였는지 여부를 판단함에 있어서도 동일한 기준(일방 당사자의 행위가 계약상의 이익을 향유하는 타방 당사자의 권리를 정당하게 침해하였는지를 엄격하게 심사)이 적용된다고 하였다.

28) Donahue 판례와 마찬가지로, 다수주주가 소수주주를 해고함으로써 소수주주들로 하여금 보유주식을 공정가액보다 못한 가격으로 매각하도록 압력을 가한 것은 소수주주에 대한 신인의무를 위반한 것이라고 전제하였다.

비록 폐쇄회사가 소규모 기업이지만 회사자산액, 업무범위, 근로자의 수 및 판매액 등만으로 당해회사가 '폐쇄'회사인지 여부를 결정할 수 없다. 폐쇄회사에서의 주주-근로자는 통상 가장 주된 투자수익원으로서 급여에 의존하는데, 폐쇄회사의 수익은 대부분 급여, 보너스 및 퇴직금으로 배분되기 때문이다」라고 하면서, 폐쇄회사의 특징을 설시하고 있다. 이러한 상황에서 축출이라는 책략은 경제적으로 악영향을 미칠 뿐만 아니라 소수주주들의 회사경영에 참여할 수 있는 기회를 박탈하는 것이다.

3. 閉鎖會社 株主의 義務 - 信認義務 또는 最上의 善管注意義務 및 忠誠義務 (duty of utmost good faith and loyalty)

미국에서 폐쇄회사의 주주는 상호간 최상의 선관주의의무 및 충성의무라는 신인의무를 부담한다. 즉 다른 주주들과 회사에 대한 충성의무를 훼손하면서 자신의 사리사욕(avarice, expediency or self-interest)을 채우기 위하여 행동하여서는 안되는 것이다. 그렇지만 신인의무의 존재만으로 다수주주가 언제든 절대적으로 소수주주인 근로자를 해고할 수 없다는 것은 아니다. 왜냐하면 다수주주는 회사내부업무(고용 및 해고의 권한까지 확대)를 집행하는데 있어서 어느 정도 재량이 있기 때문이다.29) 따라서 다수주주의 소수주주-근로자에 대한 신인의무는 사용자-다수주주의 회사업무를 경영할 권리와 적절한 균형을 이루어야 할 것이다.

4. 少數株主의 解雇를 正當化할 수 있는 適法한 事業目的의 存在

(1) 입증책임

다수주주가 소수주주를 해고할 때에는 회사에 대한 지배력을 갖는 집단(the controlling group)은 해고가 적법한 사업목적을 갖고 있다는 사실을 입증하여야 한다. 일단 다수주주가 소수주주의 해고에 있어서 적법한 사업목적

29) 미국에서도 당해 연도의 이익배당 여부 결정, 합병결정, 회사임원의 급여체계 수립, 정당한 사유가 있는지 여부를 불문한 이사의 해임, 회사근로자의 고용 및 해고 등에 있어서, 다음에서 논의할 적법한 사업목적이 있는 경우에는 다수주주들에게 상당한 정도의 재량권을 부여할 수 있다는 입장이다.

이 존재한다는 점을 입증한다면, 소수주주는 해고 이외에 소수주주의 이익을 덜 침해하는 다른 대안으로도 적법한 사업목적을 달성할 수 있다는 점을 입증하여야 할 것이다. 따라서 법원은 '적법성'과 '덜 유해한 대안의 실행가능성'을 비교형량하여야 하는데, 이는 사건별로 구체적인 사실관계를 확정하면서 할 수 있는 일이다.[30]

(2) 구체적 사안의 검토

(가) 적법한 사업목적이 인정되지 않은 사례

Wilkes 사건에서 매사추세츠 대법원은 다수주주가 원고인 Wilkes의 명단을 회사의 근로자명부에서 삭제하고 그를 급료를 받는 임원, 이사로 재선임하지 않은 것에 있어서 적법한 사업목적을 입증하지 못하였다고 판시하였다. 즉 Wilkes가 회사의 이사, 임원 또는 근로자로서 非行(misconduct 혹은 위법행위)을 저지르고, 회사와 회사 전체 구성원의 이익을 침해하는 용납할 수 없는 이러한 개인적인 행위에 대해 이를 응징하는 적법한 대응조치로서 다수의사가 결집된 것임이 입증되었다면 법원은 이러한 해고를 승인할 수도 있었지만, 그에 대한 입증이 부족하였다고 판시한 것이다.[31] 더욱이 법원은 Wilkes가 자신에게 부여된 임무를 항상 유능하게 수행하였고 과거의 업무수행과 달리 태만히 하겠다는 의향을 전혀 보인 적이 없다는 점에 주목하였다. 따라서 법원은 이러한 증거로 판단할 때 원고를 해고한 것이 적법한 사업목적이었을 여지는 전혀 없다고 판시하였다.

Hallahan v. Haltom Corp. 사건[32]에서 항소 법원은 2인의 다수주주가 2인의 소수주주를 해고함에 있어서 적법한 사업목적이 있었는지 여부를 심사한 후, 이러한 목적이 없다고 판시하였다. 사실관계를 살펴보면, 이들 4인은 Quarter Deck Lounge라는 간이음료식사 시설을 설립하기 위하여 합작투자계약을 체결하였다. 각자에게 신설회사의 주식이 1/4씩 발행되고 모두 회사

---

30) 출발점은 폐쇄회사 경영시 회사에 대한 지배력을 갖는 집단으로 하여금 영업방침(예컨대, 근로자의 고용 및 해고지침)을 수립하는데 있어서 어느 정도의 재량을 부여하여야 한다는 것이다.

31) 원문을 의역한 것이다. 원문은 The court found "no showing of misconduct on Wilke's part as a director, officer or employee of the corporation which would lead [the court] to approve the majority action as a legitimate response to the disruptive nature of an undesirable individual bent on injuring or destroying the corporation."

32) 7 Mass. App. Ct. 68 (1979).

의 이사로 복무하기로 하였는데, 이 중 2인의 주주인 원고들이 바텐더로 일하기로 하였다. 나중에 50%를 약간 상회하는 주식을 보유하게 된 2인의 피고들은 원고들이 바텐더 일을 하면서 불평을 하였다고 주장하며 원고들을 해고하고 이사의 직위에서도 해임하였다. 이에 대해 항소법원은 「근로자로서 보수를 받는 것이 회사로부터 향유할 수 있는 주된 혜택임에도 불구하고 사전의 경고없이 원고들을 완전히 배제시킨 것(peremptory discharge)은 원고들에 대한 신인의무를 이행하지 않은 것이다」라고 인정하면서, 「사전의 경고없이 다수주주가 절대적으로 지배력을 장악한 것은 적법한 사업목적을 위한 것이 아니다」라고 판시하였다.

(나) 적법한 사업목적이 인정된 사례

종종 소수주주 해고시 적법한 사업목적이 있었다는 사실이 입증되기도 한다. 예를 들어, 근로자가 자신의 의무를 소홀히 하고 회사업무를 엉망으로 만든 경우 근로자-주주의 해고를 적법하다고 판시한 사례,[33] 나머지 근로자들 간의 경쟁을 완화하기 위해 근로자-주주를 해고한다는 다수주주의 결정은 적법한 사업목적을 가진 것이라고 판시한 사례,[34] 도산회사를 정상화시키기 위해 새로운 경영진을 투입하면서 회사의 수요에 맞게 소수주주를 해고한 결정이 적법하다고 판시한 사례,[35] 조합원이 자신의 의무를 만족스럽게 수행하지 못한 점을 들어 조합원과의 관계를 종료하겠다는 주주의 결정이 적법한 사업목적을 위한 것이라고 판시한 사례[36] 등이 있다. 그리고 다수주주가 적법한 사업목적을 입증하지 못할 경우에도, 해고당한 근로자-주주가 반드시 승소하는 것은 아니라는 점을 주의하여야 한다(예: *Merola v. Exergen Corp.* 사건).[37]

---

33) *Pulsifer v. Bitflow, Inc.*, 2001 WL 170453 at 19 (Mass. Super. 2001).

34) *TenPas v. Boger*, 1994 WL 879756 at 4 (Mass. Sup. 1994).

35) *Rubin v. Household Commercial Financial Services, Inc.*, 1996 WL 1186917 at 17 (Mass. Super. 1996).

36) *Malter v. Eldh*, 1994 WL 902953 at 4-5 (Mass. Super. 1994). 원문은, a shareholder's decision to terminate his relationship with his partner due to the partner's failure to perform his job duties satisfactority served a legitimate business purpose.

37) 매사추세츠 대법원은 비록 다수주주에 의한 해고가 적법한 사업목적이 없었다는 사실에도 불구하고 폐쇄회사의 부사장이자 소수주주인 원고가 신인의무를 위반하였다는 충분한 입증을 하지 못하였다고 판시하였다. 대법원은 Wilkes 사건과 같이 회사가 수익을 근로자의 급료로 배분하는 관행이 소수주주로 하여금 자신의 급료를 투자에 대한 주된 수익원으

5. 少數株主가 立證하여야 할 事項 – 덜 有害한 對案이 存在하였다는 事實

일단 다수주주가 적법한 사업목적이 있었다는 입증에 성공한다면, 입증 책임은 다시 소수주주인 근로자에게 넘어간다. 여기서 입증하여야 할 내용은 "동일한 적법한 사업목적은 소수주주의 이익에 덜 유해한 다른 대안으로도 성취할 수 있었다."라는 것이다.

미국에서는 비록 해고에 대하여 적법한 사업목적이 있더라도 법원들은 소수주주를 상당히 보호해주는 듯한 인상을 받는다. 최근 *Leslie v. Boston Software Collaborative, Inc.* 사건에서 제1심 법원은 「비록 근로자인 주주의 업무실적이 저조하였음이 증명되기는 하였지만, 소수주주의 고용을 해고하고 이사회로부터 이사직을 해임함에 있어서 덜 유해한 대안을 고려하지 않았고 대안을 강구해보려고 시도하지도 않았다는 점에서 다수주주는 소수주주에게 신인의무를 위반한 것이다」라고 판시하였다.

6. 小結論

지금까지 미국의 사례들이 폐쇄회사에서 소수주주인 근로자의 해고가 사실상 주주를 축출하는 효과를 지닌 것으로 보아 매우 예외적인 경우에 한하여 주주-근로자의 해고를 인정하고 있음을 보았다. 미국에서 소수주주인 근로자의 해고를 제한하는 이유는 주주의 충실의무를 위반했기 때문이라고 하지만, 우리나라에서는 이 논거를 그대로 채택할 수 없다고 판단된다. 우리나라는 지금까지 간접적으로나마 다수주주의 소수주주에 대한 충실의무를 인정한 판례도 없고 학설도 긍정설[38]과 부정설[39]로 팽팽하게 갈려있는 상

로 의존하는 경우에는, 회사에서의 고용이 주식지분보유와 완전히 동일시될 수 있다고 하였다. 이에 반하여 Merola 사건에서는 근로자가 근로관계를 형성한 이후 회사주식에 투자하였기 때문에 '주주의 고용'과는 공식적으로 연계되지 않고 다른 주주들도 주식을 매수하였다는 이유만으로 지속적인 고용관계를 기대하였다는 증거도 없다고 판시하였다. 따라서 비록 원고를 해고한 것에 대해 적법한 사업목적은 없지만, 해고가 다수주주의 재정적인 이득을 목적으로 한 것도 아니고 공서양속에도 반하지 않는다고 판시하였다. 해고자유의 약정을 한 근로자가 우연히 당해 회사의 주식을 소유한 경우, 당해 근로자를 해고하는 것이 신인의무를 위반한 것이라고 단정할 수는 없는 것이다.

38) 최기원, 「신회사법론」 제12대전정판, (2005), 284-291면.

39) 이철송, 「회사법강의」 제13판, (2006), 248-249면.

태이다. 그렇지만 평석자는 주주간의 충실의무를 근거로 주주-근로자의 해고를 부정하는 것은 다소 문제가 있다고 생각한다. 왜냐하면 아무런 실정법의 근거없이 충실의무에 위반하였다는 이유로 당해 주주의 해고가 무효라거나 손해배상책임을 져야 한다는 등과 같은 사법적 효과를 인정할 때에는 회사법적 생활관계가 매우 불안정해질 것이기 때문이다.

물론 충실의무에 대한 代案으로서 폐쇄회사의 주주 간 암묵적으로 선의·공정한 행위를 하겠다는 약정이 있었다고 간주한 후, 해고는 당해 약정을 위반한 것이라고 이론구성할 수도 있을 것이다. 다만 이러한 이론구성은 신의칙 위반이라는 주장과 다를 바 없는데 법원에서 과연 수용가능한 것인지 역시 의문이다. 다만 이렇게 신의칙에 기한 암묵적인 선의·공정행위약정이 존재한다면, 사용자인 대주주는 다음으로 적법한 사업목적이 있음을 입증함으로써 주주-근로자의 해고를 정당화시킬 수 있을 것이다. 이 때에도 만일 소수주주인 근로자가 해고 이외의 덜 유해한 대안이 있었음을 입증한다면, 당해 해고는 적법하지 않게 될 것이다.

Ⅲ. 對象 判決의 檢討

1. 爭點의 單純化 및 前提事實 檢討 (閉鎖會社性 充足 與否)

피고는 상고이유서에서 이 사건 제명처분이 원고의 업무수행자로서의 지위만을 박탈한 것일 뿐 주주로서의 지위를 박탈하지 않았다는 주장을 하였는데, 이는 앞에서 고찰한 폐쇄회사에서의 소수주주인 근로자 지위의 해고가 정당화될 수 있는가의 쟁점으로 귀결된다는 것을 알 수 있다.

피고회사가 폐쇄회사라는 점에 대해 원·피고간 다툼이 없으므로, 주주의 근로자로서의 지위가 매우 중요함을 알 수 있다. 구체적으로 보면, ① 원고는 근로자로서 피고회사 소속 감정평가사로서의 업무를 집행하여 왔고, ② 원고는 가장 주된 투자수익원으로서 감정평가업무 수행에 따른 보수에 의존하였는데, 피고회사의 수익은 대부분 급여, 보너스 및 퇴직금으로 소속 감정평가사들에게 배분되었을 뿐, 주주에 대한 이익배당의 형태로 배분되지 않았으며, ③ 원고가 감정평가업무 수행자로서의 지위를 박탈당하면 회사경영에 참여할 수 있는 기회가 사실상 박탈된다. 왜냐하면 피고회사의 나머지 구성원은 이러한 지위를 박탈당하지 않은 감정평가사들로만 구성되어 있는데, 경영참가란 원고를 제외한 상태에서 다른 주주이자 근로자들인 감정평가사들이 감정평가업무에 참여하는 것을 의미하기 때문이다.40)

2. 確認의 利益에 관한 判決의 檢討 (上告理由 第1點)

(1) 확인의 소에 있어서 확인의 이익

확인의 소에 있어서는 확인의 이익이 있어야 하는바, 이는 원고의 권리 또는 법률상의 지위에 현존하는 불안 · 위험이 있고, 그 불안 · 위험을 제거함에는 확인판결을 받는 것이 가장 유효 · 적절할 때에 인정되는 것이다. 판례도 동일한 입장이다. 즉 대법원 2006. 5. 25. 선고 2003다62835 판결은 「확인의 소는 반드시 당사자 간의 법률관계에 한하지 아니하고 당사자의 일방과 제3자 사이 또는 제3자 상호간의 법률관계도 그 대상이 될 수 있지만 그 법률관계의 확인에 확인의 이익이 있기 위해서는 그 법률관계에 따라 제소자의 권리 또는 법적 지위에 현존하는 위험 · 불안이 야기되어야 하고, 그 위험 · 불안을 제거하기 위하여 그 법률관계를 확인의 대상으로 한 확인판결에 의하여 즉시로 확정할 필요가 있으며, 그것이 가장 유효 적절한 수단이 되어야 한다(대법원 1995. 10. 12. 선고 95다26131 판결, 1996. 6. 14. 선고 94다10238 결 등 참조)」라고 하였다.

(2) 이 사건에서의 검토

원고는 근로자로서의 업무수행을 박탈당하여 폐쇄회사에서의 기본적인 수익인 보수를 받지 못하고 감정평가사로서 회사 경영에도 참여하지 못하였으므로, 주주이자 근로자로서 일체의 지위를 부정당하고 있다는 측면에서 이 사건 제명처분에 대한 즉시확정의 이익이 있다고 판단된다. 선례를 보더라도 주식회사의 주주가 회사의 경영에 직접적으로 참여하고 감정평가업무 수행에 따른 보수를 취득하는 등 회사재산에 대해 구체적인 이해관계를 가질 경우 확인의 이익이 넓게 인정될 개연성은 매우 높았다고 판단된다.41) 감정평

40) 원고 소송대리인이 제출한 기록에 의하면 한국감정평가협회가 2005. 8. 1.자로 발행한 '감정평가업자 현황'의 피고회사 소속 감정평가사 총 106명의 명단에서도 원고의 이름이 빠져있는 것으로 파악되었다.

41) 다음의 판례를 반대해석할 경우 더욱 그러하다. 참고로 대법원 2006. 5. 25. 선고 2003다62835 판결은 「주식회사의 주주는 주식의 소유자로서 회사의 경영에 이해관계를 가지고

가법인 소속 주주인 근로자(감정평가사)가 감정평가업무로부터 전적으로 배제된 채, 명목상 주주로서의 지위만을 유지한다는 것은 감정평가사로서의 지위와 존립근거를 박탈당하는 것이다. 더욱이 폐쇄회사인 피고회사에서 주주총회나 이사회는 사실상 형식화되어 있다는 점을 감안할 때, 단순히 주주총회에 주주로서 참석할 수 있다고 하더라도, 감정평가사로서의 업무수행을 박탈당한 이상 주주이자 근로자로서의 지위에 현존하는 불안과 위험이 있다고 할 수 있다.

(3) 소결론

이 사건에서 원고는 소수주주이자 근로자로서의 지위에 현존하는 불안 내지 위험이 있고, 일반 주식회사의 주주와 달리 회사의 경영에 직접 참여하여 경제적 이익을 추구하여야 할 필요성이 높으므로, 즉시 확정의 이익이 있다고 하겠다. 따라서 이 점에 대하여 문제삼은 피고의 주장을 배척한 대상판결은 타당하다고 하겠다.

3. 法律行爲의 解釋에 관한 法理誤解의 檢討 (上告理由 第2點)

(1) 제명처분에 있어서 피고의 의사만이 가장 중요한 기준이 된다는 주장의 가부

학설에 의하면 단독행위는 타인의 권리의무에 영향을 미치는 것과 그렇지 않은 것으로 구분할 수 있는데, 소유권의 포기와 같이 타인의 권리의무에 영향을 미치지 않는 단독행위는 사적 자치의 원칙상 자유롭게 행해질 수 있지만, 타인의 권리의무에 영향을 미치게 되는 단독행위는 비록 그것이 타인에게 이익만을 주는 경우에도 법률이 허용하는 때에 한하여 효력이 발생한다고 한다.[42] 이 사건의 제명처분은 타인의 권리의무에 영향을 미치는 단독

있기는 하지만, 회사의 재산관계에 대하여는 단순히 사실상·경제상 또는 일반적·추상적인 이해관계만을 가질 뿐 구체적 또는 법률상의 이해관계를 가진다고는 할 수 없고, 직접 회사의 경영에 참여하지 못하고 주주총회의 결의를 통해서 또는 주주의 감독권에 의하여 회사의 영업에 영향을 미칠 수 있을 뿐이므로 주주는 일정한 요건에 따라 이사를 상대로 그 이사의 행위에 대하여 유지(留止)청구권을 행사하여 그 행위를 유지(留止)시키거나 또는 대표소송에 의하여 그 책임을 추궁하는 소를 제기할 수 있을 뿐 직접 제3자와의 거래관계에 개입하여 회사가 체결한 계약의 무효를 주장할 수는 없다」라고 하였다.: 대법원 1979. 2. 13. 선고 78다1117 판결; 대법원 2001. 2. 28.자 2000마7839 결정.

행위이므로 법률이 허용하는 때에 한하여 효력이 발생한다고 할 수 있는데, 상법에서는 주식회사의 경우 제명처분을 전혀 인정하지 않고 있으므로, 원심이 상법과 피고의 운영규정을 종합적으로 고찰하여 제명처분의 의미를 해석한 것은 법률행위의 해석원리에 부합된다고 판단된다.

(2) 원고가 업무수행에 있어 직업윤리를 위반하여 피고회사의 운영에 막대한 지장을 초래하였기 때문에, 운영규약 및 운용규정에 따라 업무수행자로서의 지위를 박탈한 것이라는 주장의 가부

가사 미국의 판례이론을 수용한다는 전제하에 소수주주인 근로자를 해고함에 있어서 적법한 사업목적이 있어야 한다고 할 경우, 피고의 이 주장은 원고의 업무수행권 박탈에 있어서 적법한 사업목적이 있었음을 주장한 것으로 일응 선해할 수 있다. 그러나 이 사건에서 원고가 제명처분 혹은 해고결정 자체를 문제삼아 다투고 있고 피고의 운영규약 및 운영규정에는 원고의 주주간 신뢰를 저버리는 행동에 대해 해고보다는 덜 유해한 다른 징계수단이 마련되어 있었으므로, 주식회사의 본질과 조화되지 않을 뿐만 아니라 강행법규에도 위반되는 제명처분은 무효이고, 가사 제명처분을 업무수행권의 박탈로 해석하더라도 소수주주인 근로자를 해고함으로써 결과적으로 업무수행에 참여하지 못하게 하고 보수를 지급하지 않으면서 단지 명목적인 주주로만 남아있게 만드는 피고회사의 조치는 적법한 사업목적과는 상관없는 위법한 행위라고 보아야 할 것이다.

(3) 제명처분 이후 운영규정에 따른 후속조치의 미비에 의한 주주의 지위 박탈 여부

피고는 제명처분 이후 운영규정43)에 따른 후속조치, 즉 지분환급의 조치를 취하지 않았으므로 주주로서의 지위를 박탈한 것이 아니라고 주장하나, 폐쇄회사에서 소수주주-근로자의 업무수행권 박탈은 주주제명과 결과에 있

42) 후자의 예로서 민법상 명문의 규정이 있는 법률행위의 취소, 계약의 해제, 상계, 사해행위의 취소 등을 들 수 있는데, 이러한 단독행위는 일정한 요건이 갖추어진 경우에만 인정되므로 권리(형성권)로서 관념되고 있다.: 민법주해[Ⅱ], 156면 (송덕수 집필부분).

43) 운영규정 제31조 제2항은 "제31조 제1항에 따라 제명된 주주에 관하여 지분환급청구권을 제한할 수 있다."라고 규정하고, 제30조는 "제명에 관하여 임의탈퇴와 마찬가지로 지분을 환급하여야 한다."라고 규정하고 있다.

어서 하등의 차이가 없는 주주축출에 해당하고, 주주제명에 의한 지분환급은 상법상으로 규정된 자기주식의 취득사유 중 어디에도 해당하지 않으므로, 다른 주주들이 제명된 주주의 당해 지분을 인수하지 않는 한 회사는 당해 지분을 취득할 수도 없는 것이다.

(4) 소결론

피고의 제명처분이라는 단독행위는 상법상 규정된 적법한 행위가 아니므로 무효이고, 가사 동 처분을 업무수행권의 박탈이라고 제한적으로 해석하더라도 이러한 해고행위는 상법이 명문으로 허용하지 않는 주식회사에서의 제명처분과 결과적으로 동일한 효과를 갖는 우회적인 잠탈행위로 취급할 수 있을 뿐만 아니라, 다른 형태의 징계수단이 마련되어 있는 상황에서 제명처분이 적법한 사업목적을 가졌다고 인정할 수도 없다. 따라서 피고의 상고이유 제2점을 배척하면서 법률행위의 해석에 관한 법리오해 등의 위법이 없다고 한 대상 판결의 결론은 타당하다고 할 수 있다.

4. 運營規約 및 運營規定의 趣旨의 誤認 및 閉鎖會社의 法理誤解의 檢討 (上告理由 第3點)

(1) 주식회사에 있어서도 주주의 제명처분이 가능하다는 주장의 가부

이에 대해서는 [평석] Ⅰ. 4.에서 우리나라와 외국의 학설 및 판례 분석을 통하여 검토를 완료하였으므로 여기서는 재론을 피하기로 한다.

(2) 운영규정 및 운영규약이 전원주주총회 결의이면서 주주간 계약으로 유효하다는 주장의 가부

사실 운영규정 및 운영규약이 피고회사의 내부관계만을 내용으로 하고 있으므로 회사채권자 및 일반 공중의 권리를 침해할 가능성은 없지만, 주식회사의 본질에 반하고 강행법규에 위반하여 소수주주의 권익을 중대하게 침해할 수 있는 주주제명에 대해 규정한 피고회사의 내규는 위법하다고 할 수 있다.

(3) 기존의 판례(90다카22798 판결)가 폐쇄회사의 내부불화를 해결하기 위하여 자기주식 취득 및 주식소각의 유효성을 인정하고 있다는 주장의 가부

(가) 대법원 1992. 4. 14. 선고 90다카22698 판결

[사실관계]

피고 D의 기관은 대표이사 소외 김성규, 이사 원고 김덕주, 이사 소외 김미란, 감사 소외 이재호 등으로 구성되어 있고, 대표이사인 위 김성규와 이사인 원고 김덕주간에 오랫동안 회사경영권에 관해 분쟁이 계속되어 왔다. 이 분쟁을 해결하기 위하여 대표이사인 위 김성규와 원고 김덕주간에 피고회사는 원고에게 피고회사 소유의 재산 중에서 원고 소유의 주식분에 상당하는 재산을 양도하고 또 원고는 피고회사에 원고 소유의 피고회사 주식을 양도하기로 약정하고, 피고회사는 원고로부터 양수한 전주식을 소각하기로 하였다. 이러한 재산양도의 약정은 피고회사와 피고회사의 이사인 김덕주 간의 거래로서 이른바 이사의 자기거래에 해당하므로 위 재산양도의 약정 당일인 1986년 5월 29일에 피고회사의 3인의 이사중 대표이사인 위 김성규와 이사인 원고 김덕주가 피고회사의 회의실에 모여 이사회를 개최하고 위 재산양도의 약정을 승인하였으며, 나머지 이사인 소외 김미란에게는 이사회소집통지를 하지 아니하여 위 김미란은 이사회에 참석하지 아니하였다가 그 후 위 재산양도의 약정에 동의하는 뜻으로 위 이사회의 의사록에 기명날인하였다. 그리고 피고회사는 위의 재산양도가 피고회사의 영업의 중요한 일부의 양도라고 보아, 1986년 6월 16일에 주주총회를 개최하여 위 재산양도의 약정을 만장일치로 승인하였다. 그러나 원고는 피고회사의 위 재산양도계약과 위 주식의 취득이 무효라고 주장하였다.

[판결요지]

대법원은, 「피고가 원고의 주식을 유상으로 취득한다고 하더라도 그것은 주식을 소각하기 위한 때에 해당되어 무효라고 할 수는 없고, 이와 같은 주식 소각의 경우 거쳐야 되는 자본감소의 절차는 피고의 주식취득 이후에 취하여야 할 절차로서 위와 같은 절차를 거치지 아니하였다 하여 위 약정자체가 무효가 된다고 할 수 없다」라고 한 원심 판결을 인용한 후, 「주식의 임의소각은 그 주식을 취득하고 상법 소정의 자본감소의 절차와 실효절차를 마친 때에 소각의 효력이 생기는 것이라 할 것이므로 주식의 취득과 동시에 소각의 효력이 생기는 것이라는 전제 아래 그 이전에 자본감소의 절차 등을 밟지 않은 피고의 주식취득이 무효라고 하는 소론은 이를 받아들일 수 없다」라고 판시하였다.

(나) 위 판례에 대한 평가 및 이 사건과의 구별

상법은 자기주식의 취득금지에 대한 예외로서 제341조 제1호에 '주식을 소각하기 위한 때'를 규정하고 있는데, 상법은 주식의 소각을 자본감소의 절차에 따라 하는 경우(제343조 제1항 본문), 정관의 정함에 따라 주주에게 배당할 이익으로써 하는 경우(제343조 제1항 단서), 상환주식을 상환하는 경우(제345조 제1항)에 한하여 제한적으로 인정하고 있다. 따라서 이와 같은 법정의 사유가 아닌 한, 회사는 자본충실의 원칙상 이사회의 결의나 주주총회의 결의로도 주식을 소각할 수 없는 것이다.

90다카22698 판결에 대해서는 동 판결의 의미를 상법에서 법정한 주식소각 이외에 장차 주식을 소각할 계획으로 취득하는 경우에까지 무제한적으로 확대되어서는 안 된다는 학설[44]과, 이 건은 피고회사가 원고에게 영업의 중요한 일부를 양도하고 원고로부터 주식을 취득·소각하여 자본감소의 효력을 생기게 하는 일단의 행위로서 전체적으로 하나의 법률요건으로 보아야 한다고 하면서, 여기서 만일 법률에서 규정한 엄격한 자본감소의 절차를 거치지 않았다면 추후 자본감소 무효나 자본감소 부존재를 주장할 수 있을 것이라고 평석한 학설[45]도 있다. 생각건대, 90다카22698 판결은 폐쇄회사의 교착상태를 타개하여 사실상 회사를 분할할 수밖에 없는 사실관계의 특수성을 감안하여 피고회사가 취한 일련의 절차를 주식소각에 의한 자본감소의 절차를 취한 것이라고 예외적으로 인정한 것일 뿐, 법률의 규정에 의한 자기주식취득의 예외 이외에 장차 주식소각을 계획하면서 자기주식을 취득하는 행위까지도 일반적으로 허용한 것이라고 확대하여 해석하는 것은 문제가 있

44) 이철송, 「회사법강의」 제13판, 박영사, (2006), 315면.

45) 강위두, "회사가 이사에게 영업의 일부를 양도하고 그 대가로 자기주식을 취득·소각한 경우의 법적 성질 -대법원 1992. 4. 14. 선고 90다카22698 판결-", 「법률신문」 제2161호, (1992. 4. 14.), 6면 참조.

다. 더욱이 대상 판결의 사건은 90다카22698 판결과 전혀 사안을 달리하는 사건으로서, 대등한 지분을 가진 주주들간의 교착상태를 해소하기 위한 것이 아니고, 피고회사가 제명처분한 소수주주-근로자의 지분을 스스로 혹은 다른 주주들로 하여금 취득하거나 취득을 권유하는 일체의 행위를 하지 않았다. 따라서 이 사건은 경영권 분쟁과 관련이 없을 뿐만 아니라, 객관적으로 자기주식취득의 예외를 인정할 수 밖에 없는 자본감소절차가 예정되어 있지도 않으므로 90다카22968 판결과는 사안을 달리하는 것이다.

(4) 소결론

주주의 지위를 박탈하는 주주제명은 주식회사의 본질에 어긋날 뿐만 아니라 상법상 명문의 규정으로도 허용되지 않는다. 이러한 법의 취지에 반해 주주제명을 규정하는 피고회사의 운영규약 및 운영규정은 강행법규 위반으로서 무효일 뿐만 아니라, 피고회사가 원용하는 90다카22698 판결은 이 사건과 사안을 달리하므로 적용할 수 없다. 따라서 대상 판결이 피고회사의 운영규약 및 운영규정이 무효이고 원고에 대한 주주제명처분 역시 무효라는 취지의 원심판단을 정당하다고 하면서, 이 사건이 90다카22698 판결과 사안을 달리하여 원용할 수 없다고 판시한 것은 지극히 옳은 것이다.

5. 無效行爲의 轉換 또는 一部無效의 法理誤解의 檢討 (上告理由 第4點)

(1) 문제의 제기

피고는 이 사건에서의 제명처분은 해고를 의욕한 것이었다고 주장하였고(민법 제138조의 무효행위의 전환 주장), 또한 제명처분은 주주의 지위 박탈과 업무수행권 박탈이라는 이중의 효력이 있는데 후자에 대한 효력은 유효하다는 주장을 계속적으로 하였다(민법 제137조의 법률행위의 일부무효). 이에 대하여 원심 법원은「제명처분이 주주로서의 지위를 박탈한 것으로 상법에 반하여 무효이므로 해고 부분 역시 전부 무효이다」라고 보았는데, 대법원은「피고의 의사표시를 주주의 지위 박탈 부분과 근로자로서의 지위 박탈 부분으로 나누어 후자의 부분이 정당한 사유에 기하여 적법한 절차에 따른 것이었는지를 심리·판단하였어야 한다」라는 취지로 원심 판결을 파기하였다. 원론적으로 판례의 기본 취지를 이해하지만,

평석자는 이 판시에 대해 견해를 달리한다.

미국에서의 논의과정을 보면 주주제명이 원칙적으로 허용된다는 것을 전제로, 외형적으로는 근로자로서의 지위를 해고하는 형식을 취하지만 실질적으로 주주제명의 효과를 갖는 것에 대해 그 허용 여부가 문제되어 왔음을 전술하였다. 그러나 우리나라에서는 상법상으로 주주제명이 허용되지 않는다. 그렇다면 그 이후의 추가적인 논의는 다소 의미가 없는 것 아닐까? 만일 파기 후 환송심이 피고회사가 적법한 절차에 따라 근로자의 지위에 대하여 제명하였다고 판시하였다면, 향후 우리나라의 폐쇄회사에서 이러한 형태의 제명이 가능한 것인가? 그렇다면 이는 실질적으로 폐쇄회사에서 주주로서의 지위를 박탈하는 것과 동일한 효과를 발휘할 것인데 주주제명에 대한 명문의 입법도 없이 우회적으로 주주제명을 금지하는 상법의 규정을 잠탈하는 것은 아닌가?

(2) 무효행위의 전환에 관한 검토

위의 "Ⅱ. 소수주주인 근로자의 해고"에서 검토한 바와 같이, 근로자의 지위가 단절되고 명목상 주주로 남을 경우 폐쇄회사의 주주에게 배당되는 경제적 이익은 거의 없음을 감안할 때, 소수주주이자 근로자의 업무수행권을 박탈하는 해고조치는 주주제명과 결과에 있어서 전혀 차이가 없는 주주축출에 해당한다. 그런데 여기서의 해고가 적법한 사업목적이 있었던 것인지 그리고 주주에게 덜 유해한 대안으로서 다른 징계수단은 없었던 것인지를 종합적으로 고찰해볼 때, 이 사건에서 무효인 주주제명처분을 유효한 해고조치라고 인정할 만한 근거가 없다. 더욱이 판례가 일부 단독행위(신분행위)의 경우 전환을 인정한 적이 있지만, 같은 단독행위 중 제명처분에 있어서 전환을 인정한 선례도 없다.[46] 따라서 원심법원이 이 사건의 제명처분을 원고에 대한 해고로서는 유효하다는 피고의 주장을 배척한 것에 대해, 대법원이 판

---

46) 대법원 1996. 3. 26. 선고 95다45545, 45552, 45569 판결은 「상속재산을 공동상속인 1인에게 상속시킬 방편으로 나머지 상속인들이 한 상속포기 신고가 민법 제1019조 제1항 소정의 기간을 초과한 후에 신고된 것이어서 상속포기로서의 효력이 없다고 하더라도 공동상속인들 사이에서는 1인이 고유의 상속분을 초과하여 상속재산 전부를 취득하고 나머지 상속인들은 이를 전혀 취득하지 않기로 하는 내용의 상속재산에 관한 협의분할이 이루어진 것으로 보아야 할 것이다(당원 1989. 9. 12. 선고 88누9305 판결, 1991. 12. 24. 선고 90누5986 판결 등 참조)」라고 하였다. 그 외 타인의 자를 자기의 자로서 출생신고한 경우 입양의 효력을 인정한 판례(대법원 1977. 7. 26. 선고 77다492 판결)도 있다.

결에 영향을 미친 위법이 있다고 판시한 것은 다소 의외이다.

(3) 일부무효의 법리에 관한 검토

더욱 심각한 것은 대상 판결이 일부무효의 법리를 사실상 인용하였다는 것이다.[47] 주식회사에서의 주주제명은 상법의 강행법규를 위반하는 것으로 무효가 되는데, 앞에서 검토한 바와 같이 폐쇄회사의 기본적인 속성상 근로자의 지위와 주주의 지위는 경제적으로 일체를 이루고 분할할 수 없는 것이 원칙이다.[48] 그리고 근로자의 지위를 박탈하는 해고는 궁극적으로 주주의 지위를 박탈하는 것과 마찬가지의 효력을 갖는 주주축출에 해당한다. 만일 이 사건에서 피고 회사가 폐쇄회사가 아니고, 원고인 근로자의 지위를 해고하였더라도 주주총회를 통한 주주의 경영참여가 보장되며, 이익배당청구권의 수령이 주된 경제적 원천인 경우와 같은 사정이 있었다면, 해고를 하더라도 상법이 명문으로 금지하는 주주제명의 효과를 수반하지 않으므로 대상 판결과 같은 판시가 나올 수 있었을 것이다. 그러나 이 사건에서는 그와 같은 사정이 전혀 존재하지 않았다는 점에 문제가 있다. 그럼에도 대상 판결은 다소 형식논리에 치우쳐 피고 회사의 의사표시에는 주주로서의 지위를 박탈하는 부분과 근로자로서의 지위를 해고한다는 부분이 모두 포함되어 있었다고 하면서, 양 부분을 분리하여 심리·판단하였어야 한다는 취지의 판시를 하고 있다. 더욱이 후자의 부분이 적법한 절차에 의하여 이루어졌는지를 면밀히 검토하였어야 한다는 추가적인 주문까지 함으로써, 마치 적법한 절차에 의하여 해고가 이루어졌다면 폐쇄회사에서 주주인 근로자를 해고하는 것도 상관없다는 암시마저 주고 있다. 이는 폐쇄회사의 본질, 즉 주주의 지위와 근로자의 지위가 불기분의 관계에 있다는 점을 노외시한 것이다.

---

47) 대법원 2004. 6. 25. 선고 2004다2199 판결은 「민법 제137조는 임의규정으로서 의사자치의 원칙이 지배하는 영역에서 적용된다고 할 것이므로, 법률행위의 일부가 강행법규인 효력규정에 위반되어 무효가 되는 경우 그 부분의 무효가 나머지 부분의 유효·무효에 영향을 미치는가의 여부를 판단함에 있어서는 개별 법령이 일부무효의 효력에 관한 규정을 두고 있는 경우에는 그에 따라야 하고, 그러한 규정이 없다면 원칙적으로 민법 제137조가 적용될 것이나 당해 효력규정 및 그 효력규정을 둔 법의 입법 취지를 고려하여 볼 때 나머지 부분을 무효로 한다면 당해 효력규정 및 그 법의 취지에 명백히 반하는 결과가 초래되는 경우에는 나머지 부분까지 무효가 된다고 할 수는 없다」라고 하였다.

48) 법률행위의 내용을 이루는 약정들 사이의 경제적 관련성은 그것만으로는 일체성의 객관적 요건을 충족시키지 않으나, 이러한 경제적 연관성이 일체성을 판단함에 있어서 중요한 징표는 될 수 있다.: 민법주해[Ⅲ], 272면 (김용담 집필부분).

(4) 소결론

평석자는 위와 같은 이유로 이 사건의 경우 무효행위의 전환이나 일부 무효의 법리가 적용되어서는 안 된다고 생각한다.

Ⅳ. 結　論

사실관계만 보면 피고회사가 주주제명의 효과를 통하여 회사의 평판 제고 및 다른 주주의 이익 보호 등 적법한 목적을 달성할 수 있었을 것이다. 그럼에도 불구하고 평석자는 대상 판결의 결론에 동의하지 않는다. 폐쇄회사에서의 주주제명처분이란 사실상 근로자로서의 지위를 박탈하는데 초점이 맞추어져 있다. 즉 폐쇄회사에서의 주주제명이란 주주 신분에서 회사경영권에 대한 참여가 배제된다는 의미보다는, 근로자 신분에서 급여 등의 형태로 투자수익을 얻을 수 있는 기회가 박탈된다는 의미가 더욱 강한 것이다. 현행법이 주주제명을 허용하지 않는다면 당연히 간접적·우회적으로 주주제명의 효과를 거둘 수 있는 근로자 지위의 박탈 역시 허용하지 않는다고 보아야 한다. 그렇지 않다면 주주로서의 본질적인 권리를 전혀 행사하지 못한 채 폐쇄회사에서 사실상 축출될 가능성이 높은 소수주주들을 법이 전혀 보호하지 못하는 상황으로 치닫게 될 것이다.

과연 이러한 결과가 옳은 것인가? 그래도 다행스러운 것은 파기 후 환송심이 피고회사가 원고의 근로자로서의 지위를 제명함에 있어서 적법한 절차를 준수하지 않았으므로 무효라고 판시한 부분이다. 그렇지만 폐쇄회사들이 대상 판결과 파기 후 환송판결을 종합적으로 고찰하면서 그 실무적인 의미를 어떻게 파악할 것인지는 계속 여운으로 남게 될 것이다. 학계와 실무계의 심도있는 연구를 촉구하며 이만 평석을 줄이는 바이다.

合資會社 無限責任社員의 責任의 發生時期*

陳 尙 範**

◎ 대법원 2009. 5. 28. 선고 2006다65903 판결

[事實의 槪要]

(1) 소외 1은 C무약 합자회사(이하 'C무약'이라 한다)의 무한책임사원이고, C무약은 원고에게 한약재외상대금 지급담보조로 2000. 1. 5.부터 2000. 7. 1.까지 약속어음 12장(액면 합계 6,454,250,000원)을 발행하였다.[1][2]

(2) 소외 1은 C무약의 부도 발생(2000. 8. 18.) 하루 전인 2000. 8. 17. 사돈인 피고와 사이에, 피고에 대한 대여금채무의 변제에 갈음하여 이 사건 각 부동산의 소유권을 피고에게 이전하기로 하는 대물변제계약을 체결하고, 이를 원인으로 하여 이 사건 각 부동산에 관하여 2000. 8. 22. 피고 명의의 소유권이전등기를 마쳤다.

(3) C무약은 2002. 3. 22. 화의개시신청을 하여 2002. 5. 2. 화의개시결정을 받고 2002. 7. 15. 채권자집회를 거쳐 2002. 7. 29. 화의인가결정을 받았다.[3] 항고법원이 2002. 12. 20. 원고의 항고를 받아들여 화의인가결정을 취소하면서 화의를 인가하지 아니한다는 결정을 하였으나, 그 재항고사건에서 대법원은 2003. 6. 25. 원심결정을 파기・환송하였다. 그 후 환송심인 서울고등법원이 2003. 7. 31. 원고의 항고를, 대법원이 2004. 3. 16. 원고의 재항고를 각 기각함으로써 위 화의인가결정이 확정되었다.

---

* 제21회 상사법무연구회 발표 (2010년 3월 13일)

** 서울서부지방법원 부장판사

1) 위 어음들 중 최초 지급기일이 C무약의 부도일인 2000. 8. 18.이다.

2) 2001. 1. 4.경 위 약속어음금 채권에 관하여 서울중앙지방법원 2001가단2028호로 어음금 청구소송을 제기하여 2001. 5. 15. 승소판결을 받았고, 그 무렵 위 판결이 확정되었다.

3) 원고도 위 채권을 화의채권으로 신고하였다.

(4) 위의 화의인가결정에서의 화의조건에 의하면, 금융기관 이외의 자에 대한 화의채권은 원금을 35% 탕감하여 2006년부터 2011년까지 균등 분할변제하고, 이자는 면제하기로 되어 있다.

(5) 원고는 2003. 12. 17. 이 사건 사해행위취소의 소를 제기하였다.

[訴訟의 經過]

1. 原審의 判斷[4)]

(1) 합자회사의 무한책임사원은 회사의 재산으로 회사의 채무를 완제할 수 없거나 회사재산에 대한 강제집행이 주효하지 못한 때에는 회사의 채무를 변제할 책임이 있고(상법 제269조, 제212조 제1항, 제2항), 회사에 변제의 자력이 있으며 집행이 용이한 때에는 변제책임이 없으므로(같은 조 제3항), 결국 합자회사의 무한책임사원은 합자회사의 채권자에 대하여 직접·연대·무한책임을 부담하나 그 책임은 합자회사의 채무에 대하여 부종성과 보충성을 가지며(대법원 2003. 6. 25.자 2003마28 결정 참조), 합자회사에 대하여 화의절차가 개시된 경우에도 법인의 채무에 관하여 책임을 지는 사원은 화의채권자에 대하여 화의의 정하는 한도에서 그 책임을 지므로{구 화의법(2005. 3. 31. 법률 제7428호로 폐지되기 전의 것) 제61조[5)], 구 파산법(2005. 3. 31. 법률 제7428호로 폐지되기 전의 것) 제299조[6)]} 이 경우에도 위 법리는 그대로 적용된다.

(2) 무한책임사원인 소외 1이 원고에 대하여 C무약의 채무를 변제할 책임을 부담하기 위해서는 C무약의 재산으로 채무를 완제할 수 없거나 C무약의 재산에 대한 강제집행이 주효하지 못한 경우라야 한다. C무약은 2002. 3. 22. 수원지방법원에 화의개시신청을 하여 2002. 5. 2. 화의개시결정을 받은 후 2002. 7. 29. 화의인가결정을 받아 2004. 3. 16. 확정되었으며, 그 화의인가결정의 화의조건에서 금융기관 이외의 자에 대한 화의채권은 원금을 35%

---

4) 서울고등법원 2006. 8. 30. 선고 2005나55857 판결.

5) 구 화의법 제61조 (파산상의 강제화의의 효력에 관한 규정의 준용) 파산법 제297조 내지 제299조 및 제314조의 규정은 화의의 효력에 관하여 이를 준용한다.

6) 구 파산법 제299조 (강제화의와 사원의 책임) 법인의 채무에 관하여 책임을 지는 사원은 파산채권자에 대하여 강제화의의 정하는 한도에서 그 책임을 진다. 단, 강제화의에 따로 규정이 있는 때에는 그 규정에 따른다.

탕감하여 2006년부터 2011년까지 균등하게 분할변제하고, 이자는 면제하기로 되어 있으므로, C무약의 원고에 대한 채무는 원금이 35% 탕감되고 이자는 면제되며 남은 원금 65%를 2006년부터 2011년까지 균등 분할변제하면 되는 상황이었다. 따라서 당심 변론종결일 무렵에는 C무약의 원고에 대한 채무 이행기가 도래하지 않은 상태이므로 C무약의 재산으로 채무를 완제할 수 없거나 C무약의 재산에 대한 강제집행이 주효하지 못한 경우에 해당한다고 할 수 없고, 그 결과 무한책임사원인 소외 1에게 C무약의 원고에 대한 채무를 변제할 책임이 발생하였다고 할 수 없으므로, 이 사건 사해행위 취소소송은 그 피보전채권이 성립되지 않은 경우에 해당한다.7)

2. 上告理由 및 大法院의 判斷

원고는, 무한책임사원인 소외 1에 대한 원고의 채권은 C무약의 채무불이행을 조건으로 하는 정지조건부채권인데, 이러한 정지조건부채권도 채권자취소권의 피보전채권이 될 수 있으므로, 원심 판결은 채권자취소권의 피보전채권에 관한 법리를 오해하였다고 주장하였다. 대법원은 다음의 판결요지와 같은 이유로 원심 판결을 파기하고, 사건을 서울고등법원으로 환송하는 판결을 선고하였다.

[判決의 要旨]

상법 제212조 제1항은 "회사의 재산으로 회사의 채무를 완제할 수 없는 때에는 합명회사의 각 사원은 연대하여 변제할 책임이 있다."고 규정하고, 제2항은 "회사재산에 대한 강제집행이 주효하지 못한 때에도 전항과 같다."고 규정하고 있는바, 합명회사는 실질적으로 조합적 공동기업체이어서 회사의 채무는 실질적으로 각 사원의 공동채무라고 할 것이므로, 합명회사의 사원의 책임은 회사가 채무를 부담하면 법률의 규정에 기해 당연히 발생하는 것이고, "회사의 재산으로 회사의 채무를 완제할 수 없는 때" 또는 "회사재산에 대한 강제집행이 주효하지 못한 때"에 비로소 발생하는 것은 아니며,

---

7) 제1심인 서울중앙지방법원 2005. 6. 29. 선고 2003가단447090 판결에서의 판결이유는 원심과 동일하였다.

이는 회사채권자가 그와 같은 경우에 해당함을 증명하여 합명회사의 사원에게 보충적으로 책임의 이행을 청구할 수 있다는 책임이행의 요건을 정한 것으로 봄이 타당하다. 그리고 합자회사의 장에 다른 규정이 없는 사항은 합명회사에 관한 규정을 준용하므로(「상법」 제269조), 합자회사의 무한책임사원의 회사채권자에 대한 책임은 합명회사의 사원의 책임과 동일하다.

[評 釋]

Ⅰ. 問題의 提起

채권자취소권의 피보전채권은 원칙적으로 사해행위 당시에 존재하고 있을 것을 요하는 것이 통설과 판례이다. 합자회사의 무한책임사원의 책임에 관하여는 합명회사에 관한 규정이 준용되고(상법 제269조), 합명회사의 무한책임사원의 책임에 관하여는 "회사의 재산으로 회사의 채무를 완제할 수 없는 때" 또는 "회사재산에 대한 강제집행이 주효하지 못한 때"에 연대하여 변제할 책임이 있다고 규정하고 있다(상법 제212조 제1항, 제2항).

합자회사 무한책임사원의 책임과 유사한 민법상 보증인에 있어서는 주채무자의 채무불이행이 보증채무의 발생요건이 아님이 명백한데 반하여, 무한책임사원의 책임을 규정한 상법 제212조가 책임의 발생요건을 정한 것인지, 책임이행의 요건(또는 회사채권자의 권리행사 요건)을 정한 것인지 상법 규정의 문언만으로는 명백하지 않다. 무한책임사원의 책임은 회사채무 발생과 동시에 발생하고 상법 제212조 제1항, 제2항은 단지 그 책임을 이행하는 요건을 정한 것이라고 보면 피보전채권인 원고의 소외 1에 대한 채권은 이 사건 대물변제계약 이전에 이미 발생한 것이 되고, 위 상법 규정이 무한책임사원의 책임의 발생요건을 정한 것이라고 보면 원고의 소외 1에 대한 채권은 이 사건 대물변제계약 당시에 위 규정이 정한 요건, 즉 "회사의 재산으로 회사의 채무를 완제할 수 없는 때" 또는 "회사재산에 대한 강제집행이 주효하지 못한 때"가 충족되었는지에 따라 그 발생 여부가 달라진다.

Ⅱ. 商法 第212條의 解釋 - 責任發生의 要件인지, 責任履行의 要件인지 與否

1. 合資會社 無限責任社員의 責任에 관한 商法 規定

상법은 합명회사에 관한 장에서 합명회사 사원의 책임에 관하여 '회사의 재산으로 회사의 채무를 완제할 수 없는 때'와 '회사재산에 대한 강제집행이 주효하지 못한 때'에는 각 사원은 연대하여 변제할 책임이 있다고 규정하면서(상법 제212조 제1항, 제2항), 위 규정은 사원이 회사에 변제의 자력이 있으며 집행이 용이한 것을 증명한 때에는 적용하지 아니한다고 규정하고 있다(같은 조 제3항). 그리고 합자회사에 관한 장에서 제212조를 준용하는 형식으로(상법 제269조) 합자회사 무한책임사원의 책임을 정하고 있다. 위와 같이 합자회사에 합명회사에 관한 규정이 준용되므로 합자회사 무한책임사원의 회사채권자에 대한 책임은 합명회사 사원의 책임과 동일하다.[8]

2. 合資會社의 沿革과 法人格[9]

합자회사의 기원은 익명조합과 같이 10세기경 해상무역이 발달하였던 지중해 지방에서 널리 이용된 코멘다(commenda)[10]에서 찾는 것이 일반적이다. 합자회사에 관한 최초의 입법은 1673년 프랑스 상사조례(Ordonnance sur le commerce)이었다. 프랑스는 1966년 상사회사법 제27조 내지 제33조에서 합자회사에 관한 규정을 두고 있고, 독일은 1861년 독일보통법전에 합자회사제도를 도입하여 현재는 1897년 상법전 제161조 내지 177조에 규정되어 있다. 미국은 1822년 뉴욕주법에서 처음으로 limited partnership 제도를 도입한 이래 거의 모든 주가 1916년 Uniform Limited Partnership Act를 채택하였으며 현재는 상당수의 주에서 1976년 Revised Uniform Partnership Act를 채택하고 있으며 1985년에 일부 조문이 추가되었다.

---

8) 정동윤 편, 「주석상법」 제4판, 회사(1), 한국사법행정학회, (2015), 377면.

9) 정동윤 편, 전게서, 367-368면.

10) 계약이라는 의미를 갖는 용어로서, 자본제공자가 사업경영자에게 상품 또는 금전을 위탁하고 해상기업 등에 의하여 얻어진 이윤을 분배하기로 하는 계약을 말한다.

합자회사에 해당하는 조직에 법인격을 부여할 것인가는 나라마다 다르다. 프랑스, 일본은 우리나라와 같이 합자회사를 법인으로 하고 있으나, 독일, 영미, 스위스에서는 법인격이 없다.

3. 合名會社 社員의 責任 一般

(1) 합명회사의 개념[11)]

상법상 합명회사는 회사의 일종으로서 사단법인으로 규정되어 있으나 (상법 제169조, 제171조) 그 실질은 조합[12)]이라 말할 수 있다. 영미법상으로는 우리나라의 합명회사에 해당하는 partnership에 법인격이 인정되고 있지 않다.[13)] 독일에서는 합명회사의 법적 성질을 합수적 조합(Gesamthandgesellschaft) 내지 합수적 공동체(Gemeinschaft zur gesamten Hand)로 보는데 견해가 일치하고 있다. 일본과 프랑스에서는 법인이다.

(2) 상법 제212조의 취지

별개의 법인격을 가진 합명회사의 채무에 대하여 사원에게 책임을 지우는 이유는, 합명회사가 사원 개인의 인적신용을 기초로 하고 있기 때문에, 즉 비교적 소수의 사원과 소액의 자본으로 조직된 합명회사와 거래하는 회사채권자를 보호하기 위함이다.[14)]

책임의 근거에 대하여 우리나라는 법형식으로는 책임이 예외적이고 보충적인 것으로 되어 있지만, 실질적으로는 조합적 성질을 반영하여 직접 책임을 지는 것으로 하고 있다고 보고 있다.[15)] 일본에서도 합명회사의 조합성을 승인하여 합명회사의 채무는 그 사원이 상호권 아래에서 공동하여 부담하는 채무에 다름 아니라고 하거나, 합명회사가 실질적으로 조합적 공동기업

---

11) 정동윤 편, 전게서, 146-149면.

12) 상법 제195조 (준용법규) 합명회사의 내부관계에 관하여는 정관 또는 본조에 다른 규정이 없으면 조합에 관한 민법의 규정을 준용한다.

13) partnership의 성질에 대하여 사원으로부터 독립한 실체라고 보는 실체설과 사원의 단순한 집합에 불과하다고 보는 집합설이 대립하고 있는데, 미국통일합명회사법은 기본적으로는 집합설의 입장에 서 있으나 부분적으로는 실체설의 해결을 따르는 것도 있다.

14) 上柳克郎・鴻常夫・竹內昭夫 編輯代表,「註釋會社法(1)」新版, 有斐閣, (1985), 273頁.

15) 정동윤 편, 전게서, 149면,: 합명회사에서는 사원의 무한책임이 불가결의 요소라고 할 수 있으며, 회사재산의 보호는 이 무한책임을 전제로 하여 거의 규제되고 있지 않다.

체이어서 회사채무는 실질적으로 각 사원의 공동채무라고도 할 수 있는 실체의 고려, 혹은 조합성의 발현으로 설명하고 있다.16)

(3) 책임의 성질17)

(가) 직접·연대·무한성

사원의 책임은 일정액의 한도가 없으므로 무한책임이고, 사원은 자기의 전재산을 가지고 책임을 지게 되어 인적 책임이다. 회사채권자는 회사를 통하여 간접적으로 사원의 책임을 추궁하는 것이 아니라 직접 사원에 대하여 청구할 수 있으므로 직접책임이다. 그러나 합명회사는 법인이고 사원과는 법률상 별개의 인격체이므로, 회사에 대한 채무명의를 가지고 직접 사원의 개인재산에 대하여 강제집행을 할 수는 없다. 사원은 다른 사원과 연대하여 책임을 지나, 사원과 회사 사이에는 연대관계가 없다는 것이 통설이다.

(나) 부종성

사원의 책임은 회사의 채무에 대하여 부종성을 가진다. 따라서 회사채무의 존재를 전제로 하고, 회사의 채무가 시효 기타의 이유로 소멸하면 사원의 책임도 소멸한다. 그리고 이 부종성의 결과로 사원은 자기에게 속하는 항변을 주장할 수 있을 뿐만 아니라, 주된 채무자인 회사에 속하는 항변도 주장하여 채권자에게 대항할 수 있다(상법 제214조 제1항). 또 회사가 그 채권자에 대하여 상계권·취소권 또는 해제권을 가지는 경우에는 사원은 변제를 거부할 수 있다(같은 조 제2항).18)

(다) 보충성

사원은 회사재산으로 채무를 완제할 수 없거나 또는 회사재산에 대한 강제집행이 주효하지 못한 때에만 회사의 채무를 변제할 책임이 있으므로 사원의 책임은 보충성을 가진다. 합자회사에 관한 판례19)도 합자회사 무한책임사원은 회사채권자에 대하여 직접·연대·무한책임을 부담하나 그 책임

16) 上柳克郎·鴻常夫·竹內昭夫, 前揭書, 273-274頁.

17) 정동윤 편, 전게서, 234-235면.

18) 상법 제214조 (사원의 항변) ① 사원이 회사채무에 관하여 변제의 청구를 받을 때에는 회사가 주장할 수 있는 항변으로 그 채권자에게 대항할 수 있다. ② 회사가 그 채권자에 대하여 상계, 취소 또는 해제할 권리가 있는 경우에는 사원은 전항의 청구에 대하여 변제를 거부할 수 있다.

19) 대법원 2003. 6. 25.자 2003마28 결정.

은 회사채무에 대하여 부종성과 보충성을 가진다고 한다.

4. 合名會社 社員의 責任發生時期에 관한 各國의 態度

(1) 우리나라

국내학자들은 합명회사 사원의 책임은 회사가 채무를 부담함과 동시에 발생하고, 회사재산으로 회사채무를 완제할 수 없는 때(상법 제212조 제1항) 또는 회사재산에 대한 강제집행이 주효하지 못한 때(같은 조 제2항)를 회사채권자가 사원에 대하여 위 책임의 이행을 청구하기 위한 조건 또는 회사채권자의 권리행사의 요건으로 설명하고 있는 것이 일반적이다.[20]

"회사재산으로 회사채무를 완제할 수 없는 때"라 함은 채무초과, 즉 대차대조표상의 부채의 합계액이 자산의 합계액을 초과하는 경우를 가리키고, 여기서 회사재산은 회사채권자가 사원에 대하여 청구를 할 때에 회사에 속하는 강제집행의 목적이 될 수 있는 적극재산의 전부를 가리킨다.[21] 또한, "회사재산에 대한 강제집행이 주효하지 못한 때"란 반드시 사원의 책임의 이행을 구하는 채권자 자신의 강제집행이 주효하지 못한 경우뿐만 아니라, 제3자의 강제집행이 주효하지 못한 경우도 포함한다고 본다.[22] 채무초과와 강제집행의 부주효의 증명책임은 회사채권자가 부담한다.[23]

(2) 일　본

2005년 7월 일본 회사법이 제정되기 이전 합명회사 사원의 책임을 규정한 일본 구 상법 제80조의 규정은 우리 상법 제212조와 동일하였다.[24] 이에 대한 일본의 통설은 회사의 채무 부담과 동시에 사원의 책임도 발생한다고

---

20) 정동윤 편, 전게서, 235면; 최기원, 「상법학신론」 제18판, 박영사, (2009), 1227면; 정동윤, 「회사법」, 법문사, (2005), 764면; 정찬형, 「상법강의(상)」 제11판, 박영사, (2008), 542면; 손주찬, 「상법(상)」 제15보정판, 박영사, (2004), 501면; 다만, 이철송, 「회사법」, 박영사, (2008), 146면은 "사원의 책임은 회사의 재산으로 회사채무를 완제할 수 없거나 또는 회사재산에 대한 강제집행이 주효하지 못한 때에 생긴다."라고 하여, 다른 교과서들과 달리 서술하고 있다.

21) 따라서 채무초과를 판단하는 기준시는 회사채권자가 사원에 대하여 청구할 때이다.: 上柳克郞・鴻常夫・竹內昭夫, 前揭書, 276頁.

22) 정동윤 편, 전게서, 236면.

23) 정동윤 편, 전게서, 235-236면.

24) 2005년의 회사법 제정으로 법문의 표현이 바뀌었으나 그 내용은 여전히 동일하다.

하면서,[25] 회사재산으로 회사채무를 완제할 수 없는 경우 또는 회사재산에 대한 강제집행이 주효하지 못한 경우를 책임이행의 조건[26] 또는 회사채권자의 권리행사의 요건[27]으로 설명하고 있다.

다나까 고타로(田中耕太郎)는 그의 「合名會社社員責任論」에서 회사재산으로 회사채무를 완제할 수 없는 때[28]가 사원의 책임발생의 요건인지, 회사채권자의 권리행사의 요건인지에 관하여, 합명회사 사원의 책임에 관한 독일, 스위스, 프랑스 입법례와의 비교법적 검토를 한 후,[29] 위 국가들이 모두 회사채무의 발생에 수반하여 사원의 책임이 발생한다고 보면 일본 상법에 있어서도 사원의 책임은 당연 회사채무의 발생과 함께 생기고, 회사재산에 의한 회사채무 완제불능은 사원책임발생의 조건이 아니라고 새겨야 한다고 하였다. 그 이유로 첫째, 책임발생의 조건이라 하면 채무완제불능의 상태에 이르기 전에 퇴사한 사원은 책임을 지지 않는 것이 되어 상법 제73조[30][31]

25) 大隅健一郎 · 今井 宏, 「會社法論(上)」 第3版, 有斐閣, (1991), 110頁; 上柳克郎 · 北澤正啓 · 鴻常夫 · 竹內昭夫, 新版 「會社法 II」, 新版, 有斐閣, (1982), 296頁; 특히 田中誠二, 「會社法詳論(下)」 3全訂版, 勁草書房, 1230頁에서는 "책임발생의 요건은 합명회사 사원인 점이다."라고 설명하고 있다.

26) 大隅健一郎 · 今井 宏, 前揭書, 110頁.

27) 田中誠二, 前揭書, 1232頁; 田中耕太郎, 「合名會社社員責任論」, 有斐閣, (1919), 126頁.

28) 강제집행의 不奏效를 규정한 일본 구 상법 제80조 제2항은 1938년에 신설되었다.

29) 독일법에 있어서 합명회사는 법인이 아님으로써 회사채무는 사원의 책임임에 틀림없어 오직 상법 제128조에 의해 각 사원이 연대하여 책임을 진다. 따라서 사원의 연대책임은 회사의 채무발생과 동시에 발생하고 그 발생에 다른 조건을 요하는 것이 아니고, 회사채권자는 직접 사원의 사재에 의한 변제를 청구할 수 있다. 반드시 회사재산으로 채무완제가 불능한 경우일 것을 요하지 않는다. 따라서 채무의 완제불능은 회사채권자가 사원에 대하여 권리행사하는 요건도 아니다. 스위스법에 있어서도 독일법과 같이 합명회사가 법인이 아님으로써 회사의 채무는 사원의 채무임에 틀림없어 회사채무 발생과 동시에 사원의 연대책임이 발생한다. 스위스채무법 제564조 제1항에서 "사원은 회사의 총채무에 대하여 연대하여 그 전재산으로 책임을 진다."라고 규정한 것으로 보아도 명백하고, 동조 제3항이 "각 사원은 회사가 해산하거나 회사에 대한 추심효가 없는 경우에 처음으로 직접 청구당할 수 있다."라고 규정한 것은 명백하게 기 존재하는 사원의 책임에 대한 회사채권자의 권리행사의 조건을 정한 것이 틀림없다. 프랑스법에 있어서도 상법 제22조에 의하면 단지 각 사원은 회사채무에 대한 책임을 진다고 하고 있어서 사원의 책임은 회사채무와 함께 무조건 발생하는 것이고 어떤 조건 아래에서 회사채권자가 사원에 대하여 청구할 수 있는지에 대하여는 학설이 다기하다.: 田中耕太郎, 前揭書, 127-128頁.

30) 1938년 4월 5일 개정되기 전 일본 구 상법 제73조로서 개정 후 일본 구 상법 제93조에 해당하고, 우리 상법으로는 제225조에 해당한다.

31) 상법 제225조 (퇴사원의 책임) ① 퇴사한 사원은 본점 소재지에서 퇴사등기를 하기 전에 생긴 회사채무에 대하여는 등기후 2년내에는 다른 사원과 동일한 책임이 있다.
② 전항의 규정은 지분을 양도한 사원에 준용한다.

의 규정을 해석할 수 없게 되는 점, 둘째, 회사의 재산 상태는 항시 변동하는데 오늘 채무완제가 가능하였다가도 다음날 완제불능인 경우에는 이에 따라 사원의 책임도 소멸 또는 발생하는 결과가 되어 불안정하므로, 채무는 발생하지만 일정한 조건 도래로써 이행을 요하는 것이 불합리하지 않다는 점을 들었다.[32)]

일본 학자들 중에는 합명회사 사원의 책임을 채무 없는 책임으로 보는 견해도 있다.[33)] 그러나 대체로 그 책임을 법정보증이라 하거나, 또는 일본 민·상법은 채무와 책임을 구별하지 않고 보증채무도 역시 주된 채무 이외에 존재하는 별개의 채무로 인정하고 있기 때문에 합명회사 사원도 종된 채무자로 보아야 한다거나, 또는 회사 사원의 책임은 항상 채무를 수반한다고 새겨야 한다거나, 또는 사원은 그 때마다 회사의 채무와 동일한 내용의 채무에 대하여 책임을 부담한다고 하는 등 사원의 채무는 보증적 채무라고 보는 것이 일반적이다.[34)]

일본 하급심판결 중에는 회사채권자가 장래에 있어서 회사채무의 초과를 조건으로 하는 장래이행의 소를 제기한 경우에 있어서, 합자회사 무한책임사원의 회사채권자에 대한 책임은 회사의 채무초과 등을 요건으로 하여 처음 발생하고, 회사채무에 대한 보충성, 부종성을 가지는 점에 비추어 무한책임사원을 상대로 장래의 회사의 채무초과를 조건으로 하여 회사에 대한 채무의 이행을 구하는 것은 허용될 수 없다고 한 사례[35)]가 있다. 이 판결의 결론에 찬성하는 견해[36)]도 있지만, 사원의 책임은 회사채무 부담과 동시에 발생하고 위 요건을 충족하는 것은 책임을 이행하기 위한 조건으로 해석하는 것이 통설이라는 이유로 반대하는 견해가 다수이다.[37)]

(3) 독 일

독일 상법(HGB) 제128조[38)]는 합명회사(Offene Handelsgesellschaft) 사

---

32) 田中耕太郎, 前揭書, 129頁.
33) 정동윤 편, 전게서, 280-285면.
34) 정동윤 편, 전게서, 280면.
35) 名古屋地判 1974. 2. 22. 判時 第742號, 94頁.
36) 정동윤 편, 전게서, 277면.
37) 田中誠二, 前揭書, 1233頁; 柿崎榮治金, "合資會社の無限責任社員の責任の發生と責任の補充性·付從性", 「法律のひろば」 第28券 第2號, (1975), 67頁 이하; 「金融·商事判例」, 第422號, 經濟法令研究會, 4頁(위 판례에 대한 コメント이다).

원의 책임에 관하여 “사원은 회사채무에 대해 연대채무자로서 채권자에게 인적으로 책임을 진다. 그것에 반하는 약정은 제3자에 대해 효력이 없다.”라고 규정하고 있다.

과거의 지배적 견해에 의하면 사원의 책임은 사원의 개인 재산으로 책임을 지는 것을 의미했다고 하나, 현재는 제129조 제4항39)과의 관계로 미루어보아, 사원의 책임은 회사채무와 양립하며 회사채무와는 구별되는 부종적(akzessorisch) 성격의 의무(Verpflichtung)를 가리킨다고 한다.40) 이는 법정책임으로서 책임요건은 ① 회사의 존재, ② 사원성, ③ 회사채무, ④ 모순되는 약정이 없을 것이다.41) 회사재산으로의 완제불능 등 다른 요건을 요하지 않는다. 무한책임이고, 주채무에 대한 관계상 보증인이 지는 책임처럼 부종적이며, 무한책임사원들 사이에 연대채무관계에 있지만 회사와 사원이 연대채무관계에 있는 것은 아니다.

우리와 달리 사원의 책임을 보충적인 것이 아닌 일차적인 것으로 규정하고 있는 독일 상법의 해석론으로는, 외부적 부종성의 이론에 따라 사원의 채무가 존재한다는 견해와 두개의 책임주체를 갖는 단일한 채무 이론에 따라 사원은 채무 없이 책임만 진다는 견해가 대립하고 있는데, 前說이 통설이다. 독일 상법 제128조의 법문 자체가 ‘연대채무자로서(als Gesamtschuldner)’란 표현을 사용하고 있는 것이 근거이다. 그러나 판례는 浮動的이어서, 전자에 따른 것이 있는가 하면 후자의 입장을 취한 것도 있다.42)

---

38) 독일 상법 제128조 사원의 인적책임(Persönliches Haftung der Gesellschafter)
Die Gesellschafter haften für die Verbindlichkeiten der Gesellschaft den Gläubigern als Gesamtschuldner persönlich. Eine entgegenstehende Vereinbarung ist Dritten gegenüber unwirksam(사원은 회사채무에 대해 연대채무자로서 채권자에게 인적으로 책임을 진다. 그것에 반하는 약정은 제삼자에 대해 효력이 없다).

39) 독일 상법 제129조 사원의 항변(Einwendungen des Gesellschafters)
(4) Aus einem gegen die Gesellschaft gerichteten vollstreckbaren Schuldtitel findet die Zwangsvollstreckung gegen die Gesellschafter nicht statt(회사를 상대로 하여 집행이 가능한 집행권원으로부터는 사원에 대한 강제집행이 이루어지지 않는다).

40) Münchener Kommentar zum Handelsgesetzbuch/Karsten Schmidt, Bd.2 §§ 105-160, 2004, § 128, Rn.1, S.442.

41) MünchKomm HGB/Karsten Schmidt, Bd.2 § 128, Rn.7ff., SS.444 ff.

42) 권기범, “인적회사 사원의 회사채권자에 대한 책임”, 「기업과 법」, 도암 김교창 변호사 화갑기념 논문집, (1997), 434면.; 권기범 교수는 우리 상법의 해석론으로도 채무 있는 책임이라고 해석하는 것이 타당하다고 한다.

(4) 프랑스[43)]

상법(Code de commerce) L 제221-1조 제1항[44)]은 "합명회사 사원은 완전한 상인으로서 자격을 갖고, 회사채무에 대하여 연대하여 무한책임을 부담한다."고, 제2항은 "회사채권자는 집행관송달증서에 의해 회사를 이행지체에 빠뜨렸음에도 회사로부터 채무를 이행받지 못하게 된 때에만 사원에 대하여 회사채무의 지급을 소로써 청구할 수 있다."고 규정하고 있다.

합명회사는 사원들의 재산과 분리된 재산을 가진 법인이다. 그러나 합명회사의 법인격은 각 사원의 인격으로부터 완전히 구별되지 않아 회사가 지급을 정지하면 그 모든 사원은 회사와 함께 파산선고를 받는다. 사원들은 회사채무에 대하여 개인적으로 책임을 지고, 채권자는 이들의 책임을 묻기 위해서는 회사의 해산과 청산 후라도 채무의 성질만 증명하면 된다. 사원은 개인적으로 책임을 질 뿐 아니라 연대하여 책임을 지는데, 이들 상호간뿐만 아니라 법인인 회사와도 연대하여 책임을 진다. 활동과 이익의 공동체로부터 연유하는 이 연대성은 법적 연대이다. 사원 중의 1인에 대한 제소는 다른 모든 사원에게 효력을 발생하고, 제소된 사원은 제소한 채권자에 대하여 최고나 검색의 항변을 제기할 수 없으며, 그의 권리의 제3자에 대한 양도를 주장할 수도 없다. 그러나 판례는 연대의 법적 효과에 예외를 인정하여 이 규칙의 엄격성을 완화하고, 1966년 법률은 판례를 수용하였다. 판례는 회사채권자가 회사가 지급을 거절하거나 지급할 수 없음을 증명하기 전에는 사원의 재산에 대하여 추급할 수 없다고 하였다. 사원에 대한 추급은 적어도 8일 전에 사법외절차에 의하여 최고하여야 한다.[45)]

---

43) 이 부분은 조르즈 리뻬르 著, 르네 로블로 · 미셀 제르멩 改訂, 정진세 譯, 「프랑스회사법론」, 삼지원, (1996), 147-152면과, 早稲田大學 フランス商法研究會, 「註釋フランス會社法」 第1券, 成文堂, (1976), 75-80頁을 참고하였다.

44) 프랑스에서 회사에 관한 1966. 7. 24. 법률(Loi n°66-537 du 24 juillet 1966 sur les sociétés commerciales) 제10조(1967. 2. 1.부터 효력 발생)의 규정이 '상법 중 법률규정 부분에 관한 오르도낭스(Ordonnance relative à la partie Législative du code de commerce) 2000-912에 의해 폐지되고, 위 조항은 상법(Code de commerce) L221-1조로 편입되었는데, 그 내용은 완전히 동일하다.

45) 현재 Article R221-10 ① Le créancier ne peut poursuivre un associé, à défaut de paiement ou de constitution de garanties par la société, que huit jours au moins après mise en demeure de celle-ci.(채권자는 회사에 의한 지급 또는 담보의 설정이 없는 때에는 회사를 지체에 빠지게 한 후 8일 이상이 경과하지 아니하면 사원에 대하여 청구하지 못한

(5) 검토의 결과

비교법적으로 합명회사 사원의 책임 발생에 사원의 자격과 회사채무의 발생 외에 별도의 요건을 필요로 하는 나라는 없다. 이는 합명회사를 실질적으로 조합으로 보고 있기 때문인 것으로 생각된다.

우리나라와 일본은 "회사재산으로 회사채무를 완제할 수 없는 때" 또는 "회사재산에 대한 강제집행이 주효하지 못한 때"에 보충적으로 사원의 개인책임을 추궁하도록 규정하고, 프랑스는 원칙적으로 사원이 회사와도 연대책임을 지지만 판례를 수용한 입법에 의해 회사를 지체에 빠뜨릴 것을 요하도록 하여 사원의 책임이 보충적 성질을 가지게 되었다. 반면 독일의 경우는 사원의 책임이 부종적이기는 하나 보충적이지는 않다.

비대체적 채무 또는 회사의 작위・부작위를 내용으로 하는 채무와 관련하여 합명회사 사원이 어떠한 책임을 지느냐의 문제는 사원도 합명회사의 채무와 동일한 내용의 채무를 부담하느냐의 문제와 관련이 있는바, 독일 상법의 해석론으로는 이행설과 책임설, 절충설이 대립하고 있다. 履行說은 사원이 회사와 동일한 내용의 채무를 부담하므로 사원은 '본래의 급부'를 이행하여야 한다는 견해로 독일의 통설이자 판례의 주류인데, 履行說도 회사만이 이행할 수 있는 전속적 내지 비대체적 채무 등의 경우에는 금전배상책임을 예외적으로 허용한다. 責任說은 채무자는 회사이고 사원은 그 이행을 담보할 뿐이므로 회사의 채무에 대하여는 원칙적으로 금전배상책임만을 진다고 한다. 折衷說은 독일의 일부 판례 및 소수설이 주장하는 바로서, 회사재산이 부족한 경우에 사원의 책임을 물을 수밖에 없는 회사채권자의 이익과 회사로부터 자유로운 고유의 사적 영역을 갖고 싶어하는 사원의 이익을 형량하여 그때그때 이행의무인지 금전배상책임인지를 정하자고 하는 견해이다.[46) 우리 상법의 해석론으로도 履行說을 주장하는 견해가 다수이다.[47) 대법원은 「합자회사가 무자력인 경우에 무한책임사원이 그 책임을 지는 것은 대체할 수 있는 채무이행에 한하고 본건과 같이 특정한 권리(전화가입권)의 이전을 목적으로 하는 청구에는 적용할 수 없다」라고 판시하였는데[48), 履行說을 취

다.): 註釋フランス會社法, 78-79頁은 이를 '사원에 대한 소구 요건'이라 하고 있다.

46) 권기범, 전게서, 438면.

47) 최기원, 전게서, 1229면; 권기범, 전게서, 438면 등.

한 것으로 보인다.[49]

무한책임사원의 책임을 채무 없는 책임으로 보는 일본의 일부 학자[50]와 독일의 판례가 있으나, 상법의 해석론으로는 무한책임사원의 책임은 채무를 수반하는 것으로 봄이 타당하다고 할 것이다.

Ⅲ. 舊 破産法 規定과 無限責任社員의 責任

1. 舊 破産法 第299條

구 화의법(2005. 3. 31. 법률 제7428호로 폐지되기 전의 것) 제61조는 "파산법 제297조 내지 제299조 및 제314조의 규정은 화의의 효력에 관하여 이를 준용한다."고 규정하고, 구 파산법(2005. 3. 31. 법률 제7428호로 폐지되기 전의 것, 이하 같다) 제299조는 "법인의 채무에 관하여 책임을 지는 사원은 파산채권자에 대하여 강제화의의 정하는 한도에서 그 책임을 진다. 단, 강제화의에 따로 규정이 있는 때에는 그 규정에 따른다."고 규정하고 있다. 법인파산에 있어서 강제화의가 성립한 경우, 법인은 강제화의에 의하여 양보되어진 한도에서 채무를 부담하지만, 법인의 채무에 관하여 직접 유한, 무한의 책임을 부담하는 인적회사의 사원에 관하여는, 법인과 사원은 경제적으로 일체이고, 법인의 채무는 바로 사원의 채무인 관계에 있기 때문에, 종래의 채무에 대하여 책임을 그대로 두어서는 법인에 대한 강제화의가 사원의 입장에서 보면 아무런 실익을 가질 수 없는 것이 되므로 사원의 책임도 강제화의에서 정하는 한도로 감축되는 것으로 정한 것이다.

위 규정은 파산자의 보증인, 공동채무자 및 물상보증인의 지위는 강제화의에 의하여 어떠한 영향도 받지 않는다는 원칙(구 파산법 제298조 제2항)에 대한 예외규정이다. '법인의 채무에 관하여 책임을 지는 사원'은 구체적으로 합명회사의

---

48) 대법원 1956. 7. 5. 선고 4289민상147 판결.

49) 정동윤, "상법 45년 -그 회고와 전망-", 「한국법학의 회고와 전망」, 법문사, 351면; 권기범, 전게서, 438면; 최기원, 전게서, 199면은 위 판례에 대하여, 사원이 대체성이 없는 채무에 대하여는 전혀 책임을 지지 않는다는 것인지 명백하지 않지만 대체성이 없다고 하여 전혀 책임을 지지 않는다고 한 것이라면 부당하다고 하였다.

50) 大塚龍兒은 회사채무가 대체적이라면 발생과 동시에 사원채무가 발생하고 부대체적이면 손해배상으로 轉化할 때 사원채무가 발생한다고 하는 부자연스러움은 채무 없는 책임을 승인하면 해소된다고 한다.: 新版 註釋會社法, 282頁.

사원, 합자회사의 무한책임사원 및 유한책임사원이다.51)

2. 舊 破産法 第23條와 第117條

구 파산법 제23조는 "법인의 채무에 관하여 무한책임을 지는 사원이 파산선고를 받은 때에는 법인의 채권자는 파산선고시에 가진 채권의 전액에 관하여 그 파산재단에 대하여 파산채권자로서 그 권리를 행사할 수 있다."고 규정하고 있다.52) 이는 파산자가 법인의 무한책임사원인 경우, 법인채권자의 채권전액을 파산채권으로 하는 것을 명정한 규정으로서 이는 상법 제212조의 보충성의 원칙이 적용되지 않는 것을 의미한다.53)

또한 구 파산법 제117조 제1항은 "법인에 대하여는 그 부채의 총액이 자산의 총액을 초과하는 경우에도 파산선고를 할 수 있다."고 하면서, 제2항에서 "전항의 규정은 합명회사 및 합자회사의 존립 중에는 이를 적용하지 아니한다."고 규정하고 있다.54) 주식회사 기타의 물적회사는 변제능력 중 재산만이 변제나 신용의 기초로 되어 있기 때문에, 그러한 회사에 관하여는 지불불능 외에 채무초과도 중첩적으로 파산원인으로 하고 있는 것이다. 그러나 무한책임사원의 신용을 주된 기초로 하는 존립 중의 합명회사 또는 합자회사에 관하여는 제1항은 적용되지 않고 파산원인은 지불불능만이 된다. 인적회사의 경우에는 법인의 채무자에 대하여 직접책임을 부담하는 무한책임사원의 인적신용이 회사의 변제능력의 주된 기초로 되어 있기 때문에 존립 중에는 단순한 채무초과의 사유만을 들어 파산선고를 하는 것은 타당하지 않기 때문에, 제2항에 의하여 자연인과 동일한 조건에서 파산선고를 할 수 있는 것으로 한 것이다.55)

3. 위 規定들로 본 無限責任社員의 責任

구 파산법 제23조는 무한책임사원의 파산시 회사채권자의 파산채권신

---

51) 註解 破産法 下卷, 青林書院, (1998), 704면.
52) 현행 채무자 회생 및 파산에 관한 법률 제432조도 동일하다.
53) 註解 破産法 上卷, 青林書院, (1998), 167면.
54) 현행 채무자 회생 및 파산에 관한 법률 제306조도 동일하다.
55) 註解 破産法 下卷, 126면.

고에 관한 특칙이고, 구 파산법 제117조는 인적회사의 파산원인에 대한 특칙이며, 구 파산법 제299조는 인적회사의 무한책임사원 등이 강제화의에 의하여 책임이 감축된다는 특칙이다. 위와 같은 조문들은 인적회사의 경우 법인과 사원은 경제적으로 일체이고, 법인의 채무는 바로 사원의 채무인 관계에 있다는 점을 보여주는 것이라 할 것이다.

Ⅳ. 人的會社의 無限責任社員에 대한 債權이 債權者取消權의 被保全債權으로 될 수 있는지 與否

1. 責任履行의 要件 내지 會社債權者의 權利行使의 要件

통설 및 판례[56]에 의하면 채권자취소권의 피보전채권은 사해행위 이전에 성립되어 있어야 한다.

각국의 입법례와 학설에 비추어 보면, 합명회사 사원의 책임은 회사의 실질이 조합이므로 회사채무는 실질적으로 각 사원의 공동채무라고 하는 측면에서 파악된다. 인적회사에 법인격을 부여하는지는 입법정책의 문제에 불과하므로 합명회사 사원의 책임의 성격을 규명하는데 있어 법인격 부여 여부가 본질을 좌우할 수 없다고 생각된다. 퇴사한 사원의 책임을 규정한 상법 제225조와 구 파산법상 무한책임사원에 관한 특칙들도 합명회사와 사원은 경제적으로 일체이고 합명회사의 채무는 바로 사원의 채무가 된다는 점을 뒷받침하고 있다고 보인다. 즉, 합명회사는 사원과 별개의 법인격체로서 권리의무의 주체가 되지만, 조합적 성격을 가진 공동기업체라는 실질로부터 회사의 채무 부담과 동시에 사원의 책임도 발생하게 되는 것이다. 그리고 합명회사 사원의 책임을 채무 없는 책임으로 보는 견해는 우리 상법이나 구 파산법 제23조의 해석론으로는 받아들이기 어렵다고 보인다. 따라서 합명회사 사원의 책임은 채무를 수반한 책임이고, 그 채무는 부종성과 보충성을 지닌 점에서 보증인과 유사한 보증적 채무라고 할 수 있다. 그러한 점에서 상법 제212조는 합명회사의 채무부담과 동시에 별개 인격체인 사원의 채무 내지 책임을 성립, 발생시키는 근거로 볼 수 있지만, 위 조문이 정하고 있는 '회사의 재산으로 회사의 채무를 완제할 수 없는 때' 또는 '회사재산에 대한 강제집행이 주효

56) 대법원 1978. 11. 28. 선고 77다2467 판결; 대법원 1995. 2. 10. 선고 94다2534 판결 등.

하지 못한 때'가 책임발생의 요건을 규정한 것은 아니다.

2. 條件附 債權인지 與否

"조건"은 법률행위의 효력발생 또는 소멸을 장래의 불확실한 사실의 성부에 의존케 하는 법률행위의 부관으로서 법률행위에 있어서의 효과의사와 일체적인 내용을 이루므로 의사표시 그 자체이다.[57] 그런데 상법 제212조 소정의 요건은 당사자의 의사표시에 의하여 정하여진 것이 아니므로 민법상 조건은 아니다. "법정조건"은 법률행위의 효력발생을 위하여 법률이 특별히 요구하고 있는 조건인데,[58] 사원의 책임은 사원이 회사와 동일한 내용의 책임을 부담하겠다는 법률행위에 의하여 발생하는 것이 아니라 법률의 규정에 의하여 회사가 채무를 부담함과 동시에 사원에게 발생하는 것이므로 상법 제212조 소정의 요건을 법정조건이라고 보기도 어렵다. 근본적으로 장래의 불확실한 사실의 성취에 의하여 발생하는 권리를 일반적으로 정지조건부권리라고 할 때, 사원에 대한 채권은 회사채무 부담과 동시에 이미 발생하는 점에서 장래 불확실한 사실의 성취에 의해 비로소 발생하는 권리가 아니다. 여기에서 회사채무의 부담과 동시에 발생과 사원의 책임추급을 제한하는 사원의 책임이행의 요건 내지 회사채권자의 권리행사의 요건의 성격이 무엇인지 문제된다. 이미 발생하여 존재하고 있는 사원의 책임을 상법 제212조가 정한 경우에 한하여 보충적으로 추궁할 수 있다는 점에서 상법 제212조 소정의 요건은 책임의 발생이라는 실체법적 효력과는 관계없는 것으로 보이나, 이미 발생한 책임을 묻는데 있어 다른 요건을 부가한다는 점에서 우리 법체계에서는 유사한 경우를 선뜻 찾기 어렵다. 민법상 보증인에 있어 최고·검색의 항변권(민법 제437조)은 보증채무 발생이라는 실체법상 효과와는 관계없는 일종의 연기적 항변권인데,[59] 이를 항변권의 형태로 인정하는 입법례로서 독

57) 곽윤직 편, 「민법주해 Ⅲ」, 총칙(3), 박영사, 321면.

58) 곽윤직 편, 전게서, 326면.

59) 보증채무는 보증인과 채권자 사이의 보증계약을 원인으로 하여 성립하며 그 내용 역시 보증계약과 주채무의 내용에 의하여 결정된다. 보증채무는 원칙적으로 보증계약의 성립과 동시에 발생하고, 주채무자의 불이행을 정지조건으로 하여 생기는 것은 아니다.: 곽윤직 편, 「민법주해 Ⅹ」, 채권(3), 박영사, 181면.

일민법(제771조 이하), 프랑스민법(제2021조), 이탈리아민법(제1098조)도 있지만, 스위스채무법과 같이 주채무자의 재산에 대한 집행, 즉 검색을 보증인에 대한 청구의 요건으로 하는 입법례도 있다.[60] 결국 상법 제212조와 민법 제437조는 모두 책임의 보충성을 구현하는 방법의 차이로 보인다.

3. 保證人과의 比較

보증계약 성립 이후 이루어진 보증인의 처분행위에 대한 채권자취소권의 행사에 있어서 보증채권이 주채무의 변제기 도래 여하에 불구하고 채권자취소권의 피보전채권이 될 수 있는지에 관한 논의는 찾기 어려우나 별 의심의 여지는 없어 보인다. 보증인의 처분행위에 대한 채권자취소권의 행사는 피보전채권의 적격 여부가 아니라 사해성 여부 판단에 의하여 제한될 수 있을 것이다. 보증인의 자력을 산정함에 있어서는 주채무자의 자력을 고려하여야 하고, 주채무자의 자력이 충분하다는 증명이 있으면 채권자취소권은 성립하지 않는다는 견해가 있다.[61] 이를 직접적으로 판단한 판례는 없으나, 연대보증인의 법률행위에 대한 사해행위취소 사안에서 방론으로서 채권자가 보증인의 법률행위를 사해행위로서 취소하는 경우 보증인은 검색의 항변권을 가지므로 보증인의 자력을 산정함에 있어서는 주채무자의 자력을 고려하여야 하고 주채무자의 변제자력이 충분하다는 증명이 있으면 채권자취소권이 인정되지 않는다고 설시한 판례[62]가 있다.[63]

---

60) 곽윤직 편, 전게서, 박영사, 287면.

61) 곽윤직 편, 「민법주해 Ⅸ」, 채권(2), 박영사, 821-822면; 김용덕 편, 「주석민법」, 채권총칙(2), 한국사법행정학회, 68면.

62) 대법원 2001. 10. 23. 선고 2001다40763 판결.

63) 일본에서는 (ⅰ) 보증채권자가 보증인의 행위를 취소하려는 경우(☞피보전채권이 보증채권인 경우)와, (ⅱ) 보증채권자 이외의 채권자가 보증인의 행위를 취소하려는 경우(☞피보전채권이 보증채권이 아닌 타채권인 경우)를 나누어 논하고 있다. (ⅰ)의 경우 일본의 다수학설은 수익자 또는 전득자가 보증인의 검색의 항변권을 원용하여 주채무자에게 자력이 있고 집행이 용이함을 주장·입증하면 보증채권자의 취소청구를 면할 수 있다고 한다. (ⅱ)의 경우에는 보증인이 부담하고 있는 보증채무를 보증인의 무자력을 판단하기 위한 자료로서 소극재산으로 고려하고, 주채무자의 자력이 있는 경우 그에 대한 보증인의 구상채권을 적극재산으로 고려하여야 하는지에 관한 문제가 생긴다. 日本 大審院 1929. 3. 14. 判決은 피고인 수익자가 검색의 항변을 제출하지 않은 이상, 주채무자의 자력의 유무를 참작하지 않아도 좋다고 한다. 학설은 보증채무를 소극재산으로, 구상권 내지 대위권에 의한 회수 가능성을 적극재산으로 고려하지만 그 증명책임에 대하여는 견해가 갈린다. 제1

주채무자와 보증인은 경제적으로 별개이나 합명회사와 그 사원은 경제적으로 일체이고 회사채무는 곧 사원의 책임인 점, 보증의 경우에는 채권자가 주채무자의 변제능력을 우선 고려하지만, 합명회사의 경우는 회사의 자산보다는 사원의 인적신용이 회사의 변제능력의 주된 기초인 점 등에서 주채무자와 보증인 사이의 거리보다 합명회사와 사원 사이의 거리가 더 가깝다고 생각된다. 위와 같은 점들을 고려하여 볼 때, 보증채권에 채권자취소권의 피보전채권 적격이 인정된다면 더 밀접한 관계에 있는 합명회사 사원의 채무가 회사채무 발생과 동시에 당연히 채권자취소권의 피보전채권이 될 수 있다고 보는 것이 부당하다고 생각되지 않는다.

다만, 보증채권이 피보전채권인 경우 보증인의 자력을 판단함에 있어 주채무자의 자력을 고려하여 사해성 여부를 판단하는 것처럼, 합명회사 사원에 대한 채권이 피보전채권인 경우에도 회사의 자력이 사해성 판단 단계에서 고려되어야 할 것으로 보인다.64)

설(我妻, 松坂 등)은 취소소송의 원고가 보증인의 소극재산으로 든 채무가 보증채권자에 대한 보증채무인 점을 피고가 입증하면 그 채무는 일응 소극재산에서 제외되어 원고로서는 보증채무가 실질적으로 보증인의 재산에 희생을 미치는 사유가 됨을 입증하지 않으면 취소가 인정되지 않는다고 하고, 제2설(柚木)은 보증인이 검색의 항변권을 가진 것을 전제로 하여 피고가 주채무자의 변제능력을 증명하면 그 보증채무를 소극재산에 산입하여서는 안 된다고 하며, 3설(飯原)은 보증채무는 주채무자의 자력 유무에 관계없이 항상 전액을 소극재산에 산입해야 하고, 원고가 보증인의 기존 적극재산과 보증채무의 차액으로 자기채권의 회수가 불가능하다는 점을 입증하게 되면 피고는 주채무자가 보증인에 대하여 보증채권의 청구를 하지 않을 것이 명백하다는 것을 입증하지 않는 한 취소를 면할 수 없다고 한다.: 飯原一乘, 「詐害行爲取消訴訟」, (2006), 89 93頁.

64) 이 점에 대하여 대상 판결의 환송심은, 이 사건 대물변제계약 당시 C무약의 자산만으로 충분히 채무를 변제할 수 있었으므로 이 사건 대물변제계약은 사해행위에 해당하지 않는다는 피고의 주장에 대하여, 「소외 1이 C무약의 채무에 대하여 2차적, 보충적인 책임을 지는 것이 아니므로, 소외 1이 재산처분행위 당시 채무초과 상태에 있었는지 여부나 소외 1의 재산처분행위가 사해행위에 해당하는지 여부를 판단함에 있어서는 C무약의 채무를 소외 1의 채무에 포함시켜 소외 1의 채무 액수와 적극재산의 액수를 비교한 다음 소외 1이 채무초과 상태에서 재산처분행위를 한 경우에는 사해행위에 해당된다고 보아야 하고, C무약의 자력은 고려할 요소가 아니라 할 것이며, 설령 그렇지 않고 소외 1이 C무약의 채무에 대하여 2차적, 보충적인 책임을 부담하여 C무약의 자력을 우선 고려한다 하더라도, 이 사건 대물변제계약 당시 C무약이 그 자산으로 충분히 채무를 변제할 수 있었다는 점을 인정할 증거가 부족하다」라는 이유로 위 주장을 배척하였다.: 서울고등법원 2010. 2. 18. 선고 2009나47465 판결.

Ⅴ. 結　　論

(1) C무약이 원고에 대하여 약속어음을 발행함과 동시에 무한책임사원인 소외 1도 원고에 대하여 이와 동일한 내용의 채무를 지게 되는 것이고, 이 사건 대물변제계약 당시 원고의 소외 1에 대한 채권이 발생하여 있는 이상, 그것이 변제기 미도래의 채권이라 하더라도 상법 제212조에서 정한 'C무약의 재산으로 C무약의 채무를 완제할 수 없는 때' 또는 'C무약의 재산에 대한 강제집행이 주효하지 못한 때'에 해당하는지 여부와 관계없이 채권자취소권의 피보전채권이 될 수 있다. 또한, 원심 변론종결일 당시 원고의 소외 1에 대한 채권이 화의조건이 정하는 한도로 그 범위가 감축되고 변제기가 연장되었더라도 채권자취소권의 피보전채권으로서의 적격은 유지된다고 할 것이다. 따라서 원심 변론종결일 당시 채권자취소권의 피보전채권이 성립되지 아니하였다고 본 원심을 파기한 대상 판결의 결론은 타당하다.

(2) 대상 판결은 합명회사는 실질적으로 조합이라는 점에서 출발하여 합명회사 사원의 책임에 관한 상법 제212조의 규정이 준용되는 합자회사 무한책임사원의 책임은 합자회사가 채무를 부담함과 동시에 당연히 발생하는 것이고, 상법 제212조 소정의 "회사의 재산으로 회사의 채무를 완제할 수 없는 때" 또는 "회사재산에 대한 강제집행이 주효하지 못한 때"는 회사채권자가 합자회사의 무한책임사원에게 보충적으로 책임의 이행을 청구하는 책임이행의 요건을 정한 것이라는 통설의 입장을 확인한 최초의 판례로서 흔치 않은 인적회사에 관한 판례로서 그 의의가 있다고 할 것이다.

集團所屬會社 理事에 대한 會社財産濫用罪 (特別背任罪)의 制限*

鄭 鎭 世**

◎ 프랑스 파기원 형사부 1985. 2. 4. 판결 (Rozenblum 사건)
참고 판결 : 대법원 2012. 7. 12. 선고 2009도7435 판결

[事實의 概要]

피고 마르끄 로젠블럼(Marc Rozenblum)과 윌리엄 알루쉬(William Allouche)는 영업분야가 부동산의 개발과 건설(promotion ou construction immobilière)에 한정된 여러 개 회사[1])의 임원인데 이 회사들이 참가한 프로젝트 때문에 앞으로 자금조달을 하기 어렵다고 예측하고 상황에 따라 다른 사업분야에 주력할 생각을 가지게 되었다.

그래서 이 회사들이 출연한 자금을 이 피고들이 개인적으로 중대한 투자를 하였거나 사실상 임원인 가구판매업, 제화업, 여행대리업, 이발업, 인쇄업 등 순수한 상업을 경영하는 기업들의 운영자금으로 사용하였는데, 그 금액이 1977년부터 1980년까지 11,500,000프랑에 이른다.

회사재산남용죄로 기소된 피고들은 위의 자금이동 사실에는 이의가 없

---

* 제35회 상사법무연구회 발표 (2014년 8월 30일)

** 前 홍익대학교 법학과 교수

1) 清水圓香(しみず　まどか, 九州大學 大學院 法學硏究院 准敎授), "グループ內取引におけるグループ利益の追求と取締役の義務・責任", 「企業法の課題と展望(森本滋先生還曆記念)」, 商事法務, (2009), 267頁에서는 7개의 회사라고 하는데, Boursier(Maître de conférencesȇ[강사] à l'Université de Versailles-Saint-Quentin-en-Yvelines), Le fait justificatif de groupe dans l'abus de biens sociaux : entre efficacité et clandestitinté - Analyse de vingt ans de jurisprudence criminelle, Revue des sociétés, 2005, n°15, p.279는 52개의 회사 중 대부분이 부동산의 개발과 건설에 관한 것이었다고 한다.

으나 집단 내 회사 간의 거래로서 정당화된다고 주장하였다.

[訴訟의 經過]

1. 第一審 判決[2)]

제1심 판결은 피고인들 주장의 기선을 제압하였다. 즉, 「집단이 있다고 인정하기 위해서는 집단의 관념에 합치하는 경제적 단일체를 요술로 작출하려는 의도로 이를 여러 기업의 영업활동을 추진하는 사람의 이름 또는 지주회사 약호(sigle)와 결합하는 것으로 충분치 않다」고 하면서, 「집단의 여러 회사들 사이의 경제적 단일체(unité économique)는 이 경제적 구조를 구성하는 기업들의 활동의 상호보완성(complémentarité)에 의하여 나타낼 수 있어야 한다」고 하였다. 그런데 로젠블럼 집단은 한편으로 제화(製靴)기업, 파리의 호화식당, 이발점, 여행사, 다른 한편으로 지방에서 활동하는 부동산건설을 포함하여, 결코 진정한 경제적 단일체라고 인정할 수 없었다.[3)]

2. 抗訴審 判決[4)]

원심은, 「자금을 지원한 부동산의 개발 및 건설에 종사하는 회사들과 자금지원을 받은 상사 회사들 간에는 로젠블럼이 수장이며 이들의 회계서류를 동일한 종업원들이 관리하는 것 이외에 회사집단을 인정할 수 있는 아무런 법적 관련이 없고, 피고들은 지원을 받은 회사들의 당장 위급한 상황을

---

2) 프랑스 파리 형사지방법원(Tribunal correctionnel) 1983. 4. 29. 판결, Gaz. Pal. 1983, 2, 425, note Marchi ; Rev. sc. Crim. 1984, 86, observ. Bouzat - Jeandidier, Observations sous Cass. crim., 4 février 1985[대상 판결], La semaine juridique(JCP), 1986 II 20585, II)에서 재인용.

3) 유명한 국립주택은행(Comptoir national du logement) 사건과 유사하다. 이 사건에서는 이 은행의 이사인 피고인은 회사(은행)재산을 그가 주주인 정치주간지 발행을 위한 정보의 수집과 배포를 하는 파리의 회사를 위하여 사용했는데, 이 행위는 희생된 재산의 중요성에 비하여 은행을 위하여 부분적으로도 아무런 이익이 되지 아니하였다(세느 형사지방법원 1963. 7. 13. 판결, Gaz.Pal. 1963, 2, 325 ; 파리 항소법원 1964. 1. 15. 판결, Gaz.Pal. 1964, 1, 293 ; 상고심 파기원 형사부 1965.7.15. 판결, Bull. crim. n°177, p.392 ; 1968. 2. 8. 판결, Bull. crim. n°42, p.95 ; Goré, L'affaire du Comptoir national du logement et les délits relatifs à l'administration des sociétés, JCP 1964, éd. G., I, 1855 ; éd. C.I., 74834) - Jeandidier, ibid. II)에서 재인용.

4) 파리 항소법원 제9부 1984. 2. 14. 판결.

면하기 위하여 지원하는 회사들 역시 자금사정이 어려운데도 무리한 자금지원을 감행하게 한 것이다」라고 하면서, 피고들의 주장을 배척하고 이들에게 회사재산남용죄의 처벌을 인정하였다.

3. 上告審 判決要旨[5] (上告棄却)

회사의 사실상 또는 법률상 임원(dirigeants de fait ou de droit)이 그가 직접 또는 간접적으로 이해관계 있는 같은 집단에 속한 기업(entreprise d'un même groupe)에 재정적 지원(concours financier)[6]을 한 행위에 대한 1966. 7. 24. 법률 제425조 제4호와 제437조 제3호의 적용을 면하기 위해서는, 재정적 지원이 집단 전체를 위하여 수립된 정책에 비추어(apprécié au regard d'une politique élaborée pour l'ensemble de ce roupe) 경제적・사회적・재정적 공동이익(intérêt économique, social ou financier commun)을 위하여 이루어졌어야 하고(dicté par), 반대급여(contrepartie)를 결하거나 여러 관련회사 각각의 부담간 균형(équilibre entre les engagements respectifs des diverses sociétés oncernées)을 깨트리는(rompre) 것도, 부담(charge)을 지는 회사의 재정적 능력(possibilités financières)을 지나치는 것도 안 된다.

[評　　釋]

Ⅰ. 序　　論

이사는 회사재산을 '회사의 이익'을 위하여 사용해야 하는 것은 당연하다. 회사의 이익이 아니라 이사 개인의 이익 또는 그에게 이해관계가 있는 다른 회사나 기업의 이익을 위하여 사용하면 민사상 책임을 부담할 뿐 아니

5) 판결 요약문은 판결한 법원의 담당법관이 작성한다.

6) 프랑스의 1984. 1. 24. 은행법 제2조와 제3조에 의하면, 동일한 집단의 회사들 간의 재정적 거래에 대하여는 은행의 독점이 적용되지 않으므로 대상 판결의 판례는 그 적용범위가 넓다.: Yves Guyon, The Law of Groups of Companies in France, in Groups of companies in the EEC, A survey report to the European Commission on the Law relation to Corporate Groups in various Member States, edited by Eddy Wymeersch, Walter de Gruyter 1993, p.149 참조.

라 형사상으로도 처벌을 받는다. 즉 회사재산남용죄가 성립한다.

회사의 재산을 남용하는 행위에 대하여는 **형법전** 제314-1조[7]의 배임죄(abus de confiance)에 관한 규정이 적용되어 오다가, 1935. 8. 8.의 **법률명령**(décret-loi)[8]에 의하여 '회사재산남용죄(délit de l'abus de biens sociaux)'에 관한 규정이 특별법으로 제정되고, 1966. 7. 24. **법률(상사회사법)**에 유한회사에 관한 제425조 제4호[9]와 주식회사에 관한 제437조 제3호[10]의 벌칙으로 수용되었다.[11]

그런데 회사는 다른 회사와 특별한 관계를 맺으며 다양한 **회사집단**을 형성하게 되고 이 관계는 때로는 지속적인 경우도 있는 것이 현실이다. 같은 집단에 속하는 회사들은 서로 빈번히 거래하며 상대방에게 일반시장 거래보다 유리한 조건을 허용하고 서로 돕고 공동목적을 위하여 협조하기도 한다. 집단에 속하는 회사는 상호관계에서 일시적으로 일방적 부담을 지더라도 여러 형태로 보상을 받을 기회를 예상할 수 있고 이로 인하여 집단의 이익이 된다면 장기적으로 유리하다는 기대가 있다. 그러므로 이 부담을 진 회사의 이사는 집단 외의 상대방에 대한 관계였다면 '회사의 이익'에 반하여 회사재

---

7) Article 314-1 (Modifié par Ordonnance n°2000-916 du 19 septembre 2000 - art. 3 en vigueur le 1er janvier 2002)
L'abus de confiance est le fait par une personne de détourner, au préjudice d'autrui, des fonds, des valeurs ou un bien quelconque qui lui ont été remis et qu'elle a acceptés à charge de les rendre, de les représenter ou d'en faire un usage déterminé.
L'abus de confiance est puni de trois ans d'emprisonnement et de 375000 euros d'amende.

8) 의회의 수권에 의하여 행정부가 제정한 법률(loi)의 효력이 있는 명령(décret)인데, 제3 및 제4 공화국에서 신속하게 필요한 개혁을 가능하게 하였다.

9) 프랑스 상사회사법 제425조 : 다음 행위는 5년의 징역과 375,000유로의 벌금에 처한다. 제4호 : 유한회사의 이사(gérant)가 고의로 회사의 재산과 신용을 회사의 이익에 반하는 줄 알면서 개인적인 목적으로 또는 그가 직·간접적으로 이해관계 있는 다른 회사나 기업을 위하여 사용하는 행위.
- 2000. 9. 18. 위임명령 제2000-912호에 의하여 재편집되고 2003. 1. 3. 법률 제2003-7호 제50조에 의하여 비준된(ratifiée) 상법전의 조문번호는 제L.241-3조 제4호이다.

10) 프랑스 상사회사법 제437조 : 다음 행위는 5년의 징역과 375,000유로의 벌금에 처한다. 제3호 : 주식회사의 사장(président), 이사(administrateur) 또는 집행임원(directeurs généraux)이 고의로 회사의 재산과 신용을 회사의 이익에 반하는 줄 알면서 개인적인 목적으로 또는 그가 직·간접적으로 이해관계 있는 다른 회사나 기업을 위하여 사용하는 행위.
- 2000. 9. 18. 위임명령 제2000-912호에 의하여 재편집되고 2003. 1. 3. 법률 제2003-7호 제50조에 의하여 비준된(ratifiée) 상법전의 조문번호는 제L.242-6조 제3호이다.

11) 우리나라 상법 제622조 특별배임죄(10년 이하의 징역 또는 3천만원 이하의 벌금).

산남용죄가 성립하는 경우에도 집단 내의 회사에 대한 관계에서는 당장의 자기 회사 이익만을 기준으로 할 수 없고 집단의 이익 추구를 위한 공동정책과 회사의 희생이 어떤 것인지 검토하여 회사재산남용죄의 성립을 부인해야 할 경우도 있을 것이다. 그렇지 않으면 회사집단의 유용성 나아가 존재가능성 자체를 부인하게 될 것이고, 적어도 위의 회사재산남용죄에 관한 규정의 당부가 문제될 것이다.[12] 회사재산남용죄가 입법화된 1935년경에는 회사집단의 관념이 확실하게 형성되지 않아서 이에 의한 회사재산남용의 정당화 규정은 마련되지 않았다. 회사집단 이익의 추구 필요성을 고려하여 회사재산남용죄의 성립을 판단한 최초의 판결은 후술하는 세느 형사지방법원 1955.5.11. 판결이지만, 불록 교수는 프랑스에서 회사집단이 60년대부터 거역할 수 없는(irrésistible) 현상이라고 한다.[13]

부르시에 씨에 의하면, 형사처벌의 위협은 기업가의 창의성을 저해하고 회사발전에 필요한 결정을 내리는 데 장해가 된다. 이러한 위협의 폐해를 극복하기 위해서는 처벌의 예견가능성이 필요하다. 그런데 판례는 이러한 기본적 임무를 완수했다고 보기 어렵다고 한다.[14] 장디디에 교수도 회사집단에 있어서 회사재산남용죄의 특칙에 관한 입법적 해결을 주장한다.[15] 그러나 후레이리아(Charles Freyria) 교수와 끌라라(Jean Clara) 강사는 이 사항에 관하여 회사법의 부적절한 규정을 정정하기 위하여 입법을 하더라도 로젠블럼(Rozenblum) 판례의 원칙을 담게 되지 않을까라고 반문한다.[16] 판례에서 형성되어 확인된 법원칙이 '긴급피난'에서처럼 법규정으로 명문화되는 것이 정상적인 입법과정일 것이다.[17]

---

12) J.-H. Robert/H.Matsopoulou, Traité de droit pénal des affaires, PUF 2004, spéc n°295는 회사집단에 관해서 특별한 배려가 없다면 집단 소속 회사들간의 통상적인 재산이전에 대하여도 회사재산남용죄를 추궁하게 될 것이라고 한다. - Boursier, ibid. n°99, p.309 및 note 227에서 인용.

13) B. Bouloc, Droit pénal et groupes de sociétés, Revue des sociétés 1988, p.181 et s., spéc. n°2.

14) Boursier, ibid. n°1, p.273 et n°113 · n°114, p.314.

15) Jeandidier, ibid. 최종문단.

16) Ch. Freyria/J. Clara, De l'abus de biens et de crédit en groupe de sociétés, JCP 1993, I, 247, spéc. n°20.

17) 긴급피난(état de nécessité)도 파기원 형사부 1958. 6. 25. 판결(Bull.crim. n°499)에 의하여 처음 창설되었는데, 1992. 7. 22. 공포되고 1994. 3. 1. 시행된 신형법전 제122-7조에 입법화되었다[Boursier, ibid. n°74, pp.302-303, note 194]. 프랑스 기업결합법의 입법에 관해

마리니(Marini) 참의원 의원이 수상에게 제출한 보고서 '회사법의 현대화'[18]에서는 회사재산남용죄의 구성요건이 너무 느슨하고 불분명하여 예측가능성을 해한다는 이유로 구성요건을 수정할 필요가 있다고 지적하였다. 이 보고서는 '회사의 재산적 이익을 해하는 것' 및 행위자가 '개인적 이익을 추구한 것'을 구성요건으로 추가할 것을 제안하였다. 이러한 구성요건의 추가는 기업집단에서 집단의 지휘자가 그의 개인적 이익을 도모하는 것이 아니라 집단 전체의 이익을 고려하여 회사 이익을 희생시키는 행위는 회사재산남용죄의 구성요건을 충족하지 않게 하는 것을 목적으로 하는데,[19] 현행법은 이 제안을 채택하지 않았다.[20]

로젠블럼 사건(affaire Rozenblum)에서 파기원은 1975년 판결[21]의 방론에서 예고한 그의 생각을 피력할 기회를 갖게 되어 이 문제에 대하여 처음으로 최고법원의 입장을 표명했는데, 하급심 특히 파리 형사지방법원이 로젠블럼 판결보다 약 30년 전부터 제시해온 바를 승인하고 정리하여 표현한 것이다.[22] 여기서 세워진 원칙은 회사집단에 있어서 회사재산남용죄의 적용을 제한하는 것인데, 이 원칙은 그 제한을 위한 엄격한 조건에 의하여 완화되어 균형을 모색하고 있다. 로젠블럼 판결이 선고된 1985년부터 2003년까지 회사재산남용죄에 관한 파기원 형사부 판결이 1675건에 이르는데[23] 이 가운데 회사집단의 정당화 사유(fait justificatif)에 관한 판결 74건 중에 이러한 정당화 사유를 인정한 것은 9건에 불과하고 이 74건에 대하여는 모두 상고

서는 宮島 司, フランスにおける企業結合法のその後, 「比較會社法研究」, (奥島孝康教授還曆記念), 第一卷, 成文堂, (1999), 549頁 이하 참조.

18) Ph. Marini, 'La modernisation du droit des sociétés, rapport au premier ministre', La documentation française 1995.

19) 위 보고서 113면 참조.

20) 清水圓香, 前揭論文, 265頁.

21) Cass. crim. 16 décembre 1975, Bull.crim. n°279, p.735 ; JCP 1976, éd G., II. 18476, note Delmas-Marty - Jeandidier, ibid. I)에서 재인용.

22) Gauthier, Les dirigeants et les groupes de sociétés(2000), p.402, n°632. - 清水圓香, 前揭書, 265頁에서 인용.

23) 우리나라 대법원이 같은 기간(1985. 1. 1.~2003. 12. 31.)에 선고한 판결 수는 형법 제356조(업무상의 횡령과 배임)를 적용한 판결 125건, 특정경제범죄가중처벌등에 관한 법률을 적용한 판결 95건, 상법 제622조(발기인, 이사, 기타의 임원등의 특별배임죄)를 적용한 판결 8건 등이 법원도서관의 '법고을'에 등재되어 있다. 여기에 등재되지 않은 판결도 있을 것이고, 같은 사건에 위의 세 법률을 모두 적용한 것도 있다.

기각 판결이 선고되었다.[24)]

유럽연합(EU)에서도 Forum Europaeum Corporate Group Law는 회사 집단에 속하는 자회사의 업무집행자는 그가 속한 회사의 이익보다 집단의 이익이나 모회사의 이익을 우선으로 행동하는 것이 보통이고 이러한 업무집행자의 행위를 법적으로 승인하는 것이 EU 수준에서 해결해야 할 과제의 하나라고 보고, 먼저 독일법을 참고하는 선택지를 제시하였다. 독일법은 회사 간에 지배계약이 체결된 경우에는, 지배회사에 의한 종속회사의 지휘를 정당화하고(주식법 제308조), 지배계약이 체결되지 않은 경우에도 지배회사가 종속회사의 불이익을 보상하기로 했으면 지배회사에 의한 종속회사의 지휘가 정당화되고 종속회사의 업무집행자가 이에 따르는 것은 승인된다고 한다(주식법 제311조). 그러나 EU 제9지시안(指示案)이 실현되지 않은 것이 나타내는 바와 같이 독일법을 참조한 제도는 EU의 다른 가맹국에는 받아들여지지 않았다. 그리하여 Forum Europaeum Corporate Group Law가 프랑스 판례법에서 발전한 Rosenblum 원칙을 모방하여 제안한 Corporate Group Law for Europe[25)]을 기초로 경영자에 의한 집단이익추구를 법적으로 승인하는 논의가 전개되고 있다고 한다.[26)]

먼저 로젠블럼 판결이 승인하고 정리한 하급심의 구체적 내용을 살펴본 다음에 대상 판결의 법리적 문제점을 생각해보기로 한다.[27)]

---

24) Boursier, ibid. n°109, p.313 및 note 245에서 인용함. : 森本 滋 編著. "フランスにおける子會社の少數株主・債權者保護", 「企業結合法の總合的硏究」, 齊藤眞紀, 14, 商事法務, (2009), 386頁에 의하면, "본 판결(로젠블럼 사건 판결)은 형사책임의 요건해당성에 관하여 논한 것이기 때문에 겸억성(謙抑性) 때문에 위법으로 되는 행위의 범위가 좁게 풀이되어 있을 가능성이 있고, 또한, 소수주주의 이익에 충분히 배려되었다고는 하기 어렵다"고 하는데, 회사집단의 정당화 사유에 관한 판결 중에 이 정당화 사유를 인정한 것의 비율에 비추어 수긍하기 어렵다. 본 판결도 유죄판결이다.

25) European Business Organization Law Review I 165 (2000). : Forum Europaeum Konzernrecht für Europa, ZHR 1998, 672ff. : Forum europaeum sur le droit des groupes de sociétés, Un droit des groupes de sociétés pour l'Europe, Revue des sociétés, 1999, pp.43-80°. : 早川 勝, 「ヨーロッパ・コンツェルン法(一)-(三・完)」, 同法, 第53券 第8號, (2002), 195頁.: 第54券 第1號, (2002), 401頁.: 第55券 第3號, (2003), 351頁. - 清水圓香, 前揭書, 260頁 주6에서 재인용.

26) 清水圓香, 前揭書, 257~258頁, 260頁, 289頁.

27) Wilfrid Jeandidier, (대상 판결 해설), La semaine juridique, édition Générale, 1986, II. 20585 참조.

Ⅱ. 로젠블럼 判決 前의 下級審

1. 세느 刑事地方法院 (Tribunal correctionnel de Seine) 1955. 5. 11. 判決[28)]

회사집단 이익의 추구 필요성을 고려하여 회사재산남용죄의 성립을 판단한 최초의 판결인 듯하다.[29)] 회사이익에 반하는지 여부를 결정하기 위해서는 행위의 경제적 타당성, 각 회사가 부담하는 의무 사이의 균형 및 한 회사가 다른 회사에게 내린 명령의 정상성(caractère normal) 또는 그의 경제적 능력에 비례하는지를 고려해야 한다. 이후에도 같은 생각을 나타내는 하급심 판결이 다수 있다. 예를 들면, 세느 형사지방법원 1963. 7. 13. 판결,[30)] 파리 형사지방법원 1964. 1. 15. 판결[31)] 등이 있다.

2. 파리 刑事地方法院 1968. 11. 26. 判決[32)]

한 집단의 어떤 회사가 다른 회사에게 자금을 대여(avances)하는 문제는 집단의 회사들 전체의 차원(cadre)에서 검토해야 한다. 각각의 법인격에 의하여 분리된 법적 구획은 "다소 긴밀하게 서로 중첩된 거래의 복잡성에 의하여 그 진전에 따라 회사임원들이 당면하는 상업적 재정적 필요성과 상충"하게 된다. 한편으로 "각 거래는 집단의 수장(chef de file)이 마련한 전체적 정책에 비추어 기업들 구성의 범위 외에서(hors du cadre de la structuration des entreprises) 평가"되어야 하며, 다른 한편 거래는 "각각 부담하는 의무간의 균형을 유지하고 부담을 지는 회사의 재정적 능력의 범위 내의 공동목적"에 협조하는 조건에서만 적법하다. 주된 회사

28) JCP 1955, éd. G., II, 8973, note Bastian ; D. 1956, 274, note Autesserre. - Wilfrid Jeandidier, Observations, JCP 1986 II 20585, I)에서 재인용.

29) 淸水圓香, 前揭書, 265頁.

30) Gaz.Pal. 1963. jurisp. p.35.

31) Gaz.Pal. 1964. jurisp. p.263.

32) T. corr. Paris, 26 nov. 1968 : Gaz.Pal. 1969. 1. 309 ; Rev.trim.com. 1969, p.1080, note Houin ; Jeandidier, ibid. I) ; Code des sociétés, 27°édition, Dalloz 2011, p.1101, art. L.242-6, e. Prise en compte de l'intérêt de groupe, Bibl. n°39 ; 淸水圓香, 前揭書, 290頁 주45 참조.

(société principale)가 집단에 속하는 한 회사의 자금수요를 적어도 부분적으로 그의 산업시설과 생산성을 완성하기 위하여 상사관행에 합치하게(ceci étant conforme à la pratique commerciale) 담당하는 것이나, 그 중 한 회사가 특허권자인 특허권의 실시에 대한 대가의 원칙(principe d'une redevance pour l'exploitation d'un brevet)은 회사재산남용이 아니다. 그리고 장래의 시장(marché à venir)에서 이익을 올리는 회사가 시장조사(prospection)를 담당하는 회사를 재정적으로 보조하는 것은 합리적이다.

3. 파리 刑事地方法院 1974. 5. 16. 判決 (Willot 事件)[33][34]

'회사이익에 반하는 행위'라는 법적관념(notion juridique)이 어떻게 '집단의 전체적 정책에 합치하는 또는 불합치하는 행위'로 바뀌어야 하는지 명시한 중요한 판결이다. 행위의 정당화를 위해서 3가지 요건이 갖추어져야 한다. ① 첫째, 인위적이지 않고 실제로 강력하게 구성된 집단인지, 그리고 때로는 다양한 요소들이 이를 구성하는 회사들의 목적(objet social)을 일시적으로(provisoirement) 대체할 수 있는 집단의 회사목적(objet social du groupe)의 실현에 협력(concourir)하는지 검토해야 한다. ② 둘째, 회사들 중의 하나에게 요구된 희생이 그의 임원들의 개인적 이익이 아니라 집단의 균형을 유지하기 위하여, 또는 일관된 전체적 정책(politique globale cohérente)의 수행을 위한 것인지 검토해야 한다. ③ 셋째, 이 희생이 충분한 반대급여 없이 또는 당해 회사의 진정한 능력 밖이어서 장래 주주들과 채권자들에게 해로운 중대한 어려움을 그 결정시에 예견할 수 있는 큰 위험을 겪게 하는지 검토해야 한다. 잡단에 속하는 회사의 회사재산 사용은 집난과 이 집단에 속하는 회사들의 이익만을 위하여 가능하지만, 그러나 어떤 경우에도 임원들의 개인

33) T. corr. Paris, 16 mai 1974 [윌로(Willot) 사건], D. 1975, Jurisp. 37 ; G.Sousi, Intérêt du groupe et intérêt social, JCP 1975, éd.C.I., II, 11816 ; Trochu/Jeantin/Langé, De quelques applications particuières du droit pénal des sociétés au phénomène économique des groupes de sociétés : à propos de l'affaire Agache-Willot-Saint Frères-Le Bon Marché-La Belle jardinière, D. 1975, Chr.7. - Jeandidier, ibid. I)에서 재인용.

34) Gaz Pal. 1974, II. 886, note Delain; Revue des sociétés. 1975, p.657, obs. B.O.; JCP éd.C.I. 1975 II 11816, obs. Lacoste - 清水圓香, 前揭書, 291頁 주46 및 Code des sociétés 27°éd. Dalloz 2011, art. L.242-6, n°38에서 재인용.; 清水圓香, 前揭書, 266頁은 하급심 판례를 집대성한 판결이라고 한다.

적이고 배타적인 이익을 위하여 우회적으로 은밀하게 사용될 수는 없다. 쟝디디에 교수는 제재의 요청과 현대사회의 요청을 가장 잘 조화시켰다고 한다.[35] 이 판결은 뮐루즈 지방합의법원(TGI Mulhouse) 1983. 3. 25. 판결[36] 등 하급심 판결에서 빈번히 인용된다.[37]

Ⅲ. 集團 內 會社財産濫用의 正當化 要件

로젠블럼 사건에서 파기원이 회사재산남용에 대한 전통적 규제를 회사집단의 경우에 완화하는 데 요구한 조건은 윌로 사건에서 파리법원이 피력한 이론을 대체로 재현한 것이다. 다음에 회사재산남용죄의 정당화요건을 둘로 나누어, 피의사실의 배경(contexte)을 이루는 회사집단의 존재와 피의사실인 행위 자체(acte lui-même)에 관한 요건을 차례로 검토한다.

1. 會社集團의 存在에 관하여

회사집단의 존재가 회사재산 사용을 정당화하는지 검토함에 있어서 고려되는 사항은 다음과 같다. 상고심은 윌로 사건의 판결에서 제시한 경제적 집단의 강력한 구성(une forte structuration du groupement économique)을 명시적으로는 요구하지 않았다.

(1) 공동이익(intérêt commun)

(가) 회사들은 공동이익을 실현하기 위하여 회사집단을 형성한다. 그러므로 회사집단의 존재를 주장하기 위해서는 이 회사들 간의 공동이익을 입증해야 한다. 그리고 회사집단에 속하는 회사의 이익을 침해하는 행위를 감행하고도 이 행위의 정당성을 이유로 회사재산남용죄의 처벌을 면하기 위해서는 이 행위가 회사집단의 공동이익 추구를 위한 것이었다고 인정되어야 한다. 여기서 집단구성회사들의 이익을 침해하더라도 집단의 공동이익을 추구하는 행위는 과연 처벌을 면해도 괜찮은지, 공동이익이란 어떤 것인지 생각해 볼 필요가 있다.[38]

---

35) Jeandidier, ibid. I) : 뮐루즈(Mulhouse) 형사지방법원 1983. 3. 25. 판결을 인용한다.

36) 슐럼프 사건 affaire Schlumpf, D. 1984. 285, note Ducouloux-Favard.

37) 淸水圓香, 前揭書, 267頁.

38) 이브 기용(Yves Guyon) 교수는 집단의 이익이 로젠블럼 원칙의 가장 어려운 개념이라

각 회사의 이익이 회사재산남용죄가 보호하는 가치인데 반하여 공동이익은 이 회사이익의 신축성 있는 파악(회사이익의 일시적 양보)을 정당화하는 반대가치(contre-valeur)라고 할 수 있다. 그런데 회사이익도 회사의 권리・의무와 같은 법적 개념은 아닌데 회사집단 자체가 법적으로 확정되지 아니한 법제에서는[39] 회사집단의 공동이익은 법적으로 더욱 파악하기 어렵다.[40] 그래서 균형 잡힌 판례는 법적으로 부존재하는 공동이익의 인정과 이 법적 가설(fiction juridique)의 한계 사이에 형성될 것이다. 집단의 관념은 경제적 현실(réalité économique)로부터 법적 현실로(ébauche de réalité juridique)의 도중에 위치한다.[41]

행위의 의도(finalité de l'opération)에 관하여 파리법원은 회사목적의 실현(réalisation de son objet social)과 동의어인 **집단의 이익**(intérêt du groupe)을 언급하였는데, 이에 관하여 장디디에 교수는 집단은 하나의 회사조직(structure sociale)이 아니라 회사조직들 전체(un ensemble de structures sociales)이므로 이 표현은 적절치 않다고 한다. 파기원은 전통을 따라 공동이익(intérêt commun)이라고 한다.[42]

파기원 형사부 2002. 11. 27. 판결은 집단구성회사의 개별이익에 대한 집단의 이익을 인정하여 공동이익의 적어도 부분적인 독자성을 인정하였고, 이론적으로는 개별 회사의 재산적 독자성(autonomie patrimoniale) 때문에 불가능하지만 이러한 회사들 이익의 일시적 양보를 허용하여, 파기원 형사부 2000. 5. 11. 판결은 「집단의 이익은 임시로 구성회사들의 이익을 대신할 수 있다」고 판시하였다.[43][44]

고 한다. . The Law of Groups of Companies in France, p.149.

39) 이 법제에서는 회사집단은 경제적 현실(réalité économique)과 법적 현실(réalité juridique)의 중간에 위치한다고 표현된다. : Boursier, ibid. n°64, p.298.

40) 이브 기용(Yves Guyon), The Law of Groups of Companies in France, p.149도 회사집단의 공동이익은 법적으로 파악하기 어렵다고 한다.

41) Boursier, ibid. n°64, p.298. Yves Guyon, The Law of Groups of Companies in France, p.141은 회사들의 독립성이라는 법적 상태는 목적의 합치(convergence of aims)와 결정의 통일성(centralization of decision-making)이라는 사실적 상태와 충돌하게 된다고 한다. : Le droit des groupes de sociétés, Ed.Dalloz 1991, Sixième partie Les dirigeants du groupe, par Hubert Guigou, n°6843 p.197은 "바꾸어 말하면, 집단은 자회사들이 여러 부서(différents départements)가 되어 그의 활동들을 담당하는 진정한 하나의 기업(une véritable entreprise)을 구성해야 한다"고 한다.

42) Jeandidier, ibid. II) 참조.

파기원 형사부는 회사집단의 공동이익의 확인에 만족하지 않고 각 협조(出捐)행위에 따라 사건마다 심사하고 추상적이 아니라 구체적·개별적으로 판단한다.45) 구체적·개별적 심사는 법적 안정성이나 예측가능성보다는 구체적 타당성을 추구하게 되고 일반조항에 의지하게 되어 법관의 재량을 넓히게 될 것이다.46)

(나) 파기원 형사부는 **집단 전체를 위하여 수립된 정책**에 비추어 인정된(apprécié au regard d'une politique élaborée pour l'ensemble du roupe) 공동이익의 추구를 지목하였다. 공동이익의 추구라고 인정되기 위해서는 상황에 따른 임기응변이 아니고 미리 집단의 공동전략(stratégie commune) 또는 공동정책(politique commune)을 세워야 하며, "피의사실인 행위가 전체적인 계획(plan d'ensemble) 없이 상황에 따라 경제적 정당성(justification économique) 없이"47) 이루어진 경우에는 정당화될 수 없다.

淸水圓香 교수에 의하면, 집단이익 추구의 전제가 되는 집단의 정책은 집단내부의 결합 강도의 지표로서 기능을 하는데,48) 첫째, 통일성 및 일관성이 있어야 한다.49) 둘째, 이사의 행위에 선행하여 정책이 완성되었어야 한

---

43) Boursier, ibid. n°68, p.300.; Boursier, ibid. n°99, p.309, note 227.은 "이러한 수정(adaptation)이 없다면 집단 내에서 구성원간의 일상적 거래를 포함하여 모든 자금이동(transfert)은 회사재산남용죄로 처벌받게 될 것"이라고 한다.: 이브 기용 교수는 대상 판결이 형사사건에 대한 것이지만 민사사건에도 유추될(transposed) 수 있으며, 회사경영자는 집단의 이익이 일시적으로(temporarily) 그가 경영하는 회사의 이익에 우선(prevail)하는 것을 수락하더라도 괜찮을 것이라고 한다.; Yves Guyon, The Law of Groups of Companies in France, in Groups of companies in the EEC, A survey report to the European Commission on the Law relation to Corporate Groups in various Member States, edited by Eddy Wymeersch, Walter de Gruyter 1993, p.149.

44) 齊藤眞紀 准教授는 "동법리(로젠블럼 법리) 하에서도 위법하다고 평가되는 행위에 관하여 민사책임을 과할 것을 시사한다고 하더라도, 민사책임의 요건 또는 지배주주의 행동규범의 모델로 그대로의 형태로 참고로 하는 것에는 의문이 있다"라고 한다(前揭書 386頁).; 기용 교수는 "프랑스의 부대사소(action civile) 제도를 염두에 두었는지 모르지만, 형사법 해석의 원칙이 그대로 민사법 해석에 적용될 수 없다는 견해가 온당하다"라고 한다.

45) 파기원 형사부 1995. 12. 14. 판결 - Boursier, ibid. n°69, p.300에서 인용.; Boursier, ibid. n°59, p.296도 참조.

46) 기용(Y.Guyon) 교수는, "로젠블럼 사건의 파기원 판결에서 이 회사집단의 공동이익은 "경제적이거나 사회적 또는 재정적"일 수 있다고 설시한 것은, 법원이 상당히 자유스럽게(fairly liberally) 집단의 이익을 해석하도록 인도(invitation)한 것으로 보인다."라고 하였다.: Guyon, ibid. p.149.

47) 파기원 형사부 1991. 12. 9. 판결, Bull.crim. n°467, p.1194; RD pén. 1992, n°4, p.12, note M.Veron - Boursier, ibid. n°61, p.297에서 인용.

48) G.Falcke, Konzernrecht in Frankreich, 1996, S.45 - 淸水圓香, 前揭論文, 274頁.

다.[50] 셋째, 파기원 형사부 1991. 4. 23. 판결,[51] 파기원 형사부 2003. 2. 19. 판결은 「집단의 정책이 집단구성회사의 이사회 또는 사원총회의 결의를 거쳐야 한다」라고 하였다.[52]

(다) 그런데 이 이사회 또는 사원총회의 결의에 관하여, 부르시에 씨에 의하면, 淸水圓香 교수의 상술한 바와는 반대로, 위에 인용된 2003. 2. 19. 판결은 이어서 「확정된 판례(특히 형사부 1979.3.19. 판결 n°112)에 의하면 회사재산은 사원들에게 귀속됨과 동시에(s'il appartient à l'ensemble des actionnaires) 채권자들의 담보(gage des créanciers)이므로 임원이 이사회나 주주총회의 승인을 받은 것은 중요하지 않다」라고 판시하였다.[53] 파기원 형사부 2003. 2. 19. 판결은 상고이유 제5점에 대한 판단에서 「이사회 또는 사원총회의 결의에 언급하였지만 채권자의 담보인 회사재산의 남용은 이사회나 사원총회의 승인으로 범죄성을 제거하지 못한다」라고 거듭 선언하였다.

그러면 채권자가 없는 회사에서는 어떠한지가 문제된다. 소수주주의 보호를 위하여 총주주의 승인이 필요할 것이다.[54] 형사법은 피해자의 동의와 무관하며 공의 질서에 관한 법(droit d'ordre public)이라는 이유로 이러한 총주주의 승인이 있더라도 소용없다[55]고 할 수 있을까. 근로자를 보호할 필요는 있을 것이다.

회사재산남용죄가 보호하는 가치인 회사이익에 관하여는 회사의 본질에 관한 계약이론(conception contractuelle des sociétés)을 바탕으로 사원들의 이익만을 고려하는 견해가 회사법에서는 대세이지만, 판례는 회사재산남용죄를 규정하는 형사법에서는 사원들의 이익뿐 아니라 회사채권자 등 회사와

---

49) 파기원 형사부 1991. 12. 9. 판결은 피고인이 전체적 계획 없이 그 때의 상황에 따라 거래를 실행한 사실로부터 집단의 정책이 없었다고 판단하였다. 로젠블럼 판결도 같다.

50) D.Ohl, 파기원 형사부 1985. 2. 4. 판결(Rozenblum 사건) 해설, D. 1985, p.480.

51) Revue des sociétés, 1991, p.786.

52) 淸水圓香, 前揭論文, 274~275頁.

53) Boursier, ibid. n°86, p.307.: 우리나라 대법원 2000. 5. 26. 선고 99도2781 판결에서도, 「대주주의 승낙과 이사회의 결의를 거치고 이사가 배임행위를 한 경우 배임죄의 성립여부(적극): 이사가 임무에 위배하여 주주 또는 회사채권자에게 손해가 될 행위를 하였다면 이사회의 결의가 있었다고 하여 그 배임행위가 정당화될 수 없는 것이다」라고 하였다.: 「소법전」 현암사 2003년판, 형법 제356조 판례 참조.

54) 우리나라 상법 제400조 제1항.

55) Boursier, ibid. n°87 et n°88, p.307은 Ph.Salvage, Le consentement en droit pénal, Rev.sc.crim. 1991, p.699 et s.을 인용.

거래하는 사회일반의 질서(tissu économique et financier tout entier) 유지도 안중에 두는 회사의 기구이론(conception institutionnelle des sociétés)을 바탕으로 한다.[56][57] 그런데 판례는 회사의 손해에 대한 배상청구는 사원들에게만 인정하고 회사채권자들에게는 허용하지 않는다.[58] 회사의 운영에 대한

---

56) 몽뻴리에(Montpellier) 항소법원 1980. 1. 7. 판결에서는, 아버지와 이사인 아들만이 사원인 회사가 아들의 개인적 채무를 보증한 데 대하여 아버지가 동의한 사건에서, 법원은 사원들의 일치된 동의가 있더라도 회사재산남용을 이유로 채권자들의 무효의 소를 인용하였다[Gaz.Pal. 1980, 1, p.362, note de Fontbressin ; Revue des sociétés 1980, p.737, note Mouly ; RD imm. 1981, p.242, obs. Dagot - Alain Dekeuwer, Les intérêts protégés en cas d'abus de biens sociaux, La semaine juridique E et Aff., n°43, 26 octobre 1995, 500, n°17, note 31에서 재인용]. **파기원 형사부** 1993. 6. 14. **판결은** 1인 유한책임기업(EURL - entreprise unipersonnelle à responsabilité limitée)의 1인 사원인 이사에 대하여 회사재산남용죄를 인정했으며[JCP 1993, éd. E, pan.1231 ; Bull.crim., n°298 ; Revue des sociétés 1994, p.90, note Bouloc ; Bull.Joly, 1993, p.1139, note Saintourens - Alain Dekeuwer, ibid. n°19, note 32에서 인용]. **동** 1994. 5. 26. **판결은** 아들과 함께 유한회사를 설립한 이사가 대금을 이들의 개인계좌에 넣었는데 개인재산과 회사재산의 일치를 주장하였으나, 항소법원은 "법인은 그 구성원들과 별개의 존재"(une entité distincte de ses membres)라고 판단하고 유죄를 인정했으며, 파기원은 「회사재산남용은 사원들뿐 아니라 회사와 거래하는 제3자들의 이익도 침해한다」고 하였다[JCP 1994, éd. E, pan. 1014 ; Bull.crim., n°206 ; Revue des sociétés 1994, p.771, note Bouloc ; Dr. pénal 1994, comm. 218, obs. J.-H. Robert - Alain Dekeuwer, ibid. n°19 note 33에서 재인용].

57) 우리나라의 **대법원** 2009. 5. 29. **선고** 2007도4949 **전원합의체 판결은** 〈에버랜드 전환사채 발행 사건〉에서, 「주주는 회사에 대하여 주식의 인수가액에 대한 납입의무를 부담할 뿐(상법 제331조) 인수가액 전액을 납입하여 주식을 취득한 후에는 주주유한책임의 원칙에 따라 회사에 대하여 추가 출자의무를 부담하지 아니하는 점, 회사가 준비금을 자본으로 전입하거나 이익을 주식으로 배당할 경우에는 주주들에게 지분비율에 따라 무상으로 신주를 발행할 수 있는 점 등에 비추어 볼 때, 회사가 주주배정의 방법, 즉 주주가 가진 주식수에 따라 신주 등의 배정을 하는 방법으로 신주 등을 발행하는 경우에는 발행가액 등을 반드시 시가에 의하여야 하는 것은 아니다. 그러므로 회사의 임원인 이사로서는 주주배정의 방법으로 신주를 발행함에 있어서 원칙적으로 액면가를 하회하여서는 아니 된다는 제약(상법 제330조, 제417조) 외에는 주주 전체의 이익과 회사의 자금조달의 필요성과 급박성 등을 감안하여 경영판단에 따라 자유로이 그 발행조건을 정할 수 있다고 보아야 할 것이므로, 시가보다 낮게 발행가액 등을 정함으로써 주주들로부터 가능한 최대한의 자금을 유치하지 못하였다고 하여 배임죄의 구성요건인 임무위배, 즉 회사의 재산보호의무를 위반하였다고 볼 것은 아니다」라고 판시하여, 회사의 이해는 실질적으로 총 주주의 이해라는 계약설의 입장을 취하였다. 민사(회사법) 관계에서는 당사자 사이의 이해충돌의 해결이 주된 목적이므로 계약설을 수긍할 수 있더라도, 사회의 질서유지를 위주로 하는 형사법인 특별배임죄(또는 회사재산남용죄)에서는 주주들뿐 아니라 회사채권자 등 제3자도 보호대상에 포함시키는 것이 옳지 않을까 생각한다.

58) 파기원 상사부 1989. 2. 14. 판결(Revue des sociétés 1989, p.633, note Randoux). Bon-Garcin, les créanciers face aux crises politiques des sociétés, Revue des sociétés 1994, p.649 참조. : 채권자들은 위험신호(alerte), 경영감사(expertise de gestion) 또는 임시이사의 선임(désignation d'un administrateur provisoire)에 대한 권한도 없다. - Alain Dekeuwer, ibid. n°29 note 99에서 재인용.

관여를 회사기관 이외에는 엄격히 규제하고 있기 때문이다.[59][60]

(라) 회사집단의 공동이익을 위한 행위는 회사집단에 유익한(profitable) 행위를 뜻하는가. 파기원 형사부 2001. 12. 19. 판결은 「피고인이 그의 집단에 속하는 회사들의 이익을 위하여 행위하였고 그의 집단은 결국 이득을 보았다」고 하면서, 공동이익(intérêt commun)을 이득(profit)의 뜻으로 파악하고 무죄를 선고하였다. 이에 대하여 부르시에 씨는 회사재산남용죄가 "회사를 피해야 할 위험에 처하게 하는 행위"[61]를 그 행위의 결과와 상관없이 처벌하는 **형식적 성질**(nature formelle)을 간과했다고 비판한다.[62] 그래서 행위의 결과에 따라 처벌여부가 좌우되는 이 판결에 의하면 예측가능성과 법적 안정성을 해한다고 주장한다.[63]

그러나 행위시를 기준으로 회사집단에 유익하여 처벌할만한 위험의 발생이 예상되지 않았다면 그 행위의 정당성을 인정할 수 있지 않을까. 행위시를 기준으로 행위의 손익과 그 가능성을 판단한다면 범죄의 형식성과 저촉되지 않을 것이다. 부르시에 씨도 "정당화 사실(fait justificatif)은 회사를 위

59) 입법자는 회사의 기관이 이사에 대한 회사의 손해배상 청구소송 제기를 기피할 것을 염려하여 이 회사소송을 주주들에게도 행사할 수 있도록 규정하였다. : G.Ripert/R.Roblot, Traité de droit commercial, Tome 1, 17°éd. par Michel Germain/Louis Vogel, n°1765, p.1307. ; 1966년 상사회사법 제245조에 의하면, 주주들은 개인적으로 입은 손해의 배상소권 이외에, 개별적으로 또는 제172-1조에서 정한 조건을 충족하는 조합(association)에 의하여(1994.8.8. 법률 제94-679호) 또는 시행령(décret)으로 정한 조건으로 집단을 구성하여(en se groupant) 이사에 대하여 손해배상의 회사소송을 제기할(intenter l'action sociale) 수 있다. 청구자는 회사가 입은 모든 손해의 배상을 위하여 소송수행을 할(poursuivre la réparation de l'entier préjudice suivi par la société) 수 있고, 승소하면(le cas échéant) 회사에 대하여 배상이 지급된다.

60) 프랑스 회사법은 회사채권자를 위해서는 출자이행의무(obligation de libérer les apports), 현물출자평가규제(contrôle de l'évanluation des apports en nature), 회사와 사원 및 임원 사이의 특정한 거래의 금지(interdiction de certaines conventions entre la société et ses associés et dirigeants), 자기주식취득 제한, 회사자본이 반 이하로 결손이 발생한 경우의 보충의무(obligation de reconstituer le capital social lorsque les capitaux propres sont devenus inférieurs à la moitié du capital social) 등을 규정하고 있다. : Alain Dekeuwer, ibid. n°29 note 98.

61) 파기원 형사부 1964. 1. 16. 판결; 파기원 형사부 1967. 5. 3. 판결. : Bull.crim. n°148.

62) 우리나라 대법원 2012. 7. 12. 선고 2009도7435 판결도 「배임죄에서 '재산상의 손해를 가한 때'는 현실적인 손해를 가한 경우뿐만 아니라 재산상 손해 발생의 위험을 초래한 경우도 포함되고, 일단 손해의 위험을 발생시킨 이상 나중에 피해가 회복되었다고 하여도 배임죄의 성립에 영향을 주지 아니한다」라고 하였다.

63) Boursier, ibid. n°66, p.299.

하여 유용(utile)하거나 적어도 무관(indifférent)하다고 인정된 행위의 범죄성(caractère délictueux)를 해소시킨다(neutralise)."고 하였다.[64)]

(2) 회사들 상호간의 관계

집단을 구성하는 회사들간의 관계를 기준으로, 회사집단은 유형적으로 ① 한 회사가 다른 회사에 영향력을 행사할 의도로 대상회사 지분을 상당부분 보유하는 재정적 집단(groupes financiers), ② 사원 또는 임원의 공동체(communauté d'associés ou de dirigeants)를 기반으로 하는 인적집단(groupes personnels), ③ 대부분 일시적이거나 보다 장기적이더라도 부분적인 계약적 구조의 집단(groupes à structures contractuelles)으로 분류할 수 있다.[65)] 회사법의 개념에 비추어보면, 재정적 집단과 재정적 관계가 있는 인적집단은 상사형법(droit pénal des affaires)상 집단으로 인정되는 데 반하여, 재정적 관련이 없는 인적집단과 계약적 구조의 집단은 여기서 제외된다.[66)]

(가) 각 구성회사간의 자본적 관계 (liens financiers ; liens en capital)

파기원 형사부 1999. 4. 8. 판결[67)]은 기업들 사이에 아무런 자본적 관계(lien en capital)가 없으므로 피고는 회사집단의 존재를 주장할 수 없다고 판시하였다. 자본참여의 정도에 관하여, 파기원 형사부는 상법전 제L.233-1조가 규정하는 지배와 참여의 엄격한 기준에 구애되지 않는다고 하였으며, 2000. 6. 21. 판결[68)]에서는 집단에 속하는 회사들은 통일적 경영에 의한 발전전략에 따르고 이들의 관계는 대단히 상이한 취득과 참여에 따라 형성된다고 판시하였다.[69)]

프랑스에서도 회사가 다른 기업을 배타적으로 또는 공동으로 지배하거나 현저한 영향을 행사하는 경우에는 연결재무제표를 작성하도록 하는데(상법전 제L.233-16조),[70)] 이 경우에는 회사집단의 존재를 인정할 수 있는가? 파기원 형

64) Boursier, ibid. n°50, pp.292-293.

65) Boursier, ibid. n°39, p.288 ; Guyon, ibid. p.141.

66) Boursier, ibid. n°40, p.289.

67) Legifrance n°98-81756.

68) Legifrance n°99-83794.

69) 清水圓香, 前揭論文, 271頁은 이러한 두 판결이 지원을 한 회사와 지원을 받은 회사 간에 지분보유에 의한 출자관계를 근거로 회사집단의 존재를 인정하였다고 위의 본문과 다르게 이해하고 있다.

70) 우리나라 상법 제447조 제2항, 상법 시행령 제16조 제2항 : 주식회사의 외부감사에 관한

사부 1991. 12. 9. 판결[71]은 연결재무제표의 작성은 회사집단의 존재를 추정하는데, 본 사건은 "통일적인 계획도 경제적 정당성도 없이 상황에 따라"(au gré des circonstances sans plan d'ensemble ni justification conomique), 기업들 각각의 회계 혼란을 틈타 이루어졌고[72] 이 기업들의 절망적 상태를 감추려 한 것이었다고 인정하여, 당사회사들의 연결재무제표 작성과 파산신청일이 동일함에도 불구하고, 사기를 이유로 회사집단의 존재를 부인하였다. 그런데 자본적 관계가 상법전 제L.233-16조가 규정하는 배타적 또는 공동의 지배를 인정할 수 있는 관계가 아니어서 연결재무제표를 작성해야 하는 경우가 아니더라도, 회사집단을 인정할 수 없는 것은 아니다. 다만 그러기 위해서는 이 자본적 관계가 **법적 관계**(lien juridique)에 의하여 강화되어야 한다.[73] 파기원 형사부 1989. 10. 16. 판결은 「두 회사들에 대한 은행 융자는 이 회사들이 연대하여 책임을 지기 때문에 그들의 영업을 위한 공동이익을 위하여 함께 연대하여(conjointement et solidairement) 행동하므로 은행융자는 두 회사가 각각 혜택을 받는다」라고 하였는데, 이에 대하여 연대성은 특정 행위에 대하여 적용되는데 반하여 회사집단은 회사간 또는 그 임원들간의 긴밀한 관계라는 비판이 있다.[74] "영업을 위한 공동이익을 위하여 함께 연대하여 행동"하면 이 회사들간의 긴밀한 관계를 인정할 수 있다.

(나) 집단에 속하는 회사들의 영업활동

1985년 로젠블럼 판결도 전의 하급심 판결[75]에 따라서 집단을 구성하는 회사들 간 **"활동의 보완성"**(complémentarité des activités)[76]을 회사집단

법률 제1조의2 제2호에 규정된 지배회사의 경우를 말한다.

71) Bull.crim. n°467; Revue des sociétés 1992, p.359 et s., note B.Bouloc.

72) 파기원 형사부 1991. 4. 23. 판결도 회사들의 회계책략(stratagème comptable)이라고 할 수 있는 기장조작(simple jeux d'écritures)에 의하여 맺어진 관계에 대하여 회사집단을 부인하였다: Boursier, ibid. n°45, p.290.

73) Boursier, ibid. n°42, pp.289-290.: 파기원 형사부 1989. 2. 13. 판결은 회사들 간에 법적연관이 없고 재무제표를 같은 날 작성하지 않았다는 이유로, 로젠블럼 판례의 원칙을 환기시키면서도 이 원칙의 적용을 거부하였다[Bull.crim. n°69 - Boursier, ibid. n°42, p.290]. 또한 파기원 형사부 2003. 5. 23. 판결도 회사들 간에 구조적 관계(lien structurel)가 없다고 하면서 회사집단의 존재를 부인하였다. 이 회사들 간에는 상당한 자본참여(participations significatives)가 없었고, 회사목적이 동일하여 경쟁관계가 있어 보인다고 하였다.

74) Boursier, ibid. n°44, p.290.

75) 특히 파리 경죄법원(Tribunal correctionnel de Paris) 1983. 4. 29. 판결. : Rev. sc. crim. 1984, p.86, obs. P.Bouzat.

의 기본적 요소로 인정하는 듯 했다. 파기원 형사부는 로젠블럼 판결 후에도 1993. 7. 19. 판결[77]에서 그리고 그 전에 1989. 2. 13. 판결[78]에서 회사들 간에 활동의 보완성을 요구하여 회사집단의 인정에 제한적인 태도를 보였다. 그런데 경영의 유연성과 편의를 추구한다면 상호보완성은 중요하지 않고 집단의 목적을 구성하는 **위험의 분산**(répartition des risques)에는 오히려 배치되는데, 이 집단의 위험분산기능이 오늘날에는 중요하다. 전에는 회사집단이 제조업에서 회사들의 보완성에 의한 수직적 결합을 또는 상품시장의 지배를 위한 수평적 결합을 시도했지만, 현재는 회사집단이 서로 다른 활동영역의 결합을 목적으로 하는 복합기업(종합회사 conglomérat)을 구성하여 위험을 분산하려 한다.[79][80] 사회현실을 외면하지 않으려고 회사재산남용죄에서 회사집단의 정당화 사유를 도입한 파기원 형사부로서는 오늘날 종합회사의 경제적으로 유익한 점을 고려해야 할 것이다.[81]

그러므로 두 가지 경우가 구별된다. **소형집단**에 있어서는 규모 때문에 위험의 분산은 불가능하고 상호 경쟁은 허용되지 아니한다. 그래서 파기원 형사부 2003.1.22. 판결에서처럼 목적이 동일한 세 회사들 간에는 회사집단은 인정되지 아니한다. 이에 반하여 모회사가 금융발전의 일반적 정책을 결정하

---

76) 淸水圓香, 前揭論文, 272頁~274頁.

77) 이 판결은 3개의 회사가 공공토목공사(travaux publics) 분야에서 활동하며 서로 보완적이고 회사집단을 구성한다고 인정하면서 무죄를 선고하였다.

78) Bull. crim.n°69, p.187 ; Revue des sociétés 1989, n°4, p.692, note B. Bouloc.: 이 판결은 회사들간의 심한 장벽으로 기능장해(dysfonctionnements)를 유발하여 회사집단을 인정할 수 없다고 하였다.

79) Yves Guyon, Droit des affaires; T. I, Droit commercial général et sociétés, Economica 2003, spéc. n°580. - Boursier, ibid. n°46, p.291에서 재인용.

80) conglomerate(複合企業) : 자사의 업종과 관계가 없는 이종(異種)의 기업을 매수・합병하여 경영을 다각화한 기업. 집괴기업(集塊企業)이라고도 한다. conglomerate는 역암질(礫岩質) 집괴성을 뜻하는 지질학 용어에서 유래하였다. 1950년대 이후 학술적으로 수평적 또는 수직적 기업통합에 속하지 않은 합병형태를 가리키는 말로 미국에서 사용되었다. 미국에서는 1950년대 후반부터 1960년대에 걸쳐 기업집중이 제고되기 시작하여, 1967년에는 합병 건수가 약 3,000건이 되었다. 미국에서는 기업간의 수평(동업종) 또는 수직(원료에서 최종제품의 판매에 이르기까지의 종적인 관계)의 합병이 독점금지법에 의해 규제되고 있었기 때문에 기술혁신에 적응하는 기업의 성장전략으로서 이종 업종으로의 다각화가 추진되는 경향이 있었다. 대표적인 기업으로는 원자력잠수함에서 스탬프 인쇄까지 수천 종의 상품을 취급하는 리턴인더스트리스사, 텍스토론사, FMC, ITT, 링 템코 보트(LTV), G&W 등이 있다. 최근에는 타국의 기업을 합병하는 국제적인 복합기업이 진행되고 있다. : [네이버 지식백과] 복합기업 [conglomerate, 複合企業] (2014. 12. 7. 방문).

81) Ch. Freyria/J.Clara, op.cit., spéc. n°8 ; Boursier, ibid. n°47, p.291.

는 **복합기업**에 있어서는 위험의 분산이라는 집단의 특성으로 이와 같은 경쟁은 허용된다. 재정적 발전정책의 공통성(politique générale de développement financier)과 공동목표(objectifs communs)가 **복합기업의 특성**인데, 이런 특성을 가진 집단에서는 경쟁은 위험의 분산에 의하여 설명된다.

파기원 형사부는 '보완성'(complémentarité)으로 오히려 **'집단의 일관성'**(cohérence du groupe)을 추구한다. 집단의 일관성은 집단을 위하여 수행하는 행위의 이익(intérêt de l'opération menée pour le groupe)을 보다 쉽게 想定(supposer)한다. 이 일관성의 기준에 의하여, 위험의 분산이 없어서 구성원간에 경쟁관계가 있으면 해로운 소규모집단 이외에는, 순전히 사기의 목적으로 자회사 설립을 거듭하는 집단[82]을 배제할 수 있다. 결국, 보완성은 소형집단에 있어서는 공동이익의 추구를 증명(justifier)하기 위하여 필요하지만, 복합기업에 있어서는 구조상 공동이익의 존재를 보다 용이하게 추정할 수 있어서 일관성으로 족하다.[83]

위에서는 처벌대상인 행위가 이루어진 상황과 배경에 관해서 논하였는데, 다음에는 이 행위 자체에 대하여 그 정당화 요건을 살펴본다.

2. 會社에 要求된 犧牲에 관하여

(1) 개 관

로젠블럼 판결은 「반대급여(contrepartie)를 결하거나 여러 관련회사 각각의 부담간 균형(équilibre entre les engagements respectifs des diverses sociétés concernées)을 깨뜨리는(rompre) 것도, 부담(charge)을 지는 회사의 재정적 능력(possibilités financières)을 지나치는 것도 안 된다」라고 하였다. 즉 첫째로 반대급여를 결하거나 분담간 균형을 깨트려서는 안 되고, 둘째로 회사 재정적 능력을 지나쳐서도 안 된다. 윌로 사건의 파리법원이나 로젠블럼 사건의 파기원은 모두 출연회사에 대한 보상이 있어야 하고 이 희생과 회사의 재정능력 사이에 불균형이 없을 것을 요구한다. 파리법원은 그 판결

82) 로젠블럼 사건이 그러한 경우이다. 이 사안에서는 50여개의 빈껍데기 회사들이 있었는데, 여기서 말하는 기준의 회사집단을 구성하지 못하였다. : Boursier, ibid. n°48, p.291.

83) Boursier, ibid. n°48, p.292.

문의 선택적 표현으로 이 두 요건 중 하나만을 요구하는데, 파기원 판결은 중첩적 표현으로 이 두 요건이 갖추어질 것을 요구한다. 그러나 장디디에 교수는 파리법원의 선택적 표현은 “중대한 위험”의 대단히 일반적 표현을 나타내는데 불과하므로 이 차이는 중요하지 않다고 한다.84)

그런데 **당초부터 반대급여를 조건으로 회사재산을 사용했다면 남용이라고 할 수도 없지 않을까.** 반대급부가 예정되었거나 당사 회사들 간의 부담이 균형을 이룬다면 이 회사들이 한 집단을 이루고 전체적인 계획 하에 정책을 세워 공동이익을 추구하는 것은 반드시 회사재산남용죄의 성립을 저지하는 정당화 요건이 아니라고 할 수 있지 않을까. 현실적으로 회사집단에서 빈번히 회사재산남용의 죄책을 면하기 위해서 소속 회사들 간의 이해조정이 필요하겠지만, 회사집단 외에서도 당사회사들 간의 이해조정이 책임 등 법적 문제 발생을 피하기 위해서는 필요할 것이다. 그러므로 로젠블럼 판결이 회사법상 회사집단의 요건에 관한 논의에 기여했다고 볼 수 있는지 의문이 제기될 수 있다.

그러나 프랑스 형사 판례를 살펴보면 정당성의 조건 중 집단상황(contexte de groupe), 그리고 더욱이 집단의 공동이익(intérêt commun), 나아가 파기원 형사부가 수긍하는(jugé légitime par la Chambre criminelle) 집단이익의 요청(exigence)이 압도(prédominance)한다.85)

회사집단에 속하는 회사들간의 관계라는 이유로 회사재산남용죄의 적용을 완화하는 판례는 회사집단을 적용범위로 한정하는 것은 당연한데, 이 회사집단은 회사재산남용죄의 적용을 배제할 만한 요건을 갖춘 집단이어야 한다. 이러한 회사집단에서는 집단의 공동이익을 조율된 정책에 따라 추구하는 경우에 ‘개별적 회사이익의 일정한 한도 내의 잠정적 양보’는 허용하려는 것이 판례의 취지이다. 여기서 판례가 허용하는 ‘개별적 회사이익의 일정한 한도 내의 잠정적 양보’의 한계에 관한 요건은 비교적 신축성 있게 고려된다. 출연회사의 경제적 능력을 초과해서는 안 된다는 요건도 이 회사가 도산하게 되는 극한적 상황에서 적용되며, 이 요건에 관하여 법관은 경제문제에 대한 경영자의 판단에 개입하는 데에 한계가 있다는 주장도 있다.86) 그러므

84) Jeandidier, ibid. II) 참조.

85) 파기원 형사부 2000. 9. 6. 판결, n°00-80. 453 - Marie-Emma Boursier, ibid. n°110, p.313.

로 이 판례가 적용되기 위한 요건의 중심은 회사집단의 존재이다. 당장 재판을 해야 하는 상황에서 미래적일 수 있는 반대급여의 실현을 기다리기 보다는 미래에 반대급여를 기대할 수 있는 회사집단 구성인지를 심사하는 것이 불가피할 것이다.

(2) 재정지원에 대한 반대급여 또는 부담간의 균형

(가) 의 의

로젠블럼 판결을 비롯하여 그 후의 파기원 형사부 판례에서 반복되는 이 제목의 문언에 관해서는, 우선 반대급여의 존재와 부담 간 균형이 중첩적으로 모두 충족되어야 하는 요건인가 선택적으로 이 둘 중 하나만 충족되면 행위의 정당성이 인정되는 요건인가 의문이 제기된다. a) 정당화 사유를 제한적으로 인정하려는 입장에서는 중첩적 요건이라고 주장한다. 그 근거로 반대급여가 있기만 하면 부담의 균형이 이루어지는 것은 아니라고 설명한다. 판결문의 문언상으로도 반대급여 결여 또는 균형의 깨짐이 있으면 안 된다는 것이므로 반대급여 결여 또는 균형의 깨짐 중 하나만 있어도 안 된다는 뜻이 된다. b) 이에 대하여 정당화 사유를 넓게 인정하는 입장에서는 집단을 구성하는 회사들 간에 형성되는 관계의 특수성에 비추어 각 회사의 부담이 균형을 유지하는 한 반대급여가 반드시 필요한 것은 아니라는 생각[87]을 근거로 이 두 요건은 선택적이라고 주장한다. 집단을 구성하는 회사들 간에 있어서는 급여로부터 상당기간 경과 후에 반대급여가 이루어지고 즉시 계량되기도 어려운 사정을 고려하면 후자의 견해가 타당하다고 주장한다. 즉, 행위를 정당화하기 위한 피해회사의 희생에 관한 요건 중에서 반대급여(contrepartie)와 집단에 속하는 회사들 각각의 공평한 부담(équilibre entre les engagements respectifs)이 중첩적이 아니라 선택적으로 필요하다는 견해가 집단상황의 특수성에 비추어 반대급여는 미래적일 수 있고 당장 그 금액이 확정되지 않아도 무방하다고 하는 것이 시장의 일반조건과 달리 평가되는

---

86) Marie-Emma Boursier, ibid. n°111, p.313, note 251는 Ch. Freyria/J. Clara, De l'abus de biens et de crédit en groupe de sociétés, JCP 1993, I, 247, spéc. n°15를 인용하지만, Ch. Freyria/J. Clara는 오히려 법관에게 심판대상이 된 경제문제인 거래의 위험에 대한 심사를 인정하는 듯하다.

87) 쟝디디에 교수도 로젠블럼 판결에서는 당사회사들의 각 부담 사이에 균형이 유지되면 반대급여가 없더라도 무방하다고 한다: Jeandidier, ibid. II) 참조.

집단 내 거래의 균형에 대하여 지나친 통제를 하지 않고[88] 피해회사에 과도한 희생을 강요하지 않도록 규제하는 점에서 타당하다는 것이다.[89] 하나의 집단에 속하는 회사들 사이의 거래에는 시장의 일반조건과 다른 우대요율(tarifs préférentiels)이 적용될 수 있으며, 동일한 협조(concours)가 집단 내의 회사들에게는 유익할 수 있어도 같은 협조가 외부 회사에게는 그렇지 않을 수 있다고 한다.[90]

판례는 반대급여의 존재만 확인하고 정당화 사유를 인정한다. 파기원 형사부 2001. 12. 19. 판결은 범죄의 형식성(nature formelle de l'incrimination)과 범행의 즉시성(caractère instantané)을 무시했다는 비판[91]도 있지만, "당해 회사들은 결국 이득을 보았다"면서, 균형성의 요건을 무시하고 융통성 있는 태도를 보였다. 2000. 6. 21. 판결도 로젠블럼 판결에 충실히 따르면서도 반대급여의 존재에만 집착하고 둘째 요건에는 언급하지 않았는데, 묵시적으로 반대급여의 부재에서 부담간 균형의 부재를 유추한 듯하다.[92]

생각건대 출연행위 중에서 집단의 어떤 목적수행을 위하여 소속회사들이 비용을 부담하는 경우에는 이 부담 간의 균형을 유지해야 할 뿐 아니라 이 목적수행의 성과는 모회사 또는 지배회사에만 귀속되어서는 안 되고 소속회사들에게 부담을 보상하는 반대급여가 되어야 한다. 그러므로 '반대급여의 존재'와 '부담 간 균형'은 중첩적으로 충족되어야 하는 요건이 된다. 그러나 예를 들면 집단소속의 한 회사가 다른 회사에게 <u>긴급한 운영자금을 무상으로 대여</u>하는 경우에는 '관련회사 각각의 분담간의 규형'은 문제될 여지가

---

88) 독일법제에서는 불이익의 보상은 원칙으로 동일 영업연도 내에 이루어져야 하며(주식법 제311조 제2항), 종속회사의 손실은 개별적으로 구체적 이익에 의하여 보전되어야 하며, 지배회사에 종속되거나 콘체른에 소속되는 것 자체에 의한 긍정적 효과는 개별회사의 손실을 정당화하지 않는다고 풀이되는 것과 다르다.: V. Emmerich/M. Habersack, Aktien- und GmbH-Konzernrecht, 5.Aufl., 2008, §311, Rdnr.62 - 淸水圓香, 前揭論文, 297~298頁에서 재인용.

89) Marie-Emma Boursier, ibid. n°77, p.304 : D.Rebut, Abus de biens sociaux, Rép. Pén. Dalloz, spéc. n°74에서 인용함.

90) 파기원 형사부 2001. 12. 19. 판결, n°01-83240 - Marie-Emma Boursier, ibid. n°79, p.305에서 인용.

91) Y.Mayaud, Appel à la raison ou pour une approche cohérente de la prescription de l'abus de biens sociaux, D. 2004, Chron., p.194 et s. - Boursier, ibid. n°78, p.304, note 201에서 인용.

92) Boursier, ibid. n°78, p.304.

없고 출연회사가 이 출연으로 받는 반대급여가 수긍할 만한가를 검토하게 될 것이다. 위의 2000. 6. 21. 판결도 이런 관점에서 검토되어야 할 것이 아니었나 짐작된다. 그러므로 상술한 중첩설과 선택설의 논의는 사실관계에 따라 영향을 받을 것이라고 생각된다. 그리고 각 계열회사의 '부담간 균형'이 인정되더라도 '반대급여의 존재'는 필요하며 상술한 '각 회사의 부담이 균형을 유지하는 한 반대급여가 반드시 필요한 것은 아니라'는 주장은 성급하지 않았나 의심된다.

(나) 반대급여

집단에 속하는 회사(계열회사)들 간의 급여를 정당화하는 반대급여는 우대요금이 적용될 수 있고, 시장의 일반조건으로 거래되는 집단 외의 회사에 대한 관계에서와 다르다.

1) 반대급여의 평가방법은 물질적 성질인지 非물질적 성질인지에 따라 다르다. 첫째, 물질적 **반대급여**는 일반적으로 금융적인 것인데 판례는 반대급여가 양적으로 충분한지 심사한다. 급여가 관계 시장에서와 동등한 요금의 반대급여를 받는다면 이 급여는 회사재산남용죄의 구성요건에도 해당하지 아니한다. 집단에 소속하는 사실은 어느 정도의 유리한 취급을 용인한다. 그래서 자회사에 대한 유리한 임대,[93] 댓가 없는 경영자금 융통,[94] 은행보다 유리한 조건의 대여,[95] 시중이자(17%)보다 유리한 이자율에 의한 같은 집단에 소속된 회사에 대한 구조조정을 위한 대여[96]도 같은 집단 내의 회사들 간에서는 반드시 반대급여가 없다고 할 수 없다.[97] 파기원 형사부 1992. 6. 22. 판결에서처럼 반대급여가 극히 미약하거나 허구에 불과한 경우에만 반대급여의 부재를 확신한다.

둘째, **비물질적 반대급여**의 평가는 쉽지 않다. 빈사상태의 자회사에게 채무를 탕감해주는 것도 집단회사들 전체의 신용을 해할 파산을 피하기 위한 목적이면 반대급여가 인정된다. 그래서 파기원 형사부 1995. 12. 19. 판결에 의하면, 파산의 위기에 있는 회사를 집단 내에서 상징적으로 1 프랑에 매

93) 파기원 형사부 1990. 1. 8. 판결, Bull.crim. n°11.
94) 파기원 형사부 2003. 4. 30. 판결.
95) 파기원 형사부 2000. 6. 21. 판결.
96) 파기원 형사부 1999. 10. 13. 판결.
97) Boursier, ibid. n°84, pp.305-306에서 재인용.

각하는 것에 반대급여의 존재를 인정하였다. 여기서는 집단 내의 모든 회사들이 활동을 유지하는 것이 비물질적인 반대급여인 셈이다.98)

그래도 회사집단에 소속되어 있다는 사실 자체가 유효한 반대급여를 이룬다는 경제적 분석(analyse économique)은 용인되지 아니한다. 이 경제적 이론에 의하면, 집단에 소속되면 회사는 새로운 활로, 유리한 은행신용 등 장점이 있다고 지적한다. 그러나 경영형법(droit pénal des affaires)에서는 이러한 집단 소속은 집단이 요구하는 모든 희생을 정당화하지 않는다. 형사판례는 정당화 사유의 구성요소로서 집단소속 이외에 반대급여의 존재를 필요로 한다.99) 그런데 파기원 형사부 1989. 10. 16. 판결에 의하면, 「두 회사에게 수여된 은행대출이 불가분성과 연대성이 있으면 그중 한 회사가 대출을 배타적으로 사용할 수 있더라도 이 혜택을 받지 못하는 다른 회사를 위한 반대급여는 연대성이다」라고 하면서, 「회사들은 그들의 영업경영의 공동이익을 위하여 공동으로 그리고 연대하여 행위하였다」는 이유로 무죄를 선고한 원심을 승인하였는데, 이에 대하여는 회사재산남용죄에 의하여 보호되는 자에 관해서 뿐 아니라 반대급여의 부존재를 간과하였다는 비판이 있다.100) 그러나 영업경영 공동이익에 대한 참여가 반대급여일 수 있다면, 회사집단에 따라서는 이에 소속된 사실이 반대급여가 될 수 있다.

2) 반대급여의 판단시기는 급여를 약정할 때이며 그 급여가 구체적으로 이행되는 때가 아니다. 회사재산의 비정상적 위험처럼 반대급여의 비정상적 부재는 행위의 서명 일에 확정된다(se cristallise). 그러므로 반대급여는 장래의 이득(gain différé)일 수 있고 행위 후의 시장변동이 행위 시에 합리적이던 경제적 예상을 뒤엎더라도 마찬가지이다. 이와 같이 후발적인 이득이나 손실은 반대급여의 존재를 판단하는 데에 영향이 없는데도, 판례 중에는 한 회사의 영업활동을 집단 내의 다른 회사로 이전시키는 구조조정(restructuration)에서 이 회사들은 "결국 이득을 보았다"는 이유로 반대급여가 없는데도 불구하고 집단의 회사들의 이익이 존중되었다고 판단하면서, 집단의 정당화사유를 긍정한 예가 있다.101)

---

98) Boursier, ibid. n°84, p.306.
99) Boursier, ibid. n°80, p.305.
100) Boursier, ibid. n°89, p.307.

3) 반대급여의 판정에 의하여, 집단이라는 특별한 상황에서 온건한 위험과 과도한 위험을 구별할 수 있고, 그래서 회사경영에 필요한 재량의 여지(marge de liberté nécessaire à la gestion d'une société)와 더불어 회사법과 경영형법의 균형이 유지된다는 견해가 있다. 이에 의하면, 판례는 집단 내의 한 회사가 다른 두 회사에게 4천5백만 프랑의 막대한 금액을 대여하면서 회사임원도 그 비정상임을 알고 있었던 사안에서 이 대여는 아무런 반대급여의 희망(espoir de contrepartie)도 없다고 인정하고, 2003. 2. 19. 판결은 "이런 재정적 상황은 대여금액 반환의 모든 희망(espoir de remboursement)을 무산시킨다"고 하였다.[102] 대여금의 상환이 반대급여는 아닐 것이므로, 상환의 가망이 없는 것은 반대급여가 없는 것이라고 할 수는 없다. 그러나 반대급여의 유무는 법적·형식적이 아니라 경제적·실질적으로 판단하여 출연회사가 법적 형식적으로 대여금반환채권을 취득하더라도 실질적·경제적으로 반환의 희망이 없으면 반대급여가 있다고 할 수 없다.

4) 우리나라 대법원 2012. 7. 12. 선고 2009도7435 판결에서도 이와 유사한 판시를 볼 수 있다.

가) 사실관계를 살펴보면, ① 공소외 1과 공소외 2는 1998. 4. 27. 부동산 분양 및 임대업, 의류도소매업 등을 목적으로 하는 공소외 3 주식회사를 설립하였고, 피고인은 ○○○그룹에서 근무하다가 1998년 6월경 공소외 3 주식회사에 합류하여 공소외 1 등과 함께 위 회사를 경영하면서 유통업 분야로 사업을 계속 확장하게 된 사실, ② 공소외 3 주식회사는 2002년 5월경 공소외 4 주식회사 소유의 △△△△백화점을 분할·인수하여 공소외 5 주식회사를 설립한 후 2002. 7. 25. 증권거래소에 상장하였고, 2003년 4월경 공소외 6 주식회사를 인수하여 공소외 7 주식회사로 상호를 변경하였으며, 2004년 6월경 공소외 8 주식회사을 설립하여, 공소외 3 주식회사가 공소외 5 주식회사의 주식 43.43%, 공소외 7 주식회사의 주식 95.14%를 각 보유하고, 공소외 5 주식회사가 공소외 8 주식회사의 주식 92%를 보유함으로써 ▽▽▽▽그룹을 형성하게 된 사실, ③ 그 무렵 ▽▽▽▽그룹의 모회사인 공소외 3 주식회사의 주식은 공소외 1과 피고인이 각 32.3%, 그 외 직원주주들이 35.4%

101) 파기원 형사부 2001. 12. 19. 판결. - Boursier, ibid. n°85, p.306에서 재인용.
102) Boursier, ibid. n°86, pp.306-307.

의 비율로 소유하고 있었는데, 공소외 3 주식회사(당시 대표이사는 피고인)는 2004. 3. 16. 공소외 1 등과의 사이에 공소외 3 주식회사가 공소외 1 등의 주식을 2004년과 2005년에 걸쳐서 이익소각하고, 그 대가로 제세공과금을 제외한 실수령액 기준으로 100억 원을 지급한다는 내용의 이 사건 이익소각계약을 체결한 사실, 공소외 3 주식회사는 공소외 1에게 위 이익소각대금의 일부로 2004년 12월경까지 합계 32억 6,000만 원을 지급하고, 2004. 12. 24. 공소외 1 등의 주식 일부에 대한 이익소각을 실행하여 2005년 1월 현재 공소외 3 주식회사의 주식보유비율은 피고인 41.49%, 공소외 1 19.51%, 직원주주 39%로 변화된 사실, ④ 그런데 ○○○그룹은 2004. 12. 27. 주권상장법인인 공소외 5 주식회사의 주식에 대하여 공개매수를 시도하였다가(공개매수 신청기간 2004. 12. 31.부터 2005. 1. 19.까지) 2005. 1. 20. 이를 철회하고, 그 이후 공소외 3 주식회사의 2대 주주인 공소외 1과 제휴하여 공소외 3 주식회사의 직원주주들로부터 그 주식을 매입하기 시작하여 11.74%의 주식을 매입하는 등 적대적 인수·합병을 추진하였고, 공소외 1은 2005년 1월경 공소외 3 주식회사에 이 사건 이익소각계약에서 약정한 이익소각대금을 미지급하였다는 이유로 이익소각계약의 해제를 통지하고, 자신의 주식을 이익소각 전의 상태로 원상회복하라는 내용의 민사소송을 제기하는 한편, 2005년 2월경에는 이익소각대금채권을 피보전채권으로 하여 공소외 3 주식회사의 신용카드대금채권, 예금채권 등에 대하여 채권가압류 결정을 받았고, 이로 인하여 공소외 3 주식회사가 추진 중이던 400억 원 규모의 자산유동화대출(ABL)이 무산되기도 한 사실 등을 알 수 있다.

나) 대법원은 아래와 같이 그의 배임죄에 대한 견해를 제시한 다음, 사안의 해결에 임하였다. 즉, 「여기서 '재산상의 손해를 가한 때'는 현실적인 손해를 가한 경우뿐만 아니라 재산상 손해 발생의 위험을 초래한 경우도 포함되고, 일단 손해의 위험을 발생시킨 이상 나중에 피해가 회복되었다고 하여도 배임죄의 성립에 영향을 주지 아니하며, 재산상 손해의 유무에 대한 판단은 본인의 전 재산 상태를 고려하여 경제적 관점에 따라 판단되어야 하므로(대법원 2004. 5. 14. 선고 2001도4857 판결 등 참조), 회사의 이사 등이 타인에게 회사자금을 대여할 때에 그 타인이 이미 채무변제능력을 상실하여 그에게 자금을 대여할 경우 회사에

손해가 발생하리라는 정을 충분히 알면서 이에 나아갔거나, 충분한 담보를 제공받는 등 상당하고도 합리적인 채권회수조치를 취하지 아니한 채 만연히 대여해 주었다면, 그와 같은 자금대여는 타인에게 이익을 얻게 하고 회사에 손해를 가하는 행위로서 회사에 대하여 배임행위가 되고, 회사의 이사는 단순히 경영상의 판단이라는 이유만으로 배임죄의 죄책을 면할 수는 없으며, 이러한 이치는 그 타인이 자금지원 회사의 계열회사라 하여 달라지지 않는다(대법원 1999. 6. 25. 선고 99도1141 판결, 대법원 2007. 9. 7. 선고 2007도3373 판결 등 참조)」라고 하였다.

그리고 「업무상배임죄가 성립하려면 주관적 요건으로서 임무위배의 인식과 그로 인하여 자기 또는 제3자가 이익을 취득하고 본인에게 손해를 가한다는 인식, 즉 배임의 고의가 있어야 하고, 이러한 인식은 미필적 인식으로도 족하다. 이익을 취득하는 제3자가 같은 계열회사이고, 계열그룹 전체의 회생을 위한다는 목적에서 이루어진 행위로서 그 행위의 결과가 일부 본인을 위한 측면이 있다 하더라도 본인의 이익을 위한다는 의사는 부수적일 뿐이고 이득 또는 가해의 의사가 주된 것임이 판명되면 배임죄의 고의를 부정할 수 없다(대법원 2009. 7. 23. 선고 2007도541 판결 등 참조)」라고 하였다.

다) 본 소송에서 피고는 다음과 같은 두 가지 사유로 기소되었다.

첫째, ① 공소외 1이 2005년 2월경 이익소각대금채권을 피보전채권으로 하여 공소외 3 주식회사의 예금채권 등에 대하여 채권가압류 결정을 집행함에 따라, 공소외 3 주식회사는 약 400억 원 규모의 '자산유동화대출'(ABL)이 무산되고 일시적 자금경색으로 인하여 물품대금의 미결제 등 부도 위기에 몰린 사실, ② 이에 피고인은 2005. 3. 2.경 공소외 3 주식회사로 하여금 150억 원 규모의 '담보부사모사채'(만기 3년)를 발행토록 하면서, 공수외 5 주식회시 소유의 광넝섬 점포의 토지 및 건물을 사채인수인에게 담보로 제공한 사실"에 대하여는…… "③ 이 사건 담보제공 당시 공소외 3 주식회사는 비교적 건전한 재무구조를 지니고 있었을 뿐 아니라, 2004년도의 영업이익이 약 74억 원, 당기순이익이 약 44억 원, 2005년도의 영업이익이 약 69억 원, 당기순이익이 약 48억 원, 2006년도의 영업이익이 62억 원, 당기순이익이 약 63억 원 정도로 매년 수십억 원 가량의 당기순이익을 내고 있었던 사실, ④ 공소외 3 주식회사와 공소외 5 주식회사는 모두 "공소외 3 주식회사(영문

상호 생략)"라는 상호의 유통업체를 운영하는 회사들로서, 공소외 5 주식회사는 공소외 3 주식회사를 위한 구매업무를 총괄하고 있어 공소외 5 주식회사로서는 공소외 3 주식회사의 기업가치 훼손을 방치할 수 없는 위치에 있었던 사실, ⑤ 공소외 5 주식회사는 이 사건 담보제공의 대가로 연 1억 5,000만 원의 수수료를 받았는데, 이는 이 사건 담보제공의 대가로 낮아진 사채이율과 원래 사채이율과의 차이인 1%에 해당하는 금액인 사실, ⑥ 공소외 3 주식회사는 원리금의 연체 없이 2008. 3. 3. 이 사건 담보부사채를 모두 상환하였고, 그로 인하여 공소외 5 주식회사에는 현실적으로 재산상 손해가 발생하지 아니한 사실 등을 참작하여, ……「이러한 공소외 3 주식회사의 재무구조와 영업이익 및 당기순이익의 규모, 자금경색의 원인, 그리고 공소외 3 주식회사 및 공소외 5 주식회사 상호간의 관계 등을 고려할 때, 피고인이 공소외 5 주식회사 소유의 광명점 점포의 토지 및 건물을 공소외 3 주식회사를 위하여 담보로 제공한 것을 이사의 임무위배행위로 볼 수 없다」라고 판단한 원심을 지지하였다.

둘째, ⑤ 공소외 5 주식회사의 대표이사인 피고인은 2005. 1. 27. 공소외 5 주식회사로 하여금 그 자회사인 공소외 8 주식회사에 40억 원을 무담보로 대여하게 하였고, 공소외 8 주식회사는 그 무렵 공소외 3 주식회사의 직원주주들로부터 공소외 3 주식회사의 주식 297,172주(주식비율 27.26%)를 1주당 40,000원씩 합계 118억 8,688만 원에 매수한 후 위 차용금으로 위 주식매수대금 중 일부를 지급하고, 나머지 약 80억 원은 2006. 6. 30.까지 지급하기로 약정한 사실, 위와 같은 ○○○그룹과 공소외 8 주식회사의 주식매입에 따라 2005. 3. 29. 현재 공소외 3 주식회사의 주식보유비율은 피고인 41.49%, 공소외 8 주식회사 27.26%, 공소외 1 19.51%, ○○○그룹 11.74%로 바뀌었고, 피고인은 2005. 3. 31. 공소외 5 주식회사로부터 그가 보유하던 공소외 8 주식회사 주식 중 43%를 12억 9,000만 원에 매수하여 종전 보유주식 6%와 합산하여 공소외 8 주식회사의 주식 49%를 보유함으로써 ▽▽▽▽그룹 전체를 완전히 지배하게 된 사실, ⑥ 한편 공소외 8 주식회사는 2004. 6. 25. 설립된 자본금 30억 원의 주식회사로서 2004. 12. 31. 현재 자산 총계 약 83억 원, 부채 총계 약 71억 원이며, 2004년도 하반기의 매출액은 183,851,559원에 불과하고 당기순손실 1,762,881,893원에 달하며, 2005년 1월경 공소외 3 주식회사의 주식 297,172주를 합계 118억 8,688만 원에 매수한 상태이므로, 이 사건 40억 원의 차용금 채무 이외에도 약 80억 원의 주식매수대금 채무를 부담하고 있었던 사실을 알 수 있다.

사실관계가 위와 같다면, 「피고인이 공소외 8 주식회사로 하여금 직원 주주들로부터 공소외 3 주식회사의 주식 297,172주를 매수하게 하여 공소외 3 주식회사에 대한 안정적인 경영권을 확보하고 그 직후 공소외 8 주식회사 주식 중 43%를 매수한 일련의 과정, 그리고 피고인이 공소외 8 주식회사를 연결고리로 하여 ▽▽▽▽그룹 전체를 지배하게 된 점 등에 비추어 볼 때, 공소외 5 주식회사로 하여금 공소외 8 주식회사에 이 사건 40억 원을 대여하여 주식매수자금으로 사용하게 한 것은, ○○○그룹의 적대적 인수·합병 시도에 대항하는 방법으로 피고인 개인의 ▽▽▽▽그룹 전체에 대한 지배구조를 강화하기 위한 것으로 볼 수 있고, 피고인과 피고인의 측근 유영길이 위 3개 회사의 이사를 겸직하고 있었다거나 공소외 5 주식회사가 ▽▽▽▽그룹 본부를 통하여 공소외 8 주식회사가 취득한 공소외 3 주식회사의 주식 297,172주를 사실상 통제하고 있었다는 등의 사정만으로는 위 주식이 실질적으로 공소외 5 주식회사의 소유로서 공소외 8 주식회사의 명의만을 빌려 취득한 것으로 볼 수 없다」라고 하였다.

그런데 「공소외 8 주식회사는 설립된 지 불과 7개월 정도의 신생회사로서 2004년 하반기에 큰 적자를 면치 못하였고, 2004. 12. 31. 현재 순자산이 12억 원에 불과할 뿐 아니라, 공소외 3 주식회사의 주식 297,172주를 매입하는 과정에서 이 사건 40억 원의 차용금 이외에 약 80억 원 상당의 주식매수잔금 채무를 부담하게 되어, 자력으로는 이 사건 40억 원의 채무를 변제할 능력이 없는 상황이었음이 분명하다. 그럼에도 피고인은 공소외 5 주식회사로 하여금 충분한 담보를 제공받는 등 상당하고도 합리적인 채권회수조치를 취하지 아니한 채 만연히 공소외 8 주식회사에 40억 원을 대여하게 하였으므로, 이러한 피고인의 행위는 공소외 5 주식회사에 재산상 손해 발생의 위험을 초래한 행위로서 위 회사에 대한 임무위배행위가 된다고 볼 여지가 충분하고, 그것이 ○○○그룹의 적대적 인수·합병 시도와 공소외 1과의 경영권 분쟁에서 피고인의 경영권을 방어하기 위한 것이라고 하더라도 달리 볼 수는 없을 것이다」라고 하였다.

라) 사견 : 이 판결에 나타난 우리나라 판례와 프랑스 법은 유사한 점이 많다. 위의 (2) '배임죄에 대한 견해'에서 「이러한 이치는 그 타인이 자금지원 회사의 계열회사라 하여 달라지지 않는다(대법원 1999. 6. 25. 선고 99도1141 판결; 대법원 2007. 9. 7. 선고 2007도3373 판결 등 참조)」[103] 라고 하면서, 「이익을 취득하는 제3자가 같은 계열회사이고, 계열그룹 전체의 회생을 위한다는 목적에서 이루어진 행위로서 그 행위의 결과가 일부 본인을 위한 측면이 있다 하더라도 본인의 이익을 위한다는 의사는 부수적일 뿐이고 이득 또는 가해의 의사가 주된 것임이 판명되면 배임죄의 고의를 부정할 수 없다(대법원 2009. 7. 23. 선고 2007도541 판결 등 참조)」라고 하여, '집단소속회사 이사에 대한 배임죄 제한'에 관한 로젠블럼 원칙을 받아들일 여지가 없는 듯이 선언하였으나, 위에 소개한 판결이유의 (3) (가) ④에서 "공소외 5 주식회사로서는 공소외 3 주식회사의 기업가치 훼손을 방치할 수 없는 위치에 있었던 사실"을 참작하여 무죄로 판결하였다.[104] 특히 형사법의 독자성을 존중하여 재산상 손해는 경제적 관점에 따라 판단되어야 하므로 회사의 손해에 관하여 실손해뿐 아니라 그 위험을 포함시키는 점이 우리나라와 프랑스에서 같다. 그러나 이 위험은 구체적인 위험이어야 한다.[105]

대법원 판결의 상술한 두 기소사실은 주채무자의 자력에 의한 위험의 정도에 따라 (가)의 담보제공은 무죄이고 (나)의 무담보 대여는 유죄로 인정되었다. 그러나 위험은 손해발생의 가능성이며 의견에 불과하다. (나)의 경우에도 피고가 공소외 5 주식회사로 하여금 주채무자인 공소외 8 주식회

103) 「피고인이 이미 채무변제능력을 상실하여 한계상황에 도달한 기아특수강 주식회사와 주식회사 기산, 아시아자동차 주식회사, 주식회사 기아인터트레이드 등 계열사를 위하여 자금대여나 지급보증을 해 줄 경우 이를 회수하지 못하거나 보증책임을 지게 되어 기아자동차에 손해가 발생하리라는 점을 충분히 인식하면서도 별다른 채권보전조치도 없이 이 사건 지급보증 또는 자금대여에 이르렀으니 이는 회사에 대하여 배임행위가 되고, 그에 대한 고의도 충분히 인정되며, 피고인으로서는 단순히 그것이 경영상의 판단이라는 이유를 내세워 그에 대한 죄책을 면할 수는 없다」는 취지로 판단하여, 피고인의 이 부분 범죄사실을 모두 유죄로 인정하여 처벌한 조치는 수긍이 간다고 하였다.

104) 공소외 5 주식회사는 이 담보제공의 대가로 연 1억 5,000만원의 수수료를 받았다. 로젠블럼 원칙을 적용하기 위한 '반대급여'(contrepartie)의 요건도 충족한 셈이다.

105) 안경옥, "배임죄의 손해발생의 위험 - 대법원 1999. 6. 22. 선고. 99도1095 판결 및 대법원 1995. 11. 21. 선고. 94도1375 판결-", 「판례월보」 제357호, 판례월보사, 43면.

사의 공소외 3 주식회사 주식 취득대금 약 120억원 중 40억원을 변제하도록 하기 위하여 무담보 대출하게 한 것이 문제인데, "피고인과 피고인의 측근 유영길이 위 3개 회사의 이사를 겸직하고 있었다거나 공소외 5 주식회사가 ▽▽▽▽그룹 본부를 통하여 공소외 8 주식회사가 취득한 공소외 3 주식회사의 주식 297,172주를 사실상 통제하고 있었다는 등의 사정"이 있어서 주채무자인 공소외 8 주식회사로 하여금 필요한 경우에는, 이와 같이 매입한 공소외 3 주식회사 주식을 매각하여 변제에 충당하게 할 수 있었으며, 무죄가 선고된 (가)의 경우와 마찬가지로 "실제로 대여가 이루어진 이후 대여금의 상환이 이루어져서 공소외 5 주식회사에게는 아무런 재산상 손해가 발생하지 않았다."라고 한다.106)

그룹의 지배자인 피고에게 공소외 8 주식회사의 존속은 그룹지배를 위하여 필요하고 피고인 스스로도 "공소외 8 주식회사 주식 중 43%를 12억 9,000만 원에 매수하여 종전 보유주식 6%와 합산하여 공소외 8 주식회사의 주식 49%를 보유"하는데, 이 경영자가 위험이 없다고 인정하고 대여금 상환에 의하여 정당했다고 판명된, 공소외 8 주식회사의 재정상태를 위험했다는 이유로 배임죄의 처벌을 하는 것이 온당한가. 로젠블럼 원칙에 비추어보면, 회사집단의 존재를 인정하는 데에는 엄격하지만 '개별적 회사이익의 일정한 한도 내의 잠정적 양도'의 한계에 관한 요건은 비교적 신축성 있게 고려하는 경향에 비추어 회사집단 내의 정당화 사유를 인정할 수 있지 않았을까. 다만, (가)의 사안에서는 공소외 5 주식회사가 부도 위기에 몰린 공소외 3 주식회사를 구출하기 위하여 담보를 제공한 것과 달리, (나)의 사인에서는 "공소외 5 주식회사로 하여금 공소외 8 주식회사에 이 사건 40억 원을 대여하여 주식매수자금으로 사용하게 한 것은, ○○○그룹의 적대적 인수·합병의 시도에 대항하는 방법으로 피고인 개인의 ▽▽▽▽그룹 전체에 대한 지배구조를 강화하기 위한 것"이기 때문일까.

출자에 따라 발언권을 인정하는 주식회사의 원리를 왜곡하는 M&A 방어수단이 타당한지 의문이 제기될 수 있으며, 프랑스 법원도 계열회사 출연의 타당성에 대하여 판단하는 경향이 있다.

---

106) 본 대법원 판결의 원심인 서울고등법원 제6형사부 2009. 7. 10. 선고 2007노2684 판결의 판결이유 1. 가. (1) (가) 참조.

(다) 부담들 사이의 균형

이 균형에 관한 조건은 비물질적 협조(prestation immatérielle)에 관하여 더 적합하다. 상술한 반대급여에 관한 조건도 비물질적 협조에 적용될 수 없는 것은 아니지만 물질적 협조에 적용되는 것이 더 자연스러운 데 반하여, 균형에 관한 조건의 충족여부에 관한 판단에 있어서는 법관에게 집단의 상황을 충분히 고려할 수 있도록 넓은 재량권을 부여하여 평가하기 어려운 비물질적 협조의 균형을 판단하는 데 적합하다. 이런 점에서도 이 두 조건이 선택적임을 알 수 있다고 한다.

그런데 이 균형은 판단하기 어려워서(difficile à cerner) 학설에서도 별로 논하여지지 않고 어느 행위가 이 문제에 속하는지 불분명하다. 판례도 반대급여가 있는지에 대해서만 논하고, 반대급여가 부정될 때에는 두번째 선택적 조건인 균형에 관해서는 판단하지 않고 행위의 정당화사유를 부인한다. 그러므로 이 균형에 관한 논의는 순전히 이론적 중요성이 있을 뿐이다.

이 이론적 논의는 급여간 균형의 적용대상 범위에 집중되어 있다. ① 한편으로 "여러 관련 회사 각각의 부담간 균형의 존중"이라는 요건은 **집단의 모든 회사들**에 적용된다는 견해가 있다. 출연(出捐)은 집단의 한 회사만 부담해서는 안 되고, 균형은 당초의 균형을 유지하기 위하여 집단의 여러 구성원들간에 요구된 도움의 분담을 의미한다고 한다.[107] ② 반대설에 의하면, **계약당사회사들의 관계**에 한정해서 균형을 검토해야하며, 집단의 모든 구성원들간의 일반적 균형을 논하는 것은 대규모집단에서는 불가능하고 국제적 집단에서는 더욱 그러하다고 주장한다.[108] 이 주장에 의하면 부담의 균형은 출연과 반대급여의 균형의 문제로 될 것이다. ③ 절충적 견해에 의하면, **재정적 협조에 직접 또는 간접으로 관련된 회사들**에 관하여 균형을 요구해야 한

---

107) D.Rabut, op.cit., spéc. n°80 - Boursier, ibid. n°93, p.308에서 인용.: 쟝디디에 교수에 의하면, 이 부담의 균형에 관한 판시는 회사에 부과되는 희생은 예외적이어야 하고 회사집단의 당초의 구조(structure originelle du groupe)를 변형시킬 정도로 희생이 일상화되어서는 안 된다는 것을 의미한다고 한다. 여기서 집단이란 자주 불균형(déséquilibre)을 바탕으로 성립되고 회사재산남용으로 표출(illustrer)되는 것이 아닌지 의문을 제기한다. 이러한 의문에 대하여는 모든 불균형이 범죄(infractionnel)가 아니고 범법(예컨대, 회사재산남용죄)으로 당초의 불평등을 가중시킨다면 이 불평등이 왜곡될 것이라고 답변할 수 있을 것이라고 한다: Jeandidier, ibid. II) 참조.

108) Ch.Freyria/J.Clara, op.cit., spéc. n°13 ; Boursier, ibid. n°94, p.308.

다고 주장한다. 그 이유는 판결문에 "관련회사(sociétés concernées)"라고 표현하고 있으며, 집단의 일반적 균형을 요구하는 것은 그런 균형이 존재한다고 해도 지극히 유동적인 성질에 비추어 허황되어(illusoire) 보이기 때문이라고 한다. 그래서 부담의 균형을 검토할 회사들은 그 협조에 직접으로 관련된 회사 즉 그 행위의 당사회사들뿐 아니라 동일 집단의 회사들 간에 존재하는 순환관계(circularité des relations)를 고려하기 위하여 행위에 간접적으로 개입하는 회사들로 포함하게 된다. 그래서 한 자회사가 집단 내의 다른 자회사에게 도움을 준 데 대하여 모회사로부터 반대급여를 받는 것도 수긍할 수 있을 것이라고 한다.[109] 그런데 이 관계는 부담간의 균형에 관한 것이 아니라 반대급여의 존재에 관한 논의가 아닌가 생각된다.

(3) 경제적 가능성을 초과하지 않을 것(absence de dépassement des possibilités financières)

급여가 집단 내의 회사에 대한 것이더라도 급여를 제공하는 회사의 경제적 능력을 초과해서는 급여의 정당성을 인정할 수 없다는 조건은 판례에 명확히 나타나 있으며 이론적으로도 당연하다. 정당화사유를 인정하는 실익은 집단에 속한 회사의 이익을 신축성 있게 취급하는 것일 뿐이고 회사의 위험까지 허용하는 것은 아니다. 이러한 위험은 법인인 회사의 '재산적 독자성'(autonomie patrimoniale)에 저촉된다. 완전(100%) 자회사에 있어서도 그 근로자나 채권자들의 보호를 위하여 이 제한을 인정해야 한다. 출연에 의하여 회사를 위험하게 하는 경우에는 회사의 이익을 보호하는 회사재산남용죄의 논리를 회복하게 한다.

(가) 회사의 경제적 능력(possibilité financière) 내의 출연

파리 경제법원 1985. 11. 15. 판결은 「모회사가 자회사에게 고액의 출자를 요구하더라도 이러한 출자로 자회사가 새로운 시장을 얻게 되고, 그 위험이 그의 실질적 가능성과 비례하거나 또는 중요한 은행의 지원을 받는데 그 비용이 흑자경영에 방해되지 않을 정도이면 불합리하지 않다」라고 판시하였다.[110] 파기원 형사부 2000. 6. 21. 판결에 의하면, 「회사의 능력에 비하여 중

109) Boursier, ibid. n°95, pp.308-309.
110) Gaz. Pal. 1986. 1. 365, note J.P. Marchi - Boursier, ibid. n°104, p.310에서 재인용.

대한 운영자금 대여(avances de trésorerie)도 이로 인하여 모회사에 대한 관계에서 채무자의 지위에서 채권자로 되었다면 정당화사유를 인정할 수 있다」라고 판시하였다.111)

(나) 경제적 능력의 초과(유월)

로젠블럼 판결은 「회사집단의 부동산회사들에게 "어떤 회사는 세금이나 사회보장기금 납입을 의도적으로 불이행"하고 "다른 회사들은 그들의 자본의 4분의 3 또는 전액을 잠식"하여 "어느 회사도 충분한 재산이 없는 상황"에서, 여러 종류의 영업을 영위하는 집단소속회사들을 위하여 재정적 지원(concours financiers) 또는 보증의 형식으로 자금지원요청(appel de fonds)을 하는 것은 경제적 능력을 초과한다」고 하였다. 파기원 형사부 1991. 6. 24. 판결에서는, 「전적으로 모회사의 이익을 위하여 대상회사(société cible)의 재산을 대량으로 떼어내서 빈사상태로 만든 행위는 그의 경제적 능력을 초과한 것이고 집단이익을 내세워 정당화될 수 없다」고 하였다. LBO(achat d'entreprises à effet de levier)는 지주회사와 그 대상회사 사이의 회사집단 성립이 허구(fictivité)라는 이유로 정당화 사유가 부정되지 않는 경우에도 경제적 능력을 초과하지 않는지 심사를 받게 된다. 들랏트르-뒤비비에(Delattre-Duvivier) 판결112)은 「대상회사 취득가격으로 인한 대상회사에 대한 채무를 상계에 의하여 소멸시킬 목적으로 합병하는 결정이 권한남용인지에 관한 판결인데, 법원은 이 행위가 극히 불균형하고, 해악적(lésionnaire)이고 전혀 정당성이 없다」고 하였다. 파기원 형사부 1997. 5. 5. 판결113)도 「지주회사가 출연회사(société sollicitée)의 취득을 위한 대여금을 변제할 재산이 충분치 않고 이 출연회사 자본에서 자금을 떼어내어 이 회사의 경제적 균형을 크게 해쳤다」라고 하였

111) Boursier, ibid. n°104, pp.310-311에서 인용.: 파기원 형사부 2000. 6. 21. 판결에 의하면, 라 로셸 회사(GB La Rochelle)의 99% 자회사인 루아양 회사(GB Royen)은 은행으로부터 3,000,000 프랑을 대출받아 모회사(라 로셸 회사)에게 대여하였는데, 이 대여 당시 회사계정(comptes sociaux)은 모회사에 대하여 2,325,496 프랑 부채가 있었고 이 대여에 의하여 674 504 프랑의 채권을 가지게 되었다. 이런 현상은 모자회사관계에서 지극히 정상적이며, 은행으로부터의 차입으로 인한 부담은 차입회사(루아양 회사)의 매출액의 2.4%를 넘지 않아서 그의 경제적 능력 내이다. 그러므로 자회사의 이사인 피고(모회사의 대표이사이기도 하다)는 회사재산남용죄를 적용을 받지 아니한다.

112) 파기원 형사부 1995. 7. 10. 판결, Bull.crim. n°703, p.253 - Boursier, ibid. n°105, p.311에서 인용.

113) Bull.crim. n°159, p.525 - Boursier, ibid. n°105, p.311에서 인용.

다. 파기원 형사부 1989. 2. 13. 판결에서는 「출연회사의 경제적 상태를 중대하게 해친 운영자금의 대여(avances en trésorerie)는 그 경제적 능력을 초과한 것으로, 두 회사 사이의 자금이동은 진정한 경제적 효과는 없고 CIM의 상태를 회복불능하게 해쳤을 뿐이다」라고 하였다.[114]

경제적 협조(concours financier)가 회사의 파산을 야기하거나 가속화하였다면 이 협조는 경제적 능력을 초과하는 것으로 인정될 것이다. 파기원 형사부 1993. 1. 18. 판결은 같은 집단에 속하는 두 회사 사이에서 운영자금을 대여했는데 대여회사가 곧 파산선고를 받은 경우에 경제적 능력의 초과를 인정하였다. 파산절차가 개시되면 출연과 파산 사이의 인과관계가 있다는 심증이 형성된다. 파기원 형사부 1996.2.1. 판결에서는, 출연과 파산이 시간적으로 근접해있으면 인과관계는 입증된다면서, 「1991년 9월과 10월의 매매로부터 몇 주일 후에 회계와 경영의 기술제공에 대한, 그리고 상품양도에 대한 선불의 형식으로 트레제르-푹스(Treger-Fuchs)로부터 로스-알사스(Roos-Alsace)로 자금이 이동하였고, 트레제르 회사는 1993. 10. 11. 파산선고를 받았는데 지불정지일은 1992. 12. 31.로 확정되었다」고 인정하였다.[115]

파기원 형사부 1993. 7. 20. 판결[116]은 지불정지 상태에 있는 기업의 임원이 회사자산(actif social) 일부를 이 임원이 이해관계가 있는 다른 기업을 위하여 유용했다는 이유로 소추되었는데, 이러한 두 회사 사이의 경제적 결합(union économique)이 있다는 임원의 주장에 대하여, 「지불정지상태의 기업은 도산절차에 의하여 채권자들을 위해서 경제적·재정적 독립(indépendance économique et financière)이 회복되었다」면서, 이 주장을 배척한 원심을 지지하였다. 부르시에 씨에 의하면, 이 판결은 정당화사유 부재를 이유로 하는데 파산죄(banqueroute)[117]를 근거로 하면 충분했을 것이라고 하면서, 파산선

114) 우리나라의 경우, 차입매수(LBO) 거래의 여러 형태 중 합병을 활용하는 형태는 이미 그 적법성이 인정된바 있고(대법원 2010. 4. 15. 선고 2009도6634 판결), 대법원 2013. 6. 13. 선고 2011도524 판결에 의하여 이익 배당, 감자를 활용한 형태의 적법성이 인정됨으로써, 대상회사의 보증 또는 그 자산을 담보로 제공하는 형태만이 형사처벌의 대상으로 남게 되었다(대법원 2006. 11. 9. 선고 2004도7027 판결; 대법원 2008. 2. 28. 선고 2007도5987 판결). - 노혁준, "2013년 회사법 중요 판례", 「인권과정의」 제440호, 148면.

115) Boursier, ibid. n°105, pp.311-312에서 인용.

116) Bull. crim. n°250 ; Rev. sociétés 1994. 93, note Bouloc ; RJDA 1993, n°968 - Code des sociétés 27°éd. Dalloz 2011, art.L.242-6, n°41 ter.

117) 상인, 수공업자, 농업경영자 또는 경제활동을 하는 사법상 법인의 임원이(상법전 제

고에 의하여 법인격은 즉시 소멸하지 아니하므로 '공동이익'의 실질적 부재(inexistence matérielle)가 회사집단 소멸의 근거라고 한다.118)

파기원 형사부 2000. 4. 27. 판결119)에 의하면, 「파산죄(banqueroute)로 소추된 경우에는 집단의 이익(intérêt de groupe)을 내세울 수 없는데, 그 이유는 회사재산남용죄에 의하여 보호되는 '회사이익'을 회사집단에 있어서 완화하는 것은 '공동이익'인데, 파산죄가 보호하는 대상은 회사이익이 아니라 '회사채권자들의 이익'이므로 회사집단의 공동이익은 이에 대한 반대가치(contre-valeur)가 될 수 없기 때문이다」라고 하였다.120)

Ⅳ. 正當化 事由(fait justificatif)의 法的 性質

정당화사유의 법적 성질이 무엇인지에 관해서는 학설상, ① 주관적 요소(élément moral)의 흠결이라는 견해와, ② 법적 요건(élément légal) 흠결이라는 견해가 대립되어 있다.

1. 主觀的 要素(élément moral)의 欠缺

레오떼(Léauté) 교수는 지배회사가 집단의 일반적 이익을 위하여 종속회사에게 희생을 요구하는 경우에 종속회사 임원들은 프랑스 형법전 제122-2조121)122)의 강요된(contrainte) 행위에 해당하여 범죄의 주관적 요소가 소멸하고,123) 지배회사 임원들도 집단 전체가 중대한 난국에 처했을 때

L654-1조) 부정한 경영(gestion frauduleuse)을 하면 성립하는데 파산절차가 개시되어야 소추할 수 있다(상법전 제L654-2조). - Termes juridiques, 11°éd. 1998, Dalloz.

118) Boursier, ibid. n°35, p.287.

119) Bull. crim. n°169 ; D. 2000. AJ 327, obs. Lienhard ; D. 2002. Somm. 206, obs. Sortais ; Rev. sociétés 2000. 746, note Bouloc. - Code des sociétés 27°éd. Dalloz 2011, art.L.242-6, n°41 ter.

120) Boursier, ibid. n°35, p.286, note 82.

121) 프랑스 형법전 제122-2조 : 저항할 수 없는 세력 또는 강제의 상태에서 행위한 자는 형사상 책임을 지지 아니한다.
Article 122-2 : "N'est pas pénalement responsable la personne qui a agi sous l'empire d'une force ou d'une contrainte à laquelle elle n'a pu résister."

122) 심신상실(démence)과 강요(contrainte)는 귀책성조각사유(causes de non-imputabilité)이다. : Termes juridiques, 11°éd., Dalloz 1998.

123) 우리나라 대법원 2012. 7. 12. 선고 2009도7435 판결도 상술한 바와 같이 「이익을 취득하는 제3자가 같은 계열회사이고, 계열그룹 전체의 회생을 위한다는 목적에서 이루어진 행

에는 희생을 요구하더라도 강요된 행위로 인정될 수 있다고 한다. 그래서 두 손해, 즉 회사들 중 하나를 보존하거나(préservation d'une des sociétés) 집단 전체의 균형(équilibre du groupe tout entier) 중 하나를 선택하는 긴급피난(état de nécessité - 신형법전[NCP] 제122-7조[124])과 구별된다고 한다.[125] 부르시에 씨는 강요된 행위나 긴급피난이나 행위자로부터 선택의 자유를 완전히 박탈해야 불벌사유가 되는데 회사집단의 한 회사가 다른 회사에게 재정지원을 하는 경우에는 이러한 입증은 어려울 것이라고 비판한다.[126]

그런데 레오떼 교수에 의하면, 대부분의 경우에 '양호한 경영'(bonne administration)을 위하여 결정을 하게 되고 그래서 **법의 허용**이라는 정당화(le fait justificatif de la permission de la loi)가 적용된다. 그래서 "실정법이 집단의 합법성을 승인한다는 사실로부터 다음과 같은 결과가 성립한다. 즉, 법률의 허용인 **형법전 제327조**[127]의 **정당화사유**에 의하여 집단의 임원들은

위로서 그 행위의 결과가 일부 본인을 위한 측면이 있다 하더라도 본인의 이익을 위한다는 의사는 부수적일 뿐이고 이득 또는 가해의 의사가 주된 것임이 판명되면 배임죄의 고의를 부정할 수 없다(대법원 2009. 7. 23. 선고 2007도541 판결 등)」라고 판시하여 업무상 배임죄의 주관적 요건에 언급한다.

124) 프랑스 형법전(1992. 7. 22. 법률 제92-683호에 의하여 제정) 제122-7조 : 자기나 타인 또는 재물에 대한 현재의 또는 급박한 위험에 당면하여 사람 또는 재물을 보호하기 위하여 필요한 행위를 한 자는 사용한 수단과 위협의 중대성 사이에 불균형이 있는 경우를 제외하고는 형사상 책임을 지지 아니한다.
Article 122-7 du Code pénal(codifié par la Loi n°92-683 du 22 juillet 1992) : N'est pas pénalement responsable la personne qui, face à un danger actuel ou imminent qui menace elle-même, autrui ou un bien, accomplit un acte nécessaire à la sauvegarde de la personne ou du bien, sauf s'il y a disproportion entre les moyens employés et la gravité de la menace.

125) J. Léauté, La reconnaissance de la notion de groupe en droit pénal des affaires, JCP 1973, I, 2551, spéc. n°22 - Boursier, ibid. n°74, p.303, note 190에서 재인용. : 그런데 Jeandidier, ibid. II)는, 이와 다르게, 레오떼(Léauté) 교수가 회사집단에서 회사재산남용죄를 벌하지 않게 되는 이유를 被지배회사의 임원은 한편으로 관련회사의 손해 즉 이 회사 소수사원들의 손해와 다른 한편으로 임원자신의 직업상 불이익 중에서 선택해야 하므로, '긴급피난'에 의하여 범죄의 주관적 요건이 소멸되기 때문이라고 주장하는 것으로 이해한다. 그러나 이 주장에서 임원 자신의 직업상 불이익을 면하기 위해서 이 회사(관련회사)의 소수주주들의 손해를 무릅쓰는 행위는 긴급피난의 법리를 내세워서 배임죄 또는 회사재산남용죄의 죄책을 면할 수 없다.

126) Boursier, ibid. n°74, pp.302-303.

127) 프랑스 현행 형법전 제122-4조 : 법률 또는 정부명령에 의하여 규정되었거나 허가된 행위를 한 자는 형사상 책임이 없다(동조 제1항). 정당한 관청의 명령에 따라 행위한 자는 명백히 위법한 경우를 제외하고는 형사상 책임이 없다(동조 제2항). : **우리나라 형법** 제20조 (정당행위)에 의하면, 법령에 의한 행위 또는 업무로 인한 행위 기타 사회상규에 위배

집단이익을 위해(dans la perspective de l'intérêt du groupe) 명령을 내릴 수 있게 된다. 그러므로 이들의 남용은 각 회사의 기준이 아니라 집단의 기준에서 판단되어야 한다"고 한다.[128] 그런데 각 회사의 재산적 독자성(autonomie patrimoniale)은 이 집단의 기준에서 판단하는 데 장해가 될 것이다.

2. 法的 要件(élément légal) 欠缺

(1) 의 의

부르시에 씨에 의하면, 파기원 형사부 2000. 4. 18. 판결은 회사집단에 의한 정당화의 법적성질(qualification de fait justificatif de groupe de sociétés)을 나타내는 데에 示唆的(évocateur)이라고 한다. 즉 해고된 종업원(피고)이 집단소속 임원의 행위가 회사재산남용에 해당한다고 고발한데 대하여 예심판사(juge d'instruction)가 무죄(non-lieu)를 선고한 데 이어, 종업원은 형법전 제226-10조가 규정하는 악의적 고발(誣告)을 하였다고 기소된 소송에서, 악의적 고발이라고 인정되기 위해서는 고발 당시 고발자가 고발사실이 허위임을 알았어야 하는데, 항소법원[129]은 「고발한 공소사실의 사실적 요소가 허위(fausseté des faits - élément matériel de l'incrimination poursuivie)이기 때문이 아니라,[130] 회사집단에 의한 정당화가 이 사실로부터 범죄성(caractère délictueux)을 완전히 배제했다는 이유로 임원 등은 무죄였다」라고 판단하고, 임원 등의 附帶私訴(action civile)[131]에 의한 손해배상청구는 이유 없다고

되지 아니하는 행위는 벌하지 아니한다.

128) J. Léauté, ibid. n°23 - Jeandidier, ibid. II).: 회사집단에 의한 정당화가 후술하는 바와 같이 우리나라와 일본에서 違法性阻却事由라는 견해와 유사하다. 淸水圓香 准敎授는 '정당화사유'(fait justificatif)가 日本法의 '違法性阻却事由'에 상당한데, 프랑스 판례의 입장이라고 한다[淸水圓香(九州大學 大學院 法學硏究院 准敎授), "グループ內取引におけるグループ利益の追求と取締役の義務・責任", 「企業法の課題と展望」, (森本滋先生還曆記念), 商事法務, (2009), 265~267頁].: 우리나라 법에서도 위법성조각사유에 해당한다고 생각된다. 이사가 회사재산을 자기 자신이나 그가 이해관계가 있는 다른 회사의 이익을 위하여 사용하는 것은 허용될 수 없고 처벌하지만 회사집단 내에서 일정한 요건이 갖추어진 경우에는 법에 위배되지 않게 된다는 뜻이기 때문이다. 다만 우리나라와 일본에서는 위법성은 주로 객관적 사실에 대한 판단인데, 프랑스에서 강요된 행위나 법의 허용이 행위자의 주관에 반영되어 범죄성립을 저지한다는 이론구성이 흥미롭다.

129) 두에(Douai) 항소법원 제6부 1999. 3. 23. 판결.

130) 무고에 대하여 무죄를 선고하였으므로, "허위가 아니기 때문이 아니라"가 옳다.

131) "부대사소"(action civile)는 범죄로 인한 직접적인 손해의 배상을 구하는 소송인데, 공

기각하였다. 임원 등은 상고이유에서 고발사실이 허위임을 주장하였으나, 파기원은 「항소법원은 무고죄 성립을 위해서는 무고자가 고발사실의 허위성을 알고 있었어야 한다」는 이유로 부대사소의 원고청구를 기각하였는데, 항소법원은 「본건에서 피고인이 그런 정황(고발사실이 허위였음을 알고 있었다는 정황)을 인정하지 않았으므로 그 판결은 정당하다」라고 판시하였다. 이와 같이 짧게 표시된 파기원의 의견에서 회사집단에 의한 정당화의 법적 성질을 나타내는 示唆를 간취하기는 어려울 것이다.

부르시에 씨에 의하면, 이와 같은 판단은 회사집단 내부의 사정이라는 정당화가 없었으면 이사의 범행이 성립했을 것(l'infraction aurait été constituée)이라는 뜻이고, 회사집단에 의한 정당화는 주관적 요건(élément moral)과 구별된다. 왜냐하면 이 주관적 요건의 흠결은 범죄의 구성요건들(éléments constitutifs) 중 하나를 결하여 범죄성립(incrimination)은 문제되지 않게 되기 때문이라고 한다.132) 정당화사유는 회사에 유용(utile)해서 또는 적어도 해가 없어서(ou à tout le moins indifférent) 행위의 범죄성을 제거하는(neutralise le caractère délictueux) 것인데, 원래 범죄성이 있는 행위가 유용성(有用性)이 있는 경우에는 위반행위의 주관적 요건(élément moral)을 배제한다는 견해에 의하면 집단의 이익을 위해서 행위하는 임원은 그의 사익이나 그가 직접 또는 간접으로 이해관계 있는 다른 회사를 위하여 행위한 것이 아니라고 주장하지만, 이 견해는 이러한 임원은 항상 집단을 형성하는 회사들 전체에 직접적 또는 간접적인 이해관계가 있음을 간과하고 있다. 그래서 이 견해도 **범죄의 법적 요건의 소멸을 근거로 하는 셈이다.** 위반행위가 실현되었어도 회사집단의 상황 때문에 범죄의 법적 해제(neutralisation légale de l'incrimination)로 제재가 배제된다고 한다.133)

소와 동시에 형사법원에 제기할 수도 있고 공소와 분리하여 민사법원에 제기할 수도 있다(형사소송법 제2조 이하). 아무런 범죄도 없는 경우에 민사법원에 제기되는 action de nature civile과 구별된다(Termes juridiques).

132) Boursier, Le fait justificatif de groupe dans l'abus de biens sociaux : entre efficacité et clandestitinté - Analyse de vingt ans de jurisprudence criminelle, Revue des sociétés, 2005, n°28, p.284, note 70. - 학설의 대립에 관해서는 Ph.Conte/P.Maistre du Chambon, Droit pénal général, A.Colin, 2002, n°241 참조.

133) Boursier, ibid. n°50, pp.292-293.

(2) 검　토

첫째, 본 판결에서 항소법원은 위반행위가 실현되었는지, 즉 고발당시 고발자가 고발사실이 허위임을 알았었는지 판단하지 않고 회사집단의 상황 때문에 무죄를 선고한 것이라고 판단하였고, 파기원은 항소법원의 판단을 승인하였다. 그러므로 "이와 같은 판단은 회사집단 내부의 사정이라는 정당화가 없었으면 이사의 범행이 성립했을 것(l'infraction aurait été constituée)이라는 뜻"이라고 할 수 없다. "회사집단 내부의 사정이라는 정당화가 없었으면" 법원은 이사의 범행이 성립했는지 심리하였을 것이다.

둘째, 부르시에 씨는 집단 소속 회사의 임원은 이 집단과 집단에 속하는 다른 모든 회사의 발전에 이해관계가 있기 때문에 고의가 당연히 전제된다고 주장하지만, 이 임원이 집단과 집단 소속 모든 회사들에 이해관계를 가지고 이들의 발전을 도모하는 것은 회사재산남용죄의 고의가 아니고 이 행위의 처벌을 완화·면제하는 정당화 사유의 요소이므로 고의가 당연히 전제된다고 할 수 없다.

셋째, 부르시에 씨에 의하면, 정당화사유는 객관적으로 판단해야 하는데, 판례는 임원의 악의(mauvaise foi), 나아가 동기(mobile)를 고려하지만, 임원의 위반행위 따라서 고의(dol)는 당연히 전제되었기 때문에 이러한 해석은 부당하다고 한다. 그런데도 파기원 형사부는 "단순한 帳簿조작"[134]이라든가 "허위 도난신고로 가장하여" 횡령을 하고, 그래서 피고인은 고의적으로 행위를 하였다고[135] 한다. 특히 주관적 요건(élément intellectuel)과 법적 요건(élément légal)을 심하게 혼동하는 파기원 형사부 2000. 9. 6. 판결에서는 「두 회사가 가족적 성격이 있고 혜택을 받는 회사가 "조용히 소멸하도록(se termine proprement)" 재정지원을 한 행위에 대하여 이 행위에 피고인의 악의는 인정되지 아니한다」라고 하면서 정당화 사유를 이유로 무죄를 선고하였다.[136] 부르시에 씨는 파기원 형사부의 이와 같은 피고인의 동기를 포함하여, 그리고 피의사실로 인한 회사집단의 이익(intérêt de l'acte incriminé

---

134) 파기원 형사부 1991. 4. 23. 판결, Bull.crim. n°193 ; Rev. sociétés 1991, p.785 et s., note B.Bouloc. - Boursier, ibid. n°51, p.293, note 119.

135) 파기원 형사부 1999. 9. 29. 판결. - Boursier, ibid. n°51, p.293, note 120.

136) Boursier, ibid. n°51, p.293.

pour le groupe)의 존재뿐 아니라 이러한 공동이익의 정당성(légitimité de cet intérêt commun)을 심사하려는 파기원에 대하여, 형법 일반론(droit pénal général)에 어긋나며 판례를 예측하기 어렵게 한다고 비판한다.[137] 그러나 행위의 정당성을 심판하는 형사재판에서 피고인의 동기를 고려하는 것은 수긍할 수 있는 일이라고 생각된다.

(3) 범죄의 성립요건

회사재산남용죄가 성립하기 위해서는 일반원칙에 따라 범의가 필요하고, 이는 목적범으로 규정되어 있다. 상법전(Code de commerce)의 유한회사에 관한 제L.241-3조 제4호와 주식회사에 관한 제L.242-6조 제3호는 동일하게 "고의로 회사의 재산과 신용을 회사의 이익에 반하는 줄 알면서"(고의 dol général; intention frauduleuse), "개인적인 목적으로 또는 그가 직접 내지 이해관계 있는 다른 회사나 기업을 위하여"(목적 dol spécial; mobiles poursuivis) 회사재산을 사용하는 행위를 벌한다고 규정한다.[138][139]

그런데 ① 고의는 임원이 행위가 회사에 손해가 되는 것을 알았다는 사실(connaissance)을 입증하면 성립하므로 정상인으로서는 구성요건 사실이 입증되면 고의를 인정할 수 있다.[140] ② 목적·동기도 "개인적인 목적으로" 한 행위는 회사집단 내에 있어서나 단독 회사의 경우에 있어서나 차이가 없고 구성요건 사실이 입증되면 이 목적도 인정될 수 있는 데 반하여, "그가 직접 또는 간접으로 이해관계 있는 다른 회사나 기업을 위하여"(목적 dol spécial ; mobiles poursuivis) 회사재산을 사용하는 행위에 있어서는 회사집단의 고려가 특성을 나타낸다. 그러나 파기원은 주로 하급심에게 "개인적인 목적"을 추구했는지 심사할 것을 요구하므로, 회사집단 내에서 한 회사를 위하여 다른 회사가 出捐하는 경우의 주관적 요건에 관한 판례는 드물고, 예를 들면 임원의 자본참여가 적은 회사를 위하여 자본참여가 큰 회사에게 출연

137) Boursier, ibid. n°53, p.293.

138) Ch. Freyria/J. Clara, De l'abus de biens et de crédit en groupe de sociétés, JCP 1993, I, 247, spéc. n°16.

139) 우리나라 상법 제622조 제1항 (발기인, 이사 가타의 임원등의 특별배임죄)의 문언은 이와 조금 다르다. 즉 회사의 발기인, 업무집행사원, 이사, 집행임원 등이 그 임무에 위배한 행위로써 재산상의 이익을 취하거나 제3자로 하여금 이를 취득하게 하여 회사에 손해를 가한 때에는 10년이하의 징역 또는 3천만원 이하의 법금에 처한다.

140) Ch. Freyria/J. Clara, 전게서 n°16.

하게 한 경우도 고려하지 않았다.141)

부르시에 씨는 법적 요건의 흠결이라고 하는 것이 행위의 범죄성(caractère délictueux)을 제거하는 정당화 사실의 법제(régime du fait justificatif)에 해당하기 때문에 옳다고 한다. 그러나 주관적 요소의 흠결이나 더욱이 위법성의 조각도 법적 요건의 흠결에 포함되지 않을까. 부르시에 씨가 주장하는 '법적 요건'은 우리나라와 일본의 형법이론에서 말하는 '객관적 처벌조건(客觀的 處罰條件)'과 유사하다.142)

Ⅴ. 結　語

회사들은 경영의 합리화를 위하여 여러 형태의 집단을 형성하는 사실은 사회적 현상으로서 부인할 수 없게 되었다. 이 집단을 형성한 목적을 수행하기 위한 구성회사들 간의 거래에 회사재산남용죄를 법의 문언대로 적용한다면 구성회사들 간의 일상적인 거래도 처벌하게 되어 회사집단은 불가능하게 된다. 그러나 회사재산남용죄는 회사의 재산적 독자성을 유지하여 소수사원과 회사채권자의 보호를 위하여 필요한 규정이다. 회사가 같은 집단에 속하는 회사를 위하여 출연을 했어도 반대급여를 받지 않으면 그만큼 손해를 입게 되고 회사재산남용죄의 처벌을 받게 된다. 그런데 회사집단은 장기간 계속되는 관계이므로 이 반대급여도 출연으로부터 상당한 기간 경과 후에도 받을 기회가 있고 비물질적 반대급여도 생각할 수 있다.

그러므로 회사집단 내에서 하나의 회사가 다른 회사를 위하여 출연을 한 경우에 회사재산남용죄에 대하여 당장 심판을 해야 하는 때에는, 반대급

---

141) Trib.corr.Lyon 1985. 6. 20. 판결, Gaz.Pal. 1986, Tables, V° Sociétés, n°43. - Ch. Freyria/J. Clara, 전게서 n°17에서 인용.

142) 客觀的處罰條件(objective Bedingung der Strafbarkeit)은 범죄가 성립해도 형벌권 발생이 일정한 객관적 사실의 구비를 필요로 경우가 있는데, 이 사실을 말한다. '협의의 처벌조건' 또는 단순히 '처벌조건'이라고도 한다. 客觀的處罰條件은 구성요건에 속하지 않고, 위법성, 책임과도 관계가 없는 가벌성의 조건이다. 또 이것은 실체법상의 형벌청구권이 발생하기 위한 조건으로서, 소송제기를 위한 소송조건인 친고죄의 고소와 다르다. 처벌조건이 없으면 무죄판결이나 면소판결을 하며 소송조건을 결하는 때에는 공소기각을 한다. 이러한 통설에 대하여 객관적처벌조건은 위법성 혹은 책임으로 환원되어야 한다는 설이 있다. 한편, 객관적처벌조건의 예를 들면, 전형적인 처벌조건은 詐欺破產罪에서 파산선고의 확정, 事前受賂罪에서 공무원·중재인이 된 사실, 名譽毁損罪에서 사실의 진실성의 증명이 없는 것, 爆發物不申告罪에서 폭발물에 관한 범죄가 존재하는 사실 등이다: 高橋敏雄, 「刑事法辭典」 增補版, (龍川幸辰 編), 有斐閣, (1963), 149頁.

여가 있을 때까지 심판을 기다릴 수 없어서 이러한 회사집단이 구성원간의 반대급여를 예상할 수 있는 구조인지 판단해야 하므로, 집단의 존재가 반대급여보다 중요하게 심사되는 것이라고 생각된다. 그리고 이러한 집단소속회사 사이의 출연이 회사의 경제적 능력으로 감당할 수 없을 때에는 회사의 존립을 위태롭게 하여 반대급여를 받을 기회도 박탈하게 될 염려가 있기 때문에 허용될 수 없는 것이다.

건축에 비유하면 로젠블럼 판결은 사안의 구체적 상황에 따라 비바람을 막을 지붕을 덥고 담을 쌓도록 기둥을 세운 셈이다. 이 판결이 제시한 공식에 사건을 대입하면 저절로 답이 나오는 것은 아니다. 그러므로 각 사안마다 구체적 타당성의 발견이 기대된다. 프랑스 파기원 형사부는 회사집단의 정당화사유를 판단함에 있어서 위에서 검토한 여러 요건들과 함께 피고인의 동기, 그리고 피의사실로 인한 회사집단의 이익 특히 이 공동이익의 정당성을 심사하려고 하였다는 점에서 그 의무가 있다.

轉換社債의 低價發行에 대한 理事의 背任罪 成否*

尹 榮 信**

◎ 서울중앙지방법원 2005.10.4. 선고 2003고합1300 판결

[事實의 概要]

에버랜드는 삼성그룹의 계열사로 비상장법인이다. 피고인 Y1은 대상 판결에서 문제된 거래 당시 에버랜드의 대표이사였고 피고인 Y2는 상무이사 및 경영지원실장으로 근무하면서 에버랜드의 자금조달계획을 수립, 집행하는 등의 업무에 종사하였다.

에버랜드는 1996. 10. 30. 전체 이사 19명 중 과반수에 미달하는 8명만이 참석한 상태에서 표면이율 연 1%, 만기보장수익률 연 5% 전환청구기간 사채발행일의 익일, 전환가액을 7,700원으로 발행조건을 정한 전환사채 약 100억원 상당을 주주배정방식으로 발행하되 실권시 이사회결의에 의하여 제3자배정 방식으로 발행할 것을 결의하였다.

전환사채발행 당시 에버랜드 주주는 총 17명이었는데, 법인주주들은 삼성그룹의 계열사이거나 계열분리된 9개 회사이고, 개인주주들은 삼성그룹 회장 이건희를 비롯하여 대부분 삼성그룹 계열사의 전현직 임직원들이었다. 주주배정된 전환사채에 대해 제일제당주식회사를 제외한 법인주주들[1] 및 이건희 등 개인주주들은 청약을 하지 아니하였다.

---

* 제19회 상사법무연구회 발표 (2009년 9월 19일)
본 평석은 「월례발표회」, 민사판례연구회, (2006)에서 발표한 내용을 보완한 것임.

** 중앙대학교 법학전문대학원 교수

1) 중앙일보, 제일모직, 삼성물산, 삼성문화재단, 한솔제지, 한솔건설, 한솔화학, 신세계백화점이 실권하였다.

에버랜드는 위 전환사채의 청약만기일에 업무마감 시간이 경과하자마자, 제일제당에 대하여 실권된 전환사채의 추가인수 의사를 타진하지 아니한 채 곧바로 이사회를 개최하여, 실권한 전환사채 합계액 약 96여억 원을 이건희의 자녀인 이재용 등에게 배정하였고, 이재용 등은 같은 날 5시경 청약을 하고 곧바로 인수대금을 납부하였다.

그리하여 이재용 등은 1996. 12. 17. 위의 법인주주 및 개인주주 등에 의해 실권된 전환사채를 1주당 7,700원의 전환가격에 주식으로 전환하여 에버랜드 전체 주식의 64%에 해당하는 주식을 취득하기에 이르렀다.

[訴訟의 經過]

1. 第1審 判決[2)][3)]

(1) 배임죄에 있어서의 배임행위라 함은 사무의 내용, 성질 등 구체적 상황에 비추어 법률의 규정, 계약의 내용 혹은 신의칙상 당연히 할 것으로 기대되는 행위를 하지 않거나 당연히 하지 않아야 할 것으로 기대되는 행위를 함으로써 본인과의 신임관계를 저버리는 일체의 행위를 말하는 것이고, 전환사채의 발행에 있어 외형상 법이 요구하는 형식적인 요건을 구비하였다고 할지라도 그 발행의 주된 목적이 자금조달에 있는 것이 아니고 뒤에서 보는 바와 같이 특정인에게 아주 유리한 조건으로 회사의 지배권을 넘겨줄 의도였다면 이는 회사의 경영진이 전환사채 발행권을 남용한 것으로 배임행위에 해당한다.

위 인정사실에 의하면 에버랜드가 이 사건 전환사채 발행 당시 발행금액 100억원에 해당하는 자금의 수요가 긴급하게 발생하였다고 볼 수는 없다고 할 것이고, 신용등급이 양호했던 에버랜드로서는 통상적인 자금의 수요에 관하여는 금융기관으로부터 장, 단기 차입, 일반 회사채 발행, 회원권 분양 등으로 필요자금을 충분히 조달하는 것이 가능하였음에도, 적정한 전환가격의 산정을 위하여 아무런 노력을 기울이지 아니하고, 정관에 위반하여 무효

2) 서울중앙지방법원 2005. 10. 4. 선고 2003고합1300 판결.

3) 업무상배임죄를 인정하여 Y은 징역 3년, Y2는 징역 2년에 각 처하고, Y1에 대해서는 5년간, Y2에 대해서는 3년간 위 각 형의 집행을 유예하였다.

인 이사회 결의만 거친 채 이 사건 전환사채를 발행한 다음 이재용 등에게 뒤에서 보는 바와 같이 에버랜드 주식의 실제가치보다 현저하게 낮은 가격인 7,700원을 전환가격으로 하여 실권된 전환사채를 배정하여 동인 등이 불과 100억원도 채 안 되는 적은 자금으로 에버랜드의 주식 약 64%에 해당하는 합계 1,254,777주를 취득함으로써 에버랜드의 지배권을 인수할 수 있도록 한 것은 전화사채를 제3자에게 배정함에 있어 실질적 정당성을 결여한 것으로 회사에 대한 관계에서 배임행위가 되기에 충분하다.[4]

(2) 제일제당을 제외한 나머지 주주들은 대부분 에버랜드가 2년 연속 적자를 시현(示現)하고 있었고, 그 주식은 배당이 이루어진 적이 없을 뿐만 아니라 환금성도 없어서 투자가치가 없다는 이유로 실권한 사실은 앞서 본 바와 같고, 이에 덧붙여 중앙일보는 경영여건의 악화 및 삼성그룹으로부터 계열분리 중이라는 이유로, 제일모직과 삼성물산은 자체적인 경영여건의 악화를 이유로 각 실권하였다고 주장하므로 이에 대한 타당성을 검토해 보기로 한다. .... 각 회사의 규모와 자금사정 등에 비하여 이 사건 전환사채인수에 필요한 금액이 그다지 크지 않은 점 등을 종합하면, 에버랜드가 충분한 투자가치가 없다거나 삼성그룹과의 계열분리 중이라거나 혹은 자체적인 경영여건의 악화로 인하여 부득이 실권하였다는 에버랜드 주주들의 실권사유는 타당성이 없는 것으로 보인다.

여기에 앞서 본 바와 같은 사정, 즉 ① 당초 에버랜드에서는 이 사건 전환사채를 발행할 예정이 전혀 없었는데 갑자기 이 사건 전환사채 발행을 기획한 점,[5] ② 이재용은 이 사건 전환사채 배정 결의 이전에 이 사건 전환사

---

4) 에버랜드는 1995년부터 1997년까지 차입을 통해 집중적인 투자를 함에 따라 이 사건 전환사채 발행 당시 2년 연속 적자를 시현하였고, 부채도 1991년 1월경 4000여억원을 기록한 이후 꾸준히 증가하여 같은 해 11월경 약 7500억원 정도에 이르렀다. 그러나 1990년부터 2000년까지 매출액이 꾸준히 증가하였고, 그 영업이익 또한 지속적 신장세를 보여 왔으며, 당기순이익도 대규모투자에 따른 차입금증가로 적자를 기록한 1995년부터 1997년까지를 제외하고는 매년 흑자를 기록하였다. 이 사건 전환사채의 발행 당시인 1996년말을 기준으로 총자산 8387억원, 자본총계 1,581억원 상당에 이르렀고, 매우 양호한 신용등급을 유지하고 있었으며 이 사건 전환사채 발행 당시 금융기관으로부터 장·단기 차입 및 회사채 발행 등을 통하여 필요한 자금을 안정적으로 조달하였다.

5) 에버랜드는 이 사건 전환사채 발행 이전 및 이후에 한 번도 전환사채의 발행 방법으로 자금을 조달한 사실이 없을 뿐만 아니라 필요한 자금에 관하여 월 단위, 분기단위, 연 단위 등으로 사전에 자금조달계획을 세워서 시행하여 왔는데, 이 사건 전환사채는 위와 같은 사전 자금조달계획 및 1996. 9. 25경 작성된 '10월 월간 자금계획서'에도 전혀 발행이 예정되

채의 인수자금을 미리 준비한 점,[6] ③ 에버랜드의 주주인 이건희는 자신에게 배정된 13억원 상당의 전환사채 인수를 포기하고, 자신의 딸들인 이부진, 이서현, 이윤형에게 각 16억원 상당을 증여하여 이 사건 전환사채를 인수토록 한 점, ④ 이 사건 전환가격은 이 사건 전환사채 전부가 주식으로 전환될 것을 전제로 결정된 점,[7] ⑤ 기존 주주들 중 유일하게 전환사채를 인수한 제일제당에게 추가 인수여부에 관하여 아무런 문의도 하지 아니하고 청약일이 다 지나기도 전에 이사회를 개최하여 실권된 전환사채를 이재용 등에게 배정한 점, ⑥ 이 사건 전환사채 발행시기와 비슷한 시점에 중앙일보에서도 같은 방식으로 전환사채를 발행하여 지배권의 변동이 초래된 점 등을 모두 보면 이 사건 전환사채는 주주우선배정의 형식을 가장하였을 뿐 실질에 있어서는 이재용 등에게 지배권을 이전할 목적으로 제3자배정 방식으로 발행된 것으로 볼 수밖에 없다.

(3) 이 사건 전환사채의 전환가격인 1주당 7,700원은 그 발행 당시 에버랜드 주식의 시가보다 현저히 낮은 가격이라고 평가할 수밖에 없고, 달리 이 사건 전환사채의 전환가격을 발행 당시의 적정주가보다 현저히 저가로 결정하였어야 할 특별한 사정도 존재하지 아니한다.

(4) 배임죄에 있어서의 손해는 기존재산이 감소하는 적극적 손해뿐만 아니라, 장래에 취득할 이익이 상실되는 소극적 손해까지도 포함하는 개념이라고 할 것인바, 앞에서 본 바와 같이 이 사건 전환사채 발행의 궁극적인 목적은 이재용 등으로 하여금 에버랜드의 지배권을 취득하게 하려는 것이었으므로, 만일 전환가격이 에버랜드 주식의 시가에 맞게 결정되었더라면, 이재

어 있지 않았다. 1996. 10. 11. 경영관리팀에서 급하게 자금조달방안 검토라는 보고서를 작성하면서 이 사건 전환사채 발행을 검토하기 시작하였다.

6) 이재용은 1994. 10. 10부터 1996. 4. 23.까지 父 이건희로부터 61억 4000만원을 증여받아 증여세를 납부한 후 나머지 자금으로 삼성그룹 계열사인 주식회사 에스원의 주식 121,880주와 삼성엔지니어링 주식회사의 주식 694.720주를 취득한 후 불과 1-2년여 내에 위 두 회사의 주식이 상장되어 주가가 급등하자 이를 매각하여 약 539억원 가량의 매매차익을 남겼고, 이 사건 전환사채 인수대금 역시 1996. 11. 13.부터 같은 달 19.까지 사이에 3회에 걸쳐 에스원의 주식 60,000주를 매각하여 보관 중이던 금액 중 일부인 4,830,910,000원을 1996. 12. 3. 인출하여 납입하였다.

7) 위 전환가격을 정함에 있어서는 전환 후 총 자본금을 100억원, 발행주식 수를 총 2,000,000주로 하여 추가로 발행하게 될 주식 수 1,292,800주로 위 자본금 100억원을 나누는 방법으로 계산한 7,700원(7,735원으로 계산되지만 단수를 제거한 금액임)으로 산정하였을 뿐 적정한 가격으로 정하려는 아무런 노력도 기울이지 않았다.

용 등이 위 범죄사실 기재와 같은 수의 주식을 취득하기 위하여 위 범죄사실 기재의 전환사채 인수대금보다 훨씬 많은 액수의 금원을 에버랜드에 납부하였어야 할 것이므로, 에버랜드로서는 실제 주가보다 낮은 액수의 전환가격으로 전환사채가 발행되었기 때문에 회사에 당연히 유입되었어야 할 자금이 유입되지 아니하는 소극적 손해를 입었다고 할 수 있는 것이다.

(5) 이 사건 배임범행은 피고인들이 공모하여 제3자인 이재용 등에게 재산상의 이익을 주고 에버랜드에 동액 상당의 재산상 손해를 가하였다는 것으로서, 앞에서 본 바와 같은 경우이로 피고인들의 배임범행이 유죄로 인정되는 이상, 이 사건 배임범행이 에버랜드의 주주 등과의 공모에 의하여만 성립한다는 것을 전제로 하여 피고인들의 배임범행에 대한 공모사실이 없다거나 그에 대한 공소사실의 기재가 모호하다는 취지의 피고인들 및 그 변호인 등의 주장은 받아들이지 아니한다.

(6) 결국 이 사건 전환사채의 발행에 의한 업무상배임죄는 재산상 손해를 인정할 수 있기는 하나 이재용 등으로 하여금 취득하게 한 재산상 이익의 가액을 구체적으로 산정할 수 없는 경우에 해당하므로 재산상 이익의 가액을 기준으로 가중처벌하는 특정경제범죄가중처벌등에 관한 법률위반(배임)죄로 의율할 수는 없다.

[評 釋]

Ⅰ. 序 論

이 사건은 주식회사의 이사가 지배주주의 지배권 승계를 위하여 임무에 위배하여 전환사채의 전환가격을 저가로 발행함으로써 주식회사에 소극적 손해를 발생시켰다고 주장되는 사건으로서 일견 전형적인 배임의 사례인 것으로도 보인다. 특히 현재 위법 또는 탈법적인 지배권 승계에 대한 사회적 반감이 고조되어 있는 상황에서는 이와 같은 행위에 대해 무엇인가 제재가 필요하다는 사회적 공감대가 성립되어 있는 것이 아닌가도 싶다. 기업경영의 투명성 제고는 기업의 효율성을 위해서도 핵심적인 전제조건으로서 이러한 원칙에 위배되는 경우에 민사적이건 형사적이건 제재가 필요하다는 점에 대해서는 이론이 없을 것이다. 그러나 중요한 것은 적절한 대상에 대하여 적절한 내용의 제재가 이루어져야 한다는 것인데, 대상 판결에서는 제재의 필요성을 염두에 두다보니 이 점에 대한 고려가 미흡한 것이 아니었나 하는 생각이 든다.

배임죄란, ① 타인의 사무를 처리하는 자가 ② 그 임무에 위배하는 행위로 ③ 재산상의 이익을 취득하거나 제3자로 하여금 이를 취득케 하여 ④ 본인에게 손해를 가하는 것을 내용으로 하는 범죄이다. 사안에서 피고인들에게 배임죄가 성립하기 위해서는 ① 이사가 타인의 사무를 처리하는 자라는 점, ② 전환사채의 발행이 자금조달과 같은 경영상의 목적이 아니라 지배권의 승계를 위하여 이루어진 것으로 임무에 위배하는 행위라는 점, ③ 전환가액이 저가로 설정되었다는 점, ④ 전환권 행사에 의한 신주발행은 전환가격이 주식의 실제가치보다 저가인 경우에는 회사에 손해가 된다는 점, ⑤ 전환사채가 제3자배정방식으로 발행되었다는 점, ⑥ 이사가 재산상의 이익을 취득하거나 제3자가 취득하게 되었다는 점이 인정되어야 한다. 본건 전환사채 발행행위가 ①과 ⑥에 해당된다는 점에 대해서는 이론이 없지만, 나머지 요건을 충족시키고 있는가에 대해서는 이견이 존재할 수 있어 엄밀한 검토가 필요하다.

이 중 본인에게 손해가 발생하였어야 한다는 요건과 관련하여 본인이 자연인인 경우에는 문제가 간단하지만, 주식회사와 같은 법인인 경우에는 법인격이 인정된 단체와 단체의 배후에 있는 실질적 이해관계자가 개념적으로 분리되어 존재하므로 손해 여부의 판단이 간단치 않다.

회사의 자산을 저가에 매각하여 입은 적극적 손해나 회사의 기회를 유용(corporate opportunity)함으로써 회사가 얻을 수 있었던 이익을 얻지 못한 소극적 손해의 경우에는 '회사' 차원에서도 손해가 되고, 회사이익의 궁극적 귀속주체인 주주(경우에 따라서는 기타 이해관계자. 아래에서도 마찬가지의 의미이다)에게도 손해가 되므로, '회사'에 자금이 유입되지 아니한 것을 본인의 손해로 보아 배임죄를 인정하더라도 별 문제가 없다.

그렇지만 신주발행과 같은 자본거래의 경우에는 회사에 자금이 유입되지 아니한 것이 배후의 주주나 기타 이해관계자들에게는 손해가 아닌 경우들이 발생하여 회사에의 자금불유입을 본인의 손해로 파악하는 것이 타당한 것인지 의문이 있다. 대상 판결은 이 경우에도 회사기회유용의 경우의 연장선상에서 회사에의 자금불유입을 손해로 보는 입장을 견지하고 있다. 즉, 대상 판결은 「배임죄에 있어서의 손해는 기존재산이 감소하는 적극적 손해뿐만 아니라, 장래에 취득할 이익이 상실되는 소극적 손해까지도 포함하는 개념이라고 할 것인바 … 적정한 전환가격에 전환사채를 발행하였을 경우 이재용 등이 에버랜드의 지배권 확보를 위하여 필요한 주식지분을 취득하는데 실제로 부담해야 할 전환사채 인수대금과, 이재용 등이 에버랜드에 납입한 전환사채 인수대금의 차액만큼 이재용 등에게 재산상 이익을 취득하게 하고 에버랜드에게 동액 상당의 재산상 손해를 가하였다」라고 판시하고 있다. 대상 판결의 논리는 전환사채를 인수한 제3자가 회사의 지배권을 취득하기 위해서는, 예컨대 들어 1천주의 주식을 취득하여 지배한다는 것을 전제로 해서, 실제주가가 주당 10,000원이고 전환가액을 실제주가에 따라 10,000원으로 정하였다면, 1천만원의 전환사채를 발행하여 모든 사채에 대한 전환권 행사의 결과 회사의 자기자본은 1천만원이 증가하였을 터인데, 전환가액을 5,000원으로 하였기 때문에 5백만원의 전환사채를 발행함으로써 회사에 자기자본이 500만원밖에 증가하지 않았으므로 회사에 500만원의 소극적 손해를 발생시켰으므로 배임죄가 성립한다는 것이다.

이와 같은 대상 판결의 논리는 회사는 배후의 실질적 이해관계자와 별개의 법인격을 가진다는 형식에 따라 배후의 이해관계자들의 손익과는 무관하게 회사가 '얻을 수 있었을 이익'을 얻지 못한 것 즉, 회사에 자금이 유입되지 아니한 것을 손해로 본 것으로 보인다.

그러나 회사기회 유용시의 소극적 손해와는 달리, 신주를 저가발행하는 경우에는 제3자배정인가 주주배정인가 여부에 따라 기존주주의 손해 여부가 차이가 나게 된다. 만약 제3자배정을 하였다면 기존주주의 주식의 가치가 희석화 되기 때문에 주주에게 손해가 발생하지만, 주주배정을 한 경우에는 구주식의 가치희석이 신주식 인수로 인한 이익으로 상쇄되므로 주주에게는 손해가 없게 되는 것이다.

이와 같이 '회사' 차원의 손해발생 여부와 '주주' 차원의 손해발생 여부가 일치하지 않는 경우에도 대상 판결과 같이 배후의 이해관계자와 별개의 추상적 존재로서의 '회사'를 기준으로 자금불유입을 손해로 보아 배임죄의 성부를 판단하는 것이 타당한가를 살펴볼 필요가 있다.

따라서 이 글에서는 주식회사 이사의 배임죄에서 임무의 대상이자 손해의 주체인 '회사'의 의미가 무엇인가에 대한 고찰에 기하여 대상 판결을 검토하는 것을 목적으로 한다. 따라서 대상 판결의 논점 중에서 위의 ④와 ⑤에 대해서 논의하고자 한다. 이를 위하여 첫째, 회사의 거래와 관련하여 회사 차원과 회사의 배후의 이해관계자 차원에서 각각 어떠한 손익이 발생하는가에 대해 검토하고, 둘째, 주식회사 이사의 배임죄의 성립여부를 검토하는 경우에 있어서 '회사의 손해'란 무엇을 의미하는가에 대해 고찰하고, 셋째, 이 사안이 제3자배정의 경우로서 배임죄의 성립을 인정할 수 있을 것인가의 순서로 고찰한다.

Ⅱ. 會社의 去來와 關係된 損益 與否

1. 槪　　觀

전환사채는 일반적인 사채에 주식으로 전환청구를 할 수 있는 옵션을 결합시킨 것이다. 이 사건에서 일반사채부분의 발행조건은 다른 사채의 경우보다 회사에 유리한 것이었으므로 본건 전환사채발행으로 회사에 손해가 발생하였는가는 옵션부분의 발행조건이 불공정한가에 달려있다. 여기서 전환가격이 주식의 실제가치보다 저가로 책정되어 있는 경우에는 옵션의 행사에 의해 발행되는 신주가 저가로 발행되게 되는 결과가 된다. 따라서 저가의 전환가격을 발행조건으로 한 전환사채발행에 있어서의 손해문제는 저가의 신주발행시의 손해문제로서 검토해야 한다. 이해의 편의를 위하여 회사의 순자산이 1천만원이고 주식이 1천주 발행되어 있는 회사(주당 순자산은 1만원으로서 이것이 주식의 시가라고 가정한다)에서 신주 1천주를 발행하였는데, 시가인 1만원 또는 5천원의 저가로 각각 발행하는 경우를 가정하여 대상 판결의 논리에 따른 회사의 소극적 손해와 그 배후의 이해관계자 차원의 손해로 나누어 각각의 손익에 대하여 검토해 보기로 한다.

또한 회사의 적극적 손해 및 소극적 손해라는 개념을 명확히 하기 위해 회사가 실제가치가 1천만원인 자산을 500만원에 저가양도한 경우(적극적 손해)의 경우와 회사에 5백만원의 수익을 발생시키는 사업기회가 있는데 이사가 이 사업기회를 자신 또는 제3자를 위하여 유용한 경우(소극적 손해)를 가정하여 회사 및 이해관계자의 손해 여부를 살펴보기로 한다.

2. 損益去來에서 會社 및 株主의 損益

대상 판결에서 언급하고 있는 것과 같은 기준에 의한다면, 회사에서 자산이 유출되거나 또는 유입될 수 있었던 자금이 불유입 된 경우는 회사에 손해가 있다고 볼 수 있다. 회사자산의 저가양도의 경우에는 500만원의 자산유출이 있고, 회사기회유용의 경우에는 500만원의 자산불유입이 있어 회사에 손해가 발생한다.

회사 자산의 저가양도의 경우에는 1주당 순자산가치가 5천원으로 감소하게 되므로 주주는 손해를 입는다. 회사기회유용이 없었다면 1주당 순자산가치는 1만5천원이 되었을 텐데, 이사가 회사의 기회를 유용함으로써 1주당 순자산가치는 1만원으로 남아있게 된다. 따라서 주주는 얻을 수 있었던 5천원의 이익을 얻지 못한 손해를 입게 된다. 이와 같이 손익거래시에는 주주의 손해와 회사의 손해 여부는 일치하고 있다.

3. 資本去來에서 會社 및 株主의 損害

위의 예에서 신주를 1만원으로 시가발행하는 경우를 생각해 보자. 대상판결의 논리에 의하면 2천주를 발행하였어도 인수가 다 되었을 것임에도 불구하고 1천주만 발행한 경우라면 회사에는 1천만원의 자금이 불유입되어 손해가 발생하였다고 볼 수 있다. 그러나 이 경우 기존주주들은 시가발행인 이상 1천주를 발행하건 2천주를 발행하건 지분가치는 1만원으로 변동이 없으므로 경제적 이익 측면에서의 손해는 없다(다만, 주주배정인가 제3자배정인가 여부에 따라 지분적 이익의 희석화 문제는 존재한다).

주식의 가치가 1만원인 회사에서 1만원으로 1천주를 발행할 수 있었는데도 불구하고 5천원으로 1천주를 발행하였다면, 회사에 5백만원의 자산불유입의 손해가 발생하지만 주주차원에서는 주주배정의 경우에는 손해가 없고 제3자배정시에는 기존주주의 부가 제3자배정을 받은 신주주에게로 이전됨으로 인한 손해가 발생한다.8) 주주배정 방식에 의한 신주발행의 경우 기존주주가 실권을 하는 경우에는 실권주주는 2,500원의 주식가치 희석화의 해를 입게 되지만, 이는 주주의 의사에 기한 것으로서 문제가 되지 않는다. 회사법의 취지는 회사의 자금조달의 편의를 위해 이와 같은 손해는 신주인수권의 양도에 의해 전보될 수 있는 기회를 부여하는 것으로 취급하면 충분하다는 것이기 때문이다.

시가 1만원으로 1천주를 발행할 수 있었던 경우였지만 신주를 5천원의 저가로 2천주를 발행하는 것도 생각해 볼 수 있다. 이 때 회사에는 들어올 수 있었던 자금이 모두 유입된 것이므로 손해가 없지만, 주주 차원에서는 제3자배정의 경우 기존 주주에게 부의 이전으로 인한 손해가 발생한다.

4. 損益去來 및 資本去來에서 會社債權者의 損害 與否

회사자산을 저가로 양도한 경우에는 시가양도의 경우보다 채권자에 대한 책임재산이 감소한다. 회사기회유용의 경우에는 책임재산에는 변동이 없고, 신주발행의 경우에는 시가발행이건 저가발행이건 불문하고 회사의 책임재산이 증가한다. 이와 같은 경우에 채권자에게 손해가 있다고 볼 수 있겠는가? 이는 회사의 변제자력과 회사관계에서 채권자의 지위를 어떻게 파악하는가에 따라 달라지게 된다.

(1) 회사의 변제자력이 충분한 경우

채권자는 회사에 대하여 변제기에 고정된 액수의 지급을 청구할 수 있

8) 기존주주가 신주를 지주비율에 따라 인수하는 경우에는 신주가 저가로 발행된 경우에도 기존주주의 이익에는 변동이 없다. 이 경우 회사의 순자산은 1천 5백만원으로 증가하고, 총발행주식수는 2천주가 된다. 신주발행 이후 1주의 순자산가치는 7,500원이 되어 기존주식에 대해서는 2,500원의 가치감소가 발생하지만, 신주식에 대해서는 2,500원의 이익을 취득하였기 때문이다. 위의 예에서 신주를 제3자에게 배정하는 경우에는 회사의 순자산은 1천만원에서 1천 5백만원으로 증가한다. 기존주주는 1주당 2,500원의 주식가치희석화의 손해를 보고, 제3자는 1주당 2,500원의 이익을 취득하게 된다. 결국 기존주주의 부(富)가 제3자에게 이전된 것이다

는 '고정청구권자'(Fixed claimant)에 불과하다는 점에서 '잔여이익청구권자'(residual claimnat)인 주주와 차이가 있다. 따라서 만기에 고정된 액수의 변제를 받을 수 있는 것인가가 중요하고, 이것이 확보되기만 하면 채권자에 대한 책임재산의 액수가 얼마이건 이해관계가 없다.

즉, 변제자력이 충분하여 회사의 문제된 행위 후에도 계속 지급불능위험이 0인 상황에서는 책임재산의 감소나 책임재산을 더 증가시킬 수 있었는데 이를 하지 않았다는 것은 채권자에게 손해가 되지 않는다. 즉, 회사자산을 저가양도하여 회사재산이 감소한 후에도 회사의 지급불능위험이 0이라면 회사채권자에게 손해가 있다고 볼 수 없다. 회사기회 유용 전에도 이미 지급불능 위험이 0인 경우에도 마찬가지이다. 신주발행 전에 이미 지급불능위험이 0인 경우에는 신주발행 후에는 책임재산이 증가하므로 더더욱 채권자에게 손해가 있다고 할 수 없다.

(2) 회사의 변제자력이 불충분한 경우

회사의 변제자력이 불충분한 경우에는 거래 전후에 책임재산이 감소하였다면 지급불능위험을 증가시킴으로써 채권자에게 손해가 발생하였다고 볼 수 있을 것이다. 그러나 회사기회의 유용이나 신주발행의 경우에는 지급불능위험이 동일하거나 감소되었으므로 채권자에게 손해가 발생하였다고 보기 어려운 측면이 있다. 혹여 회사기회유용을 하지 않거나, 신주를 시가발행하거나, 더 많은 수의 신주를 발행하였다면 책임재산을 더욱 증가시켜서 지급불능 위험을 더욱 감소시킬 수 있었는데 그렇게 하지 아니한 것을 손해로 볼 여지는 없을 것인가? 이를 채권자의 손해로 파악하기 위해서는 주식회사의 이사는 채권자를 위해 책임재산을 적극적으로 증가시킬 의무가 있다는 것이 전제가 되어야 한다. 이는 결국 이사가 채권자에 대하여 일반적 신인의무를 부담하는 경우에만 가능한 논리이다.

지금까지 회사는 주주의 이익을 위하여 경영되어야 한다는 것은 당연한 것으로 받아들여져 왔다. "이사는 회사의 최선의 이익을 위하여 정직하고 선의로 행동하여야 한다"는 것이 영국과 캐나다 회사법의 태도인데, "회사의 이익"이란 백년 이상 주주의 이익을 의미하는 것으로 받아들여졌다.[9]

---

9) Ziegel, "Creditors as Corporate Stakeholders: The Quiet Revolution - An Anglo-Canadadian Perspective", 43 U. Toronto L. J. 511, 517 (1993).: 미국에서 일반적으로 이

최근 이사의 충실의무를 사채권자에 대해서도 확장하자는 견해가 일부 주장되고 있지만,[10] 이는 회사채에 대해서 주장되고 있는 것이고, 사채와 주식의 경계가 점점 허물어지고 있다는 점을 근거로 하는 것이므로[11] 채권자 일반에 대해 확대적용하는 것은 문제가 있다.[12] 게다가 이러한 충실의무 확장견해에 대해서는 많은 비판이 이루어지고 있다. 즉, 회사구성원의 이익을 모두 고려하여야 한다는 것은 예를 들자면 주주에게 손해가 되는 결정도 다른 이해관계자의 이익이 된다는 항변을 가능하게 하므로 실제로 이를 감독하고 위반에 대해 책임을 지우는데 문제가 있으므로 단일한 목표를 제시하는 것이 바람직한데,[13] 고정청구권자인 채권자와 잔여이익청구권자인 주주 중에 주주이익극대화를 목표로 하는 것이 바람직하다는 것이다.[14] 채권자는

사의 신인의무는 회사와 주주에 대한 것으로 보고 있다. 의무의 상대방으로 회사만이 아니라 주주를 아울러 들고 있지만, 전통적인 견해에 의하면 '회사'와 '주주'는 대체가능한 것으로 보고 있다. 그리하여 이사가 추구할 목표가 주주이익극대화하는 점이 널리 받아들여졌다.: 김건식, "회사법상 충실의무법리의 재검토", 「21세기 한국상사법학의 과제와 전망」, (심당 송상현 선생 화갑기념논문집), 박영사, (2002), 165면.

10) McDaniel, "Bondholders and Corporate Governance", 41 BUS. LAW. 413 (1986); McDaniel, "The Bondholders and Stockholders", 1988 J. CORP. L. 205 (1988); McDaniel, "Stockhloders and Stakeholders", 21 STETSON L. REV. 121 (1991); Mitchell, "The Fairness Rights of Corporate Bondholders", 65 N.Y.U.L. REV. 1165 (1990) 참조.

11) 고위험·고수익의 사채는 주식과 같이 거래되고 반면에 많은 우선주는 주식이라기보다 사채처럼 취급되며, 이러한 현상은 사채의 만기가 20-30년의 장기로 발행되는 경우에 더욱 그러하다.: 윤영신, "주주와 사채권자의 이익충돌과 사채권자의 보호", 「상사법연구」 제17권 제1호 (1998), 322-325면.

12) 미국 판례의 대부분은 전환사채권자의 경우에도 이사의 충실의무를 부정하는 것이 일반적이다. 그러나 일부 주법원이나 연방항소법원에서는 이사의 사채권자에 대한 충실의무를 인정한 경우도 있지만, 구체적 사건에 있어서 그 의무의 내용을 한정적으로 해석하여 결과적으로는 충실의무를 인정하지 않는 것과 마찬가지로 되는 경향이 있다.: 윤영신, "사채권자보호에 관한 연구-주주와 사채권자의 이익충돌을 중심으로", 서울대학교 박사학위논문, (1997), 255-262면 참조.

13) R. Clark, Coarpoate Law 20 (1986).: 두개의 충돌하는 이익을 대표하여야 하는 이사는 사실상 아무에 대해서도 책임을 지지 않는 것이다.: Easterbrook & Fischel, "The Proper Role of a Target's Management in Responding to a Tender Offer", 94 Harv. L. Rev. 1161, 1190-92 (1981).

14) Bratton, "Debt Relationship: Legal Theory in a Time of Restructuring", 1989 Duke Law Journal 92 (1989); Bratton, "The Economic and Jurisprudence of Convertible Bonds", 1984 Wis. L. Rev. 667 (1984); Bratton, "The Interpretation of Contracts Governing Corporate Debt Relationsips", 5 Cardozo L. Rev. 371 (1984); Brudney, 'Corporate Bondholders and Debtor Opportunism: In Bad Times and Good', 105 HARV. L. REV. 1821 (1992); Hurst & McGuinness, "The Corporation, The Bondholder and Fiduciary Duties", 10 J.L. & COM. 187 (1991); Kahan, "The Qualified Case Against Mandatory Terms in Bonds", 89 Nw. U. L. Rev. 565 (1995); Kanda, "Debtholders and Equityholders",

고정청구권자이므로 경영진이 부의 이전행위를 하는 것을 금지하는 계약을 체결함으로써 자신의 이익을 보호할 수 있는데 반하여, 주주는 잔여이익청구권자로서 최선의 결과를 올리라는 것이 요구사항이 되기 때문에 계약에 의해 규율하기가 어렵고 경제적으로도 비효율적이므로 신인의무와 같은 추상적 규정에 의하여 보호할 수밖에 없다는 것이다.[15)16)]

이처럼 채권자에 대한 이사의 신인의무를 부정하는 경우에는 회사기회유용이나 신주발행시 회사차원에서 손해가 있을 때 채권자의 손해를 인정할 수 없다. 이사의 사채권자에 대한 충실의무를 인정한 미국판례에서도 社債의 價値下落만으로는 사채권자에게 손해가 발생하였다고 볼 수 없다고 판시하고 있다. 즉 사채의 가치가 하락하였다고 하여도 만기에 元金과 利子의 償還을 받을 수 심당송상현선행화갑기념논문집, 있다면 사채권자에게 손해가 없다는 것이다.[17)]

---

21 J. of LEGAL STUDIES, 431 (1992); Lehn & Poulsen, "The Economics of Event Risk: The Case of Bondholders in Leveraged Buyouts", 15 J. CORP. L. 199 (1990); Macey & Miller, "Corporate Stakeholders: A Contractual Perspective", 43 U. TORONTO L. J. 401 (1993); MacIntosh, "Designing an Efficient Fiduciary Law", 43 U. TORONTO L. J. 425 (1993); Tauke, "Should Bonds Have More Fun? A Reexamination of Debate over Corporate Bondholder Rights", 1989 Colum. L. Rev. 1 (1989).

15) 김건식, 전게논문, 163-164면; 윤영신, 전게논문, 327-328면.

16) 전통적으로 주식회사의 이사는 회사에 대하여 신인의무를 부담한다고 할 때 회사는 전체로서의 주주와 동의어로 사용되어 왔지만, 예외적으로 주식회사 이사의 신인의무의 대상이 주주에서 채권자로 전환된다고 인정하는 경우가 존재한다. 도산상황 또는 도산이 임박한 상황(in the vicinity of insolvency)에서는 실제로 채권자가 잔여이익청구권자로 되므로 이사가 주주 대신 채권자에 대해서 신인의무를 부담할 필요가 있다: 김건식, 전게논문, 164면; 윤영신, 전게논문, 262면; 이중기, "회사지배구조를 바라보는 세 가지 관점과 채권자의 지배구조상 지위 -재무상태의 변화과정을 중심으로-", 「21세기 한국상사법학의 과제와 전망」, (심당 송상현 선생 화갑기념논문집), 박영사, (2002) 참조.

17) 137 Cal. App. 3d 524, 187 Cal. Rptr. 141 (1982).

<table>
<tr><th colspan="4" rowspan="3"></th><th colspan="3">회사의 재무</th><th>회사의 손익</th><th>주주의 손익</th><th colspan="4">채권자의 손익</th></tr>
<tr><th rowspan="2">회사자산 증감</th><th rowspan="2">있어야 할 상태/얻을 수 있었던 이익</th><th rowspan="2">현재 상태/얻은 이익</th><th rowspan="2">손해 여부</th><th rowspan="2"></th><th rowspan="2">지급 불능 위험</th><th rowspan="2">변제 자력 충분</th><th colspan="2">변제자력 불충분</th></tr>
<tr><th>신인 의무 불인정</th><th>신인 의무 인정</th></tr>
<tr><td colspan="4">회사자산 저가양도 ①</td><td>감소</td><td>1천만원</td><td>5백만원</td><td>손해 ○</td><td>손해 ○</td><td>증가</td><td>손해 × (무관)</td><td>손해 ○</td><td>손해 ○</td></tr>
<tr><td colspan="4">회사기회유용 ②</td><td>동일</td><td>5백만원</td><td>0원</td><td>손해 ○ (소극)</td><td>손해 ○ (소극)</td><td>동일</td><td>손해 × (무관)</td><td>손해 ×</td><td>손해 ○</td></tr>
<tr><td rowspan="8">신주발행 (자기자본증가)</td><td rowspan="4">시가발행 (1만원)</td><td rowspan="2">2천주 발행 가능했던 경우
(1만원× 1천주 발행) ③</td><td>주주 배정</td><td rowspan="8">증가</td><td rowspan="2">2천만원</td><td rowspan="2">1천만원</td><td rowspan="2">손해 ○ (소극)</td><td rowspan="2">손해 ×</td><td rowspan="8">감소</td><td rowspan="2">손해 × (무관)</td><td rowspan="2">손해 × (이익)</td><td rowspan="2">손해 ○</td></tr>
<tr><td>제3자 배정</td></tr>
<tr><td rowspan="2">1천주 발행 가능했던 경우
(1만원× 1천주 발행) ④</td><td>주주 배정</td><td rowspan="2">1천만원</td><td rowspan="2">1천만원</td><td rowspan="2">손해 ×</td><td rowspan="2">손해 ×</td><td rowspan="2">손해 × (무관)</td><td rowspan="2">손해 × (이익)</td><td rowspan="2">손해 ×</td></tr>
<tr><td>제3자 배정</td></tr>
<tr><td rowspan="4">저가발행 (5천원)</td><td rowspan="4">시가발행 가능했던 경우
(1만원 ×1천주 발행 가능했던 경우)</td><td rowspan="2">5천원 × 1천주 발행</td><td>주주배정 ⑤</td><td rowspan="2">1천만원</td><td rowspan="2">5백만원</td><td>손해 ○ (소극)</td><td>손해 ×</td><td rowspan="2">손해 × (무관)</td><td rowspan="2">손해 × (이익)</td><td rowspan="2">손해 ○</td></tr>
<tr><td>제3자배정 ⑥</td><td>손해 ○ (소극)</td><td>손해 ○</td></tr>
<tr><td rowspan="2">5천원 × 2천주 발행</td><td>주주배정 ⑦</td><td rowspan="2">1천만원</td><td rowspan="2">1천만원</td><td>손해 ×</td><td>손해 ×</td><td rowspan="2">손해 × (무관)</td><td rowspan="2">손해 × (이익)</td><td rowspan="2">손해 ×</td></tr>
<tr><td>제3자배정 ⑧</td><td>손해 ×</td><td>손해 ○</td></tr>
</table>

		시가 발행할 수 없었던 경우 (5천원×1천주 발행 가능했던 경우)	주주 배정 ⑨		5백 만원	5백 만원	손해 ×	손해 ×		손해 × (무관)	손해 ×	손해 ×
			제3자 배정 ⑩				손해 ×	손해 ○ (주주 가치 이전)				

Ⅲ. 新株의 低價發行으로 인한 '會社의 損害'

1. 會社에의 資金不流入과 背後 利害關係者의 損害 與否의 相違

(1) 회사에의 자금불유입이 손해에 해당하는지 여부

대상 판결은 결론적으로 회사 배후의 이해관계자와는 별개의 인격으로서의 회사에 자금이 유입되지 아니한 것을 손해로 보아 배임죄의 성부를 판단하는 입장인 것으로 보인다. 즉, 대상 판결은 「배임죄에 있어서의 손해는 기존재산이 감소하는 적극적 손해뿐만 아니라, 장래에 취득할 이익이 상실되는 소극적 손해까지도 포함하는 개념이라고 할 것인바 … 적정한 전환가격에 전환사채를 발행하였을 경우 이재용 등이 에버랜드의 지배권 확보를 위하여 필요한 주식지분을 취득하는데 실제로 부담해야 할 전환사채 인수대금과 이재용등이 에버랜드에 납입한 전환사채 인수대금의 차액만큼 이재용 등에게 재산상 이익을 취득하게 하고 에버랜드에게 동액 상당의 재산상 손해를 가하였다」라고 하고 있다. 대상 판결은 사안을 시가발행(또는 적어도 본 사건의 발행가 보다 고가로 발행)이 가능하였는데도 불구하고 저가로 발행한 경우(위의 도표에서 ⑤ 또는 ⑥의 경우)로 보고 있다.

물론 대상 판결에서 명시적으로 기존주주의 부의 이전으로 인한 손해가 있는가 여부를 불문하고 별도로 회사에의 자금불유입을 손해로 본다고 설명하고 있는 것은 아니다. 실제로 대상 판결에서는 본 사안을 제3자배정이라고 보고 있으므로(⑥의 경우) 회사에의 자금불유입은 곧 주주의 손해가 된다. 또한 대상 판결에서는 손해를 실제로 부담해야 할 전환사채 인수대금과 납입한 인수대금의 차액이라고 보고 있는데 이는 바로 기존주주의 부의 이전에 의한 기존주주의 손해액과 동일하다.

그렇지만 대상 판결에서는 주주간 부의 이전에 대한 명시적 언급이 없고, 뒤에서 살펴볼 것처럼 1인회사에서도 주주의 이익과 별도로 회사의 이익을 파악하는 대법원 판례의 태도에[18] 비추어 보면 대상 판결은 신주의 저가발행시 회사의 손해를 주주의 이익과 무관하게 자금불유입 그 자체로 파악하고 있는 것으로 보인다.[19]

(2) 회사의 손해를 배후 이해관계자의 손해와 별개로 자금불유입에 의해 판단하는 것의 문제점

위의 도표에서 회사라는 법인의 손해를 대표적 이해관계자의 차원에서 분석하여 보았다. 대상 판결의 논리에 따르자면 회사의 재산이 적극적으로 감소된 경우(①), 회사에 유입될 수 있었던 자금이 유입되지 아니한 경우(②, ③, ⑤, ⑥)에는 배임죄의 성립요건이 손해가 발생한 것으로 보게된다.

그러나 위 ③의 경우를 회사의 손해로 보는 것은 회사에 1천만원의 자금만 필요한 경우에도 가능한 자금유입을 포기하면 안 되므로 2천만원의 신

---

18) 대법원 1983. 12. 13. 선고 83도2330 판결(전원합의체).

19) 대상 판결의 논리를 따라서 회사의 독자적 손해를 인정한다고 하여도 별다른 입증 없이 지배권승계를 위한 경우이므로 목표한 주식수를 취득할 것이라고 단정한 듯 한 점에서는 아쉬움이 있다. 그러나 이러한 단정도 배임죄의 죄책 인정 여부에 대해서는 영향을 미치지 않았다고 생각한다. 대상 판결에서 인정하고 있는 것과 같이 회사의 소극적 손해가 발생했다고 하기 위해서는 선결문제로서 만약 전환가격이 더 높았더라도 이 사건 거래가 이루어졌을 것임이 인정될 수 있어야 한다. 이 부분에 대해 변호인은 전환가격이 높게 결정되었다면 전환사채의 인수가 이루어지지 않을 수도 있으므로 전환사채를 인수하는 입장에서 더 많은 자금을 납부하여 전환사채를 인수하였을 것이라는 주장은 비현실적인 가정에 근거한 것이라는 주장을 하였으나, 법원은 「이 사건 전환사채는 이재용 등으로 하여금 에버랜드의 지배권을 취득하게 하려는 목적으로 발행한 것으로서 그 전부가 주식으로의 전환이 예정되고 있었기 때문에, 이재용 등이 그 만큼의 주식을 취득하기 위해서는 그 주식발행 분에 실제 에버랜드의 주가를 곱한 만큼의 자금을 납입하지 않을 수 없을 것이다」라는 이유로 변호인의 주장을 배척하였다. 이 경우 전환가격이 얼마나 고가로 정해질 것인가에 따라 자금부담이 커지게 되면 전환사채발행 방식에 의한 지배권승계를 포기하고 다른 방법을 모색할 수도 있을 것이다. 그렇다면 목표하는 숫자의 주식을 취득하기 위해 전환사채 총액에 상관없이 전부 인수하였을 것으로 보는 법원의 사실인정에 의문이 없는 것은 아니다. 그렇지만 적어도 이 사건에서의 전환가격보다 약간 높은 가격으로 전환가격이 정해져서 전환사채총액이 소액 증가하였다면 전환사채 전부를 인수할 개연성이 있다고도 보인다. 그렇다면 법원에서 인정하는 소극적 손해의 액수보다는 적은 액수이지만 여하간 소극적 손해가 발생했을 것이고, 이 사건이 손해의 액수를 산정할 수 없는 경우로서 특정경제범죄처벌법의 적용을 배제하고 있는 이상 결론에 영향을 미치지는 않았다.

규자금조달이 강제된다는 불합리한 결과가 되는 것은 아닌가? 회사채권자를 위하여 2천만원의 책임재산이 유입되도록 해야 하는가? 변제자력이 충분한 경우라면 채권자의 손해가 없고 변제자력이 불충분한 경우라도 일반적으로 채권자에 대한 신인의무가 인정되지 않는다고 보는 것이 일반적이다. 그렇다면 ③이나 ⑤의 경우에 주주에게도 채권자에게도 손해가 없는데 이 때 회사에 자금이 불유입되었으므로 손해가 있다고 보는 것은 과연 누구의 이익을 보호하고자 하는 것인가?

반면 1만원으로 1천주를 발행할 수 있었던 경우에 5천원으로 2천주를 제3자배정한 경우(⑧)에는 회사에 자금불유입의 손해가 없지만 주주의 지분가치는 희석된다. 이 경우에 대상 판결의 논리에 의하면 회사에 손해가 없으므로 배임죄가 성립하지 않게 된다. 피해를 입은 주주가 존재하는데 배임죄의 성립을 부인하는 것이 타당한가? 5천원으로 1천주를 발행할 수 있었던 경우에 이를 제3자배정을 하였다면(⑩) 회사에는 손해가 없지만 주주의 지분가치는 희석되므로 마찬가지의 문제가 있다.

이와 같이 별개의 인격체로서의 회사의 손해와 배후의 이해관계자의 손해 여부가 일치하지 않는 경우에 대상 판결과 같이 회사에의 자금불유입을 손해로 인정하는 것은 오히려 제재가 필요한 경우에 제재를 하지 못하고 제재가 불필요한 경우에 이를 강제하는 왜곡을 초래한다.

2. 新株의 低價發行時 損害의 意味

그렇다면 신주의 저가발행시 손해란 무엇을 의미하는가에 대해 생각해 볼 필요가 있다. 회사의 손해와 회사 이해관계자의 손해의 총계의 관계 또는 이사가 회사의 채권자에 대해 신인의무를 부담하는가의 문제를 정면에서 언급하고 있는 견해는 찾아보기 어렵다. 하지만 일본에서는 주주총회의 승인을 얻지 않은 신주의 유리발행의 경우에 주주가 손해에 대한 책임추궁을 어떠한 방식에 의하여야 하는가와 관련된 논의가 존재하고 있는데, 이것이 우리나라 판결에 영향을 미칠 가능성도 있어 보이므로 여기에 대해 우선 검토해 보고자 한다.

(1) 일본의 학설 및 판례

일본에서는 우리나라와 달리 원칙적으로 주주에게 신주인수권이 없으므로 제3자배정을 자유롭게 할 수 있다. 다만 불공정한 가액에 의한 제3자배정의 경우에는 위에서 본 것과 같이 기존주주의 이익이 희석화되므로, 제3자에게 유리한 가액으로 주식을 발행하는 경우에는 주주총회의 특별결의를 얻도록 하고 있다(일본 구상법 제280조의 2 제2항 내지 제4항; 일본 회사법 제199조 제3항).

여기서 주주총회의 승인을 받지 않은 신주의 제3자에 대한 유리발행의 경우에, 기존주주의 손해를 직접손해로 보면 기존주주가 일본 구상법 제266조의 3(일본회사법 제429조 제1항; 우리나라 상법 제401조 이사의 제3자에 대 책임에 대응)에 따라 이사에 대하여 직접 책임을 추궁할 수 있게 된다. 이를 간접손해로 보면 이사의 제3자에 대한 책임 규정에서의 '제3자'에 간접손해를 입은 주주가 포함된다는 입장에서는 직접청구를 인정하지만, 그 반대의 입장에서는 주주의 손해는 대표소송으로서 회사에 대한 책임을 추궁할 수밖에 없다는 결과가 된다.

(가) 신주의 유리발행시 회사의 손해를 인정하는 견해

전통적인 입장은 이사의 제3자에 대한 책임규정에 따라 이사의 손해배상책임이 인정되는 경우를, i) 이사의 행위에 의해 회사에 손해가 발생하고 그 결과 제3자가 손해를 입는 '간접침해형', ii) 이사의 행위에 의해 회사에 손해는 없지만 제3자가 직접 손해를 입는 '직접침해형', iii) 이사의 행위가 회사와 제3자의 쌍방에 대하여 동시에 손해를 발행시키는 경우인 '동시침해형' 등으로 구분하고 있다.[20]

종래의 학설의 다수는 유리발행에 의한 기존주주의 손해를 간접손해로 보고 이에 대한 이사의 책임은 회사에 대한 손해배상으로서 추급해야 하는 것으로 보았다.[21]

한편 기존주주의 손해를 동시침해형이라고 해석하고 있는 경우도 있다. 이 입장에서는 주식의 가치가 희석된 주주가 이사의 제3자에 대한 책임 규정에 근거하여 이사로부터 손해배상을 받은 경우에 있어서,[22] 이러한 때에는 간접침해와 직접침해가 동시에 성립하므로 회사뿐 아니라 주주도 가치감

20) 上柳克郎 外 編, 「新版注釋會社法 (6)」, (龍田節 執筆), 有斐閣, (1987), 303-315頁.
21) 吉本建一, "新株の有利發行と取締役の責任", 「判例評論」 第439號, 150-151頁.
22) 東京地判, 昭和 56. 6. 12, 「判例時報」, 第1023號, 116頁.

소분의 손해를 직접 받은 것으로 해석하고 있다.[23)]

(나) 자금조달 목적의 경우와 지배권유지 목적의 경우를 구분하여 손해를 인정하는 견해

예를 들어 시가 2만엔인데 발행가액 1만엔, 발행주식수 1만주로 1억엔을 조달하려는 경우에, 전통적 견해는 회사가 공정가액과 발행가액의 차인 1만엔에 발행주식수 1만주를 곱한 금액인 1억엔의 손해를 입었다는 것이다. 이것은 발행가액 2만엔으로 1만주를 발행하여 2억엔을 조달하는 것을 '있어야 할 상태'로 상정하여 회사의 손해를 계산한 것이다. 그러나 이 경우에 상정해야 할 '있어야 할 상태'는 자금조달목적이 증자인 경우에 한하여 2만엔으로 5,000주를 발행하여 1억엔을 조달하는 것이다. 그러므로 이 경우에는 필요한 자금인 1억엔이 회사에 유입되었으면 회사에 소극손해가 있다고 볼 수는 없다(위의 도표에서 ⑧의 경우에 해당된다고 볼 수 있을 것이다). 즉, 공정한 발행가액으로 신주가 발행된 경우와 유리발행의 경우에 회사의 재산상태에 차이가 없으므로 회사에는 손해가 없고, 주주간의 부의 이전으로 인한 손해만이 문제된다는 것이다.[24)]

유리발행의 특수한 경우라고 할 수 있는 부당한 합병비율에 의한 합병이 이루어진 경우 판례는 합병 후의 회사에는 손해가 없다는 이유로 이사의 회사에 대한 책임을 부정하였다.[25)] 또한 이러한 유리발행의 경우에는 회사채권자의 이익도 침해되지 않는다고 한다. 일단 회사의 자산이 증가한다는 점에서 차이가 없고, 만약 주주총회의 특별결의가 있다면 회사가 유리발행을 할 수 있는데 회사채권자로서는 이것을 저지할 수단이 없다는 것이 이유이다.

여기에 대하여 일부 학설은 회사에 손해가 없고 주주의 손해로서 직접청구권이 인정되어 주주가 배상을 받는다면 그 만큼 회사의 손해배상청구권이 소멸하여 회사채권자에 대한 책임재산인 회사재산이 감소하기 때문에 자본충실원칙에 반한다고 한다. 그러나 회사에 자금이 유입되는 한 그 발행가

23) 上柳克郎 外 編, 前揭書, 315頁.

24) 吉本建一, 前揭論文, 152-153頁.: 藤田友敬, "自己株式取得と會社法(上)", 「商事法務」 第1615號 (2001), 15頁, 각주 45); 加藤貴仁, "新株發行の有利發行と商法266條ノ3の責任", 「ジュリスト」 第1225號, (2002), 97頁.

25) 最判 平成 8. 1. 23, 「資料版 商事法務」, 第143號, 158頁.: 藤田友敬, 前揭論文, 15頁 각주 45)에서 재인용.

액이 얼마가 되든 회사에는 손해가 발생하기 않기 때문에 회사의 이사에 대한 손해배상청구권은 발생하지도 않는다. 따라서 기존주주가 이사로부터 직접손해배상을 받아도 회사재산이 감소하는 것은 아니어서, 자본충실 내지 유지원칙에 반하는 것도 아니라고 한다.[26)]

최근에는 지배권유지를 위한 신주발행에서는 자금조달총액이 아니라 발행주식총수가 중요하기 때문에 위의 예에서는 발행가액 2만엔으로 1만주를 발행하여 2억엔을 조달하는 것을 '있어야 할 상태'로 상정하는 것이 현실적이므로 회사가 1억엔의 손해를 입었다고 보는 것이 가능하다는 견해가 주장되고 있다(위의 도표에서 ⑥에 해당된다고 볼 수 있다).[27)] 지배권유지목적의 경우에 회사에 손해가 있다는 입장에서 이것을 주주가치희석화의 손해와 어떠한 관계가 있는가에 대해까지 언급하고 있는 견해는 많지 않지만, 쌍방의 손해는 그 발생원인이 완전히 다른 것이므로 주주의 이사에 대한 직접청구권과 회사의 이사에 대한 청구권은 상호 독립한 것으로서 병존할 수 있다는 견해. 즉, 일부 주주가 청구권을 행사하여도 회사의 청구권이 감축하는 것은 아니라고 하는 견해도 있다.[28)]

(2) 일본 학설에 대한 평가

전통적 견해는 주주총회 승인 없는 신주의 유리발행의 경우 회사에 손해가 발생하였다고 보고 있으므로 일견 회사의 독자적 손해를 논하고 있는 것으로 보인다. 그런데 이 논의는 제3자배정의 경우를 대상으로 하고 있으므로 회사의 손해가 있는 경우란 결국 기존 주주의 주식의 가치 희석화, 즉 주주의 부의 이전의 경우를 의미하는 것이다. 다만 그 구제방법을 이사의 회사에 대한 책임을 추궁하는 방안으로(주주가 이 책임을 추궁하는 경우에는 대표소송에 의하여야 한다) 구제받아야 할 것인가, 아니면 주주가 이사에 대해 직접 책임을 청구할 수 있도록 할 것인가에 관해 의견이 나뉘고 있을 뿐이다. 따라서 이 글에 다루고 있는 '회사'의 손해라는 것이 과연 무엇을 의미하는가에 대해 직접적인 해결책을 제시해 주고 있지는 못하다.

---

26) 吉本建一, 前揭論文, 152-153頁.

27) 藤田友敬, 前揭論文, 15頁, 각주 45); 加藤貴仁, 前揭論文, 97頁.: 吉本은 지배권유지의 경우에는 회사에 손해가 있다고 볼 수 있는가에 대해서는 언급하지 않고, 다만 자금조달을 위한 신주의 유리발행의 경우에는 회사에 손해가 없다는 점만 지적하고 있다.

28) 加藤貴仁, 前揭論文, 97頁.

자금조달목적인가 지배권유지목적인가에 따라 회사의 손해 여부를 판단하고자 하는 입장에도 마찬가지로 제3자배정의 경우가 대상이기 때문에 문제가 되는 것은 실제로는 주주의 주식가치희석화라는 점은 동일하다. 다만 전통적인 견해에서는 위의 그림에서 ⑥과 ⑧의 경우를 구분하지 않은 것을 좀 더 논리적으로 구분하여 분석한 것이다.

지배권유지목적의 경우에 회사에 손해가 있다는 입장에서 이것과 주주가치희석화의 손해는 그 발생원인이 완전히 다른 것이므로 주주의 이사에 대한 직접청구권과 회사의 이사에 대한 청구권은 상호 독립한 것으로서 병존할 수 있다는 견해도 구제수단의 선택에 관한 논의일뿐이지. 주주가치희석화가 없는 경우에도 별개의 인격체로서 회사에 자금이 불유입되었는가에 따라 손해여부를 판단하는 견해라고는 볼 수 없다.

일본의 학설은 기존주주의 주식희석화의 손해를 이사의 회사에 대한 책임의 청구로서 전보하는 방식과 주주의 이사에 대한 직접청구로 전보하는 방식 중 어느 것이 더 타당한 것인가를 결정할 목적으로 주주의 손해와 별개의 차원에서의 회사의 손해 개념을 이용하다 보니까 오히려 문제를 복잡하게 한 것으로 이해할 수 있을 것이다.

그런데 미국에서는 주주의 직접소송(direct suit)과 대표소송(derivative suit)을 원칙적으로 구분하면서도 대표소송으로 추구하여야 할 손해라도 그러한 구제방식이 구체적인 상황에서 효율적이지 않은 경우에는 직접청구를 할 수 있도록 하고 있다.[29] 주주의 손해를 주주자신의 손해로도 보고 그것이 곧 회사의 손해로도 본다면, 어떠한 구제방법을 택할 것인가는 가장 효율적인 구제방법이 무엇인가의 차원에서 검토하면 충분할 것이다.

3. 新株의 低價發行時 損害는 株主間 富의 移轉으로 인한 損害

신주의 저가발행의 경우 회사에 자금이 유입되지 않았다는 것을 이유로 회사에 손해가 있다고 보는 입장은 위에서 살펴본 것과 같이 여러 가지 문제점을 가지고 있다. 이는 기본적으로 손익거래와 자본거래의 차이를 간과하였기 때문에 발생한 것이다. 회사에 자금이 유입되면 이것은 무조건 회사에

---

29) Cox, Hazen & O'Neal, Corporations , Aspen Publishers, Inc. (1997), pp. 400-407.

유리하다는 것을 전제로 하고 있는 것인데 여기에는 오류가 있다. 회사자산을 저가 양도하거나 회사기회유용의 경우와 같이 손익거래에서 상실한 이익이나 발생하였어야 할 이익은 이미 영업의 결과로 확정적으로 발생한 것인데 반하여, 신주발행과 같은 자본거래의 경우에는 조달된 자금이 투자를 비롯하여 생산활동에 투자되어야 이익이 실현될 수 있는 것이고 손해를 보는 경우도 있다. 따라서 자본거래로 인해 증가된 현금 그 자체는 기업의 이익과 손해와는 무관하다.[30)]

신주발행을 통한 자금조달은 자본비용을 감안해야 하는데, 예컨대 자기자본비용이 10%인 경우에, 수익률이 6%인 사업안밖에 없다고 할 때에는 그 사업안을 추진하는 경우 외관상으로는 기업가치를 증가시키지만 자본비용을 고려하면 오히려 기업가치를 감소시키는 것이 된다. 그러므로 이와 같은 경우에는 자기자본조달을 통하여 회사에 금원이 유입하는 것이 곧 회사의 이익이 된다고 볼 수 없다.[31)] 따라서 회사기회유용의 경우에 회사에 금원이 유입되지 않았다는 것과 저가의 신주발행으로 인해 회사에 유입될 금원이 유입되지 않았다는 것은 그 의미가 차이가 있다.

지금까지 살펴본 것처럼 회사라는 법인격의 형식에 집착하여 회사 배후에 있는 이해관계자의 손해와 별개로서 회사 자체의 손해를 논하는 것은 문제를 더욱 복잡하고 왜곡할 뿐이다. 법인격이란 법률관계를 간명하게 하기 위하여 정책적으로 인정된 것으로서 법인의 손익은 궁극적으로 그 배후에 있는 이해관계자들의 손익으로 귀속한다는 점에 주목할 필요가 있다. 따라서 이해관계자들에게 손해가 없는 경우에 회사의 손해를 인정한다는 것은 본말이 전도된 것이다.

회사의 이해관계자 중 주주 이외의 이해관계자의 이익은 예외적인 상황에서 고려될 수 있을 것이다. 현재 우리나라 법체계상으로 채권자에 대한 신인의무가 인정된다고 볼 수 있을지는 의문이다. 신주의 저가 발행을 채권자가 사전에 금지할 수 있는 있는 방법은 없다. 이해관계자에 대한 신인의무

30) 정기화, "에버랜드 판결의 법경제학적 분석", 「2006 경제학 공동학술대회」, 발표 원고, (2006); 정기화, "에버랜드 판결은 자본거래에 대한 오해에서 비롯된 것", 「Executive Essay」, 자유기업원, (2005. 10. 13) 참조.

31) 김건식, 전게논문, 166면 참조.

인정은 오히려 이사의 책임추궁을 어렵게 하는 결과가 되므로 바람직하지도 않은 것으로 보인다. 채권자의 보호는 일반불법행위책임이나 이사의 제3자에 대한 책임 규정에 의해 보호되어야 할 것이지 신인의무 인정을 통해 해결할 성질은 아니라고 생각한다.

신주의 저가발행시 회사의 손해란 채권자 등에 대한 신인의무가 인정되지 않는 한 기존주주의 집단적 이익이 희석된 손해를 법인제도 하에서 표현한 것이라고 볼 것이다.

4. 旣存 大法院 判決과의 調和 問題

(1) 맥소프트뱅크의 전환사채 저가발행 사건

대법원 2001. 9. 28. 선고 2001도3191 판결은 비상장회사의 대표이사가 회사에 긴급한 자금조달의 필요성이 없었음에도 불구하고 단지 주식전환으로 인한 시세차익을 얻을 의도로 상법의 관련규정에 따른 이사회의 결의와 주주총회의 특별결의도 거치지 아니한 채, 전환가격을 적정한 시가인 1주당 10,000원보다 현저히 낮은 3,000원으로 하여 전환사채를 발행하여 이를 전처 명의로 인수한 후 전환하여 시세차익을 얻은 사건이다. 이에 관하여 대법원은 「1주당 적정시가와 전환가격의 차액인 금 7,000원씩의 전환주식수 20만주에 상당하는 합계 금 14억원 상당의 재산상의 이익을 얻고 공소외 회사에 동액 상당의 손해를 가하였음을 알 수 있는바」라고 판시함으로써 업무상배임죄의 성립을 인정하였다.

이 사건에서 대법원은 '회사'에 손해를 가하였다고 판시하고 있지만, 이것이 주주간 부의 이전의 손해와 별개로 회사의 손해를 인정한 것인지는 명확하지 않다. 이 사건은 제3자배정의 경우였기 때문에 주주에게 부의 이전으로 인한 손해가 있고 이를 회사의 손해로 본 것이라고 볼 수도 있다.

(2) 1인회사에서 배임죄를 인정하는 판례와의 관계

대법원은 피고인 대표이사와 부사장 2인이 주주로 되어 있는 주식회사에서 대표이사와 부사장이 합의하여 회사에 입금할 돈으로 그들의 개인변제에 충당한 사건에 관한 전원합의체 판결에서(대법원 1983. 12. 13. 선고 83도2330 판결(전원합의체)), 「배임죄의 주체는 타인을 위하여 사무를 처리하는 자이며, 그의 임무위반행위로써 그 타인인 본인에게 재산상의 손해를 발생케 하였을 때 이 죄가 성립되는 것인즉, 소위 1인회사에 있어서도 행위의 주체와 그 본인은 분명히 별개의 인격이며, 그 본인인 주식회사에 재산상 손해가 발생하였을 때 배임죄는 기수가 되는 것이므로 궁극적으로 그 손해가 주주의 손해가 된다 하더라도 이미 성립한 죄에는 아무 소장이 없다. … 따라서 1인회사의 경우 그 회사의 손해는 바로 그 1인 주주의 손해에 돌아간다는 전제 아래 임무위반행위로써 회사에 손해를 가하였다고 하더라도 손해를 가하려는 의사 즉 범의가 없다고 무죄를 선고한 원심조치는 필경 행위의 주체와 본인을 혼동하였을 뿐만 아니라, 법률상 권리의무의 주체로서의 법인격을 갖춘 주식회사의 이윤귀속 주체로서의 주주와를 동일시하고, 업무상 배임죄의 기수시기와 그 구성요건을 그릇 파악함으로써 업무상 배임죄의 법리를 오해한 잘못을 저지른 것이다」라고 판시한 이래 이 취지를 유지하여 왔다.[32)]

대법원 판결에서 주주와는 별도로 법인격의 형식을 중요시하여 주주와는 별도로 회사를 본인으로 보고 있는 이유는 무엇일까? 법적 도그마를 투시하여 실체를 보면 주주의 이익과 전체 이해관계자의 이익의 총계는 다를 수 있다는 점을 염두에 둔 것일 것이다. 그렇다면 회사의 손해를 배후에 있는 전체로서의 주주의 손해로 보는 입장은 이와 같은 확립된 대법원 판례와 모순되는 것은 아닌가 하는 의문이 있을 수 있다.

그런데 이 사건은 신주발행과 같은 자본거래에 관한 사건이 아니기 때문에 주주 이외의 다른 이해관계자의 손해를 고려해야 할 필요성이 있다는 점에서 대상 판결과 차이가 있다. 신주의 저가발행에서는 채권자 등에 대한 신인의무가 인정되지 않는 이상 주주의 부의 이전의 손해만이 존재하는데 반해서, 이 사건에서는 회사의 변제자력이 불충분한 경우에는 회사채권자에게 손해가 발생했다고 볼 수 있으므로 주주의 손해와 별개로 회사의 손해를 인정하여야 할 경우가 있다.[33)] 이 사건 대법원 판결은 배후의 이해관계자 중 어느 범위까지를 회사와 동일시 할 수 있을 것인가, 언제 이들의 이익이

32) 대법원 1989. 5. 23 선고 89도570 판결; 대법원 1995.3.14. 선고 95도59 판결; 대법원 1996. 8. 23. 선고 96도1525 판결; 대법원 2005. 12. 18. 선고 2005도4915 판결 등.

33) 형법학 분야에서는 배임죄의 보호법익이 회사에 대해 신뢰한 채권자들의 이익을 포함하는 것으로 해석하는 형법학자의 견해도 있다.: 이용식, “횡령·배임죄와 이사의 자기거래”, 「상사판례연구」, (2006), 241면.

고려되어야 하는 것인가에 대한 엄밀한 분석을 하지 않고 법인이라는 도그마에 의존하여 단순히 결론을 내렸다는 점에서 한계가 있다고 생각하지만,[34] 여하간 대법원 판결에서 별개의 법인격을 중시하는 것은 주주뿐 아니라 다른 이해관계자의 손익의 총계를 회사의 손해로 보는 것으로 해석할 수도 있을 것이다. 그렇다고 본다면 신주의 저가발행에서는 이해관계자 중에서 주주의 부의 이전의 경우만이 손해가 되는 것이기 때문에 주주의 손해를 회사의 손해로 판단하는 것과 모순이 되는 것은 아니다.

5. 小 結

위에서 살펴본 바와 같이 '회사'의 손해를 단순히 별개의 법인격이라는 형식논리에 지초하여 회사에 자금이 불유입한 것으로 판단하는 것은 신주의 저가발행과 같은 자본거래에 있어서는 많은 문제를 야기한다. 기존의 대법원 판결들도 회사의 자본거래에 대하여는 별다른 분석 없이 추상적 관념으로서의 '회사'를 상정하여 사안에 적용해서는 안 되고, 이 부분에 관하여 명확하게 정리를 할 필요가 있다고 생각한다.

Ⅳ. 第3者配定의 경우 背任罪의 成立 與否

위에서 살펴본 바와 같이 신주의 저가발행에서 손해란 주주 상호간의 부의 이전으로 인한 손해라고 본다면, 신주발행이 주주배정방식으로 이루어졌는가 아니면 제3자배정방식으로 이루어졌는가는 이사의 책임 발생 여부에 관한 결정적 요인이다. 주주배정방식으로 이루어진 경우에는 주주간 부의 이전 문제가 발생하지 않기 때문이다.

대상 판결에서는 「이 사건 전환사채는 주주우선배정의 형식을 가장하였을 뿐 실질에 있어서는 이재용 등에게 지배권을 이전할 목적으로 제3자배정방식으로 발행된 것으로 볼 수밖에 없다」라고 판시하였다. 대법원의 판단은 기존주주의 실권사유에 타당성이 없는 등 기타 여러 가지 정황으로 보아서 형식보다 실질을 중시하여야 한다는 입장이라고 볼 수 있다. 그러나 이러한 판단과 관련하여서는 전환사채 발행의 목적이 지배권승계를 위한 것이라고

34) 同旨: 송옥렬, "이사의 민사책임과 형사책임의 판단기준", 「상사판례연구 Ⅵ」(2006).

하더라도 어떠한 형식을 취하였는가에 따라 책임이 주체가 달라져야 하지는 않을 것인가 하는 의문이 든다.

주주배정방식의 저가의 신주발행시 실권을 한 주주는 결과적으로 주식 가치가 희석화되어 손해를 보게 된다. 그렇지만 이는 주식인수를 하거나 신주인수권양도를 통한 손실보전수단을 제공함으로써 문제되지 않는 것으로 처리되고 있다. 이 사안에서는 법인주주가 실권하였는바, 그 손실이 궁극적으로 실권한 법인들의 주주에게로 귀속된다는 점 때문에 이사의 책임 인정의 요청이 강하게 나타난 것이 아닌가 추측된다.

만약 동일한 사안에서 에버랜드의 주주가 법인이 아니라 모두 개인주주였다고 가정하고, 실권한 주주가 아무도 이의를 제기하지 아니하는 경우에도 에버랜드의 이사에게 배임죄의 죄책을 묻는 것이 적절한 것인가? 개인주주들은 자발적 의사에 기하여 이익을 포기하였고, 채권자들에게는 equity가 증가하여 오히려 이익이 되어 아무도 손해를 입지 않은 상황에서 배임죄의 성립을 인정하기는 어렵다고 생각한다.

주주가 개인인가 법인인가 여부에 따라 배임죄의 성립 여부가 좌우되게 된다는 것은 모순이다. 법인주주의 실권의 경우에는 실권한 법인주주의 주주 등이 궁극적으로 손해를 입게 된다. 이 경우 에버랜드의 이사에게 배임죄의 죄책을 묻는다는 것은 엄격히 해석되어야 할 형벌법규의 적용범위를 무한히 확대한다는 문제가 있다. 또한 현재 대법원 판례의 입장에서는 이중대표소송을 인정하고 있지 아니한 상황에 비추어도 위와 같은 해석을 무리라고 생각한다. 이들 주주의 보호는 당해 법인의 이사에 대한 민사적 형사적 책임 추궁을 통하여 이루어지는 것이 적절한 당사자에 대한 적절한 제재가 되리라고 생각한다.

Ⅴ. 結 論

이 글에서는 전환가격을 저가로 하여 전환사채를 발행한 경우에 있어서 주식회사 이사의 배임죄 성부에 대하여 검토하여 보았다. 대상 판결은 전환사채 발행의 정당한 목적 없이 지배권승계목적을 위한 발행이므로 임무에 위배한 행위로서, 전환사채가 전환가액이 얼마로 정해지건 불문하고 전환사채 전액이 인수되어 전액 전환될 것이라는 가정 하에서 실제 가치로 전환가격이 정하여 졌더라면 회사에 더 많은 금원이 유입되었을 것인데 전환가격이 저가로 정하여져서 회사에 금원이 덜 유입된 것을 회사의 소극적 손해로 보아 이사에게 업무상 배임죄의 성립을 인정하였다.

그런데 신주발행과 같은 자본거래는 회사에 주금이 납입된다고 하여도 경제학상으로 그 자체가 회사에 이익이나 손해가 되는 것이라고 판단할 수 없다. 회사에 손해가 있는지 여부를 검토하는 것은 결국은 그 배후의 이해관계자에게 미치는 영향에 관한 법률문제를 간편하게 치환하여 생각하고자하는 기술적 요청에 불과한 것이라고 생각한다. 이 경우 신주를 저가로 제3자에게 배정한 경우에는 기존주주에게는 부의 이전으로 인한 손해가 발생하지만, 채권자에 대해서는 손해가 있다고 보기 어렵다. 일단 자기자본이 증가하여 채권자를 위한 책임재산이 증기하였고, 주식회사의 이사가 채권자에 대해서까지 자기자본을 더 많이 증가시켜야 할 의무를 부담하고 있다고 보기는 어렵기 때문이다.

대상 판결에서 배임죄의 성립요건으로서의 회사의 손해란 주주의 손해를 의미하는 것으로 파악하여야 할 것이다. 그리고 이와 같이 단일한 이해관계자를 기준으로 이사의 회사에 대한 임무와 회사의 손해에 대해 판단하는 것이 간명하고 효율적이라고 생각한다.

대상 판결뿐만 아니라 대법원의 판결들은 별다른 고민 없이 법인은 법인의 배후에 있는 실체와는 '별개의 인격'이라는 도그마틱에 의존하여 법인의 이사에 대해 형사책임을 인정하고 있는데, 법인은 추상적 관념에 불과하고 법인의 이해관계는 결국 그 배후에 있는 실체의 이해관계로 귀속한다는 점을 고려해 볼 때 심도 깊은 이론적 검토를 거친 후에야 현재 법원이 내리고 있는 결론에 도달하는 것이 정당화될 수 있는 것이다.

그리고 위법 내지 탈법적인 행위에 대한 제재의 필요성이 있다고 하더라도 적절한 대상에 대하여 적절한 제재가 부과되어야 할 것인데, 대상 판결에서는 주주가 자신의 이익을 포기하였다는 사실을 간과하고 결론에 이르게 된 점에 문제가 있다고 생각한다.

이러한 대상 판결의 논리는 회사에의 자금불유입을 손해로 본다는 것이다. 그렇다면 신주가 제3자배정이건 주주배정인가 여부를 구태여 따질 필요가 없는 것이 아닌가 싶다. 주주의 손해는 손해를 입는 당사자가 포기하는 것이 가능하지만 주주의 손해가 아닌 회사의 손해는 주주가 마음대로 포기할 수 있는 것이 아니기 때문이다. 대상 판결에서 거래의 형식을 무시하고 제3자배정이라고 보고 있는 것은 주주와의 별개의 인격체로서의 회사 독자의 손해를 논하면서도 사실상 주주의 손해를 염두에 둔 것을 간접적으로 시사하고 있다고 볼 수도 있을 것이다.

◇ 참고자료 I

주제별 총목차 [I]~[X]

제 1 편

總則 · 商行爲法

제 2 편

會　社　法

제 3 편

保 險 法

제 4 편

海 商 法

제5편

어음·手票法

제6편

債務者回生·倒産法

제 7 편

證券·金融法

제 8 편

기타(仲裁·信用狀·稅法 등)

判例索引[Ⅰ]~[Ⅹ]

상사판례연구 [IX]

초판발행 2023년 9월 1일

엮은이 2020상사법무연구소(김용덕)
펴낸이 안종만 · 안상준

편 집 한두희
기획/마케팅 조성호
표지디자인 이수빈
제 작 고철민 · 조영환

펴낸곳 (주) 박영사
서울특별시 금천구 가산디지털2로 53, 210호(가산동, 한라시그마밸리)
등록 1959. 3. 11. 제300-1959-1호(倫)
전 화 02)733-6771
f a x 02)736-4818
e-mail pys@pybook.co.kr
homepage www.pybook.co.kr
ISBN 979-11-303-4123-1 94360
979-11-303-4121-7 94360(세트)

정 가 65,000원